登自己的山

All This Wild Hope

1688

The First Modern Revolution
第一次现代革命

Steve Pincus

[英]史蒂夫·平卡斯 著

聂永光 译

GUANGXI NORMAL UNIVERSITY PRESS
广西师范大学出版社
·桂林·

图书在版编目(CIP)数据

1688：第一次现代革命 /（英）史蒂夫·平卡斯著；
聂永光译. —— 桂林：广西师范大学出版社，2025.2
　书名原文：1688: The First Modern Revolution
　ISBN 978-7-5598-6898-5

　Ⅰ.①1… Ⅱ.①史… ②聂… Ⅲ.①光荣革命 – 研究
Ⅳ.①K561.41

中国国家版本馆CIP数据核字(2024)第082566号

著作权合同登记号桂图登字：20-2023-185号

1688：DIYI CI XIANDAI GEMING
1688：第一次现代革命

作　　者：（英）史蒂夫·平卡斯

译　　者：聂永光

责任编辑：谭宇墨凡

内文制作：燕　红

广西师范大学出版社出版发行

　广西桂林市五里店路9号　邮政编码：541004
　网址：www.bbtpress.com

出 版 人：黄轩庄

全国新华书店经销

发行热线：010-64284815

北京华联印刷有限公司印刷

开本：635mm×965mm　1/16

印张：50.75　　　字数：658千

2025年2月第1版　　2025年2月第1次印刷

定价：198.00元

如发现印装质量问题，影响阅读，请与出版社发行部门联系调换。

目 录

第一部分　序章

引 言

　　1688—1689 年的英格兰光荣革命对我们理解现代世界和影响现代世界形式的革命有着非同寻常的意义。在长达三个世纪的大部分时间里，学者和公共知识分子都认为，1688—1689 年的英格兰革命是英格兰伟大历史上的一个决定性时刻。政治哲学家将其与自由主义的起源联系在一起。社会科学家将其与法国、俄罗斯和中国的革命相提并论。历史学家指出，这场革命证明了英格兰国家的特殊性。文学和文化学者强调，1688—1689 年革命是定义英式常识与中道的重要时刻。所有这些诠释的说服力都来源于深入人心和广为流传的 1688—1689 年英格兰革命叙事。很遗憾，那是错的。用新的历史叙事取代旧的历史叙事，必然要求我们修改许多用来理解现代世界的历史、政治、道德和社会学的基本范畴。本书旨在论述这种传统观点的错误之处及其长期获得广泛认同的原因。旧的叙事强调 1688—1689 年革命是一个伟大的时刻，英格兰人捍卫了他们独特的生活方式。我在本书中提出的观点是，英格兰革命创造了一种新型现代国家。事实证明，正是这种新型国家，极大地改变了现代世界。

　　曾经，整个英语世界的男女老少都知道 1688—1689 年的英格兰革命发生了什么。1685 年，信仰天主教的国王詹姆斯二世继承了英格兰王位。1689 年，英格兰人民赞成信仰新教的国王威廉三世和女王玛丽二世取而代之。在这一期间，詹姆斯二世缺乏长远目光，逐渐疏远了温和而理智的英格兰人民。他之所以沦落至此，是因为一系列人人皆知的过失。1685 年年底，信仰新教的王侄蒙茅斯公爵发动富有传奇色彩却毫无成功希望的叛乱，激愤之下，詹姆斯动用血腥审判的司法手段，杀害了数百名英格兰西南部乡村的平民。他决心提高天主教教友的社会和政治地位，为此不惜粗暴践踏英格兰法律。他坚持自己有权违反议会法令，任命罗马天主教徒为陆军和海军军官。1687年，他利用自己新组建的非法的教会事务法庭，强迫英格兰的新教大学接受信仰罗马天主教的董事。牛津大学莫德林学院的董事抵制国王的要求，他就剥夺了这些大学教师的董事职位，把该机构变成一所天主教神学院。

根据这种一度众所周知的叙事，在詹姆斯二世没能说服下议院或上议院废除英格兰的反罗马天主教法律之后，他决心削弱议会的力量。他先是宣称自己有权废除《宗教审查法》和《惩罚法》。《宗教审查法》要求一切政府或军队官员的圣餐礼都要遵从英格兰国教的仪式，《惩罚法》则会惩罚那些主持或参加非英格兰教会礼拜仪式的人。英格兰人凭借这些议会法令，免于大陆天主教习俗的影响。接着，詹姆斯找来一些他知道会听命于他的人来组成议会，正式批准他的敕令。1688 年 6 月，七位英格兰国教主教以于法不合为由，公开反抗詹姆斯二世，拒绝在英格兰讲坛宣读他用来削弱《惩罚法》和《宗教审查法》的《宽容宣言》，詹姆斯把这七位主教拉到法庭，摆摆样子举行公审。连精心挑选的英格兰陪审团都宣判这些主教无罪，可见英格兰人对他们国王的支持度。审判结束不久，英格兰人邀请荷兰人奥兰治亲王威廉三世到英格兰，维护他们的宗教自由与政治自由。

威廉于 1688 年抵达英格兰西南部，受到了英格兰人民的热烈欢迎。在包括未来的马尔伯勒公爵在内的连串大规模叛逃事件之后，詹姆斯的军队迅速土崩瓦解。詹姆斯本人与妻子还有刚出生的儿子相继逃到法国。在这个被认为是政治团结重要关头的时刻，英格兰人民同意威廉和玛丽在 1689 年 2 月取代詹姆斯。为了证明新王加冕的合法性，英格兰人颁布《权利法案》，详细说明了詹姆斯二世如何违反英格兰法律，进而坚持限制英格兰国王的权力。根据光荣革命的传统说法，英格兰人民在平常议会两院领袖的带领下，于 1688—1689 年以触动最小的方式改变了英格兰的政体。他们稍微改变了继承权，规定天主教徒继承王位是非法的，他们还通过了《宽容法》，允许不信奉英格兰国教的新教徒自由参加礼拜。可以肯定的是，这次不流血革命产生了一些意想不到的重大后果。但是这些结果与其说是这些事件的直接后果，不如说是英格兰国民性的自然产物。这种国民性正是天主教化的斯图亚特王朝竭力颠覆的。

这就是过去每个英格兰学童和许多北美学童都知道的故事。这就是维多利亚时代伟大的历史学家托马斯·巴宾顿·麦考莱在其初版于 19 世纪中期的巨著《英国史》中讲述的故事。这部作品一炮而红，长期畅销，对后世自然影响深远。麦考莱用优美易懂的语言讲述了他所认为的故事。他的叙述都有详尽的研究依据。任何有志研究 17 世纪晚期的学者都应该细读如今保存在大英图书馆的麦考莱笔记，以此作为他或她研究的起点。后世学者研究麦考莱描述过的事件，很少能够达到他那种对档案的精通程度。况且在很多方面，后世学者即便挑剔麦考莱的叙述细节，也会接受他的总体论点。

麦考莱的论点成了 1688—1689 年革命的辉格式阐释的经典说法。其中包含几个不同的方面。第一，这场革命是非革命性的。跟其他后来的革命不同，英格兰革命是一次不流血、一致同意和贵族式的革命，并且首先是理智的。英格兰人并不希望完全改变他们的政体、他们的社会或者他们的文化。他们反而担心詹姆斯二世有那样的念头。第二，这次革命是新教革命。詹姆斯二世打算在英格兰恢复天主教。革命延续了英格兰的新教政体。第三，这次革命证明了英格兰国民性的特殊之处。欧洲大陆人民反复在共和制和平民政体与暴虐的绝对君主制两个疯狂的极端之间摇摆，而英格兰人却始终坚持有限君主制，允许温和适度的民众自由。正如英格兰教会走的是罗马天主教与激进新教教派两个极端之间的理性中间道路，维持古老宪法不变的英格兰政体同样是理智而温和的。在这样的背景下，英格兰人依旧坚持他们的社会等级制度，就是因为它没有在贵族和人民之间制造出不可逾越的鸿沟。第四，1688—1689 年革命的基础也不可能是社会不满，因为在詹姆斯二世出逃之前，英格兰社会变化很小。直到英格兰人通过革命保障了财产权，直到绝对主义在英格兰彻底失败，英格兰经济才真正繁荣起来。

本书挑战了这种既有说法的每一个组成部分。我认为 1688—1689 年的英格兰革命是第一次现代革命。我研究了十多年英国、北美和欧洲的档案，才得出这一结论。麦考莱的说法建立在海量的证据之上，但在之后的一个半世纪里，新材料大量涌现，新的编目技术大大方便了资料查找。麦考莱认定他了解一个天主教国王肯定想做的事情，但我打算揭露詹姆斯二世及其天主教顾问的目标、理想和背景。麦考莱认定英格兰人民对欧洲事务兴趣不大，我反而觉得需要认真分析那些讨论欧陆大国政治的流行出版物。麦考莱认定只有在他的年代，经济政策冲突才会成为主要政治问题，而我决定研究英格兰商人群体的抱负和活动及其与 17 世纪晚期政治的联系。20 世纪学者的英格兰社会与经济历史研究使我受益匪浅。在我看来，将所有这些新的历史证据加起来，就能讲出一个截然不同的 1688—1689 年革命故事。在这个故事里，英格兰的经历不算特殊，在爆发过现代革命的国家里实则称得上典型（虽然早熟）。1688—1689 年革命之所以重要，不是因为它重新确认了英格兰特殊的国民性，而是因为它是现代国家兴起的一个里程碑。

17世纪晚期的英格兰正在迅速踏入现代社会。经济繁荣。城市不断扩张，变得更加舒适。贸易蓬勃发展。这些发展使英格兰政治家萌发了英格兰政府可以发挥更加积极作用的念头。但是社会和经济的变化并不意味着1688—1689年革命必然发生。詹姆斯二世深受其信奉的天主教特定教义及其表弟法国路易十四的成功政治模式的影响，打算建立一个现代的绝对主义国家。詹姆斯和他的支持者创立了中央集权的官僚政府、专业的常备军和世界级的海军。詹姆斯还塑造了现代的天主教政体。詹姆斯和他的表弟路易十四一样，想要信奉天主教的臣民，不想要在他之上的教皇。詹姆斯坚决要求对其领土的绝对统治权，竭力让他的新教国家天主教化。詹姆斯的确促进了天主教护教学小册子的传播、天主教学校和学院的发展，以及天主教教堂的开放。生活在17世纪80年代的英格兰人不可能觉察不到天主教在日常生活中日益突出的地位。詹姆斯和他的顾问意识到，他的现代国家需要源源不断的资源来支持越来越多的国家干预。他们很快得出结论，一个在印度、北美和西印度群岛都拥有据点的中央集权的海外领土帝国将会成为最大的靠山。詹姆斯调集新的可用资源，制定了帝国迅速扩张的计划，以建立现代的天主教国家。

詹姆斯的反对者基本上是革命者，不是保守分子。他们知道英格兰只有实现现代化，才能跟当时的欧洲国家竞争。但与詹姆斯不同的是，革命者从荷兰共和国而不是法国君主制那里获得了政治灵感。他们也想要一个能够支持强大陆军和一流海军的国家，而且他们也明白这样的国家一定得是中央集权和干预主义的。但跟詹姆斯及其顾问不同的是，按照革命者的设想，只要英格兰扩大政治参与而不是实行绝对主义，只要英格兰实施宗教宽容而不是皈依天主教，只要英格兰致力于发展制造业而不是维持领土帝国，它就会是最强大的。革命者很清楚，这样的政治倾向意味着他们会跟路易十四的现代天主教君主制产生意识形态冲突。因此，革命者倾尽全力对法作战，这不仅是为了保护不列颠群岛，防止法国支持的詹姆斯党复辟，也是为了确保英格兰制造品能够进入欧洲市场，确保欧洲自由免受法式绝对主义的破坏。

詹姆斯二世倡导的现代化方案与对手的截然不同，不仅如此，为了达成目标，他还动用了各式各样的现代政治工具。詹姆斯成功地组建、维持和部署了一支高效而训练有素的军队。他把英格兰和威尔士大部分地方的市政委员会陆续打造成为本地政治事务的可靠工具。詹姆斯还利用新闻界和各种各样的政治机构来传播其政权的价值观，压制不同的观点。回过头看，詹姆斯的政权可能显得短命而脆弱，但从17世纪末的角度来看，他创造了一种强有力的体制。正是因为詹姆斯能够缔造如此强大的一个国家，许多詹姆斯的反对者才意识到，只有使用暴力才能与其对抗，只有革命性的变革才能防止下一个英格兰君主再次创建现代专制国家。只有革命者才能在1688年推翻詹姆斯二世，并在接下来的十年里塑造新政权。

尽管我们都已接受这样的论点——光荣革命是不流血的、贵族的和一致同意的，但事实并非如此。1688—1689年革命当然没有20世纪的暴力革命那么血腥，但是英格兰遭受的威胁财产和生命安全的暴力，其程度并不亚于18世纪末的法国大革命。[1]从革命开始到结束，英格兰各地的人民都在相互威胁，毁坏对方的财产，互相杀戮和伤害。从伦敦到纽卡斯尔，从普利茅斯到诺里奇，英格兰人要么经历过暴力或者暴力威胁，要么生活在暴力的恐惧之中。这不是平淡无奇的事件，也不是精英主导的稳健谈判。所有社会阶层的男女都走上街头，在英格兰的大路小道武装游行，捐出大量的金钱——有些数量很小——支持革命事业。詹姆斯二世逃亡之后，上议院的议员试图心平气和地处理继承权的问题，但成千上万愤怒的群众打断了这些贵族的商议，强迫他们采取行动。鉴于詹姆斯二世的新政权的力量、效率和意识形态凝聚力，许多人在1688年和之后，仍然热情洋溢地支持他们的国王，这也不足为奇。由于许多革命者打算用效仿荷兰模式的现代化计划取代詹姆斯的法国式计划，同样可以预见的是，其他许多人都会支持废除詹姆斯二世的新国家体制，同时尽其所能地阻止威廉派替代方案的出现。整个17世纪80年代和90年代，以及在那之后，英格兰人在政治和意识形态上都是分裂的。英格兰人团结起来反抗一个没有英格兰血统的国王，这样的时刻并不存在。17世纪晚期，理智的英格兰人民从来没有团结起来，一起摆脱失去理性的君主。1688—1689年革命跟所有其他革命一样暴力、大众化和分裂。

因此，我在本书中提出的中心论点是英格兰在17世纪末缔造了第一次现代革命。这次革命有其远因，而且影响深远。如果不是因为前一个世纪的事件，尤其是17世纪40年代和50年代的危机，英格兰人不可能在17世纪80年代和90年代用这样的方式改变他们的国家，也不可能引发一系列影响和改变国家、宗教和社会观念的意识形态讨论。英格兰的政治家，不管支持的是詹姆斯二世还是威廉和玛丽，都不会改变英格兰的国家制度，除非英格兰经济摆脱欧洲在17世纪晚期的衰退和紧缩模式。光荣革命的成因久远，所以结果不一定出人意料。许多革命者都明确以创立英格兰银行、反法战争和宗教宽容为目标。正是因为这些问题引起的争论由来已久，所以将1688年或1689年视为英格兰历史的主要分水岭是错误的。这些问题引起的争论因为新的制度实体而得到缓解和改变，但是没有消失。早期现代英格兰(Early Modern England)没有在1688年终结，现代英格兰(Modern England) 也没有在此时诞生。但可以确定的是，1688—1689年后，英格兰国家和社会关系的特征发生了根本的改变。

革命者在1689年之后创造了新的英格兰国家。他们否定了法国路易十四发展出来的现代官僚主义专制国家模式，但是他们没有否定国家本身。相反，革命者缔造了一个以其他方式进行干预的国家。他们的国家努力将英格兰从农业社会变为工业社会，监督为了对抗欧洲有史以来最为强大的军事力量而不得不进行的大规模军事集结，还打算促进社会的宗教宽容。约翰·洛克经常被描述为最早和最有影响力的自由主义思想家之一，他就是这些革命者当中的一员。如果说光荣革命是现代自由主义发展的关键时刻，那么这种自由主义没有站在国家的对立面。1688—1689年诞生的自由主义是革命和干预主义的，不是温和与反国家的。

我认为光荣革命不是一群现代化推动者对传统社会捍卫者的胜利。相反，这场革命的对立双方是现代化的两派支持者。双方都不顾一切，竭力争取保守派的认同。我认为一切现代革命都会如此。在地大多数情况下，一旦现政权出于某种原因，认为有必要实现现代化，革命时机就成熟了。现政权通过现代化，把国家的触须伸到社会更深更远的地方，必然引发不满。与此同时，由于现政权公开与过去决裂，反抗运动的门槛就降低了。潜在的革命者再也不用劝说他们的同胞，放弃传统而可靠的生活方式。他们只需要向其证明，他们的变革模式更胜一筹。现政权再也指望不上精英的忠诚习性。17世纪晚期的革命者为现在的这种典型政治模式树立了榜样。

我说的现代（modern）、现代化推动者（modernizers）和现代化（modernization）是什么意思呢？这些术语早已成为当代公共辩论的导火索。许多我非常尊重的学者希望废除这些术语，或至少严格限制其用途。[2]这些学者和其他许多人一样厌恶"现代性"术语家族，原因有二。首先，有人说现代或现代性从来没有明确的定义，认为这是一个包罗万象而又一无所有的术语。其次，有人宣称，现代化叙事总是从当代发达民主国家的角度倒推历史，也就是说，所有现代化叙事都以现代资本主义（应为非国家干预主义）民主的成果为参照标准。这些担忧并非没有道理。在本书中，当我使用现代化、现代性或者现代这些术语时，我的意思都是非常具体的。我不觉得现代性是一个连贯而完善的整体。我也不认为现代化意味着华山一条路。相反，值得探讨的是，17世纪末的欧洲各地，尤其是英格兰，出现了可能只有国家建构方面才有的划时代突破。我相信国家层面的改变对外交政策、帝国宏图的本质、英格兰经济和英格兰社会都有深远的影响，尽管如此，我不认为造成这些结果的是现代化。事实上，我的中心论点是不同的现代国家设想造成了不同的政治和社会后果。总之，我不是说国家现代化必然意味着在思想、宗教或社会生活方面与过去完全而彻底地割裂。

那么，我说的现代国家的出现是什么意思呢？我指的是两方面息息相关的变化。首先是社会结构方面的治国术的创新。国家现代化的支持者往往致力于政治机构的集权化与官僚化。他们打算改造军队，使其专业化。他们动用国家手段加快经济发展，改造社会面貌。他们赞成直接收集发生于政治体内部的各个地方和各个社会阶层的社会与政治活动的具体信息，间或加以镇压。其次，现代国家意味着在意识形态上跟过去决裂。国家现代化的支持者坚称他们是创新的，强调他们正在进行一项全新计划。詹姆斯二世经常提到，他的国家建立在"新大宪章"之上。与此同时，在1688年，站在詹姆斯对立面的约翰·伊夫林希望革命能够建立一个新的国家，"在我们当中产生新的创造物"。[3]但是国家现代化并不只是意味着一次性的突破。相反，现代国家想象自己始终处于变化与调整之中。詹姆斯二世和他的革命对手都认为自己正在奠定新的根基，而不是创造新颖但一成不变的体制。[4]

总之，我在本书中把光荣革命的故事重新讲了一遍，但讲述方式完全是新的。我讲述的不是一个突出少数人高瞻远瞩的英格兰例外论的胜利故事，而是各色参与者的故事。他们不仅需要应付英格兰上层政治和英格兰教会的发展，还要应付社会、经济乃至更大的欧洲舞台的变化。为了把故事讲清楚，了解为什么那么多人投身激烈而危险的革命，我们必须重视詹姆斯二世及其顾问改变英格兰政治和社会的方式。麦考莱的巨著注重英格兰的事件、新教群体的反应和参与的精英，而我往里面加入了欧洲背景、詹姆斯二世及其随从的天主教意识形态观念、群众政治和政治经济学问题。这些新增内容能够展现1688—1689年革命的历史根源及其对英格兰乃至世界的深远影响。其实，这是第一次现代革命。

本书的论述分为三个层面：叙事（narrative）、史学（historiographical）和观念（conceptual）。三者始终紧密相连。但有特别关注点的读者可能觉得本书的某个切入点更加符合他们的口味。对1688—1689年革命叙事更感兴趣的人不妨从第三章开始读起。主要关注我的讲述跟其他革命叙述的关系，但对更大的理论意义缺乏兴趣的读者，不妨从第一章开始读起，然后跳过第二章。至于首先把革命当作整体研究对象的读者，从第二章开始可能最符合他们的口味。

第一章

消解革命

"革命百年纪念"纪念章，1788 年。这枚纪念章铸造于 1788 年，意在纪念 1688—1689 年革命爆发一百周年，强调革命保障英格兰国民自由的关键作用

1789 年 11 月 30 日，法国大革命爆发不久，一位名叫纳维耶的先生站起来向勃艮第首府第戎的爱国协会发表演讲。"各位，为什么我们羞于承认，"他问听众，"如今正在我们国家发荣滋长的革命源于一个世纪前英格兰树立的榜样？正是从那一天起，我们开始了解这个岛国的政治体制和伴随而来的繁荣；正是从那一天起，我们有了憎恨绝对主义的动力。英格兰人保卫了他们自己的幸福，从而为整个世界的幸福铺平了道路。当四面八方的暴君试图扑灭自由的圣火，我们的邻居却以无畏的戒备和关切将它珍藏在自己的怀里。我们已经取得一些有用的火种，这把火点燃了每个人的心灵，正在蔓延到欧洲各地，

将压迫人类的绝对主义枷锁永远化为灰烬。"[1]

18世纪末的革命者从1688—1689年革命寻求灵感，这并不令人惊讶。1688—1689年革命是一场彻底的变革。英格兰的革命者重新调整了他们国家的外交政策——从革命前对荷兰共和国满怀敌意，到革命后立即对法国开战。革命者完全改变了英格兰经济政策的方向。革命后的政权创立了英格兰的第一家国家银行英格兰银行，表现了其对制造业的全新热情。英格兰的新统治者也改变了这个国家的宗教特征。革命前的英格兰教会不容异说，坚称英格兰的国家特质等于英格兰教会，别无二致。革命后的教会领袖要求建立一个更为广泛的教会，一个愿意容忍其他宗教活动的教会。革命和1689年《宽容法》实现了政教分离。这三方面的转变都与新的英格兰政体愿景密切相关。革命者摒弃了法国式现代性，转投源于荷兰的现代国家。

整个18世纪，许多英国人都宣称，他们的革命代表了跟英国和欧洲历史的彻底决裂。他们认为革命开启了一个自由的新时代。"革命开创了宪法的新纪元。"大卫·休谟在其广为流传的《英国史》中如此说道。这位伟大的苏格兰哲学家宣称，英格兰人从那时候开始，享有"人类有史以来最完善的自由制度"。休谟的苏格兰同行约翰·米勒表示同意，"新的秩序……可以追溯至革命时代"。这不仅仅是苏格兰人的看法。曾经担任大使的罗伯特·莫尔斯沃思在1711年声称："自1688年革命以来，我们站在另一个更好的起点。"18世纪中叶英格兰最耀眼的政治家约翰·威尔克斯断言，"革命是英格兰自由的伟大时代"。威尔克斯解释："从这个前途最为光明的时代开始，我们这个幸福的岛屿一直都是自由的常驻之地。"伟大的辉格党政治家查尔斯·詹姆斯·福克斯将1688—1689年革命定义为"我们国家有历史记载以来最光辉的自由时代"。托利党领袖博林布罗克子爵表示认同，"各方都把革命看作一个新的时代"，然而他的依据却与福克斯很不一样，"从此我们必须同时跟国王和人民恋爱"。[2]

18 世纪的许多英国人不仅相信 1688—1689 年革命标志着他们历史的一个根本转折点，还认为这次革命为世界其他地区树立了榜样。18 世纪初的莫尔斯沃思认为，如果不是"为了给所有人增进和传播福祉"，"没有人会发自内心地热爱自由"，没有人会发自内心地倡导革命原则。到了 18 世纪下半叶，许多人认为革命原则其实已经传得很远很广。约翰·威尔克斯认为，自革命以来英格兰人已经成了"普世自由的守护者、暴君的祸患、被压迫者的庇护所"。长老会牧师兼杰出翻译家亨利·亨特在 1788 年表示认同，光荣革命不仅意味着不列颠群岛迎来了一个新的"时代"，"对欧洲来说同样如此，不，应该说在一百年里对人类也是如此"。安德鲁·基皮斯同意，革命"不仅仅有益于我们国家，整个欧洲都从中受益"。伟大的自由斗士理查德·普赖斯认为，1688 年"我们进入了一个光明和自由的时代，我们因而成了其他王国的榜样，还成了世界的导师"，³ 抱有这种想法的人显然不止他一个。

因为 1688—1689 年革命标志着英国国家历史的主要节点，因为这次革命被认为是英国乃至整个欧洲自由时代的先声，不列颠群岛各地都会庆祝革命周年纪念日。"无论从哪个角度看，1688 年革命都是一起突出而重要到难以言表的事件"，革命协会（Revolution Society）在 1789 年指出。正因如此，这场革命的纪念活动十分广泛。国教会和其他"宗教团体"每年都会举行革命庆祝活动。每年都有庆祝这一事件的"社会集会和会演"。"王国的各个地方和首都的不同地区"都有专门为了纪念 1688 年而成立的"各种机构"。尽管革命协会只保留了 1788 年以来的会议记录，但其成员确信，该协会"在革命后不久就成立了，而且从那时到现在每年都召开会议，从未间断"。布里斯托尔浸礼会牧师和美国革命之友凯莱布·埃文斯宣称："就连天主教教士都会承认革命的原则，公开为之辩护。"尽管不同的群体对 1688—1689 年革命有不同的解释，但是各个社会阶层和各个地区的英国人都将其视为英国历史上的决定性事件。亨利·亨特在谈到 11 月 4 日的官方革命纪念日时说："因为这一伟大事件，这一天与周而复始的一年里的其他日子都不一样。不了解这一点，对于一个大不列颠的公民来说，就是最丢人的无知，或者最可耻的冷淡和冷漠的证明。"

到 1688—1689 年革命三百周年时，民众对这次革命显然已经不甚了了了。20 世纪 80 年代，革命三百周年官方报告的作者巴里·普赖斯总结说，这次革命是"我们历史上较为陌生的一个时期，如今很少出现在我们的学校历史教学大纲之中"。普赖斯回忆自己的学生时代，"1688 年是我们历史教学大纲的黑洞"。西敏公学前校长约翰·雷怀疑"一千个毕业生里没有一个能够讲清楚 1688 年，更别说这为什么是我们历史上的一个转折点"。难怪上议院领袖怀特洛子爵十分肯定地说，大张旗鼓地庆祝 1688—1689 年革命，这样的"民众意愿"并不存在。帕特里夏·莫里森在《每日电讯报》评论指出，光荣革命"没什么票房号召力"。维多利亚和艾伯特博物馆对纪念这一事件的展览计划"兴趣不大"，计划因而"告吹"。1688—1689 年革命三百周年最后"基本没有引起多少人的注意"。[5]

为什么 1688—1689 年革命从大众的脑海里消失了？为什么过去几乎人人都视为英国身份试金石的一起事件，变成了只有学识渊博的古文物家才了解的鲜为人知的事件？大多数论者都同意，原因是 1688—1689 年的事件不再被认为是变革性的。政治学家查尔斯·蒂利指出："英国历史，现在成了一本经久不衰的防止革命指南。"英格兰现在的稳定形象形成已久，这必然与法国的动荡不定形成对比。比较革命学者克兰·布林顿指出："在过去的一个多世纪里，英格兰人一直坚持他们的（1688—1689 年）革命是独特的——如此独特，以至于这其实根本算不上革命。"[6]

1688—1689 年革命是怎样变得无关紧要的呢？虽然许多人认为光荣革命的埋没与天真、进步的辉格党史观的消亡齐驱并进，但事实并非如此。"新保守主义解释"对革命的支配其实并不新鲜。像蒂利和布林顿这样的外部观察者都很清楚，长久以来英国历史学家一直坚持 1688—1689 年是非革命的。事实上，这种革命解释在 18 世纪 20 年代就已得到当权派辉格党的认可，并在 19 世纪到来之际几乎成为尽人皆知的常识。英国的理性革命越来越不同于其他革命的过激行为，先是欧洲的，然后是非欧洲的。一度成为革命者榜样的 1688—1689 年革命，反而变成了英国例外论的象征。英格兰的激进革命已经变成了一场独特的、不革命的革命。它已经变成了恢复而不是创新的活动。17 世纪的英格兰，19 世纪和 20 世纪的英国，与大陆的发展模式形成了鲜明而看似完美的历史对照。我认为，这一消解革命的过程与历史学研究关系不大，反而跟政治定位和史学时尚有关。

※　※　※

18 世纪的英国人对"光荣革命"非常着迷。人们纪念和回忆这次革命，并将其作为所处时代政治、社会和文化讨论的基础。历史学家哈里·迪金森写道："整个 18 世纪，如果不以 1688—1689 年的事件为灵感来源或指引，任何涉及根本政治原则探讨的重大辩论都不可能进行。"[8]

由于政局的发展，革命的党派性解释必然需要时间来凝结。1688 年詹姆斯二世出逃之初，尤其是在 17 世纪 90 年代初，许多激进派一时间对新政权的有限成就感到失望。他们认为这次革命不够彻底，容易受到内部颠覆和外来入侵。[9]激进派辉格党人担心，威廉和玛丽想跟托利党合作来巩固他们的权力，这样就会失去实施根本改革的机会。

17 世纪 90 年代中，辉格党人讨论革命时开始统一意见。显然到了 18 世纪的头十年，他们对于革命已经持有相同的激进解释。这一解释在 1710 年辉格党政权对保守派牧师亨利·萨谢弗雷尔的审判秀中显露无遗，该审判是一场政治灾难，但在意识形态方面很有启示意义。萨谢弗雷尔长期激烈批评辉格党和革命后的政权，但引起政府关注的，是他于 1709 年 11 月 5 日在圣保罗主教座堂当着伦敦市长面发表的、名为《虚伪教友的危险》的煽动性布道。这次布道中，萨谢弗雷尔雄辩地指出，1688 年对詹姆斯二世的政治抗争是非法的。各地的辉格党人都被激怒了。[10]

1710 年，完全公开的萨谢弗雷尔审判的议会委员仔细勾勒了当时对 1688—1689 年革命的主流解释。与萨谢弗雷尔的强硬陈词相反，辉格党政治家的看法可以用一句话概括：1688—1689 年，英格兰人民在全国各地发动起义，推翻了专横暴虐的国王，他们这样做是正当的。他们断言，革命者不仅推翻了一个暴君，还引领了英格兰国家的根本转变。

辉格党委员及其盟友在上议院以评判者的身份，强调这次革命确立了人民主权的原则。辉格党人一致声称，人民在 1688 年依法反抗了暴虐的国王。议会委员在罗列萨谢弗雷尔的罪状时强调，"将这个王国从教皇和绝对王权之下拯救出来的光荣事业"的参与者都是"王国上下的国民，他们忠于自己的国家"。约翰·霍兰爵士解释时强调，"反抗显而易见"，英格兰人民"在约克郡、诺丁汉郡、柴郡和英格兰几乎所有的郡都拿起了武器"。后来当上首相的罗伯特·沃波尔断言，"没有必要证明革命的反抗行为"，他当时是革命的激进解释的坚定支持者。"我也该料到各位大人为了走形式，还要我证明正午的时候有阳光"，他语带讽刺地补充。"自卫和反抗"在"紧急"情况下是合法的，索尔兹伯里主教吉尔伯特·伯内特响应说，"革命就是这种情况"。在一份当时毫无争议的辉格党立场声明中，伦敦牧师、辉格党辩论家本杰明·霍德利补充说，"我们把最近的革命归功"于"所有等级和阶层的人民，从最高贵最神圣的阶级，到最卑微最世俗的职业"。对霍德利乃至 1710 年的辉格党集团来说，"当前的稳定与带来稳定的反抗紧密相关"。[11]

萨谢弗雷尔案的另一位议会委员尼古拉斯·莱奇米尔把辉格党论据的意识形态利害关系讲得一清二楚。莱奇米尔既是一位杰出的律师，也和辉格党的显要人物过从甚密。1688 年，莱奇米尔在起诉萨谢弗雷尔时告诉上议院，"国民有反抗的权力和权利，这是他们的义务，责无旁贷"。这是因为"国王和人民订立了原始契约"。如果"行政部门试图颠覆和彻底摧毁政府"，莱奇米尔断定这在 1688 年已经成为不争的事实，"原始契约就被破坏了"。这份契约不仅规定了人民的权利，还规定了人民的义务。"这份政府原始契约的性质表明，"莱奇米尔解释，"获得契约自由的人民不仅有权力维护自己的契约权利，而且有义务将同样的宪法传给他们的后代。"[12]

尽管萨谢弗雷尔案的环境和背景必然导致辉格党委员的注意力集中在反抗和人民主权的问题上，但一些辉格党人确实也解释了革命的宗教和政治经济后果。莱奇米尔声称，"容忍不信奉国教的新教徒"，是"革命后期最快产生和最令人高兴的结果之一"。辉格党人不仅认为宗教方面发生了转变，他们还认为 1688—1689 年事件带来了社会政策的彻底转变。罗伯特·莫尔斯沃思在 18 世纪的头十年曾是辉格党内阁的坚定支持者，他清清楚楚地阐述了这一观点。革命的辩护者跟约翰·洛克一样，认为任何财富的基础都是劳动而不是土地，所以莫尔斯沃思指出，根据革命原则建立的政府将有广泛的社会议程。"政府信贷的支持，推动公共工程和公路建设，疏浚所有适合航行的河道，雇用穷人，遏止游手好闲者，限制贸易专营权，维护新闻自由，合理支付和鼓励所有公共服务"，凡此种种，莫尔斯沃思都归功于革命。[13]

1710 年，辉格党人一致声称，这次革命从根本上来说是变革性的。辉格党的议会委员及其盟友认为，革命开启了一个由新的社会议程支撑的公民和宗教自由的新时代。他们警告，这种自由不仅受到法国人和詹姆斯党的联合威胁，还受到亨利·萨谢弗雷尔这样的高教会派（High Churchmen）*和托利党人的威胁。

※ ※ ※

　　萨谢弗雷尔案以及之后的托利党选举胜利，不仅终结了辉格党内阁，最终还切断了辉格党集团与革命的激进解释之间的密切联系。罗伯特·沃波尔是革命的激进解释最为雄辩的辩护者之一，但他在1720年上台担任首席大臣（chief minister）†时，心态已经有所不同。沃波尔和他的政治盟友此时声称，革命是议会主权而不是人民主权的具体例子，它确立的是宪法而不是进一步改革的蓝图。简而言之，沃波尔坚持革命是必要的，也是短暂的。革命转型的时代已经过去了。由于沃波尔本人掌权长达二十年之久，就算下台，他的政治继承人也会迅速重新掌权，那些仍然笃信革命的激进解释的人被动地成了反对派。辉格党分裂为两派：一派是当权派辉格党人，认为革命是对英格兰宪法体制的短暂而必要的调整；另一派则是反对派辉格党人，坚持认为1688—1689年的事件开启了政治、宗教和社会的革命转型期。[14]

　　从18世纪20年代初开始，首席大臣沃波尔改变了许多与革命有关的政策。他跟法国维持和平，他不寻求继续济助非国教徒，他推翻了革命后实施的累进税制方案。结果，沃波尔派辉格党集团强调从狭义和保守的角度描述革命。"在当时，革命的原则，革命的唯一远大目标，"一位典型的支持沃波尔的小册子作者辩称，"就是把政府建立

---

* 高教会派是英国国教内部的一个教派，强调国教延续的天主教传统，高度重视教会当局、圣礼和礼拜仪式，支持君王的权力。反之则是低教会派。（如无说明，页下注均为译者注）

† 尽管沃波尔被后世认为是英国历史上第一位首相，但是"首相"一词其实要到一百多年之后才创造出来，沃波尔当时的头衔是首席大臣。

在其古老而正统的根基之上，而一个疯狂偏执者的所作所为几乎摧毁
了这一根基。"这位小册子作者强调，没有任何证据表明革命者打算
扩大人民权力，或者真的准备改变政府。詹姆斯是创新者，革命者则
是古老宪法的保守而正直的捍卫者。当权派辉格党人现在不仅跟革命
潜在的改良意义保持距离，而且坚持革命与人民主权无关。"声称我
们的政府建立在反抗之上的人，"沃波尔的心腹约翰·赫维写道，"他
们是宪法的大敌，至少是宪法秩序的大敌，就像那些建议国王不要维
护其法定特权，而要关注每一个有利机会去扩大特权的人一样。"沃
波尔和他的支持者仍然认为革命十分重要，但他们还指出，革命的重
要意义在于重建自由，而不是开启了一个渐进改良的时代。革命没有
开启改革进程，它一劳永逸地杜绝了在英国建立绝对主义的可能。沃
波尔派强调詹姆斯二世的专横行径，而不是革命者的创造潜能。[15]

　　从 18 世纪 20 年代开始，正是反对派辉格党人主张，革命不仅从
根本上极大地改变了英国政治，也改变了英国社会和文化。他们还认
为，革命标志着英国乃至世界历史新纪元的开始。反对派辉格党人宣
称，革命的根基其实是大众的反抗，革命改变了政府的道德根据，革
命开创了一个歌颂宗教自由原则的新时代，革命彻底改变了英格兰（当
时的英国）外交政策的方向，而且改变了政体的社会经济基础。

　　在小册子、论文、正式史书和流行的祝酒词中，18 世纪 20 年代
至 90 年代的反对派辉格党人坚持 1688 年发生过广泛的大众反抗。他
们因而主张革命确立的是人民主权，而不是议会主权。沃波尔的劲敌
威廉·普尔特尼指出，暴力"事实上常常是有益的，能够维护民主国
家的自由"。"当查理国王被蒙蔽的弟弟试图奴役国家时，"杰出的法
学家威廉·布莱克斯通爵士分析，"他发现他做不到。人民可以而且
的确在反抗他。因为反抗，他不得不放弃他的事业和他的王位。"1740
年的反对派小册子《自由民》的作者同意，这次革命"不是由议会、
地主或某个群体发动的，而是由大不列颠的人民发动的，他们当时

所做的一切奠定了我们现在的宪法"。这位作者明确表示，他所说的"人民"包括"农民的儿子和贵族的儿子"。当亨利·亨特在 1788 年11 月布道说，1688 年 11 月，"一个受伤害民族的受辱精神终于觉醒，开始了正义的复仇"，他只是重复了反对派辉格党老生常谈的学说。[16]

反对派辉格党人觉得革命者在 1688—1689 年发动的民众反抗是合法的，因为他们坚信人民主权的原则。威廉·普尔特尼向他的读者推荐了约翰·洛克的《政府论》及其对大众反抗的支持，认为这是"自由的真正原则，革命的原则"。半个世纪后，布里斯托尔浸礼会教友和辉格党人凯莱布·埃文斯提出，革命标志着"自由的维护者，不朽的洛克"对家长制王权捍卫者罗伯特·菲尔默*的胜利。"我遇到的人没有一个，"埃文斯称，"不了解（洛克）关于政府这一引人关注的主题的著作，正是这些著作给了大不列颠的绝对主义灵魂致命一击。"因此，革命协会宣称"革命确认的"第一条原则就是"一切民事和政治权力都来自人民"，这跟反对派辉格党人的史观非常一致。[17]

反对派辉格党人更加强调革命带来的政治道德和实践基础的转变，而不是恢复古老宪法。并非只有安德鲁·基皮斯认为，革命不仅制止了詹姆斯二世侵犯古老宪法赋予的言行自由权，而且"带来了最高价值的言行自由权"，"它赋予国民额外的权利，给王权施加额外的限制，并为我们的长久幸福提供额外的保障"。反对派辉格党人特别指出，革命给了"不抵抗和被动服从学说致命一击"。激进派和反对派辉格党人还强调，因为革命时期"国家税收来源"变了，"议会就有必要每年开会"。反对派辉格党人和激进派更加重视政治文化而非正式制度的变化。威廉·布莱克斯通爵士认为，尽管在 1688 年之前，"一般自由的概念已经深入宪法，成为其活力来源"，但是只有经过这

---

* 罗伯特·菲尔默（1588—1653 年），英国政治理论家，主张君权神授理论和绝对主义王权。

次革命，"个人的个体自由、自然平等和个体独立"才获得广泛"赞扬"。
约翰·威尔克斯采纳了布莱克斯通的定义，强调"自由是英格兰人堂
堂正正的革命原则"。亨利·亨特认为，正是从"革命"时期开始，"这
个国家拥有了精神、智慧、美德和力量去维护他们的权利，去形成和
建立能够促进一般自由和幸福的政治体制，开始尝到其中的甜头"。
早在 1712 年，托利党的政治记者德拉里维尔·曼利就准确地指出，
辉格党人认为革命并不仅仅是"重建"，而是发动了一场"大变革"，
因此，"法律、自由和宗教的改变就成为唯一的真正的革命原则"。[18]

　　反对派辉格党人跟 1710 年的议会委员一样，强调革命开创了一
个宗教自由的时代。长老会牧师和狂热反对沃波尔的罗伯特·华莱士
吹嘘，"古往今来，没有多少时代，能够像光荣革命以来的六十六年
一样，任何人都能长久地享受如此实在和牢靠的福祉"，其中最主要
的是"彻底摆脱了各种迫害，（以及）有了完全依据我们的良心做礼
拜的自由"。《光荣革命的益处》的作者认为，在革命之后，"现在我
们的思想已经从教会和国家奴役的可耻束缚中幸福地解脱出来，偏执
的烈焰几近扑灭"。"光荣革命之后不久，"约翰·威尔克斯同意，"英
格兰人基本采用了荷兰的政治体制，对宗教派别普遍予以容忍。"许
多非国教徒和反对派辉格党人都认为，革命提出的宗教自由原则需要
进一步的法律扩充和完善。革命是开端，而不是结束。但是他们坚称，
革命标志着一个根本的转折点。非国教徒安德鲁·基皮斯承认，革命
确立的宗教自由与 18 世纪末的"扩大的哲学的原则""相去甚远"。
"尽管如此，"他向他的听众解释，"当我们考虑到上一个时代的特征，
这就是一个美好的改变，有利于真理和良知，以及人类的自然权利。"
正是基于类似的推论，革命协会主张，"1688 年的光荣革命"孕育了"这
个国家人民的公民和宗教自由"。[19]

　　反对派辉格党人经常指出，1688—1689 年的革命者改变了英格
兰的外交政策。18 世纪 20 年代和 30 年代，罗伯特·沃波尔爵士的

反对者强调，他的和平外交政策背叛了革命原则。1742 年，一位反对派辉格党人质问已被罢免的沃波尔："以牺牲奥地利的利益来增强波旁王朝的力量，你觉得这哪里符合革命原则？"跟欧洲的政治斗争，尤其是反抗法国的帝国野心，仍然是贯穿 18 世纪的核心主题。布莱克斯通回忆，1688—1689 年的革命者"引入了一个新的外交政治体系"。"从革命时期开始，"约翰·威尔克斯赞许说，"英格兰一直坚定沉稳地反对法国的野心。"根据威尔克斯的说法，只有"两段短暂、关键和动荡的间隔"除外。他说的是 1713 年托利党和平的余波和沃波尔内阁统治时期。在此期间，"国家利益"成了"少数人观点"的牺牲品。[20]

最后，激进派和反对派辉格党人强调，革命改变了英国的政治经济学。苏格兰哲学家、反对派辉格党人查尔斯·詹姆斯·福克斯的支持者约翰·米勒认为："社会状况的巨大变化，始于革命时期。"尤其是在 17 世纪末，"这个粗野国家固有的封建制度基本被废除和遗忘了"。米勒认为，"1688 年的这次值得纪念的革命""真正建立了稳固和自由的宪法"，保障了"安全占有和享有财产的权利"，保证"商业和制造业呈现出新的面貌"。 商业史家和共济会之友亚当·安德森在 18 世纪 60 年代指出，"封建体制很不利于商业"。他总结说，1689 年"自由体制的建立"，"结果（也是自然而然的假设和预期）肯定大大促进了我们自己商业的增加和发展"。[21]

反对派辉格党人并不认为 1688—1689 年的革命者一手摧毁了封建制度，相反，他们认为各方面的发展早就极大地改变了英格兰的国家和社会。这些都是革命的必要前提。革命给了封建制度致命一击。例如，大卫·休谟强调，"在复辟到革命这段时间，英格兰的商业和财富从来没有经历过如此高速的增长"。安德森强调了"葡萄牙人发现东印度群岛、巴西和西印度群岛"给欧洲商业世界带来的改变。布莱克斯通认为，邮局的发展、出租马车的普及、"印度群岛的发现"，以及知识的增长为 1688 年的伟大转折铺平了道路。"风俗和财产的巨大变革，"他指出，"以潜移默化的方式，为同样巨大的政体变革铺平了道路。"不过布莱克斯通谨慎地指出，"革命正在发展，国王却变得比以往任何时候都更加专横，根源正是那些后来用来削弱其权力的手段的发展"。[22]

根据反对派辉格党人的说法，革命明显促进了英国制造业和商业的发展。这主要归功于后革命国家的措施。18 世纪 30 年代，反对派辉格党人特别强调，革命者采纳了洛克的经济理念。他们制定经济政策的前提是"只有大不列颠从事国内外贸易、毛纺业和其他制造业的人多了，这个王国的土地才有价值"。根据"洛克先生的专业说法"，这里的言下之意就是累进税政策。革命后的政权根据洛克的理念，建议"征收土地税，而不是对进口商品或我们自己生产的商品征收关税"。另外有人强调革命后的政权抨击"专营贸易公司"。还有人指出，社会立法蔚然成风，只有在革命之后，才有可能"制定有利于公众福利的法律"。[23]

反对派辉格党人强调了革命巨大的政治经济影响。约翰·米勒惊叹于"手工业和制造业的迅猛发展，以及随之而来的商业扩张，这些都是公开和恰当地限制特权的结果"。这反过来又"实现了一定程度的殷富丰足，进而在广大人民之中传播了独立的感觉和自由的崇高精神"。18 世纪中叶的一位辩论家认为："革命给这个国家带来好处的另一个确凿例子，就是我们制造业的急剧增长和繁荣景象。"亚当·安德森表示同意，1688—1689 年革命产生的"正面影响"，"最明显的莫过于打从那个幸福时期以来，商业、航运、制造业和殖民地，乃至财富和人口，都在急剧增加"。安德鲁·基皮斯滔滔不绝地说，英国历史上，没有一个时代的"农业、制造业和商业"，"经历过大革命以来……那种程度的发展"。[24]

反对派辉格党人因而形成了跟当权派或沃波尔派辉格党人截然不

同的革命解释。按照后来所谓的辉格党式光荣革命解释，当权派辉格党人认为这一事件是恢复的、短暂的，反对派辉格党人则认为这次革命是变革的、无限期的。当权派辉格党人认为，革命结束于 1689 年或 1690 年，反对派辉格党人则坚称，革命的原则可以继续推动改革议程。简而言之，到了 18 世纪 20 年代，当权派辉格党人注重的是直接引发 1688—1689 年事件的绝对主义暴政，反对派辉格党人则强调 1688—1689 年事件的长时段结构成因和革命影响。

※ ※ ※

1788 年的百年庆典，标志着光荣革命讨论达到了高潮。1788 年，革命的庆祝活动不仅无处不在，而且范围广泛，内容丰富。牧师、记者、小册子作者和诗人，都在发表他们对这一伟大事件的解释。在英格兰、苏格兰或爱尔兰，乃至英国殖民地，没有人不知道 1688 年百年庆典。然而，欧洲大陆的新事态很快就阻止了这些讨论和争论。当权派辉格党的革命解释随之取得了支配地位。

1789 年 11 月，就在法国大革命爆发几个月之后，18 世纪英格兰最著名的非国教牧师、美国革命的重要支持者理查德·普赖斯，在伦敦市政厅外的老犹太路会堂发表了一篇布道，间接地终结了围绕光荣革命的史学争论。他的布道文稿马上在英国和欧洲大陆成为畅销书，其内容进一步发展了反对派辉格党人的革命原则解释。"通过一场不流血的胜利，长期以来绝对主义给我们装上的枷锁被打破了，"普赖斯回忆说，"人民的权利得到伸张，暴君遭到驱逐，一个我们自己选择的君主受命就职。我们的财产得到了保障，我们的良心得到了解放。自由探索的范围扩大了，我们可以更加从容地审视那本记载着永生之道的书，我们进入了一个光明和自由的时代，因而成为其他王国的榜样，成为世界的导师。如果那次没有得救，可能我们现在就不会那么

这是当地为了光荣革命百年纪念而创作的横幅，描绘的是德比郡切斯特菲尔德附近的酒馆，1688 年 11 月，德文郡伯爵和丹比伯爵在这里会面，密谋起义反抗詹姆斯二世

优秀，还会变成一个可鄙的民族，在天主教和奴役的恶行和折磨下呻吟。"1688—1689 年革命是大众的反抗，英国人民因而能够"建立自己的政府"。[25]

　　普赖斯有关 1688—1689 年革命意义的乐观、改良和激进的评论引来了一些批评。但是，在理查德·普赖斯《爱国论》引发的回应之中，名气最大、读者最多，或者说政治影响力最大的莫过于埃德蒙·柏克的革命解释。目睹海峡对岸令人不安的事态发展，柏克感觉有必要写下《法国革命论》，以消除普赖斯博士支持和信奉的危险原则。柏克恰如其分地记录了"我对革命的反感，讲坛上时常发出的信号"，以提醒他的读者，普赖斯曾在老犹太路非国教徒的会堂讲坛上歌颂过 1688—1689 年的原则。柏克和他的对手普赖斯一样，认为1688—1689 年有很多值得歌颂的地方。但跟普赖斯不同，柏克声称

1688—1689 年没有创新，没有革命，只是理智而保守地恢复了旧秩序。
1688—1689 年革命的动力并不是一个新的理念。詹姆斯二世是激进
的革命者，英格兰人民在 1688—1689 年只是恢复常态。"革命是为了
维护我们古老而无可争议的法律和自由，以及唯一能够保障我们法律
和自由的古老的政府体制，"柏克解释，"组建一个新政府，这样的想
法本身就足以令人厌恶和恐惧。我们在革命时期曾经希望，现在也希
望，把我们拥有的一切都归结为从祖先那里得到的遗产。对于这份遗
产，我们一直小心翼翼，避免接入任何有违原来植物本性的幼枝。迄
今为止的所有改革，我们都是在崇古原则的基础上进行的。我希望，不，
我确信，今后可能实施的一切改革，都将小心地建立在类似的惯例、
判例和范例之上。"尽管柏克想象得到未来人们可能对英国宪法进行
修补，但跟普赖斯不同的是，他认为绝对没有必要实施进一步的改革。
柏克宣称，英格兰人民"眼中的国家体制，就像现在这样，具有无可
估量的价值"。[26]

　　柏克对当权派辉格党人立场的精妙论述引来了反对派辉格党人的
最后一丝嘲讽。比如毕生激进的约翰·霍恩·图克就谴责柏克的《法
国革命论》"毁谤宪法"。然而，随着 1793 年 2 月法国对英国宣战，"英
国可以成为法国政治发展的榜样"的想法已经变得不爱国了。英国人
现在严厉批评革命激进主义，谴责民众政治叛乱必然导致的暴行。革
命协会在 1789 年和 1790 年呼吁团结法国人民，因此，他们对 1688
年革命的解释失去了可信性。[27]

　　激进派在 18 世纪 90 年代没有完全沉寂，不过他们确实抛弃了
"英国在 1688 年孕育了一个新的普遍自由时代"的观念。早在此前激
进派就已开始为革命感到不安。乔治三世登基之后，许多人开始觉得
革命原则被抛弃了。约翰·威尔克斯在 1762 年沮丧地指出，"自由和
革命原则的拥护者基本退休或者被解职了"。激进的小册子作者和印
刷熟手约瑟夫·托尔斯哀叹近来"政治事务的异常变动"，那些坚持"老

辉格党原则"的人"被诬蔑为派系的、煽动的、不忠的,甚至是叛乱的"。威尔克斯和理查德·普赖斯声称,这一发展证明革命尚未完成。布莱克斯通指出,尽管国王的"名义"权力受到了革命的削弱,但"实际"权力没有受到触动。"对特权的严格控制已经屈服于权势的温和声音。"他解释说。[28]

乔治三世转向带有托利党和新托利党意识形态倾向的新顾问,同时美国革命爆发,印度建立了更加专制的新帝国,在此背景之下,部分激进派开始将1688—1689年革命视为彻底失败,而不仅仅是尚未完成。一些人认为,革命催生的不是一个自由的时代,反而是一个寡头统治的时代。政治改革家约翰·卡特赖特抱怨,那些发动革命的人没有"根据平民的自然权利给予他们完全的自由",却"竭力在专制王权的废墟上建立起贵族的专制,并取得非同一般的成功"。凯瑟琳·麦考利同样认为,1688—1689年革命建立了"一种前所未有的专制模式",导致了"风俗的普遍败坏"。究其原因,在革命"民主的言行自由权外表之下,人民其实受到了社会小部分人的奴役"。[29]

北美战争的结束和经济改革的通过,无疑淡化了激进派的不满情绪,使1788年可以举行热烈的庆祝。然而,英国对法国大革命的反对,刺激了那些继续为法国事业辩护的人,让他们抛弃了1688—1689年革命。托马斯·潘恩为未来对1688年的激进解释定下了基调。面对柏克对反对派辉格党解释的攻击,他的反应不是强有力的辩解,而是战术上的投降。他在《人的权利》里说,"1688年革命可能已经被拔高到了超出本来价值的地步",如今"因为理性范围的扩大以及美洲和法国的光辉革命而黯然失色"。这是因为在潘恩眼里,1688—1689年革命不过是一次宫廷革命,"国家"只能在"詹姆斯和威廉这两种恶势力之间做选择"。彻底的变革是不可能的。从18世纪90年代开始,激进派完全放弃了1688—1689年革命。用一位历史学家的话来说,他们不再"为了是什么,而是为了他们希望是什么而去审视1688—

1689 年的事件"。[30]

从法国大革命时期开始，庆祝 1688—1689 年革命，不再因为这是英国历史的转折点，而是因为这是将英国同欧洲大陆和世界其他地区区分开来的事件。法国大革命后，当权派辉格党历史成了辉格党式历史叙事。托马斯·巴宾顿·麦考莱在 1849 年出版的巨著《辉格党英国史》就隐含了比较历史的研究。麦考莱开始将英国从受到革命震动的欧洲区分出来。麦考莱跟柏克和当权派辉格党人一样，坚信 1688—1689 年是彻头彻尾的保守事件。英格兰能够避免大陆的革命"灾难"，是因为英格兰的革命"完全是防御性的，合法合规"。1688—1689 年英格兰革命的行为或思想都没有任何创新。"既没有触动王冠上的任何花朵，"用麦考莱的名言来说，"也没有赋予人民任何新的权利。所有优秀律师都认为，整个英格兰的法律，无论是实体法还是程序法……革命之后跟革命之前完全一模一样。"参与者也没有表现得好像他们在做什么新鲜的事情。"因为我们革命是为了维护古老的权利，所以过程严格遵守古老的程序。一言一行，几乎都能看出对过去的深深敬畏。"麦考莱如此写道。他跟柏克的观点高度一致："英格兰两党都同意，要庄重对待国家的古老宪法传统。唯一的问题是如何理解这些传统。"麦考莱也跟柏克一样蔑视现代革命，声称"正因为我们在 17 世纪发动了维护性的革命，所以我们在 19 世纪没有发动破坏性的革命"。麦考莱的确认为 1688—1689 年发生在英格兰的事件，跟现代革命有着根本的概念差异，这被后来的评论家奉为圭臬。"对我们这些经历过 1848 年的人来说，"麦考莱指出，"用革命这个可怕的名字，去称呼如此审慎、如此节制、如此严格遵守惯例成规的活动，简直称得上是滥用术语。"[31]

麦考莱的甥孙乔治·麦考莱·特里维廉在其当权派辉格党的 1688—1689 年革命史中得出了相似的结论。麦考莱在雅各宾派及其暴行的阴影下写作，特里维廉在 20 世纪 30 年代末拿起笔时则对法西斯分子充满憎恶，将其比作法国的雅各宾派。跟麦考莱一样，特里维廉强调，在1688—1689年"没有什么新的思想"。跟麦考莱一样，特里维廉认为这次革命是"节制的胜利"。特里维廉也不认为驱逐詹姆斯二世的做法特别革命。"1688—1689年革命的亮点，"他强调，"不在于喧闹和骚动，而在于战胜了一切喧嚣的审慎和智慧的依然微弱的声音。"不出意外，特里维廉跟柏克和麦考莱一样，认为"这次杰出革命的精神处在革命者的对立面"。[32]

柏克、麦考莱和特里维廉的著作再次肯定了当权派辉格党人的革命解释。对这三人来说——他们都希望英国不要效仿他们那个时代吞噬欧洲大陆的暴力和极端革命——1688—1689年事件的最大优点恰恰在于避免英国爆发真正的革命。他们的解释成了权威，不是因为他们发现了新的确凿无疑的历史证据，而是因为当代的政治事件导致他们的竞争对手放弃了这个领域。尽管麦考莱非常勤奋地搜集档案材料，尽管柏克和特里维廉富有修辞才华，但他们都认为自己的责任是论述对詹姆斯二世暴政的反抗，而不是解释和详细说明1688—1689年的革命后果。与其说柏克、麦考莱和特里维廉驳斥了反对派辉格党人的论点，不如说他们认为在他们所属时代的政治气氛下，反对派辉格党人的主张无关宏旨。

※　※　※

20世纪末的1688—1689年革命论，阐述并强化了当权派辉格党人的解释。学者不断地将焦点缩小到詹姆斯二世的统治及其直接影响，不断地从英国国内高层政治和反天主教的狭隘角度讨论革命。因此，一点都不奇怪的是，最近的学者得出了跟当权派辉格党人一样的结论，即革命是恢复的，而不是创新的。与其他现代革命不同，这次革命不是一个决定性的转折点。[33]

　　意识形态和方法论各不相同的学者遥相应和。他们一致声称，1688 年革命是一次恢复和保守的行动，而非创新的行动。J. R. 琼斯认为，1688—1689 年革命的目的"是恢复和保守的"。他断言，英格兰的革命者"并不像一个世纪后法国主流的革命者那样，旨在彻底改变政府、法律、社会，以及改变组成国家的所有个人的地位"。约翰·莫里尔撰文声援特里维廉的说法，明确表示，"1688—1689 年的理智革命是一场保守的革命"。乔纳森·斯科特应和说，1688—1689 年革命"是一场'光荣革命'——就该词在 17 世纪的意思而言"，"因为在一个世纪的纷争之后，它终于恢复和保卫了尚可挽救的伊丽莎白时代的教会和国家"。休·特雷弗-罗珀指出，既然革命"本质是防御性的，是坚决抵制创新的产物，它也必然是保守的"。[34]

　　在这些叙述中，1688—1689 年的事件跟现代革命没有丝毫相似之处。无论从参与者抑或其后果来看，光荣革命都不是一次社会革命。戴尔·霍克认为 1688—1689 年革命只是"王朝暴动"，不值一提。因为"这场所谓革命是一场成功的政变"，大卫·霍斯福德指出，"那时候在英格兰发生的不是革命，除非你从最狭义的角度理解'革命'这个词"。约翰·波考克指出，1688—1689 年没有大众激进主义，因为"贵族掌握着权力"。"光荣革命的最大幻觉就是它很保守，"马克·戈尔迪评论，"在滔滔的平反声中，民众革命的说法并不受人重视。"[35]

　　1688—1689 年事件的参与者是来自小圈子的政治精英，他们没有革命纲领，也没有社会议程，自然称不上现代革命者。"1688 年的'光荣革命'，"约翰·韦斯顿指出，"之所以被称为光荣革命，正是因为它在许多方面都不符合现代意义的革命。"罗伯特·贝达德强调"1688 年革命特别不现代"。威廉·斯佩克明确指出，1688—1689 年革命不是社会革命。[36]

　　到 20 世纪末，有关 1688—1689 年革命的学术讨论其实很狭隘。对大多数观察者来说，似乎压根没有讨论。霍华德·南纳指出，"大家普遍接受，1688—1689 年发生的事情本质上是保守的"。哈利·迪金森评论，"研究光荣革命的最新著作都认为这是一个保守的解决方案"。"多数学者已经达成共识，"凯瑟琳·威尔逊说，"革命主要是贵族政治的插曲，在意识形态、政治和社会效果方面都是绝对的'保守主义'。"当权派辉格党人对 1688—1689 年革命的阐释已经取得了统治地位。[37]

1688—1689 年革命三百周年庆平平度过，因为没有什么可庆祝的。两个世纪的历史研究将曾被视为人类历史的重大转折点的事件贬为贵族的客厅游戏。英格兰人或英国人的身份没有被重塑，只是再次得到确认。英国宪法没有被改造，古老的宪法恢复了。最重要的是，学者异口同声地宣称，大多数英国人的生活几乎没有受到影响。如果说 1688—1689 年革命做到了什么，那就是改变了高层政治。

无论是公开还是私底下，历史学家和意识形态迥异的政治家都认为没有发生什么。天主教保守派奥伯龙·沃对革命不屑一顾，将其视为"外国势力对英格兰的最后一次成功入侵和征服"。长期担任工党议员的托尼·本和沃几乎没有政治理念上的共同点，但他告诉下议院："1688 年没有发生光荣的革命。那是某些人的阴谋。""光荣革命当然没有改变社会秩序，"保守党议员伯纳德·布雷恩爵士同意，"它完全没有改变普通人的命运。"[38]

1688—1689 年的事件可能酿成政治变动，这一点大家都同意，但这并不足以形成革命。当被问到 1688 年 11 月开始的事件是否应被视为革命时，参与三百周年庆典的历史学家委员会负责人查尔斯·威尔逊如此回答："如果你说的革命指的是类似法国大革命、俄国革命乃至美国革命的巨变……当然不是。邀请威廉来英格兰的那些显要并不打算改变政治或社会秩序。"诺埃尔·安南认为，不管有多重要，1688—1689 年的事件都"不是真正的革命"，这样的结论是合理的。"这当然是革命，"伯纳德·布雷恩爵士面对工党的抨击时坚称，"但更多是就其拨乱反正的意义而言。"到了 1988 年，左翼和右翼的政治家都同意，1688—1689 年没有发生过革命。黑尔什姆勋爵不得不承担起一项艰巨的任务，那就是为纪念三百周年的国宴厅展览揭幕。他告诉聚在一起的观众，为了没有发生的和可能已经被阻止的，我们应当庆祝 1688—1689 年革命。"我们自己的光荣革命，"他解释说，"爆发之时，并不是类似于 1789 年法国大革命，甚至 1917 年俄国革命或 1933 年魏玛共和国崩溃的动乱。"首相玛格丽特·撒切尔认为，1688—1689 年革命的重大意义在于说明大众激进主义无关宏旨。"应该通过议会来寻求和实现政治变革，"她声称，"正是这一点使我们能够避免震撼我们大陆邻国的暴力革命。"[39] 考虑到这一显著的共识，考虑到当权派辉格党人主宰着革命原则的解释，三百周年庆典变得平淡而沉闷，也就不足为奇了。大众的庆祝活动与革命的精神背道而驰。

※ ※ ※

1688—1689 年革命已经消失于大众想象之中，因为它再也无法引起大家的兴趣。学者、政治家和记者都同意，革命只是恢复了英格兰的古老宪法。它肯定了而不是创造了英国例外论。它充其量只是少数英国贵族的英勇时刻，他们为了自己的荣誉挺身而出，反对革新和暴虐的君主。人民几乎没有参与。这次革命没有为未来的政治行动开创新的先例——只不过重申了议会的主权。这次革命没有创立其他国家效仿的模式。如果说有什么值得庆祝的话，那就是英国人惯有的节制。所有人都成了当权派辉格党人。[40]

但是 1688—1689 年革命并非始终只有这种解释。整个 18 世纪，英国、欧洲和北美都有不少人认为这次革命是政治、道德和社会方面的变革事件。这一观点在 18 世纪一直都受到质疑，但它的消失跟历史研究没多大关系。学者考察了詹姆斯统治的性质，却没有考察

1688—1689 年革命影响的成分和起源。这一疏忽源于英国人对自己的想象，自 18 世纪 90 年代以来，他们始终自视为欧陆革命变动的反对者和其他地方反殖民主义革命的目标。政治气氛，而非学术研究，减少了关于 1688—1689 年革命的问题种类。现在是时候找出反对派辉格党人在 18 世纪提出的问题的答案了。

本书尝试做的正是那样的事情。受 18 世纪革命争论洞见的启发，本书跟光荣革命的大多数学术著作有两点根本不同。首先，我没有假定光荣革命是发生在 1688 年和 1690 年之间，其起源一定可以追溯至詹姆斯统治时期的高层政治事件，而是扩大考察范围。我的问题是革命是否有长期的原因——无论是社会经济、政治、宗教，还是大体的意识形态。我的问题还包括革命是否产生了更加深远的影响，而如果将考察范围局限于博因河战役*或《利默里克条约》†这类据称结束了詹姆斯国王和威廉国王在不列颠群岛的军事冲突的事件，革命的长期影响就会被忽略。其次，我坚持将英格兰的发展置于更为广泛的欧洲和欧洲以外的背景之中。我没有假设英格兰人只会以狭隘的方式思考问题，而是探讨他们与欧洲和更广泛的世界的经济、宗教和政治交流。例如，我试图从欧洲天主教争论的角度解释詹姆斯二世的天主教教义，试图了解英格兰人如何看待欧洲和欧洲以外的帝国可能性。正是因为我采取了与多数学者截然不同的方法，所以关于 1688—1689 年革命的起因、性质和影响，我得出了很不一样的结论。

我问的不是为什么詹姆斯二世在 1688—1689 年被推翻（这个问题为多数学者所忽略），而是为什么英格兰国家和社会在 17 世纪 80 年代和 90 年代发生了转变。在本书的第二部分，我和当权派辉格党

---

* 博因河位于爱尔兰东部。1690 年，威廉三世在这里击败詹姆斯二世，挫败了对方恢复王位的图谋。

† 1691 年签订于爱尔兰的利默里克，根据条约规定，法国和詹姆斯党军队撤往法国，爱尔兰天主教徒享有信仰自由。

人的光荣革命解释分道扬镳，我始终认为英格兰的经济生活和英格兰在欧洲经济的地位在 17 世纪下半叶发生了巨大的变化。我认为，詹姆斯二世试图利用这些力量创立新型的现代英格兰国家，而他试图效仿的是法国式的现代天主教国家，这确实引发了广泛而强烈的反对。在第三部分，我证明了从 1687 年开始释放的革命能量，并没有导致当权派辉格党式史学和现代学术界所称颂的温和而理智的革命。我将在书中揭示 1688—1689 年革命远远不是贵族的、和平的和齐心同力的，而是跟大多数现代革命一样，是大众的、暴力的和分裂的。第四部分从三个关键方面追溯了革命的长期原因和后果：政治经济学革命、教会革命和外交革命。在第五部分，我用两种很不一样的方式突出了革命的根本性变革后果。在第十四章，我利用 1696 年刺杀阴谋，说明革命如何极大地改变了 17 世纪末英格兰政治讨论的形态。我在结论部分提出的问题是：英格兰革命发生在什么时候？在这一章，我会明确指出，如果没有内战和 17 世纪中期的空位期，就不会有 1688—1689 年革命及其激进影响，尽管如此，17 世纪中期的动荡并不意味着 1688—1689 年及其后果是必然的。17 世纪后期的英格兰确实有可能发展出法国式的绝对主义。只有激进革命才能阻止英格兰走上一条截然不同的发展道路。

　　不过，在我转向叙述 17 世纪末的英格兰之前，重要的是确立我对革命的理解。因此，第二章主要利用社会科学和人文科学的大量文献，陈述了一种革命理论。依据这些文献，我提出了在比较框架内研究革命的新议程。虽然我希望这一理论和议程能够刺激英格兰历史之外的领域的进一步研究，不过，这一章只是清楚说明了为什么我认为 1688—1689 年革命必须被当作第一次现代革命。

第二章

重思革命

1788 年，"革命百年纪念"章。这枚 1688—1689 年革命的纪念章铸造于 1788 年，上面刻有英国狮子脚踩天主教统治标志的图案

17 世纪中叶，国教牧师、后来的革命家吉尔伯特·伯内特写道："历史最迷人的片段莫过于国家巨变和政府革命的故事。"他宣称这是因为"各种意想不到的意外和事件，既能娱乐大众，又能教育大众"。另一位早期的革命评论家强调，革命不仅具有娱乐性，而且难以解释。"大革命一旦成功，起因就已不复存在，"亚历克西·德·托克维尔解释说，"成功正是它们难以理解的原因。"在我们和托克维尔相隔的一个半世纪里，情况几乎没有发生任何改变。革命仍然令人着迷，也令人困惑。西达·斯考切波在 20 世纪 70 年代指出："在过去的二十年，革命理论在美国社会科学领域如雨后春笋般涌现。"[1] 斯考切波写下这番话之后，以革命为主题的学术研究有增无减。

革命一直令人着迷和好奇，因为每一次新的革命似乎都会让人对上一代创建的复杂理论产生怀疑。可惜的是，每一次新的革命都会促使学者提出更加精细的阐释，将新的变量和新的可能结果包含进来。每一个新的说法都比之前的更加复杂。有了新的起因，革命类型学也有了新的划分。我们现在知道的就有政治革命、社会革命、大型革命、小型革命、第三世界革命和20世纪革命。本章将会简明扼要地解释革命的起因，提出解释其结果的一些新思路。本章提出的总体模型将会说明为什么1688—1689年的英格兰革命应当被视为第一次现代革命。

※　※　※

革命是相当罕见和特殊的事件。它们从根本上改变了国家和社会。"革命，"政治学家塞缪尔·亨廷顿指出，"是社会的主要价值观和神话，还有政治机构、社会体制、领导层，乃至政府活动和政策的迅速、彻底和激烈的内部变化。"革命因而跟社会和政治体制保持不变的领导层激烈变动区分开来。革命也不同于独立战争，因为后者不会改变前殖民地的社会和政治体制，只是主权归属发生了转移。亨廷顿的定义虽然有用，但要加以限定和补充。衡量革命发展速度的单位必须是年，而不是月。最近有论者指出："面对革命，最好不要将其定义为事件，而应该将其定义为通常延续数年甚至几十年的过程。"革命还有共同的意识形态元素：崇奉时代变革的自我意识。革命者坚信，他们的成就或抱负体现了与过去彻底的时间断裂。"真正的革命，"政治理论家艾萨克·卡拉姆尼克指出，"是为了重新开始。"因此，对于理查德·普赖斯来说，美国革命"开创了人类事务的崭新前景，开启了人类历史的全新时代"。比他早大约一个世纪，对英格兰社会有深入观察的瑞士人居伊·米耶热就在描述英格兰的光荣革命时，称其开辟了"新的局面"。[2] 正是在这种时间断裂观念的推动下，法国雅各宾派在1793年制定了新的历法。

因此，革命意味着与旧制度的体制和意识形态一刀两断。它们必然改变政体的政治和社会经济体制。它们往往包含一场推翻旧制度的群众暴力运动。革命改变国家的政治领导和政策方向。革命政权还会带来新的时间观念，一种他们正在开启国家和社会历史新纪元的观念。

阶级冲突因而只是革命的陪衬。尽管不少重要的革命论述都以阶级斗争为中心，且有些革命明显受到阶级分化的影响，但坚持阶级斗争是革命的要素会过度缩小分析范围。18 世纪末的法国大革命曾是以阶级为基础的社会革命的经典案例，现在大家已经不再铁板一块地认为它具有乔治·勒费弗尔*和阿尔贝·索布尔†等人认定的阶级基础。[3]像伊朗革命这样的 20 世纪革命，似乎也可以被排除在以阶级斗争为中心的革命定义之外。阶级冲突可能决定了某些革命运动的形态，可能是革命转型的结果，有时候可能还决定了革命者的政治目标和敌人。但不是所有革命都与阶级冲突有关。革命肯定包含民众运动，而这些民众运动不一定以阶级为基础。

区分社会革命与政治革命也没有意义。"改变国家体制而不是社会体制"的事件是内战、叛乱或者政变。这些不是革命。革命一定同时包含社会经济方向和政治体制的转变。这种转变必须通过民众运动实现，而且转变必须包含新时代已经开始出现的自我意识。在我看来，文献常见的社会革命与政治革命之分，既是规范性的（normative），又是分析性的（analytical）。[4]学者在社会革命与政治革命之间画下一条清晰的界线，这是因为他们赞赏某些革命成果而不屑其他。分析性的措辞进而被用来掩盖政治上的偏好。

---

* 乔治·勒费弗尔（1874—1959 年），法国历史学家，以研究法国大革命而著称。代表作《法国革命史》《拿破仑时代》。
† 阿尔贝·索布尔（1914—1982 年），法国历史学家，同样以研究法国大革命和拿破仑时代而闻名。代表作《法国大革命史》。

※ ※ ※

那么，革命为什么发生呢？对此，社会科学家和历史学家并不缺乏解释。随着专著和论文的激增，学者讲述的革命起源故事也在增多。尽管文献浩繁，但是看得出来，如今在这场讨论中占据上风的，是跟著名社会科学家有关的两种解释。第一种革命解释认为现代化的支持者推翻了旧制度。第二种分析提出，终结旧制度的是一个新兴的社会群体，一个夺取权力并颠覆国家和社会体制的阶级。两种革命解释虽然有所不同，但都是现代化叙事。

亨廷顿宣称："革命是现代化的特征。它是传统社会实现现代化的方式。"亨廷顿特别指出，革命"最有可能爆发的地方是社会和经济已经得到一定发展，但是政治现代化和政治发展进程滞后于社会和经济变迁的社会"。尽管亨廷顿区分了西方与东方的革命模式，但正如查尔斯·蒂利敏锐地指出，在这两种情况下，"革命的直接原因应该都是制度的表现与对其要求之间的差距……这或多或少就是社会和经济迅猛变化的直接后果"。[5]

革命的阶级斗争解释与现代化叙事有两点根本不同。经典的现代化叙事关注社会从传统到现代的全面转变，阶级斗争模型却突出经济生产方式的转变。"这里使用的社会革命概念，"西达·斯考切波强调，"主要借鉴了马克思主义对社会体制变化和阶级冲突的强调。"经典的现代化叙事只关注国内的内部转变，斯考切波却特别突出了国际背景。"只有那些在国际舞台上处于不利状况的国家才会爆发现代社会革命，"她指出，"军事落后或政治依附的现实对社会革命的爆发和进程有着决定性的影响。"这种相对落后的状况本身就与生产方式有着千丝万缕的关系。"所有现代社会革命的起因和成功，"斯考切波说，"肯定都与世界范围内，资本主义经济发展和民族国家形成在国与国之间的不均匀传播密切相关。"正是在此意义上，斯考切波认为，"一且旧制度国家无法应对不断演变的国际形势的挑战，革命危机就会爆发"。[6]对阶级斗争范式的辩护者来说，当某一阶级的成员因为旧的社会政治体制导致国家在世界舞台上失去了竞争力而推翻旧制度时，革命就爆发了。

除去这些阐释性、分析性和（可疑的）规范性的重要差异，这两种主流的革命解释有许多共同点。从根本上来说，两者都是现代化叙事。两者都强调，在爆发革命的社会，社会和经济的现代化使国家制度显得过时落伍，变成了旧制度（ancien régime）。尽管方法不同，斯考切波与亨廷顿一样，都认为"开新纪元的现代化动力在一定程度上导致和决定了革命性的转变"。[7]

与经典现代化和阶级斗争观点不同，我认为革命只有在国家开启雄心勃勃的国家现代化计划时才会发生。革命不会让现代化的支持者和旧制度的辩护者对立起来。相反，革命发生在一个政治民族（political nation）确信有必要进行政治现代化，但在国家革新的正确路线上存在严重分歧的时候。尽管亨廷顿和斯考切波的方法注重"政治和制度因素"，但我认为，他们其实忽略了这个关键点。[8]国家现代化既是政治目标，又是政治进程，从而构成了革命的必要前提。现代化社会运动的广度和性质可以促进国家现代化。这些社会运动可能决定革命进程的性质。但是社会运动不会引发革命，除非国家现代化已经开始。

※　※　※

在我阐述国家现代化是革命的必要前提的论据之前，我得承认一个并不看重现代化的有力的革命分析，这很重要。杰克·戈德斯通在其引起热议的《早期现代世界的革命与反抗》中，提出了完全不同的论点。戈德斯通强调："引发革命的不是古今或善恶之争，而是人类制度与环境之间的失衡。"戈德斯通认为，导致国家崩溃的关键因素不是社会或经济的现代化。"变革的动力，"戈德斯通强调，"（源于）人口规模与农业产出之间关系的生态变迁，这酿成了精英与国家、精英与精英，以及民众群体与当局之间的各种冲突。"[9]戈德斯通的分析横贯从欧洲到东亚的早期现代世界，令人惊叹地表明了促使国家崩溃和革命的是传统的马尔萨斯危机，而不是经济的现代化。

　　革命和国家崩溃的人口学解释依赖一个重要的实证性判断。戈德斯通认为："不仅是欧洲，包括世界范围内的国家崩溃都集中在两波明显的'浪潮'，第一波浪潮在 17 世纪中叶达到顶点，第二波浪潮是在 19 世纪中叶。在这两次浪潮之间，从 1660 年到 1760 年，大约有一个世纪的稳定期。"动荡期是人口增长的时期，稳定期则是人口停滞期。"如果人口下降，人与资源的传统平衡得到恢复，传统的制度就有可能恢复。"[10]

　　尽管戈德斯通的分析富有新意，阐释令人激动，却未能合理地解释他所关注的早期现代世界。大规模的国家崩溃和革命出现在他所说的 1660—1760 年的"稳定世纪"。戈德斯通否定了 17 世纪末的英格兰光荣革命，称其"不是真正的革命"。这一看法迥异于经典论者的观点，以及在此方面发展出来的解释。卡尔·马克思认为光荣革命标志着"资产阶级对封建贵族的第一次决定性胜利"。杰出的法学家威廉·布莱克斯通爵士也认为，正是光荣革命，"这次圆满的革命"，标志着英格兰封建主义的衰落和英格兰"公民和政治自由"的完全确立。[11]我要证明的是，光荣革命是大众的暴力事件，它彻底改变了英格兰的统治性质和政权的社会经济倾向。新政权不仅改变了外交、帝国、经济和宗教政策，而且后来的评论家——无论支持还是反对革命——几乎都将革命描述为英格兰历史的崭新开端。

　　在所谓的稳定世纪经历国家崩溃、国家转型或者革命的欧洲国家并不只有英格兰。激烈而浩大的国家动乱震撼了尼德兰联省共和国。面对 1672 年夏天栽在法国人手上的军事失利，民众的抗议和骚乱浪潮席卷了这个最富有的欧洲国家。闹事者最终迫使伟大的共和国领袖约翰·德维特在 8 月初辞职。随后在 8 月 20 日，德维特和他的哥哥科内利斯在海牙街上惨遭分尸。结果在 1672 年 7 月，奥兰治的威廉成为执政官，"改变了权力结构"。民众的政治暴力导致荷兰从共和国变成准君主制政权。[12]

　　1660 年至 1760 年间，斯堪的纳维亚半岛同样发生了国家崩溃。从 1660 年到 1683 年，弗雷德里克三世和克里斯蒂安五世将丹麦从一个选举君主制国家改造成最专制的国家之一。在 1657—1660 年的战争中，丹麦惨败于瑞典人，随后弗雷德里克三世"发动政变"，确保君主制在 1660 年变为世袭。接下来的几十年，"原来的寡头社会体制"被"任人唯贤，无论社会出身如何，有才华的人都能跻身上流的制度"所取代。1683 年的《丹麦法典》实现了"生活各方面的有序和透明"。丹麦的政治和社会体制被永远地改变了。[13] 虽然战胜了丹麦，但是瑞典国家在 1680 年后同样变化巨大。其实在瑞典，导致选举君主制到绝对君主制这一转变的，与其说是失败和相对的落后，不如说是对瑞典资源匮乏、无法维系来之不易的大国地位的焦虑。1680 年，卡尔十一世正式取得了专制君主的地位。用一位学者的话来说，卡尔十一世"革新了君主制的权力"。瑞典议会再也无法限制他的权力，然后他才能够彻底重组瑞典陆军、瑞典海军和瑞典财政。重要的是，这次被人称为王室政变的瑞典国家转型，涉及资源从"私有到公有"的大规模转移。瑞典贵族受到了实质的削弱。[14] 瑞典国家和社会都发生了根本的转变。

　　在所谓的稳定期，发生国家崩溃的地区不止北欧。作为国家的西班牙在波及全欧的西班牙王位继承战中发生了惊人的转变。从伦敦到维也纳乃至欧洲其他地方，西班牙哈布斯堡王室在 18 世纪初的垮台令所有人大吃一惊。西班牙陷入了内战，而战争中崛起的波旁王室改变了西班牙国家的性质。新的国家形成了一群新的"官僚精英"，而且"权力向中央政府转移"。1714年后，新的西班牙王室进一步实施国家改革。[15]

按照革命和国家崩溃的人口学解释，只有在人口增长超出经济资源负担能力的时候，国家才有发生动乱的危险。人口稳定期，国家应该是稳定的。然而，1660—1760年的人口稳定期，却是整个欧洲都在频繁发生剧烈的国家崩溃和革命的时代。因此，我们必须从其他地方寻找革命的原因。

※ ※ ※

解释革命的关键要素既不是人口压力，也不是社会经济的现代化。有时候可能两个要素都起到作用，但关键要素是国家的现代化。在所有的革命中，旧政权在革命之前就已不复存在。因此，革命没有让现代化的支持者与传统体制的捍卫者对立起来。相反，革命只有在当权者自己走上现代化之路后才会发生。没有社会经济的现代化，国家现代化本身也不可能发生。但社会经济现代化只是国家现代化的必要不充分条件。[16]正因如此，革命往往是国家现代化计划互相激烈竞争的结果。

长久以来，学界一直认为现代化叙事的经典说法和阶级斗争说法都有实证依据不足的问题。例如，查尔斯·蒂利就指出，历史记载表明革命和"结构变化的速度没有直接关系"。蒂利注意到，的确有证据呈现了一种负相关："急剧的变化，导致政治冲突减少。"蒂利总结说，"大规模的结构变化"间接影响了"革命的概率"，但"现代化滋长了革命，这样的说法既靠不住，也不符合规律"。[17]社会和经济的转型——也就是社会现代化——可能导致政治变革，但不会导致国家崩溃。相反，国家的现代化意味着政权的革命时机成熟了。

我所说的国家现代化是指政权有意识地从根本上改造自身的一系

列行动。国家现代化通常包括努力把政治权力集中化和官僚化，积极利用最先进的技术改造军队，筹划通过国家工具来加快经济增长和塑造社会面貌，以及调用技术收集政体内部各个社会阶层和地理区域的社会和政治活动的信息，并采取必要的镇压措施。国家现代化的支持者几乎总是使用创造新起点之类的相同说辞，这往往会让我们联想到革命者。他们坚持认为，他们正在彻底抛弃过去的治理模式。

托克维尔很早就指出，路易十六的法国是一个典型案例，显示了国家现代化的尝试会促进政权革命时机的成熟。"经验告诉我们，"托克维尔写道，"对一个坏政府来说，最危险的时刻就是它开始改革的时刻。"托克维尔的概括依据是他对法国情况的了解。在那里，在革命前的几十年，"现代制度"已经出现"在千疮百孔的封建制体系内部了"。国家现代化的计划如此宏大，以至于"整个国家似乎都陷入了重生的阵痛之中"。路易十六远远谈不上反动，反而是一位坚定的改革者。"在他统治期间，路易十六一直都在讨论改革，"托克维尔指出，"而且很少有制度的破坏是他没有预料到的。"18 世纪后期，法国国家的中央集权程度越来越高，"方法更加系统，效率更高"。1787 年，路易十六开始"对行政机关进行大规模的全面改革"。第二年，也就是 1788 年，这位国王"颁布了全面改革司法系统的诏书"。受到法国在七年战争（1757—1763 年）中毫无斗志的惨败的刺激，"政府变得更有活力，（并）积极开展许多在此之前从未考虑过的活动"。关键既不在于路易十六的政权预料到了后来由革命者造成的所有变化，也不在于路易十六其实是被误解的激进派，而在于路易十六是现代化的支持者。[18] 他的所作所为改变了政治讨论和活动的领域。法国大革命是现代化方案相互竞争的暴力产物。

法国大革命不是这种现象的第一个例子。一个世纪以前，英格兰也曾受到相同的革命模式的震撼。詹姆斯二世和英格兰政治民族也担心最近对荷兰人的军事挫折会使王国沦为二流国家。詹姆斯二世还受益于英格兰对外贸易的扩张，这使他能够实现英格兰军队的现代化和扩大化，大规模扩张国家官僚机构，并将地方政府纳入中央控制。詹姆斯还建立了一个范围广泛而高效的监视系统，在英格兰的咖啡馆、酒馆和教堂部署了大批线人。他通过新设立的邮局拆阅信件，密切关注政治脉搏。他还利用广泛的政治调查来评估政治情绪，为清除异己提供便利，并用自己的支持者代替反对者。推翻詹姆斯的革命者采取了不一样的现代化方案。革命后的政权也决心实现国家的现代化、集权化和扩大化。但该政权采取了截然不同的经济政策——致力于发展英格兰的制造业，而不是通过获取领土来扩大农业部门——不同的外交政策，以及意义深远的宗教宽容承诺。[19]

20 世纪的革命模式跟 17 世纪和 18 世纪的一样。国家现代化是革命的必要前提。墨西哥在爆发革命之前，经历了一个大规模的国家现代化时期。墨西哥总统波菲里奥·迪亚斯发起了一系列改革，历史学家弗里德里希·卡茨称之为"波菲里奥的现代化之路"。迪亚斯用普鲁士的方式实现了墨西哥军队的现代化，使其成为吸纳人才的地方。迪亚斯的财政部长何塞·利芒图尔"平衡了预算，改革了国库，废除了内部关税，并彻底改造了国家的银行制度"。国家官僚机构的规模因而"大为增加"。迪亚斯还利用他的权力，把墨西哥的反对派报刊"控制起来"。迪亚斯成功地创造了一个管理着"强大的中央集权政权"的"国家统治阶级"。[20]

20 世纪初的俄国和土耳其革命都是在试图实现国家现代化之后发生的，尽管在这两个案例中，现代化在一定程度上是强加于旧政权身上的。在俄国，沙皇在 19 世纪就已采取了解放农奴的措施。到了20 世纪初，国家改革"已经成功地将国家行政机关变成了统一的现代机构"。[21] 俄国在日俄战争的失利，加上之后的 1905 年革命，加快了国家现代化的步伐。沙皇尼古拉二世创建了杜马，一个选举产生的国家议会，并使政党和工会合法化。他麾下有欧洲规模最大的常备军。1917 年 10 月的革命爆发之前,尼古拉还启动了"重大社会改革计划"。[22]

　　1908 年土耳其革命之前,苏丹阿卜杜勒-哈米德二世同样开始了一系列的国家改革。苏丹意识到欧洲列强正在着急地等待时机,以瓜分曾经可怕的奥斯曼帝国,他并不情愿,但仍积极地实施现代化。他大大地扩张了公立学校系统和铁路网络。他启动了一项宏大的计划,按照德国的方式实现土耳其军队的现代化。因此,1908 年革命之前,苏丹"已经成功地在奥斯曼帝国的军队和官僚机构中建立了主要的现代化部门,这些部门开始依据法律 / 理性的行为准则来运转"。[23]

　　国家现代化也是中国革命的前奏。这一次,中国对日本人的失败(1895 年),加上之后的义和团运动(1899—1901 年),促成了一系列迅猛而深入的改革。军队基本按西方惯例进行了重组。1905 年,传统的科举制度被废止,广泛的教育改革因而得以进行。按照汉学家史景迁的说法:"政府对经济的控制同样得到增强,更多的官督商办企业建立了起来,铁路网也在逐渐扩大。"1906 年 9 月,政府宣布预备立宪和进一步的行政改革。20 世纪初的中国,所有政党"都是政治现代化的倡导者"。即将演变成为革命的冲突"涉及中国应当采取什么形式的现代政府和应当如何引入现代政府的问题"。[24]

　　1979 年的伊朗革命,令那些将革命视为现代化的胜利或者农民阶级的最终胜利的学者困惑不解,却是又一个雄心勃勃的国家现代化推动者为革命铺路的例子。穆罕默德·礼萨·巴列维沙阿发起了一个彻底的现代化计划。他为超过四十万人的军队提供了现代武器、顾问和技术。他的庞大"官僚机构掌管着各种各样的职能和企业,包括石油工业、钢铁工业、港口、铁路乃至原子能"。当然,沙阿还简单地改造了一支令人害怕和鄙夷的秘密警察部队。根据一位论者的说法,伊朗革命是"一场由国家集权化和现代化引发的政治斗争"。革命者不是保守派。他们就现代伊朗怀有不同的愿景。这反映了反抗沙阿运动的广泛基础，除了教士，还有"巴扎商人、部落、知识分子、技术专家、学生、产业工人、平常胆小的公务员，最后甚至还有一部分武装部队"。即使是最终摘得胜利果实的霍梅尼及其支持者，也可以说有一个现代伊斯兰共和国的愿景。[25]

乍看上去，1959 年的古巴革命似乎构成了最大的解释难题。多数论者认为，富尔亨西奥·巴蒂斯塔不堪一击，主要是因为他希望将军队非职业化。然而，尽管行为怪异，但连巴蒂斯塔都是一个积极的国家现代化推动者。巴蒂斯塔的政治生存诀窍包括促进经济快速发展，这在一定程度上是他"通过国家的开发银行"实现的。在另一位论者看来，他已经"启动了工业化计划"。巴蒂斯塔在 1933 年就已成为古巴的主要政治人物，他建立了庞大的国家官僚机构，每九个古巴人就有一个受雇于国家。当然，巴蒂斯塔的现代化国家的必要组成部分——跟所有其他国家现代化的例子一样——是一支执行政治镇压的部队。从 1952 年到 1959 年，被国家杀害的古巴人可能多达两万。[26]菲德尔·卡斯特罗上台之后提出了不一样的古巴现代化愿景。

国家现代化为什么应当是通向革命的必要步骤？答案既是社会结构的，即官僚国家扩张造成的社会影响，也是意识形态的。国家现代化必然导致大量人口与国家产生联系。现代化的国家通常都会建立庞大而全新的集权官僚机构。收税员、地方长官、邮政局长和秘密警察下到地方，这是前所未有的事情。这种新型的与国家的日常接触鼓励了那些以前离国家政治很远、认为国家政治无足轻重的人，他们深切地关心国家的意识形态和政治方向。现代化的国家创造了获取信息的需求和提供信息的手段，从而创造了具有新的政治意识的民族。现代化的国家机构也雇用了许多新的群体。[27]现代化的军队和官僚机构不仅制造了大量的国家雇员，用新的方法和新的世界观教育这些新雇员，而且很多时候还教导他们接受国家认同而不是地区或地方认同。正因如此，许多革命的参与者都是现代化机构内部的激进骨干人员，例如

20 世纪初土耳其的青年土耳其党人，或者 17 世纪末英格兰未来的马尔伯勒公爵率领的逃兵。现代化的国家创造了新的民众，后者突然就关心起国家政治来。

现代化的国家宣布与过去决裂，从而打开了一个意识形态的缺口。为了解释和论证国家扩张、国家转型和对日常生活进行必要干预的合理性，现代化的国家必须宣布和解释它们的新方向。如此一来它们就不得不承认有必要进行彻底的变革。未来的革命者不再需要向可能抱有怀疑或保守态度的公众解释为什么变革是必要的，而是只需解释为什么国家选择的现代化道路注定失败或造成祸害，这样就简单多了。现代化的国家必然激起有关现代化的手段和目标的广泛讨论。现代化的国家为现代化的反对派创造了意识形态空间。

旧政权的现代化并非革命进程必然发生的一步。国家的现代化不一定是为了应对革命的压力。俄国的罗曼诺夫王朝和中国的清朝可能是为了阻止革命才实行国家现代化，只是没有成功。但在其他情况下，政权是为了应对其他压力。詹姆斯二世对英格兰的国家组织进行现代化改造时，正是他在国内的声望达到顶点之时。路易十六提出庞大的国家改革，不仅是为了平息国内的不满情绪，也是为了克服众人心中面对英国强权的竞争劣势。迪亚斯在墨西哥和巴列维在伊朗推行的宏伟的国家发展计划并非反革命计划。两者的议程似乎都与国际地位相关，而非压制已知的革命反对派。政治家很少制定现代化计划来防止革命。但在某些情况下，那些决定启动宏伟和变革的现代化计划的政治家，的确无意中催生了革命反对派。

我的论述与以前的论述有什么区别？大多数革命理论家都注重可能推翻旧政权的社会运动的出现。我倒认为革命的起源可以从始于旧政权内部的国家现代化中找到，也就是那些致力于将旧政权改造成为现代国家的现代化计划。这不同于亨廷顿的说法，他声称"在一个能够扩大权力和扩大参与的政治体系中，革命不可能发生"。恰恰是国家扩大这种接触的能力创造了新的政治群体。尽管我赞同斯考切波的观点，即国际形势的发展可能会给旧政权带来极大的压力，但我不同意她的暗示，即"民众革命行动要获得成功，必须先削弱革命前政权的国家镇压组织"。在英格兰、古巴或伊朗的案例中，当革命爆发的时候，国家的镇压力量正在增强而不是变弱。事实上，国家权力的扩大往往会让人产生迫切感，赶在反抗变得徒劳之前行动。反过来看，我也不同意杰夫·古德温的说法，认为革命运动形成于那些"社会边缘的组织和军事尤其混乱薄弱的国家的"外围地区。[28] 恰恰是现代化的国家将其权力更加深入地扩展到社会的行动，唤醒了身处外围地区之人的政治意识，将他们动员起来。国家的现代化，而非国家的崩溃——不断增强的国家力量，而非行将到来的国家衰落——才是革命的先兆。

※　※　※

当然，并非所有国家现代化计划都引发了民众革命。瑞典和丹麦的规模宏大的国家重组形成了更加稳定而不是更加动荡的政权。路易十四实施了非凡的国家现代化计划，集中了他的权力，降低了司法的阻力，创建了各种各样的新兴国家产业，并实现了陆军和海军的现代化。其结果不是革命，而是法国政府的黄金时代。[29] 同样地，日本的明治维新（1868 年）"建立了全民教育体系，建立了现代化的陆军和海军，并在国家和地方层面都组建了高效的行政官僚机构"。[30] 在这种情况下，新的国家也没有被革命运动所推翻，反而创造了富有战斗力的军事机器。

为什么有些现代化的政权被革命推翻，有些政权却能维持稳定并获得政治成功？对此，卡莱斯·博伊克斯的解释最为合理。"考虑到富人掌握的镇压技术存在一定的不确定性，"博伊克斯认为，"革命和某些形式的武装冲突会有爆发的可能性。"[31] 这意味着当现代化的政权对暴力力量的垄断尚未获得公认的时候，革命更有可能发生。当现代化计划进展极为迅猛，以致形成了政府衰弱不堪的感觉时，革命也有可能爆发，如 18 世纪末的法国或 17 世纪末的英格兰。或者当政权被证明无力镇压新生的反对运动时，革命也有可能爆发，比如古巴和中国。当现代化的国家迅速展示其对资源的控制并解除反对派的武装时，革命就不会发生，如 17 世纪的丹麦和瑞典或 19 世纪末的日本。

意识形态肯定也有影响。想让反对群体噤声，要么动用暴力镇压，要么实现意识形态的高度一致。路易十四成功地将自己描绘成能让法国实现世界霸权的领导人，这肯定有助于他那宏伟的现代化计划。[32] 一般而言，如果政权能够调动爱国言论，有效地把他们的政治对手描绘成国家的敌人，他们就更有可能避免革命。当然，如果爱国言论是国际冲突的原因或结果，军事胜利就对继续掌权至关重要。如果沙皇的军队在第一次世界大战中取得胜利，俄国革命还会爆发吗？

※　※　※

为什么有些革命形成了比较开放的政权，另一些革命却形成了更加高压而封闭的社会？为什么有些革命创造了更具竞争性的政治文化，而有些革命却创造了不那么多元的政权？

上述问题自然是从巴林顿·摩尔在《专制与民主的社会起源》中提出的经典问题演变而来的。摩尔问，为什么有些国家成为民主国家，有些国家成为法西斯国家，还有一些国家成为共产主义国家？他的答案包含丰富的历史细节和细微分析。不过可以简单地予以概括。摩尔认为，在英格兰、法国和美国，"资本主义和民主"是"通过一系列的革命"实现的。摩尔总结说，这些革命都是"资产阶级革命"。这是因为"独立而活跃的城镇居民阶层始终是议会民主制发展的关键要素"。摩尔干脆地说："没有资产阶级，就没有民主。"对比之下，摩尔在德国和日本看到的是缺少民主的资本主义的发展。这些国家实现经济现代化的时候，没有出现"汹涌的革命浪潮"，最后的结果就是"法西斯主义"。这些国家的情况跟英格兰、法国和美国不同，开启现代化的是强大的"上层地主阶级"。尽管摩尔把这种模式称为"自上而下的革命"，但他明确指出，这是没有革命活动的革命，现代化开始的时候没有发生"民众革命动乱"。被摩尔归入这一类别的案例就是我所说的没有革命的国家现代化计划。最后，发生在中国和俄国的共产主义革命，是"主要但不是只发生于农民之中"的革命。[33]

尽管史实周密、分析敏锐，摩尔的论述最后还是没有足够的说服力。法国大革命和英格兰内战之后的时期都谈不上民主。拿破仑当然歌颂了法国人的形象，也确实编纂了法国的法典，但是拿破仑谋求法国旧有的霸权目标，并不是为了在政治上支持民主政权。英格兰内战爆发之后，查理一世迅速在1649年遭到处决——正如我在下一节所说的——但这没有跟议会民主制无缝衔接。查理二世，以及詹姆斯二世（1685—1688年），建立了一个强大的绝对主义国家，且詹姆斯二世对此贡献尤其突出。只有1688年的暴力民众革命才能将这一政权推翻。如果拿破仑没有被打败，如果詹姆斯二世在1688年击溃了革命者，这两个国家通往议会民主制的道路就会困难得多。强大的资产阶级并不必然产生议会民主制，自上而下的国家转型也不一定会导向法西斯主义。丹麦和瑞典都经历了专制国王领导的国家现代化，但是两国都更靠近社会民主主义而不是法西斯主义。摩尔的分析有一些基本的道理，但是他的论点很大程度上依赖于对历史的牵强附会（feats of historical gymnastics）。[34]

关于为什么一些革命产生了更加民主的政权，另一些革命的结果却是更加威权的政权，汉娜·阿伦特提出了另一种答案。阿伦特认为，法国革命最后走上"毁灭之路"，美国革命却创造了一个民主社会，原因与革命者的目标息息相关。[35] 阿伦特哀叹，从"法国大革命的后期到我们这个时代的革命"，"革命者都觉得更为重要的是改变社会结构……而不是改变政治领域的构造"。关注社会而非政治问题的革命必然会产生威权政权。这是因为革命的能量转移了，不再关注自由问题，就像法国大革命一样。"由于苦难的迫切性，法国大革命的方向几乎从一开始就偏离了（自由）原则的路线，"阿伦特认为，"决定这一点的是摆脱贫困而非暴政的迫切需求。"阿伦特指出，这样的逻辑"推动暴力连绵不断地释放"。[36]

　　阿伦特对革命的不同政治后果的解释甚至比摩尔的更加悲观。跟摩尔一样，阿伦特将革命的后果与"历史阶段"联系在一起。摩尔认为民主和法西斯阶段已经过去了，阿伦特却认为自从法国大革命以来，革命者一直寻求解决的都是社会问题而非政治问题。然而，阿伦特的分析存在重大的历史问题。社会议题是英格兰光荣革命的一部分，正是这场革命为议会民主制铺平了道路。社会议题在 17 世纪末的英格兰革命中占据了突出的地位，这并不令人意外，因为在阿伦特看来，正是约翰·洛克（1632—1704 年）首先提出了社会革命支持者的核心思想，"劳动和辛劳"（labour and toil）不是"没有财产的人不得不从事"的活动，"反而是一切财富的来源"。洛克认为劳动创造财产，还可能带来无限的财产；所以人类是可能消除贫困的。正是受到这一思想的激励，1688—1689 年革命的许多支持者决心把英格兰从农业社会转变为制造业社会，从受到原材料不足制约的社会转变为由人类创造的无限可能性推动的社会。更能削弱阿伦特论点的是，被她列为典范的政治革命，也就是美国革命，同样具有社会维度。蒂姆·布林的新作将"消费者抵制"当成他的美国革命叙事的核心。"美国革命，"布林指出，"是第一场围绕普通人与消费产品之间的关系展开的大规模政治运动。"[37] 当英国的征税剥夺了令北美殖民地臣民得以感受文明的消费品时，他们就变成了革命者。社会问题是美国革命者关注的焦点。

那为什么有些革命缔造了民主国家，另一些革命却诞生了威权社会呢？答案跟发生革命的社会的经济结构有很大关系。正如托克维尔所说，法国大革命和其他革命一样，"创造了传教士般狂热的氛围，事实上，它呈现出宗教复兴的所有面貌"。[38] 革命者的立场非常坚定。他们主动拒绝任何妥协。面对政治阻力，可以自行其是的革命者就会强迫人民接受自由。然而，当革命国家依靠对外贸易来维持经济生存时，他们就反过来依赖商人群体。商人群体要求信息自由传播，好进行贸易，因而敌视垄断信息的威权政权。我怀疑正是由于对外贸易团体的经济和政治影响力，1688 年后的英格兰和建国初期的美国才没有采用一党统治。这两种情况下，商人群体的资源对国防至关重要。在经济相对自给自足的国家，比如拿破仑治下的法国、中国和苏联，由单一优势党派组成的偏向威权的政权都取得了胜利。由于国家掌握了大量的石油收入，伊朗始终能够保持社会封闭。古巴虽然不能经济自足，却是一个特殊的例子。在其发展时期，卡斯特罗政权能够依赖单一的贸易伙伴，也就是苏联。

从某种意义上说，我只是在完善巴林顿·摩尔的论述。并不是说没有资产阶级就没有民主。伊朗有强大的资产阶级，古巴也有规模可观的资产阶级。更确切的说法是，除非国家的生存取决于资产阶级的经济活动——尤其是那些从事外贸的资产阶级——否则就没有民主。因为革命国家有传教士般的狂热倾向，很难容纳意识形态上的反对意见。只有在国家没有足够的资源，不跟资产阶级和国际经济利益集团协商就生存不下去的时候，民主才会继续存在。重要的不是资产阶级的规模或品质，而是他们的经济实力。有志于解释革命的政治后果的学者应该少关注革命社会的阶级构成，多关注社会的国家财政结构。

※　※　※

　　在我一直的探究中，方法论和解释是息息相关的。如果国家现代化是革命的先决条件，那么学者就问错了问题。学者应该把革命研究分解为三个问题，而不是提出一整套令人费解的革命成因，或者像过去的文献那样，罗列各种各样的前提和促成因素。[39]第一，为什么国家要现代化？在我看来，斯考切波提出的国际背景分析对于解答这一问题最有帮助。第二，为什么有些现代化的国家爆发革命，其他的却没有爆发？这个问题的答案仍然不是很清楚。第三，都是让相互冲突的现代国家模式展开较量，为什么不同的革命会有不同的政治结果？这个重要问题的答案同样不甚明了。革命研究者提出的成因大杂烩没有区分这些问题。我推测第一个问题的答案跟国际政治背景密切相关，第二个问题的答案跟国家的意识形态和经济资源密切相关，而要回答第三个问题，最好先了解有关国家在经济方面自给自足的程度。

　　无论这些问题的答案是什么，主流模式的革命解释都错误地假设革命是在旧政权无法适应形势变化时发生的。相反，只有当旧政权致力于国家现代化时，革命才会发生。"我们能够记录下来的最为明显的一致性之一，"克兰·布林顿在他关于革命的初步讨论的补记中提出，"就是我们每个社会为了改革政府机构而付出的努力。"同样地，希拉·菲茨帕特里克在其俄国革命分析中总结说，1917 年之前的政治领域"有进步"。"但是"，她认为，正是进步"大大增加了社会的动荡和政治动乱的可能性"，"社会变化越快（不论变化被认为是进步还是倒退），就越不稳定"。[40]这些历史洞见可能会对我们思考革命的方式有所启发。革命不是颠覆传统国家的斗争。只有在政权出于某种原因决定启动宏伟的现代化计划之后，才会发生革命。所以革命会让不同的现代化推动者相互对立。

　　本书的其余部分专门用来描述 17 世纪末英格兰的两个相互竞争

的现代化计划的发展。到 1688—1689 年，这两个现代化计划才发生了直接冲突，但其支持者早就开始锤炼他们的论点了。尽管 1688—1689 年是转折点，但是一个现代化计划战胜另一个计划的全部影响要到 17 世纪 90 年代才能看清楚。可以确定的是，詹姆斯党和威廉派的现代化计划之所以能够实现，都是因为 17 世纪末英格兰与欧洲大陆的重大社会和经济差异。两者都因为 17 世纪末法国和尼德兰联省共和国的意识形态、地缘政治和军事的激烈对抗的影响而变得十分紧迫。

第二部分　革命前夕的英格兰

第三章

变成荷兰：1685 年的英格兰社会

"英国殖民"纪念章，约翰·罗蒂尔作，1687 年。到了 17 世纪末，英帝国包含了正在发展的北美和加勒比殖民地，以及印度尼西亚群岛、非洲和印度的贸易点。贸易网络把英格兰和西非、美洲、亚洲联系起来，同时海外贸易变得空前重要

　　17 世纪后期，英格兰的男男女女都为他们的国家所着迷。游记、地方志和城市史充斥着图书市场。当时的人们一遍又一遍地指出，上一个时代的名著——威廉·卡姆登的《不列颠尼亚》、约翰·斯托的《伦敦概览》、托马斯·史密斯爵士的《英格兰共和国》——已经完完全全地过时了。尽管有人抱怨伊丽莎白时代的祖先依赖道听途说，而不是"经验"，但大多数人都觉得国家已经发生了翻天覆地的改变，亟需新的描述。后来成为伦敦主教的埃德蒙·吉布森在詹姆斯二世下台后的几年里，迅速启动了最为宏大而全面的计划，即更新卡姆登的《不

列颠尼亚》。这个项目前景乐观，伦敦印刷商奥舍姆·丘吉尔可以给吉布森预支超过二千英镑的启动经费。吉布森召集了大量有名的收藏家、学者和当地专家，以"比较卡姆登的记载与当前的状况，并为我们提供一些简短的描述"。经过吉布森修订的《不列颠尼亚》优美而令人赞叹，极受欢迎。它给人一种印象，自卡姆登时代以来，英格兰发生了迅猛而深刻的变化。吉布森总结说，在"六十到八十年的时间里"，"变化翻天覆地"。吉布森指出，"贸易的增长、建筑物的增加、居民的数量，都使风貌变得非常不同"。[1]

　　这种认为英格兰是一个急剧变化的社会的看法，与大多数学者对光荣革命的描述存在着令人不安的张力。差不多两个世纪之后，托马斯·巴宾顿·麦考莱详细而令人难忘地描述了17世纪后期的英国社会，因为他深信，没有社会背景，"之后的叙述就会变得难以理解，或者缺乏教育意义"。麦考莱对比了17世纪后期的英格兰和自己所处时代的英格兰，发现前者还不够格。麦考莱认为，如果有人被送回1685年，他将会看到，"在今天矗立着制造业城镇和世界知名海港的地方，只有覆盖着茅草的零星木屋。""特伦特之外的大部分地方，"麦考莱强调，"都处于蛮荒状态。"海陆交通的客运和货运状况都很糟糕。伦敦比国内其他地方先进得多，但是同样"肮脏邋遢"。乡绅的特点是"无知而粗野"，并且偏狭，更别说社会地位等而下之的了。"很少有乡绅能够瞧见这个伟大的世界，"麦考莱写道，"他所看到的与其说启发了他，不如说使他困惑。"[2]17世纪后期的英格兰是野蛮的多于文明的，落后的多于现代的。在麦考莱看来，英格兰在1688年不可能发生现代革命，因为它不是一个现代社会，而是一个传统社会。

　　最近研究光荣革命的历史学家几乎没有改变这一印象。学者采用两种策略来处理英格兰社会问题。第一种是断定在描述英格兰政治历史的时候，可以不用提及所在的社会。尽管许多历史学家对大众政治表现出越来越浓厚的兴趣，但是人民生活其中的社会和经济组织并没有出现在他们的描述之中。[3]第二种策略是肯定麦考莱看待英格兰社会的经典辉格党观点。乔纳森·克拉克认为，"从复辟时期到改革时期，英格兰经济的推动力并非来自制造业，其多样化的社会秩序被包含在贵族统治之中"。乔纳森·斯科特坚称，"查理二世统治时期的事件、结构和问题……几乎都是斯图亚特王朝早期的事件、结构和问题的影印件"。[4]两种说法都没有提到急剧而深远的社会变革。

研究光荣革命的历史学家应该更认真地看待当时的人对1688—1689 年革命前迅猛而重大的社会和经济变革的看法。经济发展是革命的原因，而不是它的意外结果。16 世纪后期的英格兰正在经历急剧的城市化，经济日益多样化的同时，制造业更受重视。所有这些发展都得到了越发完善的经济基础设施的支持。高速的经济增长引人瞩目，因为这跟欧洲大陆的主要趋势背道而驰。英格兰的活力来自其与东印度、西印度群岛，以及北美的殖民贸易的间接影响。英格兰已经达到了经济史家给现代经济体设定的标准，形成了各种各样的土地、劳动力和资本市场，并且已经成为农产品的净出口国，因而有能力实施"影响深远的劳动分工"。这个政治民族已经把经济生产力对王国繁荣至关重要的观念牢记于心。跟其他大多数欧洲国家不一样的是，英格兰已经达到了"能够持续发展的技术和组织水平"。总而言之，17 世纪后期的英格兰社会越来越像北海对岸的邻国。如果如最新的学术研究所述，荷兰在17 世纪成了"第一个现代经济体"，那么英格兰人很快就开始学习荷兰的成功经验。[5]

※　※　※

不同于当前研究英国社会和经济史的学者，17 世纪后期的英格兰评论家沉迷于比较经济发展。他们试图解释威尼斯的经济衰退、热那亚的意外崛起和帝国自由市 *（imperial free cities）的贸易成功。倾向保守党的经济作家约翰·霍顿承诺，他的经济期刊将"尽其所能地叙述其他国家的贸易、长处和政策"。[6]

17 世纪末的评论家对他们观察到的经济发展的原因和后果有不同的看法，而且差异很大。但是他们对当时欧洲发展的两大动态却没有什么争议。西班牙可能是一段时间以来欧洲最大的强国，当时正处于严重的经济衰退之中。此时的西班牙很少或者根本没有本国的制造业，拼命地依附于分散的海外帝国。詹姆斯二世的一位顾问认为，西班牙的唯一目标就是"延迟即将到来的毁灭"。西班牙的衰落总是被人拿来跟北尼德兰引人瞩目的经济繁荣作对比。虽然没有就荷兰经济奇迹的原因达成什么共识，但是评论人士确信，这与农业无关。尼德兰联省共和国"既不供应谷物、葡萄酒、油、木材、金属、石材、羊毛、麻、沥青，几乎也不供应任何其他有用商品。可是我们发现，世界上几乎没有一个国家的物资比荷兰更加丰裕"。[7]英格兰的评论家认为，诀窍在于让他们的经济更像荷兰而不是西班牙。

事实上，詹姆斯二世在 1685 年继承的社会正在荷兰化。旅行者注意到肯特郡有纯粹的农业美景，北安普敦郡专注于农业，多塞特则有田园特色，但最重要的是，他们提到了英格兰制造业的广度和种类。"英格兰的大部分地区，"游历广泛的安德鲁·亚兰顿评论，"都已经有了稳定的制造业，这在很大程度上解决了穷人的就业问题。"[8]

尽管 16 世纪的英格兰几乎称得上是彻头彻尾的农业社会，但到了 16 世纪后期，情况已经大不相同。排干沼泽和圈地在 17 世纪是富有争议的话题，就跟现在一样，但这些做法对英格兰农村人口就业状况的影响显而易见。16 世纪初，超过 80% 的人口主要以农业为生，到了 17 世纪后期，只有不到 60% 的人从事农业。从 16 世纪的第二

---

* 指神圣罗马帝国时期直属于皇帝的城市或领地。

个二十五年到 17 世纪的最后一个二十五年，仰赖市场的农村劳动力数量翻了一番。这样到了 17 世纪后期，英格兰主要从事农业的人口比例已经降到了早熟的荷兰共和国在 17 世纪中叶的水平，这明显不同于其他欧洲国家。从更大的角度来看，17 世纪后期英格兰主要从事农业的人口占比与南北战争前夕的美国差不多。[9]

与欧洲其他国家相比，英格兰在 16 世纪初一度经济落后。无论从制造业产值还是就业人口占比来看，都是如此。到 17 世纪后期，情况就不一样了。截至 1700 年，制造业和商业部门的产值占到英格兰国民生产总值的整整三分之一。这使英格兰再次与联省共和国并驾齐驱，遥遥领先于欧洲的其他王国和国家。尽管缺乏精确描述这一发展的经济统计数据，但证据表明，英格兰的转变不是渐进的。经济史家 D. C. 科尔曼指出，在"17 世纪的最后几十年"，英格兰"以迅猛的工业发展"和"急剧的内部变革而著称"。[10]

制造业的增长和农业就业的相对重要性的下降大大改变了英格兰的经济地理状况。专门发展个别行业的新城镇出现了，老城镇则渐趋衰落。各个地区的经济日益专业化，同时这些地区都在个别行业实现了生产的多样化。17 世纪后期，观察者逐渐意识到了农业地区和制造业地区的明显差别。[11]

英格兰在 17 世纪末仍以布料制造为主要产业，就跟 16 世纪一样。"英格兰的羊毛以纤细和品质闻名于世，"洛桑人居伊·米耶热指出，"英格兰人现在是世界最好的织布商。"不过，这一评价掩盖了英格兰纺织业迅猛而重大的转变。尽管英格兰的羊毛在国内外都保持着很高的声誉，但英格兰人已经不再只是加工自己的原毛。截至 1700 年，英格兰有四分之一的原毛进口自爱尔兰、西班牙和其他地方。英格兰的纺织制造现在比英格兰的原毛生产更重要。总体而言，从 1650 年到 1700 年，布料出口尽管已不再占据英格兰整体生产的主导地位，却几乎翻了一番。[12]

这些18世纪初的扑克牌反映了当时的看法：英格兰已经成为一个制造业国家。上面三张扑克牌分别描绘了英格兰的三个新兴行业：采煤、制糖和造船

　　英格兰人不仅大大增加了布料成品的出口，而且开始拓展新市场。16世纪和17世纪初，英格兰人主要向北欧出口厚重的羊毛细布，但到了17世纪后期，他们开始向南欧、地中海东岸乃至更远的地方出售较轻的新布料。1670年，地中海商人约翰·乔利夫告诉下议院，"我

们的羊毛贸易兴旺起来了"。英格兰对西班牙和葡萄牙的布料出口变得如此重要，有人甚至建议英格兰人增加伊比利亚葡萄酒的消费，以免危及贸易。在托斯卡纳大公国，尽管法律禁止销售英格兰布匹，但是"所有的贵族和乡绅，即便在佛罗伦萨也只穿英格兰布料，几乎不穿别的"。新的布料不仅更轻，成本和售价也更低。从 16 世纪后期到 17 世纪后期，英格兰织品的价格下降了 50% 以上。[13]英格兰人现在生产的是供大众消费的织物。

　　新布料的出现和英格兰厚羊毛市场的相对衰落，极大地改变了 17 世纪英格兰的制造业格局。1614 年之后，英格兰的厚重布料出口开始了并不一致却无可挽回的下降。依靠这种过时产品的城镇和地区经历了明显的衰退。17 世纪 80 年代，考文垂的布商抱怨说，"在过去的这些年里"，他们"在他们的行业明显衰败的情况下工作，最后都变得一贫如洗，数百个以此为生的家庭彻底破落"。索尔兹伯里显然遭遇了相同的命运。尼德姆跟萨福克的许多织布城镇和村庄一样，贸易量"今非昔比"。雷丁与肯特原野经历了一样的衰退，旧有的细布制造业"基本被抛弃了"。

　　相形之下，新的地区涌现成为新布料的生产中心。英格兰西南部出产毛哔叽和克尔赛手织粗呢，汤顿因而成为一个"整洁而人口稠密的城镇"，德文郡的蒂弗顿变成了制造业中心。托斯卡纳大公在 17 世纪 60 年代观察到德文郡有三万多人在制造"不同种类的轻质布料"。埃克塞特的人口从 16 世纪末的八千人发展到 17 世纪末的一万三千人，因为"很多商人和店主居住和来往于此"，向国内外购买和销售毛哔叽和克尔赛手织粗呢。诺里奇的人口从 17 世纪 20 年代的两万激增到 1700 年的三万，因为这里大量出产另一种新型布料诺里奇布。单面起绒法兰绒和细哔叽也是新布料里典型的轻型羊毛混合织物，出产于埃塞克斯。在那里，尽管科尔切斯特在内战期间毁于兵火，但是依然有五万到六万个家庭受雇于"羊毛工厂"。拉尔夫·托雷斯比惊叹于约克郡西区"服装贸易的增长"，这在 16 世纪中期还是"微不足道的"，"但现在已经成为这些地区的命脉"。[15]

麦考莱所说的粗野北方从新的布料中受益匪浅。曼彻斯特"以那里出产的、以该地命名的曼彻斯特货物而著称"，比卡姆登时代扩大了"很多"。从 17 世纪末开始，曼彻斯特及其周边地区就开始生产这些曼彻斯特货物或者说曼彻斯特棉布。博尔顿在 17 世纪初的某个时候已经成为"粗斜纹布的主要贸易点"。粗斜纹布是混合了羊毛、亚麻、棉花的一种产品，"在古代英格兰，只有精英才穿得起这种布料"，但现在已经便宜到普通人都消费得起的地步。即便在最粗野的坎伯兰郡和威斯特摩兰郡，制造业都欣欣向荣。肯德尔及其周边地区是在 17 世纪末实现了制造业结构多样化的许多地方之一。肯德尔不仅以棉布"闻名全英格兰"，那里的居民现在还生产"粗毛织物、毛哔叽、帽子和精纺毛料长袜"。在肯德尔，"人民似乎是为贸易而生的"。丹尼尔·弗莱明爵士对此赞誉有加，称肯德尔是"一个拥有发达制造业的地方，也是一个文明、智慧和勤奋的地方"。连驻防要塞卡莱尔都变成了"一个兴旺的贸易点，商品以粗斜纹布为主"。[16]

新布料的发展不是原生的。英格兰国内的制造业并没有逐步演进。在新型轻质布料的发展上起到关键作用的反而是移民，特别是来自荷兰的移民。埃塞克斯的新布料贸易"主要都是荷兰人在经营"，纳齐苏斯·勒特雷尔在 17 世纪 70 年代末发现了这一点。托马斯·巴斯克维尔宣称，梅德斯通的制线商是从讲佛兰德语的移民那里学会了这门生意。居伊·米耶热称，"定居诺里奇的荷兰人"见证了那里的贸易繁荣。法国公使邦勒波非常痛苦地发现，17 世纪末新一波的胡格诺移民教给了英格兰人更多新的制造技术。[17]

到 17 世纪后期，英格兰的纺织业已经完全不同，出口额也翻了一番。但是到了 17 世纪，相对来说，布料的重要性却下降了。这是因为英格兰人发展出了——在有些地方极为迅速——新的产品。19 世纪研究者所熟悉的区域特色早在 1685 年就已出现。

采掘业——煤、铅、铁和锡的开采——在 17 世纪后期当然谈不上新鲜。但从 16 世纪中期到 17 世纪末，这些行业的整体发展深刻地改变了英格兰的商业面貌。

17 世纪中叶，纽卡斯尔的威廉·格雷估计"现在一年排放的煤烟尘比四十年前的七年里排放的总和还要多"。最近的学术研究证实并量化了这位 17 世纪地形学家的感觉。对英格兰煤炭生产最为全面的分析表明，从 16 世纪 60 年代到 1700 年，煤炭产量增长了十二倍。从 17 世纪初到 1685 年，仅东北地区的产量就增长了一倍多。这一数字令人印象深刻，因为需求可以通过东北部以外的生产者得到满足，那里的煤矿正在迅速增加。德比郡、坎伯兰和威斯特摩兰、门迪普丘陵、南威尔士和金斯伍德蔡斯的煤炭生产发展迅猛。不过，最大的产煤中心无疑是东北部，据说那里有"数千人"从事采矿、运送和航运。居伊·米耶热本人很有可能也从事煤炭贸易，他认为东北部的煤矿"不仅为这个国家（一个煤炭价格总是非常优惠的地方），还为英格兰以外的许多地方提供煤炭"。达勒姆和诺森伯兰以外的地区也得益于煤炭运输的繁荣。例如伊普斯维奇很快就失去了原来的细布贸易，但它通过运输"纽卡斯尔煤"保持着高度的繁荣。[18]

当时的人都很清楚，煤炭消费使英格兰有别于欧洲大陆。约翰·伊夫林抱怨伦敦"有一团煤粉云，仿佛人间地狱"。大陆的评论家同样意识到了煤炭污染的影响，但他们更加欣赏的是经济效益。塞涅莱侯爵的一个工业间谍惊叹于停靠在布里斯托尔的运煤船，指出"每个人都使用煤，无处不有"。亨利·米松指出，新的烟囱技术在一定程度上控制了"可怕的浓重煤烟"，这很好，因为煤炭现在是英格兰的"日常燃料"。居伊·米耶热认为，煤炭的"廉价"一半是通过政府监管来维持的，这对下层阶级来说意义重大。"无论巴黎人怎样赞美他们的柴火，"米耶热指出，"我敢说，如果可以，那里的普通人会很愿意跟伦敦人交换冬季燃料。"[19]

煤炭给英格兰各地的许多人供暖，但是到了 17 世纪后期，它也开始发挥商业用途。伯明翰及其周围的金属制造业的发展"与煤田的发展息息相关"。煤炭对于 17 世纪后期的制造业如此重要，连研究煤炭业的现代历史学家都特别关注"工业煤炭消费模式的巨大变化"。[20]

在 17 世纪的英格兰，铅矿开采也是一个蓬勃发展的行业。由于铅大量应用于国内建筑、陆军和海军用途，可能会有人预料到该产业在一定程度上有所发展。事实上，英格兰的铅产量在 17 世纪增长了一倍多，"大部分增长"都出现在 17 世纪 60 年代和 70 年代。新的需求引发了该行业的"剧变"，导致"大规模资本主义逐渐占据了主导地位"。当时的人都清楚地意识到了铅和铅矿开采正在变得越来越重要。门迪普丘陵"以铅矿闻名"，许多矿工都在 1685 年蒙茅斯公爵注定失败的叛乱中被杀。北部地区也有自己的铅矿。德比郡的皮克山区铅矿的"质量和数量在英格兰乃至欧洲都是数一数二的"。在那里，采矿"基本"毁掉了山上的树林，使威克斯沃思"变得富有……而且人口稠密"。[21]

康沃尔的采锡业要古老得多。尽管从 1500 年到 1660 年，当地的锡矿产量基本处于停滞状态，但从 17 世纪 60 年代到 80 年代，产量增长了一倍多。这就是为什么纳齐苏斯·勒特雷尔发现康沃尔的锡卖到了"世界各地"。和采铅业一样，越来越多的锡矿开采者都受雇于大业主，比如曾经陪同科西莫·德·美第奇参观锡矿的威廉·斯特罗德爵士。或许正是因为企业日益明显的资本主义性质，一些矿场的工人"一天的时间加在一起，就能挖出可以卖到一千英镑的锡"。[22]

冶铁业在 17 世纪也有显著增长。铁矿和铁器冶炼都有发展。旅行者描述了舍伍德森林、赫里福德郡和庞蒂浦壮观的炼铁厂与坎伯兰的铁矿开采。萨塞克斯是一个正在衰退的冶铁中心，但在"部分地方"仍有铁厂。最有活力的产铁地区似乎是格洛斯特郡的迪恩森林。那里的铁矿和熔炉工人"多达六万人"。17 世纪 80 年代的两位专家得出结论，英格兰至少有八百个炼铁熔炉。许多人批评了繁荣的冶铁业给英格兰乡村带来的有害影响。居伊·米耶热和托马斯·纽沙姆将格洛斯特郡和沃里克郡的森林砍伐归咎于冶铁业。"如果英格兰没有炼铁厂就好了。如果英格兰没有铁，那就更好了"，17 世纪许多人抱怨说，因为"炼铁厂破坏了所有森林"。[23]

尽管英格兰的炼铁厂数量在 17 世纪激增，但在这一时期，英格兰反而变成铁的净进口国。到 17 世纪 80 年代，英格兰将近一半的铁条都是进口的。国内生产根本无法满足发展迅猛的英格兰金属制品行业的庞大需求。谢菲尔德一直都是金属生产中心，并在 17 世纪后期转变成一个多元而充满活力的工业中心。哈勒姆郡的刀匠行会声称，1680 年在谢菲尔德及其周边地区，"有一千多名刀匠、剪刀匠（和）大剪子匠"。谢菲尔德和哈勒姆郡地区在 17 世纪后期还成了纽扣制造商、锉刀制造商和钢铁行业的大本营。1672 年，谢菲尔德及其周边地区拥有大约六百家打铁铺。谢菲尔德为英格兰赢得了出产"世界最好刀具"的声誉。在"内战之后的几年里"，西米德兰兹也发展出各种各样的金属加工行业。"在斯陶尔布里奇、达德利、伍尔弗汉普顿、塞奇利、沃尔索尔、伯明翰等地"，铁"被锻打和制成各式小商品，散播到整个英格兰，发往世界大部分地区"。 到 17 世纪后期，使伯明翰在维多利亚时代中期闻名于世的行业已经建立了起来。安德鲁·亚兰顿本人曾是铁器制造商，他认为截至 1677 年，中部的铁器制造商雇用的工人数量超过十万。从 1600 年到 1700 年，中部的金属制品行业已经发生了改变。1600 年，中部很少有铁匠能够打入伦敦市场，但是到了复辟时期，他们已经手握王家海军的合同，他们的商品销往世界各地。[24]

17 世纪，英格兰人还创办了形形色色的新型制造业。从 1600 年到 17 世纪 70 年代，英格兰已经从玻璃进口国变成了玻璃生产国。英格兰在这一行业的突飞猛进，就跟新型布匹的发展一样，依赖从外国手工业者那里学到的技能。这次提供技术支持的是威尼斯和胡格诺难民。到 17 世纪后期，英格兰的玻璃厂达到六十多家——几乎是 17 世纪 30 年代的三倍——大部分集中在伦敦、斯陶尔布里奇、纽卡斯尔和格洛斯特及其周边地区。在赫里福德郡，瓶子制造商在 17 世纪后期与苹果酒制造商形成了一种共生关系，双方合作生产了大量的苹果酒，"供应伦敦和英格兰的其他地区"。尽管玻璃工业没有达到中部地区铁器制造业那样的规模，但它确实雇用了"数千名穷人"，并在 17 世纪 90 年代形成了自己的游说集团。英格兰玻璃工业的发展令人震惊。威尼斯驻伦敦代表认为，英格兰人很快就会"摧毁"威尼斯闻名于世的玻璃贸易。玻璃制造工人都同意，"在我们的王国，制造玻璃的工艺或者说奥秘改进如此之大"，几乎所有的进口都已停顿。约翰·霍顿认为英格兰玻璃已经成为"世界最佳"。难怪在 17 世纪后期，"几乎没人没有"英格兰的玻璃制品。[25]

英国陶瓷制品的发展比玻璃制品更晚。17 世纪末，许多人设法仿造中国、德意志和荷兰的进口陶瓷，其中就有牛津大学基督堂学院的约翰·德怀特。斯塔福德郡很快成了这个新兴行业的中心，它跟玻璃工业一样，非常依赖廉价的煤炭来烧制。从 17 世纪 60 年代到 1700 年，斯塔福德郡的商业制陶业出现了"异常迅猛"的爆发：陶器厂的数量翻了一番，每家企业的规模也在扩大。根据一份报告，到 17 世纪 90 年代，"超过三千个家庭完全以陶器制造为生"。这些陶工认为他们很快就能"轻松地"满足"整个国家的需求"。[26]

糖的提炼和加工在 17 世纪后期同样有了爆发式的增长，跟英格兰的西印度殖民地的发展同步。17 世纪 50 年代，"英格兰只有四五家精炼加工厂"，但到 17 世纪 90 年代，这个数字已经达到了五十。从 1660 年到 1700 年，糖的进口量翻了一番，这意味着越来越多来自西印度群岛的糖是原糖。炼糖厂大多位于伦敦和布里斯托尔，大部分西印度的糖都从这里进入英格兰，但制糖商也在纽卡斯尔、约克、切斯特、利物浦、伍斯特、普利茅斯和埃克塞特设立了工厂。到 17 世纪末，炼糖商声称他们雇用了"数千名员工"，这可能是夸大其词。值得注意的是，英格兰的"糖业革命"跟英格兰的许多商业发展一样，不是原生的增长，而是依靠荷兰人从巴西带给加勒比地区的英格兰岛民的专业知识。[27]

正是在 17 世纪后期，英格兰人发展出了强大的造船业。当时的人察觉到了伦敦和布里斯托尔数量庞大的商船制造，但是转变最为引人注目的是英格兰的军舰生产。塞缪尔·佩皮斯听说埃德蒙·吉布森准备修订卡姆登的《不列颠尼亚》时，坚持要他对英格兰的海军发展进行"历史性的描述"，因为自卡姆登的时代以来，海军经历了"翻天覆地的"改变。佩皮斯提供的最终统计数据令人吃惊。根据佩皮斯的计算，王家海军的船只数量是卡姆登时代的五倍，吨位接近六倍，船员数量达到六倍。和平时期的海军经费中位数是卡姆登时代的二十多倍。因此，并不令人意外的是，正是在 17 世纪后期，英格兰的军港"扩张最为迅猛"。佩皮斯指出，朴次茅斯"自卡姆登先生的时代以来，甚至自查理二世复辟以来，变化都很大"。它已经取代了"破败"的邻居南安普敦，成为"王国的主要会客室之一，用于停泊王家海军"。朴次茅斯的干船坞和浮船坞、仓库和制绳厂使其成为"建造、修理、装配、武装、补给和完整组装大量顶级船只的理想地点"。德特福德是老一点儿的海军造船中心，但其船厂在查理二世登基时也"比原来翻了一番"。查塔姆和希尔内斯的造船业在 17 世纪后期也有显著的发展。罗伯特·普洛特吹嘘，"王家海军的驻地"在"查理和詹姆斯两位国王的推动下有了极大的发展"。斯图亚特王朝末期的诸位国王增加了新的船坞、仓库、下水船只、桅座室和船库，"令英格兰海军达到了前所未有的水平"。伍尔维奇和普利茅斯迅猛发展的船坞在 17 世纪后期同样成为大型的海军建设中心。哈里奇在卡姆登时代只是普通市镇，到 17 世纪后期已经成为主要的王家海军基地，是"准备清洗和改装战舰"的理想地点。查理二世在哈里奇建造了国王船坞，那里也成了一个造船中心。英格兰军舰制造的惊人发展吸引了外国访客的注意，其中一位在詹姆斯二世加冕的两个星期之后宣称，英格兰的海军巡航舰"逐渐引起了整个欧洲的恐惧和惊慌"。[28]

英格兰在 16 世纪 80 年代到 17 世纪 80 年代之间成了一个制造业国家。研究早期现代英格兰社会的历史学家一直非常关注 1640 年以前的年代。但是很明显，英格兰制造业直到内战爆发之后才有了惊人的发展。羊毛制造业仍是最为重要的，但其相对重要性有所下降。煤炭开采、金属加工和造船业在卡姆登《不列颠尼亚》所记述年代和詹姆斯二世登基之间的世纪里发挥了重要的经济作用。尽管这些制造业大多出现在乡村地区，但对这一发展的描述不应该只局限于农村。金属加工以谢菲尔德、伯明翰和其他中部地区的城镇为基地。造船业的中心在伦敦、朴次茅斯和哈里奇。炼糖厂出现在布里斯托尔、纽卡斯尔和伦敦。事实上，17 世纪后期的伦敦是"欧洲最大的制造业中心，而且就相较于全国其他地方的工业中心地位而言，正处于前所未有的巅峰"。[29] 1685 年的英格兰不是一个农业资本主义社会，它就是一个资本主义社会。

※　※　※

英格兰在 17 世纪不仅变成了更加商业化的社会，而且变成了更加城市化的社会。生活在城市环境中的英格兰人口比例急剧上升。16 世纪初，只有 10% 到 12% 的英格兰人生活在城镇，而根据最近的估计，1700 年生活在城镇的人口比例已经达到 40%。这略低于尼德兰在 1675 年达到的 45% 的城市化率，后者在欧洲是除威尼斯以外城市化程度最高的国家。美国直到 1870 年才达到英格兰 1700 年的比例，即 40%。关键在于，正是在 17 世纪晚期，英格兰的城市发展突飞猛进，走在了大陆邻国前面。大多数欧洲国家从 17 世纪后期开始经历城市停滞或去城市化，英格兰的城镇却能不断增长。[30] 英格兰的城市化速度高于欧洲的任何地方。

这波城市化很大程度上是首都发展突出的结果。伦敦在 1550 年还是一个普通的城市——人口七万五千人，与里昂、米兰和巴勒莫等城市并列。它比里斯本、安特卫普、巴黎、威尼斯和那不勒斯都小得多。到 1700 年，一切都改变了。法国游客评价他们祖国的时候素来不会谦虚，但连他们都"对这座城市的规模之大感到吃惊"，指出"可以大胆地说一句，包括威斯敏斯特在内的伦敦是欧洲最大的城市"。当代的学术研究证实了他们的估计。伦敦人口约为五十七万五千人，比巴黎多六万五千人。它的面积是阿姆斯特丹、里斯本或那不勒斯的两倍多，大约是维也纳和马德里的五倍。[31]

伦敦不仅是一个比大多数大陆竞争对手更大的城市，也是一个不同类型的城市。只有阿姆斯特丹与伦敦拥有明显的中产阶级特征。正如本地人和游客所发现的一样，伦敦没有巴黎到处可见的宏伟贵族宫殿及其封闭庭院。相反，伦敦有的是商行、店铺和酒馆。17 世纪末的伦敦是一个购物天堂。"在这里，一切便利和乐趣都唾手可得，"游历甚广的居伊·米耶热惊叹，"几乎没有什么东西是金钱买不到的。""我相信没有人不知道，伦敦商业繁华，无所不有，不亚于世界任何城市，"流亡的胡格诺教徒亨利·米松吹嘘，"流经伦敦的河流上漂浮着一座伟大的城市，它的街道是永不停歇的集市。"几乎每个人都会同意威廉·佩蒂的说法，"伦敦是当今世上住得最好、人口最多和最为富庶的城市"。[32]

尽管伦敦不断发展壮大，但它不是英格兰逐渐城市化的唯一原因。在伦敦之外，两类城镇的发展异常迅猛：新的制造业中心和面向海外贸易（尤其是逐渐增长的大西洋贸易）的港口。

上图：威斯敏斯特台阶旁的泰晤士河，克洛德·德容格作于 1631 年或 1637 年

下图：从朝向圣保罗大教堂的萨默塞特宫露台俯瞰泰晤士河，卡纳莱托作于 1750 年

这两幅画描绘了伦敦从中世纪城市到公认的现代都市的转变。伦敦在 17 世纪初就已开始迅速扩张，不断增长的人口已经扩散到了中世纪城墙东西两翼。到 18 世纪初，沿着狭窄街巷的半木结构房屋构成的中世纪城市已经让位于砖石建造的、沿着拓宽的街道铺开的城市。到 1700 年，伦敦的人口已经超过五十万，这个大都市不仅成为一个日新月盛的帝国的首都，而且是欧洲最大的城市，比巴黎和阿姆斯特丹都大

伯明翰、曼彻斯特、利兹、哈利法克斯和谢菲尔德到 1700 年都发展成为主要的城市中心。伯明翰在 16 世纪仍被一位历史学家描述为"不过一群乡民"，到 1700 年其人口至少达到八千。统计数据并不可靠，但可以确定的是，伯明翰的高速发展基本发生在 1660 年之后。"古代和现代伯明翰的分界线肯定是查理二世的复辟，"18 世纪的本地历史学家威廉·赫顿写道，"精巧的技术在这一时期开始扎根，并从天才之手发展起来。"曼彻斯特在 17 世纪也经历了类似的飞速发展。它在 1600 年的人口同样远低于五千，但在 1700 年估计已经达到八九千。曼彻斯特已经以"超越周边所有城镇"和"制造大量货物商品"而闻名。它的"发展"极为突出，"作为内陆城市，却有冠绝英格兰北部的贸易表现"。谢菲尔德没有伯明翰或曼彻斯特那么大，但其发展却更加引人注目。从 1672 年到 1736 年，谢菲尔德的人口增长了三十五倍，这说明其制造业重镇的地位日益突出。哈利法克斯"以布料和其他制造业而闻名"，其居民数量在 16 世纪中期和 17 世纪末之间大幅增加。估算数据各不相同，但没有人怀疑"这座城镇的巨大发展和增长"。哈利法克斯的西边邻居利兹也在 17 世纪崛起。至 1700 年，它已经从刚开始古老但不起眼的状态，发展到拥有七千到八千人口的程度。居伊·米耶热说，利兹最近进步"如此之大"，"它甚至已被认为是约克郡最好的城镇之一"。约翰·科尼尔斯同样感到惊讶，利兹的地位在那时仍然不高，却已成为"一个贸易发达的城镇"，"一个欣欣向荣的城镇"。[33]

17 世纪有两个传统制造业城镇发展迅速。煤炭令纽卡斯尔从"贫穷的小村庄"变成了"以豪富商贾众多而出名的"重镇。从 1600 年到 1700 年，纽卡斯尔的人口增长了 50% 以上，从大约一万人变成大约一万六千人。纽卡斯尔已成为"最富庶"和"整个北部地区贸易最繁华的地方"。北方的古文物收藏家、后来担任卡莱尔主教的威廉·尼科尔森也有同感，纽卡斯尔"自卡姆登时代以来，财富和商业都有惊人的增长"。尼科尔森称赞纽卡斯尔的北方贸易中心地位日趋稳固，他也知道纽卡斯尔的崛起源于"惊人的煤炭贸易"。诺里奇在 17 世纪的发展得益于新型布料的流行。它的发展是实打实的。荷兰访客和画家威廉·斯海尔林克斯在 1662 年准确地将诺里奇形容为"一个著名的古老城镇"。它在 16 世纪初已经是英格兰的第二大城市。但是诺里奇的人口"在 17 世纪增长了大约两倍半"，至 1700 年达到三万人。这一增长基本发生在 1650 年之后。托马斯·巴斯克维尔在复辟后到访诺里奇，称赞其为"一座人口稠密的大城市"。[34] 新兴制造业是新旧城镇繁荣的诀窍。

港口对英格兰一直都很重要。但从 1600 年到 1700 年，港口的重要性与日俱增，中心也在不断转移。伦敦和东南部依然重要，但新的港口兴起了，将英格兰的目标变为大西洋和殖民地贸易。1660 年的利物浦"还是一个无足轻重的海港"，到 1700 年已"成为英格兰的主要港口之一"。到 1700 年，利物浦的人口大约有五千到七千。它已经成为财富与"西印度群岛贸易"紧密相连的城镇。西印度贸易和爱尔兰贸易如此重要，利物浦的海关收入甚至"在过去的二十八年里"增加了八倍到十倍。当时的人庆祝利物浦崭新的"漂亮建筑"，包括楼下有商业交易所的新联排别墅。怀特黑文在 17 世纪后期的发展甚至更引人注目。1667 年至 1685 年间，在约翰·劳瑟爵士的领导下，怀特黑文的规模扩大了两倍，1700 年人口达到三千。一个繁荣的新城镇的出现自然在当时引起了注意。所有人都说怀特黑文"绝对是这些地区里最繁荣的城镇"，并赞扬其"明显改观"的建筑。怀特黑文的发展依赖当地煤炭矿藏和海外贸易的开发。煤炭从怀特黑文大量运往都柏林。沥青、焦油和绳索从丹麦和挪威进口而来，而且越来越多的"烟草和糖（来自）西印度群岛"。到 17 世纪后期，西印度群岛贸易变得极为重要，连约翰·劳瑟爵士自己都保存了一份"可以卖到牙买加的怀特黑文货物"记录。[35]

　　西南部和西北部都获益于英格兰发展跨大西洋贸易的新定位。普利茅斯从"一个渔民居住的贫穷村庄"发展成为 16 世纪末的重要港口。该镇在 1600 年之后的发展并不显著，在 1700 年拥有的人口为九千九百人。然而，相对停滞的人口增长掩盖了普利茅斯贸易的重新定位。尽管查理二世急于"征服该镇"，因为在他父亲统治期间，该镇"容易发生叛乱"，但普利茅斯仍是"一个人口众多、富庶繁华的地方"。这是因为普利茅斯已经实现了贸易的多样化。它继续与法国和西班牙进行贸易，但又积极促进与加那利群岛、巴巴多斯和北美的贸易。康沃尔郡的法尔茅斯直到 1660 年才成立。1700 年该镇规模尚小，几年后就成了重要的贸易中心。纳齐苏斯·勒特雷尔在 1677 年到访法尔茅斯时，"有人回忆以前整个镇就只有两三栋房子，但现在它变得很大，有好几座供人娱乐的漂亮房子和酒馆"。法尔茅斯成为"这一带的水手最常光顾的地方"，因为它向西班牙和葡萄牙出口康沃尔郡的锡，并且是纽芬兰渔民归航的避风港。古港埃克塞特在 17 世纪也很兴旺。它在 16 世纪初已经不是一个小地方，尽管在整个 16 世纪人口增长都相对停滞，只有八千人左右，但在 17 世纪它的规模几乎翻了一番。巴斯伯爵声称埃克塞特"是一个财富和贸易都很可观的城市，是当之无愧的仅次于伦敦的最大城市之一"，这可能是对的。埃克塞特在 17 世纪的持续增长，部分归功于西南部新布业的发展，部分归功于它越来越多地参与了与新英格兰、纽芬兰和西印度群岛的大西洋贸易。[36]

　　布里斯托尔的发展模式与埃克塞特非常相似。布里斯托尔的人口在 1600 至 1700 年间几乎翻了一番，达到二万一千人。一位游客因为它在 17 世纪晚期的繁华，称其为"第二个伦敦"。纳齐苏斯·勒特雷尔认为，布里斯托尔是"贸易和商品繁盛的地方，在这里可以买到任何东西"。布里斯托尔在 17 世纪后期的经济起飞比埃克塞特更依赖大西洋的进口。1670 年至 1700 年间，布里斯托尔用于西印度贸易（主要是糖）的船只数量几乎增加了两倍，同时用于切萨皮克烟草贸易的船只数量也增加了一倍。1670 年，约翰·奈特爵士声称，"布里斯托尔一半的船只都被雇来"从事北美和西印度群岛的贸易。法国商业间谍罗贝尔先生认为，1685 年布里斯托尔商人的"最大贸易"就是跟西印度群岛和北美的贸易，他们从那里进口"烟草、靛蓝、棉花和糖，然后就地提炼加工"。当罗杰·诺思在 1680 年访问布里斯托尔时，他发现"所有从商的人，甚至商店店主，都加入海上冒险，主要是去西印度殖民地和西班牙"。[37]

东海岸港口数量也在增长，但是没有那么稳定。森德兰跟纽卡斯尔一样依赖煤炭贸易，在 17 世纪发展成为一个拥有五千到七千居民的重要城镇。在东海岸港口中，大雅茅斯的发展最为迅速，1600 年至 1700 年间，规模从五千人增加到了一万人。雅茅斯当然受益于诺里奇精纺布料的出口，但同时代的人通常认为其"主要贸易"是贩售熏制鲱鱼。[38]

到 17 世纪后期，三个北美港口也已发展成为大城镇。特拉华河畔的费城在 17 世纪 80 年代才成立，但是"不到十年时间，就已建成一千多栋居民住房"。到 1700 年，它的人口达到了五千人。波士顿和纽约的发展没有那么突出。但到 18 世纪末，这些地方的人口也至少达到了五千人。[39]

日益增长的繁荣必然意味着更多的可支配收入。结果就是 17 世纪后期英格兰涌现了大量的"休闲小镇"。这一时期，矿泉疗养地都转变成为旅游城镇。罗马时代的疗养中心巴斯在 17 世纪末不再标榜织布，并将其休闲产业多样化。当威廉·斯海尔林克斯在 1662 年到访巴斯时，该镇还是一个"医生送人来泡澡"的地方。到了 17 世纪 70 年代和 80 年代，它已经更像是度假胜地。

从五月到八月，"不仅是……贵族和乡绅，而且……普通民众也从全国各地"涌向萨默塞特。亨利·米松评论，"成千上万的人去那里"，与其说是为了享受热浴的疗养价值，"不如说是为了和好朋友一起消遣"。这样的娱乐机会正在不断增加。纳齐苏斯·勒特雷尔在 17 世纪 70 年代末到访这里，发现游客去看戏剧，在舞会上跳舞，在保龄球场上比赛，还"在草地上散步"。巴斯跟现在的时髦度假胜地一样，价格并不便宜。勒特雷尔警告，巴斯"食物充足"，"但这里的生活成本高昂，日子过得很不容易"。[40]

　　1660 年后，坦布里奇韦尔斯开始跟巴斯竞争。罗伯特·普洛特当然强调"著名的查利比亚特泉"的疗养价值。但是，大多数人来到坦布里奇都是为了各种各样的娱乐活动。这个度假胜地变得如此受欢迎，詹姆斯·弗雷泽甚至在 1687 年夏天抱怨说，伦敦"有了坦布里奇的度假胜地之后就变得空荡荡的"。到 17 世纪 80 年代，坦布里奇韦尔斯已经建设了一系列步行道，游客沿着这些步行道经过商店货摊，充分享受温泉的乐趣。更重要的是，它已经成为"一切娱乐活动的中心"，用约翰·伊夫林的话来说，从"自然的哲学孤独之地"变成了"虚荣的集市"。周围村庄开发了大量住房，供给前来享受温泉的贵族、乡绅和市民。上好酒商、高级屠夫、新鲜水果和优质禽肉都是现成的。游客吃得好，也有消遣。1680 年成立了等于吸烟俱乐部的"烟斗所"。夏天，游客可以在坦布里奇堂区教堂听到当时最受欢迎的传道士的声音。至于那些被金钱而不是上帝吸引而来的人，他们更想参与每天早上十点开始的王家橡树彩票赌博。到了旺季，各个村庄每晚都会举办音乐会和舞会。拍卖会为那些喜欢各种风险的人提供机会。在坦布里奇韦尔斯，最受欢迎的消遣可能是聊天。詹姆斯二世的情妇凯瑟琳·塞德利警告法官乔治·杰弗里斯，任何言论限制，任何拒绝"容忍人表达自己幻想，自由谈话和发表看法"的做法，都会"摧毁坦布里奇韦尔斯"。[41]

　　全国各地都出现了没有那么时髦但仍极受欢迎的温泉。约翰·奥伯里回忆，发现于 17 世纪 30 年代末的埃普瑟姆温泉建设了各种各样的设施。17 世纪 80 年代，有人感叹，"每个母亲的儿子"夏天都在埃普瑟姆。德比郡的巴克斯顿、约克郡的哈罗盖特、北安普敦的阿斯特罗普韦尔斯、林肯郡的伯恩、坎伯兰的拉纳科斯特和赫特福德郡的巴尼特都在 17 世纪后期成为地区性或全国性的度假胜地。连伊斯灵顿都建了一个疗养温泉，在 17 世纪 80 年代，它被称为"新坦布里奇韦尔斯"，在旺季，每天都有一千多名游客在这里洗浴、赌博、散步和跳舞。[42]

旅游市场并不只有温泉。查理二世热爱赛马，这刺激了赛马重地纽马基特的旅游业发展。复辟之后，纽马基特的建筑"外观得到改善，数量也在增多"。当地没有制造业，"镇上的人主要以旅客维生"。牛津郡的伯福德和斯塔福德郡的利奇菲尔德在 17 世纪后期也成为常规赛马的中心。1680 年之后的几年被认为是常规赛马大会的"繁荣"时期。尽管海滨度假胜地基本是后来才发展起来的，但林肯郡的索尔特弗利特在复辟时期就已经"是绅士在夏季经常光顾的地方"。[43]

17 世纪后期，英格兰变得更加城市化，不仅出现了旅游胜地，而且城镇的日常生活质量也有了很大的提高。城市和农村的房屋都变得更加舒适。约翰·霍顿认为，房屋"跟之前的时代相比，建得像宫殿一样"。一个原因是建筑材料得到了改进。"玻璃窗非常罕见，只用于教堂和乡绅之家的最好的房间，"约翰·奥伯里肯定地说，"即使在我印象中，内战之前的抄写员和普通人都没有玻璃窗。""如今，"他总结说，"连靠人救济的赤贫人家都有。"1650 年后，砖成为最流行的建筑材料，这刺激了各地制砖业的发展。结果除了赤贫人家之外，所有人都拥有了更加结实的固定住所。人们一度认为，英格兰在内战之前的几十年里进行了大规模的重建，可是最近的学术研究告诉我们，"1660 年到 1739 年这段时间重要得多，每十年产生的过时房屋数量甚至比内战前最多的十年还要多"。在这个世纪的最后几十年里，转变显而易见。居伊·米耶热的话可以佐证，"当我比较现代英格兰的建筑方式与旧时代的方式，我不禁对旧时代的特色感到诧异"。旧时的房屋那么狭小那么黑暗，"让人认为过去的人害怕光线和清新空气"。相比之下，"我们这个时代的特色"是"明亮的楼梯、精美的拉窗和高高的天花板"。[44]

坊间轶闻证实了这样的印象，即早在 19 世纪中叶之前，麦考莱笔下的茅屋村落就在迅速消亡。1666 年的大火之前，约翰·伊夫林认为伦敦是"畸形的"，根本没有"现代建筑"。大火过后，伦敦从灰烬中重生，判若两样。前来观看詹姆斯二世加冕仪式的法国游客德·圣玛丽先生对上次到访之后的变化感到震惊。"我被迷住了。"他惊呼，"我看到的是一个不一样的砖砌城市，而在 1660 年我离开时都还是木屋，而且建得很差。"现在玻璃得到了广泛使用，房子更大了，通风更好了。伦敦人在 1656 年至 1677 年间建造了大约一万座新建筑，一位意大利游客确信他们已经建造了一座"更现代"的城市。[45]

首都可能开风气之先，但它不是唯一用更宽敞的砖石住宅取代木屋的地方。北安普敦在 17 世纪末也被大火烧毁，随后重建了所有房屋，"不是用砖头就是用石头"。17 世纪 70 年代，拉尔夫·托雷斯比用砖重建了他在利兹的房子，"这在我祖父的时代刚开始时很少见"。谢菲尔德紧随其后。德比和纽卡斯尔在 17 世纪晚期各有一批新的砖石建筑。雅茅斯在 1679 年有"许多非常漂亮的新式砖房"。兰开夏郡的普雷斯顿在 17 世纪 80 年代也是一个以砖石房屋为主的城镇。附近的曼彻斯特的商人也在用砖建造房屋。康沃尔郡的朗塞斯顿是用石头新建的，诺里奇则在 17 世纪后期禁止使用茅草屋顶。[46]

17 世纪后期，越来越多的城镇铺设了街道。约翰·伊夫林和约翰·德纳姆爵士参与了 1660 年后的伦敦街道铺砌工作。不到三十年，"主要街道"都"在两边铺设了宽度适宜的毛石，以方便行人"。萨里郡的多金在 1649 年就铺设了街道。到 17 世纪 70 年代，普雷斯顿已经铺设了"平整的"街道，巴恩斯特珀尔同样如此。什鲁斯伯里在 17 世纪 70 年代开始铺设街道。诺森伯兰的莫珀斯和韦克菲尔德"效仿

17 世纪末的英格兰城市景观发生了明显的变化。街道铺平清理之后配上路灯，而公共和
私人建筑得到重建，通常使用砖石结构，风格则是宏伟浮夸的新古典主义

伦敦铺设街道的新方法，将中间筑高，两边都是谷粒"。约克郡布里
德林顿的街道，"以前（是）很难走的泥路"，但在 17 世纪后期铺平了。
普利茅斯也铺设了街道，虽然勒特雷尔觉得"很滑"。[47]

　　跟新式布料一样，路灯可能也源于荷兰，并在 17 世纪 80 年代来
到了英格兰城镇。埃德蒙·赫明于 17 世纪 80 年代初开始给伦敦街道
安装凸面煤气灯。这种极少出现在阿姆斯特丹以外的新型灯具非常好
用，"看上去就像大大的太阳"。伦敦迅速要求在所有公共建筑外面安
装新灯。坎特伯雷和约克在詹姆斯二世统治时期安装了新的路灯，之
后不久埃克塞特和诺里奇也有了这种路灯。[48] 结果自然是城镇变得更
加安全，而且鼓励了各种夜间的文化活动。

　　17 世纪末的城镇有各种文化设施。图书馆通常被认为出现于 18
世纪。但在 17 世纪已有供民众使用的图书馆。利兹在 17 世纪后期有
了一个新的图书馆，约克郡的斯坦伯勒也是如此。伊普斯维奇、曼彻
斯特、科尔切斯特、诺里奇、布里斯托尔、格洛斯特、莱斯特和达勒

姆都有可以公开借阅的藏书。彼得伯勒的主教座堂图书馆在 17 世纪 70 年代进行了扩建。在特尼森的伦敦图书馆建成之前，首都居民可以在兰贝斯宫借阅图书，或在伦敦塔查阅政府记录。公共步道和游乐园在 17 世纪晚期开始成为英格兰城镇的特色。沃克斯霍尔新建的春园为人提供了吸烟、散步和观看非固定表演的地方。巴斯、坦布里奇韦尔斯、普雷斯顿和什鲁斯伯里也都修建了长廊、步道或游乐园。[49]

新的制造业城镇、港口城镇和休闲城镇的发展，尤其是伦敦的发展，极大地改变了英格兰社会的性质。新的城市便利设施，加上啤酒馆和小酒馆的旧有吸引力，产生了强大的文化引力。在上一个时代，"英格兰的绅士和贵族全都生活在乡村"，但现在他们更加频繁地待在城镇，"他们的生活方式与以前的大不相同"。[50] 乡村文化的捍卫者肯定夸大了这一转变，但总体趋势是确凿无疑的。在 17 世纪后期，英格兰人越来越多地从城市和商业社会中获取文化榜样。

※ ※ ※

英格兰基础设施在 17 世纪后期的快速发展和改善，为城市社会和城市文化的发展提供了有力的支持。在麦考莱看来几乎为零的英格兰海陆交通，在这一时期得到了极大的改进。在此基础之上形成了一个不断扩张的旅馆和住宿网络。或许更为重要的是，17 世纪后期出现了一个便利的全国性邮政系统，这使商人更容易开展业务，通信网络能够扩展到更广泛的地区，政治流言传播更迅速。商人和消费者都从保险和储蓄银行这两种典型的现代便利设施的发展中获得许多好处。所有这些发展都促进了英格兰从完全依赖赶集的消费者国家到购物者国家的逐渐转变。

尽管英格兰在 17 世纪初就有许多可以通航的河流，但到 1700 年，这一数量变得更加庞大。从 1660 年到 1700 年，英格兰的工程师、金融家和规划者几乎将通航里程翻了一番。沃里克郡的泰晤士河和埃文河在 17 世纪 30 年代得到修浚，萨里郡的韦河的修浚是在 17 世纪 50年代，威尔特郡的埃文河和伍斯特郡的斯陶尔河则是在 1660 年后，而中部地区西边的瓦伊河是在 17 世纪 90 年代。长期通航的塞文河在17 世纪下半叶经历了河流交通的大规模增长。比如在 1637 年至 1700年间，每年经过格洛斯特的商业航次就增长了一倍多。塞文河上的驳船向什鲁斯伯里、格洛斯特和布里斯托尔运送越来越多的煤炭，并将"适销货物运回上游"。伯克郡的梅登黑德是 17 世纪后期每周有两艘客运驳船到泰晤士河上游的伦敦的城镇之一。定期出发的驳船则将德比郡的铅、康沃尔的锡和纽卡斯尔的煤运到伦敦。[51]

17 世纪后期伦敦及周边地区各式水上交通工具的多样性、效率和速度，总是给外国游客留下深刻的印象。1685 年的一位法国游客说，泰晤士河"四处"都是"小船"。居伊·米耶热表示认同，"驳船和小船永不停歇"，可能有两千艘之多，由三千多名水手操持。亨利·米松暗示，这里跟法国不一样，没有财务"纠纷"，因为运费"由当局确定"。[52]

英格兰的沿海航运利用了英格兰漫长的海岸线，在复辟后也有了明显的发展。从 1660 年到 18 世纪初，运行于英格兰沿海的船只数量增长了 27% 以上。1628 年至 1683 年间，从伦敦到英格兰其他港口的船只数量增加了三倍。比如到詹姆斯登基的时候，已经有了定期往返于伊普斯维奇和哈里奇、诺里奇和雅茅斯、伦敦和格雷夫森德的驳船。威廉·斯海尔林克斯轻易就租到了"一艘邮船"，把他受伤的朋友蒂埃里从伦敦送到多佛。[53]

陆上交通同样提高显著。尽管陆上交通的成本仍然大大高于海上交通，但约翰·劳瑟爵士将"陆上货运"列为他"发展贸易法"的第一要务。他的下议院同僚按照他的意愿采取行动。1663 年，议会通过了第一部收费公路法，实际上将改善道路的负担从地方堂区转移到了使用道路的人身上。这部最早的法令仅在赫特福德郡、亨廷登郡和剑桥郡的新北大路建立了一条收费公路，然后直到 17 世纪 90 年代和 18 世纪的头十年才通过了另一部收费公路法。不过，在通过第一部收费公路法时，英格兰政治家已经意识到公路运输的需求正在迅速扩大。[54]

17 世纪末，道路状况的改善，加上需求的增加，造就了繁荣的陆上交通。一位现代专家声称，"看来 17 世纪后期是公路运输业发展的关键时期"。例如在 1715 年，伦敦始发的陆上运输比 1637 年增加了 127%。尽管当时有人发现，萨默塞特和康沃尔都有不少糟糕的道路，而且跟法国不同，并非所有道路都是铺设的，但是总体而言，17 世纪后期英格兰的道路质量很高。居伊·米耶热认为"英格兰是最适宜陆上旅行的国家"，声称"没有一个欧洲城市"的交通比伦敦的更完善。运输公司定期从肯德尔和怀特黑文运送货物，走直达路线的话不到两个星期就能完成。其实在英格兰内战之前，英格兰北部都还没有前往伦敦的定期运输服务，到了 18 世纪初，每周班次已有六趟。大篷车和承运人定期往返于伊普斯维奇、诺里奇和雅茅斯到伦敦的路上。进出纽卡斯尔的道路"跟王国的任何其他地方一样繁忙"。连康沃尔郡已经"彻底衰败"的博德明镇，都有能够定期运送货物到特鲁罗和埃克塞特的路。[55]

英格兰人在 17 世纪 30 年代开始使用驿站马车。到 17 世纪后期，英格兰人已经乘驿站马车走遍全国。约克、切斯特和埃克塞特都有定期前往伦敦的驿站马车，格洛斯特、赫里福德、雷丁、哈里奇、朴次茅斯、南安普敦、温彻斯特、布里斯托尔、巴斯、索尔兹伯里、坎特伯雷和其他许多地方也有。有几辆驿站马车服务于坦布里奇韦尔斯，"特别是在夏季"。"高速马车"一天之内就能从伦敦抵达剑桥或牛津。到 17 世纪 80 年代，"伦敦方圆二十或二十五英里，几乎每个城镇都有驿站马车"。本地驿站将小城镇与大城镇连接起来，就像连接多塞特郡布里德波特和埃克塞特的营运服务一样。驿站马车极受欢迎，以致约翰·奥伯里抱怨绅士已经忘了怎么骑马打猎。其他人则抱怨说，驿站马车导致马鞍的整体需求减少了四分之三。居伊·米耶热认为，"英格兰的驿站马车胜于任何国家"。他感叹道，这种新型交通工具便宜、舒适、快捷，可以把好奇的旅客"带到英格兰大多数著名景点"。[56]

在伦敦市区，出租马车已经十分普及，能将乘客从城市的一端运送到另一端。人们发现出租马车"出现在城市的各个角落"。一位在詹姆斯二世加冕时到访伦敦的法国游客写道，出租马车"在各条大街小巷，总是随时准备出发，而且总是那么快捷"。这些城市马车在 1660 年已经出现在伦敦，比巴黎的还要早。17 世纪 60 年代，公认的说法是伦敦的街道上至少有八百辆出租马车在招徕生意，满足所有社会阶层的需求。理查德·坦普尔爵士是最早抱怨出租马车车夫泛滥的人之一，他说在伦敦和威斯敏斯特过马路不可能"不遇到大的阻碍和危险"。[57]

17 世纪后期，英格兰国家利用新改进和扩大的道路系统发展国家邮局。从 1657 年的约翰·瑟洛开始，17 世纪末的历任邮政总局局长将邮政业务从传递王家消息和特定精英的信件转变为递送全英格兰成千上万普通人的信件。查理一世于 1635 年设立了信件办公室，但到 1639 年，该办公室的雇员只有四十八人，收入只有一千五百三十六英镑。相比之下，1686 年邮局雇员已经超过四百人，包括路政员、分拣员、窗口人员、收信人、送信人、搬运工和邮递员，其收入接近十万英镑。到 1696 年，邮局的雇员接近七百人。17 世纪 80 年代的一位观察者指出，"在我们祖先的时代，英格兰的信件数量并不多"，但如今通信量变得"如此庞大"，部分原因是连"最贫穷的人都学会了写字"。[58]

复辟之后的英格兰邮政总局局长，尤其是罗杰·惠特利，积极扩大英格兰的邮政服务。惠特利不断写信给地方的邮政局长或者未来的邮政局长，寻求开设新的邮局和新的路线。新的邮政局长得到承诺，他们将"不用听命于任何部门，（也）不用给士兵提供住宿"，还能"免费"收到《伦敦公报》的副本，以帮助"他们经营的卖酒生意"。到

17 世纪 80 年代，这些邮政局长已经建立了六条邮路，西至普利茅斯，北至爱丁堡，还有一百八十二名副局长。居伊·米耶热写道，"没有一个大的集镇没有便捷而可靠的信件递送服务"。继惠特利之后担任邮政总局局长的菲利普·弗劳德制定了一项计划，保证伦敦方圆六十英里之内的所有城镇和村庄都有每日邮件服务，"以满足商人的需求"。惠特利还努力吸引写信人使用新扩建的邮局。他承诺提供价格低廉的服务，坚持"必须控制现有的费率"。惠特利还致力于实现快捷而可靠的投递标准。他告诉他的邮政局长，"不能再容忍邮件的延迟送达"。他提出邮件的传递速度至少要达到一小时五英里，一天一百二十英里。由于惠特利的警醒，邮件从伦敦到爱丁堡只需五天，从伦敦到普利茅斯只需三天。1690 年，威洛比·阿斯顿爵士说，只有暴雪才能阻止他在柴郡的沃灵顿按时收到邮件。惠特利在 17 世纪 70 年代断言，"这个国家的商业运行仰赖于这个部门的管理"，这无疑是对的。由于商业活动越来越多地涉及国外和国内，邮局自然也要投递大量的海外邮件。惠特利声称，在 1673 年，他的部门一天就要处理四千多封从海外送抵普利茅斯的信件。1686 年，邮局投递了六万多封"从新英格兰、牙买加、巴巴多斯、里斯本、加的斯和其他外国地方寄来的信件"。[59]

毫不奇怪的是，随着邮局对于国家商业，乃至政治新闻的传播和政治宣传的散布的影响日益突出，邮政局长也成了受任命的政治官员。比如在 1689 年，一位卡斯尔顿先生丢掉了邮政局长的工作，部分原因是他"经常出入俱乐部……这些地方通常被称为托利党俱乐部"。威廉和玛丽选择了一贯激进的间谍、曾在护国公时期 *（Protectorate）

---

* 指 1653 年至 1659 年克伦威尔统治英格兰的时期。1649 年处死查理一世之后，英格兰成为议会共和国，但克伦威尔对议会感到不满，于 1653 年将其解散，自封为"护国公"，实行独裁统治。1658 年，克伦威尔去世，其子理查德无力控制议会和政府，次年宣布辞职，护国公时期结束。

的邮政部门为瑟洛效劳的约翰·怀尔德曼为他们的第一任邮政总局局长，但在托利党人卡马森侯爵巩固权力之后，他就丢掉了职位。[60] 英格兰经济的转型和新基础设施的建设极大地扩展了政治的广度和社会深度。

新的伦敦便士邮递很快变得比国家邮局更快捷、更高效和更便宜，并且迅速高度政治化。1680 年，两位辉格党人威廉·多克拉和罗伯特·默里在伦敦建立办事处，承诺在伦敦及其周边地区"便宜而频密地"传送信件。这迅速获得了成功。市区的四百多个工作站每两小时收一次信，伦敦方圆十英里内的一百四十八个城镇和村庄一天收一次信。多克拉本人吹嘘说，便士邮递很快就"推动了成千上万的事务，没有它，就做不到这些"。约克公爵，即未来的詹姆斯二世，相信其中一些事务就是辉格党的政治计划。所以在 1682 年，詹姆斯通过王座法庭（King's Bench）的裁决，剥夺了多克拉的便士邮递所有权。尽管如此，中央邮局控制下的便士邮局幸存了下来。到 1688 年，便士邮递每年投递的邮件超过七十万封。法国人亨利·米松对此印象深刻，他认为欧洲没有一个城市有这样的系统，令人"惊愕"。约翰·伊夫林后来游说给多克拉颁发纪念奖章，理由是"他的便士邮递促进完善了如今实用、廉价、可靠和快捷的信件往来"。[61]

伦敦人在 17 世纪 80 年代开始了另一个创新项目：火灾保险。尽管汉堡在 16 世纪 90 年代就建立了火灾保险制度，伦敦显然才是该领域的欧洲引领者。也许是受到 1666 年大火造成的经济灾难的刺激，许多伦敦人在 17 世纪 70 年代开始提议建立火灾保险局。火灾保险跟便士邮递一样，引发了大量争议，其中有些可能是政治性的。托利党人尼古拉斯·巴尔邦在 1680 年开设了他的消防局。次年，辉格党人主导的伦敦市议会启动了自己的计划。虽然该保险公司失败了，但威廉·黑尔和亨利·斯佩尔曼于 1683 年成立了互助协会，与巴尔邦竞争。两家相互竞争的公司总共为七千多所房屋提供保险，并帮助建立消防部门来保护他们的投资。[62]

伦敦人在 17 世纪下半叶开始提供储蓄银行设施。英格兰在 17 世纪中叶之前没有银行，但到了 17 世纪 90 年代，仅在伦敦就有超过四十家银行。老保王党人威廉·布伦德尔在 1659 年提出了改善信贷设施的请求，到了 1683 年，他认为情况对"借款人和贷款人来说已经变得非常方便"。托利党人爱德华·西摩爵士在 1670 年抱怨，激增的银行家数量刺激了英格兰人"把他们所有的钱都带到伦敦"。事实上，伦敦正在迅速成为"新型国际金融中心"。有爱德华·巴克韦尔这样的伦敦银行家活跃于遍布欧洲的金融家网络的中心，还有给英格兰各地客户提供金融服务的其他伦敦银行家。从 17 世纪 80 年代开始，以舰队街为大本营的弗朗西斯·蔡尔德为八百多位客户提供服务。从 17 世纪 70 年代开始，位于齐普赛街的理查德·霍尔开始建立一个全国性的客户网络，到 1700 年客户已经遍及什罗普郡、兰开夏郡、莱斯特郡、彭布罗克郡、萨默塞特、约克郡、林肯郡和诺森伯兰，以及伦敦周边各郡。[63]

更好的道路、更便捷的水运、遍布各地的邮局、保险，以及完善的金融服务，不仅促进了批发贸易，而且改变了 17 世纪后期英格兰零售业的性质。英格兰迅速成为一个购物者和小店主的国家。零售业在 16 世纪末和 17 世纪初还被指责为道德危害，可是到了 17 世纪后期，商店和店主已被认为是国内经济的必要组成部分。毫不奇怪的是，与此观念转变相随的是全国各地商店和店主的激增。约翰·霍顿当时估计，"我们的商人是上一个时代的六倍，而且大部分人拥有更好的商店和仓库"，这一点已经得到最近研究的证实。与英格兰内战之前相比，拥有商店的城镇和村庄变多了，而且这些商店的货品种类更加丰富。一位小册子作者记述说，与"以往的惯常情况"相比，"现在每个村子，（可能）不到十栋房屋就有一个店主……而且他们很多不只经营针线或者类似的小商品，而是像生活在城市和集镇上的人一样经营许多重

友爱协会（Amicable Society）成立，1696 年。友爱协会是成立于 17 世纪末的几个火灾保险系统之一

要商品"。世纪之交的一位经济作家估计伦敦拥有八千家商店，全英格兰有一百二十多万家。以欧洲的标准来看，这些数字是惊人的。一位观察家认为，"伦敦的零售店主比阿姆斯特丹的还多一万"，而后者已是欧洲商业最发达的城市。"伦敦城区和郊区的商店数量都如此之多，的确远超任何外国城市，"另一位观察家写道，"这对陌生人来说简直难以置信。"[64]

　　在英格兰各地——尽管有些地区可能比其他地区更快——固定商店正在抢走露天集市的零售生意。伦敦自然走在了前面。来到伦敦的游客总是对新交易所赞不绝口，那里有两百多家商店，"穿着入时的女性"出售"种类丰富的商品"。但对那些了解这座城市的人来说，或许更令人印象深刻的是，"每条小巷、每个岔路口、每条街道和每个街角"，"到处都是商品琳琅满目的商店"。17 世纪后期，小一点的城镇也为热切的购物者提供了同样的百货商店。诺丁汉是一个"商店林立的城镇"。萨福克的伊普斯维奇一直都是贸易中心，街道同样"商店林立"。托马斯·巴斯克维尔在 17 世纪晚期造访附近的伯里圣埃德蒙兹，发现"到处都是堂皇的商店和富有的商人"。西南部的服装中心汤顿的"街道又长又宽，全是商店"。格洛斯特是"一个相当大的城镇"，拥有"不少漂亮的街道和商店"。切斯特的主要街道设有"长廊（或者按照他们的说法，街），一边是商店，就算遇到暴风雨行人都不会被打湿"。作为拥有主教座堂的城镇，坎特伯雷和温彻斯特"到处都是漂亮的商店"。埃塞克斯的集市村庄比勒里基给前往新英格兰的"五月花"号输送了五个人，那里有"一条宽阔的街道，两边都是漂亮的房屋和商店"。纳齐苏斯·勒特雷尔发现，在 17 世纪 70 年代的康沃尔锡矿小镇特鲁罗，"几乎任何东西都买得到"。[65]

英格兰人在 17 世纪后期发展了一系列引人注目的、公认属于现代的新型机构。驿站马车、收费公路信托、便士邮递、火灾保险、储蓄银行、日益兴旺的零售业，所有这些都有助于英格兰社会的逐渐商业化。这些新的机构和大规模扩展的基础设施有助于缓和英格兰从农业文化向城市文化转型所遇到的冲击。如果商品、人员和思想能够更加容易地在农村和城市之间流通，那么离开农村到城市工作，或者来回于农村住宅和城镇住宅之间也会变得容易。随着这些社会和文化交流的加深，英格兰人更有可能进行真正的全国性政治讨论。与之前相比，在 17 世纪后期，利益、焦虑和愿景的交流速度快了很多。而且，同样重要的是，这些想法现在可以传递给拥有更多共同的社会和文化参照点的英格兰人民。

※　※　※

咖啡馆在 17 世纪后期英格兰的出现，或许比任何其他组织机构都更能反映英格兰民族文化的转变。17 世纪后期，咖啡和咖啡馆在英格兰风行一时。尽管咖啡在 17 世纪初就以外来新奇事物的身份出现在英格兰，第一批咖啡馆要到 17 世纪 50 年代才开业。到 17 世纪 70 年代，咖啡变得如此普遍，以至于当时有人略带夸张地说，"虽然面包常被我们认为是生活必需品，但连它的使用都没有咖啡那么普遍"。约翰·伊夫林在17世纪50年代末指出，咖啡已经"迷住了整个国家"。[66]

伦敦成为英格兰咖啡馆文化的中心。早在1659年11月，伦敦人托马斯·鲁格就指出，"现在几乎每条街道都在卖一种叫作咖啡的土耳其饮料"。在17世纪的60年代、70年代、80年代和90年代，自然哲学家罗伯特·胡克和杰出的公务员塞缪尔·佩皮斯等伦敦人在数十家不同的咖啡馆工作、辩论和放松。18世纪初，哈克尼的达德利·赖德经常去伦敦及其周边的十几家咖啡馆，在那里议论政治，闲谈法律，完善自己的谈话技巧。瑞士旅行家安托万·穆拉尔特在18世纪初造访伦敦，描述了"数量惊人的伦敦咖啡馆"。一位伦敦景况的调查员估计，在18世纪的头十年，伦敦和威斯敏斯特有"近三千家"咖啡馆。[67]

咖啡馆不只出现在英格兰的都市。一位小册子作者准确地指出，"全国各地的大学和多数城市和著名城镇"都有咖啡馆。英格兰第一家咖啡馆于17世纪50年代在牛津开业，随后这座大学城迅速出现了另外几家咖啡馆。罗杰·诺思抱怨，剑桥在17世纪60年代已经有了一家咖啡馆。他还说，到了18世纪初，情况变得更加糟糕，出现了"形形色色的"咖啡馆，"人们在那里浪费时间，或者聊天，或者阅读报纸，且后者比前者更无意义"。英国的大多数制造业城镇很快都有了自己的咖啡馆。17世纪70年代，托马斯·巴斯克维尔在纺织城镇格洛斯特发现了一家咖啡馆。埃克塞特、考文垂和威斯特摩兰的肯德尔——所有17世纪的纺织城镇——在17世纪80年代和90年代都有了咖啡馆。已以铁制品闻名的谢菲尔德和以煤炭著称的纽卡斯尔在17世纪后期也有了咖啡馆。英格兰港口也有咖啡馆。与西印度群岛贸易的中心布里斯托尔"在17世纪70年代有三到四家咖啡馆。"普利茅斯和多切斯特在17世纪后期也有了自己的咖啡馆。渔镇大雅茅斯在17世纪60年代末就有了一家咖啡馆。老的郡首府，包括威斯特摩兰的彭里斯、兰开夏的普雷斯顿、切斯特、斯坦福德、白金汉、诺丁汉和约克，都不甘示弱，很快就有了自己的咖啡馆。到光荣革命时期，连新英格兰的波士顿都有了咖啡馆。[68] 在 17 世纪后期的英格兰，咖啡馆不是伦敦人的禁脔，其地理位置也不局限于精英、乡绅或科学文化的中心。

咖啡馆在欧洲大陆的扩展较为缓慢。世界公民居伊·米耶热认为咖啡馆"（在英格兰）更加普及"，这一观察得到了最近研究的证实。在神圣罗马帝国，咖啡"直到 18 世纪 20 年代仍是一种较为昂贵的异国饮料"。维也纳通常被认为是咖啡馆文化的中心，却直到 1683 年才有自己的咖啡馆。贸易城市汉堡早在 1671 年就有了一家咖啡馆，这并不令人意外。阿姆斯特丹在 17 世纪末就出现了一家兴旺的咖啡馆。可是即便那里拥有三十二家咖啡馆，它跟数量成百上千的伦敦都不是一个级别。法国第一家咖啡馆于 17 世纪 70 年代在巴黎开业，但真正的繁荣期是在 18 世纪。[69]

英格兰的咖啡馆不仅数量比欧洲大陆城市的多，而且环境也很不一样。普罗科佩咖啡馆是典型的法国咖啡馆，由西西里人弗朗切斯科·普罗科皮奥·科尔泰利于 1686 年开在福塞圣日耳曼大街。普罗科佩咖啡馆从一开始就是一个高雅场所，布满大理石小桌、水晶吊灯和镜子。用一位历史学家的话说，那是一个"奢华的地方"。科尔泰利的成功很快刺激了竞争对手。到 1690 年，"高雅的巴黎市中心——从比西十字路口到圣日耳曼博览会，再到塞纳河"，都是咖啡馆。巴黎的咖啡馆已经具备了城中贵族住宅的高雅和奢华。伦敦则相反，咖啡馆生活的中心是"伦敦商业领域的中心"。这些咖啡馆并不文雅。一位操法语的游客抱怨，英格兰的咖啡馆"令人作呕，像守卫室一样烟雾弥漫，挤满了人"。内德·沃德的观察显然极不友善，他将咖啡馆的顾客比作"一堆浑浑噩噩的粪蛆"，"（他们）就像老式奶酪库房里的老鼠一样忙碌。有人走，有人来，有人乱写乱画，有人聊天，有人喝酒，还有人吵闹，整个房间像荷兰驳船一样散发着烟草的臭味"。

小酒馆或咖啡馆的人群，由约瑟夫·海默尔创作于 18 世纪 20 年代。英格兰的咖啡馆很少装饰，毫不追求法国咖啡馆的贵族式优雅。英格兰的咖啡馆主人创造了一种适合自由公开讨论而非私密交流的氛围。他们的顾客基本来自城市中产阶级，而不是绅士和贵族

巴黎的小而优雅的大理石桌子在伦敦变成了公用的长木桌子。一位评论家回忆，典型的咖啡馆有"三到四张桌子，上面放着小蜡烛灯、烟斗和烟灰缸"。法国游客德·圣玛丽先生无疑非常熟悉温文尔雅的法国咖啡馆，他把英格兰咖啡馆的长木桌比作修道院食堂的长木桌。[70]巴黎咖啡馆的构造适合亲密的私人谈话，伦敦咖啡馆则是集体讨论的理想场所。

英格兰咖啡馆的环境完美契合它的顾客。咖啡馆从一开始就以低价出售商品。在英格兰的任何地方，花一个便士就能喝到一杯咖啡。在咖啡馆打发夜晚时间比较便宜，而"在酒馆结账马上就能掏空钱包"。正因如此，这种新型社交场所的反对者和支持者都认为，咖啡馆能够接待社会上不同的顾客。塞缪尔·巴特勒指出，"不同身份和地位的人"都会相遇在咖啡馆。巴特勒断言，卖咖啡的人"眼里不分贵贱，绅士、技工、贵族和无赖混为一体，仿佛他们都被还原成了原初的样子"。在咖啡馆没有"地位或等级"之分，一位小册子作者宣称，在那里，"你可能遇到愚蠢的纨绔子弟、令人敬畏的法官、喜欢发牢骚的赌棍、严肃的公民、行差踏错的扒手、不从国教的牧师，还有伪善的骗子"。

一个二流作家抱怨，这个"丑陋的土耳其女巫"，"既引诱富人又引诱穷人"。另一位作家更加客观，他说，"三教九流的人"都会去咖啡馆。外国观察者表示赞同。在英格兰的咖啡馆，"船夫和贵族在同一张桌子上抽烟"，一位法国游客如是说。18 世纪初的瑞士游客安托万·穆拉尔特认为，总体而言，英格兰人的社会差异没有欧洲大陆的那么明显。咖啡馆尤其"是商人和闲人常去的聚会场所"，"所以问一个人住哪儿之前会先问他去哪家咖啡馆"。[71]

英格兰最早的咖啡馆跟贸易有关。不仅咖啡豆需要从中东进口，连咖啡馆本身都起源于黎凡特。大马士革、开罗、阿勒颇和巴格达至少从 16 世纪起就有了咖啡馆。16 世纪 60 年代，伊斯坦布尔的咖啡馆据称已经超过六百家。首先接触到这一新奇习俗的自然是跟奥斯曼帝国有贸易往来的商人。所以不出意料，根据约翰·霍顿的记录，伦敦的第一家咖啡馆（位于康希尔的圣米迦勒教堂）是由两位英格兰商人拉斯托尔和爱德华兹引进的，他们在士麦那和里窝那学会了奥斯曼帝国喝咖啡的习俗。两年之前，一个名叫雅各布的犹太人在牛津开设了英格兰第一家咖啡馆，基本可以确定他就是黎凡特人的后裔。17 世纪 60 年代初，乔治·达文波特向后来成为坎特伯雷大主教的威廉·桑克罗夫特报告，两个受洗的犹太人即将在伦敦开设新的咖啡馆。我们可以设想，1671 年在地中海港口城市马赛而不是在巴黎开业的第一家法国咖啡店，也有类似的渊源。[72]

英格兰的咖啡馆迅速成了商谈业务的场所。伦敦的牙买加咖啡馆为西印度商人提供了一个舒适的地方，让他们能够了解最新的消息，交易糖、靛蓝和奴隶。莫斯科公司的管理层在乔纳森咖啡馆开会。伦敦人可以"在工作日的每个中午和晚上，去加罗韦咖啡馆，看看这些行动对多数股份公司股价的影响"。17 世纪 90 年代,约翰·霍顿的《改善农牧业和贸易文集》包含了大量商品价格以及政治和商业新闻，"这本书出现在所有咖啡馆，而且可以免费阅读"。17 世纪 70 年代，安德鲁·亚兰顿"在公共咖啡馆"发表演讲，论述了公共银行的必要性和金匠银行家的缺点。17世纪80年代初，昙花一现的伦敦信贷银行曾邀请潜在客户到八家咖啡馆中的任意一家进行认购。17世纪晚期的印刷品中，常有发起人到这个或那个咖啡馆兜售企划的相关描写。17世纪80年代的一份政府备忘录警告，最近举国沉迷"贸易"，这"导致了伦敦城咖啡馆永不停歇的吵闹和肆无忌惮的谈话方式"。"人与人之间不能讨价还价，也无法达成交易"，一位小册子作者指出，"除非是在一些公共场合"，而且往往是在"咖啡馆"。就此而言，流亡的胡格诺教徒亨利·米松的话很有道理，他说咖啡馆是"很便利"的地方，可以"跟你的朋友交易会面，只需花费一个便士"。[73]

　　17世纪的批发商、店主和商人不仅需要掌握商品价格的最新信息，还要了解可能影响这些价格的世界新闻。可想而知，咖啡馆很快就成为新闻信息的中心。一走进咖啡馆，就会听到"那个老问题，'老板，有什么消息没有？'"或者"各位先生，这是各地的新鲜消息。"佛罗伦萨人洛伦佐·马加洛蒂发现，咖啡馆"有各种各样的记者群体，在那里能听到最新或者据信是最新的消息，不管是真是假"。二十年后，亨利·米松描述充满活力的英格兰咖啡馆文化时称，"英格兰是个遍地都是报纸的国家，人们称这些报纸为小册子，每个作者都敢于自由谈论政府事务，发布形形色色的新闻"。18世纪初的安托万·穆拉尔特表示认同，在他的笔下，英格兰人在咖啡馆"抽烟、玩游戏、阅读公报，有时还自制公报"，"他们在这里讨论国家大事、王公贵族的利益和丈夫的荣誉等等"。英格兰人并不反感这种对他们的新式文化表达依恋的评论。"这个世界没什么，/从君主到老鼠，"17世纪70年代的一位小诗人写道，"不会每天或每夜地，/被扔进咖啡屋。""现在每个咖啡馆好像都是一个国家阴谋集团。"另一位小册子作者说。[74]

　　咖啡馆无疑提供了大量的本地八卦信息，但这些地方也是城市居民了解海外最新动态的绝佳场所。托马斯·谢里丹发现，在咖啡馆可以"听到所有国家的政策变动"。法国人德·圣玛丽先生惊叹，在英格兰的咖啡馆可以找到"在英格兰、法国和荷兰发行的所有公报，（还有）手写的新闻通讯"。"满腹疑团的政治家"正是在咖啡馆里议论路易十四的病情，并推测其对英格兰事务的意义。十年之后，詹姆斯·布里奇斯乘马车来到汤姆咖啡馆，了解九年战争（1689—1697 年）的最新进展。[75]

17 世纪的政客很快就发现了咖啡馆蕴藏的政治活力。新生的辉格党从一开始就利用咖啡馆来宣传他们的思想。诗人和宣传家安德鲁·马弗尔用咖啡馆做舞台，每天发表对《伦敦公报》的见解。所以并不令人意外的是，他最有影响力的政治小册子《论教皇制和专制政府的发展》被罗杰·诺思认为"适合在俱乐部和咖啡馆发挥作用"。辉格党领袖和约翰·洛克的赞助者沙夫茨伯里伯爵"在约翰咖啡馆阐述他的所有想法和计划"。在王位排除危机 * 期间，辉格党咖啡馆的名单包括费尔、彩虹、普罗克特、曼、加拉韦、福特、乔纳森和库姆。利用咖啡馆这一媒介的不只有辉格党人。在第二次英荷战争（1665—1667 年）期间，政府试图"在咖啡馆"散布荷兰的暴行，希望这些消息能"像麻风病一样传播"。在王位排除危机期间，未来的国王詹姆斯二世的密友波伊斯伯爵夫人在"城里的小咖啡馆"发放了"大量的小册子"，为政府的立场辩护。位于考文特花园的威尔咖啡馆被誉为托利党的政治活动中心。难怪任何有抱负的政治家都会派密探到咖啡馆收集政治流言。[76]

一些咖啡馆也成了学术文化的中心。早在 17 世纪 60 年代，约翰·德莱顿、塞缪尔·巴特勒和"城里所有的才子"就经常光顾威尔咖啡馆。内德·沃德在 17 世纪 90 年代到访威尔咖啡馆时，仍可找到这些"正

---

* 查理二世统治期间，议会从 1679 年至 1681 年先后提出三个法案，试图将当时的约克公爵，即后来即位的詹姆斯二世，排除在王位继承序列之外，但三个法案都没有获得通过。围绕此事形成了托利党和辉格党两个新的党派。

在互相交流最新智识成果"的才子。剧作家在咖啡馆朗读他们的戏剧片段。评论家也利用咖啡馆来宣传他们对最新文学作品的看法。王家学会（Royal Society）的演奏家是咖啡馆的常客，他们在 17 世纪 60年代初建立了一个定期举办的"咖啡俱乐部"。17 世纪 70 年代后期，一群商人"在交易小巷（Exchange-Alley）的咖啡馆的一个大房间里"开设了一个宗教晚间系列讲座。咖啡馆现在居然举办有关"理应是宗教最大谜团之事"的辩论活动，也许就是这引来了剧作家阿芙拉·贝恩的嘲笑。詹姆斯·布里奇斯在伦敦的咖啡馆找到了热衷于讨论书籍、稀有手稿和绘画的同好。约翰·霍顿宣称，"任何人都能在咖啡馆找到同道；这些地方发展了文艺，并加以商业化，所有其他知识亦然"，这无疑是对的。[77]

　　只有在最后一层意义上——作为高雅文化的家园——英格兰的咖啡馆和欧洲大陆的咖啡馆才有可比性。法国咖啡馆始终只是"文学咖啡馆"，没有正在进行交易的熙熙攘攘的批发商和零售商。尽管英格兰咖啡馆的常客从 17 世纪 80 年代初就开始浏览相互竞争的财经出版物，但是直到 18 世纪下半叶，法国任何地方都找不到连续出版的法语商品价格表。来到英格兰的外国游客惊叹于"这个国家探查大事的自由"，而在巴黎，"很少有……公开叫卖新闻的喧闹，也没有小册子和小贩的滋扰"。新闻受到的关注也比较少。马丁·利斯特医生惊奇地发现，在巴黎，"公报每周只出一次，而且很少人买"。塞涅莱侯爵对 17 世纪 80 年代巴黎咖啡馆的政治流言感到担忧，他将这种危险的言论归咎于"外国人"。这不是品味的差异问题。马丁·利斯特认为，法国人现在"每天"都喝咖啡、茶和巧克力饮料，但与英格兰人不同，大多数人是在"私人住宅"喝的。18 世纪初的记者约瑟夫·艾迪生和理查德·斯梯尔证实了这一印象。他们告诉《闲谈者》的读者，"至于政治家"，法国人"跟我们不同，没有很多那样的人"。他们认为法国人专长于书面记事，英国人则以"咖啡馆的即兴演讲"著称。

《咖啡馆的乌合之众》，出自爱德华·沃德创作的《Vulgus Britannicus，或英国的休迪布拉斯》*，1710 年。英格兰的咖啡馆是政治辩论的中心，也是城市商人传播新闻和流言的中心

---

* 休迪布拉斯（Hudibras）是塞缪尔·巴特勒（1613—1680 年）创作的同名讽刺诗的主人公，时常和他的侍从拉尔夫争论不休。

《闲谈者》的作者接着做了一个对比，入木三分地阐释他们的论点。他们经过威尔咖啡馆（当时是臭名昭著的托利党和詹姆斯党据点）时，无意中听到"一个非常洪亮的声音，用带有背叛色彩的言语，发誓说法国人和英格兰人一样自由。他在狂热之下没有想到，他自己的言论就是一个相反的论据"。[78] 只有在英格兰，才会出现充满政治和经济活力的咖啡馆文化。

　　咖啡馆在 17 世纪后期的英格兰仍是新奇事物。不过，不到几十年的时间，但凡有点想法的英格兰村庄或集镇都有了自己的咖啡馆。尽管每个咖啡馆都有自己的特殊魅力，但是总体而言，英格兰咖啡馆都有相同的文化特征。当地人在这里交流新闻，阅读最新的报纸和小册子，洽谈业务。咖啡馆非常适合正在经历激烈城市化和商业化的社会。它培养了一种现代政治，让逐渐变得宏伟的国家活动受到不断扩大的政治民族的监督。

※ ※ ※

　　英格兰在 17 世纪为何变化如此激烈？是什么导致了英格兰制造业的发展？为什么制造业和港口城市发展如此迅猛？为什么英格兰的道路得到改善，商店激增？为什么英格兰会发展出邮局、保险机构和新的经济手段？为什么在这一时期，即便家境一般的英格兰人都能扩大知识和文化视野？

　　要回答这些问题，我们最好将英格兰跟欧洲作对比。英格兰在 16 世纪和 17 世纪初经历的社会变革和经济增长，呼应了欧洲其他地区的发展。经济史学者一致认为，在漫长的 16 世纪，"各地的贸易都在扩大"，在西欧，"绝对价格、相对价格和人口增长的趋势到处都一样"。只是到了 17 世纪中叶，荷兰人和英格兰人才先后脱离了欧洲的整体格局。对欧洲大多数国家来说，17 世纪是一个危机时代。对荷兰来说，这是一个黄金时代。在英格兰，尤其是在17世纪后期，尽管人口停滞不前，经济却有很大发展。威尼斯居民阿尔贝蒂在17世纪70年代表示，"伦敦城的贸易从未像现在这么繁荣"。约翰·霍顿在他新的经济期刊中指出，自1665年以来，"我们的贸易增长"，"可能比同一时期的任何国家都要多"。[79] 那么，问题就不是为什么英格兰经济扩张，而是为什么在欧洲其他国家（除荷兰外）相对或完全衰退时，英格兰经济却在扩张？

最近不列颠群岛社会和经济史的研究未能解决这一问题，因为它在两方面过于狭隘。首先，正如雅各布·普赖斯所言，"英国的经济史家越来越没兴致把国家经济的转变置于世界背景之下"。其次，英格兰对外贸易的作用被低估了。"工作收入，"约翰·查特斯断言，"主要依赖国内贸易和雇佣。""国民生产总值，"他总结说，"大多是在国内产生的，而大部分国内产品都供应给国内市场。"尤其是"1690年以前的殖民地转口贸易，其影响被夸大了"。既然更多船只运载的是供应国内市场的货物，结论自然是这个市场对英格兰的经济更加重要。大多数学者认为，英格兰经济史和政治史的动力都是本国的和特殊的，而非外部的和国际的。[80]

最近比较经济发展的研究已经令人信服地反驳了这种内部主义叙事。利用生产和人口变化的指数，学者现在已经证明，"西欧在16世纪、17世纪、18世纪和19世纪初的几乎所有特殊增长，几乎都源于大西洋沿岸国家的增长"，那里的人"最直接地参与同新大陆和亚洲的贸易与殖民活动"。换句话说，解释经济发展差异的关键因素，或者说解释英格兰和荷兰在欧洲其他地区面临危机时依然保持繁荣的关键因素，是长途贸易的增长和海外殖民地的发展。事实上，这些学者已经证明，在打通大西洋贸易路线之前，那些后来从中受益的地区的表现与相邻的非大西洋地区很相似。有关16世纪末和17世纪初社会变革和经济发展的内部主义叙事没有错。在这个社会和经济史家关注

伦敦城和斯特普尼全景，威廉·摩根创作于 1682 年。国内和海外贸易的增长对东伦敦的
发展影响特别大，像斯特普尼这样的东伦敦郊区因而变得繁忙而人口稠密，全是参与海
外贸易的商人

的时期，英格兰的确有所发展。可是它在这一时期的发展与欧洲多
数地区经历的发展没有两样。实际上，比较研究赋予长途贸易的活力，
能够解释法国在"艰难时代"只有大西洋沿岸地区保持经济活力的
奇特现象。[81]

　　对外贸易，尤其是长途对外贸易，的确极大地刺激了英格兰经济。
1640 年至 1686 年间，英格兰商船的吨位增加了一倍多。这一增长大
部分是在对外贸易方面。1660 年至 1700 年间，进口增长了 60%，出
口增长了 650%。至 1700 年，对北美和西印度殖民地的贸易与对印度
的贸易分别占到英格兰进口的 30% 和出口的 15%。这些数据在 18 世
纪初曾经不值一提。事实上，如果把殖民地和东印度商品对欧洲的庞
大转口贸易包含在内，出口数据会高得多。随英格兰对外贸易的规模

变化而来的是质的转变。1640 年英格兰出口的产品 80%—90% 都是羊毛布料，到 1700 年，纺织品占出口产品的比例不到一半。对外贸易，特别是海外贸易，形成了一位经济史家所说的"一个新的背景"，另一个则是"贸易革命"。[82]

当时的人都很清楚海外贸易给英格兰带来的革命性影响。一本广为流传的商人手册提醒读者，自亨利八世统治时期以来，英格兰的关税收入增长了十倍以上。格雷戈里·金将 17 世纪后期的英格兰经济繁荣"大部分归功于对外贸易的增长"。尤为重要的是，当时的人点明了新的欧洲以外贸易的重要性。"不管无知的人怀有什么相反的错误想法，"一位 17 世纪末的小册子作者断言，"真正能够确定的是，有了我们美洲殖民地的种植者和殖民者，才有英格兰空前的财富和繁荣。"威廉·布拉思韦特在 1685 年调查英格兰的海外活动时得出结论，"那些以前被视为铤而走险的殖民地，现在已经成为必不可少和重要的主体部分"。两年之后，理查德·布洛姆断言，詹姆斯二世的新大陆领地之于国家繁荣的意义不亚于西班牙国王在那里的属地。罗伯特·索思韦尔爵士提醒诺丁汉伯爵，北美和西印度群岛贡献了"整整三分之一的英格兰贸易和航运"。几乎所有愿意发表评论的人都确信英格兰的繁荣取决于与东印度和西印度的贸易。一位商业专家评论，"对外贸易是我们岛国的主要支柱"。另一个人断言，"从没有人怀疑对外贸易和商业是每个民族的利害与利益所在"。对英格兰来说尤其如此，"英格兰国王和王国的财富、力量和荣耀很大程度上（次于上帝）取决于航海和对外贸易"。[83]

　　17 世纪后期，英格兰人的消费明显受到了进口殖民地商品的影响。从 1615 年到 1700 年，烟草进口急剧增长。从 1615 年到 1700 年，英格兰的烟草进口量从每年五万磅上升到每年一千三百万磅，增长了二百五十九倍。此外，英格兰在 1700 年还向欧洲大陆转口输出两千五百万磅。到 17 世纪后期，烟草消费在英格兰已经"十分普遍"。乔治·唐宁爵士表示认同，"老百姓喜欢抽烟"。1670 年，一位议员对下议院说，"英格兰大部分公司都以酒吧和蒸馏酒馆的烟草贸易维生"。威廉·斯海尔林克斯在 1662 年到访彭赞斯，发现"不分男女老少，每个人"都在抽烟，"这很普遍，小孩子早上甚至用这来代替早餐，而且他们更喜欢烟草而不是面包"。最近的研究表明，1670 年，英格兰每年人均消费一磅烟草。[84]

　　17 世纪的咖啡和茶消费同样大幅增加。这两种热饮在 17 世纪初都很罕见，但在 1650 年之后，随着咖啡馆数量的激增，它们都成了非常流行的饮料。一位观察者不无夸张地说，"咖啡和茶的消费"变得"如此普及"，以致"烈酒的消费大大减少了"。1664 年至 1685 年间，英格兰从中东和东印度群岛进口的咖啡翻了一倍多。尽管很难精确计算，但在 17 世纪末，约有 3% 英格兰人每天都要喝上一杯咖啡。没有完整的咖啡或茶的价格梯度，但从各式各样的逸闻证据来看，咖啡的价格在 17 世纪后期急剧下降，因而更加容易为收入低微的人所接受。[85] 17 世纪后期，咖啡没有烟草那么普及，但作为一种相对较新的非必需品，它还是很受欢迎的。

　　糖在 17 世纪末也从一种偶尔的奢侈礼物变成了英格兰饮食不可或缺的一部分。糖很快被加入各种水果，人们因而发明出"许多绝妙的提神饮料"。糖还被加入"被称为可可的贵重坚果之中"。如果没有糖，可可"就没什么用处了"，更不用说林林总总的英格兰糖果商的加工变化了。托马斯·特里森称，据说到 1700 年，糖已经"将其丰富而甘甜的影响传遍整个国家"。这一说法生动活泼，但并非毫无根据。17 世纪 60 年代到 90 年代，糖进口增加了一倍多，价格却直线下降。伊萨克·赛尔梅克的细腻画作捕捉到了 17 世纪后期一个英格兰糖岛的新经济活力。单是巴巴多斯，也就是赛尔梅克描画的岛屿，1650 年至 1700 年间运往英格兰的糖数量就增加了两倍多。到 17 世纪末，进口的糖已经足够整个英格兰每年每人消费大约四磅。[86]

　　海外贸易不是单向的。西印度群岛和北美比东印度群岛更需要英格兰的制造品。乔治·唐宁爵士早在 1670 年就宣称，"种植园把产品带回国内的同时也送到国外，还销售你们的制造品"。煤、布、长袜、手套、玻璃、马车、鞋和帽定期发往西印度群岛和北美。17 世纪末，著名的贵格会教徒、金属品制造商托马斯·费尔在牙买加销售他的产品。萨福克奶酪"在英格兰不受欢迎"，却被认为适合长途出口到新大陆。"可以肯定的是，"一位辩论者自信而准确地指出，"我们的美洲殖民地从英格兰进口的制造品比任何其他海外贸易都要多。"事实上，从 17 世纪 60 年代到 90 年代，英格兰对欧洲以外地区的出口增加了两倍多。新大陆的殖民地在 17 世纪后期成了"英格兰制造业真正的新市场"。[87]

巴巴多斯岛，伊萨克·赛尔梅克创作于 1694 年。17 世纪中期，大规模的糖作物种植园已经出现在巴巴多斯，这彻底改变了英格兰的消费模式和贸易

　　尽管到 1700 年，欧洲以外的贸易仍然只占英格兰贸易的 20% 左右，但其影响比数字显示的要广泛得多。与经济史家一样，当时的人都清楚知道，海外贸易的最大影响不是直接的，而是在"无数的乘数、反馈和衍生效应"中体现的。怀特黑文的约翰·洛特爵士专门强调了"对外贸易的附带好处"。正是由于这些间接影响，托马斯·汤姆金斯才会宣称，"很少有人这么卑鄙，但他确实或多或少地从我们跟其他国家的贸易中捞到了一些好处"。[88]

　　辨识对外贸易的间接乘数效应并不难，但只限于其中一部分。当咖啡、茶、糖和烟草——所有易腐商品——开始流行，就有了对能够较为频繁地少量供应这些产品的当地商店的需求。当时的人经常提到，1640 年之后，英格兰人的晚餐份量变小了。17 世纪后期，英格兰的男男女女喜欢用甜食、热咖啡饮料或烟草来补充量少的餐食。"海外贸易的创造效应"导致了口味与消费习惯的变化，这有助于解释 17 世纪末城镇和小村庄商店的激增。谢菲尔德的本杰明·帕拉莫尔的商店存有东印度的肉桂，西印度的烟草、糖和糖蜜，以及北美的菠葜，这样的商店在 17 世纪末变得越来越普遍。新的热饮当然不能在家里或在咖啡馆里，用装啤酒和麦芽酒的大酒杯来饮用。对这些新的热饮陶器用具的需求很可能刺激了制陶业的迅速发展。[89]

在其他方面，海外贸易同样是"英国经济的温床"。海外贸易的风险可能促使人们创立大公司来分担金融风险。更加复杂的金融工具实现了基于签名而不是面对面的多方支付系统。[90] 大型船舶运来的货物促进了储存货品的仓库的扩大。于是在这样的刺激下，在英格兰不断发展的港口城市，居民开始建造新的码头、仓库、船坞和分销设施。当然了，海外贸易还需要建造比沿海乃至欧洲贸易的一般船只更大的船。

17 世纪，无论对政治还是经济，海外贸易都变得越来越重要。欧洲市场，尤其是那些直接或间接受到法国政策影响的市场，都逐渐对英格兰人关上了大门。17 世纪后期的保护主义变得越来越复杂、越来越普遍。17 世纪后期，路易十四的财政大臣让-巴蒂斯特·科尔贝或许还没有能够彻底刺激法国工业发展或消除法国内部的关卡和贸易壁垒，但他确实给英格兰和荷兰的进口商品设置了严密的壁垒。从 17 世纪 60 年代末开始，英格兰人逐渐意识到，法国的关卡正在摧毁英格兰制造业的市场。即便在科尔贝死后，法国人还在使用"一切可以应用的手段……阻挠和摧毁英格兰的羊毛制造业"。伦敦、埃克塞特以及其他地方的商人都很清楚，法国政策已经"摧毁了"能给他们带来利润的大陆新布料贸易。[91] 法国实力的增强和法国外交压力的增加无疑会将英格兰人逐渐拒于大陆市场之外。

英格兰与殖民地的海外贸易本身受到经济法的保护，这给了制造商一个有保障的市场。殖民地的英格兰制造品消费不多，但在 17 世纪后期增长迅猛。殖民地不断增长的需求意味着英格兰不必重新调整制造业的方向。由于无法适应保护主义的世界，荷兰的经济奇迹中道而止。荷兰一开始尚能对抗法国的保护主义措施，但是"一旦保护主义政策得到更加广泛的采用，荷兰经济就不可避免地走向了衰落"。

荷兰的殖民地不同于英格兰的殖民地，而跟西班牙和葡萄牙的殖民地相似，在经济上相对自给自足。荷兰制造业缺乏可靠的市场。因此，唯独英格兰人从17世纪末的关税和反关税大潮中获益。大西洋贸易能将英格兰与殖民地不断增长的需求联系起来，这成了其相对于东方贸易的比较优势——后者能够提供丰富的香料和贵重的布料，但对英格兰和欧洲产品的需求非常有限。一位学者准确地指出，西印度和北美殖民地的发展，"正值欧洲内部贸易低迷、竞争加剧，因而能够成为英格兰工业产出的独家市场"。[92] 对外贸易尤其是殖民地贸易的刺激，令英格兰经济得以在欧洲经济危机中继续增长。只有大西洋贸易才能合理地解释英格兰与欧洲模式的分道扬镳。

※　※　※

英格兰经济在17世纪后期的迅猛发展必然会改变政治环境。相比上一个世纪，英格兰已经变得很不一样。它吸纳新的工业，拥有新的城镇，与新的贸易伙伴来往，发展了新的基础设施，并建立了新的社会机构。所有这些都创造了新的政治机会，为国家提供了新的资源，还催生了管理这些资源的新式政治官僚机构。社会和经济的变化催生了新的政治。麦考莱乃至几乎所有信从他的历史学家都错误地以为，既然英格兰的经济转型是1688—1689年革命的结果，那就没必要研究社会经济史和政治史的关系了，这两个领域的学术研究完全可以分隔开来。这样的假定现在是站不住脚的。

乍一看，历史记录似乎证明了，将社会史、经济史同政治史分离开来的做法是合理的。从伊丽莎白时代到17世纪末，参与贸易的议员比例一直稳定在10%左右。詹姆斯二世的1685年议会无疑是一个"地主议会"，其中大多数议员似乎一心想要实施"有利于他们土地"的政策。塞缪尔·佩皮斯和约翰·霍顿都抱怨，在贸易问题上，绅士"更多受到鄙陋错误和虚假格言的影响，而不是听从他们自己的理性"。[93]

　　这种表面上的连续性，即政治民族显然一直对贸易缺乏兴趣，实际上被夸大了。在 17 世纪 80 年代初，约翰·霍顿发行了一本只讨论商业和工业问题的期刊，因为"贸易不仅是占据着平民思想和日常的话题，而且是近年最为显赫的王公主要关注的问题之一"。地主阶级对商业的兴趣越来越浓。例如，白金汉公爵深度参与了伦敦的玻璃制造。萨内特伯爵在阿普尔比建立了一个纺织厂。约翰·劳瑟爵士亲自负责建立了繁荣的怀特黑文港，而且是国家给新制造业提供支持的重要拥护者。丹尼尔·弗莱明爵士在他位于兰开夏和威斯特摩兰的土地上开发铅矿和铜矿。罗切斯特伯爵通常只被视为英格兰教会的坚定捍卫者，其实他"非常了解商业细节，并将其当作主要研究对象"。当然，最大的地主绅士是查理二世和詹姆斯二世，他们树立了投身商业的新榜样。众所周知，查理二世对"航海实验特别感兴趣"，还建立了一所男校，旨在促进"我们贸易的安全和发展"。"他最大的，几乎也是唯一的乐趣，似乎就是沉迷于航运和海洋事务。"查理二世的一位亲信在其死后不久如此评论。法国公使邦勒波认为，詹姆斯二世对金融和商业事务特别感兴趣。艾尔斯伯里侯爵可能更加了解詹姆斯二世，他认为詹姆斯二世"非常关心"贸易。17 世纪 60 年代到 70 年代初，詹姆斯振兴了王家非洲公司，往该企业投入了大量的时间和资金。詹姆斯登基后在枢密院设立了一个商业委员会，并启动了关于一些商业项目的讨论。[94]

　　贸易逐渐成为这个政治民族关注的话题。查理二世在议会和议会之外建立了一系列委员会和理事会，以收集"实际情况"，制定贸易提案。王家学会成立了一个乔治委员会，讨论农业及其与贸易的关联。当时的人确信，贸易正以各种方式渗入文化之中。拉尔夫·托雷斯比认为，因为贸易的全新重要性，我们该为"民族中那些从事商业贸易的人"撰写传记。"尽管到目前为止，从商或者迎娶商人的女儿仍被认为是丢人的，"兰开夏郡的丹尼尔·弗莱明爵士写道，"但现在这里的居民已经变得更加开明，好几位杰出的绅士都成了商人冒险家。"弗朗西斯·布鲁斯特爵士评论，跟他同时代的人对商业问题的理解比"我们的先辈"好多了。约翰·卡里也认为，最近许多议员"开始非常关心贸易，并常常感叹议院对它的负面看法"。威尼斯公使对商业文化并不陌生，在他的描述中，17世纪70年代的下议院有很多"精通经济的人，他们知道怎样才能以最便捷的方式赚到民众的现钱"。[95]

当时的人敏锐地意识到，英格兰的政治文化与大陆的相去很远。纽卡斯尔的巨商安布罗斯·巴恩斯自己在欧洲大陆也住过很长时间，据他观察，在丹麦和瑞典，"绅士都对贸易不以为然"。不过，大多数人都将英格兰人与法国人相提并论。法国游客德·圣玛丽先生惊叹于英格兰文化的商业化渗透程度。与法国不同，英格兰是一个"国王、贵族、绅士和资产阶级共同生活"的地方。"事实上在法国，"洛桑的居伊·米耶热评论，"如果一个绅士出身的人从事贸易，他就会失去绅士身份，绅士阶层极为看重荣誉，所以很少看到法国绅士转行经商。"[96]

17世纪后期的英格兰人都是这些权力社会学最新变化的严格评论者。这一认知超越了党派界限。托利党人约翰·霍顿清楚，"我们有很多从小住在茅屋的贫苦孩子（已经）变成了豪商巨贾"。"英格兰是贸易最为发达的欧洲国家之一，"辉格党人居伊·米耶热同意，"所以最大的平民群体就是商人，或者说靠买卖为生的人。"大多数人认为，随着英格兰变成一个由零售商和小店主组成的国家，政治权力的中心也转移了。约翰·奥伯里深信，"政府的均衡（被）彻底打破了，并被交到普通人的手里"。查尔斯·奥德沃思博士是命途多舛的莫德林学院的董事，他在他那本平淡无奇的书中坦言，最近"平民"已经"通过贸易掌握了国家的财富"，因而成了"国王和贵族的劲敌"。詹姆斯二世的朋友和忠实拥趸爱德华·黑尔斯爵士知道，借助"自亨利八世时代以来大幅增长的贸易"，英格兰人民已经实现了"财富的平等"，从而实现了权力的平等。亨利·卡佩尔爵士在议会辩称，政治责任的所在就是"财产最多的地方"，对他来说，很明显，"英格兰的财产在下议院"。值得注意的是，这是 1685 年一份广泛流传于詹姆斯二世宫廷的备忘录中的结论。"贸易和谈判的影响波及整个王国，没有人会不屑于与之联姻或来往，"备忘录作者声称，"这改变了民族的精神，最终王室将会改变其权力准则来适应我们获得的这种新秉性，这样才符合王室的利益。"各种算术计算都清楚表明："贸易是国家财富失衡的主要原因，这必然会对权力产生影响，无论结果是好是坏。"[97]

17 世纪后期的英格兰人反复将自己描述为一个贸易民族。"贸易是英国真正的本质的利益，没有它英国就无法生存。"一位流行小册子的作者写道。"英格兰完全就是一个贸易国家，地理位置非常适合商业。"另一位表示同意。经济作家卡鲁·雷内尔认为，"这个国家的全部事业"，就是"贸易"。"认为贸易不关乎我们的生存，只关乎我们的福祉，"约翰·科顿爵士警告，"这是错误的。"斯林斯比·贝瑟尔称，"贸易是英格兰真正的本质的利益"，这是因为"贸易不仅给臣民带来财富，还增加了国家的岁入，从而给予君主权力和力量"。这番话罕见地没有引发任何争论。尽管在其他问题上很少达成一致，但在这方面，贝瑟尔同意托利党民事律师查尔斯·莫洛伊的观点，后者认为，在英格兰，"航海和商业从未……像现在这样受重视"。[98]

1685 年的英格兰与 1600 年时完全不同。它变得更城市化，更商业化，更工业化，也更加繁荣。海路和陆路的交通大大改善了。英格兰已经形成了更大的全国市场，并实现了区域专业化。保险降低了贸易风险。邮局便利了贸易。咖啡馆提供了一个开展业务的新场所。更为重要的是，英格兰可能已经偏离了一般的欧洲经济模式。17 世纪后期，英格兰的人口虽然没有增长，经济却依然充满活力，而欧洲其他国家大都处于停滞状态。"在商业和航海方面，"一位评论家准确地指出，"只有荷兰人能（跟英格兰人）相提并论。"[99]英格兰的确走上了荷兰的经济现代化之路。跟荷兰一样，英国的经济现代化受到了对外贸易的刺激。

英格兰人很清楚，社会和经济的转型需要新的政治。詹姆斯二世和他的批评者都对贸易非常着迷。他们坚信，英格兰的政治未来是一个商业社会。托马斯·巴宾顿·麦考莱知道，如果不了解英格兰的社会状况，就不可能描述英格兰的政治。麦考莱认为17世纪的英格兰社会和他那个时代的英格兰毫无共同之处，所以他断定，詹姆斯二世登基时的英格兰政治根本不是现代的。麦考莱的这一评价大错特错。詹姆斯二世从1685年2月开始统治的英格兰基本就是一个现代化的商业社会。17世纪后期的英格兰人是一个像关注宗教和法律或宪法争论一样关注商业政策和外交事务的民族。只有首先了解这一事实，只有拓展我们的政治认识，我们才能理解1688年发生的革命。

第四章

詹姆斯二世登基时的英格兰政治

"蒙茅斯公爵詹姆斯和阿盖尔伯爵阿奇博尔德；斩首"纪念章，阿龙多作，1685 年。国王的军队在 1685 年 7 月镇压了蒙茅斯公爵的叛乱。就在同一个月，叛乱领袖被处决。这枚纪念章就是为了纪念处决而铸造的，意在警告"愚妄的野心将会失败"

　　尽管曾有报告称查理二世已从严重中风恢复过来，但这为时过早，1685 年 2 月 6 日上午，国王"撒手尘寰"。全英格兰很快就沉浸在难以抑制的悲伤之中。纽卡斯尔公爵"悲痛欲绝"，"几乎无法走出（他的）房间"。后来在 1688 年拿起武器反对詹姆斯二世的科利·西伯听到消息，"潸然泪下"。"这世界怎么回事！一切荣耀又算什么！"学者约翰·伊夫林听到国王死讯时感叹，"我没法有条理地说话。""现在全国上下都为我们敬爱的查理国王的去世而感到难过。"伦敦商人亨利·亨特告诉他的贸易伙伴。这位伦敦人对国民情绪的看法不算离谱。林肯郡牧师约翰·柯托伊斯回忆，当查理二世的死讯传遍全国时，"我们都面如死灰，站在那里相互对视，茫然失措。每只眼睛都准备好了落泪，每颗心都准备好了叹息，我想我真的可以说，英格兰国王从未引起如此普遍、如此衷心的哀恸"。[1]

毫无疑问，人们哀悼查理二世之死的理由各不相同。查理二世随和而不拘小节的作风吸引了许多人。他在去世前夕坚定地支持英格兰教会和他的兄弟约克公爵的权利，这为他赢得了其他人的支持。或许更重要的是，查理的二十五年统治象征着 17 世纪 40 年代和 50 年代动荡之后的政治和社会稳定。相比之下，查理的弟弟詹姆斯则是一个有争议的人物。与罗马天主教会和好之后，詹姆斯成了严厉政治监督的焦点。他性格专断，众人皆知，这让很多人感到害怕。辉格党人在 17 世纪 70 年代后期联合起来，试图阻止詹姆斯继位，但以失败告终。辉格党人希望通过议会立法改变继承权，却被竞争对手托利党老练的政治活动破坏，其政治声望也因为 1683 年春天在拉伊宫谋杀查理二世和詹姆斯的阴谋失败而一落千丈，没有人知道英格兰人民会怎样对待詹姆斯二世。伯林顿伯爵的话很有代表性，他建议费尔法克斯勋爵"特别提防这种情况下，任何虚假报告或煽动行为可能引发的混乱或骚乱"。[2] 随着国王的死讯传开，流下的泪水既是焦虑的泪水，也是悲恸的泪水。

尽管如此，这样的焦虑时刻实际上转瞬即逝。1685 年 2 月，这个政治民族的绝大多数人都欢迎詹姆斯二世的登基。那年夏天，查理二世的亲生儿子、富有魅力的新教徒蒙茅斯公爵詹姆斯在英格兰西南部发动武装叛乱，几乎没有人响应他。为什么 1685 年那么多英格兰人热情地欢迎詹姆斯二世？为什么詹姆斯二世能够如此迅速地击败侄子的叛乱？

该问题的答案可以告诉我们有关 17 世纪后期英格兰政治文化性质乃至 1688—1689 年革命原因的大量信息。这些问题为我们提供了一个机会，去审视有关 17 世纪晚期英格兰政治文化的假设，而这正是辉格党人将革命解释成彻头彻尾的保守事件的核心所在。

许多学者现在坚持认为，英格兰人民用新教徒威廉和玛丽取代天主教徒詹姆斯二世，主要是出于宗教原因，这意味着詹姆斯的宗教信仰从一开始就注定了他的统治失败。革命三百周年之际出版的一部专著的作者威廉·斯佩克认为，"不是（詹姆斯二世的）绝对主义……而是他的天主教政策导致臣民离心离德"。"所以宗教，"斯佩克总结，"才是革命的核心。""英格兰的内部问题主要是导致早期现代欧洲分裂的宗教两极分化：改革的力量与反改革的力量，"乔纳森·斯科特认为，"17 世纪的所有重大危机——1637—1642 年、1678—1683 年和 1687—1689 年的三次天主教和绝对主义政府危机，从根本上说都是宗教问题。正是对宗教的关注，而不是对政治或经济的关注，推动 17 世纪的英格兰人放弃了他们的政治忠诚，投入流血内战之中。"18 世纪政治文化的专家乔纳森·克拉克在他的书中得出了相同的结论。"在 16 世纪 30 年代到 19 世纪 30 年代乃至之后的英格兰政治变迁之中，民众情绪和意识形态诠释始终不变的最大主题就是反天主教，"克拉克说，"大众政治词汇主要都体现在天主教徒和反天主教徒的二元对立之中。这一传统在英格兰的典范就是光荣革命。"[3]

另一派学者并不认为英格兰人总是团结一致反对天主教徒詹姆斯，反而主张一小群反对詹姆斯二世的辉格党人起到了关键作用。这些历史学家强调最终获胜的所谓英雄式"激进"传统。他们认为，定义这种激进主义的不是创新的意识形态议程（也就是说，反抗的辉格党人不是现代的革命者），而是使用暴力来推动其宗教议程的意愿。梅琳达·祖克将激进派定义为愿意"动用暴力来实现目标并为此辩护"的人。这个目标"在 1679 年到 1685 年间"是"阻止天主教徒詹姆斯登基"。尽管祖克将激进主义的范畴限定为政治，但她明确指出，"在英格兰人看来，天主教和绝对主义是一样的"。理查德·格里夫斯认为，

"在 1673—1688 年间的英国政治里，没有什么问题比詹姆斯的天主教问题更能引发关注。""宗教问题，"格里夫斯总结，"是激进运动的核心。"[4] 根据这种观点，辉格党致力于以激进的做法来维护保守的意识形态议程。

第一派学者强调英格兰的政治共识，第二种解释传统则强调辉格党在 1688 年取得的党派胜利。1688—1689 年革命是辉格党的胜利，因为辉格党是英格兰唯一愿意并能够采取行动捍卫其原则的团体。梅琳达·祖克认为，"王位排除危机、（1683 年）拉伊宫阴谋和 1688 年革命——历史学家往往分开研究的这些事件"，对辉格党来说，"都是同一场漫长斗争的组成部分，他们的许多教友兄弟为此丧生"。在祖克看来，查理二世去世后，忠诚的辉格党人立即"将他们的注意力和希望转向查理的私生子蒙茅斯公爵"。1685 年叛乱的失败是 1688 年辉格党胜利的序幕。理查德·格里夫斯的三部曲详尽研究了从 1660 年复辟到 1688—1689 年革命的秘密激进派，也得出了类似的结论。"1688—1689 年革命，"格里夫斯认为，"实现了激进派的许多希望，就此而言，蒙茅斯公爵、阿盖尔伯爵和他们的同伙为威廉铺平了道路，尽管他们的方案核心变成了政治民族的核心。"[5] 第二派学者认为，这一小群辉格党人，他们在 1679—1681 年未能将詹姆斯排除在王位之外，1685 年又没能推翻他，直到 1688 年才终于成功地驱逐了詹姆斯，这是因为他们跟同样受到宗教推动的英格兰同胞不同，他们愿意诉诸暴力来实现他们的目标。辉格党之所以发动 1688—1689 年革命，不是因为他们有激进的政治目标，而是因为他们愿意用激进的政治手段来实现保守的目标。

我们不应因为两种解释传统之间存在微妙差异，就忽视了他们对英格兰政治文化性质的一致评价。两派都认为，对詹姆斯的反抗主要是宗教性质的。两派都否认革命者有任何变革性的政治或社会议程。于是两派都将 1688—1689 年革命描述为一场保守革命，一场保卫新教、反对天主教国王的革命。英格兰人最后不再支持他们的国王，是因为他信奉罗马天主教。英格兰人在 1688—1689 年跟天主教的斗争，跟他们祖先在 1588 年对战腓力二世的天主教无敌舰队 *，跟他们痛恨 1605 年的火药阴谋 †，跟他们奋起反抗查理一世的天主教化政策，跟他们在 1678—1681 年试图阻止詹姆斯成为王位继承人，一模一样。根据这一观点，革命的根基并非新的原则。事实上，1688—1689 年的事件意味着在一个不正常的天主教君主之后恢复到新教的正常状态。

　　然而仔细考察詹姆斯二世头几个月的统治，就会发现对英格兰政治文化的这种解释是有问题的。英格兰人一开始对詹姆斯二世登基、1685 年的议会选举和 1685 年夏天蒙茅斯公爵的失败叛乱的反应，完全没有体现出普遍的宗教偏执氛围，反而显示出这位天主教君主登基时获得的广泛支持。正如托马斯·巴宾顿·麦考莱所言，毫无疑问，詹姆斯二世获得的一些支持的确说明在 1683 年辉格党在拉伊宫刺杀查理二世和他的弟弟詹姆斯的拙劣行动失败之后，托利党的"宗教热情"达到了"顶点"，但这主要基于复杂的考量，即一个新教狂热者领导的政权给英格兰人带来的损失，远远大于一个承诺保护英格兰人的宗教和自由的天主教君王给英格兰人造成的损失。在 1685 年，不仅托利党的野心家，连温和派和辉格党的政治家都支持詹姆斯二世。英格兰的政治激进派很少支持蒙茅斯公爵的宗教叛乱。就像英格兰人在 17 世纪后期完全改变了他们的社会和经济环境一样，他们也在改变他们的政治态度。宗教仍是英格兰政治生活的重要因素，但已不再占据政治生活的首要地位。到 1685 年，英格兰人已经开始超越身份政治。[6]

---

* 1588 年，西班牙国王腓力二世派出无敌舰队远征英格兰，为德雷克率领的英格兰舰队所败。

† 1605 年，一群天主教极端分子试图用火药炸毁议会大厦，杀害国王詹姆斯一世，但以失败告终。

※ ※ ※

英格兰人民张开双臂，热烈欢迎詹姆斯二世登基，丝毫没有反天主教的偏执。"上帝的方舟没有像许多人担心的那样，在我们已故的仁慈君主查理二世去世时出现颠簸，"里彭的主任牧师托马斯·卡特赖特第二年回忆，"而是继续保持稳定，没有骚动。我们的城市里没有哭喊，我们的街道上没有抱怨，只有爱和忠诚的泪水。"年轻的长老会教徒埃德蒙·卡拉米同意，詹姆斯二世登基时的"欢呼声""非常广泛"。"陛下正式成为国王时在全英格兰都获得了热烈而普遍的喝彩。"伯林顿伯爵兴奋地说。"陛下在各地的欢呼声中顺利开始了他的统治。"罗伯特·索思韦尔爵士插话说，他在 1688 年对詹姆斯的热情远不如现在。"每个人都相信他会把民族荣耀放在心上。他会严惩最近的放肆行径，并以身作则，塑造道德荣誉感；他会统领一切，尽量压缩多余开支；他会温和友好地对待那些表现顺从的人，严厉对待那些不顺从的。所有人似乎都同意这些。"[7]

英格兰和威尔士各地的报告证实了新任天主教国王得到广泛支持的印象。在伦敦，迎接就任公告的是"巨大的欢呼声"。在约克，这一消息引发了"市民洪亮而持续不断的欢呼"，他们"从白天的剩余时间到入夜……一直都在敲钟，点燃篝火，或者使用其他方式表示满足"。罗伯特·索思韦尔爵士汇报，"在布里斯托尔和所有这些"很快就会受到蒙茅斯公爵的叛乱及其余波破坏的地区，"陛下登基的消息以我们切盼的庄严和喜悦的方式公布出来"。即便在蒙茅斯公爵后来于 1685 年 6 月登陆并发起对詹姆斯二世叛乱的莱姆里吉斯，都有"不断的欢呼声"。"大批人群"在达勒姆表现了他们的欢欣，而在纽卡斯尔，"每个人的脸上都洋溢着喜悦"。在雷丁、科尔切斯特和温彻斯特，"人们一起""敲响大钟"，"点燃篝火"，欢呼詹姆斯二世正式成为国王。后来成为威廉三世国务大臣的约翰·劳瑟爵士在威斯特摩兰的阿普尔比热情地宣布新国王即位。"在英格兰，没有哪个郡能以更多的欢呼声或喜悦来宣布（詹姆斯二世）即位，或表现出更强的以他们的生命和财富为他服务的决心。"诺森伯兰郡长如此吹嘘。中部地区对詹姆斯二世登基的热情不亚于其他地区，也不会更加不安。林肯郡的波士顿举行了盛大的庆祝活动，而在斯坦福德，"人们普遍感到心满意足"。亨利·博蒙特爵士认为，拉夫伯勒"宣告国王即位的热情超过了所有其他地方"。本杰明·坎菲尔德在莱斯特感受到了效忠新国王的"何等统一和兴高采烈的欢呼声和坚定的勇气"。[8]

　　最终给詹姆斯二世带来祸患的两所英格兰大学，在 1685 年 2 月都迫不及待地表示效忠。牛津大学为了欢庆詹姆斯二世宣告登基，举行了喧闹的庆祝活动。市政厅提供啤酒，"供所有来宾饮用"。"水管"有充足的"红葡萄酒"。在"所有学院的庭院或者门口"都有篝火，"各个社团下跪，为詹姆斯二世、他的王后、奥兰治长公主和丹麦公主祝酒，剩下的仪式交给晚辈用葡萄酒和啤酒进行，而且人们开枪庆祝，噼啪作响"。剑桥举办了"公开宴会"，"整天都在敲钟，活动在晚上结束，各学院都燃起篝火，还有其他宣誓由衷爱戴和效忠高贵陛下的活动"。两所大学都向詹姆斯二世赠送了华丽的诗集，预测他在位期间的伟大成就。牛津大学诗集的作者包括克里斯托弗·瓦斯，他后来成了威廉三世的热心支持者；莫德林学院的理查德·赖特，他在后来莫德林学院反对詹姆斯的著名斗争中站在学院这边；还有菲利普·伯蒂，他将会在 1688 年 11 月拿起武器支持奥兰治亲王。剑桥大学的诗集包括了未来的辉格党诗人和外交官马修·普赖尔、长期任职于威廉阵营的外交官乔治·斯特普尼和建立英格兰银行的关键人物查尔斯·蒙塔古等人的作品。[9]

　　毫无疑问，英格兰、威尔士和殖民地的大多数人都欢迎天主教国王詹姆斯二世的登基，尽管如此，他肯定没有得到所有人的支持。毕竟，连续三届下议院都有多数议员赞成驱逐詹姆斯。西南部的贵格会教徒约翰·怀廷回忆，1685 年 2 月，"许多人都对接下来的事态感到恐惧"。"天主教的阴暗前景"让约克郡西边偶尔信从国教的拉尔夫·托雷斯比不知所措，詹姆斯二世登基时他正在庆祝自己的婚礼。查理二世去世时身在伦敦的埃德蒙·卡拉米认为，许多人都对一个天主教国王"预期会做的事情感到非常忧惧"。在兰开斯特，威廉·斯托特确信，"所有审慎、认真和虔诚的新教徒"都和他一样忧惧信天主教的詹姆斯二世。一旦詹姆斯开始在白厅公开参加弥撒，全国"咖啡馆"的"大量托利党和辉格党人"都会担忧天主教的影响。尽管如此，这些对国王的天主教信仰的担忧相对较少，而且从事后来看可能被放大了。约翰·劳瑟爵士谈不上国王的主要支持者，他承认，尽管那些"热衷于宗教"和"天性胆小"的人对新国王的宗教信仰感到一丝担忧，"但更多的人当时并没有那样的忧惧"。[10]

国王登基之后的行动极大地安抚了这些忧心忡忡的人。查理二世一死，新国王"马上前往议会，在处理其他事务之前"先发表了一篇热情洋溢而极具政治智慧的演讲。"有人说我是一个专断的人，"詹姆斯二世承认，"但我将努力维护这个政府在教会和国家中的地位，因为它是依法成立的。我知道英格兰教会的原则是支持君主制，并且教会成员都证明了他们是善良而忠诚的臣民，因此，我将始终小心保卫和支持教会。我也知道，英格兰的法律能够让当上国王的人成为我所希望的杰出君主，而且我永远不会违背国王的正当权利和特权，所以我永远不会侵犯任何人的财产。"[11]这是詹姆斯能够做出的最能抚慰人心的宣言。事实上，刚从死去哥哥身边赶来的他是即兴地发表了这篇演讲，这使演讲更加深沉有力。

詹姆斯二世在枢密院的宣言立即被刊登在官方报纸上，并在每个城镇和村庄大声宣读，这对英格兰公众舆论产生了直接的决定性影响。民众对首都的信心几乎马上就恢复了。"这篇宽仁的演讲，"白厅新闻检察官詹姆斯·弗雷泽告诉罗伯特·索思韦尔爵士，"极大地疗愈了先王之死给许多人带来的心灵创伤，这番突如其来的变化消除了他们的恐惧，令他们欣喜若狂。"伯林顿伯爵认为，这则宣言"令所有听到的人都感到满意"。"国王陛下对他的人民表达了深切的关怀和善意，反响良好，连最胆怯的人的疑虑都立即消失了。"圣安德鲁·安德沙夫特堂区长罗伯特·格雷夫回忆说。驻伦敦的西印度商人克里斯托弗·杰斐逊报告，詹姆斯二世"承诺保障我们的宗教和财产安全"，"所有的恐惧和猜忌都消散了，我们希望有一个令人放心而欣欣向荣的政府"。一位伦敦的专家甚至相信，国王在议会的宣言将使"辉格党人和骑墙派"变成"保王派"。[12]

随着詹姆斯二世的宣言传遍每个城镇和村庄，全国各地的政治观察家都如释重负，并记述了类似的转变。在威尔特郡的沃明斯特，亨利·科克尔爵士记述，国王"在他的议员面前发表了一番宽仁的王者演讲，承诺维护法律和宗教现状，这确实令所有人都感到振奋，欢喜若狂地呼喊，祈祷上帝保佑詹姆斯二世"。安德鲁·哈克特爵士大声宣读了詹姆斯二世的宣言，并将其张贴在沃里克郡的各个市场，他发现"人民对此感到十分满意，对国王陛下的敬爱之情大为增强"。在约克和约克郡各地，国王"声明维护现在法律规定的臣民自由、财产和宗教不变"，"这对各色人等都产生了不小的影响，因为它很快成了每个人的谈资，并伴随着我们认为是空前绝后的普遍的大声欢呼"。事实上，威廉·特朗布尔爵士发现，"每一个人的心都被喜悦所感染，都觉得自己在国王的话里得到了足够的保障"。诗人约翰·巴伯准确地捕捉到了詹姆斯二世广为流传的演讲所营造的大众情绪，赋诗一首，"他的宣言所有人都看到，/并希望它写成金字最好"。[13]

英格兰全国各地人民很快以书面形式表达了他们对新国王保护法律规定的宗教和自由的宣言的兴奋之情。"从陛下的王国的各个地区"，"从国王治下的各个郡、市政委员会和社团"传来表示感激之情的"无数呈文"。这些呈文不仅表达了成千上万的英格兰人多么乐意忽略国

王的天主教信仰，接受其为合法君主，还凸显了国王的枢密院讲话起
到的消除他们恐惧的作用。尽管为数极少的一小部分呈文，像牛津大
学那样坚持"什么都不能动摇国王应有的坚定忠诚和效忠"，但绝大
多数都不是那样。[14]这说明英格兰人能够克服传统的反天主教偏见，
同时忠于法律规定的自由和宗教。在詹姆斯二世登基时，狂热的反天
主教主义和热情的绝对主义都还不是英格兰政治文化的特征。

此时还充斥着极端的辉格党王位排除言论的大伦敦地区，出现了
一系列令人印象深刻的呈文，自始至终都强调新国王宣言的重要意义。
在接下来的几年里，伦敦的主教和牧师对于公众舆论反詹姆斯二世的
态度的转变，发挥了巨大的影响，他们感激他们的新国王，"我们的
职责能变得如此轻松惬意，全因陛下宽仁地保证维护我们的法定宗教，
这对我们来说比我们的生命还要珍贵"。伦敦的自由船匠对他们的国
王承诺保护"现在依法建立的教会和国家体制"表示"绝对满意"。
对威斯敏斯特的居民来说，詹姆斯二世的宣言只是表达了"任何老实
人都不会质疑的东西"。[15]

全国各地的自治城镇和市政委员会紧跟其后，迅速发表了自己的
声明，其中无一例外地强调了詹姆斯二世承诺保护英格兰法律和教会
的重要意义。坎特伯雷市政委员会感谢了詹姆斯的"御言"，他们确
信这将令陛下的"敌人感受到自己的愚蠢和受伤"，并使"所有赞美
陛下高尚美德的人更加幸福"。萨塞克斯郡的奇切斯特市声称，这番
"宽仁宣言"让"我们重获新生"。"尽管历经几代传承，陛下对王国
的王位已有无可置疑的继承权利，"沃里克的一座自治城镇表示，"但
陛下通过最近的宽仁宣言，在忠诚的臣民心中重新加冕了。"朴次茅斯、
赫里福德、威尔特郡的韦斯特伯里和北安普敦郡的布拉克利等地方都
发表了类似的言论。诺丁汉镇后来在1688年11月爆发了最有名、参
与人数最多的支持奥兰治亲王的起义，就连该镇也向詹姆斯二世呈文，
感谢他"最近的宽仁宣言"。[16]

各个郡同样热情地支持国王及其保护法律和教会的宣言。据约翰·罗尔爵士说，德文郡居民可以信任一位"重视承诺多于他的生命"的国王的宣言。考虑到约翰·罗尔爵士是辉格党人，这番致辞就更加动人了。在国王声明保护"我们的生命、自由和宗教"之后，赫特福德郡的人民表示"除了害怕我们太过尊重国王陛下，已经没什么好害怕的"。詹姆斯二世的宣言是伯克郡居民的"信心基石"。该宣言令萨塞克斯郡居民的"心""完全平静下来"，而萨塞克斯郡的大陪审团认为宣言"肯定能迫使恶人痛改前非，今后加倍努力地履行他们的职责"。[17]

威尔士人以同样的热情欢迎詹姆斯二世保护法律和教会的承诺。卡纳封的绅士告诉詹姆斯，他们"跟陛下的臣民一样，心中都为最近陛下的宣言而感到欢喜"。安格尔西的居民欣喜地表示，国王"决心维护法律规定的教会和国家体制……让我们成为世上最幸福的臣民"。"我们在陛下最宽仁的宣言中找到的这些珍贵福祉的幸福果实，一定会让陛下的人民心中都充满喜悦和狂喜，"卡马森人民宣称，"但在所有的臣民之中，没有人能像我们一样……如此深刻地受到恩典和仁慈的影响。"[18]

尽管詹姆斯二世的天主教信仰在他登基时引发了英格兰民众的担忧，但是这些担忧者的人数不多。大多数英格兰人，包括许多对天主教国王心存疑虑的人，都因为詹姆斯允诺在教会和国家的法律框架内实施统治而大为放心。此外，仔细阅读詹姆斯成为国王后迅速从全国各地涌来的、简直可以说铺天盖地的呈文，就会发现詹姆斯之所以受到如此热烈的欢迎，正是因为英格兰人认为他会是一个受法律约束的英格兰君主。前一个半世纪的经历显然减少了英格兰人的宗教偏见，令他们更加相信教会和国家法律。到詹姆斯二世登基时，身份政治对英格兰政治文化的塑造已经起不了多大作用。詹姆斯二世在1685年受到热烈的欢迎，正是因为大多数人认为将合法的王位继承人排除于王位之外所带来的风险远远超过了允许他继位的危险。

※ ※ ※

詹姆斯二世不仅在登基时承诺捍卫依法建立的英格兰教会和国家，还立即发布了在4月召开议会的敕令。这一通知强化了他依法治国的承诺，还创造了一个测试民意的机会。如果反天主教情绪在英格兰政治文化中占据上风，那它肯定会体现在英格兰和威尔士各地举行的选举活动之中。

在查理二世下葬之前，新国王和他的顾问开始筹备议会选举。森德兰伯爵马上给所有国王支持者施压，要求他们在当地发挥影响力。他要求每个人"充分发挥自己的影响力，选择那些将为王室的维系和荣誉与公众的和平、安定和福祉而行动的人"。这意味着支持那些"弥合而不是破坏国王和民众联系的候选人"，"在这方面，那些公开反对王室正统，或者言不由衷地表示捍卫王室的人是指望不上的"。[19]詹姆斯二世很想将那些试图阻止他继位的辉格党人排除在议会之外。

渴望组织支持活动的王室一呼百应。普利茅斯伯爵游说赫尔市的选民"反对选举任何支持王位排除法案的人"。纽卡斯尔公爵听到查理二世死讯之后一度消沉到不愿走出家门，他也承诺"在本郡尽其所能，让好人被选入下届议会"。温奇尔西伯爵赫尼奇·芬奇后来被詹姆斯废除了肯特郡军事长官的身份，但此时他强调他会"尽我所能，为即将召开的议会选出优秀议员"。1688年投向革命阵营的德比伯爵宣布，他将奔波全国各地，"尽可能多地参与选举活动，并采取一切适当的措施，确保只有公认忠诚的人才能选上"。全国各地大大小小的贵族和绅士都表达了类似的观点。[20]温彻斯特侯爵查尔斯·波利特的儿子后来在荷兰加入了奥兰治亲王的阵营，此时他也汇报称，"我在汉普郡和康沃尔郡正尽我所能地"，"让忠诚和合适的人选入议会任职"。教士同样积极参与选举活动。"自从我来到乡间，我一直都在辛辛苦苦地为议会的人服务。"奇切斯特主教约翰·莱克（他后来因为违背詹姆斯二世命令而成为被审判的七名主教之一，并因此闻名）向其大主教威廉·桑克罗夫特如此表示。[21]

尽管政府展现了强大的组织能力，许多前辉格党人依然试探性地参加了选举。"布兰登勋爵非常想在兰开斯特当选，那里的平民派性很强。"一位白厅八卦人士告诉理查德·布尔斯特罗德爵士。乔治·杰弗里斯向来不以温和著称，他担心"令人厌恶的辉格党人"罗杰·希尔爵士在白金汉郡大肆开展竞选活动。在哈里奇，"异见党派""动静很大"。奇切斯特市长担心，当地的"党派分子"可能会"设法选上他们的老煽动分子"。布里奇沃特的市长托马斯·潘恩也担心"大批狂热分子"正在"认真准备组建党派"。[22]

尽管辉格党人的骚动可能被解读为根深蒂固的反天主教偏见的证据，但是那些站出来的辉格党人的言辞却不带煽动性的宗教话语。"王位排除派四处奔走，装作他们为之前议会的交易感到羞愧，因而渴望进入这届议会，以向国王和世界表明他们的悔意。"沃里克郡的查尔斯·霍尔特爵士说。辉格党人爱德华·阿布尼爵士只有"坏党派"的支持，"没有忠于国王的人荐举他"，他向亨廷顿伯爵坚决否认自己心怀"任何不忠或狂热的念头"。同样，曾以辉格党人的身份任职于1681年牛津议会的理查德·纽迪盖特爵士向森德兰伯爵保证，他"一直热心地劝说大家效忠我们现在的国王（我祈求上帝保护他）"，甚至还赶走了一个表现出亲蒙茅斯公爵情绪的佃户。[23]显然，这些参加1685年议会选举的辉格党人并不以反天主教为政纲。

结果托利党人和长期支持新国王的人以压倒性优势获得了选举的胜利。在贝德福德郡，辉格党人罗素的势力完全失败了，根据托利党人布鲁斯勋爵的说法，这表明"民族的眼睛"已经"睁开"。德比郡"最杰出的绅士（除了其他世袭地主）"都"衷心地同意"选举托利党的罗伯特·科克爵士和吉尔伯特·克拉克爵士为议员。辉格党在埃塞克斯同样"没有多少支持者"。"整个郡都反对（辉格党的）斯克鲁普·豪爵士。"约翰·梅林顿告诉哈利法克斯侯爵。在选举当天，由列克星敦勋爵带领的一群人扛着长杆进入纽瓦克市场，"杆的末端是一个黑箱子和一大块像旗帜一样的羊皮纸，上面用大字写着：拒绝黑箱，拒绝王位排除法案，拒绝结党"。事实证明，莱斯特郡的选举"对狂热分子和他们的人望来说是致命的"，他们经历了"一场彻头彻尾的失败"。巴斯伯爵吹嘘说，"狂热分子和见风使舵的人"在康沃尔被击溃了，当选的是一批"完全效忠于国王陛下的"议员。在伦敦，1681年的激进派辉格党议员名单被"约翰·穆尔爵士、威廉·普里查德爵士、塞缪尔·达什伍德爵士和彼得·里奇爵士"取代，"他们都是在最近的考验中充分表现出忠诚的绅士"。[24]

当时的人都相信，1685年选举代表着托利党、詹姆斯二世及其政府的一场大胜。詹姆斯二世的新任财政大臣罗切斯特伯爵向奥兰治亲王吹嘘，"议会选举的总体情况良好，我们有确凿的理由相信国王和议员的会面会非常愉快，这对双方来说都是最好的"。理查德·布尔斯特罗德爵士听说"忠诚的好人""在各处都当选了"。"我们没有听说有三个坏人当选。"爱德华·迪林得意扬扬地对约翰·珀西瓦尔爵士说。东印度和非洲的大商人、坚定的托利党人本杰明·巴瑟斯特爵士认为"几乎所有当选的议员都是非常忠诚的好人"。艾尔斯伯里伯爵回忆，英格兰人民对詹姆斯二世登基的"由内而外的喜悦"，得到了"王国上下在1685年4月召开的议会选举中做出的伟大而明智的选择的证实"。[25]

查理二世干涉自治城镇特许状的措施确实确保许多自治城镇选出倾向政府的候选人，但有充分证据表明，这个政治民族的公众舆论坚定地支持新任国王。分析查理和詹姆斯无法改变投票资格的郡选举，可以看出情况的显著变化。[26]英格兰各郡的潜在选民约有十四万。在查理二世统治时期的最后一次选举，即1681年的牛津议会选举中，各郡选出了六十五名辉格党人、十三名托利党人和两名温和派。到

1685 年，尽管全国上下的辉格党言论都有所缓和，但公众情绪已经发生了巨大的变化。在这次选举中，英格兰各郡选出了七名辉格党人、七十名托利党人、两名温和派和一名没有足够证据进行归类的议员。这些结果很难让人相信，对新任国王的天主教信仰的担忧决定了英格兰人的投票行为。这也很难让人相信，反天主教仍然主导着英格兰的政治文化。

这些选举结果的确表明民众对詹姆斯的态度发生了根本性的转变，但是国王新获得的支持依然有限而受制约。细察现存证据，可以发现英格兰人同意，为了保护教会和国家制度，可以信任詹姆斯二世。英格兰政治民族没有从热情的辉格党主义转向狂热的托利党主义。相反，王位排除危机的政治温床及其余波令英格兰政治民族对辉格党的破坏影响保持警惕。1685 年的英格兰人认为，支持立宪派的詹姆斯二世是实现政治稳定的最佳机会。[27]

我们有充分的理由相信，选民拒绝极端的王位排除主义者并不意味着他们认同绝对王权。各郡选出的托利党人大多都持温和态度，比如伯克郡的理查德·索思比、白金汉郡的约翰·埃杰顿、北安普敦郡的爱德华·蒙塔古、诺丁汉郡的威廉·克利夫顿爵士或威斯特摩兰的艾伦·贝林厄姆。很少有当选的托利党人最后会成为詹姆斯党人。当詹姆斯二世重申"支持依法建立的教会和国家体制"的承诺时，这些议员表达了最为热烈的欢迎，这清楚地表现了他们的态度。同样重要的是，长期支持斯图亚特王朝、如今为詹姆斯二世工作的约翰·伊夫林谴责了罗杰·莱斯特兰奇的《观察家》的调子，"宁可保持敌意都不愿意妥协，尤其现在几乎没人有理由那样做"。约翰·里尔斯比爵士意识到了为许多历史学家所忽略的微妙的政治形势。他指出，议会"有许多忠诚的绅士，其中大部分人都是优秀的爱国者和新教徒"。[28]

现存的为迎接 1685 年议会而写的小册子也表现出明显的政治节制。尽管这些小册子作者明确表示反对辉格党，但也强调忠于英格兰宪法，其语气令人想起哈利法克斯侯爵肯定温和原则的经典作品《骑墙派的特征》。"任凭其他民族如何自诩自由，任凭权贵显要如何称呼自己，没有人敢说自己比英格兰人享有更多的自由，"罗伯特·格罗夫在《给英格兰公民、自由民和地主的适时建议》中夸口，"在人民的热情拥戴下登基的大不列颠国王，没有一个君主能像他那样完美，非凡出众。"格罗夫向他的读者阐明了这种绝对主义的局限性。他哀叹"在议会商议公共利益的方式"在欧洲各地消失无踪，但他称赞英格兰"比任何地方都更完整地保留了这些高贵议会的自由和尊严"。格罗夫认为，言论自由和财产保障是典型的英式自由。"就每个人而言，只要能够保持谦虚和应有的尊重，每个人都可以表达自己的意见，持有跟他喜欢的人不同的看法，"格罗夫强调，"因为威胁和恐吓而失去这种合法的自由，是最不能容忍的奴役。"英格兰是一个相当鼓励产业发展的地方，因为在那里，每个人都"能获得保障，无论他获得多少收益，都是自己的财产，没有国家机构自由选出和委托的审慎而可敬的人的同意，任何人都不会向他索取分毫"。格罗夫承认，仍然有人担心詹姆斯二世会改变宪法。但这些担忧因为国王的枢密院宣言而变得毫无根据，因为詹姆斯"从来不会失信于人"。格罗夫评论，"自由和财产这两个词非常契合"，但他确信英格兰人有过这方面的"经验"，肯定知道自己有没有危险。为了佐证自己的观点，他给英格兰人提出了一个简单测试，一个他认为这个政权在1685年肯定能通过的测试："他被非法拘禁过吗？他的财产被暴力掠夺了吗？他的房子被搜劫过吗？他的谷仓被抢了吗？他的牛群被赶出牧场了吗？他有遭受过以权力为名但不符合任何已知法律的痛苦吗？"[29]

其他作者并未如此宣扬政治节制，但他们同样明确反对绝对主义。《政治阴谋的危害》的作者既热情歌颂英格兰的宪法，又表达了对辉格党极端主义的强烈厌恶。这位辩论家提请读者注意应该能令"我们中最谨慎的人"感到满意的詹姆斯枢密院宣言，然后坚称，对于英格兰的自由来说，没有比这更好的宪法保护了，因为"以前制定的法律与任何新制定的法律一样完整、一样有约束力"。从这位作者的角度来看，詹姆斯二世没理由还想夺取更多的权力。"理性的人都知道，"《政治阴谋的危害》一书的作者指出，"任何一位英格兰国王都会受到严格的监督，他只需利用这个国家的法律，就能成为善良信徒心中的伟大君主，完全用不着为了大一点的绝对王权，去冒失去民心的险，那可是王室家族的唯一支撑和保障。国王和议会经常会面和商议才能令君王和人民都感到幸福。"同样，爱德华·张伯伦博士在一本"给即将召开的议会提出一些适宜的请求和建议"的小册子中，赞扬了英格兰平衡宪制的效力。在张伯伦看来，英格兰是一个混合型政府，国王和臣民都有重要的义务和权利。[30] 显然，1685 年春天，白厅之外的反辉格党民族情绪基本也是立宪主义情绪。

议会在 4 月召开时，下议院议员都相当清楚地表明了他们拥戴国王的限度。宫廷很快表示实施一项广泛的立法计划，并很快遇到了阻力。宫廷希望"废除人身保护状"，而约翰·里尔斯比爵士发现"政要私下谈话的时候都对此表示反对"。也有传闻说国王正在考虑制定一项关于宗教信仰自由的法令，"如果这项法令是笼统的，一些人似乎愿意批准，但他们同时又决定，任何修改都不能给天主教徒进入政府任职工作的资格"。耐人寻味的是，包括托利党人爱德华·西摩爵士和温和派怀特黑文的约翰·劳瑟爵士在内的许多议员都抱怨，政府"通过他们的新特许状改变了旧的方式，自己选择议员"。显然，许多议员既想履行"对国王的职责，又要对得起宗教和国家"。[31]

尽管 1685 年的议会代表信奉温和的托利党原则，但毫无疑问，英格兰已经发生了明显的转变。多年以来，英格兰人一直忧心"教皇的阴谋"，现在他们却愿意接受乃至庆祝一个天主教国王的上台。当时的人都清楚意识到了英格兰公众舆论这一翻天覆地的变化。令约翰·里尔斯比爵士感到"奇怪"的是，"前不久还想阻止约克公爵继承祖先王位的强大议会党派，居然如此恭敬和顺从地迎接他的到来"。
牛津大学的古文物家安东尼·伍德感叹，不到五年之前，詹姆斯"还
遭到每一个二流作家的反对，被诋毁、辱骂和中伤，被多数看起来非
常忠诚的智者挂在嘴边"，然而"现在他受到广泛的颂扬，获得了热
烈的掌声，意气风发地登上王位。这就是世界的进程"。在伍德看来，
1683 年辉格党在拉伊宫刺杀国王和约克公爵的拙劣计划是这一改变
的根源。牛津主教约翰·费尔一听说拉伊宫阴谋就预测，"如果反叛
国王的卑劣阴谋彻底败露"，将会产生深远的"思想转变"。[32] 于是，
因为辉格党极端主义，加上詹姆斯登基时表现出来的节制，大多数英
格兰人开始相信，政治和社会稳定的更大威胁是国王的敌人，而不是
支持者。这与其说是转向托利党极端主义，不如说是反感不合宪法的
辉格党。到 1685 年 4 月，显然绝大多数英格兰人都愿意接受一个天主
教国王，只要他愿意在英格兰宪法规定的教会和国家范围内进行统治。

※　※　※

1685 年 6 月 11 日，经过几个月的策划，查理二世的私生子蒙茅
斯公爵詹姆斯抵达多塞特郡的莱姆里吉斯，举起反詹姆斯二世的义
旗。蒙茅斯公爵带了不少人——包括激进的小册子作者罗伯特·弗格
森、苏格兰政治作家索尔顿的安德鲁·弗莱彻和拉伊宫阴谋的策划者
福特·格雷勋爵——还有大批武器。几天之内，西南部的人纷纷投奔
他的旗下。在一个多星期之后的 6 月 20 日，蒙茅斯公爵自立为王。
尽管詹姆斯二世反应迅速，但他很快发现当地民兵不够可靠，不能冒
险派上战场。费弗沙姆伯爵率领的正规军到 7 月初才能投入战斗。他
们最后跟蒙茅斯公爵的军队交战，于 7 月 6 日在塞奇穆尔取得了一场
大胜。蒙茅斯公爵的部队土崩瓦解。忠于国王的军队俘虏了大批人
员，还有许多人逃离战场，包括蒙茅斯公爵本人。两天之后，躲在玉

蒙茅斯和巴克卢公爵詹姆斯，威廉·贝利作于 1774 年。蒙茅斯一直被认为是天主教徒詹姆斯二世的"富有魅力的新教徒"版替代人选

米地里的蒙茅斯公爵和格雷勋爵被俘。蒙茅斯公爵屈膝求饶无果，于1685 年 7 月 15 日在伦敦塔被处决。尽管许多人哀悼蒙茅斯公爵之死，也有人坚称他奇迹般地活了下来，但在英格兰，大多数人知道蒙茅斯公爵战败被俘之后都大肆庆祝。一位诗人写下诗句，称蒙茅斯公爵的战败"圆满了我们的幸福，/ 一个欢悦的王国，一个伟大的君主"。[33]

　　蒙茅斯叛乱提出了有关詹姆斯二世统治和 1688—1689 年革命的重要问题。为什么 1685 年蒙茅斯公爵在英格兰西南部彻底失败，三年之后威廉三世却能成功登陆西南部，推翻詹姆斯二世？为什么蒙茅斯公爵的叛乱能在一个刚刚在议会选举和数以百计的效忠呈文中表达了其对新政权热情的国家得到部分民众的支持？这场叛乱是否如某些学者所说，体现了辉格党根深蒂固的激进主义？这场叛乱体现了1685年英格兰政治文化的什么宗教性质？

蒙茅斯公爵打出反叛旗号，表面上是为了捍卫辉格党的原则。然而，那些只注意到蒙茅斯公爵声明的思想内容而忽视其传播范围的历史学家被误导了。蒙茅斯公爵的宣言没有很好地表达叛乱的意识形态。蒙茅斯公爵发动叛乱是为了保卫新教、反对天主教国王。他的绝大多数支持者都是来参加宗教叛乱的。他们冒着生命的危险，不是为了革命原则，而是为了让新教国王詹姆斯取代天主教国王詹姆斯。

1685年6月11日，蒙茅斯公爵"刚刚登陆"莱姆里吉斯，就"发表了他的宣言"。现政权的支持者马上谴责和贬低了这份文件。罗切斯特伯爵称该宣言是"有史以来最恶劣、最可憎的措辞"。艾尔斯伯里伯爵个人非常喜欢蒙茅斯公爵，但他认为《宣言》只有可能出自"疯子"之手。[34]辉格党历史学家托马斯·巴宾顿·麦考莱继承了这一解释传统，他在后来指责《宣言》"在观点和语言上都是最低级的诽谤"。[35]

这些对蒙茅斯公爵宣言不屑一顾的评价过于挑剔。《宣言》有力而缜密地表达了激进派的政治抱负。《宣言》作者宣称，国王的权力始终"受到宪法基本条款的限制和约束"，这是"英格兰胜于其他大多数国家的荣耀"。不幸的是，"政府的所有边界最近都被打破了，为了把我们的有限君主制变成绝对主义暴政，所有方法都试遍了"。[36]

《宣言》对政府的具体批评与三年后奥兰治亲王的宣言对政府的批评大同小异。它控诉，詹姆斯二世"违反了王国的所有法律法规"，"招来大批教士和耶稣会士"，放任他们公开从事宗教活动。该政权"将那些在律师界丑闻缠身的人提名为法官"，助长不正之风。詹姆斯未经议会同意就征税，已经威胁到了财产权。詹姆斯和他的兄长"指定"（pack）议会人选，妨碍选举自由和公平，把这个"本应成为人民抵御暴政的屏障和他们自由的保护者"的机构变成了"颠覆我们所有法

蒙茅斯公爵的确在西南部吸引了一批受宗教驱使的支持者，
但在叛乱爆发几个星期之后，他的军队就在塞奇穆尔被詹姆
斯二世的部队彻底打败

律、确立他的绝对王权和巩固我们的被奴役地位的手段"。《宣言》还
控诉了新国王的非法"常备军"。[37]

　　蒙茅斯公爵的宣言呼吁宗教宽容，但是谴责宗教战争。该宣言称，
"我们的宗教"是"我们能够拥有的最珍贵的福分"。蒙茅斯公爵"决
心抛洒我们的热血，为我们自己和后人留住这福分"，但这意味着保
卫法律确立的宗教，而不是将其强加于人。《宣言》想要的不是一场

反天主教的末日斗争，不是如早期宗教改革的狂热支持者所渴求的宗教战争。"我们确实宣布，"该文件清晰而大胆地指出，"无论他人的宗教多么虚假和错谬，我们都不会向其开战或将其摧毁。"天主教徒被明确纳入受保护范围。"那些天主教徒，"该文件坚持，"只要他们退出我们敌人的阵营，没被查出伤害我们的阴谋，也没有教唆他人那样做，他们就没什么好害怕的，除非是在信仰新教教义和参加我们的基督教礼拜方面，可能阻止他们改变我们的法律和危害我们的人身安全的事情。"[38]

　　尽管历史学家认为《宣言》为蒙茅斯公爵的叛乱制定了意识形态议程，但这种说法看来毫无根据。蒙茅斯公爵本人坚持，"罗伯特·弗格森起草了（宣言），没等我看完就让我签字"。无论这一说法是否可信，可以肯定的是蒙茅斯公爵很快就抛弃了《宣言》的一个核心主张。尽管宣言承诺由议会决定谁是国王，但6月20日，蒙茅斯公爵在汤顿自立为王。[39]

　　不仅蒙茅斯公爵本人没有遵从《宣言》，他和他的支持者显然也没能成功地在英格兰散布这份文件。尽管《宣言》立即被翻译成了荷兰语，并在荷兰和德意志北部广泛流传，但它在英格兰却鲜为人知。威廉宣言在奥兰治亲王于1688年11月抵达之前就已大量发行，但在英格兰却很难找到蒙茅斯公爵宣言的副本，连麦考莱后来都对其数量之稀少感到诧异。事实上，《宣言》阅读人数最多、解读最为深入的时候，就是它在6月15日被提交给上议院接受谴责的时候。被怀疑参与了叛乱的德拉米尔勋爵认为，如果《宣言》没有在那里宣读，那么"对他们乃至全世界来说，那就是个秘密。因为那是第一次有人听说它，那些印刷品没有再在国外公开，一百万人里面都没有一个人读过或听过里面的内容"。这肯定在一定程度上是因为蒙茅斯公爵的印刷商威廉·迪斯尼被詹姆斯二世和他的政府逮捕并处决了。[40]

　　更为重要的是，蒙茅斯公爵和他的追随者都不重视《宣言》。罗伯特·弗格森可能就是《宣言》作者，连他都建议蒙茅斯公爵违反《宣言》，夺取王位，格雷勋爵关于叛乱的叙述极为详尽，却完全没有提到这份文件。就结果而言，《宣言》无疑是缜密而激进的，却未能为叛乱制定意识形态议程。詹姆斯二世说得没错，"这种激烈而错误的谩骂没有给国家的清醒人士留下多少印象"。如果双重间谍埃德蒙·埃弗拉德说得没错，"出版业过去和现在都是教会和国家的主要煽动工具"，那么蒙茅斯公爵和他的追随者完全没有发挥这件强大武器的威力。[41]

　　不足为奇的是，叛乱者在叛乱期间或在回顾他们在叛乱中扮演的角色时，很少有人提到《宣言》。大多数人要么把叛乱理解为宗教战争——这是《宣言》明确否定的叛乱原因，要么将其理解为支持合法的英格兰国王登基的斗争。换句话说，叛乱者认为自己参加的是保守活动，而非激进活动。

　　蒙茅斯公爵的许多支持者从一开始就宣称他们正在进行一场伟大的宗教战争。他们在鹿特丹招兵买马，声称在那里"参与这场神圣战争"。6月11日，一位目击者看到蒙茅斯公爵和他的部下在莱姆里吉斯登陆，他记录说："大批敌人从半条街外走来，许多市民和其他人欢欣鼓舞，并与敌人一起高喊'蒙茅斯，蒙茅斯，新教'。"那天，蒙茅斯公爵的一个随从士兵吹嘘，"我们是来打击天主教的"。当汤顿的二十六名少女赠送《圣经》给蒙茅斯公爵时，他亲吻了这本书，声称"他来就是为了捍卫书中的真理，或者用他的鲜血来证明这些真理"。休·乔姆利爵士回忆，叛军的"旗帜上画着《圣经》"，他们声称自己是来"跟天主教国王和巴比伦大淫妇*作战的"。安德鲁·帕斯卡尔发现，当蒙茅斯公爵的部队离开格拉斯顿伯里时，他们"很有把握地表示，从他们急剧增加的人数来看，上帝与他们同在"。考虑到这样的态度，

---

* 《新约·启示录》中的恶人。

汤顿的虔诚少女跟其他人一样，把蒙茅斯叛乱看作宗教起
义——反天主教詹姆斯二世的伟大新教斗争的一部分

蒙茅斯公爵的人马到达韦尔斯时"洗劫"了主教座堂，就不足为奇了。
那些在战败后成功逃往荷兰的少数叛乱者公开表示，"蒙茅斯公爵是
他的宗教的殉道者"。[42]

当时的詹姆斯二世支持者也认为叛乱是一场宗教战争。"最近叛
乱的理由（或至少是借口），"萨默塞特公爵的牧师爱德华·佩林在威
斯敏斯特大教堂说，"就是弱者的非分忌妒，认为自宗教改革以来，

上帝的方舟（上帝保佑）一直停靠在这个王国，一直如此辉煌，现在却风雨飘摇，只有强大的武装才能给它支撑。""现在看看最近的叛乱，然后跟我说说，那是不是纯粹彻底的狂热？"艾尔斯伯里伯爵的牧师和未来的拒绝宣誓效忠者（Nonjurors）谢德拉克·库克问。康沃尔郡牧师查尔斯·哈顿痛斥叛乱者"厚颜无耻"，"竟用上天来做他们用兵的依据，还要上帝在战斗日为他们做决定"。约翰·丘吉尔的部队在出发征讨蒙茅斯公爵的部队之前被告知，他们是在与那些借"恐惧和忌妒天主教，以及改革宗教事务，保卫新教"为由，"拔出叛乱之剑"的人作战。[43]"你说叛乱'纯是为了宗教'/这样的借口终归徒劳。"一位诗人斥责说。

最重要的是，许多叛乱者自己声称，他们加入蒙茅斯公爵一方就是因为宗教。"我为新教殉教，我只是做了我应该做的事情，反抗猖獗的天主教，他们看起来正在压倒这些国家的教会和基督教势力。"被判刑的叛乱者威廉·詹凯恩在临刑前给他的母亲写道。当被问及参加叛乱的原因时，罗杰·萨切尔回答，他"一向讨厌天主教徒的名号，结果也确实预见到了天主教的发展"。克鲁克豪斯的治安官约翰·马登声称，他加入蒙茅斯公爵的部队是因为他确信自己在为"保卫新教"而战。威廉和本杰明·休林加入了蒙茅斯公爵的部队，而据他们的舅舅威廉·基芬回忆，这是因为他们和他们的朋友"目睹天主教得到支持，宗教和自由受到侵犯，心里非常不满"。集体回忆录《阿克斯明斯特教会》的作者写道，听说蒙茅斯公爵登陆的消息之后，"上帝的子民都很高兴"，这个由非国教徒组成的团体派了几个人与蒙茅斯公爵同生共死，希望"这个男人能够成为这个国家的拯救者，能够捍卫这个国家的基督徒的利益。基督徒饱受麻烦和迫害的困扰，几乎被他们长期抱怨的沉重压迫所压垮。现在他们也希望有一天，上帝和基督教沉寂已久的美好而古老的事业将会再次复苏：现在我们听到的就是战争的号角和警报"。"我加入蒙茅斯公爵麾下，完全就是为了新教而战，这是我自己良心的选择，也是公爵所宣称的。"丘尔顿的约瑟夫·斯皮德在断头台上给"粗鲁的士兵"解释说。亚伯拉罕·霍姆斯少校曾是克伦威尔的军官，参与了拉伊宫阴谋，因为"相信新教正在流血，并逐步走向灭亡"而赌上自己的生命。在舍伯恩，被判有罪的叛乱者约翰·斯普拉格的解释是，"他认为任何基督徒都不应该反抗合法的权力，但天主教和新教的情况就不一样了。后者正处于危险之中，因此他认为他的所作所为是合法的"。"哦，上帝迷惑了我们的残忍敌人，/让巴比伦倒下吧，"约瑟夫·泰勒在被处决前不久写道，"让英格兰的国王成为他们的一员，/将其夷为平地。"[44]

尽管很多人强调他们支持蒙茅斯公爵是因为他们不能接受一个天主教国王，其他人却强调他们认为蒙茅斯公爵其实才是英格兰的合法国王。两种立场一点都不矛盾。事实上，那些坚决反对天主教的人更有可能相信，蒙茅斯公爵的母亲露西·沃尔特斯已经成为查理二世的合法妻子。关键在于，与蒙茅斯公爵宣言提出的意识形态立场不同，这两种观念从根本上说都是保守的。他们没有激烈地批评教会和国家的现有体制。在蒙茅斯公爵的支持者看来，詹姆斯二世就是一个篡位者。

蒙茅斯公爵是查理二世的婚生子的说法在 1685 年并不新鲜。这个故事在王位排除危机期间曾经广为流传。查理二世死后不到一周，就有两名士兵在塔沟的黑男孩酒馆宣称，"蒙茅斯公爵才是真正的威尔士亲王，应当成为统治者"。长老会牧师约翰·希克斯在上绞架时明确表示，如果不是因为他的兄弟乔治的国教信仰，他也赞同这些政治原则。"我确实赞同古代和现在的文官政府形式，我对英格兰的君主制很满意。"希克斯坚称。他还认为，"任何臣民拿起武器反对和抵制他们的合法君主和合法王储，都是不正当的"。希克斯加入了蒙茅斯公爵一方，因为他"被读到和听到的几件事情说服了……前蒙茅斯公爵是他的父亲查理二世的婚生子"。浸礼会教徒本杰明·基奇写到约翰·希克斯的非暴力承诺时认为，"其余的（叛军）大体都有这种想法"。莱姆里吉斯的水手亨利·博迪表示，如果他相信詹姆斯二世"是合法王储"，他就不会拿起武器。霍尼顿的再洗礼派教徒萨姆森·拉克在强大压力下仍拒绝"承认蒙茅斯公爵是叛乱者"。马基特哈伯勒的英格兰教会牧师克里斯托弗·海里克笃信，"英格兰西南部的叛乱是为了君主制"。伦敦人约翰·弗赖尔爵士显然同情叛乱者，他后来回忆，这场斗争的焦点是谁"应该继承王位"。全国各地的许多非国教徒都为蒙茅斯公爵的合法性辩护。例如，埃塞克斯的纳撒尼尔·高登警告约翰·布拉姆斯顿爵士，在进行效忠和最高权威宣誓时要"小心"，"因为狂热者会把它应用于蒙茅斯公爵，这样他们在宣誓时就会产生别的意思"。同样，在兰开夏郡的斯托克波特，"一个名叫罗伯特·吉布森的人和他的妻子阿比盖尔为前蒙茅斯公爵的叛乱辩护，说他们只知道他是国王"。[45]

　　根据保守主义理念而做出决定的不只有蒙茅斯公爵的支持者，许多英格兰的著名激进派——他们大多都在1688—1689年成为奥兰治的威廉的热心支持者——都跟公爵和他的叛军没有任何关联。值得注意的是，即便在荷兰的英格兰人流亡社区，那些主要出于政治原因而逃离祖国的男男女女，也不会整齐一致地支持蒙茅斯公爵。以乌得勒支为基地的流亡者在地理和意识形态方面都区别于蒙茅斯公爵的支持者。前东印度商人、辉格党伦敦郡长托马斯·帕皮伦爵士甚至拒绝给蒙茅斯公爵及其事业提供有息贷款。身在乌得勒支的前辉格党伦敦市长佩兴斯·沃德爵士拒绝让步。据詹姆斯二世在该地区的间谍报告，沃德爵士"从未参与过叛乱"，还和帕皮伦一起公开指责蒙茅斯公爵和他的朋友是在"建造空中城堡"。约翰·斯塔基是激进派印刷商，也是约翰·洛克的朋友，英格兰大使认为他是"一个大恶棍"，但没有一个政府间谍能找到他"勾结叛乱者"的证据。[46]事实上，在叛乱期间，英格兰外交官比维尔·斯凯尔顿报告，乌得勒支"所有人"都"表示非常厌恶蒙茅斯公爵以叛乱的方式宣布为王"。[47]

伟大的辉格党辩论家和政治煽动家约翰·洛克与蒙茅斯公爵的叛乱毫无关系。毫无疑问，洛克认识蒙茅斯公爵的许多支持者，并与之交往。但是证据表明，他和帕皮伦一样，知道叛乱者的意图，但不认同。就在蒙茅斯公爵起事之前，斯凯尔顿的一个消息灵通的间谍报告说，洛克正在考虑逃往东方。这名间谍强调，"只要这些人开始在他（洛克）面前谈论英格兰事务，他就开始抱怨他们"。没有理由怀疑洛克的密友和传记作者让·勒克莱尔的说法，他写道，如果洛克参与了叛乱，承认这一点并不可耻。勒克莱尔总结说，"我认为大家可以放心"，洛克"跟蒙茅斯公爵没有任何往来，他对蒙茅斯公爵没有多少期望，没有想过能从他的事业得到什么"。[48]

其他有名的激进派也与蒙茅斯公爵和他的保守派事业保持距离。伦敦的辉格党人罗伯特·佩顿爵士曾在阿姆斯特丹的咖啡馆里发表演讲，称"君主（只）为自己着想，共和国（commonwealth）则为人民着想"，他拒绝支持蒙茅斯公爵，指责那些支持他的人是"懦弱而胡说八道的傻瓜"。前辉格党伦敦郡长斯林斯比·贝瑟尔严正声明自己的"清白"，指出"没有任何书面证词或指控"说他是蒙茅斯叛乱的同谋。在伦敦，共和国派和后来的威廉派邮政局长约翰·怀尔德曼竭力克制叛乱者的热情，但几乎没做什么来争取大家的支持。他给蒙茅斯公爵去信，说他"非常不安，公爵竟坚定地继续（入侵），这和他在这边所有朋友的意见都相反"。他预测计划不会得到任何民众或财政支持，"因为这像是鲁莽行事，并且他怀疑实际上就是这样"。至于怀尔德曼本人，纳撒尼尔·韦德后来作证，怀尔德曼没有给蒙茅斯公爵"一分钱"，因为"他听到过蒙茅斯公爵骂他"。激进的汤顿议员、革命之后担任国务大臣的约翰·特伦查德在蒙茅斯公爵登陆英格兰"四天之前就离开了英格兰"，并且对公爵和他的事业的评价非常"刻薄"。包括沃尔特·扬爵士和弗朗西斯·罗尔爵士在内的其他西南部的辉格党激进派都不支持蒙茅斯公爵，这让公爵"非常沮丧"。约翰·汤普森爵士是激进派商人莫里斯·汤普森的儿子，也是"1688 年最早邀请奥兰治亲王的联署人之一"，他于 1685 年 6 月在下议院发言，支持以褫夺公权法案的形式起诉蒙茅斯公爵。吉尔伯特·伯内特后来在 1688 年起到至关重要的宣传作用，而此时，"他去了巴黎，在那里过着隐居生活，以避免卷入蒙茅斯公爵的朋友当时为他组织的任何阴谋活动"。杰出的共和国派埃德蒙·勒德洛流亡近三十年后，在 1689 年暂时回到了英格兰，而在 1685 年他"并不乐意"支持蒙茅斯公爵。另一位著名的辉格党激进派理查德·汉普登，虽然在 1689 年的英格兰政治中发挥了相当突出的作用，但他在罗伯特·克拉格试图传达蒙茅斯公爵的信息时，"不愿与其交谈"。[49]

政治激进主义和政治激进派与蒙茅斯叛乱没多大关联。当蒙茅斯公爵在汤顿"依弗格森的建议接受国王称号"时，很少有人表示失望。纳撒尼尔·韦德是蒙茅斯公爵阵营中极少数"支持共和国家"的人之一，他后来感叹，"该党派在全国人数最少"，是蒙茅斯公爵支持者中规模最小的群体。蕾切尔·罗素夫人的丈夫在 1683 年因坚持有权反抗暴君而被处决，她非常清楚，蒙茅斯公爵的"疯狂计划"与威廉·罗素勋爵为之牺牲的事业毫无关联。她坚称蒙茅斯叛乱是"一个新的计划，并不依靠任何以前的计划，也没有任何关系"。[50] 蒙茅斯叛乱不是政治激进派策划的。如果叛乱成功，他们会加冕一个新王，不会引发一场革命。

尽管詹姆斯二世后来被定罪，但有充分证据表明，奥兰治亲王本人强烈反对蒙茅斯公爵的入侵和叛乱。尽管从 1677 年威廉与约克公爵的长女结婚那一刻起，詹姆斯和威廉就一直关系紧张，但这种紧张关系在 1685 年初很快就缓和下来了。詹姆斯担心威廉强烈的反法情结会导致他同情自己的英格兰政治对手，因而要求"亲王应该彻底抛弃蒙茅斯公爵，并强迫所有依赖或支持他的人离开"荷兰共和国。出乎国王意料的是，威廉"完全听从国王陛下的意思"。至少在表面上，奥兰治亲王和英格兰的新国王实现了"奇妙的和解"。尽管詹姆斯仍然"忌妒"这位亲王，但威廉的确厌恶蒙茅斯公爵的叛乱。"我从未见过奥兰治亲王像现在这样关心英格兰的混乱局面，"比维尔·斯凯尔顿向米德尔顿勋爵报告，"蒙茅斯公爵的宣言令他痛心疾首，殿下气愤地称他为世上最不忠的伪君子。"并不令人意外的是，愤怒之下的威廉派他的密友汉斯·威廉·本廷克前往英格兰，以"表示殿下乐意参与对抗蒙茅斯公爵，并让陛下知道我们有军团，我忘了有多少，但如果陛下需要，船只可以在一小时之内就把他们运送过去"。[51] 毫无疑问，威廉并不希望看到詹姆斯在 1685 年被推翻。

蒙茅斯叛乱并不激进。尽管罗伯特·弗格森起草的政治宣言确实勾勒了一个激进的议程，但该文件从未描述过叛乱的意识形态轮廓。蒙茅斯公爵和其他领导人，包括弗格森自己，从未完全致力于实现《宣言》。或许正因如此，《宣言》从未在英格兰国内广泛流传。《宣言》也没有引起那些冒着生命和财产危险来支持这位广受欢迎的公爵的人的共鸣。他们并非为选举君主制和人民主权而战，而是把自己的事业看成捍卫世袭合法性和反天主教。在叛乱者看来，蒙茅斯公爵代表着传统，詹姆斯则代表着危险的创新。

就本质而言，蒙茅斯叛乱显然是保守的，但它依然保留了某种浪漫的吸引力，与 18 世纪的詹姆斯党人起义不相上下。不过，尽管当时的政权支持者感到担心，且落败的叛乱者醉醺醺地放马后炮，这场叛乱从来没有可能成功。1688 年，所有社会阶层的英格兰人都成群结队地加入威廉，并在全国各地自发起义，但在 1685 年春天，除了宗教极端分子之外，无人响应蒙茅斯公爵。特立独行的政治家理查德·坦普尔爵士回忆，"蒙茅斯公爵一入侵就有彻头彻尾的狂热独立派跑去加入他，但人数很少，不值一提"。"蒙茅斯公爵的追随者只有群氓，"罗伯特·索思韦尔爵士指出，"没有绅士加入他。"西南部的牧师安德鲁·帕斯卡尔事后回忆，蒙茅斯公爵及其顾问班子大发雷霆，因为他们清楚地知道，几乎没有不信奉国教的牧师愿意支持他们的事业，"大人物"同样如此。[52] 他们显然算计过，无论他们多么害怕，詹姆斯二世保护教会和国家法律的承诺应该能够保障社会和政治稳定。在詹姆斯政权统治的头几个月里，他们丝毫没有觉得这是专制。蒙茅斯公爵只会带来破坏性内战的前景。

当然，蒙茅斯公爵确实吸引了西南部数以千计的底层人民的支持，他们相信他是英格兰的合法国王，相信詹姆斯二世很快就会让英格兰回到罗马天主教的怀抱。但我们不应高估支持的数量或质量。对蒙茅斯公爵及其支持者最为仔细的分析指出，蒙茅斯公爵统领的"军队规模不大"。当时对蒙茅斯公爵实力的估计被严重夸大了。蒙茅斯公爵手下可能只有约三千人。那些加入蒙茅斯公爵的人不是精锐部队，他们"没有受过训练，手无寸铁"。那些能够获取各方信息的人，那些能够筛选和分析流传于西南部的荒诞传闻的人，似乎始终笃信最终结果。圣阿萨夫主教威廉·劳埃德的说法或许有点轻率，他认为政权已经做好了充分准备，能应付"这些入了迷的叛乱者的疯狂进攻"，"可能在我写这封信之前就已经准备好了"。"没有人怀疑，这场叛乱对于参与者来说将是短暂而致命的。"罗伯特·索思韦尔爵士听到蒙茅斯公爵登陆和举兵的消息后写道。财政大臣罗切斯特伯爵完全有理由感到震惊，但他写信给奥兰治亲王："我认为没有什么可担心的，前蒙茅斯公爵会以他应得的方式度过一生。"事实上，曾在詹姆斯手下先后担任驻法国和奥斯曼帝国大使的威廉·特朗布尔爵士 1685 年在议会反对建立庞大的常备军，理由是詹姆斯和他的部队已经能够如此轻而易举地击败叛军。[53]

可是在 1688 年，当奥兰治的威廉准备跟詹姆斯二世交战，他每进一步都会获得人员、资金和动力，而当蒙茅斯公爵和他的手下越接近交战，他的手下就越有可能逃跑。6 月 23 日，蒙茅斯公爵登陆不到

这些扑克牌描画了蒙茅斯叛乱失败和叛乱者不幸死亡之后英格兰民众的狂闹庆祝。詹姆斯击败叛乱者，获得了民众的支持，这为他的现代化计划铺平了道路

两个星期，博福特公爵夫人告诉她丈夫，"叛军开始抛弃他们的冒牌国王"。在詹姆斯二世发布公告，赦免那些在四天内开小差的叛军士兵之后，"许多叛乱者"都开小差了。克拉伦登伯爵向阿宾登伯爵证实，到7月初，叛军的"人数每天都在减少"。开小差的人包括约翰·斯佩克，他在1688年的宣传工作极大地帮助了威廉的事业。还有许多阿克斯明斯特教徒，他们"用尽方法都要回到自己家"。[54]

当然，我们无法得知如果蒙茅斯公爵在塞奇穆尔获胜的话会发生什么。然而，所有的证据都表明，蒙茅斯公爵的失败并不是历史的偶然。他的运动的保守性质意味着很少有政治激进分子——那些在王位排除危机中表现活跃，并将在激动人心的1688—1689年再度活跃的人——会愿意孤注一掷，支持他的叛变。英格兰的大多数人肯定认为：詹姆斯二世已经保证不会改动教会和国家体制，而且事实上已经召开议会；他没有做任何事情，或者至少没有做查理二世几年来没有做过的事情，证明应当发动一场结果难料的内战。蒙茅斯公爵也没有提出一个令人满意的替代方案。用约翰·怀尔德曼的话来说，没有人清楚"他打算建立或宣布什么"。[55] 唯一受到广泛拥护的不变主题是蒙茅斯公爵想当国王，以及许多叛乱者憎恶天主教和天主教国王。到 1685 年，基本建立在反天主教之上的叛乱显然没什么成功的机会。这个政治民族虽然宗教色彩依旧浓厚，但不愿意就因为一个君主的宗教信仰而拒绝他。

蒙茅斯公爵及其叛军在 1685 年 7 月初的失败使詹姆斯二世处在一个令人艳羡的地位。他不仅在登基时获得了出乎意料和前所未有的热情欢迎，以及和他的支持者一起在那年春天得到了选民压倒性的支持，还漂亮地击败了最受欢迎的宿敌领导的叛乱。

各个政治派别的英格兰人都对这位新国王感到乐观。约翰·劳瑟爵士写道，"普遍的看法"是詹姆斯二世"比任何其他君王都更信守承诺"，这"在当时令他成为英格兰多年以来最受欢迎的君王"。伯林顿伯爵很快得出结论，他的新国王是"有史以来戴上王冠的人里最不屈不挠的"。理查德·布尔斯特罗德爵士知道，"所有人都钦佩和尊重（詹姆斯二世），外国公使都心悦诚服，他肯定会成为有史以来登上王位的最令人满意的君王"。"众所周知，国王在那些他知道有利于人民和政府的事情上立场坚定，"东印度和非洲商人本杰明·巴瑟斯特爵士在蒙茅斯公爵到达英格兰之前写道，"所以他的人民看来非常满意，乐意服从他的法律和意志。"[56]

詹姆斯挫败蒙茅斯叛乱之后，这位国王的臣民更加热烈地歌功颂德。政治经济学家威廉·佩蒂现在认为，詹姆斯会"为了民众利益做这样的事情，这是自诺曼征服以来绝无仅有的"。"从来没有哪个国王如此直接地谋求英格兰的真正利益，"前辉格党人埃德蒙·沃卡普爵士热情洋溢地说，"如果上帝保佑他长命百岁，他将使这个国家比以往任何时候都更加辉煌。"显然，不仅仅是那些阿谀奉承的诗人相信，随着詹姆斯二世的登基，"黄金时代将重新开始"。[57]

英格兰人不仅没有对他们的新国王表现出强烈的反天主教偏见，反而满怀期待地欢迎詹姆斯二世。有些人显然愿意加入反对他们君主的宗教叛乱之中，但证据表明，1685年末世论斗争的吸引力小得可怜。大多数人，当然几乎所有有损失的人，都愿意考虑并希望从他们的新国王那里得到最好的结果。詹姆斯二世在其兄长去世之后立即给枢密院做出的承诺令许多人相信，王位排除危机期间对专制政府和天主教暴政的担忧被严重夸大了。然而，我们不应将效忠呈文和1685年议会选举解读为民众支持绝对主义的证据。虽然有人认为，辉格党在王位排除危机中的活动和他们在1683年策划的拉伊宫阴谋意味着国王的权力永远不会太大，但他们显然是少数派。英格兰的大多数人都想要一个能通过维护教会和国家体制来振兴英格兰的国王。1685年夏天，绝大多数英格兰男女都认为詹姆斯二世会这样做。

第五章

天主教现代性的意识形态

"詹姆斯二世和玛丽王后；登基和加冕"纪念章，乔治·鲍尔作，1685年。
这枚铸造于詹姆斯统治之初的纪念章将这位新国王比作太阳。当时的人已经
注意到了这跟路易十四自我描述的形象的相同之处

　　詹姆斯二世在1685年夏天拥有雄厚的政治资本。他和平地登上了王位，非常成功地召开了首届议会，并轻松地击退了英格兰（以及苏格兰）的宗教叛乱。这些叛乱虽然从未构成重大的军事威胁，但叛乱者所做的一切都证明詹姆斯的政治对手是狂热分子，不惜破坏公民社会来推进他们的极端宗教议程。如果说在1685年春天，这个政治民族仅仅是看起来支持詹姆斯，那么毫无疑问，在夏天之后，詹姆斯可以得到政治崇拜。詹姆斯现在似乎就是完美的国王。他有丰富的政治和军事经验，而且跟他的哥哥不同，他面对逆境时不会动摇。然而到了1688—1689年冬天，詹姆斯明显已经将所有的政治资本挥霍殆尽。许多人拿起武器反对他，更多的人登上他外甥奥兰治亲王威廉的战舰，很少有人愿意捍卫他们的合法国王，而不到四年前，他还是民众崇拜的对象。为什么詹姆斯二世会失去人民的支持？

当时的人很清楚他们在解释詹姆斯二世政权的崩溃时所面临的难题。1688年12月，一位伦敦人指出，"这个善变民族的历史"——这里他指的是英格兰人——"是我认识的所有作者都没有遇到过的难题"。博学的约翰·伊夫林是一位颇有名气的历史学家，他怀疑"在这个可居住的世界的任何时代或地方，都找不到任何例子，能比这个小片段更令人信服地体现人类事务的易变性和不确定性"。他承认，詹姆斯二世的垮台制造了一个真正的解释难题。"我不确定我能理清这些结果的原因。"伊夫林谦虚地表示。那样的解释需要"一本书"的篇幅，不仅需要"政治家，还需要神学家、历史学家、医生和自然哲学家"的专业知识。[1]

两条基本的解释路线，一条与19世纪和20世纪伟大的辉格党历史学家有关，另一条与较近的修正主义学派历史学家有关。两个学派的解释都建立在广泛阅读史料之上，而且试图解释的都不是革命——因为两个流派都坚持该事件基本是保守的和复辟的——而是狭义上的詹姆斯国王的下台。

托马斯·巴宾顿·麦考莱在其经典解释中强调了詹姆斯的政策失误。麦考莱认为，一切都"服从于国王全身心投入的伟大计划"：在不列颠群岛恢复罗马天主教。为此詹姆斯采取了一些政策，这在麦考莱看来只能描述为"近乎疯狂的暴政"，或是"愚蠢和刚愎"。麦考莱的甥孙乔治·麦考莱·特里维廉更加客观地指出，詹姆斯"觉得必须像欧洲其他君王一样成为绝对君主"。在麦考莱眼里，詹姆斯可用于推行这些政策的人才资源很少。詹姆斯倚仗的参谋是"几个罗马天主教冒险家，他们得到了法国和耶稣会的支持，但自己早已身败名裂"。这些"为数极少的罗马天主教徒，心灵受到旧伤口的腐蚀，头脑则被最近的高升冲昏了"，"没什么可失去的，也就不会受到审判日的思想困扰"。历史悠久的英格兰天主教家族帮不上忙。他们"世代虔诚，但热情不高"，与其邻居的不同在于"他们更幼稚，更滑稽"。詹姆斯也没法指望复杂的天主教护教学来帮助他的事业。罗马天主教徒能够提供的"东西微不足道"，没有任何能让当时的新教徒觉得算得上"三流"的。[2]

这种错误的、反动的、简单的政策，导致的结果可想而知：整个民族都反对他们的国王。詹姆斯被迫放弃他的天然盟友托利党和英格兰教会，并通过《宽容宣言》（1687年、1688年），孤注一掷地争取非国教徒和辉格党的支持。一开始，对于詹姆斯二世以"良心自由换取支持"的做法，"非国教徒摇摆不定"，经历了多年残酷镇压之后，许多人都渴望公开礼拜的自由。可是到最后，"大量不信国教的新教徒"转而反对詹姆斯。从1687年到1688年，他们逐渐抛弃了詹姆斯，一些最初支持国王的自由交易的人总结说，"宽容宣言缩小而不是扩大了他们的属灵特权"。经历了詹姆斯二世的统治之后，他们得出结论，詹姆斯治下的礼拜自由需要以"宗教自由为代价"。托利党长期以来一直支持强大的君主制和不可违背国王的观念，但他们也慢慢转向了反对詹姆斯。麦考莱写道，在1686年和1687年，托利党和教会"还没有被激怒和羞辱到忘记"消极顺从的教义，但这一刻很快就会来。在詹姆斯二世统治下的经历导致托利党和教会在1687年和1688年反抗他们的君主。麦考莱指出，虽然言辞夸张，但"广大托利党人……打心底憎恨绝对主义。他们认为英格兰政府就是有限君主制"。于是到了1688年夏天，詹姆斯的政策已经让整个政治民族和他渐行渐远。"辉格党和托利党的名字一时被忘却了，"麦考莱回忆道，"圣公会、长老会、独立派、浸礼会，所有人都忘记了他们的积怨，只记得他们都是新教，都面临威胁。"尽管"狂热而无知"的人出于对罗马天主教的"偏见"，长期鄙视詹姆斯，但到了1688年，连"最明智和最宽容的政治家"都加入了他们，后者"通过一条很不一样的道路"，得出了"相同的结论"。[3]

麦考莱认为，詹姆斯的宗教信仰并不意味着他注定失败。一个罗马天主教国王完全可以成功地统治17世纪末的英格兰。麦考莱提出，如果詹姆斯"小心避免破坏王国的民事或教会体制"，他就能够"平息公众的恐惧"。如果詹姆斯奉行"温和而符合宪法的政策，在短时间内改变了整个欧洲局面的大革命很可能就不会爆发"。[4]因此，麦考莱的论述强调了英格兰例外论。詹姆斯之所以失败，是因为他所推行的政策是错误的、不切实际的和不理性的，不可能得到英格兰人民的认同。

自觉与辉格党史学保持距离的修正派学者认为，詹姆斯不是一个推行非理性政策的宗教狂热者，而是一个致力于宗教宽容原则的政治温和派，无意索求新的或前所未有的权力。他们认为，詹姆斯的目标是适度而务实的。罗伯特·贝达德写道，虽然詹姆斯是虔诚的天主教徒，但他"只想让他的教友与英格兰国教徒处于平等的地位，确保（天主教的）生存"。詹姆斯的现代传记作者约翰·米勒写道，詹姆斯只是想让天主教徒"自由地信仰和担任公职"，他坚定而持久地致力于良心自由，从未梦想过"天主教徒在英格兰能成为多数派"；詹姆斯对其教友的谦逊目标的另一面则是温和的国家建设议程，他不是绝对主义者。米勒主张，詹姆斯并不希望"推翻法律和宪法，建立像路易十四那样的专制制度"。[5]

修正派认为，鉴于詹姆斯二世对宽容的承诺，他获得辉格党和非国教徒的政治支持不足为奇。修正派与17和18世纪的托利党人观点相仿，他们都将辉格党描绘成只因宗教宽容这一议题而团结起来的政党，很少关注其他政治或经济议题。与其说詹姆斯二世是一个天主教国王，不如说他是一个信奉宗教自由原则的国王。"支持詹姆斯的辉格党人，"马克·戈尔迪指出，"远远不止一小撮怪人。"尤其是与辉格党关系最为密切的思想家约翰·洛克的圈子，"与詹姆斯政权达成了谨慎的和解"。洛克的朋友詹姆斯·蒂勒尔显然是典型的辉格党人，"他对宽容的渴求，甚于他对国王豁免法律的反感"。[6]

所以按照修正派的说法，1687 年和 1688 年反对詹姆斯的是托利党和英格兰国教，他们这样做完全是出于宗教原因。托利党痛恨詹姆斯保证宗教宽容。蒂姆·哈里斯指出詹姆斯"激起了新教徒臣民的广泛反对，尤其是托利党-国教势力"。马克·戈尔迪最为透彻地阐述了修正派的论点，他认为，正是托利党人"为了遏制詹姆斯的大主教和辉格党而起事"，他们起事"既是出于对徘徊在白厅和市政厅的后起的浸礼会上校和夸夸其谈的贵格会商人的恐惧，也是出于对天主教和耶稣会的厌恶"。可以肯定的是，托利党和教会没有接受政治反抗的理论，他们依然信奉消极顺从。"英国国教政治神学"提供了"抵抗王室的合法意识形态"，但不是主张公开的政治反抗，而是强调"教会牧师有责任将他们的君王导向真正的宗教"。这些人采取行动，"主要"是因为他们对詹姆斯二世的宽容政策"深恶痛绝"。"激起托利党人怒火的不是詹姆斯的绝对王权，"戈尔迪说，"而是它的用途。"詹姆斯的反对者是在捍卫"上帝的律法，而非国家的律法"。[7]按照修正派的说法，詹姆斯失败，不是因为他成功地激怒了本质上自由主义的英格兰政治民族，而是因为他在推行自由主义政策时，激怒了偏狭而固执的政治精英集团。

按照辉格党的解释，詹姆斯二世推行荒谬的天主教政策，导致英格兰政治精英联合起来反对他。按照修正派的说法，詹姆斯二世推行温和而宽容的政策，激怒了不容异说而有偏见的英格兰教会。在我看来，詹姆斯推行的是非常积极而现代的意识形态议程——说现代不是因为它特别宽容，而是因为它采取了最先进的国家建设理念。詹姆斯的政治纲领引起了各种各样的反应，其中许多本身就是革命性的。我认为，无论是辉格党还是修正派的说法，都没有合理地对待詹姆斯的意识形态议程。两种看法都没有把詹姆斯的雄心置于其形成的复杂的欧洲思想范畴之中。詹姆斯并不只是一个罗马天主教徒。他是一个为形成于路易十四宫廷的现代观念和关注点所深深折服的罗马天主教徒。路易十四的高卢主义*得到耶稣会的大力维护，但又受到了英诺森十一世和欧洲其他天主教国家的严厉批评，它提升了君王的权力，坚持消除宗教多元化。詹姆斯没有想过成为其他大陆君主那样的人，而是努力效仿路易十四特有的成功而彻底的创新策略，建立自己的君主制度。詹姆斯渴望同时实现国家的天主教化和政府的现代化。正是这些做法引发了抵制，而不是对詹姆斯的宗教信仰的偏见。修正派宣称一些国教徒反对詹姆斯就是因为宗教，并且这些国教徒中的多数都认为可以通过公民不服从（civil disobedience）的方式来阻止詹姆斯。这样的说法没有错，但只是故事的一小部分。一些托利党人开始相信，应当抵制詹姆斯的政策。一些更倾向于辉格党的英格兰教会成员则开始相信，詹姆斯已经颠覆了宪法，应当予以抵制。其实，尽管许多辉格党人在 1687 年都热烈支持詹姆斯的《宽容宣言》，但在 1688 年中，绝大多数人已经看重公民自由多于宗教自由。事实上，许多罗马天主教徒——信仰更倾向于英诺森十一世而非路易十四的人——此时转而反对詹姆斯。尽管如此，詹姆斯的政策既不荒唐，也没有脱离现实。正因如此，一些英格兰人觉得有必要制定革命转型计划。詹姆斯二世的现代化政策需要现代化的回应。

历史学家坚持在狭隘的英国背景下开展研究，因此他们误解了詹姆斯二世的意识形态议程，而詹姆斯二世和他同时代的人都以欧洲的方式理解他们的世界。詹姆斯二世是 17 世纪末的高卢派罗马天主教徒。他的皈依是发自内心的，也是有根有据的。但 17 世纪末的欧洲天主教并不是铁板一块。教会受到神学和政治问题的严重困扰。詹姆

---

*　或译教会自主原则，倡议限制教皇权力，强调国家的权力与法国教会的自主独立。

斯重新入教时，必然会表明自己对于这些争论的立场。只有深入研究
詹姆斯的天主教信仰性质，才能理解他身为国王的举动。

※　※　※

17世纪80年代后期，欧洲人敏锐地发现，最虔诚的君主路易
十四与教皇英诺森十一世势同水火。"现在热闹的就是法国和罗马教
廷的纷争。"英格兰公使和剧作家乔治·埃瑟里奇如此评论欧洲的政
治舞台。1687年末，凡尔赛宫和罗马教廷的紧张关系已经接近失控。
教皇拒绝接待新任法国大使拉瓦尔丹侯爵。1688年1月，英格兰驻
巴黎大使比维尔·斯凯尔顿听说，"两名来自罗马的信使"报告，"教
皇已经将拉瓦尔丹侯爵逐出教会"。路易十四当然愤怒异常。他公开
宣布，他将采取"可能会令教皇很不高兴"的措施。传闻这些措施包
括入侵教皇领地，也就是说，这位法国国王打算"推翻教皇"。英诺
森十一世则让所有人都知道，他"坚毅地期待着最虔诚的陛下能对他
做出的最坏打算，并将用十字架来对付他派来的所有军队"。尽管没
有法国军队来洗劫罗马，路易十四也从来没有否定教皇的权威，但巴
黎和罗马的关系仍然冷淡。"要解决这件事情，我们得指望一位新的
教皇。"乔治·埃瑟里奇准确地指出。[8]

在至关重要的1688年，教廷和法国国王的紧张关系仍然没有得
到缓解。在路易的逼迫下，他安排的候选人威廉·冯·菲尔斯滕贝格
当选为科隆的选举主教，这激怒了教皇。英诺森十一世声称，这一任
命是"硬塞、篡夺和买卖圣职的行为"。1688年8月，欧洲的观察家
一致认为，科隆之争"可能会在这些地区引发战争"。路易十四于9
月入侵教皇城市阿维尼翁，这进一步激怒了教皇。英格兰驻罗马公使
约翰·莱特科特报告，教廷的怒气"因为阿维尼翁达到了顶点，而且
主教也被抓走了"，"所以教皇不能不越来越愤怒，如果他不能用世俗

的武器来抵抗（法国），恐怕就会动用精神武器"。教皇及其支持者向所有愿意倾听的人谴责路易十四。英诺森本人称法国国王为"西欧的共同敌人"。他的支持者指责路易试图成为"欧洲共主"。难怪荷兰外交官埃弗拉德·范德维德，即海尔·范戴克维尔德，在他的房间放了一幅英诺森十一世的画像，称他为"新教教皇"。[9]

英诺森十一世不仅害怕和厌恶路易十四，还憎恶日益亲法的耶稣会。苏格兰天主教徒威廉·莱斯利和苏格兰新教徒吉尔伯特·伯内特都认为，耶稣会在罗马"被当成教廷的对手而非朋友"。教皇尤其担心耶稣会"挑起诸君王对教廷的不满，特别是法国国王；在这一紧要关头，法国可能会让罗马受辱"。[10]

路易十四和英诺森十一世的紧张关系的核心是主权之争。他们的斗争始于君主专有权（regalia）之争，即享有空缺主教管区的收入和任命教士填充依赖这些主教辖区的有俸职位的权利。教皇的辩护者认为，路易十四主张自己有权享有君主专有权，等于"从（教皇）手中抢走了教会的财产"。1682 年，莫城主教雅克-贝尼涅·波舒哀和巴黎大主教弗朗索瓦·德·阿尔莱·德·尚瓦隆牵头起草了高卢派《法国教士宣言》，为路易十四的立场辩护，否认教皇的世俗权力和绝对正确。1687 年，路易十四还试图限制教皇在自己领土范围内的权力。路易十四的大使拒绝放弃所谓的外交特权，这些特权实际上将外交豁免权扩大到了法国使馆所在的整个街区。路易十四正在阻止教皇在他自己的城市里行使主权。[11]

英诺森十一世也反对路易十四调停胡格诺教派与罗马天主教的暴力手段。法国宫廷显然串通了圣座国务卿奇博，试图对英诺森十一世隐瞒胡格诺教徒被迫改宗的情况，但教皇最终还是知道了龙骑兵迫害新教徒事件。他的回应是在 1686 年将最为激烈地反对龙骑兵迫害新教徒的法国格勒诺布尔的勒卡米主教提拔为枢机主教。仇恨法国的小册子《法国精神》的作者准确地指出，英诺森十一世认为胡格诺派的改宗"应该借助说理和树立榜样，而不是通过武力和暴力"。[12]

当时的英国人都很清楚，法国和教皇的紧张关系，以及教皇对耶稣会的反感，都有可能对不列颠群岛造成重大影响。"我们的公报和通讯最近一直充斥着教皇和法国国王的纷争，这已经成为城中的热门话题。"吉尔伯特·伯内特在1682年报告说。其实伯内特自己写的小册子就为英格兰读者详细介绍了耶稣会在主权问题上的转变，以及教皇英诺森十一世对耶稣会的反感。所以到了詹姆斯二世统治时期，英格兰读者已经非常熟悉这些意识形态争论。"你能想象得到，我们同样急切地想知道教皇和法国君主之间的大事件将会如何收场。"詹姆斯·弗雷泽从伦敦给罗伯特·索思维尔爵士写信说。

焦急地关注着法国君主与教皇之间不断恶化的关系的并不只有詹姆斯二世的廷臣。苏格兰天主教徒亚历山大·邓巴在爱丁堡写道，教皇和路易十四之间"出现的巨大的丑陋决裂令我由衷地感到遗憾"。这是因为这一决裂正在严重"伤害上帝的教会……我们开始在这个岛上发现其糟糕的影响，我担心这还只是刚刚开始"。"众所周知，教皇反对耶稣会，因此受到他们的恶意中伤，于是法国国王反其道而行之，他现在是耶稣会的赞助人，就像以前的西班牙国王一样。"伦敦的长老会教徒罗杰·莫里斯在入门书中指出。[13]

法国国王和教皇之间紧张的政治和意识形态关系成了17世纪后期詹姆斯二世及其宫廷议论天主教徒和天主教的背景。随着路易十四和英诺森十一世的立场愈发坚定和好战，当时的人都很清楚，他们在君主专有权和恰当处理宗教少数派的方式上存在根本分歧。当然，这两个问题也是不列颠群岛的核心问题。

※　※　※

詹姆斯清楚地知道自己在英诺森十一世和路易十四的斗争中的意

识形态偏好。他的身边有越来越多耶稣会和亲法顾问，同时他本人与教皇使节和仇法顾问保持距离。

詹姆斯深受法国天主教的影响。他曾于 1669 年向活跃于法国的耶稣会士爱德华·西梅翁神父宣誓弃绝*（abjuration）。终其一生，詹姆斯都"十分亲近"耶稣会。一位 18 世纪的天主教历史学家非常熟悉欧洲天主教内部的意识形态差异，他称詹姆斯"可悲地偏执于耶稣会"。一位现代学者认为，耶稣会士"指导着詹姆斯的皈依和祷告活动"。詹姆斯与路易十四的耶稣会告解神父佩尔·德·拉谢兹保持着热烈而密切的通信联系。17 世纪 80 年代，詹姆斯对波舒哀的著作产生了浓厚的兴趣，后者不仅是富有魅力的传教士，可能也是他那一代最有影响力的高卢主义神学家。对于当时的关注者来说，结局是必然的。"耶稣会在宫廷的势力非常庞大，而且人数众多，深受国王信任，"罗杰·莫里斯观察到，"法国国王尽其所能地支持他们。"[14]

从宣誓弃绝的那一刻起，詹姆斯从来没有动摇过他的信仰。他向他的老朋友、坚定的国教徒达特茅斯伯爵表示，他希望"上帝赐我恩典，让我为真正的天主教而死"。詹姆斯强调永远不会"掩饰"，也不会"改变我现在的宗教态度"，不管这能带来什么政治好处，即便可以阻止他的政敌将其排除于王位之外的企图。这种宗教信仰从一开始就以法国为导向。1669 年初，当詹姆斯第一次告诉他的哥哥查理二世他已重新加入天主教会时，两兄弟就讨论了"在他的领地内发展天主教的恰当手段和方法"，结论是"要完成这项伟大的工作，最好跟法国合作"。尽管这个早期的英格兰天主教化计划从未实现，但詹姆斯依然倾心于法式天主教。身为国王的他从不放过任何一个赞美路易十四的"伟大精神、美德、虔诚"的机会。所以毫不令人意外的是，西班牙大使唐·佩德罗·德·龙基略告诉他的知己好友，路易十四和詹姆斯二世"一模

---

* 指正式放弃过去信奉的一切信仰或学说，皈依天主教。

一样"，"同样反对教皇的权利主张"。詹姆斯以"任何决定都不动摇"
而著称。[15]

詹姆斯登基后不久就开始以宗教偏好组建政治联盟。查理二世死
后几周，詹姆斯成立了一个由罗马天主教徒组成的独立内阁会议，其
中包括他的老朋友理查德·塔尔博特（未来的蒂康奈尔伯爵）和多佛
勋爵亨利·杰明。作为补充，一开始还有另一个内阁会议，里面有詹
姆斯二世的内弟，也就是极具影响力的罗切斯特伯爵。然而詹姆斯不
断给罗切斯特伯爵施压，要求他改宗天主教。罗切斯特伯爵一口回绝，
不久就被詹姆斯解职，天主教内阁从此变成了英格兰真正的统治机构。
这个小巧而意识形态一致的现代组织取代了传统的笨重的枢密院，或
者说传统的国王顾问团，成为政治权力的来源。"原则性事务"正是
由这个内阁讨论，然后通过决议。宗教多元化的枢密院变成了荣誉性
的，只负责批准完全由天主教徒组成的内阁会议的决定。詹姆斯信任
的天主教军官爱德华·黑尔斯爵士指出，枢密院"名存实亡"，其存
在意义只是在"内阁"辩论商讨之后"宣布国王的决议"。[16]

然而很快就能看出，"这些天主教徒的意见并不完全一致"。法国
大使保罗·巴里永描述分裂双方，称一边获得国王重视，"更有才干"，
另一边则是"富有的老牌天主教徒"。巴里永在所有报告中都明确表示，
耶稣会跟那些建议"最高明的"人结盟。消息灵通的罗杰·莫里斯知
道，在宫廷里，"法王手下的耶稣会势力"，包括新来的沃纳神父和摩
根神父，跟"教皇势力"或"反耶稣会派系"明争暗斗。到 1687 年，
莫里斯知道拉谢兹神父和路易十四支持的耶稣会已经"完全压制和打
倒了教皇和意大利人在我们这里的势力"。拉蒂斯邦的奥古斯丁会修
道院院长普拉西杜斯·弗莱明曾是詹姆斯二世宫廷的常客，他总结说
耶稣会士"总管一切，像洪流一样把所有东西都带到他们面前，无需
经过教士或者我们"。18 世纪的天主教历史学家查尔斯·多德曾经看
过一系列已不复存在的天主教手稿，他同意"事务完全由内阁会议掌

控"，里面都是新近皈依"而头脑发热的天主教徒"。[17]

1687 年，所有评论者都认为詹姆斯二世只听取法国帮天主教徒的意见。威廉·莱斯利在罗马痛心疾首地说，詹姆斯二世有一种"先入为主的盲目感情"，他"只听得进耶稣会士的意见，不听其他人的"。巴里永大使得意扬扬地向其主君汇报，"天主教集团"——他指的是亲法派——"已经完全占了上风，他们或那些公开支持他们的人获得了完全的信任和权力"。在德意志，詹姆斯二世被普遍认为是一个"法国好人（bon françois）"。"所有人，甚至是白厅最好的新教徒，"罗杰·莫里斯在日记中绝望地吐露，"都向彼得斯、沃纳、摩根、怀特等教士或其他耶稣会士大献殷勤，因为其他人都失宠了。"荷兰大使阿尔努·范西特尔斯也认为，耶稣会士"在宫中的受信任与日俱增"。尽管如部分学者所说，耶稣会士的确没有绝对垄断的影响力，但詹姆斯的所有建议都朝着相同的方向。苏格兰间谍詹姆斯·约翰斯顿发现"耶稣会和所有的修道士，甚至包括宣称与耶稣会为敌的本笃会士，都符合法国人的利益"。[18]

詹姆斯二世身边的顾问无一例外，都与法国宫廷和法国天主教有着密切的联系。詹姆斯二世最重要和最有争议的顾问之一是耶稣会神父爱德华·彼得。彼得出身于一个古老的英格兰天主教贵族家庭，但在詹姆斯二世登基前已在法国生活多年。他对法国和法国天主教的认同毋庸置疑。巴里永大使和于松·德·邦勒波都肯定彼得"崇敬"路易十四。相比之下，教皇的支持者则抱怨彼得"过于亲近"路易十四的势力。1687 年 11 月，彼得神父获准进入詹姆斯的枢密院，罗杰·莫里斯认为这是向教皇发出的一个信号，"支配他的是耶稣会士，而不是他的派系"。这也是为了"让法国国王知道这一点，他将对此感到非常满意"。关于彼得对詹姆斯的影响力也没有什么疑问。新教徒艾尔斯伯里伯爵和《致外省人信札》的耶稣会作者都认为，彼得神父在新国王执政之初就受到了他的重视。彼得很快就取代了明显不关心政

长有三个角的科学博士、彼得斯神父和一位在黑暗中辛勤劳动的工人（*Het Stookhuys van Pater Peters, en der Jesuiten in Engeland*），1689 年。这幅图画出版于伦敦，讽刺了在法国接受教育的耶稣会士彼得神父，他在当时被认为是詹姆斯最有影响力的顾问

治的神父曼休特，成为詹姆斯的告解神父，并得到了白厅的精致房间作为奖励。结果詹姆斯二世的廷臣"都认为没有人比他更受国王信任"。当然，詹姆斯一再呼吁教皇封彼得神父为枢机主教，这也坐实了这位耶稣会士与国王的特殊关系。[19]

森德兰伯爵罗伯特·斯宾塞与彼得神父是詹姆斯二世统治时期的"两位主要大臣"。所有评论家都认为，詹姆斯一登上王位就对森德兰伯爵信任有加。尽管一直到 1688 年 6 月，森德兰伯爵名义上都是新教徒，但天主教徒和新教徒都知道，他迟早都会公开自己的宗教偏好。约克大主教吉尔伯特·多尔宾的儿子认为森德兰伯爵"比他的任何同僚都更得国王的欢心，因为他是最倾向于天主教的"。虽然我们对森德兰伯爵的个人宗教偏好知之甚少，他的政治倾向却明显地向着法国。森德兰伯爵是巴里永大使的"亲密朋友"。西班牙大使和罗杰·莫里斯都将森德兰伯爵描述为宫廷中的亲法派"首脑"。森德兰伯爵与高卢派集团的关系密切到他在 1688 年初毫不犹豫地接受了巴里永的大笔贿赂，以促进法国的利益。[20]

1687 年和 1688 年，尼古拉斯·巴特勒爵士与彼得神父、森德兰伯爵一同加入詹姆斯二世的内阁会议。罗杰·莫里斯认为巴特勒得到了詹姆斯二世的"青睐"，"就像任何一个臣民一样，而且他了解各个顾问，对他们影响很大"。巴特勒的背景仍不为人所知，但很明显，身为海关和财政部的负责人，长久以来他都是詹姆斯和他的哥哥查理二世的"心腹"。巴特勒曾是长老会教徒，也参加再洗礼派的集会，于 1687 年 4 月改信天主教。虽然他的天主教信仰并不为人所熟知，但他"与森德兰勋爵和彼得神父过从甚密"，并深受巴里永的喜爱，这些都显示了他的亲法倾向。[21]

詹姆斯对苏格兰德拉蒙德兄弟的倚重不亚于对彼得和森德兰伯爵的倚重。珀斯伯爵詹姆斯·德拉蒙德是詹姆斯在苏格兰的大法官，并被广泛认为是国王在特威德河以北的首席大臣。他的弟弟梅尔福特伯爵约翰则是詹姆斯的苏格兰事务大臣，而且正在成为越来越有影响力的顾问。大多数评论家都认为，梅尔福特伯爵是一个才能非凡的人。罗杰·莫里斯认为他"能力、谋略和手段俱佳，而且是……最近在苏格兰和英格兰设法推广实施豁免权 *（dispensing power）和所有相关事务的主要人物"。威廉·富勒是波伊斯侯爵的仆人，有机会观察到詹姆斯二世的许多私密辩论，他同意梅尔福特伯爵"高识远见，审慎而诚实，热心为他的主君效劳"。他还说，"宫中没有哪位贵族比梅尔福特勋爵更受国王和王后的器重"。德拉蒙德兄弟在詹姆斯二世麾下都皈依了天主教，这有波舒哀主教的功劳。"莫城主教那本阐释教

---

* 英格兰国王宣称自己拥有的一项特权，能在特定情况下暂停某些法规的实施。詹姆斯二世以此来帮助天主教军官免受《宗教审查法》的约束，后被《权利法案》废除。

会教义的杰作，"珀斯伯爵在写给安妮·亨特利的信中说，"对我帮助很大，我应该每天亲吻这位可敬的主教的脚。""人得闭上眼睛，才能无视真理，"珀斯伯爵在写给波舒哀本人的信中说，"您出色的文笔把它表现得清清楚楚。"珀斯伯爵钦佩波舒哀，两人终生都有信件来往。梅尔福特伯爵比他哥哥晚几个月皈依，跟法国同样联系密切。他与路易十四的国务大臣塞涅莱侯爵定期秘密通信。梅尔福特伯爵还与佩尔·德·拉谢兹紧密合作。詹姆斯二世任用德拉蒙德兄弟，既反映了他重用精明能干的大臣的能力，也说明了他在意识形态上偏好法国天主教。[22]

詹姆斯不仅选择了倾向法国天主教的顾问，还确保他的儿子继承他的高卢派倾向。詹姆斯的私生子贝里克公爵詹姆斯·菲茨詹姆斯回忆："（我）七岁就被送到法国，在那里接受天主教、使徒传统和罗马天主教的教育。"1684 年，他回到法国，"在彼得斯神父的建议下"入读拉弗莱什的耶稣会学校。詹姆斯立即任命他自己的专职神父法国耶稣会士路易·萨布朗为他的婚生子和继承人詹姆斯·弗朗西斯·爱德华秘密洗礼并担任其专职神父。[23]

詹姆斯尽其所能地普及法国天主教的著作。他给白厅的所有听众推荐波舒哀反对胡格诺派的著作。刚刚皈依天主教的御用印刷商亨利·希尔斯印刷了大量法国著作的译本，包括波舒哀的作品。巴里永认为希尔斯印刷的英文版波舒哀《论天主教会教义》的"反响很好"。显然是奉塞涅莱侯爵之命，邦勒波公使也将一些有争议的高卢主义作品译成英文。为了完成这项任务，邦勒波求助于圣詹姆斯宫的一位热心的专业翻译亨利·约瑟夫·约翰斯顿，他是詹姆斯安置在圣詹姆斯宫的十六位本笃会修士之一。约翰斯顿于 1675 年在洛林立誓成为修士，对法国天主教护教学已经相当了解。珀斯伯爵于 1685 年皈依之后，雇用约翰斯顿翻译他最喜欢的天主教阐释者波舒哀的著作，并为之辩护。伊利主教弗朗西斯·特纳准确地指出，"最近通行于法国的论据"

为天主教会"带来了大批改宗者"，而它如今正被应用于英格兰。所
有人都认为波舒哀是天主教信仰的"这批新阐释者的鼻祖"，是17
世纪80年代的天主教出版物的模式和基本内容的来源。[24]詹姆斯二
世统治时期，英格兰天主教护教学著作的准备和创作带有明显的法
国印记。

　　法国天主教团体逐渐赢得了詹姆斯国内议程的控制权，而在
1686年秋天，他们在詹姆斯的外交事务中也取得了支配地位。1685
年9月，詹姆斯任命卡斯尔梅因伯爵罗杰·帕尔默为驻罗马大使，这
为后续的措施定下了基调。长久以来，卡斯尔梅因伯爵一直都是耶稣
会的"高贵而亲切的朋友"。巴里永认为，在罗马，"指导他（卡斯尔
梅因伯爵）行为的"是耶稣会的原则。当时的人都知道，很难让这样
的一个人去讨好英诺森十一世。卡斯尔梅因伯爵从詹姆斯那里得到的
指示是坚持维护曾令英诺森对路易十四勃然大怒的国王任命权。卡斯
尔梅因伯爵自己对欧洲政局的看法与法国国王相近，而与教皇相去甚
远。在罗马，他告诉枢机主教奇博，英诺森与路易十四的分歧"无关
宏旨"，天主教世界应该联合起来对联省共和国开战，因为那里就是"叛
乱者、海盗和异教徒的天堂"。[25]

　　詹姆斯决定任命达尔比维尔侯爵伊格内修斯·怀特接替比维尔·斯
凯尔顿，担任驻联省共和国大使，这是亲法派的又一重大胜利。达尔
比维尔侯爵不仅是斯图亚特王朝的一个值得信赖的老臣子，也是巴里
永大使信任的代理人。他在前往荷兰之前就收受了法国的钱财，与巴
里永达成了"一切可能的约定"。西班牙大使龙基略有理由对达尔比
维尔侯爵的任命感到"愤怒"，因为他深知达尔比维尔侯爵"迎合法
国利益"。一到联省共和国，达尔比维尔侯爵就跟法国大使达沃公爵
"每晚"会面，协调他们的工作。他们对联省共和国显然有着相同的
看法。达尔比维尔侯爵认为，詹姆斯二世"需要一个借口在手，才
能在时机成熟的时候对荷兰宣战"。达尔比维尔侯爵为詹姆斯二世和

詹姆斯在 1685 年任命众所周知的耶稣会支持者卡斯尔梅因伯
爵为驻罗马大使。考虑到教皇与耶稣会的公开敌对关系，当
时的人都将这一举动视为国王公开表明他对法国支持的标志

法国人立了功，他确保詹姆斯的汉堡公使彼得·威奇"重新回到天
主教会的怀抱"。考虑到被詹姆斯安排了越来越多天主教徒的外交使
团的意识形态取向，威奇去法国驻汉堡公使馆的礼拜堂做礼拜，也
就不足为奇了。[26]

　　任命比维尔·斯凯尔顿取代威廉·特朗布尔爵士担任驻法大使，
显然有违詹姆斯在外交事务上只用天主教徒的新政策。斯凯尔顿以极

端仇恨荷兰人而闻名，这使他成了教皇使节和乡村天主教团体的敌人。几乎同样重要的是，他在法国以天主教徒的身份行事。修道院院长普拉西杜斯·弗莱明向巴黎苏格兰学院的副校长查尔斯·怀特福德保证，"你一定会发现他是一个非常好的朋友"，尽管他无法证实斯凯尔顿"已经公开了天主教信仰"的传言。[27]

詹姆斯二世身边的不仅是天主教顾问，而且是在欧洲的天主教争论中立场鲜明的顾问。就像路易十四和英诺森十一世之间日益剑拔弩张的冲突迫使欧洲天主教徒站队一样，詹姆斯二世也不得不在教皇和法国国王之间做出选择。尽管詹姆斯咨询了英国和欧洲的许多天主教徒，但这些天主教徒在这场世纪纷争中无一例外地站在法国一边。难怪路易十四强调，"虽然没有条约"将他与詹姆斯联系在一起，"但是自他登基以来，意气相投的纽带已经形成了比正式条约订明的更严密的关系"。[28]

※ ※ ※

詹姆斯二世与法国天主教的联系仅仅是一种个人感情吗？詹姆斯二世的宫廷里践行的法式天主教是否包含意识形态内容？詹姆斯及其高卢化的追随者所信奉的天主教是否的确如历史学家所宣称的那样毫无争议？

证据充分表明，詹姆斯及其宫廷对法国天主教的意识形态内涵和宗教戒律都感兴趣。波舒哀对詹姆斯二世的宫廷影响深远，他不仅以捍卫天主教、反对新教诋毁而出名，而且还以热烈支持绝对王权而著称。波舒哀在1682年拥护绝对王权的高卢《教士宣言》中扮演的角色，以及他对废除宗教宽容的《南特敕令》的后果的颂扬，在白厅众人皆知。红衣主教黎塞留的《政治遗嘱》同样支持绝对主义，它被称为"我们这里的大人物许久以来最钦佩的书"。受到詹姆斯二世宫廷追捧的另一位作家是前耶稣会士路易·曼堡。据本身也是天主教徒的桂冠诗人和王家史官的约翰·德莱顿称，曼堡"被迫退出他的教团"，因为他"支持君主的世俗权力"，反对"教皇的篡夺和蚕食"。17世纪80年代，曼堡的两本小册子在英格兰翻译出版。在这两部作品中，他都当得起德莱顿的称颂。他强烈谴责了反抗理论家罗伯特·贝拉尔米内和弗朗西斯科·苏亚雷斯，因为他们认为可以反抗国王，"这是最危险的异端行为"。曼堡认为，"教皇和议会都不能废黜国王"，因为"耶稣基督和众使徒""首先教会了我们，教会和教皇与世俗事务一点关系都没有"。曼堡推断，最早的基督徒都真诚地效忠罗马皇帝，这是"上帝在圣经里给我们发出的明确命令，无论君王是谁，我们都要服从他"。[29]

詹姆斯二世喜爱的天主教英文出版物阐述了跟高卢主义传统一致的绝对主义意识形态。詹姆斯的天主教支持者通过一本又一本的小册子和一次又一次的布道，抬高国王的权力。本笃会修士詹姆斯·莫里斯·科克在17世纪80年代后期住在圣詹姆斯宫，他否认"天主教徒（身为天主教徒）觉得教皇可以直接或间接地约束君王的世俗权力和司法权"。格洛斯特的罗马天主教徒法官查尔斯·特林德同意，在英格兰的"君主制度下"，"国王拥有所有权力"。约翰·威尔逊的作品由信天主教的御用印刷商亨利·希尔斯出版，而他本人强调"英格兰国王是专制君主"。小册子《王冠法》的天主教作者解释，国王"直接从上帝那里得到他的王冠"，"国王治理不当，只需向上帝负责，而不用向人民负责"。事实上，英格兰新的罗马天主教出版社发行的两份小册子都明确赞同高卢派教会提出的"国王特权"的概念。[30]

大量天主教出版物都解释，耶稣会已经摒弃了过去消灭国王的教义，现在是国王权威的最大支持者。一本天主教小册子的作者提醒他的英国读者，耶稣会公开烧毁了胡安·德·马里亚纳的著名小册子《国王论》，"因为（该书）错误地对待""消灭国王"问题。现在，这位作者向他的读者保证，耶稣会"在他们所在的所有天主教地区，都放弃了这种严重损害民事权威的教义"。17世纪80年代的一本通俗读物的耶稣会作者抄写了一份小册子，强调即便在"叛教、异端、分裂教会或任何其他情况下"，教皇都"没有直接或间接的权力或权威""以任何事项或原因，废黜神圣陛下"。没有人比受过法国教育的耶稣会士和国王专职神父爱德华·斯卡尔斯布里克的表述最为清晰。他宣称，君王拥有绝对王权，这"适用于所有国王、所有主权国家、所有形式，并且对所有人民、所有地方和任何时候都是如此，不分条件、限制或约束，无关习俗、地位，或者任何政治约束或规定"。[31]

詹姆斯的天主教支持者坚持认为，任何情况下都不能主动或被动地反抗国王。约翰·德莱顿主张，"人民无法评判他们国王统治的好坏，因为这样并不符合君权的本质"。在德莱顿看来，国王"只受万王之王的惩戒"。"君权或绝对主义君主，"约翰·威尔逊同意，"如果他违反了这些（确凿的）法律，无需负责，因为在他的领地内，只有上帝在他之上。""他的政府是否以压迫、不公和各种烦恼，让我们感到难以承受？"斯卡尔斯布里克问，"明君与昏君拥有相同的权威，相同的御玺，两者同样神圣不可侵犯。"[32]

当时的人都知道，路易十四时期的高卢主义比以前的绝对主义理论更有利于国王权力。詹姆斯二世宫廷的天主教同样如此。首先，詹姆斯的天主教辩护者坚持对国王的主动和被动服从。常驻圣詹姆斯宫的本笃会修士菲利普·迈克尔·埃利斯在国王和王后面前讲道时说，"被动服从集体"的人是"国家的畸形成员，必须予以纠正，也就是改正，弥补之前的冷淡和冷漠"。斯卡尔斯布里克同意，谈到忠诚，"疏忽之罪就是违法之罪"。"缺乏爱和感情就是重大失责，"他在讲坛上大声疾呼，"中立者将政府的目标和服务置之不顾，人因此而变得冷漠。"新任命的英格兰各天主教主教都在1688年明确了这一义务。"你们不仅有（义务）被动服从陛下的统治命令，"这些主教在第一封牧函中告诉英格兰的天主教徒，"还要积极地、愉快地跟他合作。"[33]

其次，詹姆斯宫廷受法国影响的天主教徒否认臣民有权质疑（或请愿反对）国王的政策。"我们恳请你们不要说或做任何可能亵渎政府的事情。"这些天主教主教在他们的牧函中写道。人民无权质问或怀疑。"他们的责任不是，"这些主教继续说，"要求（国王的）人，而是尊重他们；不要议论他们的会议，但要服从他们。"斯卡尔斯布里克同样谨慎："无论你在哪里发现有人干涉政治，议论国王特权，或者对人长篇大论地议论施政不当的问题，你该知道这是煽动性的工作和做法，目的是破坏国王统治。""玷污你的世俗或教会领导的品格，"菲利普·埃利斯同意，"比亵渎教堂和抢劫祭坛还要严重。"[34]

在抬高国王权威上，高卢主义天主教显然比大多数高教会派所想的走得更远。即使在拉伊宫阴谋和蒙茅斯叛乱之后，为国王特权辩护的英国国教成员也只要求被动服从。高教会派约翰·凯特尔韦尔警告，如果君王"在宗教上误入歧途"，他的臣民"不能接受他的错误，也不能顺从他的宗教立场和做法，假如这些刚好违背了圣经教义"。这时候臣民必须"利用法律赋予的言行自由权为自己辩护"，如果做不到，"他们可以求助于祈祷和眼泪，或任何其他温和做法来平息君王的怒火"。连布里斯托尔主任牧师理查德·汤普森都在蒙茅斯叛乱时布道说，如果国王的命令"有过错"，基督徒"可以停止积极服从"。英格兰教会当然也有少数人"敦促英格兰教会倡导无条件和无限服从"，如切斯特主教托马斯·卡特赖特和牛津主教塞缪尔·帕克，可能还有其他人。但这显然是新的教义，"过去从没有人信过"，英格兰很少有人跟"法国神学家"一起提倡这些。[35]

詹姆斯二世的天主教顾问不仅从理论上讨论了提高君权的余地，还试图将这些权力付诸实践。1687年，苏格兰宣言和英格兰宽容宣言以国王法令的形式，在两个王国确立了良心自由，其中很多措辞都来源于高卢天主教传统。当时的人敏锐地意识到，苏格兰宣言主张"我们所有臣民都要毫无保留地服从"是一种意识形态创新。吉尔伯特·伯内特很快找到了这种新式语言的出处。"直到路易大王的时代，所有君王，甚至是最为暴虐的绝对王权觊觎者，都认为让他们的臣民服从权力，接受他们认为适合强加给他们的任何东西，这就足够了，"伯内特指出，"然而到了最近的龙骑兵迫害时代，第一次有人声称，臣民必须毫无保留地服从他们的君王。"[36] 高卢主义强调主动而非被动服从，这是苏格兰宣言的意识形态背景。

詹姆斯对待英格兰和苏格兰议会的态度深受高卢主义的影响。"天主教贵族已经清楚说明了召开议会的不便之处，"巴里永在1686年9月通知他的主君，"他们明确表示，只要宫廷分裂，就不可能指望好的结果。"德拉蒙德兄弟同样认为，在苏格兰，"保护天主教徒"的最大希望就是避开议会，按国王的特权行事。两个王国奉行的策略有着相同的意识形态根源。

在英格兰，刚刚皈依天主教的尼古拉斯·巴特勒爵士试图部署"权力相当于法国地方长官的"高级官员，从而改造英格兰的市政委员会，这并不令人惊讶。詹姆斯最亲密的顾问之一显然希望进一步提升国王权威。爱德华·黑尔斯爵士是海军大臣之一，也是五港同盟的副总督、伦敦塔军事长官，最近还皈依了天主教。他留下了一份加强国王权力的详细计划。黑尔斯建议詹姆斯"废除"议会，因为"这些民选大会既不符合君主制，也不公正"。他也想用龙骑兵取代英国的郡级民兵。黑尔斯还希望大幅强化国家的情报力量。他说，"郡军事长官应该在每个可疑的家庭都安排人向他通报发生了什么"，且每个郡军事长官都应该保存一份档案，记录"本郡所有人的财产、职责、利害关系、亲戚、才能"。黑尔斯明确表示，他的目标就是"令我们的郡政府更接近法国的省政府，从而大大提升国王的权力"。[37]

因此，英格兰宫廷的天主教与法国天主教有着惊人的相似之处。教皇的鼓吹者正在呼吁限制国王的权力，詹姆斯二世及其廷臣支持的天主教布道和小册子却在强调他们的国王拥有不容置疑的绝对权力。詹姆斯二世统治时期的宫廷天主教徒并不羞于颂扬绝对王权，也不羞于炫耀他们与路易十四宫廷密切的意识形态联系。詹姆斯及其廷臣并非修正派学者口中的政治温和派。他们制定了按现代法国国家的模式改造英格兰政体的宏伟计划。詹姆斯忙于把他的高卢主义付诸实践。不过即便是这样的成就，跟他一些亲密顾问的计划相比，也要暗淡失色。

※　※　※

法国天主教也影响了詹姆斯及其廷臣对待宗教宽容的态度。高卢派不仅是绝对主义者，还认为有时需要用武力来摧毁顽固的分裂主义者和异端分子的意志。由于詹姆斯和他最亲密的顾问都接受了高卢主义的全部理念，修正派学者错误地将他们描述为愿意容忍宗教多元化社会的宗教温和派。詹姆斯的确常常公开宣称，他相信"除了上帝，没有人有权或应该操纵信仰"。据说在 1688 年威廉抵达英格兰前夕，詹姆斯告诉苏格兰的贵格会教徒罗伯特·巴克利，他愿意做出任何让步来安抚他的人民，"除了放弃良心自由，只要他还活着，他就不会那样做"。詹姆斯告诉威廉·潘恩："信仰不能强迫，这始终是我的原则，我始终认为人应该有良心自由。"[38] 许多不从国教的新教徒在詹姆斯宣布政策的同时，也发表了复杂的宗教宽容辩解，这也是事实。可是詹姆斯毕竟忠于法国式天主教，他的宽容承诺是有限的。

法国天主教的著作并不支持宽容。他们利用奥古斯丁会的所有论据来反对宽容，认为新教既是异端又是分裂分子，并以最近的一位学者为依据，强调"强制'皈依'的概念"。在宫廷天主教圈子极具影响力的波舒哀希望尽快听到没有一个前胡格诺教徒"缺席"天主教祈祷仪式的消息。路易·曼堡称赞路易十四"减少了我们的新教徒残余数量"。曾在詹姆斯二世麾下任职的约翰·伊夫林受邀"观看"瓦伦斯主教的演讲，后者"歌颂法国国王（像上帝一样）迫害可怜的新教徒"。当然，波舒哀和曼堡都不承认曾经动用武力来促成难以置信的信仰转变。他们否定龙骑兵迫害新教徒，并不意味着他们谴责用暴力改变信仰的行为。他们只会认为，武力是最后的手段，幸好这次无须用到。法国天主教徒讨论胡格诺派的语言让人非常清楚他们的容忍限度。波舒哀将新教改革称为"可悲的叛教行为，它令所有民族都脱离了教会，就像在筹建敌基督王国"。法国耶稣会士多米尼克·布乌尔也很关注新教的影响。布乌尔回忆，新教徒"没有了教会服从和效忠君主的束缚……就会在混乱中放纵自我，人被欺骗的精神支配时就会做出那样的事情"。这是不可避免的，因为"人的举止通常随着他们信仰的动摇而变得堕落，因此，这些新的异端邪说带来的是普遍的放荡"。[39] 鉴于宽容的这些可怕后果，很难指望这些沉浸于高卢派教义的人会向往长久地宽容宗教少数派。

　　詹姆斯及其宫廷推动的天主教文学创作对宗教宽容并不友好。皈依天主教的剑桥大学悉尼·萨塞克斯学院院长乔舒亚·巴西特在御用印刷商亨利·希尔斯出版的一篇文章中讥讽说，他在宽容的荷兰"看到信仰混杂"，而这在他看来"就像上帝混淆了他们的语言的巴别塔一样"。英格兰耶稣会士威廉·达雷尔将新教改革称为"疾病"。这在一定程度上是因为这些英格兰天主教徒跟法国天主教徒一样，都认为新教必然跟政治叛乱联系在一起。约翰·德莱顿指出，"法国和英格兰的长老会基本是叛乱者"。格洛斯特的天主教徒法官查尔斯·特林德认为："我们政府的古老活力出现了如此严重的衰退，还有它最近深陷其中的许多困难，即便不是全部，也主要是由宗教的发展引起的。"由于特林德将衰退的原因追溯至亨利八世屈服于"无节制的欲望"，他的听众和读者自然就会深信，宗教问题始于宗教改革，那么如此危险的宗教当然不能宽容。索邦学院的博士、未来威尔士亲王的老师约翰·贝瑟姆预言，上帝不会宽容那些拒绝接受唯一真正信仰的恩典的人。"上帝不会耐心等待他们的自然死亡，"他警告，"而会在没有任何警告的情况下催促他们离去。"[40]这些很难称得上是宗教宽容的言论。

与詹姆斯关系亲近的天主教徒的行动和表态都不利于宗教宽容。詹姆斯的驻教廷大使卡斯尔梅因伯爵在罗马公开展示了"陛下脚踩约翰·加尔文的图画"。詹姆斯的苏格兰大法官珀斯伯爵强烈希望新教集会在苏格兰不再蔓延，因为"这些都会破坏政府"。以法国为根据地的爱尔兰嘉布遣会的总会长劳伦斯·多德尔将新生的威尔士亲王描述为"大不列颠的救世主，他的摇篮是异端分子和分裂派的坟墓"。爱德华·黑尔斯爵士虽然没有具体评论普通民众当中的宗教宽容现象，但他肯定不觉得国家可以宗教多元化。黑尔斯认为，内阁会议是唯一适合制定政策的地方，"必须成为一个整体，为了国王的利益团结起来，像兄弟一样相亲相爱，所以他们必须都是天主教徒"。同样地，"重要职位应该全部交给天主教徒，因为国王在任何时候都可以依赖他们"。黑尔斯的儿子也叫爱德华，他描述了牛津大学学院的布道团，那里现在有一位天主教徒院长和两位耶稣会牧师，这代表该布道团"开始恢复宗教（倾向）"，这将结束其与唯一的真正教会的"可悲分裂"。这些表态令人觉得吉尔伯特·伯内特的话并非毫无根据，他声称在罗马看到了英格兰天主教徒的一系列信件，说他们"毫不怀疑他们会成功地使英格兰归顺"罗马天主教。[41]

我们有充分的理由相信，詹姆斯赞同这些观点。尽管詹姆斯一直表示支持良心自由，但很明显，对詹姆斯来说，良心自由只是达到目的的手段，而不是真正认同的原则。詹姆斯深信，通过恰当的宗教教育，他的臣民都会皈依天主教。他一次又一次地告诉法国大使巴里永，他"将尽其所能地发展天主教"，首要目标"是确立天主教"，所有计划的目的"都是在英格兰确立天主教"。詹姆斯声称，幸运的是，新

教徒留给他的教会权力——几近于路易十四在跟英诺森十一世的斗争
中所宣称的权力——"大于其他国家的天主教国王的权力"。法国的
一篇基于奥古斯丁关于多纳图教派书信的论文提出的论点引起了詹姆
斯的浓厚兴趣，在书信中，奥古斯丁论证了皇帝动用权力实现宗教统
一的合理性。一位耶稣会士称，詹姆斯私下对他说，他"要么改变英
格兰的宗教信仰，要么成为殉道者"。难怪一位消息灵通的法国观察
家认为，詹姆斯只是在效仿"他在法国所看到的作为，这对他来说就
是榜样"。[42]

詹姆斯对路易十四废除《南特敕令》的反应，几乎没有一点信奉
良心自由原则的人应有的样子。巴里永报告，看到路易十四"消灭他
的王国的异端"的所作所为，詹姆斯不仅没有对法国国王推翻长达一
个世纪的宗教宽容政策表示愤怒，反而"高兴得不得了"。他告诉西
班牙大使龙基略，废除令"非常值得夸奖，既然（路易十四的）前任
可以"给予新教徒违反法律的自由，"他现在就更有理由予以废除了"。
詹姆斯称赞每一份有关法国胡格诺派教徒大规模皈依的报告。詹姆斯
为私生子们选择的法国导师毫不掩饰他的信仰，"法国国王要求他的
所有臣民都信同一种宗教，这很好，（胡格诺派）反对君主制原则……
他们不用期待在英格兰能得到保护"。在波舒哀的引导下，詹姆斯决
定否认路易十四的龙骑兵的作恶程度。他把让·克劳德骇人听闻的《记
法国新教徒受到的迫害和压迫》当成臭名昭著的谤书公开烧毁。詹姆
斯不止一次地告诉法国大使，路易十四的成功令他自己更有"热忱和
热情"去"发展英格兰的天主教"。[43]

詹姆斯的宗教少数派声明说明他在宽容问题上并不坚定。当詹姆
斯谈到爱尔兰时，他明确表示，他不仅希望允许大多数天主教徒"自
由信教"，还希望把"所有的战争、司法和治安职位"都交给他们。
当国王谈到他的北方王国时，他的口吻也不像是一个支持宗教多元化
的人。詹姆斯对参加非国教徒集会的苏格兰"狂热信徒"不屑一顾。

他"强烈地希望人们在苏格兰只能信奉天主教",只是很不情愿地承认这样的政策在政治上愚蠢透顶。詹姆斯如此热衷于在苏格兰推广天主教,连天主教神父路易斯·英尼斯都感慨,"我这辈子从未听到有人像陛下当时那样热烈地谈论我们这个贫穷国家的皈依"。当英格兰驻里斯本公使抱怨英格兰商人不能"自由信教"时,葡萄牙内政大臣答道,他知道詹姆斯"绝不会在这件事情上对他们感到不满"。法国大使称詹姆斯"常常一有机会""就表示他对加尔文教派的厌恶,他把加尔文教派、长老会和其他非国教徒归为同类",宣称他们"都有共和主义教义,非常反对君主制"。[44]

詹姆斯本人对新教的看法令人想起高卢主义的理论。詹姆斯下台后,他的耶稣会告解神父弗朗西斯·桑德斯出版了他的一本著作,这位国王在书中解释,新教改革的起源和成功都归因于最坏的动机。詹姆斯哀叹:"路德和加尔文反叛母教的起因是骄傲,因为贪婪,俗人追随这些错误的向导,接受他们的教义,利用他们掠夺大量从教堂得来的战利品和财产发家致富。"在詹姆斯看来,如此恶劣的社会运动,后果完全是可以预见的。"自从他们开始在我们国家推行所谓的改革,"詹姆斯谈到新教出现在英格兰时写道,"全世界都知道由此而来的混乱,以及我们的岛国如何受到教会各种教派和国家几次叛乱的困扰。"尽管詹姆斯没有提出消灭英格兰新教,但他明确表示了自己的倾向。"如果我们一开始就错了,"他在提到信仰忠诚时告诫说,"不走正道,我们就不该怀疑我们是不是越走越偏。"[45]

詹姆斯不是修正派历史学家所想象的宗教多元主义的支持者。詹姆斯及其高卢主义支持者显然没有回避反新教的论战。他们反而采用了高卢主义神学,并改造曼堡和波舒哀的政治意识形态。尽管詹姆斯在新教政治盟友面前公开为良心自由辩护,但在教友面前,他却丝毫不惮于表达相反的意识形态。詹姆斯的核心圈子和他所提拔的那些天主教徒的言论,一点都不像贵格会教徒威廉·潘恩或非国教徒报人亨利·凯尔乃至西南部的自然哲学家理查德·伯索格抒发的宗教宽容。詹姆斯知道，他可以通过宣称支持宗教宽容来获得重要优势。但他在最信任的朋友和最亲密的知己中间明确表达了自己的真实感受。詹姆斯的宫廷没有弥漫着宗教宽容的氛围。证据表明，詹姆斯想建立一个路易十四的高卢主义教会那样的天主教会。

※　※　※

不过，法式天主教思想在詹姆斯二世统治时期还没有取得支配地位。许多天主教徒反对詹姆斯的政策。反对派并非由那些生性谨慎、不愿冒着破坏他们地方安宁的险的人领导，而是主要依意大利教皇使节和西班牙大使的指示行事。詹姆斯和他的天主教对手都有国际化的意识形态观念。天主教与詹姆斯的对立是教皇反对路易十四的政策和做法的斗争的重要组成部分。英格兰与欧洲天主教社区因为严重的意识形态分歧而分裂，因此，将 17 世纪末的政治形势和光荣革命描述为简单的宗教斗争，纯属无稽之谈。

英诺森十一世激烈批评詹姆斯和他的政策。艾尔斯伯里伯爵回忆，"英诺森十一世反对这里的一切"。这是因为英诺森知道詹姆斯站在高卢派那边。詹姆斯·韦尔伍德回忆，英诺森十一世"不太喜欢"詹姆斯，因为他"知道詹姆斯国王加入了他天性就讨厌的教派"。法国人厄斯塔什·勒诺布尔和国王的朋友艾尔斯伯里伯爵都认为，"教皇陛下对詹姆斯国王的那点纵容源于他与法国国王的亲密同盟"。[46]

教皇以极其轻慢的态度对待英格兰一个多世纪以来第一个公开的天主教君主派来的大使。所有记载都说，卡斯尔梅因伯爵的觐见安排被推迟了无数次，当他终于得到接见时，"教皇适时地咳嗽了一阵子，打断了大使的讲话"。教皇的态度充分表明了他的政策倾向。巴里永很快报告他的主君，"这里的人非常不满教皇拒绝卡斯尔梅因伯爵代表英格兰国王陛下向他提出的一切要求的严厉态度"。特别是英诺森十一世不顾詹姆斯的一再请求，首先拒绝任命彼得神父为主教，然后也不同意他做枢机主教。观察家一致认为，英诺森绝不会同意选择一个耶稣会士或法国教派成员。相比之下，尽人皆知的是，英诺森在 1687 年与被称为"奥兰治亲王走狗"的亨利·悉尼"私下频繁会面"。[47]

教皇驻伦敦大使很快开始批评詹姆斯的政策和他的高卢主义倾向。就在教皇公使费迪南多·达达（1687 年正式成为教廷大使）于 1685 年 11 月抵达伦敦时，巴里永警告，"教皇的使节和完全依附于罗马教廷的人对法国没有好感"。达达跟彼得神父和耶稣会士之间的厌恶是相互的。彼得告诉詹姆斯二世，"达达是个辉格党人"。同样明显的是，达达对彼得的厌恶是意识形态上的，而非个人的。苏格兰天主教徒理查德·海感慨，达达在公开场合"别的都不干，只会大声指责法国人是异端"。总体而言，达达认为詹姆斯的天主教推广政策有很多问题。他跟艾尔斯伯里伯爵关系不错，两人一起讨论了詹姆斯的所作所为，"语气之中透出悲叹"。詹姆斯·韦尔伍德还报告说，教皇使节"非常明智，不会赞成（詹姆斯）所做的一切"。巴里永还注意到了达达对詹姆斯的种种政策举措的抵制。[48]达达尤其激烈地批评了 1687 年针对莫德林学院的争议诉讼和詹姆斯的赦免权使用。[49]

教皇使节的意识形态倾向与最虔诚的天主教徒西班牙国王陛下的大使相同。龙基略和达达共同对抗在宫廷中占主导地位的法国天主教派。第一次觐见新国王时，龙基略就警告詹姆斯，不要听从"身边教士"的建议。1685 年底，龙基略已经开始公开谴责英格兰国王对待议会的方式。他甚至宣称，"君主政体的安危取决于议会"——这样的说法与高卢主义的主权声明迥然不同。龙基略向所有愿意倾听的人抱怨，"英格兰国王完全效忠于法国国王，并与他结成个人联盟或协定，好打败德意志、佛兰德和荷兰"。所以西班牙大使在 1688 年底把威廉的"《肇因声明》"*"发给"所有想要的人"，这并不令人惊讶。[50]

教皇使节和西班牙大使得到了英格兰天主教社群的不少支持。许多英格兰天主教徒一直反对耶稣会和广义的修道会教士。最近的学术研究表明，从17世纪初开始，英格兰天主教社群就爆发了一场热烈而深入的讨论，一边支持恢复天主教主教区，另一边将英格兰"视为新大陆一样的传教地区，而不是欧洲基督教国家"。世俗派，也就是耶稣会的反对者，认为"在英格兰建立天主教主教区将有助于遏制英格兰的政治极端主义"。我们现在知道，这些问题"在1660年之后没有就此罢休"。因此，英格兰的天主教社群始终都有一个复杂的、世界性的、反耶稣会和反修道会的传统观念。毫无疑问，当耶稣会的法国分会站到拥护绝对主义原则的高卢派一边，这些分歧就愈演愈烈。在王位排除危机期间，许多英格兰天主教徒"开始诽谤耶稣会，想用火和剑立即消灭他们"。哈默顿神父回忆，当时"大多数天主教徒"都指责耶稣会的"原则对政府有害，并导致了叛乱"。詹姆斯登基之后，情况几乎没有改变。长老会教徒罗杰·莫里斯明白，"我们英格兰的大多数天主教徒私底下都喜欢和支持反耶稣会的教派"。在荷里路德宫新落成的天主教教堂里，一位神父作了一次布道，"从头到尾针对耶稣会"。革命之后，蒂康奈尔伯爵本人并不批评耶稣会，他承认，即使在天主教徒中，"这个时代也不能容忍过于喜爱耶稣会"。[51]

许多英格兰天主教徒对耶稣会有着根深蒂固的反感，这为在意识形态层面反抗詹姆斯二世宫廷推崇的法国式天主教提供了肥沃的发展土壤。"所有不满法国情报的人都认为，国王在天主教问题上动作太快了。"巴里永报告。一位耶稣会情报人员表示赞同，他指出，"几位天主教贵族向国王表示，陛下的重建信仰行动太快太热心了"。"大多数温和的天主教徒一直努力让陛下接受其他箴言，但是至今毫无作

---

* 奥兰治的威廉发表于1688年9月的一份声明，为其推翻詹姆斯二世的行为辩护。

用。"荷兰大使范西特尔斯指出。新教评论家丹尼尔·笛福和詹姆斯·韦尔伍德都指出，詹姆斯得到了少数天主教徒的支持。韦尔伍德认为这一小部分人"主要是一些修道会的盲信者和新皈依者"。"拥有财产的天主教徒开始感到担忧，"熟谙政治策略的哈利法克斯侯爵指出，"并且愿意中止一项最后可能威胁到他们的事业。"许多天主教徒追随英诺森十一世，反对彼得神父进入枢密院。罗杰·莫里斯与其他许多人都发现，彼得"遇到了远大于预期的反对声音，其中不仅有英格兰民族的反感，还有达达伯爵和所有反耶稣会天主教徒的反感"。[52]

个别天主教徒积极表明他们反对詹姆斯的高卢主义政策。萨塞克斯的天主教绅士威廉·戈林爵士"指责教友的愚蠢和虚荣，并说，'你们会因此毁了我们所有人'"。巴尔的摩勋爵和戈登公爵都公开表示他们"属于反对耶稣会和法国、支持教皇的派别，所以在过去的这些年里生活艰难"。这或许能够充分解释为什么詹姆斯二世让罗伯特·索耶爵士质疑"授予巴尔的摩勋爵祖先"的马里兰特许状。波伊斯侯爵和米德尔顿伯爵在革命之前的宫廷都没有什么影响力，因为他们反对高卢帮的政策。波伊斯侯爵的态度众所周知，以致在 1688 年，当一群凶狠的反天主教暴徒来到他位于伦敦林肯律师公会的住宅前时，他们竟然放过了它，因为有人喊"别管它，波伊斯大人反对把主教关进伦敦塔"。天主教代牧约翰·利伯恩与内战前最有权势的天主教教区教士团体关系密切，后来又在杜埃担任反耶稣会的英格兰学院院长，他被耶稣会指责为懦弱的温和派。利伯恩的前雇主枢机主教菲利普·霍华德也反对在英格兰采取"暴风骤雨式做法"，而是建议采取"缓慢、平稳和温和的做法"。这可能就是"主宰"詹姆斯二世宫廷的耶稣会士那么讨厌他的原因。[53]

詹姆斯周围带有法国色彩的天主教徒清晰地阐述了一套意识形态，与此类似，倾向教皇和哈布斯堡王室的天主教徒也发展出了自己的诉求。1685 年，这些"最亲近罗马教廷"的天主教徒明确提出，如果国王"加入反对法国的利益集团，他将得到人民的拥护和议会的大力支持"。这些天主教徒希望"与奥兰治亲王和议会和解"，而且自认"英格兰良民"，反对以牺牲民族"特权和自由"为代价，给予国王"过多的专制权力"。1685年11月，詹姆斯在议会发表演讲，表示准备以非法手段保留军队的罗马天主教军官，这引发了这批天主教徒的批评浪潮。贝拉西斯勋爵问艾尔斯伯里伯爵："这篇演讲是谁拟定的？我和我的信仰从这一天开始毁灭。"还有更多的天主教徒，例如富有的波伊斯侯爵，反对任命亲法的蒂康奈尔伯爵为爱尔兰总督。詹姆斯废除《宗教审查法》和指定议会的计划受到了更多天主教徒的广泛反对。约翰·利伯恩就是对詹姆斯的成功感到十分悲观的人之一。尽管许多天主教徒愿意在他们的国王麾下担任郡军事长官和治安法官，但更多的人没有这样做。天主教历史学家查尔斯·多德仔细阅读了各种私人手稿集之后称："我不觉得天主教徒对《宗教审查法》抱有一致的看法。"[54]

从反对法国和批评耶稣会的天主教徒的角度来看，詹姆斯二世的政策在政治上并不明智，在意识形态上也令人恼怒。这些天主教徒的看法与意大利教皇使节和西班牙大使的观点一致，他们都厌恶詹姆斯及其受法国影响的顾问所倡导的法国式绝对主义政策。1688年11月，身在伦敦的科纳神父哀叹，"一切祸害都是（我们）自己的错误造成的"，意指詹姆斯选择的天主教顾问的建议。修道院院长普拉西杜斯·弗莱明"将前任国王的所有不幸归咎于他从耶稣会士那里得到的错误建议"，尤其是彼得神父。他认为彼得是"动乱的主要根源之一"。[55]学者早就知道，亲詹姆斯的新教徒将其失败归咎于法国和耶稣会的建议。关系密切的罗马天主教徒也提出了相同的观点。显然在17世纪80年代末，英格兰（乃至整个英国）的罗马天主教社群有相当大一部分人都与英诺森十一世一样，对绝对王权和强制皈依感到担忧。

※　※　※

　　詹姆斯二世在意识形态上信奉前卫的法国天主教。他与耶稣会和高卢主义天主教长期往来，终其一生都坚持和促进跟他们的联系。除了虔诚的作风，高卢主义天主教还致力于加强绝对王权和奥古斯丁式地反对宗教多元主义。两者决定了詹姆斯二世宫廷的意识形态计划。尽管历史学家倾向于低估高卢主义天主教的影响，因为他们的阐释焦点局限于英格兰，但是如果把詹姆斯的宗教作风看成外国强加的，那就错了。路易十四与英诺森十一世、高卢天主教与罗马天主教之间的大规模欧洲斗争，投映到英格兰就是修道会牧师和非修道会牧师的古老斗争。当时双方都在同时利用复杂的世界性论点和植根于当地的天主教社区支持。英格兰和欧洲大陆的天主教社区内部都有激烈的意识形态分歧，因此，将詹姆斯二世的统治理解为新教和天主教改革的宏大斗争的一部分，纯属无稽之谈。国教徒吉尔伯特·伯内特为英国国教的高教会派所不齿，却能在罗马与枢机主教菲利普·霍华德惺惺相惜，这充分表明了 17 世纪初以来的宗教阵营转变。

第六章

天主教现代性的实践

"英格兰的宗教现状"纪念章，简·斯梅尔青作，1688 年。这枚纪念章上的狗代表詹姆斯二世，他戴着念珠，咬着加冕誓言。这枚在荷兰铸造的纪念章记录了詹姆斯推翻惩罚天主教徒和非国教徒的《宗教审查法》和《惩罚法》的努力。詹姆斯二世的敌人突出了他抛开英格兰法律、实施专制统治的想法

詹姆斯二世不仅接受了法国式的天主教，将其作为宗教信仰和意识形态的取向，还积极地将内心深处的想法付诸实施。从登基的那一刻起，他就竭尽所能地创建一个现代的、理性的与中央集权的天主教国家。詹姆斯的新臣民并非人人都能立即理解他们国王的意图，但大多数人很快就意识到詹姆斯的计划极为浩大。原因在于詹姆斯及其崭新的国家组织以惊人的速度，改变了英格兰上下各个地方各个社会阶层的日常生活。

然而，历史学家一直只书写以詹姆斯与新教结盟为特色的统治

阶段的历史，这就掩盖了詹姆斯二世的现代治理风格的连贯性和复杂性。根据这种解读，詹姆斯的统治可以分为早期托利党阶段和后期辉格党阶段。在第一阶段，詹姆斯依赖的是那些在王位排除危机（1679—1681 年）中为他辩护的人，其中大部分都是英格兰教会的成员。据说詹姆斯的托利党顾问领袖是他的两个内弟罗切斯特伯爵和克拉伦登伯爵。辉格党阶段始于罗切斯特伯爵的倒台，此时詹姆斯转向了他以前的政敌，其中许多人都是英格兰教会的批评者。有人认为，詹姆斯在第二阶段才能表明他对良心自由的终生承诺。对其他人来说，这个阶段的特点是前后不一。J. P. 凯尼恩评论道，"很难说"森德兰伯爵或詹姆斯在这些年里"有过"一项政策。[1]

事实上，詹姆斯贯彻的是一种连贯、一致和复杂的政治意识形态——与他的邻居路易十四的意识形态极为相似——他在统治期间花了大量精力将其付诸实践。詹姆斯始终追求的是提高自己的王权和使英格兰天主教化的双重目标。

詹姆斯基本是在法国和西班牙军队中度过了成年初期，他一直认为英格兰需要一支更加高效和强大的军队。在王位排除危机期间流亡苏格兰时，他敦促他的老朋友达特茅斯伯爵不要忘了加强切斯特和贝里克的驻防。切斯特可以用来"维持对这个国家的敬畏"，贝里克则能"扼守该王国（苏格兰）南部地区，那里深受狂热信徒的毒害。英格兰一有风吹草动，就可以把那里（贝里克）的武装交给在北方四郡人数众多的保王党，这将可能决定大局"。[2] 显然，詹姆斯认为军队既是外交也是国内政策的工具。

1685 年登基后不久，詹姆斯开始着手实现向往已久的目标，即建立一支能与大陆军队媲美的军队。詹姆斯将其深信不疑的王权观付诸政治实践。詹姆斯公开宣称，他的侄子蒙茅斯公爵的失败叛乱说明传统民兵"靠"不住，"需要一个关键的军种"。叛乱者"因而成了征税和维持军队的借口"。当时的人马上明白了蒙茅斯叛乱的意义。"我们现在有了一支常备军，这是整个民族一直害怕的事情。"1685 年 7 月，汉弗莱·普里多在牛津大学写道。许多议员在当年秋天的议会会议上大声疾呼，指出英格兰现在有了一支军队，这预示着"我们马上就要失去自由"。[3]

詹姆斯二世改造了英国军队，从而从根本上改变了 17 世纪末英格兰国家与社会之间的平衡。用一位历史学家的话说，詹姆斯"创建了一支'现代'军队"。詹姆斯二世的军事改革程度清楚地表明，詹姆斯的政治抱负远不止给予他的教友良心自由。詹姆斯在 1685 年 2 月从哥哥那里继承而来的军队"小得可怜"，人数不足九千。到了 1688 年 11 月，詹姆斯在英格兰的军队规模是过去的四倍，大约有四万名士兵可供他调遣。尽管在查理二世统治的最后几年里，军队开支已经在稳步增长，但詹姆斯还在此基础之上再增加了两倍多。[4]

军队规模的急剧增长不足以说明詹姆斯二世的常备军对英格兰社会的影响。詹姆斯将英格兰的二十七个驻防地从年久失修而接近于废弃的驻地转变为军事要塞。西南部的切斯特、西北部的卡莱尔、东北部的贝里克和东部的雅茅斯，同赫尔、朴次茅斯和伦敦一样，都有引人注目的强大驻军。[5]

英格兰的驻防地不足以容纳詹姆斯二世的常备军，于是新国王征用了房屋、客栈、酒馆和咖啡馆供其使用。1628 年的《权利请愿书》严格禁止詹姆斯在平民居所驻扎军队。即便如此，许多人还是不得不给军队提供营房。利兹的非国教徒拉尔夫·托雷斯比回忆，詹姆斯二世的统治"给我们带来的第一个麻烦就是""在绅士和平民家庭的住宅驻扎士兵"，他哀叹，"分给我家的就有两个"。普雷斯顿的国教徒劳伦斯·罗斯霍恩也说，"有两名军官驻扎在我家"。卡莱尔的地主声称，他们"被士兵驻防压垮了"。当爱尔兰的天主教军官约翰·埃姆斯要求白金汉郡的艾尔斯伯里和切斯特的居民为其部下提供营房时，居民都"怨声载道"。[6]

　　詹姆斯想到了一个更加全面而合法的解决方案来安置他的军队。1685 年夏末，詹姆斯决定，所有的客栈、酒馆、啤酒馆和咖啡馆——所有需要获取许可证才能营业的公共场所——都要面临选择，"要么接纳士兵，要么丢掉他们的许可证"。詹姆斯的官员前往全国各地，调查可用床位数量。汇总文件于 1686 年完成，内容细节和范围都很引人注目。调查人员计算得出，在散布于二百八十四个城镇和村庄的公共房屋中，有将近四万三千张可用床位。布里斯托尔、纽卡斯尔、索尔兹伯里和牛津等地的公共房屋都能容纳五百多名士兵。其他较小的城镇，如约克郡的塔德卡斯特、威尔特郡的特罗布里奇、萨里郡的多金、斯塔福德郡的塔姆沃思或康沃尔郡的彭林，可以提供五十多张床位。这不仅仅是官员做做样子。军队驻扎在赫尔的"公共房屋"，"镇上的人都满腹牢骚"。约克的咖啡馆老板、理发师兼外科医师马默杜克·艾斯库抱怨，他那里驻扎了四个士兵，他都没法养活妻子和六个小孩了。令人感到担忧的是，士兵可以自由地从"索尔兹伯里和西南部其他地方"换防到兰开夏和柴郡。伦敦的一位小册子作者写道，"国王在驻扎士兵的问题上越权了"。事实上，在 1686—1687 年的冬天，詹姆斯的常备军被安置在英格兰各地的一百多个城镇和村庄。[7] 在詹姆斯二世统治时期，军队到处都是。

　　詹姆斯二世的军队不仅比以往任何的英格兰军队都规模更大、分布更广，而且更加专业。詹姆斯尽量将他的军队与民间社会区分隔离开来。1686 年 6 月，詹姆斯一反过往的看法，决定"对士兵实施军法管制"。也就是说，"从今往后，任何士兵都不能用习惯法或成文法来审判"。詹姆斯的军队不再像英格兰社会的其他人一样受到相同法例的约束。[8]

　　正如詹姆斯二世从法国天主教获得信仰启发一样，当他决定实现英格兰军队的现代化时，他也求教于法国。詹姆斯尽其所能地给他的军队灌输新的纪律、新的精神和新的效率。为此，詹姆斯有意识地模仿了欧洲最现代化的军队，也就是由路易十四和他的战争大臣卢瓦侯爵在法国建立的军队。詹姆斯告诉法国大使巴里永，他在路易十四的军队学到了"所有的知识"。结果他认准只有法国的建军方式才有利于英格兰军队"锻造部队和军官"。不出所料，1686 年 1 月初，詹姆斯的战争大臣威廉·布拉思韦特紧急致函身在巴黎的威廉·特朗布尔爵士，要求他"收集法国所有的军队法令、条例和规章"，因为这些将会成为来年夏天在豪恩斯洛希思集结的英格兰军队的训练依据。布拉思韦特明确表示，"战斗技巧练习的很少一部分"，将会遵循法国的模式。布拉思韦特的构想很快得到实现。兰开夏郡莱姆的理查德·利得知，他的儿子"现在已经开始按照新的模式操练士兵，就像现在的禁卫军和国外的法国军队一样"。布拉思韦特本人也提醒约翰·里尔斯比爵士，要按照"不同于英格兰过往做法，但符合外国惯例"的规则来训练他的部队。[9]

詹姆斯的新式现代军队引起了举国关注。每年夏天，詹姆斯都会在豪恩斯洛希思组织一次壮观的阅兵式。"宫廷上下以及几乎整个伦敦城的人"都会鼓起勇气去观看军事展示。他们不仅看到了一丝不苟的操练，还看到军队重现了打败蒙茅斯公爵叛军的伟大胜利。苏格兰人威廉·海可能就是这些展示的典型观众，他认为詹姆斯的新军"是欧洲最优秀的部队，最好的骑兵"。詹姆斯的支持者和批评者都很清楚，关键在于令"全国上下心生敬畏"。难怪一位作者模仿天主教连祷说，"我们谦卑地恳求主 / 准许我们以剑治国"。[10]

新军是一支闯入英格兰社会的崭新力量，也是一支极具破坏性的力量。这支军队或许在战场上训练有素，但在跟平民交往时却没有良好军纪。几乎从 1685 年军队创立时起，全国各地就有大量平民抱怨受到士兵的虐待。西南部是蒙茅斯公爵举起叛旗的地方，也是第一个受到士兵蹂躏的地区。亨利·谢里斯解释，詹姆斯的军队刚到，居民就急于摆脱他们，因为"迄今为止，他们一直觉得我们是比叛乱者更

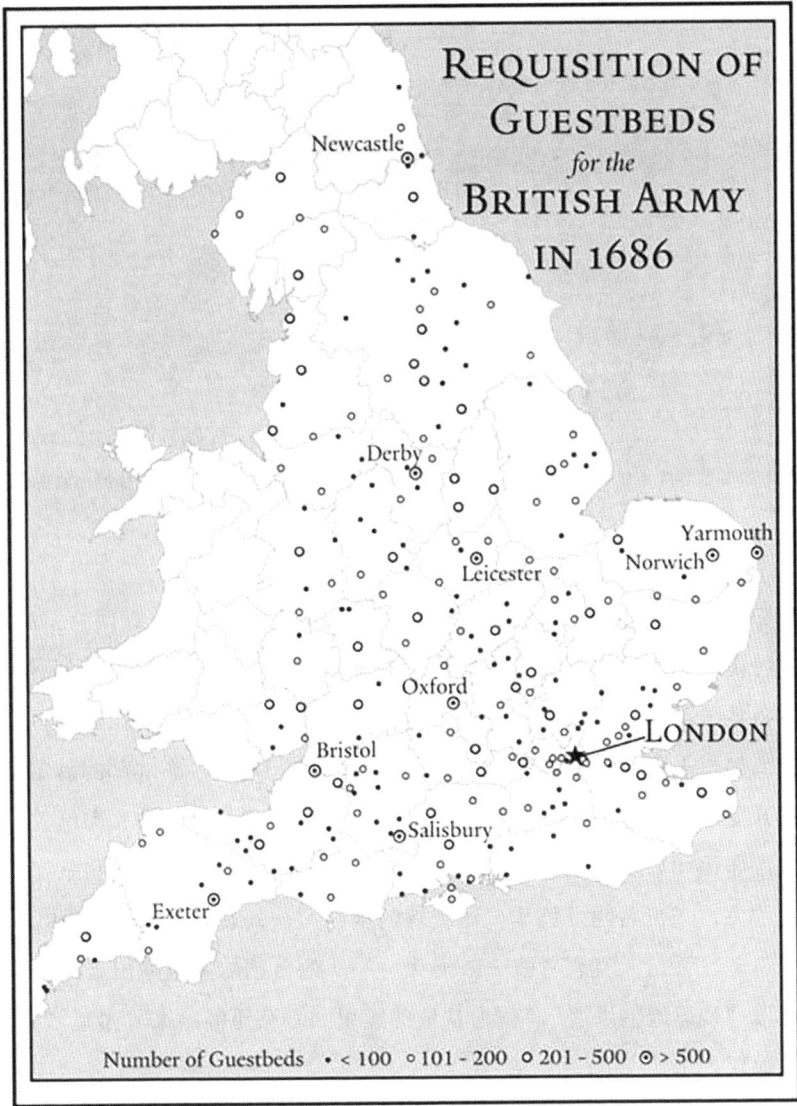

REQUISITION OF GUESTBEDS *for the* BRITISH ARMY IN 1686

Number of Guestbeds • < 100 ○ 101 - 200 ◎ 201 - 500 ◉ > 500

1686 年英国军队征用寄宿床位分布图。为了尽量广泛地部署其新式职业军队，詹姆斯调查了英格兰的可用床位。他要求客栈老板收容他的士兵，否则吊销营业许可证。结果军队以空前的广度分布在英格兰各地

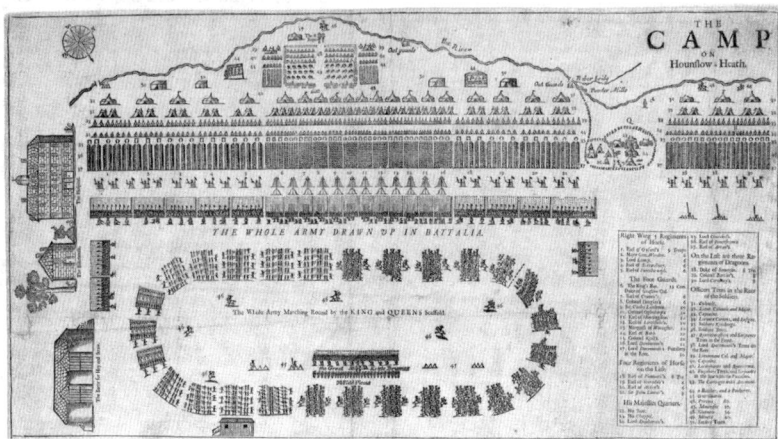

豪恩斯洛希思的军营，1686 年。詹姆斯每年都在伦敦附近的豪恩斯洛希思检阅他的现代军队，意在激起臣民的敬畏之心

可怕的敌人"。叛乱者的失败和审判并没有结束士兵与萨默塞特、威尔特郡、德文郡和康沃尔居民的紧张关系。在接下来的三年里，英格兰各地一遍又一遍地重演西南部地区的故事。无论士兵驻扎在哪里，他们都与平民发生冲突。在苏格兰边境附近的卡莱尔、东北部的赫尔、兰开夏郡的维根、中部地区的莱斯特、切斯特、诺里奇、约克和伦敦，城镇居民和妇女都抱怨过暴行。在伦敦和诺里奇，妇女被强奸和杀害。在约克，一位名叫爱德华·汤普森的桶匠"被剑刺进鼻孔"。赫尔的前税务官乔治·莫森"被一队士兵……从他自己的家里拖出去"，一直被"残忍地捆绑着"，"鲜血从他的嘴里和耳朵里涌出来"，最后"悲惨地死去"。[11]

尽管詹姆斯表示保证良心自由，并承诺让非国教徒摆脱针对宗教异见的严厉法规，但这一信息显然没有传达到他的新常备军那里。从西南部地区到伦敦郊区，士兵闯入非国教徒的宗教集会，令非国教徒不敢当众出远门。长老会教徒丹尼尔·笛福的话说出了无数人的心声，他痛苦地回忆了"士兵难以言表的压迫"，"由于他们随意驻扎，任何家庭或个人都无法幸免于严重的暴力"。[12]

不同于大多数有关詹姆斯统治的研究给人的印象，他并非只关注不列颠群岛内部的发展。他想要的是一个现代化的军事组织，从而让英格兰成为欧洲和世界舞台上不可忽视的力量。他的常备军规模远远超过了维持英格兰内部和平的需求。同样地，长期担任英格兰海军大臣的詹姆斯也致力于创建现代海军。

1685 年 5 月，詹姆斯告知议会两院，海军"是民族的力量和荣耀"，他决心"将其国际名声提高到前所未有的水平"。在这方面，詹姆斯同样尝试遵循路易十四建立的模式。尽管我们以为法国海军是二流的，而且还记得它在七年战争和拿破仑战争中被英国海军打败的情形，但在 17 世纪下半叶，法国海军被认为是欧洲最现代化和最强大的。根据一位学者的总结，让·巴蒂斯特·科尔贝及其继任者将法国"变成了海军强国"。科尔贝的做法包括建立法国舰队、改进和扩展船坞、提高行政效率和淘汰过时船只而改用"最新型的"战舰。在与巴里永和法国海军专家于松·德·邦勒波的频繁交谈中，詹姆斯表达了他对法国海军的钦佩之情和"模仿"的想法。他直截了当地告诉邦勒波，法国海军"是欧洲最好的"，肯定了其纪律性、"船只的良好构造"和"军官的经验"。[13]

当时的人都认为，詹姆斯从他哥哥那里继承的海军状况十分糟糕。塞缪尔·佩皮斯是查理二世最后一年和整个詹姆斯二世统治时期的海军大臣，他在 1684 年抱怨船坞"懒散"，"军纪废弛"，而且"船长收入低微"。多年以后佩皮斯回忆，在 1685 年，舰队最好的船只"都很难持续出航"。第二年情况几乎没有任何改善，法国间谍报告说英格兰海军"状况异常混乱，一塌糊涂"。就在这时，詹姆斯应佩皮斯的要求，花了"大功夫"，整顿海军"部队和纪律"。詹姆斯受法国做法的影响，成立了一个特别委员会，将海军部（Admiralty）和海军局（Navy Board）统一起来，让海军变得更加合理、高效和现代。[14]

1686 年改革效仿的是法国模式。詹姆斯二世的海军支出占总预算的比例比他哥哥的要小，但这只是因为詹姆斯的国家规模大得多。詹姆斯每年花在海军上的支出比查理二世的多三分之一。不过重点不是扩大舰队规模，而是使现有船只现代化和改善海军基础设施。新的特别委员会提高了海军军官的薪水，改善了海军火炮的状况，增加了海军补给，并对舰队进行了一系列的修补和改进。该委员会大大改进了海军船坞，这在一定程度上促进了这些国有工业在 17 世纪下半叶的快速发展。[15]

当时的人很快发现詹姆斯的海军水平有了巨大的提升。1686 年11 月，一位通讯作者预言，"突然之间，海军将会变得比过去这些年都要好"。邦勒波从不作溢美之词，他在 1687 年认为英格兰舰队"与前一年的状况截然不同"。詹姆斯二世信心十足地向法国客人吹嘘，他的船只现在比他们的更好。佩皮斯自己后来也有底气宣称，他在詹姆斯统治时期帮助"英格兰海军从毫无战力的低谷走了出来……实现了这个民族从未有过的持久而稳定的繁荣"。[16]

詹姆斯不仅效仿路易十四实现了军事现代化，而且试图利用国家工具来限制公共讨论和公共辩论。他想像路易十四一样限制民意表达。詹姆斯及其支持者就跟他们的前人一样，认为公开的政治讨论有失妥当，并且意义不大。布道、戏剧和诗歌都建议回避政治讨论。爱德华·佩林在威斯敏斯特大教堂讲道时提醒他的听众，早期基督徒是政治和宗教行为的楷模。他指出，这些男人和女人"都勤奋而诚实地从事他们的工作；他们只管自己的事，不插手本分之外的事情，尤其不插手他们统治者的事情"。乔治·帕齐爵士后来进入了詹姆斯二世唯一的一届议会，并且在国王统治期间一直是其热心支持者，他坚决主张"商店是为贸易和商业而设的，不是为了说明政治问题和政府秘密"。一位流行的民谣歌者唱道，"老实人知足满意，/ 欣然接纳上帝的赠礼，/ 心里想着如何支付租金，/ 努力不要飞得更高"，因为"他是个傻子（不管怎样），/ 喜欢掺和国家大事"。1685 年一出戏剧的结尾建议，所有"放下他们的锥子、针、锤子、剪刀 / 插手和谈论国家大事的人"都应该被立即送进疯人院。[17]

　　尽管詹姆斯和他的支持者可能只是放大了上个世纪列位国王及其辩护者表达过的观点，但詹姆斯拥有新的资源和技术，可以用来限制大众政治讨论。詹姆斯利用形形色色的政府间谍，及时了解政治反对派的情况。政客使用告密者，这并不新鲜，但这一做法直到 17 世纪后期才成为英格兰国家的组成部分。在 17 世纪 50 年代和 70 年代之间，每年用于收集国内情报的款项增加了两倍。詹姆斯几乎肯定会进一步扩大这些活动。巴里永认为詹姆斯严重依赖他的"派系之间的"间谍网络。有人坚定地说，"人对自己的同伴和自己所说的话都要谨慎"。"地狱的情报人员和间谍都没有分布在这个多疑宫廷的各个角落的多。"一个虚构人物如此评论詹姆斯二世的政权。[18]

　　詹姆斯长期把控的新邮局成了一种侵入性的有效监视手段。由于 17 世纪后期邮政服务的显著发展，邮政间谍活动变得更加有效和显眼。各种交流——商业、个人和政治的——都要通过信件。尽管奥利弗·克伦威尔的大臣约翰·瑟罗曾在 17 世纪 50 年代将规模仍然有限的邮局用作政治监视的手段，这种做法到 17 世纪 70 年代几乎已经停止。1672 年至 1677 年担任邮政总局副局长的罗杰·惠特利爵士坚持认为，"不能容忍拆信件的做法"。直到 17 世纪 80 年代初詹姆斯加强了对邮局和新的伦敦便士邮递的控制，政治监视才成为常态。1683 年，查理二世的枢密院再次确认了詹姆斯的邮政专营权，并禁止使用其他的邮件投递方式。1685 年，新国王坚持他的专营权，表明他将起诉未经批准的邮递商。[19]

　　詹姆斯和全国各地的邮政局长有效地遏制了通过邮政进行的信息交流。伦敦便士邮递的证据表明，詹姆斯可以通过政治上信得过的邮政局长来检查信件。写信人抱怨说，信件在普雷斯顿、牛津、格兰瑟姆、格洛斯特、都柏林和阿伯丁都被拆开。没有人的信是安全的。森德兰伯爵夫人抱怨说，"所有的信都被拆了"。白厅的官方情报员欧文·温也这么说。海外信件特别容易遭到搜查和扣押。"寄给我的信件常常被拆，"温奇尔西伯爵感慨，"我都不怎么写信给朋友了。"朋友尤其不愿给朋友写信交流消息。海外商人、著名牧师、非国教徒和绅士一致认为，"任何新闻信件都是轻率而危险的"。当哈利法克斯侯爵在巴黎收到威廉·特朗布尔爵士的一封想必全是新闻消息的信件时，他承诺"阅后即焚"。约克大主教吉尔伯特·多尔宾的儿子说，一封包含新闻的私人信件"现在必须用来点燃我的烟斗，因为我不敢把它寄出去"。[20]

　　詹姆斯政府也跟法国的路易十四政权一样，积极压制商业化生产的、意识形态上不可靠的时事通讯。1686 年初，这些在纽卡斯尔市长眼里"毒害了陛下的许多子民，疏远了他们的感情"的时事通讯被正式取缔。在全国各地巡回审判的法官提醒国内的潜在读者，"一切时事通讯"都是非法的。结果连王室的天主教支持者都被要求"不能谈论或撰写任何"新闻。詹姆斯政权特别针对咖啡馆，众所周知，那是狂热的新闻消费者常去的地方。1686 年初，伦敦市长命令市议会审查该市每一家咖啡馆老板是否"接收任何此类报纸或信件"，并警告他们"今后"必须"完全避免接收或接触一切通信或报纸"。该年夏天，至少有一位咖啡馆老板被指控"在咖啡馆里接收和传播煽动性和派性信件"。詹姆斯把新的常备军安置在全国各地的咖啡馆、客栈和小酒馆，这一举措应该能够限制通讯的公开传播。可是到了 1688 年秋天，通讯显然又出现了，荷兰人即将到来的谣言四处流传，大法官杰弗里斯不得不警告伦敦及其周边地区的咖啡馆老板，一旦发现他们陈列通讯，就会吊销他们的执照。[21]

　　不管詹姆斯做出怎样的宗教自由保证，这位英格兰国王对那些擅自在印刷品中批评他的政权的人并不友好。书商公会突击搜查书商，追查非法图书。非法的印刷机被扣押。詹姆斯甚至指示新英格兰地区的新任总督，确保"任何人都不得保留可用于印刷的印刷机"。该政权积极阻止辉格党小册子的销售和转售。詹姆斯及其支持者特别警惕地防止有关外交事务的小册子辩论在市面上出现。反法的小册子被禁止发行，荷兰的出版物也经常被扣押。政府没收了"所有印次的"带有意识形态内容的吉尔伯特·伯内特天主教欧洲游记。1687 年和1688 年，詹姆斯和他的出版监管者竭尽全力，利用敕令压制那些最为有力地批评他的宽容政策的人。作者遭到围攻。印刷商受到恐吓。书商的库存也被没收。[22]

詹姆斯对民众政治集会的态度并不比他对严肃笔战的态度更友好。人们被禁止在盖伊·福克斯日和伊丽莎白女王生日举行篝火庆祝活动，这么做是为了挫败"那些不满政府的人的邪恶企图，他们通常利用这些场合，将集会变成暴动和骚乱"。詹姆斯政府坚持严格审核漫游全国各地的小贩和商人，因为他们中的许多人就是"叛乱者"，"未经检查就把那些宣扬分裂，造谣中伤的书籍和诽谤性文字带到国外并散播出去"。詹姆斯钦点的伦敦市长甚至禁止在伦敦街头唱民谣，因为这些歌曲可能会令"政府难堪"。[23]

詹姆斯从一开始就表明，政府已经下定决心，不止于发表声明。它准备坚决彻底地执行詹姆斯的意志。伦敦辉格党人、未来的英格兰银行董事布鲁克·布里奇斯在笔记本中记录了这种不祥的政治先兆。从 1684 年詹姆斯还是他哥哥的首席大臣时开始，到 1685 年底，布里奇斯完整记录了英格兰人因口头或书面批评詹姆斯及其政府而遭受的一次又一次的审判。1684 年 2 月，激进的英格兰教会牧师塞缪尔·约翰逊因在 1682 年出版《叛教者尤里安》而"被控以煽动言论罪"，并处罚款，该书是对约克公爵詹姆斯的近乎直白的政治抨击。两年之后，当约翰逊仍因无力支付上次违法行为的罚款而被关在牢里时，他再次受到了审判，并因"创作和出版两篇中伤的诽谤性文字"而被定罪。

在约翰逊第一次被判有罪三天之后，布里奇斯记录了对塞缪尔·巴纳迪斯顿爵士的有罪判决，"罪名是写作诽谤中伤政府的通讯"。5月，布里奇斯得知辉格党人约翰·达顿·科尔特因詹姆斯本人的指控而被定罪。达顿·科尔特的罪行是公开宣称"如果让约克公爵这样一个该死的天主教流氓继承英格兰王位，我就会被吊死在自家门口"。詹姆斯的登基只是加快了起诉的步伐。5月，泰特斯·奥茨被判伪证罪成立，并被处以余生每年都要在伦敦街头受鞭笞五天的惩罚，这位明星证人的天主教阴谋论曾在17世纪70年代末和80年代初引发将詹姆斯排除在王位之外的呼声。布里奇斯知道，长老会神学家理查德·巴克斯特稳重而有学问，他被罚款是因为"发表对《新约》的煽动性评论"。首席法官杰弗里斯在审判过程中对巴克斯特喊道："如果你在四十年前，就被赶出写作的行当，那该多好。"鉴于杰弗里斯的态度，政府在这次判刑之后依然继续骚扰巴克斯特就不令人惊讶了。1685年6月，另一位天主教阴谋的证人托马斯·丹杰菲尔德因"公开诽谤"仍是约克公爵的詹姆斯而被判刑。格雷律师公会的狂热效忠者罗伯特·弗朗西斯因为"将手杖刺入"丹杰菲尔德的眼睛而被处以公开鞭刑，事实证明，这一野蛮判决是致命的。丹杰菲尔德被杀三天前，布里奇斯记录了长期从事辉格党活动的威廉·迪斯尼因"印刷一份名为《蒙茅斯公爵宣言》的叛国报纸"而被定罪和处决的情况。[24] 在这本笔记的结尾，布里奇斯还提到前辉格党郡长亨利·科尼什因涉嫌参与1683年刺杀查理二世和詹姆斯的拉伊宫阴谋而被定罪。

布鲁克·布里奇斯显然在1685年就不再记录对危险言论和诽谤性著作的起诉，但很明显，政府并没有松懈。全国各地的季审法庭卷宗中都有大量针对公开批评当局的普通人的指控。诺里奇跟其他许多地方一样，"酒鬼或狂热效忠者""监视"那些"谈论或影射我们受到天主教威胁的人"。威廉·潘恩获得了詹姆斯的许可，对英格兰教会的一位牧师"提起诉讼"，因为他称他为耶稣会士。詹姆斯的两个最忠实的支持者，博福特公爵和彼得伯勒伯爵，都对批评他们政治行为的人提起诋毁权贵诉讼。1686 年，奇切斯特的伊兹博士因在一次晚宴上的"言语中称赞了"菲利普·亨顿 1643 年反绝对主义的《君主论》而被审判和定罪。[25]

很快就能看出，詹姆斯二世已经有效地建立了一个非常现代的监控国家。"曾经自由交谈不是罪行，"1686 年，有人幽默地说，"如今这个地方已经变了样。"一位小册子作者在 1688 年威廉到达后几天写道，詹姆斯"如此关注出版界"，"以致英格兰没有一个不满的人敢说悄悄话"。约翰·科顿认为他生活在一个"危险的时代"，连维持一个私人图书馆都不安全。约翰·劳德害怕到在 1686 年"藏起了"他的历史观察手稿，"并在 1688 年底革命之前暂停历史评论"。名家理查德·本特利甚至建议他的朋友约翰·伊夫林不要订阅一本学术著作，"因为害怕被安上诋毁权贵的罪名"。布赖德韦尔医院的传道士、杰出的革命支持者塞缪尔·马斯特斯回忆，在詹姆斯二世时期，英格兰人生活在"奴隶般的恐惧"之中，"几乎失去了""自由思考的权利"。[26]

就像詹姆斯崇尚法国式天主教一样，就像他受法国军队方法的启发建立常备军一样，就像他在改革海军时选择追随科尔贝和塞涅莱一样，他也试图按照路易十四的风格塑造司法系统。一位学者指出，路易试图"在每个法院都建立由忠心而能干的法官组成的坚定核心"。詹姆斯同样以现代方式对接受任命的法官进行意识形态测试。在查理二世统治时期，任命法官的标准变成了是否迎合国王意愿，而非行为表现是否良好。这一创新意味着查理和詹姆斯都有了信心从普通法法院中撤掉那些意见与国王观点相左的法官。在长达四分之一个世纪的有效统治时间里，查理因政治原因撤换了十二名法官。詹姆斯大大加速了这一趋势。不到四年时间，他就从已经进行过意识形态清洗的法官队伍中解雇了十二名法官。[27]

詹姆斯决心任命和留住那些跟他一样赞美王权、一样秉持路易十四的高卢主义支持者宣扬的王权观念的法官。下议院大多数议员都拒绝支持詹姆斯在军队中起用天主教徒——1673年的《宗教审查法》规定国王不得起用天主教徒担任任何职务——受此刺激，詹姆斯坚持他的权威高于议会。在议会会议结束时，詹姆斯赦免了七十四名新任命的天主教军官，使他们免受《宗教审查法》的处罚。这一问题引起了一部分人的"怨恨"，这让詹姆斯感到有必要重申自己的权力。詹姆斯迅速着手征求法律意见。11月底，国王确信他以后有权废除针对天主教徒的法律，而且"法官将会宣布，根据英格兰法律，国王特权令他有权废除这些法律惩罚并中止这些法律"。他获得了有关其广泛的废除权力的书面意见。詹姆斯开除了十二名普通法法官中的四名——威廉·蒙塔古、乔布·查尔顿爵士、托马斯·琼斯爵士和克雷斯韦尔·莱文兹爵士——原因是他们拒绝承认英格兰国王有权废除议会法律，并声称这样的权利会"推翻英格兰宪法"。詹姆斯接着又开除了三名法官，包括爱德华·赫伯特爵士、弗朗西斯·怀森斯爵士和理查德·霍洛韦，因为他们拒绝接受在和平时期扩大军事管制的范围。正如保罗·巴里永所说，詹姆斯二世肯定已经令人明白，他只起用"绝对重视他的利益、对他的权力不加限制的人"。[28]

不出所料，詹姆斯成功获得了一项司法意见，确立了几乎没有限制的王权。1686年4月，车夫阿瑟·戈登起诉他的雇主爱德华·黑尔斯爵士，因为他自己宣称信仰天主教，却接受了陆军上校的任命。在这起广为人知而备受关注的案件中，十二名法官中有十一人做出有利于被告黑尔斯的判决，依据是他获得了国王的合法豁免。对于多数观察家来说，这起案件的用意显然是明确"在特权和迄今为止所谓的臣民自由之间，哪一个最重要，能够维持下去"。首席大法官赫伯特向听众和读者清楚表达了他的看法。"这是一起意义重大的案件，"他承认，"但与任何万众瞩目的案件一样，难度不大。"赫伯特做出了有利于黑尔斯和国王的裁决，理由是"英格兰的法律是国王的法律"，"在必要和紧急情况下豁免刑罚是不可分割的国王特权",而且"只有国王能够判断是否必要"。这项通过清洗法院而做出的裁决具有重大意义。法国大使谈不上王权的批评者,在他看来,"为英格兰国王所有的特权完全凌驾于法律之上",詹姆斯"因而能够做许多原本没有议会他就做不了的事情"。[29]

詹姆斯也跟路易十四一样,非常渴望改革从中心到外围的各级政府。路易和詹姆斯都试图维持中央对地方政府的支配。路易十四现代统治的一个主要特点是他对地方的控制。他限制了地方议会的司法权。他操纵和威吓法国外省的三大等级。按照权威人士的说法,市政委员会"受王权扩大的影响最大"。[30]詹姆斯显然走了一样的路。

詹姆斯彻底改革英格兰政府的决定源于他在 1685 年底的失望。对政府核心的高层政治感到失望,詹姆斯最终决定采取英格兰有史以来最现代、最彻底的一套政治手段。当议会拒绝批准詹姆斯在军队任用罗马天主教徒的要求时,詹姆斯觉得是时候重新评估他的政治圈了。国王并不同意博采众议的观念。他坚持认为,查理二世的所有问题都源于"内阁会议分裂"。詹姆斯反而告诉法国大使,他在宫廷和内阁会议只会留用"那些完全依附于他的人"。国王迅速采取行动。他免除了担任枢密院议长的哈利法克斯侯爵的职务,因为他反对取缔《宗教审查法》,并且担忧常备军。12 月,詹姆斯免除了伦敦主教亨利·康普顿的王家礼拜堂主任牧师职务和枢密院职务,因为他在上议院"比任何人都更强烈地反对天主教军官"。第二年,昆斯伯里公爵因为亲荷兰倾向和反詹姆斯宗教政策的"恶劣行径"而被苏格兰枢密院和苏格兰财政部开除。1686 年秋天,当坎特伯雷大主教威廉·桑克罗夫特被开除出枢密院时,巴里永简单地评论说:"英格兰国王已经下定决心,不会再容忍不符合他利益的人出任主要职位。"[31]

很快就能看出,詹姆斯不仅希望在主要部门,而且希望在每一个部门都实现意识形态的统一。毕竟他已经架空了枢密院,而将政治温和派从这个没有了牙齿的机构开除出去只剩象征意义。更重要的是，詹姆斯开始有计划地与顽固议员单独"密室会谈"或者会谈，以改变他们在关键问题上的立场。詹姆斯不认为他的臣民可以自由选择是否支持他的宗教自由方案。

议会两院拒绝批准詹姆斯在军队中任用天主教军官的要求，这不仅驱使他重建司法机构，还激起了他改革议会的念头。1685 年底就有传闻说詹姆斯决心为天主教徒和不信国教的新教徒争取法律意义上的宗教宽容，但他认为以议会的现状，实现不了这一点。为了改变议会的政治平衡，詹姆斯组织了一次面向两院所有议员的私人会谈。詹姆斯特别针对那些担任国家职务或王室职位的人。每个人都被单独问到是否同意废除《惩罚法》和《宗教审查法》的问题。"那些不愿意做出承诺的人，"本身也参与了密室会谈的威斯特摩兰托利党人克里斯托弗·马斯格雷夫爵士解释，"但凡在辩论中保持中立，就会被视为否定，并失去他们的职位。"结果是戏剧性的。许多显赫的政治家和军人，包括罗切斯特伯爵，都失去了他们的职位。[32]

詹姆斯的支持者和批评者都意识到了国王处事方式的新颖之处。詹姆斯的前任都曾在筹备议会会议时会见一部分人，而詹姆斯的创新之处在于其方法的彻底性和效率。保罗·巴里永原本不关心这一点，但他告诉路易十四，詹姆斯的密室会谈计划在"许多人"看来是"一种威胁到他们的自由和特权的创新"。[33]

尽管国王尽了最大努力，然而到了 1687 年春天，他的密室会谈计划显然无法达到预期效果。詹姆斯始终保持乐观——有人说是盲目乐观——但是连他都不得不向珀斯伯爵承认，"有些人是我废除《宗教审查法》和《惩罚法》的左膀右臂，但他们辜负了我"。詹姆斯最终明确放弃了他的密室会谈计划。当时舰队的海军少将阿瑟·赫伯特，一个以沾花惹草而非信仰忠诚而闻名的男人，拒绝废除惩罚法和审查法，因为这"有违他的判断、良心和职业"。显然，赫伯特的所作所为令詹姆斯相信，即便那些"最该重视他的利益和他本人"的人，也有可能选择辜负他。詹姆斯需要新的盟友。[34]

密室会谈计划的失败导致詹姆斯采取了两项补救措施。詹姆斯决定以敕令保障良心自由，并全面改革英格兰政府的结构。詹姆斯坚决要求他的所有雇员——无论是民族政治精英还是地方海关官员——都要认同他的政治抱负。詹姆斯决定以国王宣言的形式，实现重塑地方与民族政治生活，以及宽容异见者——包括不从国教的新教徒和罗马天主教徒——的双重目标，这并不意味着他改弦更张。相反，这意味着策略的改变。詹姆斯在意识形态上仍然致力于发展法国式政府和带有高卢主义印记的天主教。但他现在选择跟另一群新教徒——英格兰的非国教徒——结盟，而非英格兰教会。巴里永心知肚明地评价，詹姆斯利用国王特权建立良心自由，这等于"一场政变"。[35]

詹姆斯希望通过全面改革地方政府的计划来扩大王权——他推行该计划的目的之一就是指定议会，令其同意废除反对不信奉国教者的《惩罚法》和阻止非国教徒接受任命或进入议会的《宗教审查法》。为了实现其雄心勃勃而且非常现代的目标，詹姆斯组织了一次引人注目的政治调查。英格兰和威尔士所有郡的郡军事长官都要向所有助理及其管辖范围内的所有治安法官和市政委员会成员提出三个问题：

> 1. 如果你当选为郡选议员或自治市议员，当国王认为应当召开议会时，你是否会支持撤销《惩罚法》和《宗教审查法》。
> 2. 你是否会协助和帮助选出那些支持撤销《惩罚法》和《宗教审查法》的议员。
> 3. 你是否会支持国王的良心自由宣言，与各种信仰的人友好相处，就像同一位君主的臣民和好的基督徒应该做的那样。

郡军事长官的工作得到了许多地方代表的协助，他们都向伦敦的中央委员会会议报告。尽管地方上的许多监察员都是长老会、贵格会和浸礼会成员，但中央委员会的成员基本是高卢主义天主教徒。该委员会由天主教律师罗伯特·布伦特组建，成员包括天主教贵族波伊斯侯爵和卡斯尔梅因伯爵、新近皈依的尼古拉斯·巴特勒爵士、爱德华·彼得神父、隐藏的天主教徒森德兰伯爵，以及唯一的新教徒大法官杰弗里斯。[36]

　　1687 年 7 月 2 日，詹姆斯决定解散他的第一届议会，并"用尽一切办法"，确保选出一届同意废除《惩罚法》和《宗教审查法》的议会。从 1687 年到 1688 年，全国上下都对监察员的活动议论纷纷。他们遍布全国各地，与当地线人碰头，面试了成千上万公务员和潜在的公务员，收集了相关的地方政治八卦。他们与郡军事长官一起记下调查的结果。郡军事长官的报告从 10 月开始送回伦敦。到 12 月，全国委员会"每天都开会讨论市政委员会的管理问题"。他们在新年继续勤奋工作，直到第二年的春天。尽管对于詹姆斯能否成功地争取到废除《惩罚法》和《宗教审查法》的议会多数席位，过去和现在都是众说纷纭，但没有人会怀疑，监察员"对每一个市政委员会和地方的人事记录，都是迄今为止最全面的"。计划从头到尾都非常细致、官僚和现代。[37]

　　全国各地的镇市政委员会、治安委员会和郡军事长官很快都被清洗了。中央委员会开始用非国教徒、天主教徒和辉格党人来取代高教会派和托利党人士。清洗的规模前所未有。委员会成员撤免了一百零三个城镇的二千一百九十九名市政委员会成员，几乎是 1662—1663 年君主制复辟时在市政清洗中失去职位的人数的五倍。这意味着在 1687—1688 年，几乎四分之三的市政成员失去了他们的职位。另一个由天主教徒尼古拉斯·巴特勒爵士、罗伯特·布伦特和约翰·特林德领导的委员会负责清洗伦敦的行业公会。该委员会的工作分成两步，长老会成员罗杰·莫里斯指出，首先消灭"酗酒腐化的托利党人"，

1687 年，詹姆斯启动了一项雄心勃勃的计划，即通过干预地方政府，清洗可能抵制他的天主教现代化计划的人，创建一个意识形态一致的议会

然后轮到"恶毒腐败的托利党人"。大多数加入公会名单的新人显然都是"非国教徒或罗马天主教徒"。转变的规模同样令人吃惊。三千多名校长、院长、助理和公会会员被替换。这的确是"一场巨大的变革"。郡军事长官的人数较少，但是结果同样引人注目。从 1687 年 9 月到 1688 年 3 月，有二十一个郡易手，一位学者称之为"迄今为止郡军事长官制度所经历的最为彻底的清洗"。这三个问题导致过半数

的郡军事长官助理被解职。治安法官遭遇的"大屠杀"同样引人注目。一位学者指出，以九个郡为例，超过四分之三的治安法官在 1685 年至 1688 年间失去了他们的职位。这意味着仅在这些郡就有近四百人失去了工作。[38]

当时的人自然而然地把詹姆斯对地方政府的大规模干预置于恰如其分的意识形态背景之下。奥兰治的威廉的密友西厄尔·德戴克维尔德预言，指定议会的计划要么遭遇惨败，要么就会建立一个效仿法国的政府。约翰·弥尔顿的外甥约翰·菲利普斯回忆，詹姆斯通过大规模的清洗，为"引入法国式议会铺平了道路"。[39]

詹姆斯的所作所为不仅以法国为榜样，而且非常现代。詹姆斯的政治干预并不需要与地方长官进行复杂的谈判。他和他的监察委员会显然占了上风。用一位学者的话说，他们依靠的是"专业的巡查官僚"。无论在伦敦还是在整个国家，詹姆斯都没有依靠"老式的调和一致"来达成目标。另一位研究詹姆斯行为的学者评论，"这是一种新的思维方式"。詹姆斯不是一个渴望恢复"议会选拔"世界的反动派，在那样的世界里，地方的社会贤达齐聚一堂，商定议会成员，而不是你争我夺。詹姆斯想自上而下地建立可靠的议会选区。他更关心的是意识形态的一致性，而不是地方影响。这样的做法显然是现代的。这是因为，正如一位历史学家所说，对抗性的地方政治不是"现代政治参与的根本"。对抗性政治只是现代选举政治可能采取的一种形式。现代政治同样经常涉及自上而下的选举操纵。[40]就此意义而言，詹姆斯的选举策略既是法国的，也是非常现代的。

詹姆斯甚至要求不会直接影响议会选举的政府分支也保持意识形态的一致性。詹姆斯的监察员改革了贝辛斯托克、唐克斯特、泰晤士河畔的金斯敦和麦克尔斯菲尔德等不属议会的市政委员会。詹姆斯致力于维系一支意识形态忠诚的军队。1686 年，他撤免了一大批"他认为没有完全依附于他的下级军官"。在 1687 年和 1688 年，詹姆斯让他的军官队伍回答各个郡军事长官都要回答的那三个问题。他甚至想将一名答案不如人意的军官送上军事法庭，而其他人只是被开除。1688 年初，谣言称海军中不赞成废除《宗教审查法》和《惩罚法》的"所有军官"都会被开除。追求海军意识形态一致性的欲望弥漫于詹姆斯统治时期的海军部文件之中，以致一位学者评论，"连随军教士都要在政治上没有瑕疵"。荷兰大使在 1688 年春天听说，任何需要许可证的饮料供应商——葡萄酒、啤酒、麦芽酒或咖啡——都要正面回答这三个问题才能继续营业。1688 年初，"所有海关和国内货物税务官员"都接受了旨在了解他们在这三个问题上的立场的调查，并收到了明确的信息：他们的工作去留取决于答案。[41]

詹姆斯在 17 世纪 80 年代末极大地扩展了英格兰国家的规模。最近对 1485 年至 1815 年英格兰财政国家发展的宏观分析表明，正是在 17 世纪 80 年代，英格兰的税收开始了"急剧而几乎没有断过的上升"。尽管大多数学者依然强调 1688 年之后才是英格兰国家快速发展的阶段，但证据表明，与过去的国家建设传统的决裂其实发生在詹姆斯二世统治时期。詹姆斯的大规模国家建设计划开销很大。巴里永大使评论，詹姆斯的收入比查理二世的高得多，所以才能维持规模更大的军队和其他"政府附属机构"。事实上，詹姆斯的年收入接近五十万英镑，或者说比他哥哥在位最舒服的最后几年多了三分之一。詹姆斯是怎么做到大幅增加收入、促进国家显著扩展的呢？答案并不是议会增加了他的正常收入。相反，詹姆斯的收入增加是因为海关收入、消费税和壁炉税的增长。壁炉税收入的增加要归功于詹姆斯的行政集中化带来的效率提高。消费税和关税的大幅增长与海外贸易的繁荣密不可分——仅仅对葡萄酒、烟草、糖和醋征收的新关税就为詹姆斯增加了三十多万英镑收入。换句话说，詹姆斯能够扰乱国内的经济生产，肯定是大规模清洗各地市政委员会和伦敦同业公会的结果，但根源是他全力支持注重殖民地贸易的政治经济学。英格兰在 17 世纪后期的社会和经济快速发展使詹姆斯二世能够建设现代化国家。邦勒波认为，詹姆斯"通过商业增加了他的收入"。[42]

詹姆斯试图将王权扩展到地方，扩展到英格兰人的生活之中，这是前所未有的。在清洗地方市政、审查伦敦同业公会、调查郡军事长官和治安法官的过程中，詹姆斯不仅仅是在指定一个他希望能够废除《惩罚法》和《宗教审查法》的议会，他还在确立自己指定未来议会的权力，这样他就能推行他想推行的任何政策。詹姆斯正在确定，英格兰的权力不再是人民与国王、地方与中央的谈判结果。权力无论在理论上还是在实践中，都来源于国王。

同时代的人都很清楚，詹姆斯正在运用一种新的统治方式，一种大量效仿路易十四的方法和做法的新方式。詹姆斯的敌人和朋友都对王权的迅猛扩张感到惊讶。詹姆斯二世的"权力膨胀如此之快"，辉格党批评家德拉米尔勋爵回忆，"很快所有人都受不了他的无限特权"。巴里永也认为，"英格兰国王坚定不移，他的王权每天都在增加"。所有人都认为，詹姆斯的做法源于路易十四。"（詹姆斯二世）完全效仿法国的范例。"1688 年的一位小册子作者感叹。"我们的国王在模仿他的法国兄弟，"另一位小册子作者也有相似的类比，"力求原本由人民依法选择的王国官员和地方行政官员，完全、立即取决于他的专制意志。"熟悉詹姆斯的约翰·伊夫林回忆，这位"不走运的"君主试图"效仿法国人，做一个专制统治者"。不只是敌对方这么认为。于松·德·邦勒波汇报了与詹姆斯的频繁谈话，这位英格兰国王在谈话中称赞了路易十四的"一切重大举动"，"他的坚定，他执行计划的方式，还有他在他的王国维持的令人惊叹的秩序"。詹姆斯曾对许多人说，"他宁可像法国国王那样统治一个月，也不愿意像他的英格兰国王哥哥那样统治二十年"。[43]

詹姆斯的政策并不疯狂、愚蠢或反常。他也没有推行 17 世纪末君主的典型政策。相反，他行事谨慎而有条不紊，最重要的是，他以官僚体制推行了一系列既现代又被证明是成功的集权政策。詹姆斯遵循的是法国路易十四完善的蓝图。詹姆斯不仅是为他的教友谋求平等地位。他那个更加雄心勃勃的计划是全面重塑英格兰各级政府。詹姆斯正在创建一个中央集权的现代国家体制，这与政治学家所说的选举式威权主义并无不同。

※　※　※

詹姆斯以路易十四为榜样，迅速建立了一支现代陆军和现代海军，将政府所有部门纳入王权之下，并使中央政府的权力深入地方。他的政治野心和政治成就都很大。但一些学者认为，詹姆斯所做的这一切都是为了实现适中的意识形态目标，他只是希望他的教友能够获得平等地位。在一个偏见根深蒂固的社会实现这一目标并非易事，因此詹姆斯需要获得强制实施良心自由的手段。换句话说，为了良心自由，需要建立一个庞大的国家。证据是否支持詹姆斯只是为了罗马天主教徒谋求民事平等的说法呢？

詹姆斯从一开始就明确表示，他的宫廷会是一个公开的天主教宫廷。白厅很快建立了一个配有法国嘉布遣传教士的天主教小礼拜堂，每天早晨都在那里公开举行弥撒。白厅欢迎罗马天主教徒。权力中心的宗教文化转变如此迅速和激烈，以致约翰·伊夫林在日记中充满厌恶地草草写道，"天主教徒（正在）涌入宫廷，深受信赖，这是宗教改革以来在英格兰从未见过的"。不到一年，法国大使巴里永就告诉他的主君，在白厅公开举行的弥撒使许多廷臣相信，他们对天主教信仰的偏见是错误的。[44]

尽管在王宫里公开恢复天主教礼拜仪式的做法令一部分人感到吃惊，也教育了另一些人，但是直到詹姆斯登基两年之后，英格兰的大多数人才开始在他们的日常生活中感受到转变。直到 1686 年，英格兰的大多数人才接触到罗马天主教的宗教活动。但是，这一转变虽然来得很晚，却给人以深刻的印象。在 1685 年之前，英格兰各地人民无疑都很清楚，少数邻居从不上堂区教堂，但是这些拒绝出席国教礼拜的天主教徒总是安分谨慎的。天主教教士躲躲闪闪，他们从来不会在大街上穿着礼袍。没有天主教学院，没有公开宣传的天主教教堂。从 1686 年到 1688 年，一个多世纪以来，英格兰第一次引入了天主教教堂、天主教书籍、天主教布道、天主教学校、天主教修士和雄心勃勃的天主教建筑计划。

詹姆斯带头在英格兰推广他的信仰。他在登基后立即释放了所有因拒绝参加国教礼拜或参与天主教阴谋而被关进大牢的罗马天主教徒。很快，圣詹姆斯宫、萨默塞特宫的王家教堂和首都外国使节的教堂都对伦敦人开放，供他们做礼拜。1686 年，詹姆斯授意在莱姆街开放一座美轮美奂的天主教教堂，以接待天主教商人。詹姆斯还主持了几次堂皇而受瞩目的皈依仪式。彼得伯勒伯爵和索尔兹伯里伯爵、前驻联省共和国公使托马斯·查德利、桂冠诗人约翰·德莱顿、苏格兰著名自然哲学家罗伯特·西巴尔德博士、格洛斯特法官查尔斯·特林德，以及帕特尼牧师爱德华·斯克莱特都大张旗鼓地皈依了。詹姆斯和他的高卢主义天主教朋友预估这只是开端。詹姆斯和其他许多人都确信，如果有选择的自由，许多人肯定都想回归他们祖先的信仰。[45]

与罗马的和解是涓涓细流，而非洪水暴发，许多当时的新教徒和后来的观察家因而以为，詹姆斯改变英格兰信仰的想法只是一厢情愿。吉尔伯特·伯内特回忆，宫廷推动皈依的努力"大部分都失败了"。"天主教徒忙于改变别人的宗教信仰，"奇切斯特的主教约翰·莱克讥讽，"但上帝保佑，基本没有成功。"[46]

不过，不能单从表面来理解这些对詹姆斯二世统治时期的天主教传教成效的悲观评估。总体而言，这些都是国教徒的看法，他们急于证明，就算得到君主的支持，天主教护教学也被国教的成功反击所打败。更重要的是，这些悲观评估反映的是精英视角的皈依。正如这些评论家所说，詹姆斯的确没能在精英阶层实现第二轮或第三轮显著的和解。然而，这些描述几乎都没有反映出天主教在宫廷和贵族阶层之外的努力的成效和程度。

天主教的史料和很少关注宫廷的史料讲述了一个截然不同的故事。名义主教在 1687 年巡视英格兰之后认为，"普通信徒基本争先恐后地配合如此虔诚和重要的工作"。[47] 约翰·利伯恩平静而自信，这不是因为他相信天主教护教学的内在优越性，而是因为他了解天主教传教工作的程度和精细。

詹姆斯登基后不久，天主教教士开始从欧洲大陆涌入不列颠群岛。从 1681 年到 1685 年，活跃于英格兰的耶稣会教士人数增加了两倍。詹姆斯本人命令所有苏格兰教士"立即、马上"回国，协助传教工作。伦敦主教曾经抱怨天主教教士在英格兰非国教徒当中的广泛活动，据此我们可以推测，詹姆斯也对海外的英格兰天主教徒提出了类似的要求。[48]

当英格兰教区教士大会在 1687 年一致决定"建立教堂来发展和传播信仰"时，他们意识到了一场如火如荼的运动。在最近振作起来的教士的鼓舞下，许多天主教信徒"在王国的几个地方，不用花钱就建立了教堂"。例如伍斯特的天主教教堂在 1686 年底就已经开放。第二年夏天，"许多人"参加了那里的祈祷仪式，反天主教的伍斯特主任牧师乔治·希克斯不得不承认，天主教徒"非常热情，忙着拯救异端的灵魂"。耶稣会在诺里奇建立了一个教堂，查尔斯·盖奇神父在那里"通过他的布道，神奇地改变了许多人的信仰"。在约克，市会议厅被改造成了一个天主教教堂，曾经是圣玛丽修道院的庄园则被改造成了本笃会修道院。在兰开夏郡普雷斯顿郊外的菲什威克，一个谷仓被改造成天主教教堂，布里斯托尔则建成了一个专门的教堂。英格兰建筑景观的转变有目共睹。"王国上下，"一位耶稣会士指出，"大多数主要城市都出现了宗教建筑。"[49]

天主教社区不仅为宗教崇拜提供了上层建筑，还确保天主教徒的知识和精神生活都能获得充分的滋养。天主教的灵修著作、天主教的教义问答、天主教的护教学、天主教的历史和天主教的《圣经》，都从伦敦和牛津新设的天主教印刷厂喷涌而出。詹姆斯鼓励这些作品的传播和消费。宫廷仅在一个月内就免费发放了十几万册书。全国各地都开设了天主教学校。在詹姆斯二世的公开支持下，耶稣会于1687年5月在伦敦的萨沃伊开办了一所学校。

这所学校很受欢迎，以至于耶稣会不断增加教师，才能满足蜂拥而来的学生。位于萨沃伊的新耶稣会学校与圣马丁巷的女校和皮卡迪利的约翰·戈德私立学校相继成立。天主教学校和学院不仅仅出现在大都市。摩德纳的玛丽资助兰开夏郡的维根创办了一所耶稣会学院。林肯、庞蒂弗拉克特、盖茨黑德、伯里圣埃德蒙兹和伍尔弗汉普顿也开办了耶稣会学校和学院。英格兰的教区教士可能也创办学校和学院。当然，还有在斯塔福德郡创办学院的计划。新教辉格党辩论家詹姆斯·韦尔伍德称"最重要的城镇都建了耶稣会学校和神学院"，这样的说法并不夸张。[50]

天主教书籍、天主教教堂和天主教学校为广泛分布于英格兰各地的传教活动提供了基础设施。毫无疑问，正是因为这一点，擅打政治算盘的威廉·佩蒂才向他的国王保证，可以迅速而大量地增加英格兰的天主教人口。尽管在詹姆斯登基时，天主教徒占英格兰人口的比例很小——佩蒂的盘算依据的可能是康普顿人口普查（1676年）的估计，天主教徒只有不到一万四千人——佩蒂深信可以在短时间内改变这一点。佩蒂告诉詹姆斯，以"英格兰目前的自由"，天主教徒的数量"可能在一年内就能达到当前数量和比例的一百倍"。佩蒂可能很乐观，但他的估计并不离谱。从1685年到1688年，仅耶稣会神父约翰·彭

这些扑克牌描绘了耶稣会教士的涌入（这是受到詹姆斯密切关注的传教运动的一部分），以及新的耶稣会学校和国王支持建立的教堂所滋养的天主教礼拜仪式的复兴。英格兰各地城乡居民都迅速感受到了无处不在的新天主教

基思就令大约五百人皈依了天主教信仰。名义主教约翰·利伯恩巡视英格兰北部时，亲自为将近二万一千人主持圣礼，这等于 1676 年英格兰天主教徒数量的一倍半。这些数据令约翰·保罗·詹姆森在 1685 年的说法变得可信，"伦敦有那么多人成为天主教徒，甚至都找不到神父来接待他们"。难怪英格兰耶稣会在詹姆斯二世下台前报告，"他们的工作成果丰富，大大提高了大家对于早日在英格兰恢复古老宗教的期待"。[51]

詹姆斯没有蠢到以为英格兰至少可以成为一个罗马天主教色彩更浓的国家。然而，修正派可能会声称，尽管传教活动规模浩大，尽管得到国王的支持，但这仍然是一场说服而非强迫的运动。修正派可能会说，詹姆斯致力于良心自由，这在一定程度上是因为他相信如果有一个自由的思想市场，英格兰人民会选择回归他们的古老信仰。可是证据表明，詹姆斯并不支持自由而公开的宗教辩论。他的良心自由观念其实相当有限。

詹姆斯从未给他的臣民一个自由而开放的平台去讨论和辩论他们的宗教信仰。国王确实在 1687 年和 1688 年两次发布《宽容宣言》，声明保证他的臣民能"在接下来的时间里自由信仰他们的宗教"。从很多角度来看，这些宣言的内容都很广泛，而且明确指出英格兰人不会再因为没有参加英格兰教会而受到任何惩罚。不过詹姆斯也很谨慎，严格限制了宗教集会可以使用的表达方式。《宣言》的作者坚决主张，任何宗教集会都"不得宣扬或教导""一切""可能以某种方式让我国人民的心疏远我们或我们政府的内容"。[52] 詹姆斯及其高卢派支持者对这一限制的理解相当宽泛。

从詹姆斯成为国王的那一刻开始，他就明确表示，批评他的宗教就等于批评他的统治。1685 年 9 月，森德兰伯爵警告坎特伯雷大主教，批评国王信仰的布道"意味着针对他个人"，这时候"牧师应该受到惩罚"。吉尔伯特·伯内特了解到，宫中许多人都提议立法规定"一切不尊重国王信仰的言论"都会被视为叛国。1686 年春天，詹姆斯激怒了许多新教徒，因为他承诺如果传道者的布道"激起了"新教徒对天主教徒的不满，他会严厉惩罚他们。[53]

詹姆斯坚持认为，《宽容宣言》并不意味着可以随意发起反天主教的论战。两位与宫廷关系密切的小册子作者就可容许的宗教言论的限度发表了广受关注的论文。著名的罗马天主教辩士约翰·戈瑟撰写了一份小册子，由国王的印刷商亨利·希尔斯出版，其中包括了文章《布道良言》。尽管戈瑟一开始只是呼吁文明礼貌，要求传道者在提到其他宗教时"避免一切粗鄙、无礼、不敬的表达和滑稽的陈词"，但很快我们就发现他的关切有更加鲜明的意识形态核心。戈瑟坚称，任何"谩骂"君主信仰的人，"都不是好臣民"。他表示，公开谴责天主教"会

令人怀疑君主的政府"，导致詹姆斯二世的臣民无法按照法律的要求，
"全身心地服务于"他们的君王。为了强调他的观点，戈瑟在他的小
册子里提到了很多应当受到禁止的布道。戈瑟挑出来的那些低教会派，
恰恰就是最为激烈的国王专制批评者，就是在 17 世纪 90 年代成为辉
格党主教的人：托马斯·特尼森、爱德华·福勒、吉尔伯特·伯内特、
约翰·蒂洛森和爱德华·斯蒂林弗利特。切斯特的国教主教托马斯·卡
特赖特点明了戈瑟的论点和微妙的暗示。"如果你教导下层民众奚落
最高行政官的宗教，"他警告，"他们就不会一直尊重他或他的权威。"
鉴于国王信奉的是罗马天主教，卡特赖特声称，任何国教成员鼓吹"圣
彼得从未到过罗马，或者教皇是敌基督，或任何一个有悟性的人都不
会信天主教"，都是放肆无礼的。卡特赖特总结，"因此，咒骂天主教"，
就等于对国王本人大放厥词，"所有针对他的宗教的恶言恶语最终都
会落在他身上"。[54]

　　当时的人都知道，《宽容宣言》并不是鼓励你坦诚而公开地讨论
宗教和民事问题。事实上，詹姆斯的臣民很清楚，国王主张良心自由
只是为了宣布结束政治辩论和宗教迫害。1687 年，长老会教徒文森
特·艾尔索普对詹姆斯的《宽容宣言》表示欢迎，同时承诺，他和他
的教友"不会自诩为高雅的知识分子，也不会冒昧地从哲学的角度思
考政府的奥秘，更不会去探究国家的奥秘"。詹姆斯回应艾尔索普时
坚决要求"在你们的集会上不要反思这个民族的古老政府，也不要发
表不忠的言论"。歌颂宽容的诗歌一首接一首，主题都是一样的。"但
要把这当成上天的神恩，/ 终结了我们的争论，以爱团结我们。"一首
流行的民谣如此押韵着写道。卡特赖特一贯直言不讳。他称，异议者
"披着恶毒的外衣"，滥用詹姆斯恩赐的良心自由，"罪有应得"。[55]

　　詹姆斯不仅仅想限制讲坛上的仇恨言论，他还希望结束宗教纷
争。所有教派的新教徒都不应该讨论和阐释他们与罗马天主教的分
歧。这就严格限制了新教牧师的布道话题。在詹姆斯和他的支持者看

来，英格兰教会的教士和不从国教的传道士只能教导他们的听众好好生活。"只要讲坛上的人致力于纠正会众的恶习，教导他们过上良好生活，不骗人，不欺瞒，不撒谎，不骂人，不渎神，避免一切过分行为，"约翰·戈瑟解释，"我就会为他们鼓掌。"超出这一范围就是违规。卡特赖特同意，"比起好辩的传道士，务实的传道士能够更好地服务教会"，他指的是那些教导听众"更好地活着和成为更好臣民"的人。詹姆斯没有为不同的宗教立场创造一个公开和自由讨论的空间。相反，因为詹姆斯，高卢派天主教徒可以自由地出版和宣扬挑起论战的教义解释，新教徒却只能宣扬仁义道德。詹姆斯·韦尔伍德回忆，新教徒不能"在讲坛上捍卫他们的宗教，与此同时，罗马天主教的教士却可以在他们的布道和书里尽其所能地攻击他们"。[56]

詹姆斯一如既往地确保践行他的意识形态承诺。新教徒很快发现，在他的统治下，他们几乎没有宗教表达的自由。学者强调了17世纪80年代初告密者在非国教徒当中扮演的残忍的复仇者角色，这是对的，但如果认为詹姆斯终止了这些做法，那就错了。詹姆斯和他的政府同样依赖宗教间谍。巴里永报告，詹姆斯在各个派别都有许多"密使"，他们"对他的心态影响很大"。詹姆斯扩大了告密者的活动范围。"所有教堂都有这样的人。"詹姆斯的朋友艾尔斯伯里伯爵回忆。许多国教牧师都证实，天主教"在我们的教堂里安插了间谍"。一份权威报告表明，英格兰和威尔士的一批天主教教士决定"在每个堂区都选派一两个人参加新教徒的聚会，看一看，听一听，留意他们有什么差错，并把他们认为值得注意的事情报告给上级"。[57]

1686年夏天，詹姆斯设立了一个名为教会事务法庭的新机构，主要目的是"防止布道不慎"，因为詹姆斯的"劝诫""被证明是无效的"。有关该法庭起源的这一官方说法与其他证据完全一致。1686年，詹姆斯对他的王国中愈演愈烈的反天主教布道感到越来越恼火。1686年1月底，詹姆斯听说爱丁堡爆发了反天主教骚乱，他马上写信给珀

Anew Comishond Cort for to-inquier into the Ecclesiasticall Afairs.

詹姆斯的教会事务法庭积极调查和惩罚反天主教言论，因而被广泛视为镇压宗教和政治异议者的一个新颖而危险的手段

斯伯爵，表示希望"好好利用这次骚乱，告诉这里的一些主教，他们现在看到的就是布道不慎的后果"。不幸的是，詹姆斯未能令英格兰的主教们意识到形势的紧迫性。到了初夏，保罗·巴里永向路易十四转达了詹姆斯对反天主教布道的广度和激烈程度的与日俱增的失望。到7月初，国王已经受够了，决心在亨利八世设立的宗教法庭的基础上再建立一个法庭，以惩罚"那些滥用职权和过于激烈地反对罗

马天主教的传道士"。巴里永明确表示，詹姆斯的目的就是"限制狂热的新教徒，支持那些赞成天主教的人"。[58]

教会事务法庭在第一次会议上就表明了其意识形态任务。那一次法庭传唤了伦敦主教亨利·康普顿。法庭最终暂停了康普顿的主教职务，因为他拒绝惩罚发表激烈的反天主教布道的约翰·夏普博士。康普顿很久之前就令詹姆斯恼怒不已。詹姆斯起初希望通过伦敦主教来压制这座城市的反天主教布道。但国王很快发现这是枉费心思。1685年3月初，詹姆斯因为伦敦的传道士公开发表"贬低天主教的布道"而责怪康普顿。康普顿的回应是在秋季议会会议上抨击天主教徒官员。1686年4月，许多伦敦人都激烈反对巴拉丁选帝侯在城中建立天主教教堂，詹姆斯怀疑康普顿插手此事。因此，当教会事务法庭成立时，康普顿有充分的理由感到"害怕"，就跟传闻所说一样。康普顿的显赫地位，加上法庭迫不及待地对他进行攻击，这令许多人相信，詹姆斯打算在天主教护教学受到猛烈攻击的时候压制新教徒为其宗教的辩护。坎特伯雷大主教在庭上宣称，教会事务法庭的成立"完全是为了摧毁新教"。吉尔伯特·伯内特后来评论，该法庭的用意是"严厉处理"一批人，这样"他们就能吓住其他人"。[59]

教会事务法庭暂停伦敦主教职务许久之后，仍在继续追查反天主教的言论。后来担任首席财政大臣的查尔斯·蒙塔古报告，一位剑桥大学的文科教师"被要求收回一些在当地引起巨大反响的有关天主教的看法"。1687年1月，法庭暂停了诺福克的贝弗沙姆博士的职务，因为他"在讲坛上使用了一些有关国王的粗鲁表达"。托马斯·卡特赖特自己也是该法庭的成员，他在日记里记下了对一个名叫梅里尔的人的训诫，理由是他"无礼地表达了对国王信仰的看法"。斯陶尔布里奇附近的佩德莫尔的索撒尔于4月被停职，同时法庭因为伍斯特主教拒绝两名天主教教士担任英格兰教会有俸圣职而传唤了他。狂热的高教会派成员安东尼·伍德后来回忆，教会事务法庭"惩罚了那些通过行为与布道来反对天主教的牧师"。辉格党军人罗伯特·帕克上尉也认为，"主教和牧师都被传唤到这个法庭，为他们在讲坛上或其他地方发表的一切反天主教言论负责"。[60]

国王劝诫和教会事务法庭并不是詹姆斯用来遏制新教徒猛烈抨击天主教护教学的唯一手段。大家都知道，詹姆斯的士兵会自行让那些过分积极抨击天主教的传道士闭嘴。在沃里克郡福斯边上的斯特雷顿，一群士兵警告一位牧师说，"他得为"他的"反天主教布道承担责任"。一位小册子作者评论，英格兰和法国的经验应该让人怀疑，龙骑兵是否"会关注宪章或争论"，或者说，当政府如此明显地执意重新推广天主教时，军队是否会保护宗教自由。[61]

詹姆斯二世统治最后几年涌现出来的有关神学和宽容的小册子辩论，质量极高，数量极多，以致学者忽略了詹姆斯及其政府扼杀这种讨论的意愿。詹姆斯热衷于推广天主教护教学和主张废除《惩罚法》《宗教审查法》的小册子，但他尽其所能地压制相反的观点。例如1686年3月，伦敦市长无疑接到了白厅的指示，试图查禁一张回应查理二世临终皈依理由的大字报。1686年9月，书商公会没收了他们能找到的所有《主教制度》的副本，那是一本被停职的伦敦主教所写的书信集，他在里面扼要论述了英格兰教会和罗马教会的重要差异。该书的印刷商和装订商几天之后被捕。塞缪尔·帕克写过一本小册子，为被控偶像崇拜的罗马教会辩护，当爱德华·斯蒂林弗利特准备予以回应时，詹姆斯明确表示"非常反感他那样做"。因此，后来成为坎特伯雷大主教的威廉·韦克自行回应帕克时，费尽心思，不让别人知道他的身份。事实上，詹姆斯想尽可能地防止普通读者接触到海量的新教文献。按照维克的说法，他禁止"在反天主教书籍的术语目录中做任何说明"。[62]

尽管詹姆斯尽一切努力让他的臣民接触到最新最流行的法国天主教护教学，但他并不希望因此而引发自由而公开的比较宗教讨论。在天主教出版社获得许可、天主教教堂对公众开放、天主教传教士可以重新进入英格兰的同时，詹姆斯及其政府却竭力压制新教的论战回应。对天主教的任何批评，无论来自非国教徒还是国教教徒，都被认为可能是对国王的叛逆冒犯。对詹姆斯来说，良心自由显然意味着天主教徒的言论自由和其他人严格受限的崇拜自由。虽然詹姆斯能够获得威廉·潘恩、亨利·凯尔和理查德·伯索格等老成而早熟的无限制宽容的捍卫者的支持，但他并不赞同他们的观点。詹姆斯的宗教宽容立场显然并不坚定。

詹姆斯不仅试图让天主教辩论家在跟新教对手的意识形态斗争中占尽上风，而且还想让信天主教的英格兰人在 17 世纪末英格兰的职位和官职竞争中占尽上风。詹姆斯不仅利用他的特权废止了禁止天主教徒担任公职的法律，还竭力为他的教友争取尽可能多的官职和职位。

一开始得到詹姆斯力荐的教友都是他的身边人。他不仅创建了一个天主教内阁会议，并完全依靠它来获取政治建议，还开始建立一个罗马天主教色彩越来越浓厚的王室和亲信圈子。詹姆斯与毕生的朋友费弗沙姆伯爵和达特茅斯伯爵保持距离，理由是他们都是新教徒，尤其是达特茅斯伯爵，"总是反对一切可能有利于天主教的东西"。詹姆斯越来越公开地宣称，"一个忠诚的臣民不可能宣称他所信奉的宗教是偶像崇拜"，这令许多新教徒感到不安。国王"对天主教信仰的热忱"导致宫廷和其他地方的众多任职者得出结论，"他们最后要么宣布自己是天主教徒，要么辞去他们的职务"。王室内部普遍认为詹姆斯一心只想起用那些"宣布自己是天主教徒或公开动用他们的一切议会权力去推广天主教的"雇员。不足为奇的是，1689 年有十六名前王室成员申请财政救济，因为在詹姆斯的统治下，他们"从自己的职位上被赶了下来（其中一些职位给了天主教徒），没有任何形式的津贴或补贴"。詹姆斯甚至对他最亲近的熟人都不留情面。他给两个女儿安妮和玛丽施加了巨大的压力，要求她们皈依罗马天主教。一位亲詹姆斯的评论者不无道理地总结，这位英格兰国王"认为没有人完全对他有利，除非他们也信奉他的宗教"。[63]

詹姆斯统治期间，在任何活动领域都喜欢起用罗马天主教徒。军队在各方面都是典型的高卢式现代国家机构，而詹姆斯竭力增加天主教军官和部队的比例。阿瑟·戈登诉爱德华·黑尔斯爵士的审判秀确认了国王拥有特权，可以在他认为必要的时候中止《宗教审查法》和《惩罚法》，但这只是朝着更为宏大的天主教化计划迈出了必要的第一步。詹姆斯确定，将为他的现代军队在豪恩斯洛希思的夏季训练场配备一个堂皇的中央天主教教堂和多个小教堂。分布全国各地的每一支守备部队也要有一个显眼的地方给天主教徒做礼拜。詹姆斯的军官天主教化计划取得了重大进展。到 1688 年 10 月，约有 11% 的军官是罗马天主教徒，大约是他们占人口比例的十倍，是乡绅和贵族的一倍半。这些数字谈不上令人震惊，但就詹姆斯对职业化军队的期待而言，这是不够的。具备必要军事经验的天主教徒根本没有那么多。但是詹姆斯显然给了他的教友过多的信任。一位白厅内部人士写道，"所有地方的重要职位"都落入了罗马天主教徒之手。赫尔、贝里克和朴次茅斯乃至伦敦塔的关键守备部队都交由罗马天主教徒指挥。尽管詹姆斯"很喜欢"马丁·比克曼爵士，但还是解除了他的职务，因为正如彼得神父所说，国王"决定应该由罗马天主教徒来担任工兵指挥官"。[64]

英格兰军队的普通士兵中的罗马天主教徒更多。根据一个相当可靠的估计，1688 年 10 月英格兰有五千到六千名天主教徒士兵，其中许多显然来自爱尔兰。这些数字表明，詹姆斯二世的军队的天主教徒占比达到 12% 至 15%，远远高于天主教徒在总人口中略高于 1% 的比例。因此，詹姆斯二世军队的天主教徒比例明显偏高。詹姆斯似乎颇为赞同伦敦塔的天主教徒指挥官爱德华·黑尔斯爵士的观点，即如果没有一支天主教军队，"我们的所有努力都是徒劳无益的"。[65]

许多人相信詹姆斯试图令政府天主教化。前托利党伦敦市长约翰·穆尔爵士在与詹姆斯私下会面之后警告，"他有意引入天主教"。"天主教挟带着强大的力量和众多的组织，冲上山顶。"威廉·特朗布尔爵士的一位朋友评论。不应将这些看法仅仅视为政治偏执狂或政治失意者的评论而忽略不计。1688年，英格兰有十三位郡军事长官是罗马天主教徒，占到总数的三分之一。这是一个非同小可的数字，因为在詹姆斯登基之前，天主教徒一直被禁止担任那样的尊贵职务。詹姆斯告诉巴里永，他"决定把所有郡的治安法官职位都交给天主教徒"。研究表明，詹姆斯言出必行。在1687年和1688年，詹姆斯推行了一项彻底的政策，清除那些不赞成他的天主教化政策的治安法官，同时让罗马天主教徒打入治安委员会。1687年和1688年任命的新治安法官当中，天主教徒大约占到64%，总体比例上升至接近25%。[66]

詹姆斯的天主教化政策延伸到了低级政府官员的任命。1686年末，新成立的以天主教徒为主的财政委员会，由高效的罗马天主教徒律师罗伯特·布伦特爵士担任秘书，开始对地方的海关官员和船夫进行系统的清洗。虽然清洗的程度无法体现为精确的统计数据，但在1689年就有几十个天主教徒失去工作，力度之大，可见一斑。詹姆斯还试图将位于英格兰法律界顶峰的律师公会天主教化，同时还努力任命罗马天主教徒为大陪审团成员。[67]

詹姆斯将各级政府天主教化的这番努力既彻底又高效，给人留下了深刻的印象，但这受到有能力的天主教徒数量不足的限制。经历一个半世纪的查禁之后，能够胜任公职的天主教徒实在不多。詹姆斯试图通过将古老的大学天主教化来弥补这一不足。

詹姆斯在1687年初开始对英格兰学术的两大支柱进行攻击。1月，国王坚持要求剑桥大学悉尼·萨塞克斯学院任命最近皈依天主教的约书亚·巴西特为院长。任命一个众所周知的不容异己的天主教徒，这被认为是"给大学敲响的警钟"。7 月，教会事务法庭向悉尼·萨塞克斯学院的董事发去一份章程修订文书，该文书"删除了所有反天主教的内容，并授权院长在未经其他成员同意的情况下接纳新董事"。有了一个专制的、不容异己的天主教徒院长，悉尼·萨塞克斯学院已经成了英格兰的缩影。尽管到 1688 年 10 月，巴西特只任命了另外一名天主教董事，但是教派之风的方向显而易见。新教徒董事向大主教桑克罗夫特抱怨，学院再也不是"英格兰教会的苗圃了"，"我们学院已经开始公开举行弥撒和其他天主教祈祷仪式"。[68]

1687 年 4 月，教会事务法庭介入了剑桥大学的教派政治。5 月初，法庭剥夺了约翰·皮切尔博士的大学副校长之位，并暂停了他的莫德林学院院长职务，因为他拒绝授予本笃会修士奥尔本·弗朗西斯文学硕士学位。剥夺副校长之位是一个强烈的信号，代表詹姆斯不会容忍别人反对他的命令，但接近宫廷的人知道，法庭的决定具有更为广泛的意义。巴里永告诉路易十四，"这项裁决轰动一时"，因为它确立了"起用天主教徒担任一切宗教职务的国王特权"。[69]

詹姆斯在牛津大学的天主教化上也取得了实质性进展。1686 年初，著名而广受尊重的大学学院院长奥巴代亚·沃克皈依天主教，英格兰政坛一片哗然。尽管熟悉沃克的人都知道他长期以来一直都很支持罗马天主教会，但其他人却大吃一惊。例如，约翰·伊夫林感叹，他竟然曾经推荐过沃克这个"虚伪的隐藏的天主教徒"做他儿子的导师人选。沃克依然可以保留他在牛津的显赫地位，在他的学院里公开做弥撒，并通过牛津的一家印刷厂大肆宣传天主教护教学。这令伊夫林确信，"所有工具"都"被用来大力推广天主教"。[70]

沃克的大学学院并不是牛津大学唯一的罗马天主教据点。1686 年 10 月，詹姆斯任命约翰·马西为基督堂学院的新院长。几个月后，马西皈依天主教，建立了一个天主教小礼拜堂，还任命了一位耶稣会本堂神父。伯内特指出，任命马西"是为了创立鼓励所有皈依者的信条"。沃克和马西很快被任命为治安法官，能够惩罚那些犯下反天主教罪行的人。大学学院院长和基督堂院长是牛津大学最著名、最有权势的天主教徒，而他们不是孤军作战。纳撒尼尔·博伊斯和托马斯·迪恩都是大学学院的董事，也是著名的天主教皈依者。三一学院的斯蒂芬·亨特、莫德林学院的罗伯特·查诺克、万灵学院的马修·廷德尔和巴利奥尔学院的乔治·克拉克都皈依了天主教。布拉斯诺斯学院*的董事约翰·巴纳德，因为在牛津的咖啡馆公开发表"以天主教之名"的言论而出名。耶稣会神父托马斯·费尔法克斯，也被称为贝克特博士，被任命为牛津的哲学教授，因其在东方语言方面的专长而受到欢迎。[71]

谣言传遍全国，说"仿佛牛津大学的皈依者一拥而上，全校师生都准备好了"宣布自己是罗马天主教徒，但天主教在这座大学显然面临着顽强的抵抗。沃克"在大街小巷遇到人时，都被当面唾骂，还有人唱歌嘲弄他"。于松·德·邦勒波了解到，学生都不去听这些新皈依者的课，而朝着他们叫喊"嘲笑的词语"。很少有人参加大学学院的弥撒。反对如此激烈，以致奥巴代亚·沃克从宣布皈依罗马教会的那一刻起，就不得不带着保镖出门。[72]尽管如此，公众的嘲弄无法阻止天主教在牛津缓慢而稳定的发展。

正是在牛津大学这一缓慢但意味深长的天主教化背景之下，詹姆斯将注意力转向了莫德林学院。1687 年 3 月，该学院的老院长亨利·克拉克在兰开夏郡的高索普庄园去世，引发了一轮关于谁将接替他的猜测。詹姆斯希望新院长是一个"支持他的宗教的人"。大学学院的院长建议詹姆斯任命新皈依的安东尼·法默为院长。推荐法默的唯一理由是他刚刚皈依。他的品行一般。据说他曾"亲吻一位女性，用舌头舔她"，还曾"把手伸进一位漂亮女士的外套下面"。当被要求解释皈

---

*　亦译作青铜鼻学院。

依理由时，他回答说，这"只是为了获得晋升"。考虑到这些情况，莫德林的董事会拒绝了詹姆斯的训令，自行推举约翰·霍夫为院长。这一举措引来了教会事务法庭的传讯。夏天，法庭听取了反对法默的证词，并取消了他的候选资格。8月，詹姆斯发布新的训令，任命牛津主教塞缪尔·帕克为院长。董事会回答说他们已经有了院长，而且帕克不是莫德林学院或新学院的董事，不符合规定。[73]詹姆斯的回应是委派切斯特的托马斯·卡特赖特主教领衔视察莫德林学院。

至此，这起案件已经成为举国关注的热点。"所有人的眼睛耳朵都朝向这边。"莫德林学院的欧文·温在1687年10月写道。诉讼的每个阶段都被新闻通讯详细记录下来，变成广泛流传的册子，成为全国人民津津乐道的八卦。[74]此案引起的关注是两方面的：它既是对国王推翻法律之能力的考验，也是对詹姆斯的天主教化政策可能受到的制约的度量。最后，詹姆斯证明，他的权力在理论上是无限的。莫德林学院的董事无法凭借他们的职位，违抗国王的意愿，维护他们的所有权。这些董事也无法阻止另一所学院成为天主教教育的中心。

詹姆斯向所有愿意倾听的人明确表示，莫德林学院的董事在质疑他的最高权威。法国人巴里永和邦勒波回忆，面对牛津大学的这些执拗的董事，詹姆斯"勃然大怒，他气冲冲地告诉他们，他知道怎样治他们"。"我受到的冒犯和咒骂比以往任何国王都多，"他在跟顾问查尔斯·赫奇斯博士会面时暴跳如雷，"我要维护我的荣耀。"这正是切斯特主教在视察期间对董事们讲话时所使用的语气。"你们与神圣的陛下打交道，仿佛他只会礼治，你们决心凌驾于国王之上，却不允许别人在你们之上。"卡特赖特告诉这些董事。他明确表示，"他们的罪行不可饶恕，近乎叛乱"。约翰·霍夫带领的董事会坚持自己的立场，而且很快就接受了他们在劫难逃的结局。视察专员下令，宣布霍夫不再担任院长，该职位由塞缪尔·帕克接任。到11月中旬，莫德林已经有二十五名董事辞职。[75]

莫德林学院案说明詹姆斯二世对良心自由的承诺是有限的。莫德林学院的董事拒绝接受国王任命的院长，直接理由是他们无法"违背自己的良心"。对此，托马斯·卡特赖特回答，"良心总是反叛的借口，他们应该牺牲自己的良心"。[76] 这些董事捍卫他们坚守章程的权利，捍卫他们作为私立团体的原则。他们的立场类似于一个教会坚持有权任命自己的职员和管教自己的成员。詹姆斯根据法国的奥古斯丁式护教学，坚持他的权威，以实现他所认为的真理和正义。当良心自由的原则与詹姆斯的权威和他的天主教化计划发生冲突时，它就不值一提了。

莫德林学院很快就像它的董事所担心的那样，成为"一所天主教神学院"。塞缪尔·帕克于 1688 年 3 月去世，随后毕业于索邦学院的天主教徒博纳旺蒂尔·吉法德被任命为新院长。莫德林学院的教堂很快就被改造了，每天都会举行弥撒。1688 年 8 月，学院只剩两个董事不是罗马天主教徒。[77]

莫德林学院的戏剧性事件不应被视为英国国教受挫的孤立事件，而应该被视为詹姆斯天主教化计划的组成部分。这当然是当时的人对这一事件的看法。"天主教徒已经拿下了基督堂学院和大学学院，现在斗争目标指向了莫德林学院，"约翰·霍夫写道，"过不了多久，他们就会威胁要拿下全部。"这不仅仅是一个失败者的妄想。1687 年 11 月，教会事务法庭开始对牛津大学和剑桥大学所有学院的章程进行全面审查。他们在解决了莫德林学院之后立即开始动手，这说明他们计划进一步推进天主教化。难怪有人说牛津大学和剑桥大学的"所有学院领导和董事"都在"颤抖"。[78] 詹姆斯正在无情地推动剑桥大学和牛津大学成为天主教的学术中心。

詹姆斯推行了一项广泛的使英格兰天主教化的策略。他不仅仅满足于解除对天主教徒的限制，而且相信只要有一个公平的竞争环境，天主教理论的真理就会取得胜利。詹姆斯下定决心，尽其所能，将散发着高卢气质的天主教徒置于政治权力的中心，并在各级政府给予天主教徒尽可能多的权力。詹姆斯正在采用路易十四建立的蓝图。

那么，为什么詹姆斯欢迎逃离法国迫害的胡格诺教徒呢？为什么他看起来在为那些反对路易十四撤销《南特敕令》的新教徒提供庇护？在詹姆斯二世统治时期，成千上万胡格诺教徒来到了英国。1687 年和 1688 年，新移民到来的速度似乎更快了。到 1687 年，仅在伦敦就有至少七批活跃的胡格诺派会众。[79] 当然，有人会说，英格兰国王肯定支持这样的大规模移民。

事实上，詹姆斯在政治上尽了最大努力劝阻法国流亡者。詹姆斯至少在两个不同的场合对法国大使巴里永解释，他对受到迫害的法国新教徒的个人态度和他能够公开表达的肯定不一样。他说，胡格诺教徒对英格兰国王"态度恶劣"，"他不喜欢他们逗留在他的王国"，但"他不希望公开讨论这个问题"。私下里，詹姆斯和他最亲密的顾问一直谴责胡格诺教派。詹姆斯将胡格诺教派当作"他的敌人"，希望他们离开他的王国。詹姆斯的妻子与他观点一致。摩德纳的玛丽公开告诉法国代表邦勒波，她"认为所有新教徒都是共和主义者，特别是那些从法国逃出来的"。詹姆斯的天主教内阁会议认为胡格诺教派"是对政府的威胁"。大法官杰弗里斯是在詹姆斯统治期间唯一始终得到他青睐的新教徒，也是著名的胡格诺教派的批评者，他谴责他们"大部分人都持有反政府的原则"。[80]

詹姆斯及其政府对胡格诺教派采取了与这些私下表达的看法相一致的行动。詹姆斯禁止公开讨论法国胡格诺教派受到的迫害。约翰·伊夫林指出，《伦敦公报》"在这段时间一个字都没有提到过法国的这次惊人行动"。法国代表邦勒波明白，这一"疏忽"直接出自"英格兰国王的命令"。第二年，詹姆斯坚持要求由普通刽子手烧掉让·克劳德的《记法国新教徒受到的迫害和压迫》，许多人都认为这一行为等于认可"法国对新教徒所做的一切"。[81]

詹姆斯及其宫廷不仅试图限制讨论宗教迫害，他们还采取行动，

《文如其人》(*Qualis Vir Talis Oratio*)，罗梅因·德胡赫作，1688 年。这幅版画描绘了
统治末期的詹姆斯二世，他穿上耶稣会士的衣服，呕出一堆爬行动物，这些动物又吐出
荷兰语写成的詹姆斯天主教专制的信条："禁止自由议会""耶稣会学院""法国同盟"

令胡格诺派流亡者感到自己不受欢迎。詹姆斯试图取缔伦敦的胡格诺
教会，理由是"他们都是长老会教徒，与荷兰人往来，不利于他本人
和政府"。詹姆斯拒绝了"大量"胡格诺派教徒归化的个人请求。尽
管国王无法阻止传播支持流亡者的慈善简报，但他限制将款项分给那
些愿意归顺英格兰教会的人。那些捐款救济胡格诺教徒的人引起了他
们君主的愤怒。詹姆斯没有阻止于松·德·邦勒波搜捕胡格诺派家庭，
也没有阻止他遣送他们回法国。詹姆斯对胡格诺派流亡者的所作所为
非但没有展现出他的宗教宽容承诺，反而体现了他的良心自由承诺的
局限性。[82]

证据表明，詹姆斯二世致力于彻底的天主教现代化事业。英格兰国家变成一个中央集权、高效和官僚体制的组织，对此他厥功至伟。詹姆斯保证英格兰陆军和海军拥有最先进的设备，学习最新的技术。与许多现代化政权一样，詹姆斯将国家的卷须延伸到了社会，而且比他的任何前任都更加广泛和深入。跟海峡对岸的路易十四一样，詹姆斯的现代化计划也包含宗教维度。他和法国天主教徒一样鄙夷新教。身处一个新教徒占绝对多数的国家，詹姆斯无法在政治上压制现有宗教，但他仍然倾尽全力重建天主教。他越来越依赖高卢派天主教顾问、军事人员和海军军官。他推广天主教学校，传播天主教护教学，并尽其所能地约束新教徒的反应。詹姆斯不仅采用了高卢派的宗教观念，还致力于建立一个法国式的政权，按照高卢派的方针使英格兰重新天主教化。

第七章

抵制天主教现代化

"邀请奥兰治的威廉和玛丽"纪念章，1688 年。铸造这枚纪念章的目的是纪念英格兰邀请威廉成为国王，上面的题字是"为了我们祖先的自由和信仰"，背面描绘的是一个宗教人物，一只手放在代表自由的帽子上

詹姆斯二世的天主教现代化计划浩大而宏伟，必然激起反响。任何统治者都不能指望在无声无息之中，开启一项旨在从根本上改变英格兰政体的计划。然而，詹姆斯肯定没有想到这会引发一场革命。詹姆斯在 1685 年登上王位时，已经是一位经验丰富、成就斐然的政治家。为什么英格兰人民会如此突然、如此坚决地反对他？历史学家给出不少解释。传统的辉格党学者认为，詹姆斯毫无英格兰特色的荒唐政策导致全国人民团结起来反对他。英格兰的正统领袖抛开党派分歧，决心破坏他们国王的革新政策。詹姆斯因而注定失败。

相比之下，修正派学者认为，詹姆斯下台的首要原因是他疏远了不容异说的国教当权派。基于这一理解，部分修正派学者将 1688 年下半年的事态发展称为"国教革命"，言下之意，这是一场纯因教派问题而起，完全由不容异说的教士发动的叛乱。这些学者认为，詹姆斯的目标其实适度而合理，其宽容措施得到了大多数辉格党人的热烈响应，包括约翰·洛克的西南部辉格党圈子。他们沿袭詹姆斯二世本人和一些当时的托利党人的看法，认为詹姆斯因为倡导宗教宽容而失去国教的支持。1689 年詹姆斯二世向其爱尔兰议会说，"正是良心自由"，激怒了他的敌人，让他们"起来反对我"，担心一旦立法确认这种自由，英格兰人民"就会非常满意，而我……就会变得非常伟大"。詹姆斯暗示，托利党是宗教的卫道士，他们不能也不会容忍那些信仰和崇拜跟自己不一样的人。在修正派和他们的早期现代鼻祖看来，托利党和英格兰教会推翻詹姆斯，只是为了捍卫他们的教会，而不是捍卫法律和英格兰政体。18 世纪杰出的托利党领袖和辩论家博林布罗克子爵回忆，托利党人"在革命中一马当先"。17 世纪末的政治家约瑟夫·威廉森爵士同样认为，革命的原因就是托利党人无法接受"由一位天主教国王来统治。他们比任何人都更勇敢地履行自己的职责"。[1]修正派学者追随早期现代的托利党人，坚持认为推动 17 世纪末英国人对抗詹姆斯的是身份政治。修正派学者把这种政党政治解释当作对革命本身的描述。

事实上，詹姆斯的现代化政策比辉格党历史学所认为的更加连贯，本章将会证明，该政策在政治领域遇到的抵抗比修正派设想的更加广泛。所有政治派别的英格兰人都明白，或者说逐渐明白，詹姆斯二世有一个重塑英格兰国家的宏伟计划。他们很快意识到，这个计划需要以英格兰人的公民自由为代价，来换取一个更强大的国家。正如修正派所说，许多托利党人确实反对詹姆斯，但他们这样做是因为他们认为他的国家现代化和天主教化计划都违反了英格兰的法律。詹姆斯政策的宗教含义肯定引起了许多人的担忧，但大多数托利党人之所以反抗都是出于更世俗的理由。许多辉格党人都很欣赏詹姆斯终于结束了始于17世纪80年代初的残酷的宗教迫害潮，但与修正派学者的说法相反，他们很少有人愿意拥护詹姆斯的政策。事实上，包括约翰·洛克的朋友在内的许多辉格党人都认为，公民自由是真正的宗教自由的必要前提。1687年和1688年，全国绝大多数辉格党人和非国教徒都表明，他们不愿与詹姆斯二世合作。1688年，辉格党人和许多托利党人一样，正在努力推翻他们的国王。1688年6月，当七位国教主教因提交请愿书反对詹姆斯以敕令实施宽容政策，而被控以煽动性诽谤时，辉格党人和托利党人、国教教徒和非国教徒都认为这是对英格兰自由的严重威胁。七位主教无罪释放之后的疯狂庆祝活动说明了民众多么不满詹姆斯的天主教现代化计划。他们没有发动国教革命。事实上，詹姆斯二世在得知一支英荷舰队正准备驶向英格兰后，曾承诺废除他的国家现代化政策，但当时绝大多数英格兰人都认为这是不够的。很少有人相信，只要恢复英格兰教会的霸权，再废除詹姆斯二世的官僚制度，这样保守的一场"国教革命"就能够保障英格兰的宗教和公民自由。英格兰的传统政治安排不足以遏制一个现代化君主的野心。这就是为什么许多英格兰人渴望革命性的改变。

※ ※ ※

詹姆斯二世的国家现代化计划非同一般，不仅深入全国各地和英格兰社会，而且在各地引起不满。虽然修正主义历史学家近来强调詹姆斯二世在1686年和1687年调整了政策，表面上从支持不容异己的英格兰教会转向采取宗教宽容政策，但是大多数英格兰人都认为国家集权和现代化是一个连贯一致的计划。1686年和1687年，詹姆斯及其核心圈子将重心转向新的政治盟友，但依然毫不犹豫地致力于改造英格兰国家。当臣民了解到他的专制图谋时，许多人都怒不可遏。

詹姆斯的大规模军队现代化计划，以及他为确保国家垄断暴力而付出的努力，引来了臣民的大量非议，而这无疑也是他有意为之。在1685年6月和7月的蒙茅斯公爵叛乱之后，詹姆斯明确表示，他不仅会起用天主教军官，而且打算维持一支常备军，这意外地激起了议会两院的强烈反对。在下议院，不同意识形态的议员都就这两个问题慷慨陈词。毕生都是托利党人的托马斯·克拉格斯爵士"陈述了解散民兵和建立常备军的严重后果"，并补充说，詹姆斯起用罗马天主教军官的决定并不"合法"。特立独行的政治家托马斯·米尔斯爵士，以及部分军官和王室雇员很快加入了克拉格斯的行列，共同反对常备军。约翰·汤普森爵士或许能够代表辉格党人，他"非常激烈地"反对"维持一支常备军"。在上议院，辉格党人莫当特子爵、温彻斯特伯爵查尔斯·波利特、德文郡伯爵威廉·卡文迪什和温和的哈利法克斯侯爵乔治·萨维尔都旗帜鲜明地反对起用天主教军官和建立常备军。议会两院都明确表示反对詹姆斯建立现代军队的计划。吉尔伯特·多尔宾报告："没有人会给常备军提供补给。"[2]

天主教军官的问题引起了更多的辩论，但詹姆斯的设想显然不受欢迎。那些反对起用天主教军官的人并非出于反天主教的偏见。法国大使保罗·巴里永素来对英格兰人的偏见极为敏感，他解释说："他们内心介意的不是军队多了三四十名天主教军官，而是这些人的军队编制直接违反了法律。"巴里永向他的国王表明，问题在于如果詹姆斯可以无视法律，起用天主教徒担任军事和民事官职，那他就可以"随意改变法律"。许多议员深信，"这样的后果"将是"政府天翻地覆，随之而来的就是宗教的剧变"。詹姆斯正是因为这种对其军队改革的原则性反对而决心休会，并最终解散了他的议会。[3]

议会之外，许多人都憎恶詹姆斯二世的大规模现代军事力量。从詹姆斯将其新式军队部署到全国各地开始，英格兰人民就反感这种新的入侵行为。在军队驻扎、军队驻防或军队只是行军经过的一个又一个城镇，居民怨声载道。驻扎部队的费用高昂。组成新式军队的青年往往难以驾驭。对许多人来说，军队的存在标志着一种新的政治秩序。军队很快就在白金汉郡的艾尔斯伯里驻扎下来，"许多人为此深感悲痛"。在利兹和卡莱尔，当地人抱怨，他们"被驻扎士兵压垮了"。在赫尔，市民显然"憎恨士兵"，而在约克，人民抱怨军事管制的强制实施。反对军事管制是根西岛居民"一点"都不认可詹姆斯的新式军人的权力的原因之一。布里斯托尔和切斯特的市民都对他们的驻军深恶痛绝。索尔兹伯里只是西南部受到军队蹂躏的众多地方之一，那里的人对军队"自由驻扎"极为不满。在首都，豪恩斯洛希思的壮观营地"激怒了伦敦人民"，这肯定在一定程度上是因为军队"是一群麻烦的流氓和无赖"。不过，正如法国大使所深知的，愤怒也在一定程度上说明伦敦人深刻意识到他们的新式军队正在改变他们国家的政治基调。[4]

　　民众对新军事政权的反感很快就演变成为暴力。在首都，在托利党的牛津和辉格党的雅茅斯，士兵和市民爆发街头冲突。在约克，士兵和市民的关系尤其紧张。1686 年，五百多名学徒和"精力旺盛的年轻人"，手持"大衣下的大棒"，以"最可怕的方式"袭击了当地的守备部队，同时高喊口号"揍死这帮黑心守兵"。1688 年初，军人似乎发起了一场针对嘲讽军队的人群的斗争，"用他们的剑和装满子弹的滑膛枪"殴打民众。"军人的争吵"如此频繁，以致约克的托利党教堂领唱者托马斯·库默认为有必要针对他们的暴力行为进行布道。[5]

　　许多英格兰人憎恨和惧怕詹姆斯二世的现代军队。几个月内，全国人民都对新常备军抱怨不已。政治上温和的约翰·伊夫林记录了"王国上下"表现出来的对于军队的"强烈不满"，并指出，特别是豪恩斯洛希思的营地，引发了"许多（关于）军队在此安营的意义该是什么的猜忌和讨论"。年轻的约克郡人亚伯拉罕·德拉普林写道，"每个人都说，常备军意味着英格兰的毁灭"。辉格党人吉尔伯特·伯内特在一本广为流传的小册子中说，"和平年代的常备军"只有可能"被这个民族视为对民族一切财产的图谋"。[6] 法国大使巴里永在 1687 年认为，这个民族最不满的就是军队。他告诉路易十四："那些热爱英格兰法律和现政府的人，看到常备军会比看到任何有利于罗马天主教徒的事情都更加震惊和担忧。"[7]

在詹姆斯二世的天主教现代化计划当中，遭到排斥的不只有军队。从詹姆斯登基的那一刻起，法国大使就预料到，国王增加岁入、使税收规范化和现代化的计划会被反对。当詹姆斯宣布他打算在议会批准之前就开征消费税和关税时，一位评论员警告，这表明新国王将会忽略他"保护每个人的财产"的承诺。随着詹姆斯逐步规范壁炉税和消费税的征收，并采取措施确保海关官员的意识形态纯洁性，民众的不安有增无减。詹姆斯选择的现代化推动者，包括尼古拉斯·巴特勒爵士、约翰·巴克沃思爵士和达德利·诺思爵士在内，都是"伦敦城很不喜欢的人"。事实上，詹姆斯的现代化税收极不得人心，甚至成了 1689 年一次议会全面质询的对象。[8]

詹姆斯利用法庭来削弱他的敌人和获得改革创新的许可，这也引起了非议。当詹姆斯以叛国罪为名，将辉格党贵族德拉米尔勋爵亨利·布思送上精心挑选的托利党贵族组成的特别法庭受审时，他得到的公众支持令人惊讶地少。德拉米尔勋爵在政治上忠于辉格党，这一点众所周知。詹姆斯试图用站不住脚的证据来毁掉德拉米尔勋爵，这反而令后者赢得了一致通过的无罪判决。或许能够猜到的是，非国教徒亨利·纽科姆将德拉米尔勋爵的无罪判决视为"意外的仁慈"。较为出人意料的是其他不太支持德拉米尔勋爵政治观点的人的反应，这转而给詹姆斯二世及其政权带来更多麻烦。廷臣威廉·霍厄德谈到德拉米尔勋爵时说，他"表现得非常机智和谨慎，令朋友钦佩，令仇敌不快"。当他被宣布无罪时，"当晚好几个地方都为如此公正的判决而敲钟欢庆"。纽卡斯尔公爵亨利·卡文迪什毕生都是托利党人，也是詹姆斯需要帮手时最忠诚的支持者之一，他向同为托利党人的约翰·里尔斯比爵士坦言，得知德拉米尔勋爵审判的结果时，"我很高兴"。[9]

几个月后，当王座法庭在阿瑟·戈登诉爱德华·黑尔斯爵士一案中确认国王有权中止《宗教审查法》时，也有类似的失望情绪。尽管没有人"公开质疑这一决定"，但是不止巴里永大使一个人认为，"许多人都强烈反对这一决定"。巴里永和流亡的辉格党人吉尔伯特·伯内特在其他方面几乎没有共识，但他们都认为王座法庭的决定可能会让所有的法律都"依赖国王的意志"，这预示着"我们的所有法律都会崩坏"。[10]

1688年，很多英格兰人显然已经对英格兰的司法制度失去了信心。他们开始相信，詹姆斯不仅没有公正地施行法治，反而将司法制度用作政治工具。詹姆斯的大法官和首席法律顾问乔治·杰弗里斯长期以来一直为辉格党人所憎恨，因为他主持了对拉伊宫阴谋策划者的审判，并监督了蒙茅斯叛乱之后的血腥巡回审判。但引起"公愤"的是他对詹姆斯二世的天主教现代化计划的强力支持。白金汉郡有人宣称，新教徒杰弗里斯"支持的是天主教"，这引起了广泛的共鸣。或许更能说明问题的是民众对行事张扬的恶棍泰特斯·奥茨的态度变化。奥茨捏造的天主教阴谋曾在1678年引发恐慌，反过来又导致辉格党人尝试将詹姆斯排除于王位之外。1685年5月，奥茨伪证罪成立，他被判终身监禁，并被勒令余生每年都要套上颈手枷示众五次。1685年，当他第一次套颈手枷示众时，他被"扔了很多鸡蛋"。群众尖叫着"割下他的耳朵""绞死他就太好了"。但即便在1685年，奥茨仍是坚定的辉格党人眼中的英雄，约翰·洛夫莱斯勋爵还在他去套颈手枷的路上拥抱了他。1687年和1688年，奥茨已成为詹姆斯政权处事不公的象征。1687年8月，当他套上颈手枷示众时，"民众对他一点也不粗鲁"。在下一个8月，当奥茨在威斯敏斯特、查令十字和圣殿关套颈手枷示众时，"没有人给过他任何伤害"。许多英格兰人显然已经同意根西人埃利亚扎·索马里的观点，"国王是一个无赖，没有守诺守法"。[11]

詹姆斯二世通过重塑英格兰的市政委员会实现英格兰国家的现代化和集权化的宏伟计划也遭到了普遍反对。各个地方都有许多托利党人和辉格党人积极抵制他们国王的要求。就像法国大使巴里永所了解的，詹姆斯希望借市政委员会改革，令整个英格兰更加"仰赖"他，因而招来了许多人的阻挠。在这点上，辉格党人洛夫莱斯勋爵令人诧异的显然只是他的粗鲁：面对两名刚刚获得授权的天主教治安官出示的逮捕令，他回应称他们没有法律依据，身为天主教徒，他们的"行动为法律所禁止"，所以他将用违法的逮捕令来"擦屁股"。切斯特和剑桥市民顶住国王的巨大压力，拒绝了宫廷指定的市长候选人。国王的监察员闯入市政委员会之后，许多非国教徒都拒绝继续任职。辉格党和托利党的市镇领导人都表明，他们"不仅不会在选举中支持"那些宣布支持詹姆斯政策的人，还会拥护"那些他们清楚知道而且表示过永远不会支持这些政策"的人。英格兰各地的证据表明，许许多多的市政委员会自始至终都反对詹姆斯的操纵。一位学者曾经指出，"到1688年9月初，全国上下的市政治理都举步维艰；在很多地方，尤其是获颁新特许状的地方，一切都已经完全停摆"。[12]

比起积极抵制，更为明显的是绵延不绝的抱怨。詹姆斯二世及其顾问将郡和城市的精英召集到一起，质询他们的政治意向，这样就成功地建立了许多地方性的政治辩论场合。不同于地方上的咖啡馆、酒馆和集市的政治闲谈，按照定义，这些集会囊括了所有政治上有影响力的人。巴里永清楚知道，英格兰的这类集会是大家"聚在一起，协调一致并形成政治联盟的场合，他们在其他场合绝不会这么做"。辉格党人和托利党人都认为，詹姆斯试图让国家的卷须更加深入地延伸到地方，从而实现英格兰政体的现代化和集权化，这样就创造了一种新的政治意识。托利党人丹比伯爵指出，"对贵族和乡绅的思想审查制造了这样的一个联盟"，连詹姆斯二世的顾问"都断了用暴力手段取而代之的念头，而且可以肯定的是，他们也没有别的办法"。温和的哈利法克斯侯爵认为，詹姆斯二世的国家"引擎"非同一般，"似乎正在快速运转"，但所有质询和清洗的最终结果是"人们更加团结一致地"抵制国王的意愿。1687 年 11 月，激进派辉格党人詹姆斯·约翰斯顿指出："质问的方式激怒和团结了整个民族。"第二个月，他阐述说，"派郡军事长官去了解乡绅的看法，这不仅团结了人民，治愈了我们的伤痛，而且变成了向人民展示他们再次团结起来的最佳时机"。[13]

正是由于地方上的公开反对，包括政治上的抵制和沸腾的民意，许多人都以为詹姆斯二世建立一个听话的议会的计划肯定失败。法国大使巴里永和法国公使邦勒波仍对詹姆斯的努力取得成效抱有一线希望，两人频频写信报告詹姆斯的监察员在地方上遇到的困难。邦勒波对詹姆斯在各郡的支持者人数之少感到震惊：这个郡有六个，那个郡只有三个，"有些一个都没有"。巴里永同意："所有迹象都表明，议会不会听命于国王陛下。"神圣罗马帝国公使菲利普·霍夫曼仔细检查了监察员掌握的证据之后写道，"既没有希望，也没有迹象表明事情正在朝着宫廷想要的方向发展"。波兰驻荷兰大使安托万·莫罗在1687 年 12 月报告，"贵族和人民都强烈反对"英格兰国王的计划。他在 1688 年春声称，"英格兰国王比以往任何时候都更不可能按计划"建立一个顺从的议会。[14]

国际观察人士有两个充分的理由去质疑指定议会的可行性。首先，那些承诺为国王效命的人在充满敌意的公众面前可能会反悔。白厅的内部人士罗伯特·亚德认为，由于"国内民情异常"，可能"很多之前支持废除惩罚法和宗教审查法的人，现在都站到了对立面"。托利党人亨廷顿伯爵在德比郡的线人怀疑，"他们向詹姆斯夸下海口"，"结果都实现不了，而且我确信，他们有些人从来没有想过以后，只是为了当下讨好他"。交游广泛的辉格党人罗杰·莫里斯认为，如果宫廷以为一个被指定的议会能唯命是从，"那他们肯定是被误导了"。辉格党人詹姆斯·韦尔伍德认为："说到底，詹姆斯国王着力打造的议会召开之后，能不能达到他的预期，这是一个问题，因为人民的见识每天都在增长，英格兰崇高的自由原则开始在这个民族的心中再次燃烧，尽管长期以来一直有人竭尽全力地摧毁它们。"法国和荷兰的外交渠道都同意，尽管詹姆斯进行了清洗，尽管他的宣传活动声势浩大，说到建立一个听话的议会，"英格兰国王似乎什么都没做到"。[15]

其次，甚至连国王选定的候选人能否保证当选这一点都还是未知数。就像候选人本身有可能受到公众舆论影响一样，各个郡和各个自治城镇的选民虽然经过挑选，也有可能动摇。奥兰治的威廉的线人预测，选举现场将会"乱成一团"、"暴力横行"，因为选举"会出现争议"。1688年夏，加德纳夫人卡里在伦敦写道，"我听说每个郡的能人贤士都会参加竞选"。她有充分的理由相信，尽管宫廷用尽"诡计"，仍有许多"能人贤士"会当选。莱斯特郡的宫廷支持者西奥菲勒斯·布鲁克斯证实，他所在的郡"充满恐惧，许多人准备在选举议会时发动激烈反抗"。据约翰·黑尔斯上校所说，坎特伯雷及其周边"城市和乡村居民"都"决心抵制"宫廷指定的候选人，他认为只有"极少数人"会站在国王这边。牛津的情况差不多，大家都"认定"国王的两名反对者将会当选。[16]

正因为詹姆斯和他的顾问无法确定他们能否得到一个顺从的议会，所以许多来自不同政治派别的消息灵通的观察者都怀疑1688年秋天无法召开议会。了解政治内幕的詹姆斯·弗雷泽发现，1688年夏天，"许许多多的人都打赌"议会无法召开，连他自己都怀疑议会能否在11月召开。哈利法克斯侯爵直到最后仍"不相信"议会能在1688年召开。"我简直无法相信我们会有什么议会。"消息灵通的德比郡托利党人威廉·布思比爵士也这么说。[17]

詹姆斯二世雄心勃勃的国家现代化计划在整个英格兰都引起了不分党派的广泛反对。与辉格党历史学家所说的不同，这不是因为詹姆

《市政厅的选举》，1687 年，埃格伯特·范海姆斯凯克作。这幅画表现的是一个反对詹姆斯改革地方政府的当地人，像他这样的人还有很多

斯二世的计划目光短浅或不切实际。相反，英格兰人反对詹姆斯和他的支持者，就是因为他们意识到詹姆斯二世的国家建设政策有多认真和可靠。詹姆斯的激进行为激起了许多人的愤慨，并且这肯定不会令人感到意外。

※ ※ ※

詹姆斯二世最终断定，斯图亚特王朝的传统盟友托利党和英格兰教会不足以帮助他实现目标。但詹姆斯接纳辉格党和非国教徒的决定没有得到回报。辉格党反而跟托利党结成广泛而不稳定的联盟，抵制詹姆斯二世及其核心圈子实施的每一项举措。詹姆斯没有激起保守的国教的反应（即修正派学者所谓的"英国国教革命"），而是促成了革命之势。国教徒和非国教徒都意识到，詹姆斯的现代化政权威胁到了所有英格兰人的自由。

詹姆斯二世的现代化计划并不纯粹是世俗的。他想借助新成立的教会事务法庭来削弱英格兰教会。詹姆斯利用他的御用印刷商亨利·希尔斯，出版法国天主教的护教学著作，打破了自伊丽莎白女王统治以来新教徒对合法的公开宗教辩论的垄断。但他和他的顾问想要做到的不仅仅是创造一个能够自由讨论宗教思想的环境。他们试图制止反天主教的布道和出版。他们希望创造一个能让天主教学校独占教育领域的环境。在詹姆斯建立的内阁会议，只有亲法的天主教徒、秘密皈依的天主教徒和天主教支持者的意见才会被接纳。詹姆斯及其顾问推动天主教现代化计划的每一步都会使得他们的意图变得更加明显，引起的反对和愤怒也更加强烈。尽管詹姆斯竭力突出英格兰反对派之间的分歧，但他愿意并积极调用现代化国家的武器，这迫使他的反对派抛弃了身份政治。

詹姆斯二世的教会事务法庭甫一开始就激起了整个英格兰的好奇和猜测。到 1686 年夏天，在"任何一家咖啡馆"都能找到宣布詹姆斯二世的新法庭成立的文件，只需花一便士。廷臣欧文·温指出，如此一来，"所有人都能任意猜测和揣摩"。约翰·伊夫林就是一位这样的猜测者，他暗中指出，该委员会的权力"大于"本世纪中期解散的宗教事务高等法庭，"主要目的是压制积极的传道士"。另一位是卡里·加德纳，她无意中听到一位律师说："他们获得了难以言表的巨大权力。"[18]

这样一个议论纷纭的法庭，一旦受理大案，必然引发外界的好奇。8 月就发生了这样的事情，教会事务法庭审理了伦敦主教亨利·康普顿案，后者的罪名是拒绝因约翰·夏普激烈的反天主教布道而将其停职。有关此案的消息几乎一夜之间就传遍了整个英格兰。报纸、通讯、私人信件和咖啡馆八卦，谈的都是康普顿案。西印度商人克里斯托弗·杰斐逊写道，这是"全城热点"。案件成了"全英格兰的话题"。拉尔夫·弗尼爵士在白金汉郡闲聊的时候曾说起此案。理查德·纽迪盖特爵士跟其他人一样，保存了一份案件记录的手抄本，将它夹在沃里克郡的文件里。巴里永消息极为灵通，他听说康普顿的停职"不仅在伦敦，而且在各个郡都引起了很大的轰动"。远在阿勒颇的年轻的约翰·吉斯博士得知伦敦主教被停职的消息，担心"接下来的"事态发展。[19]

康普顿是声名显赫的国教主教，又是高教会派约翰·费尔的门徒，出身于一个完美的保王党和托利党家庭，他的停职激怒了广大的国教徒。在法庭的审判过程中，托利党人托马斯·克拉格斯爵士忍不住为这位伦敦主教摇旗"呐喊"，对所有人都坚称"主教大人只会讲道理"。虔诚的国教徒罗伯特·索思韦尔爵士在布里斯托尔郊外的家里写道，"我为善良的伦敦主教感到心痛"。约翰·伊夫林称，康普顿被停职的判决在他的教友中引起了"普遍的不满"，这绝非夸大其词。后来的一位小册子作者讲出了国教牧师的主要感受，他宣称，因为教会事务法庭的裁决，"我们的教士恢复了理智，我们的讲坛上全是过去只会从普通教徒口中说出的怨愤"。[20]

然而，如果以为只有高教会派国教徒和托利党人对康普顿停职感到愤怒，那就错了。无论康普顿早先如何对待不从国教的新教徒，毕竟他是为了捍卫新教牧师积极回应新一波法国天主教护教学攻势的权利才被停的。因此，非国教徒认为康普顿的事就是他们自己的事。法国人巴里永很快就不得不失望地承认，"胡格诺派难民和与其相似的长老会，看到天主教的死对头被送上法庭，而且处境危险，都感到非常不安"。事实上，伦敦的长老会教徒罗杰·莫里斯注意到，"所有非国教徒都支持"这位伦敦主教。他认为："国教徒、骑墙派和非国教徒同休共戚，追求一个目标，这是近年来从未有过的事情。"原因是这些人都很清楚，他们都是教会事务法庭的"打击对象"。现有证据表明，莫里斯基本是对的。威斯特摩兰的辉格党人约翰·劳瑟爵士离开教会事务法庭时，比大多数人都更加直言不讳地表示："我不会害怕，也不会羞于在法庭上为主教大人的事业辩护。"[21]

　　第二年，教会事务法庭再次表明了詹姆斯二世的天主教现代化计划的限度。当该法庭试图迫使顽固的莫德林学院董事接受国王选定的院长时，许多人都认为这是控制英格兰教育机构的天主教计划的关键一步。天主教学校在全国各地开花结果，这已经足以构成威胁，但是新的行动表明，詹姆斯甚至想以大学校董会的名义，随意剥夺财产权，好推进他的教友的事业。

　　此案事关重大，迅速成了"牛津大学的焦点""城中热点"和整个"民族"的议论对象。新的国家激进主义再次迫使全国人民反抗詹姆斯新获得的权力。詹姆斯二世政治行动的天主教化意味再次激起了跨教派的反应。巴里永不无轻蔑地说，莫德林学院案刺激到了每一个英格兰人，他们都要坚守"自己的特权和自由"。一位小册子作者回忆说，此案"点燃了人民心中永不熄灭的仇恨之火"。另一位后来的评论家同样认为，莫德林学院的董事不仅被教会事务法庭剥夺了教职，而且"无法谋生"，这"把所有英格兰人都推到了原告方"。[22]

　　教会人士被他们的国王激怒了。信国教的首席法官爱德华·赫伯特和罗切斯特主教托马斯·斯普拉特以前都是国王的忠实仆人，但两人都不同意教会事务法庭的总体看法。属于高教会派的巴斯和韦尔斯主教托马斯·肯听说这一决定之后，询问了他的朋友威廉·韦克，有没有可能"法庭并不合法"。其他高教会派和托利党人迫不及待地邀请被开除的莫德林学院董事加入他们，并给他们提供大量的资金援助。詹姆斯告诉西南部的托利党人爱德华·西摩爵士，如果有关教会人士的援助传闻是真的，"他将把这视为联合造反"。身在荷兰威廉宫中的

Magdalens Coledg seized and if fellows of if Coledg routed for keeping to the Laws of the Coledg

詹姆斯试图任命一名天主教徒为牛津大学莫德林学院的院长，且在这之后还想驱逐董事，这对许多当时的人来说是对臣民的自由和财产前所未有的侵犯

吉尔伯特·伯内特了解到，莫德林学院案件"激怒了教会当局和牧师群体"，"他们就此事给奥兰治亲王发去信息，迫切地希望他出面干预，响应教会的关切"。教会人士明确表示，如果詹姆斯二世拒绝，他们希望威廉与詹姆斯二世"决裂"并对其宣战。[23]

尽管莫德林学院是位于托利党心脏地带的牛津的国教机构，但辉格党人、非国教徒乃至非法国派的天主教徒都对詹姆斯针对院长和董事的行动感到愤怒。他们也将此案视为詹姆斯二世的天主教现代化计划的一部分。詹姆斯·约翰斯顿在1687年12月告诉威廉和他的小圈子："莫德林学院的事情已经令詹姆斯二世及其拥趸失去了许多非国教徒的支持。"查尔斯·西泽认为，詹姆斯在"非法起诉伦敦主教"之后，很快就"驱逐了莫德林学院的院长和董事"，这"令所有人都大开眼界，非国教徒马上明白，如果依法建立的教会都受到如此公然的侵犯……留待他们的会是什么后果"。长老会教徒丹尼尔·笛福坚称，"莫德林学院的院长和董事足以证明"，詹姆斯二世的国家现代化计划是以所有英格兰人为代价的，因为这些董事"被法庭以最专断的判决剥夺了他们的终身保有权"。笛福指出，后果是"我们所有人的终身保有权和财产都因这一判决而动摇"。[24]

反对法国派和耶稣会的辉格党人与天主教徒也谴责了针对莫德林学院的不公诉讼。激进的辉格党牧师塞缪尔·约翰逊认为，最近针对莫德林学院的行动，"动摇了所有英格兰人的财产权"。西南部的辉格党人理查德·科克斯在17世纪90年代激励他的听众："你们都要记住莫德林学院。"他表示："那足以证明我们是对的，并向世界表明，武力，只有武力才能说服前任国王恢复我们的法律、自由、教会、所有权、宪章和学院。"这一观点得到了英格兰最杰出的反耶稣会和反法国派的天主教徒之一约翰·利伯恩主教的赞同。利伯恩曾经反对在驱逐董事之后将莫德林学院的小教堂用来举行罗马天主教的仪式，他认为教会事务法庭在莫德林学院案中的所作所为"无异于抢劫"，"罗马天主教徒现在发现自己拥有的是暴力，而且是非法的暴力"。[25]

六个月后，詹姆斯二世以煽动性诽谤罪起诉了七名英格兰主教，再一次激怒了广大人民。詹姆斯和他的顾问再次选择在宗教问题上压制他们的政治对手——这次是是否应该强制国教牧师在讲坛上大声宣读詹姆斯的第二份《宽容宣言》。詹姆斯和他的顾问再次表明，无论他们许下了什么良心自由的承诺，这一自由都不意味着不同意的自由，更不意味着批评的自由。詹姆斯决定调动其现代化国家的不断增长的资源和权力，这再次激起了愤怒而广泛的回应。

1688 年 4 月，詹姆斯二世发布了第二份保证良心自由的《宽容宣言》，之后他在 5 月 4 日的枢密院决定所有英格兰教会的牧师都必须在他们的堂区大声宣读这道敕令。出乎意料的是，此举不仅激怒了国教牧师，也激怒了众多辉格党人和非国教徒。詹姆斯二世强迫牧师为其传达政策的决定引发了全国范围内的声讨浪潮。许多国教牧师支持扩大宗教宽容，但也有人反对。然而鲜有人认为通过敕令来实现宽容是合法或可取的。白金汉郡牧师威廉·巴特菲尔德向拉尔夫·弗尼爵士吐露，牧师“不应成为工具，去推动我们不赞成的事情”，对此，很多人肯定都有同感。所以在 5 月的 7 日、8 日和 9 日，伦敦的牧师多次举行会议，以确定行动方案。会议决定摸清伦敦牧师的心态，然后再次与英格兰的部分主教会面。最终，在坎特伯雷大主教的兰贝斯宫举行的一次会议上，牧师集体决定，当月晚些时候，他们将会拒绝在教堂宣读敕令，在场的八位主教中的七位将向国王请愿。这些会议的消息很快就在伦敦的长老会内部传开了，理查德·巴克斯特“赞扬了英格兰教会的做法”。[26]

坎特伯雷大主教威廉·桑克罗夫特、圣阿萨夫主教威廉·劳埃德、伊利主教弗朗西斯·特纳、奇切斯特主教约翰·莱克、巴斯和韦尔斯主教托马斯·肯、彼得伯勒主教托马斯·怀特和布里斯托尔主教乔纳森·特里劳尼“以最恭顺、最尊重的方式”向詹姆斯二世提交请愿书，强调从政治而非神学出发，反对詹姆斯二世的行为。七位主教在请愿书中坚称，他们拒绝宣读国王的敕令，并不是因为“对异见者缺乏足够的同情”。相反，他们反对这道敕令，是因为它“建立在议会多次宣布为违法的豁免权之上”。[27]

秘密印出的七主教请愿书立即引起了轰动，成为“各界人士的中心话题”。罗伯特·索思韦尔爵士在西南部的家中收到一份请愿书，

The Seuen Stars are y^e angels of y^e
Seuen Churches oad y^e Seuen
golden Candlesticks which thou
Sawest are y^e Seuen Churches
reuelation chap i v 22.

Les sept estoiles sont les anges
des sept Eglises, et les sept
Chandeliers dor que tu as veus.
sont les Sept Eglises.
apocalypse chap i v 22

S: Gribelin inu: et sculp.   Sold by P Vansomer. in newport street near Leicester-Fields   June 1688

上图展现的 1688 年 6 月七主教审判激怒了英格兰的广大人民。非国教徒和国教徒都为他们的无罪开释而欢欣鼓舞。少数国教徒认为七位主教无罪开释，说明上帝为他们的教会辩护。绝大多数英格兰人都认为这一事件说明民众行动起来，可以阻止詹姆斯二世的天主教现代化政策

他"百读不厌"，"忍不住把它"送给了朋友韦茅斯子爵。身在卡莱尔的托马斯·史密斯记述，"智者和好人都称赞"主教的行为。詹姆斯二世的反应却截然不同。"什么！英格兰教会反对我的豁免权！英格兰教会！总是鼓吹豁免权的人！"国王喊道。他还说："这是示巴*的号角声，清教徒在 1640 年的煽动性布道都没有这么恶劣的影响。"詹姆斯二世立即表明，"他很清楚怎样才能令他们听话"。[28]

如果说七位主教的请愿书是反叛的号角，那它的声响响彻云际。伦敦和王国其他地区的国教牧师普遍拒绝宣读国王的敕令。伦敦有一小部分牧师宣读了敕令，有的堂区一开始宣读，"听众就都离开了教堂"。国教牧师面对王室的施压，依然保持团结一致，这令伦敦人勇气倍增。威廉·韦斯特比在日记中坦言："人民从这天开始毫无拘束、毫不掩饰地讨论反对豁免权。"所有报告都称，"全国各地"很快开始"效仿伦敦"。一个又一个郡的牧师，几乎全都拒绝宣读国王的敕令。即便在那些当地主教拒绝声援七位请愿主教的少数主教管区，"低级牧师也以伦敦的牧师为榜样，拒绝宣读"《宽容宣言》。[29]

眼见自己的天主教现代化政策受到全国各地的公开抵制，詹姆斯动用了另一种国家工具来平息反对声音。他以煽动性诽谤罪起诉七位主教。这一决定以及随后的审判让所有人都看清了问题所在。威廉·桑克罗夫特和威廉·劳埃德都打算在法庭上发表演讲，阐明他们的立场。桑克罗夫特声称，他发觉国王的敕令"似乎改变了整个政府的框架，并引入了一部新的宪法"。至于"教会事务"，他确信国王的目的是"中止并在事实上废除""反对教皇和罗马教会毫无根据和毫无公正可言的篡夺行为的""一切法律"。威廉·劳埃德准备在开庭时说，"（本案）影响到新教和英国的所有法律。当下与未来的福

---

*　在《旧约》里，示巴是便雅悯人的领袖，他反对以大卫为犹太人的王，吹角号召以色列人离开大卫。

About 200 Ministers Suspended
in ye County of Duram for not
reading the Kings Declaration

直到 1688 年夏天，詹姆斯二世仍然拥有强大的国家机器，
而且他借此暂停那些拒绝宣读他的《宽容宣言》的教士的
职务

祉都取决于此"。[30] 两位主教可能都不用发表他们的演讲，因为没有
必要。他们打算提出的论点已经无人不知。

　　一年多以来，各地的英格兰人一直都在辩论桑克罗夫特和劳埃德
打算在法庭中提出的相同问题。一位天主教历史学家回忆："王国上下
每天都充斥着议论豁免权、取消宣誓及其他惩治条例的小册子。"法
国大使认为这是一场"口水仗"，国王的宣传员亨利·凯尔也认为这

是一场广泛的"辩论"。参与这场小册子战争的一些人名动一时。牛津主教塞缪尔·帕克是詹姆斯二世最坚定的支持者之一，他的论战文章《废除宣誓的若干理由》在 1687 年 12 月的其中两天就卖出了两千多册。不过更受欢迎的是国王反对者的作品。1687 年底，哈利法克斯侯爵的《致非国教徒书》在"全国各地"卖出了"至少两万册"。罗马天主教徒亨利·内维尔·佩恩等人认为这是出版历史上的"最不忠、最危险"的文章。其他人则宣称哈利法克斯的文章"风行一时"，其"风格、严密的推论和表达方式都令人钦佩"。詹姆斯·约翰斯顿后来声称，这本小册子对奥兰治党的事业的贡献厥功至伟。吉尔伯特·伯内特也写了一些流行的小册子，批评詹姆斯二世的《宽容宣言》。[31]

在七位主教受审前几个月发表的另外两本小册子也引起了很大的轰动。1688 年 1 月，荷兰行政长官加斯帕·法赫尔发表了《法赫尔的信》，强烈反对詹姆斯二世废除《惩罚法》和《宗教审查法》的计划。可能因为大家都知道法赫尔代表的就是奥兰治亲王和王妃的观点，"王国各地"迫不及待地买下了"成千上万本"小册子。这本小册子"在宫廷内引起了极大的不满"，苏格兰天主教徒路易斯·英尼斯认为这主要是因为它"伤害很大"。没几天，续篇《反思法赫尔先生的信》就在商业和论战上取得了比《法赫尔的信》更大的成功。这本小册子"在城镇和农村"免费发行，森德兰伯爵对此极为关注，到处搜索作者和印刷商。当詹姆斯二世决定以煽动性诽谤罪起诉七位主教时，英格兰几乎没有人不知道其中牵涉的问题。在伦敦和农村，"各种看法的小册子"都有。威廉·韦斯特比的说法很好地表现了农村的情况："这一年的大众话题都是国王绕过法律行使权力的问题。"[32]

英格兰人不仅饱读了关于国王有权以敕令绕过法律的小册子，从所有迹象来看，许多人已经开始站到国王的反对者一边。1687 年和 1688 年，越来越多英格兰人坚决主张，詹姆斯二世的行为不仅不合法，而且等于宣布在英格兰只有国王的话才算法律。哈利法克斯侯爵认为，任何支持《宽容宣言》的人，看上去都"像是特权势力请来反对你们的老朋友《大宪章》的辩护人"。流亡荷兰的英格兰人断言："如果国王可以不顾议会反对，准予信教自由，接下来就是专制政府和天主教。"吉尔伯特·伯内特在 1688 年春天决定"投身革命"。他后来回忆，这是因为詹姆斯二世的第二次《宽容宣言》"任意中止了许多法律"，加上国王坚持起用"没有法定资格的人"担任地方和国家政治职务，这让他确信"我们的宪法被彻底颠覆了，宪法从法定的变成了不稳定的，只服从于个人意志和喜好"。另一位国教徒也认为，向会众宣读詹姆斯二世的第二次《宽容宣言》，"等于宣扬改变了曾经属于这个教会和国家的宪法的豁免权"。在审判七位主教的过程中，被告委员会"经常直言不讳地说，豁免权改变了政府"。一位观察者解释说，成千上万人聚集在查令十字、白厅和兰贝斯宫前，都是为了庆祝"过于热切的豁免权支持者"的失败和英格兰的"稳定法律"的胜利。[33]

主教们不仅说出了人们对詹姆斯二世正在掌握前所未有的政治权力和颠覆英格兰宪法的广泛担忧，还在全国人民面前表现出来。每个英格兰人都惦念着七位主教和他们在 1688 年 5 月下旬和 6 月的审判。主教们被送往伦敦塔时，沿途聚集了大批群众。许多贵族、绅士和"大批"身份卑微的人到塔里看望他们。这些人似乎都相信，七位主教正在"为捍卫宗教、自由和财产"而受苦。怀特岛宾斯特德的玛丽·伍德福德、白金汉郡中克莱登的拉尔夫·弗尼爵士和德比郡阿什本的威廉·布思比爵士都为主教获释而祈祷。全国各地的"男人、女人和孩子"都在热烈地讨论这些主教和他们的审判。可靠和不可靠的消息广泛流传于印刷报纸、手写通讯、私人信件和咖啡馆闲谈之中。约翰·洛克的朋友安娜·格里格认为，"成千上万人"在"没完没了地"思考或谈论主教案。英格兰最显赫的贵族和绅士都从全国各地赶来旁观主教受审。留心庭上一言一行的不只有那些在场者。例如，当主教们在 6月 18 日获准保释时，全国各地的城镇和村庄都燃起了篝火。利奇菲

尔德是中部地区一座拥有主教座堂的城市。詹姆斯二世的支持者试图
阻挠那里的庆祝活动时，"引发了一场大骚乱"。[34]

1688 年 6 月 29 日，王座法庭宣布主教们无罪释放，这进一步助
长了民众的热情。法庭公开判决结果的时候，"大堂里欢声雷动，屋
顶都要被掀翻了"，身在现场的克拉伦登伯爵兴奋地说。旁观者一离
开法庭，消息"就被船夫传开了，顷刻间像引爆的火药一样，在河道
和街道上来回传播"。从贵族到"爱凑热闹的乌合之众"，"大部分"
人都迅速加入了伦敦街头持续两天的疯狂而喧闹的庆祝活动。有些人
点起了篝火，另一些人敲响了钟，好像每一个人都在不停地叫喊。群
众毫不留情地袭击了拒绝参与庆祝活动的詹姆斯二世的朋友。刚刚皈
依罗马天主教的索尔兹伯里伯爵詹姆斯试图扑灭他家门前的篝火，"这
帮乌合之众"就开火了，"杀死了专门前来灭火的堂区执事"。[35]

无罪释放的消息传到哪里，哪里就会举行庆祝活动。白金汉"有
无数篝火"。布里斯托尔"从未有过这样的欢庆活动"。后来成为主教
的西蒙·帕特里克回忆，彼得伯勒"几乎彻夜欢庆"。"不分贫富"，
无论军人抑或平民，国教徒还是不信国教的新教徒，"王国上下"所
有人都在庆祝。

不同政治派别的评论家后来都说，七主教案之后，整个政治民族
都站到了詹姆斯二世及其政权的对立面。詹姆斯党人约翰·史蒂文斯
追悔莫及地说，这"七个叛乱的号角手"一从伦敦塔放出来，就到处
煽动叛乱，"影响的不仅是他们自己的、通常冠以英格兰教会之名的
小群体，还（波及）游走于英格兰异端和教会分裂的森林的其他野生
动物群体"。史蒂文斯肯定地说，其结果是这个国家"现在迷醉于叛
乱"。温和派哈利法克斯侯爵同意："最近的七主教事件产生了难以想
象的巨大影响，它让所有新教徒都凑到了一块，变成同气连枝的集体。"
辉格党人詹姆斯·韦尔伍德认为，1688 年 6 月的审判"唤醒了英格
兰人民摆脱枷锁的决心"。[37]

　　1688年夏的英格兰人民对他们的国王愤怒不已。七主教审判令许多人相信，詹姆斯二世铁了心要消灭英格兰的宗教和政治自由。这次审判并不像修正派学者所说的那样，是英国国教的胜利。它没有导致一次保守的"国教革命"。毫无疑问，许多高教会派的确庆祝主教们无罪获释，认为这是本教派的胜利。毫无疑问，带有神学色彩的纪念章和印刷品将主教们刻画成智慧的"七大支柱"，其受欢迎程度体现了许多购买者的看法。然而，判决结果令高教会派和非国教徒都欣喜若狂。由于主教们将他们的案件表述为保卫法律、保卫自由、反对王室特权、反对专制政府，英格兰大多数非国教徒也把主教们的斗争当成自己的战斗。一位来自韦尔斯的贵格会教徒表示愿意保释巴斯和韦尔斯主教托马斯·肯。其他辉格党人，包括贝德福德伯爵、什鲁斯伯里伯爵、曼彻斯特伯爵、卡莱尔伯爵、克莱尔伯爵、拉德纳伯爵、纽波特子爵、佩吉特勋爵和沃克的格雷勋爵，其实都为主教们缴了保释金。杰出的长老会领袖理查德·巴克斯特在他的会众面前"高度"赞扬了"主教们的热诚"。非国教徒热烈地庆祝了主教们的无罪释放。伦敦的目击者说，"牧师和普通信徒，非国教徒和国教徒"，都"为主教们的释放感到欣喜"。兰开夏郡的非国教牧师亨利·纽科姆的话可能说出了许多人的心声，他说听到主教们无罪释放的消息，自己"并不感到惋惜"。[38]

　　詹姆斯二世及其顾问试图巩固权力，推进他们的天主教国家现代化计划，但是每一步都遇到了越来越多的阻力。许多人反对詹姆斯二世可能是出于强烈而长期的反天主教偏见，但他们对外大多都以世俗和法律措辞来为自己的行动辩护。罗杰·莱斯特兰奇爵士一针见血地指出："没有人谈论宗教。"[39]詹姆斯的反对者用越来越尖锐的腔调，一遍又一遍地说，詹姆斯正在破坏英格兰的教会和国家体制。正因为这些人运用的是自由话语而非救赎话语，强调的是英格兰法律秩序而非真正教会受到的威胁，所以把他们的胜利说成国教革命是讲不通的。

国教徒和非国教徒都痛斥教会事务法庭，谴责针对莫德林学院的诉讼，铭记七位主教的无罪判决。他们想要的是英格兰革命，而不是狭隘的英国国教革命。

※ ※ ※

詹姆斯二世的天主教现代化政策引起了广泛的抵抗。英格兰各地都有很多人站出来表示反对。修正派学者声称詹姆斯的反对者主要是受到宗教偏见的影响，但是学者们关心的并不只有詹姆斯的敌人。他们还提出，最热心的国王拥趸就是最支持宗教宽容的人。这些学者宣称，詹姆斯二世提倡宗教多元化，英格兰的辉格党人和非国教徒大都非常清楚这一点。

辉格党人和非国教徒支持詹姆斯二世吗？那些在 17 世纪 70 年代末和 80 年代初试图将他排除在王位之外的人，是否已经把詹姆斯二世当成辉格党国王？

非国教徒肯定有充分的理由拥护詹姆斯二世。他在 1685 年底和 1686 年就开始向他们示好，而且在 1687 年颁布了他的第一道《宽容宣言》，从而终结了英格兰历史上最严重的宗教迫害时代之一。由于辉格党在 1681 年未能将詹姆斯排除在王位之外，托利党开始"严厉打击非国教徒"。非国教徒"普遍受到打压"，他们的集会"每星期都受到骚扰（而且程度并非轻微）"。贵格会领袖乔治·怀特黑德质问："哪个新教时代，哪个教会受过这样的暴行和残酷迫害？"西南部阿克斯明斯特聚会教会的领导人也表达了类似的看法。他们在 1683 年指出，"敌人的怒火越来越盛"，所以"信徒开始胆战心惊"。仅在 1685 年，国家当局就囚禁了一千四百多名贵格会教徒。政府动用庞大的线人网络，恐吓全国各地不从国教的会众。1685 年夏天的蒙茅斯叛乱失败之后，国家对非国教徒的迫害愈加残酷。低教会派吉尔伯特·伯内特称詹姆斯二世政权"仿佛是嗜血的",这么说的不止他一个。[40]

　　很多人都认为,詹姆斯二世停止迫害并向非国教徒伸出援手,这一转变只有可能是上帝干预的结果。约克郡长老会教徒奥利弗·海伍德显然跟其他人一样惊叹:"上帝做了些什么!"一位小册子作者写道,如果非国教徒不感激詹姆斯二世帮助他们摆脱了"无法衡量也无法承受的负担","我会忍不住把他们看成愚蠢的冷血动物"。天主教和高教会派的观察者都在议论非国教徒对詹姆斯二世及其新政策的热烈支持。一位国教评论者断言:"我们的良心自由迷住了所有的老狂热分子。"天主教徒达尔比维尔侯爵写道,现在"非国教徒全都"热烈支持詹姆斯二世。另一位罗马天主教徒指出,"狂热分子现在已经成为国王的忠实臣民"。[41]

　　詹姆斯于1687年4月颁布《宽容宣言》之后,辉格党人和非国教徒看起来确实开始支持他的政权。像贵格会的威廉·潘恩和罗伯特·巴克利、长老会的文森特·艾尔索普和詹姆斯·斯图尔特爵士,以及独立派的斯蒂芬·洛布等著名的非国教徒,很快成为核心决策圈子的常客,并利用手上强大的笔来为他们国王的政策辩护。[42]

　　不出所料,不从国教的教派纷纷递上八十多份感激《宽容宣言》的呈文。重要的辉格党辩论家迅速开始撰文维护詹姆斯和他的政策。亨利·凯尔在17世纪80年代初曾因激烈抨击詹姆斯和托利党而广受欢迎,从而牢牢地"在公众心目中建立起非国教徒和辉格党人的形象",他就写了很多小册子维护詹姆斯的政策,并在政府的支持下出版周报《国家大事》。1688年8月凯尔去世,《国家大事》由另一位资深的辉格党辩论家埃尔卡纳·塞特尔接手。詹姆斯·弗农是另一份著名的政府报纸《伦敦公报》的主笔,此人不仅在1679年担任过辉格党议员,而且直到蒙茅斯公爵被处死都是他的私人秘书。理查德·伯索格"一向是狂热分子的同道中人",他写了理论精深的《废除惩罚法的正理》,并得到了被任命为德文郡治安法官的奖励。许多被剥夺了法律权利的辉格党人，包括乔治·斯佩克、约翰·特伦查德、约翰·汉普登、约翰·达顿·科尔特和塞缪尔·巴纳迪斯顿，都获得了国王的赦免。其他辉格党人则更加积极。一些被安排了高级职务。辉格党律师威廉·威廉姆斯爵士在 1687 年 12 月接受了副总检察长的职位。西柳斯·泰特斯是"最激烈的"辉格党人之一，他从 1687 年 9 月开始经常出入宫廷。1688 年 7 月，泰特斯与弑君者小亨利·文的儿子、辉格党人克里斯托弗·文一起在詹姆斯二世的枢密院任职。[43]

显然，詹姆斯二世的确谋求辉格党和非国教徒的政治支持。绝大多数非国教徒都很激动，毕竟持续多年的暴力迫害和监禁终于结束了。一些著名的非国教徒和辉格党人肯定与詹姆斯二世及其政权有紧密的合作。但是，大多数非国教徒和辉格党人都认为詹姆斯其实是一个辉格党国王吗？他们是否为詹姆斯二世提供了坚实的政治支持基础？

尽管证据复杂，但是可以明确的是，许多非国教徒和辉格党人从一开始就对詹姆斯二世的《宽容宣言》心存疑虑。他们乐意接受新获得的宗教自由，但他们想知道詹姆斯为什么退让。然后，随着詹姆斯不断地推动他的天主教现代化计划，不断地巩固和集中他的政治权力，非国教徒开始与这个政权保持距离。在 1687 年和 1688 年，越来越多的非国教徒明确表示，他们认为没有公民自由，宗教自由就毫无意义。

许多非国教徒从一开始就不确定应该怎样回应詹姆斯二世的《宽容宣言》。当詹姆斯准备颁布《宽容宣言》的小道消息在不信奉国教的群体中流传时，许多人就明确表达了他们的疑虑。白厅知情人欧文·温记述，的确有不少人"为此感到非常高兴"，"但其他人好像没有 1672 年那么惊喜，好像还没有决定应该接受还是拒绝它的恩惠"。《宽容宣言》颁布之后不久，许多非国教徒仍然困惑不解。"长老会内部的分歧"很大。法国和西班牙大使很少达成一致，这次他们都认为，长老会的"大人物和领导者都与英格兰教会结盟"，以反对詹姆斯二世。巴里永甚至声称，几乎"所有教派"都认为詹姆斯的宣言是"建立天主教的主要地位并消灭所有其他宗教的手段"。[44]

　　各郡的非国教徒跟首都的人一样冷待詹姆斯的新政策。约翰·里尔斯比爵士在约克汇报说："只有贵格会和独立派这两个不信奉国教的群体对宽容政策感到满意，两者人数都不多。"西约克郡诺曼顿的塞缪尔·桑德斯认为，非国教徒对詹姆斯二世及其政权的意图有着深深的"恐惧"。一位赫里福德的国教徒谈到非国教徒的时候说，"就算有那么多虚伪的呈文"，可以肯定的是，"一有机会"，这些人就会"按照他们公开宣称的弑君原则行事"。布里斯托尔主教乔纳森·特里劳尼更同情非国教徒。他坚称，"连长老会的那些地位较高的人"，都对未经同意就把他们的名字附在呈文上感到愤怒，并拒绝捐资兴建新的礼拜堂。奇切斯特主教约翰·莱克评论，在詹姆斯发布宣言之后，"这座城市最有影响力的非国教徒"都选择参加国教的礼拜，而不是为他们自己建造新的礼拜场所。苏格兰的矛盾心态跟英格兰相似，那里的汉密尔顿公爵写道，"如果国王期望这里的长老会教徒"帮他，"那他就大错特错了"。[45]

　　詹姆斯二世更大的政治计划立即引起了许多非国教徒的担忧，尤其是重要的长老会教友。吉尔伯特·伯内特回忆，长老会和独立派"反对国王正在攫取的高度特权"，因此，尽管他们"大都认为应该接受国王的恩惠"，但他们不会"同意废除《宗教审查法》"。长老会辩论家丹尼尔·笛福坚称，詹姆斯二世准备制造事端，而"大部分非国教徒"都"很清楚这一点"，"尽管他们不久之前还吃尽惩罚法的苦头，但他们甘愿冒这些法律继续执行的险，也不希望我们的新教的实质和存在陷入险地"。贵格会教友约翰·怀廷也认为，詹姆斯二世的《宽容宣言》以"国王特权"的形式准予良心自由，这不是"我们想要的"。尽管詹姆斯二世竭力宣传感谢他的《宽容宣言》的大量呈文，不过，许多著名的非国教徒领袖，如理查德·巴克斯特、约翰·豪和威廉·贝茨，公开表示反对呈文。就像长老会教徒罗杰·莫里斯表明的，"那些递交呈文的大部分都不是能做主的人”。[46]

　　非国教徒庆幸自己获得宗教自由，但也明确表达了对詹姆斯二世计划废除《宗教审查法》和《惩罚法》的担忧，前者规定信奉国教是担任政府职务的先决条件，后者则会惩罚拒不参加国教礼拜仪式的人。一位消息灵通的观察家写道：“大家都认为将所有惩罚法一并废除，等于将宗教改革连根拔起，只保留过去的天主教。”詹姆斯二世的天主教现代化计划可能需要废除令英格兰成为新教国家的法律，而非国教徒提出，与其这样，不如“制定一项新的法律，使人在宗教和良心问题上免受人身和财产的惩罚”。尽管学者煞费苦心，突出全国各地愿意与詹姆斯二世合作的人，但詹姆斯及其官员曾向全民散发调查报告，而调查结果给人的整体印象表明，绝大多数非国教徒和辉格党人都不愿意这样做。至少在兰开夏郡，消息灵通的国教徒都持这样的看法。里达尔的丹尼尔·弗莱明爵士认为，对于詹姆斯三个问题中的前两个，“长老会”和“兰开斯特以南的贵格会”的答案都是否定的。[47]

　　从 1687 年到 1688 年，非国教徒和辉格党人越来越积极地反对詹姆斯二世的天主教现代化计划。1686 年宗教迫害的终结和 1687 年《宽容宣言》，曾令部分非国教徒和辉格党人如释重负，但在几个月内，他们大多都变成了詹姆斯二世及其政权的反对者。或许是因为詹姆斯二世的现代军队无处不在，或许是因为教会事务法庭坚决打压宗教讨论，或许是因为詹姆斯二世在莫德林学院不惜践踏英格兰法律，辉格党人和非国教徒逐渐认识到，詹姆斯二世充其量只是想以有限的宗教自由做交换，让人放弃公民自由。奥兰治的威廉在英国的一名线人汇报：“长老会和独立派一开始珍惜宽容政策，现在他们正在清醒过来。”事实上，许多人告诉詹姆斯的专员，他们“赞成取消宗教审查”，而且承诺“说服那些已经告诉他们绝不同意此事的人”。与詹姆斯的核心圈子来往密切的纳撒尼尔·约翰斯顿被詹姆斯聘为宣传员，他在 1688 年 1 月担心“非国教徒可能会冷待”国王的计划。丹尼尔·笛福在 1689 年回忆，"更有判断力的非国教徒"一直都警惕詹姆斯二世的计划，但他们的担忧"突然在整个群体弥漫开来"。浸礼会教徒威廉·基芬认为，詹姆斯二世的"密谋""俘获了几个非国教徒的心，但他们毕竟是少数"。低教会派吉尔伯特·伯内特认为，以"大放厥词的艾尔索普或凯尔"作为参照来判断所有非国教徒，"是极不公平的"。两位敌视非国教徒和辉格党人的人士也有相同的看法。埃德蒙·博恩担任萨福克治安法官期间曾经强力镇压非国教徒，他认为"我们的非国教徒不会那么容易就被哄骗得忘了他们前不久还在蒙受的苦难"，所以一有"机会，他们就会……勇敢地暗示他们决心挫败"詹姆斯及其天主教顾问的预期。埃克塞特的受俸牧师托马斯·朗出版了大量对非国教徒的批评，他也抱有相同看法，认为那些看起来"热情拥戴国王陛下的"非国教徒，"最想联合起来反对他"。[48]

到 1688 年春，没有人怀疑非国教徒的主流观点已经转向反詹姆斯二世。与非国教徒群体来往密切的荷兰公使范西特尔斯写道，非国教徒"公开"表示，"发现国王的意图之后"，他们"宁可像以前那样受到《惩罚法》的迫害，怀着情况会在适当的时候得到缓解的期待，也不愿意与英格兰教会分离……肯定会一个接一个地倒下"。[49]

詹姆斯二世和他的顾问也意识到，非国教徒和辉格党人正在跟他们作对。詹姆斯·弗雷泽在 2 月记述："我们对非国教徒的善意已经冷却了。"哈利法克斯侯爵在 4 月告诉威廉，由于詹姆斯二世和他的天主教现代化同道没有发现"他们的期待得到异见者的响应"，"他们打算重新转投他们的老朋友高教会派"。5 月，詹姆斯·约翰斯顿得知，"宫廷正在把最近才加进来的长老会和独立派教徒统统赶走"。[50]

通过审视个别案例，可以证实非国教徒和辉格党人并不拥护詹姆斯二世政权的这一总体情况。除了少数引人注目而广为人知的特殊个案，非国教徒并不认为詹姆斯二世是他们获得宗教自由的唯一或最大的希望。这些虔诚的男性以非凡的勇气，拒绝了他们获得的结束宗教迫害的条件。有人怀疑也有一样多的重要女性赞成他们的观点。

长老会领袖尤其旗帜鲜明地反对詹姆斯和他的政策。理查德·巴克斯特甚至在詹姆斯发表宣言之前就已表明，他无意向国王致谢。约翰·豪跟著名的低教会派和未来的主教吉尔伯特·伯内特、理查德·基德尔和爱德华·福勒等朋友一样，在奥兰治的威廉劝说下拒绝向詹姆斯递交呈文。豪听从亲王的指示，认为如果詹姆斯实现了他的计划，将会产生"致命的后果"，而且他还"尽量运用他的影响力来遏制他人"。林肯郡的长老会教徒约翰·拉斯特里克在1687年"拒绝"签署致詹姆斯二世的感谢信，并暗暗表示"它的用意和企图很好理解"。埃克塞特的乔治·特罗斯得知詹姆斯二世的《宽容宣言》之后，开始频繁参加"教士集会"。他的决定基于两方面的考虑。他认为该宣言"违反法律"，而且他怀疑"国王的意图是让人民退出公共生活，从而削弱英格兰教会，而一旦他让英格兰教会受到轻视，非国教徒就会轻易地被击垮"。毫不奇怪，特罗斯对1689年《宽容法》更为满意，因为该法令为宗教自由提供了法律保障。这些观点与德比郡牧师威廉·巴格肖的相似，后者被称为山顶使徒，他"完全否认詹姆斯国王准予宽容所依据的豁免权，只看到其中包含的意图"。理查德·弗兰克兰在谢菲尔德附近的阿特克利夫的非国教徒学校的学生面前发表布道，警告他们不要"把期望建立在绝对权力之上"。[51]

罗杰·莫里斯在其详尽的长篇入门书中描述了他对詹姆斯二世的宗教政策的厌恶和反对。1688年5月，他抄写了一份英国国教文件，谴责《宽容宣言》宣称"王家特权高于法律"，拉开了领导阻止非国教牧师向其会众宣读宣言运动的序幕。泰晤士河南岸罗瑟希德的托马斯·罗斯韦尔曾经公开感谢詹姆斯二世的《宽容宣言》，但连他都对詹姆斯或其政治毫无好感。他的儿子和传记作者回忆："没有人比他更为（光荣革命）感到高兴了。"埃德蒙·卡拉米与当时的许多牧师领袖都很亲近，他写道，"少数受到个人和特殊恩惠的"长老会牧师"可能掉入圈套"，不过"他们只是极少数"，"更多的人站出来"，反对国王的政策。[52]

独立派（或公理会教徒）同样对詹姆斯的政策怀有疑心。在德文郡阿克斯明斯特，聚会教会的"成员没有一个"愿意签署给詹姆斯二世的致谢声明。该教会的编年史记录者写道："对于那些有足够洞察力和能够准确判断时势的人来说，很显然，在所有公平可信的权威姿态之下，天主教仍在继续策划阴谋。"埃克塞特自由学校的独立派校长扎卡里·梅恩无疑充分利用了詹姆斯二世的《宽容宣言》，但他仍然对爆发于 1688 年的"伟大革命""感到十分满意"。独立派牧师托马斯·乔利写道，"在宗教问题上，兰开夏郡受《惩罚法》影响最大的就是我"，但他依然认为国王的新政策"是有害的"。他坚信"所有信仰都是自由的"，但对任何废除《宗教审查法》的想法都很反感。[53]

1687 年和 1688 年，浸礼会和贵格会是公认与詹姆斯二世的政策联系最紧密的团体，但事实上，连他们都称不上可靠的政治盟友。备受尊崇的伦敦浸礼会领袖威廉·基芬不仅拒绝担任伦敦高级市政官，还竭力"阻止自己认识的非国教徒"为政权服务。基芬是拒绝与詹姆斯及其政权合作的二十多名浸礼会重要人物之一。一位浸礼会教徒在 1689 年写道，"少数人（依据他们自己的观点）"确实鼓动"取消《惩罚法》和《宗教审查法》"，但浸礼会会众不会这样做。事实上，一些浸礼会会众"不仅责备了他们当中有份参与的人，而且往往进一步控诉他们"。[54]

贵格会也一样，刚开始热烈支持宽容政策，之后就开始冷待詹姆斯。威廉·潘恩本人的态度明确，他认为最好"取消《惩罚法》，保留《宗教审查法》"。当然，这样一来詹姆斯就无法推行他的天主教现代化政策，而这或许也是潘恩和彼得神父 1688 年 6 月在政治上水火不容的原因。与此同时，潘恩因为支持詹姆斯二世的政策，失去了许多贵格会教徒的支持。威廉的线人谈及潘恩的时候写道，"他自己的人"

开始"看到现在只有法国势力支持自由"，"他们觉得想要宽容就要放弃财产"。法国公使邦勒波同意，潘恩"受到了己方的强烈谴责"。卡莱尔的贵格会教徒托马斯·斯托里就是其中之一，他严厉斥责那些"每天都在向天主教徒靠拢的人"，因为他和"坚定的那些人"一样，仍然感到"忧惧不安"。[55]

重要的辉格党政治家和辩论家同样反对詹姆斯二世和他的天主教现代化计划。尽管詹姆斯二世尽了最大努力，但国王最亲近的顾问和外国观察者都认为他在 1687 年和 1688 年的主要对手是辉格党人。1687 年，当威廉的代理人埃弗拉德·范德维德·范戴克维尔德来到英格兰，为其主君争取支持时，许多观察者都注意到了他与辉格党领袖来往密切。1687 年夏秋之际，詹姆斯二世的《宽容宣言》已经发布了很久，而辉格党的"秘密团体"仍在继续组织反对国王政策的活动。不出所料，当时的人大都比学者悲观得多，认为詹姆斯很难在议会获得辉格党人的支持。哈利法克斯侯爵不确定辉格党议会会"一切按照宫廷的期许行事"。托利党的诺丁汉伯爵表示同意："很有可能的结果是，在我们当前的情况下，那些将会当选（议员）的非国教徒不会赞成废除。"长老会牧师罗杰·莫里斯对辉格党态度的了解不亚于任何人，他认为，他们顶多"只会取消针对宗教问题的《惩罚法》，但这满足不了国王"。经验丰富的政治观察者也得出了相同的结论。白厅内部人士詹姆斯·弗雷泽写道："宫廷开始对他们的新朋友感到非常厌烦，因为他们发现他们并不乐意配合他们的计划。"一位奥兰治党人观察了辉格党对待詹姆斯二世的事务进展的态度之后写道，詹姆斯二世没法"感到满意"。波兰大使安托万·莫罗认为，詹姆斯所指望的那些人是否真的会支持他，这大概仍是个未知数。法国人巴里永在 1687 年总结说："宫廷的主要反对者没有一个愿意改变他们的行为或态度。"[56]

大多数重要的辉格党人一贯敌视詹姆斯二世及其政策。詹姆斯及其大臣"弥补和安抚了"什鲁斯伯里伯爵，但后者仍然坚持反对立场。什鲁斯伯里伯爵前前后后去了很多次海牙，与威廉交换意见，并在伦敦家中组织了一个秘密的政治小团体，许多人认为他"热情很高"，花了大量心思对付詹姆斯。德文郡伯爵毫不掩饰他对詹姆斯二世政策的蔑视，他在 1687 年 5 月向威廉保证，这里"有成千上万的人"跟他想法一致。革命歌曲《Lilibulero》的作者托马斯·沃顿为詹姆斯二世所"看不起"，大家都知道他"非常讨厌这位英格兰国王"。另一位贵族辉格党人斯坦福德伯爵"以其锐气和才干而被视为詹姆斯二世的主要反对者之一"。[57]

一些过去与将来的辉格党议员同样坚定地反对詹姆斯二世的天主教现代化计划。詹姆斯的选举代理人多次与伍斯特郡的汤姆·福利接触，但后者回答，国王的三个问题"既不适合提出，也不会获得他的任何答复"。比起亲长老会的福利，另一位来自沃里克郡的托马斯·马里特与浸礼会和贵格会的关系更加密切，他在詹姆斯指定议会成员的计划最活跃的时候向威廉·潘恩提出，除了"自由和合法选举的议会"，"没有别的办法可以治愈"这个民族。康沃尔的辉格党人休·博斯卡恩对詹姆斯二世向辉格党靠拢的回应是解雇了任何暗示与国王合作的非国教牧师。1688 年他在特鲁罗起兵反抗他的国王，可以说是意料中事。"宫中名气最大的"，莫过于"被国王列为死敌"且行事张扬的剧作家、辉格党政治家罗伯特·霍华德爵士，因为"他始终不肯牺牲自己国家的宗教和法律，来满足一个被神父控制的暴君的专断欲望"。在萨里，经历丰富的王位排除分子乔治·伊夫林，也就是著名的日记作者约翰·伊夫林之兄，承诺将在 1688 年代表该郡参选，以"保护我们正处于极大危险之中的宗教和财产"。伟大的自然哲学家艾萨克·牛顿将于 1689 年以辉格党人的身份进入下议院，而他在 1687年写道，支持詹姆斯的《宽容宣言》等于"为了自由和财产抛弃所有法律"。1688 年 1 月初，北海两岸的辉格党激进派都表明反对詹姆斯。

尽管宫廷恳请理查德·汉普登和他的儿子约翰以个人名义支持詹姆斯，但他们都宣布反对废除《惩罚法》和《宗教审查法》。小汉普登、哈里·内维尔以及"所有的老共和主义者"都宣布支持威廉且反对詹姆斯，因为威廉将"像他的祖先对待西班牙那样对待法国，从而重建英格兰的荣光，恢复欧洲的自由，并在宗教问题上容忍不同的意见"。几周后，在阿姆斯特丹的约翰·怀尔德曼的住处举行了一次"密谋会议"。与会者包括辉格党人罗伯特·弗格森、刚刚协助出版了加斯帕的《法赫尔的信》的约翰·斯塔基和曾参与蒙茅斯叛乱的约翰·曼利。[58]

约翰·斯塔基和奥沙姆·丘吉尔等辉格党书商和印刷商也加入辉格党辩论家的行列。"热情的辉格党"历书作家约翰·帕特里奇自始至终都批评詹姆斯二世及其政权。他在 1688 年发表的《奇迹年》中兴高采烈地预言并促进了詹姆斯二世的垮台。1688 年，约翰·米尔顿的侄子约翰·菲利普斯重新开始了高产的论战生涯，他先是发表评论，犀利地攻击了詹姆斯二世运用特权的做法，然后翻译了《月报》，就詹姆斯政策的严重国际后果警告英格兰人。丹尼尔·笛福此时刚刚开始其作为杰出政论作家的漫长职业生涯，他也明确表示，从原则上来说辉格党必然反对詹姆斯。他贬低了那些声称"陛下一直认为良心不应受到强迫"的人，指出"我们都知道在上一任国王统治期间，是谁在制定和执行惩罚法"。笛福指出，詹姆斯是"一个信罗马天主教的君王，指引他的良心的是耶稣会士"，他在英格兰的行为肯定像"一个良心受到仁慈耶稣会士指引的国王对待法国新教徒一样温和友善"。[59]

历史学家往往突出那些同意与詹姆斯及其政权合作的辉格党人和非国教徒，但他们很少关注那些拒绝任职或者有所保留地接受职务的人。詹姆斯最早接触的辉格党人之一是白金汉公爵。尽管白金汉公爵的老相识威廉·潘恩亲自恳求，但公爵仍然拒绝任职，并言不由衷地表示他"现在是一个不守规矩的乡绅"。1688 年，詹姆斯的确设法延揽了一批过去的激进派到枢密院，但是其中的西柳斯·泰特斯早已明确表达了他对国王政策的质疑。泰特斯告诉詹姆斯·约翰斯顿，虽然自己"听取了他们的建议"，但他断定詹姆斯二世和他的法国天主教顾问的目标是"不管怎样都要引入他们的宗教，同时为此打造这支军队，如果这还不够，就接受法国的援助"。包括理查德·诺顿上校、托马斯·李爵士、查尔斯·沃尔斯利爵士在内的其他人，也许还有沃顿勋爵，都拒绝在詹姆斯的枢密院任职。[60]

　　约翰·洛克的圈子对詹姆斯政策的反应与许多其他辉格党人一样。他们有些人起初很热情。德文郡奥特顿的伊莎贝拉·杜克在詹姆斯发布宣言之后，兴奋地对洛克说，"这是我记忆中在英格兰最快乐的时光"。詹姆斯·蒂勒尔邀请流亡荷兰的洛克回英格兰时声称，他"会发现人们的情绪发生了从未有过的变化"，现在只有"高教会派"对政治趋势"感到非常不满"。但是，如同许多非国教徒和辉格党人一样，洛克圈子的热情很快就冷却了下来。或者说，他们对詹姆斯的疑虑很快就超过了他们对他的宗教自由承诺的期望。洛克本人回绝了詹姆斯的赦免提议。洛克的朋友菲利普·范林博斯认为，只有詹姆斯被推翻，这位辉格党辩论家才可能"毫无顾虑地回到那里"。洛克的朋友都有相同的看法。同样是在蒂勒尔邀请洛克回国的信中，他对吉尔伯特·伯内特的《信札》大加赞赏，而这本小册子明确指出了法国式天主教的危险性，因此被"禁止进入"英格兰。1687 年秋的莫德林学院案令蒂勒尔"恐惧不已"。2 月，詹姆斯的监察员在白金汉郡向蒂勒尔本人提出了那三个问题，他拒绝回答其中的前两个。不出意料，没过两星期他就被"免去了"治安法官的职务。蒂勒尔的辉格党表亲彼得爵士和托马斯爵士的情况要好一点，但他们明确表示，跟"许多诚实的绅士"一样，他们"不会采取行动"。洛克的密友、汤顿的爱德华·克拉克跟他一样热衷羊毛制造业，是一位多年的辉格党政治家。克拉克把沙夫茨伯里伯爵和约翰·特伦查德当成朋友，并且在蒙茅斯叛乱之后一度被捕。克拉克与洛克过从甚密，曾在 1688 年夏天到荷兰拜访他，当时威廉正在动员他的英荷部队入侵英格兰。1688 年之后，克拉克跟洛克一样热心支持新政权，处处跟詹姆斯党人作对。洛克的"高贵朋友"彭布罗克伯爵托马斯·赫伯特在威尔特郡的监察员找上门时，"拒绝推荐选举那些将会废除《惩罚法》和《宗教审查法》的议员"。洛克的朋友大卫·托马斯博士也在 1688 年到荷兰拜访洛克，他拒绝担任索尔兹伯里的高级市政官。多塞特的辉格党人约翰·弗里克虽然被监察员认定为政权的"温和"支持者，但他对詹姆斯的天主教现代化计划的厌恶溢于言表。他在 1687 年 2 月讨论过流亡的问题；他毅然决然地拒绝了那三个问题，并拒绝了他的表亲威廉·潘恩的引诱。洛克的另一位朋友沃尔特·扬爵士被提名为詹姆斯二世在德文郡的调查委员会成员，他也没有履职。在洛克流亡期间帮他保管物品的查尔斯·古多尔博士认为，1688 年 11 月和 12 月发生的事情很可能"把我们悲惨不幸的王国从天主教和奴役中解救出来"。[61] 洛克的一些辉格党朋友跟许多非国教徒和辉格党人一样，最初欢迎詹姆斯二世结束宗教迫害，但很快就开始担心他的政策必然导致人们失去公民自由，最后连宗教自由都荡然无存。

地方的辉格党人和非国教徒对詹姆斯的引诱反应相似。事实证明，伦敦的情况最引人注目。当詹姆斯和他的监察员试图用辉格党人和非国教徒取代以国教徒为主的伦敦政治领导层时，他们遇到了或积极或消极的抵抗。宫廷解除了辉格党法官约翰·霍尔特爵士的职务，"因为他拒绝废除宗教审查"。11 月下旬，詹姆斯邀请前辉格党法官乔治·特雷比爵士重操旧业。特雷比没有同意，还利用这一机会私下告诉詹姆斯，他的政策引起了恐慌，人们"害怕失去他们的宗教"，也"害怕失去他们的财产、土地乃至生命"。辉格党人不再渴望担任郡长。尽管詹姆斯和他的监察员最后还是任命了一位辉格党市长和一些独立派、长老会和浸礼会高级市政官，但事实上这些人并不顺从。浸礼会市长约翰·肖特爵士拒绝接受詹姆斯的《宽容宣言》，坚称他必须依据英格兰教会的仪式"进行效忠和最高权威宣誓，这是法律的要求"。他坚持"参加圣礼和接受审查"，这不仅激怒了詹姆斯和他的支持者，而且为绝大多数伦敦的非国教徒高级市政官树立了榜样。许多非国教徒尽量回避任职。后来成为乔治·福克斯遗稿保管人的贵格会教徒威廉·米德拒绝担任公职，他说"他不会成为任何人的工具，也不为任何人所有"。其他人，比如长老会教友汉弗莱·埃德温和浸礼会的威廉·基芬，都将高级市政官的就职宣誓推迟了"六个星期以上"才屈服。为了表明他们对詹姆斯及其政策的反对，新的辉格党高级市政官迅速投票决定庆祝 11 月 5 日的传统反天主教日。宫廷试图对伦敦同业公会进行监管，但是无济于事。非国教徒对待入职被清洗过的同业公会的态度，就像他们对待担任詹姆斯的高级市政官一样矛盾。证据表明，在伦敦，"1688 年春，詹姆斯为了赢得非国教徒的政治支持而开展的活动已经偃旗息鼓"。[62]

　　毫无疑问，詹姆斯确实试图说服辉格党人和非国教徒支持他的政权。从国王的角度来说，此举与其说是政治目标改变了，不如说是政治策略改变了。在其统治期间，詹姆斯始终致力于推行天主教现代化政策。值得注意的是，即使经历了多年的政治边缘化和数十年来断断续续而日益严重的迫害，许多辉格党人和非国教徒都没有迫不及待地拥护他们的解放者。尽管有些人确实接受了詹姆斯政权的职务，虽然有不少人确实为他们的国王发挥了过人的文学和政治才能，但大多数辉格党人和非国教徒都没有这样做。

　　辉格党人和非国教徒大都断定，詹姆斯是在用宗教自由来换取民众放弃公民自由。托利党人约翰·达格代尔爵士认为，辉格党人对詹姆斯的宣言兴趣不大，因为他们的"自由只能用来消遣良心，对他们来说，这只是虚幻而美好的小乐趣"。莫德林学院的副院长查尔斯·奥德沃思暗示，非国教徒不可能只满足于宗教自由，因为他们"想要的是一个依据充分的有限政府，只给人行善的自由和权力……政府的目的是社会福祉"。辉格党人和非国教徒在这一点上都很明确。1688 年11 月，德拉米尔勋爵在博登当斯召集他的朋友和佃户起兵反抗詹姆斯二世时警告，"国王获胜意味着良心自由一去不返"。他后来解释说，这种被他人许诺的自由必然是不可靠的，因为它没有建立在公民自由的基础上。德拉米尔勋爵回顾英格兰在革命之前的形势时说："毋庸置疑，自由是宗教自由的一大保障，但如果我们的公民权利受到侵犯，我看不出来宗教有什么办法能从暴力手中拯救它们，因为很多例子表明，宗教是引入奴役的障眼法。"约翰·豪在 1687 年声称，长老会"普遍"认为"他们蒙受苦难，是因为他们始终坚持民族的公民利益，反对托利党的阴谋，而不是因为他们的宗教原则"，这意味着没有理由放弃这些原则。罗杰·莫里斯同意，"受到他们宣称的原则的影响"，非国教徒"一直顽强地主张维护和坚持宗教、自由和财产"。辉格党人吉尔伯特·伯内特在 1686 年告诉奥兰治亲王，"我是自由之友，所以我不会只满足于宗教自由，除非它受到法律的保障"。[63]

　　辉格党人在 1687 年底和 1688 年写了一本又一本小册子，一再强调：他们既是新教徒又是英格兰人；他们既想要宗教自由又想要公民自由；他们拒绝宗教身份政治的诱惑。托马斯·布朗的流行对话录《赫拉克利特的反复嘲笑》中的国教徒坚称："我的观点是这样的，我认为我是一个英格兰人，也是一个新教徒，只要我觉得这有可能直接或间接损害我的宗教或公民权利，我认为我都有义务予以反对，因为我要对上帝和国家负责。"威廉·潘恩和詹姆斯提出良心自由将成为新的《大宪章》，这激怒了很多人。1687 年的一篇论《大宪章》的文章作者警告，英格兰人必须"警惕任何侵犯我们公民权利的行为，无论它们用的是什么借口"。另一位作者附和说，非国教徒"不能不意识到，保护良心自由的新《大宪章》对他们毫无效力，因为新的宣言可以由人任意予以豁免"。还有一位作者预测，一旦英格兰人交出"我们的法律"来换取良心自由，詹姆斯和他的支持者将会"迅速夺走……我们钟爱的自由"。畅销书《反思法赫尔先生的信》的作者坚持认为，威廉统治的英格兰比詹姆斯统治的英国更好，因为奥兰治亲王知道，"在宗教问题上依法实现宽容或谅解，恢复民族近来频频受到侵犯的公民自由，只有这样才能解决国内的问题，才符合他的利益"。[64]

詹姆斯是天主教现代化的推动者，而非超前的宗教自由捍卫者，我们不仅要理解这一点，也要明白詹姆斯的政治举动同样使那些最大程度受益于他的《宽容宣言》的人逐渐相信，事实就是如此。尽管少数非国教徒和辉格党人仍然相信宗教自由优先于公民自由，但生活在詹姆斯二世治下的经历逐渐改变了他们当中大多数人的看法。大多数辉格党人和非国教徒在1687年和1688年超越了狭隘的宗教身份政治。他们并不认为宗教不重要，但就像辉格党人和非国教徒所说的，没有法律的保护，就没有宗教自由。他们认为，在享受宗教自由之前，必须保障公民自由。

※　※　※

非国教徒和国教徒、辉格党人和温和派托利党人都越来越鄙夷詹姆斯二世的天主教现代化计划。英格兰各地和社会各个阶层的人都反对詹姆斯二世和他的政府。詹姆斯激怒了一个远比高教会派更为广泛的群体。那么，辉格党历史学家认为詹姆斯的行为虽然比他们承认的更加复杂，却使英格兰新教徒团结一致，反对他们的国王，这样的看法是否准确呢？辉格党历史学家认为到了1688年6月，一场保守的、新教的革命已经势在必行，这是对的吗？这种说法受到两方面的有力质疑。第一，詹姆斯的批评者没有运用宗教术语来表达他们的反对意见，他们没有把他们的行动描述为新一轮的新教和天主教改革力量的斗争。第二，以1688年6月七主教审判为高潮的系列事件绝不意味着詹姆斯二世必然垮台。

　　尽管包括非国教徒和国教徒在内的许多新教徒真的担心詹姆斯二世政策的用意在于恢复天主教在英格兰的统治地位，但他们选择用英格兰的自由话语而非捍卫真正宗教的措辞来表达他们的抗争。肯定有很多人恐惧和厌恶罗马天主教。肯定有很多人固执于由来已久的反天主教偏见，但大多数人批评的是新的常备军、国家的发展和中央集权、侵入性的教会事务法庭和詹姆斯的《宽容宣言》，认为这侵犯了财产权，违反了英格兰宪法。辉格党人和托利党人、非国教徒和国教徒，他们大多数时候都用法律术语而非宗教术语表达他们的不满。他们在批评天主教时，会采用特殊的方式。他们明确表示，他们的纷扰不是所有天主教徒的错，而是耶稣会和法国式天主教的错。英格兰人很清楚，只有耶稣会士和受过法式培训的天主教辩护者才坚持维护君王的绝对权力，并坚持必要时可以动用武力来改变异端分子的信仰。其他天主教徒并不这样想。

　　詹姆斯的反对者捍卫的是英格兰的自由而不是宗教，所以批评该政权的天主教徒就有可能加入他们。事实上这样的人很多。甚至宫廷内部都有一个人数"可观的"、反对詹姆斯议程的团体，其中包括沃拉比的约翰·贝拉西斯勋爵、第二代卡迪根伯爵罗伯特·布鲁德内尔、教皇使节和约翰·利伯恩主教。贝拉西斯后来声称，他"（虽然是天主教徒）一直非常反对那时候国王为了发展天主教而采取的措施，比如在各郡和市政委员会任用天主教徒、建立教会事务法庭、为了废除宗教审查和惩罚法而冷落新教徒"。在宫廷之外，天主教徒的不满情绪更为普遍。一位小册子作者回忆，许多人"自己是罗马天主教徒"，但"非常排斥教士控制的这个政府，以至于他们最终对它感到厌恶，并离宫廷而去"。"温和派"天主教徒认为詹姆斯"受耶稣会的影响太深了"，他们只想获得信仰他们宗教的自由，因而担心国王的"行径"可能会令他们失去他们的"地位和财产"。荷兰人范西特尔斯认为，英格兰的天主教徒"偏向温和"。詹姆斯·约翰斯顿记述，许多英格兰天主教徒"拒绝担任郡长或郡军事长官助理"，而那些愿意任职的人明确表示，他们不会以帮助创建更加顺从的下议院为"报答"。法国公使邦勒波汇报，对绝对主义的恐惧弥漫于"整个民族"，以致天主教徒自己都"反对废除《宗教审查法》"。[65]

许多天主教教士跟利伯恩主教一样，因为最近能够任教和使用问答法讲授而感到兴奋，但又憎恶詹姆斯二世受到法国影响的政治活动。"许多重要的天主教徒"，包括枢机主教霍华德及其亲属，都对彼得神父跻身国王枢密院感到惊讶和愤怒。他们分析，由于詹姆斯让他的耶稣会告解神父进入枢密院，那么人们就有充分的理由宣称他的目的是"建立专制权力"。拉蒂斯邦的修道院院长普拉西杜斯·弗莱明交游甚广，他和许多人一样担心詹姆斯二世宫廷中亲法的德拉蒙德兄弟的"行动"会"毁掉我们国家的宗教事务"。约翰·萨金特和彼得·沃尔什这"两位杰出的反耶稣会"天主教辩论家都不会与詹姆斯二世和他的宫廷有任何瓜葛，大概因为他们反对詹姆斯的政治策略。[66]

正是因为许多英格兰（和苏格兰）的天主教徒对詹姆斯的法国式现代天主教怀有这样的疑虑，正是因为他们接受了英式公民自由的观念，所以他们当中的许多人都为推翻詹姆斯出力，并且最终从中受益。戴克维尔德于 1687 年访问英格兰，目的之一就是集合反詹姆斯政权势力，他不仅联络了辉格党人和一些被疏远的国教徒，还接触了一些天主教徒。令巴里永和邦勒波组成的法国外交团队感到震惊的是，他们很快发现，许多"重要的天主教徒"都在跟威廉的代理人合作。到 1687 年夏天，他们确信有几个人已经开始与奥兰治亲王一起采取"秘密行动"。此时教皇英诺森十一世与法王路易十四关系剑拔弩张，教皇甚至考虑将这位最虔诚的国王陛下逐出教会，所以很多英格兰天主教徒想反抗国王，以防止法国天主教控制他们的国家，这或许并没有那么令人感到意外。革命之后，许多英格兰天主教徒肯定觉得他们反抗他们的天主教君主是对的。1693 年，约翰·伊夫林在给天主教徒图克夫人的信中写道，"在我印象中，罗马天主教徒"从未"有过现在这样的轻松和安宁"。英格兰天主教徒加入威廉的军队，并欢迎他的政府，这不仅仅是因为革命之后的政权很少会对他们执行《惩罚法》，还有一个原因可能是新政权无意推动法国式的宗教虔诚。这就是为什么一些天主教徒加入 1696 年联盟（the Association of 1696），谴责 1696 年的詹姆斯党人暗杀阴谋有违"自然法和国家法"。[67]

　　辉格党历史学家不仅错误地以为詹姆斯的行为催生的仅仅是一个宗教上的反对派，一个只用宗教术语表达不满的反对派，而且错误地认为詹姆斯政权在 1688 年夏的灭亡是不可避免的。詹姆斯及其顾问在七主教审判之后或许有所迟疑，但他们没有停止行动。詹姆斯肯定对七主教审判引发的反应感到吃惊，但他和他的顾问都很清楚，他们仍然拥有一个强大的国家机器。教会事务法庭几乎马上就开始收集那些拒绝宣读国王第二次《宽容宣言》的牧师名单。到了 8 月，他们已经开始采取行动。切斯特和达勒姆的主教暂停了他们教区内大量国教牧师的职务。一些治安法官和陆军军官主动惩罚那些庆祝主教无罪获释的人。当法官们在全国各地进行夏季巡回审判时，他们没有表现出任何策略上的退缩。根据坎特伯雷大主教威廉·桑克罗夫特的说法，詹姆斯二世的法官"谴责"了七位主教，"在英格兰各地的巡回审判中称其为煽动性诽谤者"。在莱斯特和北安普敦，罗伯特·希思爵士称"主教们犯下了结党的煽动的诽谤罪，但他们非常狡猾，找不到证据去指控他们"。另一位财税法庭法官约翰·罗瑟拉姆爵士在伯克郡的巡回审判中称主教们为"笨蛋"，并鼓动"废除宗教审查和惩罚法"。在格洛斯特郡，罗马天主教治安法官威廉·罗杰斯告诉季审法庭，这些"结党的主教"被"一个偏袒的陪审团洗清了罪名"。不少人"受到巡回法庭的传唤，要求他们解释对国王陛下的良心自由宣言发表的不敬言论"。[68]

1688 年夏天，许多消息灵通的观察者呼吁立即对詹姆斯二世采取行动。他们的意思不是詹姆斯的政权行将崩溃，而是如果他的对手不迅速采取行动，詹姆斯的地位就会变得不可动摇。约翰·汉普登和托马斯·李爵士一致认为，"两年内国王就会完成他的大业"，所以"这个夏天"就是该行动的时候了。他们的辉格党同仁德文郡伯爵也认为，詹姆斯的地位只会越来越稳固，奥兰治亲王的支持者"可能会失败"。柴郡的辉格党人德拉尔勋爵为自己在 1688 年起兵的行为辩护，他写道，对付詹姆斯二世只能使用"暴力"，"别无他法"，除非"假装用语言来约束利维坦"。丹比伯爵在 1688 年 9 月给一位托利党同仁写信说，"我宁愿在战场上死去，也不愿意生活在专制权力之下，看到我们的法律和宗教被改变"，而后者"显然就是当今国王的目标"。[69]

詹姆斯的反对者都很清楚许多国王支持者一直以来坚持的观念。如果詹姆斯能够设法获得一个顺从的议会，那就最好不过了，但詹姆斯并不需要指定议会才能成功。波伊斯侯爵提议，如果劝说和选举操纵失败，詹姆斯可以运用"金钱和军队"来获取一个顺从的议会。威廉的线人指出，如果监察员失败，詹姆斯"很可能"会动用"法国人的军队"得到一个顺从他意思的议会。其他接近詹姆斯的人认为国王已经做好完全取消议会的准备。法国大使巴里永认为："如果事实证明无法获得一个有利的议会，英国国王陛下仍然可以靠自己的力量做到许多事情。"1688 年 4 月，彼得神父"和他的小团体"希望再试一次监管计划，如果失败，他们依然相信国王可以通过"极端和暴力的手段"实现目标。长老会成员罗杰·莫里斯在 1688 年 8 月听到传言，"国王陛下并不关心议会是否顺从"，因为如果他们没有达到他的期望，他很乐意"抛开议会，利用国内或者从国外能获得的军队实施统治"。[70]

1688 年 6 月七位主教的无罪获释既不是国教的胜利，也不是英格兰新教徒联合起来迫使天主教徒詹姆斯下台的时刻。相反，当时的人将七主教审判视为詹姆斯实施天主教现代化计划的一个步骤。由于詹姆斯的计划要求同时发展国王的宗教和提高国王的权力，这就冒犯了那些不赞同他的索邦式王权观的教友。詹姆斯的反对者都讨厌绝对主义王权，于是团结了起来。正是因为如此广泛的反对，詹姆斯及其政权才在1688年变得脆弱不堪。詹姆斯的权力跟所有现代化政权的权力一样，最脆弱的时候就是转型的时候。辉格党的托马斯·李爵士和托利党的丹比伯爵都很清楚这一点。但革命并非无可避免。詹姆斯并不依赖公众的支持。相反，国王把一切都寄托在他的现代化国家机构上。况且，如果不是他的国内对手在1688年秋抓住国际危机的机会，詹姆斯很可能逃过一劫。

※　※　※

1688年的詹姆斯正在实现英格兰的国家现代化。在缺乏议会配合、民众普遍感到不满的情况下，他依然取得了极大的成就，这说明政府统治的方式已经改变。17世纪后期的英格兰统治者不再像他们的前任一样依赖与地方当局的协商和合作。詹姆斯拥有新的财富、新的统治技艺和路易十四那样可供借鉴的新的外国模式。詹姆斯能够运用他所继承的资源、机构和传统，塑造一个现代国家。正是由于詹姆斯的成就，许多英格兰人意识到，仅仅破坏正在现代化的詹姆斯式国家是不够的。他们意识到，英格兰需要新的政府形式。1688年的辉格党没有现成的计划，但许多人已经明白必须制定一个。

正因为詹姆斯曾经能够有效地推动英格兰的国家现代化和改造，所以当他在1688年9月底突然改弦更张时，大部分人都心存疑虑。风闻威廉率领的由荷兰人和英格兰人组成并得到荷兰议会和英格兰异见者资助的庞大舰队即将起航，"情急"之下，詹姆斯言不由衷地声称"事情都还没有定下来"，并迅速采取行动，拆除他所创建的国家

引用自《英格兰大事件》(*Engelants Schouwtoneel*)，罗梅因·德胡赫作，1692年。这幅版画画了1688年底的詹姆斯二世，他最终同意放下他的绝对主义姿态，召开自由议会。这样的战略性投降只是詹姆斯策略的一部分，他希望通过中止现代化计划，拼死一搏，赢得托利党人的支持，结果未能成功

机器。他恢复了伦敦主教和莫德林学院董事的职务，废除了教会事务法庭，并在全国范围内恢复了市政特许状。荷兰大使范西特尔斯写道，他已经认定"非国教徒无力或者不愿意为他争取一个有利的议会"。据罗杰·莫里斯所说，詹姆斯已经决定重投保守党。

虽然詹姆斯的转变一度受到称赞，但这说服不了多少人。几乎所有人都意识到，詹姆斯是在采取暂时的绝望行动来阻止革命。危机一过他就会马上恢复国家机器，没有什么能够阻止他。约翰·伊夫林在他的日记中指出，詹姆斯似乎已经改弦易辙，"却没有人感到满意"。伊夫林后来发现，尽管詹姆斯几乎做了托利党要求他做的一切事情，人民"似乎依然盼望和希望那位（奥兰治）亲王登陆，并把他当成摆

脱天主教暴政的救星"。荷兰大使听到人们说，"一渡过难关，国王就会走回头路"。法国人巴里永表示同意，"几乎所有英格兰人"都认定，詹姆斯"完全不信任英格兰民族"。[72] 詹姆斯向反动势力低头了，然而几乎没有人为此感到高兴。

大多数英格兰人都明白，仅仅迫使詹姆斯破坏他的国家机构，并不足以保护宗教和公民自由。因此，许多英格兰人开始勾画新的英格兰政体蓝图，这并不令人惊讶。其中几份留存至今。如果詹姆斯愿意谈判，他就必须"在国家的民事方面进行改革"。先后效忠于查理二世和詹姆斯二世的约翰·伊夫林在 1688 年 11 月给出了这样一份革命性的转型蓝图。伊夫林希望永远不要出现詹姆斯构建的那种国家。他要求自由选举，实施议会改革，由议会控制陆军和海军，并废除豁免权。然而伊夫林不仅仅是想摧毁詹姆斯二世的国家，他还想在原来的地方建立一座现代大厦。他想要的是一个对抗法国的英荷联盟，是新的土地税、国家支持的公务员制度，还有新的负责推动公共项目的委员会。伊夫林建议保留英国国教，但要宽容"审慎的非国教徒"和罗马天主教徒。他还呼吁实施广泛的英格兰风俗改革，包括向穷人提供社会福利，并在每个郡都建立一个公共图书馆。[73]

其他人制定的计划没有那么全面。柴郡的辉格党贵族德拉米尔勋爵起兵反抗詹姆斯时预料自己将会丧命，于是起草了几份备忘录，这些合在一起就构成了革命诉求。德拉米尔勋爵致力于改造国家，但在 1688 年，他还不是很清楚自己设想的新政府是怎样的。最重要的是，他在 1688 年 9 月提醒他的孩子，"全能的上帝故意允许改变犹太人的宪法"，这说明"如果有人发现他们的宪法出了问题而又不改，那就是他们自己的责任"。德拉米尔勋爵并非古老宪法的捍卫者。他还希望建立一个禁止教士议论政治的新国家，"因为没有人比他们更误导人，没有什么比他们的政治观念更加危害这个国家"。德拉米尔勋爵长期以来一直致力于宗教宽容，但在 1688 年，他没有讲清楚宗教宽容的性质。他要求议会保持自由和稳定，"因为如果议会受到忽视，政府就无法长期运转良好"。他坚持认为，成立政府是为了人民的"福祉"，不能服从任何"无视法律指引"的国王。只有当德拉米尔勋爵对威廉和玛丽治下的托利党政府感到不满时，他才想起有必要说明他所说的人民"福祉"是什么。[74]

长老会教友约翰·汉弗莱的后革命国家图景更为具体和清晰。汉弗莱认为，英格兰人面临着一个千载难逢的良机。他指出，"我们所处的国家"是"一个将最高权力交到人民手中的国家，他们可以按自己的意愿予以安置，所以为了公共事业，他们可以按自己觉得恰当的方式约束和限制权力。如果现在不这样做，他们就有可能一直受到后代的指责"。跟大多数辉格党人和非国教徒一样，汉弗莱认为公民自由高于宗教自由。首要目标必须是"解救人民于奴役之中"，"没有这一有利条件，我们永远都无法有效而彻底地实现这一点"。相比之下，"解决我们的宗教问题"是"一项耗时的工作"，"更适合交给议会解决"。汉弗莱认为，要防止以后的国王复活詹姆斯二世的政治计划，唯一的方法就是将军事和司法权力交给立法机关。此外，汉弗莱还主张用新的累进税制来取代目前的累退税制。他希望实施"财产登记"，好对最富有的英格兰人征收土地税，同时取消"壁炉税"，因为它不仅侵扰百姓，而且给制造业造成的税负最重。他希望国家变得更有效率，制定"禁止买官卖官的条例"和"制约威斯敏斯特厅的规则"。最后，汉弗莱希望"（通过包容与宽容法案）人民有免于宗教迫害的自由"。[75]汉弗莱革命方案的大部分内容很快成了整个民族的方案。

※　※　※

詹姆斯二世致力于天主教现代化计划。他知道欧洲正在发生迅猛的变化。为了成为欧洲舞台的主角，英格兰需要发展一个庞大而强力的国家。詹姆斯认为，新的经济机会对英格兰非常有利。第十一章将会具体讲到，詹姆斯特别提出，英格兰可以取代尼德兰联省共和国，成为欧洲在东印度和西印度最重要的帝国力量。詹姆斯和他的国家可以从这些不断扩大的新殖民地攫取资源，建立一座可以媲美路易十四的政府大厦。詹姆斯认为，英格兰成为伟大帝国的最大希望是创建一个现代的绝对主义政府。他对绝对主义的偏好深受法国天主教信仰体系的影响。在受过法式教育的耶稣会士的影响下，他不仅接受了天主教，还采纳了他们的现代天主教国家图景。他和路易十四一样，深信天主教神学要求君王拥有绝对的主权，有时候还需要动用武力来制服异端，让他们接受真正的信仰。詹姆斯二世同时致力于绝对君主制和重建英格兰的天主教。

为了实现自己的现代天主教君主制图景，詹姆斯下了很大功夫。他不是辉格党式历史书写中的那个笨拙、偏执、不切实际到荒唐的国王。他费了不少心思，集中英格兰的政治权力。他改革了无数的市政委员会，他建立了全国性的官员意识形态测试，他改造了英格兰首都和各郡的官僚体制并使之现代化，他创建了现代化的常备陆军和更加现代化的海军，他还下了很大功夫，集中和改进帝国治理。

然而，跟大多数现代化推动者一样，詹姆斯二世的行为激发了广泛的反对。辉格党人和托利党人、国教徒、非国教徒和许多天主教徒都对新的强有力的侵入式国家机器感到不满。大多数英格兰人，不分男女，几乎都反对詹姆斯二世的措施。他们聚众闹事，表示不满。他们为詹姆斯二世的政治挫折喝彩。他们拒绝支持他选定的地方和国家职位候选人。但说到底，他们无法改变詹姆斯二世的现代国家。詹姆斯二世的政治对手虽然人数众多，但不足以抗衡他们国王正在创建的现代军队和现代官僚体系。保守回应是不可能的。革命已经成为唯一的选择。

詹姆斯功败垂成，是因为他的行为具有广泛的国际影响。他下台不是因为本国人民一致反对，也不是因为外国入侵。推翻詹姆斯二世的是英格兰人民起义和英荷联军，因为英格兰和欧洲的许多人都对现代国家有了其他的想法。

第三部分　革命

第八章

民众革命

"奥兰治的威廉登陆托贝"纪念章，简·勒德作，1688年。威廉三世于1688年11月登陆英格兰，受到了大批民众的欢迎。这枚纪念章表现了威廉军队在德文郡托贝上岸的情形

德国自然法思想家和比较历史学家萨穆埃尔·普芬多夫指出，英格兰人"总是喜欢反叛和内乱"。在这一问题上有丰富个人经验的罗伯特·弗格森指出，"我们英国历史上最常见的莫过于暴民和造反"。热心拥护1688—1689年革命的詹姆斯·韦尔伍德也认为，"世上没有一个我们知道的王国像英格兰这样经历如此繁多的骚乱"。一位坚定的詹姆斯党人感叹，英格兰人是"一个容易反叛的民族"。既然英格兰和欧洲有那么多人确信英格兰政局动荡，自然就会有人猜测1688—1689年革命可能带来的广泛影响。苏格兰圣公会教徒罗伯特·柯克表达了一种迅速得到公认的看法。他写道："英格兰给今后所有国家

和军队都树立了一个先例，如果他们的君王不依法统治，他们就会在必要的时候打败他。"[1]

我们现在将 1688—1689 年革命视为一场非革命的革命，这与英格兰在早期现代的形象相去甚远。据说，1688—1689 年革命没有达到真正革命的三条标准。第一，1688—1689 年的革命不是一场民众革命。社会科学家一致认为"自上而下的社会变革不算革命"。两个多世纪以来，学者一直附和当权派辉格党人，坚持认为英格兰民众在政治上是被动的。托马斯·道布尔迪在 1847 年断言，"看来可以确定的是，英格兰人民对这次革命毫无贡献"。最近的学术研究更加强化了这一评价。罗宾·克利夫顿总结说："1688 年的光荣革命受到了民众的欢迎，除了天主教徒之外，所有人都为之欢呼，但这并不意味着民众有份参与策划或者执行。"约翰·韦斯顿和乔纳森·斯科特始终认为 1688—1689 年的"英格兰人民相对被动"，"在政治民族看来，1688 年确实是光荣的，这恰恰因为它根本不是一场民众反叛"。斯蒂芬·桑德斯·韦伯表示赞同："1688 年的事件不是革命，甚至谈不上反叛，无论发动者是贵族、议会还是人民。"[2]

许多学者认为，1688—1689 年革命是一场贵族政变。G. M. 特里维廉认为"革命其实体现了地主阶级的力量"，一直都在"贵族和绅士的领导下"进行。克里斯托弗·希尔多数时候跟特里维廉意见相左，但在这一问题上两人看法一致。他写道，1688 年"革命""体现了有产阶级的极致团结"。大卫·霍斯福德审视了他从英格兰北部收集的证据，总结指出："从任何重要的角度来看，这次革命都不是反詹姆斯的民众反叛。这是一场由贵族和望族发起并主导的上层阶级运动。"J. R. 琼斯同样认为，1688 年的地方起义"充分展现了地主阶级的社会凝聚力和（公认短暂的）政治团结，维护秩序显然对他们有益"。[3]

其他学者则认为，1688—1689 年革命从本质上来说是一场外国入侵。乔纳森·伊斯雷尔指出，奥兰治的威廉率领至少二万一千人的军队入侵英格兰。同时，伊斯雷尔认为北方起义影响不大。他提出："大部分英格兰贵族和乡绅都非常认可詹姆斯的常备军和他的实际权威，他们更愿意持观望态度，拒绝表态。……因此，北部和中部地区的革命只是连带的结果。"也就是说，詹姆斯政权的垮台与地方反抗运动无关。伊斯雷尔声称："事实就是奥兰治亲王与一小部分贵族勾结……迫使国王离开。"入侵论现在几乎成了正统学说。比如，克雷格·罗斯就曾在一本权威叙事史中插入一句，在 1688 年，"决定结果的是军队，而不是人民"。[4]

第二，1688—1689 年革命据说是不流血的，所以没有达到大革命的标准。艾萨克·克拉姆尼克指出，"通过暴力手段实现政治变革"，是"论著最喜欢引用的革命的唯一定义特征"。有关 1688—1689 年革命的描述几乎都会强调它的不流血特征，认为这一点令它不同于法国或俄国革命。托马斯·巴宾顿·麦考莱谈到 1688—1689 年革命时夸口："这次革命是所有革命中最不暴力的，也是所有革命中最仁慈的。"G. M. 特里维廉的评论暗讽法国："詹姆斯被推翻的剧变没有伴随着英格兰人在战场上或绞刑架上流的血，这是英格兰真正的光荣。"乔纳森·斯科特也赞美了 1688—1689 年的不流血特征，认为这与 17 世纪中期英格兰的动荡不安形成鲜明对比。斯科特指出："不到五个月，事态就从入侵成功（如同 1640 年）发展到了复辟（1660 年），其间没有常见的流血和革命。"蒂姆·哈里斯仔细研究了 1688 年的伦敦群众活动，得出的结论是"基本没有暴力"。[5]

第三，现代革命极其分裂，而 1688—1689 年革命据说是一致通过的。按照麦考莱的说法，辉格党和托利党都同意以温和的方式解决英格兰的政治危机。不同于欧洲大陆的事件，在英格兰革命期间，"极端意见通常都会受到排斥"。对此，特里维廉表示认同，并隐晦地对照欧洲大陆："在我们的革命中，教会和国家的两大党派联合起来，保护国家法律不受詹姆斯的破坏。"因此，1688—1689 年革命必然是

"一场温和的胜利，一场不带辉格党或托利党感情色彩的胜利"。最近的学者也得出了类似的结论。霍斯福德注意到，"直到最后尘埃落定，国王必须受到制约的信念始终起到团结运动的作用"。约翰·韦斯顿将苏格兰在 1688 年的分裂与英格兰的"共识"加以对比。在约翰·莫里尔看来，"1688—1689 年的理智革命是保守的"，原因恰恰是"它没有给英格兰民族造成新的破坏性分裂"。[6]

　　不同于这些传统观点，我的看法是 1688—1689 年革命事实上符合革命的理论标准。学者严重低估了英格兰民众参与革命的程度。成千上万人拿起武器支持威廉。英格兰各地、苏格兰和爱尔兰部分地区都爆发了民众起义。许多英格兰人背井离乡，加入威廉的入侵部队。还有一些人为推翻詹姆斯政权提供财政支持。尽管这些活动的重要角色多为贵族，但是面对这些拿起武器的民众，我们不能说他们参与的是一场贵族叛乱。1688—1689 年的群众活动与其他革命的非常相似。克兰·布林顿提醒我们："革命并非始于穷人和被压迫者。"在法国，乔治·吕德指出，无套裤汉"跟其他社会群体没有矛盾，也没有受到孤立"。事实上，他们能够"吸收和认同自由主义贵族和资产阶级提倡的新的政治思想"。在法国和英国的案例中，这样的协作都不应该让人觉得群众政治活动无关紧要。就像一个世纪后的法国一样，在英国，普通民众与上层社会协力合作。革命远远谈不上不流血，这在一定程度上是因为 1688—1689 年广泛的民众运动。1688 年末，英格兰各地都爆发了大量暴力活动，这是令地方民众感到害怕的暴力活动，是导致了大量财产损失和人员伤亡的暴力活动，是规模不亚于 1789 年 7 月之后的法国的暴力活动。[7]的确，由于詹姆斯的军队迅速崩溃，英格兰并未爆发预期之中的内战。反而是苏格兰和爱尔兰成了詹姆斯选择的开战地点，这些地方爆发的冲突须被视为血腥的对法九年战争的一部分。

　　最后，仔细审视就会发现，1688—1689 年的表面共识只是一个幻影。从一开始就有很多人支持詹姆斯，而且他们的影响很大。不仅如此，詹姆斯反对者内部的意识形态分歧一直也很明显。革命解决方案不是协商一致的妥协，而是严重分歧的结果，受到党派政治解释的影响。解决方案没有解决任何问题。詹姆斯的离去只是重构了一直持续到 18 世纪及以后的辩论。

1688—1689 年革命既不是一场政变，也不是一次外国入侵，而是一场民众革命。就像法国和俄国革命一样，不乏广泛而暴力的群众运动。就像其他现代革命一样，革命的结果不是共识和妥协，而是深刻的意识形态分歧。

※　※　※

1688 年 6 月初，詹姆斯看来已经坐稳了王位，英格兰国家现代化的努力也取得了成功。他成功地改造了英格兰和威尔士各个自治城镇的市政委员会和各郡的治安官团。他和他的监察员似乎很有把握，以后所有议会都会顺从国王的命令。他改造了英格兰两所古老的大学，令其既可以培养天主教神父，也能培养国教牧师。他任命有才干而又忠心的人去治理爱尔兰和苏格兰。詹姆斯还做了大量工作，建立了一支精良的现代化常备军。在能干的海军大臣塞缪尔·佩皮斯的配合下，詹姆斯顺利创建了一支世界一流的海军。除此之外，詹姆斯还与欧洲霸主路易十四保持着良好的关系。

然而，仅仅过了半年多，英格兰人民就把他们的国王和他的家人赶出了英格兰。1688 年事件与 1685 年蒙茅斯公爵入侵失败的反差令人震惊。1685 年，詹姆斯粉碎了备受欢迎而又极具魅力的蒙茅斯公爵领导的起义。1688 年，一败涂地的人变成了詹姆斯和他的军队。前后的差别不是奥兰治的威廉带来的军队更加强大，而是在 1688 年，威廉的英荷联军得到了英格兰各地大规模民众起义的支持。

1688 年 8 月，詹姆斯的外交官和国外线人纷纷传来消息，他的女婿奥兰治的威廉正在策划一次大胆的入侵，詹姆斯二世对此似乎有所准备。英格兰各地的观察者都对"异乎寻常的准备措施"议论纷纷。约翰·弗尼大为惊异的是，詹姆斯政府"在周日仍像平时一样努力组建舰队，同时龙骑兵和其他军团都已出发去海边"。约翰·劳瑟爵士回忆，"所有能够帮助国王自卫的事情都做好了"。[8]

1688 年 11 月，威廉在托贝登陆时，詹姆斯手上已经有了一台强大的战争机器。征召扩大了常备军团的规模。苏格兰和爱尔兰的精锐部队也已抵达。根据当时的可信报告，"各地的守备部队都已做好准备，国王如今在英格兰拥有多达四万人的常备军，包括那些来自苏格兰和爱尔兰的部队"。詹姆斯二世自信满满地给他的朋友兼海军司令达特茅斯伯爵写道："苏格兰人和爱尔兰人正在向伦敦城靠拢，骑兵和步兵也在前进，我在陆地上每天都变得更加强大。过不了几天，我会比现在更加强大。"当詹姆斯在索尔兹伯里安营扎寨时，他手下已经有大约三万名训练有素的士兵，这还没有算上那些正在训练和驻防的士兵。[9]威廉对其麾下部队人数最乐观的估计都要比这少得多。

海军传来的消息也令人振奋。罗伯特·亚德从海军大臣的办公室发来报告："海上的准备工作进展顺利。"达特茅斯伯爵告诉国王："我们现在认真打量，虽然我们的部队还有改进余地，但是总的来说，他们不亚于我在第一次武装船只时看到的任何部队。"詹姆斯自己也确信"舰队上下都精神抖擞"。[10]

尽管传闻民众心怀不满，但有充分的理由相信，面对外国入侵，三个王国的人民都会热情地支持他们的国王。罗伯特·亚德向达尔比维尔侯爵坦言，"毫无疑问"，人民"在那时候将会重新证明他们忠于国王，乐意为他效劳，对抗任何国内外的敌人"。另一份报告称："英格兰人比以往任何时候都更坚定地为他们的国王而战，当这三个民族团结一致，国王还有什么可害怕的呢？"

一位通讯作者经过有效的对比，推断"那些在镇压蒙茅斯叛乱时对国王忠心耿耿的人依然忠实地秉承他们的责任和忠诚原则，无论外国入侵者用的是什么借口，他们都会一样激烈地反抗"。尽管森德兰伯爵是双重间谍，但他的说法也与其他人相吻合。他断言："非国教徒都很满足，英格兰教会的原则会使他们保持忠诚，尽管他们可能轻率行事。总之，我认为英格兰从未像现在这样民心安稳。"[11]

詹姆斯二世的大多数支持者都相信，1688 年的荷兰入侵到头来不过是又一次对斯图亚特王朝的失败袭击。9 月，托马斯·布莱在伦敦写道，如果荷兰人真的来了，"我相信国王陛下和他在这里的忠实臣民可以打败他们，让他们永远感到羞耻"。纳撒尼尔·莫利纽克斯也认为，英格兰人如此强大，"我们简直可以把他们再次吹回老家"。伊丽莎白·赫伯特告诉她的儿子，荷兰人来这里"就是为了挨打"。拉尔夫·弗尼爵士对詹姆斯二世政权没有多少好感，但他告诉布里奇曼夫人："荷兰人的喧哗从来没有让我睡不着觉，我相信就算他们真的登陆也不会，因为国王有足够的力量击退他们。"11 月，托马斯·布拉思韦特在索尔兹伯里平原写信给他的同乡丹尼尔·弗莱明爵士，说他很快就会给他寄来"第二次成功镇压蒙茅斯叛乱的报告"。[12]

然而，詹姆斯二世在 1688 年的进展却与 1685 年大不相同。尽管国王在 1688 年比在 1685 年做了更多应对武装敌人的准备，结果对詹姆斯来说却是一场彻头彻尾的灾难。威廉登陆不到一个月，詹姆斯的常备军就解体了。他的舰队从未向荷兰海军发射过一发炮弹。到 12 月底，詹姆斯本人已经逃离了这个国家。1689 年 2 月，威廉和玛丽加冕为国王和女王。怎么回事？为什么看起来十分强大的詹姆斯政权这么快就被推翻了？

问题的答案是詹姆斯失去了他的大部分臣民的支持。许多人反对他的现代化和集权化国家。有人担心他支持和推广法国式天主教。极少数人厌恶他倡导良心自由。另一些人则担心他用国王敕令来促进良心自由政策的做法。还有一些人担心詹姆斯不能坚定而公开地率领他的王国反对法国的扩张活动。

到 1688 年中，各路观察者都清楚地看到，英格兰已经民怨沸腾。那年春天，一位观察者预言，詹姆斯的政策只是"蜘蛛网……徒有其表"，很快就会"被扔掉"。卡莱尔主教认为这个驻防城镇已经"变得非常阴郁，难以驾驭"。詹姆斯党士兵约翰·史蒂文斯后来回忆，在1688 年夏天的威尔士，"我没法当看不到，大家都在嘀咕违反法律和干涉宗教的现象，而且很明显，很多嘴上说着好的人，想法都很邪恶"。热心支持威廉的北方人科利·西伯描述："说起来难以置信，在詹姆斯国王时代的后期（尽管专制权力的大棒一直在我们头上挥舞），普通人放纵而又轻蔑地在街上公然谈论他将新教民族全都变为天主教徒的疯狂做法。然而，在我们最肆无忌惮地违抗他的时候，我们这些俗人也只是觉得我们人数够多，单凭他的决心和意愿治不了我们，而没有其他纠错除弊的想法。"通常保持谨慎的约翰·伊夫林在 8 月认为"整个国家是不满和忧虑的"。激进的理查德·汉普登同意："整个民族的趋向都与政府背道而驰。"[13]

眼见威廉秋天就要到来，民意依然没有转为支持詹姆斯。伦敦"大多数人要么面露默许叛逆的表情，要么言语有所遮掩"。巴斯伯爵发现埃克塞特"陷入了可悲的分裂和混乱"。克里斯托弗·马斯格雷夫爵士汇报称西南部"一片混乱"。经验丰富的政治观察家查尔斯·科特雷尔爵士写道："王国风雨飘摇。"另一位观察家不禁感叹"英格兰分裂严重"。一位天主教的新闻传播者指责"这个王国的群氓和人民"忘恩负义，他们"大量发布和宣扬卑劣的丑闻"。达尔比维尔侯爵无法相信"英格兰民族""如此狂热，或者更确切地说是疯狂"，认为他们"拒绝了唯一能让他们更富有、更安宁的良心自由，（并）一头扎进内战，而且是以这样一种必然影响到他们自己和后人的方式"。[14]

大多数评论家认为，英格兰"革命时机已经成熟"。一位观察者回忆,"有些人惊慌失措"。坎特伯雷大主教威廉·桑克罗夫特在1689年1月写道:"大多数人渴望解脱,无论用什么方式都好。许多人怂恿外国军队入侵英国。"[15]

在英格兰人的怂恿下,奥兰治的威廉最终决定在1688年11月冒险入侵英格兰。威廉和他的顾问奇迹般地说服了平时分裂的荷兰联合省支持他在1688年秋季的军事冒险。一位经验丰富的欧洲外交官评论,说"他从未见过荷兰人那么坚决地支持而不是害怕战争"。敌对的天主教观察家亚历山大·邓巴为"过去从未听说过的大规模海上准备工作"感到惊异。但值得注意的是,人们从未将威廉的行动视为荷兰人的入侵。如果不是确定得到本土人民的大力支持,威廉不会驶向英国。如果没有英格兰人的帮助,威廉不会也不可能组建一支两万人的军队。[16]

威廉希望准确评估英格兰人的态度,而不是营造虚假的希望,以此作为入侵势在必行的依据。1687年和1688年,威廉派他的两个亲信海尔·范戴克维尔德和泽伊伦斯泰因伯爵去打听不列颠群岛的政治风向。威廉本人的确坚持,他要起兵,必须先获得"牵连最深和最为重要的英格兰人"的正式邀请。但是,我们不应因为威廉重视正式保证和贵族默许,忽略了民众对詹姆斯二世及其政权的强烈反感。泽伊伦斯泰因伯爵汇报称"整个民族都在骚动不安"。同时代的英格兰人也认为民众非常不满。詹姆斯·韦尔伍德坚持认为,是"英格兰人民"被逼到了"绝境","只能呼唤奥兰治亲王来恢复他们国家行将消失的自由"。当丹尼尔·笛福反问,"我们到处跟别人讨论,什么才是我们自由和解救的希望的唯一基础",他指的是奥兰治亲王。长老会教友罗杰·莫里斯感叹:"毫无疑问,(威廉三世)得到了教会主要人物与军队和舰队的国家领导人的鼓励和邀请,他们一向谴责拿起武器捍卫自己的宗教或公民权利的原则,现在却都认为这是合法的、值得高度称许和绝对必要的。"包括罗杰·莫里斯在内的非国教徒同样激烈地发泄他们对政权的不满。什鲁斯伯里伯爵、坎特伯雷大主教和"部分知名人士"保管了一份在 1688 年承诺支持威廉的叛国者名单，这只是民意的冰山一角。[17]

1688 年 6 月的七人邀请函，其作者本身就是一群形形色色的绅士和贵族。这份邀请函不仅向威廉保证，跟署名者一样，"大部分贵族和绅士都心怀不满"，而且"殿下一旦登陆，他们当中的精英就会马上加入行动"。他们还认为，汇报整体的民意状况至关重要。他们知道，要推翻詹姆斯的强大政权，单凭少数贵族的支持是不够的。他们写道："人民对政府目前处理他们的宗教、自由和财产的做法普遍感到不满（所有这些都受到了极大的侵犯），他们认为以后只会越来越差，所以殿下可以放心，王国上下 95% 的人都渴望改变，我们相信，如果有人保护支持他们造反，让他们在有能力自卫之前不被杀死，他们就会乐意促成变革。"[18]

这并非过于乐观的革命者的看法。整个欧洲的外交官都如此判断英格兰的民意状况。卡林福德伯爵报告，奥地利人确信威廉"在英格兰已经有了一个准备好欢迎他的庞大派系，三分之二的人都乐意接受他"。在西属尼德兰，理查德·布尔斯特罗德爵士听到了这样的说法："一旦联合省舰队出现在我们的海岸线，英格兰就会有大动乱。"驻汉堡的彼得·威奇的外交联络人透露，奥兰治亲王在英格兰的同伙"已经承诺在内部呼应，并且他们已经牵涉太深，不可能退出"。乔治·埃瑟里奇在拉蒂斯邦听到一个非常可疑的消息，说"我国即将爆发大革命，规模不亚于内战"。在巴黎，有人称"众所周知，奥兰治亲王在英格兰有很多朋友，如果他出现在那里，他们愿意站在他这边，为他效劳"。达尔比维尔侯爵知道，荷兰人其实是在赌英国人会支持他们。他们极为期盼"英格兰人和苏格兰人的强力援助"，甚至"在街上看不到人，他们都会相互拥抱呼喊"。荷兰议会根据他们强大的外交网络宣布："全世界都知道英格兰民族早已发出抱怨，那个王国什么都没有，只有到处可见的混乱无序。"[19]

1688 年秋，当时英格兰国内的观察者感受到了对威廉的巨大善意，对詹姆斯政府的支持却寥寥无几。罗伯特·索思韦尔爵士指出："这里的人民一知道亲王的部队已经出发，万事俱备，就都非常期盼他们到来。"一位"风趣的绅士"评论说："人民意见不一，有的人盼望亲王到来，有的人则担心他不来。"塞缪尔·克拉克就荷兰人到来的前景进行调查，发现他的同胞对此"很少面露忧郁"。威廉·韦斯特比谈到荷兰舰队即将到来时写道："人们还在微笑着谈论此事。"约克郡的约翰·里尔斯比爵士指出，"无论是绅士还是平民，似乎都不怎么害怕"。荷兰大使范西特尔斯同意："许多人听到登陆的消息都会很高兴，除了罗马天主教徒和廷臣之外，社会上下都在谈论这个话题。"[20]

英格兰人不仅仅是被动地祝福荷兰人，他们还在 1688 年 11 月前积极破坏詹姆斯二世政权，并冒着生命危险支持威廉的事业。威廉的到来与其说是荷兰人的入侵，不如说是英格兰人和荷兰人反对詹姆斯二世政权的一次联合行动。始于 1688 年秋天的一系列事件不应被理解为 17 世纪的第四次英荷战争，而应该是英格兰百年革命的核心事件。

1688 年夏季和秋季的英格兰统治陷入了危机，英荷入侵的前景使其变得愈加糟糕。8 月中旬，罗杰·莫里斯发现"公共事务现在好像摇摇欲坠，没有人愿意跟王室扯上关系"。恐慌之下，詹姆斯改弦易辙，恢复了市政特许状，废除了教会事务法庭，放弃了改革大学的计划，而且表面上再次呼吁托利党人支持他，但仍无法稳定政府的根基。[21]

在 1688—1689 年危机中，郡级民兵和训练有素的城市队伍始终拒绝为他们的国王作战。纽卡斯尔公爵召集了约克郡三个区的贵族，要求他们出力对抗即将到来的威廉和他的手下，结果他们反而"一起喝酒，首先为天主教徒乱成一团干杯，然后是为新教和新教徒的福

1688 年 6 月，给奥兰治的威廉发去的邀请向这位荷兰执政官
保证，大部分英格兰人都会聚集在他旗下，反抗詹姆斯二世

祉，最后是为如意的东风"。可能谈不上大多数，但很多人都拒绝跟
那些没有法定资格的人一起在民兵服役。在约克郡，不只有费尔法克
斯勋爵一个人哀叹"我们这里人心散乱，我们自身没有做好任何抵御
或攻击敌人的准备"。约翰·劳瑟爵士回忆："其他几个郡也效仿约克
郡，郡军事长官拒绝与天主教徒一起履行职权。"斯塔福德郡"根本
没有民兵"。兰开夏郡虽然有人愿意服役，但更多的人拒绝了，说"这

是违法的"，"他们良心过不去，因为没有人不宣誓就能上任"。在莱斯特郡，集合"以失败告终"，因为那里跟德比郡一样，"在这个危急存亡的时刻，郡里那些利害攸关而又被排除在（治安）委员会之外的绅士都很气愤，不愿意反对国王的人坐着不动，又不愿意为他出面"。在柴郡，德比伯爵征求过奥兰治亲王的意见才接受了郡军事长官的职位，民兵队伍无法筹募到足够的集合资金。西南部的情况也好不到哪里去。布里斯托尔伯爵哀叹，萨默塞特这个郡"现在既没有军事长官助理，也没有民兵军官"。博福特公爵于 1688 年 11 月抵达布里斯托尔时"发现该市的民兵极为落后，根本无法抵抗奥兰治亲王"，"所以他离开那里，回到了自己在巴德明顿的家中"。罗伯特·霍姆斯爵士在怀特岛报告说"部分民兵已经开始叛变，拒绝听从指挥官的命令"。伦敦附近也有类似的情况。拉尔夫·弗尼爵士建议他的孙子不要加入白金汉郡的民兵，这在当时并不罕见。肯特郡的特纳姆勋爵报告称"我发现最大的困难是找到愿意接受委任的人"。[22]

　　不愿意为国王效劳的不只是乡村的英格兰人，有迹象表明英格兰的城市居民同样迟疑。英格兰首都陷入了行政瘫痪的状态。詹姆斯在 1688 年 10 月恢复了伦敦的特许状，但这没能重新赢得伦敦人的好感。大法官乔治·杰弗里斯到该市恢复特许状时，"人们看到盖章没有发出欢呼，反而有几个人盯着马车说，就是这家伙夺走了特许状，他们不觉得从他那里能得到什么好处"。受命治理这座城市的"诚实的前任高级市政官""不愿意继续任职"。新任市长威廉·普理查德爵士拒绝上任，理由是他没有经过适当的选举。许多伦敦显要，包括辉格党人和托利党人，都拒绝了这个职位。杰弗里斯哀叹"现在伦敦城仍然没有一个表面上的地方行政官，不能一直这样下去"。原本打算在 11 月担任市长的约翰·查普曼爵士"向国王发难"。这预示着威廉到来之后会有更激烈的反抗行为。[23]

　　埃克塞特的情况好不了多少。那里的市政委员会清洗引起了强烈的"憎恶"，即使在恢复城市特许状之后，都"很少有绅士接近该市，大商人都离开了，贸易衰退，人心涣散"。国内其他地方的证据表明，詹姆斯二世争取王室传统支持者的最后一搏只是制造了政治混乱而已。[24]

詹姆斯二世和他的政府在 1688 年秋非常不得人心，尽管国家大难临头，但该政权却很难招募到水兵和士兵。约翰·弗尼报告说，"沃平招募水兵的鼓声咚咚响，但来的人很少"。泰晤士河的船夫被征召到舰队服役，"因为来的志愿者太少了"。这显然是一个全国性的问题。荷兰大使范西特尔斯指出："几乎没有人会自愿为国王效劳，尤其是在可能跟荷兰开战的当下。"到 10 月初，"大多数水手和大量船夫"都逃到了内陆，以躲避政府日益绝望的抓壮丁行为。陆军也找不到多少人。虽然詹姆斯的军队规模确实扩大了，但这是通过强迫而不是效忠者的热情爆发实现的。安东尼·海福德认为诺福克是"英格兰招兵做得最差的郡"。他的评价可能反映了他的绝望，而不是真正的比较。其他地方的情况跟埃克塞特相似，那里的煽动者"劝说人们不要加入陛下的军队"。[25]

1688 年秋天，面临外国入侵的英格兰人完全没有团结一致。因为害怕沿海航运受到限制，煤炭价格暴涨。银行普遍出现了挤兑。现金短缺。大多数人都认为"所有贸易基本已停滞"。重要的是，伦敦银行业大亨肯特和邓库姆拒绝在詹姆斯二世需要的时候借钱给他。眼见不得人心，白厅上下自然都陷入了"混乱和涣散"。罗杰·莫里斯在 10 月初不无道理地指出："政府如今似乎就像一艘在海里上下颠簸的船，随时都会沉没。"[26]

1688 年的英格兰民心思变，制度崩坏，这足以说明 1688—1689 年革命并不只是荷兰入侵的结果。英格兰人、苏格兰人和爱尔兰人都积极协助威廉，这进一步削弱了威廉派论点的说服力。总体而言，以威廉为首的荷兰人在 1688 年非常成功地筹集到了资金，并组建了一支强大的军队，但这少不了大量英格兰人的配合。

英格兰各界人士都出资捐助威廉的事业。达尔比维尔侯爵在1688 年夏末向米德尔顿勋爵报告，"每天都有大量资金从英格兰流出"支持荷兰人的事业。丹尼尔·珀蒂的消息更加精确。他发现，"在一个月或六周内，从伦敦汇出了近二十万英镑"。这是一个惊人的数字，因为詹姆斯和他的政府在 1687—1688 年的岁入可能还不到二百万英镑。一个丹麦人被带去参观威廉的军饷，他说他看到了"一堆堆数量庞大的英格兰黄金，根据他的计算，王国剩下的黄金肯定更少"。另一位线人听说，荷兰人有"数百万从英格兰带出来的西班牙钱币"。[27]

可惜我们没有捐助威廉事业的英格兰人的完整名单。不过有充分的证据表明，约翰·丘吉尔、什鲁斯伯里伯爵和丹比伯爵抵押了他们的部分地产，通过阿姆斯特丹银行向威廉的事业转移了成千上万英镑。休·欧文爵士将"八箱银子"从威尔士送到了鹿特丹，支持威廉和他的英荷部队。可以推测还有更多的人提供了小额捐款。[28]

威廉一到英格兰，就有许多人捐助他的事业。西南部的辉格党人休·斯佩克声称他已经捐了"一千多镑"。后来成为切斯特堡军事长官的约翰·摩根爵士提醒什鲁斯伯里伯爵，他也"在最近的革命中自掏腰包，拿出一大笔钱来补给我们当时的大部分士兵"。拉特兰伯爵捐了一千英镑。德文郡伯爵在诺丁汉、莱斯特和考文垂筹集了一万四千多镑。布里斯托尔伯爵请求多塞特的居民支持"殿下"和"光荣事业"，显然取得了一定成功。荷兰大使范西特尔斯在雷丁了解到，"这个城镇的一些个人和威尔特郡的大多数贵族都完全出于自愿，捐了好几笔钱，还付出了更多去支持"威廉和他的军队。[29]

1688 年 11 月和 12 月民众起义留存下来的账簿残篇揭示了民众对反詹姆斯起义的资金支持的广泛程度和深度。一些富有的绅士，如威廉·布思比爵士和莱斯特的坎德尔法官，每人都捐了一百多英镑，但大多数人的捐款额要小得多。拉夫布里奇的亨利·坎迪什捐了三十英镑，诺丁汉的托马斯·格雷奇利爵士捐了十五英镑。更常见的还是匿名和更小额的捐款。德比的"一个小皮包"里有九磅多，诺丁汉的"一个袋子里"有近一百磅，"另外两个男孩从梅尔本带来了"一百二十英镑。约翰·赖特从七个人手上收到了近一千英镑。苏格兰圣公会教徒罗伯特·柯克后来估计英格兰人在 1688 年 11 月和 12 月拿出了八万英镑，这看起来甚至有点保守了。[30]

詹姆斯出逃之后、威廉尚未加冕之前，资金继续涌入威廉的国库。1689 年 1 月，伦敦市议会同意给亲王提供借款来支持临时政府。伦敦人马上踊跃捐款。据称，人民"纷纷前来认捐，没有一个低于五十英镑，市政厅都没有足够的人手接收流入的资金"。伦敦城两天就筹集到了超过十五万英镑，并且大家认为最终"认捐额将达到三倍之多"。肯定有一些数额庞大的捐款，比如辉格党大商人佩兴斯·沃德爵士、罗伯特·克莱顿爵士、威廉·阿什赫斯特爵士和约翰·乔利夫各认捐一千英镑，但大多数人都认捐五十或一百英镑。在伦敦，为这笔借款捐钱的总共有一千三百多位男女居民。王家非洲公司直接给威廉捐赠一千英镑。[31]

威廉的远征不仅得到了英格兰的资金支持，而且很多英格兰人亲身参与。许多重要人物在荷兰就加入了威廉，并随他的舰队过来。什鲁斯伯里伯爵是策划"这项伟大事业"的关键人物。坚定的辉格党人莫当特勋爵、麦克尔斯菲尔德伯爵、罗兰·温爵士、约翰·吉斯爵士、罗伯特·佩顿爵士、约翰·霍瑟姆爵士、约翰·怀尔德曼和罗伯特·弗格森早就在联合省等候凯旋的时机。1688 年，许多著名贵族的儿子加入了威廉，包括温彻斯特伯爵、林赛伯爵、丹比伯爵和哈利法克斯侯爵的儿子。许多显赫的苏格兰人也加入了威廉的部队，包括萨瑟兰伯爵、福法伯爵和莱文伯爵，还有卡德罗斯、洛恩、埃尔芬斯通和梅尔维尔诸勋爵，以及众多地主。两位著名的英格兰海军军官也加入了威廉。爱德华·罗素是贝德福德伯爵的侄子，也是邀请函的签署者之一，他在秋天重新加入了威廉。经验丰富的海军军官阿瑟·赫伯特跟詹姆斯二世有长期的联系，他在 1688 年 7 月抵达荷兰。没有什么比赫伯特出任威廉舰队的司令和罗素出任远征的秘书更能说明威廉事业的英荷联合性质。[32]

那些在荷兰加入威廉的人社会出身多元，跟平常的贵族和绅士名单显示的截然不同。大批英格兰人和苏格兰人加入英荷部队。波兰大使告诉他的国王，英格兰人正"成群结队地"登上新准备好的船只。达尔比维尔侯爵看到这些之后并不开心，但也承认"因为英格兰人扎堆，人们在海牙和鹿特丹寸步难移"。尽管许多英格兰志愿者被拒于门外，但丹尼尔·珀蒂清楚，当时正在荷兰港口准备出发的舰队"有许多英格兰人"。在这些登船的人之中，有近四千人是派驻低地国家的正规苏格兰和英格兰军团的成员。这些人没有听从詹姆斯的要求，在 1688 年 1 月返回英国，所以肯定会全力以赴推翻詹姆斯的政权。达尔比维尔侯爵说这些人是"克伦威尔派"，并非毫无道理。他们"宁可加入这支军队，公然违抗国王声明，也不愿意为国王效劳"，而且"决心参加任何形式的叛乱"。除了这些人，还有近五千名英格兰志愿者。1688 年 11 月在荷兰的英格兰武装人数大约是克伦威尔新模范军的一半。英格兰人（大概还有苏格兰人）不仅为威廉的事业提供巨资，而且几乎占了他"入侵"部队的一半人数。[33]

詹姆斯花了很多心思，确保即将与荷兰人作战的陆军和海军是基本不会受到民意影响的专业组织。但在 1688 年，他没有足够的时间来创建真正独立的战斗部队。结果在 1688 年秋，陆军和海军都有不少士兵对詹姆斯倒戈相向。尽管如此，不应过分强调陆军叛变和海军造反的重要性。如果英格兰各地没有爆发大规模的民众起义，詹姆斯不会因此就陷入困境。摧毁詹姆斯二世的现代化政权的不是军队叛乱，而是民众造反。

当英格兰各地都有许多人恐惧和厌恶詹姆斯二世的常备军时，军队内部也有一些不满情绪。整个夏天都有谣言说"军队是最不对劲的"。6月邀请威廉的七个人或许是过于乐观，他们预测军队将会变得"四分五裂"，"只要时机成熟，就会有超乎想象的大量逃兵从那里流出来"。但几乎可以肯定的是，他们的夸张说法建立在事实内核之上。格拉夫顿公爵和安布罗斯·诺顿后来回忆，詹姆斯决定在1688年夏天统计天主教军官的信息，这令暗里害怕清洗的人变得骚动不安。贝里克公爵军团的一些军官和士兵因拒绝与爱尔兰天主教徒一起服役而被开除，这进一步加剧了人们的恐慌。约翰·劳瑟爵士回忆，这次事件之后，"抱怨"已经变得"极为普遍"。弗朗西斯·格温认为在1688年11月，沃明斯特的官兵"充满猜忌和怀疑"，都觉得如果詹姆斯"打败"威廉，他就会"消灭新教，特别是英格兰教会"。[34]

正是在这样的背景下，军官内部形成了一个两头并进的阴谋。威廉和他在荷兰的支持者与一群"高级军官"进行了"频繁的秘密商谈"。这些人是查理二世时代占领丹吉尔的国教徒老兵，其中包括约翰·丘吉尔（未来的马尔伯勒公爵）、查尔斯·特里劳尼和珀西·柯克。另一个非常特别的团体聚集在考文特花园玫瑰酒馆的叛国俱乐部。这个团体的领导人是辉格党人科尔切斯特子爵理查德·萨维奇，还有查尔斯·戈弗雷上校、托马斯·沃顿，"以及许多别的辉格党人"。第一个团体的特点是都有在丹吉尔的履历，而这个辉格党"同伙"的特点是都有荷兰军队的经验。这两个团体（或许还有别的）利用并加重了人们对于詹姆斯与路易十四缔结反新教联盟的担忧。军中许多人开始相信，詹姆斯"已经推翻了宪法"。奥兰治党人的宣传肯定也影响到了詹姆斯的苏格兰部队。11月从苏格兰出发的路上，士兵"在好几个地方为奥兰治亲王的健康祝酒"。毫无疑问，正是因为威廉了解这些阴谋活动，同时预计"国王的大部分军队都会投靠他"，所以他在埃克塞特回绝了许多志愿者。[35]

然而，1688年11月和12月的军队开小差情况没有威廉预期的那么严重。11 月，科恩伯里勋爵和科尔切斯特子爵带领大批部下投靠奥兰治亲王。丘吉尔勋爵、格拉夫顿公爵、奥蒙德公爵和丹麦的乔治王子紧随其后，相继叛逃。感叹这些"小人""在国王危难之际"一走了之的并不只有亨利·希尔爵士一个人。战争史学者和当时的一些军人将这次叛逃视为革命的重大事件。但事实上叛逃对军事的影响不大。毫无疑问，军队的叛逃令詹姆斯难以接受。他给达特茅斯伯爵写信说："从来没有一位君主像我这样关心他的海陆军将士，却得到如此糟糕的回报。"但他清楚地知道，叛逃者的实际人数不多。詹姆斯后来自忖："很难说最令人诧异的是什么，是看到军官如此大面积地叛变一个珍视他们、给他们良好待遇的君主，还是看到普通士兵在几乎所有军官都给他们树立了如此负面的榜样的前提下依然忠心耿耿。"忠诚的约翰·里尔斯比爵士和厌恶詹姆斯的批评者德拉米尔勋爵都认为，只有不到两千人投靠了威廉。[36] 即使发生叛变，詹姆斯仍对威廉从荷兰带来的部队拥有相当大的军事优势。不同于许多历史学家，詹姆斯很清楚他的敌人不只是威廉。正如两位伦敦商人敏锐地指出，他面临的是"整个民族的贵族、绅士和平民的普遍叛变"。[37]

詹姆斯的海军与陆军的情况相似。詹姆斯改革了海关关税的征收，这令许多水兵感到不安。在 1688 年关键的几个月，这样"远超以往做法的""严格征收"对詹姆斯"伤害不小"。许多海军官兵都对詹姆斯起诉七主教的做法感到不满。新近皈依天主教并担任海军军官多时的罗杰·斯特里克兰爵士要求每一位海军上校都给詹姆斯提交一份憎恶七主教的呈文，结果几乎没有人响应，一位上校"恶狠狠地咒骂他，还威胁要打他"。斯特里克兰本人戏剧性地升任海军少将，而这只是詹姆斯试图在海军军官队伍中引入大量罗马天主教徒的一个插曲。就像在陆军一样，此举在水兵当中引起了极大的恐慌。詹姆斯不得不同意让新教牧师登上舰长为罗马天主教徒的船，这才勉强阻止了 7 月的一场海军哗变。舰队普遍情绪不高。罗杰·斯特里克兰爵士引起了水

军队的开小差现象动摇了詹姆斯的决心。不过，革命的成
功同样得益于更为广大的群众支持

兵的"普遍不满"，人们认为不满情绪正在暗中酝酿。向威廉宣称如
果爆发海战，水兵"十有八九"不会为詹姆斯二世效力的做法，当然
是夸大其词，但这确实在一定程度上反映了舰队的氛围。[38]

詹姆斯的反对者竭力放大舰队的不满情绪。格拉夫顿公爵在
1688 年 10 月对荷兰进行了一次闪电式访问，之后就"以哄骗大量军
官和水兵为己业"。詹姆斯二世后来声称，格拉夫顿公爵成功地"腐

化了中校队伍"，"三分之二的人都说要加入奥兰治亲王"。格拉夫顿公爵并非孤军作战。马修·艾尔默和乔治·宾在伦敦会见了几位陆军谋反者，并承诺说服舰队的主要军官。小册子和通讯在舰队及"沃平和其他海港"广泛流传。威廉自己和阿瑟·赫伯特都印制了小册子，并分发给海军士兵，里面警告说如果不打败詹姆斯，"英格兰的法律和自由"与"新教"就会迅速走向"灭亡"。海军将官赫伯特亲自复印了他的通讯，寄给他在舰队的朋友，表明这不是一次外国入侵。他"以一个真正的英格兰人的身份"向舰队发出呼吁：如果詹姆斯继续统治，他只会"更加奴役你们"。[39]

尽管如此，英格兰舰队从来没有机会在 1688 年 11 月发挥决定性的作用。在 10 月底和 11 月初，因为天气因素，英格兰舰队无法出海迎战从荷兰出发的英荷部队。11 月 5 日，当气象条件适宜出动的时候，海军作战会议却"一致宣布"，对方"舰队比我们强太多"，"攻击或者跟他们交战并不可取"。这显然是因为高估了威廉的海军实力，而不是因为谋反。天主教徒罗杰·斯特里克兰爵士是海军中最忠于詹姆斯的人，他"一再恳切地劝说"达特茅斯伯爵不要冒险攻击荷兰人。[40]

事实证明，陆军和海军的谋反在 1688 年秋都不是决定性的。投靠威廉的士兵顶多只有两千人，这只是詹姆斯部队的一小部分。海军的离心离德可能更加普遍，因为詹姆斯无法让海军免受民意的影响，但海军从来没有任何机会采取政治行动。不过，海陆两军的谋反都揭示了民众对詹姆斯二世政府的强烈不满。詹姆斯原本很有信心，觉得两军非常可靠，忠诚度无可挑剔，现在他有充分的理由怀疑他们。其实舰队和陆军的谋反活动只是反对詹姆斯的民众叛乱的一小部分。

英格兰、苏格兰、爱尔兰和殖民地都有许多人拿起武器反抗詹姆斯，相形之下，在荷兰加入威廉或者在詹姆斯的陆军和海军中为他奔走的人显得很少。许多英格兰人早就知道计划于 1688 年秋发动的英荷远征。其中不仅有邀请威廉的少数精英和为远征提供资金的多数群体，并且到了1688年夏天，该计划已经是一个公开的秘密。罗杰·莫里斯发现"北方的贵族和绅士大多私下都知道了亲王即将到来"。翘盼英荷联军的民众如此之多，以至于汉弗莱·奥科奥弗上尉在8月底听到有人预测，"他们登陆的时候，整个王国都会群情鼎沸，陷入骚动"。[41]

当时许多人都认为，只有詹姆斯的常备军在阻止骚动。辉格党人德拉米尔勋爵认为，尽管民众极为不满，但是"民族受欺压已久，过去的英格兰精神几乎荡然无存了"。托利党人达特茅斯伯爵也认为"许多人都会保持谨慎，听其自然"。约翰·惠特尔和罗伯特·索思韦尔爵士觉得西南部民众都非常害怕"那里再次出现已故的蒙茅斯公爵战败之后的那种绞刑"。对当时的一部分人来说，这样的结局无可避免。《政治协商》的作者断言："民众显然惧怕强大的常备军，不敢有所行动，因为在奥兰治亲王到来之前，他们在王国各地发动了起义，如果他们感觉安全的话，当国王宣布他拥有豁免权，可以中止和废除国家的所有法律时，他们肯定也会采取相同的行动。"[42]

英格兰人民当然会站起来。1688年秋，约克郡和德比郡的叛乱计划已经蓄势待发。米德尔顿伯爵获悉"最近有人大量购买马匹"，准备在约克郡发动叛乱。约翰·里尔斯比爵士获悉，曾经长期担任驻扎联合省的英格兰旅军官的亨利·贝拉西斯爵士，为了奥兰治亲王"长期潜伏在"约克郡。詹姆斯二世后来声称，丹比伯爵"下功夫走遍全国各地，为这次入侵做准备并争取绅士的支持"。德文郡伯爵和丹比伯爵先后在德比郡的惠廷顿和约克郡的亨利·古德里克爵士家中会面，协调行动。[43]

军队叛变的消息传来之前，这些准备工作就在约克郡引发了叛乱。11月22日，一群绅士借口请愿召开自由议会，聚集在约克的议事厅。当天主教徒反叛郡中绅士的谣言在厅里传播开来时，这些人就根据事先安排好的信号跑去取马。郡级民兵"没有接到命令就来到城里",加入起义。这不仅仅是贵族和绅士的事情。当时有人形容这一幕,说推动者是"穷凶极恶的群氓"。另外有人指出,当天至少有三千名武装人员控制了约克。不到两天,驻防长官约翰·里尔斯比爵士就被抓住了。市民纷纷加入自由议会请愿,而城里的一座天主教教堂被"摧毁"。被废黜的驻防长官里尔斯比哀叹,"整座城市几乎……不是因为害怕就是因为偏向而表示支持(叛乱者)"。叛军"在约克每天都在扩大",所以他们能够夺取附近的斯卡伯勒堡垒。正如一位观察家所指出的,这不只是一场城市运动,"整个郡都被动员起来了"。[44]

几天前,也就是11月17日,在柴郡的博登当斯,深知自己正在赌上性命和财产的德拉米尔勋爵站在上千骑兵前头,向他们阐述了"我们的生命、宗教和自由当前正面临的严重威胁",并宣称"他将誓死效命奥兰治亲王"。除了这些人,还有"大量步行的民众……还有更多的人想要加入,但被制止了,尽管他们加起来有几千人"。德拉米尔从博登当斯出发,向制造业重镇曼彻斯特进军。在博登当斯,"虽然处处危难/莫利纽克斯愈加傲慢/他们发誓要和德拉米尔勋爵一起冒险"。尽管德拉米尔接受了至少二百八十名"非常富有的绅士和商人"的资助,但他再次认为必须拒绝"大量""普通人",因为"奥兰治亲王有足够步兵,他要的是骑兵"。显然正是在这个时候,托马斯·贝林厄姆上尉接到了可能来自莫利纽克斯子爵的命令,召集兰开夏郡民兵对付德拉米尔勋爵。然而,很快就有报道称"贝林厄姆先生已经投奔奥兰治亲王"。据说德拉米尔勋爵一个星期就召集了两千名骑兵,也有人说是四千。他们一路进军斯塔福德郡和沃里克郡,人数不断增加,然后在伯明翰郊外的埃奇巴斯顿庄园停了下来,缴获了"大量武器"。据说德拉米尔勋爵在德比郡也有大批追随者。他"在这次起事中表现出来的谨慎、勇气和胆量,加上他可作楷模的仪态,都强烈地吸引着德比郡",所以他"招募多少(人马)"都没问题。与此同时,在他的家乡柴郡，莫利纽克斯勋爵威胁烧掉德拉米尔勋爵的房子，"但全郡加起来有四五千人，拿起他们的武器保卫房子"。[45]

德文郡伯爵从他在德比郡的根据地轻而易举地动员了一支武装力量，以反抗詹姆斯二世，支持自由议会。他于 11 月 21 日带着五百人抵达德比，并宣布"将会竭力保卫新教、王国的法律，以及臣民的权利和自由"。德比其实并不是激进的地区，但当天很多德比郡人加入德文郡伯爵的队伍，包括菲利普·普林斯率领的一群德比郡非国教徒。这些人到达诺丁汉时，遇到了来自中部其他地方的大量人员。后者中有一群人来自北安普敦郡，他们在 11 月 10 日起义——远在他们可能从西边的奥兰治亲王那里听到任何实质性的消息之前。詹姆斯的女儿安妮公主、伦敦主教和多塞特伯爵也加入了他们。[46]

尽管历史学家沿袭当时的说法，在谈到诺丁汉集会的参加者时强调其中的贵族和绅士，但很明显，这场集会的参与者来自社会各个阶层。石匠凯厄斯·加布里埃尔·西伯当时正在努力改造查兹沃斯大宅，让它"从哥特式风格变成宏伟的希腊式"，他也拿起武器来到诺丁汉，以确保"侵犯我们法律和自由的现象会被纠正"。他的长子科利也加入了，他说自己是"千万绝望民众中的一员，他们忍受了痛苦的折磨，现在拿起武器，聚集在孕育了人类法律和政府的必要性的旗帜之下"。在这几千人中，有一位"诺丁汉的壁炉税征收员"，"带着他的账本和他从士兵那里征收得来的钱加入了他们"。另一位诺丁汉郡的壁炉税征收员约翰·博拉代尔"第一个报名参加"激进派辉格党人斯克鲁普·豪的队伍，他"还带来了另外几个人，并为他们提供了马匹和装备"。尽管不乏贵族，但这一大群革命者很难做到有序和平。大家都知道他们"抓了一些牧师和许多征税员"。[47]

一到诺丁汉，德文郡伯爵不仅迎来了安妮公主、北安普敦伯爵和他的弟弟伦敦主教亨利·康普顿，还有成千上万的志愿者。康普顿和德文郡伯爵都为他们得到民众支持而欣喜若狂。康普顿记述："我们这里的人很多，而且每天都有人从四面八方赶来。"德文郡伯爵算了一下，他手上有一千多匹马，而且"只要有武器，就能召集大量步兵"。到德文郡伯爵从诺丁汉出发的时候，马匹数量已经增加了好几倍。[48] 德文郡伯爵显然想要多少步兵都可以。这些士兵都来自下层阶级，只是可用的武器数量不多。这些证据有力地表明，规模达到数千人之多的诺丁汉集会并不是贵族的古板聚会，而是社会各阶层革命者的大型集结。

尽管德比伯爵的行动难以捉摸，普通民众仍然重创了兰开夏郡和柴郡的詹姆斯二世政权。德比伯爵的行动谨慎，兰开斯特的一位居民提到过去的德比伯爵在 1485 年决定理查三世命运的战斗中按兵不动，预言"他会像驼背理查时期的前任一样狡猾"。事实上，德比伯爵声称他已经对詹姆斯二世采取了行动。11 月 24 日，他与切斯特堡长官彼得·谢克利爵士密谋召集民兵。几天后盖奇上校率领的罗马天主教军团抵达该城，却"没有营地可住"。此时，切斯特的市民在军事长官的怂恿下，已经起来反抗詹姆斯的常备军。因为"切斯特市民与盖奇上校手下的冲突"，保王派军队向北开入兰开夏郡。盖奇和他的手下肯定威胁过"烧掉一些乡下的房子"，这令德比伯爵确信自己可能被杀，于是逃到了威根。在那里，德比伯爵得到了无数人的支持，其中不仅有他的朋友，还有人数达到三千的"全城民众"，"他们把守住镇上所有的交通要道和小路"。德比伯爵在威根和切斯特都参与到反抗詹姆斯常备军的斗争中，但在这两个地方，真正起来反抗该政权的都是市民。事实上在切斯特，不用两个星期，"居民和部分乡勇就解除了驻扎在那里的盖奇上校军团和两支爱尔兰龙骑兵部队的武装，并将他们赶出城，之后他们宣读了亲王的宣言，决心同生共死"。[49]

一个又一个市镇，一个又一个郡，英格兰人民奋起反抗詹姆斯二世政权。威廉抵达英格兰不到一周，詹姆斯的亲信博福特公爵就告诉詹姆斯，"如果没有足够的军队控制人民，他就无法回应布里斯托尔

市，因为他们大多数人似乎都想站在威廉那边"。没过两个星期，布
里斯托尔的市民开始散发要求建立自由议会的请愿书，这"表现了民
心所向"。因此，什鲁斯伯里伯爵只带了五百名士兵和一百名骑兵就
拿下了这座城市，并对市民的"忠诚"充满信心，这并不令人意外。
什鲁斯伯里伯爵承诺捍卫"新教徒的宗教，捍卫他们的自由和财产"，
这等于向皈依者布道。爱德华·哈利爵士和托马斯·福利领导的革命
党在全郡上下的广泛支持下控制了伍斯特。在赫里福德，四百名来
自威尔士的绅士宣布支持奥兰治亲王，当地的"群氓"也马上加入，
他们"破坏了举行弥撒的地方，而且令人非常遗憾的是，他们损坏并
偷走了大量的（财物）"，并占领了勒德洛城堡。[50]

　　威尔士本土也爆发了广泛的民众革命活动。米德尔顿伯爵准确
地意识到，"罗兰·格温爵士已经或正要进入（威尔士），煽动骚乱"。
这对格温来说显然不难。效忠詹姆斯的约翰·史蒂文斯发现"大多数
威尔士人""都很豁达"，"对奥兰治亲王或者他的计划都毫无反感"。
到 11 月中旬，威尔士上下都在"以民兵的名义，为叛乱准备马匹和
武器"。彻伯里的赫伯特勋爵和约翰·普赖斯爵士起兵之后，"很快就
得到了各地的增援，父亲派来了他们的儿子，主人派来了他们的仆人，
带上他们最好的马匹和武器，这样遇到什么不幸他们就可以跑掉"。
威洛比·阿斯顿爵士在 11 月 21 日说，"威尔士的绅士都（拿起了）
武器"。从前文来看，他的话太排斥其他社会阶层。[51]

　　诺福克的民众活动与西南部或威尔士的差不多。尽管诺福克公
爵的家族与天主教有着长期而紧密的联系，但他"对宫廷心怀不满"。
虽然诺福克公爵向森德兰伯爵保证，他和该郡"完全忠于国王，而且
这番忠诚历历可见，丝毫不亚于英格兰任何一个郡"，但公爵本人和
东安格利亚的民意都倾向于威廉。到 11 月中旬，后来成为诺里奇主
教的威廉·劳埃德叙述，在诺福克，要求自由议会已经成了民众的呼声，
"他们说没有议会就没有安全的希望"。诺福克公爵回应的正是这样的

民众呼声,他首先在诺里奇,然后在金斯林向热情的民众宣布,他将"永远跟你们站在一起,保卫法律、自由和新教,并……与北方的勋爵和绅士一起,根据奥兰治亲王的宣言,促成教会和国家问题的解决"。[52]

当威廉于 1688 年 11 月在西南部登陆时,他得到了民众一边倒的支持。他在 11 月 5 日抵达托贝,"大批民众在岸边以响亮的欢呼声欢迎殿下"。当地居民并不满足于口头响应,威廉和他的部队一上岸,他们就送上了"丰富的食物"。在军队朝着埃克塞特进发的路上,"许多年轻人前来迎接,每个人手里都拿着一根棒子,军队一走近,他们就发出各种叫喊和欢呼声,说上帝保佑奥兰治亲王战胜敌人"。当威廉"在鼓声和喇叭声中兴高采烈地进入埃克塞特时",他收到了类似的问候。市民"欢声雷动,敲响钟声,燃起篝火,并因地制宜、竭尽所能地发出欢呼"。一位目击者回忆,"每家每户的窗户都非常拥挤,装饰得非常漂亮"。另一位目击者说,人群如此拥挤,以致"在街上连马都骑不了"。[53]

在埃克塞特,民众对威廉的支持远不止于客气的掌声和良好的祝愿。罗伯特·索思韦尔爵士指出:"亲王一到埃克塞特,老百姓就蜂拥而来,纷纷表示愿意入伍。"保王派亨廷顿伯爵在威廉到达两天之后哀叹,"老百姓都跑去"加入英荷军队。另一位目击者回忆:"四面八方的人都赶到城里参军,人数多到许多上尉都要进行挑选。"[54]

毫无疑问,带头加入威廉和英荷联军的是下层阶级。威廉自己也哀叹,尽管在埃克塞特"受到了人民的热烈欢迎",但是"没有一个绅士、牧师或市长"加入他。罗伯特·索思韦尔爵士表示认同:"奥兰治亲王在托贝登陆时,没有一个绅士来找他,他们大部分都逃离家中。"吉尔伯特·伯内特为威廉的到来欢欣鼓舞,但连他都跟其他目击者一样,不得不承认"乡绅们一开始并不积极"。[55]

直到 11 月 10 日,也就是威廉和他的部队在托贝登陆几乎整整一周之后,才有绅士来埃克塞特。辉格党人托马斯·沃顿第一个到达,

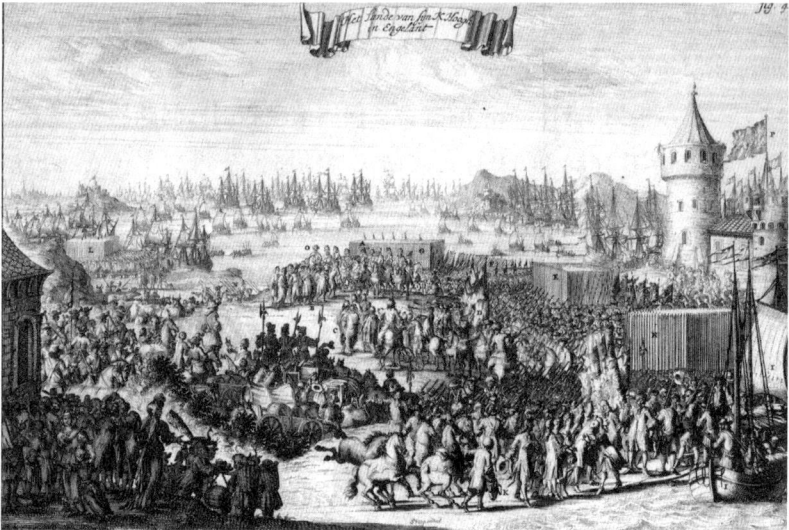

《殿下抵达英格兰》，巴斯蒂安·斯托彭达尔作，1689年。威廉在一支庞大的英荷入侵部队的支持下抵达英格兰

身边还有二十个朋友，"他发现那里很少有人像他这样热心"。沃顿到来之后，绅士和贵族才蜂拥前来支持威廉。据罗伯特·索思韦尔爵士记述，当威廉离开埃克塞特时，"德文郡几乎所有绅士，加上康沃尔的一部分，以及多塞特和萨默塞特郡的许多绅士都来投靠他"。很早就加入威廉的人包括汤顿的温和派威廉·波特曼爵士、辉格党人纳齐苏斯·勒特雷尔、托利党人爱德华·西摩和后来成为詹姆斯党人的科普尔斯通·班菲尔德爵士。正如吉尔伯特·伯内特向爱德华·赫伯特所汇报的，西南部的牧师迅速跟上，开始"宣传自由议会请愿书，所有人都知道这是在支持我们"。到11月底，英荷军队的志愿者已经饱和，威廉"拒绝继续接纳新人"。东印度公司把握住了西南部支持威廉的社会平衡变化，虽然时间顺序不对，该公司的董事告诉孟买的总督和议会，"许多英格兰贵族和绅士都与大批平民一起投靠他"。[56]

相比之下，詹姆斯几乎没有得到任何人民、绅士或者贵族的支持。

米德尔顿伯爵在索尔兹伯里抱怨说："该郡或邻郡没有一个贵族向宫廷靠拢，平民都是敌人的间谍。"诺丁汉伯爵同意说，"郡中很少有绅士"来支持詹姆斯，因为他们大多数都投奔了奥兰治亲王。有几个"非国教徒"匆忙赶来帮助那个努力给予他们良心自由的国王，但罗杰·莫里斯肯定地说，抱有这种念头的合作者其实"很少"。当詹姆斯从索尔兹伯里回到伦敦时，他"身边几乎没有贵族陪同，大部分贵族都投奔了奥兰治亲王"。[57]

西南部的反响与 1685 年夏天蒙茅斯公爵抵达时的情况完全不同。尽管在 1685 年，蒙茅斯公爵和他的一小群追随者得到了一些民众的支持，但这完全来源于那些想以新教国王蒙茅斯公爵取代天主教国王詹姆斯的人。[58] 蒙茅斯公爵最亲近的随从包括参加过王位排除运动的激进派辉格党元老，但是大部分支持者都来自詹姆斯二世的对立教派。威廉在登陆头几个星期收获的民众支持，以及最后阶段绅士阶层的支持，令 1685 年站出来支持蒙茅斯公爵的人数相形见绌。

约翰·特伦查德可能是典型的政治激进派，他在 1685 年远离蒙茅斯公爵，却热情地支持 1688—1689 年革命。早在 1685 年蒙茅斯公爵到来之前特伦查德就已从西南部逃到了荷兰。1688 年春天，他与威廉在洛举行高级会谈。1688 年 7 月，特伦查德回到了英格兰，接受赦免，并亲吻了国王的手。但与 1687—1688 年接受詹姆斯赦免的许多人一样，特伦查德并不是这个政权的支持者。1688 年 12 月初，威廉任命特伦查德和另外两名激进派威廉·哈博德和约翰·罗负责监督西南部的税收——他不会把这项任务分配给一个他不信任的人。难怪威廉·波特曼爵士称赞特伦查德"很早就积极为奥兰治亲王效劳"。[59]

随着英荷联军向伦敦进发，支持起义的民众也越来越多。12 月初的一本小册子宣称，"西南部的市政委员会全都参加了"亲王的事业，"支持自由议会和新教"。当英荷联军进入詹姆斯和他的常备军刚刚撤出的索尔兹伯里时，"在这里从来没有窗户挤满那么多男女老少面孔的情况，在塞勒姆＊从来没有听过那么悠扬的钟声，在过去从来没有过那么喧闹的喊叫声和欢呼声"。[60]

洛夫莱斯勋爵率领一批来自社会不同阶层的士兵和骑兵，加入了英荷联军的主力部队。洛夫莱斯勋爵是 6 月邀请函的签署人之一，而且大家都知道他一直跟威廉有密谋。他经常穿梭于北海两岸，因为他"暗中招兵，并推动其他人招兵"。洛夫莱斯勋爵的确在赛伦塞斯特组建了一支部队，但很快就被抓获并被送往格洛斯特监狱。一群奥兰治党人解救了他，使他能够组建一支新的部队进军牛津。在那里，熟悉的一幕再次上演。洛夫莱斯勋爵带着大约两百名骑兵来到牛津，"一路上都受到市民的热烈欢迎和支持，却受到了消极的辖区教徒的冷待"，后者包括市长。据拉尔夫·弗尼爵士所说，迫使市民支持洛夫莱斯勋爵的是那些"善变者"。洛夫莱斯勋爵的部队从两百人暴增至两千多人，由此可见牛津民众对这场参与者口中的"叛乱"的支持程度。[61]

随着英荷联军进军伦敦，革命者沿途不断得到民众的广泛支持，占领了一个又一个的驻防点。11 月 26 日，一周前才承诺支持威廉的巴斯伯爵俘虏了亨廷顿伯爵，并向驻扎在普利茅斯的官兵宣读了奥兰治亲王的宣言。这些官兵反过来"一致宣布他们愿意拥护"这一"保卫新教、保卫我们的法律和自由与英格兰古老宪法的崇高而伟大的计划"。亨廷顿军团几乎全部加入了奥兰治党的运动，而亨廷顿伯爵本人只能哀叹"国王被背叛了，他的顾问被背叛了，我也被背叛了"。[62]

12 月 3 日，在赫尔，中校约翰·汉默爵士和莱昂内尔·科普利上尉"在市民同心协力的帮助下"，俘获了驻防长官兰代尔勋爵和他的几个忠诚的天主教军官。当兰代尔辩称根据豁免权他有权担任指挥官时，威廉·卡维尔上尉回答说，"根据国家法律，他没有这个权利"。

＊ 索尔兹伯里的旧称。

这幅 17 世纪末的版画描绘了威廉向伦敦的进军。从左上方开始，威廉到达埃克斯茅斯湾，进入埃克塞特，格拉夫顿公爵前来迎接，他们在欢呼声中进入索尔兹伯里。威廉和他的部队受到了民众的热烈欢迎，许多人都自愿参军，或者提供财政支持

第二天，赫尔的所有商店都"关门了，镇上所有的钟都敲响了，高大的教堂和各个地方都挂上了奥兰治亲王的旗帜"。一个多世纪以来，赫尔一直举办"攻城日"活动，庆祝这场民众革命。[63]

不到一周后，多佛堡垒和多佛市宣布支持奥兰治亲王。这个军事要塞就这样完全落入了平民手中。塞缪尔·佩皮斯告诉达特茅斯伯爵，占领该城堡的"不是我认识的任何文官或者军官，而是市镇上的一群下层民众"，且这些人打着奥兰治亲王的旗号。贝里克的情况则相反，驻防军官决定"支持自由议会，协助奥兰治亲王"。在锡利群岛，驻防长官弗朗西斯·戈多尔芬爵士被他的副官与"当地居民"一起抓住了。然后他们立即"宣布支持奥兰治亲王并宣读了他的宣言"。[64]

在詹姆斯的其他王国和领地，民众起义的模式大同小异。威廉·卡斯泰尔斯写道，苏格兰的情况跟英格兰的一样，詹姆斯试图延揽非国教徒，结果喜忧参半。他了解到，"南部和西部地区的贵族、绅士和平民都为新教继位者所深深吸引"，而"不信奉国教的牧师"助长了民众的热情。卡斯泰尔斯补充说，许多刚从荷兰回来的人对此"做出了极大贡献"。事实证明，他的信息非常可靠。詹姆斯在10月决定让他的苏格兰部队南下，帮助抵挡即将到来的英荷联军，这严重削弱了苏格兰。"长老会和反对派"迅速涌入爱丁堡，在那里，"他们不再掩饰，并组成了几个俱乐部，就像已经得到了当局批准一样，自由地商讨下一步的打算"。苏格兰大部分地区迅速爆发了民众起义。在西南部，克斯兰的丹尼尔·克尔从山里的藏身处走出来，与"数百名辉格党人"一起"横扫了整个王国"。他们还突袭了边境地区的特拉奎尔宫，夺取了"若干地方的王室收入，并将圣公会的牧师赶出了他们的教堂"。在爱丁堡，学生领导的焚烧教皇假人的游行迅速演变成为"一场自由狂欢"，市民"在一片混乱之中宣泄他们的喜悦和复仇之情，这是平民的节日"。在格拉斯哥，市民宣布威廉为"新教保护者"。邓弗里斯的市民"抓走了教区长、部分天主教徒和教士，并将他们关在一起，然后每晚出动六个连队守卫他们的城市"。佩尼库克的约翰·克拉克爵士认为，詹姆斯挑起了一场"民众叛乱"。另一位苏格兰人观察了伦敦和爱丁堡群众运动的惊人相似之处后评论："也不值得夸耀的是，这种变革的渴望竟然波及了苏格兰，原因和英格兰一模一样，并且苏格兰人反对压迫的呼声也不亚于英格兰。"[65]

爱尔兰也爆发了民众起义。1688年12月，"伦敦德里的居民关上了他们的城门，反对蒂康奈尔伯爵和爱尔兰军队，并与阿尔斯特和康诺特的几个郡一起，宣布支持当时的奥兰治亲王殿下"。都柏林和利默里克也有类似的起义计划。1689年2月，科克的班登居民"驱逐了王家龙骑兵，然后关闭了他们的大门"。[66]芒卡谢尔子爵迅速征服了班登，蒂康奈尔伯爵也重新控制了整个爱尔兰的政治和军事，但我们不应因此而忽视爱尔兰民众的革命热情。这表明，英格兰、苏格兰和爱尔兰迥然不同的革命经历，与詹姆斯选择的开战地点和当地的人口结构息息相关。所有三个王国都经历了民众的革命热潮。

北美的民众也有革命情绪。1689 年 4 月，波士顿有五千多人走上街头，"抓住并囚禁"他们的政敌，推翻了"那里的所有政府，然后建立了自己的政府"。波士顿人和他们的支持者的口号似曾相识。他们抱怨自己的特许状被不公正地取消了，而埃德蒙·安德罗斯爵士接着又对他们"行使非法而专横的权力"。同时代的人注意到这与英格兰的形势颇为相似。两位波士顿人写道，新英格兰人"抓住和囚禁总督"的行为，"不过是重演在英格兰的赫尔、多佛、普利茅斯等地已经上演过的一幕"。在纽约，革命者花了更长时间才实现了他们的目标。5 月中旬，副总督弗朗西斯·尼科尔森警告，"我们当中有人受到不良的影响，不安本分，用尽一切办法，挑动本市居民发动暴乱和反叛"。在皇后县、韦斯特切斯特县和长岛的萨福克县，"所有的地方长官和军事官员都被人民和他们选出的其他人赶走了"。纽约的革命者也抱怨总督的"专横权力"，比如"不召开议会就征税"，并声称"据此我们认为，我们的生命和财产都受制于独断专行的总督，这与英格兰的现有法律相悖"。到 6 月中旬，尼科尔森已经逃离纽约，当地人民"像新英格兰人一样建立了他们以前的政府"。在马里兰，激进分子约翰·库德领导的叛乱最终废黜了总督巴尔的摩勋爵。革命者抱怨的众多事项包括"对我们和大部分居民行使专制权力，剥夺他们的人身自由，没收和剥夺他们的货物、动产、不动产和继承权"。[67]

1688 年秋天和 1689 年冬天，民众起义在英格兰、威尔士、苏格兰、爱尔兰和北美四处蔓延，速度快到令人不知所措。有时候，市镇居民起来反抗他们的地方长官；有时候，贵族和绅士跟他们的佃户和当地自耕农一起反对保王派。在民众的支持下，威廉的英荷远征军变成了一支庞大的军队。尽管各地的革命运动形式不同，但 1688 年 12 月的事态发展促使全国一致支持这场显然已经成为革命的运动，也就是所谓的"爱尔兰恐慌"。

1688 年 12 月的爱尔兰恐慌与 1789 年巴士底狱陷落之后的法国大恐慌惊人地相似。就像一个世纪后的法国一样，国王军队屠杀人民的谣言沿着大路小径、通过邮局传播开来。受此刺激，全国各地的人民都武装了起来。在这两起事件中，人们都对正在崩溃的政权代理人的强大专制权力感到担忧，而且他们知道已经没有中央政府当局来约束这些代理人，由此而来的是极其动荡的局势。研究大恐慌的历史学家敏锐地指出，1789 年夏天法国的形势与 1688 年 12 月英国的情况"一模一样"。[68]

就跟法国一样，在 12 月的爱尔兰恐慌之前，大家都感到担忧。众所周知，詹姆斯已经调集苏格兰和爱尔兰的军队来巩固他的地位，于是民众愈发担心詹姆斯的军队会用武力维持稳定。爱尔兰军队在朴次茅斯犯下的暴行广为人知，这进一步加剧了紧张局势。1688 年 9 月和 10 月，爱尔兰军队进驻朴次茅斯的王家军事驻地，一些英格兰军官愤而辞职，接着"粗鲁的爱尔兰人引发了强烈的不满，许多家庭因而离开了那个地方"。爱尔兰士兵与当地人的冲突的高潮是部分爱尔兰军队"在教堂举行礼拜的时候开枪"，导致四十人死亡。11 月下旬，实际上由休·斯佩克自行撰写的《奥兰治亲王第三次宣言》广泛传播开来，里面警告说"最近已有大量天主教武装人员涌入伦敦和威斯敏斯特"，他们打算"孤注一掷"，烧毁这些城市或者"突然屠杀"居民。在伦敦、特伦特河畔的斯托克、卡莱尔、曼彻斯特、威根和爱尔兰的基拉卢，人们都表示担心爱尔兰、苏格兰或法国军队发动屠杀。查尔斯·科特雷尔爵士在 10 月底写道，总的来说，爱尔兰人尤其令人感到"强烈猜忌和不满"。在詹姆斯二世第一次试图逃往海外的时候，王家军队的指挥官费弗沙姆伯爵在没有解除武装的情况下就解散了他的部队，这引起了民众的恐慌。[69]

　　就在这个时候，某人或者某个团体开始传播谣言，声称一队人数约为八千的爱尔兰士兵正在四处劫掠，目的是"杀戮英格兰新教徒"。这跟前现代的妄想猜疑截然不同，用于传播谣言的方法复杂精细，更近似于现代的诽谤活动。休·斯佩克声称谣言传遍英格兰和苏格兰各地是他的功劳，还公开吹嘘，他很了解"哪些载客马车、大篷车和运输公司可能寄送货物、包裹和信件，也知道他们往返伦敦的时间和日期"。朔姆贝格元帅也为散布谣言出了大力，他花了六千英镑让邮局散发详细说明这一威胁的匿名信。[70]

　　谣言的影响极大，而且流布全国。12 月 13 日清晨，"整个伦敦和威斯敏斯特都陷入了极度惊恐之中，人们害怕并确信他们会遭到法国人和天主教徒的杀戮"。家家户户都点起了蜡烛，整座城市马上变得灯火通明。据统计，当晚有十多万人"拿起武器"，保护他们的同胞。大屠杀恐慌从伦敦出发，沿着该国大幅扩张的道路系统和改良之后的邮局迅速蔓延。到了第二天，恐慌令赫里福德郡和德比郡的乡下人"心惊胆战"。住在德比郡阿什本家中的威廉·布思比似乎是这一消息在当地的主要传播者，他声称，"一支爱尔兰军队正在开入这些地区，摧毁他们面前的一切，所到之处，片瓦无存"。12 月 15 日，牛津、切斯特、兰开斯特、威根和沃灵顿的人民都在武装自己。恐慌流布约克郡，北及贝里克，最终到达苏格兰低地。谣言的具体内容因地而异——有些地方说掳掠部队有八千人，有些地方说多达两万；有些地方说掳掠者是爱尔兰人，有些地方说是法国人；还有一些地方只是说掳掠者是天主教徒。罗马天主教徒西奥菲勒斯·布鲁克斯利用谣言版本不一的特点，成功地平息德比郡的恐慌。尽管谣言附带的含义各不相同，但各地的反应大同小异。各地的英格兰人都拿起了武器。克里斯托弗·马斯格雷夫爵士记述，卡莱尔有三千武装人员，科克茅斯则有四百多，全国各地的情况基本如此。[71]

1689 年的爱尔兰恐慌是明显属于现代的高级宣传战的结果，许多细节都令人想起了 1789 年的法国大恐慌

虽然爱尔兰恐慌迅速平息，但其流布范围之大和后果之严重毋庸置疑。罗杰·莫里斯回忆，"无形的恐惧波及王国的大部分地区"，谣言"流传于王国各地，特别点名某一个郡变得毫无意义，但在白金汉郡、北安普敦郡、莱斯特郡，尤其是斯塔福德郡、德比郡和诺丁汉郡，恐慌情绪最为严重"。休·斯佩克这一次可能没有夸大其词，他声称，爱尔兰恐慌导致的大规模动员说服了许多詹姆斯党人，让他们相信不可能爆发以英格兰人为主力的反革命。[72]

12 月 18 日，威廉确信自己能够获得广泛的民众支持，开始向伦敦进军。他没有失望。在他行进的路上，热情的支持者队伍长达"好几英里"，许多人"都在剑、长矛等武器上挂着橙子[*]"。在伦敦，"各

_____

[*] Orange（奥兰治）也有橙子的意思。

《迎接奥兰治亲王进入伦敦》，罗梅因·德胡赫作，1689 年。威廉到达伦敦的时候，成千上万的英格兰人，不管阶级出身，都来热情地迎接他。这些群众是威廉和玛丽确定加冕英格兰国王和女王的关键

个阶层的广大人民"都为这位革命英雄欢呼。在拉德门外，一位女性"给经过的亲王官兵送上装满橙子的各色篮子，以表现她对他们的喜爱之情"。罗杰·莫里斯还看到"舰队街的许多普通女性"在威廉的士兵经过时称赞他们，喊道："欢迎，欢迎，上帝保佑你们，你们来拯救我们的宗教、法律自由和生命。"

一位同时代的人表示，"人民自由而毫无约束地""聚在一起欢庆"。还有人将其与"复辟时的"民众热情相提并论，"除了没有那么放荡"。约翰·伊夫林谨慎地指出："钟声和篝火说明了这些（人）可以多么快乐，他们看过那么多变化和革命，却无法预知这一切的结局。"另一位目击者认为，"响起的钟声，燃烧的篝火，以及所有能想象到的民众表

现喜悦的方式"，都说明了他们"对这场伟大的革命十分满意"。另一位目击者惊叹于"居民反复发出的欢呼声和响亮的喝彩声"，"他们不关心别的，只关心如何表达他们的满意和赞许"。[73]

当时的人都相信他们正在见证一场民众或国家革命。12月初，亨廷顿伯爵夫人哀叹，"各个郡"都爆发了起义。在巴黎，约瑟夫·希尔听说"柴郡、德比郡、约克郡和兰开夏郡等郡全体人民都武装了起来"。非国教徒亨利·纽科姆说这是"一场民众叛乱"，其他人则将其描述为"大革命"和无处不在的"叛乱疑云"。黎凡特公司通知威廉·特朗布尔爵士，"全国上下"都与詹姆斯二世为敌。科利·西伯在诺丁汉投身起义后一路南下，沿途观察革命者的规模和社会广度。他动情地回忆："我们经过的每一个市镇，人民都带上他们拥有的生锈的农村兵器，有序地前来迎接我们，为我们欢呼，同时祝福我们。"詹姆斯党人约翰·史蒂文斯的回忆没有那么伤感，他说"巫术或者说叛乱精神（《圣经》说两者没有区别）很好地控制着自己，在国王陛下的大多数假装热情的臣民心中住了下来"。詹姆斯本人可以证明，革命无处不在，整个社会都卷入其中。他痛苦地记录道："起义和叛变之风四处蔓延，英格兰各地都传来相似的消息，唯一的争论是谁会是最先抛弃国王的人。"[74]

证据充分表明，1688—1689年事件并非荷兰入侵的结果。威廉的部队包括大批英格兰流亡者，并且得到大量英格兰的资金支持。毫无疑问，威廉率领的庞大军队的到来确实鼓励了许多人起来反叛，但是当时的人并不觉得仅凭英荷部队就能推翻詹姆斯的统治。事实上，1689年初的一位评论家坚称，将革命称为"入侵"是"疯狂的"。[75]

当时所有政治派别的人都认为，推翻詹姆斯是人民的功劳。特立独行的托利党人理查德·坦普尔爵士声称，威廉的到来符合"所有人民（除了不服从国教的天主教徒）"的愿望。詹姆斯党人约翰·史蒂文斯认为叛乱得到"人民的一致同意"。地中海商人托马斯·鲍尔和

1688 年等待威廉到达伦敦的热情人群。英格兰各地的男女老幼都开始传唱汤姆·沃顿的歌曲《Lilibulero》。歌词强调詹姆斯受法国人的影响，准备废除英格兰的法律保护，并呼吁革命性的剧变

罗伯特·鲍尔记述，詹姆斯已经"众叛亲离"。不少人指出，连"从小被教导被动服从的人都纷纷起义造反"。另一位作家表示，"截至目前，王国大多数人都表态支持奥兰治亲王"。白厅的菲利普·沃尔记述，"不分地位和等级，几乎所有人"都反对詹姆斯和他的政策。詹姆斯的朋友亨廷顿伯爵承认，"人民的力量无法抵挡"。《澄清书》认为："这是我们这个时代最重大的事件之一，英格兰民族重新展现了过去一直保留的权力，即在特殊和危急情况下维护政府的权力。"一位当时的通讯作者指出："这次革命可能会令陌生人感到惊讶，但对那些了解几年来这里如何不顾法律与承诺进行煽动的贵族、教士、绅士和其他人来说，这是意料中的事，他们清楚地知道，只要民众有机会表达不满，结果就只有一个。"民众对詹姆斯二世的政府如此愤慨，对革命性改

变的渴望如此强烈，以至于一位经验丰富的国际观察家认为，没有奥兰治亲王也会爆发民众起义。胡格诺派流亡者皮埃尔·朱里厄表示，"所有显要人物、贵族、城市、首都以外的地区"都认可威廉对詹姆斯政府的控诉。但他尖锐地指出："如果这位亲王拒绝给英格兰民族提供援助，那么没有他，它也会做有他的时候所做的事情。自此之后，君主制的毁灭就是无法避免的。"[76]

　　历史学家们几乎一致否认 1688—1689 年革命是一次民众革命，他们要么声称这是一次贵族政变，要么说这是一次荷兰入侵。然而，当时对立双方阵营的显要人物却有不同看法。德拉米尔勋爵深信，是那些"挺身而出加入亲王军队"的人，也就是说，所有起来反抗政府的人，迫使詹姆斯逃离了这个国家。德拉米尔勋爵说，这些英国人"毅然决然，不成功便成仁"。正是这些英国人，"不拐弯抹角，对詹姆斯国王说了大白话，表明了我们的态度，因而能够在前行的路上激励整个国家，让所有人都信心十足地跟在后面，所以他们走得越远，发挥的作用就越大，因为一旦有五百个人这样前行，很快就会有四万人跟着起兵"。形势迅速变得明朗，英国人要么迫使"詹姆斯国王服从法律，要么把他赶出王国"。德拉米尔勋爵确信，就是这次起义"令詹姆斯国王大为震惊，而且一筹莫展"。关键在于詹姆斯本人也这样认为。他在回忆录中评论说，在撤出索尔兹伯里的关键时期，他听到的"只有叛乱、开小差和叛变"。他告诉朋友费弗沙姆伯爵，他不希望他"因为抵抗外国军队和被毒害的民族"而令自己暴露在危险之中。到 12 月中旬，对詹姆斯来说，"贵族、绅士、教士和军队其他人员的普遍叛变……让他无法信任那些留下来的人。因此，没法理智地展开商谈，就只能尽可能隐秘地撤出王国"。[77]

第九章

暴力革命

"被摧毁的罗马天主教教堂"纪念章,1689年。在1688年11月和12月,伦敦群众将他们的怒火倾泻在詹姆斯的信仰和绝对主义政府的明显标志上。在纪念章上,他们推倒了伦敦杜克街的葡萄牙教堂,焚烧天主教的制品

1688年12月初,伦敦长老会教友罗杰·莫里斯几乎不敢相信,"这个喜闻乐见的处理决定"——他指的是1688—1689年革命——"竟然没有引发流血"。[1] 莫里斯的说法显然可以成为同时代人的证词,说明1688—1689年革命并不流血,而且井然有序。然而,这只是表面上的。莫里斯和英格兰人,以及其他地方的大多数人,都有充分的理由怀疑,威廉的到来将会引发一场内战,就像1618年至1648年导致德意志四分五裂的战争,或者17世纪中期摧毁英格兰的内战一样。规模等同于三十年战争的全面内战没有发生,但1688年及以后的事件远谈不上和平。尽管历史学家长期以来一直强调苏格兰和爱尔兰的

事件不是不流血，但他们却低估了渗透英格兰日常生活的暴力的程度。1688 年和之后，英格兰乃至苏格兰和爱尔兰，然后是欧洲大部分地区，都饱受战争、暴乱和财产破坏的困扰，这些事件与下一个世纪巴士底狱陷落之后的事件惊人地相似。

1688—1689 年间，英格兰没有发生过大规模的会战。不过，詹姆斯的军队及其民兵残部卷入大量的暴力事件之中。革命的"第一次流血事件"发生在西部的赛伦塞斯特。郡民兵截住了洛夫莱斯勋爵，而在接下来的激烈战斗中，洛夫莱斯和他的七十名追随者杀死了民兵队长和他的儿子，然后自己也被打倒。不到两周之后，革命者从格洛斯特监狱释放了洛夫莱斯，他们坚持认为格洛斯特郡的郡长并不合法。另一场短暂但血腥的小冲突发生在西南部的温坎顿，冲突双方是威廉派和国王军队。12 月初，在雷丁附近爆发了一场更大规模的战斗。大约两百名威廉派龙骑兵和五十名骑兵与詹姆斯的爱尔兰龙骑兵相遇。保王派部队落败，然后在撤退时遭到了雷丁"人民"的袭击。尽管当时的人将这一事件称为"轻微摩擦"，但这次交战造成六十多人丧生，远远超过了 1791 年 7 月著名的"战神广场大屠杀"中巴黎人的死亡数量。[2]

在 1688 年末，针对詹姆斯常备军的群众暴力比会战更加常见。11 月初，在多塞特郡，"舍本的一些居民"袭击并重创了康蒂尼上尉手下的士兵。11 月下旬，琼斯上尉带领的一批刚刚加入詹姆斯军队的士兵收到消息，他们驻扎的阿克斯布里奇"是一个辉格党城镇，所以他们可以自行其是"。随后，市民很快就涌上来，"狠狠地"殴打了这些士兵。一位伦敦人记述："据说双方都有超过五十人（有人说是一百人）被杀。"冲突的结果是"大量人员伤亡"，以及支持革命的市民控制了一切。在萨福克郡的贝里圣埃德蒙斯，"机动部队解除了一些新组建的部队的武装，许多人被杀"——这在英格兰的"其他不同地区"屡见不鲜。就在伦敦郊外的布伦特福德，类似的一幕也险些上演。

1688 年发生在雷丁的威廉派和保王派军队的小冲突，死亡人数超过了 1791 年的"战神广场大屠杀"，后者是法国大革命最为血腥的事件之一

"乡下人成群结队地来找爱尔兰军团算账"，但约翰·埃奇沃思爵士说服了难以约束的群众，称这些士兵都是爱尔兰新教徒，坚决反对詹姆斯及其政权。然后，群众和士兵一起高喊："奥兰治亲王万岁。"[3]

　　在詹姆斯二世统治时期，驻防城镇的军民关系一直紧张。所以在 1688 年底，这些城镇相继爆发暴力事件，这并不令人感到意外。约克、赫尔和卡莱尔的民众起义迅速取得了胜利。切斯特的不满情绪高涨。驻扎在这里的十七个步兵连和两支龙骑兵经常受到市民的谩骂攻击，许多军人甚至"希望自己待在家里"。朴次茅斯更是一个火药桶。12 月初已经有谣言称市民与"英格兰士兵"结盟，"杀死了所有爱尔兰人，缴了他们的械，然后宣布支持亲王"。或许因为这则谣言并非完全虚构，朴次茅斯的驻防副官爱德华·斯科特爵士威胁居民，"奥兰治亲王的任何部队来到，都会大肆劫掠和屠杀"，他甚至笞责市长。以 1688 年末的气氛，人民的反应必然迅猛而激烈。市民与一群水手联合起来，"打跑了士兵，关上了城门"。[4]

1688年底，沦为暴力袭击对象的政府雇员并不只有士兵。詹姆斯刚刚实现现代化的高效税收征管是许多民众愤恨的焦点。菲利普·沃尔在白厅抱怨说，"到处"都有人抢夺"国王收税员手中所有的钱"。约翰·史蒂文斯曾在威尔士为詹姆斯政府工作，他清楚地知道，"无论国王的钱放在哪，叛乱者发现了都要抢走"。这不仅仅是意气消沉的詹姆斯党人的普遍抱怨。税收专员收到的"英格兰大部分地区的详细报告"，都说"消费税专员的工作受到了群氓的干扰"。他们告诉财政大臣："有人插手消费税和壁炉税的收取，有些人强行拿走官员收回来的税，有些人自行任命征收官员。"[5]

1688年底不仅有针对詹姆斯国家的象征和官员的广泛暴力，反天主教的暴力同样无处不在。在天主教史学和大众记忆中，1688—1689年革命当然谈不上不流血。然而，我们不应认为这一连串反天主教事件明白无误地体现了前现代群众行为的特征，这不仅是因为暴力偏执狂是许多现代革命的群众行为的特点，还因为他们针对天主教徒，往往是为了攻击詹姆斯二世的绝对主义国家最显著的象征和最有力的支持者。毕竟，詹姆斯主要依靠他的教友来构建他的现代化专制国家。他清洗了各地的市政委员会之后，任命了许多高卢派天主教徒；他在各个税收部门安插了大量的天主教徒；他还招募了许多天主教徒加入他刚刚扩大的陆军和海军。此外，詹姆斯主要依靠受高卢派影响的天主教辩论家来为他的政治行为辩护。反绝对主义和反天主教的人都有充分的理由攻击耶稣会学校、天主教军官和新近皈依的海关人员。毫无疑问，许多人攻击天主教的信徒、机构和症候，尤其是托利党人，他们的攻击都是因为宗教偏见。但是没有证据表明宗教偏见是英格兰或苏格兰反天主教行为的唯一动机。最重要的是，英格兰天主教徒在1688—1689年经历的并不是一次不流血的革命，这一点毋庸置疑。

　　1688—1689 年，英格兰没有一个地区能够免于反天主教暴力。一位 18 世纪的天主教历史学家写道，在 1688 年的英格兰，"几乎没有一个郡"，"暴徒没有留下过愤怒的印记"。1688 年耶稣会年报的作者表示同意："愤怒的民众现在已经失控，所有天主教徒和宗教建筑都是他们的袭击目标，有些被洗劫一空，有些几乎变成废墟，有些其实已经被夷为平地。"理查德·布尔斯特罗德爵士从流亡布鲁塞尔的天主教徒那里了解到，英格兰大多数天主教房屋都被"拆毁了"，许多信奉天主教的人被杀害，"这样的粗野行径让人痛心"。[6]

　　11 月初，在威廉的英荷舰队登陆托贝之前，伦敦爆发了反天主教的暴力事件。詹姆斯可能感受到了对他天主教化政策的压抑的敌意，于是在 10 月初关闭了莱姆街和巴克勒斯伯里的天主教教堂。1688 年 10 月 29 日市长日，伦敦爆发暴力骚乱。所有人都说，聚在一起庆祝新市长宣誓就职的人群走了三个街区，从市政厅走到巴克勒斯伯里的耶稣会学院和教堂。他们的目标是这个最经常为绝对主义辩护、最支持英格兰重新天主教化的团体的伦敦总部。"闹事者""大批群氓"或"游民"闯入那里的教堂，"搜出许多教衣、长袍、装饰品和小饰物，价值据说达到四百英镑，然后付之一炬"。教士显然没有听从詹姆斯的命令，"在祭坛上主持仪式时受到了骚扰"。教堂会众也被石头"砸了"。到了晚上，教堂和学院已经烧成白地。[7]

　　威廉登陆一周之后，一千多群氓再次走上伦敦的街头。他们打破窗户，并威胁要继续破坏国王的天主教印刷商亨利·希尔斯在黑衣修士区的房子。诺丁汉伯爵记述："这些学徒每天都在不停捣乱。"事实上，大批人群袭击了圣詹姆斯宫的新本笃会修道院，该修道院曾为英格兰人翻译了大量法国天主教护教学著作，接着"他们愤怒地"袭击了天主教徒伯克利勋爵最近建成的新教堂。最后，国王的护卫骑兵杀死了几个人，才驱散了人群。詹姆斯下令查禁伦敦所有的天主教教堂，只有那些属于王室和外国政要的例外。这一举动暂时安抚了人群。[8]

1688 年秋冬季节，首都爆发了反天主教暴力。这些扑克牌描绘了伦敦的两间被焚毁的教堂，分别位于莱姆街（11 月底）和林肯律师公会广场（12 月）

　　1688 年 12 月 11 日上午，詹姆斯第一次逃离伦敦，这引发了另一轮前所未有的民众暴力。当天晚上，两万多人聚集在林肯律师公会广场，首先摧毁了拱门附近新的罗马天主教大教堂。然后，愤怒的人群将目标转向同样位于林肯律师公会广场的西班牙大使的住所——怀尔德宫。尽管这位大使以激烈批评詹姆斯而著称，且长期以来一直有传言说他是威廉计划的支持者，但同样为人所熟知的是，他保存了许多曾支持詹姆斯政权的重要天主教徒的贵重物品。可能就是因为这个，或者因为他欠伦敦商人的债却不还的恶名，"群氓"在怀尔德宫"大肆抢掠"。他们"洗劫、破坏并烧毁了教堂的所有装饰和内部"，还"掠夺了大使府上的盘餐具、珠宝、钱财、贵重物品等"。古文物收藏家约翰·奥伯里认为，最糟糕的是他们"烧毁了世上绝无仅有的珍贵手稿和古物"。一份报告显示，仅图书馆遭受的损失就超过一万五千英镑。

群氓掠走的赃物总值高达五万英镑。⁹

　　然后，"人群""从一个地方走到另一个地方，拆毁和焚烧天主教的教堂和弥撒场所，扛着塑像和十字架凯旋"。有一群人，据说"人数有好几千"，拆毁了史密斯菲尔德附近的圣约翰天主教堂。另一批人聚集在亨利·希尔斯位于黑衣修士区的出版社前，继续上个月就开始的破坏。"这批游民"破坏了六台印刷机，焚烧了一车又一车的书。詹姆斯的白厅用人"洗劫了他的教堂，一边拍手一边把所有信天主教的用人轰出去"。另一群人聚集在哈默史密斯，准备破坏那里的罗马天主教学校。只有在佛罗伦萨公使位于干草市场的住所，群氓才遇到了抵抗。一位名叫道格拉斯上尉的干酪商指挥米德尔塞克斯民兵，命令他们向人群开火。然而，就像许多革命一样，这支民兵背叛了他们的指挥官，开枪打死了他。然后，群众开始拆毁天主教教堂，焚烧公使的财物。¹⁰

　　12月11日晚，革命的火焰照亮了伦敦。一位观察家记述："平民以一种非同寻常的方式点亮了这座城市的几个地方。"邮政局长菲利普·弗劳德惊叹："天空那么红，我在邮局的房间里就能看到它。"埃德蒙·博恩认为，那个夜晚的"伦敦平民"发起的"骚动前所未有"。另一个人写道，那天晚上"拆毁、焚烧和破坏"天主教建筑和标志之后，"伦敦的平民""几乎没有留下一块石头"。¹¹

　　如果以为1688年的反天主教暴力主要发生在首都，那就错了。英格兰驻汉堡领事埃德蒙·波利说："大部分城市和城镇最近才设立了（天主教）崇拜仪式的公共场所，现在都被老百姓闯入破坏了。"这样的说法无论在表达还是事实上都低估了英格兰乡村的民众暴力程度。肯特郡的氛围与伦敦没有两样。罗伯特·索思韦尔爵士回忆，"肯特的人民涌上通往多佛的道路和泰晤士河口附近的小船"，目的就是阻止天主教教士逃跑。不出所料，肯特郡的群众并不满足于仅仅阻止天主教教士逃跑。在坎特伯雷，"至少有三百个武装暴徒"洗劫了一家据说有耶稣会教士入住的旅馆。确认那里确实住有教士之后，"数千人"
聚在旅馆里，以确保抓住耶稣会士。愤怒的群氓在费弗沙姆登上了詹
姆斯二世的船只，阻止了国王第一次逃往法国的尝试。虽然詹姆斯卸
下伪装后受到了群众的欢迎，但是跟他一样推崇绝对主义的心腹爱德
华·黑尔斯爵士没有。据说，"那些群氓"一听说黑尔斯被抓，"就袭
击了他在圣斯蒂芬斯的房子，他们大肆破坏，彻底毁坏了他的图书馆
和其他值钱的东西"。在北安普敦郡，一大群"粗人"向着彼得伯勒
伯爵的房子行进，破坏了他的小教堂和许多家具，然后把他的管家绑
在木桩上，逼他说出主人藏匿武器的地方。在汉普郡，"一群乱哄哄
的群氓袭击了"伯顿城堡，抓住了在那里担任本堂神父的耶稣会士安
东尼·塞洛斯。在伊普斯维奇附近的拉什米尔圣安德鲁，一群水手烧
毁了克里斯托弗·弥尔顿法官（诗人约翰·弥尔顿的弟弟）的教堂的"所
有天主教小饰品"。[12]

英格兰的两个大学城都经历了接二连三的反天主教暴力。威廉登
陆的消息甫一传到牛津，著名的大学学院老师、皈依天主教的奥巴代
亚·沃克就在"群氓的羞辱下"被迫逃亡。即使洛夫莱斯勋爵率领援
军抵达，形势依然迅速恶化。莫德林学院的耶稣会士托马斯·贝克特"被
扔进狗窝，轮番践踏，如果不是有人听到吵闹声后带着蜡烛过来，他
早就被杀了"。没过多久，耶稣会的所有成员都不得不逃命，就在几
个月前，他们还为自己得到三所著名学院的支持而感到得意。在剑桥，
"游民"同样袭击了各色各样的天主教徒，把许多新皈依者"扔进泥潭"，
并公开焚烧前天主教市长的红袍。剑桥的一批群氓竟敢来到詹姆斯二
世的枢密院官员多佛勋爵位于纽马基特附近的切弗利公园的房子，毁
坏了那里的天主教教堂，直到收到大批贿赂才停手。[13]

英格兰各地人民都在袭击支持詹姆斯的现代化政权的天主教徒的
人身和财产，并竭力拆除几乎无处不在的新天主教建筑。格洛斯特的
"游民""推倒了弥撒堂，焚烧讲坛、一切小饰品和材料，还拆掉了一

些天主教徒的房子"，还有人走到镇子外面，破坏了格洛斯特郡一位天主教绅士的教堂。詹姆斯的驻罗马大使卡斯尔梅因伯爵想回到蒙哥马利郡，躲避伦敦民众的怒潮，结果在那里"落入了群氓手中"，在奥斯沃斯特里被关了七个多星期。威廉登陆没几天，"大批"民众"烧毁了伯明翰新建的弥撒堂，把天主教徒都关了起来"。在发展迅猛的陶瓷业重镇斯塔福德，耶稣会教士菲利普·菲尔莫特"被群氓抓住"，然后被关了起来。接着"人数多达五千的大批群氓"三次回到监狱，要求对这位不幸的教士进行即决审判。林肯的耶稣会学校和教堂同样被"群氓"破坏。同样的事情也发生在约克郡的庞蒂弗拉克特，当地的耶稣会教士哈默顿神父很幸运地逃过一劫。即便是被囚禁起来的天主教徒和教士也无法感到安全。在约克，圣诞节当天，一群人聚在一起围观焚烧爱德华·彼得神父的肖像，这时候有人喊道，"什么都不缺了，就差一些活的耶稣会士没烧"，此时有人几度试图攻占关押了所有耶稣会士的监狱。12 月初，在达勒姆，"大批激烈的群氓冲进天主教教堂，怒气冲冲"，"顷刻间从上到下，所有东西都被毁坏了"。并不满足于摧毁天主教崇拜仪式的中心，"这些群氓转而破坏天主教徒的房屋，而且几乎一样激烈"。耶稣会神父克莱门特·史密斯幸运地躲过了袭击他在兰开夏郡弗内斯的房子的近三百名群众。威根的新耶稣会教堂和学校就没那么幸运了。这些精致的建筑被"愤怒而激昂的暴民""拆到只剩地基"。[14]

英格兰和苏格兰各地的暴民激烈地破坏天主教教堂，洗劫天主教财产，并且恐吓许多与詹姆斯二世的现代化政权有关的天主教人士。埃德蒙·博恩在 1689 年初列举："约克、布里斯托尔、格洛斯特、伍斯特、什鲁斯伯里、斯塔福德、伍尔弗汉普顿、（伯明翰）、剑桥和圣埃德蒙伯里的天主教教堂差不多都在这一时期被拆毁。"[15]博恩列举的时候用了被动语态，没有表明主动犯事的正是成千上万的英格兰人和苏格兰人。犯事者并不都是穷人和不明真相的人。爱丁堡、阿伯丁、牛津和剑桥的大学生几乎都不属于社会底层。当时使用"群氓"和"粗人"这样的词来形容他们，更多反映的是他们实施的行为，而不是他们的社会地位。

我们不应该将 1688 年底和 1689 年初的反天主教暴力仅仅看成宗教偏见的表现。毫无疑问，宗教偏执确实煽动了一部分群众。然而，许多暴力事件针对的都是耶稣会组织，以及跟英格兰的詹姆斯二世政权密切相关的个人，这意味着应该更多地从政治角度予以解读。针对詹姆斯国家机器的新教徒支持者的大量暴力事件增强了这种解释的说服力。针对詹姆斯二世政权的暴力跨越了宗教界限。

在 1688 年的英格兰，政治暴力是常态而非例外。被低估的《大不列颠暴民、骚乱与叛乱通史》的作者罗伯特·弗格森本人从 17 世纪 60 年代到 18 世纪初都参与过不少叛乱，据他回忆，"当奥兰治亲王登陆的消息传来，前所未有的混乱立即波及王国各地。好几个郡都有大批群氓起来闹事"。这些行动不是和平示威。弗格森告诉他的读者："在国家达到良好的和解状态之前，暴行之多，不胜枚举。"尽管弗格森对政治暴力的影响力尤其敏感，但他的评价在当时并不罕见。玛丽·伍德福德在她的日记中坦言，"自从"威廉登陆以来，"我们的土地上传来了战争和破坏的声响"。亨廷顿伯爵夫人警告她的新教徒丈夫说，"各地的游民都很不守规矩，对所有恶意撒谎的人来说都是极其危险的"。威廉登陆后不到三个星期，德拉米尔勋爵就为"流血事件"和已经发生的"内战"感到痛惜。法国大使保罗·巴里永显然对自己的安全感到担忧，哀叹英格兰爆发"内战"。[16]

12 月中旬，伦敦爆发了一波革命暴力。尽管在此之前，伦敦一直处于动荡之中，但在詹姆斯离开伦敦之前，大多数暴力针对的都是天主教。同时代的人和后来的评论者因而"庆幸""没有发生流血和过多的牺牲"，因为走上街头的群众数量极大。他们的喜悦相当短暂。托利党人菲利普·马斯格雷夫对伦敦的平静惊叹不已，但两天之后他就痛苦地抱怨说，"群氓的粗野行径难以容忍"。詹姆斯离开首都之后，伦敦群众的政治议程变得更加清晰。大批人"举着橙子在大街上游行"，明确表达了他们的政治倾向。市民一边高呼"反对（国王的）邪恶的、恶毒的和耶稣会的议会"，一边大肆破坏白厅，士兵却袖手旁观。埃德蒙·金爵士向同为高教会派的哈顿子爵抱怨，"这些游民极其粗野，不听约束，却没有受到镇压"。长老会教友罗杰·莫里斯也哀叹群氓犯下的"众多疯狂、粗野的行为"，强调他们"侵犯了自由和财产"。[17]

　　尽管群众不断袭击天主教的宗教场所，但在 1688 年 12 月，他们最痛恨的是詹姆斯用来维护绝对主义政权的世俗机构，后者大多由信奉新教者掌控。大法官乔治·杰弗里斯是西南部血腥巡回审判的负责人，也是詹姆斯二世核心圈子的著名成员，他穿着水手服在沃平的"希望和锚"巷被抓。大批愤怒群众将杰弗里斯护送到奇普赛的市长大人那里，称其为"最大的无赖""滥用法律的堕落者和人民自由的叛徒"。这些群氓如此愤怒，如此渴望"把他从马车上拉下来"，"千刀万剐"，以致大法官对一位旁观者说，"他知道他死定了，也不在乎（这些）群氓会在顷刻间把他撕成碎片"。同一天，"群氓洗劫了"詹姆斯二世的枢密院成员、市政委员会监管者和税收长官尼古拉斯·巴特勒爵士的房子。几天后，斯图亚特绝对主义的主要意识形态拥护者之一罗杰·莱斯特兰奇爵士被抓获，并被关进纽盖特监狱，因为"他的文章"威胁要"反对政府"。伦敦已成为一座革命的城市。那里的市民已经放弃了实现政治纠偏的传统手段。相反，他们走上街头，令首都陷入"激烈的动荡"。[18]

　　在革命时期，政治暴力不仅流行于伦敦，在整个英格兰都很普遍。比如在格洛斯特郡，传闻奥兰治亲王的一些支持者准备烧毁詹姆斯二世的忠实支持者、新教徒博福特公爵的豪华住宅巴德明顿。此后的某个时候，一批"乱哄哄的群氓"摧毁了迪恩森林的大部分地区和

"博福特公爵领地的围场"。这些活动很可能与格洛斯特市民有关，他们在11月底迫使安塞尔姆·福勒市长辞职，让威廉派取而代之。在更西边的威尔士，约翰·史蒂文斯记述，12月，"举国上下都在公开叛乱"，人们"拿起武器，洗劫房屋"。在德文郡的埃克塞特，"游民"对忠于国王的市长极为"愤慨"。如果不是市长已经先被关起来的话，这些人甚至想把他撕成碎片——新闻报道的用词是"私刑处死"。在柴郡，詹姆斯二世政权的支持者遭到了一系列的暴力袭击。11月下旬，罗杰·惠特利目睹了盖奇上校的步兵团队与"城中官员"的对峙，双方"言辞激烈"，许多市民因而"拿起武器，准备战斗"。城中街道迅速"挤满了群氓，秩序非常混乱"。詹姆斯决定在12月初解散他的军队，但这没有减少民众的敌意。威廉·弗莱明在12月中旬记述，切斯特的"孩子"只要"在街上遇到解散之后的军官，就会掏他们的口袋，拿走他们所有的东西"。在附近的楠特威奇，"群氓"抓住了阿登博士，他是切斯特主教座堂的新教主任牧师，也是切斯特的绝对主义主教托马斯·卡特赖特的忠实追随者。他被放在"木制器械"上，游街示众，并被威胁加以严厉的"惩罚"，最后才被一些"温和派"救了出来。[19]

在距离威廉在西边的登陆点更远的地区，暴力同样常见。在剑桥，"许多学者"都拿起了武器。副校长约翰·科维尔认为这些行为"对整个大学非常危险，也破坏了所有正直的规矩"。对圣戴维兹的绝对主义主教托马斯·沃森博士来说，学生运动无疑是危险的，而他也被"剑桥的群氓"抓住了。在萨福克郡的伯里圣埃德蒙兹，"那些没有什么可失去的穷困游民"走上街头，袭击罗马天主教和新教高级市政官的房屋，"强行收取一些税金"。煽动这群人的似乎是对詹姆斯政权的仇恨，而非宗教偏执。诺福克的"游民"在宗教方面同样不分青红皂白，"犯下了暴乱、抢劫等许多臭名昭著的行为"。11月下旬，在约克，"志愿者""没有碰任何人的财产，除了国王和天主教徒的"——尽管国王的财产包括了担任驻防长官的新教徒约翰·里

《在沃平被抓住的伪装的法官大人》，1688 年。在 1688 年，伦敦群众不仅袭击詹姆斯的天主教信仰的象征，还会袭击帮助他建立中央集权官僚国家的代表。12 月，他们把怒火倾泻在大法官乔治·杰弗里斯身上，后者是新教徒，也是让托利党东印度公司的影响力得到提高者，以及蒙茅斯叛乱之后许多处决的负责人

尔斯比爵士的财产。[20]

　　暴力并没有随着非常议会的召开或威廉和玛丽的加冕而结束。在英格兰、苏格兰、爱尔兰和威尔士、北美和西印度群岛，尤其是欧洲大陆，都发生了一系列的斗争。我们最好把 1689—1697 年这一时期理解为一个革命战争的年代。认为革命随着威廉和玛丽的加冕而结束的观点是站不住脚的。从 1689 年开始，不列颠群岛被一位历史学家准确称为"两年激烈内战"的暴力所撕裂。接着在欧洲大陆发生了建立革命政权和革命原则、反对法式绝对主义的激烈斗争，这场斗争在国内以一系列大体称得上严重的暴力推翻政权的企图为标志。[21]17 世纪末的英格兰革命政权跟大多数现代革命政权一样，经历了长期的社会、政治和军事冲突才建立起来。

　　在英格兰，威斯敏斯特的政治发展没有能够平息暴力情绪或者暴力行动。早在 1689 年 1 月，威廉下令解散詹姆斯的常备军并重新改组军队时，就已注定出现暴力文化。耶斯特勋爵向他的父亲特威代尔伯爵解释，"更换军官，把士兵派去荷兰和爱尔兰"的行为，引起了"几次骚乱，几乎发生兵变，于是许多人都开小差了，接下来恐怕还有更多"。不同于詹姆斯的常备军在地方上实施的暴力，革命之后的暴力主要与政权迅速更迭导致兵饷和食物供应发放混乱有关。驻扎在唐卡斯特的亨利·沃顿上校的部下的违纪行为就很典型。他们去了一个又一个城镇，大吃大喝，经常"游荡在距离驻地六七英里的地方，任意糟蹋掠夺"。[22]

　　全国各地的人民抓住政权更迭的机会，向他们的政治宿敌宣泄不满。2 月，曾在詹姆斯军队担任军官并坚定不移地支持其旧主的阿伦伯爵在伦敦"入座时"被六个人袭击，他们"捅穿了他的座椅，在他的喉咙留下了疤痕"。阿伦伯爵逃脱之后报告，袭击者是"英格兰人"，"他听到他们喊他'天主教的走狗'，尽管他并不信教"。6 月，在坎特伯雷，"民众袭击了一位牧师的房子"，"打破窗户，抢走了他们能找到的任何值钱的东西",因为他们怀疑他支持詹姆斯。切斯特"镇上的群氓"袭击了二十多名被解散的士兵,并威胁要在他们逃跑之前用石头砸死他们。兰开夏郡和斯塔福德郡的情况如此糟糕,以致爱尔兰新教徒马萨雷内勋爵声称,他看不到政府,"只看到全国各地不断发生的骚乱"。伦敦的长老会教友罗杰·莫里斯证实,他知道"兰开夏郡和斯塔福德郡的游民"经常对当地的天主教徒采取暴力。[23]

在泰恩河畔的纽卡斯尔,一大群人参加了一次典型的革命暴力行动。5月11日,基利格鲁上尉在"大批聚集的民众"面前爬上高台,指着旁边矗立的詹姆斯二世雕像,高喊"我们的法律、自由和财产全被这个人夺走了"。"一个穿红衣的人"很快冲了上来,"用绳子勒住雕像的脖子,把它拉了下来"。然后群众把詹姆斯的雕像从马背上拉下来,"用石头砸碎它"。这批"群氓"之后明确表示,他们不认为革命已经结束,詹姆斯二世的雕像也并不只是一个历史遗留的怪胎。这群人离开了沙丘,"打破了镇上几个心怀不满的人的窗户"。[24]纽卡斯尔的群众很清楚,革命还没有结束,反对詹姆斯党意识形态的斗争没有因为宪法协商达成一致而结束。

尽管1689年的大部分暴力事件针对的都是詹姆斯政权的标志和支持者,但如果认为英格兰人的看法齐整划一,那就错了。特罗萨克斯地区阿伯福伊尔的圣公会牧师长期客居伦敦,他见证了首都尖锐的意识形态对立。尤其是在罗伯特·霍华德爵士的《委员会》上演时,他亲眼看见"剧场的威廉派"和坐在他们上方的詹姆斯党贵族差点打了起来。在兰开斯特,詹姆斯国王和威廉国王的支持者爆发了公开冲突。据当地人说,当时"我们镇上的官员"与"游民""争斗"激烈,后者得到了柯克比上校的支持。早在1689年初,就有传言说部分詹姆斯党人打算报复针对他们的革命暴力。威廉·哈博德向下议院报告,他听说诺里奇的一个天主教徒在3月份放火烧了一所房子。而在此事件的一个月前,威廉·班克斯得知,在兰开夏郡,"我国的天主教徒

JAMES the II.
By the Grace of God,
of Great Britain,
France & Ireland,
King Defender of the Faith
S.ᵗ William Creagh, Knight
Major
Samuel Gill Esq.ᵗ
Sheriff
1685

在 1689 年 5 月的一次典型的革命行动中，纽卡斯尔的群众响应"我们的法律、自由和财产全被这个人夺走了"的呼声，拆毁了这座詹姆斯二世的雕像

正在打听是谁拆毁或破坏了他们的教堂",以期报复。[25]

　　12月下旬詹姆斯出逃后,英格兰已经不太可能发生传统意义的军事交战。但是革命的军事阶段还没有结束。詹姆斯和他的盟友路易十四选择了在另外的战场上进行战斗。苏格兰、爱尔兰和欧洲大陆的军事斗争加在一起,都关系到革命政权能否生存下去,以及该政权能否将其欧洲自由的愿景扩展到欧洲大陆。这些都是英格兰的革命战争。

　　针对詹姆斯政府在苏格兰的代理人和象征的广泛暴力掩盖了政治分裂的程度,也掩盖了詹姆斯二世仍然得到武装支持的事实。威廉经过多年的武装斗争才在苏格兰建立起政权。天主教系统自信地报道说,"高地和北方都为他们真正的国王武装起来了"。查尔斯·怀特福德补充说:"只要听到国王在爱尔兰登陆的消息,全国都很有可能站在他这边。"威廉本人在1688年12月底向哈利法克斯侯爵坦言,"分裂的苏格兰将会成为心腹大患"。另一些人则准确地反映了苏格兰各地举行的选举反映出来的民众情绪,他们认为,在苏格兰,"贵族存在分歧,有些支持威廉国王和玛丽女王,有些支持詹姆斯国王。但平民大都下定决心,跟着英格兰走"。结果,为召开苏格兰三级会议而举行的选举极大地便宜了威廉派。白厅的鲁珀特·布朗估计"选举非常有利于威廉国王",事实证明,这是非常准确的。苏格兰的自治城镇和郡的投票率很高,选出的几乎都是敌视詹姆斯政权和同情革命的人。4月4日,这些人集合不到一个月,会议就以压倒性的优势宣布詹姆斯已经放弃了王位。什鲁斯伯里伯爵和威廉本人肯定非常满意,"这些聚集在爱丁堡的贵族和绅士都对保护他们的宗教和自由充满热情"。[26]

　　获得苏格兰会议的控制权,意味着威廉派赢下了一场重要的战斗,但不代表他们已经赢得这场战争。在英格兰,军事冲突发生在议会召开之前,苏格兰的情况却不一样,酿成军事行动的是詹姆斯党的政治失败。一旦确认汉密尔顿公爵领导的威廉派在爱丁堡获胜,许多詹姆斯党贵族,包括才华横溢而富有魅力的新教徒邓迪子爵,都离开了这座城市。与此同时，爱丁堡仍然存在詹姆斯党和威廉派的激烈分歧。詹姆斯党的戈登公爵为他的国王把守爱丁堡城堡，偶尔会对该城发动小规模射击。一次袭击"杀死了一名女性、两名男性、两匹马和一条狗"。5月29日，爱丁堡城里的"几个心怀不满的人聚在一起"，为詹姆斯国王、戈登公爵和邓迪子爵的健康祝酒，这引发了两群对立者的巷战。[27]

詹姆斯党领袖邓迪子爵的活动对苏格兰威廉派的威胁更大。詹姆斯党和威廉派都知道邓迪子爵"在北方活动频繁"，用一位天主教詹姆斯党人的话来说，他在那里"找到真正的苏格兰人，他们都忠于他们的合法君主"。邓迪子爵是圣公会教友，因而获得了一些信仰天主教的高地部族的支持。到了5月，邓迪子爵已经能够对威廉派控制的领土反复发动突袭。7月初，气急败坏的汉密尔顿公爵告诉梅尔维尔伯爵，除非邓迪子爵及其盟友格伦·卡梅伦"受到削弱，然后在因弗洛希驻防"，"否则我们不得安宁"。刚刚复职的阿盖尔伯爵抱怨，"裁减"高地领导人之后，很难预测未来的政治形势。因此，原本就是高地长老会教友的麦凯少将被派往北方，带上四千人的部队，与邓迪子爵及其常驻布莱尔阿索尔的两千部队开战。[28]

在这场后来称作基利克兰基战役的战斗开始之前，双方期待都很高。不仅双方征集的人数相对较多，战斗本身的影响也更大。詹姆斯党和威廉派都认定，这场战斗将会决定苏格兰的控制权。邓迪子爵的部队人数肯定不如对手，但也有不少人认为"鹿死谁手，还不好说"。最终在7月27日，邓迪子爵成功将麦凯的部队逼入皮特洛赫里和布莱尔堡之间的基利克兰基的狭窄山口。他的高地部队取得了一场大胜，但也付出了沉重的代价。据估计，麦凯的部队折损了四分之一，另有五百人被俘。詹姆斯党军队损失了三分之一的兵力，但他们最大的损失是指挥官邓迪子爵，他受了致命伤。属于威廉派的汉密尔顿公爵因而声称，"我们的获益大于我们的损失"。威廉派的这一看法在第二个月得到了验证，行进中的詹姆斯党部队在邓凯尔德的圣公会自治小镇被一支长老会部队彻底击败。[29]

基利克兰基战役及其发生在邓凯尔德的余波标志着苏格兰武装冲突的开始而不是结束。有些人跟伦敦商人弗朗西斯·巴林顿和本杰明·斯梯尔一样,认为随着邓迪子爵"最近在战场上被杀",高地人又"多次遭遇惨败",苏格兰的形势"已经尘埃落定"。事实并非如此。许多评论家很快发现,在苏格兰建立新政权的斗争远未结束。詹姆斯·海对特威代尔伯爵说,基利克兰基战役并不意味着"邓迪子爵派的灭亡",自此之后,詹姆斯党人反而"越来越多了"。阿伯福伊尔的罗伯特·柯克认为,如果詹姆斯在基利克兰基战役之后再次登陆,或许就能控制爱丁堡,这比他在爱尔兰实施的计谋"更加管用"。其实詹姆斯在12月命令托马斯·巴肯将军前往高地,他确信那里有"许多朋友",可以说服他们"为国王起义"。到1690年初,大多数精明的观察家都认为,尽管"苏格兰现在局势稳定",但是"那里肯定正在酝酿骚动和不满"。[30]跟英格兰的情况一样,在苏格兰实现革命的暴力斗争并没有在基利克兰基宣告终结。一个新的阶段已经开始。

詹姆斯从未能够兑现领导苏格兰的詹姆斯党运动的承诺,但他确实亲自控制了爱尔兰。正是在爱尔兰,而不是在苏格兰或者英格兰,詹姆斯和他的支持者试图为恢复他的王国而战。因为詹姆斯的这一选择,爱尔兰注定成为威廉派和詹姆斯党的暴力冲突之地。

詹姆斯国王在英格兰的地位摇摇欲坠的消息甫一传到爱尔兰,詹姆斯的爱尔兰代总督蒂康奈尔伯爵就开始着手为他的国王保卫爱尔兰。甚至在1687年1月取代克拉伦登伯爵之前,蒂康奈尔伯爵就已经为爱尔兰军队的现代化和天主教化做了大量工作。蒂康奈尔伯爵跟威廉有过短暂的眉来眼去,但这很可能只是狡黠的拖延战术,之后他就加紧招募士兵。到1688年12月底,据说他已拥有两万兵力。1月中旬,兵力估计高达三万。1月和2月,一位詹姆斯党人回忆,"王国各地的贵族和绅士都飞奔到了都柏林"。普通的爱尔兰人同样热情高涨。一位詹姆斯党人声称，"不到两个月就有五万多人报名参战"。英格兰政府估计，经过整编之后，蒂康奈尔伯爵拥有的兵力将会超过四万五千人。[31]

代总督的备战动员很快获得了双重利好。首先，路易十四决定大力协助爱尔兰的战争。2月，伦敦传来消息，路易打算"迅速给"蒂康奈尔伯爵"提供人员和弹药"。次月，英格兰的"咖啡馆小道消息"非常准确地指出，"法国人的二十五艘船，连同送给爱尔兰的勤务船、人员、资金和弹药，已经出海了"。路易十四显然正在"尽其所能地"推动"爱尔兰叛乱"。[32] 这位法国国王明白，爱尔兰的冲突远不止是英格兰的问题，这关系到不列颠群岛的革命前景和争夺欧洲优势的平衡。

其次，詹姆斯在路易十四本人的鼓动下离开法国，亲自领导爱尔兰的运动。1689年3月中旬，他在法国大使阿沃公爵让·安托万·德梅姆、几位法国军官、两个私生子詹姆斯和亨利、波伊斯公爵、梅尔福特伯爵、切斯特主教，以及一些苏格兰、英格兰和爱尔兰的效忠者的陪同下抵达金塞尔。詹姆斯和他的随行人员从金塞尔出发，前往科克，在那里受到了"地方官员的热烈欢迎"，他们护送他进城，"许多年轻女性穿着白衣跳舞迎接"。从科克出发，詹姆斯以大规模凯旋的方式前往都柏林。一位詹姆斯党人回忆："沿途就像大集市，无数人从家里涌出来等待陛下，目睹爱尔兰天主教徒对他本人的极度忠诚和善意，蒙难中的詹姆斯不能不感到欣慰。"[33]

当时的人对詹姆斯这支庞大的新法国—爱尔兰联军的水平看法不一，但其最初的成就毋庸置疑。到了春末，除伦敦德里和恩尼斯基林外，爱尔兰全境都落入了詹姆斯党手中。早在1689年1月，阿马的新教大主教迈克尔·博伊尔就担心爱尔兰会"在短时间内……陷入绝境"。一位来自都柏林的苏格兰詹姆斯党人向珀斯伯爵吹嘘，"国王绝对就是这里的主人"。通常悲观的英格兰詹姆斯党人约翰·史蒂文斯在 5 月写道，"王国上下几乎都已服膺国王陛下"，并补充说，"没有什么可以阻挡陛下迅速征服"剩余的两个新教徒要塞。流亡的爱尔兰新教徒马萨雷内勋爵认为，爱尔兰"因为疏远法国王室而被强行撕裂和蹂躏"。[34]

英格兰的威廉派清楚地知道爱尔兰的绝望形势。1688 年 12 月，一群爱尔兰绅士向威廉递交呈文，敦促他在爱尔兰采取行动。许多英格兰人都跟他们一样担忧。威廉·布思比爵士对待革命顶多只能说是不温不火，但他"非常担心可怜的爱尔兰新教徒，如果不马上提供帮助，他们就会被消灭"。更加热衷于此的威廉派人士卡里·加德纳表示认同："希望能够及时给爱尔兰提供援助，晚了就会有许多人丧生。"威廉在 1 月初因应人们的担忧，向伦敦城申请了一笔"用于爱尔兰事务"的贷款。两个月后，他的国务大臣什鲁斯伯里伯爵坚称"国王陛下最关心的就是爱尔兰"。然而，由于财政危机和忧心军心不稳，英格兰派遣救援的时间一再推迟。结果，来自伦敦德里的报告越来越令人绝望。1689 年 4 月，至少一万詹姆斯党军队围攻该城。罗杰·莫里斯在 1689 年春天的声明充分反映了英格兰人的看法，他哀叹说"尽管伦敦德里还没有放弃，但如果被詹姆斯国王占领了，它就只能放弃，因为它看不到任何获救的希望"。围城内的情况确实非常糟糕。7 月，驻防长官乔治·沃克和约翰·米切尔伯恩报告："三天以来，驻军一直以猫、狗和马肉为生，我们已经有五千多人饿死，幸存下来的人都很虚弱，几乎连城墙都上不去，每晚都有许多人死在自己的岗位上。"[35]

英格兰议会和威廉本人极为重视救援爱尔兰，这跟狭隘的英格兰情感无关。他们知道，爱尔兰是英格兰革命战争和欧洲反对路易十四的伟大斗争的重要战场。小约翰·汉普登告诉下议院："这不仅仅是一场爱尔兰战争，我认为这是一场与法国的战争。法国国王已经把詹姆斯国王送入爱尔兰。除了守住爱尔兰，没有别的办法抵挡这股强大的力量。"爱尔兰流亡者马萨雷内勋爵庆祝下议院投票赞成"大力援助"爱尔兰，认为这样的"全面行动""能够减轻爱尔兰的压力，反抗法国国王"。进入 1690 年，当时的人仍然将爱尔兰战事视为更大的欧洲冲突和在英国建立革命政权的斗争的一部分。汉堡的保罗·里考特记述："同盟国*和法国人对视着，看看对方在爱尔兰采取了什么行动，那里的成败将会影响到全世界。"亚历山大·斯坦诺普肯定地说，"我们的一切都取决于""爱尔兰战事的成败"。甚至都柏林圣帕特里克大教堂的主任牧师威廉·金都从欧洲而非狭义的英格兰角度理解这场冲突。他宣称，詹姆斯党的"打算"是"将整个欧洲都纳入法国国王的专制统治"。许多詹姆斯党人都抱着这样的欧洲视角。约翰·史蒂文斯指出，爱尔兰的许多武装分子认为他们可以对抗革命军，因为他们对"法国的力量"很有信心。另一位詹姆斯的支持者认为，威廉知道他"不可能跟同盟国平起平坐，除非他打败反对他篡位的爱尔兰天主教徒，结束爱尔兰战争"。[36]

　　正是确信革命和整个欧洲的命运都处于危机之中，议会才会派珀西·柯克少将去解救伦敦德里。在六周之后的 7 月 28 日，柯克派船摧毁了从福伊尔河口进入伦敦德里的吊杆，终于打破了封锁。没过几天，詹姆斯党军队就放弃了包围该城的阵地。乔治·鲁克上尉给汉密尔顿公爵写信："告诉你一件大喜事，伦敦德里之围已经解除了。"普雷斯顿人民跟英格兰许多地方的人一样，满心欢喜地庆祝这一消息，"敲响钟声，燃起篝火"。庆祝活动极为热烈，人们的兴奋之情溢于言表，因为大家都认为伦敦德里的解围关涉革命事业的成败。罗伯特·帕克上尉回忆，正是因为伦敦德里顽强抵抗，"（詹姆斯）的打算落空了，他本想率领从法国带来的七八千名步兵进入苏格兰"。如果詹姆斯的军队能够与邓迪子爵的高地部队会合，形势肯定不利于革命者。

---

* 指为了反对路易十四而建立起来的奥格斯堡同盟，1689 年光荣革命之后英格兰加入，从此改称大同盟，成员包括神圣罗马帝国、荷兰、英格兰、西班牙、萨克森和巴伐利亚等国。

威廉·金坚称："如果詹姆斯国王在爱尔兰登陆时没有遇到任何反抗，反而轻而易举地与苏格兰王国的詹姆斯党队伍会合，那么大家都知道这对英格兰乃至整个欧洲的自由都可能是致命的。"[37]

伦敦德里解围不久，人们期待已久的威廉派军队在朔姆贝格元帅的率领下抵达爱尔兰的卡里克弗格斯附近。他统领的兵力可能多达二万六千人。他们的第一次行动是拿下卡里克弗格斯，俘获了城里的一千五百人。然而，"农村的苏格兰新教徒"大肆凌辱刚刚投降的市民，"剥光他们的衣服，杀死了许多人"。尽管有人预言朔姆贝格的到来可能会令詹姆斯"匆忙离开这个王国，就像他之前离开英格兰"一样，但威廉派军队在接下来的几个月里却几乎没有取得什么成果。事实上，当朔姆贝格退到阿尔斯特的冬季营地时，他的部队正以惊人的速度折损：据估计，他的远征军已经折损过半。[38]

1689—1690 年冬，詹姆斯党仍对获胜信心满满。詹姆斯党在英格兰的消息网络肆无忌惮地流传着朔姆贝格即将覆亡的故事。远在都柏林的马克斯韦尔神父断言，"人心已定"，詹姆斯党的胜利是不可避免的。由于詹姆斯在爱尔兰的军队现在拥有"三万五千兵力，训练有素"，沃尔德格雷夫勋爵毫不怀疑"王国完全可以抵抗强大的入侵者"。[39]

议会、英格兰的大陆盟友和威廉自己都感到爱尔兰形势危殆。1690 年 1 月的一份伦敦通讯报道："我们现在所有人都在讨论国王前往爱尔兰的事宜，为此已经做了很多准备。"身在海牙的德斯利勋爵表示，为了最大限度地打好"这场面对共同敌人的战争"，"最重要的是迅速出兵"，"正因如此……陛下打算亲自率军出征爱尔兰"。6 月，威廉带领一万五千人的增援部队启航前往阿尔斯特。威廉方部队的人员组成清晰地表明了爱尔兰战事的欧洲性质。除了七千多英格兰士兵外，还有一万多荷兰士兵、七千多丹麦士兵和三千五百多苏格兰士兵。加入军队的还有一部分德意志人和法国胡格诺教徒。总之在 1690 年的夏天，威廉在阿尔斯特的兵力超过了三万五千人。[40]

1690 年 6 月，两支新近获得增援的大军在爱尔兰交锋。事后回顾，威廉的军队显然规模更大、更加训练有素。但对当时的人来说，结果并不是必然的。卡马森侯爵给威廉写信："一切都将取决于陛下在爱尔兰的成败。"在威廉出征期间统治英格兰的玛丽女王写道："我担心输掉这场战斗不仅会让许多人心灰意冷，还会怂恿这里的异见分子起来闹事。"英格兰派到神圣罗马帝国皇帝那里的大使没有强调英格兰可能爆发詹姆斯党起义，而是强调了积极的一面。威廉·佩吉特勋爵在维也纳写道："上帝从爱尔兰给我们送来了好消息。如果那里一切顺利，我们的伟大君主能从那里凯旋，接下来就可以高枕无忧了。"[41]

结果，威廉派确实进展顺利。1690 年 6 月 30 日，威廉和詹姆斯的军队在离德罗赫达不远的博因河对峙。战斗第二天爆发，威廉派取得了一场即便称不上压倒性，至少也是决定性的胜利。总共有大约一千名詹姆斯党和五百名威廉派阵亡，其中包括朔姆贝格元帅。詹姆斯及其军队在混乱之中撤退了。约翰·史蒂文斯沉痛地回忆起这支败军的惨状，"不久之前它还充满活力，充满战斗热情，几乎没有吃过败仗。……几乎没有一个团队是完整的，如果说还剩下什么，那就只有恐慌"。詹姆斯迅速逃往法国。与此同时，威廉派军队取胜之后，又以横扫之势占领都柏林。秋天，马尔伯勒伯爵约翰·丘吉尔在芒斯特登陆，迅速占领了科克和金塞尔。虽然利默里克坚守了一年多，但威廉认为爱尔兰大局已定，于是返回英格兰，将军队交给霍德特·范里德·欣克尔将军指挥。[42]威廉赢得了英格兰王位的两位争夺者仅有的一场相互对峙的战役。

成千上万的人死在博因河的战场上，死在 1691 年的奥赫里姆，死在伦敦德里和利默里克的围城战中，但这只是革命年代爱尔兰的激烈暴力的皮相。蒂康奈尔伯爵刚成为代总督的时候新教徒就开始担心宗教迫害，而革命使他们更加恐慌。谣传蒂康奈尔伯爵威胁，如果威廉派军队登陆爱尔兰，他将"放任他的军队，为所欲为"。罗伯特·帕克回忆，许多人认为世纪中叶的大屠杀，也就是"1641年的血腥一幕""可能会历史重演"。数以百计（也许是数以千计）的新教徒逃离家园，乘船前往英格兰。蒂康奈尔伯爵刚刚在爱尔兰巩固了自己的军事和统治地位，就采取措施解除该国新教徒的武装，没收他们的马匹。在都柏林，蒂康奈尔伯爵的部下驻扎在新教徒家里，据说他们"每天都会犯下暴行"，"新教徒被迫逃离家中，彻夜难眠，生怕在睡梦中丢了性命"。爱尔兰新教徒的信息网络无疑夸大了暴行。但是破坏的程度是真实的。马萨雷内勋爵哀叹，"天主教徒对新教徒的掠夺、袭击、抢劫和暴行每天都在增加"，而且几乎可以肯定的是其中一部分是散兵游勇造成的破坏。自然哲学家托马斯·阿斯克写道，"新教徒的状况""非常悲惨，他们在王国各地都被囚禁"。都柏林的新教徒享有更多自由，但在1690年6月，根据威廉·金的说法，那里"至少三千人"被投入监狱，讽刺的是，许多人都被关押在新教的三一学院，那里在被查封之后成了驻地和监狱。[43] 1689年到1690年，爱尔兰对任何可能同情威廉的人来说都是一个危险的地方。

　　1689—1691年在爱尔兰领土上进行的战争极大地破坏了当地的经济和景观。阿尔斯特变成了废墟。梅尔维尔伯爵记述："爱尔兰人反复袭击并烧毁了爱尔兰北部的大部分地区。"梅尔维尔的记录在围城结束之后得到了更多的细节补充。威廉·金上任德里主教时指出："我发现这片土地几乎荒无人烟，乡村房屋和住所都被烧毁了。调查显示，在动乱之前，德里教区有大约二十五万头牛，围城之后只剩下大约三百头。四十六万匹马只剩下两匹，又瘸腿又受伤，还有七头羊和两头猪，但没有家禽，由此可见该辖区的悲惨状况。"威廉派的活动破坏性也不小。詹姆斯党人约翰·史蒂文斯指出，德罗赫达"在这次叛乱之后……完全被毁了"，"没有了贸易，大部分居民逃走了，只剩断壁残垣"。詹姆斯决定铸造铜币来维持政权的财政运转，结果爱尔兰的大多数居民都无法承担日常生活开支。威廉派的封锁导致都柏林特别缺乏燃料，许多士兵只能"夜出破坏"，包括砍伐树木和破坏树篱。最终的结果是一片荒凉。一个英国人同情地写道，爱尔兰"受到两支不同性质的军队的侵扰"，"需要一个和平的年代才能恢复过来"。[44]

尽管战争给爱尔兰造成灾难性的影响，但威廉派在博因河的胜利和革命派在奥赫里姆的最终胜利，奠定了英格兰革命政权的基础，欧洲的同盟事业成功在望。当博因河胜利的消息传到伦敦时，城中爆发了"规模浩大的庆祝游行"。一位政界人士写道："我们对爱尔兰的担忧完全消失了。"在德比郡，切斯特菲尔德伯爵声称，这一消息"振作了低迷的士气"。萨默塞特郡阿克斯明斯特的独立派无疑反映了许多非国教会众的心声，他们都对威廉派战胜"那一代恶人"感到"非常高兴"。[45]

英格兰在欧洲大陆的盟友也有类似的反应。汉诺威的威廉·达顿·科尔特写道："言语无法表达最近的成功给这些地方及所有盟友带来的巨大喜悦。"海牙人民"充满了喜悦"。在阿姆斯特丹，一向都是荷兰公众情绪风向标的东印度公司股票价格，"在我们的爱尔兰捷报传来后上涨了50%"。[46]

毫无疑问，这样的欣喜若狂建立在对威廉军队能够轻松征服爱尔兰的过高估计之上。与威廉派的欢喜相对应的是詹姆斯党的沮丧。一位詹姆斯党的同情者写道，"詹姆斯国王在法国热衷于打猎和大吃大喝"，因为在可耻地败走爱尔兰之后，除非法国入侵，"否则他看不到还有什么能够帮助他恢复王位"。梅尔福特伯爵给摩德纳的玛丽写信，称博因河的消息"击垮了我……之后我一直在养病，我觉得我很难再振作起来"。詹姆斯党军队熬过了1690—1691年冬季，但这没能让法国的詹姆斯党政治圈子振奋起来。爱德华·黑尔斯爵士写信给蒂康奈尔伯爵，说"我们唯一的希望"是入侵英格兰。梅尔福特伯爵附和，"只要奥兰治亲王还活着，就只有动用武力，国王才能复位"。他指的显然是法国出兵。[47]

　　然而，就在威廉派在爱尔兰取得对詹姆斯党军队的陆上决定性胜利的同时，法国人的确很有可能从海上入侵英格兰。只是因为威廉和他的盟友比大多数历史学家更清楚 1688—1689 年革命是欧洲的革命，而不仅仅是英格兰的革命，他们才能阻止可能到来的法国进攻。只是因为出色的外交策略，法国才没有在 1690 年夏天发动入侵。

　　在大规模的海军集结之后，法国舰队于博因河战役前几天，在比奇角附近痛击英荷联合舰队。这次胜利使法国人获得了制海权，他们可能动用庞大的陆军入侵英格兰和苏格兰。一位詹姆斯党人准确地指出，"这一行动的消息令英格兰陷入了恐慌"。玛丽女王收到比奇角的消息之后也认为，"形势的发展令人担忧。" 激进的驻丹麦大使罗伯特·莫尔斯沃思写道："我们的灾难性海战……令我感到非常难受。我没法鼓起勇气进宫，也写不了文件。"枢密院议长卡马森侯爵根据推断和大量的报告，确信法国人准备"以雷霆万钧之势"迅速登陆。那年夏天，欧洲的商人圈子也有传闻称法国准备入侵英格兰。詹姆斯党也期待着法国的入侵。一位詹姆斯党人写道，知道"英格兰兵力空虚"之后，路易十四"立即决定趁亲王不在，派一支中等规模的军队到英格兰，这支军队将在保王派的协助下，迅速降服这个王国"。[48]

　　全英格兰的人都在为法国人的入侵做准备。那年夏天，西南部"消息满天飞，民众都非常忧心""法国人入侵的风险"。"法国人登陆的隐患"导致伦敦气氛紧张。伊丽莎白·奥克森登回忆，在汉普郡，"民众预料法国人去年打败了我们的舰队……接下来就会发动入侵"。英格兰人的担心并非毫无根据，比奇角战役过后不久，"一群法国人在英格兰西边登陆，烧毁了沿海的一些地方"。还有一批法国人在诺森伯兰登陆，"洗劫了沃德林顿勋爵（一个天主教徒）的房子，烧毁了他的外屋和村里的两三间茅屋"。这些试探性的袭击导致政府决定全国进入高度警戒状态。卡马森侯爵告诉威廉，"全英格兰的民兵都接到了动员命令"。一位伦敦人写道，"全国上下团结一致，反对法国人"。这没有夸大。1690 年夏天，为了抵御法国人的入侵，英格兰征召的民兵令人吃惊地达到九万二千名。[49]

可是法国人没有入侵。8 月中旬，卡马森侯爵觉得安全了，民兵可以"解散"了。[50] 发生了什么？为什么法国人没有入侵？这个问题的答案体现了只从英格兰的角度理解革命的负面影响。

对于威廉、路易十四和不列颠群岛的大多数人来说，1688—1689 年革命是欧洲斗争的一部分。当威廉在爱尔兰作战、法国和英荷舰队在比奇角附近对峙的时候，奥格斯堡同盟在欧洲大陆开展了成功的外交活动。5 月下旬，萨伏依公爵即将加入同盟的消息在外交上闹得沸沸扬扬。一位欧洲观察家写道，没有什么比这"更有用、更有利于""挫败法国"。德斯利勋爵对卡马森侯爵滔滔不绝地说："萨伏依公爵明确宣布加入我们的共同事业，这样的有利局面或者说利好消息是我梦寐以求的开端……这是挫败骄傲的法国人的最佳方式。"不难看出群情激昂的原因。得到萨伏依公爵的支持，同盟就可以直接进攻法国。威廉·佩吉特勋爵在维也纳得知这一消息之后，强调了一个显而易见的观点，"现在通往法国的大门打开了"。当萨伏依公爵命令他的军队进军法国时，路易十四只能"给此前指定进攻英格兰的军队发出相反的命令……转而直接进军萨伏依，对抗上述同盟军队"。一位爱尔兰的詹姆斯党人哀叹，"如此一来，法国的黄金机会"就没有了，恢复詹姆斯二世的王位就很难了。[51]

1688—1689 年革命既不是没有流血，也没有迅速完成。在威廉和玛丽于 1689 年加冕之后很长一段时间里，英格兰仍然不断爆发革命暴力，而且很有可能继续下去。只不过建立英格兰革命政权的斗争是在苏格兰、爱尔兰和欧洲大陆上进行的。只有在詹姆斯逃离爱尔兰和萨伏依公爵在 1690 年阻止了法国-詹姆斯党联合入侵之后，大家才发现单凭法国的力量就可以推翻新政权。查尔斯·科特雷尔爵士的话

《英格兰大事件》，罗梅因·德胡赫作，1692 年。对詹姆斯逃离英格兰的描绘与 1688—1689 年革命是"不流血的""理性的"这一叙述相矛盾

很好地体现了新政权支持者的看法。他在 1691 年詹姆斯党军队最终败走爱尔兰之后写信给特朗布尔爵士，认为形势"在我看来从来没有像现在这么有希望，因为爱尔兰现在已经完全平定，变得跟苏格兰一样安定，三个王国都在国王的和平统治之下"。然而，英格兰的这些成就并不足以建立革命政权。为了长治久安，英格兰人需要"让法国人停止无谓的举动"。直到 1694 年英格兰银行成立，后来成为钱多斯公爵的詹姆斯·布里奇斯才说服了他倾向詹姆斯党的父亲，让后者相信新政权已经站稳脚跟。他认为，正是在那时候，"这里的大多数人和国外的陌生人开始觉得当前政府已经稳固，即使没有充分安定下来，至少对威廉国王来说够了，已经不太可能发生有利于詹姆斯国王的转变"。[52] 直到 1694 年，这位人缘良好、终身从政的政治家才承认，任何国内起义都不可能迅速推翻革命政权。钱多斯勋爵比后来的大多数

历史学家都更了解 17 世纪 90 年代的新政权多么脆弱。在英格兰国家能够抵御强大的法国君主国的任何进攻之前，英格兰革命都谈不上大局已定。

威廉政权之所以不稳固，是因为它跟大多数现代的后革命政权一样，通过民众起义和广泛暴力上台。与大多数革命一样，被杀害的人数远远少于财产损失和权力结构的损坏。英格兰和苏格兰的大多数人都很清楚，任何平静都很脆弱。从 1688 年到 1691 年，愤怒的群众、遣散的不满士兵和詹姆斯党的阴谋无处不在。暴力文化充斥社会。在苏格兰和英格兰，詹姆斯被推翻时都发生了广泛的民众暴力。在这两个王国，群众都袭击了詹姆斯二世政权的天主教和高教会派支持者。爱尔兰的情况截然不同。那里的绝大多数人都支持忠于詹姆斯的代总督蒂康奈尔伯爵。但即便在那里，革命也以暴力的民众起义为开端，其中大部分都被镇压了下去。不过，在这三个王国里，暴力的中心都是建立革命政权。没有一个王国的革命是不流血或和平的。席卷不列颠群岛的革命夺权暴力是更为广泛的争取欧洲自由斗争的一部分。

第十章

引发分裂的革命

"宣布空置的英格兰王位"纪念章，简·斯梅尔青作，1689 年。从代表英格兰、苏格兰和爱尔兰诸王国的三个蜂巢飞出的蜜蜂，赶走了被描绘成一头熊的詹姆斯二世。纪念章上边的铭文写着："英国人就这样从破坏者的手上保护了他们的自由和宗教。1688 年。"

1688—1689 年革命既不是贵族的，也不是不流血的，更不是参与者一致同意的。这种说法与 1688—1689 年革命的辉格党式解释的核心理念背道而驰。持有这种见解的人始终认为，詹姆斯二世的统治在英格兰形成了一个特殊的政治共识时期。在麦考莱及其辉格党式革命解释的同侪看来，英格兰人在 1688 年展示了他们特殊的民族性格，他们抛开党派分歧，一致赞成废黜詹姆斯二世。1688—1689 年的事件既不是辉格党的胜利，也不是保守党的胜利，而是英格兰的胜利。

相较之下，修正派认为托利党在 1688—1689 年发挥了主导作用：

他们带头反对詹姆斯二世为了维护一个排外教会而采取的宽容政策。修正派暗示，许多辉格党人都积极投身詹姆斯政权。托利党人可能没有料到或希望威廉的到来及其夺取王位的决定，但他们很快就适应了。

这两种解释都不符合事实。面对现代常备军和现代国家机器，詹姆斯二世的敌人有足够的动力保持统一战线，但革命阵营却无法消弭他们深刻的意识形态分歧，甚至也无法掩盖这种分歧。党派政治分歧早在詹姆斯二世出逃之前就已出现，其中最突出的是辉格党和托利党的分歧。辉格党和托利党都想废除詹姆斯二世的天主教现代化政权，而他们的分歧在于应该用什么来替代。托利党希望革命只是废除詹姆斯二世的天主教现代化计划，然后让英格兰回到查理二世统治末期，也就是以托利党主导政坛为特征的辉煌时代。他们接受了必须以武力保卫政权更迭的事实，但他们无意改变欧洲政局。他们认为，打败詹姆斯及其政治盟友可能需要在短时间内付出巨大的代价，但不需要彻底改造英格兰社会。相比之下，辉格党希望革命能够从根本上改变英格兰的政治和社会。他们希望启动自己的现代化议程。许多人成为仍然效忠詹姆斯的少数派，这一定程度上是因为他们仍然致力于实现他的法国式现代政府。1688—1689 年的事件没有带来一个政治稳定的时代，更不用说一个安定的时代。从 1688 年末开始，英格兰的政治舞台充斥着激烈的党派纷争。1688—1689 年英格兰革命的特点是党派分歧，而非政治共识。

当时的确有很多人对 1688—1689 年英格兰人表面上的全体一致感到惊异。森德兰伯爵夫人指出，詹姆斯非常招人讨厌，所以英格兰"所有人都齐心一致反对他"。1688 年 12 月，保王派詹姆斯党人亨廷顿伯爵夫人感叹道："英格兰现在是万众一心。"多塞特的阿尔默的辉格党堂区长约翰·奥利夫称赞了 1688 年的"党派大团结"。1688 年，辉格党人科利·西伯也认为，英格兰"万众一心，辉格党人、托利党人、君王、主教、贵族、教士、普通人和常备军团结一致"。一部革命后的戏剧甚至提出，1688 年事件最后促成了"旧保王派"*与前议会党的和解。许多英格兰人都赞成反对詹姆斯，尽管在这一问题上也很难达成一致，但是更为严重的分歧在于詹姆斯式现代英格兰政体瓦解之后怎么办。

威廉尽力促进英格兰的团结。他努力抑制那些决心更大的辉格党追随者的热情。他缓和了他的官方宣言《肇因声明》的表达和内容，使其语气和内容温和。该宣言仅仅关注詹姆斯二世统治时期的错误行为，而不是像辉格党人所希望的那样，更加深入地批判后复辟时期的君主制。该文件的重点是那些意识形态光谱左右都感兴趣的问题。威廉坚定不渝地努力将 1688—1689 年事件的结论写入声明。声明在 1688 年再版二十一次。阿姆斯特丹、鹿特丹和海牙的印刷厂分别印刷了两万份，都在英格兰发行。罗兰·温爵士等威廉支持者每人拿到三千份，分发给他们的"朋友"。虽然有些被没收了，但更多的印刷版宣言流入了"全国人民的手中"。威廉的支持者利用新的"便士邮递"在伦敦分发声明。到 11 月中旬，从康沃尔到约克郡乃至两地之间的任何地方，都可以找到这份声明的印刷版。在一个又一个城镇，革命者经常宣读威廉的声明。当亲王从托贝出发时，群众为了庆祝他的到来，要求在纽顿修道院和埃克塞特大教堂宣读声明。当巴斯伯爵交出普利茅斯，向威廉投降时，他"让人现场宣读了奥兰治亲王的宣言"。当革命者控制了约克时，他们也"宣读了奥兰治亲王的声明"。英格兰各地显然也遵循这样的模式。在法尔茅斯，在切斯特，在肯特的梅德斯通，在利兹，在兰开夏郡的普雷斯顿，革命者都自豪地宣读了这份温和的声明。[2]

---

* 指在英格兰内战、空位时期、复辟时期选择支持查理一世和查理二世的人（又称"骑士党"），与其对立的则是主张建立君主立宪制的议会党人（又称"圆头党"）。

　　然而，尽管许多人非常感激威廉，也赞同他在声明中表达的许多观点，但是英格兰人没有放下他们长期以来的党派分歧，乖乖地跟从这位荷兰的执政官。1688 年秋发生的不只是一次荷兰人入侵，还有出现在全国各地的、大量的民众起义。很多时候，革命者的演讲、声明和宣言都给政治上相对温和的威廉宣言添加了党派色彩。

　　与德拉米尔勋爵和德文郡伯爵有关的团体曾在英格兰中部地区领导民众起义，其中绝大多数都是辉格党人和非国教徒。他们坚持认为主权在民，坚持认为只有革命才能保障宗教和公民自由，并暗示英格兰人需要从根本上改变他们的社会和制度安排。詹姆斯本人回忆，德拉米尔勋爵"最关注的是长老会"。德拉米尔勋爵的部队表现了他们对辉格党的同情，他们的"消遣"就是射击最支持绝对主义的两位国教主教"切斯特和圣戴维兹主教"和法式天主教神父彼得的肖像。当德拉米尔勋爵在博登当斯第一次召集部队时，他告诉他们，如果他们没有获胜，"就要跟良心自由说再见"。他的表弟艾尔斯伯里伯爵回忆，德拉米尔勋爵是一个"对国王和王室绝不妥协的人"。那些聚集在博登当斯聆听德拉米尔勋爵讲话的几千人肯定也有这样的感觉。在那里，德拉米尔勋爵坚称"我们必须使用武力才能得救"，而在德比，他谴责詹姆斯二世，赞美"臣民的权利和自由"。德拉米尔勋爵刚到伦敦就向任何愿意倾听的人说出了一番很有个人特色的话，"如果这位国王是国王，他（指德拉米尔勋爵）和他的人都是叛乱者"。意思很明确，托利党人显然很不喜欢。革命者已经废黜了詹姆斯二世，现在所有的权力都落到了"人民手上"。毫无疑问，托利党人、第九代德比伯爵就是觉得德拉米尔勋爵的辉格党原则令人厌恶，才会拒绝加入德拉米尔勋爵的叛乱。德文郡伯爵的政治观点没有什么不同。在诺丁汉，他和他的手下发表并传播了一份宣言，称詹姆斯"一直被视为暴君，他把自己的意志当作法律，我们有充分的理由认为，反抗这样的暴君不是叛乱，而是正当防卫"。难怪"只有一个重要的保守党人物加入德文郡"。[3]

　　总体而言，英格兰东北部的起义以保守党和高教会派为主，领导者和参与者都是国教徒，他们憎恨詹姆斯的天主教，但对更为广泛的社会或政治变革不感兴趣。拿下约克、赫尔和约克郡大部分地区的人基本是托利党人。一位历史学家将约克郡的事件称为"托利党叛乱"。例如，与西部的起义不同，这些人强调他们支持"英格兰教会，希望天主教倒台"。丹比伯爵本人多次表示，他是"王国中最后一个"使用武力反对合法君主的人，但"挽救新教"别无他法，因为"如果国王打败了亲王，天主教就会再次降临"。理查德·坦普尔爵士记得，在约克郡，"表明立场"的是"教会"，而且"只有"教会。当这帮人到达诺丁汉时，显然他们已经组成了"一个不一样的党派"。事实上，丹比的许多手下，如切斯特菲尔德伯爵，"都天然地厌恶武力反对国王，法律准确地将此称为图谋弑君"。[4]这是人们能想出来的与德拉米尔勋爵及其支持者相去最远的政治理论。

　　反詹姆斯阵营的意识形态如此分裂，以至于在威斯特摩兰和坎伯兰，詹姆斯二世在卡莱尔的驻防部队甚至还没有放弃该地区的控制权，对立的辉格党和托利党团体就已经开始你争我夺。丹尼尔·弗莱明爵士试图让辉格党的约翰·劳瑟爵士和保守党的克里斯托弗·马斯格雷夫爵士合作，但以失败告终。马斯格雷夫和他的托利党盟友乔治·弗莱彻爵士拒绝签署辉格党呼吁召开"自由议会"的请愿书。相互对立的辉格党和托利党队伍同时进军卡莱尔要塞，竞相接受指挥官的投降和接管要塞。托利党最终获得了要塞的控制权，但是敌意依然尖锐。马斯格雷夫的心腹巴兹尔·菲尔丁在进入卡莱尔时对劳瑟骂道："该死的辉格党人。"劳瑟在 17 世纪 90 年代的议会辩论中抓住一切机会反驳马斯格雷夫的任何立场，他在回忆录中愤愤不平地记述，马斯格雷夫和托利党在詹姆斯二世统治时期"就顺应了那个时代"。[5]

　　詹姆斯出逃后不久，辉格党人和托利党人分别声称，他们对革命负责，而且只有他们对革命负责。双方都没有声称这次革命是一个达成意识形态共识的时刻。在 1689 年 12 月下议院的一次辩论中，托利党人托马斯·克拉格斯爵士宣布，他"确信国王上任是英格兰教会努力的结果，包括教会的贵族成员、教会的布道和牺牲"。克拉格斯只是在阐述已经成为托利党正统的观念。理查德·坦普尔在政治上曾经特立独行，现在则是正统的托利党人，他指出："辉格党与詹姆斯国王彻底划清界限，他们对这次变革没有丝毫贡献。"辉格党人对 1688 年和 1689 年的事件有着截然不同的记忆。辉格党人约翰·吉斯爵士在 1688 年曾经亲自参战，"以六百骑兵"攻下布里斯托尔，他立即回呛，声称克拉格斯显然没有"出现在变革的第一线"，因为他知道"英格兰教会从我们身边逃走了，非国教徒却留了下来"。一位辉格党小册子作者表示同意，他恰如其分地总结了辉格党的论点，"目前的美好改变都要归功于辉格党人"。那些支持让国家摆脱詹姆斯二世的托利党人只是为了"私人目的"，辉格党人则是"为了公共利益"。[6]

两种说法顶多都只说出了一部分事实。辉格党和托利党都在 1688 年拿起了武器。关键在于，甚至在决定如何处理王国之前，党派的战线就已划定。托利党和辉格党没有以协商一致的方式行事。他们从来没有消弭党派分歧。相反，这两个团体基于截然不同的原因，做出了必须推翻詹姆斯二世的现代政体的决定。

※ ※ ※

在这种情况下，英格兰人没有以一致的欢呼声庆祝詹姆斯逃往欧洲大陆，这并不出人意料。相反，绝大多数愿意发表意见的人都描述了一个严重分裂的政体。詹姆斯二世在 1688 年 12 月的出逃没能减少这些分歧。现在这个分裂严重的民族面临着达成协议的艰巨任务。

1689 年 1 月底召开非常议会的目的是为民族找到解决方案，但是选举没有达成任何共识。英格兰的各个郡和自治城镇无法搁置党派纷争。当时许多人都认为，选举"很自由，所有士兵都撤出了驻防地"。然而，自由的选举不一定是平静、和平或一致的选举。罗伯特·索思韦尔爵士在其革命手稿中指出，在全国各地，"曾经加入托利党、辉格党和骑墙派的人"正为了席位展开激烈争夺。另一位观察家评论，在非常议会的选举中，"国教党派几乎跟詹姆斯党一样受到反对"。一项非常保守的现代估计表明，1689 年至少有八十次竞争激烈的选举，这就算谈不上前所未有，也是一个非常大的数字。[7]

来自各个地方的证据验证了这一总体估算。例如在德比，威廉·布思比爵士号召"我们教会的诚实的自由民"（他指的是英格兰教会）结队出动，反对激进派非国教徒威廉·萨谢弗雷尔的候选资格。辉格党人威廉·考珀爵士为赫特福德的选举准备了一篇文件，里面狠狠地攻击了 1685 年把他挡在议会之外的托利党的"专制地方官"和"选民"，还有那些为詹姆斯二世安插自己人进议会的"天主教监管者"。辉格党人劳瑟的约翰·劳瑟爵士和保守党人克里斯托弗·马斯格雷夫爵士的党派敌意成了坎伯兰和威斯特摩兰竞选季的主色调。劳瑟迫使克里斯托弗·马斯格雷夫爵士放弃威斯特摩兰郡的席位，报了他未能为辉格党攻下卡莱尔的一箭之仇。菲利普·马斯格雷夫向达特茅斯伯爵抱怨："约翰·劳瑟爵士非常反感我的父亲，他正在他或他的任何朋友认为可能立足的地方挑起事端。"就此而言，劳瑟失败了，因为克里斯托弗爵士当选了卡莱尔议员，菲利普则在阿普尔比当选。萨默塞特的汤顿素来以激烈的党派对立而著称。选举日当天，辉格党候选人约翰·特伦查德和爱德华·克拉克的支持者在汤顿的天使酒馆聚会，很快就有一群托利党人上前挑衅，包括许多士兵在内。一些人"翻墙"逃跑，其他人在试图投票时被"打倒在地，身受重伤"。根据特伦查德和克拉克的说法，至少十三人重伤。结果托利党人威廉·波特曼爵士和约翰·桑福德当选，就跟 1685 年一样。辉格党人的诉状无疑夸大了托利党人的暴力程度，但是激烈的党派对立确实存在。伦敦的情况则相反，四名辉格党人当选议员，而托利党人受到了严厉的指责。彼得·丹尼尔爵士被诋毁为"全城最活跃、最狡猾的托利党人"。权势强大的托利党人、前任市长约翰·穆尔爵士遭遇"嘘声"。总体而言，托利党人被指责为"背叛伦敦城和民族的主要祸根"。这些党派分歧最终在非常议会中得到了充分的体现。选举没有形成一个协商一致的机构，反而产生了一个在辉格党和托利党之间取得巧妙平衡的下议院。在五百多名议员组成的下议院中，辉格党的多数派优势可能只有不到二十人。[8]

非常议会的召开无助于抑制意识形态的争论。一份伦敦通讯评论，"城中所有讨论都是关于如何建立政府"，而每个团体都提出了自己的方案。辉格党人约翰·梅纳德说，所有人都在"咖啡馆和更好的地方谈论要做的好事"。王国上下都在讨论一系列令人困惑的选择。以高教会派托利党人为主的一部分人认为改变王位继承是不合法的，因此他们希望詹姆斯继续担任国王，但要对其权力加以限制。一个为数不少而又善于表达的团体主张成立共和国。另一些人认为奥兰治王妃玛丽应该成为女王，威廉担任摄政。还有人坚持认为威廉和玛丽应该一起继位，成为国王和女王。这是一个激动人心而又难以预测的时代。约翰·洛克乐于看到非常议会提供"机会"来"寻求补救办法，并制定一部可以延续下去的宪法，保障国家所有臣民的公民权利、自由和财产"。1月底，威廉·斯坦福思在约克大教堂布道时称："这个动荡的王国的公共事务现在似乎陷入了危机之中。事态将如何发展，结果会是什么，只有上帝知道。"[9]

非常议会本身也有严重分歧。伦敦和威斯敏斯特处处都有人"争论国家大事"。一群非国教牧师开会讨论"对他们自己和信徒来说，提出什么宗教建议才是合适的"，其他辉格党人则就宪法问题提出建议。托利党人（包括罗伯特·索耶爵士、赫尼奇·芬奇、托马斯·克拉格斯爵士、克里斯托弗·马斯格雷夫爵士、约瑟夫·特里德纳姆爵士，"还有许多人"）可能在长老会教友罗杰·莫里斯于 3 月中旬听说他们之前，就已在魔鬼酒馆碰过面了。因此，非常议会迅速按照党派界线展开争论，而这并不出人意料。1689 年 1 月 28 日，各方就国家现状展开了激烈的辩论。最后，可能是受到支持将王位交给威廉和玛丽的"共同谈话"的影响，下议院通过了一项决议，宣布"王位空缺"，因为詹姆斯"试图颠覆这个王国的宪法，破坏国王与人民的原始契约"，而且"在耶稣会士和其他奸佞的建议下"，他"违背了基本的法律"，"自己从王国出走，放弃了政府"。尽管下议院的许多托利党人强烈反对王位空缺，支持摄政，但他们可能觉得这项模棱两可的决议尚可接受。托利党人极力否认民众政治抗争的合法性。王位当然是空缺的，但不确定詹姆斯是已被废黜抑或只是出逃。托利党人可以继续坚称 1688 年没有发生政治抗争，宪法危机的肇因是詹姆斯二世主动而令人遗憾地抛弃了国家。既然无法确定詹姆斯让出王位的行为应该算作君主驾崩还是君主统治遭到反抗的结果，那么也就无法确定应该按照惯常的世袭继承规则填补王位，还是授权非常议会选择一个新的统治者。即便如此，许多托利党人还是很不高兴。只有少数人投票反对这项决议，但交游广泛的苏格兰圣公会牧师罗伯特·柯克后来声称，"反对威廉国王和玛丽女王登基的有一百六十票"。[10]

托利党人在上议院表明了他们的立场。耶斯特勋爵在非常议会刚召开的时候就准确地预测，坚决反对以威廉和玛丽取代詹姆斯的人"为数不少，贵族和教士里的大人物尤其如此"。在托利党的诺丁汉伯爵的带领下，许多贵族反对宣布王位空缺，并提议由摄政王统治英格兰，直到詹姆斯去世。该提议被否决了，"但离通过只差三票"。在接下来的两天里，这些贵族"积极"推动通过禁止下议院使用"退位"一词和拒绝承认王位"空缺"的动议。分歧并不完全以党派为界线，例如哈利法克斯侯爵当时是温和派托利党人，他就始终认为詹姆斯不能再当国王，但是大体有迹可循。德拉米尔勋爵回忆，"辉格党人最热衷于（詹姆斯）退位并将王位交给威廉国王的方案，而在之后的两任国王统治期间，支持这么做的人确实认为辉格党人是对的，其他人是错的"。他指出，辉格党人的"另一边"是"托利党和高教会派"，他们"竭力往反方向"拉。[11]

　　非常议会陷入了僵局。辉格党人和托利党人无法就解决方案这一根本问题达成一致。下议院和上议院领导人的会面毫无结果。就在这时候，伦敦及其周边地区的人民采取了一切现代革命都会采取的行动方式，也就是利用群众政治的压力。民众匆匆忙忙地起草了一份请愿书，要求宣布威廉和玛丽为国王和女王。虽然说不清请愿书的幕后推手是谁，但这显然是一份辉格党的文件。约翰·里尔斯比爵士听说，是"主张立即将王位授予亲王的贵族"，"找了一些人去煽动游民，于是他们就激动地带着请愿书来了"。罗杰·莫里斯在伦敦的辉格党社区的消息来源更加可靠，他声称请愿书的发起人是辉格党商人、仇法分子和东印度公司（由乔赛亚·蔡尔德担任董事会主席）的激烈批评者詹姆斯·胡布隆，他"认为这是阻止战争的唯一方法"。现在只有辉格党人威廉·考珀的文集里还有这份请愿书的手稿副本。请愿书得到了很多人的支持。"十名游民"负责递交请愿书，他们声称"每一个人代表的都是五千人"。五万人这个数字可能有所夸大，毕竟其他人报告说只收集到了一万五千人的签名。即便如此，1689 年 2 月的辉格党请愿，规模显然不亚于 1680 年 1 月递交的支持王位排除的浩大请愿，收集到的签名至少跟 1640 年 12 月的根枝请愿书一样多。事实上，这次请愿的规模可能不亚于 18 世纪后期的请愿运动。不出所料，激进的辉格党人安东尼·罗向下议院提交了"千万人的请愿书"，辉格党人洛夫莱斯勋爵则在上议院递交了请愿书。[12]

　　尽管下议院和上议院都不同意宣读辉格党的请愿书，但请愿书还是产生了决定性的作用。事实证明，请愿书得到了成千上万愤怒的英格兰人的支持。许多人都非常担心，有人说，"城里的学徒正在怒不可遏地前往威斯敏斯特，对付一切投票反对奥兰治亲王的人"。威廉·班克斯警告他的托利党同侪罗杰·凯尼恩："某些人开始威胁主教。"托利党人爱德华·西摩爵士抱怨，"上议院昨天受到了暴民的威胁，而且他们还没有散去"。据说"许多不是议员的人"出现在"议长室和旁听席"。上议院的议员被"出租马车、大车和板车""拦住"，无法出席会议。克拉伦登伯爵抱怨，这些"群氓""在洛夫莱斯勋爵或者威廉·基利格鲁的组织或者邀请下，今早成群结队来到威斯敏斯特"。长老会教友亨利·纽科姆肯定不是英格兰唯一认为"事态目前看来正在变得混乱"的人。[13]

不到一个星期之后的 2 月 6 日，上议院同意詹姆斯二世退位，王位空缺。接着他们同意宣布威廉和玛丽为英格兰国王和女王。毫无疑问，威廉破釜沉舟的游说活动奏效了。不过，考虑到威斯敏斯特外面声称得到成千上万人支持的愤怒的示威群众，很难想象这些贵族没有受到影响。在一次已经发生过较多政治暴力的革命危机中，辉格党群众构成的威胁必然令人生畏。根据多年后披露的内幕，洛夫莱斯勋爵威胁顽固的托利党议员，"如果这几天再不达成一致，为奥兰治亲王加冕"，他就"带五万人到议院，强迫他们这样做"，这并非危言耸听。当时有人认为，辉格党的群众政治活动打破了平衡。罗杰·莫里斯在 2 月 2 日预测托利党要"扛不住了"，因为"许多上议院和下议院的议员，许多利害相关的绅士，还有广大中产绅士和王国的最大支持者地主群体"都"很躁动"。尽管他不支持"民众请愿"，但他认为在目前"可以防止战争"的情形下，这样做"更有必要"。[14]

英格兰大部分民众都为辉格党获胜的消息欢欣雀跃。对于那些仍然聚集在"议会大厦周围"的人来说，这是"一次令人欣喜的投票"。当天晚上，"为了庆祝上议院和下议院如愿达成一致这件大幸事，人们燃起了几堆篝火，敲响了洪亮的钟声"。接下来的一周，全国各地都有官方庆祝活动。尽管大多数现存的记载都过于笼统，描述不出这些事件的政治特征，但有证据表明辉格党人特别高兴。一群伦敦人"花了不少钱"，打造了辉格党视为鬼蜮的大法官乔治·杰弗里斯的肖像，然后将其烧毁。在纽卡斯尔，大部分人都"怒气填胸"，但"城里的所有非国教徒"都一致欢庆，场面"非常高兴和隆重"。[15]

※ ※ ※

辉格党政治家和辉格党群众用威廉和玛丽取代了詹姆斯二世之后，党派纷争没有就此结束。许多托利党人迎合新政权，但也有许多人拒绝接受。近四十名上议院议员正式抗议宣布王位空缺的决定。[16]更重要的是，詹姆斯在 1688 年底做出放弃英格兰的战略决定不是因为他缺乏支持者。事实上，詹姆斯的天主教现代性计划反响热烈。我们不应忘记，有热烈的反对者，就有热烈的支持者。

有三个群体仍然格外忠于和积极推动詹姆斯的事业。首先，詹姆斯二世的现代化政权成员仍然效忠于他。值得一提的是，事实证明了詹姆斯二世的常备军对他们的旧主非常忠诚。这些人经过几年的效忠训练，对新政权的举措满腹牢骚，从薪饷的不定期发放到把他们派去爱尔兰或欧洲大陆的恐吓。其次，许多英格兰教会的牧师一辈子都在教导他们的堂区居民忠于国王和被动服从的价值观，因而无法接受新政权。再次，那些认为自己从詹姆斯政府获益最多的宗教团体，包括法国式罗马天主教徒和最忠于威廉·潘恩的贵格会教友，都积极支持詹姆斯复辟。

从詹姆斯逃离英格兰的那一刻起，外界就很怀疑军队还会继续向他效忠。毕竟詹姆斯给了他们最好的待遇，并将英格兰的军队从一群乌合之众改造成为欧洲最为训练有素、纪律最为严明的军队之一。到1689 年 1 月下旬，罗杰·莫里斯开始担心，"大部分"支持詹姆斯二世的军队都有"叛变"现政权的趋势。詹姆斯党人查尔斯·怀特福德知道，"很多英格兰人都有怨气，尤其是士兵"。福克兰勋爵安东尼·卡里向下议院报告，"旧军队心怀不满"。忠于詹姆斯的军队中，许多领导人，包括阿伦伯爵、西奥菲勒斯·奥格尔索普和约翰·芬威克爵士，都积极参与詹姆斯党活动。曾在卡莱尔要塞服役的士兵经常聚会，讨论反对新政权的计划。此前驻扎在伊普斯维奇的邓巴顿伯爵军团的成员真的造反了，并宣布除了詹姆斯，"他们不认别的国王"。当格拉夫顿公爵的军团被派往欧洲大陆时，许多军官辞职，还有"许多士兵开小差"。[17]

全国各地都传来了军队反抗新政权的报告。赛伦塞斯特的"无礼"士兵"歌颂詹姆斯国王"，"诅咒威廉国王和玛丽女王"。休·博斯科恩报告，康沃尔的解散士兵"跟其他地方的一样坏"。在许多当地人庆祝政府的"适当改变"时，"士兵杀死了一个人"。在白金汉，据说军队"强迫市长为前任国王詹姆斯的健康祝酒"。在英格兰西部，被解散的士兵"经常搜掠邮政局"。约翰·怀尔德曼大发雷霆，因为"纽伯里、阿宾登和其他地方的士兵……都不许传报员或者敲钟人说'天佑威廉国王和玛丽女王'"。最近被遣散的莫特利上尉被人听到他在伦敦的一家咖啡馆说，"三个星期之后詹姆斯国王就会接管白厅，威廉国王将在三个月后退位"。[18]

忠于詹姆斯二世的人员并不只有士兵。詹姆斯的两位郡军事长官博福特公爵和纽卡斯尔公爵都参与了詹姆斯党的阴谋。切斯特的前任地方长官彼得·谢克利于 1689 年 5 月在藏有一批詹姆斯二世声明的"天主教徒"家中被捕。肯特郡厄普诺城堡的前任长官迈诺尔斯上尉，被人无意中听到他为"詹姆斯国王的健康"祝酒，并"诅咒威廉国王和玛丽女王"。多切斯特自由民的前任长官爱德华·莱斯特指责威廉破坏了"对国家的信任"，声称"这个时代就像 1641 年和 1642 年"。埃克塞特的治安官应该是 1688 年 10 月詹姆斯二世重新起用的英格兰教会成员，他们同样表现出"对国王的不满"。下层官僚的态度更难查究，但是革命后的税收专员在 1689 年 11 月报告说，"许多收税员带着大笔的税款和税簿跑了"。[19] 毋庸置疑，这些壁炉税收税员的行为并非特例。

许多高教会派教士仍然忠于詹姆斯，或者至少极度不满新政权。尽管牛津大学仍然是高教会派和拒绝向威廉和玛丽宣誓效忠者的大本营，但剑桥大学的董事对新政权略微积极一点。圣约翰学院的董事拒绝参加威廉和玛丽的官方祈祷式，这些人无疑就是"带头人"。大多数学院院长和各学院的绝大多数董事都没有参加宣布威廉和玛丽继位的官方仪式。尽管大多数董事最终向政府正式宣誓，但威廉·惠斯顿后来回忆，他们"去的时候都对宣誓心存疑虑，认为有违良心"。多塞特郡布莱克莫尔山谷的斯托布里奇是自然哲学家罗伯特·玻意耳的故乡，那里的堂区长最终出逃，而在逃走之前，他曾"辱骂奥兰治亲王"。沃里克郡萨顿科尔德菲尔德的助理牧师拒绝为威廉和玛丽祈祷。"在约克的城里城外"，许多牧师同样拒绝为新君主祈祷。博尔顿公爵也抱怨，汉普郡温彻斯特大教堂的教士"没有为威廉国王和玛丽女王祈祷"。林肯郡的斯坦福德堂区牧师与市长一起，怂恿民兵"鼓起勇气"，破坏新任国王威廉和女王玛丽的庆祝活动，而他自己则"为老先生（詹姆斯二世）祝酒"。1690 年，一位堂区牧师被北安普敦巡回审判法庭定罪，原因是他"说威廉国王和玛丽女王不是合法的国王和女王"，还为詹姆斯二世祈祷。1690 年，当威廉呼吁以禁食来支援前线时，肯特郡法弗沙姆的仁爱圣玛丽教堂的牧师将他的行为与"那个流氓奥利弗（克伦威尔）"的做法相提并论。聚集在伦敦山姆咖啡馆的詹姆斯党教士"团伙人数众多"，他们"像 3 月的青蛙一样呱呱叫着反对政府"。拒绝向新政权宣誓效忠的教士人数相对较少，人数约为四百（作为参照，在 1660—1663 年 [20] 拒绝服从重建的英格兰教会的人数约为两千），但他们的影响力不容小觑。一部分原因是在宣誓者中,许多人跟剑桥大学董事一样,都是勉强宣誓的;另一部分原因是这些拒绝宣誓者"吸引了国内不少绅士和平民"。[21]

天主教徒(可能是那些奉行法国式天主教的人)加上部分贵格会成员,构成了第三个支持詹姆斯的群体。即使詹姆斯二世的高卢派天主教倾向让英格兰的许多天主教徒感到疏远,他的天主教现代化政策仍令其他许多人归顺天主教会,而他的天主教化政策更令许多地下天主教徒能够公开声明他们的信仰。因此,当詹姆斯在 1688 年 12 月第一次出逃后回到首都时,伦敦的天主教徒"兴高采烈,燃起了篝火",这一点都不令人惊讶。民众的反天主教暴力,詹姆斯的离开,以及威廉和玛丽的加冕,没有能够消除伦敦的詹姆斯党活动。在庞大而多元的伦敦,天主教詹姆斯党人不难生存下去。尽管受到各种镇压,但是有关天主教徒"在伦敦为詹姆斯国王奔走"的报告仍然源源不断。1689 年底,有人听到一些伦敦的天主教徒预言,"米迦勒节之前将会发生有利于詹姆斯国王的剧变"。[22]

天主教詹姆斯党的活动范围并不局限于伦敦。哈利人控诉赫里福德郡的"天主教徒傲慢无礼",还控诉他们"信心满满地期待他们的国王在(1690 年)春天回归"。柴郡也有类似的报告,称"罗马天主教徒经常举行大型集会",其中一些人确信"詹姆斯国王很快就会来到他们身边",而且可以在他们的郡里得到充分的支持。兰开夏郡拥有大量的罗马天主教徒,在詹姆斯二世统治时期曾是耶稣会活动的中心,因而从一开始就成了天主教詹姆斯党活动的中心。早在 1694 年兰开夏郡的阴谋败露之前,辉格党和托利党的线人就纷纷报告那里的频繁集会和起义谣言。乔纳森·詹宁斯爵士告诉下议院,约克郡里彭的"天主教徒情绪高涨,人数众多,组成了阴谋集团"。据了解,一位詹姆斯党的邮政局长给该郡各地的天主教徒分发了大量的詹姆斯宣言。天主教詹姆斯党在诺森伯兰也很活跃。[23]

包括领导人威廉·潘恩在内的部分贵格会教友也参与了詹姆斯党

的活动。尽管他不承认，但证据表明，威廉·潘恩在詹姆斯下台之后依然向他效忠，并积极参与他的事业。潘恩的一些教友跟他看法一致。罗伯特·哈利抱怨，"贵格会的人很坏，他们始终暗中支持詹姆斯国王，并不断通过信件接收指示"。詹姆斯党人梅尔福特伯爵曾向枢机主教霍华德吹嘘，爱尔兰的詹姆斯党事业得到了贵格会中间人的帮助。[24]

詹姆斯党非常成功地传播了他们对后革命政权的严厉批评。现存的 17 世纪 90 年代通俗读物里就有很多詹姆斯党的诗歌和打油诗。宣布威廉和玛丽成为国王和女王之后几天，"一张言语粗俗的纸条被贴在了白厅的门上"，上面写着"这所房子准备出租，里面可以看到 / 一个歪鼻子的 K——和一个胖乎乎的——Q——"*。詹姆斯党四处出版分发的小册子没有那么诙谐，但是可能更有政治意义。1689 年 3 月，约翰·怀尔德曼抱怨："有些文章想用政府变动来吓唬人。"怀尔德曼的同僚辉格党人约翰·伯奇表示同意："去到哪里都看到反叛的小册子。"第二年，爱德华·哈利哀叹，"宗教和公民自由的敌人到处散布恶意报道"。他们没有夸大其词。詹姆斯党到处分发他们的小册子。有些无疑是在法国印刷，然后走私到英格兰的，但大部分可能都在国内印刷。1689 年，詹姆斯党成功将他们的小册子散发到了伦敦、剑桥、白金汉郡、约克郡、兰开夏郡和苏格兰。1689 年 6 月，詹姆斯二世的致英格兰人民宣言不仅在伦敦成功地分发，而且远达康沃尔和兰开夏郡。[25]

詹姆斯党的社交网络，加上随时供应的宣传品，自然导致了丰富的詹姆斯党活动。1688 年詹姆斯逃离英国后，到处都能听到詹姆斯党人发表意见。约翰·豪注意到，詹姆斯党"在咖啡馆和教堂都很自由"。罗伯特·哈利指出，他们"没有言论限制"。例如，律师约翰·贝利在威尔特郡奇彭纳姆的玫瑰与王冠酒馆说，他"除了詹姆斯国王，谁都不认"。士兵托马斯·汤普森在罗切斯特的白鹿酒馆宣称，"他希

---

* 指国王（king）和女王（queen）。

望看到奥兰治亲王的心脏挂在伦敦桥最高的尖顶上"。伦敦著名的托利党商人托马斯·佩奇惊呼："该死，他会刺杀威廉国王和玛丽女王。"另一位詹姆斯党人从伦敦市政厅的威廉画像上"划掉了王冠和权杖"。其他詹姆斯党人在 1689 年 6 月 10 日，也就是詹姆斯二世的儿子詹姆斯·弗朗西斯·爱德华的一岁生日，敲响了伦敦教堂的钟声。许多人都以祝酒敬颂詹姆斯国王健康和"诅咒他们现在的陛下陷入混乱"的方式，表达他们对詹姆斯的支持。[26]

可以确定的是，詹姆斯党对后革命政权不仅仅是做出象征性的姿态。从 1689 年到 17 世纪 90 年代，这段时间常常传出詹姆斯党阴谋的传闻。通讯和报纸经常报道詹姆斯党人被捕的消息。这些传闻显然多数都不是真的，只是政治诬陷，或者那些真正的詹姆斯党同情者的夸大空想。不过，有些詹姆斯党人肯定想对新政权采取暴力行动。1689 年 3 月初，政府认为有必要逮捕一些在伦敦集会并密谋"为了詹姆斯国王的利益而反对政府"的人。春末，柴郡、汉普郡、兰开夏郡、诺丁汉郡和诺森伯兰都发现了詹姆斯党秘密进行军事准备的证据。7 月，政府发出警告，证据表明有人正在伦敦策划一个大阴谋。接着在 9 月初，政府抓获了二十多名詹姆斯党的谋叛者，他们正在策划一个以刺杀威廉和发动全国叛乱为目标的阴谋。第二年夏天，关于詹姆斯党的谋反活动又有了"重大发现"，有人认为这可以解释为什么英格兰海军在比奇角遭遇惨败。接着是更加严重的 1691—1692 年艾尔斯伯里阴谋，由梅尔福特伯爵从欧洲大陆遥控。尽管每一个有关詹姆斯党阴谋的说法的真实性可能都受到质疑，而且毫无疑问，很多都是多疑和政治算计的产物，但是当时的人都认为詹姆斯党的威胁是现实而严重的。托利党人亨利·古德里克爵士认为，"到处都有阴谋"。辉格党人德拉米尔勋爵至少在这一点上是认同的。他警告说，当威廉出征爱尔兰时，英格兰很可能爆发打着詹姆斯旗号的军事起义，因为有"太多的人公开表现过对他的支持"。[27]

詹姆斯党在英格兰的影响力有多大呢？说法不一。1689年和1690年，许多积极的詹姆斯党和多疑的威廉派都认为詹姆斯即将复辟。1689年春天，大卫·奈恩在都柏林写道，"篡位者的统治""看来很快就会被推翻，我们的仁君将会复位"。1689年4月，圣日耳曼宫廷的詹姆斯党人信誓旦旦地说，"顶多三个月，国王（指詹姆斯）就会成为他的王国的绝对君主"。到了年底，蒂康奈尔伯爵向詹姆斯的玛丽保证，"英格兰人民从来没有像现在这样渴望抛弃篡位者，接受他们自己的国王"。1690年春夏之交，梅尔福特伯爵告诉他的一些通信人，"今年夏天，我们将有幸见证国王再次登上王位，一切都在朝着这个方向发展"。1689年和1690年，现政权的部分支持者也感受到了国内詹姆斯党运动的严重威胁。约翰·伯奇第一个承认，"这个国家对政府许多方面都感到不满"。另一个在1690年初哀叹"詹姆斯国王的派系明显壮大"的人是爱德华·哈利。[28]

看到这些对民间詹姆斯党力量的评估的同时，也要看到同样有很多人宣称詹姆斯党正在变得越来越弱。许多詹姆斯党人悲观失望。几乎一听到詹姆斯被废黜的消息，身在罗马的沃尔特·洛伦佐·莱斯利就写道，"没有征服运动，英格兰的一切都令人绝望"。一度乐观的蒂康奈尔伯爵在1690年春天认为，如果詹姆斯二世在年底前没有成为"英格兰的主人"，"我担心他在那里的朋友会就此死心，以保全自己"。部分革命支持者也认为詹姆斯党运动已经衰微。布兰登勋爵自己曾经围捕过兰开夏郡的詹姆斯党人，但他认为他的"国家上下都为国王效劳"。托利党人埃德蒙·博恩声称，坚定的詹姆斯党人"为数不多"。阿伯福伊尔的圣公会牧师罗伯特·柯克在1689年10月注意到，"在英格兰和苏格兰"，"很少有牧师和人民"继续支持詹姆斯。[29]到1691年，一位支持托利党的观察家声称，托利党政府已经"消除了所有不满因素，只剩下费弗沙姆勋爵、约翰·芬威克爵士，还有大约二十名仍然敢于支持旧主的人"。[30]

由于两边的证据都有不少，我们很难准确地断定当时国内的詹姆斯党获得了多少支持。不过，詹姆斯党多半并非微不足道。詹姆斯的天主教现代化政策显然已经让这个政治民族的大部分成员感到疏远。大多数辉格党人和托利党人都希望在 1688 年结束詹姆斯的亲法和亲天主教政策。在那时，民众叛乱处处都有。然而，就算詹姆斯明显不受欢迎，我们也几乎可以肯定，有相当一部分人始终支持他的政策。证据表明，詹姆斯在军队、政府官僚机构，以及和他一样的法国式天主教徒里都有一群死忠。[31] 从威廉和玛丽掌权的那一刻起，每一次政治行动都受到英格兰政治民族的审视。新政权越要推行自己独特的政治现代化计划，比如参与大陆反路易十四战争的政策、激进的新政治经济愿景，或者寻求对英格兰教会的改造，留给詹姆斯党的反抗空间就越大。面对两个相互竞争的现代化方案，保守派，也就是主流的托利党人，面临一个艰难的选择。当新政权看起来比詹姆斯二世政权更加激进的时候，许多人就会想到詹姆斯党。当威廉和玛丽转向托利党大臣，并奉行更谨慎的政策时，詹姆斯党得到的民众支持就比较少。

直到 1696 年刺杀阴谋发生并导致民众普遍反感詹姆斯党之前，革命政权看起来最激进的时刻，也是当时的人发现詹姆斯党变得更受欢迎的时刻。1689 年 3 月，鲁珀特·布朗指出："国中许多主教、贵族和绅士都不赞成打断继承顺序，使非常议会正常化。"另一位托利党的支持者表示赞同："到处都有大的变动，有些老实人看起来对变化不是很满意，结果就遭到驱逐。"他认为，正是这一点"令许多人感到不满，对詹姆斯国王的派别因此仍然抱有希望"。[32] 因此，不出意料的是，随着托利党的政治胜利，以及威廉远离了辉格党，许多人，特别是托利党人，开始相信詹姆斯党正在逐渐衰微。当革命没有那么激进，詹姆斯党的不满就会淡化。

尽管詹姆斯党的民情起伏不定，尽管证据矛盾不一，但很明显，革命没有产生辉格党史学假定的政治共识。英格兰仍有相当一部分人忠于詹姆斯二世，许多人之所以如此，无疑是因为他们认同"法国－天主教"现代化的意识形态。当威廉政权看起来要推行比詹姆斯更激进的政策时，其他人就支持反革命。1688—1689 年的事件可能令支持詹姆斯党变得危险，但这些事件没有导致支持革命的共识产生。

※ ※ ※

不仅支持政权更迭的共识不存在，而且在威廉和玛丽加冕后，党派纷争有增无减。辉格党继续推动一系列激进的变革，而托利党则倾向于认为用威廉和玛丽取代詹姆斯就够了。简而言之，辉格党将废黜詹姆斯二世视为实施彻底变革所需的第一步，而托利党人则认为詹姆斯的退位尽管必要，却是一个不幸的改变。对托利党来说，政权更迭意味着革命的结束。

甚至在议会同意王位空缺且威廉和玛丽可以继位之前，辉格党和托利党就已经开始了一轮新的政党争论，主题是《权利宣言》。这份文件详细列举了詹姆斯二世政府的过错，规定了任何君主在英格兰都不能凌驾的权利。学术界现在认为《权利宣言》体现的是妥协，但这不是两党之间的事情。它的"主要支持者"是"激进的辉格党人"，包括约翰·汉普登、亨利·波莱克斯芬、约翰·萨默斯、乔治·特雷比爵士、托马斯·沃顿和威廉·威廉姆斯爵士，他们愿意降低自己的要求来安抚上议院的托利党人。这是战略妥协，不是意识形态共识。最后，《权利宣言》的十三条规定中，确实有几条列明了对国王权力的新限制。例如，禁止在和平时期拥有一支常备军，要求经常召开议会，还有规定不得要求被告支付过高的保释金。尽管辉格党人很久以前就认为上述内容都是古老宪法的一部分，但直到 1689年，他们才有能力和机会将其变成具有约束力的成文规定。正是在这一层意义上，辉格党成功实现了威廉·威廉姆斯爵士所说的保障

"你们未来的安全"的目标。正是在这一层意义上，有人形容威廉和玛丽在"限制很多"的情况下接受了王位。正是由于这个原因，威廉需要得到保证，《权利宣言》的条款"只包含已知的法律"。[33]

《权利宣言》的通过预示着激烈的党派斗争，这体现了非常议会特有的平衡和17世纪90年代议会的主旋律。到1689年3月，围绕英格兰的政策方向、税收的性质和英格兰政治经济的方向，显然都有深刻的党派分歧。同样在3月，围绕英格兰教会的未来方向，两党展开了激烈的辩论。尽管几乎所有人都赞成为那些不能接受任何形式的英格兰教会的新教徒制定一项宽容法，但是面对扩大英格兰教会的包容性法案，以及未来不再要求担任公务者参加英格兰教会圣礼的提案（即所谓的《宗教审查法》），两党分歧严重。到4月初，显然即将达成的会是一个更符合托利党而非辉格党喜好的方案。圣礼审查没有改变，而且"实现包容的前景渺茫"。在这样的情况下，议会删除了包容计划，将其移交给教士会议，最终不了了之。托利党没有实现他们所希望的一切，比如托利党的诺丁汉伯爵还曾提出并支持一项缩水的包容性法案，但很明显，"托利党现在占了上风"。《宽容法》通过了，且《宗教审查法》无需修改，所谓的"包容计划"也不会被增加。这受到了许多非国教徒的欢迎，并被认为是对过去制度的极大改进。然而，这仍是托利党的一次党派政治胜利。

在1689年政权更迭中，辉格党和托利党支持者的分歧并不只出现在威斯敏斯特。非常议会在1689年4月通过法案，要求所有民事和教会公职人员宣誓效忠威廉国王和玛丽女王，这在全国引发了一场绵延接近六年的讨论。问题不仅在于应不应该向新政权宣誓，还有宣誓条件是什么。詹姆斯是被人民废黜的吗？他是否违反了原始契约？抑或只是詹姆斯出逃形成的空缺需要填补，好治理英格兰？一位历史学家统计了这一时期出版的近两百本参与这场讨论的小册子，它们的读者人数可能介于四万到十万之间。在牛津，有关宣誓的讨论已经成为"街谈巷议"。德比郡的托利党人威廉·布思比爵士"出于好奇"，收集了讨论这个问题的"所有线装小册子"。后来向新政权宣誓的威廉·韦克"大部分空闲时间"都在阅读他"竭其所能"找到的作品。不足为奇的是，由于牵涉利益广泛，以及出版物数量庞大，并不存在一致的看法。仅有不到一半的小册子支持辉格党，其他的小册子则属于支持革命的托利党人和詹姆斯的反对者，数量相当均匀。关于抵抗是否发生，并不存在一致看法。也不存在认为詹姆斯违背了原始契约的一致看法。关于革命性质的公开讨论与是否宣布王位空缺的决定一样，在党派之间引发了激烈争论。[35]

※　※　※

1688 年乃至以后，党争有增无减。但在詹姆斯二世被推翻后，党派分歧的性质确实发生了变化。1688—1689 年事件转移了政治重心。例如，1688 年之后，很少有托利党人反对给新教非国教徒提供民事救济，但他们仍反对给予其民事权利。这跟 1685 年蒙茅斯叛乱后托利党人的态度截然不同。英格兰人愿意扩大合法臣民（即使还不是"合法公民"）的概念。

效忠之争虽然引发了激烈的争论，但也揭示了英格兰政治辩论性质的两个微妙而重大的变化。首先，无论是托利党还是辉格党的辩论家，都比以前更渴望用特殊主义或民族话语而非普遍主义或教派话语来建立辩论的框架。政治行动的基础牢牢地建立在英格兰法律或英格兰的政治传统之上，而不是圣经上的普遍而永恒的真理。苏格兰圣公会的罗伯特·柯克感叹，圣经已经成为政治辩论中的另一种资源。他说，"仿佛所有主题都无所谓，宗教并不比商品更神圣，只要有利于当前的目的和意图，一切都可利用"。在忠诚之争中，辩论者一遍又一遍地强调政治的民族基础，而不是政治的普遍基础。《简要证明》的作者声称："普遍意义的政府由上帝或者自然决定，而（我所说的）特殊形式的不是。"塞缪尔·马斯特斯在革命时代最常引用的一本小册子中写道："世界的主宰并不认为应该规定一种所有地方都要遵从的政府形式，他允许每个民族为自己制定一部最实用最合适的宪法。既然不可能让所有民族都在政府纲领上达成一致，那么在犹地亚[*]、意大利或法国寻找英格兰政府的措施或性质就极不合理，因为英格兰政府建立在英格兰，所以只能在英格兰国内寻找。"[36]

　　革命自始至终，教士和普通教徒、国教徒和非国教徒都坚持国家政府形式的多样性。伍斯特郡皮普尔顿的堂区长理查德·克拉里奇宣布："全能的上帝没有说过我们的民事政府应当采用什么模式，而是让我们跟所有其他民族一样，把这个问题交给人民决定。"高教会派教士托马斯·朗坚称："政府的法令源于上帝和自然，但其种类，无论多少，都来源于人。"在萨福克，伊克灵厄姆诸圣堂的托利党牧师理查德·布克认为，"上帝决定所有民族和人民都由最适合人民素质和禀性的政府和法律来统治"，这是"不可推翻的根本原则"。那些背景和名声更加激进的人对政治权力的民族根基也有类似的看法。丹尼尔·笛福总结说："就我所知，我们的救世主认为国王被赋予的权力首先得到了人民的同意，然后才成为大家遵守的法律规定。但不存在普遍的准则，因为法律随不同民族的政府体制的不同而有所差异。"辉格党神学家丹尼尔·惠特比认为，由于上帝只给出"总的任命或命令"，"所有民族都要由政府来管理"，没有人可以声称根据神权进行统治。1689 年 1 月，约翰·怀尔德曼坚持认为："尽管有些政府的根基看起来比其他政府的更坚实、更稳定，但是没有任何政府不应该根据被统治者的情况和脾性来做出改变。既然这些情况每天都在变化，政府也应该配合调整，以便更好地适应其最初为之建立的人民

---

[*]　位于古代巴勒斯坦的一个地区。

的需求和不断变化的情况。"[37]

其次，参与效忠之争的辉格党人可以自由地阐述在革命前被视为非法的观点。尽管辉格党人有一些微小的创新，但是大部分时候没有新的思想，他们所做的只是恢复那些已经过时乃至几乎消逝的观念。辩论家一遍又一遍地谴责"即使统治者违反了国家法律，臣民也要被动服从"的说法。当时有人评论："最近有人把被动服从和不反抗的理念当成神圣的真理来鼓吹，他们以为世界永远不会改变。现在因为这些民族的美满革命，这种理念被推翻了，其主张变得荒谬可笑。"布里奇沃特伯爵坦率地指出："教士没法再去鼓吹被动服从的教义了。"许多辉格党人现在认为，人民有权利，有时候还有义务抵制不合法的统治者。罗伯特·哈利在赫里福德郡的会议上听到"国王是人民创造的"这一指示时说："这在十八个月前就是叛国罪。"非国教徒亨利·纽科姆感慨："世态变迁啊！"1683 年的牛津大学敕令中"受到谴责的观点"就是"这场革命遵循的那些原则"。当托利党律师怀特洛克·布尔斯特罗德在他的堂区教堂听到颂扬去年秋天的反抗运动的布道时，他忍不住指出，"这样的理念跟我们大约十年或十二年前的布道差别多大！那时候我们还教导人不可违抗国王的权力，国王只对上帝负责，而人民身为基督徒，唯一的武器就是祈祷和眼泪"。约翰·洛克的朋友和传记作者让·勒克莱尔认为，他以匿名的方式出版《政府论》，是因为"他在里面提出的原则"跟"革命之前英格兰到处宣扬的原则相反"。来访的苏格兰牧师罗伯特·柯克总结说，"许多廷臣、神学家和作家都以被动服从、不抵抗、毫无保留的绝对权力、豁免法律执行"和其他主张来"奉承詹姆斯国王"，"直到他们前途尽毁"，"但现在他们认为臣民也有权监督君主和国务大臣是否失职"。[38]

议会决定威廉和玛丽加冕为国王和女王，但这没有结束英格兰的党派争论。辉格党和托利党在议会和全国各地继续就英格兰君主制的性质、英格兰教会的范围和革命的基础进行激烈的辩论。这些争论的许多方面都建立在 17 世纪 80 年代初形成的分歧之上。尽管如此，革命显然给政党争论和英格兰的政治文化中带来了重要的变化。在宪法和宗教问题上，政治重心已经偏移。

※ ※ ※

1689 年 2 月、3 月和 4 月的成就，包括威廉和玛丽的继位，对法国宣战，以及废除压迫的壁炉税，代表了詹姆斯出逃后辉格党政治成就的顶峰。从 1689 年春末到次年的议会选举，直至 1693 年，托利党取得了一系列政治和意识形态的胜利。这些胜利反过来又激怒了辉格党。形形色色的辉格党人在革命的目标和原则上，都远远谈不上与托利党达成一致。他们认为，因为威廉和玛丽将政治权力交给托利党，革命处于危险之中。

到 1689 年 3 月底，一些观察家确信，托利党正在议会占据上风。温和的苏格兰圣公会教友耶斯特勋爵指出，托利党人成功地阻挠了《宗教审查法》的修订和更大的宗教包容计划，这表明了"教会势力的强大"，并证明了"他们对非国教徒的敌意"。一位观察员表示同意："英格兰教会在两院都占据了多数。"爱德华·哈利在 4 月 1 日的看法与其一致："托利党人在议会仍然猖狂。"伦敦的不从国教者罗杰·莫里斯相信，在魔鬼酒馆组织起来的托利党人，正在不停地将"教会和国家的一切倒退回 1662 年（以及从那时候起）的状态"。莫里斯担心，托利党在 1689 年蓄意阻挠议案通过的举动，会让他们恢复保王派国教徒在 17 世纪 60 年代的统治，回到 1681 年至 1686 年托利党的政治霸权时期。5 月，苏格兰辉格党人约翰·达尔林普尔爵士感叹："议会的教会势力如此狂热，他们阻碍了所有的决议，使它们成为徒劳。托利党或许没能在非常议会剩下的几个月里实现他们想要的一切，但他们确实阻碍了辉格党进一步的革命变革。"[39]

到 1689 年夏天，威廉开始信任托利党大臣。他开始相信，辉格党不能或不愿为他办事。他发现辉格党人非但没有解决国家问题，反而太过专注于纠正过去的错误。他觉得他们在浪费宝贵的时间去追求教会和国家的改革，而不是支持战争事业。威廉确信国家需要的是行政经验，而不是政治上的高姿态，所以他越来越不喜欢他的辉格党大臣，并且开始重新信任经验丰富的托利党国务大臣诺丁汉伯爵和枢密院的托利党议长、新封的卡马森侯爵（前丹比伯爵）。[40]

到 1690 年 1 月底，威廉决定抛弃非常议会，他先是宣布休会，然后解散了议会。毫无疑问，威廉希望新的选举能够产生一个托利党占多数的议会。吉尔伯特·伯内特回忆，在"席卷英格兰的大规模斗争"之后，事实证明，托利党"在新的议会优势明显"。事实上，尽管托利党确实获得了多数席位，但是优势非常微弱。然而，在国王的支持下，托利党显然占据了主导地位。托利党人约翰·特雷弗爵士被任命为下议院议长，"他获得了数百张选票，所有人都据此判断议会的总体目标和风向"。卡马森侯爵很快被认为是上议院和枢密院"最活跃的人"。在下议院，托利党的托马斯·克拉格斯爵士"和他所在的那一方几乎全盘获胜"。后来缔造了英格兰银行的辉格党人查尔斯·蒙塔古计算过："托利党至少领先五十个席位，他们想做什么就做什么。"在接下来的几个月里，托利党进一步巩固了他们的权力。[41]1689 年夏天之后，政治民族仍然严重分裂，但现在下议院和威廉的内部圈子的政治主动权都在托利党手里。

这些事态发展激怒了辉格党人。担心革命归于徒劳的不仅仅是辉格党的激进派，也不仅仅是那些在 1689 年可能更倾向共和国而不是君主制的人。辉格党人确信，他们摆脱詹姆斯，并以威廉和玛丽取而代之，这是相当合理公正的。伦敦的辉格党人罗杰·莫里斯在 3 月初指出，托利党人虽然冷待新政权，但"所有辉格党人和所有狂热分子都真诚地、一致地、完全地拥护威廉国王"。因此，令辉格党人爱德华·哈利感到懊恼的是，"支持暴政的人获得重用，那些一直反对暴政的人却被漠视"。莫里斯确信，海军控制在"托利党人手中"，军队"受托利党人的指挥"，"郡军事长官助理名单上""基本是托利党人"，而"民事权力"也"在托利党人手上"。一位辉格党诗人在1689 年写道："为什么说我们差不多就是奴隶，我们换了我们的 K——但还留着他所有的无赖泼皮。"[42]

1689 年 5 月下旬，伦敦的辉格党人试图采取行动，反对托利党的政治倾向。伦敦城的辉格党人深信，"教会权力、民事权力和军事权力"都掌握在政权的敌人手中，也就是说，受到保守党的控制。他们散发请愿书，抱怨"到目前为止还没有发现不满的问题得到解决，也没有发现任何一个压迫我们的专制政府帮凶被绳之以法"。他们花了三天就收集了"几千个"签名。请愿书最终没有提交。当月晚些时候，辉格党人准备了第二份请愿书，要求废除限制担任公职的《宗教审查法》。[43]

幻灭的不只有伦敦的辉格党人。1689 年和 1690 年，辉格党的政治家，从激进派到温和派，都越来越担忧托利党的动向。第二代马塞林子爵、辉格党人约翰·斯凯芬顿在 1689 年底抱怨"事情不对劲"。辉格党人确信 1690 年选举"弄虚作假"，之后他们更加强烈地表达不满。老辉格党人约翰·斯温芬的一位朋友在选举后评论，"我们的公共事务令人沮丧"。西南部坚定的辉格党人玛丽·克拉克在 1690 年4 月给她的丈夫写信，讽刺"男人做得太少了"，并认为在威廉前往爱尔兰作战后，玛丽女王"肯定会有一个女性议会"，应该"看看她们能否达成更好的协议"。詹姆斯·约翰斯顿准确地指出了他的政党对待枢密院的托利党议长的态度："辉格党正在反对卡马森侯爵。"约翰·汉普登发现，威廉和他的顾问不仅投向托利党，而且开始表示支持"巩固教会，没有主教，就没有国王"的观点，这是"最令人沮丧和气馁的"。1689 年 12 月，什鲁斯伯里伯爵警告威廉，"陛下和政府最好倚靠辉格党"，因为许多托利党人"会内通詹姆斯国王，而且我怀疑他们的精英仍然怀有摄政王的想法"。托利党"异常推崇君主制，甚至不会完全赞同你的统治基础"。在威廉拒绝听从他的建议之后，什鲁斯伯里伯爵觉得自己别无选择。他非常坚定地认为，托利党的原则，以及托利党大臣卡马森侯爵和诺丁汉伯爵的行为并不符合革命，所以他辞去了国务大臣的职务。[44]

随后几年的在野只会加深辉格党人的不满，连温和的辉格党人约翰·劳瑟爵士也"略感不满地"暂时隐居劳瑟。1692 年，哈里·莫登特上尉抱怨，"詹姆斯留下的大部分人都能继续获得重用，身居要位"，这代表了大多数辉格党人的看法。辉格党医生约翰·洛厄写下两句诗，"但如今我们计算我们的收获 / 我们发现我们只是戴上了另一副枷锁"。17 世纪 90 年代另一位不满的辉格党人写道："全世界此时都在痛心不已地反思，我们曾在 1688 年和 1689 年拥有美好而灿烂的前景，何以沦落到如今的悲惨境地。"这位作者总结，"事情的变化不如人意"，根源在于"政府将事情全都托付给那些原本就是前两任国王统治的产物和帮凶的人"。辉格党历史学家约翰·奥尔德米克森后来回忆，威廉的一切政治难题都"源于"他信任"英格兰革命时期的一个政党，他们只会说要宽大温和，他们忘了谁帮助侵犯英格兰特许状、谁是豁免权的帮凶、谁杀了最优秀的爱国者，忘了以前统治者的所有暴虐行为"。[45]

威廉转投托利党，令绝大多数主流辉格党人大失所望。对这些人来说，革命的意义远不止于更换国王。他们曾希望有一个伟大的新起点。他们曾希望扭转詹姆斯二世统治时期的不公，乃至复辟以来斯图亚特王朝政策的一切不公。辉格党人的不满如此严重和普遍，以至于两位人人皆知位于辉格党意识形态中心而非极端边缘的贵族，在 17 世纪 90 年代初写下的信件中表明强烈的政治失落感。

于 1690 年晋升为沃灵顿伯爵的德拉米尔勋爵再也无法掩饰他对 1690 年形势转变的不满。[46]他在 1694 年初去世前不久写了一篇文章，谴责威廉转向托利党。他认为，非常议会已经"找到了正确的方向"。他们试图惩罚丑恶的议员，热情支持与法国的战争，并且正在做"当时巩固他们建立的权力所需要做的事情"。然而，那个充满希望的议会"还没有完成任务就被打发了"。沃灵顿伯爵确信，非常议会之所以解散，背后的原因是有人"借口以此建立另一个性质不同的议会"，而实现这一目标的方式是无处不在的"违规"。如此一来，"选出来的下议院几乎一半人都没有资格出席会议"。沃灵顿伯爵嘲笑，威廉"如此对待辉格党人，特别是那些名士或在前两任君主统治时期受过苦的人"，"这在上一个时代都闻所未闻"。沃灵顿伯爵确信"那些给他戴上王冠的人都按辉格党的原则行事"，令他感到震惊的是，威廉"现在如此努力地贬低所有秉持这一原则的人的声誉，并阻挠国王满足一定条件才能继续统治的理论"。他愤愤不平地说："辉格党人和那些在前两任君主统治下因为这一原则而受苦的人，他们在革命中没有得到什么，反而因为投身革命而变得更加穷困。"沃灵顿伯爵在写这番话之前，做了大量的工作，清晰表达了他对主流的辉格党原则的理解。他写道，英格兰的祸根早在詹姆斯二世登基前就已经种下了。正因如此，他和辉格党人要求实施彻底的变革，因为"如果斩草不除根，早晚又会结出一样的果实"。关于他和他的辉格党同僚"支持共和国"的说法充其量不过"牵强附会"。将 1688 年事件仅仅视为一场反天主教叛乱的说法同样如此。他坚持认为："如果詹姆斯国王满足于让自己和那些跟他信仰相同的人能够信奉自己的宗教，让其他人自在地享受他们的宗教和他们的自由，没有多少人会感到不满。"问题在于詹姆斯对良心自由不感兴趣。对沃灵顿伯爵来说，很显然，"只有借助建立天主教地位的相同手段，才能建立专制权力，或者说，在天主教在英格兰取得优势之前，我们必须首先失去我们的公民权利"。这就是为什么对沃灵顿伯爵及大多数主流的辉格党人来说，公民自由比宗教自由更加重要。[47]

沃灵顿伯爵的看法与托马斯·沃顿的几乎完全一致，后者将会成为最重要的为国王效劳的辉格党人之一。威廉于1688年11月抵达英格兰时，沃顿告诉国王，"你的朋友敬爱你，你的敌人态度软化"。然而一年之后，威廉就挥霍掉了这笔政治资本。沃顿警告威廉，"你已经失去了大部分人的爱戴"，"成千上万的人公然说你坏话"，而且"反对你的风气已经遍及英格兰和伦敦"。何以至此？沃顿和大多数辉格党人都清楚答案。威廉"入主依据的是这个原则"，现在却选择"起用那些信奉另一个原则的人"。正如沃顿所说，在"财政部、海军部、海关、海军和税务部门，每个地方都有一些你起用和信任的人会令全英格兰的人都大吃一惊"。简而言之，威廉已经开始依赖查理二世和詹姆斯二世的老雇员，也就是"托利党人和高教会派"，而不是"诚实的老辉格党势力"。正因如此，"那些十二个月前还会倾注心血为你效劳，为你牺牲自己的财富和家庭所有希望的人，现在却会感到遗憾和懊恼，自己竟然为了保卫你的政府投入钱财，竟然如此热心地拥护一个鄙视他最好的和仅有的真正朋友的人，一个以错误的方式提高他自己和他的人民的荣耀的人"。[48]

从1689年中到1693年末，托利党主导了后革命时期的政治议程。托利党人不仅在最高层，而且在不断增长的政府官僚机构中都占据了关键的职位职务。跟所有现代革命一样，在1688年后的英格兰，旧的现代化政权被推翻之后，没有立即达成政治或意识形态共识。跟所有现代革命一样，在那些只想瓦解被推翻的领导人的现代化计划的人与那些想要实施替代性现代化议程的人之间，发生了政治上的起落。因为这种政治上的折中，因为托利党在1689—1693年间占据了上风，就用1689—1691年甚至1689—1694年的成就来评价革命，这是错误的。只有当大多数英格兰人都开始相信，仅仅废除詹姆斯的成就这一做法，在政治和意识形态上都没法达成目的，英格兰革命的全部意义才会浮现。

※ ※ ※

当时几乎没有人会有 1688—1689 年革命是英格兰政治共识的结果或者根源的错觉。从詹姆斯离去的那一刻起，这个国家到处都是政治辩论。杰出的自然哲学家罗伯特·玻意耳写道："最近这些地区的人所思所论所写，全是民众革命。人人为此着迷，以至于最近新闻界只有关于政治事务的小册子，几乎没有别的。"这些小册子表达的观点不一。每个人都对英格兰的分裂程度印象深刻。查尔斯·科特雷尔在 1689 年初给威廉·特朗布尔爵士的信中写道，尽管在 1688 年"大家都想""解脱"，但是"关于怎样解决问题，人们的理解产生了分歧"。威廉·威廉姆斯表示认同："我们现在是一个分裂的民族。"苏格兰人耶斯特勋爵注意到："这里充斥着阴谋、猜忌和各种各样的牢骚低语。"拒绝宣誓效忠者查尔斯·特朗布尔指出，不满情绪似乎每天都在增加。拉尔夫·弗尼爵士的一位朋友写道，政治情感如此激烈，以致一些议员几乎"在议会大厦挥拳相对"。在接下来的几年里，任何事情都无法淡化这些分歧。詹姆斯党、辉格党和托利党都在争夺权力。威廉·萨谢弗雷尔在 1690 年初评论："所有团体都在谈论我们的分歧。"1690年威廉国王在博因河取胜，但这未能结束纷争。1690 年 7 月底，玛丽女王在给她丈夫的信中说："我觉得政治分歧每天都在增加。"[49]

大多数同时代的人都很清楚，政治激情表现为严重的政党分歧。罗伯特·帕克回忆，"国内的辉格党和托利党正在令国家陷入混乱"。阿比盖尔·哈利的一位朋友表示认同："看到两党都有如此暴力的倾向，我感到很可惜。"德斯利勋爵忍不住哀叹，"我们在英格兰给对方起了辉格党和托利党这样愚蠢的名字"。詹姆斯党人梅尔福特伯爵认为，"派别出现了，派别是国家的毒瘤"，因此，"英格兰必须被强力肢解，才能摆脱他们"。詹姆斯刚下台的时候，各个党派可能给人以宗教团体的感觉，但大多数观察家都明白，问题远不止于狭义的宗教政治。正因为外交政策已经成了核心议题，威廉·特朗布尔爵士的一个线人才认为，"辉格党和托利党的名字最终将变成英格兰人和荷兰人"。[50]

不管辉格党和托利党在意识形态和政治层面的敌对关系的起源和性质如何，大多数观察家都相信这就是严峻的现实。保罗·福利后悔地说："我们不想继续留在党内，不想引起纷争。"一位小册子作者实事求是地说："政党的形成众所周知。"荷兰人勒尔米塔赫认为，"辉格党和托利党"都向不同的民众发出呼吁，以便"壮大他们的党派"。约翰·豪比大多数人更公正，他认为"两个狂热党派的反对者都是诚实的，都有良好的政府愿景"。[51]

这些党派分歧并不局限于议会或者少数政治精英之间。高教会派的托马斯·朗写道，"几乎在每个堂区都有不同见解的人"，他指的是詹姆斯离开之后形形色色的政治立场。辉格党人约翰·吉斯爵士认为，在"英格兰的每一个郡和每一个自治市"，政治分歧都有可能引发"激烈的言辞和尖锐的指责"。卡马森侯爵不得不承认，"我们都觉得派别是正常的"。多塞特的托利党议员威廉·埃特里克并不是唯一声称"我们在外面就会分成不同政党"的人。当时绝大多数观察者都认为，"整个国家分裂成了辉格党和托利党"。[52]

那么，辉格党和托利党的分歧点是什么呢？许多学者认为，威廉和玛丽时代的政党只关注上一个时代的问题，比如宗教异议和王权大小。这些问题确实很重要。然而，革命之后的政党分歧形成于更加广泛的基础之上。回顾17世纪90年代的分歧，博林布罗克子爵指出，除了有关"我们的教会和国家体制"的分歧，辉格党和托利党在"大陆事务"和政治经济学的方向上也有分歧。托利党人坚称，革命的目的只是废除詹姆斯二世的现代政体。这就是为什么王家非洲公司的托利党董事在1689年2月描述称"我们的政府突然发生革命，上帝保佑，现在基本重新安定下来了"。在托利党人看来，一旦詹姆斯被取代，而且几乎无望复辟，革命就到此为止了。然而，对沃灵顿伯爵这样的辉格党人来说，取代詹姆斯是"修复我们漏洞的第一步"。辉格党人想实施他们自己的现代化计划。他们想"改天换地，乃至实施彻底的国家改革，不留任何锈迹"。[53] 正是由于辉格党最终得以推动这样的现代化计划，实施这样的"国家改革"，所以博林布罗克才用更大的词语描述 17 世纪 90 年代的政党分歧。

※ ※ ※

学者们很少将 1688—1689 年革命列入他们的现代大革命名单。他们之所以没有这么做，是因为 1688—1689 年革命不像法国、俄国或中国的那么富有戏剧性。他们认为，英格兰革命是不革命的，因为它是贵族的、不流血的和协商一致的。事实证明，对 1688—1689 年革命的这种描述是历史叙事而非历史研究的产物。19 世纪和 20 世纪，英国左派和右派都坚持认为，英国历史与大陆模式几乎没有相似之处。大多数英国人都相信某个版本的英国特殊主义。因为这种意识形态上的共识，我们很难还原 17 世纪末英格兰政治的社会历史。然而，档案记录告诉我们一个截然不同的故事。历史证据表明，事实上，1688—1689 年革命与大多数现代革命一样，是大众的、暴力的和分裂的。

第四部分 革命性变革

第十一章

外交革命

"对照路易十四和威廉三世"纪念章，F.D. 温特作，1691 年。17 世纪 90 年代英格兰和荷兰对法国的战争是一场关涉欧洲及其帝国未来的争夺。这枚纪念章铸造于九年战争初期，将"衰朽的压迫者"路易十四和"蓬勃的解放者"威廉三世放在一起对照。欧洲自由的观念是辉格党支持对法战争的最大理由

17 世纪后期的英格兰人非常关心欧洲事务。绝大多数人都迫切希望他们的国王能够限制过于强大的法国。一位小册子作者指出："在过去的三十多年里，英格兰在对法战争中一直挨打。在此期间，我们最近两位国王和路易十四的交情最令人不快。"另一位小册子作者在推翻詹姆斯二世和对法宣战之后同意："人民、贵族、新教教士终于睁开了眼睛，开始思考如何将自己和整个欧洲从那些为他们铸造的枷锁中解救出来。"[1]

英格兰对欧洲事务的关注，以及英格兰的外交政策，是 1688 年

革命者的核心议程，令人奇怪的是，这也符合大多数关于光荣革命的说法。克雷格·罗斯声称1688年后"英格兰的外交政策发生了根本的转变"，学者们对此没什么争议。[2] 尽管如此，他们否认英格兰人有意促成这一根本转变。学者认为，高层政治的方向有了明显的变化，但这背后没有长期因素，政策制定的形式也没有变。实质上，外交政策革命涉及的问题是自1660年复辟以来英格兰君主首次采取始终一致的反法态度。如果说这次转变有什么现代意义的话，那就是它的意外后果，而不是原因。

关于英格兰加入九年反法战争（1689—1697年），有两个显而易见的研究方向。两者基本是用前现代术语描述1688—1689年革命前后的英格兰决策。第一个方向是从两位不一样的君主的关注点来描述外交政策的革命。根据这种看法，外交政策仍然属于宪法的范畴，也是君主专属的议题。如果英格兰真的存在政治民族，其对外交事务也没有持续或成熟的兴趣。第一个方向的历史学家告诉我们，英格兰人对本土事务的兴趣远远大于对欧洲事态的兴趣。议会成员可能称得上"在本土具有相当地位和影响力的人"，但他们的"心智和政治视野通常有限"。据说到1685年，"大众意义的政治已经不复存在"。因此，当荷兰执政官威廉三世发动他对路易十四的欧洲圣战，并希望得到英格兰的支持时，几乎没有人响应。英格兰人显然对路易十四连战连捷的伟绩不以为然。大众舆论仍然对此"一无所知"。乔纳森·伊斯雷尔断言，即便那些邀请威廉介入英格兰政治的人，看待问题"也很狭隘"，他们希望这位荷兰执政官能令国内的政治形势朝有利于他们的方向倾斜，但对欧洲形势了解不多，也不关心。[3]

大多数持这种观点的学者都采纳托马斯·巴宾顿·麦考莱的观点，即认为詹姆斯二世没有推行建设性的或连贯的外交政策。麦考莱认为，在1685年蒙茅斯公爵叛乱之后，詹姆斯二世曾经"憧憬过统治权和荣耀"，将自己视为"欧洲的仲裁者，维护诸多受到过于强大的君主制压迫的国家"。但是，一旦发现议会不会顺从他的国内目标，詹姆斯二世就放弃了"调解国际纷争的所有念头"，沦为"三等或四等君主"。大多数现代学者都同意，詹姆斯并不赞同路易十四的意识形态，而且他的"亲法倾向被夸大了"。詹姆斯专注于贫困和国内事务，许多人因而认为，"查理二世和詹姆斯二世都不关注欧洲"。[4]

根据这种看法，奥兰治的威廉登上王位之后，完全是在把他的仇法政策强加给一个冷漠的英格兰民族。威廉把他对路易十四的欧洲战争带到了英格兰。杰里米·布莱克依据麦考莱的看法，认为威廉三世"能够强行贯彻他的观点"，因为英格兰政治民族"觉得有义务跟随他"，这是荷兰介入英格兰国内政治的必然代价。吉布斯指出，正是"威廉在 1689 年的行动""意味着当时的英国外交政策的整体倾向发生了急剧的转变"。乔纳森·伊斯雷尔认为，正是威廉"将英格兰和（独立的）苏格兰带入反法战争"。[5]在这些学者看来，反法战争可能引发了公众辩论，但英格兰公众舆论并没有鼓吹战争或将有可能引发战争的革命。

第二个方向的学者就是修正派，他们认为外交政策在 1688—1689 年发生了转变，这可能有长期的原因。但这些原因是宗教的，不是现代的。托尼·克莱登坚称，威廉三世的辩护者将革命"当作新教国际圣战的一部分"。他说，根据我们对革命的理解，新教信仰需要"重新回到舞台中心"，因为毫无疑问，"早期新教的世界观拥有持久的影响力"。复辟时期的英格兰人正在参与伊丽莎白时代的先人同样参与过的斗争，参与胡格诺派在法国同样参与过但以失败告终的斗争。只不过路易十四取代了腓力二世，成为国际新教事业的大麻烦。对西班牙的宗教战争引发了伊丽莎白时代的政治危机，被称为三十年战争的教派纷争导致了早期斯图亚特政权的危机，而正是对路易十四发动圣战的需求，促成了 1688—1689 年斯图亚特王朝对天主教和专制政府的最后斗争。克雷格·罗斯阅读了大量后革命文献，他也认为"对许多人来说"，九年战争是"宗教性的"。[6]

不同于这些观点，我始终认为，有关英格兰在欧洲政局的恰当角色，英格兰不同社会阶层的广大人民有过活泼而热烈的讨论。英格兰人对外交事务远非孤陋寡闻或漠不关心。这些讨论的内容表明英格兰人对欧洲的政治和文化的微妙之处有着老到而深入的了解。尽管讨论使用的一些术语，比如普世帝国或正义战争，都是老生常谈，但它们被赋予的用法和含义显然是新的。查理二世和詹姆斯二世，完全谈不上中立或者专注于其他方面，两人对欧洲政治有意识形态上的独特理解，都认为荷兰共和国是君主制、稳定、商业和欧洲和平的最大威胁。相比之下，英格兰政治民族中的许多人——哪怕不是大多数人——都认为绝对主义和帝国主义的法国才是欧洲和平的最大威胁。这些人投身革命，一定程度上是为了扭转英格兰在欧洲舞台上的政治地位。詹姆斯二世也好，他的支持者或反对者也罢，他们都奉行现代外交政策，因为他们从不断变化的国家和群体利益而不是从固定的宗教身份出发，来分析这个世界。辉格党历史学家错误地认为威廉把他的欧洲议程强加给英格兰人。相反，英格兰邀请威廉到英格兰就是因为他们知道他将支持他们的民族利益观念。

在我看来，修正派学者错误地以为大多数革命者对反法战争的性质看法一致。辉格党人一边倒地认为必须与法国开战，并在欧洲大陆作战，直到欧洲的自由得到保障。他们反抗的是霸权专制。相比之下，托利党人认为，战争的目的应该只是保卫不列颠群岛的威廉派革命。托利党人希望将法国帝国主义限制在欧洲大陆，由英格兰掌握制海权。托利党人提倡海洋政策。尽管法国试图将这场斗争宣传为宗教斗争，但是大多数英格兰人，尤其是那些与政权关系最为密切的人，坚称这不是宗教战争，而是一场新型战争，一场保护英格兰和欧洲自由、反对帝国主义的战争。[7]

※ ※ ※

　　17 世纪末的英格兰人能够接触到空前丰富的外交信息。17 世纪 40 年代和 50 年代，英格兰人对国外和国内新闻都感兴趣。新的机构团体的发展，比如大规模扩张的邮局、日益普及的咖啡馆和不断增加的贸易公司委员会会议室，为英格兰人提供了前所未有的获取海外信息、新闻和八卦的渠道。迅速增长的商船队将大量信息、书籍和外国货物带到码头和船坞，传入兴盛的古老港口城市和新的港口城市。在那里，不断扩大的驿站马车、大车和大篷车网络可以通过新扩大的道路网络将信息更快地传入内地。到了 17 世纪后期，英格兰人可以接触到各种各样深入讨论欧洲政治、文化和地理的材料。

　　全英格兰的中上层阶级都很重视他们孩子的欧洲学识基础。根据 17 世纪 70 年代的丹尼尔·弗莱明爵士的记述，兰开夏郡的贵族"大多都是优秀的学者，许多人都到过海外"。洛伦佐·马加洛蒂在 17 世纪 60 年代遇到的英格兰人"几乎个个"都会"说法语和意大利语，而且他们因为对我们国家抱有好感，很乐意学习后一种语言"。年轻的拉尔夫·托雷斯比被他的利兹布商父亲送到了荷兰，他说这是"为了让我学习荷兰语"。难怪许多书商认为，英格兰广大群众"非常渴求""外国书籍"。[8]

　　渴求外交信息的人要多得多。17 世纪 70 年代，北安普敦郡兰波特的年轻人托马斯·艾沙姆积极收集有关欧洲政治的新闻。纽卡斯尔商人安布罗斯·巴恩斯提过，"他对波希米亚的废墟和皮埃蒙特的山谷很感兴趣"。约翰·劳瑟爵士在他位于英格兰西北部的家中收藏了大量有关欧洲事务的书籍。约翰·弗尼迅速将荷兰报纸的最新消息转达给他在白金汉郡的父亲。达玛丽斯·马沙姆夫人一直关注最新的法国报纸，而沃尔特·扬爵士则让人把月刊《墨丘利政治与历史》*寄

* 　1686 年至 1782 年每月在荷兰出版的一本法国杂志，内容是欧洲各国的新闻。

到他在西南部的家中。在约克郡，约翰·里尔斯比的一大"乐事"就是 1683 年波兰国王对土耳其人的军事胜利。詹姆斯·布里奇斯在威斯敏斯特的一家巧克力店里跟朋友"谈论西班牙的和平与王位继承"。十年之前，伯林顿伯爵急切地将西班牙王位继承的小道消息传到乡下。此时，阿什伯纳姆勋爵约翰对他的送报人颇有微词，因为他连续几周都没有把亚眠和巴黎的公报送到他的萨塞克斯家中。17 世纪 70 年代后期，约瑟夫·威廉森爵士的一位乡村通信者惊呼，因为"欧洲正在发生大事"的消息，"现在这里（还有一些其他地方），许多人都在喧闹"。[9]

英国人不必依靠私人信件或他们自己的书籍和期刊副本，来收集关于欧洲事务的最新信息。地方咖啡馆其实是交流欧洲大陆信息的中心。国外和国内的新闻都随手可得，也很受追捧。人们总在讨论"洗劫一空的城镇，七零八落的英勇军队，即将到来的国家灾难，卓越政治家的不幸，还有令强大君主吃尽苦头的奇特危机"。一位咖啡馆的常客吟道："和平的宫廷没有秘密，战争的军营也没有秘密，但它们在这里显露无遗，无人不知，/ 这个时代的人变得如此睿智。"在咖啡馆和酒馆打牌的人甚至可以一边赌博，一边阅读扑克牌上对于欧洲事务的政治评论。事实上，咖啡馆非常善于收集欧洲事务的新闻，以至于一位官方通讯作者在 1677 年不得不承认，这些咖啡因消费者有他还不知道的信息。[10]

到 17 世纪后期，大多数观察家都一致认为，英格兰人非常了解外交事务。都柏林圣帕特里克大教堂主任牧师威廉·金指出，与爱尔兰人不同，英格兰人"方便打听和通讯"，因而并非对外国君王的打算"毫无了解"。法国大使保罗·巴里永认为，英格兰有很多人"擅长分辨欧洲各国的真正利益"。乔治·菲利普斯赞同地说，"有智慧的民族"不会"对一切涉及民族荣誉、安全和利益的国内外事务一无所知"。[11]

※　※　※

　　咖啡馆和乡间酒馆的老主顾、报纸和高雅小册子的读者、伦敦交易市场和乡村市场的常客，他们热衷收集的是什么外交新闻？他们如何理解他们品头论足的这些事态发展？复辟时期的英格兰人并非对所有外国事物都做出本能的排外反应，而是把他们收到的新闻放入复杂的意识形态框架之内。他们渴望收集有关欧洲强权政治的信息，因为他们懂得这些信息，认为这对他们的生活非常重要。

　　这个政治民族的大多数成员都知道，在过去一个世纪的大部分时间里，英格兰一直都在试图阻止西班牙国王实现他们向往已久的普世帝国或世界霸权的目标。然而，到了17世纪后期，西班牙的力量显然正在减弱。尽管西班牙衰落的根源引发了英格兰评论家的激烈讨论，但是衰落的现实无可争辩。《现代欧洲之鉴》的作者毫无争议地指出："西班牙王国和奥地利王室（其领土的大幅扩张曾引发大量讨论；在上个时代，这些讨论曾是政策的依据）被人们断定处于衰退之中，只能保持着防御状态。"[12] 现在的问题是确定和防止下一个野心家的出现。英格兰人确定了两个潜在的候选：荷兰共和国和法兰西王国。在17世纪60年代和70年代初，英格兰人就哪个国家更危险展开了激烈的辩论。但到了17世纪70年代后期，大多数人，当然不是所有人，都同意路易十四正在稳步将其在凡尔赛的新宫殿变成世界霸权的所在地。

　　最热衷于复辟君主制的保王派国教徒和后来的托利党人，很快确信荷兰共和国利用商业霸权追求世界霸权。西班牙在荷兰叛乱期间多次破产，并且西班牙和奥地利的哈布斯堡王室都在三十年战争后期明显财政枯竭，许多观察家因而确信，军事成功在于稳定的财政资源而非精兵猛将。托利党法学家、詹姆斯二世的宠臣查尔斯·莫洛伊声称，"贸易和商业现在已成为所有君主和统治者的唯一目标和关注对象"，因为这样做可以保证"一个王国或国家的富足和强大"。17世纪后期

The Coffee-house Politicians.

《咖啡馆政客》，1733 年。咖啡馆给老顾客提供充斥着外国新闻的报纸、通讯和商业通信，是讨论外交政策的重要公共场合

的英格兰人认定，最有利可图的商业活动是新的海上长途贸易。因此，控制海洋是实现普世帝国的关键。毕竟，正是因为哥伦布发现了新大陆，以及随之而来的西班牙对南美银矿的独占主张，哈布斯堡王室才产生了"不亚于普世帝国"的念头。到了17世纪70年代，"一句既普通又准确的格言是，谁是海洋的主人，谁就掌握了世界的钥匙"。詹姆斯二世统治时期的一位经济观察家认为，"能够掌握世界贸易的人，不需要像恺撒和亚历山大那样历尽艰辛，就能轻松地成为邻国的（实际的）主人，成为世界的立法者"。[13] 显然，控制海洋被普遍认为是实现普世帝国的第一步。

荷兰共和国只是欧洲一个松散的联省组合，毫不起眼，但是由于海军实力强大，它在17世纪中期已经建立了一个广阔而强大的海外帝国。一位小册子作者在第二次英荷战争（1665—1667年）期间指出："尼德兰人从开始从事印度贸易以来，就不满足于一般的公平和自由贸易。他们入侵岛屿，占领要塞，建造要塞，专注于征服国家和获得新的领土。"威廉·阿格利昂比记述，"聪明人最常讨论的话题就是这个小国家在近百年来取得的惊人进步……（它）到达的高度不仅远远超越了所有古希腊的共和国，某些方面甚至不亚于后来最为伟大的君主国"。[14]

对于许多托利党人来说，荷兰共和国不仅是商业对手，也是政治邪恶的代表。荷兰人反抗其西班牙君主的叛乱开创了一个可怕的先例。查尔斯·莫洛伊认为，伊丽莎白很清楚，虽然独立的荷兰共和国能够"强化女王的外围工事；但它也会拆除君主制的王家堡垒，因为它教给了臣民废黜君王的方法，而且不会吃亏"。托利党诗人得出了这个显而易见的结论。在17世纪的俚语中，荷兰人经常被称为"青蛙"，是"反君主的害虫"；他们的共和国是一所"反叛学院"，积极"在国家中播种煽动言论"；他们在17世纪60年代和70年代的政治领导人约翰·德维特正是《圣经》中的"亚希多弗"*。[15]

保王派国教徒和托利党人相信，一旦荷兰人控制了海洋，他们就会建立普世帝国。一位诗人在第二次英荷战争期间抱怨："你们觉得狭小的海洋对我们来说太重要了，但对荷兰人来说地球太小了。"众所周知，荷兰人"以为掌握了跟古罗马一样强大的力量，／力求控制所有贸易，／世界只有他们能够四处出击"。据说，一个荷兰人曾在酒馆里问英格兰人为什么坚持称他的同胞为"黄油盒子"，有人告诉他，这是因为"你们太容易扩散了，而且你们粗鲁无礼，必须化掉"。温和的保王派国教徒菲利普·沃里克爵士坚称，虽然"没有一个忽视贸易或者缺乏航运的国家能够变得富有，但是，想要垄断贸易或者成为海洋主宰，都是不切实际的，如同荷兰曾经像查理五世或弗朗索瓦一世渴望建立陆地君主国一样渴望建立海洋君主国家"。[16]

对于保王派国教徒和托利党人来说，无论是在会议桌上，还是在贸易公司的委员会房间里，抑或在乡间小酒馆里，都要跟荷兰人斗争，这不仅因为他们是英格兰最大的经济劲敌，还因为他们有可能威胁到英格兰复辟时期拥护的一切。他们的共和主义是吞噬君主制的毒瘤。他们的宗教多元主义有可能以无神论和贪婪的野心取代宗教。荷兰人不再是君主制和真正宗教的教化影响的受益者，他们已经成为经济上的马基雅维利主义者。大多数托利党人都认为，荷兰人既是最有可能夺取世界霸权的人，也是对英格兰生活方式的最大威胁。

保王派国教徒和托利党人声称宗教多元化和反对绝对主义的荷兰人正在谋求世界霸权，而辉格党人和最初的辉格党人却认为，推崇绝对主义和不容异己的高卢主义的法国国王路易十四正试图建立新的普世帝国。

---

*　亚希多弗原本是大卫王的谋士，在大卫王的儿子押沙龙起兵反叛之后，投靠了后者，后来自缢而死。

未来的辉格党人非但不接受托利党人关于荷兰共和国是政治毒瘤的说法，还称赞荷兰人是自由的捍卫者和勤奋的自我完善者。《英格兰的当前国家利益》的作者认为，荷兰人是"阻止奥地利王室实现普世帝国的宏伟计划的主力"，他们的惊人财富"完全是勤奋和才智的结果"。罗伯特·马克沃德宣称，荷兰所有"被我们认为是错误的贸易优势"，"都直接来自他们的节制和勤奋，以及我们英格兰人的懒惰和奢侈"。[17]

三次英荷战争（1652—1654 年、1665—1667 年和 1672—1674 年）对法国人来说不仅仅是一段好运，也构成了他们获取海洋控制权的大战略的一部分。《败露的法国阴谋》一书的作者准确地概括了辉格党人和最初的辉格党的看法，即法国人煽动了这三场战争，"他们最怕两国友谊长久而牢固；他们在两边煽风点火，假意结盟，以减少入侵邻国的阻力，增强他们的海军实力，但他们不是真的想跟任何一方合作，目的只是削弱双方，因为你变弱了他就变强了"。法国人很清楚，对他们来说，"没有什么能比北海的利益更有利于他们的普世计划"。因此，路易十四和他的杰出大臣让·巴蒂斯特·科尔贝规划了一个全面的经济体系。为了使他的臣民"独占一切行业"，路易十四"采取各种措施，打压一切外国工厂和商人，包括给他们的货运制造麻烦、在司法问题上拖延时间、对他们征收外国关税和扣押、不许他们代理法国或其他国家的企业（除非是他们本国的企业），并在他们去世之后以没收外国人资产的名义剥夺其财产"。可想而知，这些措施对英格兰商人的实际影响是毁灭性的。英格兰继续进口法国的奢侈品，却没有像路易十四对待英格兰商品一样征收高昂的保护关税，于是开始出现巨额贸易逆差。结果，"几年后（如果不及时采取应急手段），这个国家的所有资金都会被法国吸纳"。一个必然的结论是："法国人对我们的态度远比荷兰人更不友善。"[18]

在打压外国商业活动的同时，路易十四竭力提升法国的商业实力。他鼓励法国贵族参与印度贸易。更重要的是，路易动用他的巨大财富，建立了大规模的商船队和庞大的海军。一位小册子作者气冲冲地说：
"如果不及时利用法国的海军力量，欧洲可能在我们变老之前就毁灭
了。"《论现代欧洲事务》的作者忧心忡忡地写道，"法国对欧洲其他
国家来说已经够危险了，而他们还在发展航运"，现在似乎没有什么
能阻止他们实现"一直令他们心潮澎湃的普世帝国的霸业宏图"。现在，
没有人会怀疑，他们正在"建立一个普世性商业帝国"。[19]

　　辉格党人一致宣称，法国政策的目标和意图其实只有普世帝国。
与欧洲各地的许多人一样，辉格党人意识到了"法国人的宏图"，"他
们现在似乎也在努力追求普世帝国的目标和处事的方向，就像曾经的
西班牙一样"。伦敦辉格党人斯林斯比·贝瑟尔写了一本又一本小册
子，始终坚称："众所周知，法国人建立了一个普世帝国。"未来的辉
格党烈士阿尔杰农·悉尼大声疾呼，不去反对日益强大的法国"是最
疯狂的行为"，因为"尽管法国还要经历重重困难才能建立一个配得
上普世之名的帝国，但是那位国王现在优势很大，自然比欧洲其他君
王更有可能成功。况且他的才智与财富相当,他不会错过任何机会的"。
前驻法大使、未来的辉格党人登齐尔·霍利斯评论，法国人"是有抱
负的天才"，"这对欧洲来说更加危险，因为他们确定的目标很宏大，
等于在欧洲建立普世帝国"。安德鲁·马弗尔宣称，路易十四是"绝
对统治的主人，是基督教世界的假定君主"。[20]

　　在辉格党人眼里，法国正在谋求普世帝国，这一点毋庸置疑。法
国军队正在掳掠欧洲，科尔贝的经济政策也在帮助路易十四成为基督
教世界最富有的君王。保护主义使法国从海上侏儒变成了真正的海上
巨兽。之所以能做到这一点，是因为法国不同于以前的世界霸权的觊
觎者，它成功地分化了两个海洋强国，并让它们互相争斗。辉格党人
声称，法国能够做到这一点，因为它用邪恶的天主教和专制政府蛊惑
了英格兰。英格兰没有起到维持欧洲均势的应有作用，反而变成了法
国的附庸。

※　※　※

复辟之后，大多数英格兰人对 17 世纪 50 年代后期的无政府状态和混乱局面记忆犹新，而保王派国教徒和托利党人似乎都有特别充分的理由去反对联合省。广大温和派，包括许多在 17 世纪 40 年代反对国王或者顺从护国公政体的人，仍然坚信，来自激进派和共和派的威胁，要求国家采取针对他们的欧洲盟友荷兰的外交政策。然而，路易十四在 1672 年荷兰奇迹年入侵联合省，这改变了他们的想法。荷兰人被迫淹没自己的国家，拼命防止法国军队占领共和国，许多人认为这一幕令荷兰人谋求普世帝国的说法不攻自破。更重要的是，荷兰共和政体覆灭，大议长约翰·德维特和他的哥哥科内利斯"被海牙的暴徒撕成碎片。他们的私密部位被切下；他们的尸体被拖着游街，吊在绞刑架上"，加上威廉三世接任海军统帅和执政官，许多政治温和派因而大为宽心。[21]

1672 年的荷兰政治革命受到了英格兰政治民族的广大中间阶层的热烈欢迎。其中许多人后来成为温和的托利党人，他们认为路易十四已经成了英格兰的最大威胁。不同于更加激进的同胞，他们反对法国与其说是出于意识形态，不如说是出于地缘政治。法国是危险的，并不是因为它是绝对主义和不宽容的，而是因为它是具有侵略性的帝国主义者。对这些人来说，法国对不列颠群岛构成了真正而现实的危险。相比之下，联合省已经不再构成意识形态的威胁。荷兰共和国看起来不太可能继续鼓吹侵略性的激进扩张主义。身在联合省的斯蒂芬·坦普尔告诉他的叔叔理查德爵士："密谋者已经受到了充分的惩罚。尽管惩罚的过程混乱，但这些不法行为带来了公共利益作为补偿。人们自然对跟奥地利王室和部分德意志诸侯的结盟寄予厚望，他们担心法国国王图谋建立基督教世界的普世帝国。"第三次英荷战争之后，大多数温和派都加入了最初的辉格党人之列，认为最想建立普世帝国的是路易十四，而不是奥兰治党领导的荷兰共和国。[22]

　　法国的经济政策、法国的军事胜利和法国公然的背信弃义，都令辉格党人、温和派和温和派托利党人相信，英格兰必须加入欧洲反对法国普世帝国的斗争。在 17 世纪 70 年代，反法情绪在激烈的谩骂声中不断升温。威廉·加罗韦告诉下议院："我们每个人嘴里说的都是对沦陷于法国人之手的恐惧。"辉格党的伯奇上校表示同意："整个英格兰，一百个人里有九十个反对法国。"传闻称伦敦的纺织工人"参与了反对法国人的叛乱"。其实众所周知，1677 年保王派议会最后一次重大会议召开的主要目的就是"警告法国人"。1678 年冬天，正在伦敦的亨廷顿伯爵记述，反法战争"现在是这里唯一的热议话题"。丹比伯爵身处旋涡中心，他给埃塞克斯伯爵写信说，"在我看来，事态确实像是一场与法国的战争"。英格兰人并非没有意识到对抗世界头号强国的代价。托马斯·锡恩告诉哈利法克斯侯爵，"国内的人似乎并不害怕战争，也不害怕必然随战争而来的征税，他们都很恐惧法国的发展"。实际上，一位英格兰军官如此肯定会跟法国开战，以至于他给他的部队准备并发表了一份鼓舞人心的演讲。在这种情况下，马查蒙特·内达姆声称，"如果让人民投票决定是否对法国开战，我相信没有千分之一的人会反对开战"，这样的说法可能不是夸大其词。[23]

　　然而，查理二世从未打算对他的表弟和朋友路易十四开战。丹比很清楚，国王"并不想和法国闹翻"。他利用他的政治手腕成功地避免了战争，同时又对他的政治对手造成了伤害。查理辩称，1679—1681 年的王位排除危机，也就是以政治绝对主义恐惧为中心的政治危机，导致他无法对欧洲头号强国发动战争，这一说法很有说服力。辉格党的党同伐异激化了民族矛盾，一个内部分裂的民族不可能对法国这样的大国发动战争。

　　事实证明，查理二世的论战策略非常成功。因为将约克公爵詹姆斯排除在王位之外的激烈争论而产生的严重分歧，似乎真有可能引发新的内战。在这种情况下，托利党人，即使是那些倾向于认为法国的威胁是实实在在的、他们必须加以阻止的托利党人，都坚称英格兰团结一致是介入欧洲事务的先决条件。于是，查理二世通过坚称"自己非常渴望参战，但被政治上固执己见的辉格党所阻止"，成功避免了对路易十四的战争。

※　※　※

　　在这样的意识形态背景下，詹姆斯二世于1685年登上王位。二十多年来，英格兰人一直都在热烈讨论英格兰在欧洲事务中的适当地位。英格兰人远非持孤立主义或排外主义的民族。他们对欧洲大陆的发展很感兴趣，也很了解。对于17世纪末社会各个阶层的英格兰人来说，外交事务并不是无关紧要的问题。英格兰人并不满足于将外交政策的决定权交给国王和少数专业的政治家。这是因为英格兰与欧洲的关系影响着人民的日常生活。英格兰人知道，他们生产的布料价格与欧洲和殖民地市场关系紧密。他们知道本地市场上的奢侈品种类，从丝绸到香料，从葡萄酒到纸张，都取决于变幻莫测的欧洲政局。他们还知道，他们的文化，从他们表演的舞蹈类型到他们阅读的书籍，都是更为广泛的欧洲文化的一部分。或许更为重要的是，英格兰人知道欧洲大陆正在进行一场争夺政治霸权的伟大斗争。大多数温和派托利党人和几乎所有辉格党人都认为英格兰人应该在这场斗争中发挥更大的作用。17世纪80年代的英格兰人就像研究革命的社会科学文献中描述的许多革命之前的公众一样，非常担心他们正在沦为二流国家。

　　大多数英格兰人都迫切希望新任国王能够带领这个统一的国家对法开战，毕竟这位国王拥有赫赫战功。发行于新国王执政头几个月的诗歌、大字报、钱币和小册子都在大肆宣传詹姆斯的战绩。约翰·劳瑟爵士就是其中一员，他回忆说，关于"法国国王"和詹姆斯二世"存在误会的说法流传很广"，"无知的人信以为真"，"因而对他们期盼已久的""削弱法国的"战争"充满期待"，后者"现在已经成了基督教世界的威胁"。同时代的人，甚至是那些交游广阔的人，都热衷于散布谣言，称新国王"正致力于反对法国势力，如果这是真的，我们有望看到国家恢复昔日的光荣和名声"。伦敦的长老会教友罗杰·莫里斯在 1685 年准确地指出，"关键在于我们是否与法国或荷兰建立了密切的联系"。[25]

尽管政治流言满天飞，大众也充满期待，但关于詹姆斯将会转向欧洲的哪个方向，从来没有什么疑问。詹姆斯曾在法国军队受训。他由一位法国耶稣会士引导皈依教会，娶了路易十四选择的新娘，积极参与通常以荷兰人为竞争对手的商业活动，而且是路易十四创建的现代绝对主义国家的积极而直率的推崇者。当时的人和许多后来的历史学家都质疑詹姆斯的外交方向，这说明国王对英格兰民众的仇法症非常敏感。詹姆斯非常清楚，他对法国政治和文化的推崇会令他的许多臣民感到不满。[26]

长久以来，詹姆斯一直都是英法紧密联盟最积极的倡导者之一。他曾在 1681 年向哥哥查理二世提出建议，"只有跟法国结盟才能支持国王，维护君主制乃至英格兰教会自身，这样我们不用议会就能获得支持，而议会的目的自然是消灭这一切"。詹姆斯曾经提议，"事已至此，君主制要么更加绝对，要么被彻底废除"，而且他肯定"法国不想看到英格兰成为共和国，但西班牙想要那样，荷兰也会乐观其成"。然而，詹姆斯是一位极其老练的政治家。他知道自己与法国和路易十四的情感和利益关系不能留下任何书面证据。这就是为什么他在伦敦亲自处理重要事务。曾被任命为詹姆斯驻巴黎大使的威廉·特朗布尔爵士回忆，"一切重大事务都由法国在这里（伦敦）的大使巴里永来处理"。保罗·巴里永自 1677 年以来一直担任法国驻英格兰大使，当詹姆斯登上王位时，他对英格兰的政治圈子了如指掌。因为他还得到路

《国家的一课》，罗梅因·德胡赫作，1688。这幅画招来了外界对詹姆斯和路易十四的密切关系的批评。英国国王和法国国王一起出现在前景中，背景描绘的则是登陆托贝的威廉。在 17 世纪 80 年代，詹姆斯与路易十四的关系在英格兰和整个欧洲都引起了极大的恐慌

易十四的战争大臣、权力通天的卢瓦侯爵的赞助，所以毫不奇怪的是，"巴里永知道（詹姆斯二世）的所有秘密，执行他的命令，而且国王肯定把他知道的一切都跟巴里永说"。[27]

　　从登基的那一刻起，詹姆斯二世就确认了他与法国和路易十四的紧密关系。法国天主教的消息网络立即报道，詹姆斯与其潜在的继承人不同，他永远不会对法国开战。詹姆斯在他最糟糕的时候表达了自己发自内心的忠诚，他在 1688 年 12 月向巴里永承诺，他"始终不同意对（路易十四）开战"。詹姆斯一遍又一遍强调，他和法国的关

系既是情感关系，也是利益关系。从登基的那一刻起，詹姆斯就不遗余力地强调，他与路易十四彼此"赤诚相待"。他告诉巴里永，他的国王哥哥几乎崩溃了，因为他不得不同意解除他跟路易十四的同盟关系。巴里永跟詹姆斯有过无数次令宫廷所有其他外交使节都羡慕不已的漫长对话，最后他确信，詹姆斯"真诚地希望余生都依附于（路易十四）的利益"。路易十四的公使于松·德·邦勒波也跟詹姆斯有不同寻常的接触，他报告称，英格兰国王"将路易十四视为最悠久最可靠的盟友"。詹姆斯最有权势的大臣森德兰伯爵向巴里永和邦勒波保证，英格兰国王决心与路易十四保持"绝对的同盟关系"。显然，正是因为这样的感情纽带，詹姆斯二世在 1686 年 4 月公开祝贺路易十四从大病中康复过来，并在 1688 年让路易十四成为威尔士亲王的教父。[28]

詹姆斯是一位现代君主，情感关系对他很重要，但最终远比不上追求他眼里的英格兰国家利益。法国人知道，詹姆斯为了政治利益才跟他们保持密切关系。当詹姆斯谈及他跟路易十四的关系时，他经常强调他与法国国王的"利益的联系牢不可破"。巴里永相信，"英格兰国王的计划和盘算使他必须维持与路易十四的大联盟"。尤其是，詹姆斯试图使英格兰天主教化，因而与罗马的关系紧张，不得不向法国靠拢。同样重要的是，詹姆斯不像他的许多臣民和许多大陆观察家那样忧心势力是否均衡。詹姆斯告诉邦勒波，"他不会为了追求维持欧洲列强平衡的虚名而冒险确立（天主教）宗教"。巴里永报告，"那些真心归附英格兰国王的人都认为这种保持欧洲事务平衡的想法不切实际"。考虑到这些观点，考虑到詹姆斯二世毫不关心法国日益增长的力量，法国人并不担心詹姆斯在英格兰国内日益增长的权力。[29]

詹姆斯没有制衡法国日益增长的力量，反而畅想他和路易十四平分世界。詹姆斯二世的计划详情已经无人知晓，因为留存下来的文件太少了。不过，詹姆斯在 1686 年和 1687 年与政治算术家威廉·佩蒂"频繁私下会面"，拟定预案。佩蒂开始准备各种文件时，都假定法国、丹麦和英国结成同盟。佩蒂假设，法国通过这一同盟，很快就能征服联合省和西属尼德兰，以及半个德意志和意大利，且所有这些都"不会波及英格兰"。这是因为随着法国在欧洲和地中海取得统治地位，英国将会获得支配东印度群岛、西印度群岛和"挪威木材和板材运输"的回报。几乎可以肯定，詹姆斯二世及其亲信怀有跟佩蒂一样的设想。英格兰不会面临被法国牵着鼻子走的风险，这是因为"英格兰国王的领土是岛屿，拥有船只、水手和贸易，（至少在防御方面）可以抵消法国的优势"。[30] 詹姆斯没有想过他会依赖法国，而是想象当路易获得陆地霸权，他将成为海上的主宰。简而言之，詹姆斯有一个非常现代的帝国愿景。

詹姆斯不仅仅是在告诉路易十四的代表他们想听的，也不只是在描绘乌托邦式的帝国愿景。相反，他所做的一切都强化了他的言论。如同詹姆斯打造他的智囊团，以便最有力地推进他的法国式国内优先事项一样，他也提拔了那些最积极地支持法国同盟的人。在詹姆斯登基时担任枢密院议长的哈利法克斯侯爵和詹姆斯相识最久的朋友之一达特茅斯伯爵都因为众所周知的反法立场而失宠。[31] 相比之下，"深谙国王的用意和打算"的森德兰伯爵始终认为，"天主教的利益将会成为不久之后与法国建立更紧密同盟的基础"。在詹姆斯二世宫廷中影响力越来越大的彼得神父明确而坚定地表示，"为了他主君的利益和天主教的利益，必须跟路易十四建立紧密的同盟和情报合作"。[32]

如果说路易十四和詹姆斯二世在相互交往中总是小心翼翼地保护自己的利益，那也有充分的证据表明，他们总是将对方当成朋友和盟友而不是潜在的敌人。在詹姆斯二世统治期间，法国人和英格兰人谈判时总是假定他们有共同的意识形态和一致的利益。

哥哥一死，詹姆斯就开始跟法国人展开高级别会谈，以获得新的援助。詹姆斯立即派他的前锦衣库总管约翰·丘吉尔前往巴黎进行谈判。丘吉尔在流亡期间一直是詹姆斯的忠实顾问，已经知道了詹姆斯和路易"亲密同盟的秘密"。结果，援助问题在伦敦得到了解决。据巴里永说，路易十四慷慨地赠予詹姆斯五十万英镑，后者因此欣喜若狂。[33]

詹姆斯在掌权第一年，数次对法国国王示好。1685年6月，他在枢密院发布命令，"抹去"1666年伦敦大火纪念碑上指责法国为罪魁祸首的碑文。詹姆斯"迫切需要法国国王的友谊"，因而保证议会将废除法国商品的进口禁令。结果，根据18世纪的一项估计，"不到三年时间，法国商品就大量涌入，总值超过四百万英镑"。最后，詹姆斯拒绝为他的女婿奥兰治的威廉出头，不愿要求法国军队赔偿对奥兰治公国造成的损失。詹姆斯在哥本哈根的公使加布里埃尔·德西尔维厄斯表示，詹姆斯没有"为奥兰治求情"，这说明"（詹姆斯二世）和法国国王的关系太好了"。[34]

与此同时，詹姆斯竭力平息英法在北美地区反反复复的紧张关系。法国人的蚕食威胁着新英格兰和托利党经营的哈德孙湾公司的皮毛贸易。尽管紧张局势日益加剧，巨额利润岌岌可危，并且詹姆斯也希望完全控制北美和西印度群岛，但他对法国的谈判代表明确表示，希望达成友好的解决方案。他需要在缔结中立条约之前，"大体谈妥他们抱怨的所有问题"，送给英格兰的贸易公司和商人一个"人情"。詹姆斯明确表示，与新大陆贸易可能损失的关税收入相比，他更看重他与路易十四的关系。该条约在春季基本敲定，并在11月公布。条约对法国过于有利，以致很快就有传闻，称双方还签订了秘密盟约。哈德孙湾公司后来宣称，该条约没能阻止新法兰西公司"消灭"他们的计划。他们认为，詹姆斯采取投降政策，因为他"偏袒耶稣会，只有后者能从这一交易和加拿大公司的利益中获得好处"。18世纪的亚当·安德森宣称，在该条约里，"法国国王令詹姆斯国王上当受骗"。巴里永告诉路易十四，该条约将"完全"合他的意，事实确实如此。[35]

1686 年的《中立条约》没有结束北美的纷争，也没有阻止詹姆斯继续拥护法国国王的利益。很快就有消息传到欧洲，法国人在哈德孙湾的大本营又占领了三个英格兰的要塞，价值十万英镑。詹姆斯对其海关收入的大幅下降感到担忧。投资者对他们的股票暴跌愤怒不已。据邦勒波和巴里永的报告，英格兰人对"失去三个要塞感到非常愤怒"。詹姆斯过去的密友和哈德孙湾公司的现任董事约翰·丘吉尔勋爵带头要求赔偿和补偿。然而，詹姆斯和他的政府最终允许法国人继续占有这三个要塞。詹姆斯明确表示，这是因为他将法国视为极其重要的盟友。1687 年 6 月，他给法国谈判团队提出的初步建议是，如果法国人答应在哈德孙湾问题上做出妥协，他将"向荷兰人宣战"。1687 年底，森德兰伯爵告诉丘吉尔亲自率领的哈德孙湾公司代表团，詹姆斯"不会为了如此微不足道的事情与法国开战"，这跟荷兰占领万丹 * 无法比拟。[36] 詹姆斯不是一个轻易牺牲英格兰利益的人。但说到底，相比于死对头，他更愿意将英格兰的贸易利益让与政治和意识形态的盟友。

詹姆斯在其统治的最后两年，继续和路易十四展开谈判，最终双方就共同利益达成一致。1687 年 10 月，詹姆斯、蒂康奈尔伯爵和森德兰伯爵建议路易十四支持并资助在法国领土上建立一个英格兰天主教徒兵团，声称建立这样一个兵团"对天主教大有好处"。虽然路易不愿意接纳这个提议，但他同意负责两个英格兰兵团的开支，每个团一千人，这样詹姆斯就能召回驻扎在联合省的英格兰团。除了这笔补助，法国国王还向詹姆斯承诺，"只要他（詹姆斯）有需要"，他保证会有足够的法国军队"去压迫他的敌人，令他的臣民服从"。事实证明，路易十四几乎言出必行。在 1688 年 11 月和 12 月的危难时刻，路易十四确实承诺并提供了援助。欧洲大陆的事务使他无法调派军队，但他提供了五万埃居的黄金，尽管这些资金明显从未进入

---

* 今天印度尼西亚的一个省，位于爪哇岛西部。

詹姆斯的国库。[37]

詹姆斯有充分的理由与路易十四保持紧密的同盟关系，并对外保密。他知道他的利益、他对英格兰未来的设想，都离不开路易十四的友谊和支持。他也很清楚，这样的协议会激怒温和的托利党人和辉格党人。詹姆斯与法国的同盟肯定不是辉格党政治家或后来过于轻信的历史学家捏造出来的。整个欧洲外交界都怀疑存在这样的同盟，只是不知道同盟的深入程度。

消息灵通的欧洲外交舞台观察者，无论他们的意识形态取向如何，都确信詹姆斯二世和路易十四有密切的联系。詹姆斯二世刚刚登基，罗马的苏格兰耶稣会士已经知道了路易十四给詹姆斯二世津贴的事情，并信心满满地宣称，"法国国王和我们的国王非常亲密"。1686年，詹姆斯与阿拉贝拉·丘吉尔私生子的导师沃德勒伊先生与威廉·特朗布尔爵士在杜伊勒里宫散步时坦言，"我们国王和路易十四订立了秘密条约和联盟"。1686年初，路易十四宫廷的教皇使节也确信，法国和英格兰结成了攻守同盟。在德意志各地传播的政治流言称，"陛下与法国国王有情报合作，以消灭（新教徒）"。在联合省，官方圈子和阿姆斯特丹街头都流传着有关英法两国国王的危险关系的谣言。海牙一位人脉深厚的外交消息供应者写道："我们确信英法两国国王结盟是为了对这个国家开战。"在詹姆斯眼里，事情是这样的，只要他的臣民"求助于"荷兰人，他就无法"用他的方式实施统治"。[38]

许多与英格兰宫廷有更直接联系的外交官都肯定英法已经结盟。西班牙驻英格兰大使唐·佩德罗·德·龙基略得出结论，"即便没有秘密条约和正式结盟，（路易十四）的利益和目标与英格兰国王的依然高度一致，效果等同于明确结盟"。1688年初，帝国大使菲利普·霍夫曼在伦敦写道："法国在这个宫廷中仍然发挥着强大而持久的影响力。"托斯卡纳大公的伦敦公使弗朗切斯科·泰里西也评论了"（詹姆斯二世）陛下与法国的伟大友谊"。在伊斯坦布尔，法国大使信誓旦

且地说，路易十四和詹姆斯二世"现在已经结成同盟"。也许正是这
番声明让当时被派驻伊斯坦布尔的威廉·特朗布尔爵士确信，"两位
国王的友谊因为推动天主教发展的目标而得到巩固"。因此，当法国
驻联合省大使达沃公爵让·安托万·德梅姆宣布英法结成同盟时，欧
洲几乎没有人感到惊讶。[39]

　　尽管英格兰人日益仇法，但詹姆斯二世仍然与路易十四保持密切
的个人和政治关系。詹姆斯相信，而且深深相信，他和路易十四在地
缘政治和意识形态上有共同的利益。詹姆斯清楚地知道他的臣民恐惧
和厌恶这位法国国王，所以他竭力避免留下书面证据。然而，他和法
国国王的言谈举止都让包括天主教徒和新教徒在内的几乎所有欧洲人
相信，英法的确存在关联。值得一提的是，詹姆斯没有从天主教普世
主义的传统角度看待英法同盟。他确实相信该同盟能够促进真正的信
仰事业，但他也相信，英法关系将会帮助英格兰建立强大的航海帝国。
詹姆斯坚信，这完全符合国家利益。

※　※　※

　　詹姆斯不仅谋求与法国结盟，而且对联合省采取咄咄逼人的政
策。他没有想过在欧洲政治中谋求中立，也不希望维持势力均衡。詹
姆斯的外交政策是进取的、好战的。跟同时代的许多人一样，詹姆斯
将欧洲政治视为两种相互竞争的现代国家模式的伟大斗争。大多数英
格兰人都认为，路易十四已经完整地建立了一个不容异己、以领土帝
国为重心的绝对主义国家。相比之下，在许多人眼里，联合省代表了
一个致力于宗教宽容和商业扩张的现代人民国家或混合国家。詹姆斯
在17世纪80年代的异常之处不在于他对欧洲斗争的描述，而在于他
得出结论：支持法国、重创荷兰共和国才符合英格兰的利益。简而言之，
詹姆斯的结论是，他哥哥发动英荷战争的指导原则是对的。

这位英格兰君主早在 1685 年即位之前就明确表示过对荷兰人的厌恶。他在 1665—1667 年的英荷战争中表现活跃，既担任舰队司令，又是他哥哥信任的顾问之一。詹姆斯在 1669 年归顺天主教时，"与法国一起对荷兰开战"的计划正在筹备之中。詹姆斯确实没有热心支持第三次英荷战争，但他反对的是时机而不是动机。詹姆斯向他的老朋友达特茅斯伯爵坦言，他"担心"战争"会令（查理二世）负债累累，最终为议会所制"。到 17 世纪 80 年代初，詹姆斯明确表示，他无法信任他的女婿威廉，因为他"被（辉格党）人的奉承话带偏了"。毫不奇怪，一旦王位排除危机结束，当查理二世再一次感到需要弟弟站在他这边，英荷之间的紧张关系就会明显加剧。在查理去世前的几个星期，他和詹姆斯都坚称，他们的"真正利益"在于反对奥兰治的威廉和荷兰人，并且都认为与威廉和解"毫无意义"，"只会坏事"。[40]

为什么詹姆斯恨透了荷兰人和他的女婿奥兰治的威廉？为什么他要推翻那么多臣民的政治和意识形态演算？答案是詹姆斯接受了对荷兰政体的看法，一种在 1672 年的政治革命之前得到绝大多数保王派国教徒认同，而且直至此时依然得到托利党高层人士认可的看法。詹姆斯认为，荷兰共和国远不是一个没有威胁的邻居。对于詹姆斯和他的核心顾问团来说，荷兰人是对英格兰未来的最大威胁。

詹姆斯深信，荷兰共和国是政治动荡的一个危险源头。到 1685 年 9 月下旬，詹姆斯毫不遮掩地"频繁"发表讲话，称荷兰人是"所有王室的敌人，尤其是英格兰的敌人"。詹姆斯认为，荷兰人采取这种立场是很自然的，因为"全世界都知道"荷兰共和国本身就建立在对其合法君主西班牙腓力二世的叛乱之上。荷兰北部的政治文化如此危险，如此具有传染性，以至于詹姆斯认为，任何人"在荷兰待久了"都会成为叛乱者。[41]

詹姆斯坚信荷兰是叛乱的意识形态发源地。他的许多政敌在荷兰共和国都受到欢迎，这只会令他更加坚定自己的看法。詹姆斯及其顾问和外交官反复抱怨荷兰人接纳英格兰最叛逆的臣民。他告诉荷兰驻伦敦大使,在阿姆斯特丹"定居的所有英格兰商人""都对国王陛下和王室抱有敌意,他们都是共和派"。詹姆斯驻联合省的大使比维尔·斯凯尔顿在欧洲大陆和英格兰逢人就抱怨,荷兰人"庇护""我们英格兰的叛乱者",这些叛乱者已经成了他们"亲爱的恶棍"。斯凯尔顿在荷兰的众多探子之一埃德蒙·埃弗拉德报告,阿姆斯特丹是"国王所有敌人的避难所,也是所有叛乱和放肆阴谋的无耻熔炉"。斯凯尔顿在海牙的继任者达尔比维尔侯爵认为自己对荷兰人对待英格兰异见分子的态度的评估有理有据。他向詹姆斯抱怨说,尼德兰"各省为陛下的反叛臣民和叛徒公开提供退路和保护"。事实上,他指出,"陛下用心最坏的臣民在这些地方……都比最忠心的臣民过得好"。[42]

这一切并非詹姆斯和他的顾问的臆想。荷兰确实有一个庞大的不断增长的英格兰(和苏格兰)流亡社区。17 世纪 80 年代后期,包括激进派约翰·怀尔德曼和罗伯特·弗格森、书商约翰·斯塔基和奥舍姆·丘吉尔,以及历书作家约翰·帕特里奇在内的许多人都在阿姆斯特丹逗留。鹿特丹有"许多亡命之徒",其中就有辉格党哲学家约翰·洛克。当地的政府密探汇报称,"如果一个人不公开自己的辉格党身份",他就无法"保障自己的生命安全"。海牙吸引了那些可以依靠威廉和玛丽保护的流亡者。乌得勒支住了一大批既憎恨詹姆斯二世,又"对蒙茅斯公爵发动叛乱、自立为王的做法非常不满的"人。住在乌得勒支的一百五十多户苏格兰和英格兰人包括富商托马斯·帕皮伦爵士、前伦敦郡长斯林斯比·贝瑟尔和极其仇法的前辉格党伦敦市长佩兴斯·沃德爵士。除了这些中产社区,低地国家还有一些英格兰织布工人的社区。流亡者在弗里斯兰的吕伐登、格罗宁根,以及边境另一头汉堡附近的吕讷堡建立了大规模的工厂。詹姆斯二世的政府知道,就像在英格兰一样,"若干英格兰人自由地坐在公共咖啡馆里,诋毁国王陛下,议论政府"。流亡者经常光顾鹿特丹的内斯比特和科尔伯特咖啡馆、德尔夫特的咖啡馆和阿姆斯特丹的克鲁姆·埃尔鲍咖啡馆。在伦敦以辉格党色彩而著称的阿姆斯特丹咖啡馆的老板彼得·基德也在乌得勒支定居，他可能很快就在那里重操旧业。[43]

不仅荷兰各省政府欢迎英格兰和苏格兰的叛乱者，而且荷兰的印刷业也恶毒攻击詹姆斯二世的政府。阿姆斯特丹很快成了"所有反英格兰的煽动和叛乱小册子的渊薮"。塞缪尔·约翰逊反绝对主义的煽动小册子《治安官书》肯定就是在那里印刷，然后走私进入英格兰的。随着1687年和1688年英格兰意识形态气氛的升温，出版于荷兰的具有政治意义的小册子数量也在增加。吉尔伯特·伯内特撰写的大量小册子激怒了詹姆斯，但不仅他受到奥兰治的威廉的保护，他的作品也在荷兰印刷并走私进入英格兰。伯内特的作品可能最为突出，但从荷兰印刷厂涌现出来的批评詹姆斯二世的作品远不止于此。"一些煽动小册子和诽谤文字"，包括"约翰·弥尔顿不会承认是他写的"那些，"在荷兰印刷出来，然后由坏人私下运到这里"。这些荷兰印刷品包括"从前段时间到最近的、他们用来责骂我们的画作"。1688年夏天，伦敦人威廉·韦斯特比写道："荷兰人在这个时候小心翼翼地利用小册子推波助澜。这些小册子被私人带过来，然后高价出售。书中透露出来的是无惧政府的思考，还有通过消除人民对君主的感情来策反他们的意图。"无论荷兰的印刷运动是否真的"策反"了英格兰人，都有足够的证据表明，这些小册子得到了广泛的流传和讨论。毫无疑问，詹姆斯二世被深深地激怒了。巴里永告诉他的国王，詹姆斯二世可能很快就得"大费周章"地禁绝这些来自荷兰的"馊药丸"。[44]

詹姆斯还确信，荷兰的政治干预，尤其是威廉和他的圈子的政治干预，正在助长英格兰的政治不稳定。詹姆斯二世同意法国大使巴里永的看法，认为奥兰治亲王的"打算"跟国王自己的意图完全相反，且威廉希望在英格兰"挑起事端"。到1688年春天，詹姆斯确信威廉的目的"始终"都是"尽其所能地在英格兰挑起事端"。詹姆斯的许多顾问，包括巴里永、比维尔·斯凯尔顿和格拉纳德伯爵，一再警告这位英国国王，威廉始终都是他王位的心腹大患。一份可以确定流传于天主教信徒内部的宫廷备忘录警告，詹姆斯与奥兰治亲王和王妃的紧张关系是"对国王陛下生命安全或安宁的最大危胁"。备忘录的作者声称，这种紧张关系将"令国王陛下为天主教和国家利益所做的一切努力变成徒劳，让他永远不得安宁，让他的荣耀变得暗淡"。果然，詹姆斯很快宣布，是荷兰人的干预导致他的首届议会难以约束，挫败了他的秘密策略，并威胁到他指定新议会的计划。詹姆斯也很清楚，荷兰大使范西特尔斯，以及奥兰治亲王和王妃，正在竭力阻挠他废除使他无法起用罗马天主教徒和新教非国教徒的《宗教审查法》和《市政委员会法》的计划。鉴于政治和意识形态对抗无可避免，人们只能假设詹姆斯在一定程度上相信荷兰人是 1686 年暗杀他和 1688 年绑架威尔士亲王的计划的幕后黑手。[45]

詹姆斯不仅关注荷兰意识形态取向的政治影响，还将荷兰视为英格兰的政治经济劲敌。詹姆斯毫不关心法国的领土收获，但对荷兰的经济帝国主义深感不安。他赞成有些人的看法，即荷兰人正在谋求建立贸易普世帝国或者海洋帝国。詹姆斯一直活跃于伦敦的贸易圈子，很久之前就接受了他在东印度公司和王家非洲公司的朋友的看法，认为荷兰人正在不择手段地将英格兰人赶出大海。1681 年，詹姆斯告诉他的朋友达特茅斯伯爵，荷兰人"将不惜一切代价独占"世界贸易。1687 年，他向邦勒波透露，他担心荷兰人"准备主宰东印度群岛的所有贸易"。森德兰伯爵一直到 1688 年 11 月都是詹姆斯核心圈子的首要成员，他认为荷兰人"将会主宰一切贸易，很快他们就会独占胡椒贸易"。 1685 年流传于宫廷的一份备忘录声称，荷兰人是"一个商人主导策略的民族，他们制定了长远计划，准备独占一切对外贸易的谈判，就像野心勃勃的君主为了扩大领土所做的那样"。这份备忘录的作者警告，荷兰人即将实现"对两个印度群岛的统治"。1687 年夏天，宫中有传言，荷兰人"不再留力，也不再否认他们想把英格兰人逐出印度洋贸易"。詹姆斯和他的顾问相信，英格兰需要迅速而果断地采取行动。威廉·佩蒂奉詹姆斯谕旨起草了两份文件，肯定英格兰政策的目标是"夺取荷兰等国的贸易，并让英格兰成为这些贸易的主导"。佩蒂想了一些策略，包括"给予宗教自由"，从而实现"独占贸易的首要目标"，也就是说，夺取"荷兰人的货运、渔业和东印度商品贸易"。[46]

最后，詹姆斯痛恨荷兰议会和他们的海军统帅奥兰治的威廉奉行的外交政策。从即位的那一刻起，詹姆斯和他的顾问就确信，"英格兰议会、奥兰治亲王和奥地利王室"有着"共同的利益"。詹姆斯认为三者都有心限制他在国内的权力，扰乱英格兰的贸易，遏制法国的力量。荷兰人谋求这些目标是为了维持在詹姆斯看来不切实际的欧洲势力平衡。他很确定，威廉尤其不遗余力地"搅乱欧洲的安宁"。白厅的许多人认为，荷兰人和他们的代理人正在煽动斯堪的纳维亚君王之间的"北方战争"，鼓动奥斯曼苏丹和神圣罗马帝国皇帝利奥波德一世媾和以便对法开战，并引诱勃兰登堡选帝侯加入仇法协定。不得不说，詹姆斯经常以宗教话语表达他的担忧。他说，威廉"煞费苦心"，希望"开启一场宗教战争"。但詹姆斯所说的并非任何传统意义上的"宗教战争"。他不认为威廉相信早期新教的世界观。詹姆斯很清楚，而且经常跟法国大使说，这个"新教联盟"包括"奥地利王室及其追随者"。[47]实质上，詹姆斯担心的是所有反对高卢派天主教的人结成同盟，那将是一个包括了最重要的罗马天主教君王的联盟。

詹姆斯显然无意维系欧洲的势力均衡。他根本不觉得法国在欧洲的活动会威胁到英格兰的国家利益。相比之下，荷兰共和国及其政治领袖奥兰治的威廉对詹姆斯二世却是一个可怕的威胁。在詹姆斯看来，荷兰的政体建立在一系列极其恶劣的原则之上。荷兰人想在国内建立人民政府，在海上建立商业帝国，在欧洲实现势力均衡。詹姆斯和他的顾问确信，出于这些设想，荷兰人将会竭力破坏英格兰的稳定，把英格兰人逐出东印度群岛和西印度群岛，并使整个欧洲陷入毫无意义的大动乱。詹姆斯认为，由于所有这些原因，英格兰需要阻止的是荷兰人，而不是法国人。

※　※　※

詹姆斯厌恶荷兰人的意识形态，但这没有自动转化为咄咄逼人的仇荷外交政策。即使在 17 世纪，意识形态对立的冷战和军事对抗的热战也肯定有很大的区别。詹姆斯一直憎恨荷兰的政体。可他并不支持第三次英荷战争，原因就是他觉得英格兰国库还负担不起这样一场战争所需要的全面对抗。[48] 尽管如此，到 1687 年底，詹姆斯确实开始渴望对荷兰发动一场战争，而且是强烈渴望。尽管学者一致认为，詹姆斯要么过于忧心他的国内议程而忽视了外交事务，要么将自己在英格兰以外的唯一目标定为维持欧洲的势力平衡，但这一观点忽略了詹姆斯强烈的亲法倾向。詹姆斯在蒙茅斯叛乱后立即限制其政权的财政支出，学者误以为这是出于他的意识形态和政治承诺。事实上，詹姆斯一直知道他要跟荷兰人开战。唯一的问题是他什么时候觉得时机成熟。到 1687 年末，詹姆斯决定他不能再等了。人人都知道他急于求战，而威廉和荷兰人不得不予以回应。引发 1688 年军事行动的是詹姆斯的政治行动，而不是他儿子的出生。这是因为英格兰的革命者、荷兰的政治家，以及欧洲其他国家的大多数人都明白，英格兰的王位继承只是小问题，关键在于更为宏大的北欧政治、经济和意识形态取向的问题。

的确有许多证据表明，詹姆斯在执政的头两年认为维持欧洲的和平非常符合他的利益。1685 年，巴里永向路易十四报告，詹姆斯认为"对外战争将会严重妨碍实现他对英格兰国内事务的所有设想"。但这不是因为詹姆斯优先考虑国内事务，也不是因为詹姆斯希望在欧洲事务上保持中立。詹姆斯认为，如果不受议会的支配，他还负担不起一场英荷战争，而且这样一场冲突只会令荷兰人轻而易举地煽动英格兰国内的叛乱。[49]詹姆斯承认与联合省的冲突不可避免。他只是想等到自己足够富有和强大的时候再出手。

大量证据表明，每一次荷兰的冒犯，每一次出现新的证据表明荷兰政治干预的有害影响，每一项证明不改变国际局势就无法实现国内议程的发展，都在慢慢地改变詹姆斯的政治考量。[50]

1686 年夏天，尽管英格兰财政拮据，詹姆斯和他的核心顾问仍然认真考虑发动新的一场英荷战争。8 月初，西班牙大使龙基略和荷兰大使范西特尔斯从"包括著名天主教徒在内的许多人"那里听说，跟法国一起"对荷兰""宣战"的严肃计划正在酝酿之中。詹姆斯的天主教顾问核心圈子（我们必须假设他们大多是法国天主教会的成员）正在竭力说服詹姆斯，"荷兰（是）他在宗教问题上遇到的所有障碍的来源和温床，应该首先将其消灭"。"一位最受信任的大臣"警告荷兰大使，詹姆斯准备"采取一切手段"，迫使荷兰人驱逐英国流亡者，归还从英国东印度公司手中夺取的所有领土。正是在这一时期，内阁会议讨论了一项呼吁"为消灭荷兰而发动战争"的提案。这份备忘录的作者认为，"荷兰人的侵害和不公行为"是"不可容忍的"，该备忘录后来在欧洲外交界广为流传，可能还得到了教皇英诺森十一世的认可。据说荷兰人"煽动了最近的一次叛乱，并为国王陛下的叛乱者提供一切庇护"。作者坚称，"除非那个共和国被摧毁，不然我们还会看到他们的派系"。行动的时候到了。作者补充，"现在是消灭他们的大好时机，所有可以帮助他们的力量（神圣罗马帝国皇帝及其盟友的力量）都被调去对抗土耳其人了"。[51]

詹姆斯的内阁会议不仅措辞强硬，还采取了挑衅行动。詹姆斯让塞缪尔·佩皮斯加紧海军备战，虽然"目标是什么还没完全确定"。1686 年 7 月中旬，五千多人在海军船坞里热火朝天地工作。那年夏天，与荷兰交战的阿尔及尔海盗得到了詹姆斯的"公然鼓舞"，可以免费使用英格兰的港口，并在英格兰出售他们的荷兰战利品。为了确保没有人不知道这些行动的重点，詹姆斯不停地嘉奖最激烈的仇荷论者查尔斯·莫洛伊。4月，莫洛伊封爵，而到了9月，他成为伦敦司法官。[52]

英格兰和荷兰的闲聊阶级都开始认真讨论战争的可能性。早在1686年1月，罗伯特·哈利就听说了"不少对荷（兰）开战的小道消息"。在接下来的几个月里，这些小道消息逐渐变成了主流声音。6月，一位人脉深厚的宫廷观察家表示，"（英格兰）肯定会跟荷兰人开战"。8月，罗伯特·霍姆斯爵士和格拉夫顿公爵都在争夺终将爆发的战争中的最佳职位。在北海对岸，荷兰人在1月初已经开始"警戒"詹姆斯二世的"意图"。在春天，警戒迅速转化为海军的备战，因为荷兰人预计将会受到法国或英格兰或两者联合的进攻。正是因为这些"盛行于荷兰和其他地方"的言之凿凿的传闻，荷兰大使范西特尔斯不得不就詹姆斯的意图与其对质。[53]

詹姆斯并不打算在1686年夏天对荷兰人宣战。詹姆斯和他的核心顾问团显然认为英格兰当时"还没做好准备"。[54]不仅英格兰舰队还没有满员，而且詹姆斯肯定担心持怀疑态度的议会要求他让步。詹姆斯确定他无法通过密谈建立一个忠诚的议会，所以可能希望他改造市政委员会的计划能在未来获得更多议员的支持。然而，他清楚地知道，这样的议会不可能立即召开。詹姆斯确定，必须摧毁荷兰共和国，但不是今年。

直到1687年底，詹姆斯才决定对荷兰共和国采取重大行动。此时他决定从联合省召回为荷兰议会效力的六个英国兵团。尽管后来的历史学家淡化了詹姆斯决定的重要性，但是当时的人没有受到这样的误导。他们都知道，詹姆斯的行动表明了对荷开战的想法。荷兰人范西特尔斯知道召回消息之后感叹，"这是一个针对荷兰的明显的战争标志"。在接下来的一个星期，范西特尔斯告诉他"最亲密的"朋友，詹姆斯二世和路易十四"已经做好对荷兰开战的计划"。西班牙大使龙基略推断，这一行动"至少"表明"（法国国王）和英国国王已经结成了亲密同盟"。当他问森德兰伯爵英格兰人是否会"向荷兰开战"时，他被告知詹姆斯二世"处于准备开战的状态"。詹姆斯宫廷的许多"重要的天主教徒""认为这次召回军队等于跟荷兰决裂，尤其是与奥兰治亲王决裂"。这就是为什么温和的天主教徒，如波伊斯侯爵、阿伦德尔伯爵，还有日益仇法的约翰·丘吉尔，会如此坚决地反对这一行动。这也是为什么像彼得神父这样的亲法天主教徒会如此热情地支持詹姆斯的决定。[55]

直到 1686 年夏天，詹姆斯仍对荷兰战争持保留态度，为什么他在此时决定冒险挑起冲突？答案是詹姆斯确信，荷兰人形成了他的外交和国内议程的一个难以逾越的障碍。在 1686 年中，英荷战争似乎会使詹姆斯更难确保他的国际和国内地位，可是到了 1687 年末，詹姆斯认为必须打败荷兰人，他才能有所成就。在詹姆斯和他的核心顾问团看来，荷兰的政治干预已经被证明是非常成功的，所以全面海上冲突的代价不小，但是不开战的代价更大。

1686 年夏天反对立即开战的决定无助于缓解英荷之间的紧张关系。1686 年 11 月又有大量传闻，这在一定程度上是因为民众知道詹姆斯二世正在建设海军。一位八卦人士评论："大多数人都在谈论明年与荷兰开战的可能性。"另一个表示，"有一个流传很广，而且传了很久的说法是，明年春天对荷兰开战"。荷兰也有很多关于战争的讨论。阿姆斯特丹的丹尼尔·珀蒂指出："大家都很关心。"德尔夫特的詹姆斯·肯尼迪感叹："这里的人们都好担心跟英格兰开战啊。"[56]

引发这一波新传闻的是对东印度群岛的荷兰帝国主义的新担忧。1682 年，荷兰东印度群岛总督科内利斯·斯皮尔曼攻占了万丹苏丹国，并摧毁了那里的英格兰商站。因为万丹是英格兰与爪哇和苏门答腊的香料贸易枢纽，加上詹姆斯与英国东印度公司关系密切，这起事件一直以来都被认为"影响重大"。事实上，1686 年最初几个月局势紧张的重要原因是荷兰拒绝为万丹支付一百三十万英镑赔款。1686 年秋天的两个变化再次引发了外界对于英荷对抗的担忧。有人向英格兰法庭提出了"新的控诉"，称荷兰人成功地将英格兰人彻底逐出了如今的印度尼西亚。詹姆斯的回应是命令他的新任驻联合省公使、天主教徒达尔比维尔侯爵继续给荷兰人施压，不仅要求赔偿，还要求归还"万丹"。伦敦商人克里斯托弗·杰斐逊评论："荷兰人没有给予预期和要求的赔偿，后果可想而知。"1687 年，关于荷兰人新的侵略行径的报告在英格兰逐渐扩散，詹姆斯保持着温和的态度，但大家都知道他"很生气"。1687 年 6 月，森德兰伯爵对法国大使巴里永说，如果英格兰和法国不采取任何措施去制止"荷兰人在东印度群岛的无礼行为"，荷兰人的商业霸权将使他们有足够的力量"发动战争或阻止英格兰和法国国王的一切计划"。[57] 詹姆斯和他的政府逐渐意识到，除了战争，他们无法阻止荷兰称霸东印度群岛。

詹姆斯不仅认为荷兰人是实现帝国和商业目标的拦路虎，还认为荷兰人的政治干预从根本上威胁到了他的政权。在 1686 年和 1687 年，荷兰人的行动帮助挫败了詹姆斯试图通过闭门密谈来争取顽固议员支持的计划；荷兰人制作的宣传品使詹姆斯的许多人民反对他的《宽容宣言》；荷兰人的游说增加了改造英格兰市政委员会的难度。到 1687 年底，詹姆斯已经受够了。他告诉每一个人，他讨厌荷兰人。在宫中的罗马天主教徒面前，在内阁会议上，詹姆斯都"痛陈"自他登基以来英荷关系的历史。他强调了荷兰对蒙茅斯公爵事业的纵容、"万丹事件和其他发生在东印度群岛的事情"、源源不断的侮辱性的荷兰宣传，还有"给予叛乱者，特别是（吉尔伯特·）伯内特"的国家保护。詹姆斯没有像以前那样控制住自己的怒火。帝国大使菲利普·霍夫曼很快就听到了对于荷兰人的一连串辱骂，并补充说，"尤其令国王不满的"是奥兰治亲王、荷兰议会，甚至荷兰市民都"以令人难以容忍的方式干涉英格兰政治，尤其是宗教事务"。詹姆斯的严厉批评传到了鹿特丹贵格会教友本杰明·弗利耳中。他告诉他的好朋友约翰·洛克，"英格兰国王公开宣称，荷兰人违反了跟他签订的条约，保护他认定的叛乱者"。波兰驻海牙大使安托万·莫罗实际上总结了詹姆斯自 1688 年 1 月以来的行动，他宣称英格兰国王"自从登基以来……没有停止过对这个国家的威胁"。[58]

因此，尽管当时有人认为召回在荷兰服役的兵团的决定是对荷兰行政长官加斯帕·法赫尔批评詹姆斯打算废除《宗教审查法》和《市政委员会法》的著名公开信的冲动反应，但詹姆斯的决定是深入而全面的考虑结果。每一次挑衅都令詹姆斯加倍痛恨荷兰共和国的意识形态。早在 1686 年夏天，荷兰大使范西特尔斯就指出，尽管今年"国王对外开战的条件并不成熟"，但英格兰付出了巨大代价，大力建设海军，"许多有见识的人因而担心，第二年春天的打算可能会完全不同"。第二年，曾在 1686 年最坚定地认为英格兰没有做好战争准备的邦勒波和巴里永，他们的评估有了戏剧性的变化。1687 年 6 月，巴里永在半夜冲进邦勒波的住处，宣布詹姆斯对奥兰治亲王的愤怒已经到了"不可能不与荷兰人公开决裂"的程度。尽管邦勒波仍然怀疑詹姆斯是否愿意立即在欧洲开战，但巴里永和邦勒波都同意，詹姆斯"对奥兰治亲王如此愤怒，对东印度群岛每天发生的事情如此不满"，双方很有可能在东方开战，且詹姆斯乐意支持英国东印度公司的主张。在讨论了几个星期之后，詹姆斯开始与巴里永认真探讨联合"天主教国家"，发动反对奥兰治亲王的国际运动的可能性。路易十四承诺资助从荷兰遣返的兵团，这肯定安抚了詹姆斯的焦躁情绪。[59]

从詹姆斯决定从荷兰召回英格兰兵团的那一刻起，战争就无可避免了。詹姆斯的行动导致了不断升级的紧张局势，双方都无法或无意扭转局面。荷兰人起初拒绝向詹姆斯归还这些兵团，声称"人生而自由，他们有权选择他们想要居住的国家"。最后只有大约三分之一的士兵返回英格兰。双方都更加尖锐地指责对手的宣传机器。英格兰驻荷兰大使指责奥兰治亲王煽动"英格兰的骚乱"。荷兰人则对官方授权的讽刺短文《和平议会》极为不满，该文完整论述了痛击荷兰共和国的必要性。[60]

　　小册子战争很快变成了一场危险的军备竞赛。在路易十四的不断鼓励下，詹姆斯于 1688 年 2 月加快了海军的备战工作。荷兰人以牙还牙，这激怒了詹姆斯，他对范西特尔斯说，"他们的意思显然是要开战"。法国宫廷很快收到传闻，荷兰正在进行大规模动员，应对"英格兰人为了索还万丹而可能发动的战争"。可能正是基于这样的认识，巴里永警告森德兰伯爵，做好荷兰人入侵的准备。对这些传闻，詹姆斯和他的核心顾问圈子没有一丝怀疑。他们确信，荷兰议会和奥兰治亲王只差一个战争的借口。英法联合进攻荷兰的谣言再次开始流传。或许更为重要的是，森德兰伯爵不再否认英格兰有意发动这样的一场战争。他告诉巴里永，如果路易十四认为对荷兰开战的时机已到，那么詹姆斯二世"将采取必要的措施来实施这一重大计划"。事实上，森德兰伯爵补充，如果荷兰人能被描绘成侵略者，那么"英格兰上下"肯定都会支持"国王参与一场正义的战争"。[61]

　　显然，詹姆斯二世和他的核心圈子并不只是为了维持欧洲的势力平衡。他们也没有沉迷于自己的国内议程而忽视了欧洲事务。相反，詹姆斯和他心腹亲信自始至终都痛恨荷兰共和国的意识形态。最初，他们希望在跟荷兰共和国不可避免的战争爆发之前，实现英格兰国家的现代化和英格兰帝国的正规化，并建立天主教的主导地位。然而，詹姆斯、森德兰伯爵、彼得神父和其他人开始相信，荷兰人是他们实现国内和帝国议程的根本障碍。他们的结论是必须打垮荷兰人。英荷的紧张关系迅速升级，冲突在 1687 年末已经不可避免。1688 年秋天，英荷联军启程前往英格兰，外界早就料到了这一点。事实上，必须将威廉三世和英格兰流亡者与荷兰议会的联合战争行动，理解为对同样好战的英格兰政体的先发制人的第一击。1688 年 10 月，安托万·莫罗在海牙写道，荷兰人认为，要想"维护他们的宗教，他们的自由，恢复他们的商业"，唯一的方法就是成功实现这项事业。[62] 詹姆斯成功地挑衅了荷兰共和国。

詹姆斯和他的顾问无法说服大多数英格兰人赞同他们对国际形势的判断。就像詹姆斯和他的核心圈子越来越相信荷兰议会和奥兰治亲王的危害性一样，大多数英国人也越来越相信，路易十四治下的法国是英格兰有史以来最大的意识形态和地缘政治威胁。事实上，大多数英格兰人都从非常现代的民族主义角度来理解他们自己的问题，即使这种民族主义从不意味着有关英格兰外交政策的目标和方向的意识形态共识，这一点我将在后面加以说明。[63]

许多英格兰人厌恶和恐惧路易十四，因为他被认为是普世主义的，因为他渴望成为普世君主。在 17 世纪后期，英格兰人与他们的祖先不同，他们无意用新教的普世君主来取代天主教的普世君主。相反，他们谴责追求普世统治的做法，认为它是过时的，因为现在的世界是按民族国家划分的。

尽管王室试图限制反法宣传的范围和力度，但在革命时期，英格兰的仇法情绪依然浓厚。一位伦敦的观察家写道："每个人都在自由地谴责法国国王的一切举动。"曼彻斯特地区的非国教牧师亨利·纽科姆简直无法抑制他对"法国暴君"的鄙夷。另一位评论者宣称："大家都知道，法国人既想一统商业，也想一统天下。"1685 年，一位保守派国教徒作家提出，"没有人会否认，法国国王在过去的这些年里一直都是，将来也会是"英格兰的最大威胁，因为路易十四致力于"他谋划已久的普世帝国计划"。白金汉郡的绅士埃德蒙·弗尼认为，路易十四"永远都不会停止要求、索取、破坏和强行占领，除非恶魔把他抓走"。1688 年 10 月，一位记者宣称，路易十四决心"与整个欧洲为敌"。巴里永在这个问题上肯定非常了解民意，他认为英格兰的"大

多数人"，那些"善良的英格兰人和狂热的新教徒"，都觉得反对路易
十四的"伟业""符合英格兰的真正利益"。这就是为什么"大多数人"，
那些被法国大使称为"怀有党派偏见和不满情绪的人"总是"渴望与
法国开战"。[64]

英格兰人很清楚，路易十四不仅对他们自己，而且对整个欧洲的
国家完整都构成了威胁。一位论战者断言，路易十四是"英格兰民族
的宿敌；他只想消灭和毁灭人民，并改变和颠覆他们的法律和宗教"。
《基督教君主的真正利益》的作者解释，路易十四惯于"虐待欧洲的
主权国家和君主"。17世纪80年代的英格兰人对法国在欧洲各地对
国家主权的每一次攻击都忧心忡忡。加布里埃尔·德·西尔维厄斯
抱怨，法国人正在"搅乱整个德意志"。路易十四无耻地插手科隆选
帝侯的选举，更糟糕的是，他邀请奥斯曼土耳其人入侵神圣罗马帝国，
最终的目的是获得"皇帝的头衔或者令他满意的那部分帝国领土"。
还有人担心，法国探子正在竭力煽动西班牙各个地区的臣民"改换
门庭"。西南部的绅士威廉·劳伦斯概括了英格兰人的看法，他解释
说："法国国王认为，对人来说，听从其他君王就是品尝禁果，因此，
他用他的燃烧之剑把所有民族都逐出和平与富足的天堂；他也杀戮
和燃烧，没有任何理性能阻止他的狂暴，也没有任何力量能击退他
的野心。阿提拉只是被称为上帝之鞭，他不是更大的暴君，他只是
鞭打各国，然后离开，但这个贪得无厌的君主却想永远奴役各国。"[65]
劳伦斯完整地表达了1688—1689年英格兰反对法国普世主义的国家
原则。路易十四的危险不仅在于他的专制政府作风，最主要的是他
拒绝承认独立的国家政府和身份的合法性。

许多英格兰人肯定能在一定程度上合理地看待他们国王的国内政
治活动，因为路易十四日益强大，而詹姆斯二世面对这种普世统治的
威胁却明显地无所作为。17世纪末的英格兰不是在光荣孤立中理解
他们的政治状况，而是将其置于法国在欧洲和其他地区活跃的背景下。

大多数英格兰人认为，詹姆斯二世试图用法国的政治文化来取代英格兰民族的政治文化。许多英格兰人将詹姆斯二世的天主教现代化计划理解为用法式政府取代英式政府的尝试。1688 年夏天，一位诗人警告说，詹姆斯二世正在效仿他法国表弟的"用君主的个人意志统治一切的……完美典范"。另一位诗人确信，英格兰的"压迫者"是"法国野蛮先例的化身"。1688 年 6 月，保守党人怀特洛克·布尔斯特罗德写道，"法国国王的榜样和援助"给了詹姆斯二世"极大的勇气"。《完整议程的正当性》作者认为，詹姆斯二世建立了"令人无法容忍的暴政，模仿的全是法国的方式"。詹姆斯·韦尔伍德后来回忆，"詹姆斯国王基本奴役了这些民族"，他打算"跟路易十四合作"，"教会我们法国式的服从"。[66]

英格兰人觉得他们的政治文化正在法国化，这是一种既炽盛又相当复杂的感觉。自 17 世纪 80 年代初以来，许多英格兰智者就抱怨，"法国的顾问和妓女，法国的教育／改变了我们的天性，奴役了我们的民族"。一位诗人认为，詹姆斯二世如此推崇法国的风尚、法国的旅行和法国的教育，他"用不良的教养腐蚀了这个民族"。在宫廷里，法国的影响自然体现在亲法的枢密院成员和耶稣会顾问身上。正是出于这个原因，英格兰人将他们民族的所有"这些年来的不幸都归咎于法国顾问"。丹尼尔·笛福怒斥，詹姆斯的顾问"都是亦步亦趋的政客，从来不会顾及他们所要管理的那个民族的精神和气质"，"或许他们在其他国家会被认为是非常聪明的人和优秀的政治家，但在英格兰，他们永远只会被视为最轻率和最不懂政治的人"。[67]

詹姆斯和他的法国化顾问所推行的政策自然是法国式政策。詹姆斯二世的常备军，大本营位于明显效仿路易十四军事基地的豪恩斯洛希思。人们认为，这支军队的设立"将文官政府变成了军事统治；这不是属于英格兰的政府"。英格兰法律变成了对法国的拙劣模仿。一位愤怒的英格兰辩论者宣称，在颠覆"文官政府和既有法律"的过程中，

"法国树立的范例没有丝毫变动"，以至于"完全可以说，这里遵循的方法与法国采取的方法是一模一样的"。另一位批评者说，詹姆斯的"一切所作所为"，"都完全违背了英格兰基本的君主制度"，"他没有维护我们的法律，反而篡夺了中止和废除法律的权力；他没有维护真正的司法程序，反而任命那些与宪法为敌的人为法官和陪审员"。[68]

詹姆斯二世试图利用宣言推翻《宗教审查法》和《惩罚法》，并操纵议会，依法将其废除。广大民众都在法国背景下解读这些行为。正是"法国发生的一切"教会了英格兰人，当心"敕令、加冕宣誓、法律和承诺"，"事实一次又一次地证明，这些都是非常脆弱的"。詹姆斯二世先是跟枢密院成员和议员闭门密谈，随后要求全国上下回答他那臭名昭著的关于《宗教审查法》和《惩罚法》的三个问题，这威胁到了"我们议会的自由和本身，就像法国国王首先侵犯了属于三级会议的最高法律权威"。乔治·特雷比爵士在 1689 年的非常议会上大声疾呼，"国王这样分配权力，就有可能指定议员；就像巴黎议会的功能只是记录一样，我们的议会也只需记录国王动用龙骑兵的意志和愿望"。詹姆斯二世在革命后不久回忆，他"决心彻底颠覆英格兰议会"，以"引进法国式的议会，这样就可以马上将王国的所有古老的自由和政府的所有权力都握在手中"。[69]

经历了詹姆斯二世的统治，英格兰人民开始相信，他们的国王对法国行事方式的热爱与他的治理风格完全一致。他们知道，法国式政府只会带来痛苦。1685 年，托利党人雅各布·伯里警告，"在法兰西王国（那里的人民只由王权统治），人民"身处牢笼，生活在水深火热之中；因为在那里，君王的意志就是法律，所以他们的国王可以随心所欲地改变法律，制定新的法律，召开议会，要求臣民承担费用"。几年后，辉格党人吉尔伯特·伯内特在布道时说："我只用说出法国的名字，你们就能完全理解一个人可以想象得到的，良心、个人和财产遭受的最为黑暗的暴政。"[70]英格兰民族主义者感到愤怒，因为在许多人看来，詹姆斯二世已经开始模仿这种暴政了。

17 世纪 80 年代后期的大多数英格兰人都知道他们必须在两种截然不同的民族政治文化中做出抉择。英格兰各地的民众政治活动毋庸置疑地表明了在这个问题上的民意倾向。例如，1687 年 6 月，西南部骚乱者的领袖、滨海伯纳姆的威廉·赫福德短暂地宣布胜利，声称"现在荷兰……已经征服了法国"。1688 年 12 月，英格兰的沿海城镇经常充斥着法国人登陆支持詹姆斯二世的谣言。当一艘法国商船因为恶劣天气而在韦茅斯搁浅时，"人们以为法国士兵正在上岸，就跑到海边，没有进一步询问就杀掉了他们的大多数人"。[71]

在英格兰民众的政治仇法情绪最为炽盛的时候，英格兰人民也开始相信他们的政府与国家公敌结成了紧密同盟。1688 年 8 月，国教神学家威廉·登顿博士"确信国王即将获得一支法国海军中队"。罗杰·莫里斯听到传闻，"法国人将派军队到这里来恐吓议会，目标是尽其所能地改变这里的宪法，阻止奥兰治亲王和王妃继位"。法国驻联合省大使达沃公爵刚刚透露英法结盟，英格兰的"咖啡馆常客"立即就信以为真。9 月下旬，伦敦人威廉·韦斯特比断言："每个人都在谈论詹姆斯二世和路易十四的神圣同盟。"[72]

英格兰人在 1688 年底知道，如果他们希望维护国家的完整，就必须立即采取行动。理查德·科克斯爵士后来用最质朴的语言总结了 17 世纪 80 年代英格兰民族面临的选择。他在 1694 年说："那种建立在道德观念薄弱的人的偏颇狡诈的意志和意愿之上的政府，是有思想的英格兰人都会厌恶的专制暴政。这就是法国的政府，君王的意志就是人民的法律、理性和宗教。相比之下，可以看到我们的法律法规令人钦佩的优点和长处，我们借此得以诚实公正地生活，也能得到保护，免受大人物的野心图谋和不良倾向的影响。"圣公会教士罗伯特·柯克回忆，正是因为詹姆斯二世"与法国国王往来频密，学习他的方法"，"许多希望詹姆斯国王好的人感到心寒"。正是因为在英格兰，不仅仅是"极少数有远见的人"觉察到了詹姆斯的法国热和他的治理风格的联系,赫伯特上将才能在奥兰治的威廉抵达托贝时信心十足地呼吁"所有真正的英格兰人"给予支持。[73]

民族主义革命者在 1688 年底废黜了詹姆斯二世,部分原因是英格兰人民,从激进的辉格党人到温和的托利党人,都迫切希望用英格兰的政治文化来取代法国的政治文化。17 世纪 90 年代以及之后,他们会因为这种英格兰政治文化的内容产生分歧,而且是激烈的分歧。但在 1688—1689 年,政治光谱两端的英格兰人都赞成英格兰民族利益的核心是对法开战。

※　※　※

英格兰人一直积极参加有关英格兰外交政策的正确方向的旷日持久的全国大辩论。这场辩论就像 20 世纪下半叶关于冷战的辩论一样,几乎涉及了政治和社会生活的方方面面。到 1688 年底,显然政治民族的大部分成员都赞成用武力反对日益强大的法国力量。因此,对大多数革命者来说,废黜詹姆斯二世必然意味着拒绝其亲法外交政策,这一点都不令人感到意外。威廉并不需要将他的外交政策强加给一个不情不愿的民族。[74]相反,英格兰政治民族在 1688 年和 1689 年选择支持奥兰治亲王,正是因为他有可能带领国家参加渴望已久的反对路易十四的战争。

甚至在威廉和他的随行人员于 1688 年 12 月到达伦敦之前,英格兰各地人民都已肯定,他们最终会对法国开战,会加入反对野心勃勃的普世君主路易十四的斗争。罗伯特·索思韦尔认为,革命的消息"在法国最令人害怕","我们所有的闪电都会照亮那里,除此之外,欧洲其他地方也有可能发生影响那里的事情。他们肆虐横行,到处破坏,看起来好像上帝现在准备派出一个复仇者"。黎凡特公司通知威廉·特朗布尔爵士："这场突如其来的革命事变，可能会导致与法国的迅速决裂。"对法开战显然是这个政治民族的愿望。荷兰大使范西特尔斯了解到，"在下一届议会中，伦敦城将会非常强烈地坚持对法开战"。埃德蒙·沃卡普爵士不是辉格党人，他希望"议会能以维护新教利益、削弱法国为荣；法国对基督教世界的安宁威胁太大了，对它的所有邻国来说都太庞大了"。东印度公司的董事在 1688 年 12 月初报告，"对法战争"是"不同阶层的英格兰新教徒最一致的倾向"。[75]

关于宪制方案的争吵丝毫没有减少民众在新一年的战争热情。约翰·洛克认为，在英格兰，如果"没有看到国家以正常的方式行事，将自己置于捍卫和支持欧洲共同利益的姿态"，没有人"睡得着"。支持王位排除的老辉格党人亨利·波尔迅速提醒他的同胞"法国的发展，以及他们不安分的君主的野心"。他认为，英格兰人不仅要准备好抵御这样一个强大的敌人，还要准备好出征欧洲大陆，这样"才能记住我们以前在法国的征服成果，收复形式上属于英格兰王室的省份"。活跃于里窝那的商人托马斯和罗伯特·巴勒表示，他们热烈期盼非常议会的成员"在迫在眉睫的危急情况下，能够为了共同的安全团结起来，一起对法作战"。一位议会观察家在 1689 年 2 月初评论，"我们的老英雄……大谈特谈他们将会如何痛击法国人"。刚刚摆脱管制的英格兰报刊源源不断地涌现出仇法言论。一本廉价印刷品的作者宣布，路易十四很快就会发现，"他的波尔多红葡萄酒没有完全浇灭英格兰的斗志，还有活跃的一代人大胆地去找他"。[76]

出现于革命结束初期的民谣和打油诗以学识尚浅、认字不多的人民为受众，其中有相当高的比例呼吁对法发动战争。一位诗人呼吁"强大的拿骚*指挥英格兰军队"，"破坏与穆罕默德和邪恶的长期结合；/镇压欧洲的怪物，世界的蹂躏者"。另一位诗人提出，"摧毁法国的骄傲，

---

* 指奥兰治亲王。

打倒邪恶的路易大王"。还有一位作诗的人承诺："如果我们有幸，/
和先生一起作战，/我们会跟部队一起前进，/撼动法国的王冠。"一
位熟悉典故的人说："让高卢小心致命的一击。"鞋匠理查德·里格比
作诗预测："我们勇敢的君王和我们团结一致/将路易国王赶出法兰
西。"《国民的奥兰治》作者承诺，"英国和荷兰的每一支蓬勃发展的
舰队，/一旦组建完成，万事俱备，/就将正面迎战我们的仇敌，/法
国会迎来西班牙无敌舰队那样的失利"。辉格党政治家威廉·考珀爵
士写诗预测，现在由奥兰治的威廉领导的"我们的英国雄狮"，"将再
次以狂暴的姿态，在法国昂首阔步"。亨利·波勒克斯芬捕捉到了这
种大众心理，他在呼吁对法国开战时提出，"让世界看到我们已经恢
复了理智，我们是真正的英格兰人"。[77]

　　1688 年底和 1689 年初，英格兰人决心制止路易十四的普世计划。
不同政治信仰的革命者一致发声，要求对法国开战。那些拿起武器捍
卫教会的人和那些希望非国教徒充分享有公民权利的人，那些只想换
掉国王的人和那些想从根本上限制行政权力的人——总之，几乎所有
想改变政治制度的人都想阻止日益强大的法国。威廉不需要将他的仇
法观念强加给一个不情愿的国家。1688—1689 年的英格兰人和奥兰
治亲王一样急于迎战路易十四。

※　※　※

　　1688—1689 年革命是英格兰政治民族的一次成功行动，他们以
英格兰政府取代了他们越来越觉得在用法国方式统治的政府。这可以
说是一次新教革命，因为革命明确以捍卫和颂扬英格兰的民族宗教为
目标，这被认为是受到詹姆斯威胁的英格兰的民族认同要素之一，甚
至称得上是最重要的要素之一。然而，这不是一场宗教战争，不是一
场捍卫普世宗教真理的战争。英格兰的民族主义革命者的核心目标之

一是发动反对法国普世帝国野心的战争，因此，只有宣扬和捍卫这场战争，民族主义者才能更加准确地界定他们的意识形态。包括威廉自己的宣传员在内的英格兰人将对法战争视为一场保护国家完整、令其免受野心勃勃的普世君主侵害的战争，而不是宗教战争。事实上，英格兰的辩论家不断指出，只有路易十四的宣传员才会打出圣战的旗号，不顾一切而又虚伪地争取盟友。无论宗教战争的说法在16世纪和17世纪初曾经多有说服力，都已不再令人信服。欧洲不再整齐划一地分成天主教和新教两大阵营。天主教内部有教皇支持者和高卢派天主教捍卫者的严重分裂。北欧新教徒内部的路德宗和加尔文宗的分歧也越来越大。[78] 因此，17世纪末反对法国天主教普世主义的人没有转向另一种普世主义，而是转向对特殊主义的共同辩护。宗教并非不再重要，只是不像过去那样决定外交政策。对大多数欧洲人来说，特别是对英格兰人来说，这场战争将整个欧洲民族共同体与民族认同的最大破坏者路易十四对立起来。

正是在这样的民族主义背景下，贵为英格兰国王和女王的威廉和玛丽，听从了他们的臣民要求对路易十四开战的呼声。革命者要求英格兰民族打的这场仗并不像最近一些历史学家所说的那样，是一场宗教战争。相反，威廉及其政权的捍卫者，以及广大革命者，都小心翼翼地将这场战争描述为反对路易十四的国际斗争。路易十四是暴君，也是野心勃勃的普世君主，同时威胁到天主教和新教。对新的英格兰政权来说，反法战争是一场欧洲跨宗教民族联盟对抗威胁到每一个民族的每一个人的暴君的战争。

威廉、荷兰议会和亲王的核心顾问团都很谨慎，从来不用宗教术语描述这场革命。入侵舰队打出的旗号是圣乔治十字旗、英格兰军队、奥兰治军队和非宗教的座右铭"Pro Libertate et Libero Parlamento"——支持自由和自由议会。甚至在他离开之前，威廉还查禁了一本在鹿特丹印刷的荷兰小册子，里面宣称他的行动"以宗教为借口"。威廉告诉任何愿意倾听的人，他决心改善英格兰天主教徒的状况。荷兰议会则对他们在天主教宫廷的代表下达指令，并告诉海牙的天主教外交官，"他们和亲王的意图不是以宗教为由去迫害任何人"，不是"为了宗教联盟，他们想要的是别的"。[79]

加冕仪式结束不到一周，辉格党人约翰·萨默斯和约翰·汉普登领导的下议院委员会起草了一份给新君主的呈文，呼吁对法国开战。他们表示："我们检视了近年来法国国王给基督教世界造成的危害。他漠视公义，滥用欺诈和武力，试图将所有基督教徒纳入一个专制的普世帝国。"下议院委员会非但没有否定"关于放任法国主宰欧洲的战略和商业危险"的论点，反而强调了这些说法。该委员会声称，路易十四采取各种手段破坏和削弱了整个欧洲，特别是英国。他们声称："过去这些年来，法国国王总是如此有条不紊地进行一系列的行动，似乎他的意图不仅是将他自己的人民置于非常悲惨的境地，也令所有邻国始终处于惊恐之中，不得不斥资维持军队和舰队，随时准备抵御他们安全和自由的共同威胁。"路易十四"不断采取最卑鄙最低劣的做法，只为消灭那些被他的意志和权力征服的人"。正是通过这些"针对英格兰的做法"，路易十四能够在查理二世和詹姆斯二世时期"破坏这个繁荣王国的政府和核心利益"。除此之外，委员会报告称，路易十四还使用了"另一种手段"来"削弱英格兰，使其屈从于他的野心"，那就是"从不承认平等的贸易平衡，也不同意任何公平的条约或商业协定，他以这样的方式让我们自取灭亡"。路易十四的所作所为绝非出于宗教热忱，绝非出于"对天主教的热忱"，他只是用这种话语"掩饰他难以餍足的野心"。委员会坚称，人民没有上当受骗，"因为在对法国新教徒的迫害愈演愈烈时，有人截获（并公开）了（路易十四）写给（新教徒）特克伊伯爵 * 的信件，信中给予他最大的鼓励，

---

* 匈牙利贵族，奥斯曼帝国的附庸国上匈牙利公国的统治者，路德宗信徒，曾经跟奥斯曼帝国一起对抗神圣罗马帝国。

并承诺在他跟土耳其人一起对抗最强大的罗马天主教君主的战争中给予最大的帮助"。呈文作者最后请求开战，以"制止日益强大的法国国王，其对整个基督教世界的威胁不亚于彻底的奴役"。这场战争的目标只有一个，就是保护"整个欧洲，特别是这个民族的""正义和自由"。[80]

一个月后，威廉热情地接受了下议院的呼吁，对法国宣战。宣言明确指出，威廉无意发动一场宗教战争。该文件从一开始就叙述了路易十四对威廉的盟友神圣罗马帝国皇帝犯下的罪行。路易十四的这些背信弃义的行为清楚地表明，他不是宗教圣战者，而是"和平的破坏者和基督教世界的公敌"。长期以来，路易十四一直在破坏英格兰人在哈德孙湾、纽约和加勒比群岛的财产。威廉和玛丽宣称，这些行为加上路易十四的保护主义措施，"充分证明他蓄意破坏贸易，从而毁掉维系这个民族的财富和安全的航运"。当两位新君主真的开始讨论路易十四对新教徒的攻击，他们没有提到他的宗教狂热，没有提到他让欧洲重新天主教化的愿望，甚至没有提到他在法国对胡格诺教徒的迫害。他们只是抱怨，路易袭击了"我们在法国的英格兰新教徒"，这"违反了国际法和专门的条约"。路易十四侵犯了英格兰人的权利。威廉和玛丽举起了一把狂热的民族主义之剑，而不是一把宗教圣战之剑。[81]

威廉的外交使团的指令和官方信函清楚地表明，革命之后的英格兰国家正在参与一场反对法国普世主义主张的民族主义战争，而不是宗教战争。派往新教国家的外交官没有听说过宗教大战。1689 年 5 月，当威廉和玛丽派彭布罗克伯爵托马斯前往荷兰议会时，后者听到的是要"努力维护基督教世界的共同利益和我们国家的特殊利益"。新政权派往丹麦的公使罗伯特·莫尔斯沃思奉命强调，"我们现在的共同事业的目标就是互相帮助和防御，维护基督教世界的共同利益"。接替彭布罗克伯爵去海牙的德斯利子爵查尔斯·伯克利接到指示，"赞成一切可能最有利于基督教世界利益的措施"，包括"加入国王与荷兰人的同盟"。毫不奇怪，出任天主教帝国宫廷公使的佩吉特勋爵威廉接到的指示也强调，对法战争不是一场宗教战争。他被要求向皇帝"施压"，向瑞士的天主教各州派出代表团，"要其为了共同利益，加入我们和我们的盟友，一起反对法国的侵蚀和过分的图谋"。英格兰的外交使团一次又一次地提醒对方，九年战争并不像法国和詹姆斯党人宣传的那样，是一场宗教斗争。在跟萨沃伊公爵谈判时，德斯利子爵警告，"我们必须保持谨慎，不要让我们的天主教盟友猜忌"，一定不要"表现出任何形式的对我们宗教的偏袒"。保罗·里考特在汉堡写道，他觉得不仅是新教徒，"所有基督徒现在都团结了起来"，反对"共同的敌人"法国。英格兰公使威廉·达顿·科尔特爵士坚称："法国人如此鼓励土耳其人，说明这不是一场宗教战争。"[82]

1689 年 6 月 5 日的官方斋戒布道进一步强调了对法战争的民族主义和反普世主义性质，而这本来是英格兰人最有可能突出战争的宗教元素的体裁。托马斯·特尼森在下议院强调，英格兰人即将对路易十四开战，"连罗马教会的首脑都认为他"是"西欧的公敌"。特尼森的布道强调了这场斗争的普世性，他说："我们对阵的这个人，他（无论他多不适合做世界的统治者）坐到了上帝的位置，把他个人的荣耀视为终极目标。"对特尼森来说，对法战争表明后革命政权正致力于"修复"上一个时代的裂痕。新政权没有从自身利益或某一派别利益出发推行政策，而是"真正服务于政府，维护整个国家的利益；利用我们的天赋和环境优势，改善民族形象，实现我们的潜能，成为一个伟大而繁荣的民族"。就在同一天，新君主的牧师之一威廉·韦克在下议院讲了许多相同的主题。韦克呼吁英格兰人"重惩和威吓真理、和平、宗教、自然的共同敌人；总之，重惩和威吓上帝和全人类的所有共同法律和权利的共同敌人"。他明确表示，这场针对法国的战争既不是一场宗教圣战，也不是一场世俗的扩张战争。这"不仅仅是你们民族的战争，也是我们周围所有民族的战争"。这也不仅仅关系到"你们自己的国家和宗教"。韦克警告："这是一场致命的危机，必须确保他们和我们的安全，否则就会万劫不复。"[83]

重要的教士，特别是低教会派的，在战争期间继续宣传这种多教派和反普世主义的解释。1690 年 11 月，圣帕特里克大教堂主任牧师、未来的都柏林大主教威廉·金宣称，法国人的"普世计划的目的是奴役欧洲所有的王国和国家：不分新教或天主教"。教皇、神圣罗马帝国皇帝和西班牙国王都与威廉结盟对抗法国，这"让圣战的主张显得可笑"。革命后的第一任坎特伯雷大主教约翰·蒂洛森在白厅向威廉和玛丽发表的布道中提到，这场战争的确涉及新教对路易十四的反异端圣战的"必要防御"。但他明确表示，九年战争不是一场传统的宗教斗争。他反复强调，打这场仗是为了"几乎整个欧洲的权利和自由的公共事业"，是为了"维护人类的共同自由，反对暴政和压迫"。到了战争中期，在跟政权和战争关系最为密切的教士当中，这场战争的多教派和民族主义解释已经成为共识。因此，当约翰·彼得在佛兰德的一支骑兵面前宣扬路易十四是"基督教世界的公敌"时，他只是强调了英格兰军队已经相当清楚的事情。在阿尔萨斯、加泰罗尼亚和其他地方，路易十四苛暴对待罗马天主教徒，以致"他们极其不满他的专横和不公的行事方式"。这就是为什么"天主教徒和新教徒都感到担心，他们豁出各自的力量和利益，也要守住共同的底线，坚决反对他，阻止他顽固地推行普世帝国的计划"。[84]

关于反法战争的讨论异常活跃，在地方堂区教堂和咖啡馆，通讯、期刊和数以百计的小册子，无处不有，这些讨论的内容主要强调了反法战争的新颖性。早期反对怀有普世野心的君主的斗争，目标是以罗马帝国的真正继承者取代僭妄的野心家，而这场斗争则是为了否认普世统治的正当性。这不是一场宗教战争，不是一场用新教君主取代天主教普世君主的战争，而是一场保护每一个欧洲国家的民族完整的战争。尽管英格兰人一再强调，新教是他们受到法国威胁的民族身份的关键部分，但他们也明确表示，法国威胁到了所有人的民族身份。正因为这不是宗教战争，不是反天主教的圣战，所以威廉政权竭尽全力翻译和出版神圣罗马帝国、教廷，偶尔还有西班牙的仇法宣传，以及新教辩论家的材料。詹姆斯二世在国外对路易十四采取绥靖政策，同时在国内模仿他的做法。后革命政权反其道而行之，其支持者试图表明，他们将在国内和国外推行英格兰民族主义政策。

当法国的宣传员疯狂地生产拙劣的小册子、论文和讲道文章，宣称路易十四正在与新教徒威廉三世进行一场宗教战争时，只有英格兰的詹姆斯党人和部分托利党人赞成他们的观点。1688 年 12 月底，路易十四、詹姆斯二世和他们的耶稣会盟友告诉所有欧洲君主，宗教圣战开始了。信奉天主教的欧洲国家马上表示不同意法国的国际政治解读。1688 年 11 月，西班牙驻荷兰议会公使曼努埃尔·科洛马先生在他的小教堂祈祷"奥兰治亲王的事业圆满成功"，这一事件引人注目。信天主教的巴伐利亚选帝侯马克西米利安二世埃马努埃尔率先向英格兰派出公使，"称颂亲王的成功"。神圣罗马帝国皇帝也不甘落后，祝福威廉"远征英格兰成功"。[85]

几乎在同一时间，欧洲天主教和新教的辩论者坚持认为法国国王宣称要打一场宗教战争的说法既不可信也不真实，他们的作品在英格兰广泛传播，而且通常得到政府的授意。一位西班牙辩论家解释说："说真的，（法国）这位最虔诚的国王显然是在嘲笑宗教和基督徒，此外还嘲笑整个欧洲。"神圣罗马帝国皇帝亲自在公开信中写道，"给我们的宗教造成最大伤害的不是别人，正是法国人自己，这一点不应该被掩盖"。另一位小册子作者怒斥，"令人震惊的是，法国人对天主教君主和天主教造成了如此严重的伤害和破坏，却想让世界相信，目前在英格兰发生的革命是一场宗教战争"。《解放欧洲的手段》的英格兰作者坚称，"推动法国国王的不是宗教"，而是对形势不利的恐惧。如果这位不可一世的君主占了上风，"在他打倒威廉三世（和）战胜新教君主之后，他将对所有罗马天主教君主采取相同的做法，一个接一个，从而成为欧洲的主人"。[86]

　　路易十四宣称他在领导一场反新教的泛天主教斗争，然而讽刺的是，他跟欧洲的各位天主教领袖都严重不和。17世纪80年代和90年代，大多数英格兰人都清楚，英诺森十一世既不支持高卢派天主教，也不接受宗教术语中的政治。英格兰民族开始明白，英诺森十一世将其普世主义限制在信仰领域。罗伯特·索思韦尔爵士听说，"皇帝和其他一些天主教君主，甚至教皇本人"，都对威廉的入侵意图了如指掌，他们非但没有加入反对革命的宗教联盟，反而"表达了祝福"，希望这能引导英格兰"加入反法同盟"。教皇和英格兰的新统治者都有理由认为目前正在进行的欧洲战争不是宗教战争。教皇的一篇论战文章在英格兰重新发表，里面谴责路易十四是"基督教的土耳其人，跟穆罕默德一样是欧洲的劲敌"。罗马的詹姆斯党外交官约翰·莱特科特承认，教皇无意帮助詹姆斯二世对抗威廉，因为"只要能够压制法国"，教皇"愿意牺牲所有其他考虑和利益"。教皇英诺森支持反法战争，而且"不给詹姆斯国王任何援助"，这在伦敦人人皆知。罗杰·莫里斯在伦敦听说，教皇在意大利各地表示，"法国国王发动战争不是……为了宗教，只是为了欺压邻国和扩大统治范围"。[87]

　　英格兰人同样清楚他们与神圣罗马帝国皇帝的结盟，也清楚这位天主教君主坚持认为对法战争不是宗教战争。他们知道法国已经竭尽所能地孤立皇帝。路易十四在持续打击国内异端的同时，暗中援助匈牙利的新教叛乱。他怂恿奥斯曼人拒绝与奥地利哈布斯堡王室商谈和约，约翰·劳瑟爵士因而评论，在"利益冲突"面前，"宗教"是"无足轻重的"。在革命前夕，连詹姆斯二世在维也纳的部下托马斯·莱恩也不得不承认，皇帝的支持者"祝福新教一方，他们认为新教一方是法国的死敌"。维也纳宫廷几乎没有人认为他们仍然生活在宗教战争的时代，所以"奥兰治亲王在那里最受欢迎"。埃德蒙·博恩认为，皇帝有充分的理由支持威廉反对天主教的詹姆斯二世。哈布斯堡王室知道，詹姆斯"支持的计划"，"将使法国的力量上升到一个不可收拾的高度"。博恩继续说："德意志皇帝是那个家族有史以来最虔诚最热忱的罗马天主教君主，但他毕竟不想失去他的生命、他的帝国和他的自由；他宁可容忍德意志有异端，也不想让法国国王的使徒龙骑兵去改变他们的信仰，把他流放。"[88]

对大多数英格兰人来说，反法斗争是一场保护欧洲和英格兰民族自由免遭野心勃勃的普世君主威胁的斗争，而非宗教战争。这在1688—1689年极大地影响了革命者的思想。革命促成了英荷同盟，两国因而都有可能成为"欧洲自由的恢复者"。另一位评论家说，因为1688—1689年革命及其促成的国际反法联盟，"法国建立基督教世界的普世帝国的计划肯定落空"。革命令威廉三世担起了他的祖先的传统角色，"将欧洲从压迫者手中拯救出来，并将政府重新安置在自由和财产这一不朽的原初基础之上"。[89]

大多数英格兰人都很清楚，反对路易十四的联盟是多教派的；大多数人都知道他们参与的不是宗教战争。一位小册子作者承认："可以肯定的是，宗教的差异性一直都是天主教和新教君主之间的巨大鸿沟，但法国人的残忍和背刺填平了这条鸿沟，为他们铺好了道路，现在所有难题都可以搁置一边。"一位记者狐疑，"谁会傻到掉进那个陷阱"，以为当前的冲突是一场宗教战争。"能想象吗，这场战争会是一场宗教战争，三位统治者（教皇、皇帝和西班牙国王）跟新教君主一起摧毁罗马教会？"理查德·科克斯向大陪审团解释："这场战争是为了保卫法律、自由、习俗和宗教——无论是天主教还是新教，使其免于法国国王野蛮且贪婪的暴政和入侵。皇帝、西班牙国王、结盟的君主、罗马教廷的支持者都来帮助我们。"[90]

当时的人完全清楚，决定民族性的议题和利益关系很多，而宗教

彼得·范德默伦作于 17 世纪 90 年代的这幅争议画作《英诺森十一世祝福威廉三世》，被认为描绘了教皇死后庆祝威廉三世战胜詹姆斯党人和法国军队的关键胜利

只是其中之一。一位革命作者阐述："国家的主要利益是宗教、名声、和平和贸易。"尽管路易十四所做的一切都威胁到了英格兰的名声、和平和贸易，但没有迹象表明信仰一直影响着这位法国国王的议程。路易十四的野心本质，加上反对他的同盟的多教派性质，令这位作者相信，"现在的问题是国家而非信仰的交融"。[91]

新教君主联盟当然存在。但这些盟友感兴趣的是制止宗教战争，而不是促使战争发生。一位务实的评论家写道："新教国家，即英格兰和荷兰，似乎没有或者不可能有任何征服的打算；除了公共安全和维护欧洲的自由，它们也没有任何其他利益。"另一位评论家表示同意，认为勃兰登堡选帝侯发表的抗议书"很容易证明，新教君主联盟绝不会像法国想让世界相信的那样考虑宗教战争，它只是在行使他们与其他天主教君主都有的权益"。《澄清书》宣称，新教君主"只想维护自己的权利和宗教"。"他们的人才，他们的利益群体，都没有推动他们往入侵或压迫天主教国家的方向去想；相反，在目前的战争中，他们支持皇帝和教皇的共同事业，维持巴伐利亚公爵的选帝侯地位和认可，反对法国的入侵，这样一来法国就不能一边跟罗马教廷针锋相对，一边用宗教来做幌子。"[92]

许多英格兰评论家认为，宗教多元性无可避免，所以国际关系应该并且的确建立在利益原则之上。一位思想家指出，结盟反对法国时，"无需考虑他们信奉的宗教的多样性；信仰的任何差异都不应该跟他们的利益相抵触，因为基督教徒在宗教问题上总有不同的意见，以后也会有，就像以前的犹太人一样，无论如何都要提防强迫所有人信仰一致的做法"。一位在英格兰连载的荷兰作家提议："（宗教）观念的差异永远不应妨碍全世界都认同的共同理念，也不应成为侵犯自然或公民权利的理由或借口。"辉格党人罗杰·莫里斯对当时的政治有所观察，确信"那些所属教会利益不同的人，可能会积极地团结起来，促进他们的公民利益"。托利党人埃德蒙·博恩清楚这一点："基督教世界似乎只有前任国王陛下，哪怕忽略和违背了他自己的世俗利益，都要以促进罗马教会的利益为首要目标，而且几乎是唯一的目标。"他认为："其余的君王和他们的议会首先考虑的是他们自己在国内和国外的利益，并使宗教事务服从于他们的其他计划。"[93]

欧洲人在17世纪没有丢掉他们根深蒂固的宗教信仰，但大多数人已经不再为宗教战争摇旗呐喊。早期宗教改革和反宗教改革的热情仍在，但已经大为缓和。经历了近两百年无休止的血腥和可怕的宗教战争之后，大多数欧洲人听到圣战的呼声时都会更加怀疑。他们努力为政治关系寻找一种原则，能够防止不可避免而又无法解决的冲突。民族主义恰恰提供了这样的一种解决方案。在路易十四的普世主义政治和文化野心的刺激下，许多欧洲人呼吁建立基于共同民族利益的多教派联盟，以对抗法国对欧洲的威胁。英格兰政治民族的许多人很久以前就希望加入反法斗争，他们欣然接受了革命和革命给他们带来的机会。他们这样做是因为他们从民族主义的角度认识这场革命及其后果。

17世纪末的英格兰革命是一场民族主义革命。欧洲人不必等到工业革命或18世纪末发生在法国的一系列事件，就能看到一场捍卫拥有共同文化的有边界共同体的大规模政治运动。英格兰社会的商业性质意味着信息和思想能够在共同体内部迅速传播，从普雷斯顿到多切斯特、从达特茅斯到纽卡斯尔、从伦敦到卡莱尔的英格兰男女都会想象自己拥有共同的民族特征。

革命之后担任索尔兹伯里主教的吉尔伯特·伯内特在1689年11月宣传和出版的《和平与联合劝告书》，里面概括的正是这些文化、政治和经济方面的民族特性。他告诉他的听众和读者，"我们是英格兰人，我们都属于同一个民族，生活在相同的法律和保护之下"。他承认："我们的气候确实不是最好的；我们的阳光很少，我们的土地产出无法与南方地区相提并论，但我们的港口和河流给了我们优势，我们能将侨民和制造品送往世界各地，获得丰厚的回报。因此，我们比我们的任何邻居都更安全更富有。"伯内特说，英格兰人的独特之处在于他们的工业，而不是他们的农业。他们是一个制造业民族。他们也是一个政府体制特别得当的民族。伯内特滔滔不绝地说："啊！我们和气候更宜人的地方不同，那里人民的财产和自由，乃至他们的生命，往往受制于气质和激情。"那里的人们"房屋破败，衣衫褴褛，面露饥色，孩子衣不蔽体，这都充分证明了尽管大自然给了他们丰足的物产，他们的政府却暴虐无道，导致人民生活悲惨，无数人苦苦挣扎于饥饿与贫穷之中，只有少数人能够肆无忌惮地纵情享受"。正因如此，伯内特确信英格兰人"拥有智者能够想到的最好的政府"。英格兰人强烈地意识到他们是一个建构的民族——伯内特说他们直到"本世纪初"才真正统一起来，因此他们强调共同的公共文化，而不是任何种族特征。结果，任何人都可以成为英格兰人。卡鲁·雷内尔宣称："不管他们以前是什么人，只要来到这里，接受我们的法律、习俗和政府，他们很快就会融入我们。"[94]

这些文化、经济和政治上的共同民族特征，都因为路易十四的力量日益增长和詹姆斯二世采用法国政治作风的做法而受到严重威胁。令英格兰人感到如此焦虑的不是对法国的仇恨，而是对自己民族的热爱。理查德·科克斯感叹："我得告诉你们，一个人成为英格兰人不是因为他吃我们的牛肉或者英格兰的谷物，而且吸入英格兰的空气——我的意思是从婴儿期就开始，而是因为思想和原则，以及根据这些原则采取的行动。我出生在我母亲喜欢的地方，这只是一种偶然，但我爱上这个或那个地方或国家，则是我自己的选择和判断。我认为他是一个英格兰人，因为他反对法国国王，捍卫我们的财产和维护欧洲的自由……我认为他是一个法国人，一个天主教徒，一个外国人或者别的什么，只因他出生在这里，享受英格兰人的自由，却想改变现在的政府，或者为法国国王和我们的前任暴君谋利益。"见风使舵的哈利法克斯侯爵是 17 世纪 80 年代最具影响力的政治人物之一，他"在其他方面都绝不会盲目崇拜，只有在一件事上例外，他的国家在某种程度上就是他的偶像"，"他不崇拜太阳，因为那不是我们独有的，它遍及世界各地，对我们没有对其他国家那么好；但英格兰的土地，虽然可能不如国外许多地方，对他来说却是神圣的，他宁愿死也不愿看到外国入侵者践踏英格兰的一草一木"。哈利法克斯侯爵深信，英格兰人对自己的民族文化极其依恋，"想让法国人的血液进入我们的身体，就要先抽出我们自己的每一滴血"。[95]

因为这种受到詹姆斯二世的政策和行动的强烈反对的深厚的民族主义情感，英格兰人坚持认为最终的政治权威在于民族——尽管他们就民族是指议会还是更广义的人民意见不一。他们声称，他们效忠的是英格兰的自由、宗教和法律，而不是某一个国王。这种信念是一切社会阶层的英格兰人的政治行动依据。那些持辉格党观点的人声称他们有权反抗詹姆斯二世，保卫民族。不同于早期反抗政府的新教徒，1688年的英格兰人声称反抗詹姆斯不是因为他是一个不虔诚的国王，而是因为他不是一个英格兰式的国王。其他持托利党政治观点的人认为，詹姆斯二世用法国而非英格兰的方式执政，这已经让他失去了国王的资格，也失去了王位。1689年的非常议会只是记录了这次退位。这两个群体都以诉诸民族的方式来为自己的行动辩护。

正是因为英格兰人意识到了早期现代欧洲的民族多样性，并加以重视，他们才会坚称期待之中的对法战争不是宗教战争——这种期待既是革命的原因，也是革命的结果。英格兰人支持神圣罗马帝国皇帝、西班牙国王和教皇本人，因为他们知道他们正在进行一场殊死搏斗，保卫包括他们自己在内的民族完整，反对野心勃勃的普世君主路易十四。既然不同的民族有不同的宗教文化，任何民族都无权将自己的信仰强加于人。政府的宣传和民族情绪完全一致：宗教战争的时代已经结束。所有欧洲民族，不分宗教信仰，联合反对法国都对他们有利。

※　※　※

说外交领域发生了一次民族主义革命，或者说早在威廉发出号召之前广大民众就已渴望对法开战，这不意味着革命期间就有外交政策的共识。辉格党人和温和派托利党人，甚至一些非常保守的托利党人，可能会同意詹姆斯二世的外交政策一团糟，但也可能对詹姆斯错误的性质和程度看法不一，而且分歧很大。几乎从1688年詹姆斯离开英格兰的那一刻起，辉格党和托利党显然就对革命之后的外交政策方向有了截然不同的想法。辉格党人认定路易十四是一个强大而出众的敌人，只有扭转他在大陆的扩张之势才能阻止他。对辉格党人来说，必须阻止路易十四和绝对主义的扩张，扭转其在欧洲大陆的势头。辉格

党人决心保护欧洲和英格兰的自由。简单来说，辉格党始终将英格兰
视为欧洲大国。托利党赞成必须对路易十四开战，但在他们看来，首
要目标是在欧洲大陆遏制路易十四的力量。他们认为，英格兰的未来
在于保护不列颠群岛并向海外扩张。所以他们支持旨在遏制法国人和
支配海洋的海洋政策。托利党人和后来的许多历史学家一样，只从英
国的角度看待革命。他们认为，威廉的外交政策的目标肯定是保护不
列颠群岛和英格兰的海外殖民地的革命。在 1690 年和 1691 年之后，
托利党人开始认为，不再在欧洲承担义务最符合英格兰利益。[96]

支持威廉的托利党人始终认为战争的目的是捍卫不列颠群岛的政
权变革。欧洲大陆的斗争无关紧要。因此，对于像约翰·格兰维尔上
校这样的托利党人来说，很明显，"最主要的敌人（是）詹姆斯国王"。
毫不意外的是，基于这样的评估，托利党人对苏格兰和爱尔兰的斗争
进展的关注度远远高于欧洲和欧洲以外的路易十四战争。忠实的托利
党人托马斯·克拉格斯爵士的话很有代表性，"如果国王今年夏天没
法拿下爱尔兰，我们就别指望长期统治英格兰"。这样的优先次序解
释了为什么托利党人"无法忍受"1689 年 4 月发表的冗长、具体而
极具辉格党特色的呼吁对法开战的呈文。正是下议院的托利党人，一
个被非国教徒和辉格党人罗杰·莫里斯恶作剧地称为"法国利益集团"
的团体，"在下议院将他们所有的利益放在一边，以搁置那份长篇大论，
而且他们确实做到了"。事实上，议会的托利党人成功地在下议院阻
挠了印刷呈文。到了仲夏，一些辉格党人很清楚，反对反法联盟的原
因是担心大陆战争会"摧毁托利党在英格兰的利益"。几年后，丹尼
尔·笛福在已经成为党内争论焦点的问题上提出了一个十分有力的论
点。笛福指责说，现在"以爱国者自居"的大陆战争的反对者都是"那
些在前任国王统治期间牺牲我们的宗教和公民权利的人"。[97]

托利党人很快就利用战争耗费巨大、英格兰贸易大规模中断和英
格兰的欧洲盟友落败等问题大做文章，为他们的海洋战略而非大陆战

略辩护。九年战争的规模确实比英格兰过往参与的任何战争都要大。军队的规模几乎达到詹姆斯二世时期的两倍，海军也大为扩张。总体而言，九年战争期间，英格兰有超过十一万五千人参战。平均军费开支近五百五十万英镑，约占政府年度预算的 74%。战争期间的年平均税收约为 1689 年之前的两倍。诸如此类的数字令托利党人及其政治盟友很快得出结论，国家根本无法承担一场大规模的大陆战争。著名托利党人约翰·特雷弗在 1689 年 11 月坚称："如果你们今年不结束战争，我不知道我们怎样才能继续下去。"年老而古怪的威廉·加拉韦再次站在了托利党这边，他附和说："我觉得我们没法再为战争提供一年以上的补给。"顽固的托利党人爱德华·西摩爵士告诉下议院，认为"英格兰可以继续为自己和盟国作战"是"错误的"。[98]

就算不是托利党人，也会赞成战争产生的巨大税收负担造成了严重的经济失调。在这一点上，西南部的辉格党人玛丽·克拉克和牛津郡的托利党人埃德蒙·沃卡普的看法一致，她发现"每个人都在抱怨缺钱"。沃卡普则感叹："我们的税负太重了，以致我们其他所有方面都很缺钱。"这种日益强烈的经济枯竭的感觉迅速壮大了托利党的队伍。像克里斯托弗·马斯格雷夫爵士和托马斯·克拉格斯爵士这样的老托利党人更加大声地警告"国家贫困"，税赋"已经重到我们难以生存"。前辉格党人很快加入忠实的托利党人之列，他们对战争和政治经济的评估促使他们放弃了自己的政党。前辉格党人保罗·福利在 1691 年 11 月感慨，"从来没试过给海军和陆军投这么多钱"。他劝告议会，他"看不出有什么必要征募这么多人"。约翰·汤普森爵士是 17 世纪中期激进派莫里斯·汤普森的儿子，由于担心战争的财政需要，他也开始偏向托利党。他近乎愧疚地解释："这个贫困的国家承担不起我们国王的伟大与坚定。"[99]

托利党人还抱怨说，参加大陆战争有害于英格兰的对外贸易。政府没有保护英格兰的商船队，反而把资源用来组建大陆军队和精心筹备海战。他们声称,这样的结果是灾难性的。在爱德华·西摩爵士看来,"因为疏于守卫海洋而导致的贸易和财富的损失"是国家"困难"的主要原因。西摩的托利党同仁克拉格斯也表示,政府保护贸易"不力",后果会很严重:"没有了贸易,领土也会沦陷。"托利党人可能过快地将海外贸易的衰落归咎于政府的战争策略,但他们并不是在空想。偏向辉格党的地中海商人巴林顿和斯梯尔指出,因为战争,"没有一家航海公司的人"知道"自己应该怎么办"。威廉·特朗布尔爵士的一位英格兰线人说:"这些战争时刻已经切断了所有的海上往来。"法国决定袭击英格兰商船,这产生了巨大的影响。1690 年,据说有一千多艘英格兰船只被掠走。到 1693 年,这个数字已经增加到一千五百多艘,结果"许多商人、杂货商、布商、推销员、绸缎商、帽商"都在苦苦支撑,"许多人已经完全破产"。一位黎凡特商人听说,到 1689 年底,英格兰人已经损失了"四分之一的航运"。最近的学术研究证实了这些估算,英格兰与南欧的贸易比战前水平下降了 25%,对西北欧的转口贸易下降了 60%,与西印度群岛和北美的贸易也大幅衰落。[100]

托利党人越发不满英格兰的大同盟盟友的所作所为。事实上,托利党人认为,英格兰正在为欧洲反对路易十四的战争买单。不同政治派别的众多英格兰人总是担心这个或那个盟友会屈服于法国的外交诱惑,单独签署和约。很多人还抱怨,同盟国在财政和军事上都没有尽到自己的责任。然而,正是托利党人和他们在议会的盟友将这些担忧变成对大陆战争的全面批判。托马斯·克拉格斯爵士怒斥,"我们最后一个参战,却要为所有人买单"。他解释说:"我们参战更有利于同盟国而不是我们自己。你们反对法国的唯一办法是加强自己的海上实力。"西奥多·巴瑟斯特越来越坚定地支持克拉格斯,同时积极地为托利党的老东印度公司辩护,他尖锐地提出,"我们需要知道送了多少钱给萨伏依公爵,给荷兰人,给德意志那帮讨饭的王公"。保罗·福利在下议院宣称,如果同盟国"能一起攻击"路易十四,"他早就接受我们的条件了"。托利党国务大臣诺丁汉伯爵的批评更加小心，但他的信件清楚地表明了他的看法，即如果同盟国能够各司其职，肯定就能"实现公正和体面的和平"。在这种情况下，显然不能把诺丁汉在 1692 年的进攻法国的提议理解为参与大陆战事的承诺，而应该将其视为利用海上力量迅速实现和平、使英格兰摆脱欧洲事务的一次尝试。进攻计划夭折，部分原因是托利党拒绝支持全面入侵，罗切斯特伯爵和爱德华·西摩爵士等托利党领袖提议增加对英格兰海军的支持，而不是信守支持佛兰德盟国的承诺。[101]

托利党抨击同盟的做法，不仅预示了 18 世纪的托利党说辞，还呼应了革命前的反荷兰论调和詹姆斯党人的革命论述。詹姆斯党率先将 1688—1689 年事件解释为一场以促进荷兰而不是英格兰利益为目的的入侵。他们的这种说法借鉴了 17 世纪 60 年代和 70 年代以来的一整套反荷兰论调。詹姆斯党认为，荷兰人只是想夺取英格兰的贸易，同时让英格兰为荷兰的战争买单，从而消耗英格兰。托利党人爱德华·西摩爵士在 1689 年迅速表达了一模一样的担忧。他说，"荷兰和英格兰不可能真心实意地团结起来，两国都在追求同一个情人，也就是贸易"。1690 年，支持革命的托利党人在谴责战争的时候也表达了相同的论点。罗伯特·柯克在伦敦的咖啡馆、小酒馆和刚刚流行起来的低价餐馆都听到有人说，"荷兰人只爱利益、财神和贸易，他们会为了自己的利益与法国或任何共同的敌人进行交易，让英格兰陷入自保或败落的困境"。丹尼尔·笛福同样认为，在反对大陆战争的托利党人眼里，荷兰人比法国人或土耳其人"更危险"，因为"他们具备航运实力，而且是我们的贸易对手"。[102]

对托利党人来说，挽救措施越来越明确：英格兰应该中止对大陆的投入，采取海洋政策。托利党人认为，这样的战略成本低得多，能让英格兰保护贸易，避免依赖无法信任和背信弃义的盟友。托马斯·克拉格斯爵士一直以来始终坚持认为，"英格兰的长处在于我们的海军"。

17 世纪 90 年代，他继续在对法战争中捍卫海洋战略，认为把"我们所有的部队都派往佛兰德"，一个"不可能战胜"路易十四的地方，结果只能是"毁了英格兰"。克拉格斯提出，"最适合"英格兰的作战方式是"在海上"。英格兰应该成为"美洲的主人"，而不是在欧洲称霸。"因为我们是一个岛屿，"他指出，"如果法国人占领了（荷兰共和国和西属尼德兰）的所有十七个省份，而我们拥有海上优势，我们仍有可能是安全的。"爱德华·西摩爵士同意，英格兰的"安全""只能寄托于舰队"。托利党的新盟友罗伯特·哈利也认为，"海洋必须成为我们的第一要务，否则我们都会困在我们的岛上"。理查德·坦普尔爵士在 1689 年后成了一名忠实的托利党人，他强烈地认为"在海上拥有一支强大的民兵，用于防御、进攻和商业，对这个君主国来说很重要"。他认为英格兰并不需要陆军。坦普尔指出，与其在大陆结盟和征服，不如"扩大贸易和制海权，这才是我们帝国的应有目标"。倡导海洋战略的托利党人都怀着一样的核心观念，即"英格兰与欧洲的整体命运关系不大"，"将我们与世界其他地方隔开的海洋是我们抵御一切外来危险的屏障"，"我们参与任何外国战争其实都不是为了保护自己，而是为了显示我们的力量"。[103]

　　相比之下，辉格党主张采取介入大陆的外交政策。辉格党人深信，他们的革命不仅仅是英国人对英国问题的解决方案。相反，他们将革命理解为保护欧洲自由、反对法国的普世主义野心和法国式绝对主义的更大斗争的一部分。辉格党介入大陆既是为了在意识形态上反对绝对主义的蔓延，也是为了在地缘政治上反对法国帝国主义。因此，托利党认为詹姆斯是英格兰的主要敌人，托马斯·帕皮伦和约翰·梅纳德等辉格党人却坚持认为路易十四才是"大敌"，"詹姆斯国王只是他的工具"。尽管托利党在 1689 年初竭力压制仇法言论，最积极起草对法战争的呈文和宣言的依然是辉格党人约翰·萨默斯和约翰·汉普登。几乎无一例外，辉格党人都用欧洲话语描述革命和随后的反法战争。

毕生都是辉格党人的罗伯特·莫尔斯沃思反问，如果爆发革命，"欧洲的自由会变成怎样"。他认为答案是"皇帝和所有盟国……一定会安静地坐下来，屈服于法国的枷锁"。正因为莫尔斯沃思关注的是欧洲的自由，而不仅仅是英国的利益，所以他"希望拔掉（爱尔兰）这根扎在我们脚上的刺"，这样英格兰人就能把所有的精力都放在欧洲的"共同事业"上。约翰·劳瑟爵士在王位排除危机期间以沙夫茨伯里伯爵和辉格党的支持者的身份步入政坛，并在1688年拿起武器反对詹姆斯二世，他明确表示支持战争，因为这"不仅关系到这个国家，也关系到整个欧洲"。威廉·达顿·科尔特爵士是活跃的辉格党三兄弟之一，他明确表示，他认为自己身为英格兰派往德意志各国的公使，职责就是帮助大同盟"解放欧洲"。格洛斯特郡的辉格党人理查德·科克斯爵士非常拥护这场战争，"以维护欧洲的自由和财产不受凶暴、贪婪和野蛮专制的法国国王的威胁"。西南部商人、跟父亲同名的辉格党律师威廉·劳伦斯指出，英格兰的战争目标是"欧洲的共同自由"而不是"扩大统治"。引人注目的辉格党人查尔斯·塞德利爵士赋诗说，威廉和英格兰人"他们不会同意签订条约，/除非每个邻国的国王/都能保卫他的地方"。在回答"英格兰人为什么憎恨法国人"的问题时，《雅典娜信使报》的辉格党作者不出意料地指出："他们自己不愿意做奴隶，也不愿意看到他们的任何邻居做奴隶，除非他们有心继续受到奴役。"[104]

　　辉格党人承认战争的高昂代价及其对贸易的干扰。但他们坚持认为，无论代价多大，战争都是必要的。约翰·劳瑟爵士不得不承认战争"耗费巨大"，但他指出，这是因为英格兰以前从未"跟法国国王这样强大的君主"开战。年高德劲的辉格党人威廉·萨谢弗雷尔坦言，"我一直认为，法国国王最有可能成为英格兰的大麻烦，我也不怀疑，诸位绅士愿意拿出贸易的一百万（来支持战争）"。格洛斯特郡的辉格党人和前政治流亡者约翰·吉斯爵士在1691年11月回应了托利党关于战争费用的抱怨，他坚称"当我投票支持对法战争时，我是认真的，而且自战争以来从来没有动摇过"。曾经拿起武器支持议会和1688年革命事业的罗伯特·派伊的妻子安妮·派伊写道："每个人的税负确实都很沉重，但考虑到我们刚刚摆脱了奴役，我很惊讶大家会抱怨。"辉格党的巴巴多斯遥领种植园主爱德华·利特尔顿言简意赅地指出，"我们需要行动起来，而不是成为法国人的奴隶"。[105]

托利党人主张远离欧洲，只关注英国和大西洋，辉格党人则警告，在欧洲大陆放任法国会给英格兰带来可怕的后果。辉格党的辩论家一次又一次地描述了法国提升实力将会引发的多米诺骨牌效应。法国每多控制一个国家或公国，胁迫或粗暴劝服下一个目标就会变得更加容易。九年战争的大部分战斗都发生在西属尼德兰，那里越来越多地被视为问题的关键所在。一位小册子作者认为，如果法国控制了这一地区，"它将获得相当数量的新兵，拥有更多的港口和更多的作战人员，它将完全剥夺世界的商业；它的财富与它的臣民规模都会增加，从而为它开辟普世帝国之路"。换句话说，"如果低地国家被交给了法国人，后者就有能力统治英格兰"。丹尼尔·笛福认为，如果西属尼德兰屈服于法国的力量，那么荷兰"肯定也会顺从"，因为"它们就像九瓶保龄球，一瓶倒了其他也会倒"。笛福警告，"如果法国只有英格兰一个敌人，那么英格兰还能指望什么呢，它只会沦为血腥的战场"。辉格党人乔治·特雷比爵士在下议院辩称，如果英格兰人放弃介入大陆，"那么你就不可能用一支常备军和一支常备舰队保卫自己"。[106]

辉格党人没有采取海洋政策，反而主张坚定加入大陆联盟，全面入侵法国。激进的辉格党人约翰·怀尔德曼认为，"既然法国是一切奴役的根源"，那么英格兰就"需要所有的同盟国一起对抗詹姆斯国王和法国"。约翰·劳瑟爵士一贯主张"协助你们的同盟国对抗共同的敌人法国人"。劳瑟认为英格兰不能放任路易十四用贿赂与和平提议破坏大同盟，应该"积极攻击他，而且是在他自己的国家用足够的力量攻击他"。辉格党人查尔斯·塞德利在1890年预测，"法国的下一个夏天，／我们将勇敢地前进"。战争时期批评海洋战略的一位辉格党人警告："如果我们不从海上和陆地上更加积极地反对他们，我们就该担心后果了。"另一位辉格党人更加明确地提出，英格兰的目标不应该是仅仅"维持海上帝国"，而应该是在欧洲大陆拥有足够的实力"决定战争的成败和未来条约的条件"。[107]

革命一结束，威廉和他的核心圈子就开始全力支持辉格党介入大陆的主张。威廉任命的第一批外交官几乎都是奉行辉格党外交政策的。新政权很快就"赶走了所有为前任国王服务的外交使节"，并明确表示革命者"不会雇用任何詹姆斯国王委任的人"。由绝对主义者、天主教徒和秘密天主教徒组成的詹姆斯二世外交使团被坚定的辉格党人所取代。1689年，约翰·洛克和约翰·汉普登都获邀出任外交职务。虽然他们拒绝了，但两人都对外交使团有一定影响。革命后派往联合省的第一位大使是第七代彭布罗克伯爵托马斯·赫伯特，他曾与洛克一起出国旅行，而且革命之后与他"每周会面"。彭布罗克伯爵在海牙的继任者是德斯利子爵，洛克也把他视为"朋友和前学生"。德斯利子爵与辉格党的什鲁斯伯里伯爵同样来往密切，给他的儿子和继承人詹姆斯灌输了"坚定的辉格党"原则。正是在约翰·汉普登的"引荐"下，辉格党人托马斯·科克斯被派往瑞士各州担任公使。科克斯在詹姆斯二世统治时期曾流亡乌得勒支，是17世纪中期的激进派埃德蒙·勒德洛和激进派辉格党人詹姆斯·弗农的朋友。吉尔伯特·伯内特的表弟詹姆斯·约翰斯顿曾在1687年和1688年为威廉提供过重要的情报，他被任命为英格兰驻勃兰登堡选帝侯的公使。约翰斯顿在那里坚定地捍卫了辉格党的原则，即英格兰必须继续坚定地支持"同盟"，因为在法国的问题上，"不能再靠条约来保障民众的安定"，事实上，"只有通过一场大战才能获得长久的和平"。出身于赫里福德郡的一个激进派辉格党家族的威廉·达顿·科尔特爵士，于 1689 年被派往包括汉诺威在内的德意志各邦担任公使。威廉派往维也纳的第一位公使是激进派辉格党人威廉·佩吉特勋爵，他在詹姆斯二世统治时期曾来往于联合省之间，并在 1688 年迅速加入革命。罗伯特·莫尔斯沃思后来被认为是激进派辉格党人，并且在 1688 年拿起过武器支持威廉，他被任命为新政权的第一位驻丹麦公使。威廉·特朗布尔爵士是詹姆斯二世的外交使团中为数不多的留守者之一，他对法国的仇恨近乎病态，因而政府在革命前就把他从巴黎召了回来，让他担任无关紧要的奥斯曼帝国大使职务。此后，大家都认为他将尽最大努力切断法国和奥斯曼的密切联系，推动大陆战争的发展。[108] 总体而言，除了少数例外，革命之后的外交使团极富辉格党特色。

　　鉴于这样的意识形态立场，英格兰外交官自然会对 1690 年至 1693 年期间英格兰政策制定的明显的托利党转向感到担忧。许多辉格党人一开始并不认为爱德华·西摩爵士和托马斯·克拉格斯爵士等托利党高层的海洋观念会影响到下议院和政府。但是，外交使团的人很快就清醒过来。他们在欧洲的各个岗位上大声抱怨，英格兰减少介入大陆事业，这让他们付出了沉重的代价。辉格党和倾向于辉格党的外交官写了一封又一封信，报告英格兰人的谋略和花费都比不上法国人，后者正毫不犹豫地致力于赢得欧洲大陆的战争。法国人正在使用各种各样的方式，一个接一个地引诱德意志的王公。托马斯·科克斯抱怨，路易十四的代表正在"讨好和奉承"瑞士各州，"我们却对他们视而不见，一言不发"。他感叹道，"后果"是"不难猜到"的。威廉·邓库姆和德斯利子爵预测，努力战胜法国，"收买大臣，这是最好的方法"，只有这样才能影响到瑞典。英格兰两样都没有做到，这意味着几乎"所有瑞典大臣都被法国收买了"。尽管辉格党的外交官非常重视说服奥斯曼人与神圣罗马帝国皇帝达成协议，但在伊斯坦布尔，很快就能看出，法国的保证、法国的承诺和法国的威吓正在起效，苏丹继续参战。

在荷兰共和国，卢瓦侯爵能够短暂地控制该国的许多公报发布的消息，同时其他势力也在努力劝说"私下单独媾和"，尽管没有成功。法国人显然在北非使用了类似的策略，取得了更大的成功。[109]

尽管革命之后的辉格党外交官一向果断地谴责敌人不光彩的策略，但他们同样迅速地将法国的保证和法国的资源与英格兰的矛盾和英格兰的吝啬对比。德斯利子爵是最早发出警报的人之一。他坚决认为"我们不可能强大到单独抵抗法国"。为了"保持我们盟友的忠诚"，防止法国人频繁引诱，"用金钱收买他们"，英格兰人需要表明自己完全忠于共同事业，特别是在下议院。他们需要表现他们对大陆的担当。德斯利子爵向冷漠的卡马森侯爵暗示，这样的担当与支持海洋战略相违背。德斯利子爵提出，或许"我可以为陛下尽一分力，向议会成员特别说明"，支持共同事业是多么地"绝对必要"。罗伯特·莫尔斯沃思抱怨，"法国做事比我们更积极，更高效"。莫尔斯沃思对日益倾向于托利党的英格兰大臣在外交上的无能越发失望，他的辉格党外交官同事怀有相同的感受。1690 年 6 月，英格兰在比奇角海战落败之后，莫尔斯沃思警告，"现在如果有些人还不转变思想，就不会有一个外国君主或国家相信英格兰有国王或女王"。莫尔斯沃思和他的外交官朋友知道，问题在于他们从当时掌管英格兰的海洋战略倡导者那里得到的"鼓励太少"。英格兰的无所作为，冷漠态度，加上没有表现出对大陆战争的担当，都对大同盟产生了不良的影响。莫尔斯沃思给同道中人威廉·达顿·科尔特爵士写信，称"我们历尽艰辛，失去了我们在这里和你们那边的所有朋友，才实现了一次美好的转变"。莫尔斯沃思坚持认为，同盟决心的削弱不是因为"运气不好"，而是因为英格兰人，也就是托利党人，无所作为。1691 年春天，西属尼德兰的蒙斯落入法国人之手，对此，莫尔斯沃思与现代学者一样认为，优柔寡断的英格兰至少要负一部分责任。辉格党外交官都认为，英格兰需要完全投入欧洲大陆的战争之中。莫尔斯沃思感叹："现在更应该做一些事情，以表明我们可以变得干净利索，英格兰人依然充满勇气。"[110]

辉格党人对托利党海洋外交政策的失望是莫尔斯沃思引起轰动的《丹麦记事》的出版背景。莫尔斯沃思于 1688 年拿起武器站在革命者这边，随后在革命时期被派往丹麦。他亲眼看见了这个新教君主国从积极加入大同盟到逐渐滑向法国的势力范围。他通过外交通讯的激烈争论了解到，尽管威廉也有自己的想法，但他在 1689 年后转向托利党大臣的做法越来越多地意味着他停止介入欧洲。1692 年回到英格兰后，莫尔斯沃思提炼了他对介入大陆的看法和对现代欧洲政治趋势的理解。1693 年末，或许是在诺丁汉伯爵倒台的那一刻，他觉得是时候改变公开辩论的基调了。莫尔斯沃思优雅地、尖锐地、引人注目地表达了辉格党外交使团、辉格党政治家和辉格党支持者的担忧，即 1690—1693 年的托利党外交政策将产生灾难性的结果。他强烈呼吁全面恢复介入大陆。

《丹麦记事》在国际上引人瞩目，说明这不可能是一部专为英格兰读者而写的、只关注英国问题的作品。然而，根据始终强调英格兰孤立保守的英美史学传统，莫尔斯沃思的记事就是这样的作品。历史学家卡罗琳·罗宾斯在其颇具影响力的经典著作《18 世纪的共和派》中指出，莫尔斯沃思的书"对英格兰缺点的抨击，不亚于对丹麦政府的抨击"。就其本身而言，莫尔斯沃思属于"真正的辉格党人"，他们"致力于在不列颠群岛建立联邦制度，改革议会，减少大臣的特权，促进宽容，修改部分重商主义条例"。不幸的是，他们和他们的议程都没有"得到执政的辉格党人的支持或鼓励"。根据这种观点，莫尔斯沃思是一个激进的反对派人物。外交史学者 D. B. 霍恩也认为，莫尔斯沃思"更加关注不列颠群岛而不是丹麦"。克努兹·耶斯佩森认为："这位外交官有点鲁莽，他想让他的同胞明白，自由的人民放弃自决权，把所有的政治权力交给一个绝对主义政权，将会带来可怕的灾难。"[112]

事实上，莫尔斯沃思这本富有活力和影响力的小册子在英格兰和欧洲大陆都引起了很多人的关注，因为那是辉格党为了重新获得英格兰外交政策主动权而孤注一掷的努力的一部分。莫尔斯沃思坚持认为，在争取欧洲自由的伟大斗争中，大同盟依然具有重要的意识形态意义。换句话说，莫尔斯沃思是在谴责托利党的海洋外交政策，并要求回归基于"辉格党原则"的外交政策，正如他后来回忆的那样。他在重申那些后来在1694年重新上台的人都认同的辉格党主流原则。他坚称他不是在攻击辉格党或威廉三世。莫尔斯沃思嘲笑说，"我无法想象"，怎么会有人相信他这么做。[113]

莫尔斯沃思出版《丹麦记事》，是为了唤起英格兰人对捍卫欧洲自由的大陆斗争的热情。他提醒他的读者，"由于我们上一任统治者的怂恿和阴谋"，英格兰"长久以来"一直没有反抗"我们可怕的邻居和敌人"——法国国王。然而，自革命以来，"我们的世界地位提高了"。他解释说，这正在推动辉格党外交政策的核心宗旨落实，因为"我们有了更多的外国盟友"，而且英格兰人不再推行传统的教派政治，而是"成了不止一个新教联盟的领袖"。英格兰人现在"比我们过往任何一个统治时期所声称的都更有资格介入欧洲事务"。[114] 莫尔斯沃思呼吁他的爱国同胞根据这项权利采取行动。

丹麦王国是法国政治意识形态产生有害影响的一个样例。1660年之前，丹麦人同样受益于日耳曼宪法*，这种宪法曾经盛行于"欧洲的大部分地区，甚至可能是所有地区"。莫尔斯沃思认为，正是因为日耳曼人，欧洲才有了"议会的雏形"，有了"处理一切与良好政府有关的事务的""常规会议"，有了选举国王的权利，有了废黜"残忍、恶毒、暴虐、贪婪或挥霍的"统治者的权利。然后，丹麦的"社会面貌一夜之间就变了"，国王变得"不受约束和独断专行"，"臣民没有

---

* 即 Gothic constitution, Gothic 一词在文艺复兴时期通常用来表示之前的日耳曼封建社会。因此，Gothic constitution 在17世纪指的是有别于绝对主义、国家集权等早期现代理念的古代根本大法。

一丝自由"。转向绝对主义的并非只有丹麦。莫尔斯沃思解释,"丹麦国王"跟欧洲的许多君主一样,已经成了路易十四的"学生"。丹麦国王效仿"法国的做法",掌握了在所有者去世时处置其遗产的权力。为了扩充军队,丹麦国王总是模仿"法国国王的做法",试图"使贵族变得贫穷,使商贸变得无利可图或者可耻"。一旦进入军队,"绅士和军官都会穿上法国式的漂亮服饰"。这种新的法国式绝对主义显而易见的后果是丹麦人"炫耀军中的法国做派、法国仆人和法国军官"。[115]

随法国式绝对主义而来的是一个法国政治联盟。莫尔斯沃思感叹,"丹麦国王喜欢与法国结盟,而且比任何其他人都更像法国国王"。他回忆说,法国驻哥本哈根大使"受到了丹麦国王和整个宫廷的青睐"。莫尔斯沃思在外交信函中抱怨,丹麦人"挂念的是法国人",他们"衷心希望"詹姆斯党复辟。[116]

这一分析对英格兰产生了深远的影响。丹麦与法国的友谊并不只是选择性的亲和,而是绝对主义政策的结构性结果。丹麦跟其他地方一样,转向绝对主义意味着需要"频繁而任意的征税",以支持扩大军事组织。这反过来又使国家陷入贫困,"王国大部分地区的地产价值缩水了四分之三"。往大里说,丹麦国王的政策造成了"贵族的贫困,这必然导致农民陷入水深火热之中",莫尔斯沃思指出,这是"专制统治盛行的必然后果"。

绝对主义政治必然导致这样的贫困,必然造成国际政局的动荡。那些"将士兵视为唯一财富的国家,一直都在增加士兵的数量,直到这些国家为了生存不得不与邻国发生冲突,或者挑拨其他国家",这样他们的军队就可以充当雇佣军。绝对主义滋生了无休止的军备竞赛。没有一个领导人敢于冒险裁军,因为他担心他的邻居只是在等待"一个机会",以"在他最衰弱的时候发动进攻"。莫尔斯沃思总结说,"法国暴政给世界造成的灾难远不止于此"。[117]他的分析点明了英格兰外交政策的当务之急。阻止经济掠夺和无休止的战争蔓延的唯一办法是阻止法国绝对主义的蔓延。这意味着至少要在欧洲保持警惕和联系，最有可能的是全面入侵法国。

莫尔斯沃思的分析清晰地表明，信仰战争的时代已经过去了。对欧洲福祉形成威胁的是绝对主义，而不是罗马天主教。莫尔斯沃思提醒他的读者，丹麦是一个新教国家。他说："只要不辞劳苦，到海外的新教国家走一趟，你就知道，破坏自由，进而破坏任何民族幸福的不是天主教，而是对任意宗教的盲目服从信条。"莫尔斯沃思提出，"奴役"能在"大部分新教和天主教国家"蔓延，是因为"人民的精神"被那些宣扬"臣民应该毫无保留地服从"的教士给削弱了。这种有害的教义是教士"依靠君主"为生的必然结果。问题不在于教士，而在于依赖绝对主义国家的教士。威胁不是来自天主教或路德宗改革的传播，而是来自日益强大的绝对主义国家。兰开夏郡的辉格党人威廉·菲利普斯写信给萨默塞特的辉格党人爱德华·克拉克，"每个英格兰人都应该读一读《丹麦记事》"，这样"他们就会发现奴隶都是一样的，不管他是天主教徒还是新教徒"。[118]

莫尔斯沃思不是一个孤独的荒野呐喊者。莫尔斯沃思表达的也不是醒悟的共和派反对者的观点。辉格党人对英格兰外交政策的托利党转向抱怨多多，只是莫尔斯沃思的记事表达更为精微。事实上，《丹麦记事》出版时，下议院正在就英格兰外交政策进行激烈的政党辩论。许多倡导介入大陆政策的人的作品都大量用到了莫尔斯沃思在分析丹麦时提出的论点。

1693 年和 1694 年，辉格党人异口同声地抱怨绝对主义在欧洲大陆的蔓延。塞缪尔·约翰逊描述了瑞典、丹麦、匈牙利和法国正在推行的类似的绝对主义政策。即将在财政部为辉格党团体效劳的约翰·史密斯警告："我们看到了西班牙议会和法国议会的情况。"他继续说："从那时候开始，瑞典和丹麦，都会在情况危急时将权力托付给国王，而它们现在都自食其果。"辉格党的财税法庭首席法官罗伯特·阿特金斯爵士指出，路易十四"希望所有其他君主在他们的版图之内也谋求独断专权"。[119]

莫尔斯沃思并不是唯一指出现代绝对主义既可以出现在天主教国家也可以出现在新教国家的辉格党人。1692 年，英格兰驻瑞典公使威廉·邓库姆提出了与莫尔斯沃思相似的说法。他也对日耳曼宪法在北方王国的衰落感到惋惜。他指出，卡尔十一世"扩大了自己的权力和王国的军队，远超他的任何一位前任"。所有这些的代价是"毁掉瑞典的贵族和绅士，并且臣民不再拥有自由，也不能再参与政府管理"。就跟丹麦、法国和其他地方一样，这一切的结果是"普遍的贫困和同样普遍的不满，以及对解放的热切渴望"。尽管瑞典最初冲在反法战争的前头，但自此之后，它"顽固地坚守中立，小心翼翼地阻止一切把它卷入共同事业的企图"。这并不奇怪，因为随法式绝对主义而来的是法国的政治影响。事实上，"在瑞典很难找到一个"受过外交和国务的专业训练，"却又不利于法国的人"。虽然邓库姆的报告在 17 世纪 80 年代并未付梓，但他的秘书和继任者约翰·罗宾逊的评论却得以出版。《罗宾逊报告》由莫尔斯沃思的印刷商蒂莫西·古德温出版，里面同样强调了瑞典政府在 1680 年的转变"为不亚于欧洲任何一位君主的专制统治奠定了基础"。罗宾逊在其他地方指责了路德宗教士不容异己，他和莫尔斯沃思一样，强调路德宗教士起到了说服瑞典人民接受新的绝对主义政权的作用，认为他们在瑞典人民当中"拥有强大而不可控制的势力"。[120]

莫尔斯沃思也不是唯一认为绝对主义需要军事化和无休止战争的辉格党人。辉格党人指出，绝对主义必然导致人民的贫困。以法国为例，"只有一支蘸满鲜血的铁笔，才能写出"人民"遭受的令人痛苦不堪的骚扰、洗劫和压迫"。低教会派主教威廉·劳埃德表示认同："没有一个绝对主义君主喜欢他的臣民通过贸易致富。"贫困为战争创造了双重必要条件。首先，贫穷的绝对主义国家需要获得财富来满足贪得无厌的战争机器。毕竟"为了奴役而采取的谨慎措施"要求绝对主义国家频繁地参与"国外战争"。其次，绝对主义臣民普遍生活在水深火热之中，在法国尤其如此。这就需要摧毁其他政体，如此一来，"法国的奴隶就不会知道，世界上还有比他们主人的暴政更温和的政府"。[121]

正是这样的分析说服了 1693 年和 1694 年的许多辉格党人，他们大声疾呼，反对托利党的海洋政策。一位辉格党的小册子作者承认，"许多"人坚称，"我们是一个岛国，只需要管好我们的舰队"。然而，这样的看法是短视的。如果"我们无视我们的同盟国，任由他们毁灭，我们自己也会毁灭"。法国将一个接一个地征服同盟国，"然后，无论谁是英格兰国王，我们都将受到法国国王的统治"。在 1693 年和 1694 年的辩论中，辉格党人一次又一次地重申他们对大陆的担当。他们一次又一次地像莫尔斯沃思那样，主张继续支持盟国，反对法国的侵蚀。辉格党人约翰·达雷尔爵士警告，奥利弗·克伦威尔、查理二世和詹姆斯二世都"忽略了欧洲"，这让他们付出了代价。他气势汹汹地说："要么我们承担起推翻这位强大君主的重任，要么放弃。"辉格党人托马斯·利特尔顿爵士预测，如果英格兰放弃了同盟，"法国国王很快就会富有起来，超过我们所有人"。查尔斯·塞德利爵士附和道："如果荷兰被打败，接下来就轮到我们了。"科尔切斯特勋爵理查德·萨维奇的话语言简意赅，毫不意外地带着辉格党色彩："没有军队，我们就不可能安全；在国内不安全，在国外也不可能安全。如果你们不扩军，英格兰就会失去荣耀。"[122]

面对辉格党人，尤其是莫尔斯沃思再次提出的质疑，大多数托利党人的回应是重申他们支持海洋战略，那些直接与莫尔斯沃思交锋的论战者则指责他是极端共和派，试图将其论点边缘化。他们声称，莫尔斯沃思没有描述当代欧洲政治格局令人不安的发展，而只是老调重弹。很快就会跟安妮公主身边的托利党人圈子打成一片的威廉·金断言，这篇小册子的论点"充满了共和国的味道"。[123] 面对一本大获成功的小册子，托利党人的反应是谴责他们的对手是极端分子。能够说明他们论战成果的是学者一直误读了莫尔斯沃思的《丹麦记事》，将其视为一个雄辩但在政治上处于边缘地位的古典价值观捍卫者的作品，而不是主流的辉格党人对 17 世纪 90 年代围绕英格兰现代外交政策展开的政党纷争的介入。

詹姆斯刚离开英格兰，英格兰马上齐声呼吁对法国开战。大多数英格兰人认为，詹姆斯二世谋求与法国结盟、对荷兰开战，没有顾及民族利益。很少有人要求恢复 16 世纪和 17 世纪初的宗教斗争。不过，如果以为尽管战争热情高涨，但是民众已经达成共识，那就错了。相反，从 1689 年起，关于英格兰外交政策的正确方向，存在两种不同的看法。两边都运用了强烈的民族主义论据。托利党人声称，实施海洋外交政策符合民族利益。只有当路易十四对不列颠群岛构成了实际而直接的威胁，并有可能取缔 1688—1689 年的事件，才需要跟他作战。英格兰没有兴趣资助反法大陆战争，这只会让那些弱小而不可靠的同盟国受益。在海洋政策的倡导者看来，英格兰的未来取决于海外帝国的建立和维持，而不是介入欧洲。相比之下，辉格党人则认为，英格兰在海上和陆上都要强大起来。法国同时构成了意识形态和地缘政治的威胁。只有欧洲的自由得到保障，英格兰才会安全。只要各国继续被引诱或被迫采用绝对主义政治模式，欧洲和英格兰就会被拖入大规模军事支出和无休止战争的绝望螺旋。仅仅保卫不列颠群岛是不够的，英格兰必须一挫法国的锐气，才能阻止绝对主义的蔓延。

※　※　※

1688—1689 年的革命者从根本上改变了英格兰外交政策的模式和方向。1688—1689 年的革命者力图改变英格兰外交政策的定位。

这不是一个突发奇想的结果，而是革命者的核心目标。英格兰人民在1689 年要求对法开战。这不是奥兰治的威廉强加给他们的政策，而是因为从 17 世纪中叶开始，英格兰全国上下的人民就一直在热烈而兴奋地讨论英格兰在欧洲事务中的恰当角色。虽然许多虔诚的国教徒和托利党人激烈地辩称，荷兰人是英格兰的天敌，因为他们有致命的共和主义和放纵的物质主义，但路易十四在 17 世纪 60 年代到 80 年代的政治和军事成就令大多数英格兰人相信，法国的威胁更大。与荷兰通过商业垄断建立普世统治相比，法国更有可能建立以大陆霸权为根基的普世帝国。从 17 世纪 70 年代末开始，英格兰社会各个阶层的大多数人都急切地盼望对法开战，这至少能让英格兰左右欧洲的势力平衡。

然而，詹姆斯二世对英格兰的利益和欧洲政治的理解与大多数臣民都不一样。他认为，英格兰的前景在于成为一个控制海洋的帝国。詹姆斯想将英格兰转变成一个现代商业帝国。在詹姆斯看来，法国本质上是一个陆地大国，其威胁远远小于已经控制了东印度和西印度广大地区的荷兰。当然，詹姆斯与路易十四一样，都坚定地推崇高卢派天主教。正因如此，詹姆斯与路易十四同仇共戚，逐渐走向与联合省的战争。詹姆斯并没有放任他的宗教热情，牺牲他的国家的世俗利益。他追求的是一种复杂而合理的战略，目标是把英格兰变成一流的现代强国。

詹姆斯的外交政策激怒了政治民族的大部分人。一位小册子作者解释说，正是因为他们觉得詹姆斯"全心全意"与法国结盟，"英格兰人发现自己必须避免陷入与邻国相同的困境"。革命者解放自己是为了"帮助欧洲免于即将到来的奴役"。倾向于托利党的国教徒威廉·舍洛克写道，对法国同盟的恐惧，"最大限度地离间了先王陛下与臣民的感情，对其事务的打击也不亚于荷兰军队"。还有人断言，詹姆斯二世"只要迫使法国国王解散他的军队，或者让他们把土耳其人赶出欧洲"，就不会爆发革命。另一位作者在其针对前任国王本人的论述中喊话詹姆斯，因为"你和我们的宿敌法国结盟……你抛弃了英格兰自古以来的利益"，所以"我们也抛弃和离开了你"。一位通讯作者坚称，詹姆斯"已经失去了一切，因为他追随（路易十四的）做法，维护他的利益"。辉格党人詹姆斯·韦尔伍德认为，如果詹姆斯努力为"欧洲的共同安全"打好基础，他"就能保住他头上的王冠"。威廉·特朗布尔爵士后来回忆，他警告过詹姆斯，与法国的友谊将会导致"他的必然毁灭"。神圣罗马帝国皇帝利奥波德一世写道，"如果陛下能用您的武力和权威阻止"法国迅速扩张势力，那么"通过这样的方式，您应该可以让您的人民大体平静下来"。这也是法国人的看法。于松·德邦勒波确信，英格兰人"肯定会无条件地给詹姆斯想要的钱，只要他对法国宣战"。1688 年 10 月底，当詹姆斯的政权行将崩溃的时候，他向保罗·巴里永坦承，他永远不会抛弃法国，尽管"他很清楚他将因此而走向灭亡"。[124]

1688—1689 年的革命者不单单关注"继承"、宪法或推进早期的新教世界观。[125] 相反，革命者有更广泛、更普遍、更现代的目标。与更为晚近的革命者一样，在 1688—1689 年推翻詹姆斯二世的人非常关心他们国家一日不如一日的国际地位。他们愤怒于詹姆斯看起来正在姑息野心勃勃的世界霸主路易十四。他们的主要目的之一是扭转查理二世和詹姆斯二世的外交政策，转而与荷兰人结盟，对抗日益强大的法国。他们深信他们这样做符合英格兰的民族利益。他们认为他们正在废除一个为外国而非自己民族谋利益的国王。

然而，即便是那些知道詹姆斯为了法国牺牲民族利益的人，也没有就对抗法国的恰当方式达成一致，而且存在根本性的分歧。民族主义并不意味着必然达成共识。爱国者可以持不同观点，也确实有分歧。托利党人与詹姆斯一样坚信，英格兰的前景在于成为一个大西洋国家，而不是大陆国家。必须通过战争来帮助不列颠群岛摆脱法国的影响，但没有必要干预大陆事务。托利党坚定不移地推行海洋政策。相比之下，辉格党人相信，只有扭转欧洲国家倒向绝对主义的趋势，才能阻止法国普世主义。辉格党人认为，革命是重获欧洲自由的第一步。因此，他们认为必须同时在陆上和海上与法国作战。

辉格党人和托利党人都知道，而且非常清楚，詹姆斯二世投身于英格兰的再天主教化事业，所以才会投入路易十四的怀抱。詹姆斯信仰法式天主教，钦佩路易十四的天主教绝对君主制，两位国王因而成为天然的盟友。就此而言，宗教确实在外交革命中起到了关键的作用。不过，除了极少数英格兰人，所有人都反对发动一场新的宗教战争。他们在上一个时代已经意识到，宗教战争是毁灭性的，而且最终是打不赢的。他们还敏锐地意识到，欧洲已不再分为两个齐整的宗教阵营。教皇和法国国王是死敌；在北欧，路德宗和加尔文宗都瞧不起对方。他们知道，天主教外交政策的替代方案不是新教外交政策。相反，英格兰人非常乐意加入一个反对路易十四帝国的多教派联盟。辉格党和托利党都从现代国家的角度来理解他们奉行的外交政策。

第十二章

政治经济学革命

"路易十四：受到骚扰的印度洋贸易"纪念章，托马斯·伯纳德作，1695年。有关贸易和帝国的争论，对于17世纪末的英格兰政治至关重要。这枚纪念章刻画了九年战争期间私掠印度洋贸易的法国人形象

　　一位17世纪末的英格兰人滔滔不绝地说："世界上还有什么比英格兰银行更能证明我们国家政府的卓越，或者这座城市的特殊力量和自由呢？"这个新设的机构，这块所谓的金融革命的基石，它之所以值得称赞，是因为它"就像罗马人的农神庙一样，被视为神圣的宝库，甚至连外国人都认为他们的财宝放在那里比放在家里更安全"，"抱有这种看法的不仅包括毫无公共信贷可言的绝对主义君主国的臣民，还有迄今为止只认为这种银行才安全的共和国居民"。在辉格党人约翰·托兰看来，这家银行的创立意味着英格兰崛起成为现代经济强国。托兰暗示，这一切的前提是英格兰人从根本上改变了他们的政体，调

整了他们对自己国家经济的态度。英格兰银行是此前政治经济学革命的结果，这一转变是 1688—1689 年革命者的核心议程。[1]

托兰对英格兰银行的赞美，表明只有在 1688—1689 年事件改变了英格兰的政治形态之后，才可能和值得建立这样的机构，由此而来的是关于政治经济学和 1688—1689 年革命的关系的问题。1688—1689 年是否发生了政治经济学革命？如果是，那么在 1689 年威廉和玛丽登基之前，相关辩论的特征是什么？如果不仅仅限于政治背景，建立英格兰银行的意识形态背景是什么？政党政治与金融革命之间的关系是什么？

大多数人文学者都没有跳出约翰·波考克的政治经济学与光荣革命关系论述的窠臼，认为绝大多数英格兰人缺乏争取政治经济学创新的概念工具。在波考克看来，商业社会，或者说"维护商业秩序"，在光荣革命时期并不是"英格兰意识形态辩论的关键议题"。1688—1689 年革命的真正意义在于"军事、金融和政治架构的重组，以便更好地参与大陆和帝国战争"，这是那些邀请威廉到英格兰的人"没有完全预见到或期待过的"。正因为威廉从外部强行推动这些变革，他才会被视为"英国君主制历史上的革命者"。因此，金融革命是外国强加的结果，不是国内意识形态辩论的产物。往好里说，这是 1688—1689 年事件的意外收获；往坏里说，这是一个没有人想要的结果。事实上，英格兰人动用了陈旧的意识形态工具来批判外国强加的这种做法。根据这种政治经济学与 1688—1689 年革命关系的解释，英格兰人几乎一致反对 17 世纪 90 年代的新资本主义制度。在波考克看来，无论金融革命的支持者和他们的批评者有什么分歧，"所有奥古斯特时期*的政治经济学分析家都同意土地、贸易和信贷相互依存"；

---

* 英格兰的一个历史时期，大致以 18 世纪初为起点，结束于 18 世纪中期。这段时间的政治经济学特点是重商主义演变为正式学说、资本主义有所发展和贸易获得胜利。

辉格党人和托利党人"不仅对经济状况看法一致，而且有相同的基本价值体系，其中自立和不动产被认为是公民美德和道德人格的唯一的基础"。英格兰政治民族的所有团体都有相同的经济假设，即后来被称为重商主义的假设。换句话说，他们都认为，财产必定有限，且主要指土地财产，而贸易只是交换土地产出。在这样的世界里，土地财产必然成为政治权力的根基。[2]

敢于进入 17 世纪 90 年代政治经济思想领域的历史学家少之又少，他们大体同意，当时没有现代金融机构的革命需求，反而就反对创建这些机构达成了意识形态共识。P. G. M. 迪克森在其叙述 17 世纪 90 年代的制度变革的作品中指出，"民众对待金融革命就像他们后来对待工业革命一样充满敌意"。约翰·布鲁尔同样认为，政治经济学革命并不是 1688—1689 年英格兰革命者议程的一部分。几乎没有人"想到战争将会改变国家机构"。英格兰人没有创建英格兰银行的意识形态动力，相反，它"是经过一场激烈的政治斗争之后，在 1694 年""被建立的"——注意这里的被动语态。鉴于这样的全面共识，金融革命在意识形态上毫无道理可言。1688—1689 年的革命者绝不可能将彻底重整英格兰的政治经济学纳入议程。[3]

社会科学领域的情况则相反，许多人追随道格拉斯·诺思和巴里·温加斯特的观点，认为在光荣革命之后，英格兰出现了一种非常现代的资本主义共识。温加斯特和诺思不同意人文学者提出的反资本主义共识，他们提出，1688—1689 年革命创造了一种有利于资本主义和反对国家干预经济的新的意识形态风气。他们声称，1688—1689 年革命催生了一个利益同盟，目标是解决英格兰的"金融问题"和"适当地限制王室"。温加斯特阐述，这次革命终结了过去导致辉格党和托利党意见不合的争论，"在许多有争议的问题上实现了共识"，且这一共识"通过各种各样的宪法修改成为条文"。从本质上来说，这次革命建立了"精英协定"。诺思和温加斯特特别强调，该契约带来了三个制度上的变化：议会至上，议会"处理金融事务的核心角色"，以及王室特权受到削弱和居于从属地位。所有这些变化都是持久的，因为革命"能够长期震慑王室不负责任的行为"。因此，在波考克看来，1688—1689 年革命赋予了国家新的权力，建立了英格兰思想家反对的资本主义制度，而在诺思和温加斯特看来，革命成功地建立了政治制度，这样就能"限制经济干预，使私人权利和市场在大部分经济领域取得优势"。新的制度能够限制政府反复无常的经济干预，"大大提高政府行为的可预见性"。如此一来，革命就创造了条件，让 18 世纪的英国"处于工业革命的临界点"，同时其主要的大陆对手法国却"处在破产的边缘"。诺思和温加斯特成功地将辉格党式的政治史映射到经济转型的叙述之中。[4]

　　第一种观点认为 1688—1689 年革命创造了反对资本主义的思想共识，第二种观点认为酿成革命的是支持无节制积累的政治共识。对此，我认为 1688—1689 年确实发生了一次政治经济学革命，但我坚持认为，这场彻底的变革是两个对立的现代经济方案之间广泛且严重政治化争论的结果。不存在支持或反对资本主义的共识。尽管英格兰人同意他们的社会是一个贸易社会，但在英格兰应该推行领土扩张的政策还是努力成为制造业社会的问题上，他们的意见分歧很大。这场辩论始于革命之前，直到革命结束许久之后仍在继续，而且在 17 世纪 70 年代末和 80 年代越来越多地与托利党和辉格党联系在一起。英格兰银行的创立和金融革命的形成既不是外来的荷兰势力强加的，也不是英格兰政治精英达成协定的结果。相反，英格兰银行是辉格党人在托利党人反对之下创立的。人文学者忽略了这场政治经济学辩论在理论上的丰富和微妙之处，因为他们选择了关注"想象的文学"和"思想史的基础"，而不是商人和政治家的经济实践和方案。[5] 社会科学家没有注意到 17 世纪 90 年代破坏政治共识的深刻的意识形态分歧，因为他们选择了分析可量化的经济行为，而不是昙花一现的论述政治经

济或者政党政治活动证据的大量著作。我将以 1688—1689 年前后的
商业辩论和政治行动为侧重点，证明政治经济问题对革命的原因和后
果至关重要。1688—1689 年事件没有产生意识形态或者政治方面的
共识。相反，以土地为基础的托利党政治经济学和以劳动力为中心的
辉格党政治经济学分歧极大。正如托利党人和辉格党人都投身于对法
战争一样，双方都迫切希望国家干预经济。无论是托利党人还是辉格
党人，都没有致力于排除国家干预。相反，托利党人和辉格党人都希
望国家在革命之后能够调动资源支持他们的经济方案。

※　※　※

英格兰的激进派至少从 17 世纪 50 年代就开始接受商业社会的可
能性。马查蒙特·内达姆、斯林斯比·贝瑟尔、亨利·罗宾逊和本杰
明·沃斯利等人都深深介入共和国的激进政治之中，并以各种方式批
评护国公政体。他们都拥护两大主张。首先，他们认为财产主要是人
类创造的，而不是自然赋予的。其次，他们声称国家银行能够起到促
进国家繁荣和保障国家安全的关键作用。[6] 尽管这些作家期望的银行
没有在 17 世纪 50 年代建立起来，但他们的经济思想在复辟之后重新
受到关注，影响深远。这些作家中的许多人，加上年轻一代的各种小
册子作者、政治家和商人，从 17 世纪 60 年代到 80 年代，都在不断
地重申他们的想法和建议。

卡鲁·雷内尔在 1685 年给商业政治经济学做的辩护最为雄辩和
完善。虽然雷内尔没有明确表明他的政党倾向，但他的表述带有明显
的辉格党色彩。雷内尔显然不支持绝对主义。他提出："如果陛下想要
帝国强大起来，只需要比其他君主授予更多的贸易特权，保证人身和
财产免于专制统治和控制即可，这样就能聚拢邻国的所有劳动力、人
心和钱财。"雷内尔的政治信仰是由他的经济信仰决定的。他的经济

思想的试金石是"英国是一个彻头彻尾的贸易国家"。[7]

在 17 世纪末，几乎所有人都和雷内尔一样，认为"一个国家的力量取决于贸易和人口"。不过，雷内尔认为，国家力量、贸易和人口都建立在劳动力而不是土地之上，根基是制造业而不是原材料。他解释说："雇佣工人和获取暴利的是制造商，他们生产销路广泛的商品。尽管原材料不在国内，比如说丝绸，但制造丝绸需要大量的工人，而且丝绸出口可以带来其他收益。"他热情洋溢地说："制造业必须有所作为，这不仅可以增加人口，还能促进贸易。它能够减少进口，从而省下我们钱包里的钱，并通过出口把钱赚回来。"制造业开启了一个财产无限增长的进程；贸易不是零和游戏。雷内尔阐述："制造业人口充裕的地方会有大量消费，他们将所有农村产品和一般零售业的商品，还有各式各样的食品、服装和其他必需品，统统一扫而光，并且雇用大量的手工业者，制作他们贸易所需的木制和铁制工具或器械，养活大量人数还在不断增加的农夫、零售商和各种工匠，这样就能继续发展制造业，然后一个接一个地繁荣起来，无穷无尽。"雷内尔总结："虽然我们已经是一个相当富裕的国家，但我们很容易就能比现在富裕十倍。"[8]

虽然雷内尔相信英格兰可以实现财富的大规模增长，进而提高英格兰的国力，但他不认为这是自然而然的。他认为必须"消除贸易的混乱"，并"普及交易的奥秘"。他希望这样能够产生一种"公共精神"，即"为勇敢的行动和勤劳的人民提供支持，并关心贸易和大众事务，就像我们关心享乐和奢侈一样"。不过，比让公众更加了解商业更重要的，是让国家更加倾向商业。他要求政府采取的行动，不仅包括废除不当的法律和关税，还有积极建立国家机构来促进贸易。雷内尔希望"可以设计并制定法律来鼓励贸易和制造业"，其中"促进贸易和繁荣贸易的主要因素是自由、归化、民众、（宗教）包容、免于拘捕的自由、财产的确定性和免于专制权力的自由、低关税、提供给贸易人员的所有便利和有利条件（包括有息贷款、提供给任何拮据和困苦的人的公共慈善场所、任何人想做都能做的工作）"。虽然支持制造业和银行，但雷内尔并不是批评政府干预经济的资本主义者。他希望这个民族国家能努力改善人民的经济状况。雷内尔进一步阐述："所有人的幸福和福利都来自通过某种工业或其他方式而得到的生活便利，这不仅可以让他们免于匮乏和贫困，还能给他们带来愉快友好的人际关系。"他补充道："这一点既适用于个人和家庭，也适用于政治团体。它让后者能够更好地成长和繁荣起来，至少能够抵御恶毒的敌人和厄运。"[9]

其实雷内尔在他的论文里谨慎地区分了促进公共利益的行业和不能促进公共利益的行业。重要的是，在17世纪80年代的意识形态背景下，他专门指出东印度贸易特别有害，因为"我们去东印度时只带了现金，回来时什么都没有，只有香料"。[10]在雷内尔看来，贸易的目的是引进国内不容易获得的原材料，进行生产。由于东印度贸易没有做到这一点，只是带回了用于再出口的货物，所以个体商人可能从中受益，但总的来说国家没有得到好处。

雷内尔的表达可能非常雄辩，但他的观点与后来其他的一些17世纪评论家的观点差不多。许多人都笃信，创造财产的是劳动力而不是自然禀赋，财富和权力的关键在于制造业而不是土地。西印度群岛专家理查德·布洛姆认同"所有人都赞成"的观点，即正是下层人民的"劳动""使国家变得更好，鼓励他们就是促进真正的公共利益"。极端仇法的威廉·卡特指出，"如果一个国家没有储藏丰富的金矿银矿，那就只能通过制造业来致富，别无他法"。基于这样的前提，卡特得出结论，促进制造业发展符合政府的利益。卡特推论："如果这个国家的财富只来自我们的制造业，如果我们的航运主要服务于我们的制造业（且海员都是制造业培养的），如果陛下的关税和我们舰队的建设和维护经费都只来自我们的贸易、来自我们贸易带来的财富，那么我们的金银财宝、我们贵族和绅士的租金就来自而且必须来自我们的制造业。因此，我不得不承认，这就是这个国家的最高利益。"约翰·洛克是英格兰银行最早的支持者和投资者之一，他确信，"如果我们准确地评估我们用到的事物，计算相关的成本，明确它们多少纯属自然，多少纯属劳动，我们就会发现，在大多数情况下，99%都是劳动"。难怪他相信，对于国家来说，"人类的诚实劳动"和"人口数量要比领土大小更重要"。[11]

公共银行的构思在17世纪70年代和80年代同样得到了广泛的支持。17世纪70年代末，英格兰国家银行已经成了"公共咖啡馆"的热门话题。安德鲁·亚兰顿非常明智地向后来加入辉格党的安格尔西伯爵谋求支持，他认为："如果可以在伦敦建立一个拥有六十万英镑资金和固定资产的银行，就能催生许多木材厂和小型银行，从而加快贸易的发展。……我可以写一整本书来说明它对我们英格兰的贸易、我们王国的发展和制造业的好处。"马克·刘易斯在1678年表示同意："所有人都认为银行对国家非常有用，尤其是对贸易民族来说。"1683年，政治经济学作家亚当·安德森回忆："休·张伯伦博士和一个叫罗伯特·默里的人，都是了不起的策划者，他们计划建立一家银行，能够收发可用于典押的商品付款凭单，并以6%的利率给勤劳的穷人提供抵押贷款——但是没有成功。"辉格党人约翰·劳瑟爵士在他的"贸易增长法则"中描述了一个国家公共银行。[12]

詹姆斯二世登基的时候，许多辉格党人认为，财富和政治权力并不取决于土地，而是取决于劳动力。他们坚持认为，财富可以无穷无尽，不受王国领土规模的限制，只受人口勤劳程度的限制。促进制造业的发展，也就是在创造财富的过程中有效调动劳动力，关键在于将货币流通到经济的生产部门，所以许多人继续倡导首先由17世纪50年代激进派提出的国家公共银行构想。虽然这些17世纪末的商人、政治家和思想家都积极倡导商业社会的实现，但他们不是自私的个人主义者，而是民族共同体利益的倡导者。他们相信资本主义，也相信有必要动用国家干预来让经济增长走上正轨。

※ ※ ※

然而，詹姆斯二世接受的是托利党而不是辉格党的政治经济学。正如他从未着手发动约翰·劳瑟爵士期待的对法战争一样，詹姆斯也从未接受过劳瑟的政治经济学理念。国王选择了乔赛亚·蔡尔德爵士，而不是约翰·洛克或者卡鲁·雷内尔，来做他的经济顾问。他更赞成财产就是土地，而且是有限的，不是流动和无限的。詹姆斯二世并不支持建立国家银行，反而支持英国东印度公司和王家非洲公司的专营权。

在查理二世统治的最后几年，正当政治经济学辩论与新兴的辉格党和托利党联系越来越紧密的时候，长期以来一直在王国叱咤风云的托利党商人乔赛亚·蔡尔德成功地控制了东印度公司。1682 年，"突然之间"，蔡尔德"抛弃了所有的老朋友，当初正是他们费了大功夫把他引进（东印度公司）的（管理）委员会，又提拔他为总督，现在他却把他们都赶出了管理层"，其中包括塞缪尔·巴纳迪斯顿爵士、托马斯·帕皮伦和罗伯特·汤普森少校等辉格党人士，同时"把自己交给对这个行业一无所知的新顾问"。

事实证明，这些新顾问是由天主教和托利党廷臣组成的杂牌军。愤愤不平的辉格党东印度商人纳撒尼尔·乔姆利既生气又准确地指出："蔡尔德的管理完全迎合他的女婿伍斯特勋爵和他的父亲博福特公爵的利益。他通过他们的手段，把好些权贵和法官变成大股东，所以现在（蔡尔德）能够控制他们的意见，成为公司主宰，没有人是他的对手。"另一位评论者写道："乔赛亚·蔡尔德爵士和他的几个追随者为了他们自己的利益，任意更换委员会的成员。"除了詹姆斯二世的忠实追随者伍斯特勋爵和博福特公爵之外，这些支持者似乎还有终生狂热的托利党人本杰明·巴瑟斯特爵士、托利党人约瑟夫·赫恩爵士，以及约翰·穆尔爵士，他在革命之后被一致认为是"最近通过非法和专横程序颠覆伦敦市政府的主要参与者"。[13]

不出所料，鉴于这次篡权的性质，乔赛亚·蔡尔德和东印度公司很快成了詹姆斯二世宫廷的宠儿。学者们证明，东印度公司"与詹姆斯二世的君主政体走得很近"，"蔡尔德和东印度公司董事会……坚决支持托利党人拥护王室的立场"。詹姆斯本人至少拥有该公司价值一万英镑的股份。这种联系当然有意识形态上的影响。据他的敌人所说，蔡尔德"投入重金才得到宫中势力支持，而作为交换，公司希望得到特许状的相关特权"。另一位评论家回忆："宫中的大臣和首脑人物都支持乔赛亚爵士，他们毫不怀疑已经找到了足够的资金来源去启动战争或其他方面的任何公共计划。"蔡尔德和他的亲信"受到暴政与专制权力的培养、爱护和影响"。因此，东印度公司自然"成为最早向先王递上呈文的公司之一，它承诺无条件服从那个非法的专横要求，即继续已经期满的关税；它鼓励并推动天主教化和暴政，并率领其他较小的公司和个别商人，乖乖地顺从那个奴役的标志，通过公告筹集资金。他们公开吹嘘这样的做法，为此沾沾自喜"。蔡尔德的公司不仅赞成詹姆斯可以不经议会同意征税的主张，而且还自诩为"无限制的专制强权……对英格兰的货物、自由和财产拥有不可剥夺的权力"。难怪东印度公司在革命后继续向詹姆斯二世和他的宫廷输送大量资金。[14]

于是，在詹姆斯二世及其廷臣的帮助和支持下，乔赛亚·蔡尔德几乎完全控制了东印度公司。蔡尔德和东印度公司为国王提供了坚定的财政支持，詹姆斯二世反过来似乎也接受了蔡尔德的经济政策和抱负。[15]那么，蔡尔德，进而包括詹姆斯二世政权，他们的政治经济学观念是怎样的呢？不同于约翰·劳瑟爵士或卡鲁·雷内尔，蔡尔德坚信"正在各自忙碌而积极地开拓业务的贸易商人，尽管他们都是非常聪明的好人，但并不总能对贸易做出最好的判断，因为这关系到王国的利润或权力"。[16] 国王应该听取的不是纯粹的商人建议，而是那些像蔡尔德本人一样安于乡村绅士生活的人的建议。蔡尔德认为，那些拥有地产的人拥有最好的政治判断力。

蔡尔德坚定地认为，财产是自然的，不是人类努力创造的，所以必然有限。占有土地因而成为政治权力的基础。蔡尔德的故事几乎一字不漏地重复了首席法官乔治·杰弗里斯的话：起初，人类依靠土地的自然产出生活，"但当地球上的居民开始增加和繁殖，那些首先占有土地并取得那里的财产和权利的人，阻止了后来的人类获得其他收入和生计，使其从属并依赖土地所有者；土地所有者拥有相应的力量和手段，因而声称有权统治土地上的其他人"。由于统治建立在土地之上，蔡尔德确信，商业只是交换土地产出。蔡尔德主张："英格兰贸易的主要优势和基础来自从土地产出中获得的财富。"在雷内尔看来，制造业的一系列连锁反应可以导致经济的无限增长，而蔡尔德却认为经济是有限的，完全"依靠发展良好的农业的主要供应"。农业和渔业是贸易的基础，后者等于在大海上耕作，而贸易不过是由商人"购买商品，或者单纯是为了再次出售，或者是用一个国家的商品交换另一个国家的商品"，"除了他们自己的私人利益或利润，没有别的目的"。既然人类劳动没有创造任何财富，国际贸易必然是一个零和游戏："凡是削弱"意大利、法国或荷兰的，"都会令英格兰富裕和强大起来"。[17]

蔡尔德的基本前提是只能从土地的角度去理解财产，这样贸易必然意味着围绕有限资源展开的恶性国际竞争，所以他批评了资本主义、商业和城市社会，这些都与古典共和主义和托利党的政治文化长期联系在一起。他确信，"奢侈和挥霍对于王国和私人家庭都是有害的"。土地才是英格兰财富和权力的真正根基，而非交易或制造业。所以蔡尔德敦促"英格兰的绅士"离开伦敦，离开那里"腐化的生活方式"，回到"自己的村子"，"投身农业"。蔡尔德的东印度公司警告，那些受雇于制造业的人应该受到限制，因为他们"容易而且随时准备作乱"。最后，蔡尔德认为，"为了促进信贷，确保应有的土地特权"，政府应该用"消费税"或者说对消费品征税来取代"对土地征收的公共税"，从而"减轻少数土地所有者的负担，并让那些利用土地作物牟利的人承担义务"。[18]

蔡尔德的政治经济学理念肯定也是詹姆斯二世和他的宫廷的理念，对整体的英格兰外交和帝国政策，尤其是对东印度贸易的组织，都有重大影响。贸易是有限的，因此国际竞争必然是激烈的，这样的观念导致蔡尔德和同样支持托利党政治经济学的伙伴一起，坚持对外贸易须以专营的方式进行，而英格兰商人之间的竞争只会给英格兰带来灾难。蔡尔德向国务大臣米德尔顿勋爵抱怨："我们的印度业务各方面都很好，除了那些勾结荷兰人的私商。"蔡尔德后来回忆，"在那个私商的时代"，他指的是东印度公司拥有专营权之前的时期，印度的英格兰人"就像教皇派和皇帝派＊一样，分成旧公司和新公司两派，彼此争斗"，"所谓的'新公司'是私商的自称，他们在没有得到他们君主的授权的情况下就以这一名义与印度的王公总督签订商业和联盟合约，这在我们的法律里是一桩严重的罪行，而且从任何人的经历和供认都可以看出，这本身就对在东印度进行贸易的一切王国或共和国有害"。[19]

詹姆斯偏爱蔡尔德的政治经济学，这并不令人惊讶。作为王家非洲公司的董事和最大股东，詹姆斯本人就是东印度公司的榜样。在詹姆斯（当时还是约克公爵）个人的大力支持下，王家非洲公司于1672年成立，并从一开始就与王室有着极为密切的联系。该公司很快就带

＊ 指中世纪意大利中部和北部分别支持教皇和神圣罗马帝国的派别。

上了党派色彩。像约翰·洛克和沙夫茨伯里伯爵这样的宫廷批评者和未来的辉格党人，都在 17 世纪 70 年代末出售了他们在该公司的股份。到了 17 世纪 80 年代，该公司的托利党色彩已经非常鲜明。17 世纪 80 年代末，伦敦的特许状被撤销，詹姆斯有机会填补伦敦高级市政官的空缺，而获得他提名的人将近一半是王家非洲公司的股东。[20]

王家非洲公司与詹姆斯的关系极为密切，其信奉的政治经济学理念与东印度公司的大同小异。公司的论证总是始于这样的假设，"所有国家的发展和财富，永远都是靠外国人实现的"。詹姆斯和他的公司成员相信，贸易是一种恶性竞争的零和游戏。因为这是一种有组织的国际竞争，所以，认为非洲贸易可以在没有商业专营的情况下进行，这样的观念是"短浅而错误的"。在非洲公司的前身于 1662 年成立之前，非洲贸易就是一场彻头彻尾的灾难。该公司声称，商人因为缺乏股份公司的保护，损失无数。这是因为非洲的贸易和东印度群岛的贸易一样，从来都不可能是纯粹的商业行为。"长期的经验清楚表明，"一位公司发言人坚称，"只有一直在当地建有堡垒，并用战舰来保护贸易船只，才能继续贸易，这是因为当地人天生狡诈，是野蛮的异教徒，没有稳定而长久的武力震慑就无法迫使他们遵守条约。另外的原因是荷兰人、丹麦人、法国人和其他民族也在同一国家从事贸易，他们为了自己的利益更加警惕，经常煽动当地人反对我们，或者运用他们自己的力量来消灭和摧毁英格兰商业。"[21] 在凶残的国际贸易世界里，只有授予股份公司主权力量，使其能够动用任何必要的手段实施专营和保护独有的贸易特权，英格兰才能够与其他国家竞争。

事实上，在 1685 年之前，法律没有那么明确地支持股份公司和反对私商。在 1685 年 1 月的东印度公司诉托马斯·桑兹案中，王座法庭就"东印度公司的特许状与国王授予这种特许状并禁止其他臣民与之竞争"的问题作出了裁决。东印度公司要求判决无证贸易的私商托马斯·桑兹败诉。在此过程中，该公司及其律师提出了基于土地的政治经济学的意识形态假设。约翰·霍尔特爵士和后来成为诺丁汉伯爵的丹尼尔·芬奇认为，尽管法律禁止垄断经营，但是独家股份制公司是合理的，理由有三。首先，由于"政府的主要目的"是"维护基督教"，英格兰国王特别关心与诸如东印度群岛居民那样的异教徒开展的贸易。拥有王家特许状的独家贸易公司的商人的宗教活动监督起来更加方便。其次，他们认为，"国王需要拥有限制外贸的权力，因为就其情况而言，外贸可能会非常麻烦和有害"。因此，按照国王的意愿创建有限贸易公司必然属于王家特权。再次，正如芬奇所说，因为东西印度群岛的国际贸易恶劣的零和性质，"绝对需要一个公司来管理这种贸易"。[22]

针对这一观点，被告人扼要地表达了不一样的政治经济学理念。第一，被告的两位律师，杰出的辉格党人亨利·波勒克斯芬爵士和乔治·特雷比爵士，都否认政府的首要任务是传播宗教。特雷比怒斥道，"不得不说，基督徒不与异教徒通商的观念是荒唐的僧侣思想，既荒诞又狂热。这等于 dominium fundatur in gratia（政治统治建立在恩典之上）的概念"。波勒克斯芬略微缓和地警告，"宗教常常用来遮掩其他目的和意图。这是不对的，我希望本案不会这样"。第二，原告声称财产以土地为基础，国际贸易必然是一个零和游戏，被告律师对财产的定义却完全不一样。被告声称，财产是人类劳动的创造，因此具有无限的潜力。特雷比认为："每个人活着都要吃饭，这是一种自然需求，所以每个人都有劳动的必要和义务，这样的谋生手段和生活方式能够创造财产。"他阐述说："我不知道还有什么财产比贸易和劳动自由更加重要。国王不能夺走一个人的贸易所得，更不能夺走他的全部贸易；如果一个人的贸易利润是他自己的，那么他获得这些利润的自由就是他自己的。否则，任何贸易商人的财产都是不安全的。"第三，被告提出王家特权是有限制的。"王家特权很大，"他们承认，"但有一个普遍而公正的限制，不得借此去做任何不利或者伤害臣民的事情。"如果允许国王用特权限制贸易，"他们就可以通过这种方式，在没有得到上议院和下议院同意的情况下，宣称这种（基于贸易征税的）收入的所有权肯定属于他们"。[23] 换句话说，如果允许国王用特权来限制贸易，他们就可以废除议会了。

经过深思熟虑后，王座法庭的法官在每一个争议问题上都支持原告。法官沃尔科特和霍洛韦坚称，有国王"保护我们的宗教"，这很重要，国王"是信仰的捍卫者"。各法官还赞同原告的财产观念。首席法官杰弗里斯的意见最为全面，他指出，"至于制造品"，也就是人类劳动创造的商品，"公共利益与此关系不大"。在杰弗里斯看来，重要的是土地，而不是制造或交易。杰弗里斯分析，东印度公司的问题"只跟国王一个人有关系"，"因为长久以来，这个岛屿没有任何对外贸易也能养活它的居民，它拥有人类生活所需的一切东西"。财产和生计都依赖土地。贸易显然是一种奢侈品，而不是必需品，因此，国王完全有权以他认为合适的方式管理一切对外贸易。霍洛韦法官断言，国王"拥有贸易的唯一权利和权力"。威特金斯法官得出结论，国王有权"控制所有一般意义上的贸易"。值得注意的是，杰弗里斯阐述了这一论证必然得出的帝国推论。因为国王可以管制贸易，所以"国王陛下和他的前任一直在处置他们的臣民发现或获得的一些海外种植园，而且将来如果发现或者获得其他种植园，还会继续这样做"。[24]

就此而言，诸法官一致宣布东印度公司诉桑兹案对王家特权意义重大，这并不令人感到惊讶。杰弗里斯宣称该案"具有极其重要的意义和影响，（我相信这比）威斯敏斯特厅的任何案件可能都更加重要，一方面是王家特权，另一方面是臣民的自由和财产"。[25] 杰弗里斯甚至认为，私商在东印度的出现和激进的反叛原则在英格兰的兴起完全同步。同样地，杰弗里斯宣称，律师"近来"一直习惯于"削弱国王的权力，提高人民的权力，我简直可以说那是人民的特权"，"大家眼里的国王权力变得微不足道，仿佛他只是一个威尼斯公爵，完全依赖议会"。他坚称，必须终结这一切。杰弗里斯将财产定义为自然的创造，只能用土地来衡量，这样就能证明英格兰国王有权监管所有贸易。被告人的律师担心这会降低议会的地位，杰弗里斯却陶醉于这样的前景。"赞美上帝吧，"他喊，"国王有权在他喜欢的时候、以他喜欢的方式召集和解散议会。只有他能判断哪些崇高权力（ardua regni）适合与议会协商。"[26]

王座法庭裁定，授予独家贸易特许状是国王的"毋庸置疑的特权"。换句话说，法庭裁定：财产确实是有限的；所有财产都有可能是国王的；国王可以授予专营权，给人以从事海外贸易的无限权力。这一裁决出炉后，东印度公司和王家非洲公司立即开始起诉各自行业的私商。这也是詹姆斯二世雄心勃勃的帝国计划的法律依据，让他在新英格兰、西印度群岛和印度等地建立了统治。[27]

王座法庭就东印度公司诉桑兹案做出的裁决为詹姆斯二世统治时期在印度的领土帝国扩张铺平了道路。蔡尔德，乃至东印度公司，都在意识形态上推崇农业政治经济学，这就需要独占性的贸易特权，还需要公司拥有足以在印度开展贸易的资产。东印度公司相信，也希望"所有热爱自己祖国的英格兰人都相信，因为这件事情在陛下面前和几乎所有其他公共场所的辩论中都已变得明朗"，那就是"英格兰人必须学会筹募收入来支持和提升他们在印度的实力，否则整个印度贸易就会在短时间内被拱手让给荷兰人"。为了实现这些目标，詹姆斯二世授予东印度公司"可能希望得到的一切权力，这也是荷兰人拥有的，或者他们自称拥有的"。该公司得以从"一群微不足道的贸易商人或小贩"转变为"印度的一个强大的军事政体"。公司迅速派约翰·蔡尔德爵士担任印度总督，并宣布他对印度的英格兰民族拥有"完整而绝对的权力"。蔡尔德的任务是建立"印度的英格兰政治体制"，包括"制定强制性的法律，并严格执行这些法律"。总督的"任何权力"都不得受到非议，因为"只有我们议会团结起来，完全服从上级，才能在政策、权力和正义的坚实基础上解决印度的英格兰事务"。[28] 该公司把以土地为中心的政治经济学观念映射到詹姆斯二世的无限主权概念之中。

这些并不仅仅是一个野心勃勃的商人和他在伦敦的派系梦想在东方建立帝国的空想。一个新生的印度帝国很快就成形了。詹姆斯二世兼并了孟买，就像一位通讯作者所说，使其成为"英格兰在印度的首府"，并为之设置市长、法官、郡长、高级市政官，以及法院和海事法庭。事实上，蔡尔德吹嘘，孟买在东印度公司的改造下，从一个只有四千户人家的小镇变成了一个拥有"五万户人家的城市"，城中"所有人都遵守公司的法律约束"。马德拉斯也已成为"世界上最漂亮最大的城市之一，拥有完善的驻防保障，居民至少有十万户，他们来自不同民族，住在城内和城外，都受到公司根据其章程认为适合他们的生活和商品的法律约束"。当时的马德拉斯是詹姆斯二世治下的第二大城市。[29]

鉴于蔡尔德、东印度公司和詹姆斯二世宫廷都致力于以土地为基础的零和政治经济学，以及该公司在东印度致力于建立领土帝国，那么英格兰和东印度公司对荷兰和莫卧儿帝国等竞争对手采取好战政策就不足为奇了。跟詹姆斯本人及其最亲密的顾问一样，蔡尔德长期以来始终对联合省念念不忘，有时候要求英格兰仿效他们，有时候予以尖刻谴责。蔡尔德经常呼吁他的同胞模仿北海对岸的邻居，在东印度群岛建立一个帝国，同时将他所分析的所有十五个英格兰交易领域的衰退归咎于荷兰。在 1682 年荷兰人占领了英格兰在爪哇岛的贸易点万丹之后，蔡尔德越来越相信，英格兰的经济对手即将独占整个东印度贸易。蔡尔德确信，如果荷兰人实现了这一目标，"他们就会变得无可阻挡"。蔡尔德恳求米德尔顿勋爵："荷兰人图谋在印度建立唯一的帝国，这对这个王国来说是致命的。这个国家的坏疽需要更快更强力的治疗，没有一个个体商人能做到这一点。"詹姆斯二世登基后，蔡尔德和东印度公司不断提高呼吁国家支持的力度。蔡尔德和他的朋友在宫廷讨论中，在与外国公使的谈话中，在刊印的小册子中，以及在给他们在印度的代理人的信中，反复提出关于荷兰商业霸权威胁的相同论点。他们警告马德拉斯的圣乔治堡负责人和委员会，准备与"荷兰在印度的专横统治"进行军事斗争。第二年，他们通知孟买的新任总督约翰·蔡尔德爵士，印度战争的影响远不限于当地。总部设在伦敦的委员会在谈到英格兰和荷兰时写道："如果两国现在的误解演变成一场公开的战争，俗人会认为这不过是一场无关紧要的、争夺胡椒的战争，因为每个家庭为这只花了一点钱。但从根本上说，这其实是一场事关英国和印度洋的战争。"[30]

就在宫廷外的英格兰民众陷入狂热的仇法情绪时，东印度公司与詹姆斯二世及其宫廷一同要求对荷兰人开战，其依据是商业是权力的组成部分，而商业依赖帝国占有的领土。按照这种意识形态来看，贸易是一个零和游戏，英格兰的贸易竞争对手是荷兰人，不是法国人。事实上，蔡尔德长期以来一直主张在东印度群岛联合法国人，对付荷兰人，而詹姆斯二世积极回应了协调双方力量的呼吁。到1687年，大家都知道，而且到处都在宣传，詹姆斯二世为东印度公司提供"王家援助"，筹集了"数千人"来推动公司在印度的事业。[31]

东印度公司确实在印度开始了一场战争。但事实证明，这是一场针对莫卧儿帝国的战争，而不是针对荷兰的战争。据批评者称，乔赛亚·蔡尔德爵士"每年大派礼物……所以能够在王宫和威斯敏斯特厅得到他想要的东西"。他想要的是"一支满员的庞大舰队"和"所有其他战争准备"。蔡尔德、东印度公司和英格兰"得到国王陛下的国玺盖印许可"，向莫卧儿皇帝宣战。尽管公司和宫廷竭力宣传英格兰的胜利，但很快交易所和整个英格兰都知道，战争进展不利。1688年夏天，一位伦敦通讯作者嘲讽道："乔赛亚·蔡尔德爵士正在准备一个最近战胜了强大的莫卧儿帝国的故事，然而大家都觉得他的话并不可信，因为自我们发动战争以来，（股票价格）跌到了最低点。"事实是，莫卧儿人彻底击败了英格兰人，动摇了英帝国在印度的根基。另一位作者写道，因为这场丢人的战争，"大多数人都认为东印度贸易已经彻底完了"。[32]

詹姆斯二世与乔赛亚·蔡尔德及其重组之后的东印度公司有一致的政治和意识形态目标。他们都坚定地将财富视为零和游戏，实行领土帝国政策和反荷兰的外交政策。他们一起从法律上确认了国王有权授予独家贸易专营权。这显然激怒了英格兰商界的大部分人士。蔡尔德不仅疏远了以前在东印度公司的盟友，如托马斯·帕皮伦和塞缪尔·巴纳迪斯顿爵士，而且与詹姆斯二世政权串通一气，这让各界商人都感到不安。他手握詹姆斯二世坚决主张的独家贸易权，王国各地的商人和整个犹太社区都失去了贸易机会。难怪辉格党的商人群体如此大张旗鼓地反对该政权。难怪"伦敦城中对某位名字与歌利亚押韵的东印度大商人怨声载道"。[33] 难怪辉格党商人在 1688 年将大笔资金投给奥兰治。难怪商人，尤其是辉格党商人，在 1689 年那段激动人心的日子里，如此迅速地动用他们的钱包支持新政权。

詹姆斯二世当时的确采纳了一项商业政策，也就是得到乔赛亚·蔡尔德爵士、东印度公司和王家非洲公司支持的政策。詹姆斯二世有一套连贯而现代的帝国政策，他是"一个成熟的帝国主义者"。[34] 但詹姆斯二世的商业和帝国政策与刚刚得到加强的辉格党商业传统相抵触，后者认为财产是人类努力创造的，银行可以为增加国家财富做很多事情。詹姆斯的政策及其与法国的结盟、与莫卧儿帝国和联合省的战争，造成的影响都和国王自己的外交政策倾向高度一致，却将他置于政治民族大部分人的对立面。因此，詹姆斯二世不仅疏远了东印度公司的传统敌人，还疏远了那些拒绝接受蔡尔德的商业和帝国愿景的辉格党大商人。结果，英格兰的大部分商人积极支持威廉的入侵计划，并在最初几个月的关键时刻为政权提供了至关重要的财政支持。政治经济学问题是 1688—1689 年爆发革命的关键因素。就像人文学者所坚称的，"经济争论"并不需要到了"光荣革命之后"才"变成政治和宪法争论"。[35] 有关政治经济学的争论产生了极其强大的意识形态能量，最后酿成了 1688—1689 年革命；对政治经济的兴趣并不是这些事件的意外结果。

1688—1689 年的革命者不仅推翻了詹姆斯二世及其政权，还结束了托利党的经济意识形态压制。不和谐音迅速出现。17 世纪 50 年代激进派的意识形态很快就卷土重来，这种意识形态颇受那些在政治上比大胆批评奥利弗·克伦威尔的共和派更为温和的人的欢迎。"尽管贸易现在对国家和王国的生计和福利至关重要，"17 世纪 50 年代的激进派普雷斯戈德·巴尔邦的儿子，托利党人尼古拉斯·巴尔邦说，"但是，大家意见分歧最大的……还是促进贸易的真正原因。"[36]

政治经济学辩论重新活跃了起来，尽管这是由非常了解自由的力量的英格兰民族发起的，但它并不依赖古代经典，也不依赖这些经典在文艺复兴和共和国时期的推广者。古人在商业领域已经不再重要。巴尔邦指出："李维和那些古代作家，他们拥有过人的才能，因而致力于探究政府兴衰的原因。他们非常准确地描述了不同的军事训练方式，但没有留意贸易。还有马基雅维利，他是一位现代作家，最好的作家，尽管他身处政府之中，在那里，美第奇家族利用经商得来的财富取得了统治权，但他没有提到贸易，没有表现出他对国家事务那样的兴趣。"然而，16 世纪和 17 世纪初的军事革命不可避免地改变了贸易和政治的关系。"除非必须通过贸易来供应战争武器，"巴尔邦准确地认识到，"否则贸易总被认为不利于帝国的发展，因为贸易给人以富裕轻松的生活，消磨了人的意志，也让人的身体无法承受战争的劳作和艰辛。"一位辉格党的辩论家同样指出，"贸易在任何时代都受到轻视，甚至在最近的一个多世纪里，仍然受到一些强大而有名的王国的轻视，而且贸易在现代其实是一种政治制度，这门学科的杰出作家和教授很少提到这一点"。这是因为"自从发现了东印度群岛和西印度群岛，航运也大有发展之后，欧洲的总体状况，特别是其中的每个国家，都发生了很大的变化，爆发战争的时候尤其如此"。这位辩论家指出："现在，我们看到欧洲的各个角落都挤满了常备军，征募、训练和供养这些士兵需要花费大量的金钱，单凭君王的领地是不够的，为此，各地都在增加税收。""国内制造业和对外贸易"对于筹集新的所需收入至关重要。时代已经变了。因此，另一位评论家认为，"无论亚里士多德或其他学究在过去如何贬低商业"，鉴于贸易"早已获得"的"尊贵地位"，这些都已无关紧要。[37] 无论是古代经典还是古老宪法，都没有提供处理现代政治经济学难题的必要知识。

詹姆斯二世政府接受了托利党的理念，认为财富以土地为基础，是一个零和游戏。詹姆斯离去之后，到处都流行着辉格党的说法，即财富拥有无限的潜力，是由人类劳动创造的。许多人声称，英格兰在未来的实力和繁荣的关键是制造业而不是土地。威廉·詹姆斯的说法呼应了卡鲁·雷内尔在五年前提出的观点："经验表明，在国家的任何地方，只要有制造业和许多人定居，那里的土地就不会空着，而且租金会是最高的，产出的成果也最贵。"丹尼尔·笛福坚持认为，"制造业"才是"这个国家的珍宝，维持着我们的进出口平衡，不然这个王国就会像西班牙一样贫穷，像意大利一样软弱"。詹姆斯·惠斯顿很久之前就以出版贸易价目表而闻名，他认为"国家最早的财富和力量"是"勤劳的居民"，而不是土地。《英格兰的荣耀》作者认为，人民的"劳动"能够不断地改造大自然的恩赐，因此，人的努力确实"是国家真正的财富和力量，而且就像蜂房的蜜蜂一样，越多越好，越多越欢乐"。弗朗西斯·布鲁斯特爵士确信，结合了自然资源的国家"比拥有丰富的自然恩赐但缺乏工业的国家更加令人敬畏"。辉格党人罗杰·科克认为，正是因为"人口是任何国家力量的源泉"，所以土地贫乏而人口众多的荷兰"比西班牙富裕得多"。后来成为主教的低教会派西蒙·帕特里克宣扬，一个国王"没有了臣民，他就什么都不是"，"但是臣民越多，他在国内就越有影响力，越显赫，他在国外的名声和声誉同样如此；这在很大程度上取决于他国家的人口数量"。洛克的辉格党朋友、种植园商人约翰·卡里知道，"促进制造业发展最符合英格兰的利益"。有了制造业，"我们可以雇佣我们的穷人，这样就能减轻我们的土地必须承受的负荷；此外，我们可以通过对外贸易致富，我们能用比原来更高的价格把我们的产品卖给他们，我们可以把他们自己的材料拿过来，经过加工和劳动增值再卖回去"。[38]

鉴于政治经济学话语的新风尚，加上许多商人社区都强烈反感詹姆斯二世的政策，基于土地的零和经济推论而产生的许多结论受到批评也就不足为奇了。

下议院迅速扭转了英格兰税收政策的方向。查理二世复辟后不久，议会在国王及其宫廷的施压下，将新的壁炉税收入永远交给了王室。根据这项新税种的规定，王室将向每个壁炉收取一先令。早期现代制造业的许多方面都要用到火，所以壁炉税必然滋生不满。新税种几乎立即引发了抱怨、逃税和骚乱。尽管对壁炉税的不满主要源于当时对缴税和巡官私闯的普遍不满，但是抱怨的形式体现了制造业的特殊关注点。1672年，"伯明翰周边的铁匠"因为抵制壁炉税而引起政府的注意。后来成为辉格党人的约翰·劳瑟爵士同情叫苦不迭的"贫穷居民"，称他们尤其抗议对"铁匠的壁炉和私人烤炉"征税。从17世纪70年代到80年代，哈勒姆郡刀匠公会的核心目标之一就是确保废除炉灶税，谢菲尔德及其周边地区蓬勃发展的刀具贸易都受到这一税项的严重影响。在詹姆斯二世统治时期，壁炉税骚乱大都发生在制造业地区。1687年，康沃尔郡的制锡区和斯塔福德郡的制陶区发生了壁炉税暴动。可以预见，在织布重镇利兹和约克郡的其他地方，威廉的到来迅速引发了带有强烈奥兰治党色彩的壁炉税暴动。在威廉和玛丽正式成为英格兰的新君主后，下议院立即通过了一项法案，废除了反制造业的壁炉税。约翰·伯奇上校等辉格党人庆祝废除法案，因为这消除了"一个奴役的标志"。有人在辩论中指出，没有什么比这种税"更不平等"，因为城市的"市政委员会为他们的蜡烛支付了百倍于我们地租的费用"。相比之下，在政治经济学问题上倾向于托利党的哈利法克斯侯爵则担心取消壁炉税的"构想"过于激进。[39]

新政权一心要和欧洲最强大的法国开战，因此不能抛弃收入。下议院很快为威廉和玛丽提供了一个新的收入来源。1689 年 12 月，下议院通过了一项新的土地税，这更像是 17 世纪 50 年代而不是复辟以来的税收做法。约翰·汉普登和约翰·斯温芬等终身辉格党人热情洋溢地支持恢复累进税。新的土地税引来了支持以土地为基础的零和政治经济学的托利党人的严厉批评。一位小册子作者抱怨，对法战争的"全部负担"很快就会落在乡绅肩上。这位作者悲观地警告，"我不希望我们步荷兰后尘"。17 世纪 70 年代和 80 年代跟东印度公司和王家非洲公司都有业务往来的理查德·坦普尔爵士也激烈而雄辩地反对土地税。他强调了这种税在内战时期的起源，并抱怨说，这"对贵族和绅士的影响最大，削弱和减少了他们的财产，而他们恰恰是君主制的主要支持者"。相比之下，"富有的高利贷者或商人"和"相当多的不动产拥有者"却能轻易地置身事外，他们难免构成"民主或共和国的真正土壤"。难怪坦普尔认为，支持土地税的是来自国家制造业地区的"热心"议员。在革命之后的几年里，托利党议员不停地发表演讲，谴责土地税。革命政权的土地税迅速成为托利党的心腹大患。[40]

英格兰人知道，税收政策已经成为政党政治争论的核心问题。一位评论家解释："所有国家都有兴衰，这与他们的征税适当与否息息相关。"税收在现代政治中的地位极为重要，"大多数著名的地方叛乱、自由国家遭到奴役、政府的暴力变革都在相当程度上根源于此"。一位詹姆斯党人记述，革命后的税收政策尤其引发"巨大反响"，新国王在一些人当中"很受欢迎"，另一方面又"树敌无数"。辉格党人发动的英格兰税收政策的革命性转变几乎马上成为一个选举问题。在柴郡，辉格党人罗伯特·科顿爵士因为支持新的土地税而受到托利党人乔姆利勋爵的抨击，"这不是为了这些北方地区的利益"。辉格党人罗杰·柯克比同样能够在兰开斯特击败托利党的竞争对手，因为他自己支持土地税。[41]

英格兰税收政策改弦更张，从偏重土地变成偏重制造业，这预示着对王家非洲公司和东印度公司的新看法。"在几内亚被判刑的一些私商船只和货物的东家"现在有了采取"法律行动"反对王家非洲公司及其专营权的信心。1689 年，在南丁格尔诉布里奇斯一案中，首席法官约翰·霍尔特推翻了东印度公司诉桑兹案的判决。杰弗里斯的著名裁决是托利党政治经济学的法律基础，现在它"在法律上被否定了"。反对专营权的律师巴塞洛缪·肖沃爵士为原告辩护成功，他提出，财产不限于土地，还包括"商品与臣民拥有的其他特许权和自由权"。肖沃坚称，财产是可以流动的，并且肯定来源于人类的劳动，因而对大众福祉来说必不可缺。因此，"改变臣民的财产所有权需要议会的协助"，"这是处置臣民对其财产的基本所有权的最佳方式，因为每个臣民的选举权都包含在他所做的任何事情之中——议会的法令得到了许多人的同意，包括过去、现在和未来的人"。国王无权创设像东印度公司和王家非洲公司那样的独家贸易专营权，因为牵涉的财产不归他管理。肖沃提到："英格兰国王一直自称君主国的王室，而不是君主国的领主。"他的意思是英格兰普通法"赋予人相对于监管权的真正财产权，为此还区分了农奴和自由民，前者的财产任由领主处置，后者的财产无人可以侵犯、改变或夺走，除非得到他的同意；臣民个人专有的财产是最神圣的"。[42] 然而，值得注意的是，这一里程碑式的裁决没有创造自由贸易的绝对权利。相反，裁决坚持认为，议会身为人民的代表，通过劳动创造财产的人民的代表，有权规管贸易。

霍尔特的裁决粉碎了詹姆斯二世的中央集权专制帝国的法律基

础。肖沃点明了他的推论在帝国层面的影响。根据杰弗里斯坚持的财产定义，在一个由詹姆斯党政治经济学支配的制度里，一切在英格兰以外获得的领土都将按照国王认为合适的方式进行管理，而肖沃却概括出一个截然不同的帝国制度。肖沃认为，因为英格兰人获得的财产是他们的劳动成果，"一个真理是，在这个世界上，只要是在英格兰人受到英格兰人统治的地方，英格兰的法律就必须成为他们的规则；如果他们在没有陪审团的情况下实施惩罚，当他们回到这里（英格兰），就可能会因为此前的行为违法而受到惩罚，我们这里每天都有这样的事情，比如对东印度和巴巴多斯的种植园总督粗野无礼行为的处理"。肖沃总结，"他们在那里只能用这里（英格兰）允许的方法提起诉讼"，这与杰弗里斯的观点和东印度公司遵循的做法不同。肖沃认为："由陪审团审判是世界上每一个英格兰臣民，无论在哪个地方都拥有的、可以追溯到英格兰王室的权利。"一位现代评论家准确地总结，霍尔特在南丁格尔案中做出的裁决"摧毁了王家特权对经济的控制"。[43]

时人认为，首席法官霍尔特的裁决与"现在的自由贸易潮流"完全一致。例如，罗杰·科克有力地证明，"所有国家及其居民，都可以在权利平等或自然法的基础上相互进行贸易或商业活动"。非洲商人和其他许多人一起抨击股份制公司的专属权利，声称自由贸易可以让英格兰的制造业出口翻两番。全国各地的请愿书涌入下议院，痛陈海外贸易专营权的危害。王家非洲公司抵挡住了立法机构的辉格党批评者的指控，只承认专营权来自议会法规，而不是王家特权。[44]

辉格党的更大目标是东印度公司，霍尔特法官的判决使其更加容易攻击。鉴于蔡尔德成功清洗了最强大的辉格党对手，加上该公司未能为其股东带来盈利，蔡尔德的政治经济学计划的意识形态取向也不受欢迎，可以料到革命之后东印度公司马上就会受到攻击。事实的确如此。东印度公司的一位支持者抱怨："为了打击现在东印度公司的声誉，没完没了的，花了多少心思，用了多少手段？所有人心知肚明。

他们不厌其烦，要么每天在出了名反对他们的咖啡馆反复听取那些污蔑，要么在上述咖啡馆听人免费朗读那些公开的印刷品。"辉格党人提出一系列论据，目的是解散或至少彻底重组东印度公司。激进的罗杰·科克认为，实施独家专营权的唯一理由是打击荷兰人的帝国野心，而这很荒谬，因为荷兰在东印度的势力没有那么强。他指出，事实上，"公司最担心的"是英格兰私商取得成功——只要荷兰人垄断了贸易，这就很难实现。其他人则将批判提升到更高的理论层面。一位更加严厉的蔡尔德批评者认为："没有什么能比自由和开放的贸易更促进一个王国或共和国的人口和财富增长。"然而，这位反垄断者并不是小政府论的自由派支持者。他迅速补充说，因为"这样的好事主要源于海上贸易，而政府有必要给予它最特别的照料和关心，以促进其发展"。[45]

许多评论者都认为，东印度公司的进口对英格兰制造业有百害而无一利。约翰·卡里指出，任何持"劳动力比土地重要，制造业比农牧业重要"这种政治经济学立场的人都会对东印度贸易充满疑虑。卡里认为，东印度的印花棉布和丝织品是国产服装的竞争对手，它们"给我们制造业造成的伤害，超过了其为私人或国家整体带来的所有好处"。荷兰在这方面是一个坏榜样，他们的环境决定了他们的经济建立在"买卖而不是制造"之上。卡里因而得出结论，对英格兰来说，没有贸易比"对东印度群岛的贸易更有害"。一位小册子作者指出，印度的印花棉布正在迅速取代轻呢（say）和耐用呢（perpetuana）等英格兰制造的布料。辉格党布商约翰·布兰奇发现，印花棉布、平纹细布和印度丝织品最近"在英格兰到处可见"。这给英格兰经济带来了灾难性的后果。布兰奇总结，这些"完全产自国外"的布料是"目前对我们国家损害最大的"进口品。约翰·洛克的朋友、来自汤顿的辉格党议员爱德华·克拉克也同意，东印度公司的贸易"给国家造成损失"，因为东印度公司"把丝织品、印花棉布和平纹细布带入国内"，大大降低了国内和欧洲对英格兰制造业的需求。克拉克总结说，东印度公司的大商人牺牲"他们的同胞"来获取巨额财富。詹姆斯二世统治期间，格洛斯特郡、萨福克郡和埃塞克斯郡的制造商都对东印度公司进口贸易造成的混乱和失业极为不满。在 17 世纪 80 年代，没有人搭理这些本土制造商，17 世纪 90 年代却不一样。1697 年，贸易委员会发表报告，结论称东印度公司的进口商品价值是其出口商品的十倍以上。[46] 革命之后，东印度公司的辉格党批评者，以及坚持制造业主导地位的政治经济学支持者，占据了意识形态的上风。

这些批评东印度公司的辉格党人迅速采取政治行动。1689 年 2 月，对蔡尔德公司并不友善的约翰·乔姆利相信，"一旦国家事务解决，就会有新的公司或条例"，并预测"我们和荷兰人在印度的纷争将会得到友好的调整和解决"。反对东印度公司的请愿书一封接一封地递到负责调查此事的下议院委员会。委员会就该问题进行辩论时"相当激动"。第二年，东印度公司的地位仍然岌岌可危。乔姆利记述："东印度公司仍在运作，但是即将落幕。下届议会肯定会成立新公司。"下议院很快向东印度公司股东征收人头税，并增加对东印度货物的征税，以表达其对东印度公司的厌恶。1691 年秋天，东印度公司的辉格党批评者正式召开会议，"讨论如何更好地在没有任何产权负担的全新国家资本的基础上，实现东印度贸易的正常化和合法的体制化"。这个所谓的新东印度公司，其名字无疑只是延续 17 世纪 80 年代私商的用法。它推出了一揽子政策，包括推动新的东印度立法、向议会请愿、出版和分发批评东印度公司的小册子和论文、在威斯敏斯特和城内的加拉韦咖啡馆游说议员。东印度公司的对头认为这没有理由不成功。"解散现在的股份制公司，并建立一个新的国有公司，这符合当下国内大部分有识之士的想法，"批评公司最为严厉的一位人士的主张不无道理，"在公共改革中，一般议会认可和愿意推行的方法都是最符合国家宪法、国内法律和臣民权利的方法，也是国家最优秀和最有思想的人倾向和认同的方法。议会看起来绝对不会支持任何非法的或者移植、缝补、修补、拼接过的，任何疲弱、可疑、失败而萎靡的名义资本。"[47]

尽管总有消息灵通的人预言东印度公司的倒闭，但它还是熬了过来，最后在 1698 年取得合法地位。东印度公司能够维持下去，显然归功于有效的宣传、更有效的贿赂和策略的重大让步。[48] 东印度公司成为正在形成的反专营权条例的一个特例，暂时得以生存。尽管该公司的辉格党反对者未能打破他们厌恶的专营权，他们却成功地消除了托利党对经济决策的把控。他们没有继续在议会反对公司，而是在新的领域抨击基于土地的政治经济学。

尽管东印度公司的政策和政治影响在詹姆斯二世统治时期引起了很大的反响，但在革命之后，政治经济学的主要议题马上变成了为战争筹资。詹姆斯二世出逃不到一年，议会讨论财政问题的语调已经变得绝望，简直歇斯底里。在两条战线上与欧洲最强大的国家作战，还要依靠基于土地的财产概念，困难显而易见。威廉三世和他的政府面临两种选择：如托利党人所愿缩减对路易十四战争的规模，或者完全采纳辉格党人的政治经济学理念的激进内涵。也就是说，要么接受托利党的有限欧洲战争的目标，要么采取反对蔡尔德政治经济学的辉格党人长期倡导的激进结构改革。1694 年，威廉准备与辉格党共进退。

这次重组的起点是辉格党人确定战争的命脉是财政，而非土地或美德。到 1689 年 2 月，辉格党主导的下议院已经毫无争议地接受了"战争的命脉是资金"的说法。辉格党人约翰·汉普登断言："在目前的情况下，这个政府当然不可能生存下去，更不可能在对抗我们共同敌人的同盟中担起自己的责任，除非能够获得大量资金。这是战争和一切其他事务的命脉。"这个道理众所周知，连威廉·詹姆斯都近乎笃定地说，"国王、女王和王国的安危取决于人民的数量和财富"。[49]

这种对财富和权力关系的见解是 17 世纪欧洲战争状况变化的直

接结果，与经典的古代和意大利文艺复兴作家格格不入。流传甚广的《与友人谈天说地》作者指出："正如诚实的沃洛普曾经说的，战争已经从战斗变成了吃喝与战役。我认为，要运用这种新的军事技艺，钱是必需的。"罗伯特·莫尔斯沃思说，"诸位君王不再像古代那样到战场上解决纷争"，而是通过经济消耗来决出胜负。詹姆斯·惠斯顿提出了几乎相同的分析，只是加以补充，"东印度财富的发现"，加上战争的技术革新，导致战争"消耗的与其说是人，不如说是钱"。因此，他认为，要让"君王和人民在国内幸福，在国外强大"，没有什么"比贸易的优势更明显"。[50]

那些坚称反资本主义话语在革命后绵延不断和主导一切的人已经注意到，将金钱视为战争命脉的观念非常普及，但他们没有意识到这一结论的根本意义。如果财富是现代世界的政治生存的先决条件，那么古典和文艺复兴时期的反资本主义讨论常常提到的奢侈品和美德，必然沦为次要话题。值得注意的是，其实在 17 世纪 90 年代初激烈的政治经济学辩论中，奢侈品很少受到关注。这个词语重新出现在几乎吸引了人文学者所有注意力的 17 世纪 90 年代后期，但没有像以前那样大行其道，也没有起到决定性的作用。学者现在已经证明，即使在那时候，都很少有人提出古典或文艺复兴时期的论点。查尔斯·戴夫南特是人文学者经常提到的例子，连他都认为贫困的威胁远远超过了奢侈的风险。他甚至认为，回到古代美德的朴素世界是不可能的。辉格党人和托利党人都认识到，新的国家经济需求已经彻底改变了政治的规则。[51]

正是在这样的意识形态背景下，支持以劳动和制造业为基础的政治经济学的辉格党人面临着筹措对法战争费用的问题。他们首选的解决方案是创建国家银行。光荣革命之后，英格兰处处都能听到建立银行的建议和方案。一位小册子作者轻描淡写，"银行不需要辩护人和作家为他们说话"。休·张伯伦和威廉·帕特森是最重要最瞩目的银行支持者，但也常有一些没有那么知名的人士称赞"公共银行"的优点。尼古拉斯·巴尔邦认为，问题不在于银行是否可取，而在于为什么英格兰还没有创建银行。巴尔邦感到不解："既然伦敦城是世界最庞大、最富有、最重要的贸易城市，既然公共银行如此便利、快捷和安全，既然缺少银行造成了如此巨大的损失，伦敦的批发商和贸易商却在不久之前才向政府提出创建公共银行，这真是令人诧异。"巴尔邦对这一问题的回答是政治性的。在他看来，"毫无疑问，一个彻底的专制政府，支撑它的只有军队；在贸易与国家事务无关（而且）不会带来任何收入的地方，大家可能会猜疑，这样一家银行会引起君主的贪欲"——毫无疑问，这里说的是詹姆斯二世政权——"但在英格兰，政府不是专制的，人民是自由的，能在很大程度上决定最高立法权，就像任何国家的臣民能够或从未能够做到的一样……在贸易繁荣符合国王和人民利益的地方，国民就不用担忧他在银行的钱会不会像他的财产一样受到法律的保护，因为任何人都可以提出反对意见"。[52]

1694 年，紧张的会期行将结束，议会通过了创建英格兰银行的法案。该银行的主要支持者的意识形态可想而知。威廉·帕特森，加上激进派辉格党人迈克尔·戈弗雷（那是"一个才华横溢、产业众多的人，在宫廷和下议院都很有名"），还有"一些最近反对东印度公司的律师"。银行的首批股份认购者囊括了批评东印度公司的各界人士，其中有约翰·乔姆利、约翰·夏尔丹爵士、罗伯特·克莱顿爵士、詹姆斯和亚伯拉罕·胡布隆爵士、约翰·沃德、托马斯·皮特和约翰·佩奇。相比在威斯敏斯特的艰苦斗争，银行支持者在伦敦城和全国各地的进展顺利多了。威廉·帕特森回忆，第一批银行股份认购"十天就完成了"，"全国人民"很快表明"愿意慷慨地拿他们的钱来冒险"。[53]无法忍受基于土地的蔡尔德零和政治经济学的辉格党人，包括议员、商人，以及整个国家，他们的希望从建立新的东印度公司转向了建立国家银行。

银行方案的支持者和英格兰银行的拥护者阐明了支撑他们热情的

《最早的伦敦和郊区地图：位于家禽街的英格兰银行》，1724 年。1694 年，英格兰银行成立，这是辉格党的计划。其政治经济学依据是劳动而非土地才是一切价值的根源，目标是促进制造业经济发展

意识形态假设。一位早期支持者声称，有了国家银行，国王可以更方便地筹措战争经费，公民的日常支付也会更加便利。而且，"既然伦敦与阿姆斯特丹、汉堡、热那亚和威尼斯这些建立了公共银行的城市拥有相同（甚至更大）的贸易份额，（本国）政府就应该给予相同的鼓励"。基于以上原因，这位作者得出了一点都不带自由论色彩的结论，"现在建立这样一家银行可以解决政府的顾虑，有利于政府，从而推动国家福祉和贸易"。辉格党人吉尔伯特·伯内特回忆，当时许多人主张建立银行，因为"信贷肯定能增加贸易和货币流通"。讲到创立银行，一位支持者欣喜地表示，这将降低利率，"促进货币流通"，有利于筹措战争资金。重要的是，货币流通起来，就能将资金输送到可以产生效益的地方，即制造业。[54]

最为雄辩的英格兰银行支持者是《英格兰的荣耀》的作者 H.M.。

H.M. 指出，银行可以在"紧急情况"下提供"现钱"，用来"装备舰队，供给军队，招募士兵"。如果"还来得及深思熟虑，并且……议会和国王都认为有必要"，"这些银行或许能够以合理的利率提供给王室所需的一切资金"。这种支援政府财政的能力将"有助于我们打倒海上和陆上的敌人"。银行还将促进财富和国力。H.M. 指出："在一个从事贸易的国家，货币就像血管里的血液，如果能够循环全身，身体就是健康的；有一个地方堵住，身体就会变弱。"银行保障货币流通，这将"带来贸易和人民，然后是财富。……财富给国家带来便利，但贸易和人民是王国的荣耀和力量"。 他确信，银行将引发卡鲁·雷内尔所说的无限连锁效应，因为有了银行，"人口就会增加，因为贸易给国家带来人民和财富——哪里有贸易，哪里就有就业机会；哪里有就业机会，哪里就有人；哪里有人，哪里就有商品消费"。H.M. 并不赞同文艺复兴时期的反资本主义思想家，他不觉得奢侈是一个严重的问题。他指出："如果人民的枷锁内衬着和平、富足，他们就会感到高兴，而不是想摆脱它。如果有些人吃得太饱，开始胡作非为，（满足于现状的）广大人民肯定会震慑住他们。"基于以上原因，H.M. 可以乐观地宣布，"所有的人都认为银行对国家非常有利，对贸易民族尤其如此"。[55]

其他鼓吹制造业和劳动创造财产的辉格党人也对银行很感兴趣。约翰·卡里宣称，银行"通过抵押和分期，放出资金，这样的机构最有利于贸易，所以越多越好"。弗朗西斯·布鲁斯特爵士提议："维护这些王国的贸易和航运，最简单的方法是建立国家银行。"布鲁斯特觉得这一点显而易见，甚至推定"银行的作用在现在的英格兰毫无争议"。约翰·洛克和他的印刷商奥沙姆·丘吉尔都是英格兰银行最早的股份认购者之一，他认为这对同为认购者的朋友爱德华·克拉克"和英格兰"都有"不小的影响"。[56]

捍卫新政治经济学的辉格党人是 17 世纪 50 年代激进派的意识形

态后裔，他们得出的宏观政治结论与乔赛亚·蔡尔德和笃信基于土地的零和政治经济学的人完全不同。蔡尔德认为英格兰最大的敌人是荷兰人，因为他们是英格兰商业帝国的主要竞争对手，而新政治经济学的捍卫者认为以土地为基础、以欧洲为中心的法国帝国主义才是英格兰最大的威胁。土地政治经济学的支持者要么成为詹姆斯党人，要么成为托利党的海洋政策支持者，为制造业辩护的人则积极支持投入欧洲大陆的九年反法战争。身为反对制造业征税的一分子，约翰·汉普登吹嘘，"在英格兰，没有人比我更加了解延续这场战争的必要性"。在他眼中，这场战争近乎孤注一掷。他确信，"这个国家的自由、这个政府的存亡和欧洲新教势力的安危"，都取决于"战争的成功"。詹姆斯·惠斯顿坚称："要么胜利，要么被奴役。我们不会接受和谈，那只会让英格兰之名永远蒙羞。一句话，英格兰和法国，只有一个能够保持荣光。如果他们崛起，我们必然衰落。"约翰·卡里声称，他写关于贸易的论文完全是为了推动战争。他知道，这场战争的成败，"决定宗教、自由和财产的安危，这既包括（威廉三世的）臣民的，也包括欧洲其他新教势力的"。弗朗西斯·布鲁斯特同样坚持必须打败法国人。他指出："三十多年来，我们的贸易面临的威胁始终是法国人，事实上，世界没有一个国家能像他们那样与英格兰激烈竞争。"[57]

　　光荣革命由此导致了一场政治经济学革命，这也是许多人想要的。詹姆斯二世奉行财产是大自然恩赐的经济理念。按照这样的理念，世界上的财富必然有限，想建立帝国就得夺取其他国家的土地。因此，东印度公司做了万全准备，只为打败荷兰和莫卧儿帝国，建立庞大的新英格兰帝国版图。革命之后，特别是1694年之后，辉格党人及其政治经济学理念在政治上取得了优势。辉格党人认为，英格兰的前景在于成为一个制造业而非农业社会。许多辉格党人支持过东印度的私商，他们认为财富是人类努力创造的，具有无限的潜力。虽然这些政治经济学的思想家、作家和践行者最初聚焦于打破商业专营权，尤其是东印度公司的专营权，但他们很快就把重点转移到创建国家银行。因此，政治经济学革命是金融革命的先决条件。他们在着手建立国家银行的同时，也着手利用商人的知识，制定国家政策，提出修改税收政策，促进最有价值的经济领域的发展，也就是制造业。根据这一观念，英格兰真正的竞争对手不是像联合省那样专攻运输贸易的国家，而是像法国这样的、利用有害的政治手段来跟英格兰制造业抗衡的大国。这种新的政治经济学的支持者更关心创造财富，而不是奢侈的腐蚀作用。他们不像古典和文艺复兴时期的一些思想家那样，执着于绑定政治人格与不动产。相反，他们认为，生产和消费的无限循环之中的财富流通对于维护英格兰的国家完整和身份认同至关重要。

※　※　※

新的政治经济学没有一统意识形态。原东印度公司的捍卫者仍在一定程度上将该公司保留为托利党据点，尽管依据的是不一样的宪法原则，而且他们发动了一场漫长而强大的反英格兰银行运动。不过，这场运动的意识形态内核并非基于古典或文艺复兴时期的假设。托利党人并不认为银行和资本主义跟共和原则水火不容。相反，他们将奉行农业经济与严厉抨击银行的政治影响结合起来。托利党人控诉银行，不是因为银行威胁到共和，而是因为国家信贷银行促进了共和国的发展。

"有三种人，无论他们的利益和脾性差别多大，都……一致反对这项（银行）事业，"这个新机构的一位支持者指出，"詹姆斯党人担心这会削弱他们的法国君主，还有高利贷者和货币经纪，第三种人通常是那些没钱参与贸易的人。"这一观点刻薄而夸张，但并非全无道理。托利党人和詹姆斯党人立即批评这家银行。诺丁汉伯爵只是其中表现突出的托利党人之一，他谴责新银行"有害公众利益"。狂热的辉格党人、索尔兹伯里主教吉尔伯特·伯内特指出，"政府的所有敌人"都"激烈"反对银行。托利党人显然认同爱德华·西摩爵士，后者认为英格兰人应该"永远都不要承担我们祖先没有承担过的重负"。[58]

新成立的英格兰银行接受任何形式的存款，支付利息，并想方设法鼓励制造商，这就令反对者不得不有所行动。托利党人总是不愿意支持那些有利于拥有流动资本的提议，现在他们开始支持土地银行方案。不同于英格兰银行，国家土地银行希望发展的客户群体显然是地主。关键在于土地银行的四个主要人物正是乔赛亚·蔡尔德爵士、他的妹夫托马斯·库克爵士、托利党的东印度商人约瑟夫·赫恩爵士和托利党金融家约翰·布里斯科。18 世纪的经济作家亚当·安德森确信，"推动"土地银行方案的"基本是托利党人"。土地银行方案的支持者需要到财政部做陈述，他们选择了托利党人托马斯·米尔斯爵士来做发言人，"他的演讲文采飞扬"。一位学者证明，敌人眼里的英格兰银行"本质上是反农业的，并且过于亲近商业势力和日益壮大的资产阶级"，而且"它看起来是金融革命的先锋，这场革命正在推动土地经济转变为商业经济，目的是降低土地价值，提高利率，争取更多贵族支持战争，有效地增强战争利益集团对国家财政和政策的控制"。毫不奇怪，土地银行的支持者也致力于"和平政策"。难怪辉格党人查尔斯·蒙塔古相信，土地银行的支持者"除了做国王的生意，还有别的用意"。托利党人联合原东印度公司的所有支持者，在 1696 年获得了建立土地银行的法定批准。但该计划很快"彻底失败"，因为商人群体拒绝认购银行股份。[59] 尽管议会仍有农业政治经济学的拥趸，议会外面的支持者却很少。

古典和文艺复兴时期的资本主义批评者很可能支持以农业为基础的土地银行，以此作为英格兰银行的替代方案，这样在政治上靠得住，也能遏制日益繁荣的商业经济的腐蚀。但他们绝不会赞同另一个抨击英格兰银行的角度。银行提案被递交议会讨论，对此，下议院的讨论只留下简略记录，而在上议院，我们知道托利党人哈利法克斯侯爵、诺丁汉伯爵和罗切斯特伯爵是"最直率的"批评者之一。主要的反对意见是，"这将削弱王家权威，因为银行只适合共和国"。这不是少数有权有势但意识形态幼稚的贵族的怪异观点。托利党的宣传活动经常提出类似的反英格兰银行论点。一位批评者指出，"细察""这些支持银行的狂热分子和部分银行管理班子的成员"的名字，就能看出这些人"从来没有明显地偏袒王权，这么说很公平"。另一位银行的反对者运用托利党人抨击辉格党的传统套路，将银行支持者描述为"谋私利的派系"。银行的反对者认为这样的社会结盟不难预见，因为银行不可避免地与共和政府联系在一起。另一位论战者担心，"迄今为止，所有国家银行都是共和国特有的，这对政府体制不太有利；银行与共和制相衔接的模式也不会对王室产生正面影响或者跟君主制宪法保持一致，要么国王吞并银行，要么银行取代国王"。许多银行的反对者错误地指出，这种模式"源于荷兰"，即奥兰治的威廉的共和国故乡。经历了光荣革命之后，这样的控诉很有政治意味。银行与共和制的联系早已众所周知。"多年来大家一直都在议论和期待银行和公债的性质和用途，"一位秉持公正立场的银行支持者回忆，"但与此同时，我们的高雅的政治家一直向我们保证，没有共和制，我们永远都不会考虑在英格兰建立银行。这种观念如此深入人心，以至于任何人只要看法不同就会受到嘲笑。"大家还在说，"在英格兰建立银行必然会改变政府，因为这等于把国家的资金交到臣民手里，这些人自然会而且肯定总是会站在民众一边，不知不觉中改变了教会和国家"。银行的支持者没有做些什么来缓解这些传统托利党人的担忧。有人反应强烈，"那些不允许在这里设立银行的政客（因为这里不是共和国）对英格兰宪法误会很深，因为，直到查理二世时期，没有人羞于称英格兰为共和国"。[60]

回顾银行引发的论战，可以看到怪异的论点组合。银行的反对者完全没有沿袭古典和文艺复兴时期的资本主义批判，反而双管齐下。首先，他们认为，国家银行会改变英格兰社会的根基，使其从依赖土地变成依赖制造业。非常重要的一点是，首先提出这一分析思路的不是罗伯特·莫尔斯沃思或约翰·特伦查德那样的激进派辉格党人——他们都支持英格兰银行，而且强烈支持发动大陆战争的辉格党计划——而是乔赛亚·蔡尔德和他的托利党东印度公司的朋友。其次，银行的反对者始终坚称，国家银行会令英格兰变成共和国。这一说辞与古典和文艺复兴时期的共和传统背道而驰。古典和文艺复兴时期的思想模式无助于理解革命之后的政治经济学。

※　※　※

英格兰在 17 世纪末进入惊人的经济增长期。欧洲大陆的大部分地区都在遭受经济衰退和去城市化之苦，而英格兰的经济增长速度依旧可观。正是在这一时期，英格兰经济与欧洲模式分道扬镳。在海外贸易发展的刺激下，英格兰的城镇变得更大更繁荣，其经济基础设施，从道路、邮政服务到运输网络，都大有提高，而且英格兰人民享受到一系列全新的消费设施。英格兰社会和经济的这些转变让英格兰政治家开始畅想并实施庞大的现代国家改良计划。

英格兰在 17 世纪末进入国家建设计划的时代。丹尼尔·笛福在《论规划》里指出："过去没有一个时代在贸易事务和公民政治的规划和创造上，达到我们这个时代所实现的高度。"笛福明确表示，他所说的规划指的是努力"改善大众福利的措施，这有助于促进贸易和穷人就业，加快王国公债的流通和增长"。这些都不仅仅是创造。笛福解释说："按照现代的说法，规划的真正定义是一项巨大的事业，大到无法管理，所以很可能颗粒无收。"规划是只有到了现代才能实现的、促进公共利益的政治经济计划。正因如此，笛福"将如今流行的规划风气最早追溯到 1680 年，它在诞生之初如同怪物，但在内战后期就已逐渐萌芽"。[61]

笛福相当清楚 17 世纪末英格兰政治经济学争论的本质。大约在王位排除危机期间，英格兰政治争论的性质发生了根本的转变。[62] 英格兰没有变成一个世俗社会。英格兰人仍然争论继承权、王权的性质、国家与灵魂救赎的恰当关系。但在 1680 年前后，政党政治家的确将人民的世俗福利问题纳入核心议题清单。笛福准确地意识到，17 世纪 40 年代和 50 年代，贸易规划已经成为政治议题。然而，在这二十年，乃至 60 年代和 70 年代，有关政治经济学问题的辩论变幻莫测。我们不一定能够从中看出其他政治倾向。不过，从 17 世纪 70 年代中期未来的辉格党人大批离开王家非洲公司开始，到 80 年代初乔赛亚·蔡尔德清洗东印度公司的辉格党人，政治经济学倾向与其他政党政治议题越来越紧密地结合在一起。到 17 世纪 80 年代，辉格党人和托利党人在政治经济学愿景上的分歧，就像他们对教会和国家的看法不同一样明显。

历史学家深信，就本质而言，1688—1689 年革命事关继承、宪法或宗教问题，但他们忽略了 17 世纪末英格兰活跃而意义重大的政治经济学讨论。这些讨论出现在贸易公司委员会会议室、下议院和上议院、交易所，以及散布在英格兰各地的酒馆和咖啡馆，既构成 1688—1689 年事件的前奏，又对其产生了深远的影响。为这些历史学家所忽略的政治经济学革命，实际上是许多 1688—1689 年革命者有意为之的结果。

在 17 世纪 80 年代和 90 年代，政治经济学之争的双方不是自由论资本家和反对资本的新古典主义者，也不是重商主义者和自由贸易商人。论战双方都致力于促进公共利益而不是个人所得。论战双方都确信公共利益或国家利益在概念上并不等于英格兰人民的个人利益的总和。同样，英格兰银行的支持者和反对者都笃信政府需要干预经济的观念。17 世纪的自由贸易倡导者既激烈反对王家特权建立的独家对外贸易，又坚定地拥护国家支持的国家银行和累进税制方案。

政治经济学讨论并不像一位学者所断言的那样，只是一门"可以用来描述和解释三大王国关系"的学科。政治经济学的主题不是"英格兰、爱尔兰和苏格兰的三角关系"的管辖权争端。[63] 政治经济学争论的核心是英格兰的经济特性及其与欧洲和东西印度的关系。与爱尔兰和苏格兰的适当关系的争论当然也有影响，但这些讨论的大背景是英格兰与法国和联合省、与东印度群岛和美洲的关系。

在这场深刻影响了 1688—1689 年革命及其后果的辩论中，对立双方其实分别把财产当成自然造物和人类努力的结果。乔赛亚·蔡尔德爵士、詹姆斯二世的宫廷和众多托利党人都笃信农业政治经济学。他们假定了一个商业交易的零和世界，而随之而来的结果必然是支持在印度的领土帝国主义和对荷兰的战争。革命后，蔡尔德和他的托利党盟友反对建立银行，因为这会把英格兰变成一个基于可流动财富的制造业社会，最后把英格兰变成一个共和国。

反对这种农业政治经济学理念的辉格党人同样发展出了缜密的社会环境描述。他们认为，财产是人类劳动的成果，具有无限的潜力。英格兰未来财富和国力的关键在于制造业，而非土地。所以总体而言，他们对东印度公司的贸易持批评态度，认为其进口的制成品与英格兰产品构成竞争关系，同时又没能将英格兰制成品销往国外。他们也不认为对荷兰开战有什么意义，因为根据财产的定义，两国都有丰富的潜力，可以享受无止境的经济繁荣。最重要的是，他们致力于建立一个基于流动性财富的国家银行，只有这样的银行才既能为意识形态上迫在眉睫的英法冲突提供资金，又能保障货币的正常流通。他们认为，货币流通起来，才能保障英格兰制造业的发展。大多数辉格党革命支持者并不颂扬不道德的、追求利润的个人主义者。相反，他们歌颂英格兰民族的参与式政治和丰富的社区文化。

17 世纪 90 年代，政党的政治忠诚度很不稳定，但这两种意识形态愿景与托利党和辉格党的分歧密切相关。东印度公司和土地银行的支持者大多是托利党人，原东印度公司的批评者和英格兰银行的股份认购者则以辉格党人为主。农业政治经济学理念的支持者对加入大陆战争深表质疑（他们更倾向于海洋战略），制造业经济的倡导者则热心支持在欧洲对抗路易十四。

辉格党人取得了被称为"金融革命"的政治经济学成果。辉格党人决心取缔王家非洲公司和东印度公司，不是因为他们反对政府干预经济，而是因为他们认为这些机构正在破坏英格兰的制造业。辉格党人想用土地税取代壁炉税，不是因为他们想限制征税，而是因为他们希望税收政策有利于制造业社会。托利党人想建立领土帝国和土地银行，不是因为他们是资本主义的批评者，而是因为他们认为领土大小才是经济发展的真正限度。

考虑到辉格党与托利党在17世纪80年代和90年代的意识形态两极分化，新辉格党社会科学家认为革命之后各方曾经达成政治共识以建立旨在保障绝对产权的制度，这一观点是错误的。新的宪法保障并不存在。辉格党人科利·西伯认为1688—1689年的事件没有创造新的权利，没有提出新的宪法保障，只是"认可了"那些已经存在的权利保障，这无疑是对的。事实上，在保障财产权的方面，1689年《权利法案》所提出的，1653年12月建立克伦威尔共和国的政府文书都提到了。该文书与《权利法案》一样，是暴力废黜在批评者看来犯下不负责任行为的君主的直接产物。17世纪50年代与90年代的区别并不在于是否存在政治机构或可靠的承诺，而在于90年代的大陆反法战争得到了辉格党及其商业盟友的鼎力支持。作为对照，在50年代，克伦威尔对西班牙的战争几乎没有得到商人群体的任何支持。17世纪50年代与90年代的区别在于世纪末出现了一个能够建立资助对外战争所需机构的政党。促成英格兰金融革命的是党派纷争，而非政治共识和理性谈判。[64]

1688—1689 年革命是激烈的、多层次的政党冲突的结果。辉格党对其政治对手取得了彻底而艰难的胜利，然后启动了 17 世纪 90 年代的经济计划，即所谓的金融革命。他们的经济纲领不是妥协。他们试图革除和削弱敌人的政治经济机构——首先是原东印度公司和王家非洲公司，接着是 1696 年的土地银行。创立和扶持英格兰银行的是辉格党人，这就是为什么在辉格党主导威斯敏斯特政治的时期，"债务偿还的信用有所提高"。[65] 如果托利党在 1696 年成功地用土地银行取代了英格兰银行，英格兰很可能会走上一条很不一样的经济道路。[66] 从 1689 年到 18 世纪 20 年代罗伯特·沃波尔爵士上台，大多数辉格党人仍然笃信他们的政治经济学纲领，认为财产是人类劳动创造的，并支持英格兰制造业的发展。正是因为沃波尔在 18 世纪 20 年代和 30 年代开始抛弃辉格党的政治经济学原则，反对派辉格党人才会如此猛烈地攻击他。在这些人看来，1733 年的消费税危机并不只是一次政治误判。反对派辉格党人认为，沃波尔为了增加收入，打算对消费品征税，并降低土地税，这意味着抛弃革命期间确立的政治和经济原则。

　　紧接 1688—1689 年事件的政治经济学革命是政治激进派和经济激进派共同努力的结果。他们在政治上成功建立了金融机制，让英格兰能够以过去难以想象的规模进行大陆战争，对抗过去从未见过的野心勃勃的强敌。他们在意识形态方面同样成就显著。在他们的推动下，政治经济学问题成为人们关注的焦点。托利党和辉格党都不得不完全接受自己意识形态承诺的金融和商业影响。对辉格党来说，这意味着发展金融机构，采取能够支持全面大陆战争的税收政策。对托利党来说，这意味着除了采取海洋外交政策，还要投入海外领土帝国建设，维持英格兰的一流强国地位。1688—1689 年革命是两个相互竞争的现代经济纲领的共同转折点。辉格党赢下 17 世纪 90 年代的政治角逐，但他们没有获得绝对优势。托利党政治经济学一直不乏支持者。事实上，可以说托利党人在 18 世纪 60 年代和 70 年代重新占据了政治上风。

第十三章

教会革命

"宽容法"纪念章，1689 年。议会在 1689 年通过《宽容法》，给予新教非国教徒信仰自由。这枚纪念章纪念了这一法律，将其视为英格兰权利扩大的关键时刻

　　查尔斯·莱斯利出生于爱尔兰，是拒绝向威廉和玛丽宣誓效忠的克拉赫主教的儿子，而吉尔伯特·伯内特是苏格兰的一位清教徒律师和虔诚的长老会母亲所生的孩子。两人几乎没有什么共识，可是他们都确信，威廉和玛丽改变了英格兰主教团和英格兰教会的意识形态基调。莱斯利在 1694 年怒斥："我们发现有些新任主教以前是狂热的传道士；还有一些人，数量跟我们一样，但对教会最不热心，在理解非国教徒和豁免我们的礼拜形式和纪律的问题上最放任自流。"索尔兹伯里的威廉派主教伯内特反驳说："在过去两年，国王提名了十五位新主教；大家都认为他们是教会中最博学、最明智、最优秀

的人。"尽管这些人"既有温和的原则，又有冷静的性情"，但连伯内特都不得不承认，革命之后的教会"分裂"成了激烈对立的"高教会和低教会"两大派别。按照伯内特的说法，这些新主教已经成为低教会派的领袖。[1]

当时的说法是 1689 年后发生了一场彻底的变革，这与学术界的看法截然不同，后者坚称革命几乎没有触动英格兰教会。如果 1688—1689 年革命是宪法的一次微小调整，那么英格兰教会几乎不会受到触动的观点是很合理的，这正是 17 世纪末历史学家的主张。关于 17 世纪后期的教会，有一派人认为英国国教内部存在着深刻的分歧，但又坚称威廉和玛丽最初的主教任命并不代表着教会在意识形态或政治问题上的新方向。亨利·霍维茨认为，新君主"在教会事务上越来越依赖诺丁汉（伯爵）的建议"。可想而知，托利党国教徒诺丁汉伯爵选择了他自己支持的人。教会历史学家 G.V. 本内特指出，"革命过后两年，主教和主任牧师职位都出现了从未有过的大量空缺"，大体而言，"这些职位都落入了温和的托利党人手中，他们是真正杰出和博学的人"。[2]

其他学者则否认英格兰教会内部存在任何有意义的意识形态差异。他们因而强调革命前和革命后的教会延续性。杰拉尔德·斯特拉卡认为，从国教的角度来看，"革命没有背离传统，反而恢复了真正君权神授的新教君主制，回到了伟大的举国团结一致的伊丽莎白时代"。托尼·克莱登近来将革命后的宗教改革计划描述为建立在"早期新教世界观"之上的"神学的中间地带"，这无疑是一种对辉格党和托利党都很有吸引力的观念。[3]

这批学者强调了教会在革命之后没有变化的两个重要方面。首先，他们坚称革命之后英格兰教会的政治观没有明显的突变。J. P. 凯尼恩断言："英格兰教会仍与君权神授有着至为紧密的联系。"乔纳森·克拉克指出，英格兰教会反对政治抗争，这样教士就能在加尔文教义和罗马天主教的教义之间取一个折中点。"英格兰教会的不反抗教义"——这在革命前后都有所阐述——"处在两边教派提出的反抗理论的中间地带。这是一种温和的教义，所以受到许多辉格党人和托利党人的欢迎"。约翰·马歇尔和克雷格·罗斯等学者曾经指出革命之后形成了特殊的国教理念，但连他们都坚持认为，新的主教团几乎没有什么政治特色。约翰·马歇尔坚称："国教教士团一致反对驱逐詹姆斯，而且英格兰教会很少有教士公开支持驱逐。英格兰教会几乎所有教士都反对任何形式的武装反抗。"宗教自由派曾被怀疑持有更加激进的政治观念，却"不遗余力地鼓吹不抵抗"。克雷格·罗斯描述 1688 年之后入选的"新主教"，称他们"在任何严肃意义上来说都不是辉格党人。他们很多是拥护温和托利党学说的诺丁汉伯爵的亲密伙伴，而且可能跟他一样坚信辉格党人企图瓦解国教"。[4]

其次，那些主张教会统一而非分裂的人声称，革命后的教会仍然坚决反对宗教宽容。这些学者认为，革命之后的许多主教都是所谓的宗教自由派，但不应因此就忽略他们憎恶异端的本质。他们支持包容，支持扩大英格兰教会来容纳最温和的非国教徒，同时也痛恨分裂，维护宗教迫害。理查德·阿什克拉夫特说："国教徒在复辟政治的框架内提出了包容政策（policy of comprehension），试图以此挫败宽容政策（policy of toleration），同时将起诉宗教异端的做法合法化。"在这样的背景下，宗教自由主义者只是"这场迫害不从国教者的战争的突击部队"而已。乔恩·帕金注意到约翰·蒂洛森和爱德华·斯蒂林弗利特，这两位革命后的主教都是宗教自由派，都"强烈反对宗教宽容"。乔恩·帕金因而坚称，"包容和宽容是一组相互排斥的概念"。根据托尼·克莱登所说，蒂洛森和革命后另一位著名的主教西蒙·帕特里克"一起为国教一统国家教会辩护，并未过分同情异端"。[5]因此，在这些学者看来，革命后的英格兰教会戮力一心、不容异己、迫害异端。

根据这些观点，威廉和玛丽最初接受了温和的托利党国教理念，同时英格兰教会内部存在着强烈的基本共识，对此我并不认同。我认为在 1688—1689 年事件之后，主教团奉行的意识形态和宗教理念都发生了一次革命。在革命之前，国教教士远谈不上团结，他们在许多问题上都有严重的分歧，这在詹姆斯二世统治时期变得越来越明显。这些分歧导致我们很难用非国教徒和国教徒的简单划分来描述革命前的宗教派别。这些分歧也清楚地表明，用"不可渗透且内部团结的宗教身份"这样的术语不足以描述该时期。身份政治无法令人理解 17 世纪末的政治和宗教分歧。从 1689 年到 1692 年，威廉和玛丽用一系列主教任命和调动表明，新君主致力于支持某个特定的意识形态派别。尽管用"宗教自由派"来形容革命后的主教团可能过于狭隘——他们既没有共同的剑桥背景，也没有特别的神学观点——但这些新主教显然是低教会派。这些教士的社会关系、意识形态观念和政治行动表明，教会领导层大都奉行辉格党式政治、包容和宽容。[6]

※　※　※

1689 年初，约瑟夫·希尔向同为温和派国教徒的威廉·特朗布尔爵士哀叹道："可怜的英格兰教会又没戏了。"詹姆斯二世的统治和他的最终倒台对英格兰教会来说确实是个困难时期。在约克公爵陷入王位排除危机的艰难日子里，主教们始终维护詹姆斯的权利。危机过后，教会及其主教阐明了他们信奉的理念。查理二世于 1681 年成立了教会晋升委员会，由坎特伯雷大主教威廉·桑克罗夫特担任负责人，委员会更青睐的主教团人选是那些"深信君权神授式君主制的彻底的国教徒"，是那些支持桑克罗夫特高度仪式化和不容异己的教会改革计划的人。[7] 包括新任伊利主教弗朗西斯·特纳在内的这批人坚定地支持君权神授和激进而统一的国家教会。他们坚持政治和宗教统一。

　　尽管查理二世竭尽全力为詹姆斯二世的登基做准备，但很快就能看出，长期激烈反对宗教异端的主教团并不打算支持詹姆斯二世的《宽容宣言》。詹姆斯不久就感到必须选用一批奉行不同意识形态的新教士。1686 年成为切斯特主教的托马斯·卡特赖特是"这批神职人员的代表，他们关于王权的神学观点几乎或者完全没有提到实在法*或人类机构在国家政治生活中的作用"。倾向于辉格党的教士威廉·登顿评价，卡特赖特"以其布道而闻名，他极力吹捧专制权力，因此暴得大名"。其他受到国王青睐并坚定不移地支持其政策的人包括圣戴维兹主教托马斯·沃森、达勒姆主教纳撒尼尔·克鲁、牛津主教塞缪尔·帕克，以及帕克在牛津的继任者蒂莫西·霍尔。[8] 这些人在任何情况下都相信王权绝对主义，但他们愿意忍受主人对良心自由的有限支持。他们就像高卢派天主教士一样支持詹姆斯二世，呼吁主动而非被动的服从。

　　两派神职人员几乎马上就显露出他们的个人和意识形态分歧。切斯特、牛津、圣戴维兹、达勒姆和罗切斯特（托马斯·斯普拉特）的主教决定在 1687 年 4 月向他们的国王递交呈文，感谢他的《宽容宣言》，查理二世任命的诸位主教对此愤怒不已。坎特伯雷大主教威廉·桑克罗夫特写道："递交呈文必然引发教士内部的严重分歧，要么产生新的裂痕，要么扩大旧的裂痕，而这本来就够可悲的。"许多教士支持他们的大主教和他对分裂的谴责。伦敦的长老会教友罗杰·莫里斯记述："有些教士说，这些在呈文上签名的主教是英格兰教会的叛徒，是托利党人，自己与他们没有任何关系。我不知道伦敦有哪个神职人员也签了名。"在詹姆斯二世统治的剩余时间里，桑克罗夫特及其在主教团的朋友以各种想得出来的方式表达了他们对卡特赖特、克鲁、帕克和沃森的厌恶。1688 年 6 月，包括桑克罗夫特在内的七位主教

---

*　相对于自然法的概念，指人为制定的要求或阐明某种行为的法律。

因反对詹姆斯的第二份《宽容宣言》而受到审判，而卡特赖特、克鲁和沃森没有向他们的教友提供任何支持。这些分歧真实而根深蒂固，关键在于他们心里有多重视奉行绝对君主制和厌恶分裂。无论是桑克罗夫特的追随者还是卡特赖特的支持者，都不愿意支持政治抗争。无论是呈文的支持者还是反对者，都不希望出现一个更广泛或更宽容的教会。[9]

废黜詹姆斯二世于事无补。尽管主教们对威廉阻止了詹姆斯二世的天主教化政策感到欣喜若狂，但他们无法忍受任何超越被动服从的举动。桑克罗夫特曾"抵制詹姆斯国王，对他的儿子始终视而不见，也不会表现出最起码的礼貌"，现在他拒绝"向奥兰治亲王表示最起码的尊重"。桑克罗夫特只是退出了公共生活，其他主教则大多在1688年12月和1689年的头几个月密谋和煽动反对新政权。罗杰·莫里斯认为，他们的"计划"是"将一切还原到1662年到1688年的样子"。这些主教希望回到的世界是一个教会铁板一块、不容异己的世界，是教会得到权力由神授予、统治不可侵犯的世袭君主全力支持的世界。这显然是不可能的。威廉和玛丽一成为国王和女王，爱德华·哈利就注意到，"许多主教从上议院隐退，（并）声称他们不会宣誓效忠"新政权。果然，二十七位英格兰和威尔士主教中，只有八位向威廉和玛丽宣誓效忠。[10]这些主教退出上议院后，很快又有四百名教士拒绝宣誓。

然而，拒绝宣誓效忠者的道德坚定和文学成就导致许多人高估了他们的重要性。英格兰有一万名教士，其中绝大多数都参加了宣誓，这比1662年的占比大得多。当时大部分人都觉得教士阶层绝对认同新政权。德比郡的高教会派威廉·布思比爵士说："教士很少（只有一两个）拒绝宣誓。"拒绝宣誓效忠者查尔斯·特朗布尔哀叹："与那些已经宣誓的人相比，拒绝宣誓的只是少数。这是一个很好的例子，充分体现了我们的软弱和脆弱，体现了我们在多大程度上受到对受欢迎

的渴求、反对罗马天主教的态度和世俗利益的影响，这些都有违我们
教会的教义和我们许多成员过去在论文和布道中的公开声明。"一个
更客观、更少私人情绪的人可能会说，英格兰的教士阶层没有追随他
们主教的领导。这证实了一位宗教历史学家的说法，17 世纪 80 年代，
教士中的"异见者就在堂区和教堂生活之中，从未走远"。[11]

拒绝宣誓效忠者最终被免职，加上其他一些主教过世，这给了威
廉和玛丽机会重组主教团，他们或许还能利用革命前教会内部就在酝
酿的不和。从 1689 年到 1692 年，两位新王召集了十八个人来填补空
缺的主教席位。[12] 这些人会是温和的托利党人，并且实施诺丁汉伯爵
及其温和的高教会派伙伴的宗教政策吗？还是说他们只是延续了那些
被免职和已故的教友的做法和政策？抑或这些新主教采取了一种新的
独特教士风格，并以此来改变英格兰教会？

※ ※ ※

修正派学者声称革命后的主教推崇温和的托利党政治观，依据主
要是对这些主教所处社会网络的分析。新政权任命的许多主教都与芬
奇家族来往密切，后者是名副其实的托利党人和高教会派，这无疑增
强了这一说法的可信性。然而仔细观察，我们可以看到革命后的主教
都有广泛得多的个人交往，这体现了一种非常不同的教士风格。

毫无疑问，芬奇授予的圣职很多，而且都很重要。在担任副总检
察长、总检察长、掌玺大臣乃至大法官期间，赫尼奇·芬奇经手了许
多教会职务的任命。芬奇任用爱德华·斯蒂林弗利特、约翰·蒂洛森、
理查德·基德尔、约翰·穆尔、托马斯·特尼森和西蒙·帕特里克等
人，显然是他的牧师约翰·夏普的主意——这些人在革命之后都成了
主教。芬奇死后，他的儿子诺丁汉伯爵丹尼尔仍然维持着与这些日渐
显赫的年轻教士的家族联系，但是这种联系的意识形态意义被夸大了。

例如，大法官芬奇任命理查德·基德尔为诺里奇的受俸牧师时，他从来没有见过这位教士。影响这位大法官任命的似乎是他的牧师的社交圈子，而不是他的政治倾向。吉尔伯特·伯内特谴责赫尼奇·芬奇，称其"在上议院的所有辩论中都为宫廷"说话，但他认为芬奇"非常谨慎地"挑选"合适的人"领受"圣俸"，值得称许。[13]

革命之后的许多主教都是芬奇圈子的成员，他们同样活跃在其他宗教和政治色彩迥异的人际网络里。爱德华·斯蒂林弗利特以罗尔斯礼拜堂传道士的身份"进入"伦敦社交界，他能得到这一职位，需要感谢前长老会议员哈博特尔·格林斯通爵士，后者当时是掌卷法官。斯蒂林弗利特离职之后，格林斯通一度任命理查德·基德尔为罗尔斯教堂的传道士。此后，格林斯通不顾高教会派约瑟夫·威廉森爵士的严厉反对，任命吉尔伯特·伯内特接替基德尔。伯内特后来兴奋地说，"（哈博特尔·格林斯通爵士）对我有知遇之恩，唯有铭感不忘，终身效劳，才能报答一二。"[14]

贝德福德伯爵和埃塞克斯伯爵，以及他们的家族，都与议会派和后来的激进派辉格党人来往密切，他们也为革命之后的几位主教的事业出了大力。贝德福德伯爵在1662年给西蒙·帕特里克提供了考文特花园圣保罗堂区的职位。1664年，"教会的真正朋友"埃塞克斯伯爵支付了理查德·基德尔在埃塞克斯的当年俸金。约翰·蒂洛森和吉尔伯特·伯内特都与罗素家族保持密切联系。伯内特称赞罗素勋爵威廉，"对真正的宗教和其他美德充满热诚，这些美德自宗教改革以来，就一直为贝德福德这个高贵的家族增光添彩，王国的大多数家族都有所不如"。罗素勋爵因为参与拉伊宫阴谋而被判处死刑，临刑之前蒂洛森和伯内特一直照料着他。两人都与罗素勋爵的遗孀蕾切尔·罗素保持密切联系。蒂洛森向罗素夫人致以慰问，并就革命后的教会事务咨询她的意见。伯内特刚到联合省就被介绍给奥兰治亲王和王妃，这在一定程度上得益于罗素夫人的推荐。鉴于其与辉格党家族的密切关系，伯内特指示罗伯特·玻意耳把他即将出名的游记的第一份手稿交给埃塞克斯和罗素夫人，也就不足为奇了。[15]

几位革命后的主教与伟大的自然哲学家罗伯特·玻意耳过从甚密。玻意耳虔诚信教，一辈子都是英格兰教会的领受圣餐者，但他也因"温和对待那些与我们意见不合的人"而闻名。玻意耳的一位同时代人指出："如果说他在哪个方面立场鲜明的话，那就是反对他认为不道德的迫害。"玻意耳与高教会派来往不多，但他会向伯内特、基德尔、特尼森和斯蒂林弗利特倾诉心声，"对于他们渊博的学识和可靠的判断力，他始终给予最高的评价和尊重"。当然，玻意耳最亲近的教会中人是"被他称为他的告解牧师"的林肯主教托马斯·巴洛，这是事实。巴洛的宗教观念或许是守旧的，但他与辉格党政治牵涉极深。王位排除危机期间，他是约克公爵的"死敌"，也是革命的热心支持者，据说"没有哪位主教比他更乐意为那些拒绝宣誓的主教教区教士提供职位"。[16]

沙夫茨伯里伯爵的前秘书、辉格党辩论家约翰·洛克也与许多支持威廉的主教关系密切。洛克终身都是英格兰教会的圣餐领受者。他与理查德·基德尔和威廉·劳埃德素来交好。尽管他与伯内特的个人关系较为疏远，但他深深钦佩这位索尔兹伯里的威廉派主教的宽容信仰和牧灵风格。洛克和格洛斯特的威廉派主教爱德华·福勒尤其亲近，后者在这位哲学家过世之前曾经探望过他。洛克曾与革命之后的坎特伯雷大主教约翰·蒂洛森交换书籍，并将朋友托付给他。蒂洛森死后，洛克为"这位杰出而率直的真理探索者"、"结识多年的忠实、率直而真诚的朋友"痛惜不已。洛克当时向他的知己菲利普·范林博斯解释："我再也找不到人自由地探讨神学疑问了。"[17]

如果说许多威廉派主教都得到过高教会派托利党人芬奇家族的举荐，那么他们与著名的辉格党人和宗教宽容的倡导者至少有着同样多的重要关联。事实上，威廉派主教在明显不合时宜的情况下，仍然与这些辉格党人保持联系，这只能说明他们的意识形态倾向，而不是他们愿意接受那些查理和詹姆斯治下的当权者的提拔。

对大多数革命之后的主教来说，教士同道是他们最主要的社交关系和智识联系。伯内特是威廉任命的第一位主教，当他在 1662 年从家乡苏格兰来到伦敦时，他"很容易就接受了宗教自由派的观念"。尽管学者质疑"宗教自由派"一词的含义和使用，但是伯内特从广义的角度来理解它。长老会神学家理查德·巴克斯特描述这群剑桥大学出来的人，说他们秉持一系列神学原则，是"柏拉图主义者或笛卡尔的信徒，其中许多人还是阿明尼乌派 *"，他们"比其他人更加宽容地看待异教徒和不信教者的救赎问题，有些人则赞同奥利金 † 的灵魂先在说"。相比之下，在伯内特看来，该团体的特征没有那么鲜明，神学色彩更淡。伯内特认为，定义该团体的是立场和友谊，而不是教义或信念。首先，西蒙·帕特里克、爱德华·斯蒂林弗利特与约翰·蒂洛森互相交好。更为重要的是，他们的立场"非常温和"，这显然与时任伦敦主教、即将成为坎特伯雷大主教的吉尔伯特·谢尔顿倡导的不容异己的《礼拜仪式统一法》背道而驰。伯内特的朋友虽然"热爱教会体制和礼拜仪式"，但"并不认为其他生活方式是违法的"。他们"希望能以更温和的方式"对待非国教徒。同时他们"继续与那些观念不同的人保持良好沟通，赞成充分的哲学和神学自由"。[18] 伯内特显然过度强调了他的朋友奉行哲学和宗教多元化的意愿，他们肯定一心认为英格兰教会在所有能建起来的教会之中是最好的，即便如此，他们的风格和倾向肯定与吉尔伯特·谢尔顿大主教那些更狂热更死板的高教会派支持者很不一样。

威廉派主教并不都是剑桥出身。这些人在 17 世纪 60 年代形成的

---

* 得名于 17 世纪荷兰神学家阿明尼乌的一个基督教新教神学流派，反对加尔文的预定论，主张上帝的全权与个人的自由意志并不矛盾。

† 奥利金（185—254 年），神学家和哲学家，基督教早期神父的代表，运用希腊哲学来阐释神学问题，对后世影响很大。

交际圈子也不局限于曾经师从剑桥柏拉图主义者[*]的学生。举个例子，威廉·劳埃德因为威廉三世的命令，从圣阿萨夫主教辖区调任利奇菲尔德主教辖区，接着又去了伍斯特主教辖区。劳埃德是沃德姆学院院长兼切斯特主教约翰·威尔金斯的门徒。威尔金斯"本人恪守"英格兰教会的规定，劳埃德却以"宽厚对待意见不合的人"而著称。安东尼·伍德说他"包容和有限地宽容非国教徒"。谢尔顿与牛津主教、牛津大学高教会派的主要保护人约翰·费尔都厌恶威尔金斯。毫不奇怪的是，威尔金斯与约翰·蒂洛森终生交好，最后在蒂洛森的伦敦家中去世。在威尔金斯的大力提携下，他在沃德姆的学生、继任者、威廉派主教吉尔伯特·艾恩赛德青云直上。艾恩赛德本人可能与约翰·费尔和吉尔伯特·谢尔顿的另一个对手彭布罗克学院院长、布里斯托尔的威廉派主教约翰·霍尔关系密切。[19]

复辟期间，费尔和谢尔顿的对手巩固扩大了他们的交际网络。蒂洛森是威廉派约克大主教约翰·夏普的"密友"之一。他们的关系极为亲密，"并且因为持续多年的密切交流而不断深化"，夏普甚至邀请蒂洛森为他主持婚礼。蒂洛森同样深受基德尔的欣赏。除了蒂洛森，基德尔"从年轻时起"就与理查德·坎伯兰、爱德华·福勒和西蒙·帕特里克"熟络"。帕特里克与托马斯·特尼森同样交情匪浅，并在1680年推荐他担任圣马田堂牧师。在1688年夏那段艰难的日子，基德尔将威廉·劳埃德藏了起来，以保护他免于七主教审判后的国王暴行。威廉进军伦敦期间，劳埃德跟吉尔伯特·伯内特住在一起。诺里奇的威廉派主教约翰·穆尔也把伯内特视为"特殊朋友"。伯内特对爱德华·福勒的评价很高，因而把他推荐给斯蒂林弗利特，让他担任克里普尔盖特圣贾尔斯教堂的受俸牧师。[20]伯内特与劳埃德和蒂洛森

---

*　17世纪除了霍布斯和洛克之外最重要的英格兰哲学流派，他们认同柏拉图主义，赞成笛卡尔，反对繁琐的经院哲学和霍布斯的唯物主义，认为心灵优于物质。

关系很好，他的著作都会"交给他们全面审阅"。[21]

这群低教会派的朋友和伙伴参与了几项截然不同的项目。首先，他们有许多人参与了包容和宽容的计划，这些计划旨在放宽教会成员资格和宽容教外人士。蒂洛森和斯蒂林弗利特加入了约翰·威尔金斯的"包容和有限宽容宗教异见者俱乐部"。1672 年威尔金斯去世后，该俱乐部依然活跃。其聚会地点设在"著名骑墙派和宗教自由主义者赫齐卡亚·伯顿博士在埃塞克斯府的办公室，那里位于圣殿关外，是以伯顿为牧师的奥兰多·布里奇曼爵士的住所"。事实上，塞缪尔·帕克认为，理查德·坎伯兰可能就是说服布里奇曼出面支持包容计划的"高傲而又谄媚的"教士之一。1674 年，该团体与一个非国教徒代表团合作，制定了一项包容计划。计划无果而终，但理查德·巴克斯特后来坚称，"如果该计划成真"，斯蒂林弗利特和蒂洛森"最有可能参与协议"。尽管这个包容和宽容俱乐部的其他成员心怀疑虑，但牛津的高教会派威廉·简后来的调侃清楚地表明，也有其他威廉派主教参与其中。[22]

这群朋友在 17 世纪 70 年代末和 80 年代初更加出色地实现了第二个项目，编写《宗教改革史》。这部历史著作专门针对彼得·海林的高教会派宗教改革叙事。伯内特声称，海林称改革由教士推动，这要么"出于无知，要么受到个人情感的左右"。高教会派自然不会喜欢这部历史著作。桑克罗夫特大主教曾试图阻止伯内特获得关键的手稿，拒绝宣誓效忠者则对出版的成果进行攻击。相比之下，辉格党人威廉·罗素、乔治·萨维尔（在逐渐转向托利党之前）和共和派安东尼·凯克都热情支持该项目。这项"获得普遍赞誉"的"杰出成就"，表面上是吉尔伯特·伯内特的作品，实际上是低教会派的合作成果。托马斯·特尼森与伯内特一起在牛津大学基督圣体学院通读了相关手稿。"以学识渊博而著称的斯蒂林弗利特博士"借了一些"很有价值"的手稿给伯内特。根据伯内特的说法，威廉·劳埃德

"让我把重心放在这项工作上"，"并向我提供了他自己独特的观察资料"。伯内特向劳埃德、斯蒂林弗利特和约翰·蒂洛森提交了他的两部分《宗教改革史》定稿，他们都在对稿件进行了详密的批注后，才给予"充分认可"。[23]

辉格党没能阻止詹姆斯继位，然后在 17 世纪 80 年代初，托利党的反对也没能阻止温和派牧师的聚会和讨论。塞缪尔·帕克在 1685 年的报告称，圣阿萨夫主教威廉·劳埃德是"伦敦骑墙派牧师集团的首脑"。这个"集团"无疑是早先在赫齐卡亚·伯顿办公室聚会的俱乐部的延续，而且很有可能就是伯内特在 17 世纪 80 年代称赞过的、对托利党的过分行为保持克制的那些"值得尊重的杰出人士"。这份荣誉名单上有多位威廉派主教：斯蒂林弗利特、蒂洛森、劳埃德、托马斯·特尼森、约翰·夏普、西蒙·帕特里克、爱德华·福勒和约翰·穆尔等。泰特斯·奥茨后来写道，这些人都是"英格兰教会中清醒而温和的人"，托利党人给他们冠上"骑墙派"的蔑称。[24]

与劳埃德的骑墙派集团相比，低教会派牧师在伦敦发起的演讲、讨论和出版计划更为公开，也更受公众认可。约翰·夏普"利用空闲和闲暇时间"，与其他伦敦牧师"频繁会面商谈"。据夏普的儿子回忆，参加会谈的有蒂洛森、帕特里克和斯蒂林弗利特等人，这些牧师讨论的主题"包括他们自己的信仰，或者他们当中的任何人准备拿到讲坛上讨论的经文段落"。夏普和蒂洛森积极参加周二和周五在伦敦城的圣劳伦斯犹太教堂举行的演讲。这些演讲有"一百多位牧师"参加，他们"通常在结束后立即在附近的牧师咖啡馆聚会，分组讨论"。我们大致可以肯定，除了以上特别提到的人，罗伯特·格罗夫、尼古拉斯·斯特拉特福德、托马斯·坦申、理查德·坎伯兰、爱德华·福勒和理查德·基德尔也经常参与这些伦敦城的牧师的频繁讨论和辩论，从而形成了共同的观念和意识形态立场。1670 年形成的一项出版计划进一步塑造了这一观念，当时"伦敦的几位牧师会面并共进晚餐，打算商讨如何利用他们的牧师职务，更加有效地宣传真正的宗教"。其结果是计划出版一系列"简单易懂"、价格低廉的书籍，"讲述一些误解较深的主题"。这些书都是匿名出版的，但基德尔和帕特里克后来声称自己是参与其中的十六位牧师之一。[25] 因此，早在詹姆斯二世即位之前，伦敦牧师就已经是一个奉行牧灵行动主义（pastoral activism）的紧密社区。

这些伦敦牧师已经意识到了天主教的威胁，他们只是将精力从实用的神学转向了有争论的神学。理查德·基德尔回忆，"他们经常碰面商议"，从而写出了西蒙·帕特里克所说的"几篇小论文"，将英格兰教会与罗马天主教区分开来，并为其辩护。考虑到这样的背景，伦敦牧师能够一致回应詹姆斯二世的第二次《宽容宣言》，也就不足为奇了。正是因为他们的护教学计划获得成功，威廉·桑克罗夫特才会呼吁蒂洛森、斯蒂林弗利特、帕特里克、特尼森、罗伯特·格罗夫和威廉·舍洛克——除了舍洛克，其他人都成了威廉派主教——帮助主教们拟定答复，回应国王要求他们在教堂宣读宣言的命令。[26]

显然，将这些受到威廉和玛丽青睐和调派的人联结在一起的是社交和智识网络，而不仅仅是与芬奇家族的关系。事实上，两位新君主曾就教会事务征求过许多人的意见。在这方面，诺丁汉伯爵没有一人独霸。例如，威廉经常与哈利法克斯侯爵讨论教会问题。哈利法克斯侯爵一直是低教会派《宗教改革史》的拥趸，也是吉尔伯特·伯内特的忠实朋友，在 1688 年以"厚待英格兰教会最有名望的温和派教士，给他们提供主教职位"而著称。威廉和玛丽登基之后，还就教会事务咨询过辉格党人约翰·萨默斯勋爵。影响更大的非约翰·蒂洛森莫属。威廉于 1689 年 4 月任命蒂洛森为国王的专职牧师，对此，蒂洛森的传记作者托马斯·伯奇准确地指出，这一职位"要求他经常陪侍陛下左右"。威廉非常信任蒂洛森，早在 1689 年春天就指定他担任坎特伯雷大主教。威廉派主教的名单就像是一份蒂洛森的好友名单——

其中包括约翰·夏普，众所周知，蒂洛森曾为他说情——这位新任国王专职牧师似乎充分利用他"经常陪侍左右"的优势。国王登基的头几个月，还会经常听取圣阿萨夫主教威廉·劳埃德的意见。克拉伦登伯爵嘲讽劳埃德，说在威廉任命吉尔伯特·伯内特为索尔兹伯里主教之前，他都会让威廉"不得安宁"。夏末，又是劳埃德提议让西蒙·帕特里克担任奇切斯特主教。[27]

但事实上，玛丽女王才是革命刚结束时对圣职授予影响最大的人，她给英格兰教会留下了不可磨灭的印记。玛丽在回忆录中写道，威廉在英格兰的时候，"我只关心"如何"填补主教职位"。蒂洛森大主教去世后，玛丽在自己去世前不久，仍然"对林肯主教（托马斯·特尼森）的事非常上心，这是不可否认的"。特尼森很快被调去坎特伯雷，继承蒂洛森的职位。玛丽在宗教事务上强烈倾向低教会派。她在联合省的经历及其与加尔文教徒威廉的婚姻深深地影响了她的宗教观。詹姆斯二世驻联合省的大使在 1688 年 11 月写道，奥兰治王妃"不止一次亲口告诉我"，对她来说，"英格兰教会和长老会几乎没有什么区别，两个教会的礼拜她都经常去"。时任格洛斯特主教的爱德华·福勒后来回忆，玛丽"能宽厚对待我们当中严格不从国教的人"。1689 年，英格兰的教士没能达成一个既可以扩大英格兰教会，又可以在教会外认可宽容的包容方案，对此女王本人感到"惭愧不已"。玛丽的友谊具有强烈的党派色彩，完全偏向低教会派。玛丽经常查阅伯内特、蒂洛森、坦申和劳埃德的作品，并赞赏有加。相比之下，玛丽认为诺丁汉伯爵"对他的教派来说太激烈了"。她抱怨妹妹安妮与"我们的高教会派和伦敦主教""结党"，认为这些人与安妮一起，"似乎竭力……挑剔现在所做的一切，尤其是嘲笑下午的布道"。[28]

因此，威廉派主教的友谊、社交联系和举荐关系网比他们身上通常贴着的托利党温和派标签广泛得多。他们的人际关系和出版项目无疑体现了与众不同的意识形态立场，这比历史学家所说的"早期新教世界观"或英国国教共识更为复杂，也更具派系色彩。那么，威廉派主教在政治和教会学上奉行的是什么？他们是一个低教会派团体吗？

※ ※ ※

无论学者对于威廉派主教的宗教信仰分歧多大，他们一致认为担任新主教的都是反对政治抗争的人。学者坚称，主教团依然奉行被动服从的原则。这些主教认为革命完全是上帝的旨意。新主教和他们的前任一样，怎么看都不是辉格党人。

毫无疑问，查理二世在 17 世纪 80 年代托利党反扑时期任命的主教和詹姆斯在 1685 年后任命的主教，无论他们在王家特权的范围和迁就宽容的观念上有什么分歧，都一致认为不可能在政治上反抗以世袭神授和君权不可侵犯为根据的统治。培养、训练和提拔了许多高教会派的约翰·费尔写道："我敢肯定，可怜的英格兰教会无时无刻不在通过各种祈祷圣事和宗教义务，将自己托付给它赖以生存的至高无上的权力和仁慈。"根据这一观点，任何正直的人都不会想改变世袭继承的君主制。德文郡东阿灵顿的堂区长埃德蒙·埃利斯写道，"没有人会支持王位排除，除非他首先反出"英格兰教会。罗切斯特主教托马斯·斯普拉特对拉伊宫阴谋的谴责传诵一时，里面提到，如果英格兰有人感到他们的宗教或财产受到詹姆斯二世统治的威胁，"就让他们好好回想一下，相同的反对先王的埋怨和骚乱造成了什么后果，这个著名而古老的君主政体一度面临的最大威胁，难道不是他们自己？他们受到一模一样的蛊惑，沦为宗教和世俗意义上都最低等的奴隶"。[29]

并不奇怪的是，在大多数主教看来，1688 年奥兰治亲王到来是一次重申不反抗和被动服从原则的良机。伊利主教弗朗西斯·特纳在听说威廉的确已经出海后，在剑桥做了两次宣扬"不反抗和被动服从"的布道。接着他在伊利府上召开了几次会议，不少主教和伦敦牧师都来参加。他告诉桑克罗夫特，这些会议的目的是"着手起草反对废黜、选举或破坏继承权的教义主张"。大多数主教都赞同特纳的观点。托马斯·肯后来拒绝宣誓效忠新政权，当威廉的威胁迫在眉睫时，他向老朋友达特茅斯伯爵承诺，"我随时准备为我的君主服务，赴汤蹈火，只要不违背我对上帝和我所信奉的神圣宗教的使命"。奇切斯特的约翰·莱克在伦敦城布道，反对叛乱。伍斯特的威廉·托马斯主教写了一封尖锐的牧函，警告教士不要向新政权宣誓效忠。鉴于意识形态上的坚守，难怪"这些主教一直支持（政府）恢复旧例，请回国王并通过法律将其与教会绑定，从而保障国王的忠诚和主教职位"。[30]

信守被动服从和世袭的神授君权不可侵犯的不仅仅是拒绝宣誓效忠者和未来的詹姆斯党人。许多向新政权宣誓效忠的人都有所保留。他们承认威廉和玛丽是事实上的统治者，但坚称詹姆斯二世仍是他们的合法国王。例如，在詹姆斯登基之前，有两个人似乎铁定成为主教：威廉·简和罗伯特·索思。简是牛津大学的神学钦定讲座教授，曾经策划起草了臭名昭著的1683年牛津法令，谴责一切鼓动反抗君主的书籍。革命后，他成了以基督堂学院为根据地的强有力的"托利党举荐网"的一部分，这是一个致力于被动服从和不反抗的旧原则的关系网。索思在查理二世和詹姆斯二世统治时期都曾被推荐为主教，也是约翰·费尔的高教会派门生。他一生"始终积极维护王家特权，反对苦心孤诣地削弱王权的人"。1688年夏天，索思拒绝了加入威廉的邀约，坚称"他的宗教教导他忍受一切，无论上帝让他遭受什么苦难，他都会在上帝的帮助下，继续尽忠，而为了让他的君主摆脱缺德而草率的顾问，他只会祈祷和哭泣，不会使用其他手段"。[31]

拒绝宣誓效忠者和高教会派坚决反对抵抗运动，坚守托利党原则，而大多数威廉派主教奉行的意识形态却大不一样。几位革命后上任的主教长期反对绝对主义，而更多的主教开始支持反抗运动，并参与辉格党的政治活动。

　　泰特斯·奥茨所捏造的天主教阴谋被揭露之后，王位排除危机爆发，在此背景之下，很多教士都明确表示，人们高估了他们信守君权神授不可侵犯的程度。当时的圣马田堂代牧威廉·劳埃德是这一天主教阴谋的主要人物。正是他在被谋杀的朋友埃德蒙·贝里·戈弗雷葬礼上慷慨激昂的布道，让伦敦人陷入狂热之中。他坚信耶稣会士是杀死戈弗雷的凶手，甚至在事情过去很久之后，仍然继续向坎特伯雷大主教提出指控。正是因为劳埃德拿到了迈尔斯·普兰斯的决定性证据，才坐实了泰特斯·奥茨的揭露。这两次行动令劳埃德成为辉格党的英雄。塞缪尔·帕克总能迅速觉察到辉格党人的气息，他声称劳埃德是"天主教阴谋和我们一切麻烦的始作俑者，因为没有这位圣阿萨夫主教，就没有普兰斯的证据，也不会有戈弗雷谋杀案，天主教阴谋更不会有任何结果"。同样具有煽动性的还有威廉·劳埃德的密友吉尔伯特·伯内特发表的《关于天主教阴谋败露的一封信》，它一经发表就受到了大众的热烈欢迎。1678 年 11 月 5 日，时任彭布罗克学院院长的约翰·霍尔在圣玛丽教堂布道，"尖锐而激烈地反对天主教徒"，这同样煽起了牛津辉格党人的不满情绪。爱德华·福勒大张旗鼓地砸碎了格洛斯特大教堂的"一扇偶像崇拜的窗户"，因为此时天主教阴谋愈演愈烈，外界盛传他是沙夫茨伯里伯爵的朋友。时任坎特伯雷主任牧师的约翰·蒂洛森"对天主教王位继承者对本国公民和宗教自由构成的威胁深感忧虑，因而不能不对王位排除法案充满希冀"。事实上，他对王位排除法案"热情"极高，甚至竭力"分散"朋友哈利法克斯子爵的注意力，防止其与法案反对者往来。[32]

　　许多低教会派不顾宫廷和教会上层的强大压力，在辉格党运动最困难的时刻依然对其表示支持。例如，约翰·霍尔在斯蒂芬·科利奇 1681 年因叛国罪被判处死刑之前，曾经"多次"与其一起"祈祷"。

尽管托马斯·斯普拉特尖刻地谴责辉格党激进派在 1683 年刺杀查理
二世及其弟弟詹姆斯的拉伊宫阴谋，蒂洛森和伯内特却在阴谋策划者
威廉·罗素勋爵弥留之际为他提供牧师服务，这一举动显然至少会给
伯内特招来约克公爵的痛恨。理查德·基德尔没有那么大胆，他声称
自己曾在布道和出版物中强烈暗示过自己在托利党反扑时期的政治顾
虑。他回忆，那时候"我们似乎在自我毁灭"。基德尔以鲜明的辉格
党语调哀叹："我们厌倦了我们的特权和自由，追求枷锁和奴役；我
们对专制权力妥协，太多人期盼天主教的来临。我们赞成放弃我们的
宪章，尽管我们曾经宣誓捍卫它们……我们为所谓的忠诚而疯狂，法
律也无法约束我们。"詹姆斯即位后，爱德华·福勒被他的堂区居民
指责为"辉格党"。1685 年，塞缪尔·帕克指责西蒙·帕特里克是"全
国最乖戾的辉格党人"。约翰·霍尔在牛津圣玛丽教堂为詹姆斯作加
冕布道，拼命"表示忠诚"，效果只能说"不温不火、修修补补"。[33]

在詹姆斯二世统治的决定性的最后一年，许多在革命之后成为
主教的人都深深卷入奥兰治亲王的准备活动之中。1688 年冬天，托
马斯·特尼森频繁与奥兰治亲王及王妃秘密通信。那年夏天，他可以
"笃定"地告知西蒙·帕特里克及其兄弟约翰："奥兰治亲王打算率领
一支救兵前来帮我们脱离险境。"爱德华·福勒那年"大部分时候"
都和威廉·克拉格特待在海格特，他向朋友宣称，"在某些情况下"
抗争是"合法的"。在七主教审判的四天前，威廉·劳埃德向桑克罗
夫特的专职牧师亨利·沃顿预测，詹姆斯二世及其政府的"不公和暴政"
已经"激怒了广大人民，很快就会被赶出英格兰"。最后他告诉沃顿，"剧
变即将发生"。并不令人意外的是，劳埃德的朋友理查德·戴维斯回忆，
威廉登陆的消息让"主教深感欣慰"。理查德·基德尔在审判后与劳
埃德同住，他在 1688 年夏天似乎也很清楚威廉即将到来。吉尔伯特·伯
内特自然也积极投身革命。游历了法国、瑞士各州和意大利后，他
一到联合省就源源不断地发表小册子，抨击詹姆斯二世、路易十四

和他们的政策。他翻译了威廉的《肇因宣言》，表明自己有权介入英格兰事务。他还加入了威廉的舰队，并在出发前夕祈求上帝，保佑奥兰治亲王"和王妃早日登上王位"。[34]

在王位排除危机期间鼓吹辉格党理念、支持辉格党人、鼓励威廉干预，这些都有力地表明，革命后的主教们不是学术文献中的被动服从者和温和的托利党人。但所有这一切都不能完全证明威廉派主教真的觉得反抗合理。事实上，最近关于革命后效忠宣誓之争的研究就强调了新政权支持者的保守立场。但我们不能光从表面理解这些声明。1689—1694 年的效忠之争是为了说服顽固的教士宣誓效忠新政权，目的在于消除政治民族保守派的恐惧。吉尔伯特·伯内特在效忠之争期间向什鲁斯伯里伯爵解释，"我不认为现在安定下来了，我们就能长篇大论地证明，人民在宪法面临被推翻的危险时有权自卫"，但是，"不管什么时候，只要政府滥施暴力，我们就可以审视自卫权，我们就会找到支持它的作者和材料"。伯内特后来写道，英格兰教会的许多牧师"都对面临彻底颠覆时的反抗行为持保留态度……尽管他们认为没必要提及这一点"。[35]

威廉派主教不同于许多清教徒和早期新教世界观的支持者，但与对立的拒绝宣誓效忠者和高教会派一样，都憎恶以宗教信仰为叛乱依据的观念。因为詹姆斯二世是天主教徒就反抗他，这样的做法令人反感。诺里奇的威廉派主教约翰·穆尔谴责"那些以宗教为由，擅自免除国家上下对其君主宣过誓的义务的人"。威廉·劳埃德在被囚于伦敦塔时写过一篇演讲，坚持"神圣的宗教教导我们，即使我们的国王信仰其他宗教，即使他反对我们的宗教，我们也不能反抗他，否则会遭天谴"。即使在痛苦的流亡之中，吉尔伯特·伯内特仍"在海牙做了一次完整的布道"，"否定臣民因宗教而反抗君主的合法性"。他在 17 世纪 90 年代恰如其分地总结说："在我认识的宣誓效忠现政府的牧师之中，没有人改变过观点，他们仍然认为以宗教为反抗理由是非法的。"[36]

　　在低教会派看来，1688 年反抗运动只有可能从政治上加以论证。因为不够虔诚或者信仰异端就去反抗一个合法的治安官，这样的说法绝不可能说服人。提出这样的主张等于将教会与国家混为一谈。伯内特在 1688 年秋天准备加入威廉舰队时写道："我仍然一如既往地坚信，基督教没有授权我们武装保卫它，相反，它禁止一切反抗。"然而，他还指出，"但是"——这是历史学家在分析中长期忽略的限定条件——"可以这样理解，如果这种宗教得到法律的支持，而合法政府的国王特权被限制在一定范围之内，那么信奉这种宗教的权利就成了公民自由，一旦国王打破所有法律限制，夺取了不属于他的权力，就可以反抗他"。捍卫法律确立的宗教的正当性并非源于宗教，而在于捍卫公民社会的政治行动。这正是格洛斯特的威廉派主教爱德华·福勒对 1688—1689 年革命的看法。福勒断言："我们的君主制是绝对的还是受限的？如果受限，受限的是权力的运用还是统治权的大小？如果违反了限制，抗争的权利会受到多大限制？这些都是很好的问题，但答案并不在于教会规则，而在于我们的宪法和人类共有的理性。"福勒坚持认为，只要詹姆斯二世"不屈服于三重冕[*]，不受耶稣会士的影响，也不受我们最大的敌人（路易十四）的指使"，不做这些违反英格兰法律的事情，"并让他的人民安享他们的宗教和法律，那么就算他是罗马教会之子，都可以像他的新教徒前任一样坐享江山"。曾经热心支持威廉和玛丽的低教会派依然厌恶披上宗教合理外衣的抗争运动。威廉派索尔兹伯里主教指出，他们"仍然坚持以前的神学观点"，"但在法律和政策方面"，他们开始承认以前的"错误"。[37]

　　威廉派主教的确相信光荣革命是天命所归，但他们并不认为上帝介入意味着人类可以坐享其成。约翰·穆尔坚持认为，上帝拯救一切，

---

　　*　指罗马教皇。

"并不代表""他一定会拯救我们,除非我们自己保卫自己。他已经承诺,他的恩典将陪伴和促进我们踏踏实实地努力,至于那些懒散而漫不经心的人,他们不用期望得到他的帮助,因为他们不会利用从他那里获得的天赐力量保护自己"。伍斯特的威廉派主教爱德华·斯蒂林弗利特表示同意:"我们不能仅仅满足于天命,应该积极发挥自己的作用,促进共同利益。"斯蒂林弗利特后来解释:"我不认为政府的权利只需建立在天命之上,因为只要叛乱得逞,一切法律制度都会被推翻。在这种情况下,天命本身没有对错,除非让天命服从适当的规则,即各民族的一般权利和各国自己的法律。"³⁸

威廉派主教正是从国家的一般权利和英格兰的特殊法律找到反抗的正当性。尽管他们都是虔诚的教徒,他们的反抗依据却来自政治,而非宗教。他们的革命论据更接近于洛克的思想,而不是加尔文。

威廉派坎特伯雷大主教约翰·蒂洛森常常被误以为是反抗运动的坚决反对者。这种说法的根据是他的《1683 年 7 月 20 日致身在纽盖特监狱的罗素勋爵书》,这封书信未经蒂洛森的同意就发表出来,并且他的高教会派对手还多次重印。诚然,蒂洛森"认为仅仅因为嫉妒和可能的后果、某些非法行为和些微恐惧就发动反抗是有罪的,但不认为在彻底的颠覆运动已经公开并且开始进行的时候发动反抗是有罪的"。蒂洛森的传记作者明确告诉我们:这位大主教认为,在政府面临彻底颠覆的情况下,反抗是合理的;他对此深信不疑,"一有机会就跟人说"。就此而言,他与他的朋友、策划拉伊宫阴谋的辉格党人罗素勋爵的分歧不是理论上的,而是"涉及 1683 年宪法已经受到的攻击"。蒂洛森只是怀疑查理二世颠覆了宪法,对詹姆斯二世却是百分百肯定。1693 年,他劝告听众畅享"我们如今在现任国王统治下拥有的幸福,因为有他,上帝保佑,我们才能摆脱威胁我们的宗教、法律,以及我们古老政府的宪法的可怕而迫在眉睫的危险"。³⁹蒂洛森是威廉和玛丽的教会管理制度的主要缔造者，对他来说，詹姆斯二世的行为充分说明了反抗的正当性。

福勒、霍尔和霍夫这三位最常被认为同情辉格党的主教，当然主张在政治上反抗谋求推翻政府的绝对主义雄主。格洛斯特主教福勒认为，直到前不久，英格兰教会的牧师一直提倡在这种情况下进行反抗。福勒研究了内战前的牧师，得出结论，"显然，当时的人认为放任这种企图压制宗教和公民自由的君主制是危险的，阻止它不仅合法，也是责任；不仅要帮助那些一起行动的人，还要祈求上帝保佑和成全"。福勒深信，服从政府的标准是人民的利益。他在1689年指出："任何誓言都有限度，只能到其义务与人民的福祉（salus populi）保持一致的程度，而人民的福祉（宗教和世俗的福祉）是任何政府的唯一目标。"正是基于这一点，福勒确信，"任何正直的人，只要能够理解政府的本质"，都会赞成"剥夺詹姆斯国王统治这些王国的头衔"，都会赞成他的行为"解除了我们对他的义务，并将权利移交给现在统治我们的人"。[40]

约翰·霍尔和约翰·霍夫既是牛津大学的院长，也是威廉派主教，他们的言论没有那么公开和丰富，观点却同样坚定。高教会派托马斯·赫恩认定，约翰·霍尔博学多识，兼具布道才能，但就原则而言，他是"一个彻底的加尔文主义者（和）共和主义学说的捍卫者"。对于霍夫这位在1687年莫德林学院案中被免职的英雄院长，托马斯·卡特赖特认为他是"人民"党的一员——这个词既体现了霍夫奉行的意识形态，也体现了他的强烈情感。正如福勒在革命后发表的文章所说，霍夫在1687年抵制教会事务法庭的依据是他身为英格兰人的政治权利，而不是人们通常所说的宗教冒犯。霍夫大声疾呼："我是英格兰唯一被剥夺了合法授予的终身职位的人，没有传唤或听证，悄无声息地就被控制了。"鉴于霍夫在最艰难的时候表达的这些观点，毫不令人意外的是，1689年之后，他"被发现是一个奉行革命原则的人"，一个"极为关注威廉国王荣誉的人"，一个"辉格党利益集团"的宠儿。[41]

西蒙·帕特里克先后担任奇切斯特主教和伊利主教，并在革命时期践行了他"尖锐的"辉格党原则。他在 1688 年 12 月就开始宣称，威廉的到来"解放了我们的身体和灵魂"。此后，帕特里克在布道中一遍又一遍地重申他的评价，认为詹姆斯二世及其亲信彻底破坏了英格兰政府的框架。他经常说："我们看到我们的法律遭到如此公然的违反和践踏，我们不能不担心失去一切自由。……总之，我们看到我们古老政府的根基即将被拆毁，几乎夷为平地。"尽管帕特里克从未完整阐述过反抗理论，他在 1688—1689 年强调了人民对革命的"一致同意"，这表明他认为詹姆斯二世的行为实际上证明了反抗是正当的。西蒙·帕特里克主张革命应该是激进的而不是保守的。他不满足于仅仅将宪法恢复到詹姆斯二世登基前的状态。他希望"看到我们和我们的子孙后代都能享有公民与宗教权利和自由，这是我们民族诞生以来从未有过的"。他在担任伊利主教时宣称，革命是"这个民族的一次新生"。[42]

约翰·穆尔是诺里奇的威廉派主教，据说也是与丹尼尔·芬奇的托利党温和派圈子最亲近的人，他在殉道者查理纪念日发表布道，明白无误地表达了自己的反抗主张。穆尔一上来就奠定了布道的基调，谴责某些人"劝说统治者用专制权力实施统治，在治理中罔顾法律和公共利益"。对主题做了一番预热之后，穆尔选择在这个不太合理的时刻授权民众进行反抗。这位诺里奇主教对即将发动革命的人提出了很高的要求，但又明确表示，在某些情况下这么做是正当的。他告诉上议院："因此，除非有人拥有搁置一切法律的权力，并肆意侵犯财产权，还试图破坏社会的基本结构，否则人民不能打破社会的约束，转而自己照顾自己。"在穆尔看来，詹姆斯二世统治时期当然符合这一点。穆尔断言："在前任国王统治时期，国家的法律、权利和自由都遭到了不同程度的破坏。"鉴于穆尔奉行的意识形态，当时的人没有强调他与芬奇家族的关系，反而强调"他与低教会派来往密切"，这就不足为奇了。[43]

17 世纪 90 年代的教会讨论几乎没有提到班戈的威廉派主教汉弗莱·汉弗莱斯。尽管如此，他的政治观点的辉格党色彩非常鲜明。不同于高教会派，汉弗莱斯没有颂扬保王党在 17 世纪 40 年代的所作所为，反而谴责查理一世的支持者"放荡而漠视宗教"。他跟穆尔一样，利用纪念查理一世之死的祈祷仪式，阐述了辉格党的政府理念。这位班戈主教认为："政府的主要目的是促进公共利益，防止任何可能危及公共安全的恶行。"汉弗莱斯将"他的英国历史知识"用来帮助高产的辉格党辩论家詹姆斯·蒂勒尔，淋漓尽致地表达了他的这些理念。据一位评论家称，蒂勒尔的多卷本《英格兰通史》是"一部宣传作品"，辉格党的宣传作品。[44]

蒂勒尔的另一位志同道合的辉格党文学同仁是彼得伯勒的威廉派主教理查德·坎伯兰。坎伯兰杰出的哲学论著《自然法》因其与霍布斯的思想交锋而成为许多学者研究的对象。坎伯兰没有在作品中公开鼓吹革命，这在当时非常引人注目，但他确实花了超大篇幅探讨王权的限制。坎伯兰认为，无论反抗是否正当，结果可能都是教会君主不要变成暴君。坎伯兰赞同詹姆斯·蒂勒尔在其《自然法则简述》中对他论点的转述和节略，这清楚地表明了他的政治观点的发展方向。根据他的学术传记作者的说法，他"并不介意外界认为他对革命持极端的辉格党观念"。因而不足为奇的是，坎伯兰饱受高教会派的"党派狂热"的困扰，后者认为坎伯兰的"原则"和"行事准则……令人不快"。[45]

最高产、最张扬的抗争运动支持者是索尔兹伯里的威廉派主教吉尔伯特·伯内特。正如伯内特在 1688 年随威廉舰队出征前私下所说的，他在《服从标准探析》一书中为他和他的战友的行动做了"充分的"辩护。伯内特跟所有真正的辉格党人一样，刚开始论述就断言，"就自然法而言，人生而自由，除非受到契约、规定和法律的限制，否则这种自由应该是完整无缺的"。不同于高教会派，伯内特并不认为英格兰教会曾经或者可以对其成员施加任何特殊的政治义务。他解释说，尽管"宗教确实会令臣民承担严格的义务，让他们必须效忠和服从君主"，但"宗教绝没有将效忠的义务扩大到法律规定的范围之外"。因此，英格兰臣民当然拥有有限的反抗权利。这位未来的索尔兹伯里主教大声疾呼："没什么比这更明显的了，英格兰就是一个自由的国家，它的自由和财产得到许多实定法和明文法的保护。如果我们享有自己财产的所有权，那么我们也应该享有维护财产的权利。因为这些权利受法律保障，免于特权的侵犯，所以我们必须拥有维护它们的权利，以防其受到侵犯。"如果国王"动摇政府的根基，他就动摇了他自己的权力根基，这样他就废除了自己的权力，并且不再是国王，因为他试图摧毁他自己的权力根基"。伯内特写了一本又一本小册子，始终坚称，"国王废止法律的行为从根本上动摇了政府，彻底颠覆了它"。难怪克拉伦登伯爵在 1689 年 1 月觉得伯内特"在废黜国王的问题上总是那么激烈"。[46]

　　同时代的人和学者已经觉察到伯内特的这一立场有违他早先对待反抗的谨慎态度、他对宗教叛乱的频繁谴责和他对威廉·罗素的最后建议，但事实上，伯内特的思想并不矛盾。他为反抗运动设定了一个很高的标准，即彻底推翻政府，而这始终是政治标准而非宗教标准。伯内特的儿子准确地总结道，父亲的"一贯原则"是"除非宪法从根本上受到动摇，否则仅仅因为不公或者压迫就组织反抗是非法的"。伯内特本人坚称，"我从未偏离打小就遵循的原则"，即"在宪法被彻底颠覆的时候，可以反抗君主"。在威廉和玛丽成功登基后，伯内特既没有放弃他的原则，也没有放弃他翻译的威廉《肇因声明》表达的原则。伯内特在加冕布道中提醒新君主，他们的权力"不是绝对的统治权"。相反，新君主应该"让法律成为他们意志的尺度"，因为"在所有其他道路上，他们肯定会经常被各种不可调和的利益和情感所左右"。[47]

伯内特的密友和文学伙伴威廉·劳埃德被威廉和玛丽从圣阿萨夫调到了利奇菲尔德，他对革命原则的捍卫即便谈不上古怪，至少可以说是比其他人更谨慎、更微妙。毫无疑问，劳埃德在王位排除危机中起到了关键的作用，这让他确信在詹姆斯二世统治时期，必须在意识形态方面保持谨慎。劳埃德告诉威廉·桑克罗夫特，他"几乎每一次布道"都宣扬反对"人民叛乱"。他打算在七主教审判中告诉法官，"神圣的宗教教导我们，即使国王信仰其他宗教，即使国王与我们的宗教为敌，我们也不能反抗国王，不然会遭天谴"。强调不要为了宗教而反叛正是劳埃德的核心政治理念。这位圣阿萨夫主教和许多革命之后的主教一样，否认宗教可以成为反抗的依据。然而，政治专制则是另一回事。因此，劳埃德在阐述革命原则的小册子《论上帝处置诸王国的方式》中恰如其分地坚持强调，"除了宗教改革以来英格兰教会一直接受并沿用至今的教义之外，我没有讲授过任何其他教义"。[48]

劳埃德确信，治安官的宗教偏好永远不会成为叛乱的理由，可是国王的暴政却会解开甚至撕裂服从的纽带。劳埃德认为："只有上帝才能解除人民与君主的结合，但君主自己的行为却有可能使其松动，甚至濒临解体。法律是联系君主与人民的纽带。法律规定了君主的特权，也规定了人民自己的正当权利和自由。"劳埃德认为，正如受虐待的妻子可以求助于法官解除婚姻关系，受压迫的人民也可以求助于外国的拯救者。如果出现了这样的拯救者，那么受压迫的人民"不仅可以保护自己，而且有义务跟他一起反抗压迫者"。劳埃德因而认为，革命对英格兰的好处不言而喻。革命前"我们国王的良心指引者""确实赞同以（路易十四）为榜样，拼命地劝他效仿学习"。劳埃德确信，詹姆斯二世动用了豁免权，很快"我们的所有法律都会受到影响"。相比之下，1688—1689年事件会"让我们的国王更加公正，更倾向于依法治国"。[49]

伍斯特的威廉派主教爱德华·斯蒂林弗利特晚年的政治和宗教立场渐趋保守，但在 1688—1689 年，他毫不犹豫地捍卫抵抗权及其应用。斯蒂林弗利特运用他丰富的历史和法律知识，思考效忠义务的问题。斯蒂林弗利特确信，在英格兰，国王和人民存在契约关系。他认为，"如果法律的制定得到了双方的同意"，就像英格兰一样，"那么这些法律就等于君主和人民的共同协议，双方都有遵守的义务"。同样，斯蒂林弗利特辩称，宣誓效忠的义务不是无条件的。他认为，宣誓效忠的"规定和标准"源于"公共利益"，"人们对某些人承担义务之前，必须先承担对人类社会的公共利益的义务"。斯蒂林弗利特认为，如果国王暴虐无道，如果他的行为威胁到宪法的根本，誓言就会失效，臣民可以自由反抗。他在 1689 年指出："如果信守誓言完全有违人民福祉，颠覆了支撑誓言的基本法律，我不认为我们还应该继续信守这样的誓言。"这位伍斯特主教分析："我们该给予君主本人应有的尊重，但是如果他们一意孤行，宁可放弃一切也要继续追求他们的非法图谋，我只能认为在这种情况下，国家可以用最符合其古老宪法的方式来保护自己的安全。"当然，詹姆斯二世在坚决捍卫豁免权时就是如此"一意孤行"，这"违背了任何英格兰教会牧师的良心……因为它颠覆了我们政府的正当宪法"。在这样的情况下，允许反抗的替代方案充满了危险。斯蒂林弗利特警告："如果我们假定君主的权力直接源于上帝，因此不受任何法律约束，并且他们可以任意取缔法律，结果将既让人民没有安全感，也让他们自己寝食难安，因为双方始终互相猜忌和怀疑，这往往会带来致命的后果。"他对拒绝宣誓效忠者作出让步，承认威廉和玛丽是事实上的君主，而不是法律上的君主。但他不能接受詹姆斯二世仍是合法的国王。在斯蒂林弗利特看来，"事实上的国王是经国家同意而非直接凭借世袭权利登基的国王"。[50] 因此，对他来说，事实上的国王在英格兰的历史上经常出现，而不是特例。英格兰拥有珍贵的反抗历史。

除了这些立场鲜明的反抗运动支持者外，还有三位主教，他们的观点更符合修正派学者给所有威廉派主教贴上的温和派托利党人标签。但值得注意的是，每一位主教的意识形态都完全不同于查理二世统治后期被任命者的被动服从，或者获詹姆斯二世任命者的积极绝对主义。林肯的威廉派主教托马斯·特尼森后来接替蒂洛森出任坎特伯雷大主教。他在发表政治声明时非常谨慎，但他显然不是绝对主义者。他比任何高教会派都更不遗余力地赞美"良好的法律是社会的神经"。他对教会事务法庭的法律批评拉开了他与托马斯·斯普拉特和威廉·简等托利党教士之间的意识形态距离。随着时间的推移，到了 17 世纪 90 年代，特尼森逐渐赢得了支持"包容"和"一切有利于辉格党乃至长老会的东西"的名声，这一点他也并无疑虑。

1691 年升任奇切斯特主教的罗伯特·格罗夫从未阐述过反抗理论。事实上，在 1685 年初的议会选举中，格罗夫建议选民"小心谨慎，不要支持任何可能与《王位排除法案》有牵连的人"。尽管如此，格罗夫始终坚决反对绝对主义。他表示："一旦臣民受到奴役，君主就失败了，而且事实上，赢得民心的君主比践踏人民的君主要绝对得多。"他颂扬议会和日耳曼宪法，赞美英格兰逆欧洲绝对主义潮流而动。格罗夫指出："通过议会商讨公共利益，这在欧洲各地都是非常古老的惯例。我们的大多数邻国仍然保留着这种惯例的一些痕迹，但没有一个地方像英格兰一样，完整地保持着议会的自由和尊严。"与被动服从的人不同，格罗夫坚决主张持有异议和私有财产的绝对权利。他强调，"每个人都可以表达自己的看法，可以反对自己愿意反对的人……威胁和恐吓剥夺这种合法的自由是最不能容忍的奴役"。格罗夫断言，"鼓励私人产业的最佳方式"，就是像英格兰一样，保证"人所获得的一切都是他自己的财产，未经国家自由挑选和委托的、审慎而值得尊重的人的同意，一分钱都不能向他索取"。1685 年初，格罗夫建议他的同胞相信詹姆斯二世，因为他承诺维护教会和国家体制。他建议，任何关心"自由和财产"的人都应该"只参考自己的经验"。格罗夫列出了每个英格兰人都应该问自己的一系列问题:"他是否曾被非法监禁?他的动产有没有被抢夺?他的房子被洗劫过吗?他的谷仓被抢劫过吗?他的牛被赶出他的土地了吗?他是否遭受过以权力的名义施加而现有法律无法为其开释的任何苦难?"[52]尽管对1685年春天的大多数英格兰人来说,这些问题的答案无疑是否定的,但格罗夫强烈暗示,如果答案不是这样,反抗可能就不是那么不合理了。在詹姆斯二世的常备军犯下恶行、国王清洗市政委员会并坚持豁免权之后,我们只能推测格罗夫的看法。当然,威廉和玛丽推测格罗夫会成为他们新政权忠实而坚定的支持者,并非毫无来由的希望。

唯一表现出托利党倾向的威廉派主教是约克大主教约翰·夏普。1689年1月,夏普因为批评"废黜权",触怒了下议院。夏普的儿子承认,这位大主教"被人发现,相比于其他的倾向,他通常更加赞成和支持(托利党)的原则,并与之保持一致"。即便如此,就连夏普都对政治服从施加了很多限制。1688年5月,他在评价詹姆斯二世的第二次《宽容宣言》时指出,"即使是我们对国王的服从,也不能超过法律和尊重的范畴(*licita et honesta*)"。根据夏普的传记作者所说,他"总是将国家法律作为服从的准则和尺度"。[53]最接近托利党的威廉派主教与托马斯·卡特赖特或弗朗西斯·特纳等人之间仍有实实在在的巨大的意识形态鸿沟。

绝大多数威廉派主教不仅发表辉格党言论,还采取辉格党行动。令弗朗西斯·特纳十分反感的是,爱德华·斯蒂林弗利特和约翰·蒂洛森竭尽全力,"带领伦敦的教士"向新政权宣誓。蒂洛森对新政权满腔热忱。1689年,他对威廉·本廷克滔滔不绝地说:"感谢上帝,我实现了我在这个世界上的最后一个愿望,那就是这场美好的革命,现在我只想见证它为人所接受。"克拉伦登伯爵发现威廉·劳埃德"异常忙碌,不停地劝说教士重新宣誓"。尼古拉斯·斯特拉特福德吹嘘自己成功地消除了人们的"顾虑"。1689 年，西蒙·帕特里克和他的朋友"费了好大劲"，"通过演讲和写信，努力消除人们对我们当前建立的制度的疑虑"。后来担任布里斯托尔主教的吉尔伯特·艾恩赛德博士"在威廉国王还没有自称依惯例有权继承王位之前，就在牛津的会堂里向他宣誓效忠"。当亨利·多德韦尔在牛津咖啡馆极力游说反对宣誓效忠新政权时，艾恩赛德却打算利用他身为副校长的权力促使多德韦尔"离开牛津郡"。[54]

从上议院的投票记录来看，威廉派主教都是无可挑剔的辉格党人。吉尔伯特·伯内特、理查德·坎伯兰、约翰·霍尔、约翰·霍夫、西蒙·帕特里克和托马斯·坦申都是上议院可靠的辉格党投票者，威廉任命的人里面没有一个是固定的托利党投票者。切斯特主教尼古拉斯·斯特拉特福德在 1690 年与吉尔伯特·伯内特和"辉格党同侪"一道，要求所有官员宣誓放弃效忠詹姆斯二世，任何相信詹姆斯二世仍是合法国王的人都不可能支持这一举动。[55] 因此，无论从哪个角度来看，威廉派主教的政治见解绝对都是辉格党的。

事实证明，威廉派主教明显不同于他们的前任。他们不是温和派托利党人，没有采取会被认为走中间路线的含糊立场。威廉任命的十八位主教有十五位持辉格党立场。十八人中有十一人明确支持抵抗运动。只有约翰·夏普、尼古拉斯·斯特拉特福德和爱德华·琼斯明显不是辉格党人。尽管有迹象表明夏普会采取辉格党立场，但他还是成了托利党主教的领袖。斯特拉特福德和琼斯则很难归类。

威廉派主教投身辉格党政治，说明在文化上举足轻重的一部分教士的观点发生了转变。17 世纪 80 年代被动服从者宣扬忠诚的声浪可能掩盖了年轻人的观点。约翰·加德伯里肯定在 1685 年觉察到，"我们英格兰教会有一批真正的耶稣会新教徒，就像法国、意大利和西班牙的那些一样"，他们的政治观点就像"最邪恶的非国教徒"一样危险。詹姆斯二世统治时期的事态令许多被动服从者重新考虑他们的政治主张。1690 年，苏格兰圣公会牧师罗伯特·柯克与英格兰的牧师进行了几个月的讨论之后如此记述："那些最卖力地布道和著书宣扬被动服从和不抵抗的英格兰牧师，大多意识到他们犯了错误。"这些人现在明白了，"尽管就宗教信仰而言，君主个人偏好和崇奉的宗教差异并不能解除臣民与他的联系，但当他试图颠覆政府和国家的根本大法时，他就不再是罪恶的惩罚者、法律和臣民的保护者，而是毁灭一切的人"。辉格党现在比非国教徒及其朋友组成的派别广泛得多。这次革命清楚地表明，英格兰教会中许多人的政治原则已经发生了巨大的变化。一位高教会派人士在革命之后感叹："英格兰教会的主教们从虔诚的劳德＊时代以来发生了如此大的改变，我只能感到羞愧和钦佩。他们以前是屈从和顺从，现在是反抗和叛乱。"现在很明显，"许多辉格党人或共和派都是英格兰教会的人，而不是教会事务的狂热者"。[56]

　　许多教士可能以为他们误解了查理二世和詹姆斯二世时期的政治义务，但更多的人肯定没有改变他们一直以来持有的观点。与其说英格兰教会内部发生了政治观念的惊人改变，不如说是政治支配地位的革命。威廉和玛丽异常偏爱低教会派，这些人奉行的政治理念导致他们在查理二世和詹姆斯二世统治时期深受质疑。吉尔伯特·伯内特自认低教会派，他觉得这些人相信，"我们的法律规定臣民要服从和顺从君主，这应该是出于良心"。伯内特接着说："但是，如果一个误入歧途的君主要废除我们的宪法，肆意操纵法律，（低教会派）认为，如果上帝提供了补救办法，那就应该心怀感激地接受它。"伯内特的其他低教会派同侪坚信，"立法机构完全有权处理王位和确保国家的安全"。与他们的高教会派前辈不同，这些牧师"除了建立在法律基础上的权利，不认为还有别的不可改变或不可剥夺的权利"。鉴于威

＊　指威廉·劳德（1573—1645 年），曾任坎特伯雷大主教，深受查理一世信任，强调国教的统一，反对抵抗王权。

廉派主教普遍持有这样的政治观念，意料之中的是，他们的晋升和调任"极大地消除了辉格党人开始产生的对国王其他措施的猜疑，并极大地缓解了正在他们之间蔓延的怨气"。[57] 威廉和玛丽创建了一个以辉格党人为主的主教团。

※ ※ ※

那些看重 1688—1689 年革命前后英格兰教会共识的人，不仅坚称教士在政治上趋向保守，也坚称教士在教会事务上趋于僵化。这些学者告诉我们，低教会派对非国教徒仲了同情心。他们想要一个强迫性的、统一的国家教会。包容，或者说接纳温和派非国教徒进入教会，只是国教迫害的温和一面。在此阐释语境之下，根据其中一位学者的说法，低教会派是压迫的"突击部队"。[58]

关注革命前后激烈的宗教辩论，有助于揭示一个在意识形态上更加分裂的教会。成为威廉派主教的低教会派绝大多数都支持扩大教会的包容性和教会之外的宽容。不管他们在 17 世纪 60 年代、70 年代和 80 年代如何看待非国教徒，到了 17 世纪 80 年代后期，大多数新主教都变得更加温和。他们的立场与革命前高教会派主教对待教会的态度形成了鲜明对比，后者拒绝接受英格兰教会的任何变动，也不愿意宽容非国教徒。这也完全不同于一些革命教士的温和托利党主义，比如约翰·夏普和亨利·康普顿，他们可以接受更广泛的英格兰教会，但对宽容怀有敌意。

高教会派一向厌恶教会内部的多样性和教会之外的宽容。尽管复辟时期的教士长期以来一直运用埃拉斯都[*]的论点，也就是宗教多元

---

[*] 托马斯·埃拉斯都（1524—1583 年），文艺复兴时期的瑞士神学家，主张国家高于教会。

化必然会削弱国家的论点，但在 17 世纪 70 年代，他们开始从神学角度反对多元化。许多人主张，"强制是一种合理而有效的教育和说服手段"。这一推论"随着查理统治时期的逐渐推移而日益加强"。这是"在 1675 年之后的十年里逐渐成熟的新高教会派运动""特有的"观念。这些在 17 世纪 80 年代开始控制教会和主教区的高教会派无法忍受一个更加多元的教会，并且憎恶礼拜形式的任何改变。一位学者精辟地指出："对高教会派来说，包容是一句破坏教会的空话。"尽管威廉·桑克罗夫特的确在 1688 年发起了关于包容的讨论，他对此事非常消极。"给这位大主教施加压力，说服他认真尝试包容计划的"是蒂洛森、格罗夫、福勒、斯蒂林弗利特、斯特拉特福德、基德尔和特尼森等"伦敦教士"。一位论者指出，无论这番尝试有多认真，桑克罗夫特并不"打算向非国教徒做出重大让步"。[59]

　　1688—1689 年的事态发展迅速从根本上改变了局势。1689 年 1月，时任圣保罗教堂主任牧师的斯蒂林弗利特主持召开了一次会议，"商讨允许非国教徒加入我们教会的让步"。除了斯蒂林弗利特，参加会议的还有帕特里克、蒂洛森、劳埃德、特尼森和基德尔的好友埃德蒙·普里多。除了最后一位，其他人都得到过威廉与玛丽的提拔或调动。他们会议的成果是为包容宗教异端进入英格兰教会的议会法案草拟了"十个或十一个标题"。当然，蒂洛森和斯蒂林弗利特很久以前就开始支持包容计划。帕特里克难以抑制他对接纳非国教徒的热情，宣称"我看不出我们怎么会无法达成一个令人满意的协议"。令克拉伦登伯爵反感的是，他发现特尼森非常"喜欢""包容计划"。威廉·劳埃德也"投入包容计划之中"。理查德·基德尔与 1 月在斯蒂林弗利特家进行磋商的所有人都有密切的关系，他断言，"现在按照提议进行改变，绝对有必要，不能再拖延了"。耶斯特勋爵告诉他的父亲，"所有冷静的人，包括教士当中的佼佼者，都强烈倾向于接受一切合理的建议，接纳所有非国教新教徒加入教会"。[60]事实的确如此。

　　然而，英格兰教会内部深刻的意识形态分歧令包容计划落空了。耶斯特勋爵很快意识到，"部分高教会派"坚决反对任何包容计划。与芬奇圈子来往最为密切的教士继续推行宽宏大量的包容计划，诺丁汉伯爵本人却起草了一份法案，里面几乎没有对非国教徒做出任何让步，而他在"九年或十年前"反而愿意这样做。这份有限的法案让非国教徒罗杰·莫里斯相信，"托利党十分猖獗"。经过两院激烈的党派辩论，议会未能在 1689 年春通过包容法案。结果，计划中的两项关于包容和宽容的法案，只有《宽容法》获得通过，成为法律。[61] 于是当诺丁汉和托利党人谋求有限的包容计划时，未来的威廉派主教们却在提出对非国教徒具有更强吸引力的提案。低教会派在扮演宗教迫害突击部队的角色时，确实表现得很差劲。

　　高教会派和低教会派的激烈分歧继续困扰着在教会内外接纳非国教徒的计划。威廉三世希望在主教大会召开之前重振包容计划，因而在 1689 年初秋授权"几位主教和其他人"，令其"考虑对礼拜仪式等进行改动，以满足非国教徒"。大批教士应邀参加了在耶路撒冷会议厅举行的讨论，但很快各方就产生了深刻的分歧。包括威廉·简和亨利·奥尔德里奇在内的高教会派"或者没有出席，或者很快就不理睬其他教友；他们的目标远大，认为要么不改，要么至少现在不是改的时候"。他们的行为惹恼了一向温和的托马斯·特尼森，他抨击高教会派"狭隘"。相比之下，那些后来组成威廉派主教团的人却非常勤奋，工作卓有成效。帕特里克、格罗夫、伯内特、斯蒂林弗利特、蒂洛森、基德尔、斯特拉特福德、夏普、特尼森和劳埃德都积极而热心地参与到这个注定失败的计划。[62]

　　英格兰教会教士云集的主教大会是这场意识形态冲突的另一个舞台。1689 年 11 月 21 日，主教大会召开，上院议长亨利·康普顿适时地呼吁教士"考虑修改《公祷书》，以满足非国教徒，并就此事畅所欲言"。但在下院，尽管威廉三世和约翰·夏普极力推荐约翰·蒂洛森，当选的却是高教会派的威廉·简。结果可想而知。一位观察者回忆，"尽管特尼森博士、福勒、基德尔等人竭尽全力，但虚假的教会热情，以及对这一令人向往的联合可能产生的危险的妄想恐惧"，都无法让那些雄心勃勃的人"放弃他们对基督教教友过于强烈的敌意"。终身担任廷臣的查尔斯·科特雷尔爵士用相同的措辞描述了高教会派在主教大会上的所作所为。科特雷尔满怀厌恶地对他的朋友威廉·特朗布尔爵士说："我们（主教大会）的许多教士都墨守成规，他们连丝毫的变动都不能接受，仿佛只要动了一下，教会就会立即崩塌，尽管国王已经竭力保证他会支持英格兰教会。"[63]

议会、耶路撒冷会议厅和主教大会关于包容问题的辩论揭示了高教会派和低教会派之间的严重分歧。包括诺丁汉伯爵在内的高教会派不愿为了迁就非国教徒，对礼拜仪式做任何实质性的改动。至于低教会派，包括几乎所有即将得到威廉与玛丽提拔的人，都很想探索与非国教徒达成妥协的各种形式。

尽管有人怀疑，许多威廉派主教在 17 世纪 70 年代和 80 年代撰文支持统一，只是因为受到压力，但在革命之后，这些主教用实际行动表达了对非国教徒和宗教宽容的支持。对威廉派主教来说，包容并不是能够为人所接受的压迫，而是同时扩大英格兰教会和英格兰政治民族的计划的一部分。这些低教会派希望减少加入教会的教义障碍，并在实际上消除加入英格兰政治民族的教义障碍。

许多威廉派主教都与非国教徒关系密切。即使是那些后来并不特别以支持宗教多元性而著称的主教，实际上也与非国教徒团体有着深厚的渊源。约翰·夏普的父亲在内战中"追随时代风气，强烈倾向清教，并且非常支持议会派"。当夏普的长老会准岳母询问杰出的长老会传道士理查德·巴克斯特对这桩婚事的看法时，他回答说，他非常"尊重"夏普，"如果他自己有女儿，他很乐意把她嫁给夏普先生"。罗伯特·格罗夫是汉普郡著名非国教徒托马斯·格罗夫的侄子。他是伦敦主教的专职牧师，在查理二世统治时期，"只有"他愿意给巴克斯特的著作颁发出版许可。因此，罗伯特·格罗夫宣称"我爱所有（非国教徒），尤其爱身为基督徒的他们"，这既是肺腑之言，也是对自己行为的反思。1682 年，非国教徒牧师约翰·费尔克拉夫安葬在伦敦"炮兵场附近的狂热者墓地"邦希田园，爱德华·斯蒂林弗利特也是送葬者之一。[64] 时值托利党反扑时期，这样的表现自然是为了表达公开和个人的同情。

其他威廉派主教与非国教徒团体的联系并不特别，但也极深。爱德华·福勒的父亲是被驱逐的格洛斯特郡韦斯特利长老会牧师。显然正是这样的家庭关系让他结识了理查德·巴克斯特，与其书信往来，巴克斯特认为他是"一个非常聪明而持重的国教徒"。威廉·劳埃德成为圣马田堂牧师之后，巴克斯特非常欣赏他的观点，还邀请他定期到自己位于奥克森登街的小教堂布道。升任圣阿萨夫主教之后，劳埃德加强了他与非国教徒的来往。他跟教区内各种各样的非国教徒进行讨论，并且很快与一些贵格会教徒建立了友好关系。事实上，贵格会成员理查德·戴维斯在其回忆录中指出，"值得注意的是，这位劳埃德主教在他的几个主教管区中，为了我们受苦受难的朋友，多次向我示好"。理查德·基德尔的母亲"被认定是清教徒"，而基德尔本人就读于以清教著称的伊曼纽尔学院，并受到新英格兰公理会教友塞缪尔·克拉多克的教导。西蒙·帕特里克的父亲也是"有名的清教徒"。约翰·霍尔是彭布罗克学院院长，也是牛津著名的长老会教徒，他在革命之后允许"不信奉国教的独立派教徒托马斯·吉尔伯特"在彭布罗克学院指导学生。[65]

坎特伯雷的威廉派大主教约翰·蒂洛森与非国教徒的渊源极深。蒂洛森的父亲是一位清教徒布商，"很早"就加入再洗礼派。据其好友吉尔伯特·伯内特回忆，蒂洛森"最初受到的教育和影响""都来自那些当时被称为清教徒的人"。蒂洛森在克莱尔学堂的导师是长老会教友大卫·克拉克森。在剑桥大学，这位未来的大主教"接受了圣约，并且被认为是一位可贵的年轻人，很有希望为神圣的事业做出贡献"。直到 1661 年，蒂洛森仍被认为是长老会教友。他得到了非国教徒塞缪尔·巴纳迪斯顿爵士和克伦威尔的前总检察长埃德蒙·普里多的举荐。在职业生涯之中，蒂洛森"通常"将"大部分出版作品"交给"约翰·豪先生"，后者是一位有影响力的长老会牧师。难怪牛津大学的高教会派托马斯·赫恩将蒂洛森称为"狂热的主教"。[66]

吉尔伯特·伯内特与长老会有着深厚的家族渊源。伯内特的母亲对"长老会教规极为狂热"。伯内特的父亲是一名苏格兰律师，不是长老会教友，但他对苏格兰主教的厌恶溢于言表，因而"往往被人视为清教徒"。吉尔伯特·伯内特的第一任妻子玛格丽特·肯尼迪夫人是一位"彻底倒向长老会"的女性。鉴于这样的苏格兰家庭关系，伯内特来到英格兰后不仅与威廉·劳埃德、爱德华·斯蒂林弗利特和约翰·蒂洛森等低教会派打成一片，还成了理查德·巴克斯特的密友，也就不足为奇了。[67]

威廉派主教不仅支持对非国教徒做出真正让步的包容计划，不仅与非国教徒团体长期密切往来，而且大多数都支持宗教宽容。对他们来说，包容不是温和的宗教迫害，而是为了尽可能多地吸引非国教徒加入教会，同时宽容那些选择留在教会之外的人。

蒂洛森直言不讳地反对宗教迫害。他认为，"每个人的良心等于他的上帝。……因此，我们应该保持谨慎，不要违背自己的心灵之光和信念"。当然，任何外力都无法改变良心。蒂洛森宣称："无论我们愿意与否，没有人可以强迫我们（违背良心）。"因此，强制性的宗教统一只是空中楼阁。吉尔伯特·谢尔顿、威廉·桑克罗夫特和蒂洛森的高教会派前人以此为目标，反而造成了宗教派别对立。蒂洛森一再谴责宗教派别的制造者。这些人"执着于细枝末节"，以至于"忽略了律法、信仰、宽恕、审判和上帝之爱这些更为重要的事情"。这些人"煽动我们为无谓的小事争吵，严重破坏了宗教"。简而言之，这些人给国家灌输了"愤怒和仇恨"。蒂洛森希望，既然宗教分歧对"这个教会和国家的和平与幸福如此有害，这些教派的名称和区别就应该被搁置起来，永久废止"。因为这些信念，蒂洛森长期以来一直主张"包容那些可以加入教会的非国教徒，并且宽容其他人"。[68]

蒂洛森从 1689 年初开始为威廉和玛丽提供教会职位任命方面的建议，正是他为威廉派主教团的其他成员定下了基调。荷兰抗辩派教友*菲利普·范林博斯对吉尔伯特·伯内特和约翰·洛克的宽容信念都"一样深信不疑"。正是因为 17 世纪 60 年代在联合省的经历，伯内特"坚定了""普世博爱和善待异己的原则"。伯内特在其多变的职业生涯中不断重申这一坚定的原则。因此，他怀着胜利的喜悦欢迎 1689 年的《宽容法》。1689 年 11 月，他在讲坛上高声宣布："感谢上帝，一切对良心的迫害都结束了。我们所有人都获得了人性的首要权利，即服从良心的命令，为上帝服务。"伯内特仍然主张"宽容和温和对待非国教徒"，尽管他知道这会激怒高教会派。威尔士人威廉·劳埃德也有过类似的信守宽容的过去。当他还是伦敦的一名堂区牧师时，当为宗教压迫辩护仍然流行时，他就认为"在任何不会伤害到别人的事情上，尤其是在宗教这样重要的问题上，强迫他人改变自己的看法可能是很不合理的"。劳埃德自豪地告诉上议院，"我们的宗教和教会都没有迫害的倾向"。在七主教审判期间，他告诉桑克罗夫特的牧师亨利·沃顿，他决心"让那些冷静而虔诚的非国教徒加入教会，这是大家都殷切期望的事情，（同时）废除惩罚法，让那些顽固不化的人也得到解脱"。劳埃德公开表示，他对《宽容法》的通过"非常满意"。[69]

先后担任奇切斯特和伊利主教的西蒙·帕特里克通常被认为是支持包容和反对宽容的典型代表。帕特里克的早期著作表明，即便是低

---

* 17 世纪初从荷兰归正会分裂出来的一个新教教派，支持阿明尼乌主义，反对加尔文主义。

教会派也无法容忍非国教徒。当然，帕特里克极为流行的《两个邻居的友好辩论》为这一争论火上添油。不过，接下来二十年的经历让帕特里克相信，"自己以后会变得更加温和"。到 1688 年，帕特里克已经对宗教迫害满腹疑虑。在一次布道中，他问听众："为什么有些人有权抨击、指责和谴责其他人？为什么其他人不能对他们行使同样的权力？这样整个基督教世界就只剩下咒骂和诅咒了。"帕特里克认为，"我们应该避免抨击那些观念或者行为跟我们不一样的人，如果他们其他方面都做得很好的话"。良心应该是自由的，因为"人的内心秘密不在我们的认知范围之内"。革命之后，他更加毫不隐讳地转向宽容。帕特里克认为，统一是一个虚幻而有害的目标。帕特里克布道说："人的知识体系差异就跟他们的外貌差异一样大，因此，我们绝不应该费心思统一所有人的想法，因为那是不可能做到的。"帕特里克在上议院谴责他的英格兰教会同侪，"对那些在某些方面跟他们意见不合的人极其严厉，尽管他们在大多数事情上毫无二致"。他在口头和行动上都支持宽容。在安妮女王统治时期，他投票反对《临时奉国教令》，该法将惩罚那些在英格兰教会领圣餐，却继续出席自己教派的教堂活动的非国教徒，因为这将"明显违反给我们带来和平、宁静和友爱的宽容法（《宽容法》）"。[70]

　　绝大多数的威廉派主教都跟蒂洛森、劳埃德、伯内特和后来的帕特里克一样，奉行宗教宽容的原则。先后担任布里斯托尔和赫里福德主教的吉尔伯特·艾恩赛德终生反对支持宗教统一的高教会派成员约翰·费尔。在托利党反扑达到顶点时，艾恩赛德认为，宗教多元化无可避免，宽容"不仅合法，而且必要"。他反问道："至于礼仪和典礼，谁会为了这些而分裂呢？"既然如此，艾恩赛德将约翰·洛克的反宽容对手乔纳斯·普罗斯特从他在万灵学院的牧师职位驱逐，丝毫不会令人感到意外。托马斯·特尼森素来倡导良心自由。特尼森主张："人的思想无法镇服，这非人力所及。"理查德·基德尔是巴斯和韦尔斯的威廉派主教，伯内特认为他是一个"非常温和的人"，连辉格党人贝德福德伯爵也对他表示认可。这显然在一定程度上是因为基德尔反对宗教迫害。基德尔告诉他的堂区居民，"圣保罗明确告诉我们，你们中间一定有异端邪说"，因此，"对于上帝自己都没有提出任何补救办法的邪恶，声称可以补救是徒劳的"。在伦敦的另一次布道中，尼古拉斯·斯特拉特福德提出"真正符合教会利益的是跟不信奉国教的非国教徒达成充分谅解和一致"，这获得了非国教徒日记作者罗杰·莫里斯的赞同。斯特拉特福德认为，非国教徒"犯了错误，但是不难克服……并且非常希望推动双方达成充分的谅解"。爱德华·福勒担任格洛斯特主教时同样反对《临时奉国教令》，他长期以来一直支持良心自由。福勒坚称："我也无法想象，一个慧心巧思的人怎会仅仅因为别人在有争议的问题上不同意自己的观点，就对他们如此严苛。"因此，他以一贯的冲动宣称："我代表自己声明，我衷心热爱那些跟我一样头脑清醒与心地平和的非国教徒，我不在乎别人知不知道。"[71]

有两位威廉派主教并不那么热衷于支持宽容。约翰·夏普与蒂洛森交好，而且毕生都与非国教徒往来，但他在17世纪90年代却逐渐投向高教会派。与威廉任命的大多数人不同，他"完全赞成制定一项防止临时信奉国教的法律，并且只要有人提出，他就会支持"。爱德华·斯蒂林弗利特曾因出版《调和》而声名鹊起，该书渊博而温和，呼吁善待非国教徒，如今他却似乎放弃了早先支持包容和宽容的立场。不过，他在意识形态上的后退并不彻底。他确实撰文反对"彻底的宽容"，但也为有限的宽容留下空间。革命之后，他继续批评高教会派执着于统一和纯粹教义，认为他们墨守成规。他在担任伍斯特主教时声称："爱的精神和健全的心智体现为放下私人的敌意和仇恨，促进公共和普遍的利益。"[72]威廉派主教的原则是支持宽容，如果这两位称得上异类的话，他们的存在反而确认了这一原则。威廉和玛丽提拔这两位牧师时很有底气，相信他们会支持包容和宽容的计划。事实上，夏普和斯蒂林弗利特都是温和的保守派，这只能说明个人奉行什么意识形态并不总是可以推测得到，而不能说威廉和玛丽致力于建立一个温和的托利党主教团，也不能说新君主找不到支持宽容的教士。

近来学者强调新政权并没有彻底奉行宽容原则。人们经常指出，《宽容法》并不适用于罗马天主教徒。事实上，许多学者坚持认为，革命本身就建立在狂热反天主教的基础之上。不过我们有足够的理由相信，尽管威廉派主教对"罗马天主教"言辞激烈，许多人对罗马天主教徒并无敌意。吉尔伯特·伯内特常常被认为是英格兰最激烈的天主教反对者，但事实上，他明确地呼吁温和与宽容。威廉远征英格兰前夕，伯内特在私人沉思录中写道："我也没有受到任何乖戾或不理智的反天主教热情的唆使。"他强调："我爱所有热爱上帝、生活美好的人。我很清楚，上帝仁慈，而且我绝不会把他的怜悯局限于任何宗教形式或派别，所以我不会诅咒罗马天主教徒，因为我知道他们当中也有很多虔诚的好人。"事实上，伯内特在其记述被逐出英格兰后的欧洲旅行的著名游记中，不遗余力地称赞天主教统治者与教皇的温和态度和政策。他仍然鄙夷耶稣会，并在其他地方指出，这个组织"因其暴力行为而在罗马受到了谴责"。伯内特在王位排除危机期间竭尽全力拯救被判处决的罗马天主教徒。1687 年，他在一份既是规定性又是描述性的声明中强调，绝大多数英格兰人都会轻易地同意对罗马天主教徒"停止一切严厉惩罚"。他掌权之后仍然秉持这一看法。1688 年 12月，伯内特在胜利的喜悦中布道："我们是基督徒，我们不仅要爱我们的弟兄，还要爱我们的敌人和迫害我们的人，用善战胜恶。"伯内特特别提到了罗马天主教徒，他辩解称，尽管"我们已经公开宣布反对敌人的不公正和残忍行为，但我们还是要按照以待人之道待己的原则约束自己"。[73]

被威廉和玛丽调到利奇菲尔德的威廉·劳埃德，是另一位通常被人视为猛烈抨击罗马天主教者的威廉派主教。但连他也将"教皇制"

和罗马天主教区分开来。劳埃德指出，问题在于"愚昧的俗人对教皇制多有错误而混乱的认识"。对劳埃德来说，"教皇制的核心"是教皇在英格兰的政治和宗教权威。他认为早在宗教改革之前，教皇废黜国王的权利在英格兰就已经被否定了，所以劳埃德并不认同早期的新教世界观。劳埃德否认罗马天主教徒和新教徒之间存在任何末世论斗争，因为根据他自己的观察，许多天主教徒"在他们的新教徒邻居眼里都是诚实善良的人，没有明显的重大缘由，他们（新教徒）不会苛待这些人"。劳埃德指出，在荷兰，即使国家正在与罗马天主教阵营的敌人作战，罗马天主教徒依然对国家忠心耿耿。由约翰·福克斯提出，并且仍在斯图亚特王朝早期论战中延续的观点认为，玛丽统治时期英格兰处死新教徒的做法和法国的圣巴塞洛缪大屠杀，都证明了天主教的背信弃义。对此，劳埃德并不认同，他认为这是政治屠杀。劳埃德强调，"即使他们的宗教信仰一样，这种野蛮的暴力也仍然会如此残酷"。因此，劳埃德建议英格兰区别对待信奉天主教教义的人和信奉教皇政治权威的人。他认为，"这些人"全盘否定教皇的最高权力，却"与教皇派信奉相同的错误教义，使用相同的迷信和偶像崇拜的仪式，也就是教皇本人制定的圣餐条件，如此一来，反对教皇者与教皇在教义和形式上保持兼容，但这些教义和仪式并不符合真正的教皇制"。劳埃德宣称，宽容这些天主教徒，"符合王国的安全，也符合对政府的服从、契约的公正，以及对邻居的爱"。[74]

《宽容法》没能覆盖罗马天主教徒，这的确限制了革命期间赋予他们的自由，但威廉派主教团奉行的意识形态深刻地改变了天主教徒的处境。威廉·劳埃德吹嘘，罗马天主教徒"生活在威廉国王统治之下，比宗教改革以来的任何国王统治时期都更舒适"。辉格党历史学家怀特·肯尼特主教的附和可能并不令人意外，他声称"不仅是外国人，英格兰的教皇派也受到了同样宽大的对待，他们也的确是革命的受益者"。法国人亨利·米松在17世纪90年代评价英格兰的宗教状况时，诧异于英格兰天主教徒尽管不无法律限制，仍能获得"普遍的宽容"。米松指出，"他们所有俗人都有充分的良心、贸易和居住自由"，这与"法国、西班牙、意大利等地"的新教徒处境形成了鲜明的对比。这并不只是党派论战。根据英格兰天主教教士大会的记录，在"意想不到的革命"之后，他们意外地发现"政府给予天主教徒的宗教活动足够有利的环境"。18世纪晚期的天主教律师和活动家查尔斯·巴特勒也认为，"反思《宽容法》通过时的总体情况"，"我们必须承认，公民自由的总体事业因此而受益良多"。[75]

认为革命之后成为主教的低教会派敌视非国教徒，这样的观念与证据不符。威廉和玛丽任命的绝大多数主教都支持包容和宽容。在他们形成的宗教氛围之中，不仅新教的非国教徒，甚至罗马天主教徒都享有宗教自由。当然，这种宗教自由是脆弱的。在某些时候，教会危在旦夕的呼声确实非常急迫。但那都出自高教会派，他们是在革命中被挤出英格兰教会高层的教会党派。

英格兰教会长期以来的严重分歧在詹姆斯二世统治时期显露无遗。詹姆斯二世和查理二世提拔的主教对待王权之于教会的态度有所不同，但他们都反对政治反抗，反对在教会内外都推行宽容。不过，他们并不支持支配控制。教会的许多年轻牧师建立了强大的社交网络，并形成了一套有别于同事的思想体系。詹姆斯二世统治时期，这些低教会派撰文著书，回应法国天主教护教学浪潮，因而赢得了很高的声望。总体而言，他们捍卫政治反抗的合法性和必要性，呼吁建立一个更具包容性的教会，并给予教外人士更大的自由。这些人推动了革命的发展，革命之后立即获威廉和玛丽授予主教职位。

1688年采取行动的革命者有一个雄心勃勃、精心制定的议程。他们没有以现实的态度应对一场意料之外的危机。相反，革命者抓住时机，推行另一项现代化议程，从而取代了詹姆斯二世自登基以来一直在实施的议程。革命者改变了英格兰的外交政策，调整了英格兰国家奉行的经济路线，并从根本上改变了英格兰教会在意识形态和教会学方面的重点。然而，他们的方案具有党派色彩。尽管辉格党就推翻詹姆斯二世与托利党达成了共识，但托利党缺乏辉格党那样的革命热情。因此，辉格党的革命成果在 17 世纪 90 年代早期既脆弱，又有争议。对辉格党人来说，幸运的是，1696 年，詹姆斯二世及其盟友路易十四给了他们一个巩固意识形态成果的机会。辉格党人迅速抓住了这一时机。

第五部分　结论

第十四章

刺杀、协议与巩固革命

"威廉三世：全民协议"纪念章，1696年。1696年刺杀威廉三世的阴谋暴露之后，下议院、上议院，以及全国各城市、郡和自治市镇缔约保护国王人身安全。协议册宣称威廉是合法的国王，其内容和流传体现了17世纪90年代中期辉格党人对革命的激进看法，也证明了17世纪后期的政治在多大程度上改变和极大地扩展了英格兰政治民族

　　1696年2月14日晚上9点，一名男子坚持要求进入波特兰伯爵在白厅的寓所。该陌生人一进门就恳求这位威廉三世的宠臣"说服国王明天留在宫中，因为如果他出门打猎，就会遭到谋杀"。波特兰伯爵高度重视这一警告。这不仅是因为告密者托马斯·普伦德格拉斯是一个不折不扣的詹姆斯党人，曾因1689年出版支持詹姆斯的小册子《会议简史》而备受嘲弄，还因为他的告发充分验证了波特兰伯爵从别处收集到的信息。欧洲大陆的线人曾经透露，法国人和詹姆斯党正

在酝酿一个大阴谋。国内的情报人员则提供了一份不甚明确的报告，称有人密谋反对国王。前一天，弗朗西斯·德拉鲁告诉波特兰伯爵，"陛下将在打猎归来路上的特纳姆绿地遇到袭击"。[1] 后两份报告的具体程度和相似性让波特兰伯爵说服国王改变计划，保住了他的性命。

尽管当时的人和历史学家长期以来一直争论这场刺杀阴谋是否得到路易十四和流亡的詹姆斯二世的指示，但所有人都同意，密谋者期待的远不止刺杀他们憎恨的国王。"一击得手之后"，密谋者打算举起詹姆斯二世的旗帜，这意味着一场詹姆斯党人的大起义。无论詹姆斯二世与密谋者是否有任何关系，可以肯定的是，他在 1695 年 12 月底下达了全面叛乱的命令。[2]

詹姆斯二世有足够的理由认为国家叛乱的时机已经成熟。由于对法战争开销巨大，英格兰全国上下都出现了硬币短缺的情况。残缺的硬币广泛流通。政府对此举棋不定，引发了全国性的恐慌。1696 年 2 月初，理查德·埃奇从伦敦报告说："再过一两个星期……就没有硬币了。"国王的举动只会加剧全国恐慌。议会在 2 月讨论货币问题，"所有大厅、绘厅、议长室、休息室和咖啡馆"都"挤满了人"，焦急地等待结果。威廉·莫利纽克斯告诉他的朋友约翰·洛克："我们的货币问题把我们带到了毁灭的边缘，直到阴谋爆发之前，每个人都在谈论这个话题，每个人都为此感到不安。"约翰·托兰也觉得"最近几乎所有人都在谈论硬币"。约克郡的古董商亚伯拉罕·德拉普林声称货币危机"无疑……酿成了最近的大阴谋"，这不是夸大其词。[3]

革命政权还面临着其他问题。1695—1696 年冬天，英格兰与苏格兰的关系极为紧张。苏格兰议会成立了新的苏格兰东印度公司，这令英格兰的托利党人勃然大怒。新公司在苏格兰很受欢迎，但在英格兰，下议院投票决定，如果居住在英格兰的人认购该公司的股份，"将被控以重罪或轻罪"。这反过来又"激怒了"苏格兰人。詹姆斯二世和他的顾问获悉，议会"与篡位者爆发冲突"，本身"深受厌恶"。

1696 年 2 月，倾向于詹姆斯党的亨廷顿伯爵获悉，"大势不妙，国家沉沦，人民茫然，没有可靠的补救办法"。[4]

眼见国内怨声载道，詹姆斯二世于 1 月派遣私生子贝里克公爵前往英格兰组织大起义。贝里克公爵的联络人坚持要求詹姆斯二世率军前来英格兰。然而贝里克公爵向他的父亲和路易十四保证，"詹姆斯国王在英格兰和苏格兰都有一批追随者，他们一听说他登陆就会拿起武器"。[5]

毫无疑问，法国的大规模入侵是有计划、有准备的。传入英格兰的谣言称，法国军队正在西部集结。波特兰伯爵回忆，"我们从佛兰德接获情报，敌人已在敦刻尔克和加莱集结了大批军队"，估计有二万到十万人，"还有大量运输船和战舰，这些军队有的已经上船，有的正在登船，而且他们都知道集结的目的是入侵英格兰"。[6]

所有人都认为，1696 年 2 月的不列颠群岛即将爆发反革命运动。法国宫廷对"伟大政变"充满期待。詹姆斯党人"自豪地在全国各地吹嘘，前任国王詹姆斯将在一个月内抵达"。威廉手下的间谍报告，"詹姆斯国王本人真的相信他即将重登大宝，没有什么比这更容易了"。波特兰伯爵对列克星敦伯爵坦言："我们已经站到了悬崖边上，随时可能掉下去。此时，显然因为天意的介入，我们意识到了威胁我们和整个欧洲的危险。"[7]

托马斯·普伦德格拉斯对刺杀威廉三世阴谋的揭发改变了政治和意识形态的格局。詹姆斯党人的希望很快变成了恐惧。波特兰伯爵一跟威廉说明阴谋的严重性和入侵威胁的真实性，政府就立即果断采取行动。英格兰、苏格兰和爱尔兰各地的詹姆斯党人和疑似詹姆斯党人遭到围捕。郡级民兵和训练有素的城市部队进入高度戒备状态。几天之内，下议院和上议院都"投票通过保王协议，以保护国王的人身安全，并同意如果国王遇刺身亡，要为他复仇"。[8]所有三个王国和国外的地方都迅速追随议会的步伐。

　　1696 年 2 月暴露的事情引人注目之处并不在于有人谋害国王——这样的阴谋在早期现代的英国和欧洲司空见惯，有些甚至牵涉教会和国家权贵——而在于被告承认要刺杀国王，并为自己的行为辩护。起初，法国宫廷和英国部分詹姆斯党人确实"在刺杀问题上装聋作哑，并试图说服外界，凡是没有实施的密谋都不是有意为之"。然而，否认阴谋、叛乱计划或法国入侵意图的真实存在很快就变得不合情理。经过长时间艰苦的证据收集和证人审讯，威廉和他的顾问相信，政权正在受到严重威胁，"证据确凿"。随后接二连三的供词让威廉·特朗布尔爵士得出结论，这桩阴谋"已经一清二楚"。报纸报道、审判记录和已经发表的密谋者声明迅速将政府已经掌握的情况公布于众。4月中旬，英格兰各地的教士向他们的教众布道，称现在有了"真凭实据"，"全世界都会相信"，暗杀、叛乱和入侵的计划的确存在。就连詹姆斯党及其支持者都承认，威廉的政权受到了严重威胁。詹姆斯·弗农声称："（詹姆斯党）给证人扣上一切骂名，唯独没有说他们作伪证。"艾尔斯伯里伯爵本人也因参与阴谋而被捕，据他所说，威廉三世的统治"远谈不上血腥"，"因为那些本来打算在 1695 年或者 1695 年 2 月刺杀威廉三世的人都承认了他们的血腥计划"。政权的支持者同样深信不疑。玛莎·洛克哈特向她的朋友马沙姆夫人保证："过去和将来都不会有阴谋能像现在这样被清晰地揭露出来。"辉格党诗人理查德·布莱克莫尔爵士在其记述该阴谋的官方史书中解释："没有任何此类事情能够如此迅速地得到证明和揭露，所有人都很满意，因为证据并非出自强迫，完全没有篡改和伪造的嫌疑。"[9]

　　因为证据确凿，因为密谋者为自己的行为辩解而不是否认，1696 年冬末春初的阴谋揭露在不列颠三王国和欧洲都引发了广泛的讨论。一位早期的评论家说："这段时间以来，这个王国最近的刺杀阴谋一直是民众好奇的主要对象。"亚伯拉罕·德拉普林回忆，消息传到约克郡，"所有人都陷入了极度恐慌之中"。玛莎·洛克哈特记述，"现在各色

《天命镇服地狱、法国和罗马，挫败和揭露了最近刺杀威廉三世国王陛下的罪恶而残忍的阴谋》，1696 年。威廉派通过报纸、小册子和上图这样的版画，迅速将詹姆斯党人刺杀威廉三世的阴谋故事公布于众

人从早到晚都在谈论”这桩阴谋。约翰·伊夫林指出，当三位拒绝宣誓效忠的牧师在断头台上宽恕两名认罪的密谋者时，“双方发生了激烈的争吵”。[10]

　　因为密谋者解释了自己的动机，1696 年 2 月的阴谋揭露引发了意识形态争论，以及刺激人心的流言。詹姆斯党和威廉派就 1688—1689 年革命的意义和功绩展开了广泛而激烈的讨论。相关讨论的数量和质量，都不亚于 1689 年至 1694 年间就政府和教会官员是否应该和在什么情况下应该宣誓效忠后革命政权展开的、更为著名的“效忠之争”，却几乎没有引起学者的关注。学者没有把 1696 年刺杀阴谋当成一场意识形态辩论来研究，而是将其当作阴谋事件。

　　学者忽略 1696—1697 年的辩论，因为革命的意义似乎毋庸置疑。

几乎所有研究威廉派意识形态的评论家都遵循当权派辉格党人的说法，否认新政权的革命性质。大多数人认为，詹姆斯二世政权确实在1688—1689年被推翻了，但在意识形态上没有中断。对新政权的辩护都建立在传统、保守和温和的依据之上。1688—1689年革命与其说是革新的，不如说是合理的。在许多学者看来，温和革命说法的核心是妥协。也就是说，威廉是事实上的在位君主，大权在握，而詹姆斯二世虽然不在其位，依然是合法的国王。根据这一理论，那些宅心仁厚的英格兰人接受威廉为他们的国王，同时否认詹姆斯已被推翻。约翰·凯尼恩在其颇具影响力的《革命原则》一书中指出，"严格的事实理论"在17世纪90年代"占据了主导地位"，"也就是说，无论革命的确切性质如何，它都必然导致法律意义上的国王（詹姆斯二世）在其永久权利不受损害的情况下，被事实上的国王（威廉三世）所取代，但是后者并不具备合法权利，对其效忠也是有条件和有限制的"。换句话说，1688—1689年革命的辩护者否认了威廉三世及其支持者反抗詹姆斯二世的合法性。凯尼恩认为，这就是为什么约翰·洛克的理论明明可以论证民众反抗专制政府的合理性，却只有在"受到谩骂"时才被提及。马克·戈尔迪同样主张，1688—1689年的事件"很难称得上'革命原则'的革命"。与凯尼恩一样，戈尔迪发现事实理论主导了意识形态领域，这种理论明确否认威廉为正当而合法的国王。在戈尔迪看来，威廉派意识形态的特点是"模棱两可"、温和和占据了"理论的中间地带"，而正是这种温和的意识形态立场，"深刻影响了未来的政党理念特色"。对威廉派宣传的最新研究也得出了类似的结论。托尼·克莱登发现，威廉派宣传者运用他们的"王室改革"说辞来"帮助威廉占据中间立场"。按照克莱登的说法，威廉和他的支持者之所以能够占据温和立场，是因为他们使用了一种极度保守的修辞，即"早期新教世界观"修辞。[11]

围绕1696年刺杀阴谋和随后的保王协议展开的争论，是评估这些主张、重新思考革命意义的绝佳切入点。大多数学者都用 17 世纪 90 年代早期的效忠之争来评价有关革命的争论，但我们有充分的理由认为，紧随刺杀阴谋而来的争论更能准确地反映当时的人对革命的看法。首先，效忠之争中的政权支持者试图说服沉默者支持革命。詹姆斯二世刚出逃，脆弱的新政权就不得不讨好温和派和保守派。在效忠之争中提出的论点必然会强调延续性和保守性，尽可能地淡化变革的深刻意义。一位学者在研究英国国教对革命的反应时，同样把重点放在早期，他指出，国教的理论"从一开始就关注慰藉拒绝宣誓效忠者的良心，因而忽略了其他群体"。詹姆斯党人强调与过去的决裂，早期的威廉派则强调延续性，双方都有其道理。其次，政治史学者将 1696 年阴谋描述为"分水岭"和"形势的大逆转"。政策方向的改变往往伴随着政治心态和政治情绪的变化。此外，革命并非一蹴而就。光荣革命研究引人注目的一点是研究者只关注一小段时间。相比之下，研究不列颠群岛以外地区革命的重要著作则从更长的时间段出发，审视一个政权垮台和一个新政权出现带来的完整革命意义。[12]

紧随刺杀阴谋而来的争论揭示了与效忠之争期间截然不同的意识形态图景。詹姆斯党阴谋发生在大规模欧洲战事的背景之下，其真实性和严重程度足以将托利党人挤出辩论。托利党人认为英国曾在 1689 年对宪法进行了小幅调整，战争只是为了捍卫这次调整，而新政权的反对者全都是天主教极端分子。这种说法在 1696 年完全无法令人信服。詹姆斯党人和辉格党人各有各的现代化战略，托利党人对此均不认同，但又不得不做出抉择。1696—1697 年，詹姆斯党人和辉格党人一致认为爆发了革命，但他们对这次革命是否有益却产生了严重而激烈的分歧。在这场牵涉广泛的争论中，辉格党和詹姆斯党的争论点主要有三。第一，詹姆斯党人认为不可能合法反抗世袭君主，所以威廉只不过是个篡位者。辉格党人反驳，在某些情况下反抗是合法的，所以詹姆斯已经不能依法索回王位。第二，詹姆斯党人认为革命摧毁了英格兰教会，辉格党人则认为教会摆脱了陈旧和错误的教义。第三，詹姆斯党人声称威廉和玛丽摧毁了英格兰（和英国）经济，而该政权的辉格党支持者则反驳，尽管经历了一场代价高昂的战争，但新君主已经采取了适合商业国家的经济政策。

下议院和上议院都通过了坚持威廉统治权的保王协议，而不仅仅是口头宣称他在位，如此一来，人们已不可能像效忠之争的许多论战者那样，对他的政治头衔不置可否。当时的人都很清楚这一点。身在切斯特的威廉·斯特里特发现，那些"被认为对政府不满"的人并不抗拒宣誓效忠，但"现在他们没有一个人签名赞成呈文或保王协议"。[13] 尽管一开始在议会和全国流传的保王协议册显然大体以1584年的伊丽莎白协议 * 为蓝本，1696年保王协议与其备受尊崇的前身几乎没有什么相同之处。它摒弃了上一份文件的教派式和天启式语言。1696年协议的流传，包括签署者和签署地点，体现了威廉时代的政治民族与其在伊丽莎白时代的前身之间的社会鸿沟。刺杀阴谋和随后的保卫威廉政权协议凸显了光荣革命的意识形态和社会轮廓。新政权的支持者和反对者都坚信革命已成事实。支持和反对革命的论点与政治民族卷入争论的深度都表明，这实际上是第一次现代革命。

※ ※ ※

詹姆斯党人、拒绝宣誓效忠者和那些对威廉政权不满的人没有因为革命就消失在英格兰或英国的社会版图之中。在1688年之后的政治舞台上，他们构成了一个兼具文化活力和社会意义的少数群体。尽管政府试图密切关注他们的活动，他们依然能够聚会，同时讨论和传

---

* 1583年，英格兰的天主教徒密谋废黜伊丽莎白一世，以苏格兰女王玛丽取而代之。阴谋败露之后，弗朗西斯·沃尔辛厄姆和威廉·塞西尔起草了一份文件，要求签署者保卫伊丽莎白，处死任何密谋篡位或者刺杀者，后来称此文件为《保王盟约》。

播自己的观点。与 17 世纪 80 年代相比，17 世纪 90 年代对政府的批评更加公开，更少受到压制。因此，在詹姆斯二世遭废黜的几年里，詹姆斯党人发展出一套成熟的政治意识形态。这为入侵计划和 1696 年的刺杀阴谋提供了思想基础。

1695—1696 年，詹姆斯党人及其支持者积极在各种场合组织聚会，借机讨论和完善他们的观点。詹姆斯党人和拒绝宣誓效忠者聚集在伦敦和威斯敏斯特及其周边地方。位于考文特花园的威尔咖啡馆是约克公爵的上流支持者在王位排除危机期间的聚会地点，现在这里仍然是詹姆斯二世支持者的聚集地。政府知道，在王座法庭监狱附近，"每周四都有几个社团举行邪恶聚会"。另一个"热衷于圣日耳曼权利"的团体每周都在博士院附近的城堡聚会。众所周知，纽盖特街的干酪店是"秘密集会的詹姆斯党人"定期举行礼拜仪式的地方。詹姆斯党人还聚集在利登霍尔街的"老王头"和圣詹姆斯街的芒乔伊夫人家。支持詹姆斯党的议员，包括爱德华·西摩爵士和克里斯托弗·马斯格雷夫爵士，"结成了类似同盟的关系"，"通常在已故阿灵顿伯爵位于王宫广场旁边的林赛大宅聚会"。1695 年最臭名昭著的詹姆斯党人聚会地点是德鲁里巷的狗酒馆，6 月 10 日，在庆祝威尔士亲王生日期间，那里爆发了大规模的詹姆斯党人骚乱。[14]

批评政权并不只是大城市才有的现象。在斯塔福德郡和兰开夏郡，"秘密的阴谋集团"在斗鸡比赛和赛马会上碰面，赌徒则打赌詹姆斯二世什么时候到伦敦。奥利弗·海伍德确信，他在 1695 年 12 月下旬感觉到了活跃于诺丁汉郡的"天主教徒和詹姆斯党人的气息"。可能海伍德知道塔克斯福德邮政局长家中定期举行"拒绝宣誓效忠者团体的聚会"。詹姆斯党"同人"经常去诺里奇城外的一个偏僻小教堂，在那里他们可以为"詹姆斯国王"做祷告。诺里奇城中"所有的詹姆斯党要人"都聚集在山羊酒馆，他们在那里举行"秘密俱乐部"聚会。布里斯托尔的詹姆斯党人肯定有好几个聚会场所，因为他们得到了理

查德·哈特爵士和约翰·奈特爵士两位著名前议员的支持。肯特郡的
迪尔城堡有一个詹姆斯党人保龄球俱乐部，"每周至少聚会三天"。两
座大学城都是詹姆斯二世崇拜者的著名聚集地。牛津的低教会派主教
约翰·霍夫曾警告政府，"詹姆斯党的思想在这所大学太流行了"。长
期暗中监视的牛津大学教授约翰·沃利斯担心，在"大批"外国学生
里面，很多人其实是詹姆斯派来"估摸王国趋势"的探子。亚伯拉罕·德
拉普林自己也参加过"一两次"剑桥的詹姆斯党聚会，"来的人往往
非常大胆，公开发表反政府言论，而政府害怕引起骚乱，所以对此有
点纵容"。托马斯·珀西瓦尔有理有据地写道："毫无疑问，透过城市
和乡村的詹姆斯党社团和无法无天的秘密集会头目，这些王国的大部
分地区都或多或少地受到了这叛国的危险思想的感染。"[15]

　　不过，詹姆斯党人和拒绝宣誓效忠者的活动并不局限于赌博、喝
酒和发牢骚。他们所做的远不止于向大海对岸的国王敬酒、挤烂橙子、
庆祝国王生辰和嘲讽威廉的斋戒日。詹姆斯党人和他们的同路人制定
并阐述了反对革命的意识形态。他们散发悲观的时政评论。教士"无
论有没有宣誓效忠"，都"非常不敬地讲起被残忍杀害的国王查理一世，
暗示詹姆斯二世的退位也是一样的情况"，与此同时，"他们借机抨击
1641 年的叛乱和蒙茅斯公爵的叛乱，而不总是描述奥兰治亲王可与
之并驾齐驱的光荣远征"。[16]

　　詹姆斯党和拒绝宣誓效忠者的材料以印刷和手抄的方式广泛流
传。刺杀阴谋揭露之后，政府找到了约翰·雷德蒙兹的印刷厂，据说
他"印刷了革命以来所有的诽谤政府材料"。政府还发现了另一家"位
于博士院附近的私人印刷厂"，里面有刚刚印好的"一千份诽谤政府
的材料"。1 月，理查德·金斯顿发现了一套"在某个乡村贵族家里
印出来的"詹姆斯党木刻画。3 月，"大量攻击政府的诽谤性小册子
在街头上流传"。当保王协议在全国各地流传时，"这些王国和平的敌
人"正在散发一份小册子，"设法说服人拒绝签署协议"。阴谋揭露之后，

詹姆斯党人在这些秘密出版物和靠不住的印刷品里面加上了官方公布的密谋者遗言。凡此种种，让威廉派开始抱怨"诽谤煽动的小册子""满天飞"，"叛逆书籍""泛滥成灾"。[17]

　　詹姆斯党的论据是什么？这些小册子、演讲和布道提出了什么论点？事实上，讨论詹姆斯党的论点并非易事。詹姆斯党以内部分裂而著称，就跟詹姆斯二世政权也曾饱受严重分歧的困扰一样。可以确定的是，詹姆斯党在1695—1696年间提出的观点没有教派色彩，他们并不推崇梅尔福特伯爵和爱德华·黑尔斯爵士的极端天主教派的宗教论点。[18]

　　1695—1696年间，詹姆斯党人通过小册子、诗歌或者断头台演讲，在英格兰公开提出的观点都是成熟而内里一致的，他们坚称革命已经极大地改变和破坏了英格兰的政治、宗教和社会。曾为激进派辉格党辩论家的罗伯特·弗格森，于詹姆斯二世决定批准詹姆斯党人起义之际写下了言辞激烈的《简述近来的劫难》，提出了流传最为广泛的詹姆斯党论据。正是因为这本广为流传的小册子，加上参与了更大的阴谋，弗格森于1696年春被关进了纽盖特监狱。这部出自"他不安分的精神、雄辩的口才、狡诈的头脑和恶魔般的怨恨"的作品，起码让一位阴谋评论家将弗格森描述为"杰出的煽动家和整桩阴谋的共同鼓动者"。[19]这当然是对弗格森的过高赞誉。不过，可以肯定的是，他在1695年12月发表的小册子表达了詹姆斯党人在1695—1696年间公开提出的一系列论点。

　　与17世纪后期的许多政治争论一样，詹姆斯党人的论战也以欧洲为大背景。詹姆斯二世及其支持者在1688年之前经常被人指责不是英格兰人，而在革命之后，他们开始转向民族主义立场。詹姆斯党人的诗歌、讽刺短文和小册子都强调了英格兰已经在多大程度上沦为"荷兰政客计划"的牺牲品。罗伯特·弗格森在其极有影响力的小册子中抱怨，现在统治英格兰的是"一位受荷兰议会影响的荷兰国王"。

詹姆斯二世在 1696 年断言，民意已经转向反对他的对手，因为英格兰人现在"对失去和平、繁荣和古老法律悔恨不已，（并且）只想看到王国摆脱荷兰人的奴役"。[20] 在詹姆斯党人看来，英格兰乃至整个不列颠群岛已成为荷兰的第八个省。英格兰人、苏格兰人和爱尔兰人已经失去了他们的民族身份。

威廉对待英格兰教会的方式令詹姆斯党人感到非常不满。不过，1695—1696 年间的詹姆斯二世支持者发动的不是一场教派之争。他们并不认为自己正在介入新教和天主教的改革之争。因参与刺杀阴谋而被处决的九人之中，罗伯特·洛威克少校、罗伯特·查诺克、安布罗斯·鲁克伍德、托马斯·凯斯和爱德华·金上尉等五人是罗马天主教徒。另一位同谋者乔治·巴克利爵士因其"对罗马天主教的偏见"而闻名。但最重要的一些政府线人也是天主教徒，包括托马斯·普伦德格拉斯、弗朗西斯·德拉鲁和布莱斯·布莱尔。查诺克和金都坚称"罗马天主教徒"对谋杀国王的"计划毫不知情"。[21]

新教徒在刺杀阴谋和叛乱中发挥的作用至少同样突出。威廉·帕金斯爵士、约翰·弗林德爵士、约翰·芬威克爵士和查尔斯·克兰伯恩都在断头台上公开表示忠于英格兰教会。威廉·斯纳特、杰里米·柯里尔和谢德拉克·库克这三位著名的拒绝宣誓效忠的牧师在处决帕金斯和弗林德时引发了"很大的骚动"，因为尽管"有违他们自己的职责和忠诚"，他们仍然"宽恕"了这两个有罪的反叛者。众所周知，参与密谋和叛乱的新教徒远不止于那些出现在断头台上的人。例如，贵格会教友威廉·潘恩死前不久曾从掌管密谋资金的约翰·弗林德爵士手中拿到可疑的五百英镑。在爱丁堡，圣公会的礼拜堂静悄悄的，因为"所有的牧师"都因参与阴谋而被捕了。拒绝宣誓效忠的格洛斯特主教罗伯特·弗兰普顿因向阴谋者捐款而公开受到枢密院的审查。詹姆斯·弗农深信詹姆斯党人的反抗不是出于教派之争，他甚至还在列克星敦伯爵面前大声抱怨新教徒，"我们培养出来的这批奸诈小人，他们企图背叛自己的国家，把它交给一个外国人和它的天敌"。偏向于詹姆斯党的里士满牧师埃比尔·博菲特也得出了同样的结论。他告诉他的会众，詹姆斯党人反对政府，"不是因为受到他们宗教的有害影响"，而是"因为他们以为（威廉）没有统治我们的合法权利和头衔"。[22]

威廉没有继承王位的合法权利，这是詹姆斯党人及其同路人提出的核心主张之一。他们一再高声否认威廉统治的合法性，称任何合法的抵抗运动都不能反对一位通过不可剥夺的世袭神授君权进行统治的君主。罗伯特·弗格森宣称，"我们的君主现在和过去都是世袭君主，不是选举君主"，言语之中没有丝毫过去的辉格党色彩。因此，"奥兰治亲王（威廉三世）没有继承王位的世袭权利，他只是通过非法且流于表面的人民选择获得了王位，换句话说，他篡夺了王位"。由此，弗格森得出了一个必然的结论："我们在法律和良心上都有义务抗议（威廉三世），追捕他，追究他的罪行。因为这些罪行，他成了抢夺邻国王位的强盗和篡夺他人王位的入侵者。"[23]

詹姆斯党人的核心论据是政治反抗在过去和未来都是非法的。拒绝宣誓效忠者杰里米·柯里尔不屑地说："（新政权）否认被动服从的教义，革命从头到尾都建立在破坏这一原则之上。"他提醒读者："这一教义是英格兰教会引以为豪的特点，它不仅受到人民的颂扬，而且得到当局和宪法的确认。"柯里尔认为，任何拒绝接受被动服从原则的人，任何不再支持詹姆斯二世王位主张的人，都不是英格兰人，也不是基督徒。跟柯里尔同为赦免者和拒绝宣誓效忠者的威廉·斯纳特说，"杀死奥兰治亲王和王妃并不比杀死一只猫或一只狗的罪过更大"。詹姆斯二世的前宣传者纳撒尼尔·约翰斯顿的口吻没有那么嗜血，但表达的观点差不多。他反问道："如果誓言是具有如此强大约束力的义务，我们又如何证明背离对詹姆斯国王的誓言是正当的呢？"重新宣誓，就像保王协议要求的那样，"结果将是宪法的改变"。同情詹姆斯二世的人认为，面对詹姆斯党人的叛乱，宣誓效忠在政治上意义不大。乔治·希克斯提出，"我认为人民有义务协助"在位的国王，"促进贸易和商业发展、处理民事司法等，并帮助和协助他抵御所有反对他的入侵和叛乱，前提是这些是由合法君主发动或者服务于他的"。[24]

参与阴谋的人一再声称，对英格兰世袭国王的一切反抗都是非法的，威廉三世是篡位者，对革命政权的宣誓是无效的。富有的伦敦酿酒商兼詹姆斯党财务主管约翰·弗林德爵士强调，"国家的法律……确实要求我们对我们的君主尽忠尽责"，"任何国内外势力都不能迫使我们放弃效忠"。对弗林德来说，"国王的臣民可以随意废黜和推翻他，或委任没有继承权利的人取代他"，这样的设想"不可理喻"。因此，帮助詹姆斯二世"恢复权利"是"理所应当的，也是我们的责任"。另一位密谋者罗伯特·查诺克曾经担任过莫德林学院的天主教董事，他也详尽阐述了自己的政治观点。查诺克赞同弗林德，断言"按照我们的法律，王位的既定继承权及其古老的世袭权利是非常神圣的"，"任何联合或单独的团体"，"稍微动了心思，想要更换和废除"其合法国王，都已触犯"最严重的叛国罪"。因此，查诺克将威廉三世比作奥利弗·克伦威尔和尤利乌斯·恺撒，认为他只不过是一个篡位者。查诺克由此得出结论："每一个有勇气、有机会的忠实臣民都有责任铲除这个公敌。他点燃了欧洲各地的战火，为了永不餍足的野心和篡位成功；他牺牲了无数的生命和金钱，马略和苏拉、恺撒和庞培加在一起都比不上他。"[25]弗林德和查诺克，俗人和教士，新教徒和天主教徒，都用几乎一模一样的理由为自己的行为辩护。在他们看来，只有法律上的国王复辟无望，才能服从事实上的国王。他们对革命的谴责充分体现了詹姆斯党人和拒绝宣誓效忠者的观点。

其他在1696年被处死的参与阴谋者很少长篇大论地为自己的立场辩解，但他们的言论足以表明他们总体上观念一致。查尔斯·克兰伯恩在断头台上宣布，他是"为了忠于合法国王"而死。安布罗斯·鲁克伍德强调，他"主要是为了向我真正的君主詹姆斯国王"尽责而死。
罗伯特·洛威克少校回忆："我以为詹姆斯国王即将来维护他自己的权
利，如果他登陆了，我应该尽我所能地帮助他。"约翰·芬威克爵士
坚持认为，只有"真正的合法君主詹姆斯国王"重登大宝,政府才能"根
深本固"。威廉·帕金斯爵士深受"君权神授、不抵抗和消极服从等原则"
的影响。他"以我的国家的法律和宪法为指导"，认为剥夺詹姆斯二
世的王位，"违背了所有的权利与正义"，所以"身为臣民和英格兰人，
我有责任帮助他恢复王位"。 在巴黎铸造的一枚詹姆斯党纪念章充分
表达了詹姆斯党对政治合法性的看法。一面刻着人头，附有"大不列
颠暴君奥兰治亲王，拿骚的威廉·亨利"的字样，另一面刻了一个吊
在树上的人，附有"伟大的押沙龙*"的字样。[26]

　　詹姆斯党人的第二个论据是革命毁了英格兰教会。前长老会教友
罗伯特·弗格森哀叹"英格兰教会变得摇摇欲坠"。他认为，因为"比
利时人的意见，加上外国荷兰佬沾沾自喜于自己的宪法"，教会必然
受人"轻视"。荷兰国王带来了荷兰奉行的宗教宽容，并找来受荷兰
影响的神学家管理英格兰教会。乔治·希克斯对威廉派新主教的宽容
教会倾向深恶痛绝。他带着对自己曾经的长老会教友的强烈反感，尖
刻嘲讽道："至于我们的长老会传道士，应该告诉他们，在此之前，世
界没有一个教会允许这样邪恶的分裂分子担任圣职。"杰里米·柯里
尔谴责新的教士降低了教会"多方面的道德标准"。对这位颇有影响
力的拒绝宣誓效忠者来说,威廉提拔的"新向导"毁了教会。他强调：
"我们不能容忍他们的搪塞，跟他们一起叛变。"他问他的读者："难
道我们真的只能等待教会分裂，帮助圣化革命，违背自己的良心
和意愿去祈祷吗？"拒绝宣誓效忠的俗人克拉伦登伯爵深信，威
廉政府的管理者要么"与我们教会公开为敌，要么对任何教会都漠

---

* 根据《圣经》记载，押沙龙曾经起兵反叛父亲大卫王，最后死在以法莲林中。

不关心"。[27]

对许多詹姆斯党人和拒绝宣誓效忠者来说，革命之后教会在抵抗问题上的立场本身就有罪。弗格森痛斥"主教们""背离了英格兰教会的教义，背离了他们教会关于文官政府与合法统治者的教义"。新近得到认可的教义，包括"废黜国王、豁免宣誓、将良心化为公益"，让杰里米·柯里尔相信，革命后的教会犯了"极端的恶行"，"是非不分"。柯里尔据此宣称，"革命者四分五裂"，"他们的教士团实际上被罢免了"。另一位拒绝宣誓效忠者在1695年质问："一个人效忠于他自然与合法的君主，这是上帝和国家律法的规定，也是更为严格的庄严神圣的誓约义务，那么他是否可以背离和放弃效忠而不冒犯正义和真理之神呢？"[28]这位拒绝宣誓效忠者指出，这意味着教会背离其誓言和教义是有罪的，教士反抗君主也是有罪的。

许多密谋者及其同情者都赞同这些观点。例如，约翰·芬威克爵士强调，"我的宗教教了我忠诚"，效忠于"世系从未间断的真正的英格兰王室"。[29]弗林德和帕金斯与拒绝宣誓效忠者柯里尔、库克和斯纳特一起走上断头台，以此表明心迹。威廉·劳埃德和其他代表拒绝宣誓效忠的教士的人一起，能够募集到大量捐款，这体现了反对威廉派教会的规模。

最后，詹姆斯党人抱怨威廉政权的政治经济学。在这方面，革命者也因为引入尼德兰的做法而受到责备。罗伯特·查诺克指责威廉三世企图"为了他亲爱的荷兰同胞而削弱和毁灭英格兰民族"。罗伯特·弗格森抱怨，"自1689年初以来，威廉掠夺我们的贸易，还使了很多诡计来奴役和消耗我们"。[30]

詹姆斯党人抱怨两方面的经济恶化：战争花销和托利党股份公司的消失。1695—1696年货币危机期间，威廉国王战争花销受到的抱怨尤为激烈。罗伯特·查诺克哀叹，"每年都有无数英格兰的资金流入荷兰"，只有恢复詹姆斯二世的统治，才能结束这场悲剧，"（英格兰）才能享受到他治下的和平与富裕"。 在英格兰货币短缺最为严重的时候，理查德·埃奇听到一个他"觉得是大流氓的"詹姆斯党人感慨说，"制造出来的钱，或者正在制造的钱，全部都得运往荷兰"。詹姆斯二世谈到他的臣民时说："大多数人都能看到，荷兰人和他们的负担分配多不公平。"在詹姆斯和他的廷臣看来,荷兰人之所以能够"榨干英格兰的钱币"，是因为"奥兰治亲王实际上是他们的代理人，他在还是他们臣民的时候，从来没有像他成为君主后那样为他们服务过，他让国王屈从于荷兰行政长官，三个王国实际上成了他家乡七个行省一样的省份"。[31]

在政治经济学方面，詹姆斯党评论家也抱怨威廉派消灭了英格兰的大型股份公司。吉尔伯特·伯内特知道，那些带着"恶意"看待威廉政权的人经常抱怨，"它的目的是让我们遭受贸易损失，让荷兰人从我们手中抢走贸易"。罗伯特·弗格森的话让人想起三次英荷战争中的话语："亚洲和非洲可以见证（荷兰人）是如何战胜我们，如何在那些遥远的地方羞辱我们，把我们说成是贫穷、孱弱和卑鄙的民族。"东印度公司"一直向肯辛顿的大人物求助,却始终受到忽略"，因为"荷兰人获得鼓励和帮助，要取代他们的地位，把他们挤出这一富裕的贸易"。弗格森把新苏格兰东印度公司的成立，当成受到荷兰人煽动的、又一次摧毁英格兰东印度公司的恶毒企图。什鲁斯伯里公爵听到"这里有人悄悄地说"，中止东印度公司特许状的计划"是某些荷兰人的意见，他们希望利用自己的手段，毁掉这家公司，并在任何其他公司成立之前，打垮英格兰的贸易，将其据为己有"。《飞行邮报》的编辑了解到，"詹姆斯党人也确实从英格兰发来建议，说那里的人民非常不满，因为他们的贸易衰落，损失惨重，尤其是东印度公司、非洲公司、哈德孙湾公司"。[32]

尽管英格兰在战争中受到的破坏范围极其广泛，但詹姆斯党人只强调与其经济意识形态一致的领域。战争打击最大的肯定是地主阶级。

不过，更能说明问题的是，被选为同情对象的几家公司恰恰就是最忠实于乔赛亚·蔡尔德及其朋友的以土地为基础的零和政治经济学的公司。东印度公司、王家非洲公司和哈德孙湾公司恰恰就是托利党投资者占比最高的公司，也是最同情詹姆斯党人的公司。[33]

　　因此，无论是否得到詹姆斯二世的允许，1696 年刺杀阴谋都不仅仅是一群人为了杀死威廉三世而做出的孤注一掷。这桩阴谋既体现了詹姆斯党的意识形态，也是宣传这一意识形态的契机。该意识形态强调英格兰（以及苏格兰和爱尔兰）经历了一次革命，一次所有人都应该予以谴责的革命。詹姆斯党人及其同情者认为，根据英格兰宪法，臣民在任何情况下都没有反抗合法世袭国王的权利。人民当然无权选举他们的国王。按照这样的观念，威廉三世不过是篡位者——一个人们只要有机会就应该反抗的篡位者。詹姆斯党人还坚持认为，威廉和他的新主教亵渎了英格兰教会。他们亵渎了英格兰教会，因为他们主张建立一个过于宽容的教会，使基督教沦为纯粹的道德规范；因为他们支持教会以外的宽容政策，抛弃了教会的被动服从教义。最后，詹姆斯党人在严重的经济危机时期，有力地论证了威廉的政治经济学对其新王国的危害。威廉的战争使国家陷入贫困。他的商业政策摧毁了大型贸易公司。简单来说，詹姆斯党人认为威廉三世将尼德兰的政策和做法强加给不列颠群岛，造成了灾难性的后果。荷兰的共和国政治、荷兰的宗教宽容做法和荷兰色彩的经济政策毁了英格兰。

※　※　※

　　革命支持者在 1696 年没有寻求妥协。总体而言，政府的支持者没有像效忠之争时那样，试图安抚顽抗者。相反，他们选择与詹姆斯党人正面交锋。威廉派承认，"我们在革命问题上的分歧……一直非常严重，而且后果很危险"。尽管威廉派希望说服所有人支持革命，但他们不再为了妥协而淡化革命带来的变化。他们不再通过意识形态让步来寻求共识。1696年，一位威廉派尖锐地问道："谁知道，或谁能想象，那么多人达成一致的看法？"[34]

威廉派一再坚持把革命和刺杀阴谋说成欧洲伟大斗争的一部分。《邮差报》的编辑告诉他的读者，"整个欧洲的繁荣和这个王国的安危都仰赖陛下"。这是因为詹姆斯党胜利等于法国胜利。国教教士詹姆斯·加德纳警告，詹姆斯党取胜的"结果"将是"法国政府"。格洛斯特的低教会派主教爱德华·福勒布道说，如果阴谋得逞，"身为英格兰人就已经是重罪"。难怪伦敦商人理查德·拉普索恩指出，"在英格兰和苏格兰的大部分地区"，"人民"对这桩阴谋的反应是"非常热心地支持威廉国王反对法国人的事业"。难怪什鲁斯伯里的"民众"会在纪念该阴谋的感恩日这天"抬着法国国王的肖像穿街过巷"，然后"付之一炬，同时高呼上帝保佑威廉国王"。理查德·布莱克莫尔爵士在他的官方史书中总结道，詹姆斯党"为了报复英格兰的拯救者，不惜牺牲欧洲的自由"。[35]

革命支持者将这桩阴谋视为路易十四建立普世帝国的一步。塞缪尔·巴顿告诉下议院，"法国的实力和影响力"正被用来"建立普世帝国"。威廉·塔尔博特在伍斯特大教堂向他的听众解释："只有普世帝国才能满足那位君主的自负和野心。"白金汉郡汉布尔登的弗朗西斯·格雷戈里也认为，路易十四"企图成为西方唯一的皇帝"。在科克，沃尔特·尼尔将路易十四描述为"基督教公敌"。另一位威廉派小册子作者指出，"整个欧洲都很清楚"，法国的目标是"奴役欧洲所有独立自主的君主"。年轻的约瑟夫·艾迪生恳求说："睥睨一切的君王，野心勃勃的路易，请/别再祸害人类，破坏欧洲的和平。"[36]

对于威廉派，尤其是威廉派辉格党人来说，反法斗争、争取欧洲和英格兰自由的斗争始终都是最重要的革命原则。他们反复辩称，詹姆斯二世在国外支持路易十四，在国内效仿他的执政风格。威廉·斯蒂芬斯在伦敦市长面前争辩说："如果伟大女王（伊丽莎白）的继任者能够忠实地奉行她在位时的神圣政治，法国就不会在欧洲迅猛崛起。"伍斯特主任牧师也认为："当时的英格兰服务于法国的利益，帮助法国奴役欧洲各国。"[37]

根据革命支持者的说法，詹姆斯二世已经变成一个法式国王。他让英格兰人在英式统治和法式统治之间做一个简单明了的选择。一位教士坚持认为，詹姆斯二世"不愿意亲自统治我们"，"反而自降身份，取来法国的枷锁，让我们做那个残虐不仁的专制暴君的奴隶"。约翰·斯特赖普一贯以社会评论而著称，他认为，如果不是威廉三世在1688年11月到来，"基督教世界的和平公敌""肯定会把我们变成一个悲惨的民族，就像他自己的民族一样"。现在恢复詹姆斯二世的统治，就等于选择法国的奴役而不是英格兰的自由。威尔士的一位非国教徒感叹："我们有些人愚不可及，宁可要埃及的大蒜和洋葱，也不要雨点般落在我们帐篷的吗哪 *；宁可选择比土耳其还要糟糕的法国奴役，也不要英格兰的自由。"威廉·塔尔博特在伍斯特大教堂附和道，"问题很简单，我们是要在英格兰的法律和政府下过自由的生活"，还是"用这些来换取法国的奴役"。[38]

革命者拒绝了法式政策和法国同盟，转而支持英格兰国家和荷兰同盟，这意味着英格兰加入了欧洲的自由事业。一位威廉派评论家说："那些统治时期都过去了。现在牌面有好有坏，最近这次革命将威廉国王推上了王座，对法国来说却是有史以来最严重的一次打击。"威廉·珀斯在约克大教堂怒吼道，1688—1689年的革命是决定性的，"它不仅保护了新教和英格兰的权利和自由"，"还恢复了欧洲大多数君王的权利和财产，这些权利和财产此前都受到了基督教世界和平与福祉

---

* 根据《出埃及记》记载，以色列人逃出埃及之后，在荒野中游荡了四十年，其间上帝赐给他们神奇的吗哪作为粮食。

的共同破坏者的侵犯和蚕食"。最终，"这个王国与法国决裂，与基督教世界的其他君王一起，捍卫他们共同的自由和权利，反对那股淹没他们所有人的洪流"。[39]

可能有人会把这次从法国同盟到荷兰同盟的转向理解为教派之变。法国肯定是头号天主教强国。自伊丽莎白时代以来，反对王室和政府的阴谋通常都与"罗马天主教"相关。一些威廉派确实使用教派措辞描述革命和阴谋。非国教徒约翰·肖沃强调，阴谋和随之而来的法国入侵"只会导致新教的灭亡"。尽管强调教派之争的是非国教徒，但也有一些英格兰教会的人，比如威廉·珀斯，指责"宗教（如果我们可以称之为宗教的话）授权、允许并命令实施这样的残忍暴行，以促进罗马天主教的利益"。[40]

然而，这种传统的反应和早期新教的世界观越来越站不住脚了。从关于阴谋的感恩日布道中，我们可以看到人们态度的转变。汉普郡的非国教徒查尔斯·尼科利茨最初宣称："这是天主教徒和受其影响的人的阴谋，目的是铲除这里的新教。"可是到了后来，鉴于拒绝宣誓效忠者的广泛参与，他承认"这是一桩混杂的阴谋，夹杂着不同的国家；许多派别联合在一起（尽管在其他方面观念差异很大），反对我们锡安的繁荣昌盛"。文森特·艾尔索普曾是詹姆斯二世为数不多的非国教徒支持者之一，他在布道刚开始的时候就以传统的方式谴责"反基督者"试图"铲除新教之名"。然而在布道结束时，他已经变得"极其愤恨"新教的密谋者和他们拒绝宣誓效忠的牧师。接着他觉得有必要向罗马天主教徒表示和解。他在临别时告诉会众："我很高兴，找到了一个会揭露叛国行为的天主教徒。"同样地，约翰·穆尔在威廉三世面前布道说，"在罗马天主教对人影响很大的地方，他们就会打破一切束缚，无论是自然的、民事的还是神圣的，来为这种利益服务"。但他最终还是承认，"最令人费解的是竟有新教徒卷入"这桩阴谋，尽管如此，"其中有些人属于那个宗教和教会，这是不可否认的"。[41]

对于一些非国教徒和国教徒来说，新教徒参与阴谋是证据确凿的事情，这打破了他们的信念，也就是说罗马天主教同弑君、不容异己和暴政之间并不存在必然且排他的关联。

大多数英格兰人，甚至包括大多数教士，都已经摆脱了教派政治，超越了早期的新教世界观。他们很自然地断言刺杀阴谋和反对法国帝国主义野心的斗争具有多教派性质。爱德华·福勒提醒上议院，詹姆斯党叛乱依赖"天主教徒和我们当中的古怪新教徒的联合力量"。他后来强调，这些"躁动不安的乡下新教徒""只想看到政府垮台"。詹姆斯·斯莫尔伍德深知，"耶稣会士和（新教）詹姆斯党人都是现政府的忠实拥护者"。德尔·皮德指出："就像是犁田那样，在这桩阴谋的实施过程中，一头阉牛和一头驴被拴在了一起，一个是天主教徒，一个是新教徒。"事实上，许多评论家认为，与新教徒阴谋者相比，天主教阴谋者的罪责更轻。一位关注绞刑赦免的评论家指出："我毫不怀疑，天主教神父和我们搞分裂的牧师一样恶毒，但他们更加小心谨慎，会让他们的人为自己辩解，让人相信他们的教会并不像我们描绘的那样黑暗。他们不会像库克、柯里尔和斯纳特的信徒那样，用他们的原则为自己的行为辩护。"[42]

将 1696 年 2 月的阴谋、入侵和预谋之中的叛乱当成传统的"天主教阴谋"，毫无道理可言。威廉·斯蒂芬斯的说法很有道理，但缺乏史学眼光，"（未来某个时代）如果有人读到最近法国的入侵准备工作，发现天主教徒在王国只排第二百……就会佩服法国人，哪来的勇气去征服英格兰"。当时一本威廉派小册子的作者的说法也很有道理，他说，"这些致命阴谋的起因不是詹姆斯二世和路易十四的宗教"，而是这两位君王的政治观点。[43]

威廉的大多数追随者不仅否认他们对手的主要动机是陈旧的教派纷争，而且坚持认为，对于革命议程至关重要的对法战争不是新教圣战的一部分。一位威廉派小册子作者指出，"所有贤明的天主教君王"

的利益"都与新教君王的紧密相连，因为他们今天为了共同的事业而战，那就是打败共同的暴虐敌人，解放各自的领土"。约翰·芬威克爵士带有詹姆斯党色彩的遗言促使另一位威廉派人士提醒英国人，"基督教世界的大多数君王和国家，不管有没有经历过宗教改革，都结成了一个伟大而特别的联盟，并且互相支持对方的所有权"。辉格党教士威廉·斯蒂芬斯问道："法国的入侵不是已经把信仰不同宗教的不同国家联合到一起，组成安全保障同盟了吗？"[44]

为了应对这一阴谋，威廉派不仅不再强调教派政治，还果断地摒弃了在效忠之争中表达的温和的宪法观念。大多数威廉派人士知道刺杀阴谋之后，反应都是不能单单对事实上的国王表示效忠。

一位又一位评论家，包括那些得到政府明确认可的评论家，都坚称英格兰是一个依法实行有限君主制的国家。威廉·韦克当时是威廉三世的专职牧师之一，他在威斯敏斯特的圣詹姆斯教堂提醒听众，英格兰君主制"就其结构组织而言是有限君主制，建立在自身制定或批准的基本法律之上，而不是建立在少数拥有远见卓识的政治家的帝国法律之上"。他的言下之意很明显："我必须郑重声明，要么是我无法判断什么是理智和理性，要么这必然意味着我们不会承认一个绝对的君主，或者说不受法律约束、只按照自己的意愿随意统治的君王，是我们的国王。我们的宪法没有规定过这样的君主，我们也从来没有义务服从这样的君王。"所有人都认为，詹姆斯二世就是这样的国王。一位牧师提醒他的听众，在詹姆斯二世治下，英格兰"几乎为专制权力所奴役"。还有人尖刻地将詹姆斯斥为"新塔奎尼乌斯*"。下议院专职牧师塞缪尔·巴顿认为，詹姆斯二世"效仿邻国，把新的政府体制"强加给英格兰人。著名辉格党律师威廉·阿特伍德声称，

---

* 罗马王政时代的最后一位国王，于公元前534—前509年在位，以暴虐专横而著称，后被推翻，成立罗马共和国。

詹姆斯二世"违反了让他成为国王或让他继续在位的宪法"，"他控制了海关，未经议会授权就征税，废除王国法律，在和平时期组建并维持常备军，还有其他类似的暴行"。因此，他"在退位之前显然就已经不是国王了"。[45]

英格兰是一个有限君主制国家，而詹姆斯二世以法国的绝对方式进行统治，这些观点当然并不新鲜。值得注意的是，刺杀阴谋过后，评论过政治效忠的人里面，超过80%都反对被动服从和事实王权观念，并为政治反抗辩护。[46] 后革命政权的支持者，甚至包括那些与后革命政权关系最为密切的人，现在都放弃了对 1688—1689 年事件温和而模棱两可的阐释。

后革命政权的支持者现在直言不讳地谴责被动服从和世袭神授君权不可剥夺的理论。威廉·斯蒂芬斯在感恩日向伦敦市长布道时承认，如果詹姆斯二世真的拥有"让我们被动服从的、神圣且不可剥夺的权利"，那威廉三世就无权继承王位。然而，斯蒂芬斯高声指出，虽然"被动服从国家法律是耶稣的教义，被动服从君王却是犹大的信条，那是一种错误和叛国的信条，所有的公民政府和合法权利都因此被出卖给了专制者"。纽卡斯尔公爵的牧师德尔·皮德罗列了"你最好避开的""有害学说"，其中包括"君权神授学说，以及由此而来的豁免权"和"被动服从学说，以及由此而来的不抵抗"。威廉·阿特伍德声称，其实崇奉"君权神授"的人才是意识形态的革新者，他们的学说可以追溯到詹姆斯一世即位之初。[47]

事实效忠论本就远谈不上占据上风，现在还成了几乎所有传道士和小册子作者的攻击对象。亨利·戴声称，效忠宣誓模棱两可，受到"那么多詹姆斯党人的玩弄"，再也站不住脚了。现在"昭然若揭的是，事实论差一点点就夺走了（威廉三世的）王位和生命，夺走了我们的宗教、法律和财产"。威廉·斯蒂芬斯指出，"具有欺骗性的事实论最近被人用来发动刺杀、叛乱和入侵"，他因此希望王室头衔不要再跟它扯上关系。德尔·皮德对"事实上的国王"这一"可怕概念"大加鞭挞，指出其导致不少阴谋者走上了断头台。诗人理查德·博韦特写下诗句，那些"提出事实上的国王、法律上的国王"的人，"这样的政客会保留自己的权利，/ 法国人会加以补充，并为他们出力：/ 为了满足他们贪得无厌的欲望，/ 他们会出卖欧洲，牺牲英格兰"。[48]

1696 年的威廉派更倾向于发展积极反抗而非消极服从的理论。他们强调，威廉是法律上的国王，也是事实上的国王。尽管英格兰及其国王在 1688 年和 1696 年都明显地得到上天庇佑，但威廉派并不满足于消极地等待上帝的行动。广受欢迎的传道士、未来的坎特伯雷大主教威廉·韦克劝告他的听众，不要"觉得因为我们受命相信上帝，所以我们就不必再为我们事情的成功操心或者再做任何适当的准备工作"。塞缪尔·巴顿告诉下议院，单凭"天佑之说"，"既不安全，也不可靠"。[49] 谨慎的政治需要一个积极而非消极的政治民族。

以公共利益为基础的契约论和功利主义论战，弥补了威廉派政治抗争辩护概要在历史论据上的不足。威廉·韦克推论，既然"这样的说法毫无道理可言，即王国上下都有权享有法律和自由，但无权为其辩护，尽管它们原本不该受到如此明显的破坏，也不该在如此重要的场合受到侵犯"，那么"这个王国就有理由站出来捍卫它的法律和根据这些法律建立的宗教"。《邮差报》的编辑向读者介绍了欧洲的先例和詹姆斯·蒂勒尔，以证明政治反抗的合法性。他接下来声称，如果国王"打算推翻宪法和基本法律，违背加冕誓言的主要条款"，那么"据此他等于放弃了王权，不再是国王，人民有权填补因此而空缺的王位"。亨利·戴为政治反抗辩护，让听者去读约翰·洛克的《政府论》，并且保证洛克已经"有力地"驳斥了罗伯特·菲尔默的险恶观念。另一位评论家是这场辩论中最为明确的功利主义者，他从非历史的角度为政府的合法性辩护。这位威廉派小册子作者断言："既然我们假定每个人最关心的都是自己的利益，那么我们也应该假定群体同样只关心自己的利益。"他认为，这种"多数人做的事情对全体最有利"的观念，是"更加简单和可靠的服从依据，远胜任何精细的政策和政府计划。后者只是某些徒有其表的人，从古代的垃圾堆，从古老神秘而难以理解的记载中挤出来和抠出来的，或者是某些诡辩家为了方便而提出的变幻无常的特征"。威廉·斯蒂芬斯还嘲笑完全基于"继承权"的仁政观念。他声称，与之相反，"公民自由"才是评判统治者的正确标准。斯蒂芬斯认为，如果统治者"只顾颠覆本国的宗教、法律和自由"，"人民不仅可以，而且有义务履行他们对国家、后代和自己应尽的责任，即通过武力，从根本上消除这种不可容忍的灾祸"。[50]

1696 年，威廉派毫无顾忌地宣布，人民已经推翻了詹姆斯二世，拥立威廉三世为王。人民的支持是政治合法性的法律标准。詹姆斯·斯莫尔伍德在威斯敏斯特的圣詹姆斯教堂回忆，威廉三世是"人民的声音召唤来的"。塞缪尔·巴顿对下议院说，比新教之风更重要的是"当时民心的普遍转向，连那些被利用来奴役我们的人也轻而易举地站到了另一边"。另一位评论家认为："英格兰人民召唤这位伟大的君王来解救他们，因为那位'最虔诚的基督徒国王'（路易十四）在大不列颠三个王国的统治地位丝毫不亚于在法国的。"[51]

人民不仅邀请威廉来到英格兰，还决定立他为王。亨利·戴引用约翰·洛克的话来做理论依据，声称"大多数人民选择他们英勇的拯救者做他们的国王"。路德宗的 J.E. 埃查德回忆："经全国人民同意，王国的各个政府和英格兰选民的各部落首领，宣布（威廉）为他们的国王，为其加冕。"和密谋者约翰·芬威克对话的某人断言，威廉的登基得到了"国民的认可"，这是"最好的效忠根据"。这位"乡绅"指出，威廉三世在议会"获多数票通过，从而成为国王——顺便说一下，这种选举意味着每个投票者都同意被选举者的所有行为"。弗朗西斯·格雷戈里希望通过假想的公民表决来重申威廉的权利。他对他的堂区居民说："我相信二十个虔诚而清醒的新教徒中，有十九个会投票支持威廉国王。"[52]

威廉派不仅拒绝詹姆斯党人在革命前提出的政治效忠定义，他们还声称新教詹姆斯党人及其支持者想要一个过时而次要的英格兰教会。他们断言，革命后的宗教安排具有本质上的不同，远胜过往。他们声称，革命后的教会更好，因为它倡导宽容，因为它限制政治权力，因为它强调道德行为。

非国教徒和国教徒都强调革命之后宗教迫害就没有了。汉普郡的非国教徒查尔斯·尼科利茨痛苦地回忆："在最近几任国王的统治下，英格兰教会和非国教徒存在着严重而广泛的分歧。"但现在，"分歧已经弥合"。尼科利茨起初热烈响应詹姆斯二世的《宽容宣言》，后来却像许多非国教徒一样逐渐冷淡，他认为前朝"授予"的自由和"法律保障和巩固"的自由有所不同。事实上，两者的区别极为重要，他甚至认为，如果威廉没有签署《宽容法》，高教会派"就不会密谋反对"威廉及其政权。备受争议的贵格会教友乔治·基思也悲伤地回忆起"多年前"的情形，当时"我们见面和聚会都要冒着巨大的危险和痛苦"。因此，他敦促他的教友不要以威廉·潘恩为榜样，而要积极支持威廉政权，让那些"审慎、虔诚、淳厚的人可以享受按照自己的信仰和教派遵从和敬拜上帝的美好自由"。另一位非国教徒说："我们再也听不到怂恿告密的声音。没有人有理由为了宗教而抱怨诉苦。"[53]

英格兰教会的人也在庆祝新的宽容体制。威廉三世的专职牧师威廉·韦克在威斯敏斯特圣詹姆斯教堂对听众说："感谢上帝，我一直憎恶因为观点问题迫害他人。"他暗示说，革命后的教会所提倡的"真正的宗教希望信仰相去甚远的人都能健康幸福"。两周之前，詹姆斯·斯莫尔伍德在同一个讲坛上欢呼，"以后不再有人因为良心而受到迫害"。威廉·斯蒂芬斯向伦敦市长讲道，称武力可能会"迫使"一个人"装出信仰某个宗教的样子"。他提出像威廉政权那样宽容形形色色的宗教信仰要好得多。他推论，"这些仅仅是推测性的观念，不会导致任何不道德的行为（无论真假），因而是无罪的，不会引起任何骚乱"。[54]

威廉派还反对拒绝宣誓效忠者关于基督教禁止政治反抗的观点。他们不仅阐明了抵抗理论，而且一直声称《圣经》里找不到消极服从的根据。亨利·戴"斥责"牧师"在前朝越俎代庖，插手与他们无关的事务，尤其是国家事务"。理查德·金斯敦博士同样反对约翰·芬威克爵士的观点，认为"决定我们效忠行为的是我们的法律，而不是我们的宗教"。教会高层发表了由柯里尔、斯纳特和库克所作，反对帕金斯和弗林德的断头台赦罪的《大主教和主教意见书》，明确表示拒斥被动服从。《邮差报》准确地指出，"那些杰出、显赫和虔诚的主教，现在成了我们教会的领袖"，他们认为，当一位国王"像詹姆斯国王那样打算彻底推翻宪法，那么出于谨慎、荣誉和良知，人民必须违抗他"。非国教徒和国教徒都认为，詹姆斯二世和查理二世统治时期的正统思想是站不住脚的。[55]

威廉派颂扬革命后的教会，还有第三个原因。柯里尔和他的拒绝宣誓效忠的教友指责新主教们将宗教贬为纯粹的道德，而新的教会组织则延续了低教会派的传统，声称高教会派对非国教徒的无端恐惧破坏了教会内部的责任心。例如，《邮差报》指责拒绝宣誓效忠者建立了一个"为了给自己谋利而不惜一切代价"的教会，却将"最严重的罪行"视为"不值一提的过失"。与此相反，英格兰教会组织现在强调注重道德行为多于教义的纯粹性。

刚刚去世的坎特伯雷大主教约翰·蒂洛森曾经非常自豪的是，他让什鲁斯伯里公爵脱离家族长期信奉的罗马天主教，"皈依我们的宗教"，但他认为重要的不是让什鲁斯伯里公爵"成为新教徒"，而是让他"继续做一个品德高尚的好人"。这是因为蒂洛森深信，"人的无知和认识错误比意志的过错更容易得到上帝的宽恕"。詹姆斯·斯莫尔伍德差不多是顺道谴责了任何"取代正直道德"的"宗教"。"宗教的用处是什么"，他问道，而这个问题对现今控制国教领导层的低教会派来说并不陌生，"就是改造人的性情举止，约束人性，远离暴力和残忍，远离虚假和背叛，远离煽动和叛国"。[56]

在威廉派看来，英格兰对欧洲承诺的重新定位、政治效忠的重新定义，以及英格兰教会的重组，都伴随着英格兰国家经济政策的重大调整。詹姆斯党人曾指出 1695—1696 年经济危机证明了威廉派经济原则的明显失败，大革命的支持者则将经济衰退归咎于詹姆斯党人鼓动的经济事端。詹姆斯党人抱怨东印度公司、王家非洲公司和哈德孙湾公司受到的严苛对待，威廉派则指出托利党人的迟疑不决，以及他们对英格兰银行的反对。詹姆斯党人继续支持土地经济，而威廉派则是制造业的拥护者。

面对詹姆斯党人有关经济管理不善的指责，威廉派坚称，他们的对手并不了解现代政治经济学。现代战争给国家财政带来了巨大压力，经济措施的变革势在必行。战时征税需要全国人民做出牺牲，但是这种牺牲的严重性被詹姆斯党人的阴谋和经济操纵放大了。许多人指出，战争难免给经济施压。詹姆斯·斯莫尔伍德指出，政府没有做过"令臣民感到难以忍受或十分痛苦的事情，只是战争的不幸不可避免"。威尔士的非国教徒 J.O. 敦促他的听众，"不要在乎交税，尽管这些税看起来很重"，因为"进行一场捍卫我们宗教和自由的正义战争非常需要这些税，我们的宗教和自由应该比我们的财产和生命更宝贵"。[57]

然而，威廉派不仅仅是暗示国家的经济困境是革命外交政策的必然结果。他们还声称，导致这场危机的是詹姆斯党和托利党的经济举动。德尔·皮德宣称，路易十四和詹姆斯二世"商量过如何说服那些图谋不轨的人剪裁国家的硬币，降低其成色，并掺入假币"，希望接下来的经济混乱"能让国家陷入困境，这样他们就有绝佳的机会发动入侵、刺杀和屠杀"。皮德讲述的故事现在看来十分荒唐，但相信詹姆斯党经济阴谋的并非只有他一人。辉格党议员、约翰·洛克的密友兼合作伙伴爱德华·克拉克坚称，托利党重新铸币的提议是"对我们硬币的不轨图谋"，背后肯定还有"更大的阴谋"。理查德·布莱克莫尔爵士的官方阴谋史得到了辉格党人萨默斯勋爵和什鲁斯伯里公爵的审核，里面讲述了一个类似的故事。布莱克莫尔回忆，"我们的硬币在过去这些年里逐渐减少或贬值，但在最近三年里"却被"大量剪裁和伪造"。有些情况无疑出自"某些人贪得无厌的私心"，但布莱克莫尔确信，"我们的敌人肯定也在不停地推波助澜，他们试图通过这种方式来限制和扰乱政府"。[58]

　　威廉派为何将货币危机归咎于詹姆斯党人？他们为什么不直接指出正义的战争必须付出代价，所以国家才会遭遇经济困难呢？原因在于政治经济学分歧决定了革命的中心意义。1695—1696 年党派之争的核心就是经济问题，尤其是财政问题。1695 年 12 月，下议院的"贸易争论"如此激烈，以至于一位评论家声称，"自 1641 年以来，从未有过这样的议会演讲"。富有争议而又对社会影响深远的货币问题现在成了一个党派议题。约翰·洛克深深卷入了这场争论，他在 1695 年和 1696 年发表了一系列小册子和报告。对约翰·托兰、约翰·卡里、约翰·弗里克等激进的革命支持者，乃至于为英格兰银行辩护的 E.H.、爱尔兰总督亨利·卡佩尔和约翰·伊夫林等更加主流的威廉派人士来说，洛克议论财政的小册子被"怎么重视都不为过"。尽管洛克的观点深受辉格党人的欢迎，但没有得到普遍的接受。他出版的著作遭到了理查德·坦普尔爵士和尼古拉斯·巴尔邦等托利党人的猛烈抨击。政治经济学已经成了 17 世纪 90 年代党派分歧的核心。[59]

　　政府反对者在修改洛克的辉格党货币方案上并非毫无成果，但他们最大的成功是建立了国家土地银行。尽管之前有过许多意识形态内涵丰富的土地银行提案，但下议院通过的联合土地银行"主要是由福利、哈利和托利党人负责"。国家土地银行代表的意识形态再清楚不过了。国家土地银行呼应了托利党人和詹姆斯党人宣传者在 17 世纪

90 年代一直阐述的经济观点，以及詹姆斯二世宫廷在 1685 年至 1688 年期间采取的政策。艾尔斯伯里伯爵回忆，许多人"是地地道道的辉格党人"，现在却与他"同声共气"，赞成该议会方案。国家土地银行坚定奉行财富的基础是且只是土地这一理念。土地银行的支持者认为，财产必然是有限的，英格兰的经济存亡取决于政府对农业经济而非制造业经济的支持。参与创立国家土地银行的约翰·布里斯科指出："国家土地银行的名字取得很好，以土地为资金，由地主组成团体，任命有土地的人为受托人、首脑和司库。"布里斯科强调，不同于其他土地银行方案，该银行与"有钱人"无关。托利党人、臭名昭著的东印度公司支持者多尔比·托马斯爵士在描述土地银行时坚称，"土地（并且只有土地）"是"王国的固有资产，也是王国之内一切事物的宗动天 *"。就此而言，布里斯科"参与建立土地银行"，介入詹姆斯党的计划，并利用约翰·芬威克的揭露难为政府，都不足为奇。芬威克的两位亲戚都出现在国家土地银行的早期股份认购名单上也不会令人意外。[60]

　　鉴于这样的意识形态背景，不难理解为什么威廉·斯蒂芬斯认为阴谋暴露之后，英格兰银行的"存续"多了一重保障，而英格兰银行正是国家土地银行的攻击目标。难怪约翰·洛克坚信，"这些收集我们硬币的人和土地银行的股份认购者"都是隐蔽的詹姆斯党人，而不是威廉政权的支持者。托利党人托马斯指出，英格兰银行"不能满足地主的需求"。为了回应詹姆斯党小册子作家弗格森关于新政权的政治经济计划的论断，约翰·布里斯科在一篇具有强烈意识形态色彩的评论中提醒他的读者，英格兰银行的主要支持者包括"过去几年来一直极力反对建立东印度公司和非洲公司的几位绅士"。经济意识形态

---

* 或译原动天、第十层天。根据古希腊天文学家托勒密的学说，宗动天是最外层的天体，带动所有天体转动。

上的差异，导致了两个银行方案的对立、下议院的党派争斗，以及辉格党和托利党/詹姆斯党经济政策的不同。支持国家土地银行的人认为土地是财富的基础，而英格兰银行的捍卫者坚称，"没有什么比迅速卖出我们制造商的产品更能推动和促进内陆贸易，而要实现这一点，没有什么比银行更有用了"。洛克的朋友约翰·卡里认为，最好的经济政策不是支持地主，而是支持"我们的制造业，这样人民就有工作，英格兰的财富主要来自居民的劳动"。因此，对于威廉派来说，刺杀阴谋及其后果给了詹姆斯党经济学致命的最后一击。国家土地银行计划是乔赛亚·蔡尔德爵士和那些赞同他的政治经济学原则的人发动的经济反击。银行获得的股份认购额不足，主要原因可能是经济环境。但该计划与托利党和詹姆斯党的经济原则息息相关，并遭到了当时取得政治胜利的辉格党团体的强烈反对，这也不无关系。[61]

1696 年刺杀阴谋过后，威廉派不仅没有淡化 1688—1689 年事件的革命性后果，反而强调了意识形态的断裂。他们同意对手詹姆斯党的看法，也认为英格兰在 1688 年后变化很大。但与詹姆斯党不同的是，他们强调变化是好的。他们声称，英格兰已经摆脱了法国的奴役。革命者不仅发动了他们期盼已久的反对法国绝对主义的大陆战争，还确保了英格兰国家不会再效仿太阳王的中央集权、官僚主义和独裁政权。威廉派还为新的效忠观念辩护。他们现在摒弃了被动服从、世袭神授君权不可剥夺和事实王权等学说。相反，他们将效忠建立在公共利益和契约概念之上。威廉派还为英格兰教会转向宽容辩护。威廉派主张，教士在关注教义的纯洁性之前，应该先培养良好的风俗习惯。最后，威廉派支持将英格兰定义为制造业国家的政治经济学。他们维护英格兰银行，反对国家土地银行。他们支持国内制造业，反对东印度公司和王家非洲公司进口制成品。他们认为财产是人类劳动创造的，不是土地所固有的。

※ ※ ※

支持革命政权的辉格党人不仅利用刺杀阴谋来加强和阐明他们对革命意义的理解，而且利用他们现在变得丰富的政治资本去塑造和定义他们设想中的现代英格兰政治民族。英格兰的革命者与其他地方的革命者一样，试图在革命之后的社会强制实现意识形态的一致性。革命者坚持要求所有英格兰人，首先是议会的，然后是英格兰、苏格兰、爱尔兰和殖民地广袤土地上的，都签署保王协议，确认他们信奉变革的合法性和正义性。他们希望在整个社会彰显他们的激进革命。如此一来，他们就定义了一个质与量都不同于都铎王朝和早期斯图亚特王朝的政体。

当时的人认为，阴谋的揭露加上由此而来的、关于革命性质的广泛争论，导致民意彻底转向了威廉派。一位又一位评论家指出，"威廉国王越来越得民心"。文森特·艾尔索普在回忆中暗示，"我很晚才注意到，我们心中充满了不满、嫉妒和恐惧，这些情绪潜藏在对许多事情，甚至是每一件事情的嘟囔和埋怨之中"，但"现在很明显，所有这些忧虑，这些让人不安的精神苦恼，都被埋进了阴谋的坟墓里"。《伦敦时事通讯》的编辑说："人民从未像现在这样紧密团结，也从未像现在这样强烈反对法国国王和前国王詹姆斯，而詹姆斯党人也从未像现在这样低落和萎靡。"[62]

许多人认为，1696—1697 年的事件和辩论会将詹姆斯党转变为威廉派。纽约的詹姆斯·格雷厄姆预料，甚至威廉"最大的敌人"现在都会成为他的支持者。对詹姆斯党图谋深恶痛绝的约翰·伊夫林指出，"许多人以前都同情詹姆斯国王的处境"，但"这次刺杀图谋和引入法国军队的计划让前国王和许多朋友都大大地疏远了，并有可能使威廉国王的地位更加稳固"。还有人指出，"现在许多詹姆斯党的中间派正在倒戈"，并为威廉政权摇旗呐喊。就连詹姆斯二世似乎也认为，

"人民和议会（他们本应开始动摇，倒向詹姆斯一方）"现在"比过往任何时候都更符合奥兰治亲王的利益"。[63]

1696 年 4 月 16 日是英格兰的官方感恩日，这给了许多地方机会展示他们对革命政权的忠诚。长期以来一直是辉格党温床的汤顿举办了一次普世庆祝活动。在"我们的两大教堂和所有不同集会"都举行了"精彩的布道"之后，镇上"所有教派"的知名人士齐聚市政厅，"满怀深情地为他们的拯救者威廉国王的健康干杯"。在拉伊，"所有城门、堡垒和尖顶都挂满了彩旗"。在东萨塞克斯镇，"所有人"都"表现出了维护陛下安全的热诚"，他们为国王的健康祝酒，"祝愿他战胜一切敌人，长治久安"。据《邮差报》驻诺里奇的记者报道，诺里奇的感恩日庆祝活动"表现出了前所未有的忠诚和爱戴之情"。在伍斯特，人们组建成队，在早上游行到大教堂。当晚篝火熊熊，钟声阵阵，"人们想方设法，表现他们的忠诚和欢乐，以及对凡尔赛和圣日耳曼宫廷邪恶和残忍阴谋的极度憎恶"。牛津的谢尔登剧院"人满为患"，人们听了几个小时"散文诗歌""朗诵演讲"，展示了"我们对陛下的责任和感情"。达勒姆和大雅茅斯居民参加了丰富多彩的活动，热情洋溢地展示了对革命政权的"爱戴和忠诚"。在伦敦和威斯敏斯特，"到处都有灯饰、篝火和其他公众欢庆活动"。[64]

许多其他方面的新事态也给人留下了政治情绪正在偏向威廉派事业的印象。吉尔伯特·伯内特回忆，"阴谋的揭露改变了人们的想法"，所以议会中"所有愤怒的动议都被搁置了，会期也愉快地结束了"。沃里克郡的"乡下人""拆掉了"威廉·帕金斯爵士的房子，"这样那里就不再是叛徒的容身之所"。苏格兰艾尔郡的人得知阴谋之后，表示愿意"派出一万人，为陛下无偿效劳十天，以后发生任何麻烦都可以花钱再找他们"。在全国各地，"许多勇敢的水手看到国家遇到这么大的危险，纷纷从他们为了逃避征召而躲藏的小地方走出来，表示愿意为国家效力"。[65]

这些浮光掠影式的趣闻轶事，虽然表明了人们的情绪变化，却有可能只是公众行为的短暂转变。然而，政治事态的发展很快迫使威廉的绝大部分臣民对革命的性质采取坚定而公开的立场。2月24日，威廉在上议院发表讲话揭露阴谋，就在同一天，下议院起草了一份保王协议，"反对前任国王詹姆斯及其所有追随者"。该协议故意让人联想到1584年的伊丽莎白盟约，后者是在伊丽莎白一世的生命安全受到天主教徒策划的思罗克莫顿阴谋的威胁之后为了保护她而创建的，在效忠问题上比革命后的宣誓强硬得多。下议院通过的保王协议强调，威廉不仅仅是事实上的国王，还是"这些王国正当而合法的国王"。次日，下议院议员被要求在协议上签名。2月27日，书记员逐郡记录了签字情况。结果发人深思。即使阴谋揭露之后公开支持威廉的民意高涨，仍有约20%的下议院议员拒绝签名，拒绝接受威廉为法律上的国王。[66]这很难说明事实理论占据了优势地位。然而，鉴于法国入侵和詹姆斯党叛乱的危险真实存在，这次投票确实表明，在革命是否可取的问题上存在着严重的分歧。

在上议院，关于协议的辩论更加火热激烈。最后，他们的协议的措辞略有不同。上议院的协议没有宣称威廉是"正当而合法的国王"，而是声称"现任国王威廉陛下依法有权继承这些王国的王位，而前任国王詹姆斯、所谓的威尔士亲王或任何其他人都没有这样的权利"。虽然用词没有那么传统，但效果是一样的。签署协议等于认可事实上的国王等于法律上的国王。《飞行邮报》准确地指出，上议院的协议"对政府的热情丝毫不亚于下议院"。就统计数字而言，上议院的签名情况跟下议院差不多。毫无疑问，无论在上议院还是下议院，拒绝签名的意识形态含义都很明显。英格兰的辉格党外交官乔治·斯特普尼听说了诺丁汉伯爵激烈反对协议的言论之后评论，诺丁汉伯爵已经成为"最激烈反对国王利益的英格兰人"。斯特普尼希望诺丁汉伯爵跟被定罪的密谋者一起受到惩罚，但他知道这位前国务大臣"深谙法律，不会冒险越轨"。[67]

议会协议迅速成为郡、城市、自治市镇和市政委员会的模板。英格兰、威尔士乃至其他地区的每个地方、每个团体、每个公司都开始起草协议，建立签署名册。4 月初，下议院下令将其协议"和英格兰所有其他平民协议都存放在伦敦塔，以此作为他们对陛下的忠诚和感情的永久纪念"。[68]

威廉派讨论协议时会有意识地提到伊丽莎白时代，一些学者因而断言 16 世纪晚期和 17 世纪晚期在意识形态、社会和政治方面具有基本的延续性。帕特里克·柯林森提出了概念的不变性，"贯穿漫长的 17 世纪，其根源可以追溯至 16 世纪末"。他认为，伊丽莎白的保王盟约"在 17 世纪仍有持久的生命力"。这份协议定义了"一个本质上属于新教的政治民族"，"一种以声明的方式定义和表达的忠诚"，从此确立了一种模式。[69]

1696 年和 1697 年的种种迹象表明了意识形态和社会的断裂。威廉三世统治下的王国在社会和政治上都与伊丽莎白一世统治下的王国截然不同。政治民族变得更加广泛多元，地理分布也更广。后革命政权奉行的意识形态与其前身截然不同，更不用说跟伊丽莎白政权相比了。如果将漫长的 17 世纪视为没有根本区别的统一体，就会忽略了许多方面的革命性变化。

无论是上议院通过的协议还是下议院批准的协议，都没有从教派的角度定义效忠。两者都将阴谋归咎于"教皇派和其他邪恶的叛徒"。两者都没有对效忠进行告解测试。事实上，如果他们这样做了，那才是令人惊讶的。上议院和下议院都很清楚，许多新教徒和许多天主教徒都因参与阴谋而在英格兰各地遭到围捕。议会和其他地方的人也很清楚，他们参与的是一场反对路易十四的多教派斗争，定义这场斗争的是欧洲自由而非教派目标。[70]

伊丽莎白版协议和威廉版协议之间的社会断裂程度令人震惊。约翰·奥尔德米克森在 18 世纪初声称，协议名册占人口比重估计不到 10%。这个不完全的统计本身就引人注目：据称超过四十五万人签署协议，宣布威廉为正当而合法的国王。将它与伊丽莎白版名册进行比较就能说明问题。约克郡的名册没有保存下来，但是据说有七千五百人签署了 1584 年的保王盟约。到了 1696 年，约克郡签署威廉版协议的人超过二万四千人。伍斯特显然因为允许"普通公民加入"协议而引人关注，在这里，伊丽莎白版协议在 1584 年收集到了两百多个签名。1696 年的伍斯特社会似乎变得异常排外，但签署威廉版协议的有一千多人。康沃尔郡的伊丽莎白保王盟约名册上有一百一十五个名字。1696 年，仅康沃尔的廷纳斯就收集到了五千个签名。1584 年，德比伯爵从兰开夏郡征集到六十六个签名。1696 年，"签名者数量据说将达到十万左右"。总体而言，各地的伊丽莎白版协议名册上只有几十个或最多几百个名字。威廉版的签名者则多达几千乃至几万。在大多数情况下，伊丽莎白版的签名者仅限于"官员和绅士"。1696 年，人们在巡回审判、季审法院和行会会议上都可以签名。这一时期，有时候签名是挨家挨户收集的。比如诺福克郡的协议"传递到了每一个堂区"。很可能几乎每个人，或者说至少几乎每一个男性，都有机会在协议上签名。在沃里克，"所有十六岁及以上的男性居民"都被要求签名。同样，在巴巴多斯，"十四到六十岁的所有男性"都有机会签署协议。[71]17 世纪 90 年代，政治民族的范围远不止于郡的精英阶层。

仅仅比较两个时代签署协议者的人数，还不足以体现伊丽莎白版盟约和威廉版盟约的社会成分差异。伊丽莎白版盟约面向的是"高级教士"与拱顶法院的博士和代诉人，而威廉的誓言则流传于形形色色的专业组织之中。这些组织非比寻常的广泛性，加上他们与政治民族利害相关的认识，说明了伊丽莎白时代的英格兰与威廉时代的英格兰存在着巨大的社会鸿沟。[72]

在伊丽莎白时代，只有少量高级教士签署了盟约，但在 1696 年，各级教士都可以签署协议。在诺福克，汉弗莱·普里多副主教手下的所有教士都要签名。英格兰和威尔士的每一位主任牧师和副主教都交回了类似的协议。同样，所有"教会法、民法和万民法的教授，还有教会法庭和海事法庭的官员和其他人等"，都提交了协议。[73] 再者，与伊丽莎白时代的前身相比，威廉版盟约在民事律师当中流传更广。

宗教协议远远超出了英格兰教会的范围。非国教徒团体提交的盟约不仅使这场运动有别于伊丽莎白时代的前身，也使其有别于复辟时期的请愿运动，后者不可能出现非国教徒和英格兰教会团体就某一特定问题站在同一边的情况。1696 年《宽容法》解放了非国教徒，改善了其在英格兰的形象，而他们用自己的笔做出了热情的回应。作为一个群体，非国教徒早已过了詹姆斯二世《宽容宣言》引发的短暂兴奋期。就像 1688 年 6 月的七主教审判一样，非国教徒与他们的国教徒教友站在一起，不是为了支持某个教派的国家，而是为了支持一个捍卫不列颠群岛、欧洲大陆和其他地区的宗教和公民自由的国家。3月初，长老会教友约翰·豪"跟许多不从国教的牧师"一起，向威廉三世递交了一份"非常忠心的呈文"，内容讲的是阴谋的侦破。第二批非国教牧师在奥尔索普宫向威廉递交呈文，措辞与下议院的协议如出一辙，并且声称威廉是他们的"合法"君主。这些公开的举动在 4月 16 日得到了大量非国教布道的应和，在此刺激之下，许多非国教徒会众都在各自的协议名册上签了名。伦敦、埃克塞特和萨默塞特郡的非国教牧师都提交了他们自己的名册。汉普郡、威斯特摩兰郡和坎伯兰郡的非国教牧师及其会众系统地收集了签名并提交了名册。除了这些郡之外，全国各地的特别会众也提交了名册。"一些浸礼会牧师"认为有必要提交他们自己的协议。贵格会比任何一个非国教团体都更忠于詹姆斯二世，他们在宗教上反对宣誓，但最终还是设法签署了协议。乔治·基思起草了一份声明，坚称威廉是"这些王国的正当而合法的国王"，并让他在伦敦的听众在上面签名。约克郡东区霍尔德内斯的贵格会教徒可能是众多利用议会规定的公谊会团体之一，这样他们就只需签署一份《忠诚宣言》。[74] 当然，非国教徒也可以在他们的市政当局和所在郡的协议名册上签名，而且绝大多数人都是这样做的。因此，1696 年非国教徒协议的意义在于，他们能够以法律实体的身份表达支持。由于威廉《宽容法》的通过，国家现在承认英格兰教会以外的宗教生活。非国教徒利用这一权利维护自己在政治民族中的地位。

国家本身极大地促进了 1696 年的协议。1584 年没有全国性的协议名册，这在很大程度上是因为伊丽莎白时代的国家规模很小。17 世纪中叶爆发内战之后，武装力量急剧扩充，因而有了一系列协议名册。英格兰和佛兰德的军队将领以下议院的盟约为蓝本，起草了各自的协议。所有军团都有自己的协议。英格兰和荷兰的守备部队都起草了附有呈文的协议。[75] 新创立的军械署也提交了自己的协议名册。正如英格兰人在接下来的几年里公开听到的一样，常备军是后伊丽莎白时代的国家新成员。这些协议补充了传统的郡和地方民兵组织，表明了军队在政治和社会方面的新的重要性。[76]

伊丽莎白时代的英格兰也有海军，但几乎没有一艘固定船舰。自17 世纪中期以来，职业海军在英格兰国内外的政治中发挥着越来越重要的作用。因此，在英格兰和地中海的舰队军官起草协议再正常不过了。除此之外，为欧洲战场"运输陛下军队的政府官员"也提交了盟约。[77]

1696 年的协议名册体现了威廉国家的规模。国库和财政部都交回了名册。税务官，包括货物税官员、葡萄酒执照颁发者、缉获官员和郡税务官，都提交了协议名单。自伊丽莎白时代以来，业务范围更广、地位更高的邮局也提交了自己的协议。负责海外信件的邮船经营者也提交了协议。铸币厂官员是 1696 年政治讨论的焦点，他们也签署了协议。为陛下效劳的"师傅、工匠和技工"也签署了协议。[78] 到17 世纪 90 年代，英格兰国家发挥的已经不仅仅是地方性的作用。

1696 年，许多专业和手工业组织都起草并签署了协议。而在1584 年，还没有这样的组织起草过盟约。纹章院和王家内科医师学会签署了协议。四家律师公会中至少有三家提交了协议。威斯敏斯特法院和王座法庭的官员向威廉三世提交了协议名册。[79]

商业和制造业提交的协议反映了这些行业在英格兰政体中日益重要的地位。伦敦的所有行会都效仿下议院起草了协议。德特福德、赫尔河畔金斯敦和约克的三一公会"以英格兰海员法人团体的身份"，签署并提交了协议。约克的布商、诺里奇的织工、康沃尔的锡矿工和肯特的水手都起草了协议。王家羽纱公司和受雇重建圣保罗教堂的人也认为协议很重要。居住在英格兰以外的各色商人也起草并签署了协议。联合省多德雷赫特和鹿特丹的商人，以及西班牙马拉加的商人，都在现存的协议名册上签了名，这表明其他商人团体也起草了协议。[80]

伊丽莎白时代的盟约仅限于英格兰和威尔士，而威廉时代的协议则越过了特威德河，跨越爱尔兰海，甚至横跨大西洋。政治民族在地理上分布更广，社会更加多元化。爱尔兰代总督和爱尔兰枢密院于3 月 23 日起草了协议，为爱尔兰树立了榜样。爱尔兰议会迅速跟进。很快，爱尔兰各地的城市、城镇、乡村、郡和专业团体纷纷拟定好协议。与英格兰一样，军队、教士和税务官也拟定了协议。[81]

苏格兰的保王协议可能没有爱尔兰那么常见。中央政府再次发挥了带头作用。苏格兰枢密院、最高民事法院和教会植堂委员会于 4 月初签署了协议。紧接着，爱丁堡"陛下货物和海关税务官"和昆斯伯里公爵的部队也签署了协议。3 月下旬，在官方有所行动之前，爱丁堡的七百多名居民就聚集在灰衣修士教堂的院子，要求加入国王的队伍，还签署了协议。到 4 月中旬，爱丁堡居民迫不及待地签署了"为了保卫他们的宗教、国王、法律、生命、自由和财产，反对基督教世界的共同敌人"的协议。除了爱丁堡的这些协议，苏格兰人在联合省的保护者也准备了一份协议，让居住在荷兰的"绅士、学生、牧师和商人"签署。鹿特丹的苏格兰教会也发出了自己的协议，几周后宣布威廉为"正当而合法的"国王。[82]

　　16 世纪协议的地理分布范围相当有限，与此不同的是，在北美和西印度群岛，人们都在热烈拟定保卫威廉的协议。詹姆斯·格雷厄姆在给威廉·布拉思韦特的信中写道，纽约市的"协议模板受到了所有人的欢迎，并得到了该市所有居民的一致赞同"。格雷厄姆没有夸大其词。纽约市有五百多人在协议上签名——这是伊丽莎白时代任何城市的盟约签署人数的两倍多。巴巴多斯、弗吉尼亚、纽约省、安提瓜、尼维斯、蒙特塞拉特和圣克里斯托弗都寄回了自己的协议名册。谢德拉克·沃尔顿上尉早在接到伦敦的指示之前，就在新罕布什尔的威廉与玛丽堡积极起草并签署了一份协议。签署该协议的人比伊丽莎白时代整个兰开夏郡的都多。最广泛、最彻底的协议是百慕大的，"除了四名贵格会教徒外"，所有居民都"非常乐意"签署协议。事实上，百慕大的贵格会教徒都寄回了他们自己的协议。[83]

　　伊丽莎白版协议无论在数量还是质量上，跟威廉版协议都不是一个级别。威廉时代的政治民族规模远远超过伊丽莎白时代。伊丽莎白时代的政治民族主要局限于贵族和绅士，而 1696 年的签署人数表明，大多数英格兰男性和部分女性都赋予自己政治角色。[84]威廉时代的名册体现了专业组织、商人团体和手工业者在政治进程中日益增加的重要性。伊丽莎白时代的名册只包括英格兰教会高级教士的签名，而威廉时代的名册则提供给英格兰教会的所有教士，以及教会之外的广大牧师和会众。到 1696 年，国家在政治和社会方面的地位已经达到了 1584 年无法企及的高度。这体现为许多来自陆军军官和军团、海军、邮局及各种税务官的协议名册。伊丽莎白时期的名册来自英格兰和威尔士的少数地方。1696 年，英格兰和威尔士的每个郡和最小的村庄都出现了协议名册。然而在 1696 年，对革命政权的忠诚还不止于此。在爱尔兰各地，还有苏格兰的某些地方，都有人起草并签署了保王协议。欧洲的英格兰人也签署了自己的协议。这样做的还有居住在北美和西印度群岛殖民地的英格兰人。

17世纪90年代与16世纪80年代之间存在着巨大的社会和制度鸿沟。两套协议名册之间的变化确实是革命性的。但除了社会的断裂之外，是否也有意识形态的断裂？威廉时代的精神世界与伊丽莎白时代一样吗？他们是否也陷入了教派冲突？

大部分意识形态的断裂没有也不可能显示在协议名册中。任何版本的协议都不会提到政治经济议题或抵抗合法性，而这些问题对于有关阴谋意义的纸上辩论尤为重要。即便如此，保王协议运动本身可以证明，人们不是从教派的角度去理解革命，可能只有爱尔兰是例外。威廉时期，上议院和下议院采用的措辞为后来的地方、专业团体和教士的协议树立了榜样，强调了反对威廉三世的阴谋的多教派性质。伊丽莎白时代的协议则相反，坚持认为这是一场国际天主教阴谋。所以不足为奇的是，不同教派的人都响应了签署威廉版协议的号召。毫无疑问，在爱尔兰，许多协议都宣称签署者是"新教贵族、绅士、不动产拥有者和其他新教徒"。然而，在英格兰、威尔士、苏格兰或各殖民地和海外商人寄回的协议中却找不到这样的说辞。相反，大量证据表明，在爱尔兰以外的地区，人们看待协议的态度是非教派的。没有证据表明早期的新教世界观具有连续性。议会决定起草协议，保卫他们的君主。紧接着在海牙召开了包含新教和天主教君主的联盟大会，而参加者不仅仅有荷兰人。该联盟包括信奉天主教的神圣罗马帝国皇帝和西班牙国王，他们承诺"绝不归剑入鞘，除非他们能够迫使法国国王不再唆使阴谋家和刺客对邻近君王或国家下手"。联盟毫无教派纷争的迹象。事实上，甚至有传言称，一些天主教君王打算向教皇请愿，以詹姆斯二世参与阴谋为由，将其逐出教会。[85]

英格兰的天主教徒显然也不认为这是一份反天主教协议。很少有天主教徒表示拒绝。根据报纸报道，伦敦的罗马天主教徒急不可耐地在协议名册上签名。神圣罗马帝国公使奥尔施佩格伯爵与巴伐利亚公使斯卡拉蒂男爵一起，"说服英格兰神父和其他天主教徒签署声明，表示他们忠于国王和政府，憎恶"可以暗杀新教国王"的可恶观点"。埃德蒙·沃卡普爵士后来得知，"天主教徒发表致辞"，声称"他们将宣誓忠于政府，并将提供其他证明，（表示）他们符合政府的利益，并将竭诚反对政府的一切敌人"。[86]大多数天主教徒和大多数英国新教徒一样，认为刺杀阴谋和入侵意图并非基于教派，所以他们确信 1696 年协议不是教派冲突的一部分。尽管可能谈不上大多数，但许多天主教徒都认为，在后革命时代，他们可以同时成为合格的天主教徒和英格兰人。

天主教徒大规模地签署协议，可能会让人以为这些协议无法充分反映后革命时期英格兰的意识形态概况。这些协议或许从另一个角度反映了威廉政权的温和立场与建立共识的意愿。毫无疑问，下议院、上议院和全国上下的协议发起人都希望每个人都签署协议。可是，大多数协议表册都加入了"正当且合法"的条款，并且其他协议中也有类似的内容，这并不意味着温和。一个人不可能相信威廉只是事实上的国王并在协议上签名。

证据表明，相当一部分英格兰人非常清楚协议使用的语言的意识形态含义，并拒绝在上面签名。即便 4 月通过的法律规定必须签署协议，仍有相当多的人拒绝签署。尽管当时的人都提到该协议被一致同意，但全国只有 80% 的人签署了协议。爱德华·西摩爵士向下议院雄辩地解释了他拒绝的理由。西摩告诉他的同僚，他"还没有昏乱到以为这不是一个世袭王国的地步"。他在演讲里说："在情况紧急和国家困难时所做的事情，与经过深思熟虑后违反王国宪法所做的事情，是截然不同的。"西摩的下议院同事有五分之一拒绝签名，上议院同样如此。显然，在诺里奇，五个公民里就有一个试图签署避免使用"正当"一词描述威廉国王的协议。报纸上充斥着关于时不时出现的拒绝签署者的报道。更多的人可能只是逃避。在教士当中，尤其是在低级教士当中，许多人拒绝签名。吉尔伯特·伯内特估计没在教士协议上签名的有一百人。[87]

英格兰有很多人拒绝接受威廉革命。正如人们所预料的那样，经历革命性变革之后，许多人没有、不能或不愿接受新政权所要求的社会、经济、宗教、制度和意识形态变革。许多人因为拒绝融入新政权而失去了他们的职位和职务。诺曼比侯爵和诺丁汉伯爵被枢密院解职。威廉·威廉姆斯爵士也有类似的遭遇，而"一些受到怀疑的绅士的信用则一落千丈"。威廉革命遭到强烈反对的最为明显的证据出现在议会通过要求签署保王协议的法令之后。由于大量政府雇员没有签名，地方行政部门进行了大规模清洗。至少有八十六名治安法官和一百零四名郡军事长官助理因为没有在协议名册上签字而失去了职位。这些人不顾公众舆论的压力，不顾失去职位的威胁，坚持自己的原则。这些人无法接受威廉是正当而合法的国王的事实。两位威廉派政治专家指出了这些清洗的"彻底"和"广泛"程度。约翰·劳瑟爵士的结论无疑是准确的，协议非但没有实现共识，反而起到了"分裂我们"的作用。1696 年协议明确了新政权所要求的政治义务的程度。许多人都会认为对新政权及其意识形态的承诺是革命性的。[88]

1696 年的大规模协议运动在社会和意识形态层面完全不同于伊丽莎白时代的模式。17 世纪 90 年代收集到的签名比 16 世纪 80 年代多出几万乃至几十万。参与范围之广泛，表明了这是一个地理分布辽阔、社会根基牢固的政治民族。威廉三世统治下的人民与伊丽莎白一世统治下的人民截然不同。1696 年协议表明，人们对自己政治处境的理解也很不一样。伊丽莎白时代的人在起草和签署他们的保王盟约时，认为这是一场教派斗争，可能还是末日式的，而大多数威廉派人士不觉得他们在做相似的事情。只有在爱尔兰，签署人将自己称为"新教徒"，以示区别。在其他地方，签署人都称自己是威廉政权的忠实支持者。这些协议不仅没有坚持使用教派语言，反而指出反对威廉三世的阴谋与教派无关。英格兰可能仍然是一个新教国家，但它不是一个拒绝天主教徒的新教国家。天主教徒响应的正是这一更为宽泛的英格兰定义。正是因为这个原因，很少有天主教徒没在他们的地方协议上签字。正是因为这个原因，一些天主教群体试图自己起草协议。英格兰的政治文化发生了革命性的变化。

※　※　※

1696 年刺杀阴谋的揭露，以及随后的政治发展，迫使人们站边并表明自己的立场。詹姆斯党人针对后革命政权制定了一套流传广泛的说辞。在很多方面，它比 1688 年 11 月之前流传的任何说法都更能连贯地捍卫詹姆斯党人的政策。詹姆斯党人认为，威廉实际上把不列颠群岛变成了荷兰殖民地。荷兰人正在统治英格兰。荷兰的政治理念被用来为新政权辩护。荷兰人的宗教宽容和宗教惯例已经改变并扭曲了英格兰教会。因为荷兰经济优先，威廉破坏了英国东印度公司和王家非洲公司，以增加荷兰的利润。

威廉派，尤其是威廉派辉格党人，与"效忠之争"的时候相比，他们的反应更加自信，更少惶恐。讨好温和派的时代已经过去。许多威廉派辉格党人认为，1696 年阴谋可以证明，如果采取模棱两可的温和态度，政权敌人就只会在表面上忠于他们事实上的国王，暗地里却为他们法律上的国王卖命。威廉派辉格党人没有极力贬低已经发生的变革，也没有完全依赖对詹姆斯二世政权的批评，而是为他们的革命辩护。

威廉派辉格党人坚持认为，英格兰人面临的选择是臣服于法国的统治和管理，还是支持新政权。他们指出，1688—1689 年事件已经把英格兰从事实上的法国总督辖区变成了反对法国暴政的欧洲联盟领袖。英格兰人如今是在捍卫欧洲自由，反对法国霸权。威廉派说，英格兰人现在摒弃了法式绝对主义，转而实行有限君主制。他们指出，有限君主制需要人民具备实施这些限制的能力。英格兰宪法和英格兰教会都不排除在政治上反抗暴政。威廉派辉格党人还认为，真正的教会是宽容的教会，也是包容的教会。他们声称，革命后的教会把良好的礼仪和道德行为视为比纯粹的教义更重要的人类美德，这是对的。英格兰教会需要抵制法国动用龙骑兵来改变宗教信仰的做法。此外，威廉派辉格党人的政治经济学主张注重英格兰的制造业，而不是以土地为基础的农业和进口成品。他们支持推崇人类劳动重要性而非土地所有权重要性的政治经济学。威廉派辉格党人推崇将经济资源分配给经济生产部门的英格兰银行，而不是确保经济资源只属于少数地主的土地银行。

总体而言，威廉派辉格党人陈述了他们的理由。在刺杀阴谋和法国入侵计划之后，他们能够说服这个大为扩张的政治民族的大多数人，威廉是而且必须是他们正当而合法的国王。他们成功说服了许多人，使他们相信防止法国霸权的最好办法就是无条件地全力支持威廉国王。实际上，他们成功说服了许多人支持辉格党大臣的政策。

当然，这并不是一场一劳永逸的胜利。英格兰民众没有毅然决然地抛弃像罗伯特·哈利或诺丁汉伯爵这样的托利党政客。我们现在知道，革命有激进、温和和反动之分。但是，刺杀阴谋和法国入侵计划的影响确实持续了很久。

首先，现在所有的公职人员和议员都得签署一份声明威廉有权继承王位的协议，这是对事实理论的明白无误的正式否定。这等于在法律上认可了1688年的抵抗运动，认可英格兰国王并非通过不可剥夺的世袭神授君权实施统治。事实理论已经不再具有权威性。其次，刺杀阴谋的余波注定了土地银行计划的失败。当然，土地银行的启动时机并不恰当。然而，在刺杀阴谋的背景下，投资者担心支持土地银行等于支持詹姆斯党人的事业。结果政府完全奉行有利于制造业而非农产品、有利于劳动而非土地的政治经济学。再次，刺杀阴谋表明了托利党在欧洲问题上的特殊立场。托利党人不能再抱怨威廉的亲荷政策，也不能提出一个可能被视为亲法的替代方案。这在17世纪90年代后期一度显得无足轻重，因为英格兰正在享受短暂的和平。然而，西班牙王位继承战争爆发后，托利党人恢复了他们独特的外交政策，要求英格兰人只关注海洋。托利党人致力于维持海洋贸易的开放性，但对维持欧洲市场开放给英格兰制成品或防止绝对主义在欧洲大陆蔓延并不关心。托利党在政治上的复兴有赖于他们阐明了在欧洲问题上替代辉格党人的非詹姆斯党立场。

刺杀阴谋减少了英格兰人的意识形态选项。托利党人曾经强调，对路易十四发动战争只是为了巩固因为詹姆斯背信弃义而进行的轻微宪法调整，而他们现在深受其害。他们曾经希望结束战争，以防止社会、经济和宗教方面的剧烈变革。他们认为自己与詹姆斯党人不同，坚称他们是威廉的忠实臣民，不与罗马天主教徒为伍。但这场阴谋表明，只要路易十四仍是欧洲的强大力量，威廉就永无宁日，詹姆斯党也不是一场教派运动。这场阴谋让辉格党得以巩固他们的激进革命。

第十五章

结论：第一次现代革命

"威廉和玛丽：加冕礼"纪念章，R.阿龙多作，1689年。这枚庆祝威廉国王和玛丽女王登基的纪念章，展示了一棵在橡树倒下的地方长出的橙子树。两位君主的半身像下面是一本打开的书，上面刻着"英格兰法律"，两侧则刻着"王国安全"和"百姓福祉"的丰饶角饰

从大卫·休谟和伏尔泰，到约翰·威尔克斯和第戎的纳维耶先生，启蒙运动的评论家都认为1688—1689年革命是英格兰和欧洲历史上一次根本性的变革。本书还原了这些人为何认为，并且准确地认为，17世纪晚期的英格兰发生了一些激进而崭新的事情。那么，本书的中心思想是什么呢？

1688—1689年的英格兰革命是第一次现代革命。这是一次历时数年而非数月的革命。其中既有长期的原因，也有预料之中的长期后果。许多革命者希望彻底改造英格兰国家和社会。他们成功地做到

了这一点。1688—1689 年革命彻底改变了英格兰的外交和帝国政策、英格兰的政治经济学与英格兰教会，这也是革命本来的目的。1688—1689 年革命的结果是对法战争、英格兰银行的成立和得到新的英格兰主教团广泛支持的 1689 年《宽容法》的颁布。

　　1688—1689 年革命是第一次现代革命，不仅因为它改变了英格兰的国家和社会，还因为它和所有现代革命一样，是一场民众的革命、暴力的革命和引发分裂的革命。参与 1688—1689 年革命的人成千上万。他们不是一小部分政治精英。1688—1689 年的英格兰因为针对财产和人民的暴力行为而四分五裂。这不是一次不流血的革命。成千上万的人死于欧洲大陆、爱尔兰和苏格兰爆发的筹备已久的战争，这是英格兰革命性变革的直接后果。詹姆斯二世及其政权可能激起了英格兰广大民众的强烈不满，但并没有引起一致的反对。相当一部分英格兰人仍然忠于詹姆斯及其政治事业。即便那些拿起武器、不惜血本去摆脱国王的人，他们之中也存在着深刻的分歧。托利党人基本只想拆毁詹姆斯建立的国家大厦。辉格党人不仅认为英格兰的政治问题早在詹姆斯登基之前就已埋下种子，而且强烈希望革命能让他们创建一个焕然一新的英格兰政体。1688—1689 年革命不是当权派辉格党史学所描述的那种贵族式、不流血和协商一致的革命。

　　1688—1689 年革命是民众的、暴力的和分裂的，这恰恰就是因为詹姆斯二世不是传统社会的捍卫者。他是一个激进的现代化推动者。用马克斯·韦伯的术语来说，詹姆斯倡导的是现代官僚制，而不是传统的世袭制。与世袭制相反，他提倡为他的税务官员制定"具有约束力的规范和条例"，从而建立一个"纪律严明的官僚体制"。他试图用在意识形态上靠得住的技术专家取代依赖"自己在当地社会声望"的地方官员，从而加强中央集权。至少在 1685 年挫败蒙茅斯公爵的叛乱之后，詹姆斯并不特别关心如何运用英格兰统治者的"传统"权力来为自己的主张辩护。[1] 他曾效仿法国的太阳王路易十四，试图建立一个现代的天主教政体，这不仅包括试图按照高卢派路线使英格兰天主教化，还包括建立一个现代的、中央集权的、非常官僚化的国家机器。詹姆斯所青睐和提倡的法式天主教在意识形态上符合建立现代政体的需求。雅克-贝尼涅·波舒哀等法国天主教辩护士强调意识形态的统一和主权不受束缚，这完全契合法国的现代国家建构模式。高卢派天主教为大幅扩充国家官僚机构（从邮局到壁炉税征收者）提供了必要的意识形态支持，并为强化地方官僚对中央政权的忠诚制定出意识形态测试。有了这个得力、高效而统一的文官机构，加上庞大的新常备军，任何人想推翻詹姆斯二世政权都必须动用暴力。詹姆斯二世（及其兄长查理二世）将中央集权国家的触角伸得比以前更深更远，这基本意味着反天主教现代化国家的革命会受到民众的支持。詹姆斯放弃了延续传统的话语，转而支持变革，他的反对者因而分为两派，一派希望维持旧秩序，另一派却反对他的现代化愿景。

因此，1688—1689年革命与所有现代革命一样，最终是两个相互矛盾的现代化团体之间的斗争。这场革命的对立双方不是传统社会的捍卫者与现代化的倡导者。辉格党和詹姆斯党都是现代化推动者。希望捍卫旧秩序的是托利党人。托利党人的处境尴尬，他们不得不在两种瑕疵多多的政治结果中做出选择。

尽管如此，托利党人的失败并非一眼可知。学者非常关注詹姆斯出逃的直接后果，因而过分强调托利党人的政治成就。从1689年中到1693年末，托利党人赢下了大部分政治小冲突，这激怒了大多数辉格党人。但从1694年起，辉格党人开始巩固自己的地位。他们说服了漠不关心的威廉国王，要赢得对法战争，就必须采纳他们的政治和经济愿景。他们证明了他们是唯一完全支持威廉的大陆战争计划的党派。最重要的是，1696年刺杀阴谋失败之后，辉格党能够表明，只有他们的政治意识形态和他们版本的英格兰教会才能保证政治稳定。辉格党人在1696年可以毫无顾虑地强调他们自1688年以来开启的革命性变革。尽管为 1689 年至 1694 年的效忠宣誓辩护的人感到自己不得不对詹姆斯二世是否被合法废黜的问题含糊其词，但 1696 年协议明白无误地表明，革命是正当的政治反抗行为。1696 年协议的数十万签名者正式接受了这一观点，1688—1689 年革命敲响了世袭神授君权不可剥夺之理论的丧钟。仅仅关注 1688—1689 年事件的直接后果，会掩盖革命的深远影响。

为什么 1688—1689 年革命的论者长期误解这场革命的意义？毫无疑问，原因主要在于坚称英格兰历史与世界其他地方的历史有着本质区别的政治效用。但将解释者带偏的还有两个重大误解，两者都建立在当权派辉格党革命叙事的核心假设之上。这些辉格党假设基本为 20 世纪后期的修正派学者所接受。首先，托马斯·巴宾顿·麦考莱著名的《英国史》第三章的杰出之处与其说是发明了社会史，不如说是成功地将社会和经济变革问题与宗教和政治变革问题分割开来。[3] 麦考莱及其追随者强调只有在革命之后，英格兰才能实现社会和经济的大发展，如此一来，他们就忽略了可能引发革命的社会经济原因。与此相反，在这本书里，我认为英格兰社会和英格兰经济在 17 世纪下半叶发生了迅猛的变化。在那些年里，英格兰偏离了大陆模式，这些转变对 17 世纪后期的政治产生了深远的影响。英格兰贸易的增长促进了王家海关的收入，使王室没有那么依赖议会的特别拨款，从而减少了对议会本身的依赖。邮局的发展和道路系统的扩张，加上英格兰其他基础设施的改善，推动了詹姆斯二世现代国家机器的地理扩张。英格兰基础设施的这些发展，包括咖啡馆在英格兰各地的迅速普及，从根本上扩大和加强了民众政治讨论的潜力。[4] 英格兰迅速转变成为贸易国家，这同样改变了那里的政治辩论的性质。17 世纪后期，英格兰政治家首次开始公开而明确地讨论政治经济学问题。到 17 世纪 80 年代初，托利党和辉格党显然采取不同的态度来看待英格兰的经济未来。

其次，麦考莱和后来的辉格党学者没有把英格兰的外交政策和英格兰民众对海外发展的关注写进 1688—1689 年革命史。在大多数学者看来，英格兰人直到威廉上台，才被迫将目光投向北海和爱尔兰海以外的地区。事实上，正如我们所看到的，英格兰人和他们的统治者对外交事务非常感兴趣。詹姆斯二世及其反对者都没有将国内政策置于外交政策之上，这并不奇怪。他们都认为，英格兰君主的主要职责之一是恢复王国在欧洲舞台上的重要地位。几乎所有早期现代的评论家都认为，国家的核心职能是对外战争。许多人都认为外交事务是国家治理的关键问题，所以正是在这一领域，意识形态和政治张力得到了凸显。詹姆斯决定与法国结盟抗衡联合省，这不仅表明他倾向于绝对主义而非更依靠民众的政府形式，也表明了他的政府认为荷兰人而不是法国人才是英格兰经济繁荣的最大威胁。由于早期现代战争的规模自 16 世纪末以来急剧扩大，17 世纪末的君主想介入世界舞台，就要以前所未有的规模调集资源。对更多资源的需求反过来又将更多的人，从首都商人到外省消费者，都带入了政治进程。这些人难免会问，政府征收的壁炉税或关税怎么用。如果将英格兰的外交政策一笔勾去，如果假定詹姆斯没有国际议程，那么学者就会错过一个极为重要而又充满活力的政治争论领域。[5]

1688—1689 年英格兰革命是第一次现代革命。它改变了英格兰教会、英格兰国家，从长远来看，也改变了英格兰社会。这一事件将英格兰大部分地区卷入政治暴力和党派政治纷争之中。1688—1689 年革命在许多方面启发了 18 世纪晚期法国、北美和其他地区的革命者。这不是当权派辉格党历史中所描述的保守的恢复的革命。

修正派的学术观点是什么？1688—1689 年革命从本质上来说是一场教派斗争，偏执的英格兰新教徒推翻了天主教国王，如何解释这种看法？英格兰教会的托利党支持者抛弃詹姆斯，因为他们厌恶他的宽容政策，这种说法又是什么意思呢？这种如今占据主导地位的解释的核心是詹姆斯是一个志向不大的政治温和派。詹姆斯被推翻不是因为他是绝对主义者，而是因为他冒犯了传统的宗教感情。

众所周知，詹姆斯二世在 1685 年登基时是虔诚的罗马天主教徒。詹姆斯的天主教信仰和英格兰人对"罗马天主教"的反感促使蒙茅斯公爵于 1685 年夏天入侵英格兰西南部乡村。蒙茅斯公爵的某些朋友可能是激进派，他可能赞同也可能不赞同他们的政治主张，但很明显，他的军队成员都是一些希望用新教徒詹姆斯取代天主教徒詹姆斯的人。他们对彻底改变君主制兴趣不大。事实上，1688 年的许多激进革命者，甚至那些来自西南部乡村的革命者，都不想跟蒙茅斯公爵扯上关系。他的叛乱之所以失败，正是因为很少有人愿意完全为了宗教原因去参与叛乱活动。

1688 年席卷英格兰西南部和英格兰各地的反詹姆斯二世起义取得如此大的成功，很大程度上要归功于詹姆斯政权的性质。詹姆斯政权是一个天主教政权，更是一个正在现代化的天主教政权。它运作的意识形态前提是源于法国天主教的论点，这些论点最初针对的不是新教徒，而是教皇英诺森十一世及其支持者。詹姆斯的现代天主教君主制将绝对主权的理念与英格兰的再天主教化运动结合了起来。詹姆斯按照高卢模式建立了一个官僚国家，把英格兰的天主教徒和新教徒都给惹怒了。

詹姆斯经受住了教派斗争的考验。但詹姆斯的政策确实加剧并改变了英格兰内部的宗教分歧。詹姆斯给予民众良心自由的同时，严格限制宗教集会的讨论，并在其他方面加强王权，这样一来就分裂了不从国教的团体。有些人，比如贵格会教友威廉·潘恩，感激詹姆斯结束了残酷的宗教迫害。但大多数人认为，没有公民自由，宗教自由的意义不大。到 1688 年，大多数非国教徒都反对詹姆斯，变成了热心的革命者，也是后革命政权最热心的支持者。国教徒也因为詹姆斯二世的所作所为而严重分裂。少数英格兰教会的教士和俗人对詹姆斯坚定行使主权大加赞赏。更多的人则对詹姆斯的天主教化政策深感不安，但由于他们严格遵守被动服从的国教教义，所以无法采取行动。国教的低教会派率先回应了大量涌入英格兰的法国天主教护教学，伦敦的一批积极的教士发挥了突出的作用。这群国教教士对宗教宽容的奉行越来越有原则，并且最终认为政治反抗跟宗教反抗不一样，有时候是必要的。

早期现代宗教的研究始终受到一系列错误的二元对立的困扰。学者认为，17世纪后期的英格兰要么是一个世俗社会，要么是一个宗教社会。因为解释选项有限，叙述、描述和分析宗教变革的难度也增加了。由此而来的解释概要要么认为"1660年后宗教不再是一个那么重要的问题"，要么认为"国内宗教问题""至关重要"，但这都不能令人满意。17世纪后期的问题不是宗教变得不重要了，而是宗教的意义变得不一样了。[6]最近的学术研究表明了17世纪后期的宗教争论多么复杂多变，他们的表达方式在多大程度上取决于早期的争论。但这并不意味着宗教的意义是一样的。事实并非如此。宗教不满是1688—1689年革命必要但不充分的原因。

1688—1689年革命不是天主教徒和新教徒之争。它不是新教和天主教改革势力的最后一场战役。这在一定程度上是因为16世纪和17世纪初横贯欧洲的教派二元划分已经被取代了。在北欧，新教政治统一的愿景已被加尔文宗和路德宗国家严重分裂的现实所取代。[7]路易十四成功地将天主教欧洲分为支持法国和支持教皇的两派。神圣罗马帝国皇帝将法国国王而非欧洲的新教君主视为最大敌人。学者没有将英格兰的宗教辩论置于更为广泛的欧洲辩论背景之下，结果过分强调了宗教领域的延续性。他们将1688年和1689年广泛而残酷的反天主教暴力误认为传统反天主教偏见的表现，而这些行为更应该被理解为对詹姆斯二世的现代高卢派天主教国家的工具和象征的攻击。同样，学者太容易将后革命政权对天主教法国的狂热战争理解为实现17世纪初的新教事业理想。实际上，英格兰人是跟天主教西班牙和神圣罗马帝国正式结盟参加九年战争的。英格兰人意识到了这一点，并且完全明白教皇支持的是神圣罗马帝国、西班牙、英格兰和新教的尼德兰联合省，而不是天主教法国。这对英格兰人来说并非不可理喻，因为他们大多都知道，早期的新教世界观，也就是新教徒和天主教徒为了宗教领导权而进行末世斗争的观点，已经站不住脚了。

修正派学者认为革命是新教徒反对天主教国王的斗争，或者是国教徒反对实施宽容的国王的斗争，他们完全只关注宗教问题，这也是错的。宗教问题对詹姆斯二世和他的反对者都很重要，但这并不是唯一刺激到他们的问题。主张革命的宗教解释的人与主张革命的当权派辉格党解释的人一样，都认为 17 世纪的英格兰人过于偏狭，不关心不列颠群岛以外的政治和经济发展，并且过于传统，不参与有关国内经济的政治争论。事实上，外交政策和政治经济学相关的事务足以令众多英格兰人在 1688 年甘冒失去生命和财产的危险。1688—1689 年的革命者之所以想要推翻詹姆斯二世、建立一个新型的英格兰政府，是因为他们不仅关心自己的宗教，还关心英格兰的外交政策和英格兰的政治经济学。1688—1689 年革命者的动机比宗教解释的支持者所以为的要广泛得多。

如果 1688—1689 年革命是第一次现代革命，那么令几代学者着迷的 1640—1660 年革命又该如何理解？正是这场早先的革命被佩雷斯·扎戈林称为"第一次充分体现了现代革命的特征"。正是这场革命被克里斯托弗·希尔称为"人类历史的转折点"。约翰·亚当森认为，正是这些事件，结束了英格兰的"贵族'军事时代'"。在迈克尔·沃尔泽看来，正是 1640 年至 1660 年间发生的"圣徒革命"，标志着"现代化进程的一个关键阶段"。事实上，1640—1660 年和 1688—1689 年两次英格兰革命的研究者长期争夺解释的优先权。不过到了 19 世纪初，"同情的天平"已经"向第一次动乱倾斜"。正是因为这种竞争和优先意识，克里斯托弗·希尔将 1688—1689 年革命斥为"传统统治阶级的复辟"。罗伯特·布伦纳则更同情地指出，1688—1689 年革命"巩固了某些长久以来的发展模式，这些发展模式已经将早期现代英格兰的社会政治演变与欧洲大陆的大部分社会政治演变区分开来"。[8] 按照这种观点，从 17 世纪 40 年代开始，英格兰显然已经脱离了欧洲的社会、政治和文化发展模式。1688—1689 年的事件充其量只是为世纪中期及之前开启的巨大变革画上了句号。

我认为，1640 年至 1660 年间英格兰经历的许多重大变革其实都是短暂的。从 1660 年复辟开始，尤其是 1685 年詹姆斯二世登基之后，英格兰没有脱离欧洲的政治发展模式。英格兰迅速成为一个绝对主义政权。从 1660 年到 1688 年，斯图亚特王朝的末代国王做了大量工作，确保君主不仅在理论上，而且在实践中垄断政治权力。[9] 更确切地说，查理二世和詹姆斯二世越来越狂热地致力于将法国的政治模式移植到英格兰。斯图亚特国王复辟时期的现代绝对主义国家，拥有实现过去理论主张的基本条件，并非注定失败。17 世纪后期，两位斯图亚特国王的国家建设计划甚至都在不同的时刻得到了民众的广泛支持。他们没有像鼓吹"英格兰在 17 世纪中期发生明显转变"的人所暗示的那样，推行不明智的战略，因而注定失败。詹姆斯的天主教现代化战略并非必然失败。他之所以被推翻，是由于两个因素的偶然结合。首先，他浪费了在蒙茅斯叛乱之后获得的政治资本，过快地推进了英格兰国家的现代化。这样做激起了英格兰国内民众在政治层面的广泛反对。其次，对詹姆斯下台起到决定性作用的是他的盟友路易十四在欧洲煽动了一场政治危机，这为威廉在联合省和欧洲各地都赢得了广泛的政治支持，使威廉能够承受入侵的风险。如果詹姆斯没有激起那么强烈的政治反对，他的庞大常备军本可以轻松击溃威廉的军队。事实上，如果没有英格兰国内普遍的政治不满情绪，威廉可能很难为他的入侵部队提供资金和人员。如果英荷入侵部队没有在 1688 年 11 月抵达英格兰，詹姆斯的精锐部队也很可能最终能够把广泛的民众起义镇压下去。无论是哪种情况，英格兰政体都会更接近法国模式。如果不是广泛的民众起义和英荷入侵部队一起发挥作用，詹姆斯肯定会取得成功。

不过，说1688—1689年革命并非不可避免，并不是说它没有长期根源。英格兰在17世纪经历的社会经济变革确实给英格兰的国家和社会带来了不可避免的根本转变。问题在于，现代化政体是变成詹姆斯所希望的样子，还是变成他的辉格党反对派所希望的样子。世纪中期的危机对于辉格党的治国理念和政治经济学的形成至关重要。辉格党的基本理念是劳动创造财富，所以财产是无限的，这在激烈批判奥利弗·克伦威尔的护国公政体时成为一个重要的主题。正是在17世纪50年代，一些作者首次公开提出了反对政治体制的经济论点。同样是在17世纪50年代，这些批评者中的许多人开始强调法国不断增长的实力的威胁，并坚持从国家利益而非宗教派系的角度来讨论外交政策。[10] 同样重要的是，从伊丽莎白时代开始，教会与国家之间的裂痕为公众讨论开辟了空间，而17世纪中期的危机扩大和增强了这一空间。没有这些发展，没有世纪中期的危机，就不会有1688—1689年革命。

英格兰内战及其后果确实产生了激进的变革性影响。正如迈克尔·沃尔泽所指出的，这些事件产生了"一系列强烈的要求"，包括"整顿教会、国家、伦敦政府、教育体制和济贫法的管理"。那些年确实出现了"专门为实现这些要求而组建的团体"。正是在1640年到1660年间，英格兰出现了"政治新闻"。那时候许多英格兰人的确表达了"改革有必要且有可能的感觉"。尽管如此，沃尔泽提出的前三个革命影响，包括"君主制本质"的转变、"训练有素的公民军队的出现"与"草拟和重拟宪法"的努力，都随着1660年的君主制复辟而发生了逆转。[11] 许多英格兰人在17世纪中期投身革命。但他们的革命没有成功。

　　为什么会这样呢？为什么 17 世纪中叶的革命者无法一举奠定他们的所有成果？当然，共和国的垮台和护国公政体的灭亡源于一系列社会、宗教和政治因素。但从根本上说，17 世纪后期的革命与其世纪中叶前身的区别在于君主制本身的性质。查理一世虽然缺乏政治才干，但他打心底愿意并能够捍卫传统社会和传统政体。查理一世死后，最能说明保王派意识形态的文件是极具传统主义色彩的《圣容》，其要点是重申君权神授，同时叙述了查理一世如同圣徒的一生。因此，在他死前和死后，保王党人提供给英格兰人的政治选项不是传统，就是现代化，最终演变为是要稳定还是要革命动荡。17 世纪 50 年代，政府的每一次政治过失都会让越来越多的人选择复辟。约翰·洛克敏锐地观察到，"人民没有那么容易摆脱旧的形式"。洛克论及世纪中叶的事件时明确指出，"人民不会痛快地放弃旧制度，这样的情形在王国现在和过去的许多革命中都出现过，于是我们仍然维持着，或者说，在经历了不少毫无结果的尝试之后，我们仍会再次回到我们原来的国王立法机构、上议院和下议院。无论夺走我们君主王位的是什么样的挑衅行为，都不至于让人民走上另一条路"。洛克认为，如果可以选择，大多数人宁愿选择原来不完美的政府，也不愿意选择一个创新的政府。洛克暗示，17 世纪后期的情况有所不同。革命者和国王都没有捍卫"旧形式"。詹姆斯二世与其父亲相反，选择将自己塑造成一个现代化推动者。他实现了英格兰基础设施、英格兰陆军、英格兰海军、英格兰地方政府和英格兰治理技术的现代化。他和他的论战者提出了更加宏大的现代王权，并坚持对政治表达施加新的限制。当詹姆斯和他的论战者不得不为他准予的没有公民自由的宗教自由辩护时，他们用"崭新而伟大的良心自由特许"来形容他们的努力。[12] 通过接纳现代性，通过采取政治和社会现代化计划，詹姆斯排除了保守主义的政治选择。恢复旧制度已无可能。1688 年与 17 世纪 40 年代和 50 年代都不一样，英格兰人不得不在不同的现代化道路之间做出选择。

1688—1689 年革命并不是一起只持续几个月的独立事件。如果按照狭义的时间顺序来理解，就会忽略革命的根本意义。相反，最好的办法是将革命理解为 17 世纪 20 年代蔓延的危机之中开启的一个进程，这场危机引发了一场反对运动，反对者运用现代化论战策略，直到辉格党首相罗伯特·沃波尔爵士决意确保革命变革不再向前发展，从而巩固自己的权力，革命才告一段落。沃波尔在 18 世纪 20 年代和 30 年代决定降低土地税，并拒绝给予非国教徒公民权利，以此来吸引温和派托利党人，辉格党革命就此结束。17 世纪 20 年代动荡的十年里，革命的骚动始于外交政策辩论、英格兰教会的性质和国家财政的作用。[13] 当这个革命世纪快要结束的时候，英格兰国家、社会、文化、宗教都已经发生了改变。英格兰在各个方面都变得与欧洲大陆的模式不同。

这场革命转变是资产阶级革命吗？并不是，因为资产阶级不是一个拥有自我意识的阶级，他们也没有夺取另一个阶级的权力。一位历史学家指出，17 世纪末和 18 世纪中产阶级的特点是"冲突、缺乏安全感和自信"，而不是"团结或群体共识"。并不存在一个发动资产阶级革命的、具有凝聚力的中产阶级。事实上，最终推翻詹姆斯二世的起义民众来自英格兰社会的各个阶层，从自愿参加革命、只有干草叉做武器的穷人，到利用自己的名望和财富为起义服务的富商和贵族地主，不一而足。詹姆斯党人的出身背景也很多样。不出所料，鉴于革命者的社会多样性，他们没有改变英格兰政治的阶级基础。下议院的商人比例仅从 1660 年至 1689 年间的约 9% 轻微上升到 1690 年至 1715 年间的 10.7%。[14]

尽管如此，我认为将 1688—1689 年革命视为一场文化和政治意义上的资产阶级革命，并非毫无道理。许多评论家一致认为，17 世纪后期的英格兰是一个贸易国家。一位评论家指出："众所周知，这个王国的力量、财富和繁荣都依赖贸易和商业来维持。"[15] 社会评论家居伊·米耶热回忆，"直到查理一世统治时期的内战为止"，贵族一直都是英格兰的文化标杆，但现在"情况不一样了"。17世纪后期，英格兰已成为"欧洲贸易最发达的国家之一"，"普通人当中规模最大的群体是商人，或以买卖为生的人"。据两位法国外交官称，在英格兰，商人对民意的影响很大。[16] 詹姆斯二世和他的反对者都清楚地意识到，英格兰已经成了一个商业社会。然而，尽管詹姆斯二世的现代化计划致力于发展贸易和帝国，但那并不是资产阶级的愿景。詹姆斯二世政治经济计划的支持者对城市居民持批判态度，并将获取领土当成帝国计划的核心。商人没有独立的政治地位。事实上，乔赛亚·蔡尔德爵士的经济学著作表达的社会理想是让商人发大财，这样他们的继承人就可以过上贵族地主的生活。詹姆斯的意识形态成就是让商业社会服从地主规范。他的计划兼具现代化和反资产阶级的特点。

如果革命者没有成功推翻詹姆斯二世的天主教现代化政权，很难想象18世纪的英格兰文化和社会会发展成现在这样。詹姆斯无意恢复查理一世的文化世界，在那个世界里，英格兰的贵族和绅士"过着符合身份的奢华生活"，"餐桌丰盛，高朋满座，还有几名官员"，他们"以高尚的活动为乐，到国外也要遵从他们的等级和身份"。詹姆斯厌恶这个世界，就是因为它意味着权力分散。在那个世界里，每一个"贵族之家都被看成是一个井井有条的宫廷"。[17] 詹姆斯希望这些规范都由白厅的宫廷来定。詹姆斯也不喜欢城市中产阶级所重视的毫无约束的公开讨论。商人渴望建立一个经济、政治和社会信息自由流通的世界，而詹姆斯却认为信息透明会带来政治风险。[18] 毫不奇怪的是，詹姆斯在文化上的见解更接近于路易十四和让-巴蒂斯特·科尔贝，而不是他的父亲。

相比之下，反对詹姆斯的1688—1689年革命者则推崇城市文化、制造业和经济帝国主义。17世纪中叶新殖民地商人的意识形态继承者注重商业霸权，而非领土霸权。[19] 这些人不仅希望英格兰成为一个商业社会，还希望英格兰成为一个资产阶级社会，具有城市的而非土地的价值观。这就是革命者的文化纲领。这就是辉格党的革命原则。1688—1689 年革命后，英格兰逐渐成为一个资产阶级社会，因为革命者的政治经济纲领优先考虑城市和商业的价值观。

辉格党革命的胜利带来了新的资产阶级文化。政治经济学革命带来了一场文化价值观的革命。政治经济变革，包括新的税收体系、新的机构和新的帝国议程，推动城市中产阶级占据新的文化主导地位。尽管城市中产阶级在 1700 年的英格兰人口中占比不超过 5%，但在 1688—1689 年革命后，他们却能够制定文化议程。一位学者指出，辉格党成功地"将'教养'（politeness）定为后 1688 年自由的文化产物"。由洛克的学生第三代沙夫茨伯里伯爵加以巩固，并得到杰出的辉格党记者约瑟夫·艾迪生和理查德·斯梯尔推广的辉格党新教养文化具有一种"自觉的现代主义"。尽管教养起源于宫廷文化，但在 17 世纪末和 18 世纪，教养已成为一种资产阶级意识形态。"教养代表了绅士之外的另一种英格兰人形象，他们坚定地奉行经济独立、道德自主和善良淳朴的信条。"一位文学批评家表示认同，他在评论普通人材料的时候指出，"在 17 世纪"，英格兰已经从"乡村文化转变为城市文化，或者说，从过去的乡村文化转变为渴望和期待现代性的文化"。一位社会历史学家同意，"中产阶级正在为自己创造一种全新的文化"。这种文化是"一种资产阶级文化，注定成为占主导地位的民族文化"。[20]

1688—1689 年革命没有把英格兰变成一个商业社会，但它确保了资产阶级的文化价值观将会成为主流。资产阶级的重要性与其数量不成正比，在政治上也是如此。尤其是在 1689 年之后，商人团体对议会活动的影响与其在总人口中的数量不成正比。最近一位研究英格兰商人文化的评论家指出，大革命后，在"商人阶层的不断施压"下，贸易成了"一个党派问题"。革命过后，下议院的经济法案"通过率""大有提高"。当然，最引人注目的是辉格党商人及其政治盟友成功在 1694 年创建了英格兰银行，并在 1696 年破坏了土地银行。毫无疑问，由于这些成功，1688—1689 年革命代表了那些支持制造业、城市文化和"利用人类劳动的创造潜力可以实现经济无限增长"观点的人的胜利。革命的这一影响意味着商人认为没有必要追求土地精英的文化和地产。事实上，在 1688—1689 年革命之后，贵族和绅士的举止开始变得更像资产阶级。白金汉郡的弗尼家族肯定不是唯一"逐渐接受了伦敦城市文化价值观"的贵族家庭。玛格丽特·亨特非常准确地指出，"商人看待上层社会习俗的心态是很矛盾的"。强大的城市中产阶级，尤其是那些赞同辉格党的政治观念和意识形态的人，并不想成为贵族。[21]

1688—1689 年革命是第一次现代革命，因为在 1688 年之前，英格兰正在迅速成为一个现代社会。17 世纪中期的危机确保的不是英格兰摆脱欧洲大陆的政治模式，而是任何英格兰政府都不可能继续建立在世袭原则之上。后来的斯图亚特王朝君主和他们的政敌都明白这一点。所有人都知道，英格兰想成为欧洲舞台的主要角色，就必须将其商业力量用来建设官僚国家。当查理二世和詹姆斯二世利用他们手上新的经济和行政资源来创建现代国家时，发生革命性变革的条件就成熟了。1688—1689 年的革命者提出了他们的英格兰现代性，以此作为詹姆斯二世及其支持者所创造的英格兰现代性的有效替代品。两派都希望英格兰成为欧洲乃至世界的一流强国，两派都希望实现英格兰宗教活动的现代化，两派都希望英格兰成为一个商业社会。[22]区别在于他们准备用来实现这些目标的手段不同，而且差异巨大。这次革命和后来的所有革命一样，现代化是起因，不是结果。

第一次现代革命彻底改变了英格兰，并最终帮助塑造了现代世界。我要讲述的是一个关于社会、国家、教会和帝国变革的复杂故事。这一叙述的核心观点是，不仅历史的过度专门化导致历史著作的受众面越来越窄，而且将历史进程细分为社会史、宗教史、思想史、政治史、宪政史、军事史和外交史之后，人们就无法解释清楚广泛的革命转变，找出背后的原因。早期现代的人都拥有完整的人生。现在是时候让历史学家回到纯粹的历史。

就第二层意义而言，历史的重新整合也很重要。由于 17 世纪中期的危机和 1688—1689 年革命都是同一进程的一部分，因而有必要将两者整合在一起。学者将自己的研究时期定为始于或止于 1640 年、1660 年或 1688 年，这样就会错失很多东西。研究现代时期的学者如果将 1688 年定为起点，也会忽略了构成 1688—1689 年革命前因后果的剧变对于英格兰和世界现代史形态的影响程度。

1688—1689 年革命是英格兰百年革命进程中的一次彻底变革。革命者颠覆了英格兰的外交政策，改变了英格兰的经济重心，并重组了英格兰教会。与所有革命一样，1688—1689 年革命产生于相互冲突的社会、经济和政治现代化愿景——直到 17 世纪下半叶社会和经济有所发展，才能实现这些愿景。1688—1689 年革命意味着关于如何实现英格兰国家现代化的长期激烈争论达到了高潮。争论的深度、意识形态分歧的严重程度和社会影响的广度有助于我们理解为什么这次革命波及英格兰社会的范围如此之广，为什么革命如此激烈，为什么革命如此分裂。改变英格兰，进而将英国变成欧洲大国和帝国主义列强的，正是这场旷日持久的争论，而不是一场迅速的针对无能国王的宫廷政变。

缩 写

Add.	Additional manuscripts
AWA	Archbishop of Westminster's Archives
Axminster	K. W. H. Howard, ed., *The Axminster Ecclesiastica, 1660–1698* (Sheffield: Gospel Tidings, 1976)
Beinecke	Beinecke Rare Book and Manuscript Library, Yale University
Bodleian	Bodleian Library, Oxford University
BL	British Library
Campana	Marquise Emilia Campana di Cavelli, ed., *Les derniers Stuarts à Saint-Germain en Laye,* 2 vols. (Paris: Librairie Academique, 1871)
CKS	Centre for Kentish Studies, Maidstone
CSPD	Calendar of State Papers, Domestic
CSPV	Calendar of State Papers, Venetian
DWL	Doctor Williams Library
EIC	East India Company
Evelyn, *Diary*	E. S. De Beer, ed., *The Diary of John Evelyn,* 6 vols. (Oxford: Clarendon Press, 1955)
Foley	Henry Foley, ed., *Records of the English Province of the Society of Jesus,* vol. 5 (London: Burns and Oates, 1879)
FSL	Folger Shakespeare Library, Washington, DC
Grey	Anchitell Grey, ed., *Debates of the House of Commons,* 10 vols. (London: D. Henry and R. Cave, 1763)
HEH	Henry E. Huntington Library, San Marino, CA
HLRO	House of Lords Record Office, London
HMC	Historical Manuscripts Commission
HRC	Harry Ransom Center, University of Texas

Indiana   Lilly Library, Indiana University, Bloomington
IOL   India Office Library (now in British Library), London
Jeaffreson   John Cordy Jeaffreson, ed., *A Young Squire of the Seventeenth Century: From the Papers (A.D. 1676–1686) of Christopher Jeaffreson of Dullingham House, Cambridgeshire,* vol. 2 (London: Hurst and Blackett, 1878)
JRL   John Rylands Library, Manchester
Life of James II   J. S. Clarke, ed., *The Life of James II* (London: Longman, Hurst, Rees, Orme and Brown, 1816)
Locke Correspondence *The Correspondence of John Locke,* 8 vols., ed. E. S. De Beer (Oxford: Clarendon Press, 1976–89)
LPL   Lambeth Palace Library
MAE   Ministère des Affaires Étrangères, Paris
MSS   Manuscripts
NA   National Archives, Kew Gardens
NAS   National Archives of Scotland, Edinburgh
NLS   National Library of Scotland, Edinburgh
NMM   National Maritime Museum, London
Penn Papers   *The Papers of William Penn,* ed. Mary Maples Dunn and Richard S. Dunn, vol. 3: *1685–1700,* ed. Marianne S. Wokeck et al. (Philadelphia: University of Pennsylvania Press, 1986)
PRONI   Public Record Office of Northern Ireland, Belfast
RO   Record Office
SCA   Scottish Catholic Archives, Edinburgh
Singer   Samuel Weller Singer, ed., *The Correspondence of Henry Hyde, Earl of Clarendon, and of His Brother Laurence Hyde, Earl of Rochester,* 2 vols. (London: Henry Colburn, 1828)
SOAS   School of Oriental and African Studies, London
Thoresby, *Diary*   Joseph Hunter, ed., *The Diary of Ralph Thoresby,* 2 vols. (London: Henry Colburn and Richard Bentley, 1830)
UL   University Library
W YAS   West Yorkshire Archive Service, Leeds

注　释

引言

1. 那些突出法国大革命血腥程度的统计数据不可避免地会将拿破仑战争也涵盖在内，参见 e.g., Jack A. Goldstone, *Revolution and Rebellion in the Early Modern World* (Berkeley: University of California Press, 1991), 477; and Goldstone, "The Outcomes of Revolutions," in *Revolutions: Theoretical, Comparative, and Historical Studies,* ed. Goldstone (New York: Harcourt Brace, 1986), 207–8。如果算上九年战争（1689—1697 年）以及爱尔兰和苏格兰战争（都是 1688—1689 年革命的直接后果），伤亡比例与法国的情况相当。

2. Frederick Cooper, *Colonialism in Question* (Berkeley: University of California Press, 2005), 113–49; John D. Kelly, "Alternative Modernities or an Alternative to 'Modernity,'" in *Critically Modern: Alternatives, Alterities, Anthropologies,* ed. Bruce M. Knauft (Bloomington: Indiana University Press, 2002), 262–77.

3. John Evelyn to Evelyn Jr., 18 December 1688, BL, Evelyn Papers, JEJ 1.

4. 这一段的分析很大程度上要归功于 Bernard Yack, *The Fetishism of Modernities: Epochal Self-Consciousness in Contemporary Social and Political Thought* (Notre Dame, IN: University of Notre Dame Press, 1997), esp. 35–37; Bjorn Wittrock, "Modernity: One, None, or Many? European Origins and Modernity as a Global Condition," *Daedalus* 129 (2000): 1, 38。

第一章　消解革命

1. Monsieur Navier, Address, 30 November 1789, printed in Richard Price, *A Discourse on the Love of Our Country,* 4 November 1789, 2nd ed. (London: T. Cadell, 1789),

"Additions," 14–15. 法国革命者并没有很快放弃对光荣革命的赞赏。1791 年，马赛革命的支持者们致信英国革命协会称："我们钦佩你们已有一个世纪之久：一个世纪以来，我们一直羡慕你们的幸福。"Revolution Society, Anniversary Meeting, 4 November 1791, BL, Add. 64814, fol. 48v; *The Correspondence of the Revolution Society with the National Assembly, and with Various Societies of the Friends of Liberty in France and England* (London, 1792). 1776 年的美国革命者也宣称他们的行动是依据光荣革命所确立的原则：James Wilson and John Dickinson, "Address to the Inhabitants of the Colonies," 13 February 1776, in *Journals of the Continental Congress,* vol. 4, ed. W. C. Ford (Washington, DC: GPO, 1906), 145。

2. David Hume, *History of England, from the Invasion of Julius Caesar to the Revolution in 1688,* vol. 6 (London: T. Cadell, 1841), 329; John Millar, *An Historical View of the English Government,* 4th ed., vol. 4 (London: J. Mawman, 1818), 95; Robert Viscount Molesworth, *The Principles of a Real Whig* (1711; London, 1775), 5–6; John Wilkes, "Introduction to Proposed History," in *The Correspondence of the Late John Wilkes,* vol. 5, ed. John Almon (London: Richard Phillips, 1801), 161; Charles James Fox, *The History of the Early Part of the Reign of James the Second* (London: William Miller, 1808), 58; J. R. Dinwiddy, "Charles James Fox as an Historian," *Historical Journal* 12, no. 1 (1969): 23–34; Henry St. John, Viscount Bolingbroke, "Dissertation upon Parties," 1733–34, in *The Works of Lord Bolingbroke,* vol. 2 (Philadelphia: Carey and Hart, 1841),27. 参见类似评论如 Andrew Kippis, *A Sermon Preached at the Old Jewry,* 4 November 1788 (London, 1788), 2。第六代德文郡公爵正是秉持这一传统，在查兹沃斯庄园的彩绘厅壁炉上方刻下了"始于英国自由之年 1688 年"的字样。Private communication from Charles Noble, keeper of the Devonshire Collection, Chatsworth House.

3. Molesworth, *Principles,* 13–14; Wilkes, "Introduction," 204; Henry Hunter, "Sermon III," 1788, in *Sermons,* vol. 2 (London, 1795), 102; Kippis, *Sermon,* 32; Price, *Discourse,* 31–32. 那年晚些时候，革命协会在普赖斯在场的情况下强调，英国革命的原则已经在美国扎根，现正"遍及欧洲"：Revolution Society, 30 December 1789, BL, Add. 64814, fol. 27r。

4. Abstract of the History and Proceedings of the Revolution Society, 4 February 1789, BL, Add. 64814, fols. 12–13; Kippis, *Sermon,* 2–3. Kathleen Wilson, "A Dissident Legacy: Eighteenth-Century Popular Politics and the Glorious Revolution," in *Liberty Secured? Britain before and after the Glorious Revolution,* ed. J. R. Jones (Stanford, CA: Stanford University Press, 1992), 301–12; Caleb Evans, *British Freedom Realized,* 5 November 1788 (Bristol, 1788), 28; Hunter, "Sermon III," 101.

5. Blair Worden, *Roundhead Reputations: The English Civil Wars and the Passions of Posterity* (London: A. Lane, 2001), 228; Hugh Trevor-Roper, *From Counter-Reformation to Glorious Revolution* (Chicago: University of Chicago Press, 1992), 233; Barry Price (secretary of the William and Mary Tercentenary Trust), "Some Observations on the Tercentenary," 25 June 1989, HLRO, WMT/2; Price, *Anglo-Netherlands Society Newsletter,* March 1988, HLRO, WMT/22/Pt. 2; John Rae, *Times,* 16 July 1987, HLRO, WMT/22/Pt. 2; Viscount Whitelaw, 27 March 1984, Lords Debates, HLRO, WMT/1/Pt. 2; Patricia Morrison, *Daily Telegraph,* 21 September 1988, HLRO, WMT/22/Pt. 2; *Financial*

Times, 12 September 1988, HLRO, WMT/22/ Pt. 2; *Daily Post* (Liverpool), 4 November 1988, HLRO, WMT/22/Pt. 2.

6. Charles Tilly, *European Revolutions, 1492–1992* (Oxford: Basil Blackwell, 1993), 104; Crane Brinton, *The Anatomy of Revolution,* rev. ed. (New York: Vintage, 1965), 19.

7. Gary S. De Krey, "Political Radicalism in London after the Glorious Revolution," *Journal of Modern History* 55, no. 4 (1983): 586–87. 我不同意 J. P. Kenyon, "The Revolution of 1688: Resistance and Contract," in *Historical Perspectives: Studies in English Thought and Society, in Honour of J. H. Plumb,* ed. Neil McKendrick (London: Europa, 1974), 69; and H. T. Dickinson, "The Eighteenth-Century Debate on the 'Glorious Revolution,'" *History* 61 (February 1976): 44。

8. Dickinson, "Eighteenth-Century Debate," 29; Peter N. Miller, *Defining the Common Good: Empire, Religion, and Philosophy in Eighteenth-Century Britain* (Cambridge: Cambridge University Press, 1994), 88.

9. Worden, *Roundhead Reputations,* 162; Mark Goldie, "The Roots of True Whiggism, 1688–1694," *History of Political Thought* 1, no. 2 (1980): 197, 220–25; Goldie and Clare Jackson, "Williamite Tyranny and the Whig Jacobites," in *Redefining William III: The Impact of the King-Stadholder in International Context,* ed. Esther Mijers and David Onnekink (Aldershot: Ashgate, 2007), 178–79, 184–85.

10. Henry Sacheverell, *The Perils of False Brethren, both in Church and State* (London, 1709). 我不同意戈尔迪的观点，即到 17 世纪 90 年代后期，"辉格主义的主流"已"与激进主义分道扬镳"。Goldie, "Roots," 195.

11. Nicholas Lechmere, *The Tryal of Dr. Henry Sacheverell* (London: Jacob Tonson, 1710), 7, 88, 94; Gilbert Burnet, *The Bishop of Salisbury's and the Bishop of Oxford's Speeches in the House of Lords* (London, 1710), 2; Benjamin Hoadly, *The Foundation of the Present Government Defended* (London, 1710), 22, 26. 1714 年，沃波尔是蓝橙忠诚友好协会的活跃成员，这是一个致力于庆祝革命的激进团体。其成员包括沃尔特·莫伊尔，约翰·洛克密友沃尔特·扬爵士之子，以及来自西部地区的辉格党人弗朗西斯·亨利·德雷克爵士。BL, Egerton 2346, fol. 6r.

12. Lechmere, *Tryal,* 34. 莱奇米尔立场明确，这使得我们很难认同迪金森的说法，即"人们普遍不愿意将辉格党的主张建立在约翰·洛克的原则之上"。Dickinson, "Eighteenth-Century Debate," 35.

13. Lechmere, *Tryal,* 36; Molesworth, *Principles,* 15–16, 21–22.

14. J. P. Kenyon, *Revolution Principles: The Politics of Party, 1689–1720* (Cambridge: Cambridge University Press, 1977), 202; Dickinson, "Eighteenth-Century Debate," 36.

15. Paul Langford, *The Excise Crisis: Society and Politics in the Age of Walpole* (Oxford: Clarendon Press, 1975), 32–35; Langford, *A Polite and Commercial People: England, 1727–1783* (Oxford: Clarendon Press, 1989), 9–44; *The True Principles of the Revolution Revived and Asserted* (London, 1741), 14–15; John Hervey, *Ancient and Modern Liberty Stated and Compar' d* (London, 1734), 45. 我认为激进的解读所关注的问题范围比威尔逊强调的"政治问责制和受托责任原则"要广泛得多。Wilson, "Dissident Legacy," 300, 314.

16. William Pulteney, *A Review of the Excise Scheme* (London, 1733), 50; Sir William

Blackstone, *Commentaries on the Laws of England,* 4 vols. (Oxford: Clarendon Press, 1765–69), 4:433. 尽管布莱克斯通在牛津可能参与过托利党的政治活动，但他的《论法释义》却明显带有反对派辉格党的色彩：*The Livery-Man* (London, 1740), 7–8, 13; Hunter, "Sermon III," 105–6。

17. Pulteney, *Review of Excise Scheme,* 49–50. 还可参见 George Coade, *A Letter to a Clergyman,* 2nd ed. (London, 1747), 38; and *Livery-Man,* 6。反对派辉格党人愿意明确地（如在本文以及有关政治经济学的讨论中）或隐晦地（如在提及原始契约时）运用洛克的论点，这使我无法认同约翰·邓恩的说法，即洛克的《政府论》"当时并未引起轰动"，或者 "只是众多阐述辉格党革命理论的著作中的一部，在这些著作中，它直到对革命的解释的大致轮廓已基本确定之后才显得突出"。John Dunn, "The Politics of Locke in England and America in the Eighteenth Century," in *John Locke: Problems and Perspectives; A Collection of New Essays,* ed. John W. Yolton (Cambridge: Cambridge University Press, 1969), 57, 80. 我同意马克·戈尔迪对这一评估的怀疑：Goldie, "Introduction," in *The Reception of Locke's Politics,* 6 vols., ed. Goldie (London: Pickering and Chatto, 1999), 1:xvii–lxxi. Caleb Evans, *British Freedom Realized,* 5 November 1788 (Bristol, 1788), 14–15; Committee of the Revolution Society, 6 October 1788, BL, Add. 64814, fol. 5v。

18. Kippis, *Sermon,* 26–27, 29; Bolingbroke, "Dissertation upon Parties," 71. 博林布罗克的《论文》是在他与反对派辉格党人联合起来在《工艺师》杂志上发表文章期间写成的；Wilkes, "Introduction," 162, 200–201; Blackstone, *Commentaries,* 4:427; Hunter, "Sermon III," 108; *Examiner,* 6 November 1712 (no. 49), 237. 伏尔泰也有类似的观点：*The Age of Lewis XIV,* 2 vols. (London: R. Dodsley, 1752), 1:238。

19. Robert Wallace, *The Doctrine of Passive Obedience and Non-Resistance Considered* (Edinburgh, 1754), 34–35; G. B., *The Advantages of the Revolution* (London: W. Owen, 1753), 5; Wilkes, "Introduction," 189. 我认为威尔克斯的历史是一部反对派辉格党的文献，而非琳达·科利所描述的 "高度传统的" 文本，参见 Linda Colley, *Britons: Forging the Nation, 1707–1737* (New Haven and London: Yale University Press, 1992), 111。Kippis, *Sermon,* 28; Committee of the Revolution Society, 16 June 1788, BL, Add. 64814, fol. 2r.

20. Kathleen Wilson, *The Sense of the People: Politics, Culture, and Imperialism in England, 1715–1785* (Cambridge: Cambridge University Press, 1995), 140–65; Langford, *Polite and Commercial People,* 49–57; *The Late Minister Unmask't* (London, 1742), 14–15; Blackstone, *Commentaries,* 1:315; Wilkes, "Introduction," 186–87.

21. Millar, *An Historical View of the English Government,* 3:1–2, 4:78, 102–3; Adam Anderson, *An Historical and Chronological Deduction of the Origins of Commerce,* 2 vols. (London: A. Millar et al., 1764), 1:vii, 2:189.

22. Hume, *History,* 6:336; Anderson, *Origins of Commerce,* 1:viii; Blackstone, *Commentaries,* 1:311, 314, 4:426–27. 托克维尔在 19 世纪也提出了英国社会和经济在革命前就已经现代化的观点：Alexis de Tocqueville, *The Old Regime and the French Revolution,* trans. Stuart Gilbert (New York: Anchor, 1983), 18–19。

23. *Some Thoughts on the Land Tax* (London, 1733), 9, 12; Nicholas Amhurst, *The Second Part of an Argument against Excises* (London, 1733), 55; Millar, *Historical View,* 4:106–

7; G. B., *Advantages of the Revolution,* 8.

24. Millar, *Historical View,* 4:100; G. B., *Advantages of the Revolution,* 17; Anderson, *Origins of Commerce,* 2:195; Kippis, *Sermon,* 33.

25. Price, *Discourse,* 31–32, 34.

26. Edmund Burke, *Reflections on the Revolution in France* (1790; London: Penguin Books, 1968), 110–11, 117; Don Herzog, *Poisoning the Minds of the Lower Orders* (Princeton, NJ: Princeton University Press, 1998), 13–33.

27. Revolution Society Minutes, 4 November 1789, 4 November 1790, BL, Add. 64814, fols. 22v, 40–41. 霍恩·图克举杯祝酒说:"倘若柏克先生遭到弹劾……愿他的审判能像沃伦·黑斯廷斯先生的审判一样漫长。"黑斯廷斯是孟加拉总督,其审判始于1787年,至今仍未结束。柏克在起诉黑斯廷斯一案中发挥了主导作用。

28. Worden, *Roundhead Reputations,* 226; Wilson, "Dissident Legacy," 324; Dickinson, "Eighteenth-Century Debate," 31; *North Briton* no. 30, 25 December 1762, 64; Joseph Towers, *Observations on Public Liberty, Patriotism, Ministerial Despotism, and National Grievances* (London, 1769), 5; Wilkes, "Introduction," 180; Price, *Discourse,* 35; Blackstone, *Commentaries,* 1:325–26.

29. John Cartwright, *The Legislative Rights of the Commonalty Vindicated,* 2nd ed. (London, 1777), 70. 柏克使这一论点显得合情合理。他对乔治三世即位时引入的新势力的主要不满在于,这些人试图"摆脱那些伟大的辉格党关系网",即辉格党贵族世家。他试图贬低威廉·皮特及其平民爱国者的影响力:Edmund Burke, *Thoughts on the Cause of the Present Discontents,* 3rd ed. (London: J. Dodley, 1770), 20; Catherine Macaulay, *The History of England,* vol. 8 (London, 1783), 330–34。

30. Thomas Paine, *Rights of Man* (London, 1791), 82; Paine, *Rights of Man; Part the Second,* 2nd ed. (London, 1792), 13–14, 52; John Callow, *King in Exile: James II, Warrior, King and Saint, 1689–1701* (Stroud: Sutton, 2004), 28; Ann Hughes, *Guardian,* 27 June 1988, HLRO, WMT/22, Pt. 2.

31. Thomas Babington Macaulay, *The History of England from the Accession of James II,* 5 vols. (New York: Harper and Brothers, 1849–61), 2:611–17.

32. David Cannadine, *G. M. Trevelyan: A Life in History* (London: Harper Collins, 1992), 85; G. M. Trevelyan, *The English Revolution, 1688–89* (1938; reprinted., Oxford: Oxford University Press, 1965), 3–5, 129.

33. 最近有两位学者打破了这一惯例,他们将1688年至1689年发生的事件视为一场革命:Melinda S. Zook, *Radical Whigs and Conspiratorial Politics in Late Stuart England* (University Park: Pennsylvania State University Press, 1999), xv; and Tim Harris, *Revolution: The Great Crisis of the British Monarchy, 1685–1720* (London: Allen Lane, 2006), 15。但在两种情况下,研究重点都在于詹姆斯二世被推翻,而非革命的后果。祖克研究的是激进的宪法论者,哈里斯的研究时段则是1690—1691年。两人都未关注社会经济或对外政治方面的后果。

34. J. R. Jones, "The Revolution in Context," in *Liberty Secured?* ed. Jones, 12; John Morrill, "The Sensible Revolution," in *The Anglo-Dutch Moment: Essays on the Glorious Revolution and Its World Impact,* ed. Jonathan Israel (Cambridge: Cambridge University Press, 1991), 103; Jonathan Scott, *Algernon Sidney and the Restoration Crisis, 1677–*

1683 (Cambridge: Cambridge University Press, 1991), 27; Hugh Trevor-Roper, *Counter-Reformation to Glorious Revolution* (Chicago: University of Chicago Press, 1992), 246. 还可参见 Eveline Cruickshanks, *The Glorious Revolution* (Basingstoke: Macmillan, 2000), 18–19; and Lionel K. J. Glassey, "Introduction," in *The Reigns of Charles II and James VII and II,* ed. Glassey (New York: St. Martin's, 1997), 9。

35. Dale Hoak, "The Anglo-Dutch Revolution of 1689," in *The World of William and Mary,* ed. Hoak and Mordechai Feingold (Stanford, CA: Stanford University Press, 1996), 26; David H. Hosford, *Nottingham, Nobles, and the North: Aspects of the Revolution of 1688* (Hamden, CT: Archon, 1976), 120; John Pocock, "The Machiavellian Moment Revisited: A Study in History and Ideology," *Journal of Modern History* 53, no. 1 (1981): 60; Mark Goldie, "The Political Thought of the Anglican Revolution," in *The Revolutions of 1688,* ed. Robert Beddard (Oxford: Clarendon Press, 1991), 104. 其他人则强调了"革命性意识形态"的缺乏，以及约翰·洛克的思想相对不那么重要：J. R. Western, *Monarchy and Revolution: The English State in the 1680s* (London: Blandford, 1972), 283; Cruickshanks, *Glorious Revolution,* 37; J. P. Kenyon, *Revolution Principles: The Politics of Party, 1689–1720* (Cambridge: Cambridge University Press, 1977), 61; Gerald M. Straka, *Anglican Reaction to the Revolution of 1688* (Madison: State Historical Society of Wisconsin, 1962), viii–ix。

36. Western, *Monarchy and Revolution,* 1; Robert Beddard, *Kingdom without a King: The Journal of the Provisional Government in the Revolution of 1688* (Oxford: Phaidon, 1988), 11; W. A. Speck, *Reluctant Revolutionaries: Englishmen and the Revolution of 1688* (Oxford: Oxford University Press, 1988), 242; Jack A. Goldstone, *Revolution and Rebellion in the Early Modern World* (Berkeley: University of California Press, 1991), 318. J. C. D. 克拉克认为当时并未发生社会革命，他坚持认为 1688 年之后王权实际上得到了加强：Clark, *Revolution and Rebellion: State and Society in the Seventeenth and Eighteenth Centuries* (Cambridge: Cambridge University Press, 1986), 89。

37. Howard Nenner, "Introduction," in *Politics and the Political Imagination in Later Stuart Britain,* ed. Nenner (Rochester, NY: University of Rochester Press, 1997), 1; Dickinson, "Eighteenth-Century Debate," 29; Wilson, "Dissident Legacy," 299.

38. Auberon Waugh, *Independent,* 2 April 1988, HLRO, WMT/22/Pt. 2; Tony Benn, 7 July 1988, *Hansards,* 1234, HLRO, WMT/22/Pt. 1; Sir Bernard Braine, 7 July 1988, *Hansards,* 1234, HLRO, WMT/22/Pt. 1. See the also *Times,* 18 July 1988, HLRO, WMT/22/Pt. 1; and John Crosland in the *Times,* 7 November 1988, HLRO, WMT/22/Pt. 2. 杰弗里·豪爵士似乎也表达了类似的观点，不过这很可能是为了争取荷兰为三百周年庆典提供资金而做出的一种策略性评估：Sir Geoffrey Howe to Sir Charles Troughton, 17 December 1984, HLRO, WMT/1/Pt. 2。

39. Charles Wilson to Barry Price, 28 March 1988, HLRO, WMT/12/Pt. 2; Noel Annan, "Glorious It Was for British Liberties," *Times,* 22 August 1986, HLRO, WMT/12/Pt. 1; Sir Bernard Braine, 7 July 1988, *Hansards,* 1234, HLRO, WMT/22/Pt. 1; Address by Lord Hailsham, Banqueting House, 29 June 1988, HLRO, WMT/12/Pt. 2; Margaret Thatcher, 7 July 1988, *Hansards,* 1230, HLRO, WMT/22/Pt. 1. 利物浦的工党议员埃里克·赫弗认为："这既不光荣，也不是一场革命。这算不上革命，因为真正的革

命早已发生。" Heffer, 7 July 1988, *Hansards,* 1242, HLRO, WMT/22/ Pt. 1. 亨利·罗斯维亚尔是历史学家委员会咨询的唯一持不同意见者。他抱怨说，这种"对'议会独占了整个舞台'的强调过于狭窄，而且可能不符合历史事实"。Roseveare to Charles Wilson, 5 January 1987, HLRO, WMT/12/Pt. 1. 美国革命的纪念活动彰显了其在政治方面的伟大成就：Joint Resolution of the 99th Congress of the United States, 2nd Sess., 23 August 1986, HLRO, WMT/25; Speech of Senator John Warner, 25 June 1986, HLRO, WMT/25. 华纳参议员长期以来一直对罗纳德·里根总统迟迟不签署这项联合决议感到沮丧。

40. 在这一点上，我不同意 Mark Knights, "The Tory Interpretation of History in the Rage of Parties," in *The Uses of History in Early Modern England,* ed. Paulina Kewes (San Marino, CA: Huntington Library, 2006), 349. 奈茨说得没错，即"整个早期现代时期的历史学家"都宣称要"摒弃辉格式方法论和辉格式解读"。但事实上，大多数历史学家和公共知识分子对于 1688—1689 年的革命都提出了"辉格式结论"。

第二章　重思革命

1. Gilbert Burnet, *The History of the Reformation of the Church of England; First Part,* 2nd ed. (London: T. H. for Richard Chiswell, 1681), sig. (b)r ; Alexis de Tocqueville, *The Old Regime and the French Revolution,* trans. Stuart Gilbert (New York: Anchor, 1983), 5; Theda Skocpol, *States and Social Revolutions: A Comparative Analysis of France, Russia, and China* (New York: Cambridge University Press, 1979), 8.

2. Samuel P. Huntington, *Political Order in Changing Societies* (New Haven: Yale University Press, 1968), 264. 尽管我认同查尔斯·蒂利对亨廷顿论述中因果分析的担忧，但他断言，按照亨廷顿的定义"人们或许有理由认为从未发生过任何革命"，我认为这种说法有些无理取闹：Tilly, "Does Modernization Breed Revolution?" *Comparative Politics* 5, no. 3 (1973): 433. 亨廷顿的定义与托马斯·潘恩所提出的定义相去不远：参见 Paine, *Rights of Man; Part the Second,* 2nd ed. (London, 1792), 5; Jeff Goodwin, *No Other Way Out: States and Revolutionary Movements, 1945–1991* (Cambridge: Cambridge University Press, 2001), 4; Isaac Kramnick, "Reflections on Revolution," *History and Theory* 11, no. 1 (1972): 31; Richard Price, *Observations on the Importance of the American Revolution* (London, 1784), 2; Guy Miege, *The New State of England under Their Majesties K. William and Q. Mary,* 2 vols. (London: H. C. for Jonathan Robinson, 1691), sig. A2r ; 类似评论参见 John Evelyn to John Evelyn Jr., 18 December 1688, British Library, Evelyn Papers, JEJ 1; John Aubrey, *The Natural History and Antiquities of the County of Surrey,* 4 vols. ([1673–92]; London: E. Curll, 1719), 3:17; and Thomas Story, *A Journal of the Life of Thomas Story* (Newcastle-upon-Tyne: Isaac Thompson, 1747), 10。

3. Skocpol, *States and Social Revolutions,* 4. 关于这场革命的经典社会学解读来自 Georges Lefebvre, *The Coming of the French Revolution, 1789,* trans. R. R. Palmer (Princeton, NJ: Princeton University Press, 1947); and by Albert Soboul, *The French Revolution, 1787–1799: From the Storming of the Bastille to Napoleon,* trans. Alan Forrest and Colin

Jones (New York: Vintage, 1975)。关于当前的状况，参见 James Livesey, *Making Democracy in the French Revolution* (Cambridge, MA: Harvard University Press, 2001), 3–14; Steven Laurence Kaplan, *Farewell, Revolution: The Historians' Feud, France, 1789/1989* (Ithaca, NY: Cornell University Press, 1995), esp. 99–108; and Rebecca Spang, "Paradigms and Paranoia: How Modern Is the French Revolution?" *American Historical Review* 108, no. 1 (2003): esp. 120–24。对阶级斗争解读发起攻击的首轮炮火之一，是由英国的一位学者打响的，即 Colin Lucas, "Nobles, Bourgeois and the Origins of the French Revolution," *Past and Present* 60 (August 1973): 84–126。基于阶级的对法国大革命的解读正开始重新出现；参见 John Markoff, *The Abolition of Feudalism: Peasants, Lords, and Legislators in the French Revolution* (University Park: Pennsylvania State University Press, 1996); and Henry Heller, *The Bourgeois Revolution in France, 1789–1815* (New York: Berghahn, 2006)。

4. Skocpol, *States and Social Revolutions,* 4; John Foran, *Taking Power: The Origins of Third World Revolutions* (Cambridge: Cambridge University Press, 2005), 8; Hannah Arendt, *On Revolution* (London: Penguin Books, 1963), 64. 我的观点是，这种分析太过狭隘，更多地反映了学者的政治偏好，而非革命的本质。在革命中，社会结构总是会发生巨大的变化。但社会结构的重塑方式多种多样。一个统治阶级被另一个统治阶级取代只是众多可能性中的一小部分。

5. Huntington, *Political Order in Changing Societies,* 264–74; Tilly, "Does Modernization Breed Revolution?" 435. 对于一个更早的现代化故事，参见 Chalmers Johnson, *Revolutionary Change* (Boston: Little, Brown, 1966), 61–62。关于更广泛的现代化故事系列的描述，请参阅 Goodwin, *No Other Way Out,* 17。

6. Skocpol, *States and Social Revolutions,* 13, 19, 23, 47.

7. Skocpol, *States and Social Revolutions,* 24. Goodwin, *No Other Way Out,* 19–20 也强调了我的观点。

8. Huntington, *Political Order in Changing Societies,* 275; Skocpol, *States and Social Revolutions,* 5.

9. Jack A. Goldstone, *Revolution and Rebellion in the Early Modern World* (Berkeley: University of California Press, 1991), xxiv, 27, 37.

10. Goldstone, *Revolution and Rebellion,* xxv, 3.

11. Goldstone, *Revolution and Rebellion,* 318. 斯考切波认为这场革命是"政治革命"。Skocpol, *States and Social Revolutions,* 141, 144, 294. Karl Marx, "The East India Company," in Karl Marx, *Surveys from Exile: Political Writings,* vol. 2, ed. David Fernbach (London: Penguin, 1973), 308; Sir William Blackstone, *Commentaries on the Laws of England,* 4 vols. (Oxford: Clarendon Press, 1765–69), 1:397–98, 4:435.

12. Jonathan I. Israel, *The Dutch Republic: Its Rise, Greatness and Fall, 1477–1806* (Oxford: Clarendon Press, 1995), 796–806; Pieter Geyl, *Orange and Stuart, 1641–1672,* trans. Arnold Pomerans (New York: Charles Scribner's Sons, 1939), 345–400; Herbert H. Rowen, *John de Witt, Grand Pensionary of Holland, 1625–1672* (Princeton, NJ: Princeton University Press, 1978), 840–84.

13. Knud Jespersen, *History of Denmark,* trans. Ivan Hill (Houndmills: Palgrave, 1994), 40–46. Contemporaries made the same point. See Robert Molesworth, *Account of*

Denmark (London: Timothy Goodwin, 1692).

14. A. F. Upton, *Charles XI and Swedish Absolutism, 1660–1697* (Cambridge: Cambridge University Press, 1998), 10, 31–89; Michael Roberts, *Essays in Swedish History* (London: Weidenfeld and Nicolson, 1967), 230, 233, 247–49.

15. John Lynch, *Bourbon Spain, 1700–1808* (Oxford: Basil Blackwell, 1989), 37, 60.

16. 在第三章中，我探讨了 17 世纪后期英格兰所经历的社会经济现代化。这种现代化对于支撑詹姆斯二世在第六章中所描述的国家现代化计划是必不可少的。

17. Tilly, "Does Modernization Breed Revolution?" 432, 447. 应当指出的是，斯考切波声称她的主张与蒂利的观点具有根本的一致性，因为他们都相信"在革命中，广大的下层阶级参与者若没有自主的集体组织和资源来支撑其努力，就无法将不满转化为有效的政治行动。" Theda Skocpol, *Social Revolutions in the Modern World* (Cambridge: Cambridge University Press, 1994), 241. 然而，蒂利在这篇文章中所提出的证据似乎比斯考切波所承认的更深刻地提出了有关阶级定义与革命之间关系的根本问题。

18. Tocqueville, *Old Regime*, viii–ix, 32, 57–58, 60, 171, 176–79, 188, 193–94, 201. 这一点得到了海勒的承认，他是当代对法国大革命的社会解释最敏锐的捍卫者。他指出，问题在于"自上而下的改革尝试过于优柔寡断，无法避免最终的经济危机和金融破产"。Heller, *Bourgeois Revolution*, 67. Recent scholarship has detailed Louis XVI's commitment to state modernization: see Gail Bossenga, *The Politics of Privilege: Old Regime and Revolution in Lille* (Cambridge: Cambridge University Press, 1991); Michael Kwass, *Privilege and the Politics of Taxation in Eighteenth-Century France* (Cambridge: Cambridge University Press, 2000); and Stephen Miller, *State and Society in Eighteenth-Century France* (Washington, DC: Catholic University of America Press, 2008), 101–40.

19. 这方面的证据将在接下来的章节中提出。

20. Friedrich Katz, "Mexico: Restored Republic and Porfiriato, 1867–1910," in *Cambridge History of Latin America,* vol. 5, ed. Leslie Bethell (Cambridge: Cambridge University Press, 1986), 35, 38, 56, 64; Alan Knight, *The Mexican Revolution,* vol. 1 (Cambridge: Cambridge University Press, 1986), 15, 18, 23.

21. Nader Sohrabi, "Historicizing Revolutions," *American Journal of Sociology* 100 (1995): 1392.

22. Sheila Fitzpatrick, *The Russian Revolution* (Oxford: Oxford University Press, 1982), 15–16, 31–36.

23. Hamdan Nezir Akmese, *The Birth of Modern Turkey* (London: I. B. Tauris, 2005), 19–21; Sohrabi, "Historicizing Revolutions," 1391.

24. Jonathan D. Spence, *The Gate of Heavenly Peace: The Chinese and Their Revolution, 1895–1980* (London: Penguin, 1982), 90–91; Michael Gasster, "Reform and Revolution in China's Political Modernization," in *China's Revolution,* ed. Mary Claburgh Wright (New Haven: Yale University Press, 1968), 75, 81. 斯考切波也提出了这一点。Skocpol, *States and Social Revolutions,* 77.

25. Said Amir Arjomand, *The Turban for the Crown: The Islamic Revolution in Iran* (Oxford: Oxford University Press, 1988), 191, 194, 206–7; G. Hassein Razi, "The Nexus of Legitimacy and Performance: The Lessons of the Iranian Revolution," *Comparative*

Politics 19, no. 4 (1987): 454–56; 阿里·沙里亚蒂被称为"起义的思想家"，他将"伊斯兰教与现代思想相融合"。Nikki R. Keddie, *Modern Iran: Roots and Results of Revolution,* rev. ed. (New Haven and London: Yale University Press, 2003), 200, 227. 阿乔曼德强调了伊朗革命的一些现代元素，包括建立议会、对技术的"浓厚兴趣"，以及"致力于农村发展和改善农民的境遇"。斯考切波已承认，伊朗革命对她的解释构成了一些根本性的问题。Skocpol, "Rentier State and Shi'a Islam in the Iranian Revolution," in Skocpol, *Social Revolutions in the Modern World,* 240–43, 245–47.

26. Jorge I. Domínguez, "The Batista Regime in Cuba," in *Sultanistic Regimes,* ed. H. E. Chehabi and Juan J. Linz (Baltimore: Johns Hopkins University Press, 1998), 125; James O'Connor, *The Origins of Socialism in Cuba* (Ithaca, NY: Cornell University Press, 1970), 29; Foran, *Taking Power,* 60.

27. Carles Boix, *Democracy and Redistribution* (Cambridge: Cambridge University Press, 2003), 28.

28. Huntington, *Political Order in Changing Societies,* 275; Skocpol, *Social Revolutions in the Modern World,* 241; Goodwin, *No Other Way Out,* 26.

29. 关于 17 世纪法国绝对主义的本质一直存在诸多争议，但大多数评论家都认为路易十四极大地增强了法国的国家权力。参见 James B. Collins, *The State in Early Modern France* (Cambridge: Cambridge University Press, 1995), 79–124; and David Parker, *The Making of French Absolutism* (London: Edward Arnold, 1983), 118–36。

30. Thomas M. Huber, *The Revolutionary Origins of Modern Japan* (Stanford, CA: Stanford University Press, 1981), 1; W. G. Beasley, *The Rise of Modern Japan* (London: Weidenfeld and Nicolson, 1990), 54–69; E. H. Norman, *Origins of the Modern Japanese State* (New York: Pantheon, 1975), 114–15. 胡贝尔将明治维新描述为一场由服务于政府的知识分子发动的革命（service revolution）。然而，正如比斯利所指出的，明治维新未能达到通常意义上的革命标准。没有大规模的民众运动；也没有新的时间观念。民众的争论并非围绕建立新的政治秩序展开。在我看来，明治维新是彻底的国家现代化的一个典型范例。

31. Boix, *Democracy and Redistribution,* 93.

32. Peter Burke, *The Fabrication of Louis XIV* (New Haven and London: Yale University Press, 1992).

33. Barrington Moore Jr., *Social Origins of Dictatorship and Democracy: Lord and Peasant in the Making of the Modern World* (Boston: Beacon, 1966), 3–155, 413, 418, 433.

34. 博伊克斯对摩尔的论点进行了修正，区分了弱工业化国家和强工业化国家的政治结果。Boix, *Democracy and Distribution,* 40. 尽管我觉得博伊克斯的论点在分析上更令人满意，而且我也认同他重振现代化理论家所提出问题的热情，但他所探讨的问题本质上比我所探讨的要广泛得多。他探讨的是"民主转型"；而我则更狭隘地追问为何有些革命催生了更民主的政权，而有些革命催生的却是更专制的政权。

35. Arendt, *On Revolution,* 215.

36. Arendt, *On Revolution,* 25, 92.

37. Moore, *Social Origins of Dictatorship and Democracy,* 414; Arendt, *On Revolution,* 23; Steven Pincus, "Whigs, Political Economy, and the Revolution of 1688–89," in *"Cultures of*

Whiggism:" New Essays on English Literature and Culture in the Long Eighteenth Century, ed. David Womersley (Newark: University of Delaware Press, 2005); T. H. Breen, *The Marketplace of Revolution: How Consumer Politics Shaped American Independence* (Oxford: Oxford University Press, 2004), xvi–xviii.

38. Tocqueville, *Old Regime,* 12–13. 马丁·马利亚还指出，"千禧年主义的冲动对于推动最初的革命突破是必要的"。Martin Malia, *History's Locomotives: Revolutions and the Making of the Modern World* (New Haven and London: Yale University Press, 2006), 58.

39. 第一种路径的开创者是 Thomas Paine, *The Decline and Fall of the English System of Finance,* 2nd American ed. (New York, 1796), 33。其在 Foran, *Taking Power,* 18 中得到延续。对第二类文献的总结和批判性评述出自 Lawrence Stone, "Theories of Revolution," *World Politics* 18, no. 2 (1966): 164ff。

40. Crane Brinton, *The Anatomy of Revolution,* rev. ed. (New York: Vintage, 1965), 39; Fiztpatrick, *Russian Revolution,* 16.

第三章 变成荷兰：1685 年的英格兰社会

1. 托马斯·马谢尔就是其中一个抱怨卡姆登依据权威来描述各个郡的人：Thomas Machell, Westmoreland, Cumbria SRO, Carlisle, D&C Machell MSS, 1:47; Edmund Gibson to Dr. Charlett, 31 March 1694, Bodleian, Ballard MSS 5, fol. 23r. 修订斯托著作的计划正在有条不紊地进行：Gibson to Charlett, 4 June, 4 August 1694, Bodleian, Ballard MSS 5, fols. 44r, 60v; Edmund Gibson, *Camden's Britannia* (London: F. Collins for A. Swalle and A. and J. Churchill, 1695), sig. [A2r].

2. Thomas Babington Macaulay, *The History of England from the Accession of James II,* 5 vols. (New York: Harper and Brothers, 1849–61), 1:260, 262, 265 299–300, 333, 346, 352. 麦考莱认为，"过去相隔两地的人们进行通信的方式可能会招致当今这一代人的嘲笑"：*History,* 359.

3. 正如以下几页所阐明的那样，社会史学家描绘了一幅不同的图景。然而，社会史学家也有自身的不足之处。最显著的是，绝大多数社会史要么止于 1640 年，要么始于 1700 年，大概是为了分别解释英国内战的爆发或工业革命的开端。这种假设的问题在下文会进一步阐明。其他人也注意到了同样的问题：David Hey, *The Fiery Blades of Hallamshire: Sheffield and Its Neighbourhood, 1660–1740* (Leicester: Leicester University Press, 1991), 1; D. C. Coleman, *Economy of England, 1450–1750* (Oxford: Oxford University Press, 1977), 158. This group of political historians includes W. A. Speck, J. R. Jones, Eveline Cruickshanks, G. M. Trevelyan, and John Miller。

4. J. C. D. Clark, *English Society, 1660–1832,* 2nd ed. (Cambridge: Cambridge University Press, 2000), 15, 446, 452. 这与麦考莱的观点非常相似，他认为"在我们自己的国家，至少六百年来，国民财富几乎一直在持续增长"。Macaulay, *History,* 1:261. Jonathan Scott, *Algernon Sidney and the Restoration Crisis, 1677–1683* (Cambridge: Cambridge University Press, 1991), 6.

5. Jan de Vries and Ad van der Woude, *The First Modern Economy: Success, Failure, and*

Perseverance of the Dutch Economy, 1500–1815 (Cambridge: Cambridge University Press, 1997), 693.

6．印刷小册子文献中的例子不胜枚举。纽卡斯尔的大商人安布罗斯·巴恩斯对所有这些话题都进行了广泛的评论。W. H. D. Longstaffe, ed., *Memoirs of the Life of Mr. Ambrose Barnes . . .*, Publications of the Surtees Society, vol. 50 (Durham: Published for the Society, 1867), 46–48, 213 (hereafter cited as *Memoirs of Barnes*)。伦敦的非国教徒罗杰·莫里斯收藏了一批有关比较政治经济学的小册子，参见 "A Catalogue of Roger Morrice's Books," DWL, 31 M, 14 May 1697, unfolioed。约翰·伊夫林在其打算撰写的有关第三次英荷战争的历史著作的引言中，明确地以比较的方式进做了阐述。John Evelyn, *Navigation and Commerce* (London: Benj. Tooke, 1674), esp. 7–8. John Houghton, "A Proposal for Improvement of Husbandry and Trade," BL, Sloane 2903, fol. 164v.

7．"An Essay on the Interest of the Crown in American Plantations and Trade," 1685, BL, Add. 47131, fol. 22. 对于西班牙衰落的一些并非完全一致的解释，参见 William Garroway, 15 November 1667, Grey, 1:40; Evelyn, *Navigation and Commerce,* 6–7, 15; P. B., *The Means to Free Europe from the French Usurpation* (London: R. Bently, 1689), 99; *A Discourse of the Necessity of Encouraging Mechanick Industry* (London: Richard Chiswell, 1690), 9–10; John Cary, *An Essay on the State of England in Relation to Its Trade* (London: Sam. Crouch, 1695), sig. [A5v]; *The Irregular and Disorderly State of the Plantation Trade* [London, 1695?], [1]。还可参见 Matthew Wren, *Monarchy Asserted* (Oxford: F. Bowman, 1659), 30; John Houghton, *England's Great Happiness* (London: J. M. for Edward Croft, 1677), 8; and the instant classic Sir William Temple, *Observations upon the United Provinces of the Netherlands* (London: Sa. Gellibrand, 1673)。关于荷兰人在英国经济思想中的一般意义，参见 Joyce Oldham Appleby, *Economic Thought and Ideology in Seventeenth-Century England* (Princeton, NJ: Princeton University Press, 1978), 73–98。

8．Guy Miege, *The New State of England under Their Majesties K. William and Q. Mary,* 2 vols. (London: H. C. for Jonathan Robinson, 1691), 1:110, 158. Part 1 of this text was based on travels Miege took in the 1680s. Gibson, *Camden's Britannia,* 439; Thomas Baskerville, "London and Dover Journey," HMC *Portland,* 2:280; Robert Lord Wenlock, ed., *Lorenzo Magalotti: Travels of Cosmo the Third* (London: J. Mawman, 1821), 11 April 1665, 147 (hereafter cited as *Magalotti: Travels*); Andrew Yarranton, *England's Improvement by Sea and Land* (London: R. Everingham, 1677), 48–49.

9．C. G. A. Clay, *Economic Expansion and Social Change: England, 1500–1700,* 2 vols. (Cambridge: Cambridge University Press, 1984), 1:60, 165, 2:102; Sir William Coventry, 27 February 1668, Grey, 1:97; Gibson, *Camden's Britannia,* 411–12, 509; Yarranton, *England's Improvement,* 50; Houghton, *England's Great Happiness,* 11–12; Evelyn, *Diary,* 30 August 1654, 1:135; John Edward Jackson, ed., *Wiltshire: The Topographical Collections of John Aubrey* [c. 1670] (Devizes: Wiltshire Archaeological and Natural History Society, 1862), 9–11; Carole Shammas, *The Pre-Industrial Consumer in England and America* (Oxford: Clarendon Press, 1990), 2, 17, 28; de Vries and van der Woude, *First Modern Economy,* 695; 我感谢凯瑟琳·康森为我提供美国的统计

数据，这些数据是基于 US Bureau of the Census, *Historical Statistics of the United States* (Washington, DC: GPO, 1960) 中的材料得出的。

10. Clay, *Economic Expansion*, 2:3, 80. 关于 17 世纪后期的评估和比较，参见 Jacob M. Price, *Overseas Trade and Traders* (Aldershot: Variorum, 1996), 106; John M. Hatcher, *Before 1700: Towards the Age of Coal* (Oxford: Clarendon Press, 1993), 419; and Coleman, *Economy of England*, 159。

11. Clay, *Economic Expansion*, 1:194, 2:99. 我将在下面讨论几个例子。关于皮克山区，参见 Andy Wood, *The Politics of Social Conflict* (Cambridge: Cambridge University Press, 1999), 93, 97–98；关于哈勒姆郡，见 Hey, *Fiery Blades*, 1；关于伯明翰，见 ,William Hutton, *An History of Birmingham*, 2nd ed. (Birmingham: Pearson and Rollason, 1783), 19。我对区域经济的看法受到以下作品的影响：Pat Hudson, "The Regional Perspective," in *Regions and Industries: A Perspective on the Industrial Revolution in Britain*, ed. Pat Hudson (Cambridge: Cambridge University Press, 1989), 5–38。

12. Miege, *New State of England*, 1:18–19, 2:7; Clay, *Economic Expansion*, 2:44; Coleman, *Economy of England*, 160.

13. John Joliffe, 18 November 1670, Grey, 1:292–93; *Reasons Humbly Offered to the Honourable House of Commons Why No Farther Duty or Excise Be Laid upon Wines* [1690s], [1]; *The Trade between England and Italy Truly Stated* [1690s], [1]; Shammas, *Pre-Industrial Consumer*, 96.

14. Clay, *Economic Expansion*, 2:15–16; Petition of the Clothiers of the City of Coventry, 7 May 1686, NA, SP 31/5, fol. 48r; Privy Council Minutes, 7 May 1686, NA, PC 2/71, fol. 137r. 这一评估与 Yarranton, *England's Improvement*, 55, 100 中的观点相呼应；Paul Slack, "Poverty and Politics in Salisbury, 1597–1666," in *Crisis and Order in English Towns, 1500–1700*, ed. Peter Clark and Paul Slack (Toronto: University of Toronto Press, 1972), 170–71; Peter Clark and Paul Slack, *English Towns in Transition, 1500–1700* (Oxford: Oxford University Press, 1976), 102–3; Miege, *New State of England*, 1:206; Gibson, *Camden's Britannia*, 152; Eric Kerridge, *Textile Manufactures in Early Modern England* (Manchester: Manchester University Press, 1985), 241。

15. Narcissus Luttrell, "Travells," 3 July–21 September 1678, Beinecke, OSB Shelves b.314, 63; Miege, *New State of England*, 1:81, 157, 192–93; Clay, *Economic Expansion*, 2:17–18; *Magalotti: Travels*, 6–7 April 1669, 128, 132–33; Luttrell, "Travells," 1677, fol. ev; Maurice Exwood and H. L. Lehmann, eds., *The Journal of William Schellinks' Travels in England, 1661–1663*, Camden 5th Ser., vol. 1 (London: Royal Historical Society, 1993), 18 July 1661, 25 July 1662, 33, 111 (hereafter cited as *Journal of Schellinks*); Henri Misson, *M. Misson's Memoirs and Observations in His Travels over England*, trans. John Ozell (London: D. Browne et al., 1719), 77; 米松的观察是基于他在 17 世纪 80 年代末和 90 年代初在英格兰的旅行；Luttrell, "Travells," 22 July–22 August 1679, 156; Thomas Baskerville, "Journeys," HMC *Portland*, 2:270; *Reasons Humbly Offered to the Honourable House of Commons, by the Clothiers of Essex* [1690s], [1]; Baskerville, "Journey to Essex," 1662, HMC *Portland*, 2:283. 新的窗帘布料在 16 世纪末首先出现在英格兰东部和东南部：Keith Wrightson, *Earthly Necessities: Economic Lives in Early Modern Britain* (New Haven and London: Yale University Press, 2000), 166–67; Clark

and Slack, *English Towns,* 86–87; Peter Clark and Paul Slack, "Introduction," in *Crisis and Order,* ed. Clark and Slack, 32; Ralph Thoresby, *Ducatus Leodiensis* (London: Maurice Atkins, 1715), vi. 17 世纪 80 年代，托雷斯比开始研究利兹的历史，他在更早的时候就注意到了家乡的服装特点：Thoresby, *Diary,* 17 October 1680, 1:66; John Smail, *The Origins of Middle-Class Culture* (Ithaca, NY: Cornell University Press, 1994), 22–23。

16. Ralph Thoresby, "Autobiography," W YAS, Thoresby MSS 26, 64; Miege, *New State of England,* 1:48, 127, 237–38; Gibson, *Camden's Britannia,* 798–99. 据说 1650 年曼彻斯特教区有两万七千名领圣餐者：Clark and Slack, "Introduction," 30; John K. Walton, "Proto-Industrialisation and the First Industrial Revolution," in *Regions and Industries,* ed. Hudson, 46, 59; Sir Daniel Fleming, Lancashire, 1674, Cumbria SRO, Carlisle, D/Lons/L12/2/18, fols. 2, 12r; Clay, *Economic Expansion,* 2:38; Thoresby, *Diary,* 19 September 1694, 1:266; The Case concerning the General Sessions in Westmoreland, ca. 1680s, Cumbria SRO, Kendal, WD/RY, Box 35; Machell, Westmoreland, 2:27; Roger North, *Lives,* ed. Augustus Jessopp (London: George Bell and Sons, 1890), 1:183; Fleming, Westmoreland, Cumbria SRO, Kendal, WD/Cr/11/65, 4–5; C. B. Phillips, "Town and Country: Economic Change in Kendal, c. 1550–1700," in *The Transformation of English Provincial Towns, 1600–1800,* ed. Peter Clark (London: Hutchinson, 1984), 115–17。

17. Kerridge, *Textile Manufactures,* 67; Luttrell, "Travells," 22 July–22 August 1679, 189; Baskerville, "London and Dover Journey," 2:281; Miege, *New State of England,* 1:153; *Journal of Schellinks,* 12 October 1662, 160; Bonrepaus (London) to Seignelay, 1/11 February 1686, NA, PRO 31/3/164, fols. 39–40; Misson, *Memoirs,* 182.

18. William Grey, *Chorographia, or a Survey of Newcastle-upon-Tyne* (Newcastle: S. B., 1649), 34, 37; Hatcher, *Before 1700,* 68, 480–90; David Levine and Keith Wrightson, *The Making of an Industrial Society: Whickham, 1560–1765* (Oxford: Clarendon Press, 1991), 4–5; J. U. Nef, *The Rise of the British Coal Industry,* vol. 1 (Hamden, Conn.: Archon Books, 1966), 19–20; Catherine Glover and Philip Riden, eds., *William Woolley's History of Derbyshire* Derbyshire Record Society, 6 (1981), 46 (hereafter cited as *Woolley's History of Derbyshire*); Luttrell, "Travells," 3 July–21 September 1678, 56; Gibson, *Camden's Britannia,* 82–248; Machell, Westmoreland, 1:67; Colonel Birch, 14 March 1670, Grey, 1:232. 麦考莱笔下的那个野蛮的西北地区，煤炭产量似乎增长了十倍。Miege, *New State of England,* 1:20, 75, 77–78, 164–68; Misson, *Memoirs,* 192–93; John Conyers, Northern Journey, 11 September 1676, Essex SRO, D/DW Z6/2, 18–19; Thoresby, *Diary,* 11 November 1682, 1:141; Evelyn, *Diary,* 10 September 1677, 4:115–16; Richard Colman, 13 April 1671, Grey, 1:443. King's Lynn also benefited from transporting coal: *Journal of Schellinks,* 7 October 1662, 154; Craig Muldrew, *The Economy of Obligation* (New York: St. Martin's Press, 1998), 18–19.

19. John Evelyn, "A Character of England," 1659, in *The Writings of John Evelyn,* ed. Guy de la Bedoyere (Woodbridge: Boydell, 1995), 82; Evelyn, "Fumifugium," 1661, in *Writings of Evelyn,* ed. de la Bedoyere, 137; Evelyn, *Diary,* 28 May 1684, 4:380; Memoire de M. Robert, 27 December/6 January 1685/86, fol. 81r; Misson, *Memoirs,* 37–

38, 81; Miege, *New State of England*, 1:33–34.

20. W. H. B. Court, *The Rise of the Midland Industries, 1600–1838* (Oxford: Oxford University Press, 1938), 69; Hatcher, *Before 1700*, 450. 这标志着对 J.U. 奈夫所定年代的微小修正。Clay, *Economic Expansion*, 2:48.

21. Clay, *Economic Expansion*, 2:57–58; Wood, *Politics of Social Conflict*, 89, 99; Gibson, *Camden's Britannia*, 78, 782–83; Miege, *New State of England*, 1:20, 47, 54–55, 188; Luttrell, "Travells," 3 July–21 September 1678, 55–56; *Journal of Schellinks*, 22 July 1662, 108; Thoresby, "Autobiography," 46; Thoresby, *Diary*, 20 July 1681, 1:91; Evelyn, *Diary*, 8 July 1685, 4:451–52; *Woolley's History of Derbyshire*, 8, 24, 176–77, 196. Woolley 的历史著作尤为珍贵，因为他曾在伦敦做铅商发家致富，之后才回到故乡德比郡撰写这部历史著作。

22. Clay, *Economic Expansion*, 2:58–59; Luttrell, "Travells," fols. Zv, aar; Miege, *New State of England*, 1:41; *Magalotti: Travels*, 3 April 1669, 119; *Journal of Schellinks*, 14 August 1662, 119–20.

23. Thomas Baskerville, "Journey to the North," HMC *Portland*, 2:309; Conyers, Northern Journey, 19 September 1676, 25; Luttrell, "Travells," 18 August–25 September 1680, 273; Baskerville, "Inland Towns," HMC *Portland*, 2:293–94; Thoresby, *Diary*, 20 September 1694, 1:269; Gibson, *Camden's Britannia*, 180, 245, 267, 509; Court, *Rise of Midland Industries*, 78; H. N., *The Compleat Tradesman* (London: John Dunton, 1684), 158; Gregory King, "Of the Naval Trade of England," 1688, in *Two Tracts by Gregory King*, ed. George E. Barnett (Baltimore: Johns Hopkins University Press, 1936), 69. 战后牛津郡森林的砍伐可能也是由铁矿产业的发展造成的：Robert Plot, *The Natural History of Oxfordshire* (Oxford: Theatre, 1677), 51; Yarranton, *England's Improvement*, 56, 58 (这并非亚兰顿的立场；他曾是迪恩森林的一位炼铁厂厂主); Miege, *New State of England*, 1:20, 85, 149.

24. Clay, *Economic Expansion*, 2:55; Price, *Overseas Trade*, 113; *The Case of the Company of Cutlers in Hallamshire* [ca. 1680], [1]; Hey, *Fiery Blades*, 61, 94, 184; Misson, *Memoirs*, 171; Miege, *New State of England*, 1:235, 262; Gibson, *Camden's Britannia*, 723 (section written by Ralph Thoresby); Thoresby, *Diary*, 19 July 1681, 1:88; Yarranton, *England's Improvement*, 57–58; Court, *Rise of Midland Industries*, 70–71, 77, 147; Marie B. Rowlands, *Masters and Men in the West Midland Metalware Trades before the Industrial Revolution* (Manchester: Manchester University Press, 1975), 13, 149.

25. Clay, *Economic Expansion*, 2:37; Eleanor S. Godfrey, "The Development of English Glassmaking, 1560–1640" (PhD diss., University of Chicago, 1957), 3, 320; *An Answer to the Insinuations and Suggestions of the Commissions for Receiving the Duties on Glass-Wares* [1690s], [1]; Evelyn, *Diary*, 18 September 1676, 4:98–99; Alberti to Inquisitors of State, 6 January 1673, CSPV, 2; Alberti to Doge and Senate, 21 April 1673, CSPV, 38–39; Alberti to Inquisitors of State, 15 September 1673, CSPV, 116; Alberti to Doge and Senate, 15 June, 6 July 1674, CSPV, 265, 272; Court, *Rise of Midland Industries*, 121; Gibson, *Camden's Britannia*, 523, 579; Luttrell, "Travells," 18 August–25 September 1680, 256, 272–73; Baskerville, "Inland Towns," 2:292, 294;

Grey, *Chorographia,* 40; Yarranton, *England's Improvement,* 156; Charles Palmer, *The Glass-Makers Case* [1690s], [1]; *The Allegations of the Glass-Makers Examined and Answered* [1690s], [1]; *The Case of the Working Glass-Makers in England* [1690s], [1]; Alberti to Doge and Senate, 23 February 1674, CSPV, 222–223; *The Miserable Case of the Glass-Makers, Considered* [1690s], [1–2]; *The Case of the Poor Work-Men Glass-Makers* [1690s], [1]; Houghton, *England's Great Happiness,* 5–6.

26. Plot, *Natural History of Oxfordshire,* 250–51; *The Case of the Journeymen Potmakers* [1690s], [1]; Robert Plot, *The Natural History of Stafford-Shire* (Oxford, 1686), 122, 128; Hatcher, *Before 1700,* 454; Lorna Weatherill, *The Pottery Trade and North Staffordshire, 1660–1760* (New York: Augustus M. Kelley, 1971), 1–9; *The Deplorable Case of the Journeymen Potmakers* [1690s], [1]; *Reasons Humbly Offered to the Honourable House of Commons for Encouraging of the English Manufactures of Earthen-Wares* [1690s], [1].

27. *An Answer to the Sugar-Bakers or Sugar-Refiners Paper* (London, 1695), 1; *Irregular and Disorderly State,* [2–3]; *A State of the Present Condition of the Island of Barbadoes* (London: Tho. Northcott, [1690s?]), 2; Hatcher, *Before 1700,* 447; *A Reply to a Paper Entitled An Answer to the Sugar-Refiners Paper* [1695], 1; *The Case of the Refiners of England* [1690s], [1]; Richard B. Sheridan, *Sugar and Slavery: An Economic History of the British West Indies, 1623–1775* (Baltimore: Johns Hopkins University Press, 1973), 395; John J. McCusker, *Rum and the American Revolution,* vol. 1 (New York: Garland, 1989), 42.

28. *Magalotti: Travels,* 4 May 1669, 197; Samuel Sorbiere, *A Voyage to England* (London: J. Woodward, 1709), 12 (Sorbiere traveled in 1664); Luttrell, "Travells," 3 July–21 September 1678, 49, 113, 115; Gibson to Charlett, 12 May 1694, Bodleian, Ballard MSS 5, fol. 35r; Gibson, *Camden's Britannia,* 132–33, 219, 229–30, 359; Clay, *Economic Expansion,* 1:197; David Harris Sacks and Michael Lynch, "Ports, 1540–1700," in *The Cambridge Urban History of Britain,* 3 vols., ed. Peter Clark (Cambridge: Cambridge University Press, 2000), 2:385–86; Clark and Slack, *English Towns,* 36–38; Thomas Baskerville, "Abingdon to Southampton," 1679, HMC *Portland,* 2:287; Memoire de M. Robert, 27 December/6 January 1685/86, fol. 94r; Miege, *New State of England,* 1:113–15; Baskerville, "London and Dover Journey," 2:276–78; Luttrell, "Travells," 30 April 1678, 36; *Journal of Schellinks,* 14 July 1661, 46; Luttrell, "Travells," 22 July–22 August 1679, 184–85; Sainte Marie to Denz., 2 May 1685, in Georges Roth, ed., *Un Voyageur Francais a Londres en 1685: M. de Sainte-Marie* (Paris: Didier, 1968), 16.

29. 我并未采用 J. U. 奈夫那著名且颇具争议的、"早期工业革命"的表述。不过，17世纪制造业的增长对英格兰而言，无论从绝对意义上还是相对其他欧洲国家而言，都具有变革性的影响，这一点应当是显而易见的。参见 Nef, *Rise of the British Coal Industry,* 165–89; Peter Earle, *The Making of the English Middle Class* (Berkeley: University of California Press, 1989), 18。我不同意 David Rollison, *The Local Origins of Modern Society: Gloucestershire, 1500–1800* (London: Routledge, 1992), 18 中给出的描述。

30. Clay, *Economic Expansion,* 1:165; John Langton, "Urban Growth and Economic

Change: From the Late Seventeenth Century to 1841," in *Cambridge Urban History,* ed. Clark, 2:462; William Petty estimated 33 percent: William Petty, "Essay about Analysis of Property," c. 1686, BL, Add. 72866, fol. 54r; de Vries and van der Woude, *First Modern Economy,* 60; US Bureau of the Census, *Historical Statistics of the United States* (Washington, DC: GPO, 1961), 14. 这些统计数据是基于人口达到 2500 人即为城市的定义得出的，得出的城市化率为 26%。保罗·格兰尼和伊恩·怀特采用大致相似的标准，认为 1700 年英格兰的城市化率为 30% 至 33%：Glennie and Whyte, "Towns in an Agrarian Economy, 1540–1700," in *Cambridge Urban History,* ed. Clark, 2:169; Peter Clark, "Introduction," in *Cambridge Urban History,* ed. Clark, 2:3. Even the Netherlands experienced deurbanization after 1675: de Vries and van der Woude, *First Modern Economy,* 60。

31. Jeremy Boulton, "London, 1540–1700," in *Cambridge Urban History,* ed. Clark, 2:316; Clay, *Economic Expansion,* 1:169–70. 同时代的印象：Sorbiere, *Voyage to England,* 13; Misson, *Memoirs,* 177; Sainte Marie to Denz., 8 May 1685, in Roth, ed., *Voyageur Francais,* 45; *Magalotti: Travels,* 11 May 1669, 395; Evelyn, *Diary,* 12 June 1684, 4:382; Gibson, *Camden's Britannia,* 331。

32. John Evelyn, *The State of France* (London: M. M., G. Bedell and T. Collins, 1652), 111–12; Miege, *New State of England,* 1:283–84, 332; Sainte Marie to Denz., 11 May 1685, in Roth, ed., *Voyageur Francais,* 69; Misson, *Memoirs,* 323; Petty, "Essay about Analysis of Property," fol. 53r. 另外参见 Thoresby, *Diary,* 22 February 1678, 1:12。

33. Clay, *Economic Expansion,* 1:169; Clark and Slack, *English Towns,* 38–40; Clark and Slack, "Introduction," 30; Paul Slack, "Great and Good Towns, 1540–1700," in *Cambridge Urban History,* ed. Clark, 2:351–352; Court, *Rise of Midland Industries,* 33, 47; Hutton, *History of Birmingham,* 41; Sacks and Lynch, "Ports, 1540–1700," 2:384; Fleming, Lancashire, 1674, fol. 9r; Thoresby, *Diary,* 8 June 1682, 1:124; Gibson, *Camden's Britannia,* 776, 797–798; Hey, *Fiery Blades,* 64, 304; Miege, *New State of England,* 1:264–65; Smail, *Origins of Middle-Class Culture,* 19–22; Conyers, Northern Journey, 28 August 1676, 6. 托雷斯比所著《利兹郡志》对利兹令人瞩目的发展提供了最为详尽的记述。关于因利兹崛起成为制造业重镇而引发的复杂政治问题的讨论，参见 Derek Hirst, "The Fracturing of the Cromwellian Alliance: Leeds and Adam Baynes," *English Historical Review* 108 (1993): 868–94。

34. *Memoirs of Barnes,* 90, 214; Sacks and Lynch, "Ports, 1540–1700," 2:384; Miege, *New State of England,* 1:167; Conyers, Northern Journey, 1 September 1676, 8; Gibson, *Camden's Britannia,* 871; Grey, *Chorographia,* 26; *Journal of Schellinks,* 11 October 1662, 158; Penelope Corfield, "A Provincial Capital in the Late Seventeenth Century: The Case of Norwich," in *Crisis and Order,* ed. Clark and Slack, 263–66; Baskerville, "Journeys," 2:268.

35. Sacks and Lynch, "Ports, 1540–1700," 2:384, 386, 404–5; Paul G. E. Clemens, "The Rise of Liverpool, 1665–1750," *Economic History Review,* n.s., 29, no. 2 (1976): 211–15; Gibson, *Camden's Britannia,* 801; Perry Gauci, *Politics of Trade: The Overseas Merchant in State and Society, 1660–1720* (Oxford: Oxford University Press, 2001), 55–62; Fleming, Lancashire, 1674, fol. 5r; Miege, *New State of England,* 1:50,

127; Gibson, *Camden's Britannia,* 801, 840–41; Sylvia Collier, *Whitehaven, 1660–1800* (London: HMSO, 1991), 2; J. V. Beckett, *Coal and Tobacco: The Lowthers and the Economic Development of West Cumberland* (Cambridge: Cambridge University Press, 1981), 39–40, 103–4, 120, 181; Thoresby, *Diary,* 20 September 1694, 1:269; Sir Daniel Fleming, Cumberland, Cumbria SRO, Kendal, WD/Cr/11/65, 1; Thomas Denton, History of Westmoreland and Cumberland, 1687–88, Cumbria SRO, Carlisle, D/Lons/L/2/4/2/ Box 1061, 29; Whitehaven Port Book, Exports, 1678–1685, Cumbria SRO, Carlisle, D/ Hud/6/1; Sir John Lowther of Whitehaven, General Notebook, 1685–1694, Cumbria SRO, Carlisle, D/Lons/W1/33, 19.

36. *Magalotti: Travels,* [April] 1669, 121–25; *Journal of Schellinks,* 8 August 1662, 115; Clark and Slack, "Introduction," 31–32; Clark and Slack, *English Towns,* 47, 51–52; Luttrell, "Travells," 1677, 3 July–21 September 1678, fols. 1, R–S, 73–74; Miege, *New State of England,* 1:43, 60–61; Memoire de M. Robert, 27 December/6 January 1685/86, fols. 82–84r; *Journal of Schellinks,* 21 August 1662, 125; Jonathan Barry, "South-West," in *Cambridge Urban History,* ed. Clark, 2:83; Slack, "Great and Good Towns," 2:352; Sacks and Lynch, "Ports, 1540–1700," 2:384, 400; Earl of Bath (Plymouth) to Earl of Sunderland, 9 October 1688, NA, SP 31/4, fol. 107v.

37. Sacks and Lynch, "Ports, 1540–1700," 2:384, 400–401; *Journal of Schellinks,* 14 July 1662, 102; Miege, *New State of England,* 1:87; Evelyn, *Diary,* 30 June 1654, 3:102; Luttrell, "Travells," 3 July–21 September 1678, 47; Clark and Slack, *English Towns,* 52; Sir John Knight, 7 November 1670, Grey, 1:277; Memoire de M. Robert, 27 December/6 January 1685/86, fols. 80–81; North, *Lives,* 1:156.

38. Sacks and Lynch, "Ports, 1540–1700," 2:384, 406; John K. Walton, "North," in *Cambridge Urban History,* ed. Clark, 2:114; Clark and Slack, *English Towns,* 12; Luttrell, "Travells," 22 July–22 August 1679, 167; Miege, *New State of England,* 1:154–55.

39. J. D. Marshall, ed., *The Autobiography of William Stout of Lancaster, 1665–1752* (Manchester: Chetham Society, 1967), 77; Carl Bridenbaugh, *Cities in the Wilderness: The First Century of Urban Life in America, 1625–1742* (New York: Alfred A. Knopf, 1964), 143.

40. Angus McInnes, "The Emergence of a Leisure Town: Shrewsbury, 1660–1760," *Past and Present* 120 (August 1988): 84; Sylvia McIntyre, "Bath: The Rise of a Resort Town, 1660–1800," *Country Towns in Pre-Industrial England,* ed. Peter Clark (New York: St. Martin's, 1981), 201; *Journal of Schellinks,* 19 July 1662, 105; *An Historical Account of Mr. Rogers's Three Years Travels over England and Wales* (London: J. Moxon and B. Beardwell, 1694), 25–26; Tweeddale (Bath) to ?, 31 August 1685, NLS, 7026, fol. 7r; Luttrell, "Travells," 3 July–21 September 1678, 43–45; Misson, *Memoirs,* 14; Sir John Floyer, *An Enquiry into the Right Use and Abuses of the Hot, Cold and Temperate Baths in England* (London: R. Clavel, 1697), sig. [A8r].

41. Gibson, *Camden's Britannia,* 216; James Fraser (London) to Sir Robert Southwell, 16 August 1687, FSL, V.b. 287 (29); Luttrell, "Travells," 29 July–11 August 1680, 231–37; John Evelyn (Deptford) to John Evelyn Jr., 14 August, 13 August 1689, BL, Evelyn

Papers, JEJ 1, unfolioed (since recataloged); Miege, *New State of England,* 1:115–16; John Evelyn (Deptford) to Susanna, 14 August 1689, BL, Evelyn Papers, JE A2, fol. 63r; Roger Morrice, Entering Book, 13 August 1685, DWL, 31 P, 478.

42. John Aubrey, *The Natural History and Antiquities of the County of Surrey* [1673–1692] (London: E. Curll, 1719), 2:191–92; *An Exclamation from Tunbridge and Epsom against the Newfound Wells at Islington* (London: J. How, 1684), 1; Gibson, *Camden's Britannia,* 165, 306, 477, 732–33, 844; *Journal of Schellinks,* 5 June, 11 June 1662, 87, 91; Luttrell, "Travells," 29 May–7 June 1680, 208–10; Miege, *New State of England,* 1:55, 222; Floyer, *Enquiry,* sig. A3v; Baskerville, "Journey to the North," 2:314; Gibson to Charlett, 4 August 1694, Bodleian, Ballard MSS 5, fol. 60v; London Newsletter, 24 August 1686, FSL, L.c. 1699; Misson, *Memoirs,* 161.

43. *Magalotti: Travels,* 11 May 1669, 219; Miege, *New State of England,* 1:35, 140, 178; Gibson, *Camden's Britannia,* 379; Peter Borsay, *The English Urban Renaissance: Culture and Society in the Provincial Town, 1660–1770* (Oxford: Clarendon Press, 1989), 182, 187–88; McInnes, "Emergence of a Leisure Town," 75.

44. Houghton, *England's Great Happiness,* 19; Jackson, ed., *Wiltshire,* 14; Edward Chamberlayne, *Angliae Notitiae; or, The Present State of England,* 15th ed. (London: John Playford, 1684), 1:19; M. W. Barley, "Rural Building in England," in *The Agrarian History of England and Wales,* vol. 5, 2 vols., ed. Joan Thirsk (Cambridge: Cambridge University Press, 1984), 2:591–98; Hatcher, *Before 1700,* 451–52; Baskerville, "Journeys," 2:272; W. G. Hoskins, "The Rebuilding of Rural England, 1570–1640," *Past and Present* 4 (November 1953): 44–59; R. Machin, "The Great Rebuilding: A Reassessment," *Past and Present* 77 (November 1977): 37; Shammas, *Pre-Industrial Consumer,* 163; Borsay, *English Urban Renaissance,* 42; Miege, *New State of England,* 2:31; Earle, *Making of the English Middle Class,* 292–93.

45. Evelyn, "Character of England," 1659, in *Writings of Evelyn,* 78–82; Sainte-Marie to Denz, 4 May, 8 May, 11 May, 14 May 1685, in Roth, ed., *Voyageur Francais,* 21, 46, 64, 76; Miege, *New State of England,* 1:283–85; Misson, *Memoirs,* 134–35, 148; *Magalotti: Travels,* 11 May 1669, 394–95; "A Particular of New Buildings within the Bills of Mortality," 11 March 1678, NA, SP 29/402, fol. 54.

46. Conyers, Northern Journey, 21 September 1676, 28; Baskerville, "Inland Towns," 2:289; Gibson, *Camden's Britannia,* 441; Thoresby, "Autobiography," 12; Hey, *Fiery Blades,* 85; *Woolley's History of Derbyshire,* 23; *Memoirs of Barnes,* 214; Baskerville, "Journeys," 2:267; Borsay, *English Urban Renaissance,* 55; Luttrell, "Travells," 1677, 22 July–22 August 1679, fols. Mr, 157, 167.

47. Borsay, *English Urban Renaissance,* 69; Evelyn, *Diary,* 31 July 1662, 3:328; Evelyn, *A Parallel of the Antient Architecture with the Modern* (London: Thomas Roycroft, 1664), sig. [b2r]; Miege, *New State of England,* 1:335; Aubrey, *Natural History of Surrey,* 4:149; Fleming, Lancashire, 1674, fol. 17r; Luttrell, "Travells," 3 July–21 September 1678, fol. 67; McInnes, "Emergence of a Leisure Town," 71; Conyers, Northern Journey, 1 September 1676, 8; Thoresby, *Diary,* 15 November 1682, 1:148–49; Luttrell, "Travells," 1677, fol. Iv.

48. Jonathan I. Israel, *Dutch Primacy in World Trade, 1585–1740* (Oxford: Clarendon Press, 1989), 357; Miege, *New State of England,* 1:336; Misson, *Memoirs,* 172; E. S. De Beer, "The Early History of London Street Lighting," *History* 25 (March 1941): 311–24; Malcolm Falkus, "Lighting in the Dark Ages of English Economic History," in *Trade, Government and Economy in Pre-Industrial England,* ed. D. C. Coleman and A. H. John (London: Weidenfeld and Nicolson, 1976), 248–73; *An Act of the Common Council for Lighting of Streets,* 25 October 1695 (London: Samuel Roycroft, 1695); Borsay, *English Urban Renaissance,* 72.

49. Gibson, *Camden's Britannia,* 728, 783; Thoresby, "Autobiography," 61; Luttrell, "Travells," 22 July–22 August 1679, 177; Slack, "Great and Good Towns," 2:367; Conyers, Northern Journey, 23 August 1676, 2; Sainte Marie to Deng, 8 May 1685, in Roth, ed., *Voyageur Francais,* 49–50; Miege, *New State of England,* 1:287; *Journal of Schellinks,* 20 August 1661, 58; Borsay, *English Urban Renaissance,* 162–72; McInnes, "Emergence of a Leisure Town," 67.

50. *Some Considerations about the Most Proper Way of Raising Money in the Present Conjuncture* [1693], 28–29; Gibson, *Camden's Britannia,* 425; Jackson, ed., *Wiltshire,* 8.

51. T. S. Willan, *River Navigation in England, 1600–1750* (Oxford: Oxford University Press, 1936), 133; Clay, *Economic Expansion,* 1:167–68, 181; Gibson, *Camden's Britannia,* 161; Court, *Rise of Midland Industries,* 10–11; Malcolm Wanklyn, "The Impact of Water Transport Facilities on the Economies of English River Ports, c. 1660–1760," *Economic History Review,* n.s., 49, no. 1 (1996): 25; Baskerville, "Inland Towns," 2:291; *Journal of Schellinks,* 11 July, 14 August 1662, 100–101, 120; Luttrell, "Travells," 16 March–18 April 1678, 11, 22; Miege, *New State of England,* 1:180; *Woolley's History of Derbyshire,* 57–58, 177; Conyers, Northern Journey, 1 September 1676, 8; *Memoirs of Barnes,* 92.

52. Sainte Marie to Deng, 2 May, 8 May 1685, in Roth, ed., *Voyageur Francais,* 18–19, 50; Miege, *New State of England,* 1:278; Misson, *Memoirs,* 21.

53. Luttrell, "Travells," 22 July–22 August 1679, 177–78; *Journal of Schellinks,* 20–21 July 1661, 11 October 1662, 20–21, 158; Thomas Baskerville, "Account of Some Remarkable Things in a Journey between London and Dover," HMC *Portland,* 2:276; T. S. Willan, *The English Coasting Trade, 1600–1750* (Manchester: Manchester University Press, 1938), 203–7; Wrightson, *Earthly Necessities,* 246.

54. Sir John Lowther of Whitehaven, Notebook, ca. 1680s, Cumbria SRO, Carlisle, D/Lons/W1/63, 1–2; Thomas Bradyll to Roger Kenyon, 27 October 1690, Lancashire SRO, DD/Ke/9/63/28; William Albert, *The Turnpike Road System in England, 1663–1840* (Cambridge: Cambridge University Press, 1972), 14–29; Dan Bogart, "Turnpike Trusts and the Transportation Revolution in Eighteenth-Century England," *Explorations in Economic History,* 42 (2005): 481–82.

55. J. A. Chartres, "Road Carrying in England in the Seventeenth Century: Myth and Reality," *Economic History Review,* 30, no. 1 (1977): 78–80; George Chalmers, *An Estimate of the Comparative Strength of Britain* (London: C. Ditty and J. Bowen, 1782), 146; Nehemiah Grew, "The Means of a Most Ample Increase of the Wealth and Strength

of England," 1707–8, HEH, HM 1264, 13; Miege, *New State of England*, 1:188, 280, 2:46; Luttrell, "Travells," 1677, 16 March–18 April, 3 July–31 September 1678, 22 July–22 August 1679, fol. U, 31, 43, 79, 105, 111, 156, 166, 176; Evelyn, *Diary*, 19 April 1644, 2:135; Sainte Marie to Deng, 2 May, 4 May 1685, in Roth, ed., *Voyageur Francais*, 17, 23–24; Gibson, *Camden's Britannia*, 874; Machell, Westmoreland, 2:43; Sir John Lowther of Whitehaven, General Notebook, 1685–94, Cumbria SRO, Carlisle, D/Lons/W1/33, 5; N. H., *Compleat Tradesman*, 1755ff.; Baskerville, "Inland Towns," 2:291; Baskerville, "Journey to the North," 2:313.

56. *Reasons Humbly Offered to the Consideration of Parliament, for the Suppressing Such of the Stage-Coaches and Caravans* [1680s], 2–3, 11; H. N., *Compleat Tradesman*, 42; Jackson, ed., *Wiltshire*, 9; Miege, *New State of England*, 2:46–47; *City Mercury*, 4 July 1692; Clay, *Economic Expansion*, 1:182; Luttrell, "Travells," 1677, 16 March–18 April, 3 July–21 September 1678, 22 July–22 August 1679, 29 July–11 August, 18 August–25 September 1680, fol. cv, 12, 17, 48, 101, 108, 113, 117, 183, 230–31, 257, 268.

57. *Magalotti: Travels*, 11 May 1669, 401; Sir Richard Temple, Insertion in Hackney Coach Bill, 1667?, HEH, STT Parliamentary Box 3(6); Sainte Marie to Deng, 11 May, 14 May 1685, in Roth, ed., *Voyageur Francais*, 69, 72–73; *The Case of the Hackney-Coachmen* [1690s], 1; Misson, *Memoirs*, 39.

58. Post Office Accounts, 1638–39, NA, E 351/2757; Post Accounts of Stephen Lilly, 1685–1686, NA, E251/2758; Association of Officers Concerned in the Post Office, 1696, NA, C213/379. 在革命刚刚结束的那段时间，邮政局的总收入基本保持不变：Receipts of Public Money, 5 November 1688–30 June 1690, 27 June 1690–27 June 1691, NA, T 48/87, fols. 244, 248–49; J. P., *The Merchant's Daily Companion* (London: Tho. Malthus, 1684), 388; Lords of the Treasury's Order for the Increase of Salaries in the Post Office, 5 April 1688, British Postal Museum and Archive, POST 1/1, fol. 51r; Frank Staff, *The Penny Post* (London: Lutterworth, 1964), 22–33; Howard Robinson, *Britain's Post Office* (Oxford: Oxford University Press, 1953), 10–28; Kenneth Ellis, *The Post Office in the Eighteenth Century* (Oxford: Oxford University Press, 1958), 1–7。

59. Roger Whitley (London) to Mr. Bull, 21 December 1672, 1 January 1673, British Postal Museum and Archive, POST 94/12, unfolioed; Whitley (London) to Mr. Cole, 27 May 1673, British Postal Museum and Archive, POST 94/12, unfolioed; Whitley (London) to Mr. Rowlands, 5 June 1674, British Postal Museum and Archive, POST 94/20, unfolioed; Whitley (London) to Mr. Rowes, 5 February 1676, British Postal Museum and Archive, POST 94/16, unfolioed; Whitley (London) to Mr. Lott, 30 March 1676, British Postal Museum and Archive, POST 94/16, unfolioed; Thomas Gardiner, Survey of the Post Office, 1677, British Postal Museum and Archive, Ref 1-10B, fols. 2–4, 9, 18r; Proposals for the Better Management of the Post Office, 1681 or 1682, Staffordshire SRO, D742/5/1/5; H. N., *Compleat Tradesman*, 41; Post Accounts of Stephen Lilly, 1686, NA, E 351/2578; Sir Willoughby Aston, Diary, 19–20 January 1690, Liverpool SRO, 920 MD 173.

60. William Myrcott, "An Account of Mr. Castleton," 1689, BL, Add. 61690, fol. 16r; Maurice Ashley, "John Wildman and the Post Office," in *For Veronica Wedgwood*

These, ed. Richard Ollard and Pamela Tudor-Craig (London: Collins, 1986), 204–16.

61. Robert Murray to ?, 2 July 1680, printed in Staff, *Penny Post,* 157–58; William Dockwra, "Humble Memorial," 24 November 1682, Staffordshire SRO, D742/5/1/8; Post Accounts of Stephen Lilly, 1685–1686, NA, E 251/2758; Post Accounts of Stephen Lilly, 1687–1688, NA, E 351/2760; *The Practical Method of Conveyance of Letters* (1682); William Dockwra, *The Case of William Dockwra, Merchant* [1690s], 2; Miege, *New State of England,* 1:336–37; John Evelyn, *Numismata: A Discourse of Medals, Antient and Modern* (London: Benjamin Tooke, 1697), 164; Misson, *Memoirs,* 22. 多克拉是一位活跃的辉格党人：他帮助持不同政见者偷渡出国，并煽动人们反对托利党掌控的王家非洲公司：? to Sir John Gordon, 4 April 1684, Beinecke, OSB Shelves, Gordonstoun Papers, Box 1/Folder 14; *The Case of Edmund Harrison, William Dockwra, John Thrale and Thomas Jones of London, Merchants* [1690s], 1。

62. *An Advertisement from the Insurance-Office for Houses,* 16 September 1681, 1; *Observations on the Proposals of the City to Insure Houses in Case of Fire* (1681), 1; Journal of the Court of Common Council, 15 November 1681, Corporation of London SRO, Journal 49, fol. 267r (including William Ashurst, Robert Clayton, Patience Ward, John Shorter, and Thomas Player); John Houghton, *An Account of the Bank of Credit in the City of London* (London: John Gain, 1683?), 2; Nicholas Barbon, *A Letter to a Gentleman in the Country* [1684], 2; Miege, *New State of England,* 1:337–38; Reasons Humbly Offered by Mr. Craven Howard and Others, ca. 1695, HEH, EL 9904; John Strype, *A Survey of the Cities of London and Westminster* (London: A. Churchill et al., 1720), 1:239; Robert Evans, "The Early History of Fire Insurance," *Journal of Legal History* 8, no. 1 (1987): 89–90; Andrea Finkelstein, "Nicholas Barbon and the Quality of Infinity," *History of Political Economy* 32, no. 1 (2000): 95; H. A. L. Cockerell and Edwin Green, *The British Insurance Business* (Sheffield: Sheffield Academic Press, 1994), 26–28.

63. William Blundell, in *Crosby Records: A Cavalier's Notebook,* ed. Ellison T. Gibson (London: Longmans, Green, 1880), 127–28; Sir Edward Seymour, 27 October 1670, Grey, 1:271–72; Hoare's Bank Bonds, HB/8/B; Hoare's Bank Releases, HB/8/A; Hoare's Bank Money's Lent, HB/5/H/1; Hoare's Bank Letters to Customers, HB/8/8/T/1; Larry Neal and Stephen Quinn, "Networks of Information, Markets, and Institutions in the Rise of London as a Financial Centre, 1660–1720," *Financial History Review* 8, no. 1 (2001): 9; Coleman, *Economy of England,* 147; Earle, *Making of the English Middle Class,* 49; Stephen Quinn, "The Glorious Revolution's Effect on English Private Finance," *Journal of Economic History* 61, no. 3 (2001): 602; Stephen Quinn, "Goldsmith-Banking: Mutual Acceptance and Interbanking Clearing in Restoration London," *Explorations in Economic History* 34, no. 4 (1997): 411–13; Frank Melton, *Sir Robert Clayton and the Origins of English Deposit Banking, 1658–1685* (Cambridge: Cambridge University Press, 1986), 16–39, 207–27, 233–42. Melton has identified more than ninety goldsmith-bankers operating in London, 1670–1700.

64. Houghton, *England's Great Happiness,* 19; *The Trade of England Revived* (London: Dorman Newman, 1681), 28, 42; Miege, *New State of England,* 1:334; Grew, "Meanes

of a Most Ample Increase," 158–59; Nancy Cox, *The Complete Tradesman: A Study of Retailing, 1550–1820* (Burlington: Ashgate, 2000), 17–28, 75; Nancy Cox and Karin Dannehl, *Perceptions of Retailing in Early Modern England* (Burlington: Ashgate, 2007), 13–14, 47; Nancy Cox, "'Beggary of the Nation': Moral, Economic and Political Attitudes to the Retail Sector in the Early Modern Period," in *A Nation of Shopkeepers,* ed. John Benson and Laura Ugloni (New York: I. B. Tauris, 2003), 26–51; Shammas, *Pre-Industrial Consumer,* 235, 258.

65. *Journal of Schellinks,* 19 July, 13 August, 17 August 1661, 11 July, 24 July, 8 September, 17 October 1662, 34, 44, 53–54, 101, 110, 135, 162; *Magalotti: Travels,* 19 May 1669, 296; Baskerville, "Journeys," 2:265; Baskerville, "Journey to the North," 2:308–9; Luttrell, "Travells," 80; Sainte Marie to Deng, 11 May 1685, in Roth, ed., *Voyageur Francais,* 64–65, 69; Robert Kirk, "Sermons, Occurrences . . . ," 1690, Edinburgh UL, La. III.545, fol. 159r; Miege, *New State of England,* 1:38, 299; Clay, *Economic Expansion,* 1:177–78.

66. *Coffee-Houses Vindicated* (London, 1675), 2–3; Evelyn, "Character of England," 82–83.

67. William Sachse, ed., *The Diurnal of Thomas Rugg, 1659–1661,* Camden Society, 3rd Ser., 91 (1961): 10; Robert Latham and William Matthews, eds., *The Diary of Samuel Pepys,* 11 vols. (London: Bell and Hyman, 1970–95) (hereafter cited as Pepys, *Diary*); Henry W. Robinson and Walter Adams, eds., *The Diary of Robert Hooke, 1672–1680* (London: Taylor and Francis, 1935); R. T. Gunther, ed., *Early Science in Oxford,* vol. 10: *The Life and Work of Robert Hooke* (Oxford: Clarendon Press, 1935); William Matthews, ed., *The Diary of Dudley Ryder, 1715–1716* (London: Methuen, 1939); [Antoine Muralt], *Letters Describing the Characters and Customs of the English and French Nations* (London, 1726), 82; Edward Hatton, *A New View of London . . . ,* 2 vols. (London: R. Chiswell, A. and J. Churchill, T. Horne, J. Nicholson, and R. Knaplock, 1708), 1:30.

68. *Coffee-Houses Vindicated,* 3; Steve Pincus, "'Coffee Politicians Does Create': Coffeehouses and Restoration Political Culture," *Journal of Modern History* 67, no. 4 (1995): 813; M. G. Hobson, ed., *Oxford Council Acts, 1665–1709* (Oxford: Oxford University Press, 1939), 16 July 1677, 98; Thomas Newey (Oxford) to James Harrington, 30 May 1688, BL, Add. 36707, fol. 28v; Peter Millard, ed., *General Preface and Life of Dr. John North* (Toronto: University of Toronto Press, 1984), 115; Baskerville, "Inland Towns," 2:295; Robert Newton, *Eighteenth Century Exeter* (Exeter: University of Exeter, 1984), 24; W. G. Hoskins, *Industry, Trade and People in Exeter, 1688–1800* (Exeter: University of Exeter, 1968), 24; Sir Richard Temple, Ledgerbook, 20 April 1687, HEH, ST 152, fol. 199v; Blake Tyson, ed., *The Estate and Household Accounts of Sir Daniel Fleming* (Kendal: Cumberland and Westmorland Antiquarian and Archaeological Society, 2001), 14 May 1698, 297 (hereafter cited as Fleming, *Accounts*); Hey, *Fiery Blades,* 154; Sir Henry Brabant (Newcastle) to Earl of Sunderland, 14 November 1685, NA, SP 31/1, fol. 141; Luttrell, "Travells," 3 July–21 September 1678, 49; Richard Bower (Yarmouth) to Joseph Williamson, 21 October 1667, NA, SP 29/220, fol. 93; Fleming, *Accounts,* 21 April 1690, 107 (Penrith); Diary of Lawrence Rawstorne, 6, 9, 10, 12, 13, 23 May 1687,

Lancashire SRO, Rawstorne Diary, 36ff. (Preston); Aston, Diary, 11 April 1681 (Chester); John Rastrick, Life, HEH, HM 6131, fol. 53v (Stamford); William Le Hardy, ed., *County of Buckingham, Calendar of Session Records,* vol. 1 (Aylesbury: Guy R. Crouch, 1933), 7 October 1680, 61 (Buckingham); J. Cooper (Newark) to Williamson, 27 July 1667, NA, SP 29/211, fol. 28 (Nottingham); Brian Cowan, *The Social Life of Coffee: The Emergence of the British Coffeehouse* (New Haven and London: Yale University Press, 2005), 175 (York); The Declaration of the Gentlemen, Merchants . . . of Boston, 18 April 1689, NA, CO 5/1905, fol. 52v.

69. Guy Miege, *New State of England,* 2:42; James Van Horn Melton, *The Rise of the Public in Enlightenment Europe* (Cambridge: Cambridge University Press, 2001), 240; Brian Cowan, *Social Life of Coffee,* 30, 94, 177.

70. Jean Leclant, "Coffee and Cafés in Paris, 1644–1693," in *Food and Drink in History,* ed. Robert Forster and Orest Ranum (Baltimore: Johns Hopkins University Press, 1979), 89–92; Peter Albrecht, "Coffee-Drinking as a Symbol of Social Change in Continental Europe in the Seventeenth and Eighteenth Centuries," in *Studies in Eighteenth-Century Culture,* ed. John W. Yolton and Leslie Ellen Brown (East Lansing, MI: Colleagues, 1988), 94; [Muralt], *Letters,* 82–83; Ned Ward, *The London Spy: The Vanities and Vices of the Town Exposed to View,* ed. Arthur C. Hayward (New York, n.d.), 10; *Knavery in All Trades* (London, 1664), sig. D3r; Miege, *New State of England,* 2:42; Saint Marie to Deng, 1/11 May 1685, in Roth, ed., *Voyageur Francais,* 70; Dena Goodman, *The Republic of Letters: A Cultural History of the French Enlightenment* (Ithaca, NY: Cornell University Press, 1994), 122.

71. Henry Peacham, *The Worth of a Penny* (London: Samuel Keble, 1687), 15; *Coffee-Houses Vindicated,* 3; Charles W. Dawes, ed., *Samuel Butler, 1612–1680: Characters* (Cleveland, OH: Case Western Reserve University Press, 1970), 256–57; *The Character of a Coffee-House* (London: Jonathan Edwin, 1673), 3; *The Women's Petition* (London, 1674), 4; *A Description of the Academy* (London, 1673), 9; Sainte Marie to Deng, 1/11 May 1685, in Roth, ed., *Voyageur Francais,* 70; [Muralt], *Letters,* 2–4, 10, 82.

72. Ralph S. Hattox, *Coffee and Coffeehouses* (Seattle: University of Washington Press, 1985), esp. 81, 94; John Houghton, "A Discourse of Coffee," *Philosophical Transactions,* 1699, 312; Cowan, *Social Life of Coffee,* 98; Anthony Wood, Diary, 1663, Bodleian, MSS Wood's Diaries, 7, fol. 4r; George Davenport to William Sancroft, 4 December 1666, Bodleian, Tanner 45, 125r; Leclant, "Coffee and Cafés," 89.

73. Sir Benjamin Bathurst to Col. Hender Molesworth, 22 May 1686, BL, Loan 57/83, unfolioed; Moscovy Company Court Minutes, 15 November 1686, Guildhall Library, 11741/2, 77; Houghton, *A Collection for Improvement of Husbandry and Trade,* 6 April 1692; Henri Misson, *Memoires et Observations faites par un voyageur en Angleterre* (The Hague: Henri van Bulderen, 1698), 62; Yarranton, *England's Improvement,* 20; *Corporation Credit* (London: John Gain, 1682), 6; *The Factious Citizen; or, The Melancholy Visioner* (London: Thomas Maddocks, 1685), 10; *The Art of Getting Money* (London, 1691), 1; "An Essay on the Interest of the Crown in American Plantations," 1685, BL, Add. 47131, fol. 25r; *Coffee-Houses Vindicated,* 3–4;

Misson, *Memoirs,* 39–40. 我不赞同布莱恩·考恩将 "一小部分英国社会精英中的行家所具有的不成比例的影响力" 作为定义英国咖啡馆文化本质的重点。我也不同意他关于咖啡馆文化的兴起必须与任何有关 "现代世界形成" 的故事严格区分开来的论断。Cowan, *Social Life of Coffee,* 3, 261.

74. *The Character of a Coffee-House* (London, 1673), 2–3; Thomas Sydserf, *Tarugo's Wiles* (London, 1668), 24; *Magalotti: Travels, 1668,* 124; Misson, *Memoirs,* 203–4; [Muralt], *Letters,* 82; Thomas Jordan, *The Triumphs of London* (London: John Playford, 1675), 23; *A Letter to a Friend about the Late Proclamation* (London, 1679), 2.

75. Thomas Sheridan, *A Learned Discourse on Various Subjects* (London: H. Sawbridge, 1685), 10; Sainte Marie to Deng, 1/11 May 1685, in Roth, ed., *Voyageur Francais,* 70; Misson, *Memoirs,* 102; Henry Savile (Whitehall) to Weymouth, 25 November 1686, Longleat House, Thynne MSS 35, fol. 63; James Brydges, Journal, 2 April 1697, HEH, ST 26/1.

76. *The Transproser Rehears'd* (London, 1673), 35–36; Roger North, *Examen* (London, 1740), 140; Notes by Joseph Williamson, 18 February 1676, CSPD, 17, 563; *A Pacquet of Advice and Animadversions* (London, 1676), 6–7, 46; *Mr. Tho. Dangerfields Particular Narrative of the Late Popish Design to Charge Those of the Presbyterian Party with a Pretended Conspiracy against His Majesties Person and Government* (London, 1679), 16–17; Sir William Batten (Harwich) to Samuel Pepys, 14 May 1665, NA, SP 29/112, fol. 49; Tim Harris, *London Crowds in the Age of Charles II: Propaganda and Politics from the Restoration until the Exclusion Crisis* (Cambridge: Cambridge University Press, 1987), 170; Information to Secretary of State Bennet, 9 March 1665, NA, SP 29/114, fol. 90.

77. Pepys, *Diary,* 3 February 1664, 37; F. N. L. Poynter, ed., *The Journal of James Yonge, 1647–1721, Plymouth Surgeon* (1678; Hamden, CT: Archon, 1963), 156–57; Ward, *London Spy,* 172; Thomas Duffet, *The Amorous Old-Woman* (London, 1674), sig. A4r; Thomas Otway, *Alcibiades* (London, 1675), sig. A3r; Henry Oldenburg to Robert Boyle, 6 October 1664, in Henry Oldenburg, *Correspondence,* vol. 2, ed. A. Rupert Hall and Marie Boas Hall (Madison: University of Wisconsin Press, 1965), 249; William Tong, *Some Memoirs of the Life and Death of the Reverend Mr. John Shower* (London: John Clark and Eben. Scadgel, 1716), 16; Aphra Behn, *The Emperor of the Moon* (London, 1687), sig. A3r; Brydges, Journal, 21 August, 24 September 1697; Houghton, "A Description of Coffee," *Philosophical Transactions* (1699): 312.

78. Leclant, "Coffee and Cafés," 91; Larry Neal, *The Rise of Financial Capitalism: International Capital Markets in the Age of Reason* (Cambridge: Cambridge University Press, 1990), 21–22; John J. McCusker and Cora Gravesteijn, *The Beginning of Commercial and Financial Journalism* (Amsterdam: NEHA, 1991), 291. 里昂曾有过这样一份价目表，于 1679 年停刊。Alberti to doge and Senate, 12 January 1674, CSPV, 38, 195; Martin Lister, *A Journey to Paris in the Year 1698,* 2nd ed. (London, 1699), 22, 165; *Tatler,* 22 October 1709, 35–36; *Tatler,* 30 May 1710, 472. 荷兰的咖啡馆文化与英国的更为接近，而非法国的：William Montague, *The Delights of Holland* (London, 1696), 164, 183–84, 192, 200。

79. Coleman, *Economy of England,* 92, 135, 200–201; Douglass C. North and Robert Paul Thomas, *The Rise of the Western World: A New Economic History* (Cambridge: Cambridge University Press, 1973), 109, 113, 118; Jan de Vries, *The Economy of Europe in an Age of Crisis* (Cambridge: Cambridge University Press, 1976), 17, 244–54; E. A. Wrigley, *Poverty, Progress and Population* (Cambridge: Cambridge University Press, 2004), 44–67; Clay, *Economic Expansion,* 1:3. 从 17 世 纪 30 年 代 开 始， 英 格 兰 人 口 一 直 稳 定 在 500 万 左 右。François Crouzet, *A History of the European Economy, 1000–2000* (Charlottesville: University Press of Virginia, 2001), 74; Alberti to doge and Senate, 29 March 1675, 23 November 1674, CSPV, 380, 313–14; John Houghton, *A Collection of Letters for the Improvement of Husbandry and Trade,* 27 April 1682, 49; Houghton, *England's Great Happiness,* 20; Abstract of a Representation of the General State of Trade, 23 December 1697, HEH, EL 9874, 1; Report of the Board of Trade, 23 December 1697, BL, Add. 2902, fol. 171v; W. E. 明钦顿曾宣称"复辟时期是经济上摆脱中世纪的时期，1660 年至 1688 年是商业扩张的时期"：Minchinton, ed., *The Growth of Overseas Trade in the Seventeenth and Eighteenth Centuries* (London: Methuen, 1969), 11.

80. 这种孤立并不是英国独有的现象 ：Paul Burton Cheney, "The History and Science of Commerce in the Century of Enlightenment" (PhD diss., Columbia University, 2002), 18–19; Price, *Overseas Trade,* 267; J. A. Chartres, *Internal Trade in England, 1500– 1700* (London: Macmillan, 1977), 10–11, 65; Wrightson, *Earthly Necessities,* 181。

81. Daron Acemoglu, Simon Johnson, and James Robinson, "The Rise of Europe: Atlantic Trade, Institutional Change, and Economic Growth," *American Economic Review* 95, no. 3 (2005): 546–49; de Vries, *Economy of Europe in an Age of Crisis,* 154; Crouzet, *History of European Economy,* 91; de Vries and van der Woude, *First Modern Economy,* 172; Lionel Rothkrug, *Opposition to Louis XIV: The Political and Social Origins of the French Enlightenment* (Princeton, NJ: Princeton University Press, 1965), 264.

82. Coleman, *Economy of England,* 92, 134, 140–41, 146–47; Nuala Zahedieh, "Overseas Expansion and Trade in the Seventeenth Century," in *The Oxford History of the British Empire,* vol. 1, ed. Nicholas Canny (Oxford: Oxford University Press, 1998), 399, 407; Ralph Davis, "English Foreign Trade, 1660–1700," in *Growth of Overseas Trade,* ed. Minchinton, 78, 94; Court, *Rise of Midland Industries,* 76.

83. J. P., *Merchant's Daily Companion,* sig. A4, 363; King, "Naval Trade of England," 63. 当时的评论家以及如今的评论家都认为，格雷戈里·金对 17 世纪晚期的英格兰对外贸易量估计过低 ：H. J., *A Letter from a Gentleman in the Country to His Friend in the City* (London: G. C. for William Miller, 1691), 11; Davis, "English Foreign Trade," 85; *State of Barbados,* 1, 3; William Blathwayt, "Reflections on a Paper," 1685, HEH, BL 416; Richard Blome, *The Present State of His Majesty's Isles and Territories in America* (London: H. Clash, 1687), sig. [A3]; Southwell to Nottingham, 23 March 1689, HEH, BL 418; *Certain Considerations Relating to the Royal African Company* (1680), 1; *Reasons Humbly Offered by the Persons Concerned to the Plantations* [1690s], [1]; *A Rambling Letter to a Friend* [1690], 1; Brethren of Trinity House to James II, 28 July

1688, NMM, SOU/8, fols. 120–21; Report of the Board of Trade, 23 December 1697, BL, Sloane 2402, fols. 173–74。

84. Davis, "English Foreign Trade," 80; Miege, *New State of England,* 2:38; Misson, *Memoirs,* 311; Sir George Downing, 12 November 1670, Grey, 1:286; John Jones, 12 November 1670, Grey, 1:286; *Journal of Schellinks,* 17 August 1662, 121; Luttrell, "Travells," 1677, fol. Xv; Thomas Baskerville, "Morage to Winchcombe," HMC *Portland,* 2:303; Shammas, *Pre-Industrial Consumer,* 78: 这足以让一半的人口每天抽一斗烟。

85. Miege, *New State of England,* 2:37; S. D. Smith, "Accounting for Taste: British Coffee Consumption in Historical Perspective," *Journal of Interdisciplinary History* 27, no. 2 (1996): 190; EIC to General and Council in Bombay, 6 December 1686, IOL, E/3/91, fol. 115v; Robert Balle (Livorno) to Thomas Goodwyn, 10 March 1688, NA, FO 335/7, fol. 3; EIC to general and council of Bombay, 27 August 1688, IOL, E/3/91, fol. 275v. 我对咖啡消费量的计算依据的是从 S.D. 史密斯的文章中获取的数据：人均咖啡消费量约为十分之一磅；一盎司咖啡兑一夸脱水。我估计一夸脱水能冲四杯咖啡。

86. Thomas Tryon, *Tryon's Letters upon Several Occasions* (London: Geo. Conyers, 1700), 219–21; Zahedieh, "Overseas Expansion and Trade," 410; Davis, "English Foreign Trade," 81; Russell R. Menard, *Sweet Negotiations: Sugar, Slavery, and Plantation Agriculture in Early Barbados* (Charlottesville: University of Virginia Press, 2006), 67–68; A Short Account of His Majesty's Plantations in America, 1695, BL, Add. 72572; Shammas, *Pre-Industrial Consumer,* 81–82.

87. Downing, 12 November 1670, Grey, 1:285; Sir Richard Ford, 14 March 1670, Grey, 1:231; Hugh Boscawen, 12 November 1670, Grey, 1:285; Zahedieh, "Overseas Expansion and Trade," 416; Hey, *Fiery Blades,* 172; Luttrell, "Travells," 22 July–22 August 1679, 145; *State of Barbados,* [2]; Davis, "English Foreign Trade," 85; Coleman, *Economy of England,* 138; Clay, *Economic Expansion,* 2:21.

88. Zahedieh, "Overseas Expansion and Trade," 407; Price, *Overseas Trade,* 122; Acemoglu, Johnson, and Robinson, "Rise of the West," 550; Sir John Lowther, Notebook, 1680s and 1690s, Cumbria RO, Carlisle, D/Lons/W1/63, 9; [Thomas Tomkins], *The Modern Pleas for Comprehension, Toleration . . .* (London: R. Royston, 1675), 197.

89. Fleming, Lancashire, 1674, fol. 3r; Misson, *Memoirs,* 313; Miege, *New State of England,* 2:35; J. A. Chartres, "Marketing of Agricultural Produce," in *Agrarian History of England and Wales,* ed. Thirsk, 2:407; Shammas, *Pre-Industrial Consumer,* 259; Hey, *Fiery Blades,* 156; Hatcher, *Before 1700,* 453; Lorna Weatherill, *Consumer Behavior and Material Culture in Britain, 1660–1760,* 2nd ed. (London: Routledge, 1996), 32.

90. Price, *Overseas Trade,* 123; Zahedieh, "Overseas Expansion and Trade," 418–20.

91. Crouzet, *History of the European Economy,* 86; de Vries, *Economy of Europe in an Age of Crisis,* 122–23; Eli Heckscher, *Mercantilism,* trans. Mendel Shapiro (London: George Allen and Unwin, 1955), 81ff.; Sir Thomas Littleton, 27 February 1668, Grey, 1:95; House of Lords Committee Book, 30 October 1669, HLRO, Main Papers, 2, fol. 287r; Alberti to doge and Senate, 23 February, 23 November 1674, CSPV, 221–22, 314; *Trade*

of England Revived, 15; J. P., *Merchant's Daily Companion,* sig. A3v; William
Carter, *The Reply of W. C.* (London, 1685), 3–4; Bevil Skelton (Paris) to Sunderland,
25 January/4 February, 18/28 January 1688, NA, SP 78/151, fols. 138v, 134; J. Hill
(Paris) to Sir William Trumbull, 19 November 1687, Berkshire SRO, D/ED/C33; James
Johnston (London) to ?, 6/16 February 1688, BL, Add. 34515, fol. 47r; Henry Ashurst
(London) to Conrad Calkbarner, 25 October 1687, Bodleian, Don.c.169, fol. 60r.

92. Israel, *Dutch Primacy in World Trade,* 358; de Vries and van der Woude, *First
Modern Economy,* 341–44, 458–62. 扬·德弗里斯和阿德·范德沃德指出，联合东印
度公司确实出口了一些荷兰制造的商品，但所占比例很小。荷兰未能建立起一个
强大的大西洋经济体来消费荷兰制造的商品。17 世纪 80 年代，理查德·坦普尔爵
士暗示，这正是殖民地价值的体现："An Essay upon Government," Bodleian, Eng.
Hist.c.201, fol. 12r; Coleman, *Economy of England,* 197–98。

93. P. W. Hasler, ed., *House of Commons, 1558–1603,* vol. 1 (London: History of Parliament
Trust, 1981), 8, 40, 56; D. Brunton and D. H. Pennington, eds., *Members of the Long
Parliament* (Cambridge, MA: Harvard University Press, 1954), 54; Gauci, *Politics of
Trade,* 199. 事实上，高奇揭示了 1660—1690 年间从事贸易的议员所占比例略
有下降，在光荣革命之后则急剧上升。W. E. Buckley, ed., *Memoirs of Thomas,
Earl of Ailesbury,* 2 vols. (Westminster: Nichols and Sons, 1890), 1:98 (hereafter cited
as Ailesbury, *Memoirs*); Benjamin Bathurst (London) to Col. Hender Molesworth, 2
November 1685, BL, Loan 57/83 unfolioed; Houghton, *England's Great Happiness,* 11;
Pepys, *Diary,* 1 January 1668, 9:1.

94. Houghton, *Collection of Letters,* 8 September 1681, 21; Gibson, *Camden's
Britannia,* 335, 813; Alberti to Inquisitors of State, 6 January 1673, CSPV, 2; Lowther
of Whitehaven, Notebook, 1680s and 1690s, 11; Memoirs of the Flemings, ca. 1690,
Cumbria SRO, Kendal, WD/Ry/Box 25; *Magalotti: Travels,* 22 May 1669, 312; Alberti
to doge and Senate, 15 June 1674, CSPV, 264; "A Short Character of King Charles the
Second," 1680s, HEH, EL 8773a; Bonrepaus (London) to Seignelay, 28 December/7
January, 31 December/10 January 1685/86, NA, PRO 31/3/163, fols. 27–30, 47r;
Ailesbury, *Memoirs,* 1:103; Albert to doge and Senate, 30 November, 23 November, 21
December 1674, CSPV, 317, 313, 324; Newsletter, 17 January 1685, Longleat House,
Thynne MSS 12, fol. 51; Owen Wynne (Whitehall) to Edmund Poley, 14 October 1687,
Beinecke, OSB MSS 1, Box 2/Folder 68; James Vernon (London) to Albeville, 30 March
1688, Indiana, Albeville MSS.

95. Evelyn, *Diary,* 12 February, 1 September 1672, 3:602–3, 624; Lowther of Whitehaven,
Notebook, 1680s and 1690s, 9; Evelyn, *Diary,* 22 June 1664, 3:374; Ralph Thoresby,
"Autobiography," 44; Fleming, Lancashire, 1674, fol. 2r; Miege, *New State of
England,* 2:230; Sir Francis Brewster, *Essays on Trade and Navigation* (London: Tho.
Cockeril, 1695), 76; Cary, *Essay on the State of England,* sig. [A6r]; Alberti to doge and
Senate, 2 February 1674, CSPV, 206.

96. *Memoirs of Barnes,* 48–49; Sainte Marie to Deng, 11 May 1685, in Roth, ed., *Voyageur
Francais,* 71; Miege, *New State of England,* 2:231; Richard Wolley, *The Present
State of France* (London: Gilbert Cownty, 1687), 314; Andrew Yarranton, *England's*

Improvement by Sea and Land: The Second Part (London, 1681), 3; Evelyn, *State of France,* 77; *Popery and Tyranny; or, The Present State of France* (London: M. P. for Randall Taylor, 1689), 14.

97. Houghton, *England's Great Happiness,* 19; Miege, *New State of England,* 2:229; Jackson, ed., *Wiltshire,* 9; Dr. Charles Aldworth, Commonplace Book, Essex SRO, D/ Dby Z56; Sir Edward Hales, Treatise on Government, 1692, AWA, Old Brotherhood Papers, Book 3/258; Sir Henry Capel, 2 December 1689, Grey, 9:469; *Memoirs of Barnes,* 213; "Essay on the Interest of the Crown," fols. 24–25.

98. J. P., *Merchant's Daily Companion,* sig. A4v; H. N., *Compleat Tradesman,* 2; Carew Reynell, *A Necessary Companion; or, The English Interest Discovered and Promoted* (London: William Budden, 1685), sig. A7r; Sir John Cotton, "Concerning the Adding Sicily to the Address," 1670s, FSL, V.a. 343, fol. 17r; Slingsby Bethel, *An Account of the French Usurpation upon the Trade of England* (London, 1679), 4; Charles Molloy, *De Jure Maritimo et Navali,* 4th ed. (London: John Bellinger and John Walthoe, 1688), sig. [a8v].

99. Miege, *New State of England,* 2:12.

第四章　詹姆斯二世登基时的英格兰政治

1. Evelyn, *Diary,* 6 February 1685, 4:407; Duke of Newcastle (Wellbeck) to Sir John Reresby, 17 February 1685, W YAS, MX 31/27; Colley Cibber, *An Apology for the Life of Colley Cibber,* ed. Robert Lowe (New York: AMS, 1966), 29–30; John Evelyn (Sayes Court) to Lord Godolphin, 11 February 1685, BL, JE A2, 2:fol. 29r (since recataloged); Henry Hunter (London) to Harry Wrotesley, 9 February 1685, Berkshire SRO, D/ EHr/B2; John Curtois, *A Discourse* (London: Jo. Hindmarsh, 1685), 15–16.

2. Earl of Burlington (London) to Henry, Lord Fairfax, 2 February 1685, HRC, Pforzheimer 1m.

3. W. A. Speck, *Reluctant Revolutionaries: Englishmen and the Revolution of 1688* (Oxford: Oxford University Press, 1988), 233, 235; Jonathan Scott, "England's Troubles," in *The Politics of Religion in Restoration England,* ed. Tim Harris, Mark Goldie, and Paul Seaward (Oxford: Basil Blackwell, 1990), 110; J. C. D. Clark, *The Language of Liberty, 1660–1832: Political Discourse and Social Dynamics in the Anglo-American World* (Cambridge: Cambridge University Press, 1994), 238.

4. Melinda S. Zook, *Radical Whigs and Conspiratorial Politics in Late Stuart England* (University Park: Pennsylvania State University Press, 1999), xii–xiii, xvii, xx; Richard L. Greaves, *Secrets of the Kingdom: British Radicals from the Popish Plot to the Revolution of 1688–1689* (Stanford, CA: Stanford University Press, 1992), 1, 332.

5. Zook, *Radical Whigs and Conspiratorial Politics,* xiii–xiv; Greaves, *Secrets of the Kingdom,* 290, 340.

6. Thomas Babington Macaulay, *The History of England from the Accession of James II,* 5 vols. (New York: Harper and Brothers, 1849–61), 1:436.

7. Thomas Cartwright, *A Sermon Preached upon the Anniversary Solemnity of the Happy Inauguration of Our Dread Soveraign Lord King James II,* 6 February 1686, 2nd ed. (London: Walter Davis, 1686), 15; John Towill Rutt, ed., *An Historical Account of My Own Life by Edmund Calamy, 1671–1731,* 2 vols. (London: H. Colburn and R. Bentlley, 1829), 1:116; Burlington (London) to Reresby, 14 February 1685, W YAS, MX 31/30; Sir Robert Southwell (London) to Duke of Ormonde, 21 February 1685, Beinecke, OSB MSS 41/Box 3. 另外参见 Clarendon (Whitehall) to Abingdon, 10 February 1685, Bodleian, Clarendon MSS 128, fol. 11v; George Halley, *A Sermon Preached in the Cathedral and Metropolitan Church of St. Peter in York,* 14 February 1689 (London: R. C., 1689), 14; *Dilucidator,* no. 4, February 1689, 87; *Mercurius Reformatus,* 31 July 1689, [1]; and *Quadriennium Jacobi* (London: James Knapton, 1689), 7。

8. Hunter (London) to Wrotesley, 9 February 1685, Berkshire SRO, D/EHr/B2; Phillip Madoxe (Whitehall) to Southwell, Bodleian, Eng.Lett.c.53, fol. 205r; *London Gazette,* 16 February 1685; Sir John Reresby, 10 February 1685, in *Memoirs of Sir John Reresby,* 2nd ed., ed. Andrew Browning (London: Royal Historical Society, 1991), 352 (hereafter cited as Reresby, *Memoirs*); Southwell (Kingsweston) to Ormonde, 9 February 1685, Victoria and Albert Museum, Forster and Dyce Collection, F.47.A.40, 2:fol. 112r; William Aubone (mayor of Newcastle-upon-Tyne) to Sunderland, 13 February 1685, NA, SP 31/1, fol. 11; *London Gazette,* 19 February (Durham, Lyme Regis, Colchester), 2 March 1685; James Howard (sheriff of Northumberland) to Sunderland, 19 February 1685, NA, SP 31/1, fol. 27; *London Gazette,* 16 February 1685 (Winchester, Reading, Boston, Portsmouth, Plymouth, Stamford); Sir Henry Beaumont (Leicester) to Earl of Huntingdon, 14 February 1685, HEH, HA 656; Benjamin Canfield, *A Sermon,* Leicester, 10 February 1685 (London: Charles Brome, 1685), sig. A3r. 另外参见 Strafford to Halifax, 18 February 1685, BL, Althorp C3 (Rotherham); Ezekiel Everest (Harwich) to Lord Middleton, 10 February 1685, BL, Add. 41803, fol. 152r; Earl of Gainsborough (Southampton) to Middleton, 10 February 1685, BL, Add. 41803, fol. 154r; and James Cross (Southampton) to Owen Wynne, 9 February 1685, BL, Add. 41803, fol. 138r。

9. Anthony Wood, 11 February 1685, in *The Life and Times of Anthony Wood,* 3 vols., ed. Andrew Clark (Oxford: Clarendon Press, 1894), 3:129–30; *London Gazette,* 16 February, 19 February 1685; *Supplex Recognitio et Gratulatia Solennis Universitatis Oxoniensis,* 21 February 1685 (Oxford: Sheldonian Theatre, 1685), sigs. A (Bertie), F (Wright), H1 (Wase); *Moestissimae ac Laetissimae Academiae Cantibrigiensis Affectus* (Cambridge: Joan. Hayes, 1685), sigs. T4r (Prior), Gg4 (Stepney), Bb3r–Cc1v (Montague).

10. John Whiting, *Persecution Exposed,* 2nd ed. (London: James Phillips, 1791), 267; Thoresby, *Diary,* February 1685, 1:180; Rutt, ed., *Life of Calamy,* 1:117; William Stout, 1685, in *The Autobiography of William Stout of Lancaster, 1665–1752,* ed. J. D. Marshall (Manchester: Chetham Society, 1967), 82; John Peobbles (London) to Reresby, 19 February 1685, W YAS, MX 30/2; Evelyn, *Diary,* 5 March 1685, 4:419; Sir John Lowther, *Memoirs of the Reign of James II* (London: H. G. Bohn, 1857), 450. 另外参见 Thomas Penn (mayor of Bridgewater) to Sunderland, ?10 February 1685, NA, SP 31/1, fol. 49; Thomas Ludlam (mayor of Leicester) to Huntingdon, 18 February 1685, HEH,

HA 8410; and Wood, 4 March 1685, in *Life and Times,* ed. Clark, 3:134。

11. Evelyn, *Diary,* 6 February 1685, 4:407–9; *London Gazette,* 9 February 1685.

12. James Fraser (Whitehall) to Southwell, 7 February 1685, BL, Add. 46961, fols. 216–17; Burlington (London) to Reresby, 10 February 1685, W YAS, MX 31/26; Robert Grave, *Seasonable Advice to the Citizens, Burgesses, and Free-Holders of England* (London: Walter Kettilby, 1685), 2. See the similar recollection in James Ellesby (vicar of Chiswick, Middlesex), *The Doctrine of Passive Obedience* (London: William Crooke, 1685), sig. A2v; Christopher Jeaffreson (London) to Capt. James Phipps, 19 February 1685, in Jeaffreson, 170; Isaac Tyrwhitt (London) to Sir Richard Temple, 10 February 1685, HEH, STT 2436.

13. Sir Henry Coker (Warminster) to Sunderland, 11 February 1685, NA, SP 31/1, fol. 9; Sir Andrew Hacket (Moxhul near Colsil) to Sunderland, 3 March 1685, NA, SP 31/1, fol. 53; Henry Watkinson (York) to Sir William Trumbull, 11 February 1685, BL, Trumbull Misc. 23, unfolioed (since recataloged); Reresby (York) to ?, February 1685, W YAS, MX 35/23; Reresby, *Memoirs,* 10 February 1685, 353; John Baber, *A Poem upon the Coronation* (London, 1685), 2–3. 类似的诗作，见 *A Loyal New-Years Gift* (London: George Croom, 1685); and *Suspiria, or Sighs on the Death of the Late Most Illustrious Monarch Charles the II King* (London: L. C., 1685)。

14. February/March 1685, in P. Braybrooke, ed., *The Autobiography of Sir John Bramston,* Camden Society, 32 (1845): 166 (hereafter cited as Bramston, *Autobiography*); Richard Thompson, *A Sermon Preached in the Cathedral Church of Bristol,* 21 June 1685 (London: Luke Meredith, 1685), 24; *London Gazette,* 2 March 1685. 我找到的其他能被解读为捍卫绝对主义的呈文只有来自北安普敦郡以及伊普斯威奇镇和特伦特河畔纽瓦克镇的。参见 *London Gazette,* 16 February (Ipswich), 9 March (Newark), 16 March 1685。最完整的呈文合集可以在官方报纸上找到。

15. *London Gazette,* 16 February, 16 March 1685.

16. *London Gazette,* 16 February (Canterbury), 26 February (Warwick, Chichester), 9 March (Hereford, Westbury), 12 March (Brackley), 16 March (Portsmouth), 30 March 1685 (Nottingham). 这些例子只是来自各个自治城镇和市政委员会的呈文中的一小部分。

17. *London Gazette,* 19 March (Devon, Essex, Hertfordshire), 26 March (Sussex), 6 April 1685 (Berkshire).

18. *London Gazette,* 19 March (Carmarthen), 30 March 1685 (Anglesey, Carnarvon).

19. William Turner (London) to Reresby, 12 February 1685, W YAS, MX 29/14; J. Adderly to high constable, 12 February 1685, BL, Add. 71691, fol. 52v. 这是转达从白厅发出的指示。

20. Richard Lewis (Edington) to Sunderland, 21 February 1685, NA, SP 31/1, fol. 33; John Evelyn (Sayes Court) to George Evelyn, 23 February 1685, BL, Evelyn Papers, JE A2, fol. 29v (since recataloged).

21. Plymouth (Hull) to Sunderland, 18 February 1685, NA, SP 31/1, fol. 20; Newcastle (Welbeck) to Sunderland, 19 February 1685, NA, SP 31/1, fol. 23; Winchilsea (Eastwell) to Sunderland, 19 February 1685, NA, SP 31/1, fol. 26; Derby to Sunderland, 20 February 1685, NA, SP 31/1, fol. 28; Lewis (Edington) to Sunderland, 21 February 1685,

NA, SP 31/1, fol. 33; John Evelyn (Sayes Court) to George Evelyn, 23 February 1685, BL, Evelyn Papers, JE A2, fol. 29v (since recataloged); Winchester (Castle Bolton) to Sunderland, 24 February 1685, NA, SP 31/1, fol. 41; John Lake (bishop of Chichester) to William Sancroft, 30 March 1685, Bodleian, Tanner 31, fol. 4r.

22. ? to Sir Richard Bulstrode, 10 April 1685, HRC, Pforzheimer (since recataloged); George Jeffreys (Bulstrode) to Sunderland, 5 April 1685, NA, SP 31/1, fol. 82; Everest (Harwich) to Sunderland, 26 March 1685, NA, SP 31/1, fol. 73; Robert Tazer (Chichester) to Sunderland, 17 February 1685, NA, SP 31/1, fol. 19; Thomas Penn (Bridgwater) to Sunderland, 10 February 1685, NA, SP 31/1, fol. 49; Penn to Sunderland, 28 February 1685, NA, SP 31/1, fol. 44.

23. Sir Charles Holt to Sunderland, 21 February 1685, NA, SP 31/1, fol. 30; Sir Edward Abney (Wellesley) to Huntingdon, 21 March 1685, HEH, HA 4; Gervase Jacques (Ashby-de la-Zouche) to Huntingdon, 21 March 1685, HEH, HA 7743; Dr. John Guy (Swepston) to Huntingdon, 20 March 1685, HEH, HA 3975; Sir Richard Newdigate (Arbury) to Sunderland, 21 February 1685, NA, SP 31/1, fol. 31.

24. W. E. Buckley, ed., *Memoirs of Thomas, Earl of Ailesbury,* 2 vols. (Westminster: Nichols and Sons, 1890), 1:100 (hereafter cited as Ailesbury, *Memoirs*); Sir William Boothby to George Vernon, 21 February 1685, BL, Add. 71691, fol. 57v; Elizabeth Adams (Baddon) to Sir Ralph Verney, 4 March 1685, Buckinghamshire SRO, Verney MSS; John Mellington (Derby) to Halifax, 16 March, 23 March 1685, BL, Althorp C2. 在斯塔福德郡的纽卡斯尔安德莱姆也发生了一起类似的事件：Wood, 1 April 1685, in *Life and Times,* ed. Clark, 3:137; Beaumont (Leicester) to Huntingdon, 28 March 1685, HEH, HA 658; Dr. John Guy (Swepston) to Huntingdon, 27 March 1685, HEH, HA 3976; John Grevil Verney (Alexton) to Huntingdon, 27 March 1685, HEH, HA 12967; Bath (Plymouth) to Sunderland, 28 August 1685, NA, SP 31/1, fol. 124; Henry Muddiman's Notebook, 16 May 1685, Longleat House, Muddiman MSS, unfolioed。

25. Rochester to William, 24 March 1685, NA, SP 8/1/Pt. 2, fol. 3v; ? to Bulstrode, 30 March 1685, HRC, Pforzheimer (since recataloged); Edward Dering (London) to Sir John Percival, 31 March 1685, BL, Add. 46961, fol. 255; Sir Benjamin Bathurst to Col. Thomas Dungan, 11 May 1685, BL, Loan 57/83, unfolioed; Ailesbury, *Memoirs,* 1:98.

26. 这项分析是基于议会历史信托组织（History of Parliament Trust）所编撰的卷册：Basil Duke Henning, ed., *The House of Commons, 1660–1690,* 3 vols. (London: Secker and Warburg, 1983)。

27. 我遵循的思路，见 Mark Knights, *Politics and Opinion in Crisis, 1678–81* (Cambridge: Cambridge University Press, 1994), 343–46。

28. Reresby, *Memoirs,* 23 April, 22 May, 24 May 1685, 362, 366–67; Evelyn, *Diary,* 7 May 1685, 4:439.

29. Robert Grove, *Seasonable Advice to the Citizens, Burgesses, and Free-Holders of England* (London: Walter Kettilby, 1685), 6–7, 11, 13–14, 18–19, 24. 这本小册子中的论点和语言使我确信，安东尼·伍德断言未来的拒绝宣誓效忠者乔治·希克斯是这本小册子的作者的说法肯定是错误的。关于安东尼·伍德的观点，见 Anthony Wood, *Athenae Oxonienses,* 3 vols., 2nd ed. (London: R. Knaplock, D. Midwinter, J.

Tonson, 1721), 1004。

30. *The Mischief of Cabals*, 7 May 1685 (London: Randal Taylor, 1685), 23–24, 34; Andrew Allam (London) to Anthony Wood, 5 May 1685, Bodleian, MSS Wood F.39, fol. 43r; Edward Chamberlaine, *England's Wants* (London: Randal Taylor, 1685), 31–32.

31. Reresby, *Memoirs*, 23 April 1685, 362; Roger Morrice, Entering Book, 28 May, 4 June 1685, DWL, 31 P, 462, 465; Evelyn, *Diary*, 22 May 1685, 4:442–44.

32. Reresby, *Memoirs*, 10 February 1685, 352–53; Wood, 12 February 1685, in *Life and Times*, ed. Clark, 3:130; John Fell (Oxford) to Lord Hatton, 12 July 1683, in *Correspondence of the Family of Hatton*, vol. 2, ed. Edward Maunde Thompson, Camden Society, n.s., 23 (1878): 27–28 (hereafter cited as *Hatton Correspondence*).

33. John Dalrymple, *Memoirs of Great Britain and Ireland*, 2nd ed., 2 vols. (London: W. Strahan and T. Cadell, 1771), 1:115–16; Reresby, *Memoirs*, 11 June 1685, 373; Bramston, *Autobiography*, [June 1685], 184–85; Bathurst (London) to Col. Hender Molesworth, 17 July 1685, BL, Loan 57/83, unfolioed; John Marten (Lavington) to Rev. William Moore, 17 June 1685, BL, Add. 38012, fol. 2r; Southwell (London) to Percival, 23 June 1685, BL, Add. 46962, fol. 62v; Jeaffreson (London) to Colonel Hill, 5 August 1685, Jeaffreson, 220–21; Evelyn, *Diary*, 8 July 1685, 4:451–53; *An Elegy on James Scot, Late Duke of Monmouth* (London: C. W., 1685), [16 July 1685]; "The Late King's Farewell," 1685, NA, C 104/63 (Rev. John Henry Cary Papers); Sir Edward Harley (Hereford) to Robert Harley, 9 July 1685, BL, Add. 70013, fol. 252v; Jacques (Ashby) to Huntingdon, 11 July 1685, HEH, HA 7747; *A Description of the Late Rebellion in the West* (London: P. Brooksby, 1685), MS in Wing copy: 10 September 1685.

34. Ailesbury, *Memoirs*, 1:108.

35. *Axminster*, 11 June 1685, 93; Rochester to William, 16 June 1685, NA, SP 8/1/Pt. 2, fol. 7r; Ailesbury, *Memoirs*, 1:108; Macaulay, *History*, 1:522–23.

36. *The Declaration of James Duke of Monmouth* [1685], 1–2.

37. *Declaration of Monmouth*, 2–6.

38. *Declaration of Monmouth*, 5.

39. Zook, *Radical Whigs and Conspiratorial Politics*, 135; Earl of Perth (Edinburgh) to Earl of Arran, 27 June 1685, NAS, GD 406/1/3328; Bramston, *Autobiography*, [July 1685], 188; Monmouth to James II, 8 July 1685, in "Original Letters of the Duke of Monmouth," ed. Sir George Duckett, *Camden Miscellany, 8,* Camden Society, n.s., 31 (1883): 4; Reresby, *Memoirs*, 9 July 1685, 385; Evelyn, *Diary*, 15 July 1685, 4:455–56; Andrew Paschall, "Account of Monmouth's Rising," LPL, MS 742/34, 10; Ailesbury, *Memoirs*, 1:116; Adam Wheeler, "Iter Bellicosum," 25 June 1685, in Henry Elliott Malden, ed., *Camden Miscellany, 12,* Camden Society, 3rd Ser., 18 (1910): 160; Fell (Oxford) to Hatton, 25 June 1685, *Hatton Correspondence,* 56; Examination of Richard Goodenough, 20 July 1685, Examination of Nathaniel Wade, 28 September 1685, BL, Lansdowne 1152A, fols. 243r, 310r.

40. Aaron Hodges (Rotterdam) to Middleton, 17/27 June 1685, BL, Add. 41817, fol. 179r; Peter Wyche (Hamburg) to Middleton, 9/19 June 1685, BL, Add. 41824, fol. 249v; Lois Schwoerer, "Propaganda in the Revolution of 1688," *American Historical Review* 82

(1977): 843–74; Macaulay, *History,* 1:522n; Reresby, *Memoirs,* 15 June 1685, 374; Henry Booth, Lord Delamere, *The Works* (London: John Lawrence and John Dunton, 1694), 75. 德拉米尔勋爵作证说，他从未收到过蒙茅斯公爵《宣言》的任何副本：Examination of Henry, Lord Delamere, 26 July 1685, BL, Lansdowne 1152A, fol. 294r; *A Warning to Traytors,* 2 July 1685 (London: E. Mallet, 1685), 2; Andrew Weston, *The True Account of the Behaviour and Confession of William Disney* (London: George Croom, 1685)。

41. Ford, Lord Grey, *The Secret History of the Rye-House Plot and of Monmouth's Rebellion* (London: Andrew Millar, 1754); *Life of James II,* 2:29; Edmund Everard (Amsterdam) to Bevil Skelton, 8/18 November 1685, BL, Add. 41812, fol. 235r.

42. Skelton (Hague) to Middleton, 28 April/8May 1685, BL, Add. 41812, fol. 36r; "An Exact Relation," 11 June 1685, BL, Harleian 6845, fol. 254; Dalrymple, *Memoirs,* 1:121; Sir Hugh Cholmondley, 12 November 1685, DWL, 31 T 3, 31–32; Jeaffreson to Mr. Lewis, 18 July 1685, Jeaffreson, 211; Andrew Paschall, "Account of Monmouth's Rising," LPL, MS 942/34, 2; *A Description of the Late Rebellion in the West* (London: P. Brooksby, 1685), MS in Wing copy: 10 September 1685; Notes from Mrs. Langford, 4 January 1686, BL, Add. 36988, fol. 246r.

43. Edward Pelling, *A Sermon Preached at Westminster Abbey,* 26 July 1685 (London: Samuel Keble, 1685), 25–26; Shadrach Cooke, *A Sermon Preached at Islington,* 26 July 1685 (London: R. N., 1685), 11–12; Charles Hutton, *The Rebels Text Opened and Their Solemn Appeal Answered,* 26 July 1685 (London: Walter Kettilby, 1686), 2; S. Rich, *A Sermon Preached at Chard,* 21 June 1685 (London: R. N. for Charles Brome, 1685), 24; *The Countrey's Advice to the Late Duke of Monmouth* (London: T. M., 1685), MSS in Wing: 4 July 1685, [1].

44. William Jenkyn to Mother, 29 September 1685, in *The Bloody Assizes,* ed. J. G. Muddiman (London: William Hodge, 1929), 75–76 (hereafter cited as Muddiman); "The Behaviour and Dying Words of Mr. Roger Satchel," in Muddiman, 121; Examination of John Madden, 20 July 1685, BL, Lansdowne 1152A, fol. 240v; William Orme, ed., *Remarkable Passages in the Life of William Kiffin* (London: Burton and Smith, 1823), 53–54; *Axminster,* 93–94; "The Behaviour and Dying Speech of Mr. Joseph Speed of Culleton," in Muddiman, 82; Major Abraham Holmes, in Muddiman, 84; "An Account of those Executed at Sherborn," in Muddiman, 93; Joseph Tyler's Hymn, September 1685, in Muddiman, 89. 约翰·图钦在叛乱几年后凭记忆写下了他的殉道志。参见 Robin Clifton, *The Last Popular Rebellion: The Western Rising of 1685* (London: Maurice Temple Smith, 1984), 235。然而，图钦本人就是一名叛乱分子，而且他确实亲身了解许多强大的情报收集源。最后，在描述叛乱分子的动机方面，图钦的叙述与其他证据相符。正如 J.G. 马德曼自己所指出的那样，图钦最不可靠的地方在于他对杰弗里斯的描述。应当指出的是，罗宾·克利夫顿本人主要从宗教角度看待这场叛乱："当然，在为这场叛乱准备的六年时间里，宗教问题，即王位继承人的天主教信仰，是核心问题。" Clifton, *Last Popular Rebellion,* 284.

45. Deposition of Miles Musgrave and John Sherborn, 23 February 1685, NA, SP 31/1, fol. 38; "Mr. John Hickes' Last Speech," 1685, in Muddiman, 107; Benjamin Keach, *Distressed Sion Relieved* (London: Nath. Crouch, 1689), 34; "Last Speech of

Henry Boddy," in Muddiman, 104; Examination of Samson Lark, 16 July 1685, BL, Lansdowne 1152A, fol. 238v; Christopher Heyricke, *The Character of a Rebel*, 26 July 1685, Market Harborough (London: Samuel Heyricke, 1685), 27–28; Life of Sir John Fryer, Guildhall Library, 12017, fol. 14r; Nathaniel Gauden (Chelmsford) to Sir John Bramston, 11 June 1685, Essex SRO, D/Deb 25/24; J. H. E. Bennett and J. C. Dewhurst, eds., *Quarter Session Records with Other Records of the Justices of the Peace for the County Palatine of Chester, 1559–1760,* vol. 1 (Record Society of Lancashire and Cheshire, 1940), 12 July 1685, 186–87.

46. Skelton (Hague) to Middleton, 8/18 May 1685, BL, Add. 41812, fols. 58–59.

47. Skelton (Hague) to Middleton, 10/20 April 1685, BL, Add. 41812, fol. 17r; Grey, *Secret History,* 117; ? (Utrecht) to Skelton, 24 April/4 May, 12/22 May 1685, BL, Add. 41812, fols. 43r, 77v; Skelton (Hague) to Middleton, 8/18 May, 7/17 July 1685, BL, Add. 41812, fols. 58–59, 138r.

48. 我不同意 Richard Ashcraft, *Revolutionary Politics and Locke's "Two Treatises of Government"* (Princeton, NJ: Princeton University Press, 1986), 452–66, 而且同意 Mark Goldie, "John Locke's Circle and James II," *Historical Journal* 35 (1992): 568。叛乱之后获得的证词表明，给阿盖尔伯爵和蒙茅斯公爵提供资金的洛克是尼古拉斯·洛克，一位烟草商：Nathaniel Wade's Information, 4 October 1685, BL, Harleian 6845, fol. 272r; Burton's Information, August 1685, Goodenough's Information, 25 July 1685, BL, Lansdowne 1152A, fols. 227r, 227v; ? (Utrecht) to Middleton, 17/27 May 1685, BL, Add. 41812, fol. 85v; Jean Le Clerc, *An Account of the Life and Writings of Mr. John Locke,* 2nd ed. (London: John Clarke and E. Curll, 1713), 23。

49. Everard (Amsterdam) to Skelton, 15/25 November 1685, BL, Add. 41812, fol. 248; Everard (Amsterdam) to Skelton, 11/21 December 1685, BL, Add. 41813, fol. 15v; Slingsby Bethel to Skelton, 5/15 May 1686, BL, Add. 41819, fol. 95v; Greaves, *Secrets of the Kingdom,* 296; Information of Robert Cragg, 20 December 1689, HMC 12th Report, appendix pt. 6, 395; Grey, *Secret History,* 110, 122; Examination of John Jones, 16 August 1685, Examination of William Williams, 16 July 1685, BL, Lansdowne 1152A, fols. 303r, 237; Clifton, *Last Popular Rebellion,* 154; Nathaniel Wade's Confession, 29 July 1685, BL, Harleian 6845, fols. 264, 269; Everard (Amsterdam) to Skelton, 11/21 November 1685, BL, Add. 41813, fol. 136; *The Life, Birth, and Character of John L. Haversham* (London, 1710), 3; *Memoirs of the Late Right Honourable John Lord Haversham* (London: J. Baker, 1711), 2–3; Thomas Burnet, "Life of Gilbert," in *Bishop Burnet's History of His Own Time,* ed. Burnet (London: A. Millar, 1753), xxxii; Examination of Robert Cragg, 15 December 1685, BL, Lansdowne 1152A, fol. 266r.

50. Examination of William Williams, 16 July 1685, Examination of Nathaniel Wade, 28 September 1685, BL, Lansdowne 1152A, fols. 237v, 310; Lady Rachel Russell (Southampton House) to Dr. Fitzwilliam, 21 July 1685, in *Letters of the Lady Rachel Russell; from the Manuscripts in the Library at Woburn Abbey* (London: Edward and Charles Dilly, 1773), 39.

51. Sir Charles Lyttleton (Whitehall) to Viscount Hatton, 6 March 1685, BL, Add. 29578,

fol. 50r; Southwell (London) to Percival, 4 March 1685, BL, Add. 46961, fol. 226r; Ailesbury, *Memoirs,* 1:114. 尽管当时国王最亲密的心腹之一达特茅斯伯爵声称詹姆斯对威廉的支持 "完全满意"：Dartmouth (London) to Skelton, 9 June 1685, Staffordshire SRO, D(w) 1778/I/i/1114; Skelton (Hague) to Middleton, 23 June/3 July, 15/25 May 1685, BL, Add. 41812, fols. 130v, 76; J. Boscawen to John Evelyn, 29 June 1685, BL, Evelyn Papers, JE A9, unfolioed (since recataloged)。

52. Pelling, *Sermon,* 26 July 1685, 14–15; Evelyn, *Diary,* 17 June, 15 July 1685, 4:449, 455–56; Charles Bertie (London) to Moore, 6 July 1685, BL, Add. 38012, fol. 25r; Bramston, *Autobiography,* 6 July 1685, 185–86; Reresby, *Memoirs,* 24 June, 2 July 1685, 381, 383; *The Rampant Alderman; or, News fom the Exchange* (London: Randal Taylor, 1685), 13; Information from Henry Lee, 16 August 1686, BL, Add. 41804, fol. 210r; Sir Richard Temple, "The False Patriot Unmasked," ca. 1690, HEH, STT Lit (9), 9; Southwell (London) to Percival, 23 June 1685, BL, Add. 46962, fol. 62r; Andrew Paschall, "Account of Monmouth's Rising," LPL, MS 742/34, 10. 达尔林普尔后来写道："没有一位有身份地位的贵族或乡绅加入他（蒙茅斯公爵）的行列。" Dalrymple, *Memoirs,* 1:119–20. 另外参见 William Hamilton (Whitehall) to Earl of Arran, 25 June 1685, NAS, GD 406/1/3474. Here I disagree with Peter Earle: see Earle, *Monmouth's Rebels: The Road to Sedgemoor, 1685* (London: Weidenfeld and Nicolson, 1977), 134。

53. Clifton, *Last Popular Rebellion,* 244–45, 270; J. Boscawen to John Evelyn, 29 June 1685, BL, Evelyn Papers, JE A9, unfolioed (since recataloged). 克拉伦登伯爵认为他们 "装备不良，骑术欠佳"：Clarendon (Whitehall) to Abingdon, 4 July 1685, Bodleian, Clarendon 128, fol. 53r; William Lloyd (bishop of St. Asaph) to Sir Robert Owen, 13 June 1685, National Library of Wales, Brogynton MSS no. 842; Southwell (London) to Percival, 13 June 1685, BL, Add. 46962, fol. 53v; William Dugdale (London) to Anthony Wood, 23 June 1685, Bodleian, Wood F.41, fol. 180ar; Rochester to William, 16 June 1685, NA, SP 8/1/Pt. 2, fol. 7r; Sunderland (Whitehall) to Arran, 20 June 1685, NAS, GD 406/1/7657; Melfort (Whitehall) to Arran, 20 June 1685, NAS, GD 406/1/3308; Sir William Trumbull, 12 November 1685, Grey, 8:357。

54. Duchess of Beaufort (Chelsea) to Duke of Beaufort, 23 June 1685, HMC 12th Report, appendix 9, 89; Boscawen to John Evelyn, 6 July 1685, BL, Evelyn Papers, JE A9, unfolioed (since recataloged); Marten (Lavington) to Moore, 1 July 1685, BL, Add. 38012, fol. 18r; Bertie (London) to Moore, 6 July 1685, BL, Add. 38012, fol. 25r; Clarendon (Whitehall) to Abingdon, 2 July 1685, Bodleian, MSS Clarendon 128, fol. 47v; John Speke (Amsterdam) to Skelton, 25 April/5 May 1686, BL, Add. 41819, fol. 51r; *Axminster,* 97.

55. "Information of Robert Cragg," 20 December 1689, HMC 12th Report, appendix part 6, 395.

56. Sir John Lowther, Memoirs of the Reign of James II, Cumbria SRO, D/Lons/L2/5; Burlington (London) to Reresby, 24 March 1685, W YAS, MX 31/21; J. Porter (London) to Bulstrode, 16 March 1685, BL, Egerton 3680, fol. 176r; Bathurst to Molesworth, 29 May 1685, BL, Loan 57/83, unfolioed.

57. William Petty (London) to Southwell, 22 August 1685, BL, Add. 72853, fol. 21v; Edmund Warcup (Northmore) to Hugh Jones, 14 September 1685, Bodleian, Rawl. Lett. 48, fol. 11v; *A New Song upon the Coronation* (London: James Dean, 1685), MS in Wing copy: 25 April 1685.

第五章 天主教现代性的意识形态

1. R. D. (London) to ?, 27 December 1688, BL, Egerton 2717, fol. 418v; John Evelyn (London) to Countess of Sunderland, 12 January 1690, BL, Evelyn Papers, JE A2, fol. 64v (since recataloged).

2. Thomas Babington Macaulay, *The History of England from the Accession of James II,* 5 vols. (New York: Harper and Brothers, 1849–61), 2:5–6, 46, 60, 109, 333–34, 394, 418; G. M. Trevelyan, *The English Revolution, 1688–89* (1938; reprint ed., Oxford: Oxford University Press, 1965), 34.

3. Macaulay, *History,* 2:99, 193 218–36, 242, 393, 396, 402–3. 另外参见 Gary S. De Krey, "Reformation and 'Arbitrary Government': London Dissenters and James II's Policy of Toleration, 1687–1688," in *Fear, Exclusion and Revolution,* ed. Jason McEllicott (Aldershot: Ashgate, 2006), 14。

4. Macaulay, *History,* 2:9–10, 58. 乔纳森·克拉克认为"在 1688 年，正是那些感受最强烈的人……准备采取行动……"，这一观点与麦考莱强调的英国人团结在他们"共同的新教信仰"周围的观点完全一致：J. C. D. Clark, *Revolution and Rebellion: State and Society in England in the Seventeenth and Eighteenth Centuries* (Cambridge: Cambridge University Press, 1986), 65。

5. Robert Beddard, *A Kingdom without a King: The Journal of the Provisional Government in the Revolution of 1688* (Oxford: Phaidon, 1988), 14; John Miller, *James II* (London: Methuen, 1978), 126, 128; Mark Goldie, "James II and the Dissenters' Revenge," *Historical Research* 66 (February 1993): 53; J. R. Western, *Monarchy and Revolution: The English State in the 1680s* (London: Blandford, 1972), 186, 190; Eveline Cruickshanks, *Glorious Revolution* (New York: St. Martin's, 200), 19–21; Tim Harris, *Revolution: The Great Crisis of the British Monarchy, 1685–1720* (London: Allen Lane, 2006), 195; Lionel Glassey to Sir John Riddell, 7 July 1986, HLRO, WMT/12/Pt. I.

6. Sir Richard Temple, "The False Patriot Unmasked," ca. 1690, HEH, STT Lit (9), 9–10; Henry St. John, Viscount Bolingbroke, *A Dissertation upon Parties,* 3rd ed. (London, 1735), 78; Goldie, "James II and the Dissenters' Revenge," 54; Mark Goldie, "The Political Thought of the Anglican Revolution," in *The Revolutions of 1688,* ed. Robert Beddard (Oxford: Clarendon Press, 1991), 111; Mark Goldie, "John Locke's Circle and James II," *Historical Journal* 35, no. 3 (1992): 559, 569, 584; Western, *Monarchy and Revolution,* 226; Cruickshanks, *Glorious Revolution,* 18.

7. Harris, *Revolution,* 183–84, 199, 236; Goldie, "John Locke's Circle," 558, 579; Goldie, "Anglican Revolution," 107–8, 111, 117–18; Western, *Monarchy and Revolution,* 139–40, 266, 274. 另外参见 Lionel K. J. Glassey, "Introduction," in *The Reigns of Charles II and*

James VII and II, ed. Glassey (New York: St. Martin's, 1997), 9。

8. George Etherege (Ratisbon) to Sunderland, 9/19 January 1688, Harvard Theatre Collection, f MS THR 11, 237; London Newsletter, 17 November, 22 December 1687, FSL, L.c. 1884, 1896; Bevil Skelton (Paris) to Sunderland, 4/14 January 1688, NA, SP 78/151, fol. 131r; Eugène Michaud, *Louis XIV et Innocent XI,* 4 vols. (Paris: G. Charpentier, 1882–83), 2:242–47; Skelton (Paris) to Sunderland, 10/20 December 1687, NA, SP 78/151, fol. 123r; London Newsletter, 3 January, 14 January, 28 January 1688, FSL, L.c. 1903, 1908, 1914; Peter Wyche (Hamburg) to Middleton, 3 February 1688, BL, Add. 41826, fol. 260v; Etherege (Ratisbon) to Albeville, 16/26 April 1688, Indiana, Albeville MSS.

9. Michaud, *Louis XIV et Innocent XI,* 3:168, 195–96; J. R. Jones, *The Revolution of 1688 in England* (New York: W. W. Norton, 1972), 206; Western, *Monarchy and Revolution,* 250; ? to Thomas Felton, 18 August 1688, BL, Add. 39487, fol. 21v; Skelton (Paris) to Sunderland, 15/25 August 1688, NA, SP 78/151, fol. 200v; John Lytcott (Rome) to Sir Richard Bulstrode, 29 September/9 October 1688, BL, Egerton 3683, fol. 160r; J[ames] Fr[aser] (London) to John Ellis, 16 October 1688, BL, Add. 4194, fol. 382v; Pierre Blet, *Les Nonces du pape à la cour de Louis XIV* ([Paris]: Perrin, 2002), 159; *Mercurius Reformatus,* 26 June 1689, [1]; *The Intrigues of the French King at Constantinople* (London: Dorman Newman, 1689), 23–24; Edmund Bohun, *The History of the Desertion* (London: Ric. Chiswell, 1689), 4–5; *The Politicks of the French King Lewis the XIV Discovered* (London: Mat. Wotton, 1689), 2–3; W. E. Buckley, ed., *Memoirs of Thomas, Earl of Ailesbury,* 2 vols. (Westminster: Nichols and Sons, 1890), 1:166 (hereafter cited as Ailesbury, *Memoirs*).

10. William Leslie (Rome) to Louis Innes (?), 15/25 April 1687, SCA, Bl 1/105/8; Gilbert Burnet, "Reasons against the Repealing," 1687, in *A Collection of Eighteen Papers Relating to the Affairs of Church and State during the Reign of King James the Second* (London: John Starkey and Richard Chiswell, 1689), 3; Gilbert Burnet, *History of His Own Time,* 2 vols. (London: Thomas Ward, 1724), 1:595, 706; Leslie (Rome) to Melfort, 3 March 1688, SCA, Bl 1/116/5.

11. Raymond J. Maras, *Innocent XI: Pope of Christian Unity* (Notre Dame, IN: Cross Roads Books, 1984), 107–29; Joseph Bergin, *Crown, Church and Episcopate under Louis XIV* (New Haven and London: Yale University Press, 2004), 234–38; *The Present French King Drawn to the Life* (London: R. Baldwin, 1690), 71; *The Spirit of France and the Politick Maxims of Lewis XIV* (London: Awnsham Churchill, 1689), 14–15; M. Roux, ed., *Mémoires de l'abbé Le Gendre* (Paris: Charpentier, 1865), 45; Wyche (Hamburg) to Middleton, 5 April 1687, BL, Add. 41826, fol. 96v; Newsletter from Rome, 12 May 1687, NA, SP 85/12, fol. 187r; London Newsletter, 29 November 1687, FSL, L.c. 1888; William Westby, Memoirs, 26 January 1688, FSL, V.a. 469, fol. 7v.

12. Louis O'Brien, *Innocent XI and the Revocation of the Edict of Nantes* (Berkeley, CA, 1930), 130; *Spirit of France,* 69.

13. Gilbert Burnet, *The History of the Rights of Princes* (London: J. D. for Richard Chiswell, 1682), 3, 34; James Fraser (London) to Sir Robert Southwell, 15 December 1687, FSL, V.b. 287 (39); Alexander Dunbar (Edinburgh) to Innes, 30 October 1688, SCA, Bl

1/111/8; Roger Morrice, Entering Book, 6 November 1686, DWL, 31 P, 650. 林肯教区的主教、军人查尔斯·利特尔顿爵士和律师怀特洛克·布尔斯特罗德热切地关注着法国和教皇之间的争端：Thomas Barlow (bishop of Lincoln) to Robert Boyle, 1 October, 22 November 1686, in *The Works of the Honourable Robert Boyle,* vol. 6, ed. Thomas Birch (London: W. Johnston et al., 1772), 315, 317; Sir Charles Lyttleton (Richmond) to Hatton, 14 June 1684, in *Correspondence of the Family of Hatton,* vol. 2, ed. Edmund Maunde Thompson, Camden Society, n.s., vol. 23 (1878): 47; Whitelocke Bulstrode, Commonplace Book, January 1686, HRC, Pforzheimer, Misc. MS 817, fols. 56–57。另外参见 *The True Interest of Christian Princes* (1686), 23–24。英诺森十一世去世时，一位英国新教徒在他的笔记中写道："他是一位意志坚定、英勇无畏的人，连号称基督教世界霸主的路易十四也无法摆布他。"：Whitelocke Bulstrode, Meditations, August 1689, HRC, Pforzheimer 2k。1688 年，辉格党人、西英格兰神职人员约翰·沃克在哈德利买了一本伯内特的小册子：John Walker of Hadley, Account Book, 15 April 1688, Somerset SRO, DD/ Whb/3185。

14. Father Francis Sanders, *An Abridgement of the Life of James II* (London: R. Wilson, 1704), 13; Foley, 5; Edward Gregg, "New Light on the Authorship of the Life of James II," *English Historical Review* 108 (1993): 959; Letter from a Jesuit of Liege to a Jesuit of Freiburg, 2 February 1688, Beinecke, OSB MSS 2/Box 5/Folder 109. 吉尔伯特·伯内特有力地证明了这封信绝非伪造：Burnet, *History of His Own Time,* 1:712; Charles Dodd, *The History of the English College at Doway* (London: Bernard Lintott, 1713), 32; Geoffrey Scott, "The Court as a Centre of Catholicism," in *A Court in Exile: The Stuarts in France, 1689–1718,* ed. Edward Corp (Cambridge: Cambridge University Press, 2004), 242, 247; Michael A. Mullett, *Catholics in Britain and Ireland, 1558–1829* (New York: St. Martin's, 1998), 81; Skelton (Paris) to Sunderland, 19/29 November 1687, NA, SP 78/151, fol. 117v; Letter from a Jesuit of Liege, 2 February 1688。17 世纪 70 年代，詹姆斯二世任命爱德华·科尔曼为摩德纳的玛丽的秘书，当时他与拉谢兹保持着密切联系：HMC, *Report XIII,* 89–94, 95–97。另外参见 Andrew Barclay, "The Rise of Edward Colman," *Historical Journal* 42, no. 1 (1999): 126–28; Morrice, Entering Book, 25 September 1686, DWL, 31 P, 628; Gilbert Dolben (London) to Sir William Trumbull, 2 January 1686, BL, Trumbull MSS 54 (since recataloged); and "Over the Lord D[over]'s Door," in *Lampoon* (1687). 这也是荷兰相关观察人士的看法：Barillon (London) to Louis XIV, 23 May/2 June 1687, NA, PRO 31/3/170, fol. 5v。欧洲大陆的人也以这种方式回忆詹姆斯二世的宫廷，参见 W. H. Quarrell and Margaret Mare, eds., *London in 1710 from the Travels of Zacharias Conrad von Uffenbach* (London: Faber and Faber, 1934), 14; and Voltaire, *The Age of Lewis XIV,* 2 vols. (London: R. Dodsley, 1752), 1:239。

15. James (Brussels) to Dartmouth, 8 May, 25 July 1679, Beinecke, OSB Shelves f b.190/II, fols. 40, 52; *Life of James II,* 1:441–42; Bonrepaus (London) to Seignelay, 11/21 March 1686, NA, PRO 31/3/169, fol. 66r; Barillon (London) to Louis XIV, 22 February/4 March 1686, NA, PRO 31/3/165, fol. 2r; Bonrepaus (London) to Seignelay, 24 December/3 January 1686, NA, PRO 31/3/163, fols. 20–21; Barillon (London) to Louis XIV, 26. April/6 May 1688, NA, PRO 31/3/177, fol. 7; John Sheffield, "Memoirs," in *Works,* 2

vols. (London: John Barber, 1723), 2:12. 另外参见 Captain Robert Parker, *Memoirs of the Most Remarkable Military Transactions* (Dublin: Geo. and Alex Ewing, 1746), 4。

16. Barillon (London) to Louis XIV, 5 March 1685, NA, PRO 31/3/160, fol. 70r; Bonrepaus (London) to Seignelay, 1/11 February 1686, NA, PRO 31/3/164, fol. 36; Barillon (London) to Louis XIV, 9/19 February 1685, NA, PRO 31/3/160, fols. 39–40; Barillon (Windsor) to Louis XIV, 13/23 September 1686, NA, PRO 31/3/167, fol. 11v; Barillon (London) to Louis XIV, 25 October/4 November, 8/18 November, 11/21 November, 29 November/9 December, 2/12 December 1686, NA, PRO 31/3/167, fols. 40r, 47–48, 50–51, 58v, 60r; Barillon (London) to Louis XIV, 23 December/2 January 1686/87, 13/23 January 1687, NA, PRO 31/3/168, fols. 1r, 15r; Bonrepaus (Windsor) to Seignelay, 11/21 July 1687, NA, PRO, 31/3/171, fol. 67r; Bonrepaus (London) to Seignelay, 29 September/9 October, 14/24 November 1687, NA, PRO 31/3/173, fols. 22r, 124r; Barillon (London) to Louis XIV, 8/18 December 1687, NA, PRO 31/3/174, fols. 41–42; Bonrepaus, Report on the State of England, 1687, NA, PRO 31/3/174, fols. 80–86; Thomas Birch, *The Life of the Reverend Dr. John Tillotson* (London: J. and R. Tonson et al., 1752), 146; Sir Edward Hales, Treatise on Government, 1692, AWA, Old Brotherhood Papers, Book 3/258.

17. Barillon (London) to Louis XIV, 2/12 November, 3/13 December 1685, NA, PRO 31/3/162, fols. 10v, 44–45; Barillon (Windsor) to Louis XIV, 13/23 September 1686, NA, PRO 31/3/167, fol. 12v; Bonrepaus (London) to Seignelay, 7/17 January 1686, NA, PRO 31/3/163, fol. 55r; Morrice, Entering Book, 9 April 1687, DWL, 31 Q, 87. 沃纳神父尤其从不放过任何机会来表达他对路易十四的热忱和忠诚：Barillon (London) to Louis XIV, 28 March/7 April 1687, NA, PRO, 31/3/168, fol. 63r; Placidus Fleming (Ratisbon) to Mr. Whyteford, 13/23 March 1688, SCA, Bl 1/111/9; Charles Dodd, *The Church History of England,* 3 vols. (Brussels, 1742), 3:415–16。

18. William Leslie (Rome) to Innes, 5/15 April 1687, SCA, Bl 1/105/18; Walter Leslie (Rome) to Mr. Whyteford, 23 August/2 September 1687, SCA, Bl 1/103/7; Barillon (London) to Louis XIV, 6/16 January 1687, NA, PRO 31/3/168; Etherege (Ratisbon) to Lord Taaffe, 2/12 1687, Harvard Theatre Collection, f MS THR 11, 69; Morrice, Entering Book, 26 November 1687, DWL, 31 Q, 210; Van Citters (London) to States General, 1/11 May 1688, BL, Add. 34512, fol. 78r; John Miller, *Popery and Politics in England, 1660–1688* (Cambridge: Cambridge University Press, 1973), 236; James Johnston (London) to ?, March 1688, BL, Add. 34515, fol. 58r.

19. Jones, *Revolution of 1688,* 81; Barillon (London) to Louis XIV, 11/21 November 1686, NA, PRO 31/3/167, fols. 50–51; Bonrepaus (London) to Seignelay, 1/11 February 1686, NA, PRO 31/3/164, fol. 36r; James II to the pope, 16 June 1687, Foley, 277–78; Barillon (Windsor) to Louis XIV, 7/17 June 1686, NA, PRO 31/3/166, fol. 22r; Morrice, Entering Book, 8 January, 12 November 1687, DWL, 31 Q, 41, 200; London Newsletter, 12 November 1687, FSL, L.c. 1882; Ailesbury, *Memoirs,* 1:99, 121; Annual Letters of the Province, 1685–1690, Foley, 276; Ethelred Luke Taunton, *The History of the Jesuits in England, 1580–1773* (London: Methuen, 1901), 448; Barillon (London) to Louis XIV, 21 February/3 March, 28 February/10 March 1687, NA, PRO 31/3/168, fols. 37r, 40v;

William Blathwayt (Whitehall) to Southwell, 12 November 1687, Notting-ham SUL, PwV 53/57; Barillon (London) to Louis XIV, 22 November/2 December 1686, PRO, PRO 31/3/167, fol. 56r.

20. Bonrepaus, Report on the State of England, 1687, NA, PRO 31/3/174, fols. 78–80; Barillon (London) to Louis XIV, 19 February 1685, NA, PRO 31/3/160, fol. 40; Earl of Perth (London) to Hamilton, 10 December 1685, NAS, GD 406/1/9223; Dolben (London) to Trumbull, 22 January 1686, BL, Trumbull MSS 54 (since recataloged); Barillon (London) to Louis XIV, 26 December/5 January 1687/88, NA, PRO 31/3/175, fol. 5v; Bridget Croft to Huntingdon, 9 May 1687, HEH, HA 1791; Henry Thynne (London) to Earl of Weymouth, 30 June 1688, Longleat House, Thynne MSS 14, fol. 234r; Morrice, Entering Book, 30 June 1688, DWL, 31 Q, 277; Van Citters (Windsor) to States General, 27 September/7 October 1687, BL, Add. 54512, fol. 62v; Bonrepaus (Windsor) to Seignelay, 25 May/4 June 1687, NA, PRO 31/3/170, fols. 18–19; Ronquillo (London) to Don Francisco Bernardo de Quixon, 5 April 1686, BL, Add. 35402, fol. 61v; Morrice, Entering Book, 19 June 1686, DWL, 31 P, 553; Barillon (London) to Louis XIV, 16/26 January 1688, NA, PRO, 31/3/175, fol. 14r.

21. Barillon (London) to Louis XIV, 8/18 December 1687, NA, PRO 31/3/174, fols. 41–42; Morrice, Entering Book, 17 September 1687, DWL, 31 Q, 169; Earl of Clarendon, Diary, 4 January 1688, Singer, 2:153; Blathwayt (Whitehall) to Southwell, 20 October 1687, Nottingham SUL, PwV 53/55; Van Citters (London) to States General, 14/24 October 1687, BL, Add. 34510, fol. 53v; John Oldmixon, *The False Steps of the Ministry after the Revolution*, 3rd ed. (London, 1714), 15; ? (Whitehall) to Sir Richard Bulstrode, 11 April 1687, HRC, Pforzheimer/Box 10; Robert Yard (Whitehall) to Albeville, 12 April 1687, Indiana, Albeville MSS; London Newsletter, 12 April 1687, FSL, L.c. 1796; Roger North, *The Life of Sir Dudley North* (London, 1744), 162; Bonrepaus (London) to Seignelay, 17/27 October 1687, NA, PRO 31/3/173, fols. 59–60; Barillon (London) to Louis XIV, 17/27 October 1687, NA, PRO 31/3/173, fol. 64. Butler played no small role in Rochester's demise: Barillon (Windsor) to Louis XIV, 8/18 July 1687, NA, PRO 31/3/166, fol. 39; Blathwayt (Windsor) to Southwell, 22 June 1686, Nottingham SUL, PwV 53/36. 由于巴特勒的职业活动，他在伦敦金融城拥有很大的利益，想必在非国教徒群体中也是如此。这也就解释了他在 1687 年和 1688 年英格兰公司改革项目中发挥的重要作用：Morrice, Entering Book, 5 May 1688, DWL, 31 Q, 254。

22. Barillon (London) to Louis XIV, 24 September/4 October 1685, NA, PRO, 31/3/161, fols. 53–54; Barillon (London) to Louis XIV, 1/11 March 1686, NA, PRO 31/3/165, fol. 4r; Duke of Hamilton (Hamilton) to Earl of Arran, 16 August 1686, NAS, GD 406/1/7190; Miller, *James II*, 210; Bruce Lenman, "The Scottish Nobility and the Revolution 1688–90," in *Revolutions of 1688*, ed. Beddard, 144; Morrice, Entering Book, 8 December 1688, 2 March 1689, DWL, 31 Q, 339–40, 485; William Fuller, Autobiography, Beinecke, OSB Shelves fc.66, 15; Van Citters (London) to States General, 2/12 November 1688, BL, Add. 34510, fol. 163r; Bonrepaus (Windsor) to Seignelay, 11/21 August 1687, NA, PRO 31/3/172, fol. 20r; Bonrepaus, Report on the State of England, 1687, NA, PRO 31/3/174, fol. 82r; Perth to Mme. de Crolly, 1685, in Ch. Urbain and E.

Levesque, eds., *Correspondance de Bossuet,* vol. 3 (Paris: Librairies Hachette, 1910), 544; François Gaquère, *Vers L'Unité Chrestienne: James Drummond et Bossuet* (Paris: Beauchesnes, 1963), 22–28, 52–160; Perth (London) to Bossuet, 12 November 1685, in Urbain and Levesque, eds., *Correspondance de Bossuet,* 160; Robert Francis Strachan (Paris) to William Leslie, 16/26 November 1685, SCA, Bl 1/92/12; Innes to Perth, 13 November 1686, SCA, SM 2/12/II; Barillon (London) to Louis XIV, 14/24 January 1686, NA, PRO 31/3/163, fol. 12v; Bonrepaus (London) to Seignelay, 1/11 March 1686, 5/15 April 1686, NA, PRO 31/3/165, fols. 52r, 133r; Morrice, Entering Book, 7 July 1688, DWL, 31 Q, 283; Van Citters (London) to States General, 6/16 November 1688, BL, Add. 34510, fol. 167v. 1688 年 6 月梅尔福特伯爵和珀斯伯爵发生了争执，但这场争吵是由于他们对森德兰伯爵可靠性的不同看法而起——两人都推行亲法政策。Perth to ?, 10 June 1688, SCA, Bl 1/117/13; Morrice, Entering Book, 7 July 1688, DWL, 31 Q, 283.

23． James Fitzjames, Duke of Berwick, *Memoirs of the Marshal Duke of Berwick,* vol. 1 (London: T. Cadell, 1779), 1–2; Dodd, *Church History,* 3:493; Foley, 292. 显然，詹姆斯二世原本也希望让詹姆斯·弗朗西斯·爱德华接受耶稣会士的教育：Scott, "Court as a Centre of Catholicism," 257。

24． ? (Whitehall) to William III, 1 June 1686, NA, SP 8/1/Pt. 2, fol. 26; London Newsletter, 18 October 1687, FSL, L.c. 1871; Morrice, Entering Book, 18 February 1688, DWL, 31 Q, 239(3); Barillon (London) to Louis XIV, 11/21 March 1686, PRO, PRO 31/3/165, fol. 11r; Bonrepaus (London) to Seignelay, 8/18 February 1686, NA, PRO 31/3/164, fol. 57; Geoffrey Scott, "A Benedictine Conspirator: Henry Joseph Johnston," *Recusant History* 20, no. 1 (1990): 58–62; Francis Turner (bishop of Ely) to Trumbull, 29 May 1686, BL, Trumbull 46 (since recataloged); William Clagett, *The Present State of the Controversy* (London: Tho. Basset et al., 1687), 13; Burnet, *History of His Own Time,* 1:673.

25． Father Peter Hamerton, An Account of the Beginning and Progress of Oates' Plot, Foley, 23; Barillon (London) to Louis XIV, 21/31 December 1685, NA, PRO 31/3/162, fol. 69r; James Wellwood, *Memoirs,* 3rd ed. (London: Tim. Goodwin, 1700), 181–82; Burnet, *History of His Own Time,* 1:707; Miller, *James II,* 152–53. 卡斯尔梅因伯爵不仅在罗马时与耶稣会士结盟，而且还与亲法情绪浓厚的马耳他骑士团建立了联系：D. F. Allen, "Attempts to Revive the Order of Malta in Stuart England," *Historical Journal* 33, no. 4 (1990): 947; quoted in F. A. J. Mazure, *Histoire de la révolution de 1688 en Angleterre,* vol. 2 (Paris: Charles Gosselin, 1825), 241。

26． E. S. De Beer, "The Marquis of Albeville and His Brothers," *English Historical Review* 45 (1930): 397–408; Barillon (Windsor) to Louis XIV, 13/23 September 1686, NA, PRO 31/3/167, fol. 14r; Bonrepaus (London) to Seignelay, 1/11 February 1686, NA, PRO 31/3/164, fol. 36r; Barillon (Windsor) to Louis XIV, 23 August/2 September, 13/23 September 1686, NA, PRO 31/3/167, fols. 1v, 13–14; Barillon (London) to Louis XIV, 26 August/5 September 1686, NA, PRO 31/3/167, fol. 4r; Yard (Whitehall) to Albeville, 8 April 1687, Indiana, Albeville MSS; Barillon (London) to Louis XIV, 1/11 November 1686, NA, PRO 31/3/167, fol. 43; Barillon (London) to Louis XIV, 28 February/10

March 1687, NA, PRO 31/3/168, fol. 44v; Bonrepaus quoted in Mazure, *Histoire de la révolution,* 331–32; Wyche (Hamburg) to Albeville, 10/20 May 1687, Indiana, Albeville MSS.

27. Barillon (Windsor) to Louis XIV, 26 July/5 August, 5/15 August, 9/19 August 1686, NA, PRO 31/3/166, fols. 48v, 53v, 54v; Fleming (Ratisbon) to Charles Whyteford, 11/21 January 1687, SCA, Bl 1/101/2; Barillon (Windsor) to Louis XIV, 12/22 August 1686, NA, PRO 31/3/166, fol. 57v.

28. Louis XIV to Barillon, 30 September 1688, in John Dalrymple, *Memoirs of Great Britain and Ireland,* 2nd ed. (London: W. Strahan and T. Cadell, 1771), 2:appendix/1:234.

29. 关于其宗教戒律，参见 Scott, "Court as a Centre of Catholicism," 238–39。我不同意迈克尔·A. 穆莱特的观点，即英国天主教只能被理解为"在 1688 年之后才具有欧洲特征"：Michael A. Mullett, *Catholics in Britain and Ireland, 1558–1829* (New York: St. Martin's, 1998), 82; Scott, "Benedictine Conspirator," 62; Patrick Riley, "Introduction," in *Bossuet: Politics Drawn from Holy Scripture,* ed. Riley (Cambridge: Cambridge University Press, 1990), xli–lvii; Fraser (London) to Southwell, 31 December 1687, FSL, V.b. 287 (43); John Dryden in his translation of Maimbourg's *History of the League* (London: Jacob Tonson, 1684), postscript: 48。伯内特早在两年前就已指出曼堡著作中蕴含的绝对主义意味：*History of the Rights,* 39–40; Louis Maimbourg, *A Discourse Concerning the Foundation and Prerogative of the Church of Rome,* trans. Archibald Lovell (London: Jos. Hindmarsh, 1688), 345, 347–48, 350–52。

30. James Maurice Corker, *Roman-Catholick Principles* [1687], 4. 关于科克和詹姆斯二世的关系，见 Scott, "Benedictine Conspirator," 60; Charles Trinder, *The Speech,* 8 January 1688 (London: Randal Taylor, 1688), 4. 关于特林德，见 Dodd, *Church History,* 3:460; John Wilson, *Jus Regium Coronae* (London: Henry Hills, 1688), 7; Lex Coronae, ca. 1687, Centre for Kentish Studies, U386/Z8/5; *Some Reflections on the Bulls of Paul the Third and Pius the Fifth* (1686), 2; *A Letter in Answer to Two Main Questions* (London: M. T., 1687), 10。

31. *Some Reflections on the Bulls,* 2. The same tract was published under the title *The Bulls of the Popes* (1686); "The Case of Several English Catholics," ca. 1680s, Georgetown SUL, Milton House Archives, Box 3/Folder 10; Edward Scarisbrick, "Catholic Loyalty," 30 January 1688, in *A Select Collection of Catholick Sermons Preach' d before Their Majesties,* vol. 1 (London, 1741), 235. Scarisbrick claimed this "the truly Catholic doctrine of that Society whereof the author hath the honor to be a member" (226). On Scarisbrick, see Foley, 350.

32. Dryden in Maimbourg, *History of the League,* 1684, postscript: 2. 詹姆斯二世即位后，德莱顿应国王之命继续翻译法国天主教的文献，参见 James Anderson Winn, *John Dryden and His World* (New Haven and London: Yale University Press, 1987), 412, 421–22。德莱顿在科克的帮助下皈依了天主教：Geoffrey Scott, *Gothic Rage Undone: English Monks in the Age of Enlightenment* (Bath: Downside Abbey, 1992), 13; Wilson, *Jus Regium Coronae,* 6–7; Scarisbrick, "Catholic Loyalty," 238。

33. Philip Michael Ellis, Sermon, 5 December 1686, in *Select Collection,* 83. 埃利斯本人是在法国接受的教育：Joseph B. Gavin, "An Englishman in Exile," *Recusant History* 15,

no. 1 (1979): 11; Scarisbrick, "Catholic Loyalty," 252; *A Pastoral Letter from the Four Catholic Bishops to the Lay-Catholics of England* (London: Henry Hills, 1688), 6。

34. *Pastoral Letter,* 7; Scarisbrick, "Catholic Loyalty," 254; Ellis, Sermon, 77.

35. John Kettlewell, *The Religious Loyalist,* 28 August 1685 (London: Robert Kettlewell, 1685), 15, 27–28; Richard Thompson, *A Sermon Preached in the Cathedral Church of Bristol,* 21 June 1685 (London: Luke Meredith, 1685), 5. 另外参见 John Curtois, *A Discourse* (London: Jo. Hindmarsh, 1685), 19, 30–31; James Ellesby, *The Doctrine of Passive Obedience,* 30 January 1685 (London: William Crooke, 1685), 16; Thomas Fysh, *A Sermon Preached . . . in Lyn-Regis in Norfolk,* 29 May 1685 (London: Sam. Smith, 1685), 27–28; John Scott, *A Sermon Preached at the Assizes at Chelmsford,* 31 August 1685 (London: M. Flesher, 1686), 2–3, 8–9; Erasmus Warren, *Religious Loyalty, or Old Allegiance to the New King,* 8 February 1685 (London: Robert Clavell, 1685), 26; John Petter, *A Sermon,* 5 July 1685 (London: Samuel Walsel, 1685), 19–20; Robert Almond, Account of Magdalen College, 19 October 1687, Magdalen College Archives, 908/26, 1; "An Account of the Magdalen College Vistation," 21 October 1687, NA, SP 8/1/Pt. 2, fol. 166r; "An Account of the Visitation of S. M. Magd. College," 21 October 1687, Bodleian, Tanner 29, fol. 93r; Thomas Cartwright, *A Sermon Preached upon the Anniversary Solemnity of the Happy Inauguration of Our Dread Soveraign Lord King James II,* 6 February 1686, 2nd ed. (London: Walter Davis, 1686); Cartwright, *An Answer of a Minister of the Church of England* (London: J. L., 1687), 10; and Burnet, *History of His Own Time,* 1:695–96. For Parker, see Bonrepaus, "Report on the State of England," 1687, NA, PRO 31/3/174, fols. 106–7; and Parker, *A Discourse of Ecclesiastical Politie* (London: J. Martyn, 1670)。其他内容参见 Morrice, Entering Book, 5 February 1687, DWL, 31 Q, 57; *Speech of the Right Honourable Thomas, Earl of Stamford* (London: Richard Baldwin, 1692), 6; and Memorandum on William's Descent, 1688, NA, SP 8/2/Pt. 3, fol. 67r。值得注意的是，1687 年，帕克被认为在淡化英国国教与罗马天主教之间的神学分歧：Nathaniel Johnston to Sir John Reresby, 18 December 1687, W YAS, MX/R50/54。

36. *A Proclamation,* 12 February 1687 (Edinburgh: Andrew Anderson, 1687); Gilbert Burnet, "Some Reflections on His Majesty's Proclamation," 1687, reprinted in *A Collection of Eighteen Papers Relating to the Affairs of Church and State during the Reign of King James the Second* (London: John Starkey and Richard Chiswell, 1689), 10–11. 詹姆斯统治时期，这本小册子在英格兰和苏格兰都被广泛传抄。例见 Hertfordshire SRO, D/EP F 26。

37. Barillon (Windsor) to Louis XIV, 13/23 September 1686, NA, PRO 31/3/167, fols. 11–13; Ailesbury, *Memoirs,* 1:174–75; Dodd, *Church History,* 3:416. 黑尔斯是梅尔福特伯爵的密友．；Hales, Treatise on Government。见 Daniel Szechi, "A Blueprint for Tyranny? Sir Edward Hales and the Catholic Response to the Revolution of 1688," *English Historical Review* 116 (2001): 342–67; Hales to Melfort, 27 May 1692, AWA, Old Brotherhood Papers, Book 3/253。

38. James II's speech in Vincent Alsop, *The Humble Address of the Presbyterians* ([London]: J. W., 1687), 7; Robert Barclay, *A Genealogical Account of the Barclays of Urie* (Aberdeen,

1740), 56; James (Hague) to Dartmouth, 25 April 1679, NMM, LBK/49, 5; William Penn (London) to Thomas Lloyd, 16 March, ca. 18 May 1685, *Penn Papers,* 42, 45; J. Tucker to Arran, 19 April 1687, NAS, GD 406/1/3445; London Newsletter, 19 April 1687, FSL, L.c. 1799; James II's answer to William Penn's speech, 24 May 1687, BL, Add. 5540, fol. 43; Ailesbury, *Memoirs,* 1:169.

39. John Marshall, *John Locke, Toleration and Early Enlightenment Culture* (Cambridge: Cambridge University Press, 2006), 396–417; Jacques Benigne Bossuet, *A Pastoral Letter from the Lord Bishop of Meaux* [London: Henry Hills, 1686], 2–3, 36; Maimbourg, *Discourse,* sigs. [A6r], a4v–[a5r]; Evelyn, *Diary,* 3 November 1685, 4:486. Evelyn referred to the "Harangue," delivered by Daniel de Cosnac at Versailles on 14 July 1685: "Harangue," in *Memoires de Daniel de Cosnac,* ed. Comte Jules de Cosnac (Paris: Jules Renouard, 1852), 2:316–22; *The Proceedings of the Clergy of France* (Lille: I. Chrysostome Malte, 1686), [ii]. 威廉·克拉盖特声称，波舒哀神父曾写过一封信，这封信很快就被压下去了，信中"既承认迫害行为，又为其进行了辩护"。Clagett, *Present State of the Controversy,* 24; Dominique Bouhours, *The Life of St. Ignatius* (London: Henry Hills, 1686), 1–2.

40. Joshua Basset, *Reason and Authority* (London: Henry Hills, 1687), 12. 不出所料，巴西特阻止了他的学院庆祝"火药阴谋"周年纪念日：John Verney (London) to Sir Ralph Verney, 17 November 1687, Buckinghamshire SRO, Verney MSS. 我不认同马克·戈尔迪对巴西特的描述，即巴西特秉持"现代自由主义者和世俗主义者所珍视的原则：一所向多元社会开放的大学"。Mark Goldie, "Joshua Basset, Popery, and Revolution," in *Sidney Sussex College Cambridge: Historical Essays,* ed. D. E. D. Beales and H. B. Nisbet (Woodbridge: Boydell, 1996), 119; William Darrel, *A Vindication of St. Ignatius* (London: Anthony Boudet, 1688), sig. A2r; Dryden, *History of the League,* postscript: 8; Trinder, *Speech,* 8 January 1688, 5–6; John Betham, Sermon, 6 January 1686, in *Select Collection,* 215.

41. Etherege (Ratisbon) to Mr. Maule and Mr. Wynne, 28 February/10 March 1687, Harvard Theatre Collection, fMS THR 11, 83; Perth to Hamilton, 1687, NAS, GD 406/1/9201; Lawrence Dowdall (Champagne) to James II, 22 June/2 July 1688, NA, SP 78/151, fol. 190r; Sir Edward Hales to Melfort, 27 May 1692, AWA, Old Brotherhood Papers, Book 3/253; Hales, Treatise on Government; *A Speech Spoken by Mr. Hayles, Student of University-College of Oxford* (London: A. M., 1687), 1–2; Burnet, *History of His Own Time,* 1:661.

42. Barillon (London) to Louis XIV, 31 January/10 February 1687, NA, PRO 31/3/168, fol. 24v; Barillon (Windsor) to Louis XIV, 10/20 September 1685, NA, PRO 31/3/161, fol. 47r; Barillon (London) to Louis XIV, 11/21 March 1686, NA, PRO 31/3/165, fol. 10v; Barillon (London) to Louis XIV, 2/12 May 1687, NA, PRO, 31/3/169, fol. 26r. 詹姆斯对邦勒波也发表了类似的言论：Bonrepaus, Report on the State of England, 1687, NA, PRO 31/3/174. fol. 75r; Barillon (Windsor) to Louis XIV, 12/22 July 1686, PRO, PRO 31/3/166, fol. 40v; Barillon (London) to Louis XIV, 7/17 January 1686, NA, PRO 31/3/163, fol. 8v。在《关于纠正多纳图派的专论》中，奥古斯丁认为，对于那些分裂教派和异端分子，动用教会权威的力量来对付他们是合理的，因为这些人哪

怕接触到真理，也会拒不遵循，顽固不化，因而必须强制纠正。4 世纪的多纳图派曾对忏悔圣礼提出质疑，并主张圣礼的质量取决于施行圣礼者的个人品行，而非其神职身份。奥古斯丁带头镇压了这场运动。正如戈尔迪所指出的，这些论点与 17 世纪 70 年代英国高教会派人士反对宽容的论调如出一辙，参见 Goldie, "Religious Intolerance in Restoration England," in *From Persecution to Toleration,* ed. Ole Peter Grell, Jonathan Israel, and Nicholas Tyacke (Oxford: Clarendon Press, 1991), 335–68。戈尔迪指出，在 17 世纪 80 年代的法国天主教辩论中，这种拒绝宽容的论点是多么有力。(338–39); Letter from Jesuit of Liege, 2 February 1687; Léon Lecestre, ed., *Mémoires de Gourville,* 2 vols. (Paris: Librairie Renouard, 1895), 2:122。

43. Barillon (London) to Louis XIV, 19/29 October 1685, NA, PRO 31/3/161, fol. 66r; Ronquillo (London) to Quixon, 5 April 1686, BL, Add. 34502, fol. 61; Barillon (London) to Louis XIV, 21 September/1 October, 8/18 October 1685, NA, PRO 31/3/161, fols. 51r, 60v; Barillon (London) to Louis XIV, 4/14 January 1686, NA, PRO 31/3/163, fol. 7r. 尽管詹姆斯确实正式欢迎胡格诺派教徒难民来到英格兰，但他们只有在自愿皈依英国国教的情况下才能获得援助：Jones, *Revolution of 1688,* 112–13; Sir William Trumbull, Autobiography, All Souls College, MSS 317, [42]; Barillon (London) to Louis XIV, 10/20 May 1686, NA, PRO 31/3/166, fol. 8v; Jean Claude, *An Account of the Persecutions and Oppressions of the Protestants of France* (London, 1686); Barillon (Windsor) to Louis XIV, 1/11 October 1685, NA, PRO 31/3/161, fols. 57–58; Barillon (London) to Louis XIV, 25 March/4 April 1686, NA, PRO 31/3/165, fol. 17v。

44. Bonrepaus (London) to Seignelay, 11/21 January 1686, NA, PRO 31/3/163, fol. 63r; James (Edinburgh) to Dartmouth, 14 December 1679, Beinecke, OSB Shelves f b.190/ II, fol. 70r; Hamilton (London) to Duchess of Hamilton, 4 October 1687, NAS, GD 406/1/6236; Barillon (London) to Louis XIV, 19/29 April 1686, NA, PRO 31/3/165, fol. 30v; Innes (Paris) to William Leslie, 20/30 September 1686, SCA, Bl 1/94/10. 詹姆斯在政府所在地荷里路德宫创办了一所耶稣会学院。为使苏格兰和爱尔兰天主教化所做的努力，参见 Harris, *Revolution,* 127–29, 166–69, 179–81; Charles Scarburgh (Lisbon) to Sunderland, 11/21 April 1687, NA, SP 89/16, fol. 323; Barillon (Windsor) to Louis XIV, 21 September/1 October 1685, NA, PRO 31/3/161, fol. 51v; William Stanley (Hague) to William Sancroft, 24 January/3 February 1688, Bodleian, Tanner 29, fol. 130v。

45. James II in Father Francis Sanders, *An Abridgement of the Life of James II* (London: R. Wilson, 1704), 174, 176–77.

46. Eustache Le Noble, *The History of Father La Chaise* (London: H. Rhodes, 1693), 342; Ailesbury, *Memoirs,* 1:152, 165–66. 另外参见 Edward Gregg, "France, Rome and the Exiled Stuarts, 1689–1713," in *Court in Exile,* ed. Corp, 17。

47. *A Memorial of God's Last Twenty-Nine Years Wonders in England* (London: J. Rawlins, 1689), 116; Wellwood, *Memoirs,* 178, 180; Barillon (Windsor) to Louis XIV, 14/24 June 1686, NA, PRO 31/3/166, fol. 25; London Newsletter, 31 May 1687, FSL, L.c. 1814; John Phillips, *The Secret History of the Reigns of K. Charles II and K. James II* (London, 1690), 195; John Warner, The Origins of Government, ca. 1694, University of Chicago, MSS 416, 2:1325; White Kennett, *A Complete History of England,* vol. 3 (London: Brab.

Aylmer et al., 1706), 444; Barillon (Windsor) to Louis XIV, 17/27 June 1686, NA, PRO 31/3/166, fol. 26v; William Leslie (Rome) to Innes, 5/15 August 1687, SCA, Bl 1/105/18; J. Hill (Paris) to Trumbull, 15 February 1688, Berkshire SRO, D/ED/C33; Innes (London) to Whyteford, 17 February 1688, SCA, Bl 1/113/11; Ailesbury, *Memoirs,* 1:166.

48. Barillon (London) to Louis XIV, 15/25 February 1686, NA, PRO 31/3/164, fol. 17v.

49. Barillon (London) to Louis XIV, 26 November/6 December 1685, NA, PRO 31/3/162, fol. 38r; Barillon (London) to Louis XIV, 28 February/10 March 1687, NA, PRO 31/3/168, fol. 40v; Van Citters (London) to States General, 11/21 November 1687, BL, Add. 34510, fol. 61r; ? (London) to Dijkvelt, [January 1688], Warwickshire SRO, CR 2017/C7, fol. 17r; Morrice, Entering Book, 25 September 1686, 6 November 1686, DWL, 31 P, 628, 650; "Father Hay's Memoirs of His Own Time," in *Genealogie of the Hayes of Tweeddale,* ed. Richard Augustin Hay (Edinburgh: Thomas G. Stevenson, 1835), 82; Wellwood, *Memoirs,* 179; Southwell (Kingsweston) to Weymouth, 16 January 1688, Longleat House, Thynne MSS 15, fol. 219v; Ailesbury, *Memoirs,* 1:152, 165. 詹姆斯现代天主教政策的这些做法在第六章中有讨论。

50. Bonrepaus (London) to Seignelay, 21/31 January 1686, NA, PRO 31/3/163, fol. 78r; Bonrepaus (London) to Seignelay, 15/25 February 1686, NA, PRO 31/3/164, fol. 85r; Wellwood, *Memoirs,* 152; Barillon (London) to Louis XIV, 30 November/10 December 1685, NA, PRO 31/3/162, fol. 41; Barillon (London) to Louis XIV, 4/14 March 1686, NA, PRO 31/3/165, fol. 6v; "A Copy of a Letter," 1689, Bodleian, Rawlinson MSS, D91, 15–16; Edmund Bohun, *The History of the Desertion* (London: Ric. Chiswell, 1689), 35. 1688 年末，帝国大使也持类似态度：*A New Declaration of the Confederate Princes and States* (London: Tim. Goodwin, 1689), 19–20; Dr. Thomas Lane (Vienna) to Sunderland, 7/17 October 1688, BL, Add. 41842, fol. 144r。

51. Michael Questier, *Catholicism and Community in Early Modern England* (Cambridge: Cambridge University Press, 2006), 295, 509; Annual Letters of the English Province, 1678/89, Foley, 9–10; Father Peter Hamerton, "An Account of the Beginning and Progress of Oates's Plot," Foley, 19–23; Morrice, Entering Book, 9 July 1687, DWL, 31 Q, 160; "Father Hay's Memoirs," 57–58; Tyrconnel (Dublin) to Mary of Modena, 2 April 1690, BL, Add. 38145, fol. 16v.

52. Barillon (London) to Louis XIV, 11/21 March 1686, NA, PRO 31/3/165, fol. 11r; Letter from a Jesuit of Liege, 2 February 1687; Van Citters (London) to States General, 24 January/3 February 1688, BL, Add. 34512, fols. 68–69; Cary Gardiner (London) to Sir Ralph Verney, 7 December 1687, Buckinghamshire SRO, Verney MSS; Wellwood, *Memoirs,* sig. [A8r]; Daniel Defoe, *Memoirs of Publick Transactions in the Life and Ministry of His Grace the Duke of Shrewsbury* (London: Tho. Warner, 1718), 12–13; Halifax to Weymouth, 21 February 1688, Longleat House, Thynne MSS 15, fol. 53r; Halifax (London) to Prince of Orange, 12 April 1688, NA, SP 8/1/Pt. 2, fol. 203r; Morrice, Entering Book, 1 September 1688, DWL, 31 Q, 290; Van Citters (London) to States General, 18/28 November 1687, BL, Add. 34510, fol. 64r; Gardiner (London) to Sir Ralph Verney, 30 July 1688, Buckinghamshire SRO, Verney MSS.

53. John Irvine and Innes to Whyteford, Spring 1688, SCA, Bl 1/114/4; Burnet, *History*

of His Own Time, 1:662; Thomas Nicholson (Padua) to ?, 22 January/1 February 1687, SCA, Bl 1/96/2; Ailesbury, *Memoirs,* 1:148, 152; Morrice, Entering Book, 15 December 1688, DWL, 31 Q, 351; Privy Council Minutes, 10 July 1685, NA, PC 2/71, fol. 62r; William Fuller, Autobiography, 15–16; *Memoirs of the Secret Service of John Mackey* (London: Nichols and Sons, 1895), 136; Bonrepaus, Report on the State of England, 1687, NA, PRO 31/3/174, fol. 83r. 米德尔顿伯爵实际上是在革命之后才改信天主教的，不过他的妻子却是罗马天主教徒：Barillon (London) to Louis XIV, 6/16 February 1688, NA, PRO, 31/3/175, fol. 33r; *London Mercury,* December 1688; Questier, *Catholicism,* 324; Dodd, *Church History,* 3:466; Dodd, *The History of the English College at Doway* (London: Bernard Lintott, 1713), 28, 33; Morrice, Entering Book, 25 September 1686, DWL, 31 P, 628; Walter Leslie (Rome) to Whyteford, 17/27 April 1688, SCA, Bl 1/115/6。

54. Barillon (London) to Louis XIV, 3/13 December 1685, PRO, PRO, 31/3/162, fols. 44–45; Barillon (London) to Louis XIV, 16/26 March 1685, NA, PRO 31/3/160, fols. 95–96; Philanax Verax, *A Letter to the King When Duke of York* (London: Richard Janeway, 1688), 5–6; Ailesbury, *Memoirs,* 1:126; Sir Henry Hunloke (Wingermouth) to Huntingdon, 14 July 1688, HEH, HA 6949; Fuller, Autobiography, Beinecke, OSB Shelves fc.66, 16–17; Southwell (Kingweston) to Weymouth, 29 November 1686, Longleat House, Thynne MSS 15, fol. 157v; Morrice, Entering Book, 6 November 1686, DWL, 31 P, 650; Van Citters (Westminster) to States General, 1/11 November 1687, BL, Add. 34512, fol. 65r; James Johnston (?) to ?, 8 December 1687, Nottingham SUL, PwA 2112c; Van Citters (London) to States General, 3/13 January 1688, BL, Add. 34510, fol. 77v; Dodd, *Church History,* 3:420; *Reflexions on Monsieur Fagel's Letter,* 12 January 1688 (1688), 3; David Lindsay (London) to Innes, 28 May 1688, SCA, Bl 1/117/1; Van Citters (London) to States General, 1/11 June 1688, BL, Add. 34510, fol. 123r.

55. P. Conne (London) to Innes, 29 November 1688, SCA, Bl 1/110/6; H. Hughes (Ratisbon) to Earl of Nottingham, 4/14 December 1690, PRO, SP 81/106, fol. 29r; Fleming (Ratisbon) to Innes, 8/18 December 1688, SCA, Bl 1/111/15.

第六章　天主教现代性的实践

1. J. P. Kenyon, "The Earl of Sunderland and the Revolution of 1688," *Cambridge Historical Journal* 11, no. 3 (1955): 277.

2. John Callow, *James II: The Triumph and the Tragedy* (Kew: National Archives, 2005), 16–18; James (Edinburgh) to Dartmouth, 5 January 1680, 1 November 1681, Beinecke, OSB Shelves f b.190, 2:fols. 76, 152r.

3. Van Citters (London) to States General, 10/20 July 1685, BL, Add. 34512, fol. 24r; Humphrey Prideaux (Oxford) to John Ellis, 9 July 1685, BL, Add. 28929, fol. 113v; 托利党人爱德华·西蒙爵士和特立独行的理查德·坦普尔爵士（他在 17 世纪 90 年代成为托利党人）发表的演讲，见：12 November 1685, DWL, 31 T 3, 5–7。另外参见 Sir John Lowther, *Memoirs of the Reign of James II* (London: H. G. Bohn, 1857), 456–57; and

Guy Miege, *The New State of England under Their Majesties K. William and Q. Mary,* 2 vols. (London: H. C. for Jonathan Robinson, 1691), 1:195。

4. John Childs, *The Army, James II and the Glorious Revolution* (Manchester: Manchester University Press, 1980), 1–4, 204; William A. Shaw, ed., *Calendar of Treasury Books,* 1681–1685, 7:1, 8:1; "An Estimate of the Cost of the Expence for One Year," October 1688, NA, SP 8/2/Pt. 2, fol. 22.

5. List of Winter Quarters, 1687, HEH, HA Military Box 2 (19); Barillon (Windsor) to Louis XIV, 22 September/2 October 1687, NA, PRO 31/3/173, fol. 1r. 驻军的开支情况可以查阅 Shaw, ed., *Calendar of Treasury Books,* 8:1。

6. Thoresby, *Diary,* 1685, 1:181; Diary of Lawrence Rawstorne, 17 October 1688, Lancashire SRO, Rawstorne Diary, 91; C. Hatton (Carlisle) to Huntingdon, 16 May 1687, HEH, HA 6225; John Eames (Aylesbury) to Huntingdon, 23 July 1685, HEH, HA 2404; Sir Ralph Verney (Claydon) to John Verney, 2 August 1685, Buckinghamshire SRO, Verney MSS; Eames (Chester) to Huntingdon, 9 March 1687, HEH, HA 2407; William Blathwayt (Windsor) to Lord Langdale, 15 September 1688, NA, WO 4/1, fol. 50v

7. Barillon (Windsor) to Louis XIV, 27 August/6 September 1685, NA, PRO 31/3/161, fols. 36–37; Samuel Johnson, *Notes upon the Phoenix Edition of the Pastoral Letter* (London, 1694), 82–83; "Abstract of Particular Account of All the Inns, Alehouses in England," 1686, NA, WO 30/48; Charles Morgan (Hull) to Huntingdon, 26 September 1685, HEH, HA 9383; Petition of Marmaduke Ayscough, [1686/87], W YAS, MX 46/21; Roger Morrice, Entering Book, 6 August 1687, DWL, 31 Q, 164; Roger Kenyon, Diary, 27 October 1688, HMC *Kenyon,* 200; "Letter Sent to Every English Merchant in the United Provinces," 8/18 September 1686, BL, Add. 41820, fol. 3r; Childs, *Army,* 16.

8. Van Citters (London) to States General, 1/11 June 1686, BL, Add. 34512, fols. 36–37; ? (Whitehall) to William III, 1 June 1686, NA, SP 8/1/Pt. 2, fol. 26; Miege, *New State of England,* 2:60; Childs, *Army,* 91–92.

9. Barillon (London) to Louis XIV, 31 October/10 November 1687, NA, PRO 31/3/173, fol. 85r; Blathwayt to Sir William Trumbull, 25 January 1686, BL, Trumbull Misc. 24 (since recataloged). 这些president必就是布拉思韦特创作 *His Majesties Orders for Regulation of the Musters* (London: Charles Bill, Henry Hills, et al., 1687) 的基础。 1686 年出版的士兵手册虽未明确将法国作为典范，却大量借鉴了法国的范例：*The Soldier's Guide* (London: Benjamin Tooke, 1686); John Chichely (London) to Richard Legh, 6 March 1686, John Rylands Library, Legh of Lyme MSS, Box 2/Folder 14; Blathwayt (Whitehall) to Sir John Reresby, 9 September 1686, W YAS, MX 43/16。其他人也注意到了法国对詹姆斯二世军队的影响：Robin Clifton, *The Last Popular Rebellion: The Western Rising of 1685* (London: Maurice Temple Smith, 1984), 95; Childs, *Army,* 84。最近关于在"现代国家的创建"的背景下讨论路易十四军事改革的研究，见 James B. Collins, *The State in Early Modern France* (Cambridge: Cambridge University Press, 1995), 93–95。

10. Journal of Samuel Atkins, 22 August 1685, NMM, JOD/173, fol. 236v; Charles Reresby (London) to Sir John Reresby, 3 July 1686, W YAS, MX 44/18; Barillon (Windsor) to Louis XIV, 1/11 July 1686, NA, PRO 31/3/166, fol. 35v; London Newsletter, 8 July

1686, FSL, L.c. 1679; E. Resresby (Hounslow) to Sir John Reresby, 16 July 1687, W YAS, MX 49/24; Will Hay (London) to Tweeddale, 18 July 1687, NLS, 14407, fol. 116r; James Wellwood, *Memoirs,* 3rd ed. (London: Tim. Goodwin, 1700), 221; Thomas Nicholson (Padua) to William Leslie, 31 August 1685, SCA, Bl 1/91/20; Walter Lorenzo Leslie (Rome) to Leslie, 22 May/1 June 1686, SCA, Bl 1/95/6; Nicholson (Padua) to ?, 23 July/2 August 1686, SCA, Bl 1/96/7; A Litany for the Holy Time of Lent, 1686 or 1687, Hertfordshire SRO, D/EP F27, fol. 10v.

11. Henry Shere (Frome) to Dartmouth, 1 July 1685, Staffordshire SRO, D(w) 1778/I/ i/1132; Sir Charles Lyttleton (Taunton) to Hatton, 7 October 1685, BL, Add. 29578, fol. 67r; John Wyndham of Salisbury, 16 November 1685, DWL, 31 T 3, 15 (speech in Parliament); Morrice, Entering Book, 23 January 1686, DWL, 31 P, 517; Information of William Martyn (Exeter), 18 February 1686, NA, SP 31/3, fol. 77r; John Wyndham, Diary, 1687, Somerset SRO, DD/Wy/Box 185; John Whiting, *Persecution Exposed,* 2nd ed. (London: James Phillips, 1791), 300–302; William Nicolson (Carlisle) to Sir Christopher Musgrave, 18 October 1686, Cumbria SRO, Carlisle, CB/ME/Box 32/6; C. Hatton (Carlisle) to Huntingdon 11 April 1687, HEH, HA 6224; John Tichell, *The History of the Town and County of Kingston upon Hull* (Hull: Thomas Lee, 1798), 578–79; Talbot Lascelles (Hull) to Huntingdon, 21 February 1686, HEH, HA 8156; Sunderland (Whitehall) to Legh, 6 October 1685, John Rylands Library, Legh of Lyme Box 3/Folder 22; William Hamilton (Whitehall) to Arran, 5 October 1686, NAS, GD 406/1/3307; Packer (Chester) to Huntingdon, 29 November 1685, HEH, HA 9816; William Lloyd (bishop of Norwich) to William Sancroft, 2 December 1687, Bodleian, Tanner 29, fol. 116r; Morgan (York) to Sir John Reresby, 25 October 1686, W YAS, MX 43/49; Petition of Thomas Woodhouse, Serjeant at Mace City of York, [December 1686], W YAS, MX 45/13; Bryan Fairfax (York) to Sir John Reresby, 2 September 1687, W YAS, MX/R50/33; Edward Baldock (York) to Sir John Reresby, 26 February 1688, W YAS, MX/R50/68; George Prickett (York) to Sir John Reresby, 1 March 1688, W YAS, MX/ R53/4; Baldock (York) to Sir John Reresby, 5 March 1688, W YAS, MX/R50/83; Sir John Reresby, *Memoirs,* ed. Mary K. Geiter and W. A. Speck (London: Royal Historical Society, 1991), 10 July 1688, 502; Louis Innes (London) to Whyteford, 25 April 1687, SCA, Bl 1/102/4; Hamilton (Whitehall) to Arran, 26 April 1687, NAS, GD 406/1/3467; Barillon (London) to Louis XIV, 28 April/8 May 1687, NA, PRO 31/3/169, fol. 24v; Journal of Atkins, 10 July 1687, fol. 245v; James Vernon (London) to Albeville, 20 January 1688, Indiana, Albeville MSS; John Verney (London) to Sir Ralph Verney, 20 June 1688, Buckinghamshire SRO, Verney MSS; John Verney (London) to Edmund Verney, 22 August 1688, Buckinghamshire SRO, Verney MSS; John Strype, *A Survey of the Cities of London and Westminster* (London: A. Churchill et al., 1720), 1:77; Lloyd to Sancroft, 5 March 1688, Bodleian, Tanner 29, fol. 141r; John Verney (London) to Edmund Verney, 2 April 1688, Buckinghamshire SRO, Verney MSS; Baldock (York) to Sir John Reresby, 21 January 1688, W YAS, MX/R50/66; Dr. Henry Paman (London) to Sir Ralph Verney, 17 August 1687, Buckinghamshire SRO, Verney MSS; Sir Nicholas Slanning (Salisbury) to Blathwayt, 2 November 1686, Beinecke, OSB MSS 2/Box 8/

Folder 172; Blathwayt (London) to Sir Robert Douglas, 16 October 1686, NA, WO 4/1, fol. 18v; Memoire de M. Robert, 27 December/6 January 1685/86, NA, PRO 31/3/163, fol. 82r; George Bulle (York) to Sir John Reresby, 15 January 1686, W YAS, MX 43/29; David Hay (Batrie) to Tweeddale, 22 October 1688, NLS, 14405, fol. 179r; Charles Macarty (Guernsey) to Blathwayt, 12 September 1686, OSB MSS 2/Box 6/Folder 121; Barillon (London) to Louis XIV, 27 May/6 June 1686, NA, PRO 31/3/166, fol. 16v.

12. *Axminster,* 110; George Whitehead, *The Christian Progress of That Ancient Servant and Minister* (London, 1725), 615; Henry Newcome, 15 March 1686, in *The Autobiography of Henry Newcome,* vol. 2, ed. Robert Parkinson, Chetham Society 27 (Manchester: Chetham Society, 1852), 262; Daniel Defoe, *The Advantages of the Present Settlement* (London: Richard Chiswell, 1689), 13–14. 另 外 参 见 Thomas Comber, *Three Considerations Proposed to Mr. William Pen* [1687], 3; *A Remonstrance and Protestation of all the Good Protestants . . . with Reflections Thereupon* (London: Randall Taylor, 1689), 13; Edmund Bohun, *The History of the Desertion* (London: Ric. Chiswell, 1689), 1; Gilbert Burnet, "A Letter concerning Some Reflections," 1687, in Burnet, *A Collection of Papers Relating to the Present Juncture of Affairs in England* (1688/89), 26–27; Evelyn, *Diary,* 4 December 1685, 4:490; Sir David Nairne, Journal, April 1686, NLS, 14266, fol. 7v; Barillon (Windsor) to Louis XIV, 1/11 July 1686, NA, PRO 31/3/166, fol. 36r; Sir Ralph Verney (Middle Claydon) to Edmund Verney, 15 August 1686, Buckinghamshire SRO, Verney MSS; Sir Robert Southwell (Kingsweston) to Weymouth, 27 January 1687, Longleat House, Thynne MSS 15, fol. 162r; and Duke of Hamilton (Hamilton) to Arran, 8 May 1688, NAS, GD 406/1/7593。

13. Reresby, *Memoirs,* 30 May 1685, Geiter and Speck, 370; Geoffrey W. Symcox, "The Navy of Louis XIV," in *The Reign of Louis XIV,* ed. Paul Sonnino (Atlantic Highlands, NJ: Humanities Press, 1990), 130–36; Charles Woolsey Cole, *Colbert and a Century of French Mercantilism* (New York: Columbia University Press, 1939), 1:451–64; Bonrepaus (London) to Seignelay, 8/18 February 1686, NA, PRO 31/3/164, fol. 58r; Bonrepaus (London) to Seignelay, 11/21 June 1687, NA, PRO 31/3/170, fols. 120–21; Bonrepaus (London) to Seignelay, 18/28 July 1687, NA, PRO 31/3/171, fol. 87r.

14. Samuel Pepys, Report of the State of the Navy, 31 December 1684, NMM, SOU/8, fol. 113; J. R. Tanner, ed., *Pepys' Memoires of the Royal Navy, 1679–1688* (Oxford: Clarendon Press, 1906), 12–13, 31 (hereafter cited as Pepys, *Memoires*); Bonrepaus (London) to Seignelay, 8/18 February 1686, NA, PRO 31/3/164, fols. 58–59; Barillon (London) to Louis XIV, 29 April/9 May 1686, NA, PRO 31/3/166, fol. 4r; Journal of Atkins, 15 March 1686, fol. 237v; ? (London) to Ellis, 23 March 1686, BL, Add. 4194, fol. 47v; Morrice, Entering Book, 16 October 1686, DWL, 31 P, 636; N. A. M. Rodger, *The Command of the Ocean* (New York: W. W. Norton, 2004), 110–11.

15. J. D. Davies, *Gentlemen and Tarpaulins: The Officers and Men of the Restoration Navy* (Oxford: Clarendon Press, 1991), 198; D.C. Coleman, "Naval Dockyards under the Later Stuarts," *Economic History Review,* n.s., 6, no. 2 (1953): 136, 139–41; King James's Expenses, 1685–1688, HEH, EL 8583; C. Johnston (York) to Sir John Reresby, July 1686, W YAS, MX 43/9; Barillon (Windsor) to Louis XIV, 19/29 August 1686,

NA, PRO 31/3/166, fol. 60r; Barillon (London) to Louis XIV, 6/16 September 1686, NA, PRO 31/3/167, fol. 8r; Barillon (Windsor) to Louis XIV, 13/23 September 1686, NA, PRO 31/3/167, fol. 14; London Newsletter, 23 September 1686, FSL, L.c. 1711; Thomas Harley to Sir Edward Harley, 19 October 1686, BL, Add. 70119, unfolioed; Barillon (London) to Louis XIV, 9/19 December 1686, NA, PRO 31/3/167, fol. 62r; Bonrepaus (Windsor) to Seignelay, 8/18 August 1687, NA, PRO 31/3/172, fols. 11–12; J. R. Tanner, "The Administration of the Navy from the Restoration to the Revolution, Part III (1679–1688)," *English Historical Review* 14 (1899): 49, 52; Tanner, "The Administration of the Navy from the Restoration to the Revolution, Part III (1679–1688)," *English Historical Review* 14 (1899): 266–68; Edward B. Powley, *The English Navy in the Revolution of 1688* (Cambridge: Cambridge University Press, 1928), 161–71; Charles Sergison, Abstract of Workmen in the Naval Yards, August 1686, August 1688, NMM, SER/131, fols. 6r, 10r; Edward Bettine, "The Method of Building," 23 April 1685, BL, Harleian 4716, fols. 67–68.

16. London Newsletter, 6 November 1686, FSL, L.c. 1730; Bonrepaus (London) to Seignelay, 5/15 May 1687, NA, PRO 31/3/169, fol. 29r; Bonrepaus (Windsor) to Seignelay, 18/28 July 1687, NA, PRO 31/3/171, fol. 88r; Pepys, *Memoires,* 130–31.

17. David Parker, *The Making of French Absolutism* (London: Edward Arnold, 1983), 132–36; Peter Burke, *The Fabrication of Louis XIV* (New Haven and London: Yale University Press, 1992), 151–58; Edward Pelling, *A Sermon Preached at Westminster Abbey,* 26 July 1685 (London: Samuel Keble, 1685), 24; *The Speech of Sir George Pudsey, Serjeant at Law, Recorder of the City of Oxford,* 30 September 1685 (London: Timothy Goodwin, 1685), 2; *The Reward of Loyalty* (London: J. Hazzey, 1685); *The Factious Citizen, or, the Melancholy Visioner* (London: Thomas Maddocks, 1685), epilogue. 另外参见 Jacob Bury, *Advice to the Commons* (London: Henry Hills, 1685), 49; Edward Fowler, *The Great Wickedness and Mischievous Effects of Slandering,* 15 November 1685 (London: Brabazon Aylmer, 1685), 19; and Sir George MacKenzie, *Jus Regium* (London: Richard Chiswell, 1684), 55。

18. James Walker, "The Secret Service under Charles II and James II," *Transactions of the Royal Historical Society,* 4th Ser., 15 (1932): 214–15; Barillon (Windsor) to Louis XIV, 20/30 September 1686, NA, PRO 31/3/167, fol. 20r; Hudson (London) to Gilbert Burnet, 25 April 1687, BL, Add. 41804, fol. 278r; *The Late Revolution: or, The Happy Change* (London: Richard Baldwin, 1690), 12.

19. Roger Whitley (London) to Mr. Williston, 29 April 1673, British Postal Museum and Archive, POST 94/12, unfolioed; Walker, "Secret Service," 230–32; John Lauder, "Historical Observes," 1683, NLS, Adv. 24.4.6, fol. 165r; Proclamation for Enforcing . . . Post Office, 7 September 1685, NA, PC 2/71, fol. 72; *London Gazette,* 5 March 1685. For use of alternative letter carriers: Francis Atterbury (Christ Church, Oxford) to Jacob Tonson, 15 November 1687, FSL, Cc1(3); Sir William Boothby (Ashbourne) to Anthony Horneck, 2 December 1688, BL, Add. 71692, fol. 56r.

20. William Alchorne to William Atwood, 31 December 1686, NA, C 109/23/1; James Lunn to John Wildman, 24 September 1689, BL, Add. 61689, fol. 90r; Meredith Bromhead and

Robert Mason (Westminster) to Wildman, 5 November 1689, BL, Add. 61689, fol. 106r; Sir Daniel Fleming (Rydal) to James Holles Jr., 16 July 1686, CRO Kendal, WD/RY 3019; S G (Oxford) to James Harrington, 6 May 1688, BL, Add. 36707, fol. 28r; John Covel (Grantham) to Sancroft, 1 December 1688, Bodleian, Tanner 28, fol. 270r; Robert Frampton, bishop of Gloucester (Gloucester), to William Wake, 18 December 1687, Christ Church, William Wake Papers, 250, fol. 14r; ? (London) to Ellis, 27 February 1686, BL, Add. 4194, fol. 41; Robert Strachan (Edinburgh) to Louis Innes, 7 January 1687, SCA, Bl 1/107/8; Lady Sunderland (Windsor) to Henry Sidney, 11 September 1688, BL, Add. 32681, fol. 309v; Owen Wynne to Trumbull, 19 November 1685, BL, Trumbull Misc. 23 (since recataloged); Earl Rivers (London) to Sidney, 17 November 1687, Nottingham SUL, PwA 2097a; Katherine Gorye (Coggeshall) to her son, 6 July 1685, BL, Add. 41804, fol. 7r; Hudson (London) to Burnet, 25 April 1687, BL, Add. 41804, fol. 278r; Winchelsea (Richmond) to earl of Weymouth, 19 July 1688, Longleat House, Thynne MSS 17, fol. 194r; Sir James Haye (London) to Tweeddale, 15 July 1686, NLS, 7010, fol. 117r; Mary Thynne to Weymouth, 8 June 1688, Longleat House, Thynne MSS 32, fol. 181r; R. D. (London) to ?, 3 November 1688, BL, Egerton 2717, fol. 411r; Richard Leigh (London) to Sir Richard Newdigate, 1 September 1688, Warwickshire SRO, CR 136/B240A; Christopher Jeaffreson (London) to ?, 29 January 1686, Jeaffreson, 269; Nathaniel Cholmly (Whitby) to ?, 20 January 1686, North Yorkshire SRO, ZCG, unfolioed; Henry Hunter (London) to Alexander Jacobs et al., 26 June 1688, Berkshire SRO, D/EHr/B2; William Squire (London) to James Chetwood, 18 June 1686, NA, FO 355/15, fol. 4; George Hickes (Worcester) to Thomas Turner, 20 June 1687, Bodleian, Rawlinson MSS, Letters 91, fol. 50r; Paman (London) to Lloyd, 28 October 1686, LPL, 3898/4; Thomas Birch, *The Life of the Reverend Dr. John Tillotson* (London: J. and R. Tonson et al., 1752), 94; Jo. Hill to John Swynfen, 11 November 1686, BL, Add. 29910, fol. 206r; Lawrence Clayton (London) to Sir John Percival, 2 July 1685, BL, Add. 46962, fol. 69r; C. Reresby (London) to Sir John Reresby, 23 March 1686, W YAS, MX 46/39; John Stewkeley to Sir Ralph Verney, 6 October 1686, Buckinghamshire SRO, Verney MSS; Sir Ralph Verney (Claydon) to John Verney, 31 October 1686, Buckinghamshire SRO, Verney MSS; Sir Charles Cotterell to Katherine Trumbull, 18 March 1689, BL, Trumbull MSS 39 (since recataloged); Halifax to Sir William Trumbull, 22 March 1686, BL, Trumbull Misc. 24 (since recataloged); Gilbert Dolben (London) to Sir William Trumbull, 28 January 1686, BL, Trumbull MSS 54 (since recataloged).

21. Bevil Skelton (Paris) to Sunderland, 28 February/10 March 1688, NA, SP 78/151, fol. 154v; Sir Henry Brabant (Newcastle) to Sunderland, 14 November 1685, NA, SP 31/1, fol. 141; Hen. De Puy (Whitehall) to Ellis, 19 January 1686, BL, Add. 4194, fol. 14r; Jeaffreson (London) to Colonel Hill, 20 January 1686, Jeaffreson, 261; Southwell (Kingsweston) to Weymouth, 12 March 1686, Longleat House, Thynne MSS 15, fol. 125v; ? (London) to Louis Innes, 5 November 1688, SCA, Bl 1/119/6; Proclamation of the Mayor, Journal of Common Council, 19 January 1686, Corporation of London SRO, Journal 50, fol. 151v; Morrice, Entering Book, 14 August 1686, DWL, 31 P, 599; London Newsletter, 9 October 1688, BL, Add. 4194, fol. 366r; Whitehall Newsletter, 12 October

1688, Beinecke, OSB MSS 1/Box 2/Folder 90.

22. London Newsletter, 4 September 1686, 19 January, 14 February 1688, FSL, L.c. 1704, 1910, 1919; Instructions for Sir Edmund Andros, 12 September 1686, NA, CO 5/904, fol. 148r; Newsletter from London, 16 June 1686, NA, ADM 77/3/9; Newsletter, 17 June 1686, BL, Trumbull Newsletters (since recataloged); Morrice, Entering Book, 30 October 1686, DWL, 31 P, 646; *The Designs of France against England and Holland Discovered* [1686], 1; Barillon (Windsor) to Louis XIV, 19/29 August 1686, NA, PRO 31/3/166, fol. 60v; Morrice, Entering Book, 19 November 1687, DWL, 31 Q, 207; James Fraser (London) to Southwell, 12 April 1688, FSL, V.b. 287 (59); Lyttleton to Hatton, 29 March 1687, *Correspondence of the Family of Hatton,* vol. 2, ed. Edward Maunde Thompson, Camden Society, n.s., 23 (1878): 67; Henry Fleming (Oxford) to Sir Daniel Fleming, 28 July 1687, CRO Kendal, WD/RY 3122; *A Letter in Answer to Two Main Questions* (London: M. T., 1687), 2; Examination of Richard Lambert, Bookseller of York, 14 September 1687, BL, Add. 41804, fol. 315v; London Newsletter, 24 September 1687, FSL, L.c. 1861; Van Citters (London) to States General, 27 December/6 January 1687/88, BL, Add. 34510, fol. 76v; Fraser (London) to Southwell, 29 December 1687, FSL, V.b. 287 (42); Van Citters (London) to States General, 20/30 January 1688, BL, Add. 34510, fol. 78v; Edward Harley (London) to Sir Edward Harley, 15 February 1688, BL, Add. 70118, unfolioed; Robert Yard (Whitehall) to Albeville, 15 May 1688, Indiana, Albeville MSS; James Johnston (London) to ?, 4 April 1688, BL, Add. 34515, fol. 61.

23. Privy Council Minutes, 6 November 1685, NA, PC 2/71, fol. 79v; Evelyn, *Diary,* 5 November 1685, 4:487; Lauder, "Historical Observes," 5–6 November 1685, fol. 133r; Owen Wynne (London) to Ellis, 13 November 1686, BL, Add. 4194, fol. 107r; Stewkeley (London) to Sir Ralph Verney, 18 November 1686, Buckinghamshire SRO, Verney MSS; Morrice, Entering Book, 10 December 1686, DWL, 31 Q, 33; Van Citters (London) to States General, 28 October/7 November 1687, BL, Add. 34510, fol. 58v; John Verney (London) to Sir Ralph Verney, 6 December 1687, Buckinghamshire SRO, Verney MSS; *A Proclamation Inhibiting all Persons after the Four and Twentieth Day of June Next to Use the Trade of a Pedlar or Petty Chapman, Unless They Be Licensed,* 7 May 1686 (London: Charles Bill, Henry Hills, and Thomas Newcomb, 1686); Proclamation of the Mayor, 2 June 1687, Journal of Common Council, Corporation of London SRO, Journal 50, fol. 318r.

24. Brook Bridges, Notabilia, Beinecke, OSB Shelves b.333; Newsletter from Whitehall, 21 June 1686, BL, Trumbull Newsletters (since recataloged); Wynne to Sir William Trumbull, 21 June 1686, BL, Trumbull 46 (since recataloged); Evelyn Cruickshanks, Stuart Handley and D. W. Hayton, eds., *The House of Commons, 1690–1715* (Cambridge: Cambridge University Press, 2002), 3:661; Katherine Bromfield to Sir Edward Harley, 16 May 1685, BL, Add. 70013, fol. 236r; Edward Harley to Sir Edward Harley, 9 March 1686, BL, Add. 70013, fol. 332r; John Oldmixon, *The History of England during the Reigns of the Royal House of Stuart* (London: John Pemberton et al., 1730), 697; Robert Frances, *The Dying Speech of Robert Frances of Gray's Inn,* 24 July 1685 (London: George Croom, 1685), 3; *A Warning to Traytors,* 2 July 1685 (London: E. Mallet, 1685).

25. 这是基于对郡档案室进行的一次不太系统的搜寻而得出的印象；Amy Edith Robinson, ed., *The Life of Richard Kidder, D. D. Bishop of Bath and Wells Written by Himself,* Somerset Record Society, vol. 37 (Frome: Somerset Record Society, 1924), 38–39 (hereafter cited as *Life of Kidder*); Newsletter, 1687, Lancashire SRO, DD/HK/19/3/80; Newsletter (Whitehall), 19 August 1687, Beinecke, OSB MSS 1/Box 2/Folder 64; Gilbert Burnet, *History of His Own Time,* 2 vols. (London: Thomas Ward, 1724), 1:591; Robert Harley to Sir Edward Harley, 9 February 1686, BL, Add. 70013, fol. 322r; London Newsletter, 27 November 1686, FSL, L.c. 1739。

26. "Tunbridge Satyr," 1686, NLS, Adv. 19.1.12, fol. 178v; Edmond Willis (Lisburne) to Sir Arthur Rawdon, 4 March 1686, HEH, HA 14664; *A Letter to the Author of the Dutch Design Anatomized,* 8 November 1688 [1688], 1; John Cotton (Stratton) to Dr. Thomas Smith, 30 June 1687, Bodleian, MS Smith 48, 253; Lauder, "Historical Observes," April 1686, fol. 127r; Richard Bentley to John Evelyn, 4 September 1686, BL, Evelyn In-Letters 2, no. 155 (since recataloged); Skelton (Paris) to Sunderland, 6/16 June 1688, NA, SP 78/151, fol. 178v; Samuel Masters, *The Case of Allegiance in Our Present Circumstances Consider'd* (London: Ric. Chiswell, 1689), 2–3.

27. Collins, *State in Early Modern France,* 116; Parker, *Making of French Absolutism,* 121. The revisionist position on French absolutism of Nicholas Henshall, *The Myth of Absolutism: Change and Continuity in Early Modern European Monarchy* (London: Longman, 1992), 35–60, has been rebutted: Marie-Laure Legay, *Les états provinciaux dans la construction de l'état moderne aux XVIIe et XVIIIe siècles* (Geneva: Droz, 2001); Fanny Cosandey and Robert Descimon, *L'absolutisme en France: Histoire et historiographie* (Paris: Seuil, 2002); John J. Hurt, *Louis XIV and the Parlements: The Assertion of Royal Authority* (Manchester: Manchester University Press, 2002); Edward Foss, *The Judges of England,* 9 vols. (London: Longman, Brown, Green, and Longmans, 1848–64), 7:4, 201. 二十六名法官中，有十二名被撤职。福斯暗示，在解除了所有革命前的法官之后，威廉和玛丽再也没有因政治原因解雇过法官。

28. Yard to Sir William Trumbull, 26 November 1685, BL, Trumbull Newsletters (since recataloged); Wynne to Sir William Trumbull, 21 December 1685, BL, Trumbull Misc. 23, unfolioed (since recataloged); Barillon (London) to Louis XIV, 23 November/3 December 1685, NA, PRO 31/3/162, fol. 36r; Barillon (London) to Louis XIV, 25 January/4 February 1686, NA, PRO 31/3/164, fol. 1v; Bonrepaus (London) to Seignelay, 11/21 February 1686, NA, PRO 31/3/164, fol. 81r; Barillon (London) to Louis XIV, 31 December/10 January 1685/86, NA, PRO 31/3/163, fol. 4v; Barillon (London) to Louis XIV, 15/25 February 1686, NA, PRO 31/3/164, fol. 17r; Barillon (London) to Louis XIV, 19/29 April 1686, NA, PRO 31/3/165, fol. 33r; Barillon (London) to Louis XIV, 22 April/2 May 1686, NA, PRO 31/3/186, fol. 1r; Lionel Glassey, *Politics and the Appointment of Justices of the Peace, 1675–1720* (Oxford: Oxford University Press, 1979), 69; J. Tucker to Arran, 23 April 1687, NAS, GD 406/1/3446; Barillon (London) to Louis XIV, 15/25 April 1686, NA, PRO 31/3/165, fol. 29r; Barillon (London) to Louis XIV, 22 April/2 May 1686, NA, PRO 31/3/166, fol. 1.

29. Yard (London) to Sir Richard Bulstrode, 30 April 1686, HRC, Pforzheimer Collection;

? (Whitehall) to William of Orange, 1 June 1686, NA, SP 8/1/Pt. 2, fol. 73v; Nathaniel Johnston (London) to Sir John Reresby, 29 June 1686, W YAS, MX 44/32; Newsletter from Whitehall, 21 June 1686, BL, Trumbull Newsletters (since recataloged); London Newsletter, 22 June 1686, FSL, L.c. 1674. 艾萨克·牛顿爵士是众多仔细记录此案的人之一：King's College, Cambridge, Keynes MSS 149; *The Case of Sir Edward Hales* (London: J. Watts, 1689), 9, 11; Barillon (London) to Louis XIV, 30 November/10 December 1685/86, NA, PRO 31/3/162, fol. 40; Barillon (Windsor) to Louis XIV, 24 June/4 July 1686, NA, PRO 31/3/166, fol. 30v; Barillon (Windsor) to Louis XIV, 13/23 September 1686, NA, PRO 31/3/167, fol. 17r。另外参见 Gilbert Burnet, "Reasons against the Repealing," 1687, in *A Collection of Eighteen Papers Relating to the Affairs of Church and State during the Reign of King James the Second* (London: John Starkey and Richard Chiswell, 1689), 4; and Henry Booth, Lord Delamere, "Speech of Corruption of the Judges," in Delamere, *The Works* (London: John Lawrence and John Dunton, 1694), 138。

30. Parker, *Making of French Absolutism,* 120–22; Collins, *State in Early Modern France,* 115–16.

31. Barillon (London) to Louis XIV, 19/29 October 1685, NA, PRO 31/3/161, fol. 66v; Barillon (London) to Louis XIV, 26 October/5 November, 30 November/10 December 1685, NA, PRO 31/3/162, fols. 3, 42r; Privy Council Register, 21 October 1685, NA, PC 2/71, fol. 77v; J. Taylor (London) to Sir Robert Southwell, 22 October 1685, BL, Add. 28569, fol. 56r; Robert Harley (London) to Sir Edward Harley, 24 October 1685, BL, Add. 70013, fol. 280r; Morrice, Entering Book, 24 October 1685, DWL, 31 P, 483; Privy Council Register, 23 December 1685, NA, PC 2/71, fol. 93r; Blathwayt (Whitehall) to Southwell, 24 December 1685, Nottingham SUL, PwV 53/15; Barillon (London) to Louis XIV, 24 December/3 January, 28 December/7 January 1685/86, NA, PRO 31/3/163, fols. 1, 2; Barillon (London) to Louis XIV, 3/13 June 1686, NA, PRO 31/3/166, fol. 19v; Barillon (Windsor) to Louis XIV, 24 June/4 July 1686, NA, PRO 31/3/166, fol. 30v; Barillon (Windsor) to Louis XIV, 13/23 September 1686, NA, PRO 31/3/167, fol. 14v; Barillon (London) to Louis XIV, 7/17 October 1686, NA, PRO 31/3/167, fol. 29v.

32. Yard (Whitehall) to Sir Richard Bulstrode, 9 November 1685, HRC, Bulstrode Newsletters; Barillon (London) to Louis XIV, 3/13 December 1685, NA, PRO 31/3/162, fols. 46–47; Robert Harley to Sir Edward Harley, 15 December 1685, BL, Add. 70013, fol. 304r; Wynne to Sir William Trumbull, 21 December 1685, BL, Trumbull Misc. 23 (since recataloged); Barillon (London) to Louis XIV, 28 December/7 January 1685/86, NA, PRO 31/3/163, fol. 2r; Barillon (London) to Louis XIV, 17/27 January 1687, NA, PRO 31/3/168, fol. 16v; John de la Bere (London) to Kinnard de la Bere, 29 January 1687, NA, FO 335/15, unfolioed; Barillon (London) to Louis XIV, 31 January/10 February 1687, NA, PRO 31/3/168, fol. 24r; Musgrave to Sir Thomas Clarges, 25 February 1687, CRO Kendal, WD/RY 3098; Yard (London) to Bulstrode, 28 February 1687, HRC, Bulstrode Newsletters; C. Johnston to Sir John Reresby, 21 March 1687, W YAS, MX 47/17; Fraser (London) to Ellis, 22 March 1687, BL, Add. 4194, fol. 163r; Nathaniel Johnston (London) to Sir John Reresby, 9 April 1687, W YAS, MX 48/35.

33. Barillon (London) to Louis XIV, 6/16 January 1687, NA, PRO 31/3/168, fol. 11r. 这也是辉格党人吉尔伯特·伯内特和德拉米尔勋爵的观点：Burnet, "Reasons against the Repealing," 5; Delamere, "Some Observations on the Prince of Orange's Declaration," in Delamere, *Works,* 365。

34. James II (Whitehall) to Perth, 7 March 1687, NAS, GD 160/369, fols. 86–87; Barillon (London) to Louis XIV, 31 January/10 February, 7/17 February, 17/27 February, 21/31 March 1687, 27 December/6 January 1686/87, NA, PRO 31/3/168, fols. 24r, 28v, 34, 58v, 4r; Lady Sunderland to William III, 7 March 1687, NA, SP 8/1/Pt. 2, fol. 34; Yard (Whitehall) to Albeville, 15 February, 15 March 1687, Indiana, Albeville MSS; Morrice, Entering Book, 12 March 1687, DWL, 31 Q, 81–82; Barillon (London) to Louis XIV, 14/24 1687, NA, PRO 31/3/168, fol. 53r.

35. Barillon (London) to Louis XIV, 21/31 March, 18/28 April 1687, NA, PRO 31/3/168, fols. 57v, 75v.

36. "The King's Instructions," in *Penal Laws and Test Act,* 2 vols., ed. Sir George Duckett (London: n.p., 1883), 1:ix. 有趣的是，早在 17 世纪 70 年代，让-巴蒂斯特·科尔贝就曾使用过问卷调查：Collins, *State in Early Modern France,* 112; Ailesbury, *Memoirs,* 1:164–65; Morrice, Entering Book, 9 February 1688, DWL, 31 Q, 236; Southwell (Kingsweston) to Weymouth, 7 November 1686, Longleat House, Thynne MSS 15, fol. 143v。For the regulators, see "Report of the Regulators to James II," 19 April 1688, *Penal Laws and Test Act,* ed. Duckett, 2:218.

37. Van Citters (London) to States General, 3/13 June 1687, BL, Add. 34510, fol. 37; Edmund Verney (East Claydon) to John Verney, 12 June 1687, Buckinghamshire SRO, Verney MSS; Johnston (London) to Sir John Reresby, 12 June, 5 July 1687, W YAS, MX 48/17, 29; Fraser (London) to Ellis, 9 July 1687, BL, Add. 4194, fol. 202r; H. Aubrey (Hereford) to Ellis, 24 August 1687, BL, Add. 4194, fol. 218r; J. Fitzpatrick to William III, 1 September 1687, NA, SP 8/1/Pt. 2, fol. 147r; Samuel de Pay (Windsor) to Edmund Poley, 30 September 1687, Beinecke, OSB MSS 1/Box 2/Folder 67; London Newsletter, 1 November 1687, FSL, L.c. 1877; Roger Kenyon, Note, December 1687, Lancashire SRO, DD/Ke/6/26; Barillon (London) to Louis XIV, 15/25 December 1687, NA, PRO 31/3/174, fol. 45r; T. Fairfax to Reresby, 21 February 1688, W YAS, MX/R51/56; Sir John Lowther of Whitehaven (London) to Sir Daniel Fleming, 4 October 1687, CRO Kendal, WD/RY 3/38; Nathaniel Johnston (London) to Sir John Reresby, 18 December 1687, W YAS, MX/R50/54. 关于对此事的诸多意见，乐观者参见：Johnston (London) to Reresby, 3 January 1688, W YAS, MX/R51/3; Report of the Regulators to James II, 19 April 1688, *Penal Laws and Test Act,* ed. Duckett, 2:220–21；悲观者参见：Bonrepaus (London) to Seignelay 17/27 October 1687, NA, PRO 31/3/173, fol. 57r; Van Citters (London) to States General, 3/13 February 1688, BL, Add. 34510, fol. 83v. 关于这一计划的彻底性，见："Memorandum for Those That Go into the Country," 1688, All Souls College, MSS 257。

38. London Newsletter, 23 July 1687, FSL, L.c. 1834; Cotterell (London) to his daughter, 16 October 1687, BL, Trumbull MSS 39 (since recataloged); Newsletter, 8 December 1687, BL, Add. 34515, fol. 38v; James Tyrell (London) to John Locke, 14 December

1687, *Locke Correspondence,* 3:311–12; Robert Harley to Sir Edward Harley, 25 February 1688, BL, Add. 70014, fol. 49r; Morrice, Entering Book, 3 March 1688, DWL, 31 Q, 243–44; Report of the Regulators to James II, September 1688, *Penal Laws and Test Act,* ed. Duckett, 2:235; Paul Halliday, *Dismembering the Body Politic: Partisan Politics in England's Towns, 1650–1730* (Cambridge: Cambridge University Press, 1998), 95, 238, 248; Paman (London) to Lloyd, 18 August 1687, LPL, 3898/6/1; London Newsletter, 18 August 1687, FSL, L.c. 1845; Morrice, Entering Book, 25 February 1688, DWL, 31 Q, 239 (4); Van Citters (Windsor) to States General, 7/17 October 1687, BL, Add. 34510, fol. 51v; Mark Knights, "A City Revolution: The Remodeling of the London Livery Companies in the 1680s," *English Historical Review* 112 (1997): 1158–62; William Nott (London) to Sir Joseph Williamson, 6 October 1687, NA, SP 31/3, fol. 146r; Victor L. Stater, *Noble Government: The Stuart Lord Lieutenancy and the Transformation of English Politics* (Athens: University of Georgia Press, 1994), 166, 169–72; Jo. Cooke (Whitehall) to Poley, 11 November 1687, Beinecke, OSB MSS 1/Box 2/Folder 72; Glassey, *Politics and the Appointment of Justices of the Peace,* 84–91.

39. Barillon (Windsor) to Louis XIV, 29 September/19 October 1687, NA, PRO 31/3/173, fol. 9r; John Phillips, *The Secret History of the Reigns of K. Charles II and K. James II* (London, 1690), 193.

40. Halliday, *Dismembering the Body Politic,* 239; Knights, "City Revolution," 1176. 关于现代政治的这句表述源自 Mark Kishlansky, *Parliamentary Selection: Social and Political Choice in Early Modern England* (Cambridge: Cambridge University Press, 1986), 9; Andreas Schedler, "The Logic of Electoral Authoritarianism," in *Electoral Authoritarianism: The Dynamics of Unfree Competition,* ed. Schedler (Boulder, CO: Lynn Rienner, 2006), 1–3; Bernard Grofman, ed., *Race and Redistricting in the 1990s* (New York: Agathon, 1998)。

41. Halliday, *Dismembering the Body Politic,* 248; Barillon (Windsor) to Louis XIV, 29 July/8 August 1686, NA, PRO 31/3/166, fol. 33v (this letter is misdated); Barillon (London) to Louis XIV, 30 August/9 September 1686, NA, PRO 31/3/167, fol. 5v; Barillon (Windsor) to Louis XIV, 13/23 September 1686, NA, PRO 31/3/167, fol. 16r; Barillon (London) to Louis XIV, 6/16 January 1687, NA, PRO 31/3/168, fol. 11v; Yard (Whitehall) to Albeville, 18 February, 29 March 1687, Indiana, Albeville MSS; John Verney (London) to Sir Ralph Verney, 6 December 1687, Buckinghamshire SRO, Verney MSS; James Johnston (London) to ?, 16 December 1687, BL, Add. 34515, fol. 42v; London Newsletter, 8 March 1688, FSL, L.c. 1925; Tanner, "Administration of the Navy," 282; Van Citters (London) to States General, 18/28 May 1688, BL, Add. 34512, fols. 79–80; Andrew Newport (Exeter) to Lord Herbert of Cherbury, 19 May 1688, NA, PRO 30/53/8, fol. 60v; Commissioners of the Customs (London) to Noble Waterhouse, 15 March 1688, HEH, STT 882.

42. Patrick K. O'Brien and Philip A. Hunt, "The Rise of a Fiscal State in England, 1485–1815," *Historical Research* 66 (June 1993): 151. 这在一定程度上（但就我们的研究目的而言，是相当显著地）修正了迈克尔·曼的观点，后者认为税收的上涨是在 1688 年之后，且是在战争期间发生的。Mann, *States, War, and Capitalism: Studies*

in Political Sociology (Oxford: Blackwell, 1992), 104–11. Barillon (London) to Louis XIV, 3/13 December 1685, NA, PRO 31/3/162, fol. 43r; C. D. Chandaman, *The English Public Revenue, 1660–1688* (Oxford: Clarendon Press, 1975), 256–61, 332–33. 尼古拉斯·巴特勒爵士和达德利·诺思爵士也曾试图提高海关税收的效率。革命之后，有个叫彼得·科斯顿的人回忆说，巴特勒和诺思声称他们的工作就是"为国王尽可能多地敛财"。Peter Coston, London Customs House Committee Minutes, 1689, Guildhall Library, 8493A, fol. 21v; Richard Grassby, *The English Gentleman in Trade: The Life and Works of Sir Dudley North, 1641–1691* (Oxford: Clarendon Press, 1994), 167–76; Bonrepaus (London) to Seignelay, 29 August/8 September 1687, NA, PRO 31/3/172, fol. 62r.

43. Delamere, "Some Observations on the Prince of Orange's Declaration," in Delamere, *Works*, 355; Barillon (Windsor) to Louis XIV, 10/20 September 1685, NA, PRO 31/3/161, fol. 47v; *An Account of the Pretended Prince of Wales* (1688), 6; *An Account of the Reasons of the Nobility and Gentry's Invitation* (London: Jonathan Robinson, 1688), 7–8; Evelyn, *Diary*, 7 September 1701, 5:475; Bonrepaus (Windsor) to Seignelay, 25 May/4 June 1687, NA, PRO 31/3/170, fol. 8r; Phillips, *Secret History*, 159. 另外参见 John Partridge, *Mene Mene, Tekel Upharsin* (London: Richard Baldwin, 1689), 23–24; and Gilbert Burnet, *Reasons against Repealing the Acts of Parliament Concerning the Test* (1687), 4。

44. Evelyn, *Diary*, 18 February 1685, 4:418; John Evelyn (London) to Mary Evelyn, 5 March 1685, BL, Evelyn Papers, ME 2 (since recataloged); Evelyn, *Diary*, 5 March 1685, 29 December 1686, 4:419, 535; Barillon (Windsor) to Louis XIV, 10/20 September 1686, NA, PRO 31/3/161, fol. 147r.

45. Barillon (London) to Louis XIV, 26 February 1685, NA, PRO 31/3/160, fol. 55v; Stewkeley to Sir Ralph Verney, 20 March 1686, Buckinghamshire SRO, Verney MSS; Barillon (London) to Louis XIV, 5/15 April 1686, NA, PRO 31/3/165, fol. 22r; Yard (Whitehall) to Albeville, 28 January 1687, Indiana, Albeville MSS; Thomas Booth (London) to Capt. John Booth, 24 March 1687, FSL, F.c. 28; Robert Francis Strachan (Paris) to William Leslie, 16/26 November 1685, SCA, Bl 1/92/12; Yard (London) to Bulstrode, 19 April 1686, HRC, Bulstrode Newsletters; Thomas Harley to Sir Edward Harley, 16 October 1686, BL, Add. 70119, unfolioed; Barillon (London) to Louis XIV, 21/31 October 1686, NA, PRO 31/3/167, fol. 37r; Henry Thynne (London) to Weymouth, 31 March 1687, Longleat House, Thynne MSS 14, fol. 145r; Yard (Whitehall) to Albeville, 1 April 1687, Indiana, Albeville MSS; London Newsletter, 2 April 1687, BL, Add. 4182, fol. 67r; London Newsletter, 2 April 1687, FSL, L.c. 1792; Stewkeley (London) to Sir Ralph Verney, 7 April 1687, Buckinghamshire SRO, Verney MSS; Morrice, Entering Book, 16 April 1687, DWL, 31 Q, 93; Newsletter from Rome, 17 May 1687, NA, SP 85/12, fol. 187r; Barillon (London) to Louis XIV, 12/22 November 1685, NA, PRO 31/3/162, fol. 20r; Barillon (London) to Louis XIV, 25 January/4 February 1685/86, NA, PRO 31/3/164, fol. 1r; Barillon (London) to Louis XIV, 1/11 April 1686, NA, PRO 31/3/165, fol. 20v; Evelyn, *Diary*, 17 January 1687, 4:535; Van Citters (London) to States General, 1/11 April 1687, BL, Add. 34510, fol. 21r; Lyttleton to

Hatton, 5 April 1687, BL, Add. 29578, fol. 99r.

46. Burnet, *History of His Own Time,* 1:683; John Lake, bishop of Chichester (Chichester), to Sancroft, 5 July 1685, Bodleian, Tanner 31, fol. 128r. 另外参见 Cotterell to Sir William Trumbull, 26 March 1688, BL, Trumbull MSS 39 (since recataloged); Halifax (London) to William III, 18 June 1687, NA, SP 8/1/Pt. 2, fol. 31; Joseph Hill (London) to Sir William Trumbull, 2 April 1686, 19 November 1687, Berkshire SRO, D/ED/ C33。

47. John Leyburn to Vicars Foran, 23 June 1687, AWA, Ser. A, 35:8.

48. William Blundell, Note, in *Crosby Records: A Cavalier's Notebook,* ed. Ellison T. Gibson (London: Longmans, Green, 1880), 205; Journals, 1685, Foley, 90–91; Innes (Paris) to William Leslie, 20/30 September 1686, SCA, Bl 1/94/10; Henry Compton (bishop of London) to William III, 5 September 1687, NA, SP 8/2/ Pt. 2, fols. 146–47.

49. General Assembly Book of the Catholic English Clergy, 21 April 1687, AWA, Old Brotherhood Papers, 112; Leyburn to Foran, 27 June 1687, AWA, Ser. A, 35:7–8; Dodd, *History of the English College,* 31; Hickes (Worcester) to Turner, 31 December 1686, 20 June 1687, Bodleian, Rawlinson MSS, Letters 91, fols. 42r, 50; Annual Letters, 1685–1690, Foley, 526; *Life of Kidder,* 38; T. Musgrave (York) to Reresby, 20 June 1687, W YAS, MX/R50/16; A. B. (York) to Sir Daniel Fleming, 22 December 1687, CRO Kendal, WD/RY 3155; Baldock (York) to Reresby, 1 February 1688, W YAS, MX/R50/64; Foley, 394–95; Morrice, Entering Book, 8 May 1686, DWL, 31 P, 532; Supplement of the History of the English Province, 1688, Foley, 151–52; Dodd, *Church History,* 3:418.

50. 相关材料：Barillon (London) to Louis XIV, 15/25 March 1686, NA, PRO 31/3/165, fol. 12r; Morrice, Entering Book, 30 January 1686, DWL, 31 P, 520–21; Sunderland (Whitehall) to Sancroft, 16 November 1686, Bodleian, Tanner 30, fol. 143r; Cotterell to his daughter, May–June 1686, BL, Trumbull MSS 39 (since recataloged); Tyrell (London) to Locke, 6 May 1687, *Locke Correspondence,* 3:192. On the content: London Newsletter, 4 March, 11 March, 30 September, 23 October, 14 December 1686, FSL, L.c. 1632, 1635, 1714, 1724, 1747; Sir William Coventry (London) to Weymouth, 27 February 1686, Longleat House, Thynne MSS 16, fol. 420r; Sir Richard Temple, Ledgerbook, 27 February 1686, HEH, ST 152, fol. 185r; James Johnston (London) to ?, 23 May 1688, BL, Add. 34515, fol. 64v; Foley, 265–66; Barillon (Windsor) to Louis XIV, 26 May/5 June 1687, NA, PRO 31/3/170, fol. 32r; London Newsletter, 26 April, 24 May, 24 September, 17 November, 31 December 1687, FSL, L.c. 1802, 1811, 1861, 1884, 1902; Wood, *Athenae,* 2:838–39; The Examination of John Taffe (Capuchin Monk), ca. 1690, BL, Add. 36913, fols. 177–78; Jesuit Annual Letters, 1685–1690, Foley, 319, 450, 526, 621, 662, 727; Rules for Catholic Clergy of Staffordshire, 1686, AWA, Ser. A, 34:1078–79; Wellwood, *Memoirs,* 195。

51. Sir William Petty, "Remedies for the King," 1687, BL, Add. 72866, fol. 59r; "Concerning the King's Wealth," 1685, BL, Add. 72866, fol. 19; "The Use and Application," 1686, BL, Add. 72866, fol. 35; "Intimations to the King," 1686/87, BL, Add. 72866, fol. 53; "Essay about the Analysis of Property," 1686/87, BL, Add. 72866, fol. 57; "Things to Be Done for the Public Good," 1687, BL, Add. 72866, fol. 153. For the Compton Census

data, see Anne Whiteman, ed., *The Compton Census* (London: British Academy, 1986), ccxiii–ccxiv; Foley, 334; J. A. Hilton, *Catholic Lancashire* (Chichester: Philimore, 1994), 44; John Paul Jameson (Rome) to Walter Leslie, 30 March 1685, SCA, Bl 1/91/3; Supplement of the History of the English Province, 1688, Foley, 152.

52. *His Majesties Gracious Declaration to All His Loving Subjects for Liberty of Conscience* (London: Charles Bill, Henry Hills, and Thomas Newcomb, 1687), 1–2.

53. Sunderland (Windsor) to Sancroft, 4 September 1685, Bodleian, Tanner 31, fols. 198–99; Burnet, *History of His Own Time,* 1:639; James II to archbishops of Canterbury and York, 5 March 1686, CSPD, Ser. 4 A, 2:57; Bonrepaus (London) to Seignelay, 11/21 March 1686, NA, PRO 31/3/165, fol. 79r; Newsletter to Bulstrode, 15 March 1686, HRC, Bulstrode Newsletters; Henry Thynne (London) to Weymouth, 18 March 1686, Longleat House, Thynne MSS 14, fol. 109r; Barillon (London) to Louis XIV, 25 March/4 April 1686, NA, PRO 31/3/165, fol. 18r; Jonathan Trelawney to Sunderland, 21 May 1686, NA, SP 31/3, fols. 70–71.

54. John Gother, *Good Advice to the Pulpits* (London: Henry Hills, 1687), 56–57, 67 68; Thomas Cartwright, *An Answer of a Minister of the Church of England* (London: J. L., 1687), 18, 22–23.

55. Vincent Alsop, *Mr. Alsop's Speech to the King* [1687]; London Newsletter, 21 June 1687, FSL, L.c. 1823; "The Manifestation of Joy," April 1687, in *The Pepys Ballads,* 8 vols., ed. Hyder Edgar Rollins (Cambridge, MA: Harvard University Press, 1929–32), 3:279; *A Poem Occasioned by His Majesties Most Gracious Resolution* (London: George Larkin, 1687); *The Dissenter's Description of True Loyalty* (London: Andrew Sowle, [1687]); Cartwright, *Answer of a Minister,* 22.

56. Gother, *Good Advice,* sig. A2v; Cartwright, *Answer of a Minister,* 24; Wellwood, *Memoirs,* 196. 另外参见 Burnet, "Letter Concerning Some Reflections," 1687, 29.

57. Barillon (Windsor) to Louis XIV, 20/30 September 1686, NA, PRO 31/3/167, fol. 20; Jeaffreson (London) to Capt. J. Phipps, 8 September 1686, Jeaffreson, 316; Ailesbury, *Memoirs,* 1:161; *Life of Kidder,* 45; Thomas Newcome, ed., *The Life of John Sharpe,* vol. 1 (London: C. and J. Rivington, 1825), 73; Lloyd to Sancroft, 6 February 1688, Bodleian, Tanner 29, fol. 133r; James Harris to ?, 22 January 1687, Bodleian, Clarendon MSS 89, fol. 12r。

58. Privy Council Minutes, 17 July 1686, NA, PC 2/71, fol. 153v; J. P. Kenyon, "The Commission for Ecclesiastical Causes, 1686–1688," *Historical Journal* 34, no. 3 (1991): 727–36; James II (Whitehall) to Perth, 10 February 1686, NAS, GD 160/569, fol. 82r; Arundel of Wardour to Perth, 11 February 1688, NAS, GD 160/529, fol. 25r. On the Edinburgh Riots, see Tim Harris, *Revolution: The Great Crisis of the British Monarchy, 1685–1720* (London: Allen Lane, 2006), 151–53. 关于一些非正式打压反天主教布道的实例，参见 Dolben to Sir William Trumbull, 8 February 1686, BL, Trumbull MSS 54 (since recataloged); Frampton to Sancroft, 27 March 1686, Bodleian, Tanner 30, fol. 7r; Barillon (London) to Louis XIV, 3/13 June 1686, NA, PRO 31/3/166, fol. 19v; Barillon (Windsor) to Louis XIV, 24 June/4 July, 1/11 July, 8/18 July, 22 July/1 August 1686,

NA, PRO 31/3/166, fols. 30v, 35v, 39r, 46v。

59. Proceedings of the Ecclesiastical Commission, 3 August 1686, HEH, HA Religious Box 2 (5); Evelyn, *Diary,* 24 June 1686, 4:516. 这起案件曾是广受关注、轰动一时的大事。例见：e.g., George Clarke's copy among his papers at Worcester College, Oxford: Worcester College, MSS 58; Barillon (London) to Louis XIV, 8 March 1685, NA, PRO 31/3/160, fol. 75v; Barillon (London) to Louis XIV, 29 March/8 April, 1/11 April 1686, NA, PRO 31/3/165, fols. 19r, 20v; Barillon (Windsor) to Louis XIV, 26 July/5 August, 5/15 August 1686, NA, PRO 31/3/166, fols. 48–49, 53r; Burnet, *History of His Own Time,* 1:674。

60. Charles Montagu (Trinity College, Cambridge) to George Stepney, 6 November 1686, NA, SP 105/82, fol. 5v; Yard (Whitehall) to Albeville, 14 January 1687, Indiana, Albeville MSS; London Newsletter, 15 January 1687, FSL, L.c. 1761; Diary of Thomas Cartwright, 31 January 1687, BL, Add. 24357, fol. 60v; Thomas Foley (Witley) to Robert Harley, 5 April 1687, BL, Add. 70226, unfolioed; ? (London) to Arran, 12 May 1687, NAS, GD 406/1/3448; Bonrepaus (London) to Seignelay, 19/29 May 1687, NA, PRO 31/3/169, fol. 90r; Wood, *Athenae,* 2:1178; Captain Robert Parker, *Memoirs of the Most Remarkable Military Transactions* (Dublin: Geo. and Alex Ewing, 1746), 7.

61. Morrice, Entering Book, 23 October 1686, DWL, 31 P, 640; Comber, *Three Considerations,* 3.

62. London Newsletter, 4 March, 28 September, 7 October 1686, FSL, L.c. 1632, 1713, 1717; Henry Compton, *Episcopalia* (London: Timothy Westly, 1686); William Wake, Autobiography, 1687, LPL, 2932, fols. 22–23, 55–57; William Wake, *A Discourse Concerning the Nature of Idolatry* (London: William Rogers, 1688). It was published anonymously.

63. Sir Leoline Jenkins (Whitehall) to Dartmouth, 4 April 1684, Beinecke, OSB Shelves f b.190, 3:fol. 223r; Cotterell to his daughter, 17 June 1686, BL, Trumbull MSS 39 (since recataloged); ? (London) to Ellis, 4 January 1687, BL, Add. 4194, fol. 130v; Dartmouth (London) to Clarendon, 31 January 1687, Glasgow SUL, MS Hunter 73 (T.3.11), fol. 25r; Bonrepaus, Report on the State of England, 1687, NA, PRO 31/3/174, fol. 84r; Barillon (Windsor) to Louis XIV, 2/12 June 1687, NA, PRO 31/3/170, fol. 61r; Barillon (London) to Louis XIV, 23 December/2 January 1686/87, NA, PRO 31/3/168, fol. 1v; Thomas Booth (London) to Capt. John Booth, 8 January 1687, FSL, F.c. 25; Barillon (London) to Louis XIV, 4/14 April 1687, NA, PRO 31/3/168, fol. 66v; Daniel Defoe, *Memoirs of Publick Transactions in the Life and Ministry of His Grace the Duke of Shrewsbury* (London: Tho. Warner, 1718), 13; Petition of Four Gentlemen-Ushers, Quarter Waiters, c. 1689, CKS, U269/O73; 关于安妮：Barillon (London) to Louis XIV, 26 March 1685, NA, PRO 31/3/160, fol. 92v; Barillon (Windsor) to Louis XIV, 17/27 June 1686, NA, PRO 31/3/166, fol. 27; Barillon (London) to Louis XIV, 3/13 March, 24 March/3 April 1687, NA, PRO, 31/3/168, fols. 48r, 61r; Edward Gregg, *Queen Anne* (New Haven and London: Yale University Press, 2001), 42–45。关于玛丽：William Stanley (The Hague) to Sancroft, 24 January/3 February 1688, Bodleian, Tanner 29, fol. 130; "Some Account of the Revolution," BL, Add. 9363, fol. 3v。

64. ? (Whitehall) to William III, 1 June 1686, NA, SP 8/1/Pt. 2, fol. 75v; Barillon (London) to Louis XIV, 27 May/6 June 1686, NA, PRO 31/3/166, fol. 16r; Barillon (Windsor) to Louis XIV, 27 June/7 July 1687, NA, PRO 31/3/171, fol. 13r; Barillon (London) to Louis XIV, 14/24 October 1686, NA, PRO 31/3/167, fol. 33r; Childs, *Army,* 22–23, 193; Fraser (London) to Ellis, 9 July 1687, BL, Add. 4194, fol. 202r; Barillon (London) to Louis XIV, 9/19 June 1687, NA, PRO 31/3/170, fol. 115r; James Fitzjames, Duke of Berwick, *Memoirs of the Marshal Duke of Berwick,* vol. 1 (London: T. Cadell, 1779), 19–20; Sir Martin Beekman, "The Reasons Why I Have Been Accounted a Papist," December 1688, ed. N. B. White, *Notes and Queries* 170 (21 March 1936), 200; J. Cunningham (Cambrai) to ?, 5/15 May 1688, NA, SP 8/2/Pt. 2, fol. 17.

65. Childs, *Army,* 20–21; Bonrepaus (London) to Seignelay, 12/22 September 1687, NA, PRO 31/3/172, fols. 90–91; Sir Edward Hales, Treatise on Government, 1692, AWA, Old Brotherhood Papers, Book 3/258.

66. Morrice, Entering Book, 19 February 1687, DWL, 31 Q, 71; J. Hill (Paris) to Sir William Trumbull, 15 February 1688, Berkshire SRO, D/ED/C33; Thomas Bligh (London) to his brother, 13 January 1687, PRONI, T2929/1/7; Stater, *Noble Government,* 166–67; Barillon (London) to Louis XIV, 25 October/4 November 1686, NA, PRO 31/3/167, fol. 40v; Glassey, *Politics and the Appointment of Justices of the Peace,* 70–77; John Miller, *Popery and Politics in England, 1660–1688* (Cambridge: Cambridge University Press, 1973), 219; Morrice, Entering Book, 20 November 1686, DWL, 31 Q, 10.

67. London Newsletter, 28 December 1686, FSL, L.c. 1753; ? (London) to Ellis, 1 January 1687, BL, Add. 4194, fol. 126v; The Petition of His Highness Prince Rupert's Watermen, c. 1689, CKS, U269/O73; David Lemmings, *Gentlemen and Barristers: The Inns of Court and the English Bar, 1680–1730* (Oxford: Clarendon Press, 1990), 65; Goldie, "James II and the Dissenters' Revenge," 61; H.A. (Herefordshire) to Ellis, 2 August 1687, BL, Add. 28876, fol. 23r; London Newsletter, 1 November 1687, FSL, L.c. 1877.

68. G. Reresby (Cambridge) to Reresby, 6 January 1687, W YAS, MX 49/15; T. Bedford (Trinity College, Cambridge) to Stepney, 22 July 1687, NA, SP 105/82, fol. 8r; Paman (London) to Sir Ralph Verney, 27 July 1687, Buckinghamshire SRO, Verney MSS; Fellows of Sidney Sussex College to Sancroft, 14 October 1688, Bodleian, Tanner 28, fol. 197r.

69. Proceedings of the Ecclesiastical Commission, 7 April 1687, HEH, HA Religious Box 2(5); C. Reresby (London) to Sir John Reresby, 28 April 1687, W YAS, MX 49/1; Tyrrell (London) to Locke, 6 May 1687, *Locke Correspondence,* 3:192; Barillon (London) to Louis XIV, 9/19 May 1687, NA, PRO 31/3/169, fol. 62r.

70. Bonrepaus (London) to Seignelay, 8/18 March 1686, NA, PRO 31/3/165, fols. 58–59; Evelyn, *Diary,* 5 May 1686, 4:510; Barillon (London) to Louis XIV, 6/16 September 1686, NA, PRO 31/3/167, fol. 9v; Thomas Barlow (bishop of Lincoln) to Robert Boyle, 4 January 1687, in, *The Works of the Honourable Robert Boyle,* vol. 6, ed. Thomas Birch (London: W. Johnston et al., 1772), 317; Dr. John Guise (Aleppo) to Turner, 3 March 1687, Bodleian, Rawlinson MSS, D60, fol. 94r.

71. Gabriel Hastings (Oxford) to Huntingdon, 18 October 1686, HEH, HA 5267;

Burnet, *History of His Own Time,* 1:696; Wood, *Athenae,* 2:934, 1028; R. A. Beddard, "James II and the Catholic Challenge," in *Seventeenth-Century Oxford,* ed. Nicholas Tyacke (Oxford: Clarendon Press, 1997), 921, 939; Foley, 822.

72. Henry Aldrich, *A Reply to Two Discourses Lately Printed at Oxford* (Oxford, 1687), 2; Robert Harley to Sir Edward Harley, 12 March 1686, BL, Add. 70013, fol. 333r; Bonrepaus (Oxford) to Seignelay, 4/14 September 1687, NA, PRO 31/3/172, fol. 78r; London Newsletter, 28 September 1686, FSL, L.c. 1713; Wood, *Athenae,* 2:934.

73. Dr. Thomas Smith's Narrative, 28 March 1687, in *Magdalen College and King James II,* ed. J. R. Bloxam (Oxford: Clarendon Press, 1886), 4; London Newsletter, 9 April 1687, FSL, L.c. 1795; F. Overton to Sir Richard Temple, 2 August 1687, HEH, STT 1541; Diary of Cartwright, 22 June 1687, fol. 90v; Clarges (London) to Weymouth, 23 April 1687, Longleat House, Thynne MSS 12, fol. 216v; Stewkeley (London) to Sir Ralph Verney, 9 June 1687, Buckinghamshire SRO, Verney MSS; Morrice, Entering Book, 11 June 1687, DWL, 31 Q, 152; London Newsletter, 14 June 1687, FSL, L.c. 1820; Thynne (London) to Weymouth, 23 June 1687, Longleat House, Thynne MSS 14, fol. 163r; J. Fr. (London) to Ellis, 25 June 1687, BL, Add. 4194, fol. 200v; Samuel de Pay (Whitehall) to Poley, 29 July 1687, Beinecke, OSB MSS 1/Box 2/Folder 63; Ralph Trumbull (Witney) to Sir William Trumbull, 5 October 1687, BL, Add. 72511, fol. 75v; "An Account of Magdalen College Visitation," 21 October 1687, NA, SP 8/1/Pt. 2, fol. 168v; "The Visitation of Magdalen College," 22 October 1687, Bodleian, Tanner 29, fol. 88r.

74. Wynne to Sir Robert Owen, 20 October 1687, National Library of Wales, Brogynton MSS, 860; Wynne (Whitehall) to Poley, 21 October 1687, Beinecke, OSB MSS 1/Box 2/ Folder 69; Magdalen College Plea, 22 June 1687, in the Newdigate Papers, Warwickshire SRO, CR 136/B788; Sir Ralph Verney (Middle Claydon) to John Verney, 26 June 1687, Buckinghamshire SRO, Verney MSS; Thomas Ken (bishop of Bath and Wells) to Wake, 12 August 1687, Christ Church, William Wake Papers, 250, fol. 21r; Stewkeley (London) to Sir Ralph Verney, 27 October 1687, Buckinghamshire SRO, Verney MSS; Wynne (Whitehall) to Poley, 28 October 1687, Beinecke, OSB MSS 1/Box 2/Folder 70; Henry Holden (Oxford) to ?, 31 October 1687, Magdalen College Archives, MSS 421, fol. 1; London Newsletter, 28 January 1688, FSL, L.c. 1914.

75. Bonrepaus and Barillon (Oxford) to Seignelay, 4/14 September 1687, NA, PRO 31/3/172, fol. 77r; James II, Interview with Dr. Hedges, 14 October 1687, Magdalen College Archives, MSS 249, fol. 91v; "Visitation of Magdalen College," 22 October 1687, fol. 88r; Thomas Cartwright, bishop of Chester, Speech to Magdalen College, [November] 1687, Beinecke, OSB Files 2854; Newsletter from London, 25 October 1687, BL, Add. 4182, fol. 70r; Bishop of Chester's Speech at Magdalen College, 16 November 1687, Warwickshire SRO, CR 136/B735; London Newsletter, 25 October 1687, FSL, L.c. 1874; Henry Holden (Oxford) to ?, 31 October 1687, Magdalen College Archives, MSS 421, fol. 1; Angus Macintyre, "The College, King James II and the Revolution, 1687–1688," in *Magdalen College and the Crown: Essays for the Tercentenary of the Restoration of the College, 1688,* ed. Laurence Brockliss, Gerald Harriss, and Angus Macintyre (Oxford:

Printed for the College, 1988), 31–82.

76. Wynne (Whitehall) to Poley, 4 November 1687, Beinecke, OSB MSS 1/Box 2/Folder 71; William Sherwin (Oxford) to Turner, 4 August 1687, Bodleian, Rawlinson MSS, Letters 91, fol. 62v; R. W. to ?, November 1687, Bodleian, Tanner 29, fol. 112r.

77. Macintyre, "College, James II, and Revolution," 66; Thomas Newey (Oxford) to James Harrington, December 1687, BL, Add. 36707, fol. 17r; Edmund Verney (East Claydon) to John Verney, 4 December 1687, Buckinghamshire SRO, Verney MSS; Paul Foley (Oxford) to Sir Edward Harley, 20 February 1688, BL, Add. 70114, unfolioed; Moses Carter (Oxford) to Smith, 5 April 1688, Bodleian, MSS Smith 48, 47; Henry Fleming (Oxford) to Sir Daniel Fleming, 29 July 1688, CRO Kendal, WD/Ry 3230; Beddard, "James II and the Catholic Challenge," 945–47.

78. Dr. John Hough to ?, 9 October 1687, LPL, MSS 933/33; Proceedings of the Ecclesiastical Commission, 3 November 1687, HEH, HA Religious Box 2(5); John Freke to Locke, 3 June, 10 May 1687, *Locke Correspondence,* 3:210, 200–201.

79. Memoire de M. Robert, 27 December/6 January 1685/86, fol. 98r; Bonrepaus (London) to Seignelay, 1/11 March 1686, NA, PRO 31/3/165, fol. 47r; Edward Harley to Robert Harley, 8 March 1687, BL, Add. 70236, unfolioed; London Newsletter, 27 September 1687, 6 March 1688, FSL, L.c. 1862, 1924; Evelyn, *Diary,* 15 April 1688, 4:581; Burnet, *History of His Own Time,* 1:664.

80. 我更认可的解释来自 Robin Gwynn, "James II in the Light of His Treatment of Huguenot Refugees in England, 1685–1686," *English Historical Review* 92 (1977): 320–33, 而非 John Miller, "The Immediate Impact of the Revocation in England," in *The Huguenots and Ireland: Anatomy of an Emigration,* ed. C. E. J. Caldicott, H. Gough, and J.-P. Pittion (Dublin: Glendale, 1987), 161–74; Barillon (Windsor) to Louis XIV, 3/13 September 1685, NA, PRO 31/3/161, fol. 41v; Barillon (London) to Louis XIV, 28 January/7 February 1686, NA, PRO 31/3/164, fol. 8; Bonrepaus (London) to Seignelay, 28 December/7 January 1685/86, NA, PRO 31/3/163, fol. 31r; Bonrepaus (Calais) to Seignelay, 25 April/5 May 1686, NA, PRO 31/3/166, fol. 66; Robin Gwynn, "The Huguenots in Britain, the 'Protestant International,' and the Defeat of Louis XIV," in *From Strangers to Citizens: The Integration of Immigrant Communities in Britain, Ireland, and Colonial America, 1550–1750,* ed. Randolph Vigne and Charles Littleton (Brighton: Sussex Academic Press, 2001), 412–24; Sir William Trumbull, Diary, 21 September 1685, BL, Add. 52279, fol. 5r; Bonrepaus (London) to Seignelay, 24 December/3 January 1685/86, NA, PRO 31/3/163, fol. 22r; ? (Whitehall) to William III, 1 June 1686, NA, SP 8/1/Pt. 2, fol. 26; Barillon (London) to Louis XIV, 19/29 April 1686, NA, PRO 31/3/165, fol. 32v。

81. Evelyn, *Diary,* 3 November 1685, 4:487; Bonrepaus (London) to Seignelay, 4/14 January 1686, NA, PRO 31/3/163, fol. 52r ; London Newsletter, 13 April 1686, FSL, L.c. 1646; Barillon (London) to Louis XIV, 3/13 May, 6/16 May, 10/20 May 1686, NA, PRO 31/3/166, fols. 5r, 7v, 8r; Jeaffreson (London) to Phipps, 3 May 1686, Jeaffreson, 286. 关于胡格诺教徒所受苦难在民间广为人知的证据：Barillon (Windsor) to Louis XIV, 21 September/1 October 1685, NA, PRO 31/3/161, fol. 51v; William Penn (London) to

James Harrison, 25 October 1685, *Penn Papers,* 65–66; Lady Rachel Russell (Woburn Abbey) to Dr. Fitzwilliam, November 1685, in *Letters of the Lady Rachel Russell; from the Manuscripts in the Library at Woburn Abbey* (London: Edward and Charles Dilly, 1773), 50; Newport (London) to Herbert, 12 December 1685, NA, PRO 30/53/8, fol. 33r; Bonrepaus (London) to Seignelay, 11/21 January 1686, NA, PRO 31/3/163, fols. 63–64; Nathaniel Cholmley (Whitly) to John Evance, 18 January 1686, North Yorkshire SRO, ZCG, unfolioed; Tweeddale (London) to Lord Yester, 19 January 1686, NLS, 7026, fol. 33r; Henry Compton (bishop of London), Circular Letter, 2 April 1686, Bodleian, Tanner 30, fol. 10r; Will Haward (London) to Smith, 4 December 1686, Bodleian, MSS Smith 50, 57。

82. Van Citters (London) to States General, 1/11 June 1686, BL, Add. 34512, fol. 35v; ? (Whitehall) to William III, 1 June 1686, NA, SP 8/1/Pt. 2, fol. 26; Barillon (London) to Louis XIV, 28 October/7 November 1686, NA, PRO 31/3/167; Barillon (London) to Louis XIV, 9/19 November 1685, NA, PRO 31/3/162, fol. 17; Barillon (London) to Louis XIV, 15/25 February 1686, NA, PRO 31/3/164, fols. 18–19; Newsletter, 8 March 1686, HRC, Bulstrode Newsletters; Francis Thompson (Whitehall) to Sir William Trumbull, 29 April 1686, BL, Trumbull Misc. 24 (since recataloged); Barillon (London) to Louis XIV, 9/19 November 1685, NA, PRO 31/3/162, fol. 17r; Barillon (London) to Louis XIV, 19/29 April 1686, NA, PRO 31/3/165, fol. 32v; John Verney (London) to Sir Ralph Verney, 13 April 1686, Buckinghamshire SRO, Verney MSS; Bonrepaus (London) to Seignelay, 29 March/8 April 1686, NA, PRO 31/3/165, fol. 101r; Bonrepaus (London) to Seignelay, 11/21 November 1687, NA, PRO 31/3/173, fol. 117r.

第七章　抵制天主教现代化

1. James II's Speech to His Irish Parliament, 15 May 1689, HEH, EL 9882; Henry St. John, Viscount Bolingbroke, "Dissertation upon Parties," 1733–34, in *The Works,* vol. 2 (Philadelphia: Cary and Hart, 1841), 75; Sir Joseph Williamson, 26 April 1690, Grey, 10:86–87.

2. 詹姆斯不仅热衷于打造一支训练有素、装备精良的军事力量，还积极致力于解除英国平民社会的武装：Sunderland to ?, 6 December 1686, W YAS, MX 33/3; Daniel Fleming to constables in Kendal and Lonsdale Wards, 12 January 1687, Cumbria SRO, Kendal, WD/RY Box 35; Robert Harley to Sir Edward Harley, 10 November 1685, BL, Add. 70013, fol. 290r; Owen Wynne to Sir William Trumbull, 9 November 1685, BL, Trumbull Misc. 23 (since recataloged); Sir Thomas Clarges, 12 November 1685, DWL, 31 T 3, 3; William Bridgeman (Whitehall) to Sir William Trumbull, 12 November 1685, BL, Trumbull Misc. 23 (since recataloged); Francis Cholmondley to Richard Legh, 16 November 1685, JRL, Legh of Lyme MSS, Box 2/Folder 17; Newsletter from Whitehall, 9 November 1685, BL, Trumbull Newsletters (since recataloged); Newsletter from Whitehall, 16 November 1685, BL, Trumbull Newsletters (since recataloged); Barillon (London) to Louis XIV, 23 November/3 December 1685, NA, PRO 31/3/162, fols. 35–36; *Memoirs of*

the Late Right Honourable John Lord Haversham (London: J. Baker, 1711), 3; Newsletter from Whitehall, 19 November 1685, BL, Trumbull Newsletters (since recataloged); Barillon (London) to Louis XIV, 19/29 November, 23 November/3 December 1685, NA, PRO 31/3/162, fols. 32v, 34–35; Gilbert Dolben (London) to Sir William Trumbull, 12 November 1685, BL, Trumbull MSS 54 (since recataloged)。

3. Barillon (London) to Louis XIV, 3/13 December 1685, NA, PRO 31/3/162, fol. 44; Robert Yard (Whitehall) to Sir Richard Bulstrode, 20 November 1685, HRC, Bulstrode Newsletters; J. Tucker (Whitehall) to Sir William Trumbull, 23 November 1685, BL, Trumbull Misc. (since recataloged).

4. Sir Ralph Verney (Claydon) to John Verney, 2 August 1685, Buckinghamshire SRO, Verney MSS; John Eames (Ailesbury) to Huntingdon, 23 July 1685, HEH, HA 2404; Eames (Ailesbury) to Huntingdon, 25 July 1685, HEH, HA 2405; Thoresby, *Diary,* 1685, 1:181; C. Hatton (Carlisle) to Huntingdon, 16 May 1687, HEH, HA 6225; Charles Morgan (Hull) to Huntingdon, 26 September 1685, HEH, HA 9383; Talbot Lascelles (Hull) to Huntingdon, 21 February 1686, HEH, HA 8156; William Blathwayt (Windsor) to Lord Langdale, 3 March 1688, NA, WO 4/1, fol. 50v; ? (York) to Sir John Reresby, 29 February 1688, W YAS, MX/ R53/6; T. Fairfax (York) to Reresby, 3 March 1688, W YAS, MX/ R54/1; Charles Macarty (Guernsey) to Blathwayt, 12 September 1686, Beinecke, OSB MSS 2/Box 6/Folder 121; Macarty (Guernsey) to ?, 11 June 1687, Beinecke, OSB MSS 2/Box 6/Folder 121; Memoire de M. Robert, 27 December/6 January 1685/86, NA, PRO 31/3/163, fol. 82r; Eames (Chester) to Huntingdon, 9 March 1687, HEH, HA 2407; Sir Nicholas Slanning (Salisbury) to Blathwayt, 2 November 1686, Beinecke, OSB MSS 2/Box 8/Folder 172; Roger Morrice, Entering Book, 6 August 1687, DWL, 31 Q, 164; Deposition of Robert Vesey, Jasper Green, and William Green, 2 March 1686, Staffordshire SRO, D(w) 1778/I/i/1158 B (reporting on statements by Sir John Moore); Barillon (London) to Louis XIV, 27 May/6 June 1686, NA, PRO 31/3/166, fol. 16v.

5. Blathwayt (London) to Sir Robert Douglas, 16 October 1686, NA, WO 4/1, fol. 18v; William Hamilton (Whitehall) to Earl of Arran, 26 April 1687, NAS, GD 406/1/3467; Dr. Henry Paman (London) to Sir Ralph Verney, 17 August 1687, Buckinghamshire SRO, Verney MSS; George Bulle (York) to Reresby, 15 January 1686, W YAS, MX 43/29; Thomas Comber (York) to William Sancroft, 15 January 1687, Bodleian, Tanner 30, fol. 176r; ? (York) to Reresby, 29 February 1688, W YAS, MX/R53/6.

6. Gilbert Burnet, "A Letter concerning Some Reflections," 1687, in Burnet, *A Collection of Papers Relating to the Present Juncture of Affairs in England* (1688/89), 26–27.

7. Evelyn, *Diary,* 4 December 1685, 9 June 1686, 12 June 1687, 24 August 1688, 4:490, 514, 553, 596–97; Charles Jackson, ed., *The Diary of Abraham De La Pryme,* Publications of the Surtees Society, vol. 54 (Published for the Society, 1869–70), 1686, 8; Barillon (Windsor) to Louis XIV, 29 September/9 October 1687, NA, PRO 31/3/173, fol. 9r. 另外参见 Hamilton (Hamilton) to Arran, 8 May 1688, NAS, GD 406/1/7593; Sir David Nairne, Journal, April 1686, NLS, 14266, fol. 7v; "A Letter Sent to Every English Merchant in the United Provinces," 8/18 September 1686, BL, Add. 41820, fol. 3r; Barillon (Windsor) to Louis XIV, 1/11 July 1686, NA, PRO 31/3/166, fol. 36r; Barillon (Windsor) to Louis

XIV, 13/23 June 1687, NA, PRO 31/3/170, fol. 138r; Barillon (Bath) to Louis XIV, 6/16 September 1687, NA, PRO 31/3/172, fol. 151r。

8. Barillon (London) to Louis XIV, 23 February/5 March 1685, NA, PRO 31/3/160, fol. 68r; R. L. to mayor of Bridgewater, 24 February 1685, NA, SP 31/1, fol. 40; Burnet, "Letter Concerning Some Reflections," 26; Morrice, Entering Book, 8 January 1687, DWL, 31 Q, 40; Richard Grassby, *The English Gentleman in Trade: The Life and Works of Sir Dudley North, 1641–1691* (Oxford: Clarendon Press, 1994), 162–76.

9. Henry Newcome, 17 January 1686, in *The Autobiography of Henry Newcome,* vol. 2, ed. Robert Parkinson, Chetham Society 27 (Manchester: Chetham Society, 1852), 261 (hereafter cited as Newcome, *Autobiography*); William Haward (Scotland Yard) to Dr. Thomas Smith, 19 January 1686, Bodleian, MSS Smith 50, 45; Newcastle (Wellbeck) to Reresby, 22 January 1686, W YAS, MX 34/7.

10. Barillon (Windsor) to Louis XIV, 28 June/8 July 1686, NA, PRO 31/3/166, fol. 32r; Gilbert Burnet, *Reasons against Repealing the Acts of Parliament Concerning the Test* (1687), 5.

11. Dolben (London) to Sir William Trumbull, 22 January 1686, BL, Trumbull MSS 54 (since recataloged); Henry Howard, Information against People of Buckinghamshire (George Danver), 3 December 1688, HEH, STT Manorial Box 6 (41); Thomas Legh (London) to Richard Legh, 14 May 1685, JRL, Legh of Lyme, Box 2/Folder 15; Letter from a Father in London, 18 May 1685, Foley, 77; Newsletter, 13 August 1687, BL, Add. 4194, fol. 213r; Newsletter (Whitehall), 17 August 1688, Beinecke, OSB MSS 1/Box 2/Folder 88; Edward Scott (Guernsey) to Blathwayt, 2 April 1688, Beinecke, OSB MSS 2/Box 8/Folder 170.

12. Barillon (London) to Louis XIV, 22 October/1 November 1688, MAE, CP/Angleterre 167, fol. 2v; Morrice, Entering Book, 25 February 1688, DWL, 31 Q, 239 (4); Newsletter [James Johnston], 27 February 1688, BL, Add. 34515, fol. 51r; William Westby, Memoirs, 2 March 1688, FSL, V.a. 469, fol. 15r; London Newsletter, 24 September 1687, FSL, L.c. 1861; Henry Rowe (Wigan) to Richard Kenyon, 6 September 1688, HMC Kenyon, 196; London Newsletter, 12 January 1688, FSL, L.c. 1907; Van Citters (London) to States General, 3/13 January 1688, BL, Add. 34510, fol. 77; Paul Halliday, *Dismembering the Body Politic: Partisan Politics in England's Towns, 1650–1730* (Cambridge: Cambridge University Press, 1998), 248–49, 255.

13. Barillon (Windsor) to Louis XIV, 13/23 September 1686, NA, PRO 31/3/167, fol. 16r; Danby (London) to William, 27 March 1688, NA, SP 8/1/Pt. 2, fol. 198r; Halifax (London) to William, 12 April 1688, NA, SP 8/1/Pt. 2, fol. 203; James Johnston to ? 25 November 1687, Nottingham SUL, PwA 2103; James Johnston to ?, 8 December 1687, Nottingham SUL, PwA 2110a. 关于托利党，另外参见 Bath (Stowe) to ?Sunderland, 28 September 1688, NA, SP 8/2/Pt. 2, fol. 21。关于辉格党，另外参见 Sir John Lowther, *Memoirs of the Reign of James II* (London: H. G. Bohn, 1857), 459; Gilbert Burnet, "Reasons against Repealing," 1687, in *A Collection of Eighteen Papers Relating to the Affairs of Church and State during the Reign of King James the Second* (London: John Starkey and Richard Chiswell, 1689), 5; and "To the King," 1694, HEH, EL 9925。

14. Bonrepaus (London) to Seignelay, 12/22 September 1687, NA, PRO 31/3/172, fols. 91–94 A; Bonrepaus (London) to Seignelay, 29 September/9 October 1687, NA, PRO 31/3/173, fols. 17–18; Bonrepaus (London) to Seignelay, 24 November/4 December 1687, NA, PRO 31/3/174, fols. 6–7; Barillon (London) to Louis XIV, 21 November/1 December 1687, NA, PRO 31/3/174, fol. 1; Barillon (London) to Louis XIV, 19/29 January, 16/26 February 1688, NA, PRO 31/3/175, fols. 17r, 56r; Barillon (London) to Louis XIV, 3/13 May 1688, NA, PRO 31/3/177, fol. 16r; Philippe Hoffmann (London) to Leopold, 6/16 January 1688, Campana, 1:160–64; Antoine Moreau (The Hague) to king of Poland, 29 November/9 December 1687, 27 December/6 January, 17/27 January, 17/27 April 1688, all in BL, Add. 38494, fols. 3r, 10v, 20r, 59r.

15. Yard (Whitehall) to Albeville, 20 July, 21 July 1688, Indiana, Albeville MSS; George Vernon (Derby) to Huntingdon, 6 August 1688, HEH, HA 12980; Morrice, Entering Book, 8 September 1688, DWL, 31 Q, 291; James Wellwood, *Memoirs,* 3rd ed. (London: Tim. Goodwin, 1700), 213–14; Bonrepaus (London) to Seignelay, 12/22 September 1687, NA, PRO 31/3/172, fol. 93r; Bonrepaus (London) to Seignelay, 10/20 October 1687, NA, PRO 31/3/173, fol. 39r; Barillon (London) to Louis XIV, 5/15 January 1688, NA, PRO 31/3/175, fol. 10r; Van Citters (London) to States General, 2/12 March 1688, BL, Add. 34510, fols. 99–100; Moreau (The Hague) to king of Poland, 20/30 March 1688, BL, Add. 38494, fol. 51. 另外参见 George Mackenzie (Edinburgh) to William, 29 June 1687, NA, SP 8/1/Pt. 1, fol. 44; Cary Gardiner (London) to Sir Ralph Verney, 8 August 1688, Buckinghamshire SRO, Verney MSS; Westby, Memoirs, 17 August 1688, fol. 34v; Clarendon (London) to William, 15 December 1687, NA, SP 8/1/Pt. 2, fol. 188; and Halifax (London) to William, 25 July 1688, NA, SP 8/1/Pt. 2, fol. 244r。

16. Information to William, 1688, NA, SP 8/2/Pt. 2, fol. 51; Gardiner (London) to Sir Ralph Verney, 30 July 1688, Buckinghamshire SRO, Verney MSS; Theophilus Brookes (Hormark) to Huntingdon, 8 August 1688, HEH, HA 1041; Col. John Hales (Canterbury) to Blathwayt, 9 September 1688, Beinecke, OSB MSS 2/Box 4/Folder 92; Henry Fleming (Oxford) to Sir Daniel Fleming, 20 September 1688, Cumbria SRO, Kendal, WD/Ry 3258.

17. James Fraser (London) to Sir Robert Southwell, 7 July, 29 July 1688, FSL, V.b. 287 (77, 82); Halifax (London) to William, 25 July 1688, NA, SP 8/1/Pt. 2, fol. 244v; Sir William Boothby (Ashbourne) to Dr. Anthony Horneck, 23 September 1688, BL, Add. 71692, fol. 33v. 另外参见 Van Citters (London) to States General, 7/17 September 1688, BL, Add. 34510, fol. 143v。

18. Lord Chancellor Jeffreys, "An Account of the Proceedings . . . against the Lord Bishop of London," 4 August 1686, LPL, Fulham Papers/Compton MSS 2, fol. 68v; Thomas Pennington to Earl of Strafford, 13 August 1686, BL, Add. 31141, fol. 9r; Wynne to Sir William Trumbull, 15 July 1686, NL, Trumbull MSS 46, unfolioed (since cataloged); Evelyn, *Diary,* 14 July 1686, 4:519; Gardiner to Sir Ralph Verney, 4 August 1686, Buckinghamshire SRO, Verney MSS; *The King's Power in Ecclesiastical Matters Truly Stated* [1686?], 8.

19. Christopher Jeaffreson (London) to Major Crispe, 8 September 1686, Jeaffreson, 307; Sir

Ralph Verney (Middle Claydon) to Edward Verney, 15 August 1686, Buckinghamshire SRO, Verney MSS; Sir Ralph Verney (Middle Claydon) to Paman, 5 September 1686, Buckinghamshire SRO, Verney MSS; "The Bishop of London's Own Defence," August 1686, Warwickshire SRO, CR 136/B791; Barillon (Windsor) to Louis XIV, 13/23 September 1686, NA, PRO 31/3/167, fol. 14v; Dr. John Guise (Aleppo) to Dr. Thomas Turner, 3 March 1687, Bodleian, Rawlinson MSS, D60, fol. 94r. 另外参见 London Newsletter, 14 August 1686, FSL, L.c. 1696; Barillon (Windsor) to Louis XIV, 9/19 September 1686, NA, PRO 31/3/169, fol. 10; and Huntingdon (Kempton Park) to Dr. Grey, 31 August 1686, HEH, HA 6055。

20. Jeffreys, "Account of the Proceedings," 9 August 1686, fol. 71r; Southwell (Kingsweston) to Weymouth, 10 August 1686, Longleat House, Thynne MSS 15, fol. 139; Evelyn, *Diary,* 8 September 1686, 4:524; *A Letter to a Gentleman at Brussels,* 22 December 1688 (London, 1689), 14–15. 另外参见 William Stanley (Dieren) to Compton, 16/26 August 1686, Bodleian, Rawlinson MSS, C983, fol. 101r; and Barillon (London) to Louis XIV, 26 August/5 September 1686, NA, PRO 31/3/167, fol. 3r。

21. Barillon (Windsor) to Louis XIV, 19/29 August 1686, NA, PRO 31/3/166, fol. 61r; Morrice, Entering Book, 14 August, 21 August 1686, DWL, 31 P, 602, 611, 613. 我不同意道格拉斯·R. 莱西的观点，后者声称这是一个独特的时刻：Lacey, *Dissent and Parliamentary Politics in England, 1661–1689* (New Brunswick, NJ: Rutgers University Press, 1969), 177; Sir John Lowther, 9 August 1686, in *A Complete Collection of State Trials,* vol. 11, ed. T. B. Howell (London: T. C. Hansard, 1811), 1160。

22. William Sherwin (Oxford) to Thomas Turner, 27 June 1687, Bodleian, Rawlinson MSS, Letters 91, fol. 58v; Henry Care, *A Vindication of the Proceedings of His Majesties Ecclesiastical Commissioners* (London: Tho. Milboun, 1688), 1–2; Gilbert Burnet, *History of His Own Time,* 2 vols. (London: Thomas Ward, 1724), 1:701; Barillon (Bath) to Louis XIV, 6/16 September 1687, NA, PRO 31/3/172, fol. 151r; Barillon (London) to Louis XIV, 21 November/31 December 1687, NA, PRO 31/3/174, fol. 1r; *A Memorial of God's Last Twenty-Nine Years Wonders in England* (London: J. Rawlins, 1689), 110; *A Letter to a Gentleman at Brussels,* 22 December 1688, 15.

23. Southwell (Kingsweston) to Weymouth, 18 July 1687, Longleat House, Thynne MSS 15, fol. 190; J. R. Bloxam, ed., *Magdalen College and King James II* (Oxford: Clarendon Press, 1886), 219, 222–23; Thomas Ken (bishop of Bath and Wells) to William Wake, 28 December 1687, Christ Church, William Wake Papers, 250, fol. 25r; Barillon (London) to Louis XIV, 21 November/1 December 1687, NA, PRO 31/3/174, fol. 1r; Newsletter, 8 December 1687, BL, Add. 34515, fols. 39–40; Burnet, *History of His Own Time,* 1:701.

24. James Johnston to ?, 21 December 1687, Nottingham SUL, PwA 2120b; James Johnston (London) to ?, BL, Add. 34515, fol. 43r; Charles Caesar, *Numerus Infaustus* (London: Ric. Chiswell, 1689), 114–15; Daniel Defoe, *The Advantages of the Present Settlement* (London: Richard Chiswell, 1689), 11.

25. Samuel Johnson, *A Letter from a Freeholder* (1688), 3; Sir Richard Cocks, "A Charge," Michaelmas 1695, Bodleian, Eng.Hist.b.209, fol. 301; Bloxam, ed., *Magdalen College and James II,* 230, 253. 另外参见 Wellwood, *Memoirs,* 206。

26. *Life of James II,* 2:152; William Butterfield (Middle Claydon) to Sir Ralph Verney, 13 May 1688, Buckinghamshire SRO, Verney MSS; Simon Patrick, Autobiography, in *The Works of Symon Patrick,* vol. 9, ed. Alexander Taylor (Oxford: Oxford University Press, 1858), 510–11; Earl of Clarendon, Diary, 12 May 1688, Singer, 2:171. 伦敦主教出席了会议但未签字，大概是因为他当时正被停职。随后，主教们给未出席的主教们写信，除了罗切斯特、达勒姆、切斯特和圣戴维兹的主教外，其余主教都同意支持这份请愿书：Yard (Whitehall) to Albeville, 22 May 1688, Indiana, Albeville MSS; William Beaw, bishop of Llandaff, to Sancroft, 27 May 1688, Bodleian, Tanner 28, fol. 44r; Thomas Smith, bishop of Carlisle, to Sir Daniel Fleming, 2 June 1688, Cumbria SRO, Kendal, WD/Ry 3203; Smith to Francis Turner, 4 June 1688, Bodleian, Tanner 28, fol. 50r; James Johnston to Dr. John Hutton, 23 May 1688, Nottingham SUL, PwA 2161; Morrice, Entering Book, 19 May 1688, DWL, 31 Q, 255。

27. W. E. Buckley, ed., *Memoirs of Thomas, Earl of Ailesbury,* 2 vols. (Westminster: Nichols and Sons, 1890), 170 (hereafter cited as Ailesbury, *Memoirs*); Bishops' Petition, 18 May 1688, Bodleian, Tanner 28, fol. 35ar; Sir Charles Cotterell to Sir William Trumbull, 28 May 1688, BL, Trumbull MSS 39 (since recataloged).

28. Yard (Whitehall) to Albeville, 25 May 1688, Indiana, Albeville MSS; Barillon (London) to Louis XIV, 21/31 May 1688, NA, PRO 31/3/177, fol. 42; Southwell (Kingsweston) to Weymouth, 21 May 1688, Longleat House, Thynne MSS 15, fol. 235; Smith to Sir Daniel Fleming, 2 June 1688, CRO Kendal, WD/Ry 3203; Patrick, Autobiography, 511–12; William Sancroft, "Some Proceedings," 18 May 1688, Bodleian, Tanner 28, fol. 38v; Jo. Cooke (Whitehall) to Edmund Poley, 25 May 1688, Beinecke, OSB MSS 1/Box 2/Folder 79; *Life of James II,* 2:155.

29. 据各方说法，该宣言在伦敦市及其郊区最多只在六座教区教堂宣读过：A. M. (London) to James Harrington, May 1688, BL, Add. 36707, fol. 27r; Clarendon, Diary, 16 May 1688, 2:172; Van Citters (London) to States General, 18/28 May 1688, BL, Add. 34512, fol. 80v; Edward Harley to Sir Edward Harley, 19 May 1688, BL, Add. 70014, fol. 68r; Clarendon, Diary, 20 May 1688, 2:172–73; Yard (Whitehall) to Albeville, 22 May 1688, Indiana, Albeville MSS; John Horton (London) to Viscount Hatton, 22 May 1688, BL, Add. 29563, fol. 162r; Wynne (Whitehall) to Poley, 25 May 1688, Beinecke, OSB MSS 1/ Box 2/Folder 79; Yard (Whitehall) to Albeville, 25 May 1688, Indiana, Albeville MSS; Morrice, Entering Book, 26 May 1688, DWL, 31 Q, 261; Yard to Albeville, 29 May 1688, Indiana, Albeville MSS; *A Letter from a Clergy-Man in the City to His Friend in the Country,* 22 May 1688, 8; Westby, Memoirs, 20 May 1688, fol. 21v; *An Answer to the City Ministers Letter from His Country Friend* (1688), 1; Westby, Memoirs, 27 May 1688, fols. 22–23; Van Citters (London) to States General, 15/25 June 1688, BL, Add. 34510, fol. 132v; Patrick, Autobiography, 512; Butterfield (Middle Claydon) to Sir Ralph Verney, 20 May 1688, Buckinghamshire SRO, Verney MSS; Thomas Newey (Oxford) to Harrington, 30 May 1688, BL, Add. 36707, fol. 28v; Brookes (Hormark) to Huntingdon, 2 June 1688, HEH, HA 1040; Smith to Francis Turner, 4 June 1688, Bodleian, Tanner 28, fol. 50v; Mary Thynne (Longleat) to Weymouth, 8 June 1688, Longleat House, Thynne MSS 32, fol. 181v; Yard (Whitehall) to Albeville, 8 June 1688, Indiana, Albeville MSS;

Willoughby, Lord Aston (Tiscall, Staffordshire) to Sunderland, 9 June 1688, NA, SP 31/4, fol. 42r; Andrew Newport (Exeter) to Lord Herbert of Cherbury, 9 June 1688, NA, PRO 30/53/8, fol. 63r; Sir Ralph Verney (Middle Claydon) to Edmund Verney, 10 June 1688, Buckinghamshire SRO, Verney MSS。

30. 国王的亲信内部显然在如何行事的问题上存在分歧。然而，詹姆斯似乎从未动摇过：Barillon (London) to Louis XIV, 24 May/3 June 1688, NA, PRO 31/3/177, fols. 56–57; Clarendon, Diary, 14 June 1688, 2:177; *Life of James II*, 2:157–58; Minutes for His Grace of Canterbury to Have Been Spoken at the Trial, June 1688, Bodleian, Tanner 28, fol. 98r; Speech of Bishop of St. Asaph Not Spoken, 29 June 1688, BL, Add. 72426, fol. 103r。

31. Charles Dodd, *The Church History of England,* 3 vols. (Brussels, 1742), 3:420; Nathaniel Johnston (London) to Reresby, 9 April 1687, W YAS, MX 48/35; Albeville (The Hague) to Middleton, 29 July/8 August 1687, BL, Add. 41815, fol. 21r; Barillon (London) to Louis XIV, 20/30 October 1687, NA, PRO 31/3/173, fol. 65v; Paman (London) to Sir Ralph Verney, 21 November 1687, Buckinghamshire SRO, Verney MSS; Henry Care, *Draconica* (London: George Larkin, 1687), 2; *An Answer from the Country to a Late Letter to a Dissenter* (London: M. R., 1687), 5–6, 20; Samuel Parker, *Reasons for Abrogating the Test* (London: Henry Bonwicke, 1688); London Newsletter, 17 December 1687, FSL, L.c. 1896; Anthony Wood, *Athenae Oxonienses,* 3 vols., 2nd ed. (London: R. Knaplock, D. Midwinter, J. Tonson, 1721), 2:820; London Newsletter, 3 September, 15 September 1687, FSL, L.c. 1852, 1857; James Fraser (London) to Southwell, 18 September 1687, FSL, V.b. 287 (32); London Newsletter, 20 September 1687, FSL, L.c. 1859; Robert Harley (Witby) to Sir Edward Harley, 26 September 1687, BL, Add. 70014, fol. 41v; Sir Edward Harley (Brampton Bryan) to Robert Harley, 28 September 1687, BL, Add. 70253, unfolioed; Povey (Whitehall) to Southwell, 8 October 1687, Nottingham SUL, PwV 61/29; Barillon (London) to Louis XIV, 20/30 October 1687, NA, PRO 31/3/173, fol. 65v; Morrice, Entering Book, 29 October 1687, DWL, 31 Q, 182; James Johnston to ?, 4 January 1688, Nottingham SUL, PwA 2124g; "Savliana," post-1695, BL, Althorp C8; Henry Care, *Animadversions on a Late Paper* (London: John Harris, 1687), 7–8; Edmund Elys, "The Third Letter to the Truly Religious and Loyal Gentry," 1687, Bodleian, Tanner 29, fol. 15v; Roger L'Estrange, *An Answer to a Letter to a Dissenter* (London: R. Sare, 1687), 47–48; *A Letter in Answer to Two Main Questions* (London: M. T., 1687), 1; Henry Neville Payne, *An Answer to a Scandalous Pamphlet* (London: N. T., 1687), 5; Lady Rachel Russell to Dr. Fitzwilliam, 1 April 1687, in *Letters of the Lady Rachel Russell; from the Manuscripts in the Library at Woburn Abbey* (London: Edward and Charles Dilly, 1773), 77; Yard (Whitehall) to Albeville, 1 April 1687, Indiana, Albeville MSS; Duke of Hamilton (London) to Duchess of Hamilton, 10 November 1687, NAS, GD 406/1/7673; London Newsletter, 8 February 1688, FSL, L.c. 1918; Westby, Memoirs, 9 February 1688, fol. 12r.

32. Fraser (London) to Southwell, 7 January 1688, FSL, V.b. 287 (44); Hoffmann (London) to Leopold, 20/30 January 1688, in *Les derniers Stuarts,* ed. Campana, 1:166; On Monsieur Fagel's Letter, 1688, Georgetown SUL, Milton House Archives, Box 3/Folder

16; London Newsletter, 9 January 1688, HRC, Pforzheimer/Box 10/Folder 5; Letter from England, 12 January 1688, Nottingham SUL, PwA 2126b–c; London Newsletter, 12 January 1688, FSL, L.c. 1907; Louis Innes (London) to Charles Whyteford, 16 January 1688, SCA, Bl 1/113/6; Albeville (The Hague) to Middleton, 24 January/3 February 1688, BL, Add. 41815, fol. 127r; Morrice, Entering Book, 28 January 1688, DWL, 31 Q, 234; George Etherege (Ratisbon) to Albeville, 20 February/1 March 1688, Indiana, Albeville MSS; Robert Banks (Hoston) to Reresby, 7 March 1688, W YAS, MX/R51/61; Sunderland to Reresby, 28 February 1688, CSPD, 3:153; Sunderland to mayor of Bristol, 15 March 1688, CSPD, 3:166; Newsletter, 4 April 1688, BL, Add. 34515, fol. 61r; Westby, Memoirs, 1688, January 1688, fols. 3r, 7v; London Newsletter, 24 January 1688, FSL, L.c. 1912; Sir John Lowther of Whitehaven (London) to Sir Daniel Fleming, 31 January 1688, Cumbria SRO, Kendal, WD/Ry 3175; Westby, Memoirs, February 1688, fol. 14r; Sir Daniel Fleming (Rydal) to Lowther, 6 April 1688, Cumbria SRO, Carlisle, D/ Lons/L1/33.

33. George Savile, Marquis of Halifax, *A Letter to a Dissenter* (London: G. H., 1687), 5–6; Edmund Everard (Amsterdam) to Bevil Skelton, December 1686/January 1687, BL, Add. 41818, fol. 205r; Gilbert Burnet, *The Bishop of Salisbury His Speech in the House of Lords* (London, 1710), 12–13; *Letter from a Clergy-Man in the City,* 6; Letter to Viscount Hatton, 30 June 1688, BL, Add. 29563, fol. 207r; Newsletter from London, 2 July 1688, BL, Add. 34487, fol. 8r; Lowther, *Memoirs,* 467; H. Hall (London) to Justice Dawtrey, 2 July 1688, Essex SRO, D/DFa/F22. 另外参见 Yard (Whitehall) to Albeville, 15 March 1687, Indiana, Albeville MSS; Wellwood, *Memoirs,* 210; and Barillon (London) to Louis XIV, 21/31 May 1688, NA, PRO 31/3/177, fols. 43–44。

34. Van Citters (London) to States General, 8/18 June 1688, BL, Add. 34510, fol. 126v; ? (London) to Harrington, 9 June 1688, BL, Add. 36707, fol. 31r; Morrice, Entering Book, 9 June 1688, DWL, 31 Q, 268; Cary Stewkley (London) to Sir Ralph Verney, 12 June 1688, Buckinghamshire SRO, Verney MSS; Van Citters (London) to States General, 12/22 June 1688, BL, Add. 34510, fols. 129–30; Denton (London) to Sir Ralph Verney, 13 June 1688, Buckinghamshire SRO, Verney MSS; Dr. John Nalson to his wife, 14 June 1688, Bodleian, Tanner 28, fol. 64r; John Stewkley (London) to Sir Ralph Verney, 14 June 1688, Buckinghamshire SRO, Verney MSS; Southwell to Weymouth, 15 June 1688, Longleat House, Thynne MSS 15, fol. 244r; Clarendon, Diary, 15 June 1688, 2:177; Letter to Viscount Hatton, 16 June 1688, BL, Add. 29563, fol. 192r; John Verney (London) to Sir Ralph Verney, 20 June 1688, Buckinghamshire SRO, Verney MSS; Diary of Mary Woodforde, 8 June 1688, in *Woodforde Papers and Diaries,* ed. Dorothy Heighes Woodforde (London: P. Davies, 1932), 17; Sir Ralph Verney (Middle Claydon) to Edmund Verney, ca. 29 June 1688, Buckinghamshire SRO, Verney MSS; Boothby (Asbourne) to Horneck, 8 June 1688, BL, Add. 71692, fol. 9v; Westby, Memoirs, June 1688, fol. 23v; Yard (Whitehall) to Albeville, 1 June, 5 June 1688, Indiana, Albeville MSS; Fraser (London) to Southwell, 5 June 1688, FSL, V.b. 287 (68); Sir Ralph Verney (Middle Claydon) to Edmund Verney, 10 June 1688, Buckinghamshire SRO, Verney MSS; Wynne (London) to John Ellis, 16 June 1688, BL, Add. 4194,

fol. 232r; Westby, Memoirs, 18 June 1688, fol. 27r; Anna Grigg to Locke, 22 June 1688, *Locke Correspondence,* 3:483–84; Yard (Whitehall) to Albeville, 15 June 1688, Indiana, Albeville MSS; John Le Neve, *The Lives and Characters of the Most Illustrious Persons British and Foreign, Who Died in the Year 1712* (London: S. Holt, 1714), 110; Newsletter from London, June 1688, BL, Add. 34487, fol. 7r; James Johnston (London) to ?, 18 June 1688, BL, Add. 34515, fol. 82v; Boothby (Ashbourne) to Mr. Horton, 19 June 1688, BL, Add. 71692, fol. 11r; Van Citters (London) to States General, 26 June/6 July 1688, BL, Add. 34510, fols. 137–38, 245; Aston to Sunderland, 30 June 1688, NA, SP 31/4, fol. 69r.

35. Lowther, *Memoirs,* 467–68; Abigail Prowse, "Memorandums concerning Bishop Hooper," LPL, 3016, fol. 5v; Clarendon, Diary, 30 June 1688, 2:179; Wynne (London) to John Ellis, 30 June 1688, BL, Add. 4194, fol. 247r; Robert Slater (London) to Edward Parker, [30] June 1688, Lancashire SRO, DD/B/85/9; John Shorter and B. Shower (London) to Sunderland, 1 [July] 1688, NA, SP 31/4, fol. 39r; Wynne (Whitehall) to Poley, 2 July 1688, Beinecke, OSB MSS 1/Box 2/Folder 84; Newsletter from London, 2 July 1688, BL, Add. 34487, fol. 8v; Newsletter, 3 July 1688, BL, Add. 4194, fol. 250r; Van Citters (London) to States General, 3/13 July 1688, BL, Add. 34510, fols. 138–39; Jo. Cooke (Whitehall) to Poley, 3 July 1688, Beinecke, OSB MSS 1/ Box 2/Folder 84; Newsletter, 3 July 1688, BL, Add. 4194, fol. 250r; N. Gerrard to Edward Norton, 4 July 1688, BL, Add. 34487, fol. 9r.

36. Sir Ralph Verney (Middle Claydon) to Edmund Verney, 8 July 1688, Buckinghamshire SRO, Verney MSS; Southwell (Kingsweston) to Weymouth, [4] July 1688, Longleat House, Thynne MSS 15, fol. 249v; Patrick, Autobiography, 512–13; Westby, Memoirs, 7 July 1688, fol. 30r; Boothby (Ashbourne) to Horneck, 7 July 1688, BL, Add. 71692, fol. 12v; Gerrard (Hertford) to Norton, 12 July 1688, BL, Add. 34487, fol. 13r; Moreau to king of Poland, 13/23 July 1688, BL, Add. 38494, fol. 83; Cotterell to Sir William Trumbull, 24 July 1688, BL, Trumbull MSS 39 (since recataloged); Ailesbury, *Memoirs,* 1:171; Wellwood, *Memoirs,* 211.

37. Robert H. Murray, ed., *The Journal of John Stevens* (Oxford: Clarendon Press, 1912), 5; Halifax (London) to William, 25 July 1688, NA, SP 8/1/Pt. 2, fol. 244; Wellwood, *Memoirs,* 207–8. 另外参见 Westby, Memoirs, 10 August 1688, fol. 34r; Barillon (London) to Louis XIV, 21/31 May 1688, NA, PRO 31/3/177, fols. 42–43; and Moreau to king of Poland, 4/14 September 1688, BL, Add. 38495, fols. 14–15。

38. Westby, Memoirs, 6 August 1688, fol. 33r; Boothby (Ashbourne) to Mr. Watts, 22 August 1688, BL, Add. 41692, fol. 21r; London Newsletter, 1 September 1688, BL, Add. 4194, fol. 356r; Van Citters (London) to States General, 15/25 June 1688, BL, Add. 34510, fol. 134v; Fraser (London) to Southwell, 16 June 1688, FSL, V.b. 287 (72); List of Bails for the Bishops, June 1688, Bodleian, Tanner 28, fol. 76r; Southwell (Bristol) to Weymouth, 31 May 1688, Longleat House, Thynne MSS 15, fol. 239v; Hall (London) to Dawtrey, 2 July 1688, Essex SRO, D/DFa/F22; Gerrard to Norton, 4 July 1688, BL, Add. 34487, fol. 9r; Newcome, *Autobiography,* 2 July 1688, 267. 另外参见 MacKenzie to William Sancroft, [July 1688], Bodleian, Tanner 28, fol. 113r。

39．Sir Roger L'Estrange, *An Answer to a Letter to a Dissenter* (London: R. Sare, 1687), 4, 48–49.

40．Charles Thornton (London) to John Rawlinson, 21 March 1682, Lancashire SRO, DD/ Sa/37/4; *Axminster*, 1683, 80; Edmund Calamy, *Memoirs of the Life of the Late Reverend Mr. John Howe* (London: Sam. Chandler, 1724), 113; George Whitehead, *The Christian Progress of That Ancient Servant and Minister* (London, 1725), 573, 608; Christopher Story, *A Briefe Account of the Life, Convincement, Sufferings, Labours and Travels of . . .Christopher Story* (London: J. Sowle, 1726), 48; *Axminster*, 1682, 80; *Presentments at the Grand-Jury for the Town and Borough of Southwark* (London: Benj. Tooke, 1683); William Stout, 1864, in *The Autobiography of William Stout of Lancaster, 1665– 1752*, ed. J. D. Marshall (Manchester: Chetham Society, 1967), 81; *Upon the Suppression of Conventicles* (London, 1685), [2]; Whitehead, *Christian Progress*, 570–71. 关于其中 一个线人圈子的描述，见 Mark Goldie, "The Hilton Gang and the Purge of London in the 1680s," in *Politics and the Political Imagination in Later Stuart Britain*, ed. Howard Nenner (Rochester, NY: University of Rochester Press, 1998), 43–73; *Axminster*, 91–92, 96–97; John Whiting, *Persecution Exposed*, 2nd ed. (London: James Phillips, 1791), 265, 294, 322–23; Burnet, *History of His Own Time*, 1:651. 另外参见 Lowther, *Memoirs*, 450; Journal of Thomas Gwin of Falmouth, Friends House Library, MS Vol. 77, unfoloied; J. Fall (Paris) to Robert Wyllie, 31 January 1683, NLS, Wodrow Qu 30, fol. 139v; Thoresby, *Diary*, 10 February 1683, 1:153–54; Newcome, *Autobiography*, 11 August 1684, 256; and John Ashe, *A Short Account of the Life and Character of the Reverend Mr. William Bagshaw* (London: Tho. Parkhurst, 1704), 7。

41．Oliver Heywood, "Solemn Covenants," January 1688, in *The Rev. Oliver Heywood, B. A., 1630–1702: His Autobiography, Diaries, Anecdote and Event Books*, 4 vols., ed. J. Horsfall Turner (Bridghouse: A. B. Bayes, 1882), 3:227; Friends Newsletter, 25 July 1686, Friends House Library, Port 15/48; *A Letter to a Friend in Answer to a Letter to a Dissenter* (London: J. Harris, 1687), 1; Bridgewater (London) to Herbert, 11 April 1687, NA, PRO 30/53/8, fol. 45r; Andrew Paschall to John Aubrey, 23 April 1687, Bodleian, MS Aubrey 13, fol. 81r; Albeville (Hague) to Middleton, 29 April/9 May 1687, BL, Add. 41814, fol. 226; Mr. Scott (London) to Walter Leslie, 3 May 1687, SCA, Bl 1/107/6; Yard (Whitehall) to Albeville, 3 May 1687, Indiana, Albeville MSS; Ralph Trumbull to Sir William Trumbull, 5 October 1687, BL, Add. 72511, fol. 75r; J. Hill (Paris) to Sir William Trumbull, 10 October 1687, Berkshire SRO, D/ED/C33; Thomas Booth (London) to Capt. John Booth, 13 December 1687, FSL, F.c. 29. 另外 参见 Stephen Lobb, *A Second Letter to a Dissenter* (London: John Harris, 1687), 1–2; Newcome, *Autobiography*, 12 June 1687, 265; and Samuel Rosewell, *An Account of the Life and Death of the Reverend Mr. Thomas Rosewell* (London: John Clark and Richard Ford, 1718), 72。

42．关于潘恩和巴克利：William Penn (London) to Stephen Crisp, 28 February 1685, *Penn Papers*, 30; Penn (London) to James Harrison, 23 September 1686, *Penn Papers*, 123; London Newsletter, 22 March, 24 March 1687, FSL, L.c. 1787, 1788; Morrice, Entering Book, 26 March 1687, DWL, 31 Q, 86; James Fraser (London) to John Ellis,

5 April 1687, BL, Add. 4194, fol. 177r; Povey (Whitehall) to Southwell, 5 April 1687, Nottingham SUL, PwV 61/4; London Newsletter, 12 April 1687, BL Trumbull Newsletters (since recataloged); Barillon (London) to Louis XIV, 18/28 April 1687, NA, PRO 31/3/168, fol. 75r; Blathwayt (Whitehall) to Southwell, 28 April 1687, Nottingham SUL, PwV 53/50; Southwell (Kingsweston) to Weymouth, 4 July 1687, Longleat House, Thynne MSS 15, fol. 188v; James Tyrell to Locke, 29 August 1687, *Locke Correspondence,* 3:257; James Hamilton (Edinburgh) to Arran, 15 September 1687, NAS, GD 406/1/3421; Van Citters (Windsor) to States General, 4/14 October 1687, BL, Add. 34512, fol. 63v; J. Hill (Paris) to Sir William Trumbull, 10 October 1687, Berkshire SRO, D/ED/C33; William Penn, *Advice to Freeholders and other Electors of Members to Serve in Parliament* (London: Andrew Sowle, 1687); Penn, *A Letter from a Gentleman in the City to a Gentleman in the Country* (1687); Penn, *Three Letters* (London: Andrew Sowle, 1688); Burnet, *History of His Own Time,* 1:694; Wood, *Athenae,* 2:1051. 关于文森特·艾尔索普：London Newsletter, 28 April 1687, FSL, L.c. 1803; Vincent Alsop, *The Humble Address of the Presbyterians* ([London]: J. W., 1687); R. A. Beddard, "Vincent Alsop and the Emacipation of Restoration Dissent," *Journal of Ecclesiastical History* 24 (1973): 178。关于詹姆斯·斯图尔特爵士：James Hamilton (Edinburgh) to Arran, 15 September 1687, NAS, GD 406/1/3421; Duke of Hamilton (Edinburgh) to Duchess of Hamilton, 17 September 1687, NAS, GD 406/1/6231; James Stewart, "Reasons Why Protestant Dissenters Ought to Concur," 1687, NA, SP 8/1/Pt. 2, fol. 138r; Stewart, *James Stewart's Answer* (London: Andrew Sowle, 1688). 关于斯蒂芬·洛布：Lobb, *Second Letter;* John Verney (London) to Sir Ralph Verney, 29 August 1688, Buckinghamshire SRO, Verney MSS。

43. Lacey, *Dissent and Parliamentary Politics,* 181; Care, *Draconica;* Care, *Animadversions on a Late Paper;* Care, *Vindication of the Proceedings;* London Newsletter, 20 September 1687, FSL, L.c. 1859; Lois G. Schwoerer, *The Ingenious Mr.Henry Care* (Baltimore: Johns Hopkins University Press, 2001), 189–93; Phil Madoxe (Whitehall) to Southwell, 28 August 1688, Bodleian, Eng.Lett.c.54, fol. 97r; Morrice, Entering Book, 17 September 1687, DWL, 31 Q, 169; Lowther (London) to Sir Daniel Fleming, 9 October 1687, Cumbria SRO, Kendal, WD/Ry 3138; Wood, *Athenae,* 2:1009–10; Richard Burthogge, *Prudential Reasons for Repealing the Penal Laws* (London: Matthew Turner, 1687); Mark Goldie, "John Locke's Circle and James II," *Historical Journal* 35, no. 3 (1992): 579–84; Skelton (The Hague) to Middleton, 30 April/10 May 1686, BL, Add. 41813, fol. 122r; Yard (Whitehall) to Albeville, 15 March 1687, Indiana, Albeville MSS; London Newsletter, 14 April 1687, FSL, L.c. 1797; Morrice, Entering Book, 16 April 1687, DWL, 31 Q, 96; London Newsletter, 10 May, 10 December 1687, FSL, L.c. 1806, 1893; Thomas Halyburton, *Memoirs of the Life of the Reverend Mr. Thomas Halyburton* (Edinburgh: Andrew Anderson, 1714), 22; List of Those Pardoned by James II, 1686–1688, HEH, HA Misc. Box 1 (24); An Abstract of All Pardons, Temp. James II, HLRO, HL/PO/JO/10/1/414/154(p); Wood, *Athenae,* 2:1092. 据传威廉姆斯已与天主教会和解：? (Whitehall) to Sir Richard Bulstrode, 11 April 1687, HRC, Pforzheimer/ Box 10; Morrice, Entering Book, 17 September, 29 October 1687, DWL, 31 Q, 169,

182; Denton (London) to Sir Ralph Verney, 9 November 1687, Buckinghamshire SRO, Verney MSS; Yard (Whitehall) to Albeville, 6 July 1688, Indiana, Albeville MSS; Clarendon, Diary, 6 July 1688, 2:180; Morrice, Entering Book, 7 July 1688, DWL, 31 Q, 281; Clarendon (London) to William, 7 July 1688, NA, SP 8/1/Pt. 2, fol. 236; John Verney (London) to Sir Ralph Verney, 11 July 1688, Buckinghamshire SRO, Verney MSS。

44. Barillon (London) to Louis XIV, 28 December/7 January 1686, NA, PRO 31/3/163, fol. 2r; J. Hill (London) to Sir William Trumbull, 6 May 1686, Berkshire SRO, D/ED/C33; Wynne (London) to John Ellis, 5 March 1687, BL, Add. 4194, fol. 151r; Wynne (London) to John Ellis, 19 March 1687, BL, Add. 4194, fol. 158r; Morrice, Entering Book, 26 March 1687, DWL, 31 Q, 85; Yard (Whitehall) to Albeville, 1 April 1687, Indiana, Albeville MSS; Burnet, *History of His Own Time,* 1:672–73; Ronquillo (London) to king of Spain, 7/17 March 1687, BL, Add. 34502, fol. 96; Barillon (London) to Louis XIV, 11/21 April, 18/28 April 1687, NA, PRO 31/3/168, fols. 70r, 75r; Yard (Whitehall) to Albeville, 19 April 1687, Indiana, Albeville MSS; Barillon (London) to Louis XIV, 25 April/5 May, 2/12 May 1687, NA, PRO 31/3/169, fols. 3v, 25r; Bonrepaus (London) to Seignelay, 12/22 September 1687, NA, PRO 31/3/172, fol. 91r.

45. John Lake (bishop of Chichester) to Sancroft, 18 April 1687, Bodleian, Tanner 29, fol. 9r; Reresby (York) to Halifax, May 1687, BL, Althorp C2; H. A. (Hereford) to John Ellis, 27 June 1687, BL, Add. 28876, fol. 13; Jonathan Trelawney (bishop of Bristol) to Sancroft, 1 July 1687, Bodleian, Tanner 29, fol. 42r; Duke of Hamilton (Holyroodhouse) to Arran, 11 August 1687, NAS, GD 406/1/6206; Samuel Sanders (Normanton) to Huntingdon, 19 December 1687, HEH, HA 10669.

46. John Howe, *The Case of the Protestant Dissenters* (London, 1689), 2; Defoe, *Advantages of the Present Settlement,* 8; Burnet, *History of His Own Time,* 1:702; Whiting, *Persecution Exposed,* 363; James Fraser (London) to John Ellis, 19 April 1687, BL, Add. 4194, fol. 179v; Robert Harley to Sir Edward Harley, 21 May 1687, BL, Add. 70014, fol. 5r; Morrice, Entering Book, 23 April, 11 June 1687, 29 December 1688, DWL, 31 Q, 102, 149, 391–92.

47. Ronquillo (London) to king of Spain, 7/17 March 1687, BL, Add. 34502, fol. 76v; Dr. Samuel Freeman (Clare College, Cambridge) to Lord Hatton, 7 July 1687, *Correspondence of the Family of Hatton,* vol. 2, ed. Edward Maunde Thompson, Camden Society, n.s., 23 (1878): 68; Letter from England, 8 December 1687, Nottingham SUL, PwA 2110; Edward Watson (Lancaster) to Sir Daniel Fleming, 25 November 1687, Cumbria SRO, Kendal, WD/Ry 3144; Sir Daniel Fleming (Rydal) to Lowther, 2 December 1687, Cumbria SRO, Kendal, WD/Ry 3149; Sir George Duckett, ed., *Penal Laws and Test Act,* 2 vols. (London, 1883).

48. Letter from England to Bentinck, 17 November 1687, Nottingham SUL, PwA 2099b; Nathaniel Johnston (London) to Reresby, 24 January 1688, W YAS, MX/R51/53; Defoe, *Advantages of the Present Settlement,* 6–7; William Orme, ed., *Remarkable Passages in the Life of William Kiffin* (London: Burton and Smith, 1823), 84; Gilbert Burnet, *An Apology for the Church of England* [Amsterdam, 1688], 2; Edmund

Bohun, *The History of the Desertion* (London: Ric. Chiswell, 1689), 2; Thomas Long, *A Resolution of Certain Queries* (London: R. Baldwin, 1689), sig. A2r.

49. Van Citters (London) to States General, 22 May/1 June 1688, BL, Add. 34512, fols. 82–83; *Letter from a Clergy-Man in the City,* 8; James Johnston (London) to ?, 23 May 1688, BL, Add. 34515, fol. 65; Yard (Whitehall) to Albeville, 25 May 1688, Indiana, Albeville MSS; Wellwood, *Memoirs,* 220.

50. Fraser (London) to Southwell, 18 February 1688, FSL, V.b. 287 (52); Halifax (London) to William, 12 April 1688, NA, SP 8/1/Pt. 2, fols. 203–4; James Johnston (London) to ?, 23 May 1688, BL, Add. 34515, fol. 66.

51. Yard (Whitehall) to Albeville, 29 March 1687, Indiana, Albeville MSS; London Newsletter, 31 March 1687, FSL, L.c. 1791; James Johnston (London) to ?, 23 May 1688, BL, Add. 34515, fol. 66r; Lacey, *Dissent and Parliamentary Politics,* 180. 我尚未谈及苏格兰长老会的反对意见。其模式可能也大致相同；参见 William Carstares (The Hague) to Willem Bentinck, 1 August, 2 August 1687, NA, SP 8/1/Pt. 2, fols. 134, 141; Morrice, Entering Book, 14 May, 21 May 1689, 31 March 1688, DWL, 31 Q, 129, 132, 249; James Johnston (London) to ?, BL, Add. 34515, fols. 78–79; *Memoirs of the Life of the Late Reverend Mr. John Howe* (London: Sam. Chandler, 1724), 5, 67, 127, 130–32; Burnet, *History of His Own Time,* 1:708; John Rastrick (Kirkton), "A Narrative," HEH, HM 6131, fol. 50r; A. W. Brink, ed., *The Life of the Reverend Mr. George Trosse* (Montreal: McGill-Queen's University Press, 1974), 125, 129–30; John Ashe, *A Short Account of the Life and Character of the Reverend Mr. William Bagshaw* (London: Tho. Parkhurst, 1704), 7; Joshua Sager's Sermon Notes, Frankland's Nonconformist Academy, 1687/88, BL, Add. 54185, fol. 59v. 另外参见 Newcome, *Autobiography,* 264; and Thoresby, *Diary,* April 1687, 1:186。

52. Morrice, Entering Book, 9 April, 14 May 1687, Paper of May 1688, 16 June 1688, DWL, 31 Q, 88, 129, 257–58, 269; Rosewell, *Account of Thomas Rosewell,* 73; Calamy, *Memoirs of Howe,* 135.

53. *Axminster,* 128, 133; Wood, *Athenae,* 2:920–21; Thomas Jollie (Pendleton, Lancashire) to ?, 10 December 1687, DWL, 12.78, unfolioed. 这封信补充了 H. Fishwick, ed., *The Note Book of the Rev. Thomas Jolly,* Chetham Society, n.s., 33 (1894) 中提供的有关个人情况的细节。关于约翰·班扬的证据充其量也是模棱两可的：John Eston (Bedford) to Henry Mordaunt, Earl of Peterborough, 22 November 1687, in *Penal Laws and Test Acts,* ed. Duckett, 1:59; John Bunyan, *Grace Abounding* (London: W. Johnston?, 1750?), 171–73; Christopher Hill, *A Tinker and a Poor Man: John Bunyan and His Church, 1628–1688* (London: W. W. Norton, 1988), 319–20; Richard Greaves, *John Bunyan and English Non-Conformity* (London: Hambledon, 1992), 69。

54. 长老会教徒罗杰·莫里斯或许是众多痛斥那些团体的人中的一个典型代表：Morrice, Entering Book, 14 August 1686, DWL, 31 P, 611; Morrice, Entering Book, 29 October 1687, DWL, 31 Q, 181; Orme, ed., *Life of Kiffin,* 84–85; *Innocency Vindicated* (London: J. Darby, 1689), 1–2; Morrice, Entering Book, 11 September 1688, DWL, 31 P, 623.

55. Letter from England to Bentinck, 17 November 1687, Nottingham SUL, PwA 2099c;

Letter from England, 8 December 1687, Nottingham SUL, PwA 2112d–e; James Johnston (London) to ?, 6/16 February 1688, BL, Add. 34515, fol. 47r; Clarendon, Diary, 23 June 1688, 2:178; Bonrepaus (London) to Seignelay, 12/22 September 1688, NA, PRO 31/3/172, fols. 91–92; Letter from England, 8 December 1687, Nottingham SUL, PwA 2112g; Burnet, *History of His Own Time,* 1:703; Thomas Story, *A Journal of the Life of Thomas Story* (Newcastle-upon-Tyne: Isaac Thompson, 1747), 3.

56. 关于"辉格党"一词的使用：Bonrepaus (London) to Seignelay, 11/21 June 1687, NA, PRO 31/3/170, fol. 124r; Bonrepaus (Windsor) to Seignelay, 23 June/3 July 1687, NA, PRO 31/3/171, fol. 6r. On Dijkvelt: Yard (Whitehall) to Albeville, 13 February 1687, Indiana, Albeville MSS; Barillon (London) to Louis XIV, 10/20 March, 28 March/7 April 1687, NA, PRO 31/3/168, fols. 51r, 63r; Halifax to William, 31 May 1687, NA, SP 8/1/Pt. 2, fol. 133v。关于反对派组织：Barillon (Windsor) to Louis XIV, 16/26 June 1687, NA, PRO 31/3/170, fol. 142; Barillon (Windsor) to Louis XIV, 4/14 June 1687, NA, PRO 31/3/171, fol. 45; Barillon (Windsor) to Louis XIV, 26 September/6 October 1687, NA, PRO 31/3/173, fol. 6v; Halifax (London) to William, 31 May 1687, NA, SP 8/1/Pt. 2, fol. 132; Nottingham (London) to William, 2 September 1687, NA, SP 8/1/Pt. 2, fol. 149v; Morrice, Entering Book, 4 June 1687, 15 August 1688, DWL, 31 Q, 190, 288。一位最近发表评论的人对当下流行的这种观点表示反对：Halliday, *Dismembering the Body Politic,* 261; Fraser (London) to Southwell, 29 December 1687, FSL, V.b. 287 (42); ? (Windsor) to Dijkvelt, 20 September 1687, Warwickshire SRO, CR 2017/C17, fol. 19r; Moreau to king of Poland, 22 November/2 December 1687, BL, Add. 38494, fol. 1r; Barillon (London) to Louis XIV, 15/25 December 1687, NA, PRO 31/3/174, fol. 45v。詹姆斯·韦尔伍德也持这种观点：Wellwood, *Memoirs,* 214。我的结论与 John Miller in *Cities Divided: Politics and Religion in English Provincial Towns, 1660–1722* (Oxford: Oxford University Press, 2007), 230–37 基于不同证据得出的结论相似。

57. Bonrepaus, Report on the Stage of England, 1687, NA, PRO 31/3/174, fol. 116r; Shrewsbury (London) to William, 30 May 1687, NA, SP 8/1/Pt. 2, fol. 130; Halifax (London) to William, 25 August 1687, NA, SP 8/1/Pt. 2, fol. 143r; Daniel Petit (The Hague) to Middleton, 11/21 October 1687, BL, Add. 41815, fol. 60v; "To the King," 1694, HEH, EL 9925; Daniel Defoe, *Memoirs of Publick Transactions in the Life and Ministry of His Grace the Duke of Shrewsbury* (London: Tho. Warner, 1718), 9; Burnet, *History of His Own Time,* 1:712; Barillon (London) to Louis XIV, 25 April/5 May 1687, NA, PRO 31/3/169, fol. 4r; ? (London) to Arran, 12 May 1687, NAS, GD 406/1/3448; Devonshire to William, 31 May 1687, NA, SP 8/2/Pt. 2, fol. 10; Barillon (Windsor) to Louis XIV, 22 September/2 October 1687, NA, PRO 31/3/173, fol. 1; Bonrepaus, Report on the State of England, 1687, NA, PRO 31/3/174, fol. 116r; Skelton (Paris) to Sunderland, 6/16 June 1688, NA, SP 78/151, fol. 178v; Morrice, Entering Book, 18 September 1686, DWL, 31 P, 627; Denton (London) to Sir Ralph Verney, 14 June 1687, Buckinghamshire SRO, Verney MSS; Bonrepaus, Report on the State of England, 1687, NA, PRO 31/3/174, fols. 117r, 116r; Wood, *Athenae,* 2:1057.

58. Thomas Foley (Witley) to Sir Edward Harley, 7 October 1687, BL, Add. 70026,

unfolioed; Morrice, Entering Book, 22 October 1687, DWL, 31 Q, 177. 詹姆斯二世的代理人们认为托马斯·福利会作为宫廷候选人参选。但他并非国王可靠的拥护者。在革命期间，他为威廉夺取了伍斯特；Thomas Mariet (Warwickshire) to Penn, early 1688, *Penn Papers,* 174; London Newsletter, 10 January 1688, FSL, L.c. 1906; Sir Robert Howard, *A Two-Fold Vindication* (London, 1696), 15, 174; George Evelyn (Wotton) to John Evelyn Jr., 16 September 1688, BL, Evelyn MSS, M2, unfolioed (since recataloged); Isaac Newton, 1687, King's College, Cambridge, Keynes MSS 118, unfolioed; Letter from England, 4 January 1688, Nottingham SUL, PwA 2124c; ? (Amsterdam) to Albeville, 29 January 1688, Indiana, Albeville MSS. On Starkey: ? (Amsterdam) to Albeville, 19/29 January 1688, Indiana, Albeville MSS; Albeville (The Hague)to Middleton, 20/30 January 1688, BL, Add. 41815, fol. 124v。

59. Patrick Curry, *Prophecy and Power: Astrology in Early Modern England* (Cambridge: Polity, 1989), 79–80; John Phillips, *Sam, Ld. Bp. Of Oxon, His Celebrated Reasons for Abrogating the Test* (London, 1688); Wood, *Athenae,* 2:820, 1119; Daniel Defoe, *A Letter to a Dissenter from His Friend at The Hague* (Hague: Hans Verdraeght, 1688), 1–3; Maximillian E. Novak, *Daniel Defoe: Master of Fictions* (Oxford: Oxford University Press, 2003), 89–90.

60. Penn (London) to Duke of Buckingham, 16 February 1687, NAS, GD 406/1/10038; Buckingham to Penn, ca. February 1687, NAS, GD 406/1/10037; James Johnston (London) to ?, 6/16 February 1688, BL, Add. 34515, fols. 47–48; ? to Herbert, 14 July 1688, NA, PRO 30/53/8, fol. 117r; Edward Verney (London) to Sir Ralph Verney, 11 July 1688, Buckinghamshire SRO, Verney MSS.

61. Tyrell (London) to Locke, 6 May 1687, *Locke Correspondence,* 3:191–93; Isabella Duke (Otterton) to Locke, 3 October 1687, *Locke Correspondence,* 3:279; John Freke to Locke, 8/18 February 1687, *Locke Correspondence,* 3:135; Dr. David Thomas (London) to Locke, 29 November 1687, *Locke Correspondence,* 3:307; Philippus van Limborch to Locke, 27 January/6 February 1689, *Locke Correspondence,* De Beer, 3:542; Jean Le Clerc, *An Account of the Life and Writings of Mr. John Locke,* 2nd ed. (London: John Clarke and E. Curll, 1713), 22; Tyrell (London) to Locke, 6 May, 3 November 1687, *Locke Correspondence,* 3:193, 289; Lord Lieutenants' Return for Buckinghamshire, 29 February 1688, *Penal Laws and Test Act,* ed. Duckett, 1:147; Tyrell to Dr. David Thomas, 9 March 1688, *Locke Correspondence,* 3:410; Edward Clarke (London) to John Trenchard, 2 August 1679, Somerset SRO, DD/SF/3082; ? (Utrecht) to Skelton, 8/18 July 1685, BL, Add. 41817, fol. 218v; To all JPs, mayors, constables, August 1685, Somerset SRO, DD/SF/285; Mary Clarke to Edward Clarke, 30 May 1687, Somerset SRO, DD/SF/4515/Pt. 1/3; *Locke Correspondence,* 3:494; Mary Clarke (Chipley) to Edward Clarke, 28 March 1690, Somerset SRO, DD/SF/4515/Pt. 1/6; Tyrell (London) to Locke, 14 December 1687, *Locke Correspondence,* 3:312; Freke to Locke, 19 March 1688, *Locke Correspondence,* 3:418; Report of the Regulators to James II, 19 April 1688, *Penal Laws and Test Act,* ed. Duckett, 2:221; Dr. Charles Goodall to Locke, 27 December 1688, *Locke Correspondence,* 3:530; Mark Goldie, "James II and the Dissenters' Revenge," *Historical Research* 66 (February 1993): 75; J. R. Jones, "James

II's Whig Collaborators," *Historical Journal* 3, no. 1 (1960): 66.

62. Yard (Whitehall) to Albeville, 13 May 1687, Indiana, Albeville MSS; J. R., *Life of the Right Honourable Sir John Holt* (London, 1764), 3; Morrice, Entering Book, 3 December 1687, DWL, 31 Q, 213–14; London Newsletter, 24 December, 23 June, 30 June 1687, FSL, L.c. 1899, 1824, 1827; Fraser (London) to Southwell, 16 August 1687, FSL, V.b. 287 (29); Paman (London) to William Lloyd, bishop of Norwich, 18 August 1687, LPL, 3898/6/1; Morrice, Entering Book, 23 August 1687, DWL, 31 Q, 166; Ronquillo (London) to king of Spain, 5/15 September 1687, BL, Add. 34502, fol. 125; Bonrepaus (London) to Seignelay, 1/11 November 1687, NA, PRO 31/3/173, fol. 98r; Morrice, Entering Book, 15 October 1687, DWL, 31 Q, 174; Morrice, Entering Book, 5 November 1687, DWL, 31 Q, 189; London Newsletter, 8 November 1687, FSL, L.c. 1880; Wynne (Whitehall) to Poley, 11 November 1687, Beinecke, OSB MSS 1/Box 2/Folder 72; Van Citters (London) to States General, 11/21 November 1687, BL, Add. 34510, fol. 61v; Morrice, Entering Book, 12 November 1687, DWL, 31 Q, 201; Ailesbury, *Memoirs,* 1:175; Povey (Whitehall) to Southwell, 17 August 1687, Nottingham SUL, PwV 61/23; Paman (London) to Sir Ralph Verney, 17 August 1687, Buckinghamshire SRO, Verney MSS; Paman (London) to Lloyd, 18 August 1687, LPL, 3898/6/1; London Newsletter, 30 August, 3 November, 5 November 1687, FSL, L.c. 1850, 1878, 1879; Povey (Whitehall) to Southwell, 12 November 1687, Nottingham SUL, PwV 61/35; Morrice, Entering Book, 22 September 1688, DWL, 31 Q, 293; Orme, ed., *Life of Kiffin,* Orme, 85–87; Morrice, Entering Book, 11 December 1686, DWL, 31 Q, 29; Van Citters (London) to States General, 21/31 October 1687, BL, Add. 34510, fol. 55r; Mark Knights, "A City Revolution: The Remodeling of the London Livery Companies in the 1680s," *English Historical Review* 112 (1997): 1164–67, 1177.

63. Sir John Dugdale (Coventry) to Dr. Thomas Smyth, 9 July 1687, Bodleian, MSS Smith 49, 183; Dr. Charles Aldworth, Commonplace Book, later 1680s, Essex SRO, D/DBy Z56; Henry Booth, Lord Delamere, Speech at Boden Downs, November 1688, Somerset SRO, DD/SF/3110; Henry Booth, *The Charge,* Chester, 25 April 1693 (London: Richard Baldwin, 1693), 5–6; Calamy, *Memoirs of Howe,* 135; Morrice, Entering Book, 14 May 1687, DWL, 31 Q, 129; Burnet, *History of His Own Time,* 1:691; Burnet, "Some Reflections on His Majesty's [Scottish] Proclamation," 1687, in Burnet, *Collection of Eighteen Papers,* 11.

64. Thomas Brown, *Heraclitus Ridens Redivivus* (Oxford, 1688), 8; Treatise on Magna Carta, 25 October 1687, Beinecke, OSB Shelves b.142, unfolioed; *Three Queries and Answers to Them* (1688), 3; *A Plain Account of the Persecution* (1688), 4; *Reflexions on Monsieur Fagel's Letter,* 12 January 1688 (1688), 1–2.

65. Morrice, Entering Book, 25 September 1686, DWL, 31 P, 628; Sir John Reresby, *Memoirs,* ed. Mary K. Geiter and W. A. Speck (London: Royal Historical Society, 1991), 3 March 1689, 561; R. L. to mayor of Bridgewater, 24 February 1685, NA, SP 31/1, fol. 40; Van Citters (London) to States General, 9/19 April 1686, BL, Add. 34512, fol. 28r; Bonrepaus (London) to Seignelay, 12/22 September 1687, NA, PRO 31/3/172, fol. 94r; James Johnston to ?, 8 December 1687, BL, Add. 34515, fol. 39r;

Abel Boyer, *The History of King William the Third*, X X vols. (London: A. Roper and F. Coggan, 1702–3), 1:59–60; Defoe, *Memoirs of Publick Transactions*, 13.

66. Duke of Ormonde (Hampton Court) to Southwell, 6 May 1686, Victoria and Albert Museum, Forster and Dyce Collection, F.47.A.41, fol. 23v; Barillon (London) to Louis XIV, 24 October/3 November 1687, Bonrepaus (London) to Seignelay, 14/24 November 1687, Barillon (London) to Louis XIV, 14/24 November 1687, Barillon (London) to Louis XIV, 17/27 November 1687, all in NA, PRO 31/3/173, fols. 68v, 123–124, 119r, 133; Placidus Fleming (Ratisbon) to Mr. Whyteford, 12/22 July 1688, SCA, Bl 1/101/5; Morrice, Entering Book, 25 September 1686, DWL, 31 P, 628; Thomas Birch, *The Life of the Reverend Dr. John Tillotson* (London: J. and R. Tonson et al., 1752), 33. 戈登公爵表示，他与弗莱明以及天主教神父们一样，反对德拉蒙德兄弟：John Drummond, Earl of Perth, to Innes, 10 June 1688, Aberdeen, MS 2403, 13。

67. Barillon (London) to States General, 7/17 April 1687, NA, PRO 31/3/168, fol. 69v; Barillon (London) to Louis XIV, 25 April/5 May 1687, NA, PRO 31/3/169, fol. 3v; Bonrepaus (Windsor) to Seignelay, 11/21 July 1687, NA, PRO 31/3/171, fol. 18r; John Evelyn (Deptford) to Lady Tuke, 14 June 1693, BL, JE A2, fol. 89r (since recataloged); Robert Throckmorton (London) to ?, 17 March 1696, HEH, EL 9423.

68. ? to Countess of Suffolk, 12 July 1688, BL, Add. 34487, fol. 11v; Proceedings of the Ecclesiastical Commission, 12 July 1688, HEH, HA Religious Box 2(5); ? to Herbert, 14 July 1688, NA, PRO 30/53/8, fol. 117v; Newsletter (Whitehall), 20 July 1688, Beinecke, OSB MSS 1/Box 2/Folder 86; Proceedings of the Ecclesiastical Commission, 16 August 1688; Newsletter to Countess of Suffolk, 9 July 1688, BL, Add. 34487, fol. 15v; Matthew Henry (Chester) to Philip Henry, 6 August 1688, Bodleian, Eng.Lett.e.29, fol. 80r; Westby, Memoirs, 20 August 1688, fol. 35r; London Newsletter to Thomas Holton, 21 August 1688, BL, Add. 34487, fol. 23r; John Verney (London) to Sir Ralph Verney, July 1688, Buckinghamshire SRO, Verney MSS; Oliver Le Neve (Norfolk) to Peter Le Neve, 11 July 1688, BL, Add. 71573, fol. 51r; ? (Astrop, Northamptonshire) to Harrington, 28 July 1688, BL, Add. 36707, fol. 38r; Pen Stewkley (London) to Sir Ralph Verney, 8 August 1688, John Verney (London) to Sir Ralph Verney, 8 August 1688, both in Buckinghamshire SRO, Verney MSS; Southwell (Kingsweston) to Weymouth, 10 August 1688, Longleat House, Thynne 15, fols. 263–64; Newsletter from Whitehall, 24 August 1688, Beinecke, OSB MSS 1/Box 2/Folder 88; Bishop of Rochester's Paper, 6 November 1688, Bodleian, Tanner 28, fol. 235r. For an example from the Middlesex Quarter Sessions, see the Recognizances, 31 July 1688: "Middlesex Sessions Rolls: 1688–9," *Middlesex County Records* (1892), 4:321–28, available at: http://www.british-history.ac.uk/report.aspx?compid=66098. 威廉·罗杰斯曾是牛津大学学院院长奥巴代亚·沃克的助手，并捐赠了至今仍保存在那里的詹姆斯二世雕像：John Fendley, "William Rogers and His Correspondence," *Recusant History* 23, no. 3 (1997): 291–92。

69. James Johnston to ?, 18 June 1688, Nottingham SUL, PwA 2173/1–2; Devonshire to William, 10 July 1688, NA, SP 8/2/Pt. 2, fol. 43r; Henry Booth, Lord Delamere, "Some Observations on the Prince of Orange's Declaration," in Delamere, *The Works* (London: John Lawrence and John Dunton, 1694), 366; Danby (Leicester) to Chesterfield,

[September] 1688, in *Thomas Osborne, Earl of Danby and Duke of Leeds, 1632–1712,* vol. 2, ed. Andrew Browning (Glasgow: Jackson, Son, 1944), 135.

70. Morrice, Entering Book, 1 January 1687, DWL 31 Q, 38; Information to William III, 1688, NA, SP 8/2/Pt. 2, fol. 51; Barillon (Windsor) to Louis XIV, 29 September/9 October 1687, NA, PRO 31/3/173, fol. 8r; Barillon (London) to Louis XIV, 5/15 January 1688, NA, PRO 31/3/175, fol. 10r; John Oldmixon, *The History of England during the Reigns of the Royal House of Stuart* (London: John Pemberton et al., 1730), 730; Morrice, Entering Book, 15 August 1688, DWL, 31 Q, 288–89.

71. Newsletter, 19 September 1688, BL, Add. 34487, fol. 29r; Van Citters (London) to States General, 21 September/1 October 1688, BL, Add. 344512, fol. 101r; William Longueville (London) to Viscount Hatton, 22 September 1688, BL, Add. 29563, fol. 268r; Yard (Whitehall) to Albeville, 25 September 1688, Indiana, Albeville MSS; Bath (Stowe) to Sunderland, 28 September 1688, NA, SP 8/2/Pt. 2, fol. 46r; Morrice, Entering Book, 29 September 1688, DWL, 31 Q, 296–97; J. Boscawen (Whitehall) to John Evelyn, 30 September 1688, BL, Evelyn MSS, JE A9 (since recataloged); Wynne (Whitehall) to Poley, 2 October 1688, BL, Add. 45731, fol. 7r; Clarendon, Diary, 5 October 1688, 2:193; Evelyn, *Diary,* 6 October 1688, 4:600; Newcome, *Autobiography,* 7 October 1688, 267–68.

72. Evelyn, *Diary,* 18 September, 6 October 1688, 4:597, 599–600; Van Citters (London) to States General, 25 September/5 October 1688, BL, Add. 34512, fol. 103r; Van Citters (London) to States General, 9/19 October 1688, BL, Add. 34510, fol. 15; Barillon (London) to Louis XIV, 14/24 December 1688, MAE, CP/Angleterre 167, fol. 227r.

73. Morrice, Entering Book, 26 December 1688, DWL, 31 Q, 401; Steve Pincus, "John Evelyn: Revolutionary," in *John Evelyn and His Milieu,* ed. Frances Harris and Michael Hunter (London: British Library, 2003), 185–219.

74. Delamere, "Essay upon Government," 1687, in Delamere, *Works,* 38, 89–91; Delamere, "Advice to His Children," 20 September 1688, in Delamere, *Works,* 6, 9–10, 12, 15; Delamere, "Some Observations on the Prince of Orange's Declaration," in Delamere, *Works,* 375.

75. John Humfrey, *Advice Before It Be Too Late* [1689], 3–4.

第八章　民众革命

1. Samuel Pufendorf, *An Introduction to the History of the Principal Kingdoms and States of Europe,* 2nd ed. (London: M. Gilliflower, 1697), 153; Robert Ferguson, *The History of all the Mobs, Tumults, and Insurrections* ([London]: J. Moore, [1715]), 1–2; James Wellwood, *Memoirs,* 3rd ed. (London: Tim. Goodwin, 1700), 1; John T. Gilbert, ed., *A Jacobite Narrative of the War in Ireland, 1688–1691* (New York: Barnes and Noble, 1971), 39, 184; Robert Kirk, "Sermons, Occurrences . . . ," 1690, Edinburgh SUL, La.III.545, fol. 129v.

2. Charles Tilly, *European Revolutions, 1492–1992* (Oxford: Basil Blackwell, 1993), 9;

Thomas Doubleday, *A Financial, Monetary and Statistical History of England* (London: Effingham Wilson, 1847), 61; Robin Clifton, *The Last Popular Rebellion: The Western Rising of 1685* (London: Maurice Temple Smith, 1984), 281; J. R. Western, *Monarchy and Revolution: The English State in the 1680s* (London: Blandford, 1972), 264; Jonathan Scott, *England's Troubles: Seventeenth-Century English Political Instability in European Context* (Cambridge: Cambridge University Press, 2000), 206; Stephen Saunders Webb, *Lord Churchill's Coup: The Anglo-American Empire and the Glorious Revolution Reconsidered* (New York: Alfred A. Knopf, 1995), 165. 另 外 参 见 Jonathan Israel, "Introduction," in *The Anglo-Dutch Moment: Essays on the Glorious Revolution and Its World Impact,* ed. Jonathan Israel (Cambridge: Cambridge University Press, 1991), 2; and William A. Speck, *Reluctant Revolutionaries: Englishmen and the Revolution of 1688* (Oxford: Oxford University Press, 1988), 73。

3. G. M. Trevelyan, *The English Revolution, 1688–1689* (1938; reprint ed., Oxford: Oxford University Press, 1965), 7; Christopher Hill, *The Century of Revolution, 1603–1714* (Edinburgh: T. Nelson, 1961), 276; David Hosford, *Nottingham, Nobles, and the North: Aspects of the Revolution of 1688* (Hamden, CT: Archon, 1976), 120–21; J. R. Jones, *The Revolution of 1688 in England* (New York: W. W. Norton, 1972), 301. 另外参见 Speck, *Reluctant Revolutionaries, 6。*

4. Israel, "Introduction," 2, 5; John Morrill, "The Sensible Revolution, 1688," in *Anglo-Dutch Moment,* ed. Israel, 106; Craig Rose, *England in the 1690s: Revolution, Religion, and War* (Oxford: Blackwell, 1999), 8. 另 外 参 见 Scott, *England's Troubles,* 11; and Trevelyan, *English Revolution, 4。*

5. Isaac Kramnick, "Reflections on Revolution," *History and Theory* 11, no. 1 (1972): 28; Nikki R. Keddie, "Introduction," in *Debating Revolutions,* ed. Keddie (New York: New York University Press, 1995), ix; John Dunn, *Modern Revolutions: An Introduction to the Analysis of a Political Phenomenon* (Cambridge: Cambridge University Press, 1972), 2; Chalmers Johnson, *Revolutionary Change,* 2nd ed. (Stanford, CA: Stanford University Press, 1982), 1, 7; Thomas Babington Macaulay, *The History of England from the Accession of James II,* 5 vols. (New York: Harper and Brothers, 1849–61), 2:610–11, 614; Trevelyan, *English Revolution,* 4; Scott, *England's Troubles,* 216; Tim Harris, "London Crowds and the Revolution of 1688," in *By Force or by Default? The Revolution of 1688–89,* ed. Eveline Cruickshanks (Edinburgh: John Donald, 1989), 54.

6. Macaulay, *History,* 2:563; Trevelyan, *English Revolution,* 5, 129; Hosford, *Nottingham, Nobles, and the North,* 124; Western, *Monarchy and Revolution,* 376; Morrill, "Sensible Revolution," 103. "1688 年的共识" 这一概念近来受到了批评：Israel, "Introduction," 4–6。Robert Beddard, "The Unexpected Whig Revolution of 1688," in *The Revolutions of 1688,* ed. Beddard (Oxford: Clarendon Press, 1991), 11–101; Tim Harris, "London Crowds," 57. Eveline Cruickshanks, "The Revolution and the Localities: Examples of Loyalty to James II," in *By Force or By Default?* ed. Cruickshanks, 28–41.

7. Crane Brinton, *The Anatomy of Revolution,* rev. ed. (New York: Vintage, 1965), 3; George Rudé, *The Crowd in the French Revolution* (Oxford: Clarendon Press, 1959), 232. 值得注意的是，一百五十六人在围攻巴士底狱时丧生，五十人在 "战神广场大屠杀" 中丧生。

Rudé, *Crowd in the French Revolution,* 56, 81.

8. George Etherege (Ratisbon) to Albeville, 22 October/1 November 1688, Indiana, Albeville MSS; Robert Yard (Whitehall) to Albeville, 20 July 1688, Indiana, Albeville MSS; Daniel Petit (Amsterdam) to Middleton, 14/24 August 1688, BL, Add. 41816, fol. 157r; Newsletter to Earl of Suffolk, 16 August 1688, BL, Add. 34487, fol. 19v; Bevil Skelton (Paris) to Sunderland, 18/28 August 1688, NA, SP 98/151, fol. 201; Peter Wyche (Hamburg) to Edmund Poley, 21 August 1688, Beinecke, OSB MSS 1/Box 2/Folder 88; Wyche (Hamburg) to Middleton, 24 August 1688, BL, Add. 41827, fol. 76v; James Fraser (London) to Sir Robert Southwell, 25 August 1688, FSL, V.b. 287 (86); Albeville (Hague) to Middleton, 28 August/7 September 1688, BL, Add. 41816, fol. 170v; Petit (Amsterdam) to Middleton, 28 August/7 September 1688, BL, Add. 41816, fol. 167; Albeville (Hague) to Middleton, 4/14 September 1688, BL, Add. 41816, fol. 177r; J. Stafford (Madrid) to Sunderland, 27 September/7 October 1688, NA, SP 94/72, fol. 248; Sir Richard Bulstrode (Brussels) to Sunderland, 8 October 1688, NA, SP 77/55, fol. 491r; James Fitzjames, Duke of Berwick, *Memoirs of the Marshal Duke of Berwick,* vol. 1 (London: T. Cadell, 1779), 22. 詹姆斯和他的宫廷很快对这些报告采取了行动：Roger Morrice, Entering Book, 15 August 1688, DWL, 31 Q, 288; Newsletter, 22 August 1688, BL, Add.34487, fol. 25r; James II to Sir Roger Strickland, 23 August 1688, NA, ADM 2/1742, 143; William Westby, Memoirs, 24 August 1688, FSL, V.a. 469, fol. 36r; ? (London) to John Ellis, 25 August 1688, BL, Add. 4194, fol. 311r; Sir John Reresby, *Memoirs,* ed. Mary K. Geiter and W. A. Speck (London: Royal Historical Society, 1991), 25 August 1688, 506; Sunderland (Windsor) to Skelton, 27 August 1688, NA, SP 104/19, fol. 95v; William Blathwayt (Windsor) to Captain Shakerley, 28 August 1688, NA, WO 4/1, fol. 47r; John Verney (London) to Edmund Verney, 29 August 1688, Buckinghamshire SRO, Verney MSS; Robert Fairfax (the Downs) to his mother, 30 August 1688, NMM, MS 81/116; Newsletter, 25 September 1688, Bodleian, Don.c.38, fol. 295r。詹姆斯所掌握的关于威廉入侵部队规模的情报出奇地准确：Yard (Whitehall) to Albeville, 24 August 1688, Indiana, Albeville MSS; Newsletter (Whitehall), 7 September 1688, Beinecke, OSB MSS 1/Box 2/Folder 89; Benjamin Bathurst (London) to John Allicock, 25 September 1688, BL, Loan 57/70, fol. 4r; Will Culliford (Customs House, London) to Ellis, 27 September 1688, BL, Add. 4194, fol. 347r; East India Company to General and Council of India, 8 October 1688, IOL, E/3/91, fol. 295v; Robert Balle (Livorno) to Goodwyn and Delabere, 28 October/7 November 1688, NA, FO 335/7, fol. 3; Alexander Dunbar (London) to Louis Innes, 13 September 1688, SCA, Bl 1/111/7; Andrew Cotton to Hatton, 6 September 1688, BL, Add. 29563, fol. 257r; Henry Hunter (London) to George Hales, 25 September 1688, Berkshire SRO, D/EHr/B2; Henry Fleming (Oxford) to Sir Daniel Fleming, 21 October 1688, Cumbria SRO, Kendal, WD/Ry 3290; *Axminster,* October 1688, 135; John Verney (London) to Edmund Verney, 29 August 1688, Buckinghamshire SRO, Verney MSS; Sir John Lowther, Memoirs, Cumbria SRO, Carlisle, D/Lons/L2/5, 94。

9. James II (Whitehall) to Dartmouth, 5 October 1688, Staffordshire SRO, D(w) 1778/v/1403, 116–17; Yard (Whitehall) to Albeville, 11 October 1688, Indiana, Albeville MSS; Reresby, *Memoirs,* 30 October 1688, 524; ? (London) to Innes, 5 November 1688, SCA,

Bl 1/119/6; James II (Whitehall) to Dartmouth, 20 October 1688, NMM, LBK/49, 143; John Childs, *The Army, James II and the Glorious Revolution* (Manchester: Manchester University Press, 1980), 4; Webb, *Churchill's Coup,* 141.

10. Yard (Whitehall) to Albeville, 31 August 1688, Indiana, Albeville MSS; Dartmouth (Ouze Edge) to James II, 17 October 1688, NMM, DAR/17; James II (Whitehall) to Dartmouth, 8 October 1688, Staffordshire SRO, D(w) 1778/v/1403, 118.

11. Yard (Whitehall) to Albeville, 25 September 1688, Indiana, Albeville MSS; ? (London) to Albeville, October 1688, Indiana, Albeville MSS; Newsletter from Whitehall, 5 October 1688, BL, Add. 45731, fol. 11; Sunderland (Windsor) to Skelton, 27 August 1688, NA, SP 104/19, fol. 95v.

12. Thomas Bligh (London) to his brother, 27 September 1688, PRONI, T2929/1/20; Nathaniel Molyneux to Roger Kenyon, 18 October 1688, HMC Kenyon, 204; Elizabeth Powis (St. James's) to Lord Montgomery, 30 October 1688, NA, PRO 30/53/8, fol. 129v; Sir Ralph Verney (London) to Lady Bridgeman, 4 October 1688, Buckinghamshire SRO, Verney MSS; Thomas Brathwait (Salisbury) to Sir Daniel Fleming, November 1688, Cumbria SRO, Kendal, WD/Ry, unfolioed.

13. William Lawrence to Col. Henry Norwood, [April 1688], IOL, European MSS, E387/B, fol. 45; Thomas [Smith] (bishop of Carlisle) to Sir Daniel Fleming, 14 May 1688, Cumbria SRO, Kendal, WD/Ry 3198; Robert H. Murray, ed., *The Journal of John Stevens* (Oxford: Clarendon Press, 1912), 4 (hereafter cited as Stevens, *Journal*); Colley Cibber, *An Apology for the Life of Colley Cibber,* ed. Robert Lowe (New York: AMS Press, 1966), 63; Evelyn, *Diary,* 24 August 1688, 4:597; James Johnston (London) to ?, 18 June 1688, BL, Add. 34515, fol. 80v.

14. Stevens, *Journal,* October 1688, 6; Bath (Plymouth) to Sunderland, 9 October 1688, NA, SP 31/4, fol. 107r; Sir Christopher Musgrave (Edenhall) to Sir Daniel Fleming, 4 October 1688, Cumbria SRO, Kendal, WD/Ry 3270; Sir Charles Cotterell to Sir William Trumbull, 25 October 1688, BL, Trumbull MSS 39 (since recataloged); Westby, Memoirs, 15 October 1688, fol. 39v; ? (London) to Innes, 5 November 1688, SCA, Bl 1/119/6; Albeville (Hague) to Middleton, 29 September/9 October 1688, BL, Add. 41816, fol. 226.

15. John Whiting, *Persecution Exposed,* 2nd ed. (London: James Phillips, 1791), 388–89; "Some Account of the Revolution," BL, Add. 9363, fol. 1r; William Sancroft, "The Present State of the English Government," January 1689, Bodleian, Tanner 269, fol. 1r.

16. Count Lillieroot (Paris) to Sir William Trumbull, 8/18 September 1688, BL, Trumbull MSS 8 (since recataloged); Dunbar (Edinburgh) to Innes, 30 October 1688, SCA, Bl 1/111/8; London Newsletter, 13 November 1688, Bodleian, Don.c.38, fol. 341r; Anthony Hewitson, ed., *Diary of Thomas Bellingham, an Officer under William III* (Preston: Geo. Toulmin and Sons, 1908), 13 November 1688, 27 (hereafter cited as Bellingham, *Diary*).

17. Jones, *Revolution of 1688,* 209–49; Western, *Monarchy and Revolution,* 249, 253–55; Stephen Baxter, *William III and the Defense of European Liberty* (New York: Harcourt, Brace and World, 1966), 230–34; Edward B. Powley, *The English Navy in the Revolution of 1688* (Cambridge: Cambridge University Press, 1928), 1–15; Gilbert Burnet, *History*

of His Own Time (London: William Smith, 1838), 474, 479; Wellwood, *Memoirs,* 253; Daniel Defoe, *The Advantages of the Present Settlement* (London: Richard Chiswell, 1689), 26; Morrice, Entering Book, 6 October 1688, DWL, 31 Q, 300; Bellingham, *Diary,* 24 September 1688, 16; W. Sandford (mayor of Harwich) to Owen Wynne, BL, Add. 41805, fol. 48r; Daniel Defoe, *Memoirs of Publick Transactions in the Life and Ministry of His Grace the Duke of Shrewsbury* (London: Tho. Warner, 1718), 19.

18. Shrewsbury, Devonshire, Danby, Lumley, Compton, Sidney, and Russell to William, 30 June 1688, PRO, SP 8/1/Part 2, fols. 224–25.

19. Carlingford (Vienna) to Middleton, 9/19 September 1688, BL, Add. 41842, fol. 136; Bulstrode (Brussels) to Sunderland, 12 October 1688, NA, SP 77/55, fol. 493r; Wyche (Hamburg) to Poley, 2 November 1688, BL, Add. 45731, fol. 40r; Wyche (Hamburg) to Albeville, 10/20 April 1688, Indiana, Albeville MSS; Wyche (Hamburg) to Middleton, BL, Add. 41827, fol. 86r; Etherege (Ratisbon) to Albeville, 18/28 June 1688, Indiana, Albeville MSS; Skelton (Paris) to Wynne, 24 August/4 September 1688, BL, Add. 41842, fol. 222v; Albeville (Hague) to Middleton, 18/28 September, 21 September/1 October, 26 September/6 October 1688, BL, Add. 41816, fols. 202, 209v, 217v; Extracts of the Resolutions of the States General, 28 October 1688, PRO, C 110/80/6.

20. Sir Robert Southwell, "A Short Account of the Revolution," FSL, V.b. 150, 1:fol. 2v; Samuel Clarke (London) to Joseph Dolling, 9 October 1688, Churchill College Cambridge, Erle 2/16/17; Westby, Memoirs, 14 October 1688, fol. 39r; Reresby, *Memoirs,* 17 October 1688, 522; Van Citters (London) to States General, 12/22 October 1688, BL, Add. 34512, fol. 112r.

21. Morrice, Entering Book, 18 August 1688, DWL, 31 Q, 286; Dunmore to Derby, 1 October 1688, HMC Kenyon, 198.

22. Van Citters (London) to States General, 12/22 October 1688, BL, Add. 34512, fol. 112r; E. W. (York) to Sir Daniel Fleming, 12 October 1688, Bodleian, MSS Don.c.38, fol. 302r; Lord Fairfax (York) to Sunderland, 5 October 1688, NA, SP 31/4, fol. 91r; Walter Partridge (Scarborough) to Sunderland, 5 October 1688, NA, SP 31/4, fol. 94r; Lowther, Memoirs, 96; W. Lord Aston (Tixall) to Sunderland, 29 September 1688, NA, SP 31/4, fol. 82r; W. Molyneux (Croxteth) to Sunderland, 30 September 1688, NA, SP 31/4, fol. 83r; Caryll Molyneux (Wigan) to Sunderland, 5 October 1688, NA, SP 31/4, fol. 92r; Bellingham, *Diary,* 16 October 1688, 22; Caryll Molyneux to Sunderland, 19 October 1688, NA, SP 31/4, fol. 146r; Theophilus Brookes to Huntingdon, 17 November 1688, HEH, HA 1042; Huntingdon, Autobiography, 17 October 1699, HEH, HA Genealogy Box 1 (32); George Vernon and Henry Hamlocke (Derby) to Lord Preston, 1 November 1688, BL, Add. 63780, fol. 14; Sir Jeffrey Palmer (West Carlton) to Huntingdon, 26 October 1688, HEH, HA 9837; Robert Wilimot (Osmaston) to Huntingdon, 27 October 1688, HEH, HA 13420; Draft of a Petition Giving Particulars of a Dispute between the Earl of Derby and Lord Delamere, October–December 1688, HMC Kenyon, 205; Roger Kenyon, Diary, 3 November 1688, HMC Kenyon, 200; Bristol (Sherborn) to Sunderland, 29 September 1688, NA, SP 31/4, fol. 81r; Matthew Hole, *A Sermon Preached at*

Taunton, 6 January 1689 (London: Randolph Taylor, 1689), sig. [A2r]; Morrice, Entering Book, 17 November 1688, DWL, 31 Q, 317; Sir Robert Holmes (Isle of Wight) to Viscount Preston, 6 November 1688, BL, Add. 63780, fol. 41r; Sir Ralph Verney (London) to Edmund Verney Jr., 31 October 1688, Buckinghamshire SRO, Verney MSS; Lord Teynham (Lodge) to Sunderland, 8 October 1688, NA, SP 31/4, fol. 103r.

23. Morrice, Entering Book, 13 October 1688, DWL, 31 Q, 302; Earl of Clarendon, Diary, 24 September 1688, Singer, 2:189–90; Philip Frowde (London) to Dartmouth, 4 October 1688, Beinecke, OSB Shelves f b.190, 3:342–43; London Newsletter, 4 October, 6 October 1688, Bodleian, Don.c.38, fols. 297r, 298r; George Jeffries to Sir William Turner, 5 October 1688, Guildhall Library, 5099, unfolioed; Van Citters (London) to States General, 5 October 1688, BL, Add. 34512, fol. 105r; Lady Gardiner (London) to Sir Ralph Verney, 29 November 1688, Buckinghamshire SRO, Verney MSS; John Verney (London) to Edmund Verney Jr., 1 November 1688, Buckinghamshire SRO, Verney MSS.

24. Bath (Plymouth) to Sunderland, 9 October 1688, PRO, SP 31/4, fol. 107r. 前一周他报告说，整个西南部地区都是这种情况：Bath to Dartmouth, 3 October 1688, Staffordshire SRO, D(w) 1778/I/i/1319; Paul Halliday, *Dismembering the Body Politic: Partisan Politics in England's Towns, 1650–1730* (Cambridge: Cambridge University Press, 1998), 258–60。

25. John Verney (London) to Sir Ralph Verney, 30 August 1688, Buckinghamshire SRO, Verney MSS; Jack Stewkley (London) to Sir Ralph Verney, 29 August 1688, Buckinghamshire SRO, Verney MSS; Van Citters (London) to States General, 14/24 September, 2/12 October 1688, BL, Add. 34512, fols. 95v, 108r; Anthony Heyford (Norwich) to Blathwayt, 24 September 1688, Beinecke, OSB MSS 2/Box 5/Folder 98; Childs, *Army,* 3; Kitt Redman's London Letter, 16 October 1688, Bodleian, Don.c.38, fol. 312r.

26. Edward Merrye (London) to James Mellifort, 28 August 1688, HEH, STT 1470; Merrye (London) to Mellifort, 13 September 1688, HEH, STT 1471; Dean Montague (London) to Viscount Hatton, 2 October 1688, BL, Add. 29563, fol. 277r; Levant Company (London) to Trumbull, 13 October 1688, BL, Add. 72526, fol. 184v; Van Citters (London) to States General, 9/19 October 1688, BL, Add. 34510, fol. 153v; London Newsletter, 6 October 1688, Bodleian, Don.c.38, fol. 298r; J. Boscawen (Whitehall) to John Evelyn, 30 September 1688, BL, Evelyn MSS, JE A9, unfolioed (since recataloged); Morrice, Entering Book, 13 October 1688, DWL, 31 Q, 303.

27. Albeville (Hague) to Middleton, 28 August/7 September 1688, BL, Add. 41816, fol. 170v; Petit (Amsterdam) to Middleton, 17/27 August 1688, BL, Add. 41816, fol. 160r; C. D. Chandaman, *The English Public Revenue, 1660–1688* (Oxford: Clarendon Press, 1975), 260; Wyche (Hamburg) to Middleton, 18 September 1688, BL, Add. 41827, fol. 90r; Robert Hall (Rye) to Frowde, 30 September 1688, NA, SP 31/4, fol. 84r.

28. Defoe, *Memoirs of Public Transactions,* 18–19; W. E. Buckley, ed., *Memoirs of Thomas, Earl of Ailesbury,* 2 vols. (Westminster: Nichols and Sons, 1890), 1:129–30; Reresby, *Memoirs,* 15 October 1688, 520–21; Albeville (Hague) to Preston, 6/16

November 1688, BL, Add. 34517, fol. 9r. 有趣的是，在德国历史学家兰克对这场革命的记述中，威廉所获得的财政支持占据了显著位置，而麦考莱的记述并未提及这一点。关于兰克，参见 Leopold Von Ranke, *A History of England Principally in the Seventeenth Century,* vol. 4 (New York: AMS, 1966), 399–400。

29. Hugh Speke to William III, 1689, NA, SP 32/2, fol. 88; Sir John Morgan (Chester Castle) to Shrewsbury, 5 April 1690, NA, SP 32/3, fol. 4; Morrice, Entering Book, 22 December 1688, DWL, 31 Q, 370–71; Earl of Dorset's Dorset Proclamation, 30 November 1688, Churchill College, Cambridge, Erle MSS, 4/4/2; Van Citters (Reading) to States General, 9/19 December 1688, BL, Add. 34510, fol. 194r.

30. A General Account of the Money Received of Lt. Col. Coke, 27 November 1688–20 February 1689, BL, Add. 69953, fol. 36r; Private Account of John Coke, [November–December 1688], BL, Add. 69953, fol. 57r; John Wright's Receipts, 28 November 1688, BL, Add. 69953, fol. 5r; Robert Kirk, "Sermons, Occurrences . . . ," March 1690, Edinburgh SUL, La.III.545, fol. 94v.

31. Newsletter, 12 January 1689, Bodleian, Don.c.39, fol. 87r; London Newsletter, 12 January 1689, FSL, L.c. 1958; Morrice, Entering Book, 12 January 1689, DWL, 31 Q, 419; London Newsletter, 15 January 1689, FSL, L.c. 1959; Robert Dale (London) to ?, 17 January 1689, BL, Egerton 2717, fol. 425r; Edmund Bohun, *The History of the Desertion* (London: Ric. Chiswell, 1689), 122; Corporation of London SRO, Loan Accounts, MS 40/35; London Newsletter, 15 January 1689, FSL, L.c. 1959; *London Intelligence,* 15–19 January 1689.

32. Alexander Stanhope (Madrid) to James Vernon, 7 June 1690, NA, SP 94/73, fol. 9v; Defoe, *Memoirs of Public Transactions,* 20–22; Albeville (Hague) to Middleton, 9/19 March 1688, BL, Add. 41815, fol. 183v; J. Cutts (Loo) to Middleton, 12 April 1688, BL, Add. 41805, fol. 23; Sir John Narborough to Lord Falkland, 4 May 1688, NMM, LBK/1, fol. 19v; Petit (Amsterdam) to Middleton, 15/25 May 1688, BL, Add. 41816, fol. 32v; Albeville (Hague) to Middleton, 31 July/10 August 1688, BL, Add. 41816, fol. 143r; Wyche (Hamburg) to Poley, 19 October 1688, BL, Add. 45731, fol. 22r; Morrice, Entering Book, 17 November 1688, DWL, 31 Q, 317; London Newsletter, 20 November 1688, Bodleian, Don.c.38, fol. 352v; *London Mercury,* 27–31 December 1688; E. S., *A Petition and Demand of Right and Justice by One of the Commons of England,* 19 January 1702 [1702], 2; Burnet, *History,* 483–87; G. Davies, ed., *Autobiography of Thomas Raymond and Memoirs of the Family of Guise of Elmore, Gloucestershire,* Camden Society, 3rd Ser., 28 (1917): 135–36; Winchester (Basingstoke) to William, 23 April 1688, NA, SP 8/1/Pt. 2, fol. 212v; Albeville (Hague) to Middleton, 8/18 June 1688, BL, Add. 41816, fol. 63r; Clarendon, Diary, 27 September 1688, 2:191; Albeville (Hague) to Middleton, 8/18 May 1688, BL, Add. 41816, fol. 25r; Danby (London) to William, 29 March 1688, NA, SP 8/1/Pt. 2, fol. 199r; Antoine Moreau (Hague) to king of Poland, 2/12 October 1688, BL, Add. 38495, fol. 32r; Albeville (Hague) to Middleton, 20/30 March 1688, BL, Add. 41815, fol. 193v; ? (London) to Innes, 5 November 1688, SCA, Bl 1/119/6; Francis Gwynn (Whitehall) to Blathwayt, 18 October 1688, Beinecke, OSB MSS 2/Box 4/Folder 91; Moreau (Hague) to king of Poland, 13/23 July 1688, BL, Add.

38494, fol. 83v; Westby, Memoirs, 13 July 1688, fol. 31v; Yard (Whitehall) to Albeville, 13 July 1688, Indiana, Albeville MSS; H. Thynne (London) to Weymouth, 14 July 1688, Longleat House, Thynne MSS 14, fol. 241r; Newsletter to Countess of Suffolk, 17 July 1688, BL, Add. 34487, fol. 15r; John Verney (London) to Sir Ralph Verney, 19 July 1688, Buckinghamshire SRO, Verney MSS; Israel and Geoffrey Parker, "Of Providence and Protestant Winds," in *Anglo-Dutch Moment,* ed. Israel, 354–55.

33. 麦考莱扣人心弦的叙述着重强调了贵族和乡绅"冒险家"的作用：Macaulay, *History,* 2:421–22; Catalogue of Nobility and Principal Gentry Said to Be in Arms with the Prince of Orange, December 1688, Beinecke, OSB MSS 1/Box 4/Folder 189; Moreau (Hague) to king of Poland, 23 September/5 October 1688, BL, Add. 38495, fol. 26; Albeville (Hague) to Middleton, 27 September/7 October 1688, BL, Add. 41816, fol. 220r. 这些人当中有伦敦商人、第一个"无知陪审团"（ignoramus jury）的陪审团团长约翰·威尔默：The Case of John Wilmer, HEH, EL 9614; Petit (Amsterdam) to Middleton, 17/27 August 1688, BL, Add. 41816, fol. 159r; Newsletter to Earl of Suffolk, 25 July 1688, BL, Add. 34487, fol. 17r; Israel and Parker, "Of Providence and Protestant Winds," 354; Albeville (Hague) to Middleton, 20/30 April 1688, BL, Add. 41815, fol. 258r; Ian Gentles, *The New Model Army in England, Ireland and Scotland, 1645–1653* (Oxford: Blackwell, 1992), 35–36; Webb, *Churchill's Coup,* 142。

34. Newsletter to Earl of Suffolk, 25 July 1688, BL, Add. 34487, fol. 17v; Theophilus Brookes (Formark) to Huntingdon, 8 August 1688, HEH, HA 1041; Childs, *Army,* 138–64; Shrewsbury, Devonshire, Danby, Lumley, Compton, Sidney, and Russell to William, 30 June 1688, NA, SP 8/1/Pt. 2, fols. 225–26; Morrice, Entering Book, 17 November 1688, DWL, 31 Q, 320–21; Ambrose Norton, "An Account of the Revolution in the Army in 1688," Bodleian, Rawlinson MSS, D148, fol. 3; Lowther, Memoirs, 106; Reresby, *Memoirs,* 10 September 1688, 510; Charles Gatty, ed., "Mr. Francis Gwyn's Journal," *Fortnightly Review,* n.s., 40 (1886): 363.

35. Gilbert Burnet, in H. C. Foxcroft, ed., *A Supplement to Burnet's "History of My Own Time"* (Oxford: Clarendon Press, 1902), 291; Annual Letters, 1688, Foley, 268–69; Van Citters (London) to States General, 20/30 November 1688, BL, Add. 34510, fol. 180r; Webb, *Churchill's Coup,* 130–33; Childs, *Army,* 148–50. Childs 过分强调了这些托利党和辉格党团体之间的合作程度：*Memoirs of the Life of the Most Noble Thomas Late Marquess of Wharton,* 2nd ed. (London: J. Roberts, 1715), 19; Norton, "Account of the Revolution in the Army in 1688," fols. 3–4; William Penn to Dartmouth, 23 October 1688, *Penn Papers,* 3:211; Captain Robert Parker, *Memoirs of the Most Remarkable Military Transactions* (Dublin: Geo. and Alex Ewing, 1746), 9–10; Pen Stewkley (Norham, Leicestershire) to John Verney, 5 November 1688, Buckinghamshire SRO, Verney MSS. 随后，这些军队拒绝与亲王的支持者作战：Henry Compton (Nottingham) to Danby, 2 December 1688, LPL, 1834, fol. 17v; Samuel Pepys (London) to Dartmouth, 10 December 1688, Beinecke, OSB Shelves f b.190, 4: fol. 645r; Letter from Exeter, 21 November 1688, BL, Add. 63780, fol. 101r; Henry Booth, Lord Delamere, *The Works* (London: John Lawrence and John Dunton, 1694), 62。

36. Delamere, *Works,* 63; Reresby, *Memoirs,* 28 November 1688, 535.

37. Sir Willoughby Aston, Diary, 18 November 1688, Liverpool SRO, 920 MD 173; Lord Berkeley (Spithead) to Dartmouth, 21 November 1688, Beinecke, OSB Shelves f b.190, 4: fol. 583r; Middleton (Salisbury) to Preston, 24 November 1688, NA, SP 44/97, fol. 23; Sir Henry Shere (Hartly) to Dartmouth, 25 November 1688, Staffordshire SRO, D(w) 1778/III/123; Bellingham, *Diary,* 29 November 1688, 32; John Evelyn Jr. (Oxford) to John Evelyn, [12 December] 1688, BL, Evelyn MSS JE A4 (since recataloged); Norton, "Account of the Revolution in the Army in 1688," fol. 7; James II (Whitehall) to Dartmouth, 10 December 1688, Staffordshire SRO, D(w) 1778/v/1403, 134; James II (Whitehall) to Feversham, 10 December 1688, NAS, GD 406/1/3401; Cotterell to Trumbull, [28 November 1688], BL Trumbull MSS 39 (since recataloged); *Life of James II,* 2:225–26; Delamere, *Works,* 63; Reresby, *Memoirs,* 28 November 1688, 535; Francis Barrington and Benjamin Steele (London) to Goodwyn and Delabere, 11 January 1689, NA, FO 335/8, fol. 3.

38. *A Memorial of God's Last Twenty-Nine Years Wonders in England* (London: J. Rawlins, 1689), 118; ? to Lord Herbert of Cherbury, 21 July 1688, NA, PRO 30/53/8, fol. 119r; J. D. Davies, *Gentlemen and Tarpaulins: The Officers and Men of the Restoration Navy* (Oxford: Clarendon Press, 1991), 202–3; London Newsletter, 21 July 1688, Longleat House, Thynne MSS 15, fol. 253r; Albeville (Hague) to Middleton, 31 July/10 August 1688, BL, Add. 41816, fol. 143v; Dartmouth (Ouze Edge) to James II, 22 October 1688, Staffordshire SRO, D(w) 1778/v/1403, 159–60; Dartmouth (Ouze Edge) to James II, 22 October 1688, NMM, DAR/17; Shrewsbury, Devonshire, Danby, Lumley, Compton, Sidney, and Russell to William, 30 June 1688, NA, SP 8/1/Pt. 2, fol. 225v.

39. Norton, "Account of the Revolution in the Army in 1688," fol. 10v; Dartmouth (Ouze Edge) to James II, 22 October 1688, NMM, DAR/17; Robert Price to Beaufort, [November 1688], Bodleian, Carte 130, fol. 313r; *Life of James II,* 2:208; John Knox Laughton, ed., *Memoirs Relating to the Lord Torrington,* Camden Society, n.s., 46 (1889): 27–28; Dartmouth (Ouze Edge) to James II, 17 October 1688, NMM, DAR/17; *The Prince of Orange's Letter to the English Fleet,* [1688]; Arthur Herbert, *Admiral Herbert's Letter to All Commanders of Ships and Sea-men,* [1688]; William III to all the commanders of ships in the English navy, 29 September 1688, BL, Egerton 2621, fol. 13. For the personal letters, see Herbert to Andrew Tucker, 6 November 1688, BL, Add. 63780, fol. 45r; Herbert to Colonel Strangways, 6 November 1688, BL, Add. 63780, fol. 47. 另外参见 Moreau (Hague) to king of Poland, 4/14 September 1688, BL, Add. 38495, fol. 15v; Albeville (Hague) to Middleton, 4/14 September 1688, BL, Add. 41816, fol. 177v; Albeville (Hague) to ?, 6/16 November 1688, BL, Add. 34517, fol. 8r; Bulstrode (Brussels) to Sunderland, 12 October 1688, NA, SP 77/55, fol. 493r; Van Citters (London) to States General, 13/23 November 1688, BL, Add. 34510, fol. 172v; Wyche (Hamburg) to Poley, 27 November 1688, BL, Add. 45731, fol. 65v; Edward Russell (Exeter) to Herbert, 13 November 1688, BL, Egerton 2621, fol. 47r; Southwell, "A Short Account of the Revolution," 1:fol. 3r; and Memorial for the King about the Fleet, 28 July 1693, NA, CO 388/4, fol. 67r。

40. Dartmouth to Samuel Pepys, 5 November 1688, NMM, DAR/15, 80; Dartmouth to James

II, 5 November 1688, NMM, DAR/17; Davies, *Gentlemen and Tarpaulins,* 215–17.

41. 西蒙·帕特里克和约翰·伊夫林都曾报告说，早在 1688 年 8 月底之前，他们就从英国朋友那里听说了相关计划：Simon Patrick, Autobiography, in *The Works of Symon Patrick,* vol. 9, ed. Alexander Taylor (Oxford: Oxford University Press, 1858), 513–14; Evelyn, *Diary,* 10 August 1688, 4:592; Morrice, Entering Book, 24 November 1688, DWL, 31 Q, 321; Information of Captain Humphrey Okeover, 30 August 1688, BL, Add. 41805, fol. 43r。

42. Delamere, *Works,* 57; Dartmouth (Downs) to James II, 8 November 1688, NMM, DAR/17, 22; Southwell, "A Short Account of the Revolution," 1:fol. 18v; John Whittle, *An Exact Diary of the Late Expedition* (London: Richard Baldwin, 1689), 40–41; *A Political Conference* (London: J. L., 1689), 50.

43. Middleton to Newcastle, 30 October 1688, NA, SP 44/97, fol. 9; Reresby, *Memoirs,* 28 November 1688, 530; *Life of James II,* 2:231; Thomas Osborne, Duke of Leeds, *Copies and Extracts of Some Letters* (London, 1710), vi–vii; Reresby, *Memoirs,* 4 October 1688, 514–15.

44. Reresby, *Memoirs,* 28 November, 22 November 1688, 534, 528–31; Jeremy Mahony (York) to Thomas Ratcliffe, 22 November 1688, BL, Egerton 3335, fols. 80–81; Newsletter, 27 November 1688, Bodleian, Don.c.39, fol. 6r; Reresby, *Memoirs,* 531; Newsletter from London, 24 November 1688, Bodleian, Don.c.39, fol. 7r; Reresby, *Memoirs,* 24 November 1688, 532; Bellingham, *Diary,* 27 November 1688, 31; London Newsletter, 29 November 1688, FSL, L.c. 1941; *Life of James II,* 2:231; London Newsletter, 29 November 1688, FSL, L.c. 1941; William Longueville (London) to Viscount Hatton, 24 November 1688, BL, Add. 29563, fol. 336r; ? to Lady Gerard, November 1688, NAS, GD 406/1/8828.

45. Aston, Diary, 18 November 1688; Newsletter, 24 November 1688, Bodleian, Don.c.39, fol. 11r; ? to Charles Jackson, 17 November 1688, BL, Add. 63780, fol. 92r; J. Smithsby (London) to Huntingdon, 20 November 1688, HEH, HA 12450; Delamere, "Advice to His Children," 20 September 1688, in Delamere, *Works,* 1694, 1–2; Delamere to ?, 1689, NA, SP 8/6, fol. 47; Morrice, Entering Book, 24 November 1688, DWL, 31 Q, 324; "The Glory of the Northern Parts of England," January 1689, in *The Pepys Ballads,* 8 vols., ed. Hyder Edgar Rollins (Cambridge, MA: Harvard University Press, 1929–32), 4:58; Bellingham, *Diary,* 21 November 1688, 30; William Fleming (Lancaster) to Sir Daniel Fleming, 30 November, 24 November 1688, Bodleian, Don.c.39, fols. 23v, 3v; Robert Price (London) to Beaufort, 22 November 1688, Bodleian, Carte 130, fol. 307r; J. Coke to Francis Thacker, 24 November 1688, BL, Add. 69936, fol. 18r; Newsletter to Countess of Suffolk, 27 November 1688, BL, Add. 34487, fol. 38r; London Newsletter, 29 November 1688, Bodleian, Don.c.39, fol. 28r; Morrice, Entering Book, 22 December 1688, DWL, 31 Q, 371; William Fleming (Lancaster) to Sir Daniel Fleming, 30 November 1688, Bodleian, Don.c.39, fol. 31v.

46. D. P. Davies, *A New Historical and Descriptive View of Derbyshire* (Belper: S. Mason, 1811), 184; London Newsletter, 22 November 1688, Bodleian, Don.c.39, fol. 1r; Van Citters (London) to States General, 20/30 November 1688, BL, Add. 34510, fol. 182r;

Devonshire (Nottingham) to Danby, 22? November 1688, BL, Egerton 3335, fol. 59r; A. Mildmay to David Barrett, November 1688, Essex SRO, D/DL/C43/2/101; Bligh (London) to ?, 27 November 1688, PRONI, T2929/1/23; Morrice, Entering Book, 22 December 1688, DWL, 31 Q, 371; Mr. Andrews et al. to ? Sir Richard Temple, 10 November 1688, HEH, STT 48; Newsletter from London, 24 November 1688, Bodleian, Don.c.39, fol. 6r; Anne (Cockpit) to William, 18 November 1688, NA, SP 8/2/Pt. 2, fol. 64; ? to Lady Gerard, November 1688, NAS, GD 406/1/8828; Aston, Diary, 30 November 1688; Compton (Nottingham), to Danby, 2 December 1688, LPL, 1834, fol. 17r; Anne (Nottingham) to Bathurst, 3 December 1688, BL, Loan 57/71, fol. 19r; *Life of James II,* 2:227.

47. Cibber, *Apology,* ed. Lowe, 58–62; Commissioners of His Majesty's Revenue to Lords of Treasury, 4 December 1688, NA, CUST 48/3, 226; Petition of Mary Borradale, 13 November 1691, NA, CUST 48/4, 212; Newsletter from London, 27 November 1688, Bodleian, Don.c.39, fol. 21r.

48. Compton (Nottingham) to Danby, 5 December 1688, BL, Egerton 3336, fol. 34r; Compton (London) to William, 2 December 1688, NA, SP 8/2/Pt. 2, fol. 33; London Newsletter, 2 December 1688, HRC, Pforzheimer/Box 10/Folder 5; London Newsletter, 8 December 1688, Bodleian, Don.c.39, fol. 48r; Devonshire (Nottingham) to William, 2 December 1688, NA, SP 8/2/Pt. 2, fol. 32; Chesterfield, "Memoirs," in *Letters of Philip, Second Earl of Chesterfield* (London: E. Lloyd and Son, 1829), 48–49; *English Currant,* 12–14 December 1688; Lord Grey of Ruthen to Christopher Hatton, December 1688, BL, Add. 29563, fol. 395r.

49. R. Fleming to Sir Daniel Fleming, 22 November 1688, Bodleian, Don.c.39, fol. 2r; Draft of Petition, 24 November 1688, HMC Kenyon, 205–6; William Fleming (Lancaster) to Sir Daniel Fleming, 27 November 1688, Bodleian, Don.c.39, fol. 14r; Aston, Diary, 20 November, 28 November, 30 November 1688; Bellingham, *Diary,* 23 November 1688, 31; Roger Kenyon, Remarques upon the Change of Lieutenancy in Lancashire, ca. 1689, Lancashire SRO, DD/Ke/4/9/; London Newsletter, 18 December 1688, Bodleian, Don. c.39, fol. 73r; Stevens, *Journal,* 8–9.

50. Van Citters (London) to States General, 13/23 November 1688, BL, Add. 34510, fol. 174r; London Newsletter, 4 December 1688, BL, Add. 34487, fol. 44r; Newsletter from London, 4 December 1688, Bodleian, Don.c.39, fols. 36–37; Row Tempest to Edmund Poley, 4 December 1688, BL, Add. 45731, fol. 69v; Jonathan Trelawney, bishop of Bristol (Bristol) to William, 5 December 1688, NA, SP 8/2/Pt. 2, fol. 35; Morrice, Entering Book, 8 December 1688, DWL, 31 Q, 343; Memoirs of Edward Harley, 11 December 1688, BL, Add. 34515, fol. 1; Samuel Saunders (Hereford) to Sancroft, 10 December 1688, Bodleian, Tanner 28, fol. 283r; Newsletter from Whitehall, 7 December 1688, HRC, Pforzheimer/Box 10/Folder 5; Morrice, Entering Book, 8 December 1688, 343.

51. Middleton (Whitehall) to Beaufort, 16 November 1688, NA, SP 44/97, fol. 18; Stevens, *Journal,* 6–7; Aston, Diary, 21 November 1688.

52. Reresby, *Memoirs,* 8 August 1688, 505; Norfolk (Norwich) to Sunderland, 15 October

1688, NA, SP 31/4, fol. 135v; Van Citters (London) to States General, 16/26 October 1688, BL, Add. 34512, fol. 115r; Charles Dodd, *The Church History of England,* 3 vols. (Brussels, 1742), 3:447; William Lloyd, bishop of Norwich (Norwich) to Sancroft, 19 November 1688, Bodleian, Tanner 28, fol. 258r; R. D. (London) to ?, 6 December 1688, BL, Egerton 2717, fol. 414r; Duke of Norfolk's Speech at Lynn Regis, 10 December 1688, BL, Add. 22640, fol. 54v; *London Mercury or Moderate Intelligencer,* 15 December 1688.

53. Bohun, *History of the Desertion,* 39; *Quadrennium Jacobi* (London: James Knapton, 1689), 196; Whittle, *Exact Diary,* 45–46; *A True and Exact Relation of the Prince of Orange His Publick Entrance into Exeter* (1688); "Relation du Voyage d'Angleterre," 9/19 November 1688, Warwickshire SRO, CR 2017/C8, fol. 56r.

54. Southwell, "Short Account of the Revolution," 1: fol. 18v; Huntingdon (Honiton) to Countess of Huntingdon, 7 November 1688, HEH, HA 6066; Whittle, *Exact Diary,* 50–51; Morrice, Entering Book, 17 November 1688, DWL, 31 Q, 316; *Quadrennium Jacobi,* 199. 其中就有伦敦旅店老板乔治·阿诺德：Colchester, Manchester, and Sidney to lords of the Treasury, 1 May 1691, NA, CUST 48/4, 132。

55. William (Exeter) to Edward Herbert, 10/20 Novembber 1688, BL, Egerton 2621, fol. 41r; Aikenhead (Edinburgh) to Tweeddale, 13 November 1688, NLS, 7011, fol. 119r; Southwell, "Short Account of the Revolution," 1: fol. 18r; Gilbert Burnet to Edward Herbert, 16 November 1688, BL, Egerton 2621, fol. 51r; ? (Exeter) to John Candy, 21 November 1688, BL, Add. 63780, fol. 103r; Nottingham to Lord Hatton, 15 November 1688, BL, Add. 29594, fol. 131v; James (Whitehall) to Dartmouth, 9 November 1688, Staffordshire SRO, D(w) 1778/v/1403, 123; Dartmouth to Pepys, 11 November 1688, NMM, DAR/15, 95; Narcissus Luttrell, *A Brief Historical Relation of State Affairs,* vol. 1 (Oxford: Oxford University Press, 1857), November 1688, 474.

56. *Memoirs of Wharton,* 21; Southwell, "Short Account of the Revolution," 1:fol. 18r; Letter from Exeter, 17 November 1688, BL, Add. 63780, fol. 93r; Alexander Sampson (Exeter) to Frowde, 19 November 1688, BL, Add. 63780, fol. 99r; London Newsletter, 20 November 1688, FSL, L.c. 1937; London Newsletter, 20 November 1688, Bodleian, Don.c.38, fol. 361r; London Newsletter, 22 November 1688, FSL, L.c. 1938; Newsletter from London, 24 November 1688, Bodleian, Don.c.39, fol. 8r; Morrice, Entering Book, 24 November 1688, DWL, 31 Q, 322; Burnet (Exeter) to Edward Herbert, 16 November 1688, BL, Egerton 2621, fol. 51v; Bligh (London) to ?, 27 November 1688, PRONI, T2929/1/23; Henry Fleming (Oxford) to Sir Daniel Fleming, 17 November 1688, Cumbria SRO, Kendal, WD/Ry 3324; Sir John Chichely to Peter Legh, 1 December 1688, JRL, Legh of Lyme MSS, Box 4/Folder 26; Cotterell to Trumbull, [28 November 1688], BL, Trumbull MSS 39 (since recataloged); EIC to general and council of India at Bombay, 5 December 1688, IOL, E/3/91, fol. 297r.

57. Middleton (Salisbury) to Preston, 23 November 1688, NA, SP 44/97, fol. 22; Nottingham to Lord Hatton, 24 November 1688, BL, Add. 29594, fol. 135r; Morrice, Entering Book, 24 November 1688, DWL, 31 Q, 322; John Cowper (London) to [Thomas Dawtry], 27 November 1688, Essex SRO, D/Dfa/F22.

58. *A Letter to a Gentleman at Brussels,* 22 December 1688 (London, 1689), 5.

59. Albeville (Hague) to Middleton, 17/27 April 1688, BL, Add. 41815, fol. 249v; Morrice, Entering Book, 28 July 1688, DWL, 31 Q, 285; commissioners of His Majesty's revenue to lords of the Treasury, 4 December 1688, NA, CUST 48/3, 226; Morrice, Entering Book, 2 December 1688, 387; [Sir William] Portman (Orchard near Taunton) to Col. Thomas Erle, 19 December 1688, Churchill College, Cambridge, 2/50/2.

60. *Great News from Salisbury,* 6 December 1688 (1688); Whittle, *Exact Diary,* 61.

61. Albeville (Hague) to Middleton, 1/11 October 1688, BL, Add. 41816, fol. 230v; Sandford to Wynne, 26 September 1688, BL, Add. 41805, fol. 46r; London Newsletter, 6 October 1688, Bodleian, Don.c.38, fol. 298r; Southwell, "Short Account of the Revolution," 1:fols. 7–8; Sir Ralph Verney (Middle Claydon) to John Verney, 9 December 1688, Buckinghamshire SRO, Verney MSS; London Newsletter, 8 December 1688, Bodleian, Don.c.39, fol. 48v; John Evelyn Jr. (Radley) to John Evelyn, 15 December 1688, BL, Eveleyn MSS, JE A4, 646 (since recataloged); Henry Fleming (Oxford) to Sir Daniel Fleming, 19 January 1689, Cumbria SRO, Kendal, WD/Ry 3426.

62. Bath to William, 18 November, 27 November 1688, NA, SP 8/21/Pt. 2, fols. 56r, 58r; Huntingdon, Autobiography, 17 October 1699, HEH, HA Genealogy Box 1(32); *English Currant,* 12 December 1688, [1]; Huntingdon (Plymouth) to Countess of Huntingdon, 26 November 1688, HEH, HA 6074.

63. ? to Innes, 11 December 1688, SCA, Bl 1/119/2; London Newsletter, 8 December 1688, Bodleian, Don.c.39, fol. 48r; London Newsletter, 8 December 1688, BL, Add. 34487, fol. 46r; Reresby, *Memoirs,* 3 December 1688, 535–36; Devonshire (Nottingham) to Danby, 8 December 1688, BL, Egerton 3336, fol. 40v; *Life of James II,* 2:230–31; Childs, *Army,* 192–93; John Tichell, *The History of the Town and County of Kingston upon Hull* (Hull: Thomas Lee, 1798), 583; Newsletter from Whitehall, 7 December 1688, HRC, Pforzheimer/ Box 10/Folder 5; *English Currant,* 12 December 1688, [1].

64. Pepys (London) to Dartmouth, 10 December 1688, Beinecke, OSB Shelves f b.190, 4:fol. 644r; ? to Innes, 11 December 1688, SCA, Bl 1/119/2; *English Currant,* 12–14 December 1688; Russell Billingsby (Berwick) to Sir Charles Porter, 16 December 1688, BL, Egerton 3336, fol. 77r; London Newsletter, 15 December 1688, Bodleian, Don.c.39, fol. 65r; *English Currant,* 14–19 December 1688.

65. William Carstares to William, [summer–autumn] 1688, NA, SP 8/2/Pt. 2, fol. 109r; Lord Lindsay, ed., *Memoirs Touching the Revolution in Scotland by Colin Earl of Balcarres* (Edinburgh: Bannatyne Club, 1841), 8–9, 11–12; Ginny Gardner, *The Scottish Exile Community in the Netherlands, 1660–1690* (East Linton: Tuckwell, 2004), 182–85; J. Aglionby to Sir John Lowther, 11 November 1688, Cumbria SRO, Carlisle, D/ Lons/ L1/1/34/19; John Ker, *Memoirs of John Ker of Kersland* (London, 1726), 10; T. S., *The History of the Affaires of Scotland* (London: Tho. Salusbury, 1690), sig. A3r, 21–22; *Five Letters from a Gentleman in Scotland* (London, 1689), 25 December 1688, 4, 8. 克尔和他的团伙在特拉奎尔宫搜出了第四代伯爵藏匿的天主教圣物，并在皮布尔斯的十字架处将其焚毁：参见 mss letter, 1688, Traquair House, priest's room; Douglas Duncan, ed., *History of the Union of Scotland and England by Sir John Clerk*

of Penicuik (Edinburgh: Scottish History Society, 1993), 81。 我 与 Ian B. Cowan, "The Reluctant Revolutionaries: Scotland in 1688," in *By Force or By Default?* ed. Cruickshanks, 65ff 的看法不同。我更认可 Tim Harris, "Reluctant Revolutionaries? The Scots and the Revolution of 1688–89," in *Politics and the Political Imagination in Later Stuart Britain,* ed. Howard Nenner (Rochester, NY: University of Rochester Press, 1997), 97–117。

66. Patrick Kelly, "Ireland and the Glorious Revolution," in *Revolutions of 1688,* ed. Beddard, 169; The Case of the Governor and Garrison of Londonderry, ca. 1700, Lancashire SRO, D/DK/1745; Gilbert, ed., *Jacobite Narrative,* 40–41; Petition of George Hause, 3 September 1689, NA, SP 32/2, fol. 3; Simon Digby (bishop of Limerick), Diary, 9 October 1688, LPL, 3152, fols. 7–8; Philip O'Regan, *Archbishop William King, 1650–1729, and the Constitution in Church and State* (Dublin: Four Courts Press, 2000), 22; Gilbert, ed., *Jacobite Narrative,* 42.

67. Mr. Riggs's Narrative of the Proceedings at Boston, 18 April 1689, NA, CO 5/905, fol. 47r; lieutenant governor and council of New York to Committee of Trade, 15 May 1689, NA, CO 5/905, fol. 45r; Webb, *Churchill's Coup,* 182–216; Address of the president and Council for Safety (Boston), 20 May 1689, NA, CO 5/905, fol. 60; Morrice, Entering Book, 29 June 1689, DWL, 31 Q, 583; E. R. and S. S., *The Revolution in New England Justified* (Boston: Joseph Brumay, 1691), 2; Edward Randolph, A Short Narrative, 29 May 1689, NA, CO 5/905, fols. 69–70; Stephen Lobb to Preston, 4 December 1688, BL, Add. 63773, fol. 197r; Lieutenant Governor Nicholson (New York) to Committee of Trade, 15 May 1689, NA, CO 5/905, fol. 45v; Petition of the New York House of Representatives, 15 May 1699, HEH, EL 9777; London Newsletter, 27 August 1689, FSL, L.c. 2056; The State of Lord Baltimore's Case, 1712, BL, Add. 70160, unfolioed; *The Declaration of the Reasons and Motives of the Present Appearing in Arms of Their Majesties Protestant Subjects in the Province of Maryland* (St. Mary's, MD: William Nuthead, 1689), 25 July 1689, 3.

68. Georges Lefebvre, *The Great Fear of 1789,* trans. Joan White (Princeton, NJ: Princeton University Press, 1973), 56. 在接下来的段落中，我遵循并借鉴了亚当·福克斯的一篇论文中的很多内容，见 "Rumour and Panic in Late Stuart England: The 'Irish Fright' of December 1688"。另外参见他早期的讨论： *Oral and Literate Culture in England, 1500–1700* (Oxford: Clarendon Press, 2000), 380–82; George Hilton Jones, "The Irish Fright of 1688: Real Violence and Imagined Massacre," *Bulletin of the Institute of Historical Research* 55 (November 1982): 148–53。

69. Lowther (London) to Mr. Tichell, 9 October 1688, Cumbria SRO, Carlisle, D/Lons/ W2/1/23; Musgrave (Edenhall) to Sir Daniel Fleming, 11 October 1688, Cumbria SRO, Kendal, WD/Ry 3279; William Fletcher (Whitehaven) to Sir Daniel Fleming, 15 October 1688, Cumbria SRO, Kendal, WD/Ry 3284; Lawrence Rawstorne to Kenyon, 16 October 1688, HMC Kenyon, 203; Bellingham, *Diary,* 17 October 1688, 22; Aston, Diary, 20 October 1688; Parker, *Memoirs,* 8; Lieutenant Colonel Norton (Yarmouth) to Blathwayt, 10 September 1688, FSL, X.d. 436 (36); London Newsletter, 9 October, 11 October 1688, Bodleian, Don.c.38, fols. 299r, 299v; Van Citters (London) to States General, 30

October/9 November 1688, BL, Add. 34510, fol. 161r; *The Prince of Orange His Third Declaration,* [28 November 1688], 3; Morrice, Entering Book, 15 December 1688, DWL, 31 Q, 362; Bohun, *History of the Desertion,* 89; Luttrell, *Brief Historical Relation,* 8 December 1688, 485; Hugh Speke, *The Secret History of the Happy Revolution in 1688* (London: S. Keimer, 1715), 32–33; A. Pye (London) to Abigail Harley, 28 October 1688, BL, Add. 70014, fol. 115r; London Newsletter, 29 November 1688, Bodleian, Don.c.39, fol. 27r; London Newsletter, 29 November 1688, FSL, L.c. 1941; Edward Harley (Stoke) to Robert Harley, 9 December 1688, BL, Add. 40621, fol. 1r; ? (Carlisle) to Lowther, 10 December 1688, Cumbria SRO, Carlisle, D/Lons/L1/1/34/21; William Fleming (Lancaster) to Sir Daniel Fleming, 24 November 1688, Bodleian, Don.c.39, fol. 3v; Kenyon to mayor of Wigan, 28 November 1688, HMC Kenyon, 209; Simon Digby, Bishop of Limerick, Diary, 26 October 1688, LPL, 3152, fol. 7v; Cotterell to Trumbull, 25 October 1688, BL, Trumbull MSS 39 (since recataloged); Wellwood, *Memoirs,* 220–21; London Newsletter, 11 December, Bodleian, Don.c.39, fol. 54v; Ferguson, *History of Mobs,* 49.

70. Speke, *Secret History,* 42; Norton, "An Account of the Revolution in the Army," fol. 10v.

71. Morrice, Entering Book, 15 December 1688, DWL, 31 Q, 352; R. D. (London) to ?, 13 December 1688, BL, Egerton 2717, fol. 416r; ? (London) to James Harrington, 13 December 1688, BL, Add. 36707, fol. 51r; John Verney (London) to Sir Ralph Verney, 13 December 1688, Buckinghamshire SRO, Verney MSS; London Newsletter, 13 December 1688, Bodleian, Don.c.39, fol. 62r; Luttrell, *Brief Historical Relation,* 13 December 1688, 487; Parker, *Memoirs,* 12; Martha Harley (Brampton Bryan) to Sir Edward Harley, 14 December 1688, BL, Add. 70118, unfolioed; Francis Holdswoth (Chesterfield) to Danby, 14 December 1688, BL, Egerton 3336, fol. 58r; Sir William Boothby (Ashbourne) to Mr. Wolley, 15 December 1688, BL, Add. 71692, fol. 59r; *London Mercury,* 15–18 December 1688; Roger Whitley, Diary, 15 December 1688, Bodleian, Eng. Hist.c.711, fol. 100r; Aston, Diary, 15 December 1688; *English Currant,* 21–26 December 1688; Thomas Shearson (mayor of Lancaster) to Sir Daniel Fleming, 15 December 1688, Cumbria SRO, Kendal, WD/Ry 3393; Draft of a Petition Giving Particulars of a Dispute between the Earl of Derby and Lord Delamere, 15 December 1688, HMC Kenyon, 206; Bellingham, *Diary,* 15 December 1688, 36; William Fleming (Lancaster) to Sir Daniel Fleming, 15 December 1688, Bodleian, Don. c.39, fol. 67r; Thoresby, *Diary,* 1:191; *English Currant,* 19–21 December 1688; *London Mercury,* 24–27, 27–31 December 1688; *Five Lettters from a Gentleman in Scotland,* 25 December 1688, 4; Speke, *Secret History,* 45–48; Thomas Halyburton, *Memoirs of the Life of the Reverend Mr. Thomas Halyburton* (Edinburgh: Andrew Anderson, 1714), 23; Annual Letters of the Residence, 1685–90, Foley, 729; Theophilus Brookes (Derbyshire) to Huntingdon, 19 December 1688, HEH, HA 1043; Musgrave (Edenhall) to Sir Daniel Fleming, 25 December 1688, Cumbria SRO, Kendal, WD/Ry 3409.

72. William Fleming (Lancaster) to Sir Daniel Fleming, 18 December 1688, Bodleian, Don c. 39, fol. 69r; Lowther (London) to T. Tichell, 25 December 1688, Cumbria SRO, Carlisle,

D/Lons/W2/1/23; Morrice, Entering Book, 15 December 1688, DWL, 31 Q, 359; Stevens, *Journal,* 11; Annual Report, 1688, Foley, 731; Speke, *Secret History,* 44.

73. *English Currant,* 19 December 1688, [2]; Whittle, *Exact Diary,* 71; Countess of Huntingdon (London) to Huntingdon, 18 December 1688, HEH, HA 4807; Thomas Carleton (London) to Huntingdon, 18 December 1688, HEH, HA 1227; Wyche (Hamburg) to Poley, 22 January 1689, BL, Add. 45731, fol. 99r; Morrice, Entering Book, 22 December 1688, DWL, 31 Q, 377–78. 1688 年 12 月，人们知道"橙党"妇女曾传唱过"橙党"歌谣。参见 "Buy My Oranges," 1688, Essex SRO, D/Dby Z5; "A Congratulatory Poem to His Royal Highness the Prince of Orange," "The Prince of Orange Welcome to London," "The Prince of Orange's Triumph," "A Third Touch of the Times," "A New Song of an Orange," and "The Rare Virtue of an Orange," all in *Pepys Ballads,* ed. Rollins, 3:319; Bohun, *History of the Desertion,* 105; John Evelyn to John Evelyn Jr., 18 December 1688, BL, Evelyn MSS, JEJ 1 (since recataloged); London Newsletter, 20 December 1688, FSL, L.c. 1949; Hamon London Newsletter, 20 December 1688, Beinecke, OSB Shelves f b.210; *Quadrennium Jacobi,* 252; R. D. (London) to ?, 18 December 1688, BL, Egerton 2717, fol. 417r。

74. Countess of Huntingdon (London) to Huntingdon, 3 December 1688, HEH, HA 4801; Joseph Hill (Paris) to Trumbull, 8 December 1688, Berkshire SRO, D/ED/C33; Henry Newcome, 30 November 1688, in *The Autobiography of Henry Newcome,* vol. 2, ed. Robert Parkinson, Chetham Society 27 (Manchester: Chetham Society, 1852), 269; Countess of Huntingdon (London) to Huntingdon, 20 November 1688, HEH, HA 4712; Thomas Legh (Norton) to Peter Legh, 22 November 1688, JRL, Legh of Lyme, Box 4/ Folder 29; Levant Company to Trumbull, 15 December 1688, NA, SP 105/114, fol. 444; Cibber, *Apology,* ed. Lowe, 70; Stevens, *Journal,* 4; *Life of James II,* 2:230.

75. Delamere, *Works,* 68; *A Dialogue between Dick and Tom* (London: Randal Taylor, 1689), 9.

76. Sir Richard Temple, "Essay on Monarchy," ca. 1690s, HEH, STT Lit (17); Stevens, *Journal,* 98; Cotterell to Trumbull, 31 December 688, BL, Trumbull MSS 39 (since recataloged); Thomas and Robert Ball (Leghorn) to Kinard de la Bere, January 1689, NA, FO 335/15, unfolioed; *A New Declaration of the Confederate Princes and States* (London: Tim. Goodwin, 1689), 24; *Reflections upon Our Late and Present Proceedings in England* (London, 1689), 5; *A Friendly Debate* (London: Jonathan Robinson, 1689), 11; Philip Warre (Whitehall) to Edmund Poley, 4 December 1688, BL, Add. 45731, fol. 71; Huntingdon (Plymouth) to Sir Edward Abney, 7 December 1688, HEH, HA 6078; *Dilucidator,* 5 March 1689, 110; London Newsletter, 28 December 1688, HRC, Pforzheimer/Box 10/Folder 5; Pierre Jurieu, *Monsieur Jurieu's Judgment* (London: John Lawrence, 1689), 23–24.

77. Delamere, *Works,* 67–68; *Life of James II,* 2:233, 241–42; James II (Whitehall) to Feversham, 10 December 1688, NAS, GD 406/1/3401; Reresby, *Memoirs,* 10 December 1688, 536; ? to Sancroft, 30 January 1689, Bodleian, Tanner 28, fol. 336r.

第九章 暴力革命

1. Roger Morrice, Entering Book, 8 December 1688, DWL, 31 Q, 343.
2. Samuel Rudder, *A New History of Gloucestershire* (Cirencester, 1779), 351; J. Keeling to Roger Kenyon, November 1688, HMC Kenyon, 210; Anthony Hewitson, ed., *Diary of Thomas Bellingham, an Officer under William III* (Preston: Geo. Toulmin and Sons, 1908), 18 November 1688, 29–30 (hereafter cited as Bellingham, *Diary*); *Life of James II*, 2:217; John Verney (London) to Sir Ralph Verney, 29 November 1688, Buckinghamshire SRO, Verney MSS; Thomas Babington Macaulay, *The History of England from the Accession of James II*, 5 vols. (New York: Harper and Brothers, 1849–61), 2:473–74; London Newsletter, 11 December 1688, Bodleian, Don.c.39, fol. 54; Samuel Pepys (London) to Dartmouth, 10 December 1688, Beinecke, OSB Shelves f b.190, 4: fols. 644–45; Newsletter from Whitehall, 10 December 1688, HRC, Pforzheimer/Box 10/ Folder 5; George Rudé, *The Crowd in the French Revolution* (Oxford: Clarendon Press, 1959), 89.
3. Middleton (Whitehall) to Bristol, 8 November 1688, NA, SP 44/97, fol. 14; John Verney (London) to Sir Ralph Verney, 28 November, 29 November 1688, Buckinghamshire SRO, Verney MSS; London Newsletter, 6 December 1688, FSL, L.c. 1944; Capt. Robert Parker, *Memoirs of the Most Remarkable Military Transactions* (Dublin: Geo. and Alex Ewing, 1746), 12–13.
4. *English Currant*, 12–14 December 1688; London Newsletter, 8 December 1688, FSL, L.c. 1945; Dartmouth (Spithead) to Col. Richard Norton, 18 December 1688, NMM, DAR/17, 53; *English Currant*, 19–21 December 1688.
5. Philip Warre (Whitehall) to Edmund Poley, 4 December 1688, BL, Add. 45731, fol. 71v; Robert H. Murray, ed., *The Journal of John Stevens* (Oxford: Clarendon Press, 1912), 7 (hereafter cited as Stevens, *Journal*); Commissioners of the Revenue to Lords of the Treasury, 26 December 1688, NA, CUST 48/3, 228–29.
6. Charles Dodd, *The Church History of England*, 3 vols. (Brussels, 1742), 3:435; Annual Letters, 1688, Foley, 269; *A Memorial of God's Last Twenty-Nine Years Wonders in England* (London: J. Rawlins, 1689), 138; Sir Richard Bulstrode (Brussels) to Poley, 9 January 1689, BL, Add. 45731, fol. 95v.
7. London Newsletter, 13 October 1688, Bodleian, Don.c.38, fol. 303r; Jesuit Annual Letters, 1688, Foley, 269; Supplement to the History of the Province, 1688, Foley, 271; Morrice, Entering Book, 3 November 1688, DWL, 31 Q, 310; London Newsletter, 30 October 1688, Bodleian, Don.c.38, fol. 326v; John Verney (London) to Edmund Verney Jr., 1 November 1688, Buckinghamshire SRO, Verney MSS; Letter to Viscount Hatton, 1 November 1688, BL, Add. 29563, fol. 312r.
8. Middleton (Whitehall) to lord mayor of London, 13 November 1688, NA, SP 44/97, fol. 15; Nottingham to Hatton, 15 November 1688, BL, Add. 29594, fol. 131r; ? (London) to James Harrington, 13 November 1688, BL, Add. 36707, fol. 47r; William Longueville (London) to Hatton, 13 November 1688, BL, Add. 29563, fol. 323r; Humphrey Griffith (Whitehall) to Poley, 13 November 1688, BL, Add. 45731, fol. 51r; London Newsletter, 13 November 1688, BL, Add. 34487, fol. 35r; London Newsletter, 13 November 1688,

FSL, L.c. 1934; Van Citters (London) to States General, 16/26 November 1688, BL, Add. 34510, fol. 177; London Newsletter, 17 November 1688, Bodleian, Don.c.38, fol. 353v; London Newsletter, 17 November 1688, FSL, L.c. 1936.

9. *English Currant*, 12–14 December 1688; Lady Cary Gardiner (London) to Sir Ralph Verney, 12 December 1688, Buckinghamshire SRO, Verney MSS; Jack Stewkley (London) to Sir Ralph Verney, 11 December 1688, Buckinghamshire SRO, Verney MSS; London Newsletter, 11 December 1688, FSL, L.c. 1946; John Aubrey (London) to Anthony Wood, 22 December 1688, BL, Egerton 2231, fol. 120r; John Verney (London) to Sir Ralph Verney, 13 December 1688, Buckinghamshire SRO, Verney MSS; Sir Charles Cotterell to Sir William Trumbull, 31 December 1688, BL, Trumbull MSS 39 (since recataloged); Morrice, Entering Book, 15 December 1688, DWL, 31 Q, 352; Thomas Carleton (London) to Huntingdon, 13 December 1688, HEH, HA 1226; London Newsletter, 13 December 1688, FSL, L.c. 1947; London Newsletter, 13 December 1688, Bodleian, Don.c.39, fol. 62r.

10. *An Account of the Proceedings at White-Hall, Guildhall, in the City of London and at the Tower,* 11 December 1688 [1688]; Morrice, Entering Book, 15 December 1688, DWL, 31 Q, 348, 361; *English Currant,* 12–14 December 1688; London Newsletter, 13 December 1688, Bodleian, Don.c.39, fol. 62r; Bulstrode (Brussels) to Poley, 9 January 1689, BL, Add. 45731, fol. 95v; *London Mercury,* 15 December 1688; Van Citters (Westminster) to States General, 14/24 December 1688, BL, Add. 34510, fol. 198; London Newsletter, 13 December 1688, Bodleian, Don.c.39, fol. 62r; John Chichely (London) to Peter Legh, 11 December 1688, JRL, Legh of Lyme MSS, Box 4/Folder 26.

11. R. D. (London) to ?, 11 December 1688, BL, Egerton 2717, fol. 415r; Philip Frowde (London) to Dartmouth, 11 December 1688, Beinecke, OSB Shelves f b.190, 4: fol. 649r; Edmund Bohun, *History of the Desertion* (London: Ric. Chiswell, 1689), 98; *Quadrennium Jacobi* (London: James Knapton, 1689), 245–46; "The Downfall of Popery," January 1689, in *The Pepys Ballads,* 8 vols., ed. Hyder Edgar Rollins (Cambridge, MA: Harvard University Press, 1929–32), 4:74.

12. Row Tempest to Poley, 11 December 1688, BL, Add. 45731, fol. 77r; Sir Robert Southwell, "A Short Account of the Revolution in England," 11 December 1688, FSL, V.b. 150, 1: fol. 10v; Supplement to the History of the Province, 1688, Foley, 271; Paul de Rapin de Thoyras, *The History of England,* 5th ed., vol. 12, trans. N. Tindal (London: T. Osborne et al., 1752), 164; *London Mercury,* 15–18, 18–22, 22–24 December 1688; London Newsletter, 22 December 1688, Bodleian, Don.c.39, fol. 75r; Annual Letters, 1688, Foley, 781; Van Citters (London) to States General, 23 October/2 November 1688, BL, Add. 34510, fol. 159v; Norfolk (Norwich) to Sunderland, 15 October 1688, NA, SP 31/4, fol. 135Ar; *English Currant,* 2 January 1689, [2]; London Newsletter, 6 December 1688, FSL, L.c. 1944. 在这一点上我不同意 Macaulay, *History,* 2:521。

13. Anthony Wood, *Athenae Oxonienses,* 3 vols., 2nd ed. (London: R. Knaplock, D. Midwinter, J. Tonson, 1721), 2:617; Father Henry Pelham to Father John Clare, 2 May 1690, Foley, 956; London Newsletter, 6 December 1688, FSL, L.c. 1944; Morrice, Entering Book, 29 December 1688, DWL, 31 Q, 410; *London Mercury,* 22–24 December

1688.

14．*English Currant,* 14 December 1688; Dodd, *Church History,* 3:449. 关于威尔士其他反天主教活动，参见 Foley, 893, 943; Andrews et al. to ?, 10 November 1688, HEH, STT 48; Newsletter from London, 1 December 1688, Bodleian, Don.c.39, fol. 35r; Annual Letters of the College, 1688, Foley, 420, 447; Newsletter from London, 4 December 1688, Bodleian, Don.c.39, fol. 37r; Foley, 488, 621; Annual Letters of the Residence, 1688, Foley, 683; John Tickell, *History of the Town and County of Kingston upon Hull* (Hull: Thomas Lee, 1798), 582; Annual Letters of the Residence, 1685–90, Foley, 727–30; *London Mercury,* 15–18 December 1688; Annual Letters (Durham), 1688, Foley, 650; Annual Letters, 1688, Foley, 356; Annual Letters, 1685–1690, Foley, 319。苏格兰各地的暴民还袭击了詹姆斯二世的天主教支持者以及他们所建造的建筑：Kitt Redman's London Newsletter, 16 October 1688, Bodleian, Don.c.38, fol. 312v; Charles Whyteford (Paris) to Walter Leslie, 7/17 January 1689, SCA, Bl 1/126/3; Tweeddale (Edinburgh) to Yester, 11 December 1688, NLS, 7026, fols. 81–82; John Clerk of Pennicuik, Journal, 10 December 1688, NAS, GD 18/2090; "Diary of Andrew Haye," in *Genealogie of the Hayes of Tweeddale,* 60, 63; *London Mercury,* 18–22 December 1688; *Five Letters from a Gentleman in Scotland* (1689), 1–4; Paul Hopkins, *Glencoe and the End of the Highland War* (Edinburgh: John Donald, 1986), 120; ? (Edinburgh) to Hamilton, 23 December 1688, NAS, GD 406/1/3504; Clerk of Pennicuik, Journal, 25 December 1688; Charles Whyteford (Paris) to ?, 5/15 February 1689, SCA, Bl 1/126/7; *English Currant,* 2 January 1689; Charles Whyteford (Paris) to Walter Leslie, 28 January/7 February 1689, SCA, Bl 1/126/6。

15．Bohun, *History of the Desertion,* 85.

16．Robert Ferguson, *The History of All the Mobs, Tumults and Insurrections in Great Britain* ([London]: J. Moore, [1715]), 48–49; Diary of Mary Woodforde, 5 November 1688, in *Woodforde Papers and Diaries,* ed. Dorothy H. Woodforde (London: P. Davies, 1932), 19; Countess of Huntingdon (London) to Huntingdon, 15 December 1688, HEH, HA 4806; *The True Copy of a Paper Delivered by Lord Delamere,* 21 November 1688; Barillon (London) to Louis XIV, 14/24 December 1688, MAE, CP/Angleterre 167, fols. 227–28.

17．William Westby, Memoirs, 30 November 1688, FSL, V.a. 469, fol. 52r; Samuel Clay (London) to Barbara Newton, 8 December 1688, Staffordshire SRO, D 1344/2/1/20/27; Philip Musgrave (London) to Dartmouth, 11 December 1688, Staffordshire SRO, D(w) 1778/III/124; Philip Musgrave (London) to Dartmouth, 13 December 1688, Staffordshire SRO, D(w) 1778/III/127; *London Mercury,* 15 December 1688; London Newsletter, 11 December 1688, Bodleian, Don.c.39, fol. 54v; Sir Edmund King (London) to Hatton, 13 December 1688, BL, Add. 29585, fol. 140r; Nottingham to Hatton, 13 December 1688, BL, Add. 29594, fol. 137r; Morrice, Entering Book, 15 December 1688, DWL, 31 Q, 351.

18．London Newsletter, 13 December 1688, Bodleian, Don.c.39, fol. 62r; *An Account of the Flight, Discovery and Apprehending of George Lord Geffries* [December 1688]; King (London) to Hatton, 13 December 1688, BL, Add. 29585, fol. 140r; London Newsletter,

13 December 1688, FSL, L.c. 1947; John Verney (London) to Sir Ralph Verney, 13 December 1688, Buckinghamshire SRO, Verney MSS; *English Currant,* 14 December 1688; London Newsletter, 13 December 1688, Bodleian, Don.c.39, fol. 62r; London Newsletter, 18 December 1688, FSL, L.c. 1949; London Newsletter, 18 December 1688, BL, Add. 4182, fol. 71v; *London Courant,* 5–8 January 1689.

19. London Newsletter, 22 November 1688, Bodleian, Don c. 39, fol. 1r; Thomas Morgan (Deane Forest) to Ormond, 23 January 1689, BL, Add. 28876, fol. 176r; Molly McClaim, *Beaufort: The Duke and His Duchess, 1657–1715* (New Haven and London: Yale University Press, 2001), 178–88; Samuel Rudder, *History and Antiquities of Gloucester* (Cirencester, 1781), 149; *English Currant,* 12–14 December 1688; Stevens, *Journal,* 7–8; *English Currant,* 14–19 December 1688; Roger Whitley, Diary, 27 November 1688, Bodleian, Eng.Hist.c.711, fol. 99v; William Fleming (Lancaster) to Sir Daniel Fleming, 18 December 1688, Bodleian, Don.c.39, fol. 69r; *Orange Gazette,* 31 December 1688.

20. John Covel (vice chancellor of Cambridge) to all masters and heads of colleges, 15 December 1688, Trinity College, Cambridge, MS R.4.43, fol. 1r; William Whiston, *Memoirs of the Life and Writings* (London, 1749), 23; *London Mercury,* 24–27 December 1688; *London Mercury,* 31 December 1688–3 January 1689; Hamon London Newsletter, 1 January 1689, Beinecke, OSB Shelves f b.210; Sir John Reresby, *Memoirs,* ed. Mary K. Geiter and W. A. Speck (London: Royal Historical Society, 1991), 22 November 1688,531. 在苏格兰，情况也大致相同：William Carstares to ? William III, July 1688, NA, SP 8/2/Pt. 2, fol. 52; ? (London) to Lewis Innes, 5 November 1688, SCA, Bl 1/119/6; Livingstone, Dunmore, and Dundee (Watford) to William, 11 December 1688, NA, SP 8/2/Pt. 2, fol. 37; Robert Dale (London) to ?, 17 January 1689, BL, Egerton 2717, fol. 425r。

21. Daniel Szechi, *The Jacobites: Britain and Europe, 1688–1788* (Manchester: Manchester University Press, 1994), 49, 51–59.

22. Yester (London) to Tweeddale, 19 January 1689, NLS, 14404, fol. 7r; T. Vincent (Yorkshire) to Edward Brereton, 24 July 1689, Bodleian, Carte 79, fol. 239r.

23. William Banks to Kenyon, 21 February 1689, HMC Kenyon, 218; London Newsletter, 29 June 1689, FSL, L.c. 2034; Thomas Tobin (Lancashire) to Mrs. Throckmorton, 10 June 1689, NA, SP 32/1, fol. 71; Lord Massarene (Fishwick) to Sir Richard Newdigate, 8 May 1689, Warwickshire SRO, CR136/B293; Morrice, Entering Book, 11 May 1689, DWL, 31 Q, 551; London Newsletter, 7 May 1689, FSL, L.c. 2012.

24. Deposition of Allan Bateman, Merchant, Deposition of Benjamin Reay, Merchant, Deposition of Thomas Mortimer, Gentleman, Deposition of Robert Maddison, Yeoman, and Deposition of Francis Johnson, Merchant, Newcastle, 23 May 1689, all in NA, SP 32/1, fol. 53; Charles Fitzwilliam (Newcastle) to Col. John Coke, 14 May 1689, BL, Add. 69936, fols. 74–75.

25. Robert Kirk, "Sermons, Occurrences . . . ," 28 November 1689, Edinburgh SUL, La.III.545, fol. 127r; James Fenton (Lancaster) to Sir Thomas Rawlinson, 11 October 1689, Bodleian, Rawlinson Letters D 863, fol. 37r; William Harbord, 15 March 1689,

Grey, 9:165; Banks to Kenyon, 21 February 1689, HMC Kenyon, 218.

26. Charles Whyteford (Paris) to Walter Leslie, 25 February/7 March, 4/14 March 1689, SCA, Bl 1/126/11, 13; Halifax's Notes of Conversations with King William, 30 December 1688, BL, Althorp C9, fol. 26r; Hamilton (London) to Duchess of Hamilton, 21 September 1689, NAS, GD 406/1/6344; A Brief Account, 7 March 1689, Bodleian, Rawlinson MSS, D1039, fol. 40r; Rupert Browne (London) to Sir William Trumbull, 17 March 1689, BL, Add. 72527, fol. 25r; Shrewsbury (London) to Hamilton, 13 April 1689, NAS, GD 406/1/3521; Keith Brown, *Kingdom or Province? Scotland and the Regal Union, 1603–1715* (New York: St. Martin's, 1992), 172–73; Hopkins, *Glencoe,* 126–27; Derek J. Patrick, "Unconventional Procedure: Scottish Electoral Politics after the Revolution," in *The History of the Scottish Parliament,* ed. Keith Brown and Alastair J. Mann (Edinburgh: Edinburgh University Press, 2005), 2:208–44. 感谢基思·布朗在我无法通过常规途径获取此卷时给我发了一份 PDF 文件。

27. *An Account from Scotland and London-Derry* (London: George Groom, 1689), 7 June, 1; Sir John Lowther, 27 February 1689, Grey, 9:124; *An Account from Scotland and London-Derry,* 1689, 2.

28. Charles Whyteford (Paris) to Walter Leslie, 27 May/6 June 1689, SCA, Bl 1/127/1; *An Account of Dundee's Rendezvous* (1689), 2; Hamilton (Holyrood House) to Melville, 8 June 1689, NAS, GD 406/1/3581; *An Account from Scotland and London-Derry,* 7 June 1689, 2; Francis Cahane (London) to Major General Matthews, 10 June 1689, NA, SP 32/1, fol. 69I; Hamilton (Holyrood House) to Melville, 2 July 1689, NAS, GD 406/1/3587; Argyll (Inveraray) to Hamilton, 22 July 1689, NAS, 406/1/3564; Hopkins, *Glencoe,* 128–56; Szechi, *Jacobites,* 44.

29. *A Letter from a Friend in the City,* 27 July 1689; John T. Gilbert, ed., *A Jacobite Narrative of the War in Ireland, 1688–91* (New York: Barnes and Noble, 1971), 86; "On Lord Dundee," HEH, EL 8770, 25; Hamilton (Holyrood House) to Melville, 30 July, 1 August 1689, NAS, GD 406/1/3596, 3597; Hopkins, *Glencoe,* 158–61, 178–90; Szechi, *Jacobites,* 44; Bruce Lenman, *The Jacobite Risings in Britain, 1689–1746* (London: Eyre Methuen, 1980), 31. 邓迪子爵的部队约占苏格兰人口的 0.2%。假设麦凯的部队也主要是苏格兰人，那么在基利克兰基参战的双方部队加起来约占苏格兰人口的 0.6%。这与 1945 年美国参军人口的比例完全相同。关于美国动员的相关信息，我要感谢 Jim Sparrow。

30. Francis Barrington and Benjamin Steele (London) to Goodwyn and Delabere, 8 September 1689, NA, FO 335/8, fol. 3; Robert Kirk, "Sermons, Conferences . . . ," September 1689, Edinburgh SUL, La.III.545, fol. 9v; James Hay (London) to Tweeddale, 13 August 1689, NLS, 14407, fol. 165r; Thomas Buchan (Dublin) to Innes, 12 December 1689, SCA, Bl 1/120/6; Phil Babington (London) to Francis Henry Cary, 9 January 1690, NA, C 104/135, unfolioed.

31. John Miller, "The Earl of Tyrconnel and James II's Irish Policy, 1685–1688," *Historical Journal* 20, no. 4 (1977): 813–14, 817–19; J. G. Simms, *Jacobite Ireland, 1685–1691* (Dublin: Four Courts, 2000), 24–25, 32–34, 70; *London Mercury,* 22–24 December 1688; London Newsletter, 8 January 1689, FSL, L.c. 1957; Yester (London) to

Tweeddale, 15 January 1689, NLS, 14404, fol. 5r; *London Intelligence,* 15–19 January 1689; Gilbert, ed., *Jacobite Narrative,* 36–38, 51–52; A List of King James's Army Clothed and Armed, 1689, NA, SP 8/2/Pt. 2, fol. 48; Harman Murtagh, "The War in Ireland, 1689–91," in *Kings in Conflict,* ed. W. A. Maguire (Belfast: Blackstaff, 1990), 62.

32. Morrice, Entering Book, 9 February 1689, DWL, 31 Q, 456; Ralph Palmer (London) to John Verney, 30 March 1689, Buckinghamshire SRO, Verney MSS; Martyn and Goodwyn (Adithe) to Goodwyn and Delabere, 12/22 March 1689, NA, FO 335/7, fol. 112; London Newsletter, 19 March 1689, FSL, L.c. 1990; Bellingham, *Diary,* 24 March 1689, 59; Simms, *Jacobite Ireland,* 60–63; Murtagh, "War in Ireland," 62; J. Hogan, ed., *Negotiations de M. le Comte d'Avaux en Irlande, 1689–90* (Dublin, 1934); Sheila Mulloy, ed., *Franco-Irish Correspondence, December 1688–February 1692,* 3 vols. (Dublin: Irish Manuscripts Commission, 1983).

33. Gilbert, ed., *Jacobite Narrative,* 46; William Bankes (London) to Peter Legh, 4 April 1689, JRL, Legh of Lyme MSS, Box 4/Folder 26.

34. 有人认为他们训练有素且装备精良：Gilbert, ed., *Jacobite Narrative,* 47–48; Charles Whyteford (Paris) to Walter Leslie, 27 May/6 June 1689, SCA, Bl 1/127/1; Richard Doherty, *The Williamite War in Ireland, 1688–1691* (Dublin: Four Courts, 1998), 25, 37。其他人认为其准备不足且武器装备差：Stevens, *Journal,* 17 May, 5 September 1689, 63–66, 78; Simms, *Jacobite Ireland,* 69–73; Szechi, *Jacobites,* 43; Michael Boyle (Dublin) to William Sancroft, 14 January 1689, Bodleian, Tanner 28, fol. 322ar; Bellingham, *Diary,* 27 March 1689, 60; London Newsletter, 28 March 1689, FSL, L.c. 1995; ? (Dublin) to Perth, 28 March 1689, NAS, GD 406/1/3513; Whyteford (Paris) to Leslie, [10/20 February], 13/23 May 1689, SCA, Bl 1/126/10, 23; Stevens, *Journal,* 17 May 1689, 60–61; Massarene (Fisherworth) to Newdigate, 8 May 1689, Warwickshire SRO, CR 136/B293。

35. *London Mercury,* 22–24 December 1688; Sir William Boothby (Ashbourne, Derbyshire) to Dr. Anthony Horneck, 25 December 1688, BL, Add. 71962, fol. 64r; Cary Gardiner (Bucks) to Sir Ralph Verney, 8 February, 1689, Buckinghamshire SRO, Verney MSS; Hamon London Newsletter, 8 January 1689, Beinecke, OSB Shelves f b.210; Shrewsbury (Whitehall) to Robert Lundy, 8 March 1689, NA, SP 44/97, fol. 38; Robert Balle (Livorno) to Goodwyn and Delabere, 1/11 May 1689, NA, FO 335/8, fol. 2; Whyteford (Paris) to Leslie, 15/25 April 1689, SCA, Bl 1/126/18; Morrice, Entering Book, 29 June 1689, DWL, 31 Q, 582; Doherty, *Williamite War,* 51, 70; Ian McBride, *The Siege of Derry in Ulster Protestant Mythology* (Dublin: Four Courts, 1997), 18; Morrice, Entering Book, 4 May 1689, 548; London Newsletter, 30 April, 4 June 1689, FSL, L.c. 2009, 2024; George Walker and John Mitchelburne (Londonderry) to Maj. Gen. Percy Kirke, 19 July 1689, NAS, GD 406/1/3527.

36. John Hampden Jr., 21 March 1689, Grey, 9:185; Massarene (London) to Newdigate, [March 1689], Warwickshire SRO, CR 136/B297; *Mercurius Reformatus,* 21 August 1689, [1]; Paul Rycaut (Hamburg) to Clarendon, 8 April 1690, Bodleian, Eng.Lett. c.8, fol. 3–4; Alexander Stanhope (Groyne) to James Vernon, 1 May 1690, NA, SP

94/73, fol. 7r; William King, *Europe's Deliverance from France and Slavery* (London: Tim. Goodwin, 1691), 2; Stevens, *Journal,* 17 May 1689, 67; Gilbert, ed., *Jacobite Narrative,* 74, 90.

37. Simms, *Jacobite Ireland,* 109–13; Murtagh, "War in Ireland," 65–69; McBride, *Siege of Derry,* 18–19; Szechi, *Jacobites,* 45–46; Doherty, *Williamite War,* 70; Capt. George Rooke (Cape of Kintyre) to Hamilton, 2 August 1689, NAS, GD 406/1/3536; Bellingham, *Diary,* 7 August 1689, 78; Francis Barrington and Benjamin Steele (London) to Goodwyn and Delabere, 8 September 1689, NA, FO 335/8, fol. 3; Parker, *Memoirs,* 14; King, *Europe's Deliverance,* 16 November 1690, 18.

38. London Newsletter, 20 August 1689, FSL, L.c. 2053; Barrington and Steele (London) to Goodwyn and Delabere, 8 September 1689, NA, FO 335/8, fol. 3; London Newsletter, 3 September 1689, FSL, L.c. 2059; Doherty, *Williamite War,* 89–100; John De La Bere (London) to Kinard De La Bere, 24 August 1689, NA, FO 335/15, unfolioed; Capt. George Rooke to Hamilton, 9 August 1689, NAS, GD 406/1/3539; Cary Gardiner (London) to Sir Ralph Verney, 18 September, 25 September 1689, Buckinghamshire SRO, Verney MSS; Simms, *Jacobite Ireland,* 120–35; Murtagh, "War in Ireland," 70–71.

39. Dr. William Denton (London) to Sir Ralph Verney, 8 October 1689, Buckinghamshire SRO, Verney MSS; Father Ath. Maxwell (Dublin) to ?, 27 November 1689, SCA, Bl 1/124/5; Lord Waldegrave (St. Germain) to Albeville, 15 February 1690, Indiana, Albeville MSS; Stevens, *Journal,* 1690, 101; Simms, *Jacobite Ireland,* 139–40.

40. London Newsletter, 30 January 1690, FSL, L.c. 2069; Lord Dursley (The Hague) to Nottingham, 11/21 March 1690, Berkeley Castle, MSS 36A, fol. 17v; Ralph Trumbull (Witney) to Sir William Trumbull, 16 June 1690, BL, Add. 72511, fol. 95v; Szechi, *Jacobites,* 46; Simms, *Jacobite Ireland,* 141–42; Numbers of Forces to Be Transported to Ireland, 1690, NA, SP 8/8, fol. 35; The Intended Disposition of All Their Majesty's Forces, 1690, NA, SP 8/8, fol. 36; Gilbert, ed., *Jacobite Narrative,* 90, 95.

41. Szechi, *Jacobites,* 47–48; Simms, *Jacobite Ireland,* 147; Carmarthen (London) to William, 28 June 1690, NA, SP 8/7, fol. 68; Queen Mary (Whitehall) to William III, 24 June 1690, NA, SP 8/7, fol. 62; William, Lord Paget (Vienna), to Sir William Dutton Colt, 3/13 July 1690, BL, Add. 34095, fol. 54v.

42. Parker, *Memoirs,* 20; Bellingham, *Diary,* 1 July 1690, 130–31; Gilbert, ed., *Jacobite Narrative,* 103–8; Simms, *Jacobite Ireland,* 148–52, 158–86; Doherty, *Williamite War,* 109–25; Murtagh, "War in Ireland," 73–82; Stevens, *Journal,* 1 July 1690, 123.

43. 在奥赫里姆战役中，约有七千名詹姆斯党人和两千名威廉派人士阵亡：Murtagh, "War in Ireland," 89; Bellingham, *Diary,* 26 January 1689, 46; Parker, *Memoirs,* 6; Bellingham, *Diary,* 11, 13 December 1688, 35; *London Mercury,* 18–22 December 1688, 6–11 February 1689; Gilbert, ed., *Jacobite Narrative,* 42, 44; Simms, *Jacobite Ireland,* 49, 55, 125, 198–200; D. W. Hayton, *Ruling Ireland, 1685–1742* (Woodbridge: Boydell, 2004), 21–23; Bellingham, *Diary,* 4 March 1689, 55–56; *London Intelligence,* 15–19 January, 22–24 January 1689; Massarene to Newdigate, 8 February 1689, Warwickshire SRO, CR 136/B291; Stevens, *Journal,* 17 May 1689, 61–62; Thomas Aske to Oliver St. George, 30 September 1689, NA, SP 32/2, fol. 32;

William King, June 1690, in *A Great Archbishop of Dublin, William King, D.D., 1650–1729*, ed. Sir Charles Simeon King (London: Longmans, Green, 1908), 28。

44. Melville (London) to Hamilton, 13 August 1689, NAS, GD 406/1/3648; William King, March 1691, *A Great Archbishop of Dublin*, King, 32–36; Stevens, *Journal*, 90, 102–4, 109–10; Robert Heslip, "Brass Money," in *Kings in Conflict*, ed. Maguire, 122–35; Henry Mervyn (London) to Huntingdon, 9 August 1690, HEH, HA 9246.

45. Upton and Martyn (Livorno) to Goodwyn and Delabere, 16/26 October 1690, PRO, FO 335/8/7; John Hartstope (London) to Sir Robert Southwell, 8 July 1690, BL, Add. 38015, fol. 353r; ? (Westminster) to Henry Paget, 12 July 1690, SOAS, PP MS 4/Box 17/Bundle 74; Chesterfield (Bretby) to Halifax, 20 July 1690, BL, Althorp C3; *Axminster*, July 1690, 142. 另外参见 Sunderland (Althorp) to Dijkvelt, 29 August 1690, Warwickshire SRO, CR 2017/C8/56; Gilbert Burnet, *A Sermon Preached before the King and Queen at Whitehall*, 19 October 1690 (London: Richard Chiswell, 1690), 24–25; and Rycaut (Hamburg) to Colt, 22 October/1 November 1690, BL, Add. 34095, fol. 155v。

46. Colt (Hanover) to Richard Warre, 25 July 1690, NA, SP 81/159, fol. 308; Abraham Kick (Hague) to Nottingham, 18/28 July 1690, NA, SP 84/221, fol. 163; Dursley (Hague) to Nottingham, 18/28 July 1690, Berkeley Castle, MSS 36A, fol. 56r; Simms, *Jacobite Ireland*, 144.

47. Warre (Whitehall) to Colt, 8/18 July 1690, BL, Add. 34095, fol. 39r; Newsletter from London, 11 July 1690, BL, Add. 72528, fol. 81v; F. Overton (London) to Sir Richard Temple, 9 August 1690, HEH, STT 1545; Sir William Fawkener (London) to Sir William Trumbull, 24 October 1690, BL, Add. 72528, fol. 183v; P. Barkman (London) to Huntingdon, 8 August 1690, HEH, HA 398; Melfort (Rome) to Mary of Modena, 30 August/9 September 1690, BL, Lansdowne 1163C, fol. 22r; Melfort to Innes, 8/18 July 1690, BL, Lansdowne 1163B, fol. 79v; Melfort (Rome) to James II, 26 August/5 September 1690, BL, Lansdowne 1163C, fols. 13v–14r; Sir Edward Hales (St. Germain) to Tyrconnel, 20 May 1691, AWA, Old Brotherhood Papers, Book 3/240; Melfort (Rome) to ?, 24 March 1691, AWA, Old Brotherhood Papers, Book 3/239.

48. Gilbert, ed., *Jacobite Narrative*, 121–22; Weymouth (Longleat) to Halifax, 20 July 1690, BL, Althorp C5; Levant Company to Sir William Trumbull, 17 July 1690, NA, SP 105/114, fol. 502; Queen Mary (Whitehall) to William, 3/13 July 1690, NA, SP 8/7, fol. 75; Henry Newcome, 5 July 1690, in *The Autobiography of Henry Newcome*, vol. 2, ed. Robert Parkinson, Chetham Society 27 (Manchester: Chetham Society, 1852), 272; Kick (Hague) to Nottingham, 11/21 July 1690, NA, SP 84/221, fol. 170r; Robert Molesworth (Copenhagen) to Colt, 22 July/1 August 1690, BL, Add. 34095, fol. 78r; Burnet, *Sermon*, 23; Petition of Diverse Mariners, July 1690, HEH, EL 9094; Carmarthen (London) to William, 13 July, 15 July 1690, NA, SP 8/7, fols. 95, 96; Queen Mary to William, 13/23 July 1690, NA, SP 8/7, fol. 94; William Aglionby (Hague) to Warre, 7 July 1690, NA, SP 84/221, fol. 158r; Balle, Henshaw, and Scudamore (Genoa) to Thomas Goodwyn, 1 July 1690, NA, FO 335/8, fol. 7; Craig Rose, *England in the 1690s: Revolution, Religion, and War* (Oxford: Blackwell, 1999), 122.

49. *Axminster*, 1690, 142; A. Pye (London) to Abigail Harley, 12 July 1690, BL, Add.

70014, fol. 333r; Elizabeth Oxenden (Deane) to Lady Trumbull, 31 August 1691, BL, Add. 72529, fol. 95r; Gilbert, ed., *Jacobite Narrative,* 109; G. Bradbury (London) to Tom Wharton, 25 July 1690, Bodleian, Carte 79, fol. 317r; Carmarthen (London) to William, 15 July 1690, NA, SP 8/7, fol. 96; ? (London) to William Dunlop, 2 August 1690, NLS, 9250, fol. 186; Thomas Legh to Peter Legh, 29 June 1690, JRL, Legh of Lyme, Box 4/ Folder 29; Melfort (Rome) to James II, 29 August/9 September 1690, Lansdowne 1163C, fol. 19r; The Numbers of the Militia in the Several Counties in England and Wales, 1690, NA, SP 8/8, fol. 51.

50. Carmarthen (London) to William, 12 August 1690, NA, SP 8/7, fol. 139; Edward Ridley to Huntingdon, 26 July 1690, HEH, HA 10491.

51. Memoire from Zurich, 31 May 1690, NA, SP 8/7, fol. 43; John Childs, *The Nine Years' War and the British Army, 1688–1697* (Manchester: Manchester University Press, 1991), 135; Dursley (Hague) to Carmarthen, 13/23 June 1690, Berkeley Castle, MSS 36A, fol. 39v; Carmarthen (London) to William, 23 June 1690, NA, SP 8/7, fol. 61; William, Lord Paget (Vienna), to Colt, 3/13 July 1690, BL, Add. 34095, fol. 54; Gilbert, ed., *Jacobite Narrative,* 122–23.

52. Cotterell (London) to Trumbull, 24 November 1691, BL, Trumbull MSS 39 (since recataloged). "Monsieur" was a reference to Louis XIV; James Brydges to his father, 8 July 1694, HEH, STT 57, 1:20.

第十章　引发分裂的革命

1. Lady Sunderland (Windsor) to Henry Sidney, 3 September 1688, BL, Add. 32681, fol. 309v; Antoine Moreau (The Hague) to king of Poland, 4/14 September 1688, BL, Add. 38495, fol. 14v; Sir Charles Sedley, "To the King on His Birth-Day," 1690, in Sedley, *The Miscellaneous Works* (London: J. Nutt, 1702), 91; Countess of Huntingdon (London) to Huntingdon, 15 December 1688, HEH, HA 4806; Tregonwell Frampton (Morton) to Thomas Erle, 6 December 1688, Churchill College, Cambridge, 2/25/1; Levant Company (London) to Sir William Trumbull, 14 December 1688, BL, Add. 72526, fol. 192r; John Ollyffe, *England's Call to Thankfulness,* Preached 14 February 1689 (London: Jonathan Richardson, 1689), 15; Colley Cibber, *An Apology for the Life of Colley Cibber,* ed. Robert Lowe (New York: AMS, 1966), 62; *The Late Revolution: or, The Happy Change* (London: Richard Baldwin, 1690), 55.

2. Lois G. Schwoerer, *The Declaration of Rights, 1689* (Baltimore: Johns Hopkins University Press, 1981), 109–16; Daniel Petit (Amsterdam) to Middleton, 5/15 October 1688, BL, Add. 41816, fols. 236–37; Albeville (The Hague) to Middleton, 18/28 October 1688, BL, Add. 41816, fol. 263; London Newsletter, 23 October 1688, Bodleian, Don.c.38, fol. 314v; Earl of Clarendon, Diary, 31 October 1688, Singer, 2:248; ? (London) to James Harrington, 1 November 1688, BL, Add. 36707, fol. 45r; London Newsletter, 1 November 1688, Bod-leian, Don.c.38, fol. 330r; William Sancroft, "A Journal of What Passed between the King and Some of the Bishops," 2 November 1688, Bodleian, Tanner 28, fol.

219v; Van Citters (London) to States General, 2/12 November 1688, BL, Add. 34510, fol. 164r; Sir John Reresby, *Memoirs,* ed. Mary K. Geiter and W. A. Speck (London: Royal Historical Society, 1991), 3 November 1688, 524; Roger Morrice, Entering Book, 3 November 1688, DWL, 31 Q, 310; London Newsletter, 3 November 1688, BL, Add. 4194, fol. 369r; ? (London) to Lewis Innes, 5 November 1688, SCA, Bl 1/119/6; John Reresby to Lord Preston, 10 November 1688, BL, Add. 63780, fol. 68r; Newsletter (Whitehall) 20 November 1688, Beinecke, OSB MSS 1/Box 2/Folder 91; Bath (Plymouth) to William, 1 December 1688, NA, SP 8/2/Pt. 2, fol. 30; *Quadrennium Jacobi* (London: James Knapton, 1689), 212; John Whittle, *An Exact Diary of the Late Expedition* (London: Richard Baldwin, 1689), 43, 48; Huntingdon (Plymouth) to James II, 29 November 1688, HEH, HA 6075; Huntingdon (Plymouth) to Countess of Huntingdon, 26 November 1688, HEH, HA 6074; Bath (Plymouth) to William, 27 November 1688, NA, SP 8/2/Pt. 2, fol. 27; London Newsletter, 27 November 1688, Bodleian, Don.c.39, fol. 19r; Thoresby, *Diary,* November/ December 1688, 1:188; Anthony Hewitson, ed., *Diary of Thomas Bellingham, an Officer under William III* (Preston: Geo. Toulmin and Sons, 1908), 9 December 1688, 34 (hereafter cited as Bellingham, *Diary*); Sir Willoughby Aston, Diary, 14 December 1688, Liverpool SRO, 920 MD 173; *London Mercury,* 15–18 December 1688; *English Currant,* 14–19 December 1688.

3. *Life of James II,* 2:232; Morrice, Entering Book, 12 January 1689, DWL, 31 Q, 421; Lord Del[amere]'s Speech, in *A Collection of Papers Relating to the Present Juncture of Affairs in England* (1688), 23–24. 这篇演讲稿于 1688 年 11 月以手稿形式流传：Aston, Diary, 23 November 1688; Roger Kenyon, Diary, 16 November 1688, HMC Kenyon, 201; W. E. Buckley, ed., *Memoirs of Thomas, Earl of Ailesbury,* 2 vols. (Westminster: Nichols and Sons, 1890), 1:133; *The True Copy of a Paper Delivered by the Lord De[lamere] to the Mayor of Derby,* 21 November 1688 (London: John Goodman, 1688); G. S. (South Lambeth) to Harrington, 27 December 1688, BL, Add. 36707, fol. 54r; Halifax's Notes of the Debate of the Assembly of the Lords, 24 December 1688, BL, Althorp C8; Kenyon, Diary, 30 October, 1 November 1688, HMC Kenyon, 200; Delamere to Derby 10 December 1688, HMC Kenyon, 206; *The Declaration of the Nobility, Gentry and Commonalty at the Rendezvous at Nottingham, Nov. 22 1688* [1688]; Edmund Bohun, *History of the Desertion* (London: Ric. Chiswell, 1689), 78; John Miller, "Proto-Jacobitism? The Tories and the Revolution of 1688–89," in *The Jacobite Challenge,* ed. E. Cruickshanks and J. Black (Edinburgh: John Donald, 1988), 13。

4. J. R. Western, *Monarchy and Revolution: The English State in the 1680s* (London: Blandford, 1972), 276; Miller, "Proto-Jacobitism," 12. 这几乎肯定是由于丹比伯爵的关系网。他自己的政治宣言在政治立场上模棱两可：Thomas Osborne, Earl of Danby, *The Thoughts of a Private Person: About the Justice of the Gentlemens Undertaking at York* (1689), 9, 11, 14, 19–21; Newsletter from York, 17 November 1688, Bodleian, Don.c.38, fol. 349v; Reresby, *Memoirs,* 15 October 1688, Geiter and Speck, 521; Danby (York) to Sir John Hanmer, 30 November 1688, BL, Egerton 3335, fol. 92; Sir Richard Temple, "The False Patriot Unmasked," 1690, HEH, STT Lit (9), 10; Sir Richard Bulstrode (Brussels) to Edmund Poley, 9 January 1689, BL, Add. 45731,

fol. 96r; Chesterfield to Danby, November 1688, in *Letters of Philip, Second Earl of Chesterfield* (London: E. Lloyd and Son, 1829), 338–39。

5. Sir Daniel Fleming (Rydal) to Sir John Lowther, 20 August 1688, Cumbria SRO, Carlisle, D/Lons/ L1/33; Lowther to Fleming, 5 December 1688, Cumbria SRO, Kendal, WD/Ry 3371; Petition of the Gentlemen of Cumberland and Westmoreland, 1 December 1688, Cumbria SRO, Kendal, WD/Ry 3363; John Agliony (Carlisle) to Lowther, 16 December 1688, CRO Carlisle, D/Lons/L1/1/34/unnumbered; Sir John Lowther, Memoirs, October/November 1688, CRO Carlisle, D/Lons/L2/5, 97–98; Clark Stuart Colman, "The Glorious Revolution of 1688 in Cumberland and Westmoreland," *Northern History* 40, no. 2 (2003): 237–58.

6. Sir Thomas Clarges, 14 December 1689, Grey, 9:483. 托利党人已将 1688 年 6 月对七位主教的审判视为引发革命的关键事件：Daniel Defoe, *The Englishman's Choice, and True Interest* (London, 1694), 28。关于这一观点的近期阐释，参见 Mark Goldie, "The Political Thought of the Anglican Revolution," in *The Revolutions of 1688*, ed. Robert Beddard (Oxford: Clarendon Press, 1991), 102–36; Temple, "False Patriot Unmasked," 10; Godfrey Davies, "The Political Career of Sir Richard Temple (1634–97) and Buckinghamshire Politics," *Huntington Library Quarterly* 4, no. 1 (1940): 80–81。坦普尔本人在 1688 年对支持威廉一直非常迟疑；Sir John Guise, 14 December 1689, Grey, 9:483; ? (London) to Lowther, 1 December 1688, Beinecke, OSB Files 9245; *A Smith and Cutler's Plain Dialogue about Whig and Tory* (1690), [2]。

7. Sir Charles Cotterell to Sir William Trumbull, 14 February 1689, BL, Trumbull MSS 39 (since recataloged); Bohun, *History of the Desertion,* 122; *Mercurius Reformatus,* 24 July 1689, [2]; Schwoerer, *Declaration of Rights,* 138–39; J. H. Plumb, "The Elections to the Convention Parliament of 1689," *Cambridge Historical Journal* 5, no. 3 (1937): 248; Sir Robert Southwell, "A Short Account of the Revolution in England," 31 December 1688, FSL, V.b. 150, 1:fol. 13r; Basil D. Henning, ed., *The House of Commons, 1660–1690* (London: History of Parliament Trust, 1983), 1:106–7, 125–522; Henry Horwitz, "Parliament and the Glorious Revolution," *Bulletin of the Institute of Historical Research* 17 (May 1974): 40–41. 麦考莱所认为的"选举进行得迅速而顺利，几乎没有竞争"是错误的：Thomas Babington Macaulay, *The History of England from the Accession of James II,* 5 vols. (New York: Harper and Brothers, 1849–61), 2:554; "Some Account of the Revolution," Bodleian, Eng.Hist.b.205, fol. 106r。

8. Sir William Boothby to Mr. Adderley, 9 January 1689, BL, Add. 71692, fol. 69r. 具有讽刺意味的是，就连这一说法也因党派分歧而有所不同。辉格党人爱德华 · 哈利声称，萨谢弗雷尔落败是因为"他没有为亲王出头"：Edward Harley (London) to Robert Harley, 19 January 1689, BL, Add. 40621, fol. 3; Sir William Cowper, *The Case of the Ancient Borough of Hertford,* [January 1689], Hertford Borough Archive, vol. 23, no. 331, 2; Lowther to Sir Daniel Fleming, 5 December 1688, Cumbria SRO, Kendal, WD/Ry 3371; Sir Christopher Musgrave (Edenhall) to Sir Daniel Fleming, 25 December 1688, Cumbria SRO, Kendal, WD/Ry 3409; Philip Musgrave (London) to Dartmouth, 26 December 1688, Staffordshire SRO, D(w) 1778/III/143; Sir Christopher Musgrave (Edenhall) to Sir Daniel Fleming, 11 January 1689, Cumbria SRO, Kendal, WD/Ry 3420;

Sir Daniel Fleming (Rydal) to Earl of Thanet, 12 January 1689, Cumbria SRO, Kendal, WD/Ry 3419a; Petition of John Trenchard and Edward Clarke, 1689, Somerset SRO, DD/SF/1084; Roger Morrice, Entering Book, 12 January 1689, DWL, 31 Q, 419; Plumb, "Elections," 240–41, 249–50; Schwoerer, *Declaration of Rights,* 152, 172。证据表明，托利党人和詹姆斯党人所担忧的"当选的多数成员都是狂热分子"这一说法被严重夸大了。有关这些担忧，参见 Charles Whyteford (Paris) to Walter Leslie, 14/24 January 1689, SCA, Bl 1/126/4; Boothby (Ashbourne) to Sir Gilbert Clarke, 2 February 1689, BL, Add. 71692, fol. 76v; and Temple, "False Patriot Unmasked," 10–11。

9. London Newsletter, 26 January 1689, FSL, L.c. 1964; John Maynard, 29 January 1689, Grey, 9:32; Dartmouth, "Reasons about the Succession," 1688 or 1689, Staffordshire SRO, D(w) 1778/v/117; *Better Late than Never* [1689], [1]; Boothby (Ashbourne) to Sir Gilbert Clarke, 2 February 1689, BL, Add. 71692, fols. 76–78; Whyteford (Paris) to ?, 5/15 February 1689, SCA, Bl 1/126/7; ? (London) to Harrington, 22 December 1688, BL, Add. 36707, fol. 52r; Halifax's Notes of Conversations with William, 30 December 1688, BL, Althorp C9, fol. 27r; "A Brief Account of Matters of Fact," 30 January 1689, Bodleian, Rawlinson MSS, D1079, fol. 5r; Morrice, Entering Book, 2 February 1689, DWL 31 Q, 449; Cotterell to Sir William Trumbull, 14 February 1689, BL, Trumbull MSS 39 (since recataloged); Sir Robert Southwell (Kingsweston) to Beaufort, 14 December 1688, HMC 12th Report, app. 9, 94; Whyteford (Paris) to Walter Leslie, 7/17 January, 28 January/7 February 1689, SCA, Bl 1/126/3, 6; John Chichely (London) to Peter Legh, 5 February 1689, JRL, Legh of Lyme MSS, Box 4/Folder 26; Schwoerer, *Declaration of Rights,* 144–48, 153–54; J. R. Jones, *The Revolution of 1688 in England* (New York: W. W. Norton, 1972), 313–15; Keith Feiling, *A History of the Tory Party, 1640–1714* (Oxford: Clarendon Press, 1924), 247–50; Locke to Edward Clarke, 29 January 1689, *Locke Correspondence,* 3:545–546; William Stainforth, *A Sermon Preached in the Cathedral and Metropolitan Church of St. Peter in York,* 30 January 1689 (London: Walter Kettilby, 1689), 37.

10. Yester (London) to Tweeddale, 31 January 1689, NLS, 14404, fol. 14r; Morrice, Entering Book, 12 January 1689, DWL, 31 Q, 423–24; Douglas R. Lacey, *Dissent and Parliamentary Politics in England, 1661–1689* (New Brunswick, NJ: Rutgers University Press, 1969), 225–26; Morrice, Entering Book, 16 March, 27 April 1689, DWL, 31 Q, 504–5, 542; Horwitz, "Parliament and the Glorious Revolution," 40; Yester (London) to Tweeddale, 22 January 1689, NLS, 14404, fol. 8r; *Journal of the House of Commons,* 28 January 1689, 10:14; Southwell, "A Short Account of the Revolution in England," 28 January 1689, 1:fol. 13v; London Newsletter, 29 January 1689, FSL, L.c. 1965; Sir Christopher Musgrave (London) to Sir Daniel Fleming, 31 January 1689, Cumbria SRO, Kendal, WD/Ry 3435; Southwell, "A Short Account of the Revolution in England," 6 February 1689, 1:fol. 14v; Robert Kirk, "Sermons, Occurrences. . . . ," 1690, Edinburgh SUL, La.III.545, fol. 101r; *Smith and Cutler's Plain Dialogue,* 1.

11. Yester (London) to Tweeddale, 22 January, 29 January 1689, NLS, 14404, fols. 8, 12v; *Journal of the House of Lords,* 29 January 1689, 14:110; Beddard, "Unexpected Whig Revolution," in *Revolutions of 1688,* ed. Beddard, 80; Horwitz, "Parliament and

the Glorious Revolution," 44–45; Morrice, Entering Book, 22 December 1688, DWL, 31 Q, 382; Hamon London Newsletter, 31 January 1689, Beinecke, OSB Shelves f b.210; Edward Harley to Robert Harley, 2 February 1689, BL, Add. 40621, fol. 12r; Earl of Warrington (formerly Lord Delamere), Essay, ca. 1690, Beinecke, OSB File 15756.

12. *London Intelligence,* 2–5 February 1689; *London Mercury,* 6 February 1689; "The Humble Petition," Hertfordshire SRO, D/EP F 26; Morrice, Entering Book, 2 February 1689, DWL, 31 Q, 454; Reresby, *Memoirs,* 2 February 1689, 548–49; William Banks to Roger Kenyon, 2 February 1689, HMC Kenyon, 216; Mark Knights, "London's 'Monster' Petition of 1680," *Historical Journal* 36 (1993): 40; Knights, *Representation and Misrepresentation in Later Stuart Britain* (Oxford: Oxford University Press, 2005), 119; Robert Brenner, *Merchants and Revolution: Commercial Change, Political Conflict, and London's Overseas Traders, 1550–1653* (London: Verso, 2003), 325; David Cressy, *England on Edge: Crisis and Revolution, 1640–1642* (Oxford: Oxford University Press, 2006), 183–84; Anthony Rowe, 2 February 1689, Grey, 9:45; Clarendon, Diary, 2 February 1689, 2:258; Beddard, "Unexpected Whig Revolution," 82–84; Schwoerer, *Declaration of Rights,* 130, 211.

13. "Some Account of the Revolution," BL, Add. 9363, fols. 13–14; Banks to Kenyon, 2 February 1689, HMC Kenyon, 216; Sir Edward Seymour, 2 February 1689, Grey, 9:45; *Journal of the House of Commons,* 2 February 1689, 10:18; *Journal of the House of Lords,* 2 February 1689, 14:114; Clarendon, Diary, 2 February 1689, 2:258; Henry Newcome, 5 February 1689, in *The Autobiography of Henry Newcome,* vol. 2, ed. Robert Parkinson, Chetham Society 27 (Manchester: Chetham Society, 1852), 269 (hereafter cited as Newcome, *Autobiography*).

14. *Journal of the House of Lords,* 6 February 1689, 14:118–19; Beddard, "Unexpected Whig Revolution," 86–91; Schwoerer, *Declaration of Rights,* 219–20; Horwitz, "Parliament and the Glorious Revolution," 45–46; *Revolution Politicks* (London, 1733), 4 February 1689, 8:38; Morrice, Entering Book, 2 February 1689, DWL, 31 Q, 446, 454. 我不像德克雷那样，认为发起这些请愿书的人"谨慎地试图避免出现民众对议会施加压力的表象"。Gary Stuart De Krey, *A Fractured Society: The Politics of London in the First Age of Party, 1688–1715* (Oxford: Clarendon Press, 1985), 56. 德克雷遵循的是主流的辉格式解读：Gilbert Burnet, *Reflections upon a Pamphlet* (London: R. Chiswell, 1696), 123; Macaulay, *History of England,* 2:646。

15. Morrice, Entering Book, 9 February 1689, DWL, 31 Q, 459, 462; "A Brief Account," 6 February 1689, Bodleian, Rawlinson MSS, D1079, fol. 13r; Southwell, "A Short Account of the Revolution in England," 13 February 1689, 1:fol. 16r; London Newsletter, 14 February 1689, FSL, L.c. 1976; Yester (London) to Tweeddale, 14 February 1689, NLS, 14404, fol. 19r; *London Mercury,* 14 February 1689; Cotterell to Sir William Trumbull, 14 February 1689, BL, Trumbull MSS 39 (since recataloged); Thoresby, *Diary,* 14 February 1689, 1:191; *Orange Gazette,* 15 February 1689, [1–2]; Morrice, Entering Book, 16 February 1689, DWL, 31 Q, 467; William Chaplyn (Buckingham) to Sir Richard Temple, 17 February 1689, HEH, STT 413; Aston, Diary, 18 February 1689; Bellingham, *Diary,* 18 February 1689, 52; Isaac Newton (London) to John Covel, 21

February 1689, Trinity College, Cambridge, MS R.4.43, fol. 7r; Ralph Trumbull (Witney) to Sir William Trumbull, 23 February 1689, BL, Add. 72511, fol. 84r; Whyteford (Paris) to Walter Leslie, 25 February/7 March 1689, SCA, Bl 1/126/11; Moses Carter (Oxford) to Dr. Thomas Smith, 5 March 1689, Bodleian, MS Smith 48, 43; *London Mercury,* 14 February 1689; "A Brief Account," 21 February 1689, Bodleian, Rawlinson MSS, D1079, fol. 25v.

16. *Journal of the House of Lords,* 6 February 1689, 14:119; London Newsletter, 7 February 1689, FSL, L.c. 1973.

17. Morrice, Entering Book, 26 January 1689, DWL, 31 Q, 432; Whyteford (Paris) to ?, 5/15 February 1689, SCA, Bl 1/126/7; Anthony Cary, Lord Falkland, 1 March 1689, Grey, 9:133–34; Hamilton (London) to Duchess of Hamilton, 3 September 1689, NAS, GD 406/1/6339; London Newsletter, 9 March 1689, FSL, L.c. 1986; Whyteford (Paris) to Walter Lorenzo Leslie, 25 March/4 April 1689, SCA, Bl 1/126/16; Lowther to Shrewsbury, 11 August 1689, NA, SP 32/1, fol. 129; Nottingham (Whitehall) to William, 24 June 1690, NMM, SOU/12; Jeremiah Bubb (Carlisle) to Lowther, 25 March 1689, NA, SP 32/1, fol. 13; William Harbord, 15 March 1689, Grey, 9:164–65; Aston, Diary, 15 March 1689; London Newsletter, 16 March 1689, FSL, L.c. 1989; Morrice, Entering Book, 16 March 1689, DWL, 31 Q, 503; Rupert Browne to Sir William Trumbull, 17 March 1689, BL, Trumbull Misc. 26 (1688–89) (since recataloged); Sir Edward Harley (London) to Robert Harley, 12 March 1689, BL, Add. 70014, fol. 178r; London Newsletter, 12 March 1689, FSL, L.c. 1987.

18. John Howe, 25 February, 26 February 1689, Grey, 9:110, 112; Hugh Boscawen, 1 March 1689, Grey, 9:131; London Newsletter, 5 March 1689, FSL, L.c. 1984; Robert Harley to Sir Edward Harley, 15 March 1689, BL, Add. 70014, fol. 181r; John Wildman, 15 March 1689, Grey, 9:168; Mr. Bowtell (witness to House of Commons), 21 March 1689, Grey, 9:183.

19. Reresby, *Memoirs,* 1 January 1689, 544–45; Tyrconnel (Dublin) to Mary of Modena, 11 March 1690, BL, Add. 38145, fols. 12–13. 博福特公爵的现代传记作者对这些说法的真实性表示怀疑：Molly McClain, *Beaufort: The Duke and His Duchess, 1657–1715* (New Haven and London: Yale University Press, 2001), 192–93。在我看来，证据尚不充分。1696 年博福特公爵拒绝签署联合声明，这表明他坚定地支持詹姆斯党。Matthew Henry (Chester) to Philip Henry, 23 May 1689, Bodleian, Eng.Lett. e.29, fol. 88r; Morrice, Entering Book, 18 May 1689, DWL 31 Q, 556; Examination of Joan Wood, 16 September 1689, NA, SP 32/2, fol. 17; Robert Howson (minister of All Saints, Dorchester) to Shrewsbury, 30 September 1689, NA, SP 32/2, fol. 35; Charles Herbert Mayo, ed., *The Municipal Records of the Borough of Dorchester* (Exeter: William Pollard, 1908), 409; Morrice, Entering Book, 8 June 1689, DWL, 31 Q, 570; Paul Halliday, *Dismembering the Body Politic: Partisan Politics in England's Towns, 1650–1730* (Cambridge: Cambridge University Press, 1998), 259; Commissioners of the Revenue to Lords of the Treasury, 8 November 1689, NA, CUST 48/3, 280–81.

20. Compare: J. H. Overton, *The Nonjurors* (London: Smith, Elder, 1902), 471–96, with John Spurr, *The Restoration Church of England, 1646–1689* (New Haven and London: Yale

University Press, 1991), 43.

21. Overton, *Nonjurors,* 179–84; Moses Carter (Oxford) to Dr. Thomas Smith, 23 February 1690, Bodleian, Smith 48, 53. Charles Ellis (Christ's College, Cambridge) to John Ellis, 21 February 1689, BL, Add. 28931, fol. 27r; William Davies to Hilkiah Bedford, 13 May 1689, Bodleian, Rawlinson MSS, Letters 42, fol. 9r; London Newsletter, 22 June 1689, FSL, L.c. 2031; William Whiston, *Memoirs of the Life and Writings* (London, 1749), 30; Dr. Thomas Hyde (Oxford) to Robert Boyle, 23 February 1689, in *The Works of the Honourable Robert Boyle,* 6 vols., ed. Thomas Birch (London: W. Johnston et al., 1772), 577; Sir Richard Newdigate, Diary, 1689, Warwickshire SRO, CR 136/A/23, fol. 47r; Morrice, Entering Book, 29 June 1689, DWL, 31 Q, 582; Bolton to Shrewsbury, 27 September 1689, NA, SP 32/2, fol. 25; ? (Stamford) to Earl of Stamford, 13 April 1689, NA, SP 32/1, fol. 21; Tamworth Newsletter, 22 March 1690, HEH, HM 30659/5; William Amies and John Baker (Churchwardens at Faversham) to James Vernon, 29 April 1690, NA, SP 32/3, fol. 15; *The Character of a Jacobite* (London, 1690), 7, 20; Yester (London) to Tweeddale, 24 April 1689, NLS, 14404, fol. 39v. 另外参见 John Berners (Hull) to Thomas Wharton, 13 May 1689, Bodleian, Carte 79, fol. 216r; Robert Harley (Hereford) to Sir Edward Harley, 20 February 1689, BL, Add. 70014, fol. 159r; Morrice, Entering Book, 23 February 1689, DWL, 31 Q, 476; Robert Harley (Brampton) to Sir Edward Harley, 5 March, 29 March 1689, BL, Add. 70014, fol. 170r, 196r。

22. Hamon London Newsletter, 18 December 1688, Beinecke, OSB Shelves f b.210; Cotterell to his daughter, 31 December 1688, BL, Trumbull MSS 39 (since recataloged); Israel Fielding (Pembroke) to Shrewsbury, 1 June 1689, NA, SP 32/1, fol. 57; London Newsletter, 14 September 1689, FSL, L.c. 2063; Cary Gardiner (London) to Sir Ralph Verney, 4 September 1689, Buckinghamshire SRO, Verney MSS.

23. Robert Harley (Brampton) to Sir Edward Harley, 12 March 1689, BL, Add. 70014, fol. 176; Abigail Harley (Brampton) to Sir Edward Harley, 14 December 1689, BL, Add. 70014, fol. 276r; Edward Harley to Sir Edward Harley, 27 January 1690, BL, Add. 70014, fol. 281v; Col. Charles Trelawney (Chester) to Shrewsbury, 2 September 1689, NA, SP 32/2, fol. 1; Sir John Morgan (Chester Castle) to Shrewsbury, 29 March 1690, NA, SP 32/2, fol. 113; Derby to Kenyon, 28 February 1689, HMC Kenyon, 219; Banks to Kenyon, 9 March 1689, HMC Kenyon, 219; Bellingham, *Diary,* 12 March 1689, 57; London Newsletter, 30 March 1689, FSL, L.c. 1996; Col. Edward Matthews (Preston) to Shrewsbury, 15 June 1689, NA, SP 32/1, fol. 80; Brandon (Preston) to Shrewsbury, 15 June 1689, NA, SP 32/1, fol. 81; Morrice, Entering Book, 22 June 1689, DWL, 31 Q, 578; W. Hammond (Parkhead) to Kenyon, 15 February 1690, Lancashire SRO, DD/ Ke/9/63/6; Sir John Morgan (Chester Castle) to Shrewsbury, 26 March 1690, NA, SP 32/2, fol. 111; Sir Jonathan Jennings, 15 March 1689, Grey, 9:165; Christopher Tankard (Whitby) to Danby, 29 June 1689, BL, Egerton 3335, fol. 10r; Lumley to Shrewsbury, 17 June 1689, NA, SP 32/1, fol. 86; Col. Rupert Billingsley (Berwick) to Shrewsbury, 12 June 1689, NA, SP 32/1, fol. 73.

24. 这一直是备受争议的话题，但最新的学术研究提供了确凿的证据：Mary K. Geiter, "William Penn and Jacobitism: A Smoking Gun?" *Historical Research* 73 (June 2000):

213–18; Geiter, *William Penn* (London: Longman, 2000), 66–72; William Penn to Halifax, 28 June 1689, BL, Althorp C8; London Newsletter, 29 June 1689, FSL, L.c. 2034; Morrice, Entering Book, 29 June, 6 July 1689, DWL, 31 Q, 584, 585。其 他 观 点，参 见 Mary Maples Dunn, *William Penn: Politics and Conscience* (Princeton, NJ: Princeton University Press, 967), 161; Vincent Buranelli, *The King and the Quaker: A Study of William Penn and James II* (Philadelphia: University of Pennsylvania Press, 1962), 172–73; Robert Harley (Worcester) to Sir Edward Harley, 19 April 1689, BL, Add. 70014, fol. 219v; and Melfort (Rome) to Cardinal Howard, 3/13 May 1690, BL, Lansdowne 1163A, fol. 115r。

25. Paul Kleber Monod, *Jacobitism and the English People, 1688–1788* (Cambridge: Cambridge University Press, 1989), 47; "A Brief Account," 2 March 1689, Bodleian, Rawlinson MSS, D1079, fol. 35v; Melfort (Rome) to Mary of Modena, 12/22 March 1690, BL, Lansdowne 1163A, fol. 37r; Edward Harley to Sir Edward Harley, 22 February 1690, BL, Add. 70014, fol. 291r; Wildman, 15 March 1689, Grey, 9:168; John Birch, 6 April 1689, Grey, 9:209; R. Clerke (Calais) to Innes, 6 August 1689, SCA, Bl 1/120/9; *Dilucidator,* 5/15 March 1689, 115; Oxford (London) to Shrewsbury, 7 June 1689, NA, SP 32/1, fol. 65; *Mercurius Reformatus,* 24 July 1689, [1]; John Verney (London) to Sir Ralph Verney, 28 August 1689, Buckinghamshire SRO, Verney MSS; Nottingham (Whitehall) to Southwell, 11 June 1690, NMM, SOU/12; William Chaplyn (Buckingham) to Temple, 17 March 1689, HEH, STT 424; Humphrey Gower (St. John's College, Cambridge) to Covel, 2 May 1689, BL, Add. 22910, fol. 307r; Robert Buckett (Wressle) to Shrewsbury, 29 September 1689, NA, SP 32/2, fol. 30; Belingham, *Diary,* 30 March 1689, 60–61; [James II], *A Declaration of His Most Sacred Majesty James II to All His Loving Subjects in the Kingdom of England,* 8 May 1689 (1689); London Newsletter, 13 June 1689, FSL, L.c. 2028; William Bankes (London) to Legh, 13 June 1689, JRL, Legh of Lyme MSS, Box 4/Folder 26; Col. Henry Trelawney (Plymouth) to Shrewsbury, 14 June 1689, NA, SP 32/1, fol. 79; Morrice, Entering Book, 15 June, 22 June 1689, DWL, 31 Q, 573, 577; Brandon (Ormskirk) to Shrewsbury, 25 June 1689, NA, SP 32/1, fol. 99; Sir John Morgan (Chester Castle) to Shrewsbury, 12 June 1689, NA, SP 32/1, fol. 74.

26. Howe, 25 March 1689, Grey, 9:189; Monod, *Jacobitism and the English People,* 244–47; Robert Harley (Stoke) to Sir Edward Harley, 22 March 1689, BL, Add. 70014, fol. 186r; Information of Thomas Chappell of Chippenham, 31 July 1689, NA, SP 32/1, fol. 106 (ii); Information of Davies Noble of Chippenham, 31 July 1689, NA, SP 32/1, fol. 106 (i); Examination of John Newton, 16 September 1689, NA, SP 32/2, fol. 17; Affidavit of Nathaniel Chamberlaine, Citizen of London, 4 July 1689, NA, SP 32/1, fol. 104; Cotterell (Hadly) to Sir William Trumbull, 23 December 1689, BL, Trumbull MSS 40 (since recataloged); Morrice, Entering Book, 15 June 1689, DWL, 31 Q, 573; London Newsletter, 9 July 1689, FSL, L.c. 2038; Bridget Croft to Huntingdon, 5 July 1690, HEH, HA 1795.

27. Paul Hopkins, "Sham Plots and Real Plots in the 1690s," in *Ideology and Conspiracy: Aspects of Jacobitism, 1689–1759,* ed. Eveline Cruickshanks (Edinburgh: John Donald,

1982), 89–110; John Hampden, 1 March 1689, Grey, 9:129–30; London Newsletter, 2 March 1689, FSL, L.c. 1983; Anthony Heyford (Newcastle) to Shrewsbury, 20 April 1689, NA, SP 32/1, fol. 33(a); London Newsletter, 11 May 1689, FSL, L.c. 2014; Morrice, Entering Book, 1 June 1689, DWL, 31 Q, 561; London Newsletter, 1 June, 18 June 1689, FSL, L.c. 2023, 2030; Brandon (Preston) to Shrewsbury, 15 June 1689, NA, SP 32/1, fol. 81; ? to Monmouth, 19 July 1689, NA, SP 32/1, fol. 110(i); London Newsletter, 23 July 1689, FSL, L.c. 2044; John Verney (London) to Edward Verney, 24 July 1689, Buckinghamshire SRO, Verney MSS; Abigail Harley (London) to Sir Edward Harley, 7 September 1689, BL, Add. 70014, fol. 258; London Newsletter, 7 September 1689, FSL, L.c. 2060; Massarene (London) to Sir Richard Newdigate, 10 September 1689, Warwickshire SRO, CR 136/B294; Abigail Harley (London) to Sir Edward Harley, 11 September 1689, BL, Add. 70014, fol. 259v; Information of Thomas James, 23 December 1689, NA, SP 32/2, fol. 63; ? (London) to William Dunlop, 1 July 1690, NLS, 9250, fol. 158r; Cotterell to Sir William Trumbull, 22 July 1690, BL, Trumbull MSS 39 (since recataloged); Jo. Knight (London) to Charles Fox, 7 August 1690, BL, Add. 51335, fol. 26v; Daniel Szechi, *The Jacobites: Britain and Europe, 1688–1788* (Manchester: Manchester University Press, 1994), 54–55; Sir Henry Goodrick, 14 May 1690, Grey, 10:140; Delamere to ?, 1689/90, NA, SP 8/6, fol. 97.

28. George Middleton (Kilkenny) to Maj. Robert Middleton, 25 March 1689, NAS, GD 406/1/3510; D. Nairne (Dublin) to Laird of St. Foord Nairne, 29 March 1689, NAS, GD 406/1/3507; James Lincoln (Paris) to Albeville, 5 April 1689, Indiana, Albeville MSS; Whyteford (Paris) to Walter Leslie, 15/25 April, 6/16 May, 13/23 May 1689, SCA, Bl 1/126/18, 21, 23; Robert H. Murray, ed., *The Journal of John Stevens* (Oxford: Clarendon Press, 1912), 15 October 1689, 94; Innes (Paris) to William Leslie, 28 October/7 November 1689, SCA, Bl 1/122/14; Tyrconnel (Dublin) to Mary of Modena, 12/22 December 1689, BL, Add. 38145, fol. 5; Rene Grahame (St. Germain) to Huntingdon, 6 January 1690, HEH, HA 4087; Melfort (Rome) to Bevil Skelton, 25 March/4 April 1690, BL, Lansdowne 1163A, fol. 56v; Melfort (Rome) to Innes, 6/16 May 1690, BL, Lansdowne 1163A, fol. 119r; Melfort (Rome) to Mr. Ployden, 27 May/6 June 1690, BL, Lansdowne 1163B, fol. 13v; Melfort (Rome) to Mr. Nelson, 26 July/5 August 1690, BL, Lansdowne 1163B, fol. 112r; Birch, 25 June 1689, Grey, 9:362; Edward Harley (London) to Sir Edward Harley, 26 April 1690, BL, Add. 70014, fol. 322r. 另外参见 Massareene (Fisherwick) to Newdigate, 8 May 1689, Warwickshire SRO, CR 136/B293; Jo. Dalrymple (London) to Hamilton, 16 May 1689, NAS, GD 406/1/3545; A. [Pye] (London) to Abigail Harley, 16 May 1689, BL, Add. 70014, fol. 227v; ? to Robert Harley, 5 June 1689, BL, Add. 70014, fol. 231r; and Richard Cromwell to Oliver Cromwell, 4 October 1689, Beinecke, Osborn Files 19385。

29. Robert Kirk, "Sermons, Occurrences . . . ," October 1689, Edinburgh SUL, La.III.545, fol. 26r.

30. Walter Lorenzo Leslie (Rome) to Whyteford, 19 February/1 March 1689, SCA, Bl 1/123/4; Tyrconnel (Dublin) to Mary of Modena, 10/20 May 1690, BL, Add. 38145, fol. 23v; Brandon (Preston) to Shrewsbury, 23 June 1689, NA, SP 32/1, fol. 94;

Brandon (Ormskirk) to Shrewsbury, 25 June 1689, NA, SP 32/1, fol. 99; Bohun, *History of the Desertion,* sig. [A4]; J. Hill (London) to Sir William Trumbull, 26 October 1691, Berkshire SRO, D/ED/C33. 另外参见 Melfort (Rome) to Mary of Modena, 27 February/9 March 1690, BL, Lansdowne 1163A, fol. 16v; Ralph Trumbull (Witney) to Sir William Trumbull, 8 July 1689, BL, Add. 72511, fol. 86r; Cotterell to Sir William Trumbull, 14 December 1689, BL, Trumbull MSS 39 (since recataloged)。

31. 这就是 Szechi, *Jacobites,* 60 所描述的 "不可削减的最低限度支持"。

32. Browne to Sir William Trumbull, 17 March 1689, BL, Trumbull Misc. 26 (since recataloged); J. Hill (Venice) to Trumbull, 20 August 1689, Berkshire SRO, D/ED/C33. 相比之下，当托利党掌控内阁时，一些辉格党人开始用听起来至少在某些学者看来带有詹姆斯党人色彩的口吻说话。

33. Schwoerer, *Declaration of Rights,* esp. 43–101, 283–85; Sir William Williams, 29 January 1689, Grey, 9:30; Robert and Thomas Balle (Livorno) to Goodwyn and Delabere, 12/22 March 1689, NA, FO 335/8, fol. 2; Morrice, Entering Book, 9 February 1689, DWL, 31 Q, 464–65.

34. Yester (London) to Tweeddale, 9 April 1689, NLS, 14414, fol. 37r; Morrice, Entering Book, 23 March 1689, DWL, 31 Q, 507–11; Henry Horwitz, *Revolution Politicks: The Career of Daniel Finch, Second Earl of Nottingham, 1647–1730* (Cambridge: Cambridge University Press, 1968), 86–95; Horwitz, *Parliament, Policy and Politics in the Reign of William III* (Manchester: Manchester University Press, 1977), 23–26; Edward Harley (London) to Robert Harley, 26 March 1689, BL, Add. 70014, fol. 194r; *Axminster,* 1689, 141.

35. George Fleming (Oxford) to Sir Daniel Fleming, 16 August 1689, Cumbria SRO, Kendal, WD/RY 3602; Boothby (Ashbourne) to Mr. Smith, 26 February 1689, BL, Add. 71692, fol. 86r; William Wake, Autobiography, 1689, LPL, 2932, fol. 66v; Mark Goldie, "The Revolution of 1689 and the Structure of Political Argument," *Bulletin of Research in the Humanities* 83 (1980): 473–564.

36. Claire McEachern, *The Poetics of English Nationhood, 1590–1612* (Cambridge: Cambridge University Press, 1996), 9. 比起 J. G. A. 波考克的特殊主义叙事，我更倾向于 J. P. 萨默维尔对早期斯图亚特王朝时期意识形态斗争的阐述：J. P. Sommerville, *Politics and Ideology in England, 1603–1640* (London: Longman, 1986), esp. 9–111; J. G. A. Pocock, *The Ancient Constitution and the Feudal Law* (Cambridge: Cambridge University Press, 1987), esp. 30–69; Kirk, "Sermons, Occurrences . . . ," 1690, fol. 115v; *A Brief Vindication of the Parliamentary Proceedings against the Late King James II* (London: Randall Taylor, 1689), 5–6; Samuel Masters, *The Case of Allegiance in Our Present Circumstances Consider' d* (London: Ric. Chiswell, 1689), 8。

37. Richard Claridge, *A Defence of the Present Government* (London: R. Baldwin, 1689), 2; Thomas Long, *A Resolution of Certain Queries* (London: R. Baldwin, 1689), 4; Thomas Long, *A Full Answer to All the Popular Objections* (London: R. Baldwin, 1689), 8–9; Richard Booker, *Satisfaction Tendred to All That Pretend Conscience* (London: Richard Janeway, 1689), 4; Goldie, "Revolution of 1689," 532; Daniel Defoe, *Reflections upon the Late Great Revolution* (London: Richard Chiswell,

1689), 56–57; Defoe, *The Advantages of the Present Settlement* (London: Richard Chiswell, 1689), 4 July 1689, 19–20; Daniel Whitby, *Considerations Humbly Offered for Taking the Oath of Allegiance* (London: Awnsham Churchill, 1689), 35; John Wildman, *Some Remarks upon Government* [London, 1689], January 1689, 12–13. 另外参见 *Four Questions Debated* (London, 1689), January/February 1689, 6; William Denton, *Jus Regiminis*: Being a Justification of Defensive Arms in General (London, 1689), 15, 17; Algernon Sidney in *The Dying Speeches of Several Excellent Persons, Who Suffred for Their Zeal against Popery and Arbitrary Government* (London, 1689), 19; *Dilucidator,* no. 4, February 1689, 86; and Elizabeth Lane Furdell, "Dilucidating the *Dilucidator,*" *Quaerendo* 30, no. 1 (2000): 51–63。

38. *The Revolution in New England Justified* (Boston: Joseph Brunning, 1691), 1; Bridgewater, Notes, ca. 1690, HEH, EL 9842; Robert Harley (Hereford) to Sir Edward Harley, 27 July 1689, BL, Add. 70014, fol. 241r; Newcome, *Autobiography,* 19 January 1690, 271; Whitelocke Bulstrode, Meditations, 28 April 1689, HRC, Pforzheimer 2k; Jean Leclerc, *An Account of the Life and Writings of Mr. John Locke,* 2nd ed. (London: John Clarke and E. Curll, 1713), 29–30; Kirk, "Sermons, Occurrences . . . ," October 1689, fol. 25.

39. Yester (London) to Tweeddale, 26 March 1689, NLS, 14404, fol. 32v; A. M. (London) to Harrington, 21 March 1689, BL, Add. 36707, fol. 62r; Sir Edward Harley (London) to Robert Harley, 1 April 1689, BL, Add. 70014, fol. 203; Morrice, Entering Book, 30 March 1689, DWL, 31 Q, 515; John Dalrymple (London) to Duke of Hamilton, 16 May 1689, NAS, GD 406/1/3545; Lionel K. J. Glassey, *Politics and the Appointment of Justices of the Peace, 1675–1720* (Oxford: Oxford University Press, 1979), 100–108; Halliday, *Dismembering the Body Politic,* 265–91; Morrice: Entering Book, 16 March, DWL, 31 Q, 503, 508.

40. Horwitz, *Revolution Politicks,* 99–107; Craig Rose, *England in the 1690s: Revolution, Religion, and War* (Oxford: Blackwell, 1999), 71–76. 对态度转变的一个衡量标准是对待 17 世纪 40 年代和 50 年代参与处决国王的激进派埃德蒙·勒德洛的方式。1689 年 2 月，一群辉格党人曾"恳请他（勒德洛）能安全回国"，威廉也"欣然同意"。但当勒德洛真的回国时，下议院中的托利党人却在威廉的默许下，迫使他再度流亡：Morrice, Entering Book, 23 February 1689, DWL, 31 Q, 480; John Verney (London) to Sir Ralph Verney, 7 November 1689, Buckinghamshire SRO, Verney MSS; Barbara Taft, "Return of a Regicide: Edmund Ludlow and the Glorious Revolution," *History* 76 (June 1991): 219–20。

41. John Evelyn (London) to Countess of Sunderland, 12 January 1690, BL, Evelyn MSS JE A2, fol. 64v; Tamworth Newsletter, 30 January 1690, HEH, HM 30659/4; Nottingham to Hatton, 15 February 1690, BL, Add. 29594, fol. 196; William Hamilton (London) to Arran, 20 February 1690, NAS, GD 406/1/3462; Edward Harley to Sir Edward Harley, 25 February 1690, BL, Add. 70014, fol. 294r; Robert Kirk, "Sermons, Occurrences . . . ," March 1690, Edinburgh SUL, La.III.595, fols. 92–95; Edward Warcup (Northmoor) to Hugh Jones, 3 March 1690, Bodleian, Rawlinson MSS, Letters 48, fol. 26r; Edward Beresford (London) to Legh, 11 March 1690, JRL, Legh of Lyme, Box 4/Folder 32;

Edward Harley (London) to Sir Edward Harley, 11 March 1690, BL, Add. 70014, fol. 303r; Cotterell to Katherine Trumbull, 11 March 1690, BL, Trumbull MSS 39 (since recataloged); Melfort (Rome) to Mary of Modena, 25 March/4 April 1690, BL, Lansdowne 1163A, fol. 55r; Charles Montagu to George Stepney, 6/16 October 1690, NA, SP 105/82, fol. 21v; Gilbert Burnet, "History," BL, Add. 63057B, fol. 143v; D. W. Hayton, "Introductory Survey," in *The House of Commons, 1690–1715,* vol. 1, ed. D. W. Hayton (Cambridge: History of Parliament Trust, 2002), 218; Cotterell to Sir William Trumbull, 1 April 1690, BL, Trumbull MSS 39 (since recataloged); Tom Foley (London) to Sir Edward Harley, 5 April 1690, BL, Add. 70014, fol. 316r; Montagu to Stepney, 27 May 1690, NA, SP 105/82, fol. 17r; Gilbert Dolben to Sir William Trumbull, 8 December 1691, BL, Trumbull MSS 54 (since recataloged).

42. Morrice, Entering Book, 2 March 1689, DWL, 31 Q, 487; Edward Harley to Robert Harley, 5 March 1689, BL, Add. 70014, fol. 169r; Morrice, Entering Book, 23 March 1689, DWL, 31 Q, 507; "A Dialogue betwixt the Ghosts of Sidney and Russell," 1689, HEH, EL 8770, 43; Richard Hampden (Westminster) to Tom Wharton, 15 June 1689, Bodleian, Carte 79, fol. 228r; Macclesfield to Shrewsbury, 23 July 1689, NA, SP 32/1, fol. 112.

43. Morrice, Entering Book, 8 June 1689, and Petitition of Gentlemen, Citizens, and Inhabitants of London, 1 June 1689, DWL, 31 Q, 566–68, 566; *A True Account of the Proceedings of the Common Hall,* 24 June 1689 (London: George Larkin, 1689), [2]; De Krey, *Fractured Society,* 56–57.

44. Massareene (London) to Newdigate, 10 October 1689, Warwickshire SRO, CR 136/ B296; "A Brief Account," 1690, Bodleian, Rawlinson MSS, D1079, fol. 95v; ? to John Swynfen, 9 May 1690, BL, Add. 29910, fol. 256r; Mary Clarke (Chipley) to Edward Clarke, 28 April 1690, Somerset SRO, DD/SF/4515/Pt. 1/8; James Johnston to Sir William Dutton Colt, 4 June 1690, BL, Add. 34095, fol. 9r; Sir John Thompson, 14 May 1690, Grey, 10:143; John Hampden (Farringdon) to Sir Edward Harley, 9 November 1690, BL, Add. 70014, fol. 353v; Cotterell to Katherine Trumbull, 13 May 1690, BL, Trumbull MSS 39 (since recataloged); Cotterell to Sir William Trumbull, 2 October 1690, BL, Trumbull MSS 40 (since recataloged); Gilbert Burnet, "History," BL, Add. 63057B, fol. 143v; Shrewsbury to William, 22 December 1689, in *Private and Original Correspondence of Charles Talbot, Duke of Shrewsbury,* ed. William Coxe (London: Longman, Hurst, Rees, Orme, and Brown, 1821), 15; Horwitz, *Parliament, Policy, and Politics,* 57.

45. John Pulteney (Whitehall) to Sir William Dutton Colt, 27 March 1691, BL, Add. 34095, fol. 295r; Henry Mordaunt, 21 November 1692, Grey, 10:265; John Lower, "A Familiar Epistle to King William," 1692 or 1693, Worcester College, Clarke MSS, 267/2, fol. 31r; Beinecke, OSB Shelves f b.207; "To the King," 1694, HEH, EL 9925; John Oldmixon, *The False Steps of the Ministry after the Revolution,* 3rd ed. (London, 1714), 6.

46. Melfort (Rome) to Cardinal d'Este, 15/25 March 1690, BL, Lansdowne 1163A, fol. 41v; Kirk, "Sermons, Occurrences . . . ," March 1690, fol. 99r.

47. Warrington, Essay, Beinecke, Osborn File 15756. 我非常感谢马克·奈茨教授让我注意到这份极有价值的文件。

48. Thomas Wharton to William, 25 December 1689, BL, Add. 4107, fols. 78–88. 这封信

全文转载于 Christopher Robbins, *The Earl of Wharton and Whig Party Politics, 1679–1715* (Lewiston, NY: Edwin Mellen, 1991), 297–309; 相关内容在第 69 至 72 页进行了讨论。

49. Robert Boyle (London) to Leclerc, 30 May 1689, *Works,* ed. Birch, 3:61; Cotterell to Katharine Trumbull, 18 March 1689, BL, Trumbull MSS 39 (since recataloged); Yester (London) to Tweeddale, 3 April 1689, NLS, 14404, fol. 34r; Williams, 6 April 1689, Grey, 9:207; Elizabeth Adams (London) to Sir Ralph Verney, 14 May 1689, Buckinghamshire SRO, Verney MSS; Charles Trumbull (London) to Sir William Trumbull, 6 May 1689, BL, Add. 72513, fol. 14v; J. Hill (Rome) to Sir William Trumbull, 10 November 1689, Berkshire SRO, D/ED/C33; Ralph Trumbull (Witney) to Sir William Trumbull, 14 December 1689, BL, Add. 72511, fol. 88r; *Advice to English Protestants,* 5 November 1689 (London: J. D. for Awnsham Churchill, 1689), 2; Halifax (London) to Sir William Trumbull, 14 February 1690, BL, Add. 72527, fol. 167r; Cotterell to Sir William Trumbull, 22 January 1690, BL, Trumbull MSS 39 (since recataloged); William Sacheverell, 17 April 1690, Grey, 10:55; Queen Mary (Whitehall) to William, 30 July 1690, NA, SP 8/7, fol. 118.

50. Parker, *Memoirs,* 51; A. Pye to Abigail Harley, 25 February 1690, BL, Add. 70014, fol. 295r; Dursley (The Hague) to Carmarthen, 22 August/2 September 1690, Berkeley Castle, MSS 36A, fol. 68v; Melfort (Rome) to Innes, 11/21 February 1690, BL, Add. 37660, fol. 125v; Evelyn, *Diary,* 16 February 1690, 5:6; Francis Lane (Glendon) to Sir William Trumbull, 26 December 1689, BL, Add. 72527, fol. 143r; J. Hill (Venice) to Sir William Trumbull, 20 August 1689, Berkshire SRO, D/ED/C33; Hill (The Hague) to Sir William Trumbull, 1/11 October 1691, BL, Add. 72529, fol. 140v. 51. J. H. (Rotterdam) to Southwell, 2/12 June 1690, BL, Add. 38015, fol. 347r; John Dutton Colt to Robert Harley, 22 March 1690, BL, Add. 70014, fol. 311r; Paul Foley, 23 November 1692, Grey, 10:275; *The State of Parties and of the Publick* [London, 1692], 1; L'Hermitage (London) to States General, 1/11 September 1693, BL, Add. 17677NN, fol. 226r; Howe, 13 November 1693, Grey, 10:316.

52. Long, *Resolution of Certain Queries,* 8 April 1689, sig. A2v; Guise, 2 May 1690, Grey, 10:109; Carmarthen (London) to William III, 2 August 1690, BL, Add. 78919, fol. 49r; William Ettrick, 14 May 1690, Grey, 10:144; *Smith and Cutler's Plain Dialogue,* 1.

53. Henry St. John, Viscount Bolingbroke, *A Letter to Sir William Windham,* 2nd ed. (Dublin: Richard Watts and James Potts, 1760), 13–14; African Company (London) to Sir Nathaniel Johnston, 26 February 1689, NA, T 70/57, fol. 39v; Henry Booth, Lord Delamere, "Some Observations on the Prince of Orange's Declaration," in Delamere, *The Works* (London: John Lawrence and John Dunton, 1694), 367; Warrington, Essay, ca. 1690s, Beinecke, Osborn File 15756.

第十一章 外交革命

1. *The Last Years Transactions Vindicated* (London: Richard Baldwin, 1690), 14; P. B., *The*

Means to Free Europe from the French Usurpation (London: R. Bently, 1689), 36–37.

2. Craig Rose, *England in the 1690s: Revolution, Religion, and War* (Oxford: Blackwell, 1999), 105; G. C. Gibbs, "The Revolution in Foreign Policy," in *Britain after the Glorious Revolution, 1689–1714* ed. Geoffrey Holmes (Basingstoke: Macmillan, 1969), 59–79; Robert McJimsey, "Shaping the Revolution in Foreign Policy: Parliament and the Press, 1689–1730," *Parliamentary History* 25, no. 1 (2006): 17–31.

3. J. R. Jones, *Britain and the World, 1649–1815* (Glasgow: Fontana, 1980), 12; Ronald Hutton, *The Restoration: A Political and Religious History of England and Wales, 1658–1667* (New York: Oxford University Press, 1985), esp. 157; J. R. Jones, *Charles II: Royal Politician* (London: Allen and Unwin, 1987), 6; Jones, *The Revolution of 1688 in England* (New York: W. W. Norton, 1972), 187; Jonathan Israel, "The Dutch Republic and the 'Glorious Revolution' of 1688/89 in England," in *1688: The Seaborne Alliance and Diplomatic Revolution,* ed. Charles Wilson and David Proctor (London: National Maritime Museum, 1989), 32. 乔纳森·斯科特在一定程度上是个例外。尽管他完全属于宗教解释学派，但斯科特确实指出"在欧洲这一历史时期，或许没有哪个方面比宗教改革、反宗教改革及其后果更真正地推动了现代的到来"；Scott, *England's Troubles: Seventeenth-Century English Political Instability in European Context* (Cambridge: Cambridge University Press, 2000), 353–54。

4. Thomas Babington Macaulay, *The History of England from the Accession of James II,* 5 vols. (New York: Harper and Brothers, 1849–61), 2:1–3; W. A. Speck, *James II* (London: Longman, 2002), 131–32, 134; Jeremy Black, *A System of Ambition? British Foreign Policy, 1660–1793* (London: Longman, 1991), 25–26, 120; J. D. Davies, "International Relations, War and the Armed Forces," in *The Reigns of Charles II and James VII and II,* ed. Lionel K. J. Glassey (New York: St. Martin's Press, 1997), 230–31; Tim Harris, *Revolution: The Great Crisis of the British Monarchy, 1685–1720* (London: Allen Lane, 2006), 185; Wout Troost, *William III, the Stadholder-King,* trans. J. C. Grayson (Aldershot: Ashgate, 2005), 174; John Miller, "William III: The English View," in *The Last of the Great Wars,* ed. Bernadette Whelan (Shannon: University of Limerick Press, 1995), 18; Gibbs, "Revolution in Foreign Policy," 60; Rose, *England in the 1690s,* 105.

5. Black, *System of Ambition,* 29, 119; Macaulay, *History of England,* 3:96; Gibbs, "Revolution in Foreign Policy," 59; Gary De Krey, *Restoration and Revolution in Britain: Political Culture in the Era of Charles II and the Glorious Revolution* (London: Palgrave, 2007), 295; Jonathan Israel, *The Dutch Republic: Its Rise, Greatness and Fall, 1477–1806* (Oxford: Oxford University Press, 1995), 852; Troost, *William III,* 239; Miller, "William III," 17–18; Daniel Szechi, *The Jacobites: Britain and Europe, 1688–1788* (Manchester: Manchester University Press, 1994), 41; Henry Horwitz, *Parliament, Policy, and Politics in the Reign of William III* (Manchester: Manchester University Press, 1977), 20.

6. Tony Claydon, *William III and the Godly Revolution* (Cambridge: Cambridge University Press, 1996), 5, 139, 229; Claydon, *William III* (London: Longman, 2002), 137. 在近期的研究中，克莱顿缓和了自己的措辞，如今他提出，"反天主教情绪是与其他话语一起被用来为这场战争造势的"，不可能存在一场"单纯的清教徒圣

战"。Claydon, *Europe and the Making of England, 1660–1760* (Cambridge: Cambridge University Press, 2007), 155. 然而，他坚持认为，"这个国家仍从宗教层面来考量外交政策"(160)；Jonathan Scott, *Algernon Sidney and the Restoration Crisis* (Cambridge: Cambridge University Press, 1991), esp. 8, 16, 30, 39–41, 106; Scott, "Radicalism and Restoration: The Shape of the Stuart Experience," *Historical Journal* 31 (1988): esp. 458–62; Scott, "England's Troubles: Exhuming the Popish Plot," in *The Politics of Religion in Restoration England,* ed. Tim Harris, Mark Goldie, and Paul Seaward (Oxford: Basil Blackwell, 1990), 110; Davies, "International Relations," 215。斯科特指责我不公正地概括了他的立场，见 *England's Troubles,* 351–52。我仍然不确定如何解读"这是对宗教的担忧，而非对政治或经济的担忧"这句话。我的观点是，当时的选择并非局限于宗教派别，而是在现代天主教外交政策和现代多宗教派别政策之间做出抉择。Rose, *England in the 1690s,* 106.

7. 对于共识这一概念：Claydon, *William III,* 135。我不同意罗斯关于"海洋战略是'一种暴力的辉格党主义'"的说法：Rose, *England in the 1690s,* 118。

8. Sir Daniel Fleming, Lancashire, 1674, Cumbria SRO, Carlisle, D/Lons/L12/2/18, fol. 3r; Robert Lord Wenlock, ed., *Lorenzo Magalotti: Travels of Cosmo the Third* (London: J. Mawman, 1821), 11 May 1669, 397; Thoresby, *Diary,* 1 August 1678, 1:19; *The Case of the Booksellers Trading beyond Sea* [1690s], II.

9. Sir Gyles Isham, ed., *The Diary of Thomas Isham of Lamport* (Farnborough: Gregg International Publishers, 1971), 25 November 1671, 3 February 1672, 67, 81; W. H. D. Longstaffe, ed., *Memoirs of the Life of Mr. Ambrose Barnes . . . ,* Publications of the Surtees Society, vol. 50 (Durham: Published for the Society, 1867), 138; Sir John Lowther's Books, April 1698, Cumbria SRO, Carlisle, D/Lons/L2/6, 42–66; John Verney (London) to Sir Ralph Verney, 24 November 1686, Buckinghamshire SRO, Verney MSS; Lady Damaris Masham to John Locke, 3 October 1687, *Locke Correspondence,* 3:278; Sir Walter Yonge to Locke, 6 September 1687, *Locke Correspondence,* 3:264; Sir John Reresby, *Memoirs,* ed. Mary K. Geiter and W. A. Speck (London: Royal Historical Society, 1991), 21 October 1683, 316; James Brydges, Journal, 7 August 1697, HEH, ST 26/1; Burlington (London) to Sir John Reresby, 10 February 1685, W YAS, MX 31/26; John, Lord Ashburnham (Ashburnham), to James Mackburnye, 22 February 1696, East Sussex SRO, ASH/840, 35; ? to Sir Joseph Williamson, 24 March 1678, NA, SP 29/402, fol. 133.

10. *Remarques on the Humours and Conversations of the Town* (London: Allen Banks, 1673), 126–27; *The Character of a Coffee-House* (1665), 3–4; see, e.g., the 1670 deck of cards in the Huntington at HEH 47507; and Henry Brome, *Geographical Playing Cards* (London, 1676); Francis Benson to Leoline Jenkins, 11 September 1677, Huntington MSS HM 30314.

11. William King, *Europe's Deliverance from France and Slavery,* Preached 16 November 1690, St. Patrick's, Dublin (London: Tim. Goodwin, 1691), sig. [A4v]; Barillon (London) to Louis XIV, 28 February/10 March 1687, NA, PRO 31/3/168, fol. 42r; George Philips, *The Interest of England in the Preservation of Ireland* (London: Rich. Chiswell, 1689), sig. A2r.

12. *Europae Modernae Speculum* (London: T. Leach, 1665), 4, 103; Edmund Everard, *Discourses on the Present State of the Protestant Princes in Europe* (London: Dorman Newman, 1679), 37; *The French Intrigues Discovered* (London: R. Baldwin, 1681), 8; Charles Davenant, *Essays upon I The Ballance of Power II The Right of Making War, Peace, and Alliances. III Universal Monarchy* (London: James Knapton, 1701), 259.

13. *The Character and Qualifications of an Honest Loyal Merchant* (London: Robert Roberts, 1686), 13; Charles Molloy, *De Jure Maritimo et Navali* (London: John Bellinger, 1676), sigs. A2–A3, A6r; *French Intrigues Discovered*, 23; William Aglionby, *The Present State of the United Provinces of the Low Countries* (London: John Starkey, 1669), 154; "A Letter from a Gentleman in Holland to a Worthy Member of the House of Commons," 13/23 December 1677, BL, Add. 28092, fol. 11r. 另外参见 Jacob H. Hollander, ed., *Samuel Fortrey on England's Interest and Improvement, 1663* (Baltimore: Johns Hopkins University Press, 1907), 7; Sir Walter Raleigh, *Judicious and Select Essays and Observations* (London: A. M., 1667), 20. John Evelyn, *Navigation and Commerce, Their Original and Progress* (London: Benjamin Tooke, 1674), 15–17; Roger Boyle, Earl of Orrery, "The Black Prince," in *The Dramatic Works of Roger Boyler Earl of Orrery,* ed. William Smith Clark (Cambridge, MA: Harvard University Press, 1937), 1:372; Edmund Waller, 5 February 1678, Grey, 5:90–91; and Sir William Temple, "A Survey of the Constitutions and Interests," May 1671, in Sir William Temple, *The Works,* vol. 2 (London: F. C. and J. Rivington et al., 1814), 210。我已经在 *Protestantism and Patriotism* (Cambridge: Cambridge University Press, 1996) 中详细阐述了这个主题。

14. *A True Relation of the Unjust, Cruel, and Barbarous Proceedings against the English at Amboyna,* 3rd ed. (London: Tho. Mabb for William Hope, 1665), sig. A4v; Aglionby, *Present State of the United Provinces,* sig. A4, 163–64, 236. 另外参见 *Europae Modernae Speculum,* 66–67; and Henry Coventry, 7 February 1673, Grey, 2:10–11。

15. Charles Molloy, *Holland's Ingratitude: or, A Serious Expostulation with the Dutch* (London: T. J. for Fr. K., 1666), 4; *The Glorious and Living Cinque-Ports of Our Fortunate Islands* (Oxford: H. M., 1666), 1; *Hogan-Moganides: or, The Dutch Hudibras* (London: William Cademan, 1674), 7–8. 还可参见 *The Frog, or The Low-Country Nightingale, Sweet Singer of Amsterdam* (?1672), 3; and John Ogilby, *The Fables of Aesop* (London: Thomas Roycroft, 1665), 206–11。

16. John Crouch, *The Dutch Imbergo upon Their State Fleet* (London: Edward Crowch, 1665), 7; Robert Wild, *A Panegyricke Humbly Addresst to the King's Most Excellent Majesty* (London: A. P. for Philip Brooksby, 1673), 3; *The Complaisant Companion,* 2 vols. (London: H. B., 1674), 2:32; Sir Philip Warwick, "Of Government," 28 August 1679, Huntington Library, MSS HM 41956, 182.

17. *The Present Interest of England Stated* (London: D.B., 1671), 30–31; Robert MacWard, *The English Balance* (1672), 14–15, 30.

18. *French Intrigues Discovered,* 5–6, 15; Slingsby Bethel, *Observations on the Letter*

Written to Sir Thomas Osborne (London: J. B., 1673), 11, 19; *Popery and Tyranny: or, The Present State of France* (London, 1679), 13; Slingsby Bethel, *An Account of the French Usurpation upon the Trade of England* (London, 1679), 6; *Englands Glory by the Benefit of Wool Manufactured Therein, from the Farmer to the Merchant; and the Evil Consequences of Its Exportation Unmanufactured* (London: T. M., 1669), 8; *The Reply of W. C.* (1685), 3–4, 6–7, 9–10; *The Ancient Trades Decayed, Repaired Again* (London: T. N., 1678), 14–15. 另外参见 William Sacheverell, 31 October 1673, Grey, 2:202; Joseph Hill, *The Interest of These United Provinces* (Middelburg: T. Berry, 1673), sig. N4v; Francois de Lisola, *The Buckler of State and Justice against the Designs Manifestly Discovered of the Universal Monarchy, under the Vain Pretext of the Queen of France Her Pretension* (London: Richard Royston, 1673), 13; *A Relation of the French King's Late Expedition into the Spanish Netherlands* (London: John Starkey, 1669), sig. A3r; "Marquis de Fresno's Memorial," 20 December 1673, HEH, EL 8457; Roger Coke, *A Discourse of Trade* (London: H. Brome, 1670), sig. B1v; *A Free Conference Touching the Present State of England both at Home and Abroad* (London: Richard Royston, 1678), 48–49; Ludlow, "A Voyce," Bodleian, Eng. Hist.c.487, 1052; and *The Emperour and the Empire Betray' d* (London: B.M., 1681), 68, 71–72. Whig polemic drew heavily on a pan-European literature: Hubert Gillot, *Le regne de Louis XIV et l'opinion publique en Allemagne* (Nancy: A. Crepin-Leblond, 1914); P. J. W. Van Malssen, *Louis XIV d'après les pamphlets répandus en Hollande* (Amsterdam: H. J. Paris, [1937])。

19. *Popery and Tyranny,* 9, 11; *Free Conference,* 38–39, 49–50; *French Intrigues Discovered,* 4–5; Bethel, *French Usurpation,* 4, 6–7; Bethel, *Observations,* 13; *Discours es upon the Modern Affairs of Europe,* 3; *Europae Modernae Speculum,* 91–92.

20. M. Appelbome to chancellor of Spain, 6/16 October 1665, Bodleian, Clarendon MSS 83, fol. 251r; Slingsby Bethel, *The Present Interest of England Stated* (London: D. B., 1671), sigs. A2-A3; Slingsby Bethel, *The Present State of Christendome and the Interest of England* (London: J. B., 1677), 11, 15; Bethel, *French Usurpation,* 1–2; Slingsby Bethel, *Interest of Prince and States of Europe* (London: John Wickins, 1680), sigs. A3–A4, A6; Algernon Sidney, "Court Maxims," 1666, Warwickshire SRO, 152, 155; "Lord Holles's Letter to Van Beuningen at Amsterdam, 1676," in *State Tracts Being a Collection of Several Treatises Relating to the Government Privately Printed in the Reign of K. Charles II* (London, 1693), 458; Andrew Marvell, *An Account of the Growth of Popery and Arbitrary Government in England* (Amsterdam, 1677), 16. 另外参见 *The Fortune of France* (London: Jonathan Edwin, 1678), 3–4; *A Letter from the States General of the United Provinces of the Low Countries to the King of Great Britain,* 9/19 December 1673 (The Hague, 1673), 5; *Free Conference,* 8–9; Hill, *Interest of These United Provinces,* sig. C3v; *French Intrigues Discovered,* 11; *Discourses upon the Modern Affairs of Europe,* 1; *The French Politician Found Out* (London: Robert Harford, 1680), 2:11; and *French Intrigues; or, The History of Their Delusory Promises since the Pyrenean Treaty* (London: W. Hensman, 1685), 1。

21. *The Designs of France against England and Holland Discovered* [1686], 7; [Johann

Grueber], *China and France* (London: T. N. for Samuel Loundes, 1676), 201–2.

22. Richard Mountagu to Danby, 18 January 1678, in Thomas Osborne, Earl of Danby, *An Explanation of the Lord Treasurer's Letter* (1679), 10; Danby, Memorandum, December 1673, "Memorandum to the King," 4 April 1677, "Memorandums for the King, June 1677, "Memorandums about the Duke of York," September 1679, all in *Thomas Osborne, Earl of Danby and Duke of Leeds, 1632–1712,* vol. 2, ed. Andrew Browning (Glasgow: Jackson, Son, 1944) 63–64, 67–68, 70–71, 89–90; Stephen Temple to Sir Richard Temple, 11/21 October 1672, HEH, STT 2201; Steven Pincus, "From Butterboxes to Wooden Shoes: The Shift in English Popular Sentiment from Anti-Dutch to Anti-French in the 1670s," *Historical Journal* 38 (1995): 333–61.

23. William Garroway, 19 April 1675, Grey, 3:8; Col. John Birch, 10 May 1675, Grey, 3:127; "Letter from a Gentleman in Holland," fol. 15r; Henry Thynne to Francis Parry, 20 December 1677, FSL, V.b. 285; Huntingdon to John Geary, 24 January 1678, HEH, HA 5943; Huntingdon to Geary, 10 January 1678, HEH, MSS HA 5942; Birch, 14 March 1678, Grey, 5:238–39; Danby to Essex, 4 December 1677, *Osborne,* ed. Browning, 62; Francis Benson to Leoline Jenkins, 15 February 1678, Huntington Library, MSS HM 30314; Newsletter from Whitehall, 22 February 1678, Huntington Library, MSS HM 30314; Thomas Thynne to Halifax, 9 December 1677, BL, Althorp MSS C5, unfolioed; *Advice to a Souldier* (London: John Shadd for John Gay, 1680); Marchamont Nedham, *Pacquet-Boat Advice* (London: Jonathan Edwin, 1678), 6; Nedham, *Christianissimus Christianandus* (London: Henry Hills, 1678), 72.

24. Reresby, *Memoirs,* 11 May 1677, Geiter and Speck, 115; "A Short Character of King Charles the Second," ca. 1685–90, HEH, EL 8773a; Charles II's Paper, 27 March 1678, House of Lords Journal, 13:196; Charles II's Speech, 28 January 1678, House of Lords Journal, 13:130; Coventry, 28 January, 4 February 1678, Grey, 5:7–8, 75.

25. George Plaxtone, *The Loyal Speech* (Edinburgh: Heir of Andrew Anderson, 1685), 2; *A Poem on the Coronation of Our Most Illustrious Sovereign K. James II* (London: Nathaniel Thompson, 1685), 5; *A New Song upon the Coronation* (London: James Dean, 1685); *England's Second Happiness* (London: James Dean, 1685), [February]; *The Reward of Loyalty* (London: J. Hazzey, 1685); "The Happy Return," November 1685, in *The Pepys Ballads,* 8 vols., ed. Hyder Edgar Rollins (Cambridge, MA: Harvard University Press, 1929–32), 3:181; William Basset, *A Panegyrick on the Coronation of King James II* (London: Walter Davis, 1685), 2; Roger Morrice, Entering Book, 12 March 1685, DWL, 31 P, 457; Sir John Lowther, Memoirs of the Reign of James II, Cumbria SRO, Carlisle, D/Lons/L2/5; Gilbert Burnet, *History of His Own Time,* 2 vols. (London: Thomas Ward, 1724), 1:624; *Mercurius Reformatus,* 31 July 1689, [1]; James Fraser to Sir Robert Southwell 7 February 1685, BL, Add. 46961, fol. 217r; John Evelyn (London) to May Evelyn, 8 February 1685, BL, ME 2; Charles Davenant (London) to Sir John Reresby, 12 February 1685, W YAS, MX 29/27; Christopher Phillipson (London) to Sir Daniel Fleming, 14 February 1685, Cumbria SRO, Kendal, WD/Ry 2852; William Petty (London) to Southwell, 22 August 1685, BL, Add. 72853, fol. 21v; Edmund Warcup (Northmoor) to Hugh Jones, 14 September 1685, Bodleian, Rawlinson

MSS, Letters 48, fol. 11v; Thomas Chichely to Sir Richard Legh, 17 February 1685, JRL, Legh of Lyme, Box 2/Folder 13; Benjamin Bathurst (London) to Colonel Hender Molesworth, 5 September 1685, BL, Loan 57/83, unfolioed; Charles Reresby (London) to Sir John Reresby 22 September 1685, W YAS, MX 39/49; Gerard Reresby (Cadiz) to Sir John Reresby, 24 December 1685, W YAS, MX 42/35; Thomas Durfey, *An Elegy upon the late Blessed Monarch King Charles II* (London: Jo. Hindmarsh, 1685), 10; Dr. John Nalson, *The Present Interest of England,* 2nd ed. (London: Thomas Dring, 1685), 44; *To the King: A Congratulatory Poem* (London: R. Bentley, 1685), 6; T. R. d. L., *The All-Conquering Genius of the Most Potent and Most Serene Prince James II* (London: John Harefinch, 1685), 5; *A Poem on the Present Assembly of Parliament, November 9th 1685* (London: George Powell, 1686), 4; Morrice, Entering Book, 12 October 1685, DWL, 31 P, 481.

26. "Sur le marriage de Jacques Stuart," MAE, MD/Angleterre 75, fol. 4r.

27. *Life of James II,* 1:659; Barillon (London) to Louis XIV, 16/26 November 1688, MAE, CP/Angleterre 167, fol. 103; Newsletter, 25 September 1688, Bodleian, Don.c.38, fol. 295r; Sir William Trumbull, Autobiography, All Souls College, MSS 317, [21]; Morrice, Entering Book, 26 January 1689, DWL, 31 Q, 437. 同时代人的看法以及巴里永本人大量的书信表明，伏尔泰称巴里永为"一个贪图享乐的人……对詹姆斯国王的情妇们的阴谋诡计比对欧洲事务更在行"，这种说法是不公平的：Voltaire, *The Age of Lewis XIV,* 2 vols. (London: R. Dodsley, 1752), 1:236–37。

28. ? (Chantilly) to Albeville, 9 March 1685, Indiana, Albeville MSS; Barillon (London) to Louis XIV, 1/11 December 1688, MAE, CP/Angleterre, 167, fol. 173r; Barillon (London) to Louis XIV, 12/22 February, 16/26 March, 16/26 February, 23 February/5 March 1685, NA, PRO 31/3/160, fols. 48, 92r, 53r, 68v; Barillon (London) to Louis XIV, 9/19 April 1685, NA, PRO 31/3/161, fol. 16v; Barillon (Windsor) to Louis XIV, 31 August/10 September 1685, NA, PRO 31/3/161, fol. 39v; Barillon (London) to Louis XIV, 11/21 March 1686, NA, PRO 31/3/165, fol. 10v; Bonrepaus (London) to Seignelay, 3/13 December 1687, NA, PRO 31/3/174, fol. 29r; Bonrepaus (London) to Seignelay, 27 January/6 February 1686, NA, PRO 31/3/164, fols. 24–25; Barillon (Windsor) to Louis XIV, 3/13 October 1687, NA, PRO 31/3/173, fol. 24r; Barillon (London) to Louis XIV, 1/11 April 1686, NA, PRO 31/3/165, fol. 21; Nathaniel Molyneux to Roger Kenyon, 18 October 1688, HMC Kenyon, 204.

29. Barillon (London) to Louis XIV, 16/26 March 1685, NA, PRO 31/3/160, fol. 88v; Barillon (London) to Louis XIV, 28 November/8 December 1687, NA, PRO 31/3/174, fol. 15; Bonrepaus, Report on the State of England, 1687, NA, PRO 31/3/174, fols. 75–76; Barillon (London) to Louis XIV, 8/18 February 1686, NA, PRO 31/3/164, fols. 13–14; Barillon (Windsor) to Louis XIV, 10/20 September 1685, NA, PRO 31/3/161, fol. 47v; Barillon (London) to Louis XIV, 26 April/6 May 1688, NA, PRO 31/3/177, fol. 7r; Barillon (London) to Louis XIV, 16/26 March 1685, NA, PRO 31/3/160, fol. 94r; Barillon (London) to Louis XIV, 28 February/10 March 1687, NA, PRO 31/3/168, fol. 42r; Bevil Skelton (Paris) to Sunderland, 16/26 November 1686, NA, SP 78/151, fol. 116r; Sir William Trumbull to William of Orange, 4/14 January 1686, BL, Trumbull

Misc. 24, unfolioed (since recataloged).

30. Petty (London) to Southwell, 30 September 1686, BL, Add. 72853, fol. 112r; Petty, "Matters in Transaction and Discourses," 1687, BL, Add. 72866, fol. 114r; Petty, "Of a Mare Clausum," 1687, BL, Add. 72866, fol. 122r; Petty, "Considerations upon Shipping and Seamen, Naval Force, Foreign Commerce," 1686, BL, Add. 72867, fol. 37r; Morrice, Entering Book, 11 September 1686, DWL, 31 P, 622; Evelyn, *Diary*, 12 September 1686, 4:524–25; Petty, "For an Alliance with the French," ca. 1686, BL, Add. 72867, fol. 32r; Petty, "About Alliance with the French," ca. 1686, BL, Add. 78267, fol. 35; Petty, "Essay about Analysis of Property," ca. 1686, BL, Add. 72866, fol. 53v.

31. Trumbull, Autobiography, [8–9]; Barillon (London) to Louis XIV, 19/29 January 1685, NA, PRO 31/3/160, fol. 19r; Barillon (London) to Louis XIV, 29 October/8 November 1685, NA, PRO 31/3/162, fol. 7r.

32. Barillon (London) to Louis XIV, 16/26 March 1685, NA, PRO 31/3/160, fol. 91v; Barillon (London) to Louis XIV, 16/26 November, 3/13 December 1685, NA, PRO 31/3/162, fol. 26v, 46r; Barillon (London) to Louis XIV, 21 November/1 December 1687, NA, PRO 31/3/174, fol. 2r; Bonrepaus, Report on the State of England, 1687, NA, PRO 31/3/174, fol. 80r.

33. Barillon (London) to Louis XIV, 9/19 February, 16/26 February 1685, NA, PRO 31/3/160, fols. 40, 52v, 54r.

34. Privy Council Minutes, 15 June 1685, NA, PC 2/71, fol. 56v; Adam Anderson, *An Historical and Chronological Deduction of the Origins of Commerce,* 2 vols. (London: A. Millar et al., 1764), 2:182; Gabriel de Sylvius (Copenhagen) to Sir William Trumbull, 29 December 1685, BL, Trumbull Misc. 23, unfolioed (since recataloged); Hill (The Hague) to Sir William Trumbull, 1 April 1686, BL, Trumbull Misc. 24, unfolioed (since recataloged).

35. Edward Randolph (Whitehall) to Francis North, 3 December 1685, HEH, BL 232; Sunderland to Sir William Trumbull, 1 November 1685, BL, Trumbull Misc. 7, unfolioed (since recataloged); Bonrepaus (London) to Seignelay, 7/17 January 1686, NA, PRO 31/3/163, fols. 53–54; Bonrepaus (London) to Seignelay, 8/18 February 1686, NA, PRO 31/3/164, fol. 56r; Bonrepaus (London) to Seignelay, 22 February/4 March 1686, NA, PRO 31/3/165, fol. 36r; ? (London) to John Ellis, 27 February 1686, BL, Add. 4194, fol. 40r; Van Citters (London) to States General, 5/15 March 1686, BL, Add. 34512, fol. 26r; London Newsletter, 11 March 1686, FSL, L.c. 1635; Henry Savile (Whitehall) to Halifax, 13 April 1686, BL, Althorp C17, fol. 10v; Hill (The Hague) to Sir William Trumbull, 1 April 1686, BL, Trumbull Misc. 24, unfolioed (since recataloged); London Newsletter, 7 December 1686, FSL, L.c. 1744; Barillon (London) to Louis XIV, 29 November/9 December 1686, NA, PRO 31/3/167, fol. 58r; Bonrepaus (London) to Seignelay, 29 March/8 April 1686, NA, PRO 31/3/165, fol. 109r; Petition of the Hudson's Bay Company, 25 April 1689, NA, CO 135/1, fol. 69v; The Case of the Hudson's Bay Company, ca. 1697, HEH, EL 9824; Anderson, *Origins of Commerce,* 2:186; Barillon (London) to Louis XIV, 8/18 November 1686, NA, PRO 31/3/167, fol. 47r.

36. London Newsletter, 27 November 1686, FSL, L.c. 1739; Bonrepaus and Barillon (Windsor)

to Louis XIV, 11/21 July 1687, NA, PRO 31/3/171, fol. 73r; Bonrepaus (Windsor) to Seignelay, 4/14 August 1687, NA, PRO 31/3/172, fol. 6r; Barillon and Bonrepaus (Bath) to Seignelay, 21/31 August 1687, NA, PRO 31/3/172, fol. 30r; Petition of the Hudson's Bay Company, 25 April 1689, NA, CO 135/1, fol. 69r; Barillon and Bonrepaus (Windsor) to Louis XIV, 2/12 June 1687, NA, PRO 31/3/170, fol. 49r; Bonrepaus (London) to Seignelay, 10/20 October 1687, NA, PRO 31/3/173, fol. 37r; Bonrepaus (London) to Seignelay, 24 November/4 December 1687, NA, PRO 31/3/174, fol. 5r.

37. Barillon (Windsor) to Louis XIV, 6/16 October, 7/17 November 1687, NA, PRO 31/3/173, fols. 26r, 106r; Barillon (London) to Louis XIV, 24 November/4 December, 28 November/8 December 1687, NA, PRO 31/3/174, fols. 13r, 15r; Barillon (London) to Louis XIV, 26 December/5 January 1687/88, NA, PRO 31/3/175, fol. 3v; Barillon (London) to Louis XIV, 31 October/10 November 1687, NA, PRO 31/3/173, fols. 85–86; Barillon (London) to Louis XIV, 1/11 November 1688, MAE, CP/Angleterre 167, fol. 49v; Barillon (Salisbury) to Louis XIV, 22 November/1 December 1688, MAE, CP/Angleterre 167, fol. 130v; Barillon (Andover) to Louis XIV, 25 November/4 December 1688, MAE, CP/Angleterre, 167, fols. 145–46.

38. John Paul Jameson (Rome) to Walter Leslie, 30 March 1685, SCA, Bl 1/91/3; Trumbull, Autobiography, [42]; Count Lillieroot (Paris) to Trumbull, 26 January/5 February 1686, BL, Trumbull MSS 8 (Lillieroot Correspondence), since recataloged; George Etherege (Ratisbon) to Lord Godolphin, 30 December/9 Janu-ary 1686, Harvard Theatre Collection, f MS THR 11, 57; *Mercurius Reformatus,* 7 August 1689, [1]; Newsletter from the Hague, 7/17 December 1686, BL, Add. 41820, fol. 69r; Bevil Skelton (The Hague) to Middleton, 14/24 May 1686, BL, Add. 41813, fol. 136v; Mr Hughes, "Account of What I Heard in Amsterdam," 14/24 October 1685, BL, Add. 41818, fol. 97r. 另外参见 Speech of Daniel de Cosnac, 4/14 July 1685, Bodleian, Tanner 31, fol. 126v; and Gabriel-Jules Comte de Cosnac and Edouard Pontal, eds., *Mémoires du Marquis de Sourches,* vol. 2 (Paris: Hachette, 1883), 23 January/2 February 1688, 132。

39. Barillon (London) to Louis XIV, 21/31 January 1686, NA, PRO 31/3/163, fol. 16; Barillon (London) to Louis XIV, 29 March/8 April 1686, NA, PRO 31/3/165, fol. 19v; Don Pedro de Ronquillo (London) to king of Spain, 2/12 August 1686, BL, Add. 34502, fols. 77–78; Philippe Hoffmann (London) to Holy Roman Emperor, 3/13 February 1688, Campana, 2:175; Francesco Terriesi (London) to Grand Duke of Tuscany, 31 May/10 June 1686, Campana, 2:108; Terriesi (London) to Secretary of State of the Grand Duke of Tuscany, 9/19 July 1686, Campana, 2:113; John Towill Rutt, ed., *An Historical Account of My Own Life by Edmund Calamy, 1671–1731,* 2 vols. (London: H. Colburn and R. Bentley, 1829), 1:70; Trumbull, Autobiography, [45], [53]. For Terriesi, see Stefano Villani, "Note su Francesco Terriesi (1635–1715)," *Nuevo Archivio Veneto,* n.s., 10 (2003). 詹姆斯派往法国的特使比维尔·斯凯尔顿协助起草了达沃公爵的呈文，宣称两国结盟，为此他立即被从巴黎召回并关进了伦敦塔。但没过多久他就被释放了，先是被任命为一个团的团长，随后又担任了伦敦塔的副长官。*An Account of . . . the Private League* (London: Richard Baldwin, 1689), 12.

40. *Life of James II,* 2:443; James (Edinburgh) to Dartmouth, 4 May, 5 July 1681,

Beinecke, OSB Shelves 190/2, fols. 123r, 136r; Sir Richard Bulstrode, *Memoirs and Reflections* (London: N. Mist, 1721), 377; Lord Godolphin (Whitehall) to William, 18 April 1684, NA, SP 8/1/Pt. 1, fol. 96; Barillon (London) to Louis XIV, 5/15 January, 2/12 February 1685, 29 December/8 January 1684/85, NA, PRO 31/3/160, fols. 9r, 28, 5.

41. Barillon (Windsor) to Louis XIV, 7/17 September 1685, NA, PRO 31/3/161, fol. 46r; Barillon (London) to Louis XIV, 9/19 April 1688, NA, PRO 31/3/176, fol. 114v; Barillon (London) to Louis XIV, 3/13 November 1687, NA, PRO 31/3/173, fols. 99–100.

42. Barillon (Windsor) to Louis XIV, 12/22 July 1686, NA, PRO 31/3/166, fols. 40–41; Barillon (Windsor) to Louis XIV, 13/23 September 1686, NA, PRO 31/3/167, fol. 15v; Barillon (London) to Louis XIV, 18/28 October 1686, NA, PRO 31/3/167, fol. 34r; Barillon (Bath) to Louis XIV, 13/23 September 1687, NA, PRO 31/3/172, fol. 155r; Van Citters (London) to States General, 9/19 June 1685, BL, Add. 34512, fol. 27r; Skelton (The Hague) to Sunderland, 11/21 June 1686, NA, SP 84/220, fols. 18–19; Skelton (The Hague) to Sir William Trumbull, 12/22 June 1686, BL, Trumbull MSS 46, unfolioed (since recataloged); Skelton (The Hague) to Sir William Trumbull, 15/25 June 1686, BL, Trumbull 46, unfolioed (since recataloged); J. Hill (The Hague) to Sir William Trumbull, 22 March/1 April 1686, BL, Trumbull Misc. 24, unfolioed (since recataloged); Edmund Everard (The Hague) to [Daniel Petit], 29 July/18 August 1686, BL, Add. 41819, fol. 224v; Albeville, "Reasons to Recall Troops," 15/25 December 1687, NA, PRO 31/3/174, fol. 47r. 另外参见 Everard (Amsterdam) to Skelton, 23 January/2 February 1686, BL, Add. 41818, fol. 229v; Henry Ball (Amsterdam) to Skelton, 28 May/7 June 1685, BL, Add. 41817, fol. 107r; and Owen Wynne to Sir William Trumbull, 6 May 1686, BL, Trumbull Misc. 24, unfolioed (since recataloged)。

43. ? (Utrecht) to Skelton, 31 July/10 August 1685, BL, Add. 41817, fol. 265v; Skelton (The Hague) to Middleton, 12/22 June 1685, BL, Add. 41812, fol. 119r; Skelton (The Hague) to Middleton, 14/24 August 1685, BL, Add. 41812, fol. 174v; Petit (Amsterdam) to Skelton, 29 August/8 September 1685, BL, Add. 41812, fol. 199r; Skelton (The Hague) to Middleton, 31 August/10 September 1685, BL, Add. 41812, fol. 195r; Dr. Michael Carney (Amsterdam) to Petit, 31 August/10 September 1685, BL, Add. 41818, fol. 50r; Everard (Amsterdam) to Skelton, 22 September/2 October 1685, BL, Add. 41818, fol. 79; Hughes, "Account of What I Heard in Amsterdam," fol. 98v; Everard (Amsterdam) to Skelton, 25 November/5 December 1685, BL, Add. 41818, fol. 156v; ? (Utrecht) to Skelton, 19/29 December 1685, BL, Add. 41818, fol. 185v; Everard (Amsterdam) to Petit, 16/26 March 1686, BL, Add. 41818, fol. 281r; ? (Utrecht) to Skelton, 17/27 May 1686, BL, Add. 41819, fol. 104; Skelton (Amsterdam) to Middleton, 10/20 September 1686, BL, Add. 41814, fol. 8v; Skelton (Rotterdam) to 582 n o T es T o pa ge 325 Middleton, 30 June/10 July 1685, BL, Add. 41812, fol. 135r; Skelton (The Hague) to Middleton, 18/28 August 1685, BL, Add. 41812, fol. 177r; James Kennedy (Rotterdam) to Skelton, 13/23 October 1686, BL, Add. 41820, fol. 30v; William Hamilton (Whitehall) to Arran, 18 October 1686, NAS, GD 406/1/3306; Kennedy (Rotterdam) to Skelton, 19/29 October 1686, BL, Add. 4180, fols. 45–46; Petit (The Hague) to Middleton, 22 October/1 November 1686, BL, Add. 41814, fol. 64r; Skelton (The Hague) to Middleton, 18/28

May 1686, BL, Add. 41813, fol. 138v; Halifax (London) to William, 18 January 1687, NA, SP 8/1/Pt. 2, fol. 92r; Albeville (The Hague) to Middleton, 17/27 May 1687, BL, Add. 41814, fol. 239; Gilbert Burnet, *The Citation,* 27 June 1687 [1687], 5; Skelton (The Hague) to Middleton, 7/17 July, 21 April/1 May, 24 April/4 May, 8/18 May 1685, BL, Add. 41812, fols. 138r, 33r, 34v, 58–59; ? (Utrecht) to Skelton, 13/23 August 1685, BL, Add. 41818, fol. 17; Skelton (The Hague) to Middleton, 1/11 September 1685, BL, Add. 41812, fol. 20; Skelton (Utrecht) to Middleton, 20/30 October 1685, BL, Add. 41812, fol. 208r; ? (Utrecht) to Skelton, 8/18 March, 18/28 March 1686, BL, Add. 41818, fols. 273, 283; Skelton (The Hague) to Middleton, 30 March/9 April 1686, BL, Add. 41813, fol. 94v; ? (Utrecht) to Skelton, 25 June/5 July 1686, BL, Add. 41819, fols. 177–78; ? (Utrecht) to Skelton, 5/15 July 1686, BL, Add. 41813, fol. 179r; Skelton (The Hague) to Middleton, 6/16 July 1686, BL, Add. 41813, fol. 176r; Skelton (Nijmegen) to Middleton, 6/16 August 1686. BL, Add. 41813, fol. 228v; Skelton (The Hague) to Middleton, 13/23 August 1686, BL, Add. 41813, fol. 229; Albeville (The Hague) to Middleton, 5/15 April 1687, BL, Add. 41814, fol. 208r. For Leeuwarden: Everard (Amsterdam) to Skelton, 31 January/10 February 1686, BL, Add. 41818, fols. 234–35; Petit (The Hague) to Middleton, 5/15 February 1686, BL, Add. 41813, fol. 69r; ? (Utrecht) to Skelton, 8/18 March 1686, BL, Add. 41818, fol. 274; Solomon Slater (Amsterdam) to Skelton, 19/29 April 1686, BL, Add. 41813, fol. 114r; Skelton (The Hague) to Sunderland, 20/30 April 1686, NA, SP 84/220, fol. 14; Benjamin Alsop (Leeuwarden) to Joseph Tiley, 21/31 May 1686, BL, Add. 41819, fol. 108r; Tiley (Amsterdam) to Skelton, 28 May/7 June 1686, BL, Add. 41819, fol. 122; Tiley (Amsterdam) to Slater, 18/28 July 1686, BL, Add. 41813, fol. 201v. For Groningen: Everard (Amsterdam) to Skelton, 6/16 March 1686, BL, Add. 41818, fol. 269v; Albeville (The Hague) to Middleton, 6/16 May 1687, BL, Add. 41814, fols. 229–30. For Luneburg: Peter Wyche (Hamburg) to Middleton, 16/26 June 1685, BL, Add. 41824, fol. 253v; Wyche (Hamburg) to Middleton, 4/14 August 1685, BL, Add. 41825, fol. 7v; Skelton (The Hague) to Middleton, 2/12 April 1686, BL, Add. 41813, fol. 96v; Albeville (The Hague) to Middleton, 15/25 May 1688, BL, Add. 41816, fol. 34v; Henry Ball (Amsterdam) to Middleton, 8/18 January 1685, BL, Add. 41810, fol. 234v; G. Neale [Joseph Tiley] (Rotterdam) to ? Harrison, 12/22 April 1685, BL, Add. 41812, fol. 40r; ? (Utrecht) to Skelton, 12/22 May 1685, BL, Add. 41812, fol. 77r; Skelton (Rotterdam) to Middleton, 30 June/10 July 1685, BL, Add. 41812, fol. 134v; Hughes, "Account of What I Heard at Amsterdam," fol. 99r; ? (Utrecht) to Skelton, 23 March/2 April 1686, BL, Add. 41818, fol. 285r; Richard L. Greaves, *Secrets of the Kingdom: British Radicals from the Popish Plot to the Revolution of 1688–1689* (Stanford, CA: Stanford University Press, 1992), 295–312.

44. Everard (Amsterdam) to Skelton, 8/18 November 1685, BL, Add. 41812, fol. 235r; ? (Utrecht) to Skelton, 25 November/5 December 1685, BL, Add. 41812, fols. 260–61; Petit (The Hague) to Middleton, 24 February/5 March 1686, BL, Add. 41813, fol. 80v; Sir Richard Bulstrode (Brussels) to Sunderland, 7/17 September 1686, NA, SP 77/55, fol. 91r; Barillon (Windsor) to Louis XIV, 18/28 July 1687, NA, PRO 31/3/171, fol. 78r; Van Citters (London) to States General, 19/29 July 1687, BL, Add. 34510, fol. 44r; London

Newsletter, 16 August 1687, FSL, L.c. 1844; Dr. William Denton (London) to Sir Ralph Verney, 24 August 1687, Buckinghamshire SRO, Verney MSS; Barillon (London) to Louis XIV, 19/29 December 1687, NA, PRO 31/3/174, fol. 49v; Morrice, Entering Book, 6 August 1687, DWL, 31 Q, 162; Newsletter (Whitehall), 26 August 1687, Beinecke, OSB MSS 1/Box 2/Folder 64; J. Hill (Paris) to Sir William Trumbull, 10 October 1687, Berkshire SRO, D/ED/C33; Petit (The Hague) to Middleton, 21/31 October 1687, BL, Add. 41815, fol. 66v; Newsletter to Earl of Suffolk, 16 August 1688, BL, Add. 34487, fol. 19v; William Westby, Memoirs, 10 August 1688, FSL, V.a. 469, fol. 34r; Barillon (London) to Louis XIV, 9/19 April 1688, NA, PRO 31/3/176, fol. 114v; Barillon (London) to Louis XIV, 21/31 May 1688, NA, PRO 31/3/177, fol. 44r.

45. Barillon (Windsor) to Louis XIV, 31 May/10 June 1686, NA, PRO 31/3/166, fol. 18r; Barillon (London) to Louis XIV, 25 November/5 December 1686, NA, PRO 31/3/167, fol. 57r; Barillon (London) to Louis XIV, 24 May/3 June 1688, NA, PRO 31/3/177, fol. 58v; Barillon (London) to Louis XIV, 16/26 April 1685, NA, PRO 31/3/161, fol. 25v; Barillon (London) to Louis XIV, 18/28 October 1686, NA, PRO 31/3/167, fol. 34r; Barillon (Windsor) to Louis XIV, 23 September/3 October 1686, NA, PRO 31/3/167, fol. 22r; Court Memorandum, 9 November 1686, Beinecke, OSB MSS 2/Ser. 2/Box 4/Folder 76; Barillon (London) to Louis XIV, 7/17 February 1687, NA, PRO 31/3/168, fol. 28v; Barillon (Windsor) to Louis XIV, 11/21 August 1687, NA, PRO 31/3/172, fol. 135v; Barillon (Bath) to Louis XIV, 13/23 September 1687, NA, PRO 31/3/172, fol. 155r; Barillon (London) to Louis XIV, 2/12 January 1688, NA, PRO 31/3/174, fol. 9r; "An Essay on the Interest of the Crown in the American Plantations," 1685, BL, Add. 47131, fol. 26; Barillon (Windsor) to Louis XIV, 30 May/9 June 1687, NA, PRO 31/3/170, fol. 33; Barillon and Bonrepaus (Windsor) to Seignelay, 20/30 June 1687, NA, PRO 31/3/170, fols. 151–52; Barillon (Bath) to Louis XIV, 10/20 September 1687, NA, PRO 31/3/172, fol. 153r. 詹姆斯还认为，奥兰治党尤其在苏格兰议会中制造了麻烦：Barillon (Windsor) to Louis XIV, 21 June/1 July, 12/22 July 1686, NA, PRO 31/3/166, fols. 29r, 40r; Barillon (Windsor) to Louis XIV, 30 May/9 June 1687, NA, PRO 31/3/170, fol. 33r; Barillon (London) to Louis XIV, 24 October/3 November, 27 October/6 November 1687, NA, PRO 31/3/173, fols. 69r, 76v; William Blathwayt (Whitehall) to Southwell, 20 February 1686, Nottingham SUL, PwV 53/23; Barillon (London) to Louis XIV, 7/17 May 1688, NA, PRO 31/3/177, fol. 22。

46. James (Edinburgh) to Dartmouth, 12 November 1681, Beinecke, OSB Shelves f b.190, 2:fol. 159r; Bonrepaus (London) to Seignelay, 19/29 May 1687, NA, PRO 31/3/169, fol. 90r; Bonrepaus (London) to Seignelay, 11/21 June 1687, NA, PRO 31/3/170, fols. 127–28; Bonrepaus (London) to Seignelay, 28 December/7 January 1685/86, NA, PRO 31/3/163, fol. 28r; "Essay on the Interest of the Crown," fols. 22–23; Barillon (Windsor) to Louis XIV, 2/12 June 1687, NA, PRO 31/3/170, fol. 64r. 这些观点无疑受到了东印度公司散布的故事的鼓舞：Captain Goldsbrough (Gombroon) to East India Company, 10 June 1687, NA, CO 77/14, fol. 156r; Sir Josiah Child to Middleton, 31 August 1686, BL, Add. 41822, fol. 91r; William Petty, "The Weight and Force of the Crown of England," 1687, BL, Add. 72866, fol. 135r; Petty, "Of Ingrossing Trade," 1687, BL, Add. 72866,

fol. 124。

47. Barillon (London) to Louis XIV, 6/16 April 1685, NA, PRO 31/3/161, fol. 12v; Barillon (London) to Louis XIV, 31 May/10 June 1686, NA, PRO 31/3/166, fol. 18r; Barillon (London) to Louis XIV, 15/25 November 1686, NA, PRO 31/3/167, fol. 52v; Barillon (London) to Louis XIV, 7/17 April 1687, NA, PRO 31/3/168, fol. 68r; Bonrepaus (Windsor) to Seignelay, 25 July/4 August 1687, NA, PRO 31/3/172, fol. 103r; Barillon (London) to Louis XIV, 5/15 March 1688, NA, PRO 31/3/176, fol. 33v; Barillon (London) to Louis XIV, 10/20 December 1685, NA, PRO 31/3/162, fol. 54r; Barillon (London) to Louis XIV, 25 April/5 May 1687, NA, PRO 31/3/169, fol. 3r; Barillon (Windsor) to Louis XIV, 20/30 June 1687, NA, PRO 31/3/170, fol. 157.

48. *Life of James II,* 1:450.

49. Barillon (Windsor) to Louis XIV, 21 September/1 October 1685, NA, PRO 31/3/161, fol. 51r; Barillon (Windsor) to Louis XIV, 5/15 August 1686, NA, PRO 31/3/166, fols. 52–53; Morrice, Entering Book, 23 October 1686, DWL, 31 P, 641; Barillon (London) to Louis XIV, 4/14 November 1686, NA, PRO 31/3/167, fol. 46r; Van Citters (London) to States General, 19/29 November 1686, BL, Add. 41820, fol. 61r; Barillon (London) to Louis XIV, 29 November/6 December 1686, NA, PRO 31/3/167, fol. 58r; Barillon (London) to Louis XIV, 7/17 February 1687, NA, PRO 31/3/168, fol. 28v; Barillon (Windsor) to Louis XIV, 21/31 July 1687, NA, PRO 31/3/171, fol. 100v. 另 外 参 见 Barillon (London) to Louis XIV, 2/12 November 1685, NA, PRO 31/3/162, fol. 11r; Barillon (London) to Louis XIV, 8/18 March 1686, NA, PRO 31/3/165, fol. 8r; Barillon (London) to Louis XIV, 4/14 November 1686, NA, PRO 31/3/167, fol. 45r; Bonrepaus (London) to Seignelay, 31 December/10 January 1685/86, NA, PRO 31/3/163, fol. 47r; Bonrepaus (London) to Seignelay, 8/18 February 1686, NA, PRO 31/3/164, fol. 60r; Morrice, Entering Book, 23 October 1686, 641; and Barillon (Windsor) to Louis XIV, 12/22 August 1686, NA, PRO 31/3/166, fol. 57r。

50. 也有一些相反的证据：Hoffmann to Holy Roman Emperor, 23 January/2 February, 9/19 March 1688, Campana, 2:168, 179。森德兰伯爵还告诉巴里永，詹姆斯在二月根本无力进攻荷兰，但他又一次试图让法国人资助这场战争：Barillon (London) to Louis XIV, 12/22 March 1688, NA, PRO 31/3/176, fol. 47v。

51. Van Citters (London) to States General, 23 July/3 August 1686, BL, Add. 34512, fol. 41v; Ronquillo (London) to king of Spain, 2/12 August 1686, BL, Add. 34502, d. 77r; Van Citters (London) to States General, 17/27 August 1686, BL, Add. 34512, fol. 49r; Van Citters (London) to States General, 23 July/3 August, 30 July/9 August 1686, BL, Add. 35412, fols. 41–43, 46v; Court Memorandum, 2/12 August 1686, BL, Add. 34502, fol. 79; "Remonstrances Faites au Roy d'Angleterre par Son Conseil Privé," 1686, BL, Add. 41820, fol. 93; Barillon (London) to Louis XIV, 26 August/5 September 1686, NA, PRO 31/3/167, fol. 3r; John Oldmixon, *The History of England during the Reigns of the Royal House of Stuart* (London: John Pemberton et al., 1730), 713.

52. ? (Whitehall) to William III, 1 June 1686, NA, SP 8/1/Pt. 2, fol. 26; London Newsletter, 15 April, 1 June, 8 June 1686, FSL, L.c. 1647, 1665, 1668; J. Fr. (London) to John Ellis, 21 July 1686, BL, Add. 4194, fol. 81v; Anderson, *Origins of Commerce,* 2:186; London

Newsletter, 15 April, 28 September 1686, FSL, L.c. 1647, 1713.

53. Robert Harley to Sir Edward Harley, 2 January 1686, BL, Add. 70013, fol. 311v; Lady
    Rachel Russell (London) to Dr. Fitzwilliam, 23 March 1686, in *Letters of the Lady
    Rachel Russell; from the Manuscripts in the Library at Woburn Abbey* (London: Edward
    and Charles Dilly, 1773), 57; J. Fr. (London) to John Ellis, 30 March 1686, BL, Add.
    4194, fol. 175v; Morrice, Entering Book, 22 May 1686, DWL, 31 P, 540; Will Haward
    (Scotland Yard) to Dr. Thomas Smith, 26 June 1686, Bodleian, MSS Smith 50, 51;
    Barillon (Windsor) to Louis XIV, 5/15 August 1686, NA, PRO 31/3/166, fol. 52v;
    Skelton (The Hague) to Middleton, 1/11 January 1686, BL, Add. 41813, fols. 53–54;
    London Newsletter, 18 February 1686, FSL, L.c. 1627; Everard (Amsterdam) to Skelton,
    10/20 February 1686, BL, Add. 41818, fol. 248v; Bulstrode to Sunderland, 28 May 1686,
    NA, SP 77/55, fol. 37r; Barillon (Windsor) to Louis XIV, 2/12 August 1686, NA, PRO
    31/3/166, fol. 50.

54. Morrice, Entering Book, 31 July 1686, DWL, 31 P, 587.

55. Barillon (London) to Louis XIV, 26 January/5 February, 13/23 February, 30 January/9
    February 1688, NA, PRO 31/3/175, fols. 20v, 46r, 24v; Barillon (London) to Louis XIV,
    3/13 November 1687, NA, PRO 31/3/173, fol. 99r; Barillon (London) to Louis XIV, 26
    December/5 January 1687/88, NA, PRO 31/3/175, fols. 2–3, 18v.

56. Barillon (London) to Louis XIV, 8/18 November 1686, NA, PRO 31/3/167, fol. 47v; ?
    (London) to John Swynfen, 13 November 1686, BL, Add. 29910, fol. 203r; ? (London)
    to William Sherman, 18 November 1686, NA, SP 110/16, fol. 21r; Petit (Amsterdam)
    to Middleton, 23 November/3 December 1686, BL, Add. 41814, fol. 88v; Kennedy
    (Delft) to Middleton, 2/12 November 1686, BL, Add. 41820, fol. 52r. 另外参见 London
    Newsletter, 21 October 1686, FSL, L.c. 1723; Petit (Amsterdam) to Middleton, 16/26
    November 1686, BL, Add. 41814, fol. 83v; London Newsletter, 25 November 1686, FSL,
    L.c. 1738; Dr. William Denton to Sir Ralph Verney, [November] 1686, Buckinghamshire
    SRO, Verney MSS; Barillon (London) to Louis XIV, 4/14 November 1686, NA, PRO
    31/3/167, fols. 45–46; London Newsletter, 11 November 1686, FSL, L.c. 1732; and
    Southwell (Kingsweston) to Viscount Weymouth, 15 November 1686, Longleat House,
    Thynne MSS 15, fol. 145v. 57. Jonathan Israel, *Dutch Primacy in World Trade, 1585–
    1740* (Oxford: Oxford University Press, 1989), 334; Barillon (London) to Louis XIV,
    16/26 March 1685, NA, PRO 31/3/160, fol. 94v; Morrice, Entering Book, 9 January
    1686, DWL, 31 P, 509; Robert Harley to Sir Edward Harley, 9 January 1686, BL, Add.
    70013, fol. 314r; Wynne to Sir William Trumbull, 4 March 1686, BL, Trumbull Misc.
    24, unfolioed (since recataloged); London Newsletter, 27 March, 24 April, 27 April,
    14 October, 16 October, 9 November 1686, FSL, L.c. 1640, 1651, 1652, 1720, 1721,
    1731; Christopher Jeaffreson (London) to Colonel Hill, 8 September 1686, Jeaffreson,
    314–15; Barillon (London) to Louis XIV, 11/21 November, 4/14 November 1686, NA,
    PRO 31/3/167, fols. 49v, 46r; Bonrepaus (Windsor) to Seignelay, 23 May/2 June 1687,
    NA, PRO 31/3/170, fol. 1r; Barillon (London) to Louis XIV, 23 May/2 June 1687, NA,
    PRO 31/3/170, fols. 5–6; Bonrepaus (London) to Seignelay, 11/21 June 1687, NA, PRO
    31/3/170, fol. 128; Barillon (Windsor) to Louis XIV, 7/17 July 1687, NA, PRO 31/3/171,

fol. 48v。

58. Barillon (London) to Louis XIV, 16/26 January, 19/29 January 1688, NA, PRO 31/3/175, fols. 14v, 16–17. James's arguments followed closely the Marquis d'Albeville's "Reasons to Recall the Troops," 15/25 December 1687, NA, PRO 31/3/74, fol. 47. 詹姆斯告诉霍夫曼, 荷兰人"反对废除《宗教审查法》的言论、著述、印刷品和煽动活动比英国人自己还要多": Hoffmann (London) to Holy Roman Emperor, 23 January/2 February, 3/13 February, 9/19 March, 23 March/2 April 1688, Campana, 2:168–69, 171, 179, 181; Benjamin Furley (Rotterdam) to Locke, 12/22 February 1688, *Locke Correspondence,* 3:363; Antoine Moreau (The Hague) to king of Poland, 2/12 October 1688, BL, Add. 38495, fol. 29r。

59. Marmaduke Williams to Lovelace, 24 January 1688, BL, Add. 63465, fol. 15r; Van Citters (London) to States General, 23 July/3 August 1686, BL, Add. 34512, fols. 39–40; Barillon (London) to Louis XIV, 29 November/9 December 1686, NA, PRO 31/3/167, fol. 58v; Bonrepaus (Windsor) to Seignelay, 6/16 June 1687, NA, PRO 31/3/170, fol. 89r; Bonrepaus and Barillon (Windsor) to Louis XIV, 20/30 June 1687, NA, PRO 31/3/170, fol. 162r; Bonrepaus (Windsor) to Seignelay, 23 June/3 July 1687, NA, PRO 31/3/171, fol. 5r; Barillon (Bath) to Louis XIV, 23 August/2 September 1687, NA, PRO 31/3/172, fol. 141r; Barillon (London) to Louis XIV, 30 January/9 February 1688, NA, PRO 31/3/175, fol. 24r.

60. Barillon (London) to Louis XIV, 16/26 February 1688, NA, PRO 31/3/175, fol. 54v; Sir John Lowther of Whitehaven (London) to Sir Daniel Fleming, 13 March 1688, Cumbria SRO, Kendal, WD/RY 2482; Barillon (London) to Louis XIV, 12/22 March 1688, NA, PRO 31/3/176, fol. 50r. 詹姆斯从召回的士兵中组建了三个新的团, 为每个团都任命了一位新的天主教指挥官: Barillon (London) to Louis XIV, 15/25 March, 19/29 April 1688, NA, PRO 31/3/176, fols. 64r, 136–37. 返回的军官比例可能更低: 据一项估计, 一百八十名军官中只有三十三人回来; 返回者中除五人外, 其余均为天主教徒。Lothar Hobelt, "Imperial Diplomacy and the 'Glorious Revolution,'" *Parliaments, Estates and Representation* 11 (1991): 63; Barillon (London) to Louis XIV, 27 February/8 March 1688, NA, PRO 31/3/176, fol. 18r。詹姆斯后来将七位主教的顽固不化归咎于"奥兰治党"的支持。Barillon (London) to Louis XIV, 21/31 May 1688, NA, PRO 31/3/177, fol. 43v; Albeville (The Hague) to Middleton, 29 March/8 April 1688, BL, Add. 41815, fol. 211r; Barillon (London) to Louis XIV, 9/19 April 1688, NA, PRO 31/3/176, fol. 114r.

61. Morrice, Entering Book, 4 February 1688, DWL, 31 Q, 235; Letter from a Jesuit of Liege to a Jesuit of Freiburg, 2 February 1688, Beinecke, OSB MSS 2/Box 5/Folder 109; Skelton (Paris) to Sunderland, 4/14 February 1688, NA, SP 78/151, fol. 146; Barillon (London) to Louis XIV, 23 February/4 March, 12/22 March, 20 February/1 March, 1/11 March 1688, NA, PRO 31/3/176, fols. 11–12r, 49v, 1r, 24r; Barillon (London) to Louis XIV, 14/24 May 1688, NA, PRO 31/3/177, fol. 32r; Cosnac and Pontal, eds., *Mémoires du Marquis de Sourches,* 23 January/2 February 1688,132; Barillon (London) to Louis XIV, 13/23 February 1688, NA, PRO 31/3/175, fol. 45v; Barillon (London) to Louis XIV, 23 April/3 May, 3/13 May, 17/27 May 1688, NA, PRO 31/3/177, fols. 2, 16r, 38r;

Morrice, Entering Book, 4 February 1688, DWL, 31 Q, 235; ? (Whitehall) to Bulstrode, 6 April [1688], HRC, Pforzheimer/Box 10; R[obert] Y[ard] (London) to Bulstrode, 13 April 1688, HRC, Pforzheimer/Box 10; Barillon (London) to Louis XIV, 16/26 April 1688, NA, PRO 31/3/176, fols. 127–28.

62. Moreau (The Hague) to king of Poland, 2/12 October 1688, BL, Add. 38495, fol. 29v.

63. 我已经在 "'To Protect English Liberties': The English Nationalist Revolution of 1688–1689," in *Protestantism and National Identity: Britain and Ireland, c.1650–c.1850,* ed. Tony Claydon and Ian McBride (Cambridge: Cambridge University Press, 1998), 75–104 中，通过更深入地探讨所涉及的理论来概述了这个问题。

64. Mr. Leyenberg (London) to Sir W. Trumbull, 17 May 1686, BL, Trumbull Misc. 24 (March–May 1686), unfolioed (since recataloged); Henry Newcome, *Autobiography,* 19 December 1686, in *The Autobiography of Henry Newcome,* vol. 2, ed. Robert Parkinson, Chetham Society 27 (Manchester: Chetham Society, 1852), 264; Longford (Dublin) to Dartmouth, 27 June 1685, Beinecke, OSB Shelves f b.190, 3:fol. 263r; *A Short Discourse upon the Designs, Practices and Counsels of France* (London: Randal Taylor, 1688), 8; *The Mischief of Cabals,* 7 May 1685 (London: Randal Taylor, 1685), 5–6; *Designs of France against England and Holland Discovered,* 2; Thomas Sheridan, *A Learned Discourse on Various Subjects* (London: H. Sawbridge, 1685), 115–16; Edmund Verney (East Claydon) to John Verney, 1 May 1686, Buckinghamshire SRO, Verney MSS; *Modern History, or, The Monthly Account* 2, no. 1 (October 1688): 17; Barillon (London) to Louis XIV, 16/26 November, 3/13 December 1685, NA, PRO 31/3/162, fols. 23–24, 45–48; Barillon (London) to Louis XIV, 29 November/9 December 1686, NA, PRO 31/3/167, fol. 58r; Jeaffreson (London) to Colonel Hill, 19 February 1685, Jeaffreson,167–68; Barillon (London) to Louis XIV, 13/23 April 1686, NA, PRO 31/3/161, fol. 20v. 另外参见 Captain Robert Parker, *Memoirs of the Most Remarkable Military Transactions* (Dublin: Geo. and Alex Ewing, 1746), 1; *The True Interest of Christian Princes* (1686), 23; *French Intrigues,* 149–50; and *Reflexions on Monsieur Fagel's Letter,* 12 January 1688 (1688), 2。

65. *The Case of the People of England in Their Present Circumstances Considered* (London: Randall Taylor, 1689), 2–3; *True Interest of Christian Princes,* 12; Gabriel de Sylvius (Copenhagen) to Sir William Trumbull, 27 February 1686, BL, Trumbull Misc. 24, unfolioed (since recataloged); *French Intrigues,* 150–51; Morrice, Entering Book, 9 October 1686, DWL 31 P, 630; Barillon (London) to Louis XIV, NA, PRO 31/3/167, fol. 36v; Morrice, Entering Book, 6 November 1686, 649; Winchelsea (Richmond) to Weymouth, 18 November 1686, Longleat House, Thynne MSS 17, fols. 144–45; Evelyn, *Diary,* 24 August 1688, 4:596; T. Yarborough (London) to Sir JohnReresby, 12 March 1685, W YAS, MX 29/2; *True Interest of Christian Princes,* sig. A2r; *The Bounds Set to France* (London: Richard Baldwin, 1694), 56; William Lawrence to William Paulett, 27 October 1693, IOL, European MSS, E3871B, fol. 46r. 另外参见 Richard Booker, *Satisfaction Tendered to All that Pretend Conscience* (London: Richard Janeway, 1689), 5; Sir William Coventry (London) to Weymouth, 9 February 1686, Longleat House, Thynne MSS 16, fol. 412r; London Newsletter, 13 May, 10 June 1686, FSL, L.c.

1659, 1669; and Morrice, Entering Book, 9 October 1686, 630。

66. *A Discourse to the King* [Amsterdam, 1688], May/June 1688, 1; William Crofts, *Deliverance: A Poem to the Prince of Orange* (London: R. Baldwin, 1689), 3; Whitelocke Bulstrode, Meditations, 30 June 1688, HRC, Pforzheimer 2k; Maj. John Wildman, 2 November 1689, Grey, 9:391–92; Samuel Barton (chaplain of St. Saviors), *A Sermon Preached before . . . the Lord Mayor and Aldermen of the City of London* (London: Thomas Cockerill, 1689), 23; "The Reason of the Suddenness of the Change in England," in *The Twelfth and Last Collection of Papers,* vol. 1 (London: Richard Janeway, 1689), 7; *A Justification of the Whole Proceedings* (London: Randall Taylor, 1689), 2; James Wellwood, *An Answer to the Late King James's Declaration* (London: Dorman Newman, 1693), 8. 另外参见 "A Satyr," late 1680s, Bodleian, Eng.Poet.d.53, fol. 23; *A Congratulatory Poem to His Highness,* 19 December 1688, broadside; and *An Essay upon the Original and Design of Magistracie* (1689), January/February, 13。

67. "The Impartial Trimmer," ca. 1682, NLS, Adv. 19.1.12, fol. 15r; "England's Congratulation," 1690, FSL, M.b. 12, fol. 153v; *Monthly Account 2,* no. 3 (December 1688): 98; Daniel Defoe, *The Advantages of the Present Settlement* (London: Richard Chiswell, 1689), 4 July 1689, 16. 另外参见 "England's Present State," 1685, in *Pepys Ballads,* ed. Rollins, 3:163; "Satyr on the Affairs of the Camp," 1686, NLS, Adv. 19.1.12, fol. 159r; and Richard Wolley, *Present State of France* (London: Gilbert Cownly, 1687), 17。

68. *A Friendly Debate* (London: Jonathan Robinson, 1689), 37; *An Account of the Pretended Prince of Wales* (1688), 6; *A Brief Account of the Nullity of King James's Title* (London: Richard Chiswell, 1689), 7.

69. "Reasons against Repealing the Acts of Parliament Concerning the Test," 1687, BL, Add. 69955, fols. 1–2; *An Account of the Reasons,* 1688, 7–8; Sir George Treby, 28 January 1689, Grey, 9:14; John Phillips, *The Secret History of the Reigns of K. Charles II and K. James II* (London, 1690), 193. 另外参见 *History of the Late Revolution in England* (London: Thomas Salusbury, 1689), 2。

70. Jacob Bury, *Advice to the Commons* (London: Henry Hills, 1685), 44–45; Gilbert Burnet, *A Sermon Preached before the House of Peers,* 5 November 1689 (London: Richard Chiswell, 1689), 29.

71. The Information of John Tilly of Huntspell, 13 August 1687, Somerset SRO, Q/SR/169/2; *English Currant,* 12 December 1688, [1–2]; London Newsletter, 22 December 1688, FSL, L.c. 1951; Captain Thomas Plunket, *The Character of a Good Commander* (London: William Marshal, 1689), 6; William Westby, Memoirs, 26 November 1688, FSL, V.a. 469, fol. 49v.

72. Dr. William Denton (London) to Sir Ralph Verney, 29 August 1688, Buckinghamshire SRO, Verney MSS; John Verney (London) to Edmund Verney, 8 August 1688, Buckinghamshire SRO, Verney MSS; Morrice, Entering Book, 15 August 1688, DWL, 31 Q, 288; Wynne (London) to Edmund Poley, 19 October 1688, BL Add. 45731, fol. 24v; John Verney (London) to Sir Ralph Verney, ca. 4 September 1688, Buckinghamshire SRO, Verney MSS; Westby, Memoirs, 24 September, 22 November 1688, fols. [36ar],

48r.

73. Sir Richard Cocks, "Charge Spoke at Midsummer Sessions 1694," Bodleian, Eng.Hist. b.209, fol. 28v; James Wellwood, *Memoirs,* 3rd ed. (London: Tim. Goodwin, 1700), 242; Robert Kirk, "Sermons, Occurrences . . . ," March 1690, Edinburgh SUL, La.III.545, fol. 98v; J. R. Jones, "Revolution in Context," in *Liberty Secured? Before and after 1688,* ed. Jones (Stanford, CA: Stanford University Press, 1992), 36; Arthur Herbert to Andrew Tucker, 6 November 1688, BL Add. 63780, fol. 45r.

74. Moreau (The Hague) to king of Poland, 9/19 April 1689, BL, Add. 34895, fol. 97r.

75. Southwell (Kingsweston) to Ormonde, 14 December 1688, Victoria and Albert Museum, Forster and Dyce Collection, F.47.A.41, no. 28 (folios illegible); Levant Company to Sir William Trumbull, 14 December 1688, BL, Trumbull MSS Misc. 26, unfolioed (since recataloged); Van Citters (London) to States General, 30 November/10 December 1688, BL, Add. 34510, fol. 192v; Sir Edmund Warcup (Oxford) to Hugh Jones, 22 December 1688, Bodleian, Rawlinson MSS, Letters 48, fol. 19r; EIC to general and council at Bombay, 5 December 1688, IOL, E/3/91, fol. 297r. 另外参见 London Newsletter, 28 December 1688, HRC, Pforzheimer/Box 10/Folder 5。

76. Locke to Edward Clarke, 29 January 1689, *Locke Correspondence,* 3:546; Locke (Whitehall) to Charles Mordaunt, 21 February 1689, De Beer, *Locke Correspondence,* 3:575–76; Henry Powle in *An Account of the Proceedings of the Lords and Commons* (London: W. D., 1688), [22 January 1689]; Thomas and Robert Balle (Leghorn) to Kinard de la Bere, January 1689, NA, FO 335/15, unfolioed; J. Hill (Geneva) to Sir William Trumbull, 18/28 February 1689, Berkshire SRO, D/ED/C33; R. B. Walker, "The Newspaper Press in the Reign of William III," *Historical Journal* 17 (1974): 695; *A Dialogue between Dick and Tom* (London: Randal Taylor, 1689), 18; "A Brief Account," 4 March 1689, Bodleian, Rawlinson MSS, D1079, fol. 36v.

77. *A Congratulatory Poem to His Highness,* 19 December 1688 [1688], broadside; *To the Most Illustrious and Serene Prince* (London: Thomas Salusbury, 1688), broadside; "The Prince of Orange's Triumph," December 1688, in *Pepys Ballads,* ed. Rollins, 3:328; *An Appendix to the Translation of Tully's Panegyrick on Julius Caesar* (London: Walter Kettilby, 1689), January/February 1689, 11; Richard Rigby, "A New Song," January 1689, in *Pepys Ballads,* ed. Rollins, 4:84; *The Civil Orange; or, The United Hearts of England* (London: J. Black, 1689); Sir William Cowper, "A Poem," 1689, Hertfordshire SRO, D/EP F49, fol. 9r; Henry Pollexfen, 14 March 1689, Grey, 9:163–64.

78. Daniel Riches, "The Culture of Diplomacy in Brandenburg-Swedish Relations, 1575–1697" (PhD diss., University of Chicago, 2007).

79. Moreau (The Hague) to king of Poland, 2/12 October 1688, BL, Add. 38495, fol. 31v; Albeville (The Hague) to Middleton, 18/28 September 1688, BL, Add. 41816, fol. 202v; Moreau (The Hague) to king of Poland, 25 December/4 January 1688/89, 8/18 January 1689, BL, Add. 38495, fols. 71r, 74r.

80. *An Address Agreed upon at the Committee for the French War,* 14 April 1689 (London: Richard Janeway, 1689), 1–6; "Humble Address," HRC, Pforzheimer/Box 10/ Folder 5; Claydon, *William III and the Godly Revolution,* 142.

81. *Their Majesties Declaration against the French King,* 7 May 1689 (London: Charles Bill and Thomas Newcomb, 1689); compare Claydon, *William III and the Godly Revolution,* 143; Isaac Newton (Westminster) to John Covel, 28 February 1689, Trinity College, Cambridge, MS R.4.43, fol. 8r; Francis Barrington and Benjamin Steele (London) to Goodwyn and Delabere, 11 March 1689, NA, FO 335/8, fol. 3; Sir Edward Harley (London) to Robert Harley, 16 April 1689, BL, Add. 70014, fol. 215r; Martyn and Goodwyn (Livorno) to Goodwyn and Delabere, 11/21 June 1689, NA, FO 335/7, fol. 13.

82. Instructions for Thomas, Earl of Pembroke, 30 May 1689, BL, Add. 34340, fol. 49v; Further Instructions for Robert Molesworth, 12 July 1689, BL, Lansdowne 1152B, fol. 155r; Additional Instructions to Viscount Dursley, 4 September 1689, BL, Add. 34340, fol. 54r; Instructions to William, Lord Paget, 4 September 1689, BL, Lansdowne 1152B, fol. 199r; Dursley (The Hague) to Carmarthen, 16/26 September 1690, Berkeley Castle, MSS 36A, fol. 75v; Paul Rycaut (Hamburg) to Sir William Dutton Colt, 11 June 1690, BL, Add. 34095, fol. 16v; Colt (Cell) to Paget, 23 October 1690, SOAS, PP MS 4/Box 8/ Bundle 39.

83. Thomas Tenison, *A Sermon against Self-Love* (London: Richard Chiswell, 1689), 22, 25; compare Claydon, *William III and the Godly Revolution,* 144; William Wake, *A Sermon Preached before the House of Commons* (London: Richard Chiswell, 1689), 31–32.

84. King, *Europe's Deliverance from France and Slavery,* 9, 13–14; John Tillotson, *A Sermon Preached before the King and Queen at Whitehall,* 27 October 1692 (London: Brabazon Aylmer, 1692), 25, 32; compare Rose, *England in the 1690s,* 107; John Petter, *A Sermon Preached before Their Majesties, K. William and Q. Mary's Forces at Gant in Flanders* (London: J. H., 1694), 30, 33–34.

85. Morrice, Entering Book, DWL, 31 Q, 400, 410; Barillon (London) to Louis XIV, 22 October/1 November 1688, MAE, CP/Angleterre, 167, fol. 13v; *Reflexions upon the Conditions of Peace Offer' d by France* (London: Matt. Wotton, 1694), 7; Barillon (London) to Louis XIV, 5/15 November 1688, MAE, CP/Angleterre, 167, fols. 68– 69; *London Intelligence,* 29 January–2 February, 15–19 January 1689.

86. *The Detestable Designs of France Expos' d; or, The True Sentiments of the Spanish Netherlanders* (London: Robert Clavel, 1689), 16; *The Spirit of France and the Politick Maxims of Lewis XIV* (London: Awnsham Churchill 1689), 2, 68, [73]; *A Letter Written by the Emperor to the Late King James* (London: Ric. Chiswell, 1689), 5–6; Hobelt, "Imperial Diplomacy," 66; *A View of the True Interest of the Several States of Europe* (London: Thomas Newbourg and John Bullord, 1689), 54; *The Happy Union of England and Holland* (London: Richard Baldwin, 1689), 46; P. B., *Means to Free Europe,* 153, 160–61.

87. *Monthly Account* 2, no. 3 (December 1688): 91; Robert Southwell, "A Short Account of the Revolution in England," FSL, V.b. 150, 1:fol. 1v; Voltaire, *The Age of Lewis XIV,* 2 vols. (London: R. Dodsley, 1752), 1:233, 2:184; *The Intrigues of the French King at Constantinople* (London: Dorman Newman, 1689), sig. B1, 23–24; Jo. Lytcott (Rome) to Bulstrode, 11/21 May 1689, BL, Egerton 3683, fol. 173r; London Newsletter, 25 April 1689, FSL, L.c. 2007; Bohun, *History of the Desertion,* 10 April 1689, 4–5; Morrice,

Entering Book, 8 June 1689, DWL, 31 Q, 569. 1689 年 8 月，英诺森十一世去世，亚历山大八世继任教皇，但教廷的态度几乎没有改变：Lytcott (Rome) to Bulstrode, 19 November 1689, Beinecke, Osborn Files 9358; Melfort (Rome) to Father Maxwell, 13/23 April 1690, BL, Lansdowne 1163A, fol. 84v; *Bounds Set to France,* 33; Perth (St. Germain) to William Leslie, 14 July 1697, Aberdeen, MS 2403, 37。

88. *A Letter from a Roman Catholick* (London: R. Baldwin, 1689), 2; *Appendix to the Translation of Tully's Panegyrick on Julius Caesar,* 16–17; *Detestable Designs of France Expos' d,* 15; Sir John Lowther, *Memoirs of the Reign of James II* (London: H. G. Bohn, 1857), 470–71; *Dilucidator,* no. 2, [19/29 January] 1689, 48–49; Dr. Thomas Lane (Vienna) to Sunderland, 7/17 October 1688, BL, Add. 41842, fols. 144–45; Bohun, *History of the Desertion,* 10 April 1689, 5. 另外参见 Melfort (Rome) to Mary of Modena, 11/21 February 1690, BL, Add. 37660, fol. 124v; *Dilucidator,* no. 1, 5/15 January 1689, 9; *Dilucidator,* no. 4, 4 February 1689, 91。

89. *Happy Union of England and Holland,* 4; *View of the True Interest,* 45; *Popish Treaties Not to Be Rely' d On: In a Letter from a Gentleman at York* [London, 1688], 4. 另外参见 *Spirit of France,* 4; "A Speech Made by a Member of the Convention of the States in Scotland," in *An Eleventh Collection of Papers* (London: Richard Janeway, 1689), 31–32; P. B., *Means to Free Europe,* 11–12, 50; and *The Detestable Designs of France Expos' d,* 18。

90. *Means to Free Europe,* 154; *Monthly Account* 2, no. 4 (January 1689): 124; Sir Richard Cox, "A Charge," Michaelmas 1695, Bodleian, Eng.Hist.b.209, fol. 30r. 另外参见 Bohun, *History of the Desertion,* 10 April 1689, 4; and Wellwood, *Memoirs,* 240。

91. *A Short Discourse upon the Designs, Practices and Counsels of France,* 29 December 1688, 4–5.

92. Bonrepaus (London) to Seignelay, 1/11 March 1686, NA, PRO 31/3/165, fol. 57r; *Detestable Designs of France Expos' d,* 18; *Dilucidator,* no. 1, 5/15 January 1689, 9; *Dilucidator,* no. 2, [19/29 January] 1689, 44.

93. *The True Interests of the Princes of Europe in the Present State of Affairs* (London: Richard Baldwin, 1689), 35–36; *Dilucidator,* no. 1, 5/15 January 1689, 22–23; Morrice, Entering Book, 29 December 1688, DWL, 31 Q, 398; Bohun, *History of the Desertion,* 10 April 1689, 4.

94. Gilbert Burnet, *An Exhortation to Peace and Union,* Sermon Preached at St. Lawrence-Jury, 26 November 1689 (London: Richard Chiswell, 1689), 5–9; Carew Reynell, *A Necessary Companion; or, The English Interest Discovered and Promoted* (London: William Budden, 1685), 60–61.

95. Sir Richard Cox, "Charge Delivered Easter Sessions 1694," Bodleian, Eng.Hist.b.209, fol. 27v; George Savile, Marquis of Halifax, "Character of a Trimmer," in *The Works of George Savile, Marquis of Halifax,* ed. M. B. Brown (Oxford: Clarendon Press, 1989), 237. 这本小册子的疯狂流行，参见 J. F. (London) to ?, 17 January 1685, BL, Add. 32095, fol. 214v; Letter to Dr. Hutton, 30 December 1687, Nottingham SUL, PwA 2122c; and Sir William Boothby (Ashbourne, Derbyshire) to Mr. Horton, 14 August 1688, BL, Add. 71692, fol. 18v. 仅在 1689 年，这本小册子就至少出了三个版本。

96. Daniel A. Baugh: see Baugh, "Great Britain's 'Blue-Water' Policy, 1689–1815," *International History Review* 10 (1988): 40; Baugh, "Maritime Strength and Atlantic Commerce," in *An Imperial State at War,* ed. Lawrence Stone (London: Routledge, 1994), 188–203; and Baugh, "British Strategy in the First World War in the Context of Four Centuries," in *Naval History: The Sixth Symposium of the U.S. Naval Academy,* ed. Daniel M. Masteron (Wilmington, DE: Scholarly Resources, 1987), 86–90; compare: Henry Horwitz, *Revolution Politicks: The Career of Daniel Finch, Second Earl of Nottingham, 1647–1730* (Cambridge: Cambridge University Press, 1968), 129; and Horwitz, *Parliament, Policy and Politics in the Reign of William III* (Manchester: Manchester University Press, 1977), 317.

97. Col. John Granville, 29 April 1690, Grey, 10:96; Sir Thomas Clarges, 1 May 1690, Grey, 10:107; Morrice, Entering Book, 27 April, 8 June 1689, DWL 31 Q, 546–47, 568; Daniel Defoe, *The Englishman's Choice, and True Interest* (London, 1694), 3. 另外参见 *A Smith and Cutler's Plain Dialogue about Whig and Tory* (1690), 1。

98. John Brewer, *The Sinews of Power: War, Money and the English State, 1688–1783* (London: Routledge, 1989), 29–40, 89; Sir John Trevor, 2 November 1689, Grey, 9:393; Garroway, 2 November 1689, Grey, 9:392; Sir Edward Seymour, 2 November 1689, Grey, 9:390.

99. Mary Clarke (Chipley) to Sir Edward Clarke, 17 December 1690, Somerset SRO, DD/SF/45/5/20; Warcup (Northmoor) to Jones, 23 June 1690, Bodleian, Rawlinson MSS, Letters 48, fol. 29r; Sir Christopher Musgrave, 9 November 1691, in *The Parliamentary Diary of Narcissus Luttrell,* ed. Henry Horwitz (Oxford: Clarendon Press, 1972), 10 (hereafter cited as *Luttrell's Parliamentary Diary*); Sir Thomas Clarges, 9 November 1691, *Luttrell's Parliamentary Diary,* 9; Paul Foley, 9 November 1691, Grey, 10:168; Foley, 19 November 1691, *Luttrell's Parliamentary Diary,* 30; Sir John Thompson, 27 November, 19 November 1691, Grey, 10:187, 176. 另外参见 Cary Gardiner (London) to Sir Ralph Verney, 6 November 1689, Buckinghamshire SRO, Verney MSS; "Tarquin and Tullia," 1689, HEH, EL 8770, 60; Edward Harley to Sir Edward Harley, 14 December 1689, BL, Add. 70014, fol. 276r; Sir Charles Lyttleton (London) to Sir William Bruce, 9 January 1692, NAS, GD 29/1927/30; and Charles Davenant, "Observations upon the State of the Value and Strength. . . ," 15 July 1696, Beinecke, OSB Shelves b.153, 36。

100. Seymour, 13 November 1689, Grey, 9:413; Clarges, 24 November 1689, Grey, 9:449–50; Barrington and Steele (London) to Goodwyn and Delabere, 15 December 1690, NA, FO 335/8, fol. 9; John Bridges (London) to Sir William Trumbull, 31 March 1690, BL, Add. 72490, fol. 10v; Levant Company to Sir William Trumbull, 14 August 1689, NA, SP 105/114, fol. 459; John Verney (London) to Edward Verney, 4 December 1689, Buckinghamshire SRO, Verney MSS; [Thomas] Sheridan to ?, 30 November 1689, NA, SP 32/2, fol. 56; Kirk, "Sermons, Occurrences . . . ," fol. 106v; Sherman (Aleppo) to William Sherman, 28 December 1689, NA, SP 110/16, fol. 59; Julian Hoppit, *A Land of Liberty? England, 1689–1727* (Oxford: Oxford University Press, 2000), 100; D. W. Jones, *War and Economy in the Age of William III and Marlborough* (Oxford: Basil Blackwell, 1988), 131, 158–59; Rose, *England in the 1690s,* 126; G. N. Clark, *The*

Dutch Alliance and the War against French Trade (Manchester: Manchester University Press, 1923), 126–29.

101. Dursley (The Hague) to Carmarthen, 12/22 August, 1690, Berkeley Castle, MSS 36A, fol. 63v; Dursley (The Hague) to Carmarthen, 11/21 November 1690, Berkeley Castle, MSS 36B, fol. 5v; Edward Harley (London) to Sir Edward Harley, 3 December 1690, BL, Add. 70014, fol. 373r; Clarges, 19 November 1691, *Luttrell's Parliamentary Diary,* 31; Theodore Bathurst, 18 November 1691, *Luttrell's Parliamentary Diary,* 26; Foley, 23 November 1692, Grey, 10:274; Nottingham (London) to James Johnston, 12 August 1690, BL, Add. 21551, fol. 1v; Nottingham (The Hague) to Sir William Trumbull, 3/13 February 1691, BL, Add. 72529, fol. 4r; Horwitz, *Revolution Politicks,* 128–42.

102. *Fair-Warning to All English-Men* [1688 or 1689]; *England's Crisis; or, The World Well Mended* [September 1689]; *To the Brave Apprentices, Journey-Men, and Honest Porters, Labourers and Others* [September, 1689]; "Second Thoughts or A Caution to My Countrymen," 1689, BL, Egerton 2651, fol. 200r; Sir John Reresby, *Memoirs,* ed. Mary K. Geiter and W. A. Speck (London: Royal Historical Society, 1991), 1 February 1689, 547; Kirk, "Sermons, Occurrences . . . ," fol. 101r; "The Dutchess of York's Ghost," 1690, HEH, EL 8770, 79; Defoe, *Englishman's Choice, and True Interest,* 27.

103. Clarges, 16 November 1685, Grey, 8:366; DWL, 31 T 3, 17; Clarges, 19 November 1691, 21 November 1692, Grey, 10:177, 264; Seymour, 21 November 1692, Grey, 10:271; [Robert] Harley, 21 November 1692, Grey, 10:268; Sir Richard Temple, "An Essay upon Government," Bodleian, Eng.Hist.c.201, fols. 6–7, 13; *A Letter Written to One of the Members of Parliament* (London, 1692), 2. 作者正在总结这一观点以便对其加以批判；Charles Leslie, *Delenda Carthago* (London, 1695), 1。

104. Thomas Papillon, 14 March 1689, 22 March 1690, Grey, 9:160, 10:7; John Maynard, 29 April, 5 May 1690, Grey, 10:96–115; White Kennett, *A Complete History of England,* vol. 3 (London: Brab. Aylmer et al., 1706), 526; *Journal of the House of Commons,* 19 April 1689, 10:93–95; London Newsletter, 16 April 1689, FSL, L.c. 2003; Robert Molesworth (Copenhagen) to Colt, 17/27 November, 29 July/8 August 1690, 18/28 April 1691, BL, Add. 34095, fols. 177, 78r, 339; Sir John Lowther, 22 March 1690, Grey, 10:4; Lowther, 19 November 1691, *Luttrell's Parliamentary Diary,* 29; "The Address of the JPs of Westmoreland," January 1695, extolled the war for defending "the common liberty of Europe"：Cumbria SRO, Kendal, WD/RY 4767; Colt (Zell) to Paget, 5 June, 13 July 1690, SOAS, PP MS 4/Box 8/Bundle 39; Cocks, "Charge Spoke Midsummer Sessions 1694," fol. 28v; Lawrence to Sir Michael Hickes, 29 March 1693, IOL, European MSS, E387/B, fols. 34–35; Lawrence to Paulett, 27 October 1693, IOL, European MSS, E387/B, fol. 46r; Sir Charles Sedley, "The Soldier's Catch," 1690, in Sedley, *The Miscellaneous Works* (London: J. Nutt, 1702), 68; *Athenian Mercury,* 25 August 1691, [1].

105. Lowther, 31 March 1690, Grey, 10:23; Sacheverell, 22 March 1690, Grey, 10:6; Sir John Guise, 19 November 1691, Grey, 10:176; Anne Pye to Abigail Harley, 14 June 1689, BL, Add. 70014, fol. 232r; Edward Littleton, *A Project of a Descent upon*

France (London: Richard Baldwin, 1691), 24. 利特尔顿还就这场战争发表了两本其他具有辉格党倾向的小册子：*Descent upon France Considered* (London: Richard Baldwin, 1693) and *Management of the Present War against France Consider'd* (London: R. Clavel et al., 1690)。阿比盖尔·斯温根（Abigail Swingen）在著名的《殖民地的呻吟》（*Groans of the Plantations*）中强调了辉格党的特征：Swingen, "The Politics of Labor and the Origins of the British Empire, 1650–1720," vol. 2 (PhD diss., University of Chicago, 2007), 271。还可参见 *A Remonstrance and Protestation of All the Good Protestants . . . with Reflections Thereupon* (London: Randall Taylor, 1689), 15; *Advice to English Protestants* (London: J. D. for Awnsham Churchill, 1689), 22; and *The Fate of France* (London: Richard Baldwin, 1690), sig. A2v。

106. *True Interest of Christian Princes,* 1689, 14; P. B., *Means to Free Europe, 1689,* 117–18; *The Politicks of the French King Lewis the XIV Discovered* (London: Mat. Wotton, 1689), 3; Defoe, *Advantages of the Present Settlement,* 30; Thomas Manley, *Present State of Europe* (London: Richard Baldwin, 1689), 2; *Case of the People of England,* 2–3; George Phillips, *The Interest of England in the Preservation of Ireland* (London: Rich. Chiswell, 1689), 26; *Spirit of France,* 3, 18, 35; *Nero Gallicanus* (London: R. Taylor, 1690), 2; *King Lewis of France, the Hector of Europe* (London: Richard Baldwin, 1690), 2; John Tutchin, *Reflections upon the French King's Declaration* (London: Langley Curtis, 1690), [1]; *A New Discovery of the Private Methods of France* (London: J. Weld, 1691), 4; *A Brief Display of the French Counsels* (London: Randall Taylor, 1694), 44; Kirk, "Sermons, Occurrences . . . ," fol. 95r; Lawrence to Hickes, 7 October 1692, IOL, European MSS, E387/B, fol. 22; *A Letter Written to One of the Members of Parliament* (London, 1692), 4–5, 9–10; Defoe, *Englishman's Choice, and True Interest,* 11, 26–27; Treby, 19 November 1691, Grey, 10:179.

107. Wildman, 2 November 1689, Grey, 9:391; Lowther, 19 November 1691, *Luttrell's Parliamentary Diary,* 29; Sedley, "Soldier's Catch," 67; *Letter Written to One of the Members of Parliament,* 3; *Reflexions upon the Conditions of Peace,* 29.

108. Francis Barrington and Benjamin Steele (London) to Goodwyn and Delabere, 20 May 1689, NA, FO 335/8, fol. 3; Wyche (Hamburg) to Poley, 19 March 1689, BL, Add. 45731, fol. 126v; M. Lane, "The Diplomatic Service under William III," *Transactions of the Royal Historical Society,* 4th Ser., 10 (1927): 92. 达尔比维尔侯爵、斯凯尔顿和卡斯尔梅因伯爵的政治立场在本章前面已有所讨论。至于驻布鲁塞尔的使节理查德·布尔斯特罗德爵士，参见 Bulstrode, Misc. Notes, Beinecke, OSB Shelves f b.124; Bulstrode, *Memoirs and Reflections* (London: N. Mist, 1721), 395–96。关于 George Etherege：参见 Etherege (Ratisbon) to Albeville, 23 February/4 March, 15/15 July 1688, Indiana, Albeville MSS。关于约翰·洛克，参见 Locke to Mordaunt, 21 February 1689, *Locke Correspondence,* 3:573; Jean Leclerc, *An Account of the Life and Writings of Mr. John Locke,* 2nd ed. (London: John Clarke and E. Curll, 1713), 27–28。关于汉普登，参见 Henry Ashurst (London) to Richard Hampden, 9 March 1689, Bodleian, Don.c.169, fol. 71r; Greaves, *Secrets of the Kingdom,* 352; Instructions to Thomas, Earl of Pembroke, 30 May 1689, BL, Lansdowne 1152B, fol.

185v; Leclerc, *Life of Locke,* 30; Locke to Philippus Von Limborch, 7 June 1689, *Locke Correspondence,* 3:634–35; Pembroke (London) to William, 2 March 1684, NA, SP 8/1/Pt. 1, fol. 101; Instructions to Envoy Extraordinary Dursley, 31 August 1689, BL, Add. 34340, fol. 52r; Locke to Van Limborch, 10 September 1689, *Locke Correspondence,* 3:691; William Aglionby (The Hague) to James Vernon, 27 May/6 June 1690, NA, SP 84/221, fol. 137r; John, Lord Hervey, *Some Materials towards Memoirs of the Reign of King George II,* vol. 1, ed. Romney Sedgwick (London: KPE, 1931),37; Kennett, *Complete History,* 546; Thomas Coxe (Gravesend) to Shrewsbury, 14 August, 24 September/4 October 1689, NA, SP 96/7, unfolioed; Coxe (The Hague) to Vernon, 24 September/4 October 1689, NA, SP 96/7, unfolioed; Coxe (Zurich) to Shrewsbury, 6/16 November 1689, NA, SP 96/7, unfolioed; Instructions to James Johnston, 27 February 1690, BL, Lansdowne 1152B, fol. 218v; Johnston to Henry Sidney, 17 November 1687, Nottingham SUL, PwA 2097/1–3; James Johnston, *An Account of the Ceremony of Investing His Electoral Highness of Brandenburgh with the Order of the Garter* (London: Ric. Chiswell, 1690), 16; Instructions to Sir William Trumbull, 5 August 1689, NA, SP 105/145, 155–56; Barillon (London) to Louis XIV, 15/25 February 1686, NA, PRO 31/3/164, fol. 18r。

109. John Freke to Edward Clarke, 26 February 1690, Somerset SRO, DD/SF/3110; Gilbert Burnet (Salisbury) to Colt, 14/24 October 1690, BL, Add. 34095, fol. 160r. 卡 马 森侯爵在此期间全力支持海洋政策：compare Carmarthen (London) to William, 18 July 1691, 22 March 1692, BL, Add. 78919, fols. 73, 83r; Horwitz, *Revolution Politicks,* 86–146; Hoppit, *Land of Liberty?* 145–51; Molesworth (Copenhagen) to Colt, 23 December/2 January 1691/92, BL, Add. 36662, fol. 263v; James Cressett (Zell) to Sir John Trenchard, 8 December 1693, Beinecke, OSB Shelves f b.239, 1:9; Cressett (Hanover) to Trenchard, 29 December 1693, Beinecke, OSB Shelves f b.239, 1:15; Coxe (Bern) to Paget, 20 January 1692, SOAS, PP MS 4/Box 9/Bundle 45 (ii); *Mercurius Reformatus,* 15 May 1689, [2]; William Duncombe (Stockholm) to Colt, 3/13 July 1690, BL, Add. 34095, fol. 57r; Duncombe (Stockholm) to Paget, [July 1690], SOAS, PP MS 4/Box 9/Bundle 40; Dursley (The Hague) to Nottingham, 27 May/6 June, 26 September/6 October 1690, Berkeley Castle, MSS 36A, fols. 37v, 77r; Cressett (Hanover) to Trenchard, 7 November 1693, Beinecke, OSB Shelves f b.239, 1:1; Cressett (Zell) to Shrewsbury, 4 May 1694, Beinecke, OSB Shelves f b.239, 1:48; Colt (Zell) to Paget, 10 April, 122 May 1690, SOAS, PP MS 4/Box 8/Bundle 39; Sir William Trumbull (Constantinople) to Paget, 5/15 May 1690, BL, Add. 8880, fol. 199v; Duncombe (Stockholm) to Paget, 10 January 1691, SOAS, PP MS 4/Box 9/ Bundle 40; Portland (Gemblous) to Paget, 4 July 1691, SOAS, PP MS 4/Box 4/Bundle 26; Paget (Vienna) to ?, 5 December 1691, SOAS, PP MS 4/Box 1/Bundle 4; Aglionby (The Hague) to Richard Warre, 15/25 April 1690, NA, SP 84/221, fol. 101v; Dursley (The Hague) to ?, 6/16 August 1690, Berkeley Castle, MSS 36B, fol. 1r; Dursley (The Hague) to Nottingham, 12/22 August 1690, Berkeley Castle, MSS 36A, fol. 63r; Nathaniel Loddington (Tripoli) to Shrewsbury, 18 July 1690, NA, SP 71/22/Pt. 1, fol. 84r。

110. Dursley (The Hague) to Carmarthen, 3/13 October 1690, Berkeley Castle, MSS 36A, fol. 81v; Molesworth (Copenhagen) to Colt, 3/13 March 1691, 22 July/1 August 1690, BL, Add. 34095, fols. 268r, 73r; Robert Molesworth, Memoirs, c. 1712, BL, Add. 61639, fol. 3v; Molesworth (Copenhagen) to Dutton Colt, 17/27 March, 118/28 March, 11/21 April 1691, BL, Add. 34095, fols. 285r, 299v, 333r; Troost, *William III,* 245. 另外参见 Duncombe (Stockholm) to Paget, 12 April 1690, SOAS, PP MS 4/Box 9/Bundle 40; Paget (Vienna) to Colt, 12/22 June 1690, BL, Add. 34095, fol. 31v; and Colt (Zell) to Paget, 23 October 1690, SOAS, PP MS 4/Box 8/Bundle 39。

111. Timothy Goodwin's preface to John Robinson, *An Account of Sueden* (London: Tim. Goodwin, 1694), sig. A3r; Paul Ries, "Robert Molesworth's 'Account of Denmark'：A Study in the Art of Political Publishing and Bookselling in England and the Continent before 1700," *Scandinavica* 7 (1968): 108–22; Anthony Wood, *Life and Times,* 13 January 1694, in *The Life and Times of Anthony Wood,* 3 vols., ed. Andrew Clark (Oxford: Clarendon Press, 1894), 3:441; Mogens Skeel (envoy extraordinary of Denmark), Premier Memoire, 18/28 December 1693, BL, Sloane 3828, fol. 172r; Nicholas Luttrell, *A Brief Historical Relation of State Affairs,* vol. 3 (Oxford: Oxford University Press, 1857), 23 December 1693, 4 January, 13 January 1694, 244, 250, 253; Rene Saunière de l'Hérmitage (London) to States General, 22 December/1 January 1693/94, BL, Add. 17677, fol. 15v; Paul Rycaut (Hamburg) to George Stepney, 3/13 January 1694, BL, Add. 37407, fol. 13r.

112. Caroline Robbins, *The Eighteenth-Century Commonwealthman* (Cambridge, MA: Harvard University Press, 1961), 99; J. A. I. Champion, *The Pillars of Priestcraft Shaken: The Church of England and Its Enemies, 1660–1730* (Cambridge: Cambridge University Press, 1992), 178; Mark Goldie, "The Roots of True Whiggism, 1688–94," *History of Political Thought* 1, no. 2 (1980): 220, 235–36. 有一种观点强调莫尔斯沃思的"国际主义"，参见 Blair Worden, "Republicanism and the Restoration, 1660–1683," in *Republicanism, Liberty, and Commercial Society, 1649–1776,* ed. David Wootton (Stanford, CA: Stanford University Press, 1994), 176, 187; D. B. Horn, *The British Diplomatic Service, 1689–1789* (Oxford: Clarendon Press, 1961), 286; Knud J. V. Jespersen, "Surviving in a World of Great Powers," in *The Last of the Great Wars,* ed. Bernadette Whelan (Shannon: University of Limerick Press, 1995), 57。

113. Robert Molesworth, Memoir, fol. 4r. 尽管莫尔斯沃思承认在常备军争议期间他并未站在其"辉格党兄弟"一边，或许是因为他认为那是欧洲真正实现裁军的契机，但他声称"在辉格党人看来，这绝非无足轻重的罪过"。他说自己始终坚守辉格党的核心纲领：他"支持 1696 年协议，支持剥夺约翰·芬威克爵士的爵位，支持所有归化法案、宗教信仰自由法案，支持所有对法战争的拨款"(fol. 4r)。莫尔斯沃思在《丹麦记事》中为辉格党议程的核心政治经济原则以及英格兰银行的建立进行了辩护。这在 Hugh Mayo, "Robert Molesworth's *Account of Denmark:* Its Roots and Its Impact" (PhD diss., University of Odense, 2000). 中有详尽的叙述。我感谢作者允许我阅读他那极有价值的论文。

114. Robert Molesworth, *An Account of Denmark as It Was in the Year 1692,* 3rd ed. (London: Timothy Goodwin, 1694), sigs. br, a[7]r.

115. Molesworth, *Account of Denmark,* 38–43, 74–75, 86, 166–67, 146.

116. Molesworth, *Account of Denmark,* 205; Molesworth, Memoir, fol. 3v; Molesworth (Copenhagen) to Colt, 5/15 September 1691, 23 April/3 May 1692, BL, Add. 36662, fol. 153v, 380r.

117. Molesworth, *Account of Denmark,* 43, 118–19.

118. Molesworth, *Account of Denmark,* sigs. b2–b3, 235–36; William Phillips (Preston) to Edward Clarke, 22 January 1696, Somerset SRO, DD/SF/3833.

119. Samuel Johnson, *Notes upon the Phoenix Edition of the Pastoral Letter* (London, 1694), 5–6; A Speech Intended to be Given by Mr. John Smith, 1694, HEH, EL 9920; Sir Robert Atkyns, *The Lord Chief Baron Atkyns's Speech to Sir William Ashurst* (London: Richard Baldwin, 1693), 2.

120. J. F. Chance, ed., "William Duncombe's 'Summary Report' of His Mission to Sweden, 1689–92," *English Historical Review* 39 (1924): 576–77, 584–85. "Summary Report" 另有一份副本在 BL, Lansdowne 1152B, fols. 171–75。 邓库姆的报告与他的外交电报是一致的，可参阅 NA, SP 95/13; Robinson, *Account of Sueden,* 96–97, 111–12; John Robinson (Stockholm) to Shrewsbury, 8 December 1694, BL, Add. 72531, fol. 145r。罗宾逊后来是一名温和的托利党人。然而在 17 世纪 90 年代，他却是坚定的欧洲联盟支持者。无论如何，古德温显然未经罗宾逊同意就出版了该小册子，以达到他自己作为辉格党人的目的。

121. *Nero Gallicanus,* 3–4; *Bounds Set to France,* 73; William Lloyd, *The Pretences of the French Invasion Examined* (London: R. Clavel, 1692), 7–8; *Reflexions upon the Conditions,* 10–11; Evelyn, *Diary,* 5 February 1693, 5:130; King, *Europe's Deliverance from France and Slavery,* 11; Atkyns, *Speech.*

122. *Descent upon France Considered,* 7; Sir John Darrell, 5 December 1693, Grey, 10:340–41; Sir Thomas Littleton, 5 December 1693, Grey, 10:342; Sir Charles Sedley, 5 December 1693, Grey, 10:341; Lord Colchester, 5 December 1693, Grey, 10:343.

123. Horwitz, *Revolution Politicks,* 149; Sir Thomas Clarges, 28 November 1693, Grey 10:332; Sir Christopher Musgrave, 5 December 1693, Grey, 10:340; Dr. Nicholas Barbon, 5 December 1693, Grey, 10:340; Col. Henry Cornewall, 11 December 1693, Grey, 10:358; Mayo, "Robert Molesworth's *Account of Denmark*," 12–13; Morrice, Entering Book, DWL, 31 Q, 597; Jodocus Crull, *Denmark Vindicated* (London: T. Newborough, 1694), sig. [A7r]; Thomas Rogers, *The Common-wealths Man Unmasqu' d* (London: Randal Taylor, 1694), 2–3; William King, *Animadversions on a Pretended Account of Denmark* (London: Tho. Bennet, 1694), sig. [A6v]. 不要将这位作者与与他同名的辉格党人、都柏林圣帕特里克大教堂主任牧师混淆。

124. P. B., *Means to Free Europe,* 142–43; William Sherlock, *A Letter to a Member of the Convention* [January 1689], 4; *True Interest of Christian Princes,* 1689, 37–38; *A Brief Vindication of the Parliamentary Proceedings against the Late King James II* (London: Randall Taylor, 1689), sigs. A3–A4; Newsletter, 15 January 1689, Bodleian, Don. c.39, fol. 89r; Wellwood, *Memoirs,* 257; Trumbull, Autobiography, 46–46bis; *A Letter Written by the Emperor to the Late King James* (London: Ric. Chiswell, 1689), 3–5; Bonrepaus (London) to Seignelay, 15/25 February 1686, NA, PRO 31/3/164, fol. 83r;

Barillon (London) to Louis XIV, 22 October/1 November 1688, MAE, CP/Angleterre, 167, fol. 13v. 另外参见 William Nicolson to ?, May 1689, BL, Add. 34265, fol. 5r。

125. 对于认为王位继承是"1688 至 1689 年间核心争议问题"的这种解读，参见 Edward Vallance, *The Glorious Revolution: 1688—Britain's Fight for Liberty* (London: Little, Brown, 2006), 17。

第十二章　政治经济学革命

1. John Toland, *The Oceana of James Harrington and His Other Works* (London, 1700), iii; compare J. G. A. Pocock, *Virtue, Commerce, and History: Essays on Political Thought and History, Chiefly in the Eighteenth Century* (Cambridge: Cambridge University Press, 1985), 233.

2. Pocock, *Virtue, Commerce, and History,* 108, 230; J. G. A. Pocock, *The Machiavellian Moment: Florentine Political Thought and the Atlantic Republican Tradition* (Princeton, NJ: Princeton University Press, 1975), 423–26; J. G. A. Pocock, "Early Modern Capitalism: The Augustan Perception," in *Feudalism, Capitalism and Beyond,* ed. Eugene Kamenke and R. S. Neale (London: E. Arnold, 1975), 68–71.

3. P. G. M. Dickson, *The Financial Revolution in England* (London: Macmillan, 1967), 17; John Brewer, *The Sinews of Power: War, Money and the English State, 1688–1783* (London: Routledge, 1989), 138, 153, 157. 另外参见 Quentin Skinner, *Liberty before Liberalism* (Cambridge: Cambridge University Press, 1998), 96; and David Armitage, *The Ideological Origins of the British Empire* (Cambridge: Cambridge University Press, 2000), 156–68。

4. Douglass C. North and Barry R. Weingast, "Constitutions and Commitment: The Evolution of Institutions Governing Public Choice in Seventeenth-Century England," *Journal of Economic History* 49 (1989): 815–16, 819, 831; Barry R. Weingast, "The Political Foundations of Democracy and the Rule of Law," *American Political Science Review* 91(1997): 252–53; Weingast, "The Political Foundations of Limited Government: Parliament and Sovereign Debt in Seventeenthand Eighteenth-Century England," in *The Frontiers of New Institutional Economics,* ed. John N. Drobak and John V. C. Nye (New York: Academic, 1997), 23. 这个故事与 C. B. Macpherson, *The Political Theory of Possessive Individualism: Hobbes to Locke* (Oxford: Oxford University Press, 1962), 1, 3, 258, 270 中的内容十分契合。

5. 比较: Pocock, "Early Modern Capitalism," 72; Armitage, *Ideological Origins of the British Empire, 3*。

6. Steve Pincus, "Neither Machiavellian Moment nor Possessive Individualism: Commercial Society and the Defenders of the English Commonwealth," *American Historical Review* 103 (1998): 720–21.

7. Carew Reynell, *A Necessary Companion; or, The English Interest Discovered and Promoted* (London: William Budden, 1685), sig. A7r, 17–18, 71–72. 约翰·洛克对雷内尔的著作印象深刻：Bodleian, MSS Locke, c.30, fols. 18–19。

8．Reynell, *Necessary Companion,* sigs. A5v–A7r (a1)v–(a2)r, 5, 17–18, 48.

9．Reynell, *Necessary Companion,* sig. A4, 1–2, 6, 16.

10．Reynell, *Necessary Companion,* 13–14.

11．我不同意那些坚持认为在 17 世纪不存在持续经济增长这一概念的历史学家和经济学家的观点：D. C. Coleman, "Labour in the English Economy of the Seventeenth Century," *Economic History Review,* n.s., 8, no. 3 (1956): 287–88; Antony Brewer, "The Concept of Growth in Eighteenth Century Economics," *History of Political Economy* 28, no. 4 (1995): esp. 609–10。我也不同意众多认为存在重商主义共识的学者的观点。Kenneth Morgan, "Mercantilism and the British Empire," in *The Political Economy of British Historical Experience, 1688–1914,* ed. Donald Winch and Patrick K. O'Brien (Oxford: Oxford University Press, 2002), 165, 168. For one exceptional view: Richard C. Wiles, "The Theory of Wages in Later English Mercantilism," *Economic History Review,* n.s., 21 (1968): 113–26; Richard Blome, *The Present State of His Majesty's Isles and Territories in America* (London: H. Clash, 1687), 127; William Carter, *The Reply of W. C.* (London, 1685), 49; John Locke, "Second Treatise of Government," in *Political Writings of John Locke,* ed. David Wootton (New York: Mentor, 1993), 281–82; Locke to Edward Clarke, 30 June 1694, and Locke to Clarke, 6 August 1694, in *The Correspondence of John Locke and Edward Clarke,* ed. Benjamin Rand (Cambridge, MA: Harvard University Press, 1927), 395, 397.

12．Andrew Yarranton, *England's Improvement by Sea and Land* (London: R. Everingham, 1677), 20, 22–23; Mark Lewis, *Proposals to the King and Parliament* (London: Henry Million, 1678), sig. A2r; Adam Anderson, *An Historical and Chronological Deduction of the Origins of Commerce,* 2 vols. (London: A. Millar et al., 1764), 1:vii, 2:189, 2:564; Sir John Lowther, Notes on Trade, ca. 1680, Cumbria Record Office, D/Lons/ W1/63, 1–2. 另外参见 *The Mischief of Cabals,* 7 May 1685 (London: Randal Taylor, 1685), 35–36。

13．*Some Remarks upon the Present State of the East-India Company's Affairs* (London, 1690), 3, 6; Nathaniel Cholmley (Whitby) to Cholmely Stephens, 30 December 1684, North Yorkshire SRO, ZCG, unfolioed; Cholmley to John Heatfield, [January 1686], North Yorkshire SRO, ZCG, unfolioed; John Williams to Arthur Charlett, 20 March 1683, in Robert Beddard, ed., "A Whig View of Tory Oxford in 1683: Lord Herbert of Cherbury's Criticism of the University," *Bodleian Library Record* 15 (1995): 179; Sir William Coventry to Viscount Weymouth, [1685], Longleat House, Thynne MSS 16, fol. 442v. It is possible that Jean Chardin's "great disgust" with the company and his decision to sell off three-fourths of his shares was related to this purge: Bonrepaus (London) to Seignelay, 8/18 March 1686, NA, PRO 31/3/165, fol. 59r; Cholmley (Whitby) to Mr. Mohun, 30 December 1684, North Yorkshire SRO, ZCG, unfolioed; *Reasons Humbly Offered against Grafting and Splicing and for Dissolving This Present East-India Company* [London, 3 January 1690], 6; EIC to agent and council in Bengal, 9 June 1686, IOL, E/3/91, fol. 73v; EIC to general and council at Bombay, 3 August 1687, IOL, E/3/91, fol. 163r; Dr. John St. John, His Information Regarding India, 1685–1688, CKS, U269/O82; Roger Morrice, Entering Book, 23 March 1689, DWL, 31 Q, 509; William Letwin, *Sir Josiah Child: Merchant Economist* (Cambridge, MA: Harvard University

Press, 1959), 22.

14．Bruce G. Carruthers, *The City of Capital: Politics and Markets in the English Financial Revolution* (Princeton, NJ: Princeton University Press, 1996), 146; Gary De Krey, *A Fractured Society: The Politics of London in the First Age of Party, 1688–1715* (Oxford: Clarendon Press, 1985), 24; Henry Horwitz, "The East India Trade, the Politicians, and the Constitution, 1689–1702," *Journal of British Studies* 17 (1978): 1; Sir William Wilson Hunter, *A History of British India,* vol. 2 (London: Longmans, Green, 1900), 247; K. N. Chaudhuri, *The Trading World of Asia and the English East India Company, 1660–1760* (Cambridge: Cambridge University Press, 1978), 116, 429; Letwin, *Josiah Child,* 23; W. J. Ashley, "The Tory Origin of Free Trade Policy," *Quarterly Journal of Economics* 11, no. 4 (1897): 353; James Mill, *The History of British India,* vol. 2 (1817; New Delhi: Associated Publishing House, 1972), 82; Morrice, Entering Book, 1 June 1689, DWL, 31 Q, 560–61; K. G. Davies, *The Royal African Company* (London: Longmans, Green, 1957), 103; Bonrepaus (London) to Seignelay, 14/24 January 1686, NA, PRO 31/3/163, fol. 67r; Cholmley (Whitby) to Richard Eliot, 30 December 1684, North Yorkshire SRO, ZCG, unfolioed; Cholmley to Heatfield, 1 January 1685, North Yorkshire SRO, ZCG, unfolioed; *Some Remarks,* 1690, 3–4; *Reasons Humbly Offered against Grafting,* 4–6; Christopher Phillipson (London) to Sir Daniel Fleming, 14 February 1685, Cumbria SRO, Kendal, WD/Ry 2852; Brook Bridges, Notabilia, 7–8 April 1685, Beinecke, OSB Shelves b.233; London Newsletter, 30 May 1689, FSL, L.c. 2022.

15．Shafaat Ahmad Khan, *The East India Trade in the Seventeenth Century* (Oxford: Oxford University Press, 1923), 193.

16．Sir Josiah Child, *A Discourse Concerning Trade and That in Particular of the East Indies; Published with A Supplement* (London: Andrew Sowle, 1689), 25 June 1689, 1. 在斯图亚特王朝后期，有关政治经济学的争论十分活跃。至少，随着年龄的增长，蔡尔德的思想重点发生了变化。因此，在革命之后，他的敌人出版了他早期的作品来诋毁他，正如蔡尔德和旧东印度公司的捍卫者似乎在托马斯·帕皮伦早期作品的再版中起了作用一样。

17．Sir Josiah Child, *A Discourse of the Nature, Use and Advantages of Trade* (London: Randal Taylor, 1694), 2, 7–8, 10–11; *The Argument of the Lord Chief Justice of the Court of King's Bench Concerning the Great Case of Monopolies* (London: Randal Taylor, 1689), 7; Child, *Discourse Concerning Trade,* 3. 1669 年，蔡尔德在向贵族贸易委员会作证时说"所有贸易都是一种战争"：转引自 Letwin, *Josiah Child,* 28。比较 Thomas Leng, "Commercial Conflict and Regulation in the Discourse of Trade in Seventeenth-Century England," *Historical Journal* 48 (2005): 954; Armitage, *Ideological Origins of the British Empire,* 166。

18．Child, *A New Discourse of Trade* (London: Sam. Crouch et al., 1694), sig. [A4v]; Child, *Discourse of the Nature,* 17, 27–28; EIC Memorandum, 1670s, NA, PRO 30/24/44/75, fol. 52r.

19．Child to Middleton, 1 September 1683, BL, Add. 41822, fol. 25r; Child, *Supplement,* 2; president and council of Surat to EIC, 21 April 1685, IOL, E/3/45/5365.

20. 詹姆斯在即将离开英格兰前夕，才把价值三千英镑的王家非洲公司股票转给了罗切斯特的詹姆斯·格雷厄姆爵士：“An Answer of the Royal African Company,” 1690, PRO, T 70/169, fol. 76; William A. Pettigrew, “Free to Enslave: Politics and the Escalation of Britain's Transatlantic Slave Trade, 1688–1714,” *William and Mary Quarterly,* 3rd ser., 64 (2007): 8; Davies, *Royal African Company,* 60, 65, 103–4, 156; Morrice, Entering Book, 6 August 1687, DWL 31 Q, 164。

21. *Certain Considerations Relating to the Royal African Company of England* (1680), 1, 6–8; “Reasons of the African Company,” August 1683, NA, CO 268/1, fol. 59r. 这是王家非洲公司的标准说辞。革命之后，下议院的新任托利党领袖罗伯特·哈利爵士提交了一份由王家非洲公司提出的请愿书，其中使用的措辞几乎如出一辙：Petition of the Royal African Company, 24 January 1694, NA, T 70/169, fol. 106v。

22. Sir Benjamin Bathurst to Col. Hender Molesworth, 5 February 1685, BL, Loan 57/83, unfolioed; Barillon (London) to Louis XIV, 2/12 February 1685, NA, PRO 31/3/160, fol. 28r; Sir John Holt's Argu-ments, EIC v. Sandys, Bodleian, Rawlinson MSS, C130, fols. 34–35, 38; Daniel Finch's Arguments, 19 April 1684, EIC v. Sandys, fol. 84.

23. Sir Henry Pollexfen's Arguments, 21 April 1684, EIC v. Sandys, fol. 128v; Sir George Treby's Arguments, EIC v. Sandys, fols. 50v, 59v, 74v.

24. Justice Walcott's Opinion, 31 January 1685, EIC v. Sandys, fol. 220v; Justice Holloway's Opinion, 31 January 1685, EIC v. Sandys, Bodleian, fol. 223v; Chief Justice Jefferies's Opinion, 31 January 1685, EIC v. Sandys, in *A Complete Collection of State Trials,* vol. 10, ed. T. B. Howell (London: T. C. Hansard, 1811), 523, 526, 534; Roger North, *Lives,* vol. 1, ed. Augustus Jessopp (London: George Bell and Sons, 1890), 283; Justice Witkins's Opinion, 31 January 1685, EIC v. Sandys, fol. 229v.

25. Jefferies' Opinion, 31 January 1685, EIC v. Sandys, fol. 238v. 另外参见 Witkins' Opinion, 31 January 1685, EIC v. Sandys, fol. 227r。

26. Jefferies's Opinion, 31 January 1685, EIC v. Sandys, in *Complete Collection,* ed. Howell, 522, 534, 550–51.

27. Richard R. Johnson, *Adjustment to Empire: The New England Colonies, 1675–1715* (New Brunswick, NJ: Rutgers University Press, 1981), 50–70; Stephen Saunders Webb, *Lord Churchill's Coup: The Anglo-American Empire and the Glorious Revolution Reconsidered* (New York: Alfred A. Knopf, 1995), 61–62; Viola Florence Barnes, *The Dominion of New England: A Study in British Colonial Policy* (New Haven: Yale University Press, 1923), esp. 5–46; Bathurst to Molesworth, 5 February 1685, BL, Loan 57/83, unfolioed; Committee of Trade and Plantations, Minutes, 3 March 1685, NA, CO 391/5, fol. 52r; London Newsletter, 30 March 1685, HRC, Pforzheimer/Box 10/Folder 6; John Freke to Locke, 28 June 1687, *Locke Correspondence,* 3:217–18; Philip S. Haffenden, “The Crown and the Colonial Charters, 1675–1688: Part II,” *William and Mary Quarterly,* 3rd Ser., 15 (1958): 463–65.

28. EIC to general of India and president and council of Fort St. George, 25 January 1688, IOL, E/3/91, fol. 245r. 革命之后，蔡尔德仍坚持认为，为了在印度对抗荷兰及其他外国势力，东印度公司“在印度必须拥有绝对的主权权力”：Josiah Child (Wansted) to Sir Thomas Papillon, 22 October 1698, CKS, U1015/O17/2; EIC to president and

council of Fort St. George, 24 February, 9 June 1686, IOL, E/3/91, fols. 54r, 70v; EIC's Commission for Establishing President and Council, [3 November 1686], IOL, E/3/91, fol. 113v; EIC to president and council of Surat, 23 March 1687, IOL, E/3/91, fol. 135v; EIC to general and council at Bombay, 28 September 1687, IOL, E/3/91, fol. 196r; EIC to president and council at Fort St. George, 28 September 1687, IOL, E/3/91, fol. 214v; EIC to general and council at Bombay, 27 August 1688, IOL, E/3/91, fols. 275–76。

29. London Newsletter, 14 January 1688, FSL, L.c. 1908; Child, *Supplement*, 7–8; Om Prakash, *European Commercial Enterprise in Pre-Colonial India* (Cambridge: Cambridge University Press, 1998), 148.

30. Child, *New Discourse of Trade*, 1; sig. [B3r], C6r; Child to Middleton, 1 September, 6 September 1683, BL, Add. 41822, fols. 25r, 28r; Child, *Supplement*, 1; Child, *A Discourse Concerning Trade*, 6–7; Child to Middleton, 6 September 1683, BL, Add. 41822, fol. 28v; Barillon (London) to Louis XIV, 14/24 December 1685, NA, PRO 31/3/162, fol. 66r; Bonrepaus (London) to Seignelay, 31 December/10 January 1685/86, NA, PRO 31/3/163, fol. 36r; Barillon (London) to Louis XIV, 8/18 April 1686, NA, PRO 31/3/165, fol. 23v; Barillon (London) to Louis XIV, 4/14 November 1686, NA, PRO 31/3/167, fol. 46r; Barillon and Bonrepaus to Louis XIV, 2/12 June 1687, NA, PRO 31/3/170, fols. 43–44; EIC to president and council of Fort St. George, 14 January, 22 October 1686, IOL, E/3/91, fols. 30v, 104; EIC to general and council at Bombay, 3 August 1687, IOL, E/3/91, fol. 160v; EIC to governor and council at York Fort at Bencoolen, 4 April 1688, IOL, E/3/91, fol. 258v; *An Impartial Vindication of the English East-India Company* (London: Samuel Tidmarsh, 1688), 90–96; EIC to president and council at Fort St. George, 22 October 1686, IOL, E/3/91, fols. 106–7; EIC to governor and council of India at Bombay, 3 August 1687, IOL, E/3/91, fol. 160r.

31. Child to Middleton, 6 September 1683, BL, Add. 41822, fol. 28v; Representation of the Deputies of Amsterdam, 1686, BL, Add. 41814, fol. 119v; EIC to general of India and council at Bombay, 27 August 1688, IOL, E/3/91, fol. 273r; Bonrepaus (London) to Seignelay, 11/21 March 1686, NA, PRO 31/3/165, fol. 74r; London Newsletter, 9 July, 16 July 1687, FSL, L.c. 1821, 1831; Sir John Jacob to Huntingdon, 12 July 1687, HEH, HA 7148.

32. Mill, *History of British India*, 85–87; Secret Instructions to Capt. John Cribb, 9 July 1686, IOL, E/3/91, fol. 78r; Instructions for agent and council at Bengal, 14 January 1686, IOL, E/3/91, fols. 34–40; Bonrepaus (London) to Seignelay, 25 August/4 September 1687, NA, PRO 31/3/172, fols. 51–52; Dr. John St. John, His Information Regarding India, 1685–1688, CKS, U269/O82; Chaudhuri, *Trading World of Asia*, 117; Prakash, *European Commercial Enterprise*, 150; London Newsletter, 4 August 1688, Add. 4194, fol. 291v; Child, *Supplement*, 9; Newsletter addressed to Earl of Suffolk, 25 July 1688, BL, Add. 34487, fol. 17v; John Verney (London) to Sir Ralph Verney, ca. 24 July 1688, Buckinghamshire SRO, Verney MSS; *Some Remarks*, 4, 6–7; Tamworth Newsletter (London), 29 May 1690, HEH, HM 30659/10.

33. Cholmley (London) to John Aelst, 25 November 1684, North Yorkshire SRO, ZCG, unfolioed; Cholmley and Ambrose Isted to Aelst, November 1684, North Yorkshire SRO,

ZCG, unfolioed; Newsletter from London, 14 August 1688, BL, Add. 4194, fol. 299. 诚然，詹姆斯的《宽容宣言》提到了劳动与财富创造之间的关联。然而，当时的人们清楚，这是在宣言中后期添加的内容，其目的仅仅是为了反驳反对者的论点：Barillon (London) to Louis XIV, 3/13 May 1688, NA, PRO 31/3/177, fol. 16v。

34. Haffenden, "Crown and Colonial Charters," 452.

35. Armitage, *Ideological Origins of the British Empire,* 166; Terence Hutchinson, *Before Adam Smith: The Emergence of Political Economy, 1662–1776* (Oxford: Basil Blackwell, 1988), 56; T. R. Malthus, *Principles of Political Economy* (London: John Murray, 1820), 2.

36. Nicholas Barbon, *A Discourse of Trade* (London: Tho. Melbourn, 1690), sigs. A2–A3.

37. Barbon, *Discourse of Trade,* sig. A3; *Considerations Requiring Greater Care for Trade in England* (London: S. Crouch, 1695), 1–2, 11–12; *The Character and Qualifications of an Honest Loyal Merchant* (London: Robert Roberts, 1686), 11. 另外参见 Sir Francis Brewster, *Essays on Trade and Navigation* (London: Tho. Cockeril, 1695), 76。

38. William James, *Englands Interest* (London, 1689), 2; Daniel Defoe, *Taxes no Charge* (London: R. Chiswell, 1690), 12; James Whiston, *A Discourse of the Decay of Trade* (London: Samuel Crouch, 1693), 3; H. M., *England's Glory; or, The Great Improvement of Trade in General by a Royal Bank* (London: Tho. Bever,1694), 20–21; sigs. A2v-A3r; Brewster, *Essays on Trade,* 1; Roger Coke, *A Detection of the Court and State of England,* 2 vols. (London, 1694), 2:15; Simon Patrick, "Sermon Preached before the King and Queen," 16 April 1690, in *The Works of Symon Patrick,* vol. 8, ed. Alexander Taylor (Oxford: Oxford University Press, 1858), 431; John Cary, *An Essay on the State of England in Relation to Its Trade* (London: Sam. Crouch, 1695), sig. [A7], 2, 6, 12, 23; Locke to John Cary, 2 May 1696, in *Correspondence of Locke and Clarke,* ed. Rand, 472; Customs Officers to Lords of the Treasury, 5 January 1694, BL, Add. 72564, fol. 43r. 另外参见 *A Discourse of the Necessity of Encouraging Mechanick Industry* (London: Richard Chiswell, 1690), 15, 21; Sir Richard Cocks, "A Charge," Michaelmas 1695, Bodleian, Eng.Hist.b.209, fol. 29v; and Bridgewater, "State Propositions," 1690s, HEH, EL 8443。

39. C. D. Chandaman, *The English Public Revenue, 1660–1688* (Oxford: Clarendon Press, 1975), 77–81, 87–88, 93; Michael J. Braddick, *The Nerves of State: Taxation and the Financing of the English State, 1558–1714* (Manchester: Manchester University Press, 1996), 102, 158–59, 172–74; 关于对这一税种的抱怨，参见：William Williamson to Secretary Nicholas, 3 July 1662, CSPD, 428; Information by A. Bradley, 1662, CSPD, 614; ? to Charles II, 2 June 1664, CSPD, 604–5; Lord Treasurer Southampton and Lord Ashley to JPs for Lancashire, 8 November 1664, CSPD, 58; Proposal by Eady, 1664, CSPD, 148; Edward Bodham (King's Lynn) to Joseph Williamson, 5 December 1666, CSPD, 321; Case of the Borough of Southwark, 1665, CSPD, 179; Petition of William Harwood (Yorkshire), 11 April 1666, CSPD, 346; Wives of the Shipwrights and Ropers of Woolwich to Arlington, 1670, CSPD, 633。关于逃税行为，参见：Charles II to lord mayor and aldermen of London, 13 August 1662, CSPD, 459; Jonathan Trelawney to Joseph Williamson, 11 December 1663, CSPD, 371; Daniel Fleming (Penrith) to Joseph

Williamson, 7 January 1664, CSPD, 433; Thomas Dade (Tannington, Suffolk) to Charles II, 4 April 1664, CSPD, 544; Abraham Nelson (Garsdale, Yorkshire) to Charles II, 18 November 1664, CSPD, 78; George Williamson to Joseph Williamson, 4 March 1665, CSPD, 238. On riots: Testimony of Capt. Robert Atkinson, 26 November 1663, CSPD, 352; Testimony of Dobson, 1 February 1664, CSPD, 464; Warrant to the Warden of the Fleet, 17 August 1666, CSPD, 48; Muddiman's Newsletter, 24 November 1666, CSPD, 285; Advice Received from Norwich, 30 January 1668, CSPD, 204; Henry Coventry to Sir Robert Holt, 17 September 1672, CSPD, 626–27; John Lamplugh to Joseph Williamson, October 1675, CSPD, 369; David Hey, *The Fiery Blades of Hallamshire: Sheffield and Its Neighbourhood, 1660–1740* (Leicester: Leicester University Press, 1991), 136–39; Deposition of Robert Johnson, 30 May 1687, NA, CUST 48/3, 1117 (Staffordshire); Samuel Hardwicke to commissioners of excise and hearth tax, November 1687, NA, CUST 48/3, 161 (Cornwall); Commissioners of His Majesty's revenue to lords of the Treasury, 4 December 1688, NA, CUST 48/3, 226; London Newsletter, 28 February, 1689, HRC, Pforzheimer/Box 10/Folder 5; *Journal of the House of Commons,* 5 March 1689, 10:42; Col. John Birch, 1 March 1689, Grey, 9:130; Isaac Newton (Westminster) to John Covel, 2 March 1689, Trinity College, Cambridge, MS R.4.43, fol. 9r; "Speech against the Hearth Money," ca. 1689, BL, Stowe 304, fol. 70v; Halifax's Notes of Conversations with King William, 28 July 1689, BL, Althorp C9, fol. 37r.

40. Henry Horwitz, *Parliament, Policy and Politics in the Reign of William III* (Manchester: Manchester University Press, 1977), 40; Braddick, *Nerves of State,* 98–99; Colin Brooks, "Public Finance and Political Stability: The Administration of the Land Tax, 1688– 1720," *Historical Journal* 17 (1974): 281–300; John Swynfen, 2 April 1690, Grey, 10:37; John Hampden, *Some Considerations about the Most Proper Way of Raising Money in the Present Conjuncture* [1691], 34; *A Proposal for an Equal Land-Tax* (London: Randall Taylor, 1691), 3, 13; Sir Richard Temple, Ledgerbook, 23 December 1677, 4 December 1684, 13 May 1687, HEH, ST 152, fols. 172v, 201r; Sir Richard Temple, *An Essay upon Taxes* (London: Tim. Goodwin, 1693), 5, 8, 22; William Bankes (London) to Roger Kenyon, 28 February 1689, Lancashire SRO, DD/KE/92, fol. 19r; Simon Harcourt, 2 April 1690, Grey, 10:37–38; Sir Christopher Musgrave, 1 April 1690, Grey, 10:37; Sir Edward Seymour, 11 January 1692, Grey, 10:227; David Stasavage, *Public Debt and the Birth of the Democratic State: France and Great Britain, 1688–1789* (Cambridge: Cambridge University Press, 2003), 108, 120.

41. H. J., *A Letter from a Gentleman in the Country to His Friend in the City* (London: G. C. for William Miller, 1691), 8–9; Charles Whyteford (Paris) to Walter Leslie, 29 April/9 May 1689, SCA, Bl 1/126/20; Aston, Diary, 13 March 1690; James Finton (Lancaster) to Sir Thomas Rawlinson, 23 September 1689, Bodleian, Rawlinson MSS, D863, fol. 35r.

42. "The Case of the Royal African Company," September/October 1689, NA, T 70/169, fol. 69v; Anderson, *Historical and Chronological Deduction,* 2:566; 肖沃后来被东印度公司的反对者们聘为律师：New East India Company Minutes, 24 November 1692, Bodleian, Rawlinson MSS, C449, unfolioed; Sir Bartholomew Shower's Arguments,

Nightingale and others v. Bridges, in *The English Reports,* vol. 89, ed. Max A. Robertson and Geoffrey Ellis (London: Stevens and Sons, 1908), 498–500。

43. Sir Batholomew Shower's Arguments, 500; W. Darrell Stump, "An Economic Consequence of 1688," *Albion* 6 (1974): 28; Horwitz, "East India Trade," 3; Pettigrew, "Free to Enslave," 11.

44. *The Interest of England Considered* (London: Walter Kettilby, 1694), sig. [A5r]; Roger Coke, *A Reply to an Answer from a Friend to the Apology for the English Nation* (London, 1692), 3; William Wilkinson, *Systema Africanum* (London, 1690), 5–6; Davies, *Royal African Company,* 46, 104, 129–30; Tim Keirn, "Monopoly, Economic Thought, and the Royal African Company," in *Early Modern Conceptions of Property,* ed. John Brewer and Susan Staves (London: Routledge, 1995), 427–66; Petition of the Royal African Company, 16 August 1689, PRO, T 70/169, fol. 63v.

45. N. T., *A Modest and Just Apology for; or, Defence of the Present East India Company* (London, 1690), 1; Letwin, *Josiah Child,* 23; Coke, *Reply to an Answer,* 4; *Reasons for Settling Admiralty Jurisdiction* (1690), 1.

46. Cary, *Essay on the State of England,* 47, 49, 52; Chaudhuri, *Trading World of Asia,* 96; Prakash, *European Commercial Enterprise,* 105, 119, 240; Bonrepaus, Report on the State of England, 1687, NA, PRO 31/3/174, fols. 113–14; *The Ancient Trades Decayed, Repaired Again* (London: T. N., 1678); John Blanch, *The Naked Truth* (London, 1696), 4–5, 13. John Blanch was a friend of the Whig Edward Clarke: Blanch (London) to Edward Clarke, 15 June 1696, Somerset SRO, DD/SF/3839; Blanch, *The Interest of England Considered* (London: Walter Kettilby, 1694); Edward Clarke, Notes on the EIC, 1690s, Somerset SRO, DD/SF/2604a; Entries Relating to Trade, 26 March, 7 May 1686, NA, CO 389/12, fols. 17–18, 21v. 这些抱怨在革命之后又重新出现了：L'Hermitage (London) to States General, 1/11 September 1693, BL, Add. 17677NN, fol. 227r; The Case of the Japanners, ca. 1690s, Lancashire SRO, DD/K/1745; Proofs before the Committee for a Free Exportation of the Woolen Manufactures, 1693, Somerset SRO, DD/SF/4515/4; Report of Board of Trade, 23 December 1697, BL, Sloane 2902, fol. 173v; Khan, *East India Trade,* 246, 257–73。

47. Cholmley (London) to Robert Freeman, 12 February 1689, North Yorkshire SRO, ZCG, unfolioed; Cholmley to John Heatfield, 16 February 1689, North Yorkshire SRO, ZCG, unfolioed; Cholmley to John Chardin and Salvador Rodriguez, [March 1689], North Yorkshire SRO, ZCG, unfolioed; London Newsletter, 23 April 1689, FSL, L.c. 2006; Letter from London, 10/20 June 1689, MAE, CP/Angleterre 170, fol. 112r; John Verney (London) to Sir Ralph Verney, 2 May 1689, Buckinghamshire SRO, Verney MSS; Cholmley to Richard Browne, 1690, North Yorkshire SRO, ZCG, unfolioed; *Journal of the House of Commons,* 4 April 1689, 10:79; "A State of All the Duties," 14 September 1694, BL, Add. 72564, fol. 51; New East India Company Minutes, 12 October, 22 October, 24 October 1691, 6 October, 9 November, 15 November 1692, Bodleian, Rawlinson MSS, C449, unfolioed; John Pulteney (Whitehall) to Sir William Dutton Colt, 30 October 1691, BL, Add. 36662, fol. 198r; L'Hermitage (London) to States General, 1/11 September 1693, BL, Add. 17677NN, fol. 226v; *Reasons Humbly Offered against*

Grafting, 7; Child (Wansted) to Papillon, 22 October 1698, CKS, U1015/O17/2.

48. Cholmley to ?, 14 January 1691, North Yorkshire SRO, ZCG, unfolioed; J. Hill (London) to Sir William Trumbull, 26 October 1691, Berkshire SRO, D/ED/C33; Horwitz, "East India Trade," 1–18; Chaudhuri, *Trading World of Asia,* 120. For the propaganda and lobbying: *A Letter to a Friend Concerning the Credit of the Nation* (London: E. Whitlock, 1697), 14. For the bribery: Cholmley to ?, 14 January 1691, North Yorkshire SRO, ZCG, unfolioed; Edward Clarke, Notes, 1690s, Somerset SRO, DD/SF/2604a; Joint Committee Report, 23 April 1695, HLRO, HL/PO/JT/1/1; Evelyn, *Diary,* 25 April 1695, 5:209; Sir Richard Temple, "The False Patriot Unmasked," ca. 1690, HEH, STT Lit (9), 15. 约西亚·蔡尔德向公司建议，购买博尔顿公爵的铅矿，以确保他在议会中的支持：Child (Wansted) to Sir Thomas Cooke, 5 December 1693, IOL, H/40, fol. 154r。对于议会而非国王有权授予以戒严法治理的委任状这一让步：EIC to Capt. Leonard Browne, 15 June 1689, IOL, E/3/92, fol. 30r。

49. *Orange Gazette,* 1 March 1689, [2]; Hampden, *Some Considerations,* 11; James, *Englands Interest.* 3. 另外参见 Thomas, *Historical Account,* 1.

50. *A Rambling Letter to a Friend* [1690], 1–2; Robert Molesworth (Copenhagen) to George Stepney, 11 October 1690, BL, Add. 37407, fol. 6r; Barbon, *Discourse of Trade,* sig. A2; Whiston, *Discourse of the Decay,* 2–3; Whiston, *To the King's Most Excellent Majesty* [1693], [1].

51. Istvan Hont, "Free Trade and the Economic Limits to Modern Politics: Neo-Machiavellian Political Economy Reconsidered," in *The Economic Limits to Modern Politics,* ed. John Dunn (Cambridge: Cambridge University Press, 1990), 64–65. 查尔斯·戴夫南特在 17 世纪 90 年代的大部分时间里都受雇于东印度公司：Davenant, Receipts of Payment from the East India Company, Bodleian, Rawlinson MSS, D747, fols. 194–201. 戴夫南特曾在詹姆斯二世统治时期担任过税务专员：*Memoirs of the Secret Services of John Mackey* (London: Nichols and Sons, 1895), 91; Commissioners for the Excise to ?, 11 March 1691, NA, CUST 48/4, 111。

52. *Some Useful Reflections upon a Pamphlet Called a Brief Account of the Intended Bank of England* [1694], 3; Jerry Squirt, *Some Account of the Transactions of Mr. William Paterson* (London, 1695), 1–2; *Proposals Humbly Offer' d to the Consideration of This Present Parliament* (London: W. Pardoe, 1689), [1]; William Paterson, "An Inquiry into the State of the Union," 1717, in *The Writings of William Paterson,* 2nd ed., ed. Saxe Bannis-ter (London: Judd and Glass, 1859), 2:63–64; John Dalrymple (The Hague) to Hamilton, 14/24 October 1691, NAS, GD 406/1/3557; Barbon, *Discourse of Trade,* 29–31.

53. Squirt, *Some Account,* 4–5; Horwitz, "East India Trade," 6–7; *A List of the Names of All the Subscribers to the Bank of England* [1694]; D. W. Jones, *War and Economy in the Age of William III and Marlborough* (Oxford: Basil Blackwell, 1988), 12–13, 296–301. 该团体可能最早是在 17 世纪 70 年代因反对法国贸易而联合起来的，参见："A Scheme of the Trade between England and France," 28 November 1674, BL, Add. 72890; Paterson, "Inquiry into the State of the Union," 64, 67。

54. *A Proposal to Raise a Million of Money by Credit on a Public Bank* [1692]; Gilbert

Burnet, *History of His Own Time* (London: William Smith, 1838), 599; *A Brief Account of the Intended Bank of England* (London: Randal Taylor, 1694), 1–4.

55. H. M., *England's Glory; or, The Great Improvement of Trade in General by a Royal Bank* (London: Tho. Bever, 1694), sigs. A3r-A4r, 11–12, 18–19, 21–24, 31.

56. Cary, *Essay on the State of England,* 32; Brewster, *Essays on Trade,* 6, 109; Locke to Clarke, 6 August 1694, in *Correspondence of Locke and Clarke,* ed. Rand, 397; *A List of the Names,* 1694; Edward Clarke, Notes on the Bank, 1695/96, Somerset SRO, DD/ SF/2764; Edward Clarke's Money Assets at the Time of His Death, 1710, Somerset SRO, DD/SF/1789; compare Craig Rose, *England in the 1690s: Revolution, Religion, and War* (Oxford: Blackwell, 1999), 135.

57. Hampden, *Some Considerations,* 31; Whiston, *Discourse of the Decay,* 9; Cary, *Essay on the State of England,* sig. A3r; Brewster, *Essays on Trade,* 1.

58. *Brief Account of the Intended Bank,* 16–17; Carruthers, *City of Capital,* 141–42; Extrait d'un Lettre de Londres, 9 February 1695, MAE, CP/Angleterre 173, fol. 35v; Burnet, *History of His Own Time,* 599; Sir Edward Seymour, 30 November 1689, Grey, 9:466; Paterson, "Inquiry into the State of the Union," 64.

59. Rubini, "Battle for the Banks," 697, 702, 712; Brewer, *Sinews of Power,* 153; Charles Montague to William Blathwayt, 3 July 1696, BL, Add. 34355, fol. 10v; Land Bank Minute Book, University of London, Senate House Library, MS 61; Anderson, *Origins of Commerce,* 2:211; Montague to Blathwayt, 29 May 1696, BL, Add. 34255, fol. 1v; Peter Le Neve (London) to Oliver Le Neve, 23 January 1696, Beinecke, Osborn Files 8983/8; John Lord Ashburnham (Ashburnham) to Richard Hoare, 15 April 1696, East Sussex SRO, ASH/840, 48; Montague to Blathwayt, 17/27 July 1696, BL, Add. 34355, fol. 14v; Carruthers, *City of Capital,* 142.

60. Henry Horwitz, *Parliament, Policy and Politics,* 131; *Some Considerations Offered against the Continuance of the Bank of England* [1694], 2; *Observations upon the Constitution of the Bank of England* [1694], 1; John Briscoe, *A Discourse of the Late Funds of the Million-Act, Lottery-Act, and Bank of England,* 2nd ed. (London: R. Baldwin, 1694), 4; Paterson, "Inquiry into the State of the Union," 64; *A Brief Account of the Intended Bank,* 2, 8; Burnet, *History of His Own Time,* 599; *Some Useful Reflections upon a Pamphlet,* 3. 当时东印度公司的拥护者指责其反对者（其中许多人参与了银行的创建）"搞平均主义"，并将其抱负与"我们英格兰的平等派和古罗马的护民官"相提并论，言下之意是贬低他们。参见："The Humble Answer of the East India Company," May 1692, IOL, H/40, fol. 176r。

61. [Daniel Defoe], *An Essay upon Projects* (London, 1697), 1–2, 10–11, 19–20, 24; 笛福明确将他的论述与 Joan Thirsk, *Economic Policy and Projects: The Development of a Consumer Society in Early Modern England* (Oxford: Clarendon Press, 1978), 1, 9 中所描述的那种计划区分开来。

62. 约翰·劳瑟爵士同样察觉到，大约在这个时候政治言论发生了转变。参见：Lowther, Trade in General, 1680s, Cumbria SRO, Carlisle, D/Lons/W1/63, 11; Paul Slack, "The Politics of Consumption and England's Happiness in the Later Seventeenth Century," *English Historical Review* 122 (2007): 609–25。

63. Armitage, *Ideological Origins of the British Empire,* 148.

64. Colley Cibber, *An Apology* (London: John Watts, 1740), 40; Steve Pincus, "England and the World in the 1650s," in *Revolution and Restoration: England in the 1650s,* ed. John Morrill (London: Collins and Brown, 1992), 143–46; David Smith, "The Struggle for New Constitutional and Institutional Forms," in *Revolution and Restoration,* ed. Morrill, 21–23; Allan I. Macinnes, *The British Revolution, 1629–1660* (New York: Palgrave, 2005), 209–10; Robert Brenner, *Merchants and Revolution: Commercial Change, Political Conflict, and London's Overseas Traders, 1550–1653* (London: Verso, 2003), 648.

65. David Stasavage, "Partisan Politics and Public Debt: The Importance of the 'Whig Supremacy' for Briatin's Financial Revolution," *European Review of Economic History* 11 (2007): 124.

66. 关于能有力证明"1689 年之后英国经济的发展方向是由国家政策塑造的"的论据，可参见 David Ormrod, *The Rise of Commercial Empires: England and the Netherlands in the Age of Mercantilism, 1650–1770* (Cambridge: Cambridge University Press, 2003), 342–46。

第十三章 教会革命

1. Charles Leslie, "Querela Temporum," 1694, in *A Collection of Scarce and Valuable Tracts,* 2nd ed., vol. 9, ed. Walter Scott (London: T. Cadell and W. Davies et al., 1813), 518; Melfort (Rome) to John Caryl, 12/22 March 1690, BL, Lansdowne 1163A, fol. 39r; Gilbert Burnet, *History of His Own Time* (London: William Smith, 1838), 569; Burnet, *The New Preface and Additional Chapter* (London: D. Midwinter and B. Cowse, 1713), 9.

2. Henry Horwitz, *Revolution Politicks: The Career of Daniel Finch, Second Earl of Nottingham, 1647–1730* (Cambridge: Cambridge University Press, 1968), 99; G. V. Bennett, "Conflict in the Church," in *Britain after the Glorious Revolution, 1689–1714,* ed. Geoffrey Holmes (Basingstoke: Macmillan, 1969), 161, 165; Bennett, "King William III and the Episcopate," in *Essays in Modern Church History,* ed. G. V. Bennett and J. D. Walsh (New York: Oxford University Press, 1966), 105, 122, 124–31; Gordon Rupp, *Religion in England, 1688–1791* (Oxford: Clarendon Press, 1986), 74; John Spurr, *The Restoration Church of England, 1646–1689* (New Haven and London: Yale University Press, 1991), 379.

3. Gerald M. Straka, *Anglican Reaction to the Revolution of 1688* (Madison: State Historical Society of Wisconsin, 1962), ix; Tony Claydon, *William III and the Godly Revolution* (Cambridge: Cambridge University Press, 1996), 44, 159–60, 229. 约翰·斯珀尔曾一度否认存在一种独特的宽容派观点：Spurr, "'Latitudinarianism' and the Restoration Church," *Historical Journal* 31 (1988): 77, 82. 斯珀尔此后在 Mark Goldie and Spurr, "Politics and the Restoration Parish: Edward Fowler and the Struggle for St. Giles Cripplegate," *English Historical Review* 109 (1994): 572–96 中似乎改变了立场。马歇尔说，自 1689 年之后，他们变得不那么独特了。John Marshall, *John Locke,*

Toleration and Early Enlightenment Culture (Cambridge: Cambridge University Press, 1994), 39.

4. J. P. Kenyon, *Revolution Principles: The Politics of Party, 1689–1720* (Cambridge: Cambridge University Press, 1977), 77; Straka, *Anglican Reaction,* viii; J. C. D. Clark, *English Society, 1660–1832,* 2nd ed. (Cambridge: Cambridge University Press, 2000), 84; Claydon, *William III and the Godly Revolution,* 58–59; Marshall, *Locke,* 284; Marshall, "John Locke and Latitudinarianism," in *Philosophy, Science, and Religion in England, 1640–1700,* ed. Richard Kroll, Richard Ashcraft, and Perez Zagorin (Cambridge: Cambridge University Press, 1992), 282; Craig Rose, *England in the 1690s: Revolution, Religion, and War* (Oxford: Blackwell, 1999), 182.

5. Richard Ashcraft, "Latitudinarianism and Toleration: Historical Myth versus Political History," in *Philosophy, Science, and Religion in England, 1640–1700,* ed. Kroll, Ashcraft, and Zagorin, 154, 160; Jon Parkin, *Science, Religion and Politics in Restoration England: Richard Cumberland's "De Legibus Naturae"* (Woodbridge: Boydell, 1999), 29, 33; Claydon, *William III and the Godly Revolution,* 163. 另外参见 Kenyon, *Revolution Principles,* 84。

6. 其他人也倾向于这种解释方向：Mark Goldie, "John Locke, Jonas Proast and Religious Toleration, 1688–1692," in *The Church of England, c. 1689–c. 1833,* ed. John Walsh, Colin Haydon, and Stephen Taylor (Cambridge: Cambridge University Press, 1993), 143–71; Goldie and Spurr, "Politics and the Restoration Parish," 572–73; G. M. Trevelyan, *The English Revolution, 1688–89* (Oxford: Oxford University Press, 1938), 87。

7. Joseph Hill (Geneva) to Sir William Trumbull, 18/28 February 1689, Berkshire SRO, D/ED/C33; Andrew Swatland, *The House of Lords in the Reign of Charles II* (Cambridge: Cambridge University Press, 1996), 255; Bennett, "Conflict in the Church," 156; Robert Beddard, "The Commission for Ecclesiastical Promotions, 1681–1684: An Instrument of Tory Reaction," *Historical Journal* 10 (1967): 15, 39.

8. Beddard, "Bishop Cartwright's Death-Bed," *Bodleian Library Record* 11 (1984): 220–21; Dr. William Denton to Sir Ralph Verney, 25 August 1686, Buckinghamshire SRO, Verney MSS; Anthony Wood, *Athenae Oxonienses,* 3 vols., 2nd ed. (London: R. Knaplock, D. Midwinter, J. Tonson, 1721), 2:1170, 1173 1721; Thomas Birch, *The Life of the Reverend Dr. John Tillotson* (London: J. and R. Tonson et al., 1752), 149; Newcastle (Newcastle) to Sunderland, 4 October 1688, NA, SP 31/4, fol. 89r; ? (Yorkshire) to James Harrington, March 1688, BL, Add. 36707, fol. 20v; Sir Charles Cotterell to Sir William Trumbull, 26 March 1688, BL, Trumbull MSS 39, unfolioed; William Westby, Memoirs, 21 March 1688, FSL, V.a. 469, fol. 16v; White Kennett, *A Complete History of England,* vol. 3 (London: Brab. Aylmer et al., 1706), 491; "A Brief Account Concerning Matters of Fact Touching the Prince of Orange," Bodleian, Rawlinson MSS, D1079, fol. 1r.

9. William Sancroft, "Reason against Subscription," 1687, Bodleian, Tanner 29, fol. 13r; Morrice, Entering Book, 30 April 1687, 31 Q, 114, 107; Worcester (Oxford) to Thomas Turner, 31 May 1687, Bodleian, Rawlinson MSS, Letters 91, fol. 66r; Dr. Paman (London) to Sir Ralph Verney, 4 May 1687, Buckinghamshire SRO, Verney MSS; Jonathan Trelawney, bishop of Bristol (Bristol) to Sancroft, 1 July 1687, Bodleian, Tanner 29,

fol. 42v; Morrice, Entering Book, 10 November 1688, 312; Earl of Clarendon, Diary, 20 February, 12 May, 3 November 1688, Singer, 2:163–64, 171, 200; Francis Turner, bishop of Ely (Ely), to Sancroft, 6 June 1687, Bodleian, Tanner 29, fol. 34r; William Lloyd, bishop of St. Asaph, to Sancroft, 21 June 1687, Bodleian, Tanner 29, fol. 39v. 唯一的例外可能是赫里福德主教赫伯特·克罗夫特。尽管劳埃德憎恶卡特赖特、帕克、克鲁和沃森，但他不应被归为桑克罗夫特的追随者。他长期以来对异见者抱有同情，并且愿意容忍反抗。毫不奇怪，在 1688 年革命前获得任命的主教中，他是唯一在革命后仍获升迁的。

10. "Some Account of the Revolution," Bodleian, Eng.Hist.b.205, fol. 98v; London Newsletter, 26 March 1689, FSL, L.c. 1994; Morrice, Entering Book, 26 January 1689, 29 December 1688, 5 January, 12 January, 16 March 1689, DWL, 31 Q, 433, 406–7, 415, 422, 503; Edward Harley to Robert Harley, 23 February 1689, BL, Add. 40621, fol. 26r; Birch, *Life of Tillotson,* 155; Kennett, *Complete History,* 517.

11. Rose, *England in the 1690s,* 154; Straka, *Anglican Reaction,* 29; Spurr, *Restoration Church of England,* 34–36, 83. 1689 年，约 4% 的人因拒绝接受新政权而失去职位；1662 年，约 20% 的人失去职位；Sir William Boothby (Ashbourne, Derbyshire) to Dr. Anthony Horneck, 9 July 1689, BL, Add. 71692, fol. 105; Robert Harley (Brampton) to Sir Edward Harley, 11 April 1689, BL, Add. 70014, fol. 211r; Charles Trumbull (Hadleigh) to Sir William Trumbull, 25 October 1689, BL, Add. 72513, fol. 17r; Isaac Newton (Westminster) to John Covel, 2 March 1689, Trinity College, Cambridge, MS R.4.43, fol. 9r。

12. 这些人是约翰·蒂洛森（坎特伯雷，1691）、理查德·基德尔（巴斯和韦尔斯，1691）、吉尔伯特·艾恩赛德（布里斯托尔，1689；赫里福德，1691）、约翰·霍尔（布里斯托尔，1691）、西蒙·帕特里克（奇切斯特，1689；伊利，1691）、罗伯特·格罗夫（奇切斯特，1691）、爱德华·福勒（格洛斯特，1691）、威廉·劳埃德（利奇菲尔德，1692）、托马斯·特尼森（林肯，1692）、约翰·穆尔（诺里奇，1691）、约翰·霍夫（牛津，1690）、理查德·坎伯兰（彼得伯勒，1691）、吉尔伯特·伯内特（索尔兹伯里，1689）、爱德华·斯特林弗利特（伍斯特，1689）、汉弗莱·汉弗莱斯（班戈，1689）、爱德华·琼斯（圣阿萨夫，1692）、约翰·夏普（约克，1691）和尼古拉斯·斯特拉特福德（切斯特，1689）。尽管这一章是基于对所有这些主教著作的分析，但要了解爱德华·琼斯的情况却几乎无从下手。

13. Horwitz, *Revolution Politicks,* 262; Thomas Newcome, ed., *The Life of John Sharpe,* vol. 1 (London: C. and J. Rivington, 1825), 15 (hereafter cited as *Life of Sharpe*); Timothy Goodwyn, *The Life and Character of That Eminent and Learned Prelate, the Late Dr. Edward Stilling fleet* (London: J. Heptinstall, 1710), 59; John Sharp to Nottingham, 1689, in *Life of Sharpe,* 104–5; Amy Edith Robinson, ed., *The Life of Richard Kidder, D. D. Bishop of Bath and Wells Written by Himself,* Somerset Record Society, vol. 37 (Frome: Somerset Record Society, 1924), 24–25 (hereafter cited as *Life of Kidder*); Burnet, *History of His Own Time,* 241–42.

14. Goodwyn, *Life of Stilling fleet,* 19; David Underdown, *Pride's Purge: Politics in the Puritan Revolution* (London: George Allen and Unwin, 1971), 104–5; Richard Cust, "Politics and the Electorate in the 1620s," in *Conflict in Early Stuart England,* ed. Cust

and Ann Hughes (London: Longman, 1989), 157; *Life of Kidder,* 21; Thomas Burnet, "Life of Gilbert Burnet," in *Bishop Burnet's History of His Own Time,* ed. T. Burnet (London: A. Millar, 1753), xxi–xxii; Gilbert Burnet, *The History of the Reformation of the Church of England; First Part,* 2nd ed. (London: T. H. for Richard Chiswell, 1681), sig. [(b)2r].

15. Simon Patrick, Autobiography, in *The Works of Symon Patrick,* vol. 9, ed. Alexander Taylor (Oxford: Oxford University Press, 1858), 438. 帕特里克后来与蕾切尔·罗素夫人保持着友谊：Lois G. Schwoerer, *Lady Rachel Russell: "One of the Best of Women"* (Baltimore: Johns Hopkins University Press, 1988), 150, 194–95; *Life of Kidder,* 11–12; Gilbert Burnet, *History of the Reformation of the Church of England; Second Part,* 2nd ed. (London: T. H. for Richard Chiswell, 1683), sig. [a2r]; Birch, *Life of Tillotson,* 131; Burnet, "Life of Gilbert Burnet," xxxv; Gilbert Burnet (Hague) to Robert Boyle, 4 June 1686, in *The Works of the Honourable Robert Boyle,* ed. Thomas Birch (London: W. Johnston et al., 1772), 6:626 (hereafter cited as Boyle, *Works*)。

16. Thomas Dent to William Wotton, 20 May 1699, and Gilbert Burnet, "Memorandum," both in *Robert Boyle by Himself and His Friends,* ed. Michael Hunter (London: William Pickering, 1994), 105–6, 28; *Life of Kidder,* 17; Robert Boyle to Burnet, [June 1686], Boyle, *Works,* 6:626–27; Burnet to Boyle, 4 June 1686, in Boyle, *Works,* 6:625–26; Burnet, *History of the Reformation; First Part,* sig. [(b)2r]; Wood, *Athenae,* 2:877. 巴洛与博伊尔不同，他开始鄙视宗教宽容。参见 Robert Beddard, "Tory Oxford," in *Seventeenth-Century Oxford,* ed. Nicholas Tyacke (Oxford: Clarendon Press, 1997), 884; Tyacke, "Religious Controversy," in *Seventeenth-Century Oxford,* ed. Tyacke, 605–6。

17. N. Toinard to Locke, 11/21 March 1689, in *Locke Correspondence,* 3:581; Marshall, *Locke,* 78, 80; Marshall, "John Locke and Latitudinarianism," 253; Locke (London) to Edward Clarke, 13 April 1689, *Locke Correspondence,* 3:603; Locke (London) to Philippus Von Limborch, 11 December 1694, *Locke Corre-spondence,* 5:237–38, 3:603; Mark Goldie, "John Locke, Jonas Proast and Religious Toleration," in *The Church of England, c. 1689–c. 1833,* ed. John Walsh, Stephen Taylor, and Colin Haydon (Cambridge: Cambridge University Press, 1993), 144, 152, 157, 165.

18. Matthew Sylvester, ed., *Reliquiae Baxterianae,* 3 vols. (London: T. Parkhurst et al., 1696), 2:386; Burnet, "Autobiography," in *A Supplement to Burnet's History of My Own Time,* ed. H. C. Foxcroft (Oxford: Clarendon Press, 1902), 463; Spurr, *Restoration Church of England,* 47–49; Birch, *Life of Tillotson,* 60; Burnet, *History of His Own Time,* 128–29.

19. Burnet, *History of His Own Time,* 130; William Lloyd, *A Sermon Preached at the Funeral of the Right Reverend Father in God John Late Lord Bishop of Chester* (London: A. C. for Henry Brome, 1672), 34; Wood, *Athenae,* 2:506–7, 1184; Barbara Shapiro, *John Wilkins, 1614–1672: An Intellectual Biography* (Berkeley: University of California Press, 1969), 4, 151–52, 251–53; Birch, *Life of Tillotson,* 6; Beddard, "Restoration Oxford," in *Seventeenth-Century Oxford,* ed. Tyacke, 834.

20. Burnet, "Life of Gilbert Burnet," xxi.

21. *Life of Sharpe,* 28–29; *Life of Kidder,* 46, 48–49, 62; Patrick, Autobiography, 472; Clarendon, Diary, 14 December 1688, 2:225; William Whiston, *Memoirs of the Life and Writings* (London, 1749), 41; Burnet, "Autobiography," 487.

22. Philip Bliss, ed., *Athenae Oxenienses* (London: Lackington et al., 1820), 4:512–13; "Archdeacon Payne's Life of Cumberland," in *Richard Cumberland: A Philosophical Enquiry into the Laws of Nature,* ed. John Towers (Dublin: Samuel Powell, 1750), app., 71; Thomas Newlin, trans., *Bishop Parker's History of His Own Time* (London: Charles Purington, 1727), 323–24; Sylvester, *Reliquiae Baxterianae,* 3:157; Kennett, *Complete History,* 302; William Jane, *A Letter to a Friend Concerning Some Quaeries* [1689], 2.

23. Burnet, *History of the Reformation; First Part,* sig. (b)v, [(b)2]; Dr. Thomas Barlow to R. S., in *The Genuine Remains of That Learned Prelate Dr. Thomas Barlow* (London: John Dunton, 1693), 181; Burnet, *History of the Reformation; Second Part,* sigs. av-[a2r]; Burnet, "Life of Gilbert Burnet," xxii–xxiii. James II hated the *History:* Daniel Defoe, *The Advantages of the Present Settlement* (London: Richard Chiswell, 1689), 13; Gilbert Burnet, *Reflections upon a Pamphlet* (London: R. Chiswell, 1696), 80; William Lloyd, *A Sermon Preached before the House of Lords* (London: M. C. for Henry Brome, 1680), 26; Birch, *Life of Tillotson,* 60–61; J. A. I. Champion, *The Pillars of Priestcraft Shaken: The Church of England and Its Enemies, 1660–1730* (Cambridge: Cambridge University Press, 1992), 64, 78–79; Sir Robert Howard, *A Two-Fold Vindication* (London, 1696), 95.

24. Samuel Parker to ?, 1685, Bodleian, Tanner 31, fol. 173v; Burnet, *History of His Own Time,* 307; Titus Oates, *A Display of Tyranny, First Part* (London, 1689), sig. [A5]r.

25. *Life of Sharpe,* 30–31, 48–49; Robert Kirk, "Sermons, Occurrences . . . ," 1690, Edinburgh SUL, La.III.545, fol. 137r; Patrick, Autobiography, 454; *Life of Kidder,* 37.

26. *Life of Kidder,* 37; Patrick, Autobiography, 490, 509–10; Goodwyn, *Life of Stillingfleet,* 58–59; William Sancroft, "Some Proceedings," May 1688, Bodleian, Tanner 28, fol. 38r; John Tillotson (London) to Sancroft, [May 1688], Bodleian, Tanner 28, fol. 37r; James Johnston to ?, 23, 27 May 1688, BL, Add. 34515, fols. 65v, 67v.

27. Morrice, Entering Book, 5 May 1688, DWL, 31 Q, 254; Burnet, "Life of Gilbert Burnet," xxx, xxxii; Burnet, *History of the Reformation; Second Part,* sig. [a2]; Halifax, "Spencer House Journals," in *The Life and Letters of Sir George Savile, Bart. First Marquis of Halifax,* vol. 2, ed. H. C. Foxcroft (London: Longmans, Green, 1898), 216, 226; Thomas Warton, *The Life and Literary Remains of Ralph Bathurst* (London: R. and J. Dodsley, C. Bathurst, J. Fletcher, 1761), 63; Birch, *Life of Tillotson,* 151; Kennett, *Complete History,* 642; *Life of Sharpe,* 109–10. 夏普后来的保守主义倾向让许多熟悉他的人大 为 惊 讶：Burnet, "Original Memoirs," in *Supplement,* ed. Foxcroft, 359; Burnet, "Autobiography," 504; Clarendon, Diary, 11 March 1689, 2:269; Patrick, Autobiography, 520。

28. Richard Doebner, ed., *Memoirs of Mary Queen of England, 1689–1693* (London: David Nutt, 1886), 14, 18, 21, 24, 37, 39, 43; *Memoirs of the Life and Times of the Most Reverend Father in God, Dr. Thomas Tennison,* 3rd ed. (London: J. Roberts, 1716?),

19, 23; Goldie, "John Locke, Jonas Proast and Religious Toleration," 163; Albeville (Hague) to Lord Preston, 9/19 November 1688, BL, Add. 34517, fol. 11v; Edward Fowler, *Memoirs of the Life and Death of Our Late Most Gracious Queen Mary*, 2nd ed. (London: B. Aylmer and J. Wyat, 1712), 12; Burnet, *New Preface*, 18.

29. John Fell (bishop of Oxford) to Lord Hatton, 12 July 1685, in *Correspondence of the Family of Hatton*, vol. 2, ed. Edward Maunde Thompson, Camden Society, n.s., 23 (1878): 58–59; Edmund Elys, "The Third Letter of the Truly Religious and Loyal Gentry," 1687, Bodleian, Tanner 29, fol. 16v; Thomas Sprat (bishop of Rochester), *A True Account and Declaration of the Horrid Conspiracy against the Late King* (London: Thomas Newcombe, 1685), 159; Thomas Sprat to Sancroft, 11 April 1685, Bodleian, Tanner 31, fol. 22r.

30. Morrice, Entering Book, 22 December 1688, DWL, 31 Q, 379, 381–82; Edward Harley to Robert Harley, 22 January 1689, BL, Add. 40621, fol. 5r; Francis Turner to Sancroft, [11 January 1689], Bodleian, Tanner 28, fols. 318–21; Lloyd to Bentinck, 17 December 1688, NA, SP 8/2/Pt. 2, fol. 91r; Thomas Ken (bishop of Bath and Wells) to Dartmouth, 23 September 1688, Staffordshire SRO, D(w) 1778/I/i/1280; Morrice, Entering Book, 2 February 1689, DWL, 31 Q, 450; Wood, *Athenae,* 2:988.

31. Beddard, "Tory Oxford," 893–97; G. V. Bennett, "Against the Tide: Oxford under William III," in *The Eighteenth Century,* ed. L. S. Sutherland and L. G. Mitchell (Oxford: Clarendon Press, 1986), 42; William Pittis, *Memoirs of the Life of the Late Reverend Dr. South* (London: E. Curll, 1721), 108, 114; Sancroft to James II, 29 July 1686, Bodleian, Tanner 30, fol. 93r; Beddard, "Restoration Oxford," 839.

32. William Lloyd, *A Sermon at the Funeral of Sir Edmund-Bury Godfrey* (London: M. Clark for Henry Brome, 1678); Lloyd to Sancroft, 20 April 1686, Bodleian, Tanner 30, fol. 24r; A. Tindal Hart, *William Lloyd, 1627–1717* (London: SPCK, 1952), 30–34; Samuel Parker to ?, 1685, Bodleian, Tanner 31, fol. 173r; Gilbert Burnet, *A Letter Written upon the Discovery of the Plot* (London: H. Brome and R. Chiswell, 1678); Wood, 5 November, 23 December 1678, in *Life and Times,* ed. Clark, 2:422, 428; Goldie and Spurr, "Politics and the Restoration Parish," 584; Birch, *Life of Tillotson,* 81–82.

33. Wood, [August 1681], 29 November 1684, in *Life and Times,* ed. Clark, 2:553, 3:118; Wood, *Athenae,* 2:994, 1029; *Life of Kidder,* 36; Goldie and Spurr, "Politics and the Restoration Parish," 572–96; Parker to ?, 1685, Bodleian, Tanner 31, fol. 172r; Patrick, Autobiography, 451, 541; Wood, 9 April, 23 April 1685, in *Life and Times,* ed. Clark, 3:137, 141; J. T. (Oxford) to Philip Henry, 6 May 1685, Bodleian, Eng.Lett.e.29, fol. 8r.

34. William Stanley (Hague) to Sancroft, 24 January/3 February 1688, Bodleian, Tanner 29, fol. 132r; Patrick, Autobiography, 513; William Wake, Autobiography, LPL, 2932, fols. 55, 61–62; Birch, *Life of Tillotson,* 167–68; Richard Davies, *An Account of the Convincement, Exercises, Services and Travels of that Ancient Servant of the Lord Richard Davies* (London: J. Sowle, 1710), 243; *Life of Kidder,* 46; Van Citters (London) to States General, 24 February/5 March 1688, BL, Add. 34510, fol. 98; James Fraser (London) to Sir Robert Southwell, 7 April 1688, FSL, V.b. 287 (57); Southwell (Kingsweston) to Weymouth, 4 April 1687, Longleat House, Thynne MSS 15, fol. 169v;

Gilbert Burnet, "Meditations on the Impending Expedition," 1688, in *Supplement,* ed. Foxcroft, 522, 527.

35. Burnet to Shrewsbury, 7 September 1689, NA, SP 32/2, fol. 6; Burnet, *Reflections,* 38–39.

36. John Moore, *Sermons on Several Subjects* (London: W. Taylor, J. Hooke, and T. Caldecott, 1715), "Sermon 2: 27 January 1684," 69–70; William Lloyd, "Speech Prepared . . . to Have Been Spoken at the Trial," June 1688, Bodleian, Tanner 28, fol. 101r; Gilbert Burnet, *The Citation,* 27 June 1687 [1687], 6; Burnet, *An Answer to a Paper Printed with Allowance* [1687], 6; Burnet, *An Enquiry into the Measures of Submission* [London, 1688], 5–6; Burnet, *Reflections,* 43.

37. Burnet, "Meditations on the Impending Expedition," 524; Edward Fowler (bishop of Gloucester), *An Answer to the Paper Delivered by Mr. Ashton at His Execution* (London: Robert Clavell, 1690), 21; Fowler, *Memoirs of the Life and Death of Our Late Most Gracious Queen Mary,* 2nd ed. (London: B. Aylmer and J. Wyat, 1712), 25; Burnet, *Reflections,* 45.

38. John Moore (bishop of Norwich), *A Sermon Preach'd before the King* (London: Will. Rogers, 1696), 7; Edward Stillingfleet (bishop of Worcester), *Christian Magnanimity* (London: Henry Mortlocke, 1690), 36; Edward Stillingfleet, "Sermon not Preached," 1694, in *Miscellaneous Discourses on Several Occasions* (London: S. Buckley, 1735), 399–400.

39. Burnet, *Reflections,* 40, 42, 90–91; Birch, *Life of Tillotson,* 123; John Tillotson, "Sermon Preached 29 May 1693," in *The Works of the Most Reverend Dr. John Tillotson,* 10th ed., vol. 1, ed. Ralph Berker (London: J. J. and P. Knapton, 1735), 1:214.

40. Fowler, *Answer to the Paper,* 18, 23; Fowler, *A Vindication of the Divines of the Church of England* (London: Brabazon Aylmer, 1689), 13–14. 查理二世统治末期，福勒承受着巨大的压力，要为自己洗清与辉格党有关的污点。于是他发表了一篇布道词，极力限制反抗的权利。但即便如此，他还是为极端情况下的反抗留出了明确的余地：Fowler, *A Sermon Preached at the General Meeting of Gloucestershire-Men* (London: T. B. for Brabazon Aylmer, 1685), 10。

41. Thomas Hearne, 6 February 1710, in *Remarks and Collections of Thomas Hearne,* 2 vols., ed. C. E. Doble (Oxford: Oxford Historical Society, 1885–86), 2:343; "An Account of the Visitation of S. M. Magd. College," 22 October 1687, Bodleian, Tanner 29, fol. 97v; "An Account of the Visitation," 21 October 1687, Bodleian, MSS Tanner 29, fol. 94v; Hearne, 17 February 1706, in *Remarks and Collections,* ed. Doble, 1:187; William Nicolson, 16 December 1702, in *The London Diaries of William Nicolson, Bishop of Carlisle, 1702–1718,* ed. Clyve Jones and Geoffrey Holmes (Oxford: Clarendon Press, 1985), 146; Hearne, 16 September 1706, in *Remarks and Collections,* ed. Doble, 1:288.

42. Morrice, Entering Book, 29 December 1688, DWL, 31 Q, 394; Simon Patrick, "A Sermon Preached before the Lords," 26 November 1691, in *Works,* vol. 8, ed. Taylor, 448–49, 460; Patrick, *A Sermon Preached at St. Paul's Covent Garden,* 31 January 1689 (London: Richard Bentley, 1689), 22, 24; Patrick, "A Sermon against Murmering," 17 March 1689, in *Works,* vol. 8, ed. Taylor, 414–16.

43. John Moore, *A Sermon Preach' d before the House of Lords,* 31 January 1698 (London: R. R. for W. Rogers, 169[8]), 7, 24; Moore, *Sermon Preach' d before the King,* 17; Hearne, 7 March 1706, in *Remarks and Collections,* ed. Doble, 1:200.

44. Humphrey Humphreys (bishop of Bangor), *A Sermon Preach' d before the House of Lords,* 30 January 1696 (London: John Everingham, 1696), 20, 27; Hearne, 14 April 1706, in *Remarks and Collections,* ed. Doble, 1:224–25; J. W. Gough, "James Tyrrell, Whig Historian and Friend of John Locke," *Historical Journal* 19, no. 3 (1976): 605.

45. Linda Kirk, *Robert Cumberland and Natural Law* (Cambridge: James Clarke, 1987), 18–19, 76; "Archdeacon Payne's Life of Cumberland," app. 74.

46. Burnet, "Meditations on the Impending Expedition," 522; Gilbert Burnet, *An Enquiry into the Measures of Submission* [London, 1688], [1], 2, 7, 9–10; Gilbert Burnet, "A Letter concerning Some Reflections," 1687, in Burnet, *A Collection of Papers Relating to the Present Juncture of Affairs in England* (1688/89), 4; Burnet, *Reflections,* 36–37; Burnet, *Reasons against Repealing the Acts of Parliament Concerning the Test* (1687), 6; Clarendon, Diary, 11 January 1689, 2:244.

47. Burnet, "Life of Gilbert Burnet," xxxii; Burnet, *Reflections,* 31–32; Gilbert Burnet, *A Sermon Preached at the Coronation,* 11 April 1689 (London: J. Starkey and Richard Chiswell, 1689), 5,13. 另外参见 Burnet, *An Exhortation to Peace and Union,* Sermon Preached at St. Lawrence-Jury, 26 November 1689 (London: Richard Chiswell, 1689), 9。

48. Lloyd to Sancroft, 1685?, Bodleian, Tanner 33, fol. 4r; Lloyd, Speech not Spoken, 29 June 1688, BL, Add. 74246, fol. 105; Lloyd, *A Discourse of God's Ways of Disposing Kingdoms* (London: H. Hills for Thomas Jones, 1691), sig. A2r.

49. Lloyd, *Discourse of God's Ways,* 64–66; Lloyd, *A Sermon Preached before Their Majesties at Whitehall,* 5 November 1689 (London: Robert Clavell, 1689), 27–29; Lloyd, *The Pretences of the French Invasion Examined* (London: R. Clavel, 1692), 12.

50. Stillingfleet, "Sermon not Preached," 403–4, 439; Stillingfleet, *A Discourse Concerning the Unreasonableness of a New Separation* (London: Richard Chiswell, 1689), 5, 30; Stillingfleet, "Case of Reading King James' Declaration 1688," in *Miscellaneous Discourses,* 369–70.

51. Thomas Tenison, *A Sermon Concerning Doing Good to Posterity* (London: Richard Chiswell, 1690), 21; Tension, *A Discourse Concerning the Ecclesiastical Commission Open' d in the Jerusalem Chamber* (London: Richard Chiswell, 1689), 1; Clarendon, Diary, 7 January 1690, 2:300; Hearne, 23 June 1708, in *Remarks and Collections,* ed. Doble, 2:115.

52. Robert Grove, *Seasonable Advice to the Citizens, Burgesses, and Free-Holders of England* (London: Walter Kettilby, 1685), 6–7, 11, 13, 18–19, 32; Grove, *A Short Defence of the Church and Clergy of England* (London: J. Macock for Walter Kettilby, 1681), 78.

53. London Newsletter, 31 January 1689, FSL, L.c. 1966; Hamon London Newsletter, 31 January 1689, Beinecke, OSB Shelves f b.210; *Life of Sharpe,* 65, 95, 256.

54. Dr. Francis Turner (bishop of Ely) to ?, 17 February 1689, in Robert Beddard, ed., "The Loyalist Opposition in the Interregnum: A Letter of Dr. Francis Turner, Bishop of Ely, on

the Revolution of 1688," *Bulletin of the Institute of Historical Research* 40 (1967): 109; Burnet, *Reflections,* 49–50; Tillotson to Bentinck, 1689, in Birch, *Life of Tillotson,* 153; Clarendon, Diary, 23 May 1689, 2:277; Nicholas Stratford to James Harrington, 9 March 1689, BL, Add. 36707, fol. 61r; Patrick, Autobiography, 519; Hearne, 25 November 1705, in *Remarks and Collections,* ed. Doble, 1:97; Wood, 31 August 1689, in *Life and Times,* ed. Clark, 3:309.

55. Horwitz, *Parliament, Policy and Politics,* 56, 337.

56. John Gadbury (London) to Sir Robert Owen, 16 May 1685, National Library of Wales, Brogynton MSS [841]; John Walker (counselor in Norwich) to W. Sancroft, Bodleian, Tanner 28, fol. 323r; Kirk, "Sermons, Occurrences . . . ," 1690, fols. 142–43.

57. Burnet, *New Preface,* 12–13; Burnet, *History of His Own Time,* 569–70.

58. The phrase is Richard Ashcraft's.

59. Mark Goldie, "The Theory of Religious Intolerance in Restoration England," in *From Persecution to Toleration,* ed. Ole Peter Grell, Jonathan I. Israel, and Nicholas Tyacke (Oxford: Clarendon Press, 1991), 334; Bennett, "William III and the Episcopate," 111; Rose, *England in the 1690s,* 184, 298.

60. Patrick, Autobiography, 516–17; Tillotson, "Sermon at the Yorkshire Feast," 3 December 1678, *Sermons on Several Subjects and Occasions,* 3 vols. London: R. Ware, et al., 1742), 25; Patrick, *Sermon Preached at St. Paul's,* 36; Clarendon, Diary, 25 April, 11 March 1689, 2:275, 269; Richard Kidder, *A Letter to a Friend Relating to the Present Convocation at Westminster* (London: Brabazon Aylmer, 1690), 2; Yester (London) to Tweeddale, 15 January 1689, NLS, 14404, fols. 5–6.

61. Yester (London) to Tweeddale, 15 January 1689, NLS, 14404, fol. 6r; Boothby (Ashbourne) to Horneck, 3 September 1689, BL, Add. 71692, fol. 112r; Morrice, Entering Book, 16 March, 9 March 1689, DWL, 31 Q, 498, 493; Horwitz, *Parliament, Policy and Politics,* 23–25; Morrice, Entering Book, 13 April 1689, DWL, 31 Q, 527.

62. *Life of Kidder,* 49; Patrick, Autobiography, 522–25; Morrice, Entering Book, 21 September 1689, DWL, 31 Q, 601; *Memoirs of Tenison,* 13; Kennett, *Complete History,* 551; Thomas Tenison, *A Discourse Concerning the Ecclesiastical Commission Open' d in the Jerusalem Chamber* (London: Richard Chiswell, 1689), 10; Birch, *Life of Tillotson,* 190–91; *Life of Sharpe,* 106.

63. Wood, *Athenae,* 2:968–69; *Memoirs of Tenison,* 16–18; *Life of Sharpe,* 106; Cotterell to Sir William Trumbull, 14 December 1689, BL, Trumbull MSS 39 (since recataloged), unfolioed.

64. *Life of Sharpe,* 5, 28; Sylvester, *Reliquiae Baxterianae,* 3:86; Grove, *Short Defence of the Church,* 5; Wood, 10 July 1682, in *Life and Times,* ed. Clark, 3:23–24.

65. Wood, *Athenae,* 2:1029; Sylvester, *Reliquiae Baxterianae,* 3:85, 179; Davies, *Account of the Convincement,* 207, 244; *Life of Kidder,* 1, 3; Patrick, Autobiography, 410; Wood, 31 December 1664, 24 May 1676, 6 January 1692, in *Life and Times,* ed. Clark, 2:26, 346, 3:379.

66. Birch, *Life of Tillotson,* 2–3, 15, 18, 65; Gilbert Burnet, *A Sermon Preached at the Funeral of the Most Reverend Father in God, John Tillotson* (London: Jacob Milner,

1694), 8; Anthony Wood, *Athenae Oxenienses,* ed. Philip Bliss (London: Lackington et al., 1820), 4:511–12; Hearne, 17 November 1705, in *Remarks and Collections,* ed. Doble, 1:85.

67. Burnet, "Life of Gilbert Burnet," iv–v, xvii; Burnet, "Autobiography," 463.

68. Tillotson, "A Conscience Void of Offence towards God and Men," 27 February 1691, *Sermons,* 3:86–87, 103; Tillotson, "The Care of Our Souls," 14 April 1689, *Sermons,* 2:432; Tillotson, "How to Keep a Truly Religious Fast," *Sermons,* 3:122–23; Tillotson, "The Way to Prevent the Ruin of a Sinful People," *Sermons,* 3:77–78; Birch, *Life of Tillotson,* 42; Burnet, *History of His Own Time,* 129.

69. Von Limborch (Amsterdam) to Locke, 2/12 April 1689, *Locke Correspondence,* 3:589; Burnet, "Life of Gilbert Burnet," xi; Burnet, *History of the Reformation; Second Part,* sig. [c2r]; J. Fall (Paris) to Robert Wyllie, 4 March 1683, NLS, Wodrow, Qu 30, fol. 144r; Thomas Burnet, *A Character of the Right Reverend Father in God, Gilbert Lord Bishop of Sarum* (London: J. Roberts, 1715), 7; Burnet, *Exhortation to Peace and Union,* 27; Burnet, *A Sermon Preached before the House of Commons* (London: John Starkey and Richard Chiswell, 1689), 22; Burnet, "Autobiography," 499; Burnet, *New Preface,* 9–10; William Lloyd, *Considerations Touching the True Way to Suppress Popery* (London: Henry Brome, 1677), 38; Lloyd, *A Sermon Preached before the House of Lords* (London: M. C. for Henry Brome, 1680), 20; Birch, *Life of Tillotson,* 168; Davies, *Account of the Convincement,* 243.

70. Patrick, "A Friendly Debate betwixt Two Neighbours," 1668, in *Works,* vol. 5, ed. Taylor, 253–691; Burnet, *History of His Own Time,* 130; Birch, *Life of Tillotson,* 214; Patrick, "Sermon against Censuring," 1688, in *Works,* vol. 8, ed. Taylor, 271–72, 282; Simon Patrick, *A Sermon Preached at St. Paul's Covent-Garden* (London: Richard Chiswell, 1689), 34–35; Patrick, "Sermon Preached before the Lords," 452; Patrick, *Autobiography,* 450, 554–55.

71. Wood, *Athenae,* 2:1184; Wood, 16 August 1687, in *Life and Times,* ed. Clark, 3:224; Gilbert Ironside, *A Sermon Peached before the King* (Oxford: Leonard Lichfield, 1685), 17–18; Hearne, 25 November 1705, in *Remarks and Collections,* ed. Doble, 2:97–98; Thomas Tenison, *An Argument for Union* (London: Tho. Basset, Benj. Tooke, F. Gardiner, 1683), 40; Gilbert Burnet to ?Shrewsbury, 7 September 1689, NA, SP 32/2, fol. 6; Richard Kidder, *The Judgment of Private Discretion in Matters of Religion* (London: Brabazon Aylmer, 1687), 21; Morrice, Entering Book, 2 April 1687, DWL, 31 Q, 86; Edward Fowler, *The Principles and Practices of Certain Moderate Divines of the Church of England* (London: Lodowick Lloyd, 1670), 28.

72. *Life of Sharpe,* 304; Burnet, *History of His Own Time,* 129; Hearne, 17 April 1710, in *Remarks and Collections,* ed. Doble, 2:173; Spurr, *Restoration Church of England,* 144; Robert Grove, *An Answer to Mr. Lowth's Letter to Dr. Stillingfleet* (London: Randal Taylor, 1687), 5; Stillingfleet, "Case of Reading King James' Declaration, 1688," 371; Edward Stillingfleet, *Christian Magnamity* (London: Henry Mortlocke, 1690), 29.

73. Burnet, "Meditations on the Impending Expedition," 523–24; Gilbert Burnet, *Dr.*

Burnet's Travels (Amsterdam: Peter Savouret and W. Fenner, 1687), 22, 34–35; Burnet, *Some Letters* (London: J. Robinson and Awnsham Churchill, 1689), 201–2; Burnet, "Reasons against the Repealing," 1687, in *A Collection of Eighteen Papers Relating to the Affairs of Church and State during the Reign of King James the Second* (London: John Starkey and Richard Chiswell, 1689), 3, 6; Burnet, "Life of Gilbert Burnet," xxix; Burnet, *A Sermon Preached in the Chapel of St. James's,* 23 December 1688, 2nd ed. (London: Richard Chiswell, 1689), 28–29.

74. William Lloyd, *Considerations Touching the True Way to Suppress Popery* (London: Henry Brome, 1677), 1, 4, 18, 25–26, 30; Lloyd, *A Conference between Two Protestants and a Papist* (1673), 15, 29.

75. Lloyd, *Pretences of the French Invasion,* 13; Kennett, *Complete History,* 532; Henri Misson, *M. Misson's Memoirs and Observations in His Travels over England,* trans. John Ozell (London: D. Browne et al., 1719), 204–6; General Assembly Book of the English Catholic Clergy, July 1694, AWA, Old Brotherhood Papers, Book 3/116; Charles Butler, *Historical Memoirs of the English, Irish, and Scottish Catholics,* 3rd ed. (London: John Murray, 1822), 3:132.

第十四章 刺杀、协议与巩固革命

1. Richard Kingston, *A True History of the Several Designs and Conspiracies* (London: Abel Roper, 1698), 186; Portland to Lexington, 3/13 March 1696, in *The Lexington Papers,* ed. H. Manners Sutton (London: John Murray, 1851), 178–79 (hereafter cited as *Lexington Papers*); Jane Garrett, *The Triumphs of Providence* (Cambridge: Cambridge University Press, 1980); Mark Goldie, "The Revolution of 1689 and the Structure of Political Argument," *Bulletin of Research in the Humanities* 83, no. 4 (1980): 499; John Gellibrand to Sir William Trumbull, 21 February 196, HMC Downshire, 1:Pt. 2:625; Galway to Lexington, 3/13 February 1696, *Lexington Papers,* 163; Gilbert Burnet, *History of His Own Time* (London: William Smith, 1838), 622.

2. 关于那些坚持认为詹姆斯二世参与了暗杀阴谋的例子：*London Gazette,* 5 March 1696; M. De Chenailles to Trumbull, 27 February/8 March 1696, HMC Downshire, 1:Pt. 2:628; Blancart to George Stepney, 27 March/ 6 April 1696, *Lexington Papers,* 200. For the opposite case, which was maintained by the plotters: W. E. Buckley, ed., *Memoirs of Thomas, Earl of Ailesbury,* 2 vols. (Westminster: Nichols and Sons, 1890), 2:366 (hereafter cited as Ailesbury, *Memoirs*); Ambrose Rookwood, "Paper," in *True Copies of the Papers Which Brigadier Rookwood and Major Lowick Delivered to the Sheriffs,* 29 April 1696 (London: John Lawrence and William Rogers, 1696); Robert Charnock, *Mr. Charnock's Letter, Writ to a Friend after His Condemnation* [1696], 2; "Mr. Charnock's Paper," in *A True Copy of the Papers Delivered* (London: William Rogers, 1696), [1]; Henry Crymes to Trumbull, 17 February 1696, HMC Trumbull, 1:Pt. 2:623; *Life of James II,* 2:547. The commission was dated 17/27 December 1695。

3. Richard Edge (London) to Roger Kenyon, 10 February 1696, HMC Kenyon, 402; John

Lloyd (London) to Earl of Huntingdon, 9 January 1696, HEH, HA 8356; J. H. to Robert Harley, 8 October 1695, BL, Add. 70018, fol. 64r; Charles Jackson, ed., *The Diary of Abraham De La Pryme,* Publications of the Surtees Society, vol. 54 (Durham: Published for the Society, 1869–70), 2 January 1696, 77–78 (hereafter cited as De La Pryme, *Diary*); Edge (London) to Kenyon, 13 February 1696, HMC Kenyon, 403; William Molyneux to John Locke, 5 April 1696, *Locke Correspondence,* 5:594; John Toland, *A Discourse upon Coins* (London: Awnsham and John Churchill, 1696), iii (Toland dated his introduction 1 March 1696); De la Pryme, *Diary,* March 1696, 84; *Life of James II,* 2:531.

4. *Flying Post,* 7 March 1696; *Post Boy,* 19 March 1696; Edge to Kenyon, 21 January 1696, HMC Kenyon, 396; Locke to John Freke and Edward Clarke, 27 January 1696, *Locke Correspondence,* 5:525; *Life of James II,* 2:530; Ailesbury, *Memoirs,* 1:358; Jean Gailhard to Huntingdon, 20 February 1696, HEH, HA 3345; *Simeon and Levi: Or, Jacobite Villany and French-Treachery, Hand in Hand* (London, 1696), 17; *Flying Post,* 3 March 1696; Galway to Lexington, 20 February 1696, *Lexington Papers,* 167; John Evelyn, *Diary,* 26 February–1 March 1696, 5:232–33; Sir Richard Blackmore, *A True and Impartial History of the Conspiracy* (London: James Knapton, 1723), 29–30; *Post-Man,* 7 March 1696.

5. James Fitzjames, Duke of Berwick, *Memoirs of the Marshal Duke of Berwick,* vol. 1 (London: T. Cadell, 1779), 129–35; *Life of James II,* 2:540–42; *Post-Man,* 2 March 1696; ? (Paris) to Lexington, 20 February/2 March 1696, and Lexington to William Blathwayt, 23 February/5 March 1696, both in *Lexington Papers,* 170–72, 173–74; *An Account of a Most Horrid Conspiracy* (London: John Chaplin, 1696); *Post Boy,* 5 March 1696.

6. Portland to Lexington, 3/13 March 1696, *Lexington Papers,* 179; J. Hill (Antwerp) to Trumbull, 20/30 January 1696, BL, Add. 72570, fol. 126r; Villiers (The Hague) to Trumbull, 24 February 1696, BL, Add. 72570, fol. 186; Edge to Kenyon, 27 February 1696, HMC Kenyon, 405; *Post-Man,* 18 April, 25 February 1696; Galway to Lexington, 10/20 February 1696, *Lexington Papers,* 166–67; *Post Boy,* 25 February, 3 March 1696; *The Flying Post,* 10 March 1696; Shrewsbury to Galway, 28 February/10 March 1696, in *Private and Original Correspondence of Charles Talbot, Duke of Shrewsbury,* ed. William Coxe (London: Longman, Hurst, Rees, Orme, and Brown, 1821), 283; Evelyn, *Diary,* 1 March 1696, 5:234.

7. De Chenailles to Trumbull, 3/13 March 1696 HMC Downshire, 1:Pt. 2:636; Thomas Percival, *The Rye-House Travestie* (London: A. Bell, 1696), 7; *Flying Post,* 7 March 1696; ? (Paris) to Lexington, 9/19 March 1696, and Portland to Lexington, 3/13 March 1696, both in *Lexington Papers,* 184, 177–78.

8. George Fleming to Sir Daniel Fleming, 5 March 1696, in *The Flemings in Oxford,* vol. 3, ed. John Richard Magrath (Oxford: Oxford Historical Society, 1924), 271–73; William Gilpin (Whitehaven) to Sir John Lowther, 2 March 1696, in *The Correspondence of Sir John Lowther of Whitehaven, 1693–1698,* ed. D. R. Hainsworth (London: British Academy, 1983), 266; Richard Lapthorne (London) to Richard Coffin, 7 March 1696, in *The Portledge Papers,* ed. Richard J. Kerr and Ida Coffin Duncan (London: Jonathan Cape, 1928), 222; Daniel Bret (London) to Huntingdon, 27 February 1696, HEH, HA 955; Evelyn, *Diary,* 10 April 1696, 5:235; *Post Boy,* 25 February, 14 March, 17 March,

19 March, 21 April 1696; De la Pryme, *Diary,* 29 March 1696, 86; *Flying Post,* 25 February, 27 February 1696; *Life of James II,* 2:554; Lapthorne to Coffin, 28 February 1696, *Portledge Papers,* ed. Kerr and Coffin Duncan, 221; *London Gazette,* 12 March 1696; *Post Boy,* 3 March 1696.

9. James Vernon to Lexington, 13 March 1696, and ? (Paris) to Lexington, 16/26 March 1696, both in *Lexington Papers,* 186–87, 191; *Flying Post,* 3, 7 March 1696; de Chenailles to Trumbull, 12/23 March 1696, HMC Downshire, 1:Pt. 2:641; *Post-Man,* 24, 26 March 1696; Vernon to Lexington, 3 March 1696, and Trumbull to Lexington, 3 April 1696, both in *Lexington Papers,* 181, 196; *London Gazette,* 27 February 1696; *Post-Man,* 25 February 1696; *Flying Post,* 10, 21 March, 4 April 1696; *Post Boy,* 7 March 1696; *London Gazette,* 20, 23 April 1696; *Flying Post,* 19 March 1696; J. Horsfall Turner, ed., *The Rev. Oliver Heywood, B. A., 1630–1702: His Autobiography, Diaries, Anecdote and Event Books,* 4 vols. (Bridghouse: A. B. Bayes, 1882), 28 February 1689, 4:154; John Ellis (Whitehall) to Matthew Prior, 20 March 1696, Longleat House, Prior MSS 2, fol. 68r; Lapthorne to Coffin, 22 March 1696, *Portledge Papers,* ed. Kerr and Coffin Duncan, 224; Kingston, *True History,* 198; James Gardiner (rector of St. Michaels Crooked-Lane), *A Thanksgiving Sermon Preached at St. Michaels Crooked-Lane,* 16 April 1696 (London: B. Aylmer, 1696), 1–2; Edward Fowler (bishop of Gloucester), *A Sermon Preached before the House of Lords,* 16 April 1696 (London: B. Aylmer, 1696), 24; J. E. Edzard (minister of the German Lutheran Congregation in Trinity-Lane), *The Finger of God over His Annointed,* 16 April 1696 (London: F. Collins, 1696), sig. [A3r]; Evelyn, *Diary,* 12 April 1696, 5:235–36; Ailes-bury, *Memoirs,* 1:279, 2:366; Martha Lockhart to Lady Masham, 21 March 1696, *Locke Correspondence,* 5:574; Blackmore, *True and Impartial History,* 27.

10. *The History of the Late Conspiracy against the King and the Nation* (London: Daniel Brown and Tho. Bennet, 1696), 1; De La Pryme, *Diary,* February 1696, 82; Lockhart to Masham, 21 March 1696, *Locke Correspondence,* 5:574; Evelyn, *Diary,* 19 April 1696, 5:236. There was debate in Europe too: *Post-Man,* 18 April 1696.

11. J. P. Kenyon, *Revolution Principles: The Politics of Party, 1689–1720* (Cambridge: Cambridge University Press, 1977). 我引用的是 1990 年的平装本，第 1、32 页；凯尼恩在 1990 年版中指出，他的论点"只是对一种可追溯至麦考莱的解读的改述"(x)；Goldie, "Revolution of 1689," 489–90, 513, 516–17, 519; Tony Claydon, *William III and the Godly Revolution* (Cambridge: Cambridge University Press, 1996), 157, 229。

12. Gerald M. Straka, *Anglican Reaction to the Revolution of 1688* (Madison: State Historical Society of Wisconisn, 1962), 122; Dennis Rubini, *Court and Country, 1688–1702* (London: Rupert Hart-Davis, 1967), 67; Henry Horwitz, *Parliament, Policy and Politics in the Reign of William III* (Manchester: Manchester University Press, 1977), 175; Thomas Babington Macaulay, *The History of England from the Accession of James II,* 5 vols. (New York: Harper and Brothers, 1849–61), 4:585; Craig Rose, *England in the 1690s: Revolution, Religion, and War* (Oxford: Blackwell, 1999), 92; Garrett, *Triumphs of Providence,* 262.

13. William Streeter (Chester) to Sir Willoughby Aston, 16 March 1696, BL, Add. 36913, fol. 246r.

14. Ailesbury, *Memoirs,* 1:353, 359; Tim Harris, *London Crowds in the Reign of Charles II: Propaganda and Politics from the Restoration until the Exclusion Crisis* (Cambridge: Cambridge University Press, 1987), 170; Robert Young to William, 23 April 1696, BL, Add. 72535, unfolioed; William Fuller to Trumbull, 15 April 1696, BL, Add. 72535, unfolioed; [Richard Kingston] to Trumbull, 21 June 1695, BL, Add. 72570, fol. 8r; *Flying Post,* 7 April 1696; *Post-Man,* 17 April, 24 March 1696; Percival, *Rye-House Travestie,* 27; Paul Kleber Monod, *Jacobitism and the English People, 1688–1788* (Cambridge: Cambridge University Press, 1989), 167; De Krey, *Fractured Society,* 193.

15. *Flying Post,* 14 March 1696; Oliver Heywood, *Diaries,* 27 December 1695, in Turner, ed., *Rev. Oliver Heywood,* 4:153–54; Henry Baker to Trumbull, 23 February 1696, BL, Add. 75270, fol. 185r; *Flying Post,* 10, 12 March 1696; Humphrey Prideaux (Norwich) to John Ellis, *Letters of Humphrey Prideaux,* ed. Edward Maunde Thompson, Camden Society, n.s., 15 (1875): 177; Monod, *Jacobitism,* 169–70; Richard Kingston, "A Journey into Kent," 9–27 July 1695, BL, Add. 72570, fol. 50v; Dr. Robert Gorge (Oxford) to Trumbull, 16 July 1695, HMC Downshire, 1: Pt. 2:509; William Hayley to Trumbull, 10 October 1695, HMC Downshire, 1:Pt. 2:561; De La Pryme, *Diary,* 3 October 1695, 70; Percival, *Rye-House Travestie,* 13; Blackmore, *True and Impartial History,* 17.

16. *Post Boy,* 23 April 1696; De La Pryme, *Diary,* 70–71; Peter Newcome (vicar of Aldenham, Hertfordshire), *A Sermon Preached in the Parish Church of Aldenham,* 16 April 1696 (London: John Wyat, 1696), 15; Percival, *Rye-House Travestie,* 7–8.

17. Capt. W. Courtenay to Sir Stephen Fox, 17/27 September 1696, HMC Downshire, 1:Pt. 2:690; *Post-Man,* 29 February 1696; Kingston to Trumbull, 4 January 1696, BL, Add. 72570, fol. 100r; *Post Boy,* 12 March 1696; William Atwood, *Reflections upon a Treasonable Opinion, Industriously Promoted, against Signing the National Association* (London: E. Whitlock, 1696), 1; Deuel Pead, *The Protestant King Protected* (London: T. Parkhurst, 1696), 19; Percival, *Rye-House Travestie,* 3.

18. Daniel Szechi, "A Blueprint for Tyranny? Sir Edward Hales and the Catholic Response to the Revolution of 1688," *English Historical Review* 116 (2001): 346.

19. James Ferguson, *Robert Ferguson, the Plotter* (Edinburgh: David Douglas, 1887), 267; Monod, *Jacobitism,* 23–24; Daniel Szechi, *The Jacobites: Britain and Europe, 1688–1788* (Manchester: Manchester University Press, 1994), 22; Kingston to Trumbull, 19 February 1696, HMC Downshire, 1: Part 2:623–24; *Flying Post,* 12, 14 March 1696; Edge to Kenyon, 12 March 1696, HMC Kenyon, 407; Lapthorne to Coffin, 22 March 1696, *Portledge Papers,* ed. Kerr and Coffin Duncan, 224; De La Pryme, *Diary,* 8 June 1696, 96; Garrett, *Triumphs of Providence,* 75–76; Percival, *Rye-House Travestie,* 16–17. The arguments that Ferguson advanced in 1695 were inconsistent with Whig ideology of the 1690s.

20. "On the Promoted Bishops," 1691, in *Poems on Affairs of State: Satirical Verse, 1660–1714,* vol. 5, ed. William J. Cameron (New Haven and London: Yale University Press, 1971), 5:314; Robert Ferguson, *A Brief Account of Some of the Late Incroachments and Depredations,* 20 December [1695], 5; *Life of James II,* 2:531.

21. "Major Robert Lowick's Paper," *True Copies,* 29 April 1696 (broadside); *A True Account,* 29 April 1696 (broadside); Lapthorne to Coffin, 2 May 1696, *Portledge Papers,* ed. Kerr and Coffin Duncan, 229; Garrett, *Triumphs of Providence,* 28–32, 108–9, 118, 202; Kingston, *True History,* 171; *Post Boy,* 24 March 1696; "Mr. King's Paper," *True Copy,* William Rogers, 1696), [2]; "Mr. Charnock's Paper," [1].

22. "Sir William Parkyns's Paper" and "Sir John's Paper," both in *A True Copy of the Papers Delivered by Sir John Friend, and Sir William Parkyns,* 3 April 1696 (London: William Rogers, 1696), [2], [1]; *A True Account of the Dying Behaviour of Ambrose Rookwood, Charles Cranburne, and Major Lowick,* 29 April 1696 (London: R. Green, 1696); Sir John Fenwick, *A True Copy of the Paper,* 28 January 1697 (London: R. Bentley, [1697]), [1]; *An Answer to Mr. Collier's Defence* (London: R. Baldwin, 1696), 1; *Post-Man,* 2, 4, 9 April 1696; *Flying Post,* 4 April 1696; *Post Boy,* 4 April 1696; *London Gazette,* 9 April 1696; Lapthorne to Coffin, 4 April 1696, *Portledge Papers,* ed. Kerr and Coffin Duncan, 226; Burnet, *History of His Own Time,* 627; Whitehall Treasury Minute, 30 July 1696, Historical Society of Pennsylvania, Penn Papers, Acc. No. 2641; *Flying Post,* 9, 14 April 1696; Vernon to Lexington, 17 March 1696, *Lexington Papers,* 192; Abiel Borfet, *The Minister of Richmond's Sermon* (London, 1696), 2.

23. Ferguson, *Brief Account,* 23, 65–67.

24. Jeremy Collier, *A Perswasive to Consideration, Tender' d to the Royalists* (London, 1695), 5–6, 23; *Flying Post,* 25 April 1696; Nathaniel Johnston to Huntingdon, 4 February 1696, HEH, HA 7836; "Life of John Kettlewell," in John Kettlewell, *A Compleat Collection of the Works,* vol. 1 (London: D. Browne, et al., 1719), 21; George Hickes (Worcester) to Dr. Charlett, 8 July 1689, Bodleian, Ballard MSS 12, fol. 29r. 1696 年，约翰斯顿与詹姆斯党人彼得伯勒伯爵同住：Johnston to Huntingdon, 18 February 1696, HEH, HA 7837。

25. *Post Boy,* 14 March 1696; *History of the Late Conspiracy,* 100; "Sir John Friend's Paper," [1]; *Post Boy,* 4 April, 7 April 1696; *Post-Man,* 9 April 1696; Finch to Trumbull, 2/12 February 1696, HMC Downshire, 1:Pt. 2:625; Vernon to Lexington, 13 March 1696, *Lexington Papers,* 187; Ailesbury, *Memoirs,* 1:352; Charnock, *Mr. Charnock's Letter,* 3–6; *Life of James II,* 2:555–56.

26. "Charles Cranburn's Speech," in *True Account; Post-Man,* 30 April 1696; Rookwood, "Paper"; "Major Robert Lowick's Paper"; Fenwick, *True Copy of the Paper,* [2]; *Flying Post,* 28 March 1696; "Sir William Parkyns's Paper," [2]; ? (Paris) to Lexington, 9/19 March 1696, *Lexington Papers,* 184.

27. Ferguson, *Brief Account,* 2–3; Hickes to Charlett, 6 September 1690, Bodleian, Ballard MSS 12, fol. 38r; Collier, *Perswasive,* 14–15; Clarendon (London) to Abingdon, 16 February 1690, Newberry Library, CASE MS E5.5434.

28. Ferguson, *Brief Account,* 3; Collier, *Perswasive,* 15, 21; *A Letter from a Minister of the Church of England to a Gentleman in the Country* (London, 1695), 5.

29. Fenwick, *True Copy of the Paper,* [1].

30. Charnock, *Mr. Charnock's Letter,* 3; Ferguson, *Brief Account,* 2.

31. Charnock, *Mr. Charnock's Letter,* 6–7; Edge to Kenyon, 28 January 1696, HMC Kenyon, 398; *Life of James II,* 2:530–31.

32. Burnet, *History of His Own Time,* 621; Ferguson, *Brief Account,* 12, 16–17, 57; Shrewsbury to William, 24 August/3 September 1694, *Private Correspondence of Shrewsbury,* ed. Coxe, 71–72; *Flying Post,* 7 March 1696.

33. D. W. Jones, *War and Economy in the Age of William III and Marlborough* (Oxford: Basil Blackwell, 1988), 12–13, 274–75, 294–302; Gary Stuart De Krey, *A Fractured Society: The Politics of London in the First Age of Party, 1688–1715* (Oxford: Clarendon Press, 1985), 24–25; Bruce G. Carruthers, *City of Capital: Politics and Markets in the English Financial Revolution* (Princeton, NJ: Princeton University Press, 1996), 148–49, 154–55.

34. Deuel Pead, *Sheba's Conspiracy,* 29 March 1696 (London: T. Parkhurst, 1696), 26; *The Country Gentleman's Notion Concerning Governments,* 29 May 1696 (London: Eliz. Whitlock, [1696]), 3.

35. *Post-Man,* 27 February 1696; *London News-Letter,* 6 May 1696; Gardiner, *Thanksgiving Sermon,* 6; Fowler, *Sermon,* 31; Lapthorne to Coffin, 7 March 1696, *Portledge Papers,* ed. Kerr and Coffin Duncan, 223; Locke to Clarke, 25 March 1696, *Locke Correspondence,* 5:579; *Flying Post,* 23 April 1696; Blackmore, *True and Impartial History,* 10–11. 另外参见 Walter Neale, *A Sermon Preached in Christ-Church, Cork,* 23 April 1696 (London: Abel Swall and Tim. Child, 1696), 14; John Moore, *A Sermon Preach'd before the King,* 16 April 1696 (London: Will. Rogers, 1696), 11。

36. Samuel Barton (chaplain to the House of Commons), *A Sermon Preach'd before the House of Commons,* 16 April 1696 (London: Tho. Cockerill, 1696), 17; W. Talbot (dean of Worcester), *A Sermon Preach'd at the Cathedral Church of Worcester,* 16 April 1696 (London: T. Bennet, 1696), 14; Francis Gregory, *A Thanksgiving Sermon,* 16 April 1696 (London: R. Sare, 1696), 14; Neale, *Sermon,* 15; *The Art of Assassinating Kings* (London: E. Whitlock, 1696), 6–7; Joseph Addison, *A Poem to His Majesty* (London: Joseph Tonson, 169[6]), 6. 另外参见 James Smallwood (chaplain to the Earl of Romney); *A Sermon Preach'd at St. James's Church Westminster,* 2 April 1696 (London: E. Whitlock, 1696), 27; and *Flying Post,* 7 May 1696。

37. William Stephens (rector of Sutton, Surrey), *A Thanksgiving Sermon Preach'd before the Right Honourable the Lord Mayor,* 16 April 1696 (London: B. Aylmer, 1696), 15–16; Talbot, *Sermon,* 15. 另外参见 *Art of Assassinating Kings,* 19–20。

38. T. B., *David and Saul* (London, 1696), 26; John Strype (vicar of Low-Leyton, Essex). *David and Saul,* 16 April 1696 (London: B. Aylmer, 1696), 15; J. O., *Salvation Improved,* 16 April 1696, Preached at Oswestry (London: J. Salusbury, 1696), 16; Talbot, *Sermon,* sig. A2r. 另外参见 Charles Nicholetts (minister at Havenet, Southampton), *The Cabinet of Hell Unlocked,* 16 April 1696 (London: William Marshall and John Marshall, 1696), 19–20。

39. *Art of Assassinating Kings,* 20; William Perse (rector of West Heslerton, chaplain to Earl of Feversham), *A Sermon Preach'd in the Cathedral of St. Peters in York,* 5 November 1689 (York: John Bulkley, 1689), 28–29; Talbot, *Sermon,* 15.

40. John Shower, *A Thanksgiving Sermon*, 16 April 1696 (London: B. Aylmer, 1696), 11; Perse, *Sermon*, 25. 另外参见 Andrew Burnett, *A Sermon Preach' d at Barbican*, 16 April 1696 (London: Rich. Baldwin, 1696), 14; and Newcome, *Sermon*, 11。

41. Nicholetts, *Cabinet of Hell Unlocked*, 11–12; Vincent Alsop, *A Sermon upon the Wonderful Deliverance* (London: J. Barnes, 1696), 7, 32–33; Moore, *Sermon*, 13, 17.

42. Fowler, *Sermon*, 21–22, 28; Smallwood, *Sermon*, 19–20; Pead, *Protestant King*, 14; *True Copy*, 29 April 1696, [1]. 另 外 参 见 Talbot, *Sermon*, 12; Neale, *Sermon*, 17; Henry Day, *A Thanksgiving Sermon Preach' d at Sutton in Surrey*, 16 April 1696 (London: Richard Baldwin, 1696), 7–8; and Blackmore, *True and Impartial History*, 6。

43. Stephens, *Thanksgiving Sermon*, sig. [A3v]; *Art of Assassinating Kings*, 72.

44. *Art of Assassinating Kings*, 72–73; *Reflections on the Paper Deliver' d to the Sheriffs of London and Middlesex by Sir John Fenwick* (London: Richard Baldwin, 1697), 5; Stephens, *Thanksgiving Sermon*, 16, 21.

45. William Wake, *A Sermon Preached in the Parish Church of St. James Westminster*, 16 April 1696 (London: Richard Sare, 1696), 10; A. S., *God Glorified and the Wicked Snared* (London: R. Baldwin, 1696), 24; *Simeon and Levi*, 10–11; Barton, *Sermon*, 17; Atwood, *Reflections*, 59. 另外参见 Newcome, *Sermon*, 9; and J. O., *Salvation Improved*, 14–15。

46. 我找到的唯一一例外是 Abiel Dorfet, *The Minister of Richmond's Reasons* (London: John Harris, 1696), 4; and Theophilus Dorrington, *The Honour Due to the Civil Magistrate Stated and Urg' d* (London: John Wyat, 1696)。

47. Stephens, *Thanksgiving Sermon*, 23–24; Pead, *Sheba's Conspiracy*, 25; Atwood, *Reflections*, 57. 另外参见 Fowler, *Sermon*, 31–32; Gregory, *Thanksgiving Sermon*, 9.

48. Day, *Thanksgiving Sermon*, 12, 18; Stephens, *Thanksgiving Sermon*, sig. [A3v]; Pead, *Sheba's Conspiracy*, sig. A2; Richard Bovet, *Poem* (London: Richard Baldwin, 1696), 9。另外参见 Atwood, *Reflections*, 62; and Percival, *Rye House Travestie*, 8。

49. Wake, *Sermon*, 16; Barton, *Sermon*, 13.

50. Wake, *Sermon*, 9–10; *Post-Man*, 7 April 1696; Day, *Thanksgiving-Sermon*, 10, 21; *Country Gentleman's Notion*, 3, 7; Stephens, *Thanksgiving Sermon*, 19, 22. 另外参见 *Reflections on a Paper*, 1697, 14; *A Full Answer Paragraph by Paragraph to Sir John Fenwick's Paper* (London: Richard Baldwin, 1697), 9; *Post-Man*, 5 May 1696; Kingston, *True History*, 202; and Pead, *Sheba's Conspiracy*, 11。

51. Smallwood, *Sermon*, 21; Barton, *Sermon*, 18–19; *Art of Assassinating Kings*, 28.

52. Day, *Thanksgiving-Sermon*, 11; Edzard, *Finger of God*, 19; *Full Answer*, 25; *Country Gentleman's Notion*, 6; Gregory, *Thanksgiving Sermon*, 10–11. 另外参见 Burnett, *Sermon*, 16; *Reflections on a Paper*, 5; and Pead, *Sheba's Conspiracy*, 15。

53. Nicholetts, *Cabinet of Hell Unlocked*, 13; George Keith, *A Sermon Preached at the Meeting of Protestant Dissenters, Called Quakers, in Turners-Hall, London*, 16 April 1696 (London: B. Aylmer, 1696), 15; T. B., *David and Saul*, 18.

54. Wake, *Sermon*, 25–26; Smallwood, *Sermon*, 28; Stephens, *Thanksgiving Sermon*, 10–12.

55. Day, *Thanksgiving-Sermon*, 8–9; Kingston, *True History*, 201–2; *A Declaration of the Sense of the Archbishops and Bishops*, 10 April 1696 (London: John

Everingham, 1696); *Flying Post,* 14 April 1696; *Post-Man,* 5 May 1696; Pead, *Sheba's Conspiracy,* 13; T. B., *David and Saul,* 8, 13.

56. Mark Knights, "'Meer Religion' and the 'Church-State' of Restoration England," in *A Nation Transformed: England after the Restoration,* ed. Alan Houston and Steve Pincus (Cambridge: Cambridge University Press, 2001), 64; *Post-Man,* 5 May 1696; John Tillotson to Shrewsbury, 23 October 1692, Bodleian, Ballard MSS 9, fol. 11r; Smallwood, *Sermon,* 17–18.

57. Smallwood, *Sermon,* 28; J. O., *Salvation Improved,* 25.

58. Pead, *Protestant King,* 20; Clarke to Locke, 31 March 1696, *Locke Correspondence,* 5:587; Blackmore, *True and Impartial History,* sig. A2v, 30.

59. J. Harvey to Mercier, 13 December 1695, HMC Downshire, 1:Pt. 2:597–98; E. H., *Decus and Tutamen* (London, 1696), 1; Freke to Locke, 5 December 1695, *Locke Correspondence,* 5:475; John Toland, *A Discourse upon Coins* (London: Awnsham and John Churchill, 1696), ii–iv; Edmund Bohun to John Cary, 31 July 1696, in *The Diary and Autobiography of Edmund Bohun,* ed. Wilton S. Rix (Beccles, 1853), 140; Steve Pincus, "John Evelyn: Revolutionary," in *John Evelyn and His Milieu,* ed. Frances Harris and Michael Hunter (London: British Library, 2003), 185–219; Molyneux (Dublin) to Locke, 24 December 1695, HRC, Pforzheimer 21; Patrick Hyde Kelly, "General Introduction," in *Locke on Money,* vol. 1, ed. Kelly (Oxford: Clarendon Press, 1991), 35.

60. Burnet, *History of His Own Time,* 625; Horwitz, *Parliament, Policy and Politics,* 163, 166–67, 327; *Post-Man,* 6 February 1696; Ailesbury, *Memoirs,* 1:359; John Briscoe, *Mr Briscoe's Reply* [1695 or 1696], 2; Dalby Thomas, *Propositions for General Land-Banks.* [1695], [1]; Vernon to Shrewsbury, 1 October 1696, Boughton House, Shrewsbury MSS, Vernon Letters, 4/3 (read on microfilm); *A List of the Names of the Subscribers to the Land-Bank,* 22 November 1695 (London: Thomas Cockerill, 1695). Contemporaries noted the strong relationship between Tory coinage proposals and the national land bank scheme: E. H., *Decus and Tutamen,* 2–3.

61. Stephens, *Thanksgiving-Sermon,* sig. [A4v]; Locke to Freke and Clarke, 28 March 1696, and Locke to Clarke, 4 August 1696, both in *Locke Correspondence,* 5:581, 674; Thomas, *Propositions,* [1]; John Briscoe, *Reasons Humbly Offered for the Establishment of the National Land-Bank,* 3 February [1696], [1]; *A Letter to a Friend* (London, 1696), 5–6; Cary to Locke, 11 January 1696, *Locke Correspondence,* 5:515; Obadiah Sedgwick to ?, 11 June 1696, Bodleian, Tanner 24, fol. 126r; Shrewsbury to William, 5/15 June 1696, *Private Correspondence of Shrewsbury,* ed. Coxe, 122; *Flying Post,* 1 August 1696; Shrewsbury to William, 29 May/8 June 1696, *Private Correspondence of Shrewsbury,* ed. Coxe, 120; *Flying Post,* 18 August 1696.

62. *Simeon and Levi,* 23; Shower, *Thanksgiving Sermon,* 15–16; Gregory, *Thanksgiving Sermon,* 11; Perse, *Sermon,* 27; Shrewsbury to Galway, 21 April/ 1 May 1696, *Private Correspondence of Shrewsbury,* ed. Coxe, 286; ? to Lexington, 6/16 March 1696, *Lexington Papers,* 183; Alsop, *Sermon,* 33–34; *London News-Letter,* 6 May 1696. 另外参见 Pawling to Locke, 14 March 1696, *Locke Correspondence,* 5:568。

63. James Graham (Fontabell, New York) to Blathwayt, 31 May 1696, Colonial

Williamsburg Foundation, William Blathwayt Papers, 10/Folder 7; Evelyn, *Diary*, 26 February–1 March 1696, 5:233; Nicholetts, *Cabinet of Hell Unlocked*, 16 April 1696, 21; *Life of James II*, 2:537. 另外参见 Perse, *Sermon*, 16 April 1696, 28; and *Simeon and Levi*, 23。

64. *Post Boy*, 23, 21 April 1696; Prideaux to Ellis, 17 April 1696, Thompson, 171; *Post-Man*, 23 April 1696; *London Gazette*, 23 April 1696; *London Gazette*, 27, 20 April 1696.

65. Burnet, *History of His Own Time*, 621, 623; *Post-Man*, 5 March 1696; *Post Boy*, 17 March 1696.

66. *Flying Post*, 27 February 1696; *Post Boy*, 31 March 1696; *Journal of the House of Commons*, 24, 25, 27 February 1696, 11:466–67, 468, 470–74; Freke and Clarke to Locke, 27 February 1696, *Locke Correspondence*, 5:549; Edge to Kenyon, 27 February 1696, HMC Kenyon, 405; *Flying Post*, 4 April 1696; Gailhard (London) to Huntingdon, 27 February 1696, HEH, HA 3346.

67. *Journal of the House of Lords*, 26 February 1696, 15:683; *Flying Post*, 29 February 1696; Freke and Clarke to Locke, 27 February 1696, *Locke Correspondence*, 5:549–50; Stepney to Lexington, 11 April 1696, *Lexington Papers*, 198–99; Horwitz, *Revolution Politicks: The Career of Daniel Finch, Second Earl of Nottingham, 1647–1730* (Cambridge: Cambridge University Press, 1968), 156–57; Daniel Bret (London) to Huntingdon, 27 February 1696, HEH, HA 955.

68. *Journal of the House of Commons*, 3 April 1696, 11:544; *London Gazette*, 6 April 1696; *Flying Post*, 7 May 1696.

69. Patrick Collinson, "The Elizabethan Exclusion Crisis and the Elizabethan Polity," *Proceedings of the British Academy* 84 (1994): 53, 64–65, 68–69. 其他人则注意到社会的断裂，但承认意识形态的延续：David Cressy, "Binding the Nation: The Bonds of Association, 1584 and 1696," in *Tudor Rule and Revolution*, ed. Delloyd J. Guth and John W. McKenna (Cambridge: Cambridge University Press, 1982), 227, 234; Edward Vallance, "Loyal or Rebellious? Protestant Associations in England, 1584–1696," *Seventeenth Century* 17, no. 1 (2002): 2, 16。

70. *Journal of the House of Lords*, 26 February 1696, 15:683; *Journal of the House of Commons*, 24 February 1696, 11:466–67; *Post-Man*, 5 March, 7 April 1696; *London Gazette*, 9 April 1696; *Post-Man*, 18 April 1696; *Flying Post*, 7 April 1696.

71. John Oldmixon, *The History of Addresses* (London, 1709), 198; Cressy, "Binding the Nation," 222–24, 232–33; *London Gazette*, 4 May 1696; *Flying Post*, 25 April 1696; Patrick Collinson, "The Monarchical Republic of Queen Elizabeth," *Bulletin of John Rylands Library* 69 (1986–87): 414; *London Gazette*, 21 May 1696; *Flying Post*, 29 February 1696; *Post-Man*, 25 April 1696; *London Gazette*, 14 May 1696; *Flying Post*, 14 May 1696; Prideaux to Ellis, 8 April 1696, Thompson, 166–67; *London Gazette*, 30 March 1696; Francis Russell (Barbados) to Blathwayt, 22 July 1696, Colonial Williamsburg Foundation, William Blathwayt Papers, 31/ Folder 5.

72. Collinson, "Elizabethan Exclusion Crisis," 64; Leah S. Marcus, Janel Mueller, and Mary Beth Rose, eds., *Elizabeth I: Collected Works* (Chicago: University of Chicago Press, 2000), 183.

73. Prideaux to Ellis, 16 May 1696, Thompson, 174; *London Gazette,* 23 March 1696. These associations were thoroughly reported on in the *London Gazette.* See the following issues: 9 April, 30 April, 4 May, 14 May, 21 May, 25 May, 28 May, 4 June, 11 June, 15 June, 29 June, 2 July, 16 July, 30 July, and 20 August.

74. *Post-Man,* 5 March, 28 March 1696; *Flying Post,* 2 April 1696; *London Gazette,* 4 May, 18 June, 13 April, 30 April, 25 June, 4 May, 7 May, 25 May 1696; *Flying Post,* 25 April 1696; "A Testimony of Our Faithful Obedience and Subjection," in Keith, *Sermon,* 29; *Flying Post,* 9 April 1696; *London Gazette,* 21 May 1696; Mary Geiter, "Affirmation, Assassination and Association: The Quakers, Parliament and the Court in 1696," *Parliamentary History* 16 (1997): 277–88.

75. *London Gazette,* 26 March 1696; *Flying Post,* 14 April 1696.

76. Steve Hindle, *The State and Social Change in Early Modern England, c. 1550– 1640* (Basingstoke: Macmillan, 2000), 17; Thomas Cogswell, *Home Divisions: Aristocracy, the State and Provincial Conflict* (Manchester: Manchester University Press, 1998), 3; John Brewer, *The Sinews of Power: War, Money and the English State, 1688– 1783* (London: Routledge, 1989), 7–9, 250; *London Gazette,* 23 April, 4 May 1696; *Post Boy,* 7 March 1696; *London Gazette,* 23 March, 26 March, 30 March 1696; *Flying Post,* 14 March 1696; *London Gazette,* 23 March, 6 April, 30 April, 17 May 1696.

77. Brewer, *Sinews of Power,* 10–11; *London Gazette,* 19 March, 30 April, 27 April 1696.

78. *London Gazette,* 30 April, 26 March, 2 April, 7 May, 11 May, 14 May, 27 April, 30 March 1696.

79. *London Gazette,* 23 April, 27 April, 6 July, 23 July, 7 May 1696.

80. *Post-Man,* 28 March 1696; *London News-Letter,* 1 May 1696; *London Gazette,* 13 August, 16 April, 20 April, 23 April, 7 May, 11 May, 18 May 1696; Prideaux to Ellis, 8 April 1696, Thompson, 167; Wallace Gandy, ed., *The Association Rolls of the British Plantations* (San Bernardino, CA: Borgo, 1993), 70–73.

81. *London Gazette,* 30 March, 6 April 1696; *Post-Man,* 9 April, 11 April 1696; *London Gazette,* 13 April, 27 April, 7 May, 18 May, 4 June, 11 June, 15 June, 18 June, 25 June, 2 July, 24 August, 27 August.

82. *Flying Post,* 18 April 1696; *London Gazette,* 23 April 1696; Tamworth Newsletter, 16 April 1696, HEH, HM 30659/66; *Post Boy,* 21 April 1696; *London Gazette,* 4 May 1696; *Flying Post,* 28 May 1696; *Post-Man,* 9 April, 18 April 1696; *Flying Post,* 21 May, 4 June 1696.

83. Graham (Fontabell, New York) to Blathwayt, 31 May 1696, Colonial Williamsburg Foundation, William Blathwayt Papers, 10/Folder 7; Gandy, ed., *Association Oath Rolls of the British Plantations,* 34–60; *London Gazette,* 27 August 1696; John Usher (Newcastle, New Hampshire) to Blathwayt, 6 October 1696, Blathwayt Papers, 12/Folder 3; J. Goddard (Bermuda) to Blathwayt, 9 November 1696, Blathwayt Papers, 36/Folder 4; Bridgewater's Notes, Board of Trade, 21 April 1697, HEH, EL 9691.

84. *London Gazette,* 2 April, 4 May 1696; *Flying Post,* 16 May, 21 May, 26 May 1696.

85. For Ireland: *London Gazette,* 6 April, 13 April, 14 May, 28 May, 13 August; *Flying Post,* 14 March 1696; *Post-Man,* 11 April 1696; *Flying Post,* 5 May, 28 March 1696.

86．Vallance, "Loyal or Rebellious?" 22; *Post Boy,* 21 March 1696; *Flying Post,* 7 April 1696; Blancart to Stepney, 27 March/6 April 1696, *Lexington Papers,* 200–201; Edmund Warcupp (London) to Dr. Charlett, 16 May 1696, Bodleian, Ballard MSS 11, fol. 74r.

87．*Flying Post,* 9 April 1696; Evelyn, *Diary,* 24–28 May 1696, 5:242–43; Burnet, *History of His Own Time,* 624–25; Horwitz, *Parliament, Policy and Politics,* 176; *Flying Post,* 26 March 1696; *Post Boy,* 4 April 1696; *Flying Post,* 27 June 1696; Prideaux to Ellis, 24 April 1696, Thompson, 172; De La Pryme, *Diary,* 17 June 1696, 99; *Post-Man,* 7 May 1696; Edzard, *Finger of God,* 19–20; Bovet, *Poem,* 10; Barton, *Sermon,* 16 April 1696, 21–22; John Gery to Huntingdon, 13 April 1696, HEH, HA 4005; Macaulay, *History,* 4:616; Daniel Bret (London) to Huntingdon, 27 February 1696, HEH, HA 955; Rev. George Fleming to Sir Daniel Fleming, 5 March 1696, Magrath, 3:269–71; Percival, *Rye House Travestie,* 51; *Post-Man,* 9 April 1696; Prideaux to Ellis, 29 April 1696, Thompson, 173; Prideaux to Ellis, 8 April 1696, Thompson, 168.

88．*Post Boy,* 10 March 1696; Vernon to Lexington, 17 March 1696, *Lexington Papers,* 192; *Flying Post,* 30 July 1696; De La Pryme, *Diary,* 30 July 1696, 109; Kenyon to G. Wentworth, 13 September 1696, HMC Kenyon, 411; Rubini, *Court and Country,* 67; Horwitz, *Parliament, Policy and Politics,* 179; Bret (London) to Huntingdon, 27 February 1696, HEH, HA 955.

第十五章　结论：第一次现代革命

1．Guenter Roth and Claus Wittich, eds., *Max Weber: Economy and Society* (Berkeley: University of California Press, 1978), 1:231–232, 2:1020, 1030, 1039–40; Julia Adams, *The Familial State: Ruling Families and Merchant Capitalism in Early Modern Europe* (Ithaca, NY: Cornell University Press, 2005), 16–19, 175–87. 我不同意亚当斯对这场革命长期影响的看法。

2．当然，许多人仍基于此为君主制辩护。1696 年协议明确无误地表明，这属于少数派的观点。

3．Keith Wrightson, *Earthly Necessities: Economic Lives in Early Modern Britain* (New Haven and London: Yale University Press, 2000), 9–10.

4．Peter Lake and Steve Pincus, "Rethinking the Public Sphere in Early Modern England," *Journal of British Studies* 45, no. 2 (2006): 270–92.

5．Robert Brenner, *Merchants and Revolution: Commercial Change, Political Conflict, and London's Overseas Traders, 1550–1653* (London: Verso, 2003), 648.

6．Tim Harris, "Revising the Restoration," in *The Politics of Religion in Restoration England,* ed. Tim Harris, Paul Seaward, and Mark Goldie (Oxford: Basil Blackwell, 1990), 2, 11; Blair Worden, "The Question of Secularization," in *A Nation Transformed: England after the Restoration,* ed. Alan Houston and Steve Pincus (Cambridge: Cambridge University Press, 2001), 30–40; Keith Thomas, *Religion and the Decline of Magic: Studies in Popular Beliefs in Sixteenth and Seventeenth Century* (Harmondsworth: Penguin, 1985), 205–6.

7. Daniel Riches, "The Rise of Confessional Tensions in Brandenburg's Relations with Sweden in the Late Seventeenth-Century," *Central European History* 37 (2004): 568–92.

8. Perez Zagorin, *The English Revolution: Politics, Events, Ideas* (Aldershot: Ashgate, 1998), 25; Christopher Hill, "A Bourgeois Revolution?" in *Three British Revolutions*, ed. J. G. A. Pocock (Princeton, NJ: Princeton University Press, 1980), 136; J. S. A. Adamson, "The Baronial Context of the English Civil War," in *The English Civil War*, ed. Richard Cust and Ann Hughes (London: Arnold, 1997), 98; John Adamson, *The Noble Revolt: The Overthrow of Charles I* (London: Weidenfeld and Nicolson, 2007); Michael Walzer, *The Revolution of the Saints: A Study in the Origins of Radical Politics* (New York: Atheneum, 1976), 19; Blair Worden, *Roundhead Reputations: The English Civil Wars and the Passions of Posterity* (London: A. Lane, 2001), 228; Christopher Hill, *The Century of Revolution, 1603–1714* (New York: W. W. Norton, 1980), 235; Brenner, *Merchants and Revolution,* 713.

9. Angus MacInnes, "When Was the English Revolution?" *History* 67 (October 1982): 384–87; Wrightson, *Earthly Necessities,* 228.

10. Steve Pincus, "Neither Machiavellian Moments nor Possessive Individualism," *American Historical Review* 103 (1988): 705–36; Pincus, "England and the World in the 1650s," in *Revolution and Restoration,* ed. John Morrill (London: Collins and Brown, 1992), 144–46; Pincus, "From Holy Cause to Economic Interest," in *Nation Transformed,* ed. Houston and Pincus, 272–98.

11. Peter Lake, "Wentworth's Political World in Revisionist and Post-Revisionist Perspective," in *The Political World of Thomas Wentworth, Earl of Strafford, 1621–1641,* ed. J. F. Merritt (Cambridge: Cambridge University Press, 1996), 266–69; Walzer, *Revolution of the Saints,* 10.

12. Lois Potter, *Secret Rites and Secret Writing: Royalist Literature, 1641–1660* (Cambridge: Cambridge University Press, 1989), 170–76; John Locke, *Two Treatises of Government,* ed. Ian Shapiro (New Haven and London: Yale University Press, 2003), 198–99; William Penn, *Three Letters* (London: Andrew Sowle, 1688), 10; Henry Neville Payne, *An Answer to a Scandalous Pamphlet* (London: N. T., 1687), 5; Stephen Lobb, *A Second Letter to a Dissenter* (London: John Harris, 1687), 11; *An Answer by an Anabaptist* (London: Andrew Sowle, 1688), 4.

13. Lawrence Stone, "The Results of the English Revolutions of the Seventeenth Century," in *Three British Revolutions,* ed. Pocock, 23; Thomas Cogswell, "'Published by Authoritie': Newsbooks and the Duke of Buckingham's Expedition to the Ile de Re," *Huntington Library Quarterly* 67 (2004): 1–25; Thomas Cogswell, "John Felton, Popular Political Culture and the Assassination of the Duke of Buckingham," *Historical Journal* 49 (2006): 357–85; Mark Knights, *Representation and Misrepresentation in Later Stuart Britain* (Oxford: Oxford University Press, 2005), 3.

14. Margaret R. Hunt, *The Middling Sort: Commerce, Gender, and the Family in England 1680–1780* (Berkeley: University of California Press, 1996), 14; Daniel Szechi, *The Jacobites: Britain and Europe, 1688–1788* (Manchester: Manchester University Press, 1994), 12–26; Basil D. Henning, "Introductory Survey," in *The Commons, 1660–*

1690, vol. 1, ed. Henning (London: History of Parliament Trust, 1983), 10; David W. Hayton, "Introductory Survey," in *The Commons, 1690–1715,* ed. Hayton (Cambridge: History of Parliament Trust, 2002), 1:302; Perry Gauci, *The Politics of Trade: The Overseas Merchant in State and Society, 1660–1720* (Oxford: Oxford University Press, 2001), 198.

15. *Proposals Humbly Offered to the Honourable House of Commons* [1690s], [1].

16. Guy Miege, *The New State of England under Their Majesties K. William and Q. Mary,* 2 vols. (London: H. C. for Jonathan Robinson, 1691), 2:218–19, 229; Barillon and Bonrepaus (Windsor) to Louis XIV, 2/12 June 1687, NA, PRO, 31/3/170, fol. 49r.

17. Miege, *New State of England,* 2:218–19.

18. Miege, *New State of England,* 2:218–19; Steve Pincus, "The State and Civil Society in Early Modern England: Capitalism, Causation and Habermas' Bourgeois Public Sphere," in *The Politics of the Public Sphere in Early Modern England,* ed. Peter Lake and Pincus (Manchester: Manchester University Press, 2007).

19. Compare Brenner, *Merchants and Revolution,* 713.

20. Peter Earle, *The Making of the English Middle Class* (Berkeley: University of California Press, 1989), 10, 335; L. E. Klein, "The Political Significance of 'Politeness' in Early Eighteenth-Century Britain," in *Politics, Politeness, and Patriotism,* ed. Gordon J. Schochet (Washington, DC: Folger Shakespeare Library, 1993), 84–87; Lawrence Klein, "Liberty, Manners and Politeness in Early Eighteenth-Century England," *Historical Journal* 32 (1989): 588; J. Paul Hunter, *Before Novels: The Cultural Contexts of Eighteenth-Century English Fiction* (New York: W. W. Norton, 1990), 97; Ian Watt, *The Rise of the Novel* (Berkeley: University of California Press, 1957) .

21. Gauci, *Politics of Trade,* 94, 109–10, 209, 272; Julian Hoppit and Joanna Innes, "Introduction," in *Failed Legislation, 1660–1800,* ed. Julian Hoppit (London, 1997), 8–10; Susan Whyman, *Sociability and Power in Late-Stuart England* (Oxford: Oxford University Press, 1999), 80; Hunt, *Middling Sort,* 3.

22. Compare Linda Colley, *Britons: Forging the Nation, 1707–1737* (New Haven and London: Yale University Press, 1992), 135.

参考手稿

UNIVERSITY OF ABERDEEN,
SPECIAL LIBRARIES AND ARCHIVES,
ABERDEEN

MS 2126 Diary of James Gordon of Foveran
MS 2403 Letters of James Drummond
MS 2740 Ogilvie-Forbes Papers
    Box 3/Bundle 12 Pittrichie Papers
MS 2957 King Family of Tertowie

ALL SOULS COLLEGE, OXFORD,
CODRINGTON LIBRARY

221–222, 257 Owen Wynne Papers
317 Sir William Trumbull, Autobiography

BANK OF ENGLAND ARCHIVES, LONDON

AC 27 Stock Ledgers
AC 28 Stock Book Transfers
ADM 7 General Ledger
G4 Minutes of the Court of Directors
G7 Minutes of the General Court of
    Proprietors
M1 Museum Book and Document Collections
M5 Secretary's Department
M6 Museum Documents
M7 Miscellaneous Books

BEINECKE LIBRARY, YALE UNIVERSITY,
NEW HAVEN

OSB Files
OSB MSS 1 Edmund Poley Papers
OSB MSS 2 William Blathwayt Papers
OSB MSS 11 Birchall Papers
OSB MSS 41 Southwell Papers
OSB MSS 44 Temple Family Letters
OSB MSS 60 Newsletters, 1691–1694
OSB Shelves b.33 Brook Bridges, Notabilia
OSB Shelves b.100 Sir William Dutton Colt
    Letters
OSB Shelves b.142 Treatise on Magna Carta,
    1687
OSB Shelves b.153 Trade Tracts Late
    Seventeenth Century
OSB Shelves b.314 Narcissus Luttrell, "Travells"
OSB Shelves b.316 Henry Sidney Letters to
    Blathwayt
OSB Shelves b.317 Shrewsbury to Blathwayt
    Letters
OSB Shelves fb.27 Late Seventeenth Century
    Tracts
OSB Shelves fb.53 Parliamentary Collections
OSB Shelves fb.70 Political Poetry, 1680–1700
OSB Shelves fb.85 Lorenzo Magalotti
    Collection
OSB Shelves fb.124 Sir Richard Bulstrode
    Papers
OSB Shelves fb.190 Letters to Dartmouth
OSB Shelves fb.207 Poetical Commonplace
    Book

OSB Shelves fb.210 Newsletters to Lady
  Clopton, 1688–1689
OSB Shelves fb.239 James Cressett
  Correspondence
OSB Shelves fc.66 William Fuller,
  Autobiography
OSB Shelves Gordonstoun Papers
Gen MSS 216 Chardin Papers

Berkeley Castle Muniment Room

MSS 36A-B Diplomatic Correspondence of
  Earl Berkeley, 1689–1693

Berkshire Record Office, Reading

D/EHr Henry Hunter Papers
D/ED Downshire Manuscripts

Bodleian Library, Oxford

Aubrey MSS
Ballard MSS
Carte MSS
Clarendon MSS
Don.b.16 Letters of Edward Tucker, 1662–1707
Don.c.38–c.39 Fleming Newsletters
Don.c.169 Henry Ashurst Letterbook
Eng.Hist.b.193 Letters to Edward Fisher, 1688
Eng.Hist.b.205 Papers of John Warner
Eng.Hist.b.209 Sir Richard Cocks Papers
Eng.Hist.c.201 Sir Richard Temple Papers
Eng.Hist.c.476 Herrick Family Papers
Eng.Hist.c.487 Edmund Ludlow "A Voyce
  from the Watchtower"
Eng.Hist.c.711 Roger Whitley Diary
Eng.Lett.c.8 Paul Rycaut-Clarendon
  Correspondence
Eng.Lett.c.28–29 Letters to Henry Dodwell
Eng.Lett.c.53–54 Philip Madoxe–Robert
  Southwell Correspondence
Eng.Lett.c.200 Letters to Benjamin Furley
Eng.Lett.e.29 Henry Family Correspondence
Eng.Poet.d.53 Misc. Poetry
Locke MSS

Rawlinson MSS

A266 Sunderland letters to Ambassadors
A326 Papers on Foreign Affairs, 1686–1702
A336 Misc. Papers
B497 Letters of Dr. Robert Huntington,
  1684–1688
C130 Proceedings and Judgment in East India
  Company v. Sandys
C417 Sylvius Despatches, 1685–1686
C449 Minute Book of New East India
  Company
C746 Royal Africa Company Letters, 1681–1699
C983 Misc. Letters
D60 Miscellaneous Letters
D91 "A Copy of a Letter," 1689
D148 Colonel Norton's "Account of the
  Revolution in the Army 1688"
D747 East India Company Papers
D749 Sir Gabriel Sylvius Papers, 1685–1689
D863 Rawlinson Family Papers
D1079 Account of Revolution, 1688–1689
Lett. 42 Misc. Letters
Lett. 47–48 Edmund Warcup–Hugh Jones
  Correspondence
Lett. 91 Letters to Dr. Thomas Turner
Smith MSS
Tanner MSS
Wood F.39–F.45 Anthony Wood Papers

British Library, London (BL)

Additional MSS (Add.)

2902 Collection of Papers: Trade
3828 Miscellaneous Legal and Historical Papers
4107 Birch Papers
4182 Newsletters, 1684–1695
4194 Letters to John Ellis
4236 Birch Collection: Tillotson Papers
4292 Birch Collection
4295 Toland Papers
5540 John Cary Papers
7080 Letters to R. Newport, 1689–1692
8880 Paget Letters
9363 Political Tracts
9735 Blathwayt Papers
9807 Letters of Sir W. D. Colt
11513 Sir George Etherege Letterbook
11689 Scudamore Papers

15857–15858 Sir Richard Browne and John Evelyn Correspondence

15949 Evelyn Correspondence

17677 Netherlands Transcripts (multiple volumes)

18979 Fairfax Papers

19254 James Drummond Letters

21483 Letters to James II

21494 Letters to Sir Robert Southwell, 1686–1705

21551 Letters to George Stepney, 1690–1706

22185–22186 Sir Henry Johnson Papers

22640 John Greene's Verse Collection

23722 Political Poetry Collection

24357 Thomas Cartwright Diary

27395–27397 Gawdy Family Correspondence

27440 Charles Allestree Memoirs

27447–27448 Paston Correspondence

28079 Godolphin-Osborne Papers: Danby's Tracts Relating to Trade

28087 Edward Osborne Letters

28089 Papers Relating to Colonies in America

28226 John Caryll Letters and Papers

28227 Caryll Family Correspondence

28569 Savile and Finch Correspondence

28875–28876 Ellis Papers

28929 Humphry Prideaux–John Ellis Correspondence

28930–28931 Ellis Family Correspondence

28955 Ellis Collection of Political and Satyrical Pieces

29563 Hatton Family Correspondence

29578 Sir Charles Lytlleton–Christopher Hatton Correspondence

29582–29583 John Fell–Christopher Hatton Correspondence

29585 Sir Edmund King–Christopher Hatton Correspondence

29594 Nottingham-Hatton Correspondence

29910 Swynfen Papers

29911 Jervis Correspondence

30277 Hugo Papers

31141 Lord Strafford Correspondence

31152 Political Verse

32095 Malet Collection

32681 Correspondence of Henry Sidney, 1681–1691

34095–34096 Letters to Sir William Dutton Colt, 1690–1693

34152 Kent Letters

34340 Negotiations between England and the Netherlands

34487 Mackintosh Collection—Newsletters

34502 Mackintosh Collection—Ronquillo Letters

34507–34512 Mackintosh Collection—Political Correspondence from Dutch Archives

34515 Mackintosh Collection—Correspondence from Portland Collection

34519 Charles Talbot-Shrewsbury Correspondence

34730 West Papers

36540 Paston Family Correspondence

36662 Letters to R. D. Colt

36707 Letters to James Harrington

36988 Paston Correspondence

37660 Letterbook of Earl of Melfort, 1689–1690

38012 Letters to Rev. William Moore

38013 Correspondence of Thomas Coxe, 1689–1692

38052 Sir Robert Southwell Correspondence

38329 Liverpool Papers

38493–38495 Letterbook of Antony Moreau (Polish Ambassador at The Hague)

33847 Hodgkin Papers

38855 Hodgkin Papers

38695 War Office Correspondence, 1688–91

40060 Political Poems

40160 William Lloyd's Commonplace Book

40621 Harley Papers

40629 Cassiobury Papers

40771 Vernon Papers

40794 Vernon Papers—Memoirs of James Vernon

40800 Letterbook of Hugh Greg, 1694–1695

41804–41805 Middleton Papers

41809–41821 Middleton Papers—Letters to Secretaries from Foreign Envoys

41823 Middleton Papers—Middleton's Outgoing Letters

41824–41827 Middleton Papers—Hamburg Correspondence

41842 Middleton Papers—Miscellaneous Correspondence

42586 Brockman Family Correspondence
45731 Poley Papers
46961–46962 Egmont Papers—
Correspondence of Sir John Percival
47022 Egmont Papers—Correspondence Re:
Public Affairs
47131 Egmont Papers—The Interest of the
Crown in American Plantations, 1685
47840 Radclyffe Papers
49605 Wilson Papers
51319 Holland House Papers—Correspondence
of Sir Stephen Fox
51335 Holland House Papers—Papers of
Charles Fox
52279 Diary of Sir William Trumbull
52475A BRA Papers—Letters to Sir Richard
Temple
54185 Joshua Sager Sermon Notes from
Nonconformist Academy nr. Sheffield
56245 Blathwayt Correspondence
61689–61690 Blenheim Papers: Wildman
Correspondence
61903 Peter Le Neve Diary
62081 Pythouse Papers—Bennett Family
Correspondence
62453 Sir Robert Clayton's Monmouth
Rebellion Papers
63465 Wentworth Papers
63629 Albemarle Papers
63765 Preston Papers—Letters from England
63770 Preston Papers—Letters from
Informants
63773 Preston Papers—Elections and North
America
63776 Preston Papers—Newsletters and
Political Verse
64814 Revolution Society Minutes
69936 John Coke Correspondence
69943 John Coke Correspondence
69953 Coke Papers—Devonshire Horse
Regiment
69955 Coke Papers—Test and Corporation
materials
70013–70014 Harley Papers
70235 Sir Edward Harley–Robert Harley
Letters
70095 Harley Verses

70112–70125 Sir Edward Harley
Correspondence
70140 Sir Edward Harley–Edward Harley
Correspondence
70158–70159 Harley Excise and Customs papers
70225–70226 Foley-Harley Correspondence
70289 Musgrave-Harley Correspondence
70236 Edward Harley-Robert Harley
Correspondence
70358 Letters to Matthew Prior
70500 Cavendish Papers
70504 Earl of Clare Papers
71573 Oliver Le Neve Letters
71691–71692 Sir William Boothby Letterbooks
72481–72620 Trumbull MSS (some read before
given Add mss numbers)
72853 Petty/Southwell Correspondence
72866 Petty Economic Papers temp. James II
72867 Petty Projects
72889 Petty Papers on Liberty of Conscience
72890 Petty Statistical Papers
78299 John Evelyn Letterbook, 1679–1698
(read before number assigned)
78919 Osborne Papers, 1690–1699

Althorp MSS
C2 Letters to Halifax regarding Yorkshire
Elections
C3 Letters to Halifax from Strafford and
Chesterfield
C5 Letters to Halifax from Weymouth and
Sunderland
C8 Halifax Correspondence
C17 Miscellaneous Halifax Letters

Egerton MSS
1169 Autograph Letters
1533 Autograph Letters
1717 Bentinck Papers
2231 John Aubrey Correspondence
2346 Papers of the Blue and Orange Society,
1714
2395 Papers Relating to English Settlements
in America
2618 Historical Letters and Papers
2651 Barrington Papers
2717 Gawdy Family Papers
3335–3336 Danby Correspondence

3680 Bulstrode Papers—Letters to Sir Richard Bulstrode
3681 Bulstrode Papers—Letters from Skelton, Wyche
3683 Bulstrode Papers—Letters from Sir John Lytcott

Evelyn Papers

EL 3 John Evelyn's Library Catalogue, 1687
JE A2 Letterbook, 1679–1698
JE A4 Letters from Family, 1652–1705
JE A6 Letters from Family, 1636–1699
JE A9 Godolphin Correspondence
JE A11 Letters from Tuke Family and Lady Sunderland
JE A15 Letters from Ralph Bohun, Samuel Pepys, and Benjamin Tooke
JE A19 General Correspondence, 1680–1689
JE D7 Notes on Trades
JE F5 Sermon Notes
JE G1 Public Affairs
JEJ 1 John Evelyn Jr. Letters
ME 2 Mary Evelyn's Letters from John Evelyn
UP 1–2 Autograph Letters of Nobility
UP 6–8 Autograph Letters of Writers and Antiquaries

Harleian MSS

1283 Edward Battine, "The Method of Building," 1685
4716 Thomas Baskerville Collections
6845 Historical Papers

Lansdowne MSS

1152 A–B Bridgman's Collections
1163 A–C Earl of Melfort Letterbooks

Loan MSS

57/1 Bathurst Papers
57/20 Bathurst Papers
57/70 Bathurst-Allicock Correspondence
57/71 Bathurst-Anne Correspondence
57/83 Bathurst Papers—Outletters as Sub-Governor of Royal Africa Company
57/84 Bathurst Outletters, 1692–1709

Sloane MSS

2903 Philosophical Papers

Stowe MSS

292 State of England, 1695

304 Sir Richard Temple Papers
746–747 Dering Correspondence

British Postal Museum and Archive, London

POST 1/1 Early Letter Book
POST 23/1 Early Documents
POST 94/12 Whitley Letter Book
POST 94/16 Whitley Letter Book
Ref 1-10B Thomas Gardiner, Survey of the Post Office, 1677

Buckinghamshire Record Office

Claydon House Papers (Verney MSS) (read on microfilm)

Centre for Kentish Studies, Maidstone

U23 Wykeham Martin MSS
U120 Filmer Papers
U133 Dering MSS
U145 Faunce-Delaune MSS
U269 Sackville Papers
U386 Darrell MSS
U951 Knatchbull Papers
    F15 Diary of Philip Skippon
    F46 Diary of Sir John Knatchbull
U1015 Papillon MSS
U1475 De L'Isle MSS
U1500 Sidney MSS
U1590 Stanhope of Chevening Papers

Christ Church, Oxford

William Wake Papers

Churchill College, Cambridge

Thomas Erle Papers

Colonial Williamsburg Foundation, Williamsburg, Virginia

William Blathwayt Papers

CUMBRIA RECORD OFFICE, CARLISLE

CB/ME Purchased Musgrave Records
D/Hud Huddleston family papers
D/Lons Lonsdale Papers
D/Mus Musgrave papers
D&C Machell MSS Topographical notes of
    Thomas Machell
D&C Nicolson MSS Antiquarian materials
    of William Nicolson

CUMBRIA RECORD OFFICE, KENDAL

WD/CAT Curwen Archives Trust—Musgrave
    MSS
WD/Cr Crewdson Family Papers
WD/Ry Rydal Hall MSS (Fleming)
WSMB/A Borough of Appleby Records
WDX/1229 Tryon-Wilson Family Papers
WDY/165 Fleming Photocopies

DOCTOR WILLIAMS' LIBRARY, LONDON

DWL 12.78 Thomas Jollie Papers
DWL 31 Roger Morrice Papers
    J Chronological Account of Eminent Persons
    M Miscellaneous MSS
    P, Q Entering Books
    T Debates in Parliament 1685
DWL 90.4 Sarah Savage's Letterbook
DWL 201.38 Stillingfleet Letterbook

DUKE UNIVERSITY, SPECIAL COLLECTIONS
LIBRARY, DURHAM, NORTH CAROLINA

6th 16:A (sm. Brit. Coll., Box 4) Le Neve
    Letters

EAST SUSSEX RECORD OFFICE, LEWES

ASH Asburnham Papers (Diaries and
    Letterbooks)

EDINBURGH UNIVERSITY LIBRARY

La.II.60 Gray Correspondence
La.III.545 Diary of Robert Kirk, Minister of
    Aberfoyle

ESSEX RECORD OFFICE, CHELMSFORD

D/DP Petre Family Papers
D/DU Blyth Family Papers
D/DL Dacre Family Papers
D/Dfa Dawley and Cutler Family Papers
D/Deb Bramston Family Papers
D/Dby Braybrooke Papers
D/DW Z6/2 John Conyers' Northern Journey

FOLGER SHAKESPEARE LIBRARY,
WASHINGTON, DC (FSL)

F.c. 17–34 Thomas Booth Letters
L.c. Newdigate Newsletters
M.b. 12 Political Satires, 1672–1704
V.a. 343 Sir John Cotton Papers and Speeches
V.a. 399 Poetry Commonplace Book, 1675–1725
V.a. 469 William Westby Memoirs
V.b. 25 Sir T. Gresly–Sir John Moore Letters
V.b. 150 Sir Robert Southwell Papers
V.b. 287 James Fraser Letters
V.b. 294 Edward Southwell Papers
V.b. 305 Norfolk County Collections
X.d. 439 Blathwayt Papers
X.d. 451 Rich Papers

FRIENDS HOUSE LIBRARY, LONDON

MS Box C3 John Field Account of Life and
    Sufferings
MS Box E Swarthmore MSS
MS Box G1/6 Diary of Jonathan Burnyeat
Port 8/163
Port 15/139
MS Vol. 77 Journal of Thomas Gwin
MS Vol. 268 A History of Joseph Pike of Cork
    by Himself

GEORGETOWN UNIVERSITY LIBRARY,
WASHINGTON, DC

Jesuit Commonplace Book
Milton House Archives

GUILDHALL LIBRARY, LONDON

507 Sir John Moore Papers
3504 Sir John Moore Personal Papers

5099 London Charter Papers, 1688
7927 A New England Company Letterbook, 1688–1761
7932 New England Company Evidences, 1662–1780
7936 New England Company Original Correspondence, 1657–1714
7952 New England Company Loose Court Minutes, 1655–1816
7955 New England Company Correspondence from Boston, 1677–1761
7956 New England Company General Correspondence, 1664–1780
8493A Robert Clayton's Papers
10116 East India Company Chaplain Licensing Papers, 1685–1689
10823 George Boddington Commonplace Book
11741/2 Russia Company Court Minutes, 1683–1699
12017 Sir John Fryar Autobiography
17626 Sir John Shorter Papers

HAMPSHIRE RECORD OFFICE, WINCHESTER

63M84/235 Samuel Heathcote of Hackney Notebook

HARRY RANSOM CENTER, UNIVERSITY OF TEXAS, AUSTIN (HRC)

HRC 119 Oliver Freeman Diary
Pforzheimer Collection

HARVARD UNIVERSITY, THEATRE COLLECTION, CAMBRIDGE, MASSACHUSETTS

FMS THR 11 George Etherege Letterbook

HERTFORDSHIRE ARCHIVES AND LOCAL STUDIES

Cowper MSS

HOARE'S BANK, LONDON

HB/5/H/1 Money's Lent, 1696–1701
HB/8/A Releases
HB/8/B Bonds

HOUSE OF LORDS RECORD OFFICE (PARLIAMENTARY ARCHIVES), LONDON (HLRO)

HC House of Commons Papers
HL House of Lords Papers (including Main Papers)
WIL Willcocks Collection
WMT William and Mary Tercentenary Trust Papers

HUNTINGTON LIBRARY, SAN MARINO, CALIFORNIA (HEH)

Blathwayt Papers (BL)
Edmund Gibson Collection
Ellesmere Papers (EL)
Hastings Papers (HA)
HM 929 John Tillotson "Dialogue"
HM 1264 Nehemiah Grew "The Means of a Most Ample Increase of the Wealth and Strength of England"
HM 6131 Life of John Rastrick
HM 30659 Tamworth Newsletters
Parker Family Letters (uncataloged)
Shovell-Rooke Papers
Stowe-Grenville Papers (STG)
Stowe-Nugent Papers (STN)
Stow-Temple Papers (STT)
Stowe General Volumes (ST)
 9 Royal African Company Papers
 13 James Brydges' Notes, 1697
 26 James Brydges's Journal, 1697–1702 (2 vols.)
 31 Excise Papers, 1662–1718
 57 Chandos Out-Letterbooks (vol. 2)
 152 Sir Richard Temple's Ledgerbook, 1677–1688
 153 Sir Richard Temple's London House Book, 1688–1691

India Office Library, London (IOL)

E/3 Correspondence with the East
/44 26 March 1684–24 March 1685
/45 29 March 1685–24 March 1686
/46 9 April 1686–March 1687
/47 11 April 1687–March 1689
/90 Despatch Book, 1682–1685
/91 Despatch Book 21 October 1685–
    10 December 1688

H/36 Home Out-Letters, 1688–1699
H/40 Josiah Child Letters, 1691–1694

European MSS
D1076 Thomas Bowrey Papers
E210 Sir Streynsham Master Papers
E387/B Lawrence Letterbook

King's College, Cambridge

Keynes MSS 118, 119, 149 Newton MSS

Lambeth Palace Library (LPL)

Fulham Papers/Compton MSS
Fulham Papers/American Colonial Section
Gibson Papers
742/34 Andrew Paschall, "Account of
    Monmouth's Rising"
746 Accounts of Taxes, 1688–1698
933 Misc. Letters
1029 Tenison Letters
1834 Misc. Mss.
2932 William Wake Autobiography
3016 Abigail Prowse, "Life of Bishop George
    Hooper"
3152 Journal of Simon Digby, Oct. 1688–
    Feb. 1689
3894 Sancroft-Lloyd Correspondence,
    1680–1692
3895 Frampton-Lloyd Correspondence,
    1680–1703
3898 Lloyd Papers, 1687–88

Lancashire Record Office, Preston

DD/B Parker of Brownsholme Papers
DD/Ba Bankes of Winstanley Papers

DD/Bb Blundell of Halsall papers
DD/Bl Blundell of Little Crosby Papers
DD/HK Hawkshead-Talbot of Chorley Papers
DD/In Blundell of Ince Blundell
DD/K Derby Papers
DD/Ke Kenyon of Peel Papers
DD/M Molyneux, Earl of Sefton Papers
DD/Sa Sandys of Esthwaite and
Graysthwaite Papers
    (Rawlinson Family Correspondence)
MSS of The Rawstorne Diary, 1687–1689
    (edited by Richard D. Harrison)

Lichfield Record Office, Lichfield

B/A/19 Letterbook and Papers of John
Husband

Lilly Library, Indiana University,
Bloomington (Indiana)

Albeville MSS
Augustan MSS

Liverpool Record Office, Liverpool

920 MD 172–174 Diary of Sir Willoughby
    Aston (1640–1702)
    Diary Covers, 1680–1701

Longleat House, Wiltshire

Muddiman MSS
Prior MSS
Thynne MSS

Magdalen College Archives, Oxford

Ministère des Affaires Étrangères,
Paris (MAE)

Correspondance Politique (CP)
Angleterre
Hollande

Mémoires et Documents (MD)
Angleterre

National Archives of Scotland, Edinburgh (NAS)

GD 18 Clerk of Pennicuik Papers
GD 29 Kinross House Papers
GD 112 Breadalbane Muniments
GD 124 Earls of Mar and Kellie
GD 158 Hume of Marchmont Papers
GD 160 Drummond Castle Papers
GD 406 Hamilton Muniments
SP 3 Letterbooks of James Johnston, 1692–1694
SP 4 Warrant Books of the Secretary for Scotland

National Library of Scotland, Edinburgh (NLS)

Adv. 24.4.6 John Lauder, "Historical Observes"
974 Angus Papers
2781 Commonplace Book of Rev. John Hunter of Ayr, 1685–1711
2785 Late Seventeenth Century Commonplace Book
3807 Satirical Poems
5071 Erskine-Murray Correspondence
6141 Liston-Fowlis Correspondence
6409 Pitfirrance Papers
7010–14, 7026–27, 7035, 7104, 14403–4, 14407, 14414, 14417 Yester/Tweeddale Papers
9250 Dunlop Papers
17498 Fletcher of Saltoun Papers
Wodrow Manuscripts

National Maritime Museum, London (NMM)

DAR/ Dartmouth Papers
JOD/6 Diary of Rev. Henry Teonge
JOD/173 Journal of Samuel Atkins
LBK/1 Sir John Narborough's Letterbook
LBK/3 Sir Anthony Deane's Letterbook
LBK/49 James II–Dartmouth Correspondence
MS 81/116 Papers of Rear Admiral Robert Fairfax
GOS/9 Edward Randolph's Discourse on Pirates
PLA/ Phillips Collection
SER/ Sergison Papers
SOC/21 Royal Navy Club Minutes

SGN/A/2 Fighting Instructions, 1687
SOU/ Southwell Papers

North Yorkshire Record Office, Northallerton

ZCG Nathaniel Cholmley Letterbook, 1682–1691
John Cholmley Letterbook, 1664–1695

Nottingham University Library, Nottingham

PwA Willem Bentinck Papers/Portland Papers
PwV Portland Papers
53 Blathwayt-Southwell Correspondence
60–61 Povery-Southwell Correspondence

Pepys Library, Magdalene College, Cambridge

2869–2880 Miscellany of Matters Historical, Political and Naval

Provincial Archives of Manitoba, Winnipeg

Hudson's Bay Company Archives
HBCA A.1/8–10 Court and Committee Minutes

National Archives, Kew Gardens (NA)

ADM 2 Admiralty Out-Letters
ADM 77 Newsletters
C 104 Chancery Master Exhibits
/63 Rev. John Henry Cary papers
C 110 Chancery Masters Exhibits
/81–82 Thomas Pitt Correspondence
C 213 1696 Association Rolls
C 214 1696 Association Rolls
CO 1 Colonial Office General Series
CO 5 Board of Trade
/904 Reports, 1679–88
CO 77 East Indies
/14 1678–86
/16 1689–1725

CO 134 Hudson's Bay
/1 1675–1689
CO 135 Hudson's Bay Company
/1 1670–1689
/2 Anglo-French Negotiations re Hudson's
Bay, 1687–1688
CO 268 Ivory Coast
/1 Africa Company Letters and Petitions,
1670–1691
CO 388 Board of Trade
/2 Petitions, 1662–1693
CO 391 Board of Trade Entry Books
/5 1684–1686
/6 1686–1690
CUST 37 Revenue Statistics
/1 Gross and Net Produce of the Customs
CUST 48 Excise Board Correspondence
/3–4 1685–1692
E 351/1324 Excise General Accounts 1685
E 351/2757–2760 Declared Accounts:
Post Office
FO 95/ 573–574 D'Avaux Papers
FO 335 Foreign Office Tunis Records
PC 2 Privy Council Minutes
PRO 30/24 Shaftesbury Papers
PRO 31/3 Baschet Transcripts
SP 8/ King William's Chest
SP 9/ Joseph Williamson's Papers
SP 29/ State Papers, Domestic, Charles II
SP 31/ State Papers, Domestic, James II
SP 44/ State Papers, Entry Books
SP 77/ State Papers, Foreign, Flanders
SP 78/ State Papers, Foreign, France
SP 79/ State Papers, Foreign, Genoa
SP 80/ State Papers, Foreign, Germany Empire
SP 81/ State Papers, Foreign, Germany States
SP 84/ State Papers, Foreign, Holland
SP 85/ State Papers, Foreign, Rome
SP 89/ State Papers, Foreign, Portugal
SP 92/ State Papers, Foreign, Savoy
SP 94/ State Papers, Foreign, Spain
SP 95/ State Papers, Foreign, Sweden
SP 96/ State Papers, Foreign, Switzerland
SP 98/ State Papers, Foreign, Tuscany
SP 99/State Papers, Foreign, Venice
SP 101 Newsletters
/79 Rome. 1673–1705

SP 103 Treaty Papers
/104 Grand Alliance. 1689–1702
SP 104 Foreign Entry Books
/19 France. 1680–1689
SP 105 British Legations
/82 Correspondence to George Stepney.
1686–1695
/83 Memorandum Book of George Stepney.
1689–1695
/145 Register Book of the Levant Company.
1668–1710
/155 Minute Book of the Levant Company.
1685–1699
/343 Correspondence and Papers of Factory
at Aleppo. 1687–1842
SP 110 Aleppo Letterbooks
/16 Letterbooks of Factors at Aleppo,
1683–1690
T 48 William Lowndes Papers
/35 Papers regarding Hearth Tax Collection,
1680–1689
/87 Miscellany
/88 Miscellany
T 64 Miscellaneous Records
/88 Journal of William Blathwayt,
1680–1697
/302 Papers of Gregory King
T 70 Africa Company Papers
/11 Abstracts from Africa, 1683–98
/12 Abstracts from the Indies, 1683–1698
/57 Plantations Letterbook, 1687–1701
/81 Court of Assistants Minute Book,
1684–1687
/82 Court of Assistants Minute Book,
1687–1690
/163 Advice Books, 1685–1694
/164 Advice Books, 1694–1696
/169 Petitions
/1433 Reports/Complaints, 1685–1702
WO 4
/1 General Letters, 1684–1690
WO 30
/48 "Abstract of Particular Account of All
the Inns, Alehouses in England," 1686
WO 89 Courts Martial
/1 1666–1697

Public Record Office of Northern Ireland, Belfast (PRONI)

T2929 Rossmore Papers

School of Oriental and African Studies, London (SOAS)

PP MS 4 Paget Papers

Scottish Catholic Archives, Edinburgh (SCA)

Bl Blairs MSS
SM Scots Mission MSS

Sion College Library, London

L 40.2/E 41 Thomas Bennet Notebook, 1686–1719

Somerset Record Office, Taunton

DD/L Luttrell Papers
DD/PH Phelips Papers
DD/SF Sanford Papers (Edward Clarke)
DD/SPK Speke Papers
DD/Whb Button-Walker-Heneage Muniments
DD/Whh Helyar of Coker Hall Papers
DD/WO Trevelyan Papers
DD/WY Wyndham Papers
Q/SR Quarter Session Records

Staffordshire Record Office, Stafford

D(w) 1734 Paget Papers
D(w) 1778 Dartmouth Papers
D742 Further Dartmouth Papers
D 1366/2 Newton Papers

Trinity College, Cambridge

MS R.4.43 Newton-Covel Letters

University College, Oxford

P2 Anthony Wood Correspondence

Victoria and Albert Museum, London

Forster and Dyce Collection
F.47.A.40 Ormonde Papers

Warwickshire Record Office, Warwick

CR 136 Newdegate of Arbury Papers
CR 1998 Throckmorton Papers
CR 2017 Fielding of Newnham Paddox Papers
Algernon Sidney "Court Maxims"

Westminster Diocesan Archives, London

Old Brotherhood Archives
Archbishops of Westminster Archives "A" Series

West Yorkshire Archive Service, Leeds (WYAS)

MX Mexborough MSS
Thoresby MSS

致　谢

　　这本书就跟1688—1689年革命一样，酝酿了很长时间。在写作本书的十年里，我亏欠了很多人情，其中大部分无以为报。

　　刚开始这项研究计划时我的想法很简单。我想写一篇解释性的论文，表明1688—1689年革命的国际维度被低估了。哈佛学会的一位博士后研究员说服了我，该研究可以做进一步的展开，之后我跟许多人都有过交谈。伯纳德·贝林最早鼓励我着眼大处。我的论文导师华莱士·麦卡弗里一如既往地给予我坚定的支持和帮助。布莱尔·沃登一直鞭策我，而且时常提出一些尖锐的问题。在丘吉尔学院的一次午餐之后，马克·戈尔迪建议我深入研究17世纪80年代的商业和重商主义背景。蒂姆·哈里斯和我发现大家的研究方向相似之后进行了多次讨论，以确保我们的成果不会重叠。

　　本书提出的许多观点都带有我在芝加哥大学的时光印记。我在那里的同事，不仅是历史系的，还有社会学、政治学和英文系的，都提出了很好的问题，帮助我找到探寻答案的新方向。怀尔德楼、芝加哥人文中心和早期现代研讨会拥有令人兴奋的跨学科氛围，可以讨论、辩论和检验观点。一些朋友和同事常常在经典咖啡馆和其他地方跟我聚谈。我要特别感谢他们。比尔·诺瓦克）总是敞开大门，对我说着鼓励的话。安迪·阿博特能提出很好的建议，也乐意做一个见多识广而严谨的听众。理查德·斯特里尔非常希望我去研究伊丽莎白时代晚期或詹姆斯时代，但他也提出了一些重要的问题和极具挑战性的建议。克劳迪奥·龙尼茨乐意充当我的网球搭档，也是我作品的优秀读者。林恩·桑德斯讨论观点和概念的时候风趣横生，还在关键时刻勇敢地杀死了几只蛛形纲动物。康奈尔·弗莱舍、朱尔斯·柯什纳和塔马·赫尔佐格帮助创建了一个充满活力的早期现代研究团体。

在我在芝加哥的最后几年，尼科尔森英国研究中心提供了一个新的环境来让我思考这项研究。贾内尔·米勒不仅帮助创建了该中心，本身也是很好的朋友和同事。与委员会的迪佩希·查克拉巴蒂、雅各布·利维、乔什·斯科德尔、安迪·阿博特、贾内尔等人的讨论总会引出新的问题。伊娃·威廉不仅是一位出色的管理者，而且是一位难得的睿智的朋友。

来到耶鲁之后，许多同事的讨论和建议都让我受益匪浅，其中包括基思·赖特森、斯图尔特·施瓦茨、朱莉娅·亚当斯、菲尔·戈尔斯基、大卫·昂德当、弗朗切斯卡·特里韦拉托、大卫·昆特、安娜贝尔·帕特森、卡鲁娜·曼泰娜、吉姆·惠特曼和布赖恩·加尔斯滕。现代性转型、英国历史研究和比较社会学等学术研讨会的参与者都是我的友好而具有批判性的听众。

这项研究计划不可避免地跨越了大西洋。许多来自英国和欧洲大陆的学者与朋友们在我漫长的写作过程中提供了支持、偶尔的住宿和更常见的耐心倾听。亚当和卡罗琳·福克斯多次为我提供住所，还有我急需的美食和愉快的气氛。亚当常常与我讨论英国的政治历史（比他自己记得的更多），并提出了重要问题。马克·奈茨分享了他的想法和对相关领域的热情。布莱尔·沃登总是愿意提供批判性视角，并提示我有用的资源。让-弗雷德里克·绍布邀请我在 EHESS 度过一段时间，并提供给我在法国听众面前展示想法的机会。

我亏欠我在芝加哥和耶鲁的研究生和本科生甚多。我不仅把我的狂热构想灌输给他们——他们很有礼貌地耐心倾听，极少露出冷笑或者表示怀疑地摇头——更重要的是，通过研讨班、无数次咖啡聚谈和时不时的中午或晚上聚餐，他们帮助我发展了这些想法。有几位担任过我的研究助理：艾比·斯温根（现供职于奥本大学）、瑞安·弗雷斯（现供职于卫斯理学院）、布伦特·西罗塔（现供职于北卡罗来纳州立大学）、格里·西亚尼和艾丽斯·沃尔弗拉姆。其他人阅读了部分章节，讨论了相关主题，并提供了宝贵的见解，其中包括阿曼达·贝姆、丽莎·迪勒、克里斯·达德利、艾米·杜纳金、贾斯汀·杜里瓦热、阿尔温德·伊兰戈万、杰西卡·汉泽、伊丽莎白·赫尔曼、莎拉·金克尔、弗雷德里克·琼森、梅根·林赛、莱斯利·泰伯特、詹姆斯·沃恩和希瑟·韦兰。没有艾丽斯·沃尔夫拉姆的帮助，我就完成不了这份书稿。艾丽斯把每一章都读了好几遍，帮忙找图片，耐心地等待，因为我总是错过自己设定的最后期限。

许多许多朋友和学者已经读过书稿的一些章节，并提出了意见。尤其是彼得·莱克、吉姆·利夫西、弗兰克·特伦特曼、艾伦·休斯顿、唐·赫尔佐格和亚当·福克斯，始终都是这项研究计划可靠的咨询对象。梅格·雅各布斯提出了很多有用的建议，她总是能够一眼看出我的行文中晦涩乏味的部分。在该项目的后期，我在耶鲁大学出版社的编辑克里斯·罗杰斯提出了关键的改动意见，我很希望这会使这本书变得更好，更具可读性。

当然，我亏欠最多的是长期受累的家人。萨姆的年纪和这本书一样大，一直陪伴着我。我只希望这本书的成长过程跟他一样，出生，上学，以及最重要的，成人。安迪对这本书的写作只有最模糊的概念。尽管如此，他在凌晨 5 点的闹钟是我的灵感之源。在大卫的内心里，"去办公室"等于"去操场"，只是爸爸在办公室待的时间比"粑粑"可以在操场待的时间长得多。但"粑粑"理所当然地觉得，这本书的写作过程乐趣十足。我最感谢的是我的妻子苏，她一直是一位学术榜样，一位严厉的批评者，一个体贴的伴侣。如果没有她的支持、鼓励、批评和关爱，这本书就无法完成。如果没有她，（可能）这本书，还有我的生活（肯定）就不会如此丰富。

望 MOUNTAIN
登自己的山

主　　编 | 谭宇墨凡
策划编辑 | 谭宇墨凡　王　偲

营销总监 | 张　延
营销编辑 | 狄洋意　许芸茹　韩彤彤

版权联络 | rights@chihpub.com.cn
品牌合作 | tanyumofan@chihpub.com.cn

野 SPRING 望
MOUN TAIN

Room 216, 2nd Floor, Building 1, Yard 31,
Guangqu Road, Chaoyang, Beijing, China